Cabalá Para el Principiante

LAITMAN
KABBALAH PUBLISHERS

Cabalá Para el Principiante

Laitman Kabbalah Publishers

1057 Steeles Avenue West, PO BOX 532

Toronto, ON – M2R3X1

Canada

Primera Edicion Enero 2023

Todos los derechos reservados por Michael Laitman © 2023

I.S.B.N: 978-1-77228-149-1

1. Cabala. I. Ashlag, Yehudah. II. Ashlag, Baruj Shalom, ha-Levi, III. Laitman, Michael.

Ninguna parte de este libro puede ser usada o reproducida en ninguna forma, sin un permiso por escrito del editor, excepto en casos de breves citas de investigaciones científicas o críticas.

Traducción al español por: Daniel Sh., Elisban T., Jean Paul F., Jike P., Julian E., Miguel B., Nicolás A., Rodrigo F., Karen H., Kenya Y., Laura A., Laura L., Liliana A., Millie M., Raquél B., Sara H., Teresa Ch., Viviana G.

Revisión general por: Favio M., Alberto Bakaleinik

Post Produccion: Uri Shabtai., Uri Laitman., Michael Brushtein.

Diseño y Compaginacion: Henry Aponte

Encargado de Proyecto: Tal Tzitayat

Tabla de contenido

Introducción 13
Poema 15
Tiempo de actuar 21
Revelando una parte y ocultando dos 23
Tres tipos de ocultación de la sabiduría 23
    1. Innecesario 23
    2. Imposible 24
    Permiso desde Arriba 24
    3. El secreto del Señor es para los que Le temen 25
La esencia de la religión y su propósito 29
    "El bien absoluto" 30
    Su supervisión es una supervisión objetiva 31
    Dos caminos: El camino del sufrimiento y el camino de la Torá 32
    La esencia de la religión es desarrollar en nosotros el sentido del reconocimiento del mal ... 33
    Desarrollo consciente y desarrollo inconsciente 34
    La religión no se beneficia de las personas sino que beneficia al trabajador 35
La esencia de la sabiduría de la Cabalá 37
    ¿En torno a qué gira la Sabiduría? 37
    La Multiplicidad de Partzufim, Sfirot y Olamot (Mundos) 38
    Dos Ordenes: De Arriba hacia Abajo y de Abajo hacia Arriba. 38
    Nombres Abstractos 39
    La autenticidad en la sabiduría de la Cabalá 39
    Las relaciones materiales y los nombres corporales en los libros de Cabalá. 40
    La ley de raíz y rama en relación a los Mundos 41
    El lenguaje de los cabalistas es un lenguaje de ramas 42
    La revelación de un sabio cabalista a un receptor entendido 43
    Denominaciones ajenas al espíritu humano 44
Artículo para la conclusión del Zóhar 47
Introducción al Libro del Zóhar 61
Los cabalistas acerca de la sabiduría de la Cabalá 93
Una plegaria antes de la plegaria 117
El asunto de "La Divinidad en exilio" 123
La razón de la pesadez en el trabajo 126
Lishmá es un despertar desde Arriba 127
Apoyo en la Torá 131
El hábito se convierte en una segunda naturaleza 134
La diferencia entre la sombra de Kdushá y la sombra de Sitra Ajra 135
La importancia del trabajo del hombre 137

El asunto de Lishmá	137
El tiempo de ascenso	139
Amantes del Señor odien el mal	140
Parábola de la grandeza del esclavo con la ayuda de los Ministros	140
PaRDéS	143
"Preferible siéntate y no hagas nada"	147
¿Si yo no soy por mí, quién por mí?	148
Caminata sobre el camino de la verdad	150
El lugar en el que el hombre piensa allí se encuentra él	153
Parábola acerca del hijo del rico en el sótano	154
El Creador es tu sombra	156
Lo principal es el esfuerzo	156
El asunto de la participación de la medida de la misericordia con el juicio	157
La entrega de la Torá	161
La garantía mutua	169
La paz	179
La contradicción y la ocultación en cuanto a la Providencia	179
El primer método: La naturaleza	180
El segundo método: Dos autoridades	180
El tercer método: Múltiples dioses	181
El cuarto método: Abandonando su operación	181
La necesidad de actuar con prudencia con las leyes de la naturaleza	181
La prueba de Su trabajo a través de la experiencia	183
Aclaración de la frase de la Mishná: "todo está en el depósito y una fortaleza se extiende sobre toda la vida"	186
La rueda de transformación de la forma	186
El mensaje que está en Matán Torá	193
La unidad de los amigos	196
El amor de los amigos	196
La influencia del entorno sobre la persona	197
El propósito de la asociación	200
En el asunto del amor de los amigos	201
Un hombre a su amigo ayudará	203
El propósito de la sociedad	203
¿Qué nos da la regla "Amarás a tu prójimo"?	204
El amor de los amigos	205
Acerca de lo explicado sobre "Amarás a tu prójimo como a ti mismo"	206
¿Cuál observación de Torá y Mitzvot purifica el corazón?	209
¿A qué grado necesita llegar el hombre?	210
El primer grado en que el hombre nace	212

El asunto de la importancia de la sociedad	213
El asunto de la importancia de los amigos	215
El orden de la reunión de los amigos	217
Introducción al estudio de las diez Sfirot	221
La libertad	373
La libertad del deseo	373
El placer y el dolor	374
La ley de causalidad	375
Los cuatro factores	375
El primer factor: la base, el primer asunto	376
El segundo factor: la causa y el efecto de parte de sí mismo	376
El tercer factor: causa y efecto internos	376
El cuarto factor: la causa y el efecto por factores ajenos	377
Bienes hereditarios	377
La influencia del entorno	378
El hábito se convierte en la segunda naturaleza	379
Factores externos	379
Elección libre	380
El ambiente como un factor	380
El deber en la elección de un ambiente bueno	381
El control de la mente sobre el cuerpo	381
La libertad del individuo	383
La forma general de los antepasados nunca se pierde	383
La necesidad de conservar la libertad del individuo	383
El deseo de recibir: Yesh MeAin (existencia a partir de la ausencia)	385
Dos fuerzas en el deseo de recibir: la fuerza de atracción y la fuerza de repulsión.	385
Una ley para todos los mundos	386
Yendo con la mayoría	387
El camino de la Torá y el camino de los sufrimientos	388
El derecho de la multitud para retirar la libertad del individuo	388
La sociedad debería seguir la Ley de: "yendo con la mayoría"	389
En la espiritualidad la ley es: "ir tras el individual"	389
La crítica trae el éxito, la carencia de ella causa la degeneración	390
La herencia ancestral	391
Dos aspectos: A) La fuerza potencial; y, B) la fuerza real	391
Dos creaciones: A) el hombre; y, B) un alma viva	393
La liberación del ángel de la muerte	395
Prefacio al Libro del Zóhar	397
Introducción al libro "Panim Meirot uMasbirot"	321
La materia y la forma en la sabiduría de la Cabalá	355

Esto es para Yehuda	357
La mente que actúa	361
Introducción al libro "La boca del sabio"	363
Introducción a la "Apertura a la sabiduría de la Cabalá"	373
Prefacio a la "Apertura de la sabiduría de la Cabalá"	383
Introducción a la Sabiduría de la Cabalá	383
Cuatro etapas en el desarrollo del Kli	391
Cuatro Bjinot (fases)	393
Las cuatro Bjinot previas a Bjiná Dálet con cinco Bjinot dentro de ella	394
Tzimtzum Alef, Masaj, Partzuf	394
Expansión y partida de las Luces	397
Entrada y partida de las Luces en un Partzuf	399
Observación general	400
Reshimot	402
Los Reshimot en los que surgen los Partzufim	404
El nacimiento de los Partzufim	405
La realidad universal	408
Nekudot de SaG	412
Tzimtzum Bet (Segunda restricción)	414
El Mundo de Nekudim	417
La división de Rosh de SaG en cinco Bjinot	418
La división del Partzuf Nekudot de SaG en GE y AJaP	419
El Nacimiento de un Partzuf desde el Superior, Partzuf Katnut de Nekudim, y Partzuf Gadlut de Nekudim	420
Olam HaTikkún (El mundo de la corrección)	422
El Mundo de Atzilut	428
Los Mundos de BYA	431
Los estados de los Partzufim en los mundos de ABYA	432
Adam HaRishón	432
El ascenso de los Mundos	433
La secuencia de causa y consecuencia	434
Surgimiento del Mundo de Atzilut	438
Surgimiento de los Mundos de BYA	439
Apertura a la sabiduría de la Cabalá	445
El Pensamiento de la creación y las cuatro fases de Luz directa	445
Cinco aspectos que se encuentran en el Masaj	452
Los cinco Partzufim de AK	457
La purificación del Masaj hasta Atzilut del Partzuf	459
TaNTA	466

El asunto de Rosh, Toj y Sof de cada Partzuf, y el orden de Hitlabshut de los Partzufim en cada uno de ellos 468

Tzimtzum Bet, llamado Tzimtzum NeHY de AK 471

El Lugar para los Cuatro Mundos de ABYA, y el Parsá ubicado entre Atzilut y BYA 475

Katnut y Gadlut en el Mundo de Nekudim 476

La Elevación de MaN y el surgimiento de Gadlut de Nekudim 479

Explicando los Guimel Nekudot (tres puntos): Jólam, Shúruk, Jírik 481

El asunto de la elevación de MaN desde ZaT de Nekudim hacia AVI y la explicación de la Sfirát Dáat 483

El rompimiento de los Kelim y su caída a BYA 486

El mundo de Tikkún y el nuevo MA que surgió de Métzaj de AK 490

Los cinco Partzufim de Atzilut, y el MA y BoN de cada Partzuf 494

Una gran regla concerniente al constante Mojin y a los ascensos de los Partzufim y de los Olamot (mundos) a lo largo de los seis mil años 497

Explicando los tres Mundos de Briá, Yetzirá y Asiyá 501

Explicando el asunto de la elevación de los Mundos 505

La división de cada Partzuf en Kéter y ABYA 514

Explicación del artículo: "Introducción a la sabiduría de la Cabalá" 519

Cuatro fases de la Luz directa 519

Tzimtzum Alef (Primera restricción) 522

Diez Sfirot de Igulim (círculos), y una línea infinita que las llena 523

El asunto de la línea y el Zivug de Akaá 524

La cuestión del Bitush interno y circundante en el Partzuf 526

El asunto del Partzuf interior 531

El asunto de los Reshimot 531

El asunto de Taguín y Otiot 533

La continuación del desarrollo 534

Prefacio al comentario HaSulam 537

Las diez Sfirot 537

¿Por qué Tifféret incluye JaGaT NeHY? 538

Or y Kli (Luz y vasija) 538

Rosh – Toj - Sof, Pe - Tabur - Sium Raglin 538

Jazé 540

Relación inversa entre Kelim y Orot (vasijas y Luces) 541

Elevación de Maljut hacia Biná 542

La división de cada grado en dos mitades 543

El tiempo de Katnut y el tiempo de Gadlut 544

Como el inferior se eleva hacia su superior 544

Katnut y Gadlut de YeShSUT y ZON 545

El asunto de Tikkún Kavim (la corrección de las líneas) 546

Dos discernimientos en Tikkún Kavim 546
Tikkún Kavim en ZaT y en YeShSUT... 547
La aparición de las tres líneas en YeShSUT 549
Jólam, Shúruk, Jírik.. 551
La línea central sobre las dos líneas 522
Tres tipos de Jojmá en Atzilut... 552
Tres Otiot (letras), Mem, Lamed, Tzadi en Tzélem 554
Dos Bjinot en la elevación de MaN 555
Tres surgen de uno, uno existe en tres 556
La raíz de Nukva de ZA; es decir, Maljut.. 556
Desde el Jazé y por debajo de ZA pertenece a Nukva...................................... 557
Doce Partzufim en Atzilut 558
Una gran regla en tiempo y espacio... 559
Dos diferencias entre los Partzufim de GaR y los Partzufim de VaK 559
Tres condiciones para el surgimiento de un Partzuf inferior 561
Tres etapas en la salida de las diez Sfirot... 562
Ibur, Yeniká, Mojin de Ajor, e Ibur, Yeniká, Mojin de Panim 563
Panim y Ajor y, Panim VePanim 567
¿Quién mide el nivel en Atzilut? 567
Los dos estados que se encuentran en Maljut 569

Talmud Eser Sfirot.. 573
Parte 1... 573
Histaklut Pnimit 573
Capítulo 1... 574
Capítulo 2... 580
Capítulo 3... 582
Capítulo 4... 582
Capítulo 5... 587
Capítulo 6... 588
Capítulo 7... 590
Capítulo 8... 591
Capítulo 9... 595
Capítulo 10... 595

Ptijá_ Prefacio General.. 597
Ocultamiento y revelación del Rostro del Creador 623
Descripción del ocultamiento del Rostro 624
Descripción de la revelación del Rostro.. 625
Descripción de la revelación del Rostro.. 626
Cuerpo y alma.. 627
Tres métodos en los conceptos de cuerpo y alma 627

- El significado científico de cuerpo y alma según nuestra Sagrada Torá 629
- Lo revelado y lo oculto 629
- Lo permitido y lo prohibido en la utilización de la ciencia humana 630
- La acusación contra el RaMBaM (Maimónides) 631

La paz en el mundo 633

La sabiduría de la Cabalá y la Filosofía 647
- ¿Qué es la espiritualidad? 647
- La filosofía de Su esencia 647
- El Kli espiritual es llamado "una fuerza" 648
- Luces y Kelim 648
- Kelim y Luces (el significado de las palabras) 649
- La sustancia y la forma en la Cabalá 649
- ABYA 649
- El origen del alma 650
- El elemento ácido 650
- Cuerpo y alma en los Superiores 651
- Luces y Kelim 651
- ¿Cómo lo espiritual puede engendrar lo material? 652
- Psicología materialista 653
- Yo soy Shlomó (Salomón) 653
- Tres prevenciones 654

Exilio y redención 657
- La diferencia entre un ideal secular y un ideal religioso 658
- Congruencia y unión entre la Torá, el destino ciego y, el desarrollo del cálculo humano 659

La esencia de la sabiduría de la Cabalá 661
- La finalidad de la creación 661
- De arriba hacia abajo (de lo superior a lo inferior) 661
- De abajo hacia arriba (de lo inferior a lo superior) 662
- La cuestión acerca de la obligación de estudiar Cabalá 662
- La Torá como condimento 663
- La mayor parte de la Torá es una referencia 663
- La lámpara es una Mitzvá y la Torá es la Luz 663
- No hay ningún acontecimiento de la Torá que se iguale a la medida de la Luz 664
- El deber y el camino de la difusión de la sabiduría 664
- Expresiones espirituales 665
- Son cuatro los lenguajes utilizados por la sabiduría de la verdad 666
- El lenguaje del TaNaJ 667
- El lenguaje de la Halajá 667
- El lenguaje de la Agadá 667

El lenguaje de los cabalistas 667
El lenguaje de la Cabalá está incluido en todos (los lenguajes).. 668
El orden evolutivo de los idiomas 668
El idioma de la Cabalá es similar a cualquiera de los idiomas
hablados, y su preferencia, está en su significado oculto ¡en una sola palabra! 669
El olvido de la sabiduría 669
La Cabalá según el ARÍ ZaL 670
El orden en que se transmite esta ciencia 671
La raíz y la rama en los mundos 671
La esencia de la sabiduría de la verdad 672
El secreto de la unión.. 672
La entrega del permiso 674
Nombres abstractos... 674
No existe esencia que sea captada en la materialidad 674
Néfesh (alma)... 675
La ventaja de mi explicación sobre las explicaciones anteriores 675
El estilo de los comentarios según las ciencias externas.. 675
El secreto para lograr esta sabiduría 676
El orden de la transmisión de la sabiduría 677

Una sierva que es heredera de su ama.. 679
La interioridad de la exterioridad 679
El desarrollo de Israel (interioridad) es gradual.. 679
El desarrollo inmediato de las naciones del mundo (exterioridad)... 680
La interioridad es el pueblo de Israel 680
La exterioridad son las naciones del mundo 680
Un esclavo y una sierva... 680
La exterioridad gobierna cuando Israel no exige profundidad en su trabajo 681
La razón para la ocultación de la Cabalá 681
Enseñando Torá a los gentiles 681
El llanto de RaShBY 681
Dos males por revelar la sabiduría de Israel a las naciones del mundo 682
¡Ay si yo digo!.. 682
La razón para el ocultamiento de la Cabalá 682
Una sierva que es heredera de a su ama 683
Grilletes de exilio 683

El Shofar del Mashiaj.. 685
La redención es sólo con la fuerza de la Cabalá 685
La escritura del Zóhar y su ocultación 685
La revelación de la Cabalá es el deseo del creador 685
Las aflicciones de Israel son causadas por la revelación de la Cabalá 686

El beneficio de la revelación de la Cabalá 686
El primer beneficio 686
El segundo beneficio 686
La redención por medio de la revelación de la Cabalá a las naciones del mundo........................... 686
La diseminación de la sabiduría de la Cabalá a todo el mundo 686
La revelación de la Cabalá a todas las naciones es la revelación de Eliyahu 687
La revelación de la Cabalá a todas las
naciones es la condición para la redención total 687

Séfer Hallán 689
Diagrama No. 1. 689
Diagrama No. 1, ítem 1 689
Diagrama No. 1, ítem 2 690
Diagrama No. 1, Ítem 3 690
Diagrama No. 2, Ítem 1 690
Diagrama No. 2, Ítem 2 691
Diagrama No. 2, Ítem 3 691
Diagrama No. 2, Ítem 4 692
Diagrama No. 3, Ítem 1 692
Diagrama No. 4. 693
Diagrama No. 5. 693
Diagrama No. 6. 693
Diagrama No. 7. 693
Diagrama No. 8. 693
Diagrama No. 9. 693
Diagramas No. 10, 11, 12 693
Álbum de diagramas de los Mundos Superiores 707
Apéndice A: Glosario de Cabalá 751
Apéndice B: Acrónimos y abreviaturas 801
Acerca de Bnei Baruj 803
Historia y origen 803
El método de estudio 804
El mensaje 805
Actividades 806
Periódico de Cabalá 806
Canal de TV de la Cabalá 807
Conferencias de Cabalá 808
Sitio de Internet 809
Libros de Cabalá 809
Lecciones de Cabalá 810
Financiamiento 810

Introducción

Querido lector,

Cada persona quiere saber ¿Por qué causa ha llegado a este mundo? ¿Qué le depara el futuro? ¿Cómo evitar el sufrimiento y adquirir tranquilidad y seguridad? La sabiduría de la Cabalá provee las respuestas a estas preguntas y a muchas otras más. Ella abre ante la persona la posibilidad de preguntar cualesquier pregunta, para así poder llegar a la experiencia personal interna, la cual le otorgará la respuesta completa. Es por eso que la Cabalá es denominada "La sabiduría oculta".

El punto central de la Sabiduría de la Cabalá está en que todos queremos disfrutar. Los cabalistas llaman a esto "El deseo de recibir placer y deleite". Este es el deseo que activa todas las acciones, los pensamientos y sensaciones que conocemos en nuestro interior y en nuestro entorno. La Sabiduría de la Cabalá nos describe en forma clara y sencilla el cómo llevar a cabo este deseo.

No obstante, la Sabiduría de la Cabalá es explicada en un lenguaje técnico, bello y distinguido, pero es muy importante que no nos confundamos, esta es la Sabiduría de la Vida. Las personas que la alcanzaron y que nos escriben acerca de ella, vieron precisamente de la misma forma como lo hace usted y como lo hago yo. Ellos buscaron las soluciones a las mismas preguntas como por ejemplo: ¿Para qué vivimos? ¿Qué sucede después de morir? ¿Por qué hay sufrimiento en el mundo? ¿Cómo llegamos a la riqueza y perfección?, etc.

Cuando encontraron las respuestas a estas preguntas, las pusieron en práctica en sus propias vidas, escribieron y pasaron a los libros, los artículos y escritos que encontrará en este libro.

Se encontrarán aquí explicaciones precisas, en realidad científicas, de cómo llegar a la sensación superior del placer infinito y, de un control absoluto sobre el camino de su vida.

La Sabiduría de la Cabalá nos enseña cómo disfrutar aquí y ahora. Nos explica conceptos tales como: "El próximo mundo", "Las Almas", "La Reencarnación", "La vida y la muerte", "El esclarecimiento total de todos los estados internos que expresa la persona".

Entonces, ¿Cómo podemos también nosotros, los estudiantes principiantes, llegar a las mismas sensaciones? ¿Cómo se abrirá delante de nosotros el cuadro de la realidad verdadera?

Es sabido que cada persona determina para sí misma el orden de sus preferencias personales. Hay asuntos muy importantes, otros menos importantes y, es como si prefiriéramos posponerlos para mañana. Clasificamos la importancia del asunto según un solo factor –el propósito de nuestra vida.

Hay personas que están preparadas para invertir para el amor, otros para el dinero, o el honor, o el conocimiento, pero cuando estas personas avanzan por medio de un solo placer, abandonan todo lo demás. Por eso muchas personas prefieren no anhelar mucho, para así no perder mucho. Ellas se conforman con poco de cada cosa y suprimen cada deseo fuerte y grande, los cuales exigen más atención.

Los cabalistas que escribieron nos pasaron los textos que aquí leerá, definieron para sí mismos un objetivo claro –reflejar a la persona el cómo alcanzar la vida eterna, una vida llena de placeres y sensaciones sin límites. Para lograr este objetivo, investigaron el deseo de recibir placer y deleite que existe en cada persona.

Los grandes cabalistas que vivieron en nuestro tiempo, son también los que nos explican en el lenguaje más claro posible, las reglas de la Cabalá. *Rav Yehuda Ashlag*, conocido como *Baal HaSulam* (Dueño de la escalera) por el significado del nombre *Sulam* (escalera), el cual lo asocia con el *Libro del Zóhar*, y su hijo, *Rav Baruj Ashlag*, el cual interpretó y amplió las explicaciones de su padre, son quienes nos colocan en nuestro camino con la ayuda de los escritos que leerá en este libro.

El Rav Michael Laitman, estudiante y asistente personal de *Rav Baruj Ashlag*, es quien nos enseña cómo entender correctamente los textos, para alcanzar con la ayuda de éstos, el objetivo por el cual nos fueron creados.

Nosotros, los amigos del grupo *Bnei Baruj*, le deseamos un estudio placentero y, un rápido desarrollo en la escalera del alcance espiritual.

"Bnei Baruj"
Organización para la difusión de la sabiduría de la Cabalá

Poema

Sabe, que antes que las emanaciones fueran emanadas y las criaturas creadas,
hubo una Luz Superior Simple llenando toda la existencia.

Y no había ningún lugar libre, en aspecto de atmósfera vacía o cavidad,
sino que todo estaba lleno de la Luz Simple de *Ein Sof*,
y no había en ella aspecto de principio ni final,
sino que todo era una Luz Simple allanada en similitud,
y esta es llamada "*Or Ein Sof*".

Y cuando continuó en Su simple voluntad,
para crear los mundos y emanar las emanaciones,
para sacar a la Luz la perfección de Sus obras, Sus nombres y sus apelativos,
lo cual fue la causa de la creación de los mundos.

He aquí entonces restringió a Sí mismo el *Ein Sof* en el punto central,
el cual en realidad está en el centro,
y restringió aquella Luz,
y la Luz se alejó hacia los contornos de los lados del punto central.

Y entonces fue dejado realmente un lugar libre, una atmósfera y cavidad vacía del punto central.

Y he aquí esta restricción estaba en similitud con el contorno de este punto central vacío.
De tal forma que el espacio de esta cavidad estaba circularmente en similitud completa con todo su entorno.

Y he aquí, luego de la restricción,
la cual entonces realmente había dejado el espacio de la cavidad y atmósfera libres y vacías en medio de la Luz de *Ein Sof*, ahora ya había un lugar, en el cual podrían estar los emanados, los creados, los formados y los hechos.

Entonces atrajo desde arriba hacia abajo desde la Luz de *Ein Sof* una línea suya,
la que desciende y baja dentro de esta cavidad,
y por medio de esta línea emanó, creó, formó e hizo todos los mundos.

Antes de estos cuatro mundos había un *Ein Sof* y un nombre en unidad maravillosa y oculta, de tal manera que incluso en los ángeles cercanos no hay poder ni logro en el *Ein Sof*, porque no hay ninguna mente que haya sido creada que pueda alcanzarlo, puesto que Él no tiene lugar, ni límite, ni nombre.

El *ARI*, "Árbol de la vida", Parte I, Portal I

El Mesías está sentado a las puertas de Jerusalén esperando que hayan personas meritorias de la redención, él está privado en cadenas y necesita personas plenas que lo liberen de su encierro; ya le es suficiente de *Jasidim*, suficiente de ir a lo ancho, ahora está indagando hacia el fondo de las personas de virtud.

Dichos de *Rabí Menájem Mendel de Kotzk*
("No hay nada más completo que un corazón roto", pág. 115)

Tiempo para el
Alcance Espiritual

Tiempo de actuar

Hace mucho tiempo que mi conciencia me ha perseguido diariamente, para impulsarme a componer alguna composición fundamental en relación al alma del Judaísmo y la religión, con el conocimiento de las fuentes de la sabiduría de la Cabalá, a fin de desplegarlo a toda la nación, para que de este modo lleguen en su interior al reconocimiento y entendimiento general de las cosas, las cuales se mantienen por el mérito de un mundo digno, en características y formas verdaderas.

Antiguamente en *Israel*, antes de que en el mundo se descubriese la industria de la imprenta, no tuvimos entre nosotros libros falsos concernientes al alma del Judaísmo, ya que casi no había un escritor de palabras no confiables, por la simple razón que en muchos casos, una persona no confiable por causa de su gran boca no es popular.

Por lo cual, si por casualidad, salió uno y lo desafió a componer alguna composición, ciertamente no convenía a ningún copista el copiar su libro, porque no le pagarían el salario por su esfuerzo, lo cual es comúnmente una cantidad considerable. Encontrándose que su ensayo fue para él la causa para arruinarse dentro de la comunidad.

En ese tiempo, tampoco los eruditos tuvieron algún interés ni requerimiento para componer libros de esa clase, porque nada de este conocimiento fue indispensable para la mayoría del pueblo. Sino al contrario, ellos tuvieron un interés en esconder este asunto en cámaras internas, con el pretexto de que "Es la majestad de Dios el ocultar un cosa". Porque ha sido costumbre entre nosotros el ocultar el alma de la *Torá* y el trabajo a aquellos quienes no la necesitan, o que no son merecedores de ella, de manera que no lleguen a deshonrarla exhibiéndola en las tiendas de exhibición a cambio de la pasión de los ojos de los mirones o de los dueños de la fama, porque de esta manera la majestad de Dios nos lo demanda.

Excepto en la era en que la industria de la imprenta que ha sido propagada en el mundo, donde los escritores ya no necesitaron más de los copistas, con lo cual el precio de los libros habría sido reducido. Aquí junto con esto también se preparó el camino para los escritores irresponsables, para hacer todo tipo de libros que ellos deseasen, para sustento, honor y, cosas semejantes. Y por sí mismos no toman en cuenta sus acciones y generalmente no se hacen responsables por la consecuencia de sus actos.

Desde este momento también empezaron a multiplicarse los libros del tipo anteriormente mencionado, los cuales son sin ningún estudio ni recepción boca a boca por parte de un *Rav* (maestro) autorizado, siendo incluso carentes del conocimiento de todos los libros antiguos que tienen relación sobre este tema. [Por lo tanto] sus escritos van y muestran la expresión de su sangre y carne y de todo lo absurdo, exponiendo estas cosas con orgullo, para formar con esto el alma de la nación y toda fama descomunal. Y los tontos que no supieron resplandecer, tampoco tienen un medio para este conocimiento. Los cuales trajeron consejos defectuosos a las generaciones, y en respuesta a su insignificante codicia pecan y hacen pecar a muchas generaciones.

Recientemente levantaron su hediondez mucho más arriba, porque también ellos introdujeron sus uñas en la sabiduría de la Cabalá, sin tomar en consideración que esta sabiduría se encuentra cerrada y encadenada por mil cadenas hasta este día, hasta que no haya salido y venga alguien preparado para entender el significado de incluso la palabra más simple en ella, y no hay necesidad de decir cuál es la conexión entre una palabra y su contexto, porque en todos los libros auténticos que nos fueron compuestos hasta el día de hoy, no hay en ellos sino indicaciones sutiles, las cuales con gran estímulo son suficientes para un discípulo erudito a fin de recibir sus significados de boca de un sabio cabalista autorizado. E indudablemente allí también, "anidará el pájaro y rescatará, separará e incubará bajo su sombra". Y se multiplicarán en nuestros días estos hechiceros, quienes hacen allí tales apreciaciones las cuales son repugnantes para los que se deleitan en ellas.

De ellos hay quienes pronto se desviarán para subir a la cúspide y adquirir para ellos un lugar honorable a fin de ser los principales de las generaciones, los cuales se hacen a sí mismos como sabios al seleccionar entre los principales libros antiguos, a fin de instruir al público sobre cuál libro es apropiado indagar, y cuál es el libro en el que no les conviene fijarse, debido a que están llenos de palabras ilusorias, Dios no permita, para menosprecio y enojo. Porque hasta el día de hoy hubo la tarea de este esclarecimiento diferenciando y limitando solamente a uno de cada diez líderes de las generaciones, sin embargo ahora los insensatos van a abusar de ella.

Por lo tanto, el conocimiento del público ha sido muy confundido por cuanto han echado mano en estos asuntos. Además, porque mantiene un ambiente de frivolidad pensando cada uno para sí mismo, ya que para percibir y escudriñar estos asuntos sublimes, les es suficiente echar un vistazo en un momento libre. Y pasan recorriendo todo el mundo está gran sabiduría y las fuentes del alma del Judaísmo en un solo viaje, como aquel ángel famoso, que saca conclusiones de cada uno de acuerdo a su estado de ánimo.

Y esto me ha dado vueltas, tanto que me sacaron más allá de mis límites. Y decidí, que "es tiempo de actuar para el Señor" y rescatar lo que todavía puede ser rescatado. [Es así como] tomé sobre mí mismo el revelar la medida precisa de las fuentes en cuestión para clasificar lo dicho y diseminarlo en medio de la nación.

Revelando una parte y ocultando dos

Una frase habitual en boca de los grandes sabios, en los lugares en que llegan a revelar un asunto profundo, ellos empiezan la disertación diciendo: "Estoy revelando una parte y ocultando dos". Y así nuestros antepasados se cuidaron mucho de la palabra excesiva, tal como nuestros sabios nos enseñaron, "Una palabra es una roca, el silencio lo es doblemente".

Significa que si tienes una palabra valiosa en tu boca la misma es semejante a una roca, sabe pues que callarla equivale a dos rocas. Se refiere a palabras que se pronuncian innecesariamente, las cuales no tienen contenido ni uso relevante excepto para adornar y embellecer la lengua en los ojos de los lectores.

Esto estaba estrictamente prohibido en los ojos de nuestros sabios, como es notorio para los que examinan sus palabras. Así, nosotros necesitamos prestar atención para comprender la argumentación que estaba habitualmente en sus bocas.

Tres tipos de ocultación de la sabiduría
El asunto es que hay tres partes en los secretos de la *Torá*, las cuales en cada parte y parte, tienen un sentido especial para la ocultación que está en ellas. Y por lo tanto son llamadas con los siguientes nombres:

1. Innecesario,
2. Imposible; y,
3. El secreto del Señor es para los que Le temen

Esta sabiduría no tiene ni el más mínimo detalle que no sea dirigido por la determinación de estas tres partes, y las explicaré una por una.

1. Innecesario
Esto significa que no resultará ningún beneficio por medio de su revelación. Por supuesto que no hay en esto ninguna pérdida del todo, porque aquí hay solamente el tema de la limpieza de la mente; es decir, para estar pendiente de todo tipo de aquellas acciones, las mismas

que son definidas con el apelativo de "¿y qué?"; es decir, ¿qué, sí hice esto?, puesto que no hay perjuicio en la cuestión.

Y sabe que el apelativo "¿y qué?", ha sido considerado ante los ojos de los sabios como el más terriblemente corrupto entre los corruptos. En este caso todos los rebeldes del mundo, los que han sido creados y los que en el futuro se crearán, no tienen sino la clase de personas del "¿y qué?"; es decir, aquellos [que dedican su tiempo] a ocuparse en asuntos que no son necesarios. Por lo tanto, los sabios no aceptaban a ningún estudiante mientras no se asegurasen de que él iba a estar pendiente de su oficio, a fin de no revelar lo que no le es necesario.

2. Imposible

Esto significa que debido a que en ellos no hay el dominio del lenguaje para hablar de la cualidad de alguna cosa, puesto que esto amerita de una gran precisión y espiritualidad; por lo tanto, todo intento por vestirlas en palabras que no tienen resultado excepto para engañar con ellas y descarriar [a la gente] por un camino falso, lo cual es considerado la iniquidad más grande de todas las que se hayan mencionado. Por eso, para revelar algo de tales asuntos, los cuales son parte de la segunda ocultación de la sabiduría, se necesita del permiso del Cielo; sin embargo, este permiso, también requiere una explicación.

Permiso desde Arriba

Este asunto está explicado en el libro, *La Puerta a las Palabras de RaShBI*, por el *ARI*, en *El Zóhar, Parashat Mishpatim*, pág. 100. Esta es su exposición: "Sabe, que de las almas que tienen los justos hay de aquellas que son del tipo de Luz Circundante, y hay algunas que son del tipo de Luz Interior. Todas aquellas que están del lado de la Luz Circundante, tienen en ellas el poder de hablar de las ocultaciones y de los secretos de la *Torá* a través de una envoltura y gran ocultación, a fin de que no sean entendidas sino por quien es digno de comprenderlas.

El Alma de *Rabí Shimón Bar Yojai* fue del tipo de Luz Circundante. Por lo tanto, hubo en él el poder para vestir las palabras y estudiar de ellas, de tal manera que aún cuando se las estudiara suficientemente, no serían entendidas sino por quienes son dignos de hacerlo; y por eso le fue dado el "permiso" para escribir *El Libro de Zóhar*; en tanto que a sus maestros o a los primeros que le precedieron, no les fue concedido el permiso para escribir un libro con esta sabiduría, a pesar de que ciertamente habían conocido esta sabiduría más que él. Pero la razón es que no tuvieron en ellos el poder para vestir las cosas al igual que él, [en alusión] a lo cual está escrito: "El hijo de *Yojai* sabía guardar sus caminos". Y con esto entenderás la gran ocultación del *Libro del Zóhar*, el cual escribió *RaShBI*, del cual no todas las mentes pueden entender sus palabras".

Esencialmente sus palabras: Las cuales son el asunto del esclarecimiento de las cosas [respecto a] la sabiduría de la verdad, que generalmente no dependen de la grandeza o pequeñez del sabio cabalista; sino que tiene que ver con la iluminación de un alma especial para tratar esto, ya que la iluminación de esta alma es del tipo de aquellas a las que se les ha entregado el "permiso" desde Arriba, para revelar la Sabiduría Superior. Y aprendemos, por lo tanto, que aquel a quien no le fue concedido este permiso, le está prohibido explicar definiciones en esta sabiduría, debido a que no puede vestir aquellas cosas sutiles en palabras apropiadas para hablar, puesto que desviarán a los que las estudian.

Por esta razón no encontramos ningún libro ordenado en la sabiduría de la verdad que preceda al *Libro del Zóhar* de *RaShBI*, puesto que todos los libros que le preceden en esta sabiduría, no están determinados como explicación de la sabiduría, sino que son solamente, simples insinuaciones sin ningún orden de causa y consecuencia, como es sabido por los buscadores del conocimiento; así es el entendimiento de sus palabras.

Y hay que añadir conforme a lo que recibí de los libros y los autores, que desde el tiempo de *RaShBI* y sus alumnos, los autores del *Zóhar*, hasta el tiempo del *ARI*, no hubo ni uno solo de los escritores que entendiese las palabras del *Zóhar* y los *Tikunim* (correcciones) tanto como el *ARI*. Todas las composiciones anteriores a él, no son sino del tipo de los autores de la insinuación de esta sabiduría, incluso los libros del sabio *RaMaK*.

Y también acerca del mismo *ARI* es conveniente decir las mismas palabras que se dijeron acerca del *RaShBI*; es decir, que a los predecesores del *ARI* no se les dio el permiso desde Arriba para revelar las interpretaciones de la sabiduría, en tanto que a él sí le fue dado este permiso. De tal manera que no hay que distinguir aquí alguna grandeza o pequeñez en lo absoluto, porque puede ser que la virtud de los que lo antecedieron fuera mucho mayor que la del *ARI*; no obstante, a ellos no les fue dado el permiso para tratar esto. Por tal motivo, se abstuvieron de escribir comentarios concernientes a esta misma sabiduría, ya que se conformaron con pequeñas insinuaciones, las mismas que no tenían absolutamente ninguna relación entre sí.

Por esta razón, desde que los libros del *ARI* aparecieron en el mundo, todos los que se dedican la sabiduría de la Cabalá abandonaron todos los libros del *RaMaK*, y todos los primeros y los grandes que precedieron al *ARI*, tal como es nombrado entre aquellos que se dedican a esta sabiduría. Todos ellos adhirieron su vida espiritual solamente a los escritos del *ARI*, de tal forma que la esencia de los libros convenientemente considerados para ser una investigación interpretativa de esta sabiduría, son solamente *El Libro de Zóhar*, los *Tikunim* y tras ellos, los libros del *ARI*.

3. El secreto del Señor es para los que Le temen

Esto significa que los secretos de la *Torá* son revelados solamente a aquellos que temen Su Nombre, los que perciben Su majestad con toda su alma y con toda su fuerza, los que nunca sacaron de debajo de sus manos ninguna blasfemia. Esta es la tercera parte de la ocultación de la sabiduría.

Esta parte es la más estricta en el asunto de la ocultación, puesto que muchos blasfemos rechazaron las revelaciones de esta clase, porque de entre ellos salieron todos los exorcistas, los amuletos y los dueños de la Cabalá "práctica", los que capturan las almas con sus artimañas, y todo tipo de místicos que hacen uso de la sabiduría marchita, que salió de debajo de las manos de estudiantes fraudulentos, para obtener de ello beneficios corporales para sí mismos o para los demás, por lo cual el mundo ha sufrido mucho y todavía sufre de igual manera.

Y sabe que toda la esencia y raíz de la ocultación en su comienzo fue solamente debido a esta parte. Y de aquí los sabios tomaron severas advertencias en la prueba a los estudiantes, por medio de lo que dijeron nuestros sabios (*Jaguigá* 13): "No hay moralidad en los principales de las secciones excepto por el jefe de justicia, el cual está preocupado en su corazón por los que son cercanos a él", y "es por varios años que no hay investigadores que por sí solos investiguen el *"Maasé Berrishit"* (Acto de la creación) ni de *"Maasé Merkavá"* (Acto de la creación)". Encontrarás muchos como ellos. Todo este miedo es del que se explica arriba.

Por esta razón, son pocos aquellos escogidos que merecieron esta sabiduría, e incluso aquellos que abandonaron todas sus obligaciones por cumplir con el examen y con la búsqueda, encontramos que confiesan con los más severos y terribles juramentos, no revelar nada de aquellas tres partes antes mencionadas.

No te equivoques con mis palabras, con las que dividí aquí las tres partes del asunto de la ocultación de la sabiduría. No quiero decir que la sabiduría de la verdad en si misma se divida en estas tres partes. Más bien quise decir, que de cada una de las partes que se encuentran en las exposiciones de esta sabiduría, ninguna de estas tres se ramificará de ella, puesto que aquellas tres son solamente las maneras de explicación habitual en esta sabiduría siempre.

Excepto que aquí se tiene que preguntar: "¿Si es cierto que la transmisión de la ocultación de la sabiduría llegó por medio de una medida tal; que de ser así, de dónde fueron tomadas todas aquellas miles de composiciones que se juntaron en esta sabiduría?" La respuesta es: Puesto que hay una diferencia entre las dos primeras partes y la última parte. Porque el aspecto principal del peso de la acusación recae sólo sobre la tercera parte, por la razón explicada arriba.

Sin embargo las dos primeras partes no se encuentran bajo determinada prohibición., puesto que de la parte "innecesario" a veces se invierte una cuestión y resulta que la incluye, debido a que al invertirla llega a ser del tipo "necesario". Así, la parte "imposible" eventualmente la haremos del tipo "posible". Esto es así por dos motivos: Ya sea por la evolución de la generación ó por medio de la entrega del permiso desde Arriba, como sucedió con el *RaShBI* y el *ARI*, y en cantidades pequeñas también con sus antecesores. De estas cuestiones salieron y se revelaron todos los libros auténticos que se relacionaron con esta sabiduría.

A esto es a lo que se refirieron con su proverbio, "Revelé una parte y oculté dos". Con lo cual quieren decir que lo que pasó fue que estaban revelando algo nuevo, que no fue descubierto por sus antepasados. Y la analogía es así, puesto que es revelada solamente una parte; es decir, él revela allí la primera de las tres partes de la ocultación antes mencionada, y mantiene las otras dos partes en ocultación.

Está indicando, que debido a que le sucedió alguna cuestión, es que incluyó el dicho de esta revelación: Con respecto a lo que se explicó arriba; o bien, lo que es "innecesario" recibió la forma de "necesario", o que le fue dado "el permiso desde Arriba". Y a esto es a lo que se está refiriendo con el proverbio de "revelé una parte".

Los lectores de estos escritos supieron que intenté imprimirlos durante el año, todos los cuales son innovaciones que no están citadas estrictamente, en su contenido exacto, en ningún libro anterior mío. Las recibí boca a boca de mi maestro, el cual fue autorizado para hablar; es decir, que él también recibió de sus maestros boca a boca.

Y aunque yo las recibí con todas las condiciones de cobertura y cuidado, tal como se expuso anteriormente, no obstante el hecho de la imperiosa necesidad me trajo a componer mi ensayo "tiempo de actuar", pues se ha invertido para mí la parte de "innecesario" y resultó que fue del tipo "necesario". Por lo tanto, revelé esta parte con autorización completa, como ya lo expliqué anteriormente. No obstante, guardaré aquellas otras dos partes, tal como se me ordenó.

La esencia de la religión y su propósito

Quiero responder aquí acerca de tres preguntas:

1. ¿Cuál es la esencia de la religión?
2. ¿Es su esencia alcanzada en este mundo o en el mundo por venir?
3. ¿Su objetivo radica en beneficiar al Creador o a la creación?

A primera vista, el lector se sorprenderá por mis palabras y no entenderá estas tres preguntas que he puesto ante mí como tema para este artículo. ¿Y quién es el que no sabe qué es la religión, y de todo lo relacionado con su recompensa y castigo, los cuales están esperando y son destinados principalmente para el mundo por venir? ¿Y no hay necesidad de mencionar la tercera cuestión, pues todos saben que es para beneficiar a las criaturas y guiarlas al placer y a la felicidad, y qué más hay que añadir a esto?

En realidad, no tengo nada más que añadir; excepto entre los que conocen estos tres conceptos, de los cuales fluye tanto por su boca "*Guirsa de Yankuta*"[1] delante de los ignorantes, hasta no tener ninguna adición ni esclarecimiento de las cosas durante toda su vida, al fin y al cabo esto demuestra su falta de conocimiento de estas cuestiones sublimes, las cuales son necesariamente toda la esencia del fundamento sobre el cual todo el peso de la estructura religiosa está construido y sobre lo cual se apoya.

Si es así díganme, ¿cómo es posible que un muchacho pequeño de doce o catorce años de edad, ya se encuentre listo en su mente para mantener y entender correctamente estas tres nociones sutiles, de modo que de todas las cosas sea suficiente con esto, tal que no necesitará añadir sobre esto otro concepto o conocimiento por el resto de su vida?

¡De hecho, aquí está el problema! ¡Pues esta conjetura apresurada trajo consigo toda la futilidad y las conclusiones absurdas, las cuales llenaron el ambiente de nuestro mundo en nuestra generación! Y esto nos trajo a un estado, donde la segunda generación casi se ha desplomado completamente debajo de nuestras manos.

---

1 (N. del T.): **En arameo: tradición adquirida desde la niñez**

"El bien absoluto"

Para evitar cansar a los lectores con largas discusiones, me apoyé en todo lo escrito y explicado en artículos previos, especialmente en el artículo, *"Matán Torá"* (Entrega de la *Torá*), los cuales son todos como una introducción al sublime tema que se encuentra frente a nosotros. Aquí hablaré breve y objetivamente, para que sea comprendido por cada persona.

Primeramente, necesitamos comprender al Creador, el cual es "el bien absoluto"; es decir, que es imposible en ninguna manera, que Él le cause alguna pena a alguien. Esto es entendido por nosotros como el primer concepto, con lo cual nuestro sentido común claramente nos muestra que la base de todas las malas acciones, está determinada única y simplemente por "el deseo de recibir".

Esto significa que la ansiedad interna después de la recepción del bien para su propia satisfacción, en efecto resulta para hacerle daño a su prójimo dentro del "deseo de recibir" para sí mismo. De tal manera que si un ser humano no hubiese encontrado ninguna satisfacción para sí mismo, no hubiese nadie en el mundo que le haga daño a su prójimo. Y si a veces encontramos que algún ser humano le causa daño a su prójimo, sin ningún "deseo de recibir" satisfacción para sí mismo, lo hace solamente debido a un viejo hábito, el cual le influenció desde el comienzo dentro del deseo de recibir, el cual ahora lo libera momentáneamente de todo nuevo acontecimiento, como es sabido.

Y dentro de eso que nos es entendido que el Creador está lleno de Sí mismo, y no necesita de nadie que Lo ayude en Su culminación, por ser anterior a todas las cosas, es por consiguiente claro que Él no tiene ningún "deseo de recibir". Y por cuanto no tiene ninguna propiedad del "deseo de recibir", de cualquier manera no tiene ningún motivo para causarle daño a alguien, esto es simple en el plan de la elementalidad.

Y no es más, sino que es aceptado y se asienta en nuestros corazones con el propósito de la elementalidad en el primer concepto, que Él posee un "deseo de otorgar" bondad a Su prójimo; es decir, a Sus creados. Lo cual nos es demostrado mediante toda la gran creación que creó y extendió ante nuestros ojos. Debido a la necesidad que hay aquí en nuestro mundo por parte de las personas que sienten ya sea, una sensación buena o una mala, y esa sensación que ellas sienten, es una necesidad que les es causada por el Creador. Y luego que es sabido con completa clarificación, que no hay en el Creador el hábito de causar daño, tal como fue explicado, es así con la necesidad que todos los creados reciben de Él solamente bondades. Debido a que Él creó a los creados solamente para causarles el bien.

Por consiguiente, aprendemos que Él tiene el "deseo de otorgar" bondad solamente, y que de ninguna manera formará en Su hábito el objeto del perjuicio y el dolor, lo cual viene a ser consecuente a Él. Y por lo tanto Lo hemos definido por el nombre "la bondad absoluta".

Y después que conocimos esto, fue extraído y observado por la realidad verdadera la cual es dirigida e inspeccionada por medio de Su mano, cómo es que Él les otorga solamente el bien.

Su supervisión es una supervisión objetiva

Es entendido por nosotros que de todos los sistemas de la naturaleza que se despliegan ante nuestros ojos, en los cuales cada pequeña criatura de cualesquiera de las cuatro categorías: Inanimado, vegetativo, animado y hablante, en forma particular y general, encontramos en ellas la supervisión objetiva; es decir, un crecimiento lento y gradual por medio del desarrollo de causa y efecto, como la fruta en un árbol, la cual es supervisada con un objetivo bueno para que finalmente llegue a ser una fruta agradable, dulce y bella.

Sal y pregunta a un botánico, por cuántos estados atraviesa la fruta desde que es visible hasta que llega a su objetivo, al final de su maduración. Que todos sus estados precedentes no son suficientes ya que no nos muestran ningún indicio adecuado de su final dulce y bello, sino que como para hacernos enojar, nos muestran lo opuesto de la forma terminada.

Es decir, que mientras más dulce es la fruta al final, ella en sus estados de desarrollo previos, se encuentra más amarga y fea. Y lo mismo sucede con las categorías animado y hablante. Puesto que la mente del animal es pequeña hasta el final de su crecimiento, no es tan deficiente durante su desarrollo. Sucede lo contrario con el hombre, cuya mente es grande hasta el final de su crecimiento, y es muy deficiente durante su desarrollo. Porque "Un becerro de un día es llamado buey"; es decir, que tiene la fortaleza para parase sobre sus cuatro patas y caminar, y la inteligencia para evitar los obstáculos que se encuentran en su camino.

No así un bebé de un día, el cual está acostado como inconsciente. Y si alguien quien no estuviese acostumbrado a las conductas de este mundo hubiese examinado a estos dos recién nacidos, seguramente hubiese dicho acerca del nacido humano, que también de su objetivo no conseguirá nada, y acerca del nacido del animal hubiese dicho, que aquí ha nacido un gran héroe; es decir, si hubo un juicio delante de él tal que no podrá distinguir entre la sabiduría del becerro comparado a la del niño torpe y carente de todos los sentidos.

De esta manera es notorio ante tus ojos, que la Supervisión sobre la realidad que Él creó, no tiene sino la forma de "supervisión objetiva", sin tomar en consideración el orden de las fases de desarrollo. Pues al contrario, sus formas están para engañarnos e impedirnos entender el propósito de su existencia, el cual está siempre en un estado opuesto al de su compleción final.

Es sobre tales asuntos que decimos, "No hay alguien tan sabio como quien tiene experiencia". Puesto que solamente aquel que es experimentado y que tiene la oportunidad de examinar la Creación en todas sus fases de desarrollo, hasta la llegada de la plenitud, puede calmar los ánimos, para no temer de todas las imágenes que comúnmente están deterioradas, a las cuales la Creación se sujeta en las fases del desarrollo, solamente para creer en el final de su linda y pura maduración.

De esta forma, nos ha sido correctamente aclarado acerca de Su Supervisión en nuestro mundo, la cual está en la propiedad de la Supervisión Objetiva solamente. Que no hay medida de bondad perceptible en ella, antes de la llegada de la Creación hasta el punto final que está en ella, a su forma y maduración final. Sino al contrario, por medio de envolverse siempre con una envoltura de corrupción respecto a los observadores. Al fin y al cabo se deja ver, que el Creador siempre otorga a Sus criaturas solamente el bien, excepto que este bien es supervisado por Él a través de la Supervisión objetiva.

Dos caminos: El camino del sufrimiento y el camino de la *Torá*

Ha sido explicado que el Creador es el bien absoluto, y que Él nos supervisa a partir de la medida de Su bondad completa sin ninguna mezcla de maldad; realmente con la propiedad de la supervisión objetiva. Lo cual significa que Su supervisión nos obliga a recibir el orden de los diferentes estados mediante precedente y resultante; es decir, causa y efecto, hasta que nos hagamos expertos para recibir la bondad deseada. Entonces llegaremos a nuestro propósito como una fruta bella al término de su maduración. Y con esto se entiende que este propósito es determinantemente seguro para todos nosotros, de no ser así tú eres un obstáculo que está perjudicando Su supervisión, diciendo que no es suficiente para su propósito.

Esto es lo que dijeron nuestros sabios, "La Divinidad en los inferiores es una gran necesidad"; es decir, en vista que Su supervisión es objetiva, tal que finalmente nos traerá a la adhesión con Él; por lo tanto, esto está pensado para una gran necesidad; o sea, que si no llegamos a esto, encontraremos, Dios no permita, defectos en Su supervisión.

Esto es similar a un gran rey al cual le nació un hijo en su vejez, y fue muy cariñoso con él. Por lo tanto, desde el día que nació, él pensó sólo en cosas buenas para él, y fue y coleccionó todos los libros preciosos y a los sabios más excelentes que estaban en el país, y le construyó una academia para la sabiduría. Luego envió a los constructores de renombre y le construyó palacios de placer. Juntó a todos los músicos y cantantes y le preparó salas de conciertos, y llamó a los más excelentes cocineros y pasteleros los cuales inventaron para él todas las delicias del mundo.

Y he aquí llegaron los años y el hijo creció, y fue un tonto y no tuvo el deseo por la educación. Y era un hombre ciego que no tenía expectación ni sensación en la belleza de los edificios. Era sordo y no escuchaba la voz de los cantores ni el sonido de los instrumentos. Estaba enfermo y no le era posible comer excepto una hogaza de pan de harina gruesa solamente, para vergüenza e ira.

Sin embargo, tal cosa le puede ocurrir a un rey de carne y sangre, lo cual es imposible decir en relación al Creador, que un asunto engañoso no es dirigido por Él naturalmente. Por lo tanto, Él nos ha preparado dos caminos de desarrollo:

El primero es el camino del sufrimiento, el cual es el orden del desarrollo de la Creación dentro de sí misma, que es obligada por la naturaleza a ir y recibir por medio de causa y efecto, estados diferentes uno del otro, los cuales nos desarrollan lentamente, hasta que lleguemos a incluir el reconocimiento para elegir lo bueno y aborrecer lo malo, a fin de llegar al propósito correcto deseado por Él.

No obstante este camino es temporalmente largo y lleno de sufrimientos y dolores. Por lo tanto, Él ha preparado para nosotros, en relación a esto, un camino agradable y bueno, el cual es el camino de la *Torá* y las *Mitzvot* (preceptos), el cual es apropiado para adiestrarnos para nuestro propósito en un tiempo corto y sin sufrimientos.

Resulta de esto, que nuestro objetivo final es adiestrarnos para adherirnos a Él, a fin de que Él more en nuestro interior. Éste objetivo es favorable sin que se haya encontrado ningún punto para desviarse de él, puesto que Su supervisión es firme sobre nosotros en sus dos maneras de supervisión, los cuales son el camino del sufrimiento y el camino de la *Torá*, tal como se explica. Excepto por la propiedad de la realidad práctica, en la cual encontramos que Su Supervisión nos llega por dos caminos simultáneamente, los cuales son llamados por nuestros sabios como: "El camino de la tierra" y "el camino de la *Torá*".

La esencia de la religión es desarrollar en nosotros el sentido del reconocimiento del mal

Estas son las palabras de nuestros sabios: "¿Por qué le importa al Creador si uno faena por la garganta o por detrás del cuello? Después de todo, las *Mitzvot* no nos fueron dados sino para purificar a la humanidad". El asunto de la purificación ha sido completamente explicado en el artículo "Entrega de la *Torá*" (ítem 2). Excepto que aquí explicaré la esencia del este desarrollo, por medio del concepto de: ¿qué es la ocupación en *Torá* y *Mitzvot*?

Sabe que este es el asunto del reconocimiento del mal que está dentro de nosotros. Lo cual es la ocupación de los *Mitzvot* apropiadamente, a fin de esclarecer la cuestión de la purificación gradual y lenta en ellos, que a la verdad es la medida de los grados que están en la purificación, la que despertará el descubrimiento del mal que está dentro de nosotros.

Pues la persona ya está lista del lado de su naturaleza, para rechazar y erradicar cada cosa mala de dentro sí. Esto es en cierta medida similar en cada persona. Pero toda la diferencia entre ella y su sociedad está solamente en el reconocimiento de mal. Que una persona más desarrollada reconoce en sí misma una mayor cantidad de mal, y de ahí separa y repele la maldad de su interior en una mayor medida. Y una persona sin desarrollo encuentra en sí misma una sensación de una pequeña medida de maldad, y por lo tanto, no repelerá el mal sino solamente en una pequeña medida. De tal manera que permanecerá toda la suciedad en su interior, puesto que generalmente no reconocerá la suciedad.

Y para no cansar al lector, aclararemos el significado de bueno y malo en sus generalidades, como ha sido explicado en "Entrega de la *Torá*" (ítem 12), que comúnmente el mal no tiene sino amor propio, el cual es llamado "egoísmo", por ser opuesto a la forma del Creador, el cual no tiene deseo de recibir para Sí mismo ni mucho menos, sino solamente para otorgar.

Tal como fue explicado en "Entrega de la *Torá*" (ítems 9 y 11), que toda la esencia del asunto del placer y el deleite, está en la medida de la equivalencia de forma con el Hacedor. Y toda la esencia del asunto del sufrimiento y la intolerancia, están en la medida del cambio de la forma con el Hacedor. Por lo tanto, el egoísmo nos es repugnante y definitivamente nos duele, por ser su forma opuesta a la del Hacedor.

No obstante esta repugnancia no es equivalente en todas las almas sino que está dividida entre nosotros en medidas. Porque la persona ordinaria que comúnmente no tiene desarrollo, no se da cuenta del egoísmo como un atributo malo; y por lo tanto, lo usa abiertamente sin ninguna vergüenza o restricción; roba y asesina a vista de todos, con todo lo que se encuentre a su alcance. El que es ya un poco más desarrollado, siente en su egoísmo alguna medida de la propiedad del mal, y por lo menos se avergüenza por usarlo en público, al robar y asesinar siendo vistos de las personas en un lugar abierto. Pero en secreto, aún llevan a cabo toda su conspiración.

Y del que es más desarrollado, encontramos que siente el egoísmo como una cosa verdaderamente repugnante, hasta que no puede soportarlo dentro de sí mismo y lo rechaza desechándolo completamente, conforme a la medida de su descubrimiento, hasta que no quiere y no puede disfrutar del trabajo de los otros. Entonces se comienzan a despertar en su interior las chispas del amor por su prójimo, denominado "altruismo", lo cual es la medida de la bondad general.

Y también eso emerge hacia él con el orden del desarrollo gradual; es decir, empieza a desarrollar en él un sentido de amor y otorgamiento hacia las necesidades de sus parientes y familia, tal como está escrito: "No te esconderás de tu propia carne". Cuando se desarrolla más, se agranda en él la medida de otorgamiento para toda la gente a su alrededor, sean personas de su ciudad o de su nación. Y así va añadiendo, hasta que se desarrolla en él la cualidad del amor por su prójimo sobre toda la humanidad.

Desarrollo consciente y desarrollo inconsciente
Sabe, que dos fuerzas son utilizadas para empujarnos a subir y elevarnos sobre los peldaños de la escalera ya mencionada, hasta que lleguemos a su cumbre en los cielos, la cual es el punto intencionado de nuestra equivalencia de forma con el Hacedor. Y la diferencia entre estas dos fuerzas es que la primera nos empuja desde atrás, la cual definimos con el nombre de: "El camino del sufrimiento" o "el camino de la tierra".

De este camino nos llegó la filosofía de la doctrina de la "moralidad", la cual es llamada "ética", que está basada sobre conocimiento empírico; es decir, a través del examen de la razón práctica, que toda la esencia de esta doctrina no tiene sino la síntesis de los daños, los cuales emergieron ante nuestros ojos por medio del núcleo del egoísmo.

Y he aquí estos experimentos nos llegan por el azar; es decir, no "de nuestra conciencia" ni por nuestra elección, sino que aquellos nos aseguran a su objetivo, puesto que la imagen del mal se va aclarando en nuestros sentidos. Y en la medida en que reconocemos sus daños, en la misma medida los abandonamos. Entonces llegamos a un peldaño más alto en la escalera.

La segunda fuerza nos empuja "desde nuestra conciencia"; es decir, por la fuerza de nuestra propia elección. Esta fuerza nos jala desde adelante, la cual definimos con el nombre de: "El camino de la *Torá* y las *Mitzvot*". Puesto que por medio de la ocupación en *Torá* y *Mitzvot* a fin de traer alegría a nuestro Hacedor, prontamente encontraremos un desarrollo maravilloso en nosotros, aquel sentido del reconocimiento del mal, tal como fue explicado en "Entrega de la *Torá*" (ítem 13). Y nos beneficiamos doblemente:

1. Que no tenemos la necesidad de esperar a que los tormentos de la vida nos empujen por detrás, que toda la medida del empuje que está en ellos

ha sido calculada sólo por la medida de las aflicciones y las destrucciones. Por el contrario, a través de la distinción y el refinamiento que sentimos al momento del trabajo puro para el Creador, para complacerlo, se desarrolla en nosotros una relación relativa a conocer la bajeza de estas chispas del amor propio, puesto que nos molestan en nuestro camino, a fin de recibir el gusto de este refinamiento de la abundancia del Creador. De tal manera que la sensación gradual del reconocimiento del mal va y se desarrolla en nosotros a partir de los tiempos de gran placer y tranquilidad; es decir, por medio de la recepción del bien mientras dura el trabajo para el Creador, dentro de nuestra sensación de la bondad y el deleite que entonces nos llega debido a la equivalencia de forma con el Hacedor.

2. Que ganamos tiempo, puesto que Él opera "nuestra conciencia", y hay que acrecentar en nuestras manos el asunto del trabajo y apresurar el tiempo como deseemos.

La religión no se beneficia de las personas sino que beneficia al trabajador

Muchos yerran comparando nuestra sagrada *Torá* con la doctrina de la moralidad. Ya que esto les llegó debido a que no probaron el sabor de la religión en sus días. Yo les llamo a que descubran aquello de: "Prueben y verán que el Señor es bueno". Y es verdad que ambas: La ética y la religión, hablan de una misma intención, levantar a la persona por encima de la suciedad del estrecho amor propio para traerla hacia lo alto de la cumbre del amor a su prójimo.

Pero de todos modos ellas están lejanas una de la otra, como lejano está el Pensamiento del Creador del pensamiento de la persona. Puesto que la religión se extiende desde los Pensamientos del Creador, y la doctrina de la ética viene de los pensamientos de la carne y la sangre y de las experiencias de sus vidas.

Por lo tanto, es evidentemente conocido que entre ellos es lo contrario, en todos los puntos de los aspectos prácticos así como en el objetivo final. Puesto que el reconocimiento del bien y el mal que se desarrolla en nosotros por medio de la doctrina de la ética, que en el tiempo de su uso, tiene un trato relativo al éxito de la sociedad como es sabido.

Lo que no es así con la religión, la cual es el asunto del reconocimiento del bien y el mal que se desarrolla en nosotros a partir de su uso, que tiene un trato relativo al nombre del Creador solamente; es decir, de un cambio de la forma del Hacedor, hasta igualarse a la forma con Él la cual es llamada *"Dvekut"* (adhesión), tal como te fue explicado en el artículo "Entrega de la *Torá*" (ítems 9-11).

Y así aquellas están lejanas la una de la otra en el límite de la distancia respecto al asunto de la meta, ya que el objetivo de la doctrina de la ética es el bienestar de sociedad desde el punto de vista de la razón práctica, derivada de las experiencias de la vida. Que al final del asunto, la meta no le asegura al que se ocupa en ella ningún júbilo por encima de los límites de naturaleza.

Por consiguiente, este objetivo todavía no saldrá de la regla de la crítica como es sabido, pues ¿Quién puede mostrarle a un individuo la medida del bien para su beneficio en una forma final tal, que estará obligado a disminuir su imagen en alguna medida, para beneficio de la sociedad?

Lo cual no es así con el objetivo religioso que asegura el bienestar de la persona que se ocupa en ella. Pues a saber ya hemos evidenciado, que en la llegada de la persona hacia el amor a su prójimo; entonces, ella se encuentra directamente en la propiedad de *Dvekut*, la cual es la equivalencia de forma con el Hacedor, y junto con esto la persona pasa de su mundo estrecho, el cual está lleno de dolores y tropiezos, hacia un mundo eterno amplio de otorgamiento al Creador y a la creación. Encontrarás también una diferencia substancial y totalmente notable en el aspecto del apoyo, pues a pesar de que se ocupó en el método de la doctrina de la ética, he aquí ha sido apoyado sobre la base del cumplimiento de la misericordia a ojos de la gente. Esta cuestión parece un modelo de alquiler el cual es provechoso al final. Y cuando la persona se acostumbra a un trabajo tal, él tampoco puede ascender en los grados de la ética, puesto que ya está habituado a tal trabajo, el cual es bien recompensado por la sociedad, la que paga por sus buenas acciones.

En tanto que el que se ocupa en *Torá* y *Mitzvot* a fin de complacer a su Hacedor, sin ninguna adquisición de recompensa, después va y escala los peldaños de la ética según la medida en que se ocupó, ya que al fin y al cabo ha perdido todo el pago sobre su camino. Y cada centavo le es añadido a una gran cuenta, hasta que compra la segunda naturaleza, la cual es el otorgamiento a su prójimo sin ningún despertamiento de la recepción particular, a excepción de las necesidades para su mantenimiento solamente.

Y en verdad encontramos que ha sido liberado de los encarcelamientos de la Creación. Puesto que a la hora en que la persona detesta toda recepción particular y su alma se separa de toda la abundancia de los pequeños placeres físicos y el respeto, ella se encuentra paseando libre en el mundo del Creador. Y le es prometido que aquí no le ocurrirá ningún daño ni desgracia nunca, ya que todos los daños son sentidos y llegan a la persona solamente por la propiedad de la recepción particular la cual está impresa en él.

Y he aquí ha sido completamente explicado, que el propósito de toda la religión se sostiene solamente por la necesidad de la persona que trabaja y se ocupa en ella, y no para generalmente servir y beneficiar a la gente, aunque todas sus acciones giren alrededor del beneficio de la gente y sean medidas por estos actos.

Pero no hay en esto sino un ensayo hacia la meta sublime, la cual es la equivalencia con el Hacedor. Y con esto también es entendido que el propósito de la religión ha sido aceptado mientras dura su vida en este mundo, y examinado detenidamente en el artículo "Entrega de la *Torá*", con respecto al objetivo del general y del particular.

La esencia de la sabiduría de la Cabalá

Antes de que vaya esclareciendo la historia de la sabiduría de la Cabalá, la cual ya fue repasada por muchos, consideré necesario comenzar con una clarificación concienzuda de la esencia de esta sabiduría, la cual yo creo, muy pocos conocen. Y naturalmente, es imposible hablar de la historia de algo sin antes conocer tal cosa.

Aunque este conocimiento es más amplio y más profundo que el océano, de todas maneras me esforzaré con toda mi fortaleza y conocimiento, los mismos que he adquirido en este campo, para explicar con una explicación genuina e iluminarlo por todos los lados, de tal manera que sea suficiente para cada alma, para sacar de ellas las conclusiones correctas, de la manera que verdaderamente son, no dejando margen para error, siendo esto muy común en tales cuestiones

¿En torno a qué gira la Sabiduría?
Esta pregunta viene a la mente de toda persona sensata. Y para dar una respuesta satisfactoria a esta pregunta, proporcionaré una definición confiable y perdurable, pues: Esta sabiduría es, ni más ni menos que una secuencia de raíces, las cuales penden a razón de causa y efecto, en reglas fijas y determinadas, entrelazándose en un único y elevado fin que se describe como "la revelación de Su Divinidad a Sus criaturas en este mundo".

Y aquí están las reglas de general y particular:

"**General**" — Es decir toda la humanidad está obligada en su final, absoluta y conscientemente, a llegar a este desarrollo avanzado, como está escrito, "porque la tierra será llena del conocimiento del Señor, como las aguas cubren el mar" (Isaías 11.9). "Y no enseñará más el hombre a su prójimo, ni el hombre a su hermano, diciendo: Conozcan al Señor; porque todos me conocerán, desde el más pequeño de ellos hasta el más grande" (Jeremías 31.33). "Y no se esconderán más tus maestros, sino que serán tus ojos los que vean a tus maestros". (Isaías 30.20).

"**Particular**"—Es decir, que aún antes de la perfección de toda la humanidad, esta regla es implementada en unos cuantos individuos elegidos en cada generación. Porque aquellos son los particulares, los dotados en cada generación, con ciertos grados en el asunto de la revelación de Su Divinidad. Y éstos son los profetas y los hombres de Dios. Tal como nuestros sabios dijeron: "No hay generación en la cual no haya alguien como Abraham y Jacob".

Ahora puedes notar que la revelación de Su Divinidad es implementada en cada generación, según las palabras de nuestros sabios, quienes están acreditados para hablar de esto y nos son confiables.

La Multiplicidad de *Partzufim*, *Sfirot* y *Olamot* (Mundos)

Sin embargo, de acuerdo a lo dicho, surge una pregunta: Ya que la sabiduría no tiene más que una sola, clara y especial función, si es así, ¿Cuál es el asunto de la multiplicidad de *Partzufim*, *Sfirot* y todas las conexiones permutables, las cuales son tan abundantes en los libros de Cabalá?

En efecto, si tomases algún cuerpo de un pequeño animal, cuya única tarea no es sino nutrirse a sí mismo, para que pueda existir en este mundo por el tiempo suficiente para engendrar y propagar su especie, verás y encontrarás en él una estructura compleja de millones de fibras y tendones, como lo han descubierto fisiólogos y anatomistas. Y hay más de un millón allí, que aún no han sido conocidas por la humanidad.

Y de aquí podrás concluir unos cuantos tipos de variedades de asuntos y canales que necesitan conectarse con el fin de lograr y revelar aquella meta sublime.

Dos Ordenes: De Arriba hacia Abajo y de Abajo hacia Arriba.

Esta sabiduría generalmente se divide en dos órdenes paralelos e idénticos el uno del otro, como dos gotas de agua. Y no hay diferencia, solamente que el primer orden es atraído de Arriba hacia abajo, hasta este mundo, y el segundo orden empieza de este mundo y va de abajo hacia Arriba, precisamente por las mismas rutas y combinaciones que han sido impresas en su raíz cuando se descubrieron de Arriba hacia abajo.

El primer orden es denominado "El orden del descenso de los *Olamot* (Mundos), *Partzufim* y *Sfirot*" para todos sus acontecimientos, ya sean duraderos o pasajeros. El segundo orden es denominado "Alcances o grados de profecías y Espíritu Santo". La persona que es recompensada con esto está obligada a dirigirse por los mismos caminos y entradas, y gradualmente alcanzar cada detalle y cada grado, adecuado precisamente conforme a las mismas leyes que fueron impresas en ellos en el momento de su emanación de Arriba hacia abajo.

Puesto que la revelación de la Divinidad no aparece de una sola vez, sino que viene y aparece durante un tiempo determinado, lo cual depende de la purificación del alcance, hasta que se le revelan todos los grados de Arriba hacia abajo. Y para su existencia son ordenados y vienen en alcance, uno después del otro y uno arriba del otro, como el modelo de los peldaños de una escalera, denominados a causa de esto con el nombre de "Peldaños".

Nombres Abstractos

Muchos creen que todas las palabras y los nombres en la sabiduría de la Cabalá son nombres abstractos. Esto es porque ésta se ocupa de la Divinidad y la espiritualidad, los cuales están por encima del tiempo y el espacio, tanto que incluso el manantial de nuestra imaginación no puede alcanzar.

Y debido a esto decidieron, que todo lo hablado respecto a tales cuestiones seguramente no tiene sino nombres abstractos, o aún más sublimes y elevados que los nombres abstractos; puesto que están completamente desprovistos desde su comienzo, de fundamentos semejantes.

Sin embargo esto no es verdad, sino completamente lo contrario: la Cabalá no utiliza nombres y denominaciones fuera del aspecto de la realidad y autenticidad. Esta es una regla inflexible para todos los sabios de la Cabalá: "Todo lo que no alcancemos, no lo definiremos por nombre ni palabra".

Y aquí es necesario que entiendas, que el significado de la palabra *Hasagá* (alcance espiritual) es: El grado final en el entendimiento. Esto ha sido tomado de la frase *"Ki Tasig Yadjá"* (pues tu mano alcanzará); es decir, antes que algo se esclarezca ante los ojos con completa determinación, como que fue agarrado con las manos, los cabalistas no lo consideran con el nombre de "alcance espiritual", sino que lo llaman con distintas denominaciones como *"Havaná"* (entendimiento), *"Haskalá"*[2] (conocimiento), etc.

La autenticidad en la sabiduría de la Cabalá

Sin embargo en la realidad corporal, la cual está preparada en contra de nuestros sentidos, también encontramos cosas auténticas, a pesar que no tenemos ninguna captación o imaginación de su esencia. Tal como la electricidad y el magnetismo, las mismas que son denominadas con el nombre de *"Fluidum"*.

A todo esto, ¿Quién dirá que estos nombres no son reales, de momento que conocemos sus acciones satisfactoriamente, y no nos preocupamos en lo absoluto, ya que de hecho no tenemos ninguna captación del tema; es decir, de la electricidad en su esencia?

Este nombre nos es tan real y cercano a nosotros, no menos de lo que fue captado completamente por nosotros en nuestros sentidos. Hasta los niños pequeños conocen la palabra, "electricidad", de la misma manera que conocen las palabras pan, azúcar, etc.

Y no se diga más, excepto si quisieres ejercitar un poco tus herramientas de escrutinio; comúnmente te habría dicho que, como en el Creador no hay ninguna percepción ni alcance en lo absoluto, en esta magnitud en realidad no hay ningún alcance en el aspecto de la esencia que está en Sus creados. Incluso los cuerpos que están en nosotros son palpados por nuestras manos.

De tal forma que todos nuestros conocimientos con nuestros amigos y parientes en el mundo de la acción ante nosotros, no son más que "la familiarización de las acciones", que

---

[2] (N. del E.): **La palabra** *Haskalá* **se entiende también como: cultura, erudición, aprendizaje, etc.

son impulsadas y engendradas por la asociación de su encuentro con nuestros sentidos, lo cual nos deja una satisfacción plena, a pesar que no tenemos ninguna percepción en la esencia del objeto.

Y aún más que esto, pues incluso de tu propia esencia tampoco tienes percepción o alcance en ella, y todo lo que te es conocido de tu propia esencia, no es más que una serie de acciones extendiéndose desde tu propia esencia.

Y desde ahora podrás tener éxito fácilmente, ya que todos los nombres y denominaciones que aparecen en los libros de Cabalá son efectivamente reales y auténticos, aunque no tengamos ningún alcance en el objeto. Debido a que los que se ocupan en ellos tienen la plena satisfacción del completo conocimiento de la perfección final; es decir, no solamente del conocimiento de las acciones, que son impulsadas y engendradas entre la participación de la Luz Superior con los que la alcanzan.

No obstante, basta y es completamente suficiente, porque ésta es la regla: "Todo el cálculo y el resultado de Su Providencia para llegar a la regla de la realidad de la naturaleza de la Creación, al fin y al cabo están en Él, debido a que es completamente satisfactorio". Así como no despertará en la persona ninguna demanda por un sexto dedo en su mano, porque cinco dedos le son completamente suficientes".

Las relaciones materiales y los nombres corporales en los libros de Cabalá.
Es realmente comprendido por toda persona sensata, que cuando nos ocupamos en una cuestión espiritual, no es necesario decir con la Divinidad, no tenemos ningunas palabras o letras para contemplarlas. Ya que a fin de cuentas todo nuestro vocabulario no es sino una combinación de las letras de la imaginación y los sentidos. Y ¿Cómo es posible ser asistido por ellas en un lugar en el cual no hay la conducta del nombre del aspecto de la imaginación y sentidos en lo absoluto?

Porque incluso si tomásemos la palabra más sutil que pudiese ser utilizada en aquellas circunstancias; es decir, la palabra "Luz Superior", o incluso "Luz Simple", después de todo, esto también es una cuestión imaginaria y metafórica de la luz del sol, o de una vela, o la luz sentida de la alegría que aparece en la persona al momento que encuentra algo nuevo de la aclaración de alguna duda. Y ¿Cómo podrá utilizarlas en lugar de la espiritualidad y los caminos de la Divinidad? Porque no ofrecerán al examinador sino palabras de falsedad y engaño. Y de todo lo que sí está en el lugar en el cual necesitamos revelar estas palabras, algunas de las cuales están en aspecto de concesión mutua, usualmente en cuanto a las investigaciones de la sabiduría, tal que acá el sabio debe usar definiciones rigurosamente exactas para los ojos de los examinadores.

Y si el sabio se desviase en tan solo una palabra desafortunada, al fin y al cabo causará por medio de la confusión del conocimiento, un perjuicio a los examinadores, y no entenderán en lo absoluto lo que está diciendo aquí, antes de, después de, y todo lo relacionado con esa palabra, como es sabido para cualquiera que examina libros de sabiduría.

Por lo tanto sorpréndete, ¿Cómo es posible que los cabalistas utilicen palabras falsas para explicar acerca de la similitud de las interconexiones de la sabiduría? Tal como es sabido, que no hay ninguna definición de nombres falsos, pues la mentira no tiene piernas ni firmeza. No obstante, aquí necesito que sepas de antemano la Ley de Raíz y Rama en relación a los mundos unos con otros.

La ley de raíz y rama en relación a los Mundos
Los cabalistas han encontrado, que los cuatro mundos denominados por el nombre de *Atzilut, Briá, Yetzirá* y *Asiyá,* comenzando desde el primer mundo, el más elevado, llamado *"Atzilut"*, hasta este mundo corporal tangible, llamado *Asiyá,* que sus formas son exactamente iguales la una a la otra en todos sus detalles y acontecimientos; es decir, que toda la realidad de los acontecimientos se encuentran en el primer mundo, así como también en el segundo mundo debajo de él, sin ninguna modificación de algo. Y así es en todos los demás mundos que le preceden, hasta este mundo tangible.

Y no hay ninguna diferencia entre ellos, sino solamente un grado diferente, que es entendido solamente por la materia que está en los detalles de la realidad en cada uno de los mundos. Que la materia de los detalles de la realidad que se encuentra en el primer mundo, el más elevado, es más pura que todos los que están debajo de él. Y la materia de los detalles de la realidad que están en el segundo mundo es más densa que la del primer mundo, pero más pura que todas las que están en el nivel debajo de ella.

De esta forma continúa hasta este mundo el cual está ante nosotros, cuya materia de los detalles de la realidad que está en él, es más densa y oscura que en todos los mundos que le preceden. Sin embargo, las formas y los detalles de la realidad al igual que todos sus acontecimientos, llegan equivalentemente en cada uno de los mundos, tanto en cantidad como en cualidad, sin modificación.

Y compararon esto a la sentencia de un sello y su impresión, de la cual todas las formas existentes en el sello son transferidas perfectamente en cada detalle e complejidad hacia el objeto impreso. Así es con los mundos, donde cada mundo inferior ha sido impreso del mundo superior a él. Por lo tanto, todas las formas que hay en el Mundo Superior, han sido copiadas completamente con todas sus cantidades y cualidades, llegando también al mundo inferior.

De manera que no tienes un elemento o acontecimiento de la realidad en el mundo inferior, que no encuentres su semejanza en el mundo Superior a él, en forma comparativa a dos gotas de agua; llamados "Raíz y Rama". Es decir, que se trata del mismo elemento que se encuentra en el mundo inferior, considerado un aspecto de la rama en asociación a su modelo, que existe y se mantiene en el Mundo Superior, el cual es raíz del elemento inferior, porque desde allí este elemento ha sido impreso y ha llegado a existir en el mundo inferior.

Esta fue la intención de nuestros sabios cuando dijeron, "No tienes una brizna de hierba debajo que no tenga una fortuna y un guardia encima que la golpee y le diga, ¡Crece!". Es decir que la raíz, llamada "fortuna", le obliga a crecer y a aceptar el atributo del aspecto de su cantidad y su cualidad, como la sentencia del sello con la impresión de él como se dijo arriba. Esta es la ley de Raíz y Rama, que es la conducta de todos los detalles y acontecimientos de la realidad, en cada uno de los mundos, con relación al mundo Superior a él.

El lenguaje de los cabalistas es un lenguaje de ramas
Esto significa, según las instrucciones que las ramas recibieron de sus raíces, las cuales son sus moldes, quienes necesariamente existen en el Mundo Superior. Porque no hay ninguna realidad en el mundo inferior que no sea atraída y salga de su Mundo Superior. Tal como la sentencia del sello con la impresión, que debido a esto, la raíz en el Mundo Superior obliga a su rama en el mundo inferior, para que revele en ella todas sus formas y atributos; como dijeron nuestros sabios: "que la fortuna en el mundo Superior el cual relaciona a la hierba en el mundo inferior, la golpea, obligándola a agrandar su atributo", ya que dentro de este cada una de las ramas en este mundo se encuentran determinando adecuadamente su molde, el cual se encuentra en el Mundo Superior.

Por consiguiente, los cabalistas han encontrado un vocabulario ordenado y explícito, basto y suficiente en el aspecto del lenguaje hablado entre ellos, el cual ha sido encontrado sorprendente, con el mismo que podrán otorgar y comunicarse uno con el otro con las raíces espirituales que están en los mundos superiores; es decir, por medio de los que recuerdan a sus amigos solamente la rama inferior que es sentida en este mundo, la cual está adecuadamente definida para nuestros sentidos corpóreos.

A causa de su conocimiento los oyentes entienden la Raíz Superior, ya que ésta rama corpórea es esclarecida sobre él, porque él se relaciona con ella, siendo su impresión. De tal manera que todos los detalles de los seres de la creación son tangibles, y todos sus acontecimientos fueron hechos para ellos como palabras y nombres completamente definidos, explicando acerca de las Grandes Raíces Espirituales Superiores. A pesar que es imposible el pronunciarse alguna palabra o expresión en su lugar espiritual, debido a que están por encima de toda imaginación, que de todo lugar adquirieron para ellos el mérito de la pronunciación de los dos lenguajes por medio de sus ramas, las mismas que son arregladas ante nuestros sentidos aquí en el mundo tangible.

Esa es toda la naturaleza del lenguaje hablado entre cabalistas, mediante el cual ellos revelan sus alcances espirituales de persona a persona y de generación en generación, tanto oralmente como por escrito. Ellos se entienden totalmente el uno al otro con plena satisfacción, de acuerdo a todas las medidas exactas que les obligan a constituir concesiones mutuas en la investigación de la sabiduría; es decir, con definiciones precisas en las cuales es imposible fallar. Esto es así porque cada una de las ramas tiene su propia definición natural especial para ella determinantemente. Desde cualquier punto de vista con esta su definición absoluta, también lo es sobre su raíz en el Mundo Superior.

Y sabe, que el Lenguaje de las Ramas de la sabiduría de la Cabalá, es el más conveniente para explicar los términos de la sabiduría que todas nuestras lenguas ordinarias. Es conocido de la teoría del nominalismo que los lenguajes han sido muy trastocados en las bocas de la muchedumbre; es decir, que a partir del uso excesivo de las palabras, después de todo éstas han sido vaciadas de sus contenidos exactos; y por lo tanto, se han producido grandes dificultades para comunicar las deducciones precisas de uno hacia su amigo, por medio de la expresión o lo escrito como es sabido.

Lo cual no es así en "el lenguaje de las ramas de la Cabalá", el cual es tomado de los nombres de las criaturas y sus acontecimientos determinados, que son puestos delante de nuestros ojos, definidos por las leyes de la naturaleza, las cuales no reciben cambio nunca. Y nunca tendrá lugar para los oyentes ni lectores, los cuales se extraviarán en el entendimiento de las palabras ofrecidas a ellos, porque las definiciones de la naturaleza son completamente constantes y suficientemente rígidas y no desaparecerán.

La revelación de un sabio cabalista a un receptor entendido

Así escribió *RaMBaN* en la introducción a su comentario acerca de la *Torá*: "He aquí yo llego con el pacto verdadero a todos quienes escudriñan este libro, de todas las insinuaciones que escribo en los secretos de la *Torá*, pues vehementemente les informo que mis palabras no serán alcanzadas ni comprendidas por ninguna mente o inteligencia, excepto de boca de un sabio cabalista al oído de un receptor entendido". De forma similar escribió también *Rav Jaim Vital* en su introducción al "*Árbol de la Vida*". Y en palabras de nuestros sabios (*Jaguigá* 11) está dicho: "No hay quien interprete acerca de la *Merkavá* a solas, a no ser luego de que él sea sabio y su mente entienda".

He aquí sus palabras son entendidas adecuadamente en cuanto a lo que dijeron, que se necesita recibir de boca de un sabio cabalista. Sin embargo, ¿Cuál es la obligación, tanto que también el discípulo necesita de antemano ser sabio y entendido con su propia mente? Y de no ser así, igual le está prohibido ser enseñado, incluso si fuese el justo más grande en el mundo. Además ¿Si él ya es un sabio y entiende con su propia mente; si es así, nuevamente no tendrá necesidad de aprender de otros?

De lo explicado anteriormente, entenderás sus palabras con simple determinación, ya que al fin y al cabo ha sido explicado que con todas las palabras y las declaraciones que llegan a ser pronunciadas por nuestros labios, es imposible explicar por medio de ni siquiera una sola palabra, acerca de los asuntos espirituales divinos, ya que ellos se encuentran por encima del espacio, tiempo e imaginaciones. Excepto que encontramos un lenguaje especial para estos asuntos, el cual es "el Lenguaje de las Ramas" según sus significados en relación a sus Raíces Superiores.

Sin embargo este lenguaje, aunque es muy competente para su tarea de interpretar y entregar los acontecimientos de la sabiduría, más que los otros lenguajes comunes, seguramente todo esto es dicho solamente si el oyente es sabio por sí mismo; es decir, que él sabe y entiende las relaciones de las ramas hacia sus raíces. Puesto que estas relaciones no están para nada claras cuando las vemos de abajo hacia arriba. En otras palabras, que en la observación sobre las ramas inferiores es imposible obtener cualesquier conclusión o similitud sobre algún modelo en sus raíces superiores.

Al contrario, puesto que desde el Superior se enseñará al inferior; es decir, que al comienzo necesitamos alcanzar primero las raíces superiores en cantidad, las cuales están arriba en la espiritualidad, encima de cualquier imaginación, pero con el alcance puro. Y una vez que el bien alcanza las raíces superiores con su propia mente, le es posible examinar las ramas tangibles que están es éste mundo y saber cómo cada rama está relacionada con su raíz en el Mundo Superior, en todas sus órdenes, en cantidad y cualidad.

Y luego que sabe y entiende todo esto adecuadamente, entonces encuentra para él un lenguaje común entre él y su maestro; es decir, "el lenguaje de las ramas", el cual en boca del sabio cabalista podrá transmitirle los estudios de la sabiduría, que son acostumbrados en los Mundos Espirituales Superiores, los cuales recibió de sus maestros, las cuales son su extensión en la sabiduría que encontró por sí mismo. Pues ahora tienen un lenguaje común para ambos y lo entienden tanto el uno como el otro.

Sin embargo, en el momento que el discípulo no es sabio y entiende éste lenguaje con su mente; es decir, el significado de las ramas sobre sus raíces, es comprensible que por sí mismo no tiene la posibilidad de que el maestro le transmita ni una sola palabra de esta sabiduría espiritual, y no hay la necesidad de comunicarle ni entregarle los escrutinios de la sabiduría, puesto que no tienen un lenguaje común que puedan usar, y encontramos que se

vuelven como mudos. Por lo tanto, no hay la necesidad de la instrucción de *Maasé Merkavá*, la cual es la sabiduría de la Cabalá, a menos que él sea sabio y entienda con su propia mente.

Y aún hay que preguntar: ¿Según esto, de dónde los discípulos son sabios a tal punto de conocer las relaciones de la rama y la raíz mediante la emulación acerca de las raíces superiores? La respuesta es: que aquí yace la salvación de la persona; ¡es solamente la ayuda del Creador lo que necesitamos! Ya que Él es el que llena de sabiduría y entendimiento a aquellos que se lo merecen y que encuentran misericordia ante Sus ojos, para adquirir alcances sublimes. ¡Y es imposible ser asistido en esto con la ayuda de carne y sangre ni nada!

En efecto, una vez que obtuvo Su misericordia y mereció el alcance sublime; entonces, el discípulo está listo para venir y recibir las grandezas de la sabiduría de la Cabalá, de boca del sabio cabalista, puesto que ahora tiene junto con él, un lenguaje común.

Denominaciones ajenas al espíritu humano
Con todo lo explicado previamente, entenderás que en los libros de la Cabalá a veces encontramos denominaciones y términos completamente ajenos al espíritu humano. Éstas son muy frecuentes en los libros fundamentales de Cabalá, como lo son *El Zóhar* y los *Tikunim*, y los libros del *ARI*. Las cuales son muy desconcertantes: ¿Qué hubo en estos sabios como para utilizar tales denominaciones humildes en expresiones de nociones exaltadas y sagradas?

Sin embargo, luego que adquiriste para ti el conocimiento citado anteriormente, será comprendido por ti su verdadero asunto. Pues ha sido explicado que es completamente imposible utilizar algún lenguaje en el mundo, para explicar esta sabiduría, excepto al ser descrito por un lenguaje especial; es decir, "el Lenguaje de las ramas", según las relaciones a sus raíces superiores.

Por consiguiente, es comprendido de esto, que es imposible dejar alguna rama o acontecimiento de una rama por causa de su inferioridad, o no ser usadas para expresar el concepto deseado en las interconexiones de la sabiduría, de momento que no hay en nuestro mundo ninguna otra rama que pueda ser tomada en su lugar.

Así como no hay dos cabellos que absorban de un solo conducto, de la misma forma, no tenemos dos ramas que estén relacionadas a una sola raíz. De tal manera que si ha sido dejado atrás algún acontecimiento que no haya sido utilizado, encontramos que adicionalmente perdemos el concepto espiritual que se encuentra opuesto a él en el Mundo Superior, pues no tenemos ni una sola palabra en su lugar para explicar acerca de aquella raíz. Adicionalmente, tal cuestión perjudicaría a todas las extensiones de la sabiduría y sobre toda su dimensión, ya que hemos perdido un eslabón en la cadena de la generalidad de la sabiduría relacionada con aquel concepto.

Por lo tanto, encontramos que esto arroja un defecto sobre la sabiduría entera, pues no tienes más sabiduría entre las sabidurías del mundo, que estén interesadas en combinar y relacionar un asunto con otro por vía de causa y efecto, lo primario y lo consecuente, como lo es en la sabiduría de la Cabalá, la cual es conectada desde la cabeza hasta su final una tras otra, como una larga cadena en realidad. Lo cual por lo tanto, es un conocimiento que nos es oculto por ahora, ya que incluso en nosotros ha sido oscurecida toda la sabiduría entera, debido a que todas sus cuestiones están fuertemente relacionadas la una con la otra, y combinadas efectivamente en una sola.

Y de ahora en adelante no habrá ningún asombro, con que ocasionalmente utilicemos denominaciones ajenas. Pues no tienen libertad de elección con las denominaciones, para sustituir o convertir lo malo en bueno, o lo bueno en malo. Sino que obligan siempre a traer exactamente la misma raíz o la instrucción según la tutela del maestro acerca de su raíz superior en toda la medida necesaria para el asunto. Además obligan a aumentar las cosas, hasta que alcancen la definición exacta a los ojos de sus amigos observadores.

Artículo para la conclusión del *Zóhar*

Puesto que es sabido que el propósito deseado del trabajo en *Torá* y *Mitzvot* es unirse al Creador, como está escrito, "y adherirse a Él". Hay que entender, ¿Cuál es el significado de la *Dvekut* (adhesión) con el Creador? ¿Acaso el pensamiento no tiene percepción de Él en lo absoluto? Efectivamente, ya nuestros sabios han objetado esta cuestión, preguntándose acerca del verso, "y adherirse a Él" ¿Cómo es posible adherirse a Él? ¿Acaso Él no es fuego consumidor?

Y ellos contestaron: "Adhiérete a Sus atributos. Así como Él es misericordioso, tú también serás misericordioso; así como Él es compasivo, tú también serás compasivo". Aparentemente es difícil, ¿Cómo dedujeron nuestros sabios el texto literal? ¿Acaso no está escrito explícitamente "y adherirse a Él"? Si el significado hubiese sido "adhiérete a Sus atributos", debió haberse escrito "adherirse a Sus conductas"; y por qué dice "y adherirse a Él"?

El asunto es que en la corporalidad, que ocupa espacio, entendemos *Dvekut* como la cercanía del lugar, y entendemos lejanía como el distanciamiento del lugar. Sin embargo, en la espiritualidad, la cual no ocupa espacio en lo absoluto, *Dvekut* y separación no son entendidas como proximidad o lejanía de lugar. Ya que al fin y al cabo no ocupan ningún espacio en lo absoluto. Sino que la equivalencia de forma que hay entre dos espirituales la entendemos como *Dvekut*, y la diferencia de forma entre dos espirituales la entendemos como separación.

Tal como el hacha corta y separa un objeto corpóreo para dividirlo en dos, al remover las partes una de la otra, así la diferencia de forma distingue al espiritual y lo divide en dos. Si la diferencia de forma entre ellos es pequeña, diremos que están distantes el uno del otro en una medida pequeña. Y si la diferencia de forma es grande, diremos que están muy distantes el uno del otro. Y si son de formas opuestas, diremos que están tan distantes el uno del otro como dos extremos.

Por ejemplo, cuando dos personas se odian mutuamente, diremos acerca de ellas, que están distanciadas la una de la otra así como lo están el Este del Oeste. Y si ellas se aman la una a la otra, diremos de ellas que están adheridas la una con la otra como un solo cuerpo.

Y aquí no se habla de la proximidad o lejanía del lugar; sino que se habla de la equivalencia o diferencia de forma. Pues existen personas que se aman mutuamente, debido a que entre ellas hay una equivalencia de forma. Porque en eso que uno ama todo lo que su amigo ama, y odia todo lo que su amigo odia, encontramos que están adheridos el uno al otro y se aman mutuamente.

Pero si hay alguna diferencia de forma entre ellos; es decir, que uno ama algo a pesar que su amigo odia aquella cosa o viceversa; por lo tanto, están separados y distantes uno del otro en la misma medida de la diferencia de forma entre ellos. Y si son opuestos de manera que todo lo que uno ama, resulta odiado por su amigo, diremos acerca de ellos que están separados y distantes como lo están el Este del Oeste.

Y encontrarás que la diferencia de forma actúa en la espiritualidad como el hacha que separa en la corporalidad. De igual manera, la medida del alejamiento de lugar y la medida de la separación en ellos, depende de la medida de la diferencia de forma entre ellos. Y la medida de *Dvekut* que hay entre ellos depende de la medida de equivalencia de forma entre ellos.

Y con esto entendemos cuan correctos fueron nuestros sabios cuando interpretaron el verso, "y adherirse a Él", como la adhesión a Sus atributos: Así como Él es misericordioso, también tú serás misericordioso; así como Él es compasivo, tú también serás compasivo. Porque ellos no sacaron el texto de su sentido literal, sino al contrario, ellos interpretaron el texto precisamente según su sentido simple. Pues la adhesión espiritual no se representará en lo absoluto, en algo diferente; sino, por la equivalencia de forma. Por lo tanto, por medio de eso que igualamos nuestra forma con la forma de Sus atributos, nos encontraremos adheridos con Él.

Esto fue lo que ellos dijeron: "Así como Él es misericordioso"; es decir, todos Sus actos son para otorgar y beneficiar a Su prójimo, y no para Su propio beneficio, ya que Él no tiene deficiencias que se requieran complementar, por consiguiente, Él no tiene de quien recibir -del mismo modo tú, todas tus acciones deberán ser para otorgar y beneficiar a tu prójimo. Con esto igualarás tu forma con la forma de los atributos del Creador, la cual es *Dvekut* espiritual.

Hay en la equivalencia de forma el estado del aspecto de "*Moja*" (ar.: mente) y el estado del aspecto de "*Liba*" (ar.: corazón). El asunto de la ocupación en *Torá* y *Mitzvot* con el fin de otorgar placer a su Hacedor, es la equivalencia de forma del aspecto de *Moja*. Pues tal como el Creador no piensa en Sí mismo, tanto si Él existe o si Él supervisa a Sus creaciones, o dudas semejantes. Asimismo a aquel que desea lograr la equivalencia de forma, le está prohibido pensar en estas cosas, puesto que le queda claro que el Creador no piensa en ellas, ya que no tiene una mayor diferencia de forma que eso. Por lo tanto, todo aquel que piensa en tales asuntos, seguramente se encuentra separado de Él, y nunca conseguirá la equivalencia de forma.

Esto es lo que dijeron nuestros sabios: "Todos tus actos serán para el Creador; es decir, *Dvekut* con el Creador. No harás nada que no te traiga a esta meta de la *Dvekut*". De tal manera que todos tus actos serán para otorgar y beneficiar a tu prójimo. Ya que entonces vendrás a la equivalencia de forma con el Creador, pues todas Sus acciones son para otorgar y beneficiar a Su prójimo, de igual manera tú, todos tus actos serán solamente para otorgar y beneficiar a tu prójimo, lo cual es *Dvekut* completa.

Es posible cuestionar acerca de esto, ¿Cómo es posible que la persona realice sus actos para beneficiar a su prójimo, si después de todo tiene que necesariamente trabajar para su propio sustento y el de su familia? La respuesta es que los actos que hace son a cuenta de la necesidad; es decir, para recibir lo mínimo necesario para su sustento, de ahí que "la necesidad no será ni censurada ni elogiada". Esto no es considerado que hace algo para sí misma en absoluto.

Y todo el que se introduce en la profundidad de las cosas, por supuesto que se maravillará: ¿Cómo es posible que la persona llegue a la completa equivalencia de forma, tal que todos sus actos sean para otorgar a su prójimo, cuando toda la esencia de la persona no es sino el recibir para sí misma? De parte de la naturaleza de su creación es incapaz de hacer incluso el acto más pequeño en beneficio de su prójimo. En cambio, el momento que otorga a su prójimo, la persona está obligada a esperar, ya que por medio de esto alcanzará una recompensa que es bellamente perfeccionada en su final. Aun cuando dudase de la recompensa, ya se abstendrá a sí misma de realizar el acto. ¿Y cómo es posible que cada uno de sus actos venga a ser sólo para otorgar a otros y nada para sí misma?

Efectivamente, admito que esto es algo muy difícil. No hay fuerza en la persona que pueda cambiar la naturaleza de su propia creación, la cual es solamente recibir para sí misma. Y no hay necesidad de decir que puede cambiar su naturaleza de un extremo al otro; es decir, que no recibirá nada por sí misma, sino que todos sus actos serán para otorgar.

Sin embargo el Creador nos dio *Torá* y *Mitzvot*, los cuales nos ordenó que los hiciéramos solamente con el fin de otorgar placer al Creador. Si no se ocupare en *Torá* y *Mitzvot Lishmá* (por Su Nombre[3]); es decir, para complacer con ellos a su Creador y no para su propio beneficio, no habría ninguna estrategia en el mundo que pudiese ayudarnos a cambiar nuestra naturaleza.

De aquí entenderás la magnitud de la severidad de la ocupación en *Torá* y *Mitzvot Lishmá*. Porque si su intención en *Torá* y *Mitzvot* no es para beneficiar al Creador, sino para beneficio propio; entonces, no solamente que no podrá cambiar la naturaleza del deseo de recibir que está en ella; sino al contrario, el deseo de recibir en la persona será mucho más grande del que tiene por la naturaleza de su creación.

¿Cuáles son las virtudes de esta misma persona que ha alcanzado *Dvekut* con el Creador? Éstas no están especificadas en ninguna parte, excepto en intimaciones sublimes. Pero para clarificar los asuntos de mi ensayo, debo revelar un poco, según la medida de la necesidad. Explicaré el asunto con una alegoría.

El cuerpo con sus órganos son uno. Todo el cuerpo intercambia pensamientos y sensaciones con respecto a cada uno de sus órganos. Por ejemplo, si todo el cuerpo pensase que un órgano específico suyo, debería servirle y satisfacerle, inmediatamente éste órgano conocería

---

[3] (N. del T.): Hay que notar que cuando dice *Lishmá* esto hace alusión a la *Torá*, por cuanto no dice *Lishmó* lo cual sí alude al Nombre en referencia al Creador.

el pensamiento de su cuerpo entero, lo sentiría y trasladaría al lugar de descanso para él. No obstante, si sucede que algún órgano del cuerpo decide, entonces se convertirán en dos expresiones distintas, y todo el cuerpo ya no tendrá conocimiento de las necesidades de dicho órgano distinto, y el órgano no conocerá más los pensamientos del cuerpo, tal que pueda asistirle y ayudarle. Y si viniere el médico y uniere el órgano al cuerpo para que quede como antes; aún así, el órgano volvería a saber los pensamientos y necesidades del cuerpo, y todo el cuerpo volvería a saber las necesidades del órgano.

Según esta alegoría, hay que entender también el beneficio de la persona que alcanzó *Dvekut* con el Creador. Pues ya he demostrado en mi "Introducción al *Libro del Zóhar* (ítem 9)", que la *Neshamá* (alma) es una iluminación que se extiende desde *Atzmutó* (Su esencia). Esta iluminación ha sido separada del Creador por medio de eso que el Creador es el que se viste en el deseo de recibir. Puesto que el mismo Pensamiento de la creación es agradar a Sus creados, creó en cada alma un deseo de recibir placer; es decir, esta forma del deseo de recibir, el cual separó esa iluminación de Su Esencia y la convirtió en una parte separada de Él.

Lo que resulta de esto es que absolutamente cada alma, estuvo en *Su Esencia* antes de su creación, pero con la creación; es decir, con la naturaleza del deseo de recibir placer, el cual fue impreso en ella, y adquirió la diferencia de forma y fue separada del Creador, ya que todo su interés es otorgar. Porque la diferencia de forma separa en la espiritualidad, tal como el hacha lo hace en la corporalidad, según lo explicado anteriormente.

Y encontramos que el alma es completamente semejante a la alegoría del órgano que fue cortado del cuerpo y separado de él, que a pesar que antes de la separación ambos estuvieron juntos, el órgano y todo el cuerpo eran uno, y estuvieron intercambiando pensamientos y sensaciones el uno con el otro, pero después que el órgano fue cortado del cuerpo, se hicieron con esto dos entidades, y ya el uno desconoció los pensamientos y necesidades del otro. Debido a esto, luego que el alma fue vestida con un cuerpo de este mundo, cesaron todas las conexiones que había tenido antes, tanto que la separaron de Su Esencia, y llegaron a ser como dos entidades separadas.

Según esto, de por sí queda entendido el beneficio del hombre que nuevamente fue recompensado con la *Dvekut* con Él. Esto significa que él ha sido recompensado con la equivalencia de forma con el Creador, por medio de la fuerza de *Torá* y *Mitzvot*, la cual es opuesta al deseo de recibir que fue impreso en él, tanto así que lo separó de Su Esencia y lo convirtió en un deseo por otorgar. Y todos sus actos son solamente para otorgar y beneficiar al prójimo, puesto que él ha igualado su forma con el Hacedor. En realidad encontramos una semejanza con el mismo órgano, el cual una vez fue cortado del cuerpo y que retornó nuevamente a él, el cual vuelve a conocer los pensamientos del cuerpo entero otra vez, tal como lo hizo antes de la separación del cuerpo.

También el alma es así, después que adquirió la equivalencia con Él, vuelve y conoce Sus pensamientos una vez más, tal como lo supo antes que fuera separada de Él debido a la diferencia de forma del deseo de recibir. Entonces se ratifica lo escrito en el verso, "Conoce al Dios de tu padre", porque entonces mereces conocer la perfección, la cual es el conocimiento de la Divinidad, y mereces también todos los secretos de la *Torá*, pues Sus pensamientos son los secretos de la *Torá*.

Esto es lo que dijo *Rabí Meir*: "Todo el que estudia *Torá Lishmá* es recompensado con muchas cosas. Y se le revelan los secretos y sabores de la *Torá*, volviéndose como un manantial que se intensifica"; o sea, tal como dijimos, que es por medio de la ocupación en *Torá Lishmá*, ya que su significado tiene que ver con causarle complacencia a su Hacedor mediante su dedicación en la *Torá*, y no para el beneficio propio en lo absoluto, entonces se le garantiza *Dvekut* con el Creador. Esto significa que alcanzará la equivalencia de forma, y todos sus actos serán para beneficio de su prójimo y no para su propio beneficio en lo absoluto. Es decir, realmente como el Creador, del cual todas sus acciones son solamente para otorgar y beneficiar a Su prójimo.

Mediante esto, la persona regresa a la *Dvekut* con el Creador, tal como fue el alma antes que fuese creada. Por lo tanto, se le conceden muchas cosas, y es recompensada con los secretos y sabores de la *Torá*, volviéndose como un manantial que se intensifica, a causa de la anulación de las particiones que le separaron del Creador, ya que volvió a ser una con Él, como antes de haber sido creada.

En realidad toda la *Torá*, tanto la revelada como la oculta, son los pensamientos del Creador, sin ninguna diferencia. Pero, este asunto es semejante a una persona que se ahoga en un rio, cuyo amigo le lanza una cuerda para salvarle. Si el que se ahoga toma la cuerda por el extremo que está cercano a él, su amigo puede salvarlo y sacarlo del rio.

De igual manera la *Torá*; la cual es completamente los Pensamientos del Creador, se asemeja a una cuerda que el Creador lanza a las personas para salvarlas y sacarlas de las *Klipot* (cáscaras). El final de la cuerda que está más cerca de todas las personas, es la *Torá* revelada, la cual no requiere ninguna intención o pensamiento. Además, aún cuando exista un pensamiento imperfecto en las acciones de las *Mitzvot*, sigue siendo aceptado por el Creador, como está escrito, "La persona siempre se ocupará en *Torá* y *Mitzvot Lo Lishmá* (no para Su nombre), ya que de *Lo Lishmá* llegará a *Lishmá*". Por lo tanto, *Torá* y *Mitzvot* son el extremo de la cuerda, y no hay una persona en el mundo que no pueda sujetarse de ella. Si se sujeta de ella fuertemente; quiere decir, que merece ser recompensado con *Torá* y *Mitzvot Lishmá*, para complacer a su Hacedor y no a sí mismo, entonces la *Torá* y los *Mitzvot* le guiarán a la equivalencia de forma con el Creador. Esto es lo que significa "y adherirse a Él". Entonces, uno será recompensado con el alcance de todos los Pensamientos del Creador, llamados "los secretos de la *Torá*" y "los sabores de la *Torá*", los cuales están en el resto de la cuerda. Tal que no hay recompensa en ella sino después que viene a la *Dvekut* completa como se dijo anteriormente.

La razón por la cual asemejamos los Pensamientos del Creador, llamados secretos de la *Torá* y los sabores de la *Torá*, a una cuerda, es debido a que hay muchos grados en la equivalencia de forma con el Creador. Por lo tanto, hay muchos grados en el extremo de la cuerda; es decir, en el alcance de los secretos de la *Torá*. Que según la medida del grado de la equivalencia de forma con el Creador, así es la medida del alcance en los secretos de la *Torá*, en el conocimiento de Sus pensamientos. Los cuales generalmente son cinco grados: *Néfesh*, *Rúaj*, *Neshamá*, *Jayiá* y *Yejidá*. Cada uno está incluido de todos los demás, y hay en cada uno cinco grados, y cada uno de ellos está fragmentado y contiene al menos veinticinco grados.

También son denominados "*Olamot*" (mundos), como dijeron nuestros sabios: "El Creador ha destinado conceder a cada justo 310 mundos". Y la razón para que los grados en el alcance del Creador sean llamados "mundos", es debido a que hay dos significados en el nombre *Olam* (mundo):

1. Todos aquellos quienes llegan a ese mundo tienen la misma sensación; y todo lo que cada uno ve, escucha, y siente; ven, escuchan y, sienten todos quienes están en el mismo mundo.

2. Todos los que llegan a ese mismo mundo "*Neelam*" (oculto) no pueden conocer o alcanzar nada en otro mundo. Y es así que también encontramos estas dos definiciones en el alcance:

3. Todo el que haya sido recompensado con un cierto grado, sabe y alcanza en éste, todo lo que han alcanzado aquellos que llegaron a éste grado, en todas las generaciones que fueron y que serán. Y se encuentra con ellos en alcance común, como si se encontraran en el mismo mundo.

4. Todos quienes llegan a ese mismo grado no podrán saber o alcanzar lo que hay en otro grado. Es como en este mundo, que no pudieron saber nada de lo que se encuentra en el mundo de verdad. Por lo tanto, estos grados son llamados con el nombre de "*Olamot*".

Por lo tanto, los poseedores del alcance pueden componer libros y anotar sus logros en observaciones y alegorías, siendo entendidas por todos quienes han sido recompensados con los grados que los libros describen, teniendo un alcance común con ellos. Pero quienes no han sido recompensados con toda la medida del grado de los autores, no podrán entender sus observaciones. Y ni que hablar de aquellos que no fueron recompensados con el logro; ellos no entenderán, debido a que no tienen alcances en común.

Y ya hemos dicho, que *Dvekut* y alcance completos están divididos en 125 grados en general. Según esto, antes de los días del *Mashíaj* (Mesías), es imposible ser recompensado con todos los 125 grados. Hay dos diferencias entre todas las generaciones y la generación del Mesías:

1. Sólo en la generación del Mesías es posible alcanzar todos los 125 grados, y no en el resto de las generaciones.

2. En todas las generaciones, aquellos quienes ascendieron y fueron recompensados con *Dvekut*, fueron pocos, tal como escribieron nuestros sabios acerca del verso, "Encontré una persona entre mil; ya que mil entran a una habitación y, uno sale para enseñar"; es decir, hacia la *Dvekut* y el alcance. Tal como dijeron, "Llena estará la tierra del conocimiento del Señor". "Y no

enseñarán más, el hombre a su amigo, ni el hombre a su hermano, diciendo: 'Conozcan al Señor'; ya que todos ellos me conocerán, desde el pequeño hasta el más grande de ellos".

Excepto por *RaShBI* y su generación; es decir, los autores del *Zóhar*, a quienes se les concedió todos los 125 grados en plenitud, a pesar de que fue antes de los días del Mesías. Que tanto sobre él como sobre sus discípulos fue dicho: "Es preferible un sabio que un profeta". Por lo tanto, a menudo encontramos en *El Zóhar*, que no habrá como la generación de *RaShBI* hasta la generación del Rey Mesías. Por lo tanto, hizo una gran composición que impactó fuertemente en todo el mundo, puesto que los secretos de la *Torá* que están en él, ocupan el nivel de todos los 125 grados.

Por lo tanto dijeron en el *Zóhar*, que éste libro no se revelará sino en los últimos días; es decir, en los días del Mesías. Pues nos dijeron, que si los grados de los lectores no son del tipo de alcance que el de los compositores, no entenderán sus secretos, debido a que no hay alcance común entre ellos dos. Y en vista que los grados de los autores del *Zóhar* están en toda la altura de los 125 grados, es imposible alcanzarlos antes de los días el Mesías. Encontraremos que en las generaciones que son antes de los días del Mesías, no hay alcance común con los autores del *Zóhar*. Por lo tanto, el *Zóhar* no pudo ser revelado en las generaciones anteriores a la generación del Mesías.

Y esta es la evidencia de que esta nuestra generación ya ha llegado hasta los días del Mesías. Porque nuestros ojos han visto que todas las interpretaciones acerca del *Libro del Zóhar* que nos precedieron, no clarificaron ni siquiera el diez por ciento de los pasajes difíciles en *El Zóhar*. Y es también una pequeña cantidad la que revelaron, sus palabras son casi tan difusas como las palabras del *Zóhar* mismo. Pero en nuestra generación hemos sido recompensados con el comentario "*HaSulam*" (La escalera), que es una interpretación completa acerca de todas las palabras del *Zóhar*. Y no solamente que no deja una sola cuestión confusa en todo *El Zóhar* sin interpretarla, sino que también las aclaraciones están basadas en un análisis simple, tanto que cada estudiante promedio puede entender. Y dado que *El Zóhar* fue revelado en esta nuestra generación, aquí está una clara evidencia de que ya nos encontramos en los días del Mesías, al comienzo de la misma generación sobre la cual fue dicho, "la tierra será llena del conocimiento del Señor".

Hay que saber que los asuntos espirituales no son como los asuntos corporales, en los cuales tanto la entrega como la recepción vienen juntas. Puesto que en la espiritualidad, el tiempo de la entrega y el tiempo de la recepción están separados. Ya que al principio fue dada la palabra del Creador al receptor; y en esta entrega se le da solamente una posibilidad para recibir. Sin embargo, aún no recibió nada, en tanto no sea santificado y purificado apropiadamente. Entonces será recompensado para recibir. De tal manera que desde el tiempo de la entrega hasta el tiempo de la recepción se puede demorar mucho.

Y según lo que está escrito, que esta generación ya ha cumplido con aquello de: "La tierra estará llena del conocimiento del Señor"; esto se refiere solamente al aspecto de la entrega. Pero al aspecto de la recepción por supuesto que todavía no hemos llegado, sino hasta que seamos purificados y santificados y estudiemos y nos esforcemos en la cantidad deseada, entonces el tiempo de recepción llegará, y el verso, "la tierra estará llena del conocimiento del Señor", se realizará en nosotros.

Es sabido que la redención y el alcance completo están entrelazados uno tras otro. Y la prueba es que cualquiera que es atraído a los secretos de la *Torá* también es atraído a la tierra de *Israel*. Por lo cual no nos fue prometido, "la tierra estará llena del conocimiento del Señor", sino, en los últimos días; es decir, en el tiempo de la redención.

Y de acuerdo a esto es como que aún no hemos sido recompensados con la plenitud del alcance para el tiempo de la recepción, sino solamente con el tiempo de la entrega, para el cual nos ha sido dada una oportunidad para llegar al logro completo, es así con el asunto de la redención, que no hemos sido recompensados con él; sino solamente con el aspecto de la entrega. Porque el hecho es que el Creador sacó nuestra tierra santa del dominio de los extranjeros y nos la ha devuelto, y con todo esto, aún no hemos recibido la tierra en nuestro dominio, porque aún no ha llegado el tiempo de recepción, tal como explicamos en el asunto de la plenitud del alcance.

De tal forma que Él dio y aún no hemos recibido. Después de todo, no tenemos independencia económica, y no hay independencia política sin la independencia económica. Y aún mucho más que esto: Porque no hay redención del cuerpo sin la redención del alma. Y mientras que la mayoría de la gente se encuentre cautiva de las culturas de las naciones extranjeras, y sean absolutamente incapaces para la religión y cultura de *Israel*, de igual manera los cuerpos también estarán cautivos bajo las fuerzas ajenas. Tomando en cuenta esto, el país aún se encuentra en las manos de extranjeros.

La prueba es que ninguna persona está entusiasmada en lo absoluto acerca de la redención, tal como debió haber sido al momento de la redención luego de dos milenios. Y no solamente que no hay exiliados que no estén emocionados por venir a nosotros y deleitarse con la redención, sino que una gran parte de aquellos que han sido redimidos y que moran ya entre nosotros, esperan ansiosamente para concluir con esta redención y volver a los países de su dispersión.

Así, a pesar de que el Creador sacó al país del dominio de los extranjeros y nos lo entregó, con todo, aún no lo hemos recibido. Y no disfrutamos de este. Sino que con esta entrega el Creador nos ha dado una oportunidad para la redención; es decir, para ser purificado y santificado y recibir sobre nosotros el trabajo de Dios, en *Torá* y *Mitzvot Lishmá*. Y entonces, el Templo será construido y recibiremos la tierra bajo nuestro dominio. Y así de esta manera, experimentaremos y sentiremos la alegría de la redención.

Pero hasta que no lleguemos a eso, nada cambiará. No hay ninguna diferencia entre las buenas costumbres del país ahora, a lo que fue mientras aún estábamos bajo manos de extranjeros, en ley, en economía, y en el trabajo de Dios. Y no tenemos sino solamente, la oportunidad para la redención.

Lo que deducimos es que nuestra generación es la generación de los días del Mesías. Y debido a esto se nos ha concedido la redención de nuestra tierra santa de las manos de los extranjeros. También hemos sido recompensados con la revelación del *Libro del Zóhar*, el cual es el comienzo de la realización del verso, "la tierra estará llena del conocimiento del Señor". "Y no enseñarán más...ya que todos ellos me conocerán, desde el pequeño hasta el más grande de ellos".

Pero aún con estos dos, sólo hemos sido recompensados con el aspecto del otorgamiento del Creador; sin embargo, aún no hemos recibido nada en nuestras propias manos. Sino que junto con esto, nos ha sido dada una oportunidad para comenzar el trabajo de Dios, para dedicarnos a la *Torá* y *Mitzvot Lishmá*. Entonces se nos concederá el gran éxito que le es prometido a la generación del Mesías, el cual ninguna de las generaciones anteriores a la nuestra conoció. Y por esto seremos recompensados con el tiempo de la recepción, tanto del "alcance completo" como de la "redención completa".

De esta manera, hemos explicado a fondo la respuesta de nuestros sabios a la pregunta: ¿Cómo es posible adherirse a Él, de lo cual dijeron que significa "únase a Sus atributos"? Lo cual tiene razón en dos sentidos:

1. Pues la *Dvekut* espiritual no está en la cercanía del lugar, sino en la equivalencia de forma.

2. Puesto que el alma no ha sido separada de Su esencia sino debido al deseo de recibir, el cual fue impreso por el Creador; por eso, luego que separó el deseo de recibir de ésta, evidentemente volvió a la *Dvekut* anterior con Su Esencia. No obstante, todo esto es en teoría. Pero de hecho aún no querrán nada con la explicación de la "Adhesión con Sus atributos", lo cual significa separar el deseo de recibir, el cual está impreso en la naturaleza de Su Creación, y llegar al deseo de otorgar, el cual cambiará su naturaleza.

Y tal como hemos explicado, que el que se está ahogando en el río necesita sujetar fuertemente la cuerda, y antes de que se ocupe en *Torá y Mitzvot Lishmá*, de manera que no vuelva a su insensatez, no es considerado como sujetando la cuerda firmemente, la pregunta difícil nuevamente regresa: ¿De dónde tomará el combustible para esforzarse con todo su corazón solamente para complacer a su Hacedor? Porque no hay una persona que pueda hacer un movimiento sin ningún tipo de beneficio para sí misma, tal como una máquina no puede funcionar sin combustible. Y si no hubiese ningún beneficio para sí misma, sino solamente complacer a su Hacedor, no tendrá el combustible para el trabajo.

La respuesta es, que todo el que alcanza Su grandeza como corresponde, que después de todo es el otorgamiento, el cual uno otorga sobre Él, es invertido para estar en recepción, como está escrito en *Maséjet Kidushin* (pág. 7): A una persona importante, cuando la mujer le da dinero, es considerado recepción para ella, y ella es santificada.

Así es con el Creador: en que si alcanzas Su grandeza, no tienes una recepción más importante que complacer al Hacedor. Eso es combustible suficiente para trabajar y esforzarse con todo su corazón y alma a fin de complacerlo a Él. Pero es claro que si aún no alcanzó Su grandeza como corresponde, he aquí que el otorgamiento de la complacencia al Creador, no ha sido considerado para él como recepción en una cantidad suficiente tal, que vaya a entregar todo su corazón y su alma al Creador.

En consecuencia, cada vez que realmente se proponga complacer solamente a su Hacedor y no a sí mismo, de inmediato perderá completamente la fuerza para trabajar, pues ha quedado como una máquina sin combustible, puesto que no hay una persona que pueda mover un órgano sin que obtenga de eso algún beneficio para sí misma. Como está escrito: Es un trabajo tan grande como la medida de la devoción de su alma y de su fuerza, según lo establecido en la *Torá*. Ya que sin duda, no puede hacer esto sin que obtenga alguna recepción de placer para sí misma.

En realidad el alcance de Su grandeza, está en la medida en que el otorgamiento se convierte en recepción, tal como dijeron de una persona importante, que no le es difícil en lo absoluto. Todos conocen la grandeza del Creador, el cual creó todo y consume todo, sin principio ni fin, y cuya majestad es sin fin ni cesación.

Sino que la dificultad en esto es que, la medida de la grandeza no depende del individuo, sino del ambiente. Por ejemplo, incluso si la persona está llena de virtudes, pero el ambiente no va a pensar en ella ni le va a honrar de manera tal, resultará que siempre estará decaída y no será capaz de enorgullecerse de sus virtudes, a pesar de que no duda de que éstas sean verdaderas. Y al contrario, una persona que no tiene méritos en lo absoluto, sino que el ambiente la respetará como si fuese virtuosa, tal persona estará llena de orgullo, ya que la medida de la importancia y grandeza, le es otorgada completamente del ambiente.

Y al momento que la persona ve, cómo su ambiente es indulgente con Su trabajo y no aprecia debidamente Su grandeza, no puede sobreponerse al ambiente. Y tampoco puede alcanzar Su grandeza, sino que es indulgente en cuanto a su trabajo, tal como ellos.

Y puesto que no tiene las bases del logro de Su grandeza, es obvio por supuesto, que no puede trabajar para otorgarle placer a su Hacedor ni para su propio beneficio. Pues no tiene el combustible para esforzarse, y "si no te esforzaste y encontraste, no creerás". Y no tiene otra opción sino, o trabajar para sí mismo o no trabajar en lo absoluto, puesto que al que otorga placer a su Hacedor, en realidad no le servirá como recepción.

Y con esto comprenderás lo que está escrito, "En la multitud de la gente está la gloria del rey", ya que la medida de la grandeza viene del medio ambiente bajo dos condiciones:

1. La medida de la valoración del ambiente.

2. La medida de la grandeza del ambiente. Por eso "En la multitud de la gente está la gloria del rey".

Y debido a la gran dificultad en la materia, nuestros sabios nos aconsejaron: "Hazte de un *Rav*[4] y cómprate un amigo"; es decir, que la persona elegirá para sí misma a un hombre importante y renombrado para que sea su *Rav*, con el cual pueda llegar a dedicarse a *Torá* y

---
4 (N. del E.): Un maestro, en relación a las enseñanzas de *Torá*

Mitzvot con el fin de traer complacencia a su Hacedor. Pues son dos las facilidades que tiene su *Rav*:

1. Dado a que él es una persona importante, de aquí el estudiante puede otorgarle complacencia, basado en la grandeza de su *Rav*, ya que el otorgamiento se vuelve recepción para él, lo cual es un combustible natural con el cual puede aumentar sus actos de otorgamiento cada vez. Y luego que se acostumbró al trabajo del otorgamiento hacia su *Rav*, él también podrá transferirlo a la dedicación de Torá y *Mitzvot Lishmá*, hacia el Creador, puesto que el hábito se ha vuelto una naturaleza.

2. Porque la equivalencia de forma con el Creador no le beneficia si no es para siempre; es decir, "hasta que Aquél que conoce todos los misterios dé testimonio acerca de él, que no volverá a la insensatez nuevamente". Esto no es así con la equivalencia de forma con su *Rav*. Dado que su *Rav* está en este mundo dentro del tiempo, la equivalencia de forma con él le beneficia aún si es sólo temporalmente, aunque luego se vuelva a su insensatez.

Y encontramos que cada vez que iguala su forma a la de su *Rav*, se adhiere con él a su tiempo. Dentro de lo cual, él logra los pensamientos y el conocimiento de su Rav, según la medida de su *Dvekut*, tal como explicamos en la alegoría del órgano que ha sido cortado del cuerpo y que volvió a ser adherido con él.

Por lo tanto, el estudiante puede utilizar el alcance de la grandeza del Creador de parte de su *Rav*, lo cual invierte el otorgamiento en recepción, siendo combustible suficiente para la entrega de su alma y su fuerza. Entonces el estudiante también podrá ocuparse en *Torá* y *Mitzvot Lishmá* con todo su corazón y con toda su fuerza, lo cual es el remedio que trae a la *Dvekut* eterna con el Creador.

Y con esto entenderás lo que dijeron nuestros sabios (*Brajot* 7): "El Servir a la *Torá* es más grande que estudiarla, como fue dicho; *Elishá*, el hijo de *Shafat* está aquí, el cual vertió el agua sobre las manos de *Eliyahu*. No está dicho estudió; sino, vertió". Lo cual aparentemente es un enigma. ¿Cómo simples actos serán más importantes que estudiar la sabiduría y el conocimiento?

Con esta explicación será entendido adecuadamente, pues aquél que sirvió a su *Rav* con su cuerpo y con sus fuerzas con el fin de traer alegría a su *Rav*, éste oficio lo lleva a la *Dvekut* con su *Rav*; es decir, a la equivalencia de forma, medio por el cual recibe los conocimientos y los pensamientos de su *Rav*, en el secreto de "*Pe al Pe*" (boca a boca), el cual es *Dvekut* de espíritu con espíritu. Que por medio de esto es recompensado para alcanzar Su grandeza en la misma medida en que se contrapone el otorgamiento a la recepción, para tener el combustible suficiente para la devoción del alma y de sus fuerzas, hasta que sea recompensado con *Dvekut* con el Creador.

Lo cual no es así con el estudio de la *Torá* con su *Rav*, puesto que esto debe ser para su propio beneficio, y no le trae a *Dvekut*. Esto es considerado "*MiPe LeOzen*" (de boca a oído).

De tal manera que este oficio le trae al estudiante los pensamientos de su *Rav*, y el estudio es solamente las palabras de su *Rav*. Y el mérito de servir es mayor que el mérito del estudio, tal como la medida de la importancia del pensamiento de su *Rav* sobre las palabras de su *Rav*, y como la importancia de "*Pe al Pe*" sobre "*MiPe leOzen*".

No obstante, todo esto es verdad si el servicio es con el fin de otorgarle complacencia. Pero si el servicio es para beneficio propio, tal servicio no puede traerle a la *Dvekut* con su *Rav*, y ciertamente el estudio con su *Rav* es más importante que servirle.

Sin embargo, tal como hemos dicho sobre la obtención de Su grandeza, que el ambiente que no le aprecia como es debido, debilita al individuo y le impide obtener Su grandeza. Por supuesto que esta es una cuestión que también es una costumbre con su *Rav*. Que el ambiente que no aprecia a su *Rav* como corresponde, impide que el estudiante pueda alcanzar correctamente la grandeza de su *Rav*.

No obstante, tal como dijimos acerca de obtener Su grandeza, que un ambiente que no Le aprecia adecuadamente, debilita al individuo y le impide obtener Su grandeza. Todo esto ciertamente también es verdad con respecto a su *Rav*. Un ambiente que no aprecia debidamente a su *Rav*, impide al estudiante ser capaz de obtener debidamente la grandeza de su *Rav*.

Por lo tanto, nuestros sabios dijeron, "Hazte de un *Rav* y cómprate un amigo". De tal manera que la persona puede hacerse un nuevo ambiente, el cual le ayudará a obtener la grandeza de su *Rav* por medio del amor de los amigos que aprecian a su *Rav*. Que por medio de la conversación de los amigos acerca de la grandeza de su *Rav*, cada uno de ellos recibe la sensación de su grandeza. De tal manera que el otorgamiento hacia su *Rav* se convertirá en recepción y combustible, a tal grado que le llevará a ocuparse en *Torá* y *Mitzvot Lishmá*.

Y por eso dijeron que: "La *Torá* es adquirida mediante cuarenta y ocho virtudes, al servir a los sabios y por la prolijidad de los amigos". Porque además de servir a su *Rav*, uno también necesita la prolijidad de los amigos; es decir, la influencia de los amigos, tal que lo influenciarán para la adquisición de la grandeza de su *Rav*. Puesto que la obtención de la grandeza depende completamente del ambiente, y es imposible que el individuo vaya a influenciar esto con algo.

No obstante son dos las condiciones que actúan en el alcance de la grandeza:

1. Escuchar y recibir siempre el elogio de la sociedad en la medida de su separación.

2. Que el ambiente sea grande, como está escrito, "En la multitud de la gente está la gloria del rey".

Para recibir la primera condición, cada estudiante debe sentirse así mismo como el más pequeño entre todos los amigos. Entonces podrá recibir la apreciación de la grandeza de todos, ya que el grande no puede recibir del pequeño, y mucho menos ser impresionado por sus palabras. Solamente el pequeño se impresiona del honor del grande.

Y respecto a la segunda condición, cada estudiante debe ensalzar la virtud de cada amigo y para su amigo, como si fuese el más grande de la generación. Entonces el ambiente lo activará como si fuese un ambiente adecuadamente grande, ya que "la calidad es más importante que la cantidad".

Introducción al Libro del *Zóhar*

1) En esta introducción quisiera esclarecer cuestiones que al parecer son simples. Asuntos que cada uno maneja y sobre los cuales mucho se ha escrito. Es que aún no hemos alcanzado un conocimiento concreto y suficiente de ellos. Aquí están las preguntas:

   i. ¿Qué es nuestra esencia?

   ii. ¿Cuál es nuestro papel en la larga cadena de la realidad de la que somos pequeños eslabones?

   iii. La introspección nos revela nuestras imperfecciones y nuestra posición inferior. Mas, al examinar al Trabajador (Creador) que nos ha concebido, estamos obligados a sentirnos llenos de elogio. Y, ¿no es lógico que de un perfecto trabajador salgan sólo trabajos perfectos?

   iv. Nuestra mente nos dice que Él es completamente benevolente, más allá de toda comparación. Entonces, ¿Cómo es que Él creó criaturas que sufren y agonizan a través de todas su existencia? ¿No es la naturaleza del bien hacer el bien o por lo menos no dañar de la manera que se hace?

   v. ¿Cómo es posible que el Infinito, sin inicio y sin final, extraiga de sí mismo criaturas transitorias, mortales y finitas en sí mismas?

Para esclarecer todo esto completamente, necesitamos anteponer algunas indagaciones. Excepto –Dios no permita- en el lugar en que está prohibido; es decir, en Su Esencia del Creador, en donde no hay un pensamiento comprensible en Él en lo absoluto, y debido a esto no tenemos ningún pensamiento ni expresión de Él, excepto en el lugar en que la indagación es una *Mitzvá*; es decir, la investigación de Sus actos, tal como nos manda la *Torá*: "conoce al *Elokim* de tu padre y sírveLo". Así dice el poema de la unificación: "de Tus actos te conoceremos".

Indagación 1: ¿Cómo podemos imaginar una nueva creación, que significa algo nuevo, que no sea parte de Él, cuando es obvio para alguien de mente justa que no hay nada que no sea parte de Él? ¿Cómo uno da lo que no tiene?

Indagación 2: Si se dice que a partir de Su poder omnipotente, Él ciertamente puede crear existencia a partir de la ausencia, es decir, algo nuevo que no está en Él, surge la pregunta: ¿Qué es aquella realidad que puede ser concebida, la cual no tiene lugar en Él y que es completamente nueva?

Indagación 3: Tratando con lo que cabalistas han dicho, que el alma de un hombre es una parte de Dios, de tal manera que no hay diferencia entre Él y el alma, sino que Él es el "todo" y el alma es una "parte".

Ellos lo han comparado a una roca esculpida de una montaña. No hay diferencia entre la roca y la montaña, excepto que Él es un "todo" y la roca es una "parte". Pero, ¿cómo podemos imaginar aquello, acerca de Él, que Él separó una parte de Su esencia, es decir, un alma, al punto tal de que puede sólo ser comprendida como parte de Su esencia?

3) **Indagación 4:** Debido a que la Carroza del mal y las cáscaras están al otro extremo de Su santidad, y que no se puede concebir algo más remoto, cómo puede ser extraído o fabricado de santidad, mucho menos, ¿cómo se sostendría?

Indagación 5: El asunto de la resurrección de los muertos: Puesto que el cuerpo es tan despreciable que inmediatamente al nacer está sentenciado a perecer y ser enterrado. Además, El *Zóhar* dice que antes que el cuerpo se pudra enteramente, el alma no puede ascender a su lugar en el Cielo, mientras haya aún remanentes de él. Por consiguiente, ¿por qué el alma debe retornar y ascender en el renacimiento de los muertos?, ¿No podría el Creador satisfacer las almas sin eso? Aún más, según nuestros sabios las personas muertas están destinadas a elevarse con sus defectos para que no sean confundidas con otras, y después, Él sanaría sus defectos. Debemos comprender, ¿Por qué Dios vigilaría que esas almas no sean confundidas por otras, para luego sanar sus defectos?

Indagación 6: Nuestros sabios dicen que el hombre es el centro de la realidad, que los mundos superiores y este mundo corporal y todo en ellos no fue creado sino por Él, obligando al hombre a creer que el mundo había sido creado para él. Es difícil comprender por qué si cada ser humano con todas sus limitaciones asimila nada más un puñado de la realidad de este mundo y mucho menos de los mundos superiores, cuya altura es inconmensurable, el Creador se tomó la molestia de hacer todo esto para él. Y además, ¿Por qué el hombre habría de querer todo aquello?

4) Con el fin de comprender estás preguntas e indagaciones, la clave es empezar a mirar el propósito de la creación. Nada puede ser comprendido en el medio del proceso, sino sólo en su final. Y está claro que no hay acto sin propósito, sólo el demente puede actuar sin propósito.

Conozco que hay aquellos quienes arrojan sobre sus espaldas la carga de la *Torá* y *Mitzvot* (preceptos), diciendo que el Creador ha creado la realidad, luego la dejó sola y que debido a la inutilidad de las criaturas, no es digno para el Creador exaltado mirar sobre sus caminos pequeños.

Pero mientras consideremos que el Creador, quien es perfecto de cualquier manera, es el único quien creó y diseñó nuestros cuerpos con todos sus atributos despreciables y admirables, comprenderemos que desde el fondo de la mano del Trabajador Perfecto no puede emerger un acto imperfecto, puesto que cada acto testifica a su ejecutante. ¿Qué culpa tiene un mal vestido, si algún mal sastre lo hizo?

Sobre esto encontramos en el *Talmud* (*Taanit* 20) un cuento acerca del *Rabí Eleazar* quien se enfrentó a un hombre repugnante. Él dijo entonces: "Cuán repugnante es aquel hombre". El hombre respondió: "Ve y dile al Artesano que me hizo: cuán repugnante es este instrumento que Tú hiciste". Por eso, aquellos que claman que debido a nuestra bajeza, no es digno para Él mirarnos, y que por consiguiente Él nos ha dejado, no hacen más que mostrar públicamente su ignorancia.

Intenten imaginar que conocen a algún hombre quien crearía criaturas precisamente así, ellas sufrirían y agonizarían sus vidas enteras como hacemos nosotros, y no sólo esto, sino que les daría la espalda, sin cuidarlas ni ayudarlas. ¿Cuán despreciable y bajo sería juzgado? ¿Puede tal cosa ser pensada por Él?

5) Por consiguiente, el sentido común indica que debemos comprender el opuesto que parece estar en la superficie, y decidir que somos realmente criaturas dignas y nobles, de importancia inmensurable, actualmente dignas del Trabajador que nos hizo. Si deseamos encontrar defectos en nuestros cuerpos, entonces detrás de todas las excusas que demos, llegamos siempre al Creador, quien nos creó. En la naturaleza dentro de nosotros está claro que Él nos creó y no nosotros. Él también sabe todos los caminos que fluyen desde la naturaleza y los atributos que Él creó en nosotros. Es como hemos dicho, que debemos contemplar el fin del acto. Entonces seremos capaces de comprender todo, como dice el dicho: "No muestres a un tonto un trabajo incompleto".

6) Nuestros sabios nos enseñan que el Creador creó el mundo por ninguna otra razón sino la de entregarlo a Sus criaturas. Aquí es donde debemos ubicar nuestra mente y corazón, es el objetivo final del acto de la creación del mundo. Debemos tener presente, que puesto que el pensamiento de la creación es de entregarla a Sus criaturas, Él hubo de crear en las almas una gran cantidad de deseo de recibir. Según la medida de cada placer y deseo depende la medida del deseo de recibirlo. Cuanto más grande el deseo de recibir, más grande el placer y cuanto menor es el deseo, menos es el placer de la recepción. De tal forma que el pensamiento de la creación en sí mismo, dicta a la creación de un excesivo deseo de recibir, de corresponder al inmenso placer que Su pensamiento todopoderoso entrega sobre las almas. Para el gran deleite y el gran deseo de recibir debemos estar de acuerdo.

7) Una vez que hemos aprendido esto, hemos empezado a comprender la segunda indagación a su plenitud y con completa claridad. Hemos aprendido cuál es la realidad con que

uno puede fundamentar claras resoluciones, que no es una parte de Su esencia, con la intensidad que podemos decir que es una nueva creación (existencia a partir de la existencia). El pensamiento de la creación es el de entregarla a Sus criaturas, Él creó una medida del deseo de recibir de Él la generosidad y el gozo que planeó para ellas. Así vemos que el deseo de recibir, el cual ciertamente no fue una parte de Su esencia antes que Él lo hubiese creado en las almas, porque ¿de quién podría Él recibir, que es algo nuevo que no está en Él?.

Y junto a eso comprendemos, concordando con el pensamiento de la creación, que no hubo necesidad de crear nada más que el deseo de recibir. Toda la satisfacción en el pensamiento de la creación, resulta directamente de Su esencia, sin tener necesidad de recrearla, puesto que está ya extraída (existencia a partir de la existencia) en el gran deseo de recibir que está en las almas. Así vemos que el asunto de la creación renovada, desde el inicio hasta el fin es sólo el "deseo de recibir".

8) Ahora hemos llegado a comprender las palabras de los cabalistas en la tercera indagación. Nos sorprendemos de cómo fue posible decir acerca de las almas que fueron una parte de Dios, semejante a una roca que es esculpida de una montaña, que no hay diferencias entre ellos excepto que una es una "parte" y la otra el "todo". La roca que es esculpida de la montaña llega a ser separada por un hacha creada para ese fin, pero ¿cómo podemos decir esto acerca de Su esencia? Y, ¿con qué fueron las almas divididas de Su esencia y excluidas del Creador para llegar a ser criaturas?

Comprendemos claramente que como el hacha corta y divide un objeto físico en dos, así el cambio espiritual de forma lo divide en dos. Por ejemplo, cuando dos personas se aman la una a la otra, decimos que se unieron una a otra como un cuerpo. Y cuando se odian entre sí, decimos que están lejos como el oeste del este. La semejanza de forma; es decir, que cuando la personas son iguales en forma, que cada una ama lo que la otra ama y odia lo que la otra odia, llegan a fusionarse. Y si hay algún cambio de forma entre ellas, cuando a una de ellas le gusta algo que la otra odia y viceversa, con intensidad llegan a distanciarse y hasta a odiarse están consideradas tan lejos una de la otra como el este y el oeste, en otras palabras, una el extremo de la otra.

9) Encontramos que en la espiritualidad el cambio de forma actúa como el hacha en el mundo corporal, y la distancia entre ellas es proporcional al contraste de la forma. A partir de esto aprendemos que el deseo de recibir placer ha sido impreso en las almas y que la forma está ausente en el Creador, porque ¿de quién puede Él recibir?, ya que la diferencia de forma que las almas adquirieron las separan de Su esencia como el hacha que esculpe una roca de la montaña. Debido a la diferencia de forma las almas fueron separadas del Creador y llegaron a ser criaturas. Sin embargo, todo lo que las almas adquieren de Su Luz está extendido a partir de Su esencia como la existencia a partir de la existencia.

Por lo tanto, Él expulsa aquéllas hasta que la Luz que reciben en su vasija (la cual es el deseo de recibir) sea correspondida, no hay diferencia entre ellas y Su esencia. Esto es debido a que ellas reciben, existencia a partir de la existencia, directamente de Su esencia, y la diferencia entre las almas y Su esencia es sólo que las almas son una parte de Su esencia. Esto significa que la cantidad de Luz que ellas reciben en sus vasijas (siendo el deseo de recibir) está ya separada de Dios porque está siendo recibida a través de la diferencia de forma del deseo de recibir, la cual hizo una parte a través del cual ellas fueron separadas del "todo" y llegaron a ser una "parte". Así la única diferencia entre ellas es que una es un "todo" y la otra es una "parte", como la roca que es esculpida de una montaña. Y escudriñamos esto meticulosamente porque es imposible extenderse más allá en una cuestión suprema.

10) Ahora podemos comprender la cuarta pregunta: ¿Cómo es posible que a partir de Su Santidad surja la carroza de impureza y las cáscaras, ya que son opuestas a Su Santidad? y ¿cómo puede ser que Él las respalde? Debemos primero comprender la esencia de la impureza y las cáscaras, reconocer que es el gran deseo de recibir, el cual dijimos es la esencia de las almas.

Con el fin de enmendar la separación que descansa sobre la vasija de las almas, Él creó todos los mundos y los separó en dos sistemas, así como dice el verso: "Uno frente al otro Dios los hizo", los cuales son los cuatro mundos sagrados de *ABYA* y opuestos a estos los cuatro mundos impuros de *ABYA*. Él grabó el deseo de otorgar en los mundos sagrados de *ABYA* y sacó de ellos el deseo de recibir para sí mismos, y lo impuso en el sistema de los mundos impuros de *ABYA* que han llegado a ser separados del Creador y de todos los mundos sagrados de *ABYA*.

Por esa razón las cáscaras son llamadas "muerte", como dice el verso: "los sacrificios de la muerte" (Salmos 106.28). Y la maldad es atraída a ellas, así como nuestros sabios dicen: "la maldad es llamada muerte cuando aún vive", porque el deseo de recibir grabado en ellas en oposición de forma a Su Santidad las separa de la Vida de Vidas, y están alejadas de Él desde un extremo al otro. Es así, porque Él no tiene interés en la recepción, solamente en el otorgamiento, mientras las cáscaras quieren sólo recibir para su propio placer, nada hacen con el otorgamiento, y no hay más grande oposición que esto. Ya sabemos que la lejanía espiritual empieza con alguna diferencia de forma y finaliza en la oposición de forma, la cual es la más remota distancia posible en el último grado.

11) Los mundos encadenados en la realidad de este mundo corporal simbolizan un lugar donde hay un cuerpo y un alma, un tiempo de corrupción y otro de corrección. El cuerpo, el cual es el deseo de recibir para sí mismo, está extendido desde su raíz en el pensamiento de la creación, a través de los sistemas de los mundos impuros, tal como el versículo dice: "Y un potro de asno será convertido en hombre" (Job 11.12) y permanecerá bajo la autoridad de ese sistema por los primeros trece años, el cual es el tiempo de la corrupción".

A través de la observación de la *Torá* y *Mitzvot* (preceptos) a partir de los trece años, con el fin de entregar alegría a su Creador, empieza a purificar su deseo de recibir, y lentamente lo cambia con el fin de otorgar, a través del cual extiende un alma sagrada desde su raíz en el pensamiento de la creación. Pasa a través del sistema de los mundos sagrados y se viste en el cuerpo. Este es el tiempo de la corrección.

De esta manera él acumula grados de santidad a partir del pensamiento de la creación en el Infinito, hasta que estos le ayuden a cambiar su deseo de recibir para sí mismo, a recibir con el fin de otorgar alegría a su Creador, y no para sí mismo. Por eso, uno adquiere equivalencia de forma con su Creador, porque la recepción con el fin de otorgar es considerada un otorgamiento puro.

En *Maséjet Kidushin* se dice que en compañía de un hombre importante ella da y él dice -por eso tú estás santificada. Porque la recepción con el fin de satisfacer al que da es considerada otorgamiento absoluto. Por eso uno adquiere adhesión completa con Él, la adhesión espiritual no es más que equivalencia de forma, como nuestros sabios dijeron, "uno no se apega a Él, sino a sus atributos", y por eso un hombre llega a ser digno de recibir gozo, placer y nobleza dentro del pensamiento de la creación.

12) Por lo tanto, hemos explicado claramente la corrección del deseo de recibir que está grabado en las almas por el pensamiento de la creación. Él ha preparado para ellas dos sistemas de mundos, uno frente al otro, a través de los cuales las almas pasan y se dividen en dos aspectos, el cuerpo y el alma, y se visten una en la otra.

Y a través de la *Torá* y *Mitzvot* los seres humanos finalmente cambian el deseo de recibir a deseo de otorgar, y entonces pueden recibir todos los placeres en el pensamiento de la creación. Con esto adquieren una adhesión sólida con Él porque a través del trabajo en la *Torá* y *Mitzvot* han logrado similitud de forma con su Creador, la cual es considerada el final de la corrección. Y entonces, no habiendo más necesidad por el Otro Lado impuro, este sería eliminado de la tierra y la muerte cesaría para siempre. En ese caso, todo el trabajo que fue dado al mundo en los pasados seis mil años, y a cada persona por la duración de sus 70 años de vida, sólo es con el fin de llevarlas al final de la corrección, a la equivalencia de forma arriba mencionada.

El objetivo de la formación y extensión de los sistemas de las *Klipot* (cáscaras) y la impureza a partir de Su Santidad está también completamente claro ahora. Si nuestros cuerpos, con sus deseos de recibir corruptos, no hubieran sido extendidos a través de los sistemas impuros, nunca habríamos sido capaces de corregir los deseos; uno no puede corregir aquello que no está en él.

13) Además, tenemos aún que comprender, ¿cómo podría el deseo de recibir, cuando es tan imperfecto y corrupto, haberse extendido desde el pensamiento de la Creación en el Infinito, cuya unidad está más allá de las palabras y más allá de la descripción? En verdad, por el inmediato pensamiento de crear las almas, Su pensamiento completa todo, ya que Él no necesita de un acto como nosotros. Y debidamente alejadas vinieron a estar todas las almas (y mundos) que fueron destinadas a ser creadas, llenadas con todo el placer, gozo y nobleza que Él ha planeado para que posean. En la perfección final las almas han sido destinadas a recibir en el fin de la corrección, significando que después, el deseo de recibir en las almas ha sido completamente corregido y convertido en puro otorgamiento, completamente idéntico al Emanador.

Esto es porque en Su Eternidad, el pasado y el presente son como uno, y el futuro es como el presente y en Él no existe tal cosa como el tiempo. Y debido a eso nunca existió el objetivo del deseo corrupto de recibir en su estado separado, en el Infinito. Al contrario, aquella equivalencia de forma que se destinó a ser revelada en el fin de la corrección, apareció instantáneamente en el Infinito. Y nuestros sabios dijeron acerca de aquello: "Antes que el mundo haya sido creado existieron Él y Su nombre como uno". Pues la forma separada del deseo de recibir no ha sido revelada en la realidad de las almas que se extendieron en el pensamiento de la creación, más bien ellas fueron unidas a Él en similitud de forma, como "Él y Su nombre, son uno".

14) Esto lo encontramos en su totalidad a través de tres estados para el alma:

Primer estado: Su presencia en el Infinito, en el pensamiento de la creación, donde ya tienen la forma futura del Fin de la Corrección.

Segundo estado: Su presencia en los seis mil años, los cuales fueron divididos por los dos sistemas en un cuerpo y un alma, cuando el trabajo en la *Torá* y *Mitzvot* fue dado con el fin de convertir su deseo de recibir a un deseo de otorgar alegría a su Creador, y no para sí mismos. Durante ese tiempo no habrá corrección para los cuerpos, solamente para las almas. Eso significa que estas tienen que eliminar cualquier aspecto de recepción para sí mismas, en lugar de quedarse con un deseo de otorgamiento que es la forma del deseo en las almas. Incluso las almas de los sabios no serán capaces de regocijarse en el Paraíso después de su partida, sino sólo después que el cuerpo se pudra en el polvo.

Tercer estado: este es el estado del Fin de la Corrección de las almas, después de la muerte. En este momento la completa corrección vendrá a los cuerpos, para entonces la recepción por sí misma, la cual es la figura del cuerpo, adoptará la forma del puro otorgamiento, y llegará a ser digna de recibir para sí misma todos los placeres, deleites y bondades en el pensamiento de la creación. Con todo eso se logrará adhesión sólida debido a su equivalencia de forma con el Creador, puesto que ahora toma placer completo en el otorgamiento. En breve usaremos los nombres de estos tres estados, que significan el primer estado, el segundo estado y el tercer estado, por lo que vale la pena recordar todo lo que se ha dicho sobre cada una de ellos.

15) Cuando examinamos los tres estados arriba mencionados, encontraremos que uno necesita completamente del otro, en una manera que si uno va a ser ocultado, el otro también sería ocultado.

Si por ejemplo, el tercer estado, el cual es la transformación de la forma de recepción a otorgamiento, no se hubiera materializado, entonces el primer estado tampoco. Esto es porque la perfección no se materializó allí, sólo a causa de que el futuro tercer estado ya se había materializado como si estuviese presente. Toda la perfección que fue dibujada en ese estado es similar a una reflexión del futuro en el presente. Si el futuro pudiera ser ocultado, no habría ningún presente. Por consiguiente el tercer estado necesita de la existencia del primero.

Más aún, cuando algo del segundo estado es ocultado, porque allí es donde está todo el trabajo que es destinado a estar en el tercer estado; es decir, el trabajo de la corrupción y la corrección y la continuación de los grados, entonces, ¿Cómo ocurrirá el tercer estado? Por consiguiente vemos que el segundo estado necesita de la existencia del tercero.

La existencia del primer estado en el infinito es donde radica la perfección del tercer estado. En definitiva necesita ser adaptado, lo cual significa que el segundo y tercer estado se materializan en completa perfección. En ese sentido, el primer estado por sí mismo necesita la materialización de los dos sistemas opuestos en el segundo estado con el fin de permitir la existencia de un cuerpo en el deseo de recibir, el cual ha sido corrompido por el sistema impuro, permitiéndonos así corregirlo. Y si no hubiera habido un sistema de mundos impuros, no tendríamos el deseo de recibir y no podríamos haberlo corregido a fin de llegar al tercer estado; dado que "uno no puede corregir aquello que no se encuentra en él". Por lo tanto, no

necesitamos preguntar cómo surgió el sistema impuro desde el primer estado. Es el primer estado el que necesita su materialización y esa forma de existencia en el segundo estado.

16) Por consiguiente, uno no debe sorprenderse de cómo la elección ha sido tomada de nosotros, puesto que nosotros debemos estar obligados a llegar al tercer estado, el cual ya está presente en el primero. El asunto es que hay dos caminos que el Creador ha puesto para nosotros en el segundo estado para traernos el tercer estado:

1. La vía de la observancia de la *Torá* y *Mitzvot*.

2. La vía del dolor, puesto que el dolor refina al cuerpo y eventualmente nos obliga a convertir nuestro deseo de recibir a la forma de un deseo de otorgar y juntarnos a Él. Es como nuestros sabios dijeron: "Si vosotros os arrepintieseis, bien, si no, Yo colocaré sobre vosotros un rey como *Hamán*, y él os hará arrepentiros". Nuestro sabios dijeron: "Si ellos están de acuerdo, Yo aceleraré su tiempo[5], y si no, será a su debido tiempo[6]". Esto significa que si estamos de acuerdo, a través de la primera vía, por observancia de la *Torá* y *Mitzvot*, aceleraremos así nuestra corrección, y no necesitaremos la desagradable agonía y el alargamiento del tiempo que toman con el fin de obligarnos a la reforma. Y si no, "será a su debido tiempo".

Esto significa que sólo el dolor obligará nuestra corrección y el tiempo de la corrección será forzado sobre nosotros. En general, la vía del dolor es también el castigo de las almas en el Infierno. Pero el Fin de la Corrección, el cual es el tercer estado, es una obligación absoluta, en una vía o en la otra, a causa del primer estado. Nuestra elección está solamente entre la vía del dolor y la vía de la *Torá* y *Mitzvot*. Así lo hemos hecho muy claro de cómo los tres estados de las almas están conectados uno al otro y necesariamente necesitan uno del otro.

17) A partir de todo lo anterior comprendemos completamente la tercera pregunta, que cuando nosotros nos examinamos, nos vemos como seres que se han corrompido tan bajo como se es posible. Pero cuando examinamos al Creador quien nos creó, debemos enaltecernos porque no hay más alto que Él, como proviniendo del Creador quien nos creó, porque la naturaleza de lo completo es ejecutar actos completos.

Ahora podemos comprender que nuestro cuerpo, con todos sus pequeños incidentes y posesiones no es nuestro cuerpo real, puesto que nuestro cuerpo real, el cuerpo eterno y

---

[5] (**N. del E.**): Se conoce como *Ajishena*.
[6] (**N. del E.**): Se conoce como *BeItó*.

completo, ya existe en el Infinito, en el primer estado, donde él toma su forma perfecta a partir del futuro tercer estado, lo cual significa recibir en la forma de entregar, que es equivalente en forma con el Creador.

Y si nuestro primer estado requiere que recibamos la cáscara de aquel cuerpo en el segundo estado, en su forma corrupta y repugnante, la cual es el deseo de recibir para sí mismo, la fuerza que nos separa del infinito, de modo que lo corrija y nos permita recibir nuestro cuerpo eterno en la práctica, en el tercer estado; no necesitamos protestar en contra de eso. Nuestro trabajo no puede ser hecho sino en cuerpos así de transitorios e inútiles como los nuestros, ya que "uno no corrige aquello que no se encuentra en él".

De esa manera, nosotros ya estamos en ese estado digno y perfecto, adaptado a un operador perfecto quien nos ha creado en ese segundo estado, para que este cuerpo no nos abandone de ninguna manera ya que va a expirar y a morir, y está aquí sólo por el tiempo necesario para la anulación y recepción de nuestra forma eterna.

18) De esta manera llegamos a la quinta pregunta: ¿Cómo podría ser que a partir de lo eterno se extiendan acciones inútiles y transitorias? Vemos además que de hecho, ya han sido extendidas como deberían, dignas de Su eternidad, simbolizando seres perfectos y eternos.

Habíamos dicho antes (ítem 13), que esta forma de nuestro cuerpo, la cual es el deseo de recibir para sí mismo, de alguna manera no está presente en el pensamiento de la creación, ya que estamos concebidos como el tercer estado, no obstante, es una obligación el segundo estado, con el fin de permitirnos corregirlo. No debemos considerar otros seres en el mundo sino el hombre, puesto que el hombre es el centro de la creación.

Y todas las otras creaciones no tienen valor por sí mismas, sino al punto que son útiles para hacer que el hombre logre su integridad. Por consiguiente, suben y bajan con él sin ninguna consideración por sí mismas.

19) Con esto, llegamos a la cuarta pregunta: Puesto que la naturaleza del bien es dar, ¿cómo Él inicialmente creó seres que serían atormentados y agonizados a lo largo de sus vidas enteras? Porque, así como dijimos, toda nuestra agonía es necesitada por nuestro primer estado, donde nuestra completa eternidad que viene del futuro tercer estado nos obliga a ir ya sea por la "vía de la *Torá*" o por la "vía del dolor", y venir y alcanzar la eternidad en el tercer estado (ítem 15).

Pero esta agonía es sentida solamente por la cáscara de nuestro cuerpo, creado sólo para perecer y ser enterrado. Y esto nos enseña que el deseo de recibir para sí mismo, es creado sólo a fin de ser erradicado, abolido del mundo y convertido a un deseo para otorgar. Los dolores que sufrimos son sólo descubrimientos de su poco valor y el daño en él. Además, cuando todos los seres humanos acuerden abolir y erradicar su deseo de recibir para sí mismos, y no tengan otro deseo sino el de otorgar a sus amigos, todas las preocupaciones y amenazas en el mundo cesarían de existir. Todos estaríamos asegurados con una vida completa y saludable, puesto que para todos y cada uno de nosotros sería un mundo completo, listo para satisfacer cada necesidad.

No obstante cuando cada uno tiene sólo el deseo de recibir para sí mismo, se originan los dolores, las guerras y las matanzas de las cuales no podemos escapar, debilitando nuestros cuerpos con toda clase de heridas y malestares y, si nos damos cuenta, todas las agonías en nuestro mundo no son sino manifestaciones que son ofrecidas a nuestros ojos, con el fin de empujarnos a anular la cáscara maligna del cuerpo para enfrentar la forma completa del deseo de otorgar. Tal como hemos dicho, la vía del dolor por sí misma puede llevarnos a la forma deseada. Tengan en mente que los *Mitzvot* (preceptos) entre hombre y hombre vienen antes que los preceptos entre el hombre y Dios, porque el otorgamiento a su amigo lo lleva a otorgarle a su Creador.

20) Después de todo lo que hemos dicho, llegamos a la conclusión de la primera pregunta: ¿Cuál es nuestra esencia? Nuestra esencia es como la esencia de todos los detalles de la realidad, que es ni más ni menos que el deseo de recibir. Pero no es como es ahora en el segundo estado, que es sólo el deseo de recibir para sí mismo, sino como yace en el primer estado en el infinito, intencionado en su forma eterna, que es la recepción con el fin de otorgar alegría a su Creador.

Y aunque aún no hemos alcanzado el tercer estado, y aún nos falta tiempo, eso no altera de ninguna manera nuestra esencia, porque nuestro tercer estado necesita del primero. En este caso, "todo lo que es obligado a ser reunido, es considerado reunido". Y la falta de tiempo es considerada una deficiencia sólo cuando hay duda de que completará o no lo que necesita ser completado en ese momento.

Ya que no tenemos dudas acerca de eso, es como si ya hubiésemos llegado al tercer estado, y el cuerpo, dado a nosotros en su actual forma corrupta, en ninguna forma agrieta nuestra esencia, puesto que el cuerpo y todas sus posesiones están para ser erradicadas completamente junto con el sistema impuro completo, del cual se origina. "Y todo lo que es obligado a ser quemado, es considerado quemado", siendo considerado como que nunca existió. Además el alma que es vestida en el cuerpo, cuya esencia es también sólo de un deseo, pero de un deseo de otorgamiento que es extendido desde los cuatro mundos sagrados de *ABYA* existe para siempre, pues esa nueva forma de deseo de otorgamiento es igualada en forma con la Vida de Vidas y no es de ninguna manera intercambiable.

21) No sean desviados por los filósofos que dicen que la verdadera esencia del alma es una substancia de la mente, y que sólo existe a través de los conceptos que aprende y que a partir de ahí crece y son su esencia. La pregunta de la continuación del alma luego de la partida del cuerpo depende sólo de la intensidad de los conceptos que ha adquirido, ya que en la ausencia de tales conceptos no queda nada por continuar. Esta no es la vía de la *Torá*. Tampoco es aceptado por el corazón, y cualquiera que haya tratado de adquirir algún tipo de conocimiento sabe y siente que la mente por sí misma es una posesión y el poseedor.

Pero como hemos dicho, toda la substancia de la creación renovada, tanto la substancia de los objetos espirituales y la substancia de los objetos corporales, no son ni más ni menos que un deseo de recibir. Y aunque mencionamos que el alma es toda deseo de otorgar, es sólo a través de las correcciones de la Luz reflejada que recibe por parte de los mundos superiores. Además, la verdadera esencia del alma es también un deseo de recibir. La diferencia que podemos expresar entre un objeto y el otro es por consiguiente aparente sólo en su deseo, pues el deseo en cualquier esencia crea necesidades, y las necesidades crean pensamientos y conceptos de modo de alcanzar esas necesidades.

Y justamente como los deseos humanos difieren uno del otro, así son sus necesidades, pensamientos e ideas. Por ejemplo, aquellos cuyo deseo de recibir está limitado a deseos bestiales, sus necesidades, pensamientos e ideas se dirigen a satisfacer ese deseo en su bestialidad. Y aunque usen la mente y la razón como los humanos lo hacen, esto es, sin embargo, suficiente para el esclavo ser como su maestro. Esto es como una mente bestial, puesto que la mente es esclavizada y sirve al deseo bestial.

Y aquellos cuyo deseo de recibir escoge principalmente deseos humanos, tal como la dominación sobre otros o como el respeto, los cuales están alejados de la bestia, la mayoría de sus necesidades, pensamientos e ideas giran sólo alrededor de la satisfacción de ese deseo lo más posible. Y aquellos cuyos deseos son dirigidos principalmente hacia el conocimiento, la mayoría de las necesidades, pensamientos e ideas están orientadas a satisfacer ese deseo lo más posible.

22) Estos tres deseos están en su mayoría presentes en cada hombre, pero se mezclan en diferentes cantidades, y por eso los cambios de una persona a otra. A partir de los atributos corporales podemos sacar deducciones acerca de los objetos espirituales, relacionados a sus valores espirituales.

23) De manera que también las almas humanas, las espirituales, que a través de los vestidos de la Luz reflejada que han recibido de los mundos superiores de los cuales provienen, tienen sólo el deseo de otorgar satisfacción a su Creador y ese deseo es su esencia. Resulta que una vez vestido en el cuerpo del hombre, genera en él necesidades, deseos e ideas para satisfacer su voluntad de llegar a su máxima plenitud, con la intención de causar satisfacción a su Creador, de forma proporcional al tamaño de su deseo.

24) La esencia del cuerpo es más un deseo de recibir para sí mismo, y todas sus manifestaciones y posesiones son cumplimientos de ese deseo corrupto de recibir, el cual ha sido inicialmente creado para ser exterminado del mundo con el fin de completar el tercer estado en el Fin de la corrección, haciéndolo transitorio y mortal. Esto es, junto con todas sus posesiones, como una fugaz sombra que nada deja cuando se va.

Y puesto que la esencia del alma es solamente un deseo de otorgar, y todas sus manifestaciones y posesiones son cumplimientos de aquel deseo de otorgar, lo cual ya existe en el primer estado eterno y en el futuro tercer estado, por consiguiente es inmortal e irreemplazable. El alma, con todas sus manifestaciones es eterna y existe para siempre. La desaparición no se aplica a estas en la partida del cuerpo. Al contrario, la ausencia de la forma corrupta del cuerpo, la fortalece grandemente, así la capacita para ascender a los cielos.

Hemos mostrado claramente que la persistencia en ninguna manera depende de los conceptos que adquiere, como claman los filósofos, sino que su eternidad radica en su verdadera esencia, basada en su deseo de otorgar, el cual es su esencia. Los conceptos que adquiere son su premio, no su esencia.

25) A partir de esto llegamos a la solución completa de la quinta pregunta: puesto que el cuerpo es así de corrupto, el alma no puede vivir en él luego de que se pudre en la tierra, ¿Por qué retorna en el renacimiento de los muertos? Y también la pregunta acerca de las palabras de nuestros sabios: "Los muertos están destinados a ser revividos con sus defectos, para que no sean confundidos con otros".

Claramente se entenderá esto a partir del pensamiento de la creación en sí misma; es decir, del primer estado. Porque hemos dicho que puesto que el pensamiento de la creación es deleitar a Sus criaturas, se requería que Él hubiese creado un deseo desmedidamente exagerado, para recibir toda esa gran abundancia en el pensamiento de la creación. Ya que "el gran deleite y el gran deseo de recibir van mano con mano".

Y hemos establecido ahí, que este gran deseo de recibir es la substancia completamente renovada que Él ha creado, pues Él no necesita nada más con el fin de llevar a cabo el pensamiento de la creación. Esta es la naturaleza del trabajador perfecto, Él no ejecuta nada que sea innecesario, tal como dice el poema: "de todo tu trabajo ni una cosa fue olvidada, tú no restaste nada ni sumaste nada".

También hemos dicho que este exagerado deseo de recibir, ha sido removido completamente del sistema sagrado y fue dado al sistema de los mundos impuros, a partir del cual se extienden los cuerpos de este mundo y sus vidas. Hasta que un hombre alcanza los trece años de edad, y atraviesa el trabajo de la *Torá* y *Mitzvot* empezando a lograr un alma sagrada, llega el momento en el cual es nutrido por el sistema de los mundos sagrados, en la intensidad del tamaño del alma sagrada que ha alcanzado.

También hemos mencionado que durante los seis mil años dados a nosotros para el trabajo en la *Torá* y *Mitzvot*, ninguna corrección llega al cuerpo, es decir, a su deseo exagerado de recibir. Todas las correcciones que vienen a través de nuestro trabajo le incumben sólo a *Néfesh*, por las que sube los grados de santidad, representando el realce del deseo de otorgar que se extiende con el alma.

Por esa razón, el cuerpo está obligado a morir, ser enterrado y podrirse, ya que no ha sido corregido en ninguna forma. Pero además, el cuerpo no puede permanecer en el camino, pues si él tuviera que abolir el exagerado deseo de recibir, Dios no lo permita, el pensamiento de la creación no podría ser llevado a cabo. Significa que todos los grandes placeres que Él piensa para entregar a las criaturas son recibidos, pues "el gran deseo de recibir y el gran placer van mano con mano". Y en la intensidad que su deseo disminuye, así disminuye el gozo y el placer a partir de la recepción.

26) Ya hemos establecido que el primer estado necesita del tercer estado para materializarse completamente como ocurre en el pensamiento de la creación, no omitiendo ni una cosa. Por consiguiente, el primer estado necesita el renacimiento de los muertos. Esto significa que su excesivo deseo de recibir, el cual ya ha sido erradicado y corrompido en el segundo estado, debe ahora ser revivido en toda su exagerada medida, sin ninguna restricción cualquiera sea; es decir, con todos sus defectos.

Luego empieza el trabajo de nuevo, con el fin de convertir ese excesivo deseo de recibir en otorgamiento. Y entonces tendremos nuestra ganancia duplicada, de modo que tenemos un lugar en el cual recibimos todos los gozos y placeres y la dulzura en el pensamiento de la creación, puesto que ya tenemos el cuerpo con su excesivo deseo de recibir, el cual va mano a mano con estos placeres.

Tomando en cuenta que nuestra recepción, de esa manera sólo se producirá con el fin de satisfacer a nuestro Creador, y será considerada como completo otorgamiento. Eso nos traerá a la equivalencia de forma, lo cual es *Dvekut*; es decir, nuestra forma en el tercer estado. Así vemos que el primer estado necesita de la resurrección de los muertos.

27) Además no puede haber una resurrección de los muertos, sino sólo cerca al final de la corrección, que está hacia el fin del segundo estado. Una vez que estemos de acuerdo con la negación de nuestro excesivo deseo de recibir, aceptando sólo el deseo de otorgar, y una vez que hayamos sido dotados con todos los grados maravillosos del alma, llamados *Néfesh*, *Rúaj*, *Neshamá*, *Jayiá*, *Yejidá*, a través de nuestro trabajo en la negación de ese deseo de recibir, entonces habremos llegado a la perfección más grande; hasta que el cuerpo sea revivido con todo su excesivo deseo de recibir y no seamos por mucho tiempo dañados por él y separados de la santidad.

Al contrario, nos sobreponemos a él y le damos la forma de otorgamiento. Esto ocurre con cada atributo corrupto que queremos remover. Primero debemos removerlos completamente hasta que nada queda. Luego podemos recibirlos nuevamente y conducirlos a través de la línea media. Y en tanto no lo hayamos removido completamente, es imposible conducirlos hacia la línea media deseada.

28) Nuestros sabios dijeron: "Los muertos están destinados a ser revividos con sus defectos y luego ser curados". Significa que en el inicio el mismo cuerpo es revivido, lo cual es el excesivo deseo de recibir, sin ninguna restricción, tal como creció, bajo la alimentación de los mundos impuros antes que la *Torá* y *Mitzvot* lo hayan corregido de alguna manera.

Nos embarcamos en un nuevo tipo de trabajo - insertar todo ese exagerado deseo de recibir en la forma de otorgamiento, siendo luego curado, porque logra equivalencia de forma. Se nos ha dicho que la razón es que "nadie puede decir que es otro". Significa que no puede ser dicho que está en una forma diferente de la que tuvo en el pensamiento de la creación, puesto que ahí radica ese excesivo deseo de recibir, orientado a tomar todo el bien en el pensamiento de la creación.

Solamente que por ahora ha sido entregado a las *Klipot* para la purificación, pero al final, no debe haber un cuerpo diferente, ya que si fuese disminuido de alguna manera, sería considerado completamente diferente e indigno de recibir todo el bien en el pensamiento de la creación, tal como lo recibió en el primer estado.

29) Ahora podemos resolver la segunda pregunta: ¿Cuál es nuestro papel en la larga cadena de la realidad en que somos sólo pequeños eslabones, durante el corto tiempo de nuestras vidas? Tenga en mente que nuestro trabajo a lo largo de los setenta años de nuestros días está dividido en cuatro:

1ra. División: Es lograr el excesivo deseo de recibir sin restricciones, en su entera forma corrupta debajo de las manos de los cuatro mundos impuros de *ABYA*. Pues si nosotros no tenemos ese deseo corrupto de recibir, no podemos corregirlo, pues "uno no puede corregir lo que no está en él".

De esta manera, el deseo de recibir que es dado en el nacimiento no es suficiente, pero debe ser una cuna de las *Klipot* impuras, por no menos de trece años. Esto significa que las *Klipot* deben dominarlo y darle sus luces, para que las luces incrementen su deseo de recibir. Esto es porque los rellenos que las *Klipot* suministran al deseo de recibir sólo aumentan la demanda del deseo de recibir.

Por ejemplo, cuando un niño nace, tiene deseo por las cosas más pequeñas y nada más. Sin embargo, cuando el lado maligno colma su medida, inmediatamente crece y él quiere el doble. Luego, cuando la *Sitra Ajra* le da la doble cantidad, él instantáneamente quiere cuadriplicar la cantidad. Y si no lo vence a través de la *Torá y Mitzvot* y lo convierte en otorgamiento, se incrementa a lo largo de toda su vida, hasta que muere sin lograr la mitad de sus deseos. Se considera que está de la mano de la *Sitra Ajra* y las *Klipot*, cuyo papel es el de expandir e incrementar su deseo de recibir y hacerlo exagerado, sin restricciones de ningún tipo. De modo que se provee de todo el material que necesita para trabajar y reparar.

30) 2da. División: Desde los trece años en adelante. En este momento el punto en su corazón, el cual es lo posterior de la santidad, es dotado de fuerza. Aunque en el nacimiento se vista del deseo de recibir, empieza a despertar sólo después de los trece años, y luego comienza a entrar al sistema de los mundos sagrados, en la medida en que observe la *Torá y Mitzvot*.

Su papel principal es el de lograr e incrementar el deseo espiritual de recibir, porque en el momento del nacimiento sólo tiene el deseo de recibir cosas materiales. Por consiguiente, aunque ha logrado el deseo excesivo de recibir antes de cumplir los trece años, no significa el fin del crecimiento del deseo de recibir, pues el primer crecimiento del deseo de recibir se relaciona sólo con lo espiritual.

Por ejemplo, antes de cumplir los trece años desea recibir toda la riqueza y respeto en este mundo corporal, el cual es aparentemente no eterno, y para todos nosotros es sólo una sombra fugaz. Cuando logra el excesivo deseo espiritual de recibir quiere digerir –para su propia satisfacción– todo el bien y la riqueza en el próximo mundo eterno, lo cual es una posesión eterna. Así, la mayoría del excesivo deseo de recibir es completado sólo con el deseo de recibir espiritualidad.

31) Nuestros sabios dicen: "La sanguijuela tiene dos hijas, *Hav, Hav* (Proverbios 30.15)". Una sanguijuela significa el infierno. Y la maldad está apresada en ese infierno y llora como perros *"Hav Hav* (¡dame, dame!)", significando: "danos la riqueza de este mundo y la riqueza del próximo mundo".

Es aún mucho más importante el grado a partir del primero, porque además de lograr el tamaño completo del deseo de recibir y todo lo material que necesita para su trabajo, es este el grado que lo lleva para Su nombre. Como nuestros sabios dijeron: " Uno debería observar siempre la *Torá* y *Mitzvot*, *Lo Lishmá*, porque de *Lo Lishmá*, se llega a *Lishmá*".

Por consiguiente, el grado que viene después de los trece años es considerado sagrado. Es como un siervo sagrado quien sirve a su dueña, la cual es la Sagrada Divinidad, ya que el siervo lo trae a *Lishmá* y logra la inspiración de la Divinidad. Además uno debería tomar cada medida sentado para traerlo a *Lishmá*, porque si no se esfuerza por aquello y no viene a *Lishmá*, uno cae en el abismo del siervo impuro, el cual es el opuesto al siervo sagrado, cuyo papel es confundir al hombre en el sentido que de *Lo Lishmá*, no llegará a *Lishmá*. Y acerca de ella ha sido dicho: "la doncella que es heredera de su dueña (Proverbios 30.23)", ya que ella no dejará a un hombre cerca de la dueña, quien es la Sagrada Divinidad.

Y el grado final en aquella división es que desea enamorarse apasionadamente de Dios, como si uno se enamorase de un amor corporal, hasta que el objeto de la pasión permanezca ante los ojos de uno todo el día y toda la noche, tal como el poeta dice: "cuando Lo recuerdo, Él no me deja dormir". Luego es dicho acerca de él: "pues el deseo realizado es un árbol de la vida (Proverbios 13.12)". Porque los cinco grados del alma son el árbol de la vida, el cual continúa por quinientos años, cada grado dura cien años, lo cual significa que recibirá los cinco aspectos de *NaRaNJaY* (*Néfesh, Rúaj, Neshamá, Jayiá, Yejidá*) explicados en la tercera división.

32) 3ra. División: Es el trabajo en la *Torá* y *Mitzvot*, con el fin de otorgar y no con el fin de ser premiado, lo cual limpia el deseo de recibir para sí mismo y lo convierte en deseo de otorgamiento. Con la intensidad que purifica el deseo de recibir llega a ser digno de recibir las cinco partes del alma llamadas *NaRaNJaY*.

Esto es porque éstas son sólo aplicables al deseo de otorgar y no pueden vestirse en su cuerpo mientras el deseo de recibir esté en control, lo cual es opuesto en forma al alma, o incluso sólo diferente. Se debe a que la materia del vestido y la equivalencia de forma van mano a mano. Cuando logra el completo deseo de recibir y no necesita nada para sí mismo, encontrará que ha logrado equivalencia de forma con sus superiores *NaRaNJaY*, los cuales se extienden desde el origen en el Infinito en el primer estado, a través de los sagrados *ABYA* para ser gradualmente vestidos en él.

4ta. División: Es el trabajo que es conducido luego del renacimiento de los muertos. Significa que el deseo de recibir, el cual ya ha sido completamente borrado a través de la muerte y la sepultura, es ahora revivido en su peor forma como un excesivo deseo de recibir, como nuestros sabios dijeron: "Los muertos están destinados a ser revividos con sus imperfecciones". Y luego es convertido a una recepción en la forma de otorgamiento. Sin embargo, hay individuos distinguidos a quienes les ha sido entregado este trabajo mientras aún viven en este mundo.

33) Y ahora queda la sexta pregunta. Nuestros sabios dijeron que los mundos no fueron creados sino para el hombre. Y esto parece muy peculiar, que para tal pequeño hombre, cuyo valor no es más que un manojo comparado a la realidad ante nosotros en este mundo, mucho menos comparado a los mundos espirituales superiores, el Creador se ocuparía de crear eso para él. Aún más peculiar es la interrogante: ¿Por qué el hombre necesitaría de todos estos vastos mundos espirituales?

Deberíamos saber que cualquier satisfacción de nuestro Creador a partir del otorgamiento sobre Sus criaturas depende de la intensidad con que las criaturas Lo sienten, que Él es el benevolente y es Él quien las satisface. Él se complace de ellas, como cuando un padre juega con su hijo favorito, al grado de que el hijo siente y reconoce la grandeza y sublimidad de su padre y su padre le muestra todos los tesoros que ha preparado para él. Como el verso dice: "*Efraim* mi querido hijo, un muchacho querido, cuando sea que hable de él, Yo sinceramente aún lo recuerdo: por consiguiente mis entrañas se mueven por él, seguramente tendré misericordia de él, dice el Señor (Jeremías 31.19)".

Observa cuidadosamente estos mundos y podrás aprender y saber los grandes placeres del Señor con las criaturas completas que han logrado la capacidad de sentir y reconocer Su grandeza en todas las maneras que Él ha preparado para ellas, hasta que Él se relaciona con ellas como un padre se relaciona con su hijo querido. Y no tenemos necesidad de continuar con esto, ya que es suficiente para nosotros saber que para esta plenitud y deleite de los completos, valió la pena que Él creara todos los mundos superiores e inferiores por igual.

34) Con el fin de preparar a Sus criaturas para alcanzar el grado exaltado antes mencionado, el Creador pensó en cuatro grados que se desarrollan uno fuera de otro. Estos son llamados: inanimado, vegetativo, animado y "hablante"; son además las cuatro fases del deseo de recibir en las que cada uno de los mundos superiores están divididos, ya que aunque la vasta mayoría del deseo radica en cuatro fases del deseo de recibir, es imposible para él materializarse de una sola vez, sino a través de las tres fases precedentes que lo exponen gradualmente y lo desarrollan hasta que su forma ha sido completada.

35) La primera fase del deseo de recibir, llamada inanimada, la cual es la exposición preliminar del deseo de recibir en este mundo corporal, hay pues un movimiento general que incluye la totalidad de la categoría inanimada. Pero en los componentes en particular no hay ningún movimiento aparente. Esto es porque el deseo de recibir genera necesidades y las necesidades generan el movimiento suficiente para lograr lo que necesita. Habiendo sólo un pequeño deseo de recibir, este domina la totalidad de la categoría, pero su poder sobre los componentes es indistinguible.

36) El vegetativo es agregado al anterior, el cual es la segunda fase del deseo de recibir. Su tamaño es más grande que el inanimado y su deseo de recibir domina a cada uno de los componentes de la categoría, porque cada componente tiene su propio movimiento privado que se expande hacia arriba, abajo y a los lados, y se mueve donde el sol brilla. El asunto de comer, beber y la extracción del desperdicio son también aparentes en cada componente. Sin embargo, carece de una sensación individual e independiente en cada componente.

37) Luego sigue la categoría animal, la cual es la tercera fase del deseo de recibir. Su medida ya está completada en una gran intensidad, pues este deseo de recibir genera en cada componente separado una sensación independiente e individual, la cual es la vida que es única para cada componente por separado. Además, estos aún no tienen la sensación de los

otros, es decir, no tienen la preparación necesaria de participar en el dolor de los otros o en sus alegrías, etc.

38) Encima de todo vienen las especies humanas, las cuales son la cuarta fase del deseo de recibir. Es la medida final y completa, su deseo de recibir incluye también la sensación de los otros. Si quieren conocer la diferencia exacta entre el deseo de recibir en la tercera fase que está en el animado, y la cuarta fase del deseo de recibir en el hombre, les diré que es como el valor de una sola criatura contra toda la realidad, pues el deseo de recibir en el animado, el cual carece de la sensación de los otros, puede generar sólo necesidades y al punto en que estén grabados en esa sola criatura.

Mientras que el hombre, quien puede sentir a otros, se convierte en alguien que necesita todo lo que otros también, y es así como se llena de envidia por adquirir todo lo que otros también tienen. Cuando posee una porción en particular quiere duplicarla, por consiguiente sus necesidades se multiplican para siempre hasta que quiere engullir todo lo que hay en este mundo entero.

39) Y después que se nos ha mostrado que el propósito que el Creador desea de la creación es otorgar a Sus criaturas, para que puedan conocer su autenticidad y grandeza, y recibir todo el deleite y el placer que Él ha preparado para ellas, tal como lo dice el verso: "*Efraim mi querido hijo, un muchacho querido (Jeremías 31.19)*". Tú claramente encuentras que este propósito no se aplica a lo inanimado y las grandes esferas tales como la tierra, la luna, o el sol; sin embargo, luminosas, y no para lo vegetativo y no para lo animal, pues carecen de la sensación de los otros, incluso entre sus propias especies. Por consiguiente ¿Cómo puede la sensación de lo Piadoso y Su otorgamiento aplicarse a ellas?

El hombre, después de haber sido preparado con la sensación de los otros de su propia especie quienes son similares a él, después de penetrar en la *Torá* y *Mitzvot*, transformará su deseo de recibir en un deseo de otorgamiento, llegando a la equivalencia de forma con su Creador. Entonces recibe los grados que han sido preparados para él en los mundos superiores, llamados *NaRaNJaY*, llegando a ser calificado para recibir el propósito del pensamiento de la creación. Después de todo, la intención de la creación de todos los mundos fue únicamente para el hombre.

40) Sé que es completamente inaceptable ante los ojos de algunos filósofos. Ellos no pueden aceptar que el hombre, al cual ellos piensan como inferior e indigno, sea el centro de toda la grande y desolada creación. Pero ellos son como un gusano que nace dentro de un rábano y creen que el mundo del Creador es así de amargo y así de oscuro como el rábano en el cual nacieron. Pero tan pronto como las cáscaras del rábano se rompan y se asome hacia afuera, se maravilla y dice: "¡Creí que el mundo entero era del tamaño de mi rábano, y ahora veo que ante mí hay un mundo grande, bello y maravilloso!"

Así también se encuentran quienes están sumidos en la cáscara del deseo de recibir con la que nacieron, y no saborean las especies únicas, las cuales son la *Torá* y las prácticas *Mitzvot*, que pueden romper esta cáscara dura y convertirla en un deseo de satisfacer a su Creador. Es verdad que ellos deben determinar su vacío y falta de valor, como lo que son realmente, y no pueden comprender que su gran realidad no ha sido creada sino para ellos.

En verdad, si hubiesen penetrado en *Torá* y *Mitzvot* con el fin de otorgar alegría a su Creador con toda la pureza requerida, y tratado de salir de aquella cáscara, hubieran nacido y recibido el deseo de otorgar, sus ojos inmediatamente se abrirían y lograrían todo el placer y la dulzura más allá de las palabras, grados de sabiduría, inteligencia y mente clara, que han sido preparados para ellos en los mundos espirituales. Luego se dirían a sí mismos como nuestros sabios dijeron: "Un buen invitado, ¿qué dice?: Todo lo que el anfitrión hizo, lo hizo para mí solo".

41) Pero todavía queda por clarificar ¿Por qué el hombre necesitaría todos esos mundos superiores que el Creador ha construido para él? ¿Para qué los usa? Ten en mente que la realidad de los mundos es dividida generalmente en cinco categorías las cuales son:

1. *Adam Kadmón*,

2. *Atzilut*,

3. *Briá*,

4. *Yetzirá*, y,

5. *Asiyá*.

Además, en cada uno de ellos hay un número infinito de detalles, los cuales son las cinco *Sfirot*: *Kéter*, *Jojmá*, *Biná*, *Tifféret* y *Maljut*. Porque el mundo de *Adam Kadmón* es *Kéter*, y el mundo de *Atzilut* es *Jojmá*, y *Briá* es *Biná* y *Yetzirá* es *Tifféret* y el mundo de *Asiyá* es *Maljut*. Todas las luces que se visten en esos cinco mundos son llamadas *NaRaNJaY*, como la Luz de *Yejidá* que brilla en *Adam Kadmón*, la Luz de *Jayiá* que brilla en *Atzilut*, la Luz de *Neshamá* que brilla en *Briá*, la Luz de *Rúaj* que brilla en *Yetzirá* y la Luz de *Néfesh* que brilla en *Asiyá*. Todos estos mundos y cada cosa en ellos son incluidos en el nombre sagrado "*Yud Hei Vav Hei*", y el extremo de la *Yud*. En el primer mundo, en *Adam Kadmón*, no tenemos percepción; por consiguiente es aludido solamente con el extremo de la *Yud* del nombre, pero no hablamos de eso, siempre mencionamos sólo los cuatro mundos *ABYA*. *Yud* es el mundo de *Atzilut*, *Hei* es *Briá*, *Vav* es *Yetzirá* y la *Hei* de abajo es *Asiyá*.

42) Hemos explicado los cinco mundos que incluyen toda la realidad espiritual que se extiende desde el Infinito hacia este mundo. Además ellos están incluidos uno en el otro y en cada uno de estos mundos hay cinco mundos, las cinco *Sfirot*: *Kéter*, *Jojmá*, *Biná*, *Tifféret* y *Maljut*, donde las cinco luces (*NaRaNJaY*) están vestidas, las cuales corresponden a los cinco mundos.

Y además de las cinco *Sfirot KaJaB TuM* en cada mundo existen las cuatro categorías espirituales: Inanimado, Vegetativo, Animado y Hablante, donde las *Neshamot* (almas) del hombre son consideradas como el Hablante en ese mundo, y el Animado es considerado como los *Malajim* (ángeles) en ese mundo. La categoría Vegetativo es llamada *Lebushim* (vestiduras), y la categoría Inanimado son los *Heijalot* (palacios). Todas ellas están vestidas una sobre otra: el "Hablante" el cual representa las *Neshamot* de las personas, está vestido en las cinco *Sfirot* sagradas –KaJaB TuM- en ese lugar. El Animado, el cual representa los ángeles, está vestido sobre las almas; el Vegetativo - el cual son las vestiduras - viste a los ángeles, y el Inanimado; es decir, los palacios, giran alrededor de ellas.

Las vestiduras significa que ellas sirven una a la otra y evolucionan a partir de la otra, como hemos aclarado con el cuerpo Inanimado, Vegetativo, Animado y "Hablante" de este mundo, ya que las tres categorías: Inanimado, Vegetativo, Animado, no se extendieron independientemente, sino sólo si lo hace la cuarta categoría, la cual es el hombre, quien puede evolucionar y ascender por ellas. Por consiguiente, el propósito de éstas es el de servir al hombre y serle útiles.

Así es en todos los mundos espirituales. Las tres categorías: Inanimado, Vegetativo y Animado, se extienden en ese mundo sólo con el fin de servir y ser útiles al "Hablante" en ese mundo, el cual es el alma del hombre. Por consiguiente, se considera que todas ellas visten el alma del hombre, lo que significa servirle.

43) Cuando el hombre nace, inmediatamente recibe un alma sagrada. Pero no un alma en realidad, sino el aspecto de *Ajoráim* de ella, que significa su última categoría, la cual es llamada *Nekudá* (un punto) debido a su pequeñez. Este punto está vestido en el corazón del hombre, es decir en el aspecto de su deseo de recibir, el cual se descubre principalmente en el corazón del hombre.

Y conoce esta regla, pues todo lo que dirige la realidad en general, lo dirige en cada mundo, incluso en la partícula más pequeña de ellos. De modo que justamente hay cinco mundos en la realidad, los cuales son las cinco *Sfirot KaJaB TuM*, así hay cinco *Sfirot KaJaB TuM* en cada mundo y hay cinco *Sfirot* en la partícula más pequeña de ese mundo.

De esta forma establecemos que su mundo está dividido en: Inanimado, Vegetativo, Animado y "Hablante" (IVAH). Éstos corresponden a las cuatro *Sfirot JuB TuM*: el Inanimado corresponde a *Maljut*, el Vegetativo a *Tifféret*, el Animado a *Biná*, el "Hablante" a *Jojmá* y, la raíz de ellos corresponde a *Kéter*. Además, incluso en la partícula más pequeña de cada especie en éstos hay cuatro categorías internas del Inanimado, Vegetativo, Animado y Hablante, así que en un componente aislado de la especie "Hablante", representado incluso en una persona, hay también *IVAH*, lo cual conforma las cuatro partes de su deseo de recibir donde el punto de la santidad está vestido.

44) Antes de los trece años de edad no puede haber ninguna detección del punto en su corazón. Pero después de los trece años, cuando empieza a penetrar en la *Torá* y *Mitzvot*, incluso sin ninguna intención, o sea sin ningún amor o miedo, como habría de hacerlo alguien que sirve al rey, incluso en *Lo Lishmá*, el punto en su corazón empieza a crecer y a revelar su acción.

Las *Mitzvot* necesitan una razón de ser, incluso actos sin objetivo pueden purificar su deseo de recibir, pero sólo en el primer grado, llamado Inanimado. En la intensidad que purifica la parte inanimada del deseo de recibir construye los 613 órganos del punto en su corazón, el cual es el Inanimado del alma sagrada. Cuando todas las 613 *Mitzvot* estén completadas en acción, se reúnen los 613 órganos del punto del corazón, el cual es la parte inanimada del alma sagrada, cuyos 248 órganos espirituales están construidos a través de la observancia de las 248 *Mitzvot* de "hacer" (preceptos que tienes que ejecutar en la acción), y sus 365 tendones espirituales están construidos a través de la observancia de las 365 *Mitzvot* de "no hacer", hasta que llegue a ser un *Partzuf* entero de la santidad en *Néfesh*, [con lo cual] el alma asciende y viste a *Maljut* en el mundo espiritual de *Asiyá*.

Todas las partículas del Inanimado, Vegetativo y Animado en aquel mundo, las cuales corresponden a esa *Sfirá* (sing. de *Sfirot*) de *Maljut* de *Asiyá*, sirven y ayudan a aquel *Partzuf* de *Néfesh* del hombre que ha ascendido ahí, con la intensidad que el alma las instruye, pues esos conceptos llegan a ser alimento espiritual para ella, dándole fuerza para crecer y multiplicarse, hasta que pueda extender la Luz de la *Sfirá* de *Maljut* de *Asiyá* en toda la perfección deseada, para iluminar el cuerpo del hombre. Esa Luz completa ayuda al hombre a agregar trabajo en la *Torá* y *Mitzvot* y a recibir los grados restantes.

Tal como hemos establecido, inmediatamente al nacimiento de un cuerpo del hombre, nace un punto de la Luz de *Néfesh* y se viste dentro de él, de igual forma, cuando su *Partzuf* de *Néfesh* de la santidad nace, un punto de un grado superior nace con ella, lo que significa que el último grado de la Luz de *Rúaj* de *Asiyá* es vestido dentro del *Partzuf* de *Néfesh*.

Así es en cada grado, con cada nuevo grado que nace, aparece instantáneamente el último grado del próximo grado en altura. De allí la entera conexión de lo superior y lo inferior a través del tope de la escalera. Y a través de ese punto del grado superior llega a ser capaz de ascender al próximo grado.

45) La Luz de *Néfesh* antes mencionada es llamada la Luz del Inanimado de la santidad del mundo de *Asiyá*. Corresponde a la pureza de la parte inanimada del deseo recibir en el cuerpo del hombre. Brilla en la espiritualidad más semejante a la categoría inanimada en el mundo corporal, cuyas partículas no se mueven independientemente, sino que hay un movimiento general que circunda todos los detalles igualmente. Y así es con la Luz del *Partzuf* de *Néfesh* de *Asiyá*, aunque hay 613 órganos para ella, los cuales son 613 formas de recibir la recompensa, estos cambios no son aparentes, sino sólo una Luz general cuya acción los circunda a todos por igual, sin distinción de detalles.

46) Hay que tener en mente que aunque las *Sfirot* son divinas, y no hay diferencia en ellas desde la cabeza de *Kéter* en el mundo de *Adam Kadmón*, a través del fin de *Maljut* en el mundo de *Asiyá*, hay aún una gran diferencia relacionada a los receptores. Esto se debe a que las *Sfirot* son consideras luces y vasijas. La Luz en las *Sfirot* es pura Santidad, pero las vasijas, llamadas *KaJaB TuM* en cada uno de los mundos inferiores -*Briá, Yetzirá, Asiyá*- no son consideradas Santidad. Estas son consideradas coberturas que ocultan la Luz del Infinito dentro de ellas y racionan una cierta cantidad de Luz para los receptores, de manera que cada uno recibirá de acuerdo a su grado de pureza.

A partir de este aspecto, aunque la Luz es una, nombraremos las luces en las *Sfirot* como *NaRaNJaY*, porque la Luz se divide de acuerdo a los atributos de las vasijas. *Maljut*, la cual es la cobertura más áspera, oculta toda la Luz del Infinito. La Luz que deja pasar a los receptores es sólo una pequeña porción relacionada a la purificación del cuerpo inanimado del hombre. Esta es llamada *Néfesh*.

El *Kli* de *Tifféret* es más delgado que *Maljut* y la Luz que pasa del Infinito se relaciona a la purificación de la parte vegetativa del cuerpo del hombre, porque hay más Luz activa ahí que en la Luz de *Néfesh*. Esta es llamada *Rúaj*.

El *Kli* de *Biná* es aún más delgado que *Tifféret*, y la Luz que se extiende desde el Infinito se relaciona a la purificación de la parte animada del cuerpo del hombre, la cual es llamada la Luz de *Neshamá*.

Los *Kelim* de *Jojmá* son los más delgados de todos, y la Luz que se extiende desde el *Ein Sof* se relaciona a la purificación de la parte "hablante" del cuerpo del hombre, siendo llamada la Luz de *Jayiá*, cuya acción está más allá de la medición.

47) En el *Partzuf Néfesh*, el cual el hombre ha adquirido a través de la fuerza con que se ocupó en *Torá* y *Mitzvot* intencionalmente, se viste un punto a partir de la Luz de *Rúaj*. Y cuando uno se esfuerza en observar la *Torá* y *Mitzvot* con la intención deseada, él purifica la parte vegetativa de su deseo de recibir y, en la intensidad con que construye el punto de *Rúaj* en el *Partzuf*, al ejecutar las 248 *Mitzvot* de "Hacer" con la intención deseada, el punto se expande a través de sus 248 órganos espirituales. Y por observar las 365 *Mitzvot* de "No Hacer" el punto se expande a través de sus 365 tendones.

Cuando está completada con todos los 613 órganos, asciende y se viste sobre la *Sfirá* de *Tifféret* en el mundo espiritual de *Asiyá* donde se expande desde el Infinito una Luz más grande, llamada la Luz de *Rúaj*, la cual viene a purificar la parte vegetativa del cuerpo del hombre. Y todos los componentes de lo inanimado, vegetativo y animado en el mundo de *Asiyá*, los cuales se relacionan a la estatura de *Tifféret*, ayudan al *Partzuf* de *Rúaj* del hombre a recibir las luces de *Tifféret* en toda su integridad, como fue hecho anteriormente en la Luz de *Néfesh*. Debido a eso es llamado el "Vegetativo sagrado".

La naturaleza de su Luz es como el vegetativo corporal, donde uno puede diferenciar el movimiento sustancial en cada integrante, así es la Luz espiritual del vegetativo capaz de iluminar los caminos de cada órgano de los 613 órganos en el *Partzuf* de *Rúaj*, cada uno de ellos designa la acción relacionada a ese órgano. Con la intensidad del *Partzuf* de *Rúaj*, ahí también se extendió el punto del siguiente grado en altura; es decir, un punto de la Luz de *Neshamá*, el cual está vestido en su interior.

48) Al observar los secretos de la *Torá* y *Mitzvot* se purifica la parte animada del deseo de recibir y se construye el punto del alma que está vestido en sus 248 órganos y 365 tendones. Cuando la construcción ha sido completada y llega a ser un *Partzuf*, asciende y viste a la *Sfirá* de *Biná* en el mundo espiritual de *Asiyá*, la cual es mucho más delgada que las vasijas precedentes: *Tifféret* y *Maljut*. Por eso se extiende una gran Luz desde el Infinito en la vasija, la cual es llamada la Luz del alma.

Y todos los componentes de lo Inanimado, Vegetativo y Animado en el mundo de *Asiyá* que se relacionan al grado de *Biná* ayudan al *Partzuf* de *Neshamá* del hombre a recibir todas las luces a partir de la *Sfirá* de *Biná*. Esto es llamado "Animado sagrado" porque corresponde a la purificación de la parte animada del cuerpo del hombre. Y así es la naturaleza de su Luz, como hemos visto con el animado corporal (Cap. 37), la cual da al individuo una sensación de libertad e independencia del resto del *Partzuf*, a cada órgano de los 613 órganos del *Partzuf*.

Hasta que sus 613 órganos sean considerados 613 *Partzufim*, únicos en su tipo de Luz, cada uno en su propia forma y la supremacía de esta Luz sobre la Luz de *Rúaj* en la espiritualidad sea como la supremacía de lo animado sobre lo inanimado y lo vegetativo en el mundo corporal, se extiende un punto de la Luz sagrada de *Jayiá*, la cual es la Luz de la *Sfirá* de *Jojmá* con la extensión del *Partzuf* de *Neshamá* vestido en su interior.

49) Cuando ha logrado la gran Luz llamada *Neshamá*, donde cada uno de los 613 órganos de aquel *Partzuf* ilumina en su propia y única manera, cada uno como un *Partzuf* independiente, abre ante él la posibilidad de observar cada *Mitzvá* de acuerdo a su genuina intención, pues cada órgano del *Partzuf* de *Neshamá* ilumina la vía de cada *Mitzvá* que está relacionada a ese órgano.

A través de la gran fuerza de esas luces purifica la parte "hablante" de su deseo de recibir y lo convierte en deseo de otorgamiento. El punto de la Luz de *Jayiá*, el cual está vestido dentro de sus 248 órganos espirituales y 365 tendones, se construye a sí mismo en consecuencia.

Cuando está completado en un *Partzuf* entero asciende y viste la *Sfirá* de *Jojmá* en el mundo espiritual de *Asiyá*, el cual es un inmensurable y delgado *Kli*. Por consiguiente extiende una Luz gigantesca desde el Infinito llamada la Luz de *Jayiá* o "*Neshamá* a *Neshamá*". Todos los detalles de lo Inanimado, Vegetativo y Animado en *Asiyá* que se relacionan a la *Sfirá* de *Jojmá* lo ayuda a recibir la Luz de *Jojmá* en toda plenitud.

A esto también se le llama el "Hablante Sagrado", el cual corresponde a la purificación de la parte "hablante" en el cuerpo del hombre. La estatura de esa Luz en la Santidad es como la estatura del "hablante" en el mundo corporal, lo cual significa que logra la sensación de otros. Así, la medida de esa Luz sobre la medida de lo Inanimado, Vegetativo y Animado espiritual es como una medida del "Hablante" corporal sobre el Inanimado, Vegetativo y Animado corporal. La Luz del Infinito que se viste en ese *Partzuf* es llamada: "*Yejidá*".

50) No obstante debes saber, que estas cinco luces: *NaRaNJaY*, que fueron recibidas del mundo de *Asiyá* no son más que *NaRaNJaY* de la Luz de *Néfesh* y no tiene nada de la Luz de *Rúaj*. Esto es porque la Luz de *Rúaj* sólo está presente a partir del mundo de *Yetzirá* en adelante, y la Luz de *Neshamá* a partir del mundo de *Briá*, y la Luz de *Jayiá* a partir de *Atzilut* y *Yejidá* a partir de *AK*.

Todo lo que está en lo general es encontrado en lo particular también, y en el más pequeño detalle posible. Así es también en la totalidad de *NaRaNJaY* en el mundo de *Asiyá*, aunque es sólo *NaRaNJaY* de *Néfesh*. Por el mismo principio hay un *NaRaNJaY* en *Yetzirá*, el cual es un *NaRaNJaY* de *Rúaj*. Y hay un *NaRaNJaY* de *Neshamá* en *Briá*, un *NaRaNJaY* de *Jayiá* en *Atzilut* y un *NaRaNJaY* de *Yejidá* en *AK*. La diferencia entre cada mundo es como hemos especificado anteriormente considerando la diferencia entre cada uno de los *NaRaNJaY* de *Asiyá*.

51) Ahora que conoces que el arrepentimiento y la purificación no pueden ser aceptados a menos que sean totalmente permanentes, como dice el verso: "¿Cómo podemos decir una verdadera *Tshuvá* (arrepentimiento)?. Hasta que Él quien conoce todos los misterios testifique que no fallará nuevamente". Si uno purifica la parte inanimada del deseo de recibir, logra el *Partzuf* de *Néfesh* de *Asiyá*, y asciende y viste a la *Sfirá* de *Maljut* de *Asiyá*.

Eso significa que él será dotado definitivamente con la permanente purificación de la parte inanimada, de manera que nunca fallará nuevamente, pudiendo entonces ascender al mundo espiritual de *Asiyá*, pues ha logrado la purificación y equivalencia de forma con aquel mundo.

Así como los otros grados, los cuales hemos dicho que son *Rúaj*, *Neshamá*, *Jayiá* y *Yejidá*, frente a los cuales están su parte vegetativa, animada y "hablante" del deseo de recibir, han de ser purificados, para vestirse y recibir esas luces, aunque su purificación no sea permanente, "hasta que Él quien conoce todos los misterios testifique que él no fallará nuevamente".

Esto es porque la totalidad del mundo de *Asiyá*, con todas sus cinco *Sfirot KaJaB TuM*, es nada más que *Maljut* la cual se relaciona sólo a la purificación de lo inanimado. Las cinco *Sfirot* son sólo las cinco partes de *Maljut*; por consiguiente, puesto que él ha logrado ya la purificación de la parte inanimada del deseo de recibir, se iguala en forma con el mundo de *Asiyá*, ya que cada *Sfirá* del mundo de *Asiyá* recibe a partir de su correspondiente *Sfirá* en los mundos superiores, por ejemplo: *Tifféret* de *Asiyá* recibe del mundo de *Yetzirá*, el cual es todo *Tifféret* y la Luz de *Rúaj*. *Biná* de *Asiyá* recibe del mundo de *Briá*, el cual es todo *Neshamá*. *Jojmá* de *Asiyá* recibe de *Atzilut*, el cual es todo *Jojmá* y la Luz de *Jayiá*. De esta forma, aunque ha purificado permanentemente sólo la parte inanimada, si él ha purificado las tres partes restantes de su deseo de recibir, aún cuando no lo ha hecho de manera permanente, aún puede recibir las luces de *Rúaj*, *Neshamá* y *Jayiá* de *Tifféret*, *Biná* y *Jojmá* de *Asiyá*, aunque no en forma permanente. Esto es porque cuando una de estas tres partes del deseo de recibir ha despertado, inmediatamente pierde estas luces.

52) Después que él purifica la parte vegetativa de su deseo de recibir permanentemente asciende al mundo de *Asiyá*, donde logra el grado permanente de *Rúaj*. Ahí puede también lograr las luces de *Neshamá* y *Jayiá* de *Biná* y *Jojmá* de *Yetzirá*, consideradas como *Neshamá* y *Jayiá* de *Rúaj*, incluso antes que haya purificado permanentemente las partes animada y "hablante", como vimos en el mundo de *Asiyá*, ya que después que ha purificado permanentemente la parte vegetativa de su deseo de recibir está ya en equivalencia de forma con la totalidad del mundo de *Yetzirá*, en su más alto grado.

53) Después que purifica la parte animada de su deseo de recibir y lo convierte en deseo de otorgar "hasta que Él quien conoce todos los misterios testifique que él no va a fallar nuevamente", está ya en equivalencia de forma con el mundo de *Briá*, [con lo cual] asciende y recibe permanentemente la Luz de *Neshamá*. Y a través de la purificación de la parte "hablante" de su cuerpo puede ascender hasta la *Sfirá* de *Jojmá* y recibe la Luz de *Jayiá*, aunque aún no lo haya purificado permanentemente, como con *Asiyá* y *Yetzirá*. Sin embargo la Luz que recibe tampoco es permanente.

54) Cuando él purifica de manera permanente, la parte "hablante" en él, logra la equivalencia de forma con el mundo de *Atzilut*, asciende y recibe permanentemente la Luz de *Jayiá*. Cuando asciende aún más alto, logra la Luz del Infinito y la Luz de *Yejidá* es vestida en la Luz de *Jayiá*, y aquí no hay nada más para agregar.

55) Así se aclara nuestra pregunta: ¿Por qué el hombre necesita los mundos superiores que el Creador creó? ¿Qué necesita de ellos? Ahora verás que es imposible para el hombre lograr traer alegría a su Creador, sino a través de la ayuda de estos mundos. Pues logra las luces y los grados de su alma, llamados *NaRaNJaY*, de acuerdo a la medida de la pureza del deseo de recibir. En cada grado que logra, las luces de ese grado lo ayudan en la purificación.

De esta forma asciende en los grados hasta que logra el juego del propósito de la intención que está en el pensamiento de la creación (ver Cap. 33). "El *Zóhar*" dice en el verso: "él que viene a purificarse es ayudado": ¿Ayudado en qué? Y contesta que es ayudado con un alma sagrada, pues es imposible purificar como es deseado por el pensamiento de la creación, a menos que sea por la ayuda de todos los grados *NaRaNJaY* del alma.

56) Debemos saber que los *NaRaNJaY* anteriormente mencionados son cinco partes, por las cuales toda la realidad es dividida. Además, todo aquello que es la totalidad, existe incluso en la más pequeña partícula de la realidad. Por ejemplo, incluso en la parte inanimada del *Asiyá* espiritual por sí solo, hay cinco grados de *NaRaNJaY* para alcanzar, los cuales están relacionados al aspecto de los *NaRaNJaY* generales.

Por lo tanto, es imposible lograr incluso la Luz del inanimado de *Asiyá* sino es a través de las cuatro partes del trabajo. Por consiguiente, ningún hombre de *Israel* puede excusarse a sí mismo de observarlos a todos, de acuerdo a su estatura. Debería observar la *Torá* y *Mitzvot* con la intención, con el fin de recibir *Rúaj* de su estatura y tendría que penetrar en los secretos de la *Torá* de acuerdo a su estatura, a fin de recibir *Neshamá* de su estatura. Lo mismo se aplica a los *Teamim* (sabores) de las *Mitzvot*, pues es imposible completar incluso la más pequeña Luz de la santidad sin ayuda de estos.

57) Ahora podemos comprender la aridez y la oscuridad que nos ha sobrevenido en esta generación, como nunca hemos visto antes. Esto es porque incluso los adoradores de Dios han abandonado el estudio de los secretos de la *Torá*. El *RaMBaM* ha dicho acerca de esto: "Si una hilera de mil ciegos caminara a lo largo de un camino, y hubiese entre ellos por lo menos uno que puede ver, ellos estarían seguros de tomar la vía correcta y no caer en los abismos y obstáculos a lo largo del camino, puesto que ellos seguirían al líder que puede ver.

Pero si tal persona no existiera, indudablemente tropezarán sobre cada valla en el camino y caerán en el abismo. Así es con el asunto en cuestión ante nosotros. Incluso si sólo los adoradores de Dios se ocuparan en la interioridad de la *Torá* y fuesen a extender una Luz completa desde el infinito, la totalidad de la generación querrían seguirlos, y cada uno estaría seguro de ser exitosos. Pero si los adoradores de Dios se han distanciado a sí mismos de esta sabiduría, no es de admirarse que la totalidad de la generación esté fallando debido a ellos.

58) Además, conozco la razón: Es principalmente debido a la fe que ha disminuido en general, especialmente la fe en los hombres santos, los hombres sabios de todas las generaciones. Los libros de Cabalá y "El *Zóhar*" están llenos de parábolas tangibles. Por consiguiente, la gente tiene miedo de que ellos fracasen con la materia y pierdan más que lo que ganan. Esto es lo que me incitó a escribir una completa interpretación de los escritos del *ARI* y conocer al sagrado *Zóhar*. He quitado completamente esa preocupación, pues he probado el mensaje espiritual detrás de todo, el cual es abstracto y vacuo de toda semejanza física, encima del espacio y del tiempo como los lectores verán, con el fin de permitir a toda *Israel* estudiar "*El Zóhar*" y ser calentada por su sagrada Luz.

He denominado ese comentario "*HaSulam*" (La Escalera), para mostrar que su propósito es, como con cada escalera - que si tienes un ático lleno de bondades, entonces necesitas una escalera para alcanzarlo, y luego toda la bondad del mundo estará en tus manos. Pero la escalera no es un propósito en sí misma, pues si te detienes en la mitad del camino y no ingresas al ático, el propósito no será cumplido.

Así ocurre en el caso de mi comentario del *Zóhar*, porque aún no ha sido creada la vía para clarificar a estos mundos lo más profundamente. Sin embargo he construido una vía y una entrada para todos, usándola pueden ascender y escudriñar en la profundidad del *Libro del Zóhar* en sí mismo, pues sólo entonces mi propósito de este comentario será completado.

59) Todos aquellos que conocen todas las entradas y salidas del sagrado *Libro del Zóhar*, que son quienes comprenden lo que está escrito en él, unánimemente convenimos que fue escrito por el sagrado *Taná* (Sabio) *Rabí Shimon Bar Yojai*. Sólo aquellos quienes están lejos de la sabiduría dudan este origen y tienden a decir, dando fe en cuentos fabricados por oponentes, que su escritor es el *Rabino Moshé De León*, u otros de su tiempo.

60) Y como en mí, después del día que he sido enriquecido con una mirada en este sagrado libro a través de la Luz de Dios, no ha cruzado por mi mente la pregunta de su origen, por la simple razón que el contenido del libro trae a mi corazón el mérito de *Rabí Shimon Bar Yojai* mucho más que el de otros sabios. Y si claramente viera que su escritor es alguien de otro nombre, tal como el rabino *Moshé de León*, entonces apreciaría su mérito más que el de otros sabios, incluyendo al *Rabí Shimon Bar Yojai*.

Además, a juzgar por la profundidad de la sabiduría de este libro, si fuese a encontrar que su escritor es uno de los cuarenta y ocho profetas, lo habría encontrado más aceptable que relacionarlo a uno de los sabios. Es más, si encontrase que *Moshé* (Moisés) en sí mismo lo hubiese recibido de Dios en el Monte *Sinái*, entonces mi mente realmente estaría en paz, pues tal composición es digna de él. Por consiguiente, puesto que he sido bendecido presentando una interpretación que permite a cada examinador comprender su contenido, creo que estoy completamente excusado por traerme a mí mismo dentro de ese examen. Esto es porque cualquier examinador del *Zóhar* se colocará ahora por no menos que el *Taná Rabí Shimon Bar Yojai* como su escritor.

61) Eso nos lleva a la pregunta: ¿Por qué no fue "El *Zóhar*" revelado a generaciones anteriores, cuyos méritos fueron indudablemente más grandes y más dignos que los de las

últimas? Debemos también preguntar, ¿Por qué no fue revelado el comentario del *"Zóhar"* antes del tiempo del *ARI*?, ¿Por qué no fue revelado a sus predecesores? Y la más perpleja de todas las preguntas: ¿por qué fueron reveladas las palabras del *ARI* y los comentarios del *"Zóhar"* recientemente hoy?

La respuesta es que el mundo, durante los seis mil años de su existencia, es similar a un *Partzuf* que es dividido en tres partes: *Rosh, Toj* y *Sof,* significando - *JaBaD (Jojmá, Biná, Dáat), JaGaT (Jésed, Gvurá, Tifféret)* y *NeHY (Nétzaj, Hod, Yesod)*. O como nuestros sabios dijeron: "Dos mil años de *Tohu* (caos), dos mil de *Torá* y dos mil de los días del *Mashíaj* (Mesías)". En los dos primeros milenios, los cuales son como el *Rosh* o como *JaBaD*, las luces fueron muy pequeñas y, fueron considerados como una cabeza sin cuerpo, el cual sólo tiene la Luz de *Néfesh*, debido a que hay una relación inversa entre las luces y *Kelim* (vasijas): con los *Kelim* la regla es que los primeros *Kelim* crecen primero en cada *Partzuf*, en tanto que con las luces es lo opuesto, pues las luces más pequeñas visten primero en el *Partzuf*.

Por lo tanto, mientras haya sólo partes superiores de los *Kelim*, es decir las vasijas *JaBaD*, sólo la Luz de *Néfesh* puede vestirse en el *Partzuf*, las cuales son las luces más pequeñas. Esto es lo que fue escrito acerca de los primeros dos milenios, los años *Tohu*. La segunda era del mundo, la cual son los *Kelim* de *JaGaT* que visten a la Luz de *Rúaj* en el mundo, la cual es la *Torá*. Por consiguiente los dos milenios del medio son llamados *Torá*. Y los dos últimos milenios son las vasijas de *NeHYM (Nétzaj, Hod, Yesod* y *Maljut)*. Por consiguiente en aquel momento la Luz de *Neshamá* se viste en el mundo, la cual es la Luz Superior, de aquí el nombre: los días del Mesías.

Cada *Partzuf* es construido de la misma manera: en sus *Kelim* de *JaBaD*, de *JaGaT*, hasta el *Jazé*, las luces son cubiertas y las misericordias reveladas no se iluminan. Esto significa que la aparición de la Luz de *Jojmá* sólo ocurre desde el *Jazé* hacia abajo, es decir en *NeHYM*. Esta es la razón por la que más adelante las vasijas de *NeHYM* fueron reveladas al mundo, las cuales son los últimos dos milenios, la sabiduría del *"Zóhar"* en particular y la sabiduría de la Cabalá en general, fueron ocultadas del mundo.

Pero durante el tiempo del *ARI*, cuando el tiempo de la terminación de las vasijas debajo del pecho habrían estado más cerca, se reveló en el mundo la Luz de la sabiduría sublime a través del alma del Santo *Rabí Itzjak Luria* ("El *ARI*"), quien estuvo listo para recibir la gran Luz, y por consiguiente descubrió el objetivo primario en el libro del *"Zóhar"* y la sabiduría de la Cabalá, hasta que eclipsó a todos sus predecesores.

Sin embargo, puesto que estos *Kelim* no estuvieron completados (ya que él murió en 1572), el mundo no fue aún digno de descubrir sus palabras, y sólo fueron habladas a unos pocos, a quienes se les prohibió hablarla de ellos al mundo.

Ahora, en nuestro tiempo, cuando estamos acercándonos al final de los últimos dos milenios, estamos dando el permiso de revelar sus palabras y las palabras del *"Zóhar"* a todo el mundo en gran medida, de tal manera que desde nuestra generación en adelante las palabras del *"Zóhar"* llegarán a ser más y más reveladas en el mundo, hasta que la medida completa sea descubierta como Dios lo desea.

63) Ahora se puede comprender que realmente no existe un final al mérito de las primeras generaciones sobre las últimas, siendo la norma en todos los *Partzufim* ya sea de los mundos o de las almas que el más delgado es construido primero en el *Partzuf*. Por consiguiente los *Kelim* más delgadas de *JaBaD* fueron construidos primero en el mundo y en las almas. Así, las almas que descendieron en los primeros dos milenios fueron más superiores que las últimas. Pero, éstas no podían recibir la Luz plena porque carecían de los *Kelim* inferiores en sí mismas y en el mundo, las cuales son *JaGaT* y *NeHYM*.

Posteriormente también, en los dos milenios intermedios, cuando los *Kelim* de *JaGaT* llegaron al mundo y a las almas, las almas fueron además en sí mismas muy delgadas, porque el mérito de los *Kelim* de *JaGaT* es más cercano a aquel de las vasijas de *JaBaD*. Aún las luces estuvieron ocultadas en el mundo debido a la ausencia de los *Kelim* debajo del *Jazé* del mundo y de las almas. Por consiguiente, en nuestra generación, aunque la esencia de las almas es la peor, lo cual es porque ellas no podrían ser construidas hasta este día; sin embargo, éstas son los *Kelim* que completan el *Partzuf* del mundo y el *Partzuf* de las almas a partir del punto de vista de los *Kelim*, y el trabajo no es completado sino a través de ellas.

Por ahora, cuando los *Kelim* de *NeHY* y todas los *Kelim*, *Rosh*, *Toj* y *Sof* están en el *Partzuf*, las medidas completas de la Luz (*Rosh*, *Toj* y *Sof*) están siendo extendidas a todos aquellos que son dignos. Por consiguiente, sólo después de la terminación de estas almas despreciables pueden las luces supremas ser reveladas, y no antes.

64) De hecho, nuestros sabios se han preguntado: "El rabino *Papa* dijo a *Avi*: ¿En qué eran diferentes los primeros que les sucedió un milagro y en qué somos nosotros diferentes que no nos ha ocurrido un milagro? ¿Es a raíz del estudio? En la época de *Rabí Yehuda* todo el estudio era *Nezikin* (sección del *Talmud*), mientras que nosotros aprendemos toda la *Mishná*. Y cuando el *Rabí Yehuda* estudió *Okatzin* dijo: "Aquí encuentro la esencia de *Rav* e *Shmuel*, mientras aprendemos 13 *Yeshivot* en *Okatzin*. Cuando *Rabí Yehuda* se quitó un zapato, llegó la lluvia, mientras nosotros atormentamos nuestras almas y lloramos, y nadie lo nota. El respondió: Los primeros ofrendaron sus almas para la santidad de Dios.

Así es que, aunque es obvio que los primeros fueron mucho más grandes que los últimos, desde el punto de vista de la *Torá* y de la sabiduría, el *Rabí Papa* y *Avi* tuvieron más mérito que los primeros. Vemos que a pesar de que las primeras generaciones fueron superiores a las últimas en cuanto a la esencia de sus almas, porque lo más fino se construye primero, de todas maneras, la sabiduría de la *Torá* nos revela más y más en las generaciones recientes. Esto se debe a que, tal como hemos dicho, la estatura es completada por las últimas generaciones, por lo que más luces completas se extienden a ellos, a pesar de que su esencia es mucho peor.

65) Por eso no deberíamos preguntar: ¿Por qué entonces está prohibido no estar de acuerdo con los primeros en la *Torá* revelada? Es porque en lo que respecta a la parte práctica de las *Mitzvot*, es lo opuesto, es decir, los primeros fueron más completos en éstos que los últimos. Esto es porque el acto se extiende desde las vasijas sagradas de las *Sfirot* y los secretos de la *Torá* y sus *Teamim* (sabores) se extienden de las luces que están en las *Sfirot*.

Ustedes ya saben que existe un valor contradictorio entre las luces y los *Kelim*. En las vasijas las luces crecen primero, por lo que desde el punto de vista práctico los primeros son más completos que los últimos. Pero en el caso de las luces, donde las luces más pequeñas vienen primero, las últimas son más completas que las primeras.

66) Tomen en cuenta que todo está compuesto por interioridad y exterioridad. *Israel*, los descendientes de *Avraham*, *Itzjak* y *Yaakov*, generalmente se consideran la interioridad del mundo y las 70 naciones son catalogadas como su exterioridad. También dentro de *Israel* hay interioridad, que son los fervorosos creyentes de Dios, y la exterioridad, quienes no se entregan por completo al trabajo de Dios. Asimismo, dentro de las naciones del mundo hay partes internas, las cuales son las justas entre las Naciones, y una parte externa, que son las bruscas y destructivas entre ellas.

También dentro de los creyentes de Dios que hay dentro de *Israel*, hay interioridad, que son aquellos dotados con la comprensión del alma de la interioridad de la *Torá* y sus secretos; y la exterioridad, que son aquellos que simplemente observan la parte actual de la *Torá*. En cada hombre de *Israel* hay una interioridad, que es el *Israel* dentro de él, siendo el punto en el corazón, y la exterioridad, que son las Naciones del Mundo dentro de él, siendo el propio cuerpo. Pero, incluso las Naciones del Mundo dentro de él son consideradas conversas porque al dividir su interioridad, se transforman en conversos de las naciones del mundo, quienes dividen a todo *Israel*.

67) Cuando un hombre de *Israel* aumenta y dignifica su interioridad, lo cual es el *Israel* dentro de él, por encima de su exterioridad, siendo las naciones del mundo en él; es decir, que dedica la mayor parte de su tiempo y esfuerzo a engrandecer y exaltar su interioridad, para bien de su alma, y un esfuerzo menor, la simple necesidad para sostener sus naciones del mundo, es decir sus deseos corporales, tal como dice (*Avot* 1) "Haz tu *Torá* permanente y tu labor temporal", así él hace -en la interioridad y la exterioridad del mundo- entonces los Hijos de *Israel* se elevan y las naciones del mundo, que generalmente son la exterioridad, reconocen y aceptan el valor de los Hijos de *Israel*.

Y si, Dios no lo permita, ocurriera lo contrario, en el sentido que un hombre de *Israel* aumenta y presta atención a su exterioridad, la cual es las naciones del mundo dentro de él, superior al *Israel* dentro de él - tal como se dice en Deuteronomio 28: "El extranjero que está en medio de ti subirá muy alto...", la exterioridad en él se elevará, y tú, que eres la interioridad, el *Israel* en ti, te sumergirás en lo profundo. Esto provoca que la exterioridad del mundo en general, que son las naciones del mundo tan alto que sobrepasen a *Israel*, degradándolos al piso, y los Hijos de *Israel*, la interioridad del mundo, se sumerja -Dios no lo permita- en lo más profundo.

68) No es de extrañar que una sola persona, con sus acciones, sea el detonante de un descendiente o un ascendente para todo el mundo. Por eso es una ley irrefutable que lo general y lo particular son tan iguales como dos gotas de agua. Y lo que es usual en lo particular también lo es en lo general. Es más, los particulares conforman todo lo que está en lo general. Evidentemente, el acto de un particular, de acuerdo a su valor, incrementa o disminuye el todo. Esto esclarece las palabras del *Zóhar*, a través del estudio del *Zóhar* y la Sabiduría de la

Verdad, serán salvados del exilio hasta su completa preservación. Pero, ¿Cuál es realmente la conexión entre el estudio del *Zóhar* y la preservación de *Israel* de entre las naciones?

69) Se ha aclarado que la *Torá* también tiene su interioridad y su exterioridad, al igual que el mundo entero. Por lo tanto, quien ahonda en la *Torá* también tiene esos dos grados. Además de incrementar su esfuerzo en la interioridad de la *Torá* y sus secretos, hasta ese punto hace que la virtud de la interioridad del mundo, que es *Israel*, se eleve aún más por encima de la exterioridad de éste; es decir, las naciones del mundo. Entonces, todas las naciones reconocerán y admitirán la ascendencia de *Israel* sobre ellos, para que estas palabras finalmente se hagan realidad: "Y los tomarán los pueblos y los traerán a su lugar: y la casa de *Israel* los poseerá por siervos..." (Isaías 14.2), "Así dijo el Señor Dios, he aquí, hago señas con la mano a las naciones y levanto mi bandera para que la vean los pueblos. Te traerán a tus hijos en brazos y a tus hijas sobre los hombros" (Isaías 49.22).

Pero si, Dios no permita, ocurriera lo contrario; es decir, que el hombre de *Israel* degrade la virtud de la interioridad de la *Torá* y sus secretos, lidiando con las costumbres de nuestras almas y sus grados, y también en lo que respecta al razonamiento de las *Mitzvot*, con respecto a la virtud de la exterioridad de la *Torá*, eso únicamente tiene que ver con la parte práctica e incluso si dedica algún tiempo a la interioridad de la *Torá*, pero apenas un poco de su tiempo, ya sea de noche o de día, como si fuera, Dios no permita, superflua, de esta manera ocasiona una degradación y disminución de la interioridad del mundo, que son los Hijos de *Israel* y fomenta la dominación de la exterioridad del mundo; es decir, las Naciones del Mundo, por encima de ellos, humillarían y avergonzarían a los Hijos de *Israel*, considerándolo como superflua, como si el mundo no tuviera una razón de ser, Dios no permita.

Es más, de esta manera, ellos hacen que incluso la exterioridad del mundo sobrepase su interioridad. Para lo peor de las naciones del mundo, que destruyen y lo dañan, ascienden todavía más arriba de su interioridad, las cuales son las naciones del mundo, y luego causarán la ruina y las masacres salvajes que ha presenciado nuestra generación, que Dios nos proteja de ahora en adelante.

De esta forma, vemos que la redención de *Israel* y su ascensión, dependen del estudio del *Zóhar* y la interioridad de la *Torá*, degradándola y transformándola en algo aparentemente superfluo, Dios no permita.

70) Los *Tikunim* del *Zóhar* dice (*Tikkún* 40): "Despierta y elévate ante la Divina Presencia, por tu corazón que está vacío sin la sabiduría de conocerla y alcanzarla, a pesar de que está dentro de ti". El secreto de esto, tal como lo dice: Una voz impacta dentro del corazón de todos y cada uno de *Israel*, para rezar por la ascensión de la Divina Presencia, la cual es la reunión de las almas de *Israel*. Pero, la Divina Presencia dice: "No tengo la fortaleza de sacarme a mí misma del polvo, toda la carne no es sino heno. Todos ellos son como heno comiendo bestias", Esto significa que cumplen los preceptos a la ligera, como bestias y toda su gracia es como la flor del campo, todas sus buenas proezas, las hacen para ellos mismos.

Esto significa que las proezas que realizan no las hacen para complacer a su Creador, sino para complacerse a sí mismos. Incluso los mejores de ellos, que han dedicado todo su tiempo a la *Torá* no lo hicieron sino para beneficio de su propio cuerpo, faltando el objetivo deseado que es satisfacer a su Creador.

Acerca de la generación de ese tiempo se dice: "Un espíritu se va para nunca regresar, este es el espíritu del Mesías, el que debe salvar a *Israel* del exilio y de todas sus penas en una completa redención, a fin de que se cumplan las palabras: "Para que la Tierra esté repleta del conocimiento de Dios. Ese espíritu se fue y no descendió al mundo".

Desafortunadamente, estas personas, que hacen que el espíritu del Mesías se esfume del mundo para nunca regresar, hacen de la *Torá* algo seco, sin la humedad de la mente y el conocimiento, confinándose a la parte práctica de la *Torá* sin el deseo de intentar entender la sabiduría de la Cabalá a fin de conocer e instruirse con los secretos y la razón detrás de la *Torá* y sus preceptos. Es una lástima que con sus acciones causen la pobreza, la ruina y el robo, el saqueo, los asesinatos y la destrucción en el mundo.

71) La razón de esto, como hemos dicho, es que debido a que todos los que ahondan en la *Torá* desprecian su propia interioridad y la interioridad de la *Torá*, dejándola como si fuera superficial o innecesaria en el mundo, estudiándola sólo cuando no es de día o de noche. Son como ciegos que buscan la pared, causando así la proliferación de su propia exterioridad; es decir, el beneficio de su propio cuerpo, y conciben la exterioridad de la *Torá* superior a su interioridad, causando de esta manera la expansión de cada aspecto externo en el mundo por encima de sus partes internas, cada uno de acuerdo a su propia esencia.

A raíz de la exterioridad de todo *Israel*, es decir, las naciones del mundo entre ellas, intensifica y revoca la interioridad de todo *Israel* que son los Grandes de la *Torá*. La exterioridad dentro de las naciones del mundo que son los destructores dentro de ellas, intensifica y revoca la interioridad entre ellas, que son los justos del mundo. La exterioridad del mundo entero, siendo las naciones del mundo, intensifica y revoca a los Hijos de *Israel*, que son su interioridad.

En tal generación, todos los destructores de las naciones del mundo alzan sus cabezas y desean principalmente destruir y matar a los Hijos de *Israel*, tal como está dicho: "Ninguna calamidad llega al mundo sino por causa de *Israel*" (*Yebamot* 63), tal como se dice en las correcciones antes mencionadas, estos causan pobreza y ruina, robo y asesinatos en el mundo entero.

Y como, por causa de nuestras múltiples fallas hemos sido testigos de lo antes mencionado en las correcciones, y no solo eso, sino que la calamidad que ha golpeado lo mejor de nosotros, tal como está dicho: "Y no comienza sino a través de los justos" (*Baba Kama* 60). De toda la gloria que *Israel* ha tenido en los países de Polonia, Lituania, etc., no quedan sino los remanentes en nuestra tierra santa. Ahora nos toca a nosotros, los remanentes, corregir esa terrible equivocación. Y cada uno de nosotros los restantes, asumirá alma y corazón para intensificar, de hoy en adelante, la interioridad de la *Torá* y darle el lugar que merece por encima de la exterioridad de la *Torá*.

De esta manera, cada uno será recompensado con la intensificación de su propia interioridad, lo cual significa el *Israel* en él, que son las necesidades del alma por encima del aspecto de su propia exterioridad, siendo las naciones del mundo en él, que son las necesidades del cuerpo. Esa fuerza vendrá a la totalidad del pueblo de *Israel*, hasta que los pueblos del mundo dentro de nosotros reconozcan la virtud de los Grandes de *Israel* por encima de ellos, los escuchen y los obedezcan. También la interioridad de las naciones del mundo, que son los justos del mundo, superará su exterioridad y someterán a los detractores. Asimismo, la interioridad del mundo, que es *Israel*, se elevará con toda la gloria y alabanza por encima de la exterioridad del mundo que son las naciones. Luego, todas las naciones del mundo reconocerán y admitirán la ascendencia de Israel por encima de ellas.

Estas tienen que cumplir las palabras: "Y los tomarán los pueblos, y los traerán a su lugar: y la casa de Israel los poseerá por siervos en la tierra del Señor (Isaías 14,2). Y también: "...y traerán en brazos a tus hijos, y tus hijas serán traídas en hombros" (Isaías 49.22). Esto es lo que dice el *Zóhar*: Que a través de esta composición, que es el Libro del *Zóhar*, ellos sean liberados del exilio con misericordia (Nasa 124.72)". Amen, así sea Su voluntad.

Los cabalistas acerca de la sabiduría de la Cabalá

Inclusive si nos encontramos con personas que son grandes en la *Torá*, en temor y en sabiduría, pero que no están interesados en los secretos de la *Torá* debido a la sublimidad de su grado, ya que tienen muchas posesiones con las cuales ocupar su espíritu en los tesoros de la *Torá* y la sabiduría revelada, que no se marchite el corazón de aquel que siente una sensación interna, la presión de la sed del alma por los secretos. Pues aún si decide que este anhelo le ha llegado debido a su falta de habilidades en las cuestiones reveladas, ¿y qué? Al final, esta es nuestra tajada, y debemos estar contentos con nuestra parte, pues el Señor está cerca a todos aquellos que Le ruegan honestamente.

Rav Raia Kook, *Orot HaTorá* (Luces de la *Torá*), Cap. 10, Punto 4

Concerniente a la regla de no vagar en el *PaRDéS* al menos que uno se haya llenado la boca y el estómago con carne y vino, esto debe ser dicho a aquel quién viene a hacer sólo lo que la *Torá* manda según la ley. Pues aquel que anhela y añora aprender las cosas internas, conocer Su veracidad está bajo la regla, "uno siempre debe aprender la *Torá* en el lugar en el que su corazón lo desea". Y debe ser muy fuerte y saber que aprenderá y tendrá éxito... y hacer que el anhelo de su alma a adherirse a conocer Su nombre sea permanente. Y si viese que la mayoría de los estudiantes no son así, debe saber que esto es lo correcto para ellos, para que no destruyan la santidad hasta que puedan caminar por graduaciones.

Esto no tiene nada que ver con ostentaciones y jactancias, sino solamente con divisiones de la nobleza del alma

Rav Raia Kook, *Orot HaTorá* (Luces de la *Torá*), Cap. 9, Punto 12

No permita que el eunuco diga, "Ya que soy un árbol seco, y ¿Quién soy yo para acercarme a la santidad interior, en los libros de Cabalá?" Esto es porque todos los justos ya han acordado que este es el consejo de la inclinación y una mentira. Y aunque él no entienda todo, de todos modos, las palabras de sagrado *Zóhar* tienen el poder para el alma, y son accesibles para cada alma de *Israel*, pequeña o grande, cada uno según su entendimiento y la raíz de su alma.

Rabí Tzvi Hirsh Horovitz de Backshwitz, *Hanhagot Yesharot* (**Dirección correcta**), **Punto 5**

Si mi gente me hubiera prestado atención en esta generación, cuando la herejía aumenta, hubieran estudiado *El Libro del Zóhar* y los *Tikunim* (correcciones), los hubiera contemplado con los niños de nueve años.

Rav Itzjak Yehudá Yehiel de Komarno, Notzer Jésed
(Observando la Misericordia), Cap. 4, Enseñanza 4

No hay limitaciones en el estudio de *El Zóhar* pues es en su mayoría son *Midrashim* (comentarios). El *Jafetz Jaim* usado para evocar a todos a estudiar *El Zóhar* de esa *Parashá* (sección semanal de la *Torá*) cada *Shabat*, hasta en hombres solteros.

Rav Yosef Ben Shlomo de Pojin, Josafot Binian Yosef
(Suplementos de construcción de *Yosef*)

Sin el conocimiento de la sabiduría de la Cabalá, uno es como un animal, ya que uno sigue las *Mitzvot* sin sabor, sólo rutinariamente. Esto es similar a los animales que se alimentan de paja, sin el sabor de la comida humana. E inclusive si uno es un importante hombre de negocios, ocupado en muchas negociaciones, él no está exento de ocuparse en esta sabiduría.

El Santo *Rav de Ziditshov, Sur MeRa VeAseh Tov* (Sal de la maldad, y haz el bien)

La *Torá* es sólo un medio. La dedicación a ésta debería ser con deseo y profundo deseo por *Dvekut* (adhesión) con el Creador. Ninguna otra intención es permitida en el Salón de Dios. Claramente, si los estudiantes de la *Torá* se hubiesen acoplado en ella con ardiente amor a Dios en sus corazones, y el deseo de adherirse a Él llenaría todo su ser, no habría ningún argumento acerca de la interioridad de la *Torá*. Todos acudirían el Salón del Rey para ocuparse en la sabiduría de la Cabalá y en el Sagrado *Zóhar* la mayor parte de su día, y hasta la mayor parte de su tiempo.

El camino del *PaRDéS*, Vol. 11, *Parashat vaIshlaj*, noviembre de 1996, Tomo 515/3

La Cabalá trata con el alcance del conocimiento del Creador, el cual es Su singularidad... pues además de ocuparse en ello y alcanzarlo, uno conoce El Nombre y alcanza los secretos de la *Torá* y los sabores de las *Mitzvot*, que en si mismos reviven el alma. Esto es así ya que a través de ellos, el alma es fortificada y se adhiere a su Hacedor. También, extendiéndose de esto están la apropiada observación de los *Mitzvot* al excitar el corazón de aquellos quienes los conocen, y los realizan completamente.

Avodat HaKódesh (El trabajo santo), "El propósito", Cap. 70

En los tiempos del Mesías, la maldad se incrementa e imprudencia y vicio lideraran por las cabezas de la multitud mezclada. Entonces la Luz Escondida aparecerá del Cielo –El Libro del *Zóhar*, seguido por los escritos del Santo *ARI*. Y este aprendizaje desenraizará la maldad de su alma. Será recompensado con la adhesión a la Luz Superior, y se le otorgarán todas las virtudes del mundo, es por este motivo que esta Luz apareció.

Y la esencia de su estudio en la interioridad de la *Torá* será el alcanzar iluminación y vivacidad Divina en su alma durante su estudio y durante todo el día. El *ARI* dijo que en ese tiempo lo escondido será revelado, y que el aprendizaje de los secretos de la *Torá* y la revelación de los secretos a todos los de *Israel* dan alegría al Creador.

Heijal HaBrajá (El palacio de la bendición), *Dvarim* (Deuteronomio **20.8**)

El estudio de *El Libro del Zóhar* está por encima de todos los estudios y es una gran corrección para el alma. Dado que la totalidad de la *Torá* es los Nombres del Creador, está, sin embargo, vestido de historias, y el que lee las historias piensa que son literales. No obstante, en *El Libro del Zóhar*, los secretos en sí son revelados, y el lector sabe que son los secretos de la *Torá*, aunque no entienda debido a la pequeñez de su alcance, y la profundidad de lo alcanzable.

Señalando con el dedo, Punto 44

¿Por qué entonces los cabalistas obligan a cada persona a estudiar la sabiduría de la Cabalá? De hecho, hay una gran cosa en esto, digno de ser difundido: Hay un maravilloso recurso inestimable para quienes se dedican a la sabiduría de la Cabalá. A pesar de que no entienden lo que están aprendiendo, a través del anhelo y el gran deseo de entender lo que están aprendiendo, que despiertan en ellos las luces que rodean sus almas.

Esto significa que toda persona de *Israel* está garantizada a alcanzar finalmente todos los maravillosos logros que el Creador ha calculado en el Pensamiento de la Creación de deleitar a toda criatura. Uno que no ha sido recompensado en esta vida será recompensado en la próxima vida, etc., hasta que complete el Pensamiento del Creador para sí.

Rav Yehudá Ashlag (Baal HaSulam),
"Introducción al estudio de las diez *Sfirot*," Punto 155

El mérito de contemplar las palabras del Dios Viviente en *El Libro del Zóhar* y todo lo que le acompaña, y las palabras de la sabiduría de la verdad, es inconmensurable e inestimable. Especialmente con las claras palabras del *ARI*.

Incluso si uno aún no ha llegado a entender el porqué de la cuestión a través de un profundo escrutinio, a través de la dedicación constante, las puertas de la Luz y las puertas de la sabiduría se mostrarán a todos los que caminan en el camino de Dios en su totalidad, cuya alma ansía la cercanía del Salón del Rey.

De esta manera, serán bendecidos todos los que se ofrecen voluntariamente a ocuparse en la sabiduría, incluso para una o dos horas al día, todos los días. El Creador añade un acto a un buen pensamiento, y será considerado como permanente, siempre y todos los días, en el Señor de la Corte y Su Morada, en los secretos de la *Torá*.

Rav Raia Kook, Quien ama *Israel* con santidad, 232

Aquellos quienes se ocupan solamente en las vestimentas de la *Torá* están gravemente equivocados, que Dios se apiade de ellos. Y cuando la demanda del Creador se abandona y la mayoría de la multitud de los sabios de la *Torá* no conocen su propósito, y consideran que la sabiduría de la *Torá* y su propósito como mera adición de alguna broma a las leyes –las cuales, aunque verdaderamente sagradas y preciosas – No iluminan nuestras almas.

Rav Raia Kook, *Igrot* (cartas), Vol. 2.8

Escribo sólo para evocar el corazón de los discípulos de los sabios a ocuparse en el estudio de la interioridad de la *Torá* y el estudio de El Santo *Zóhar* tan diligentemente como la *Mishná* y la *Gmará*. Sin embargo, no todos están listos para ello debido la naturaleza de sus almas.

Por lo tanto, aquel que no es capaz, y cuyo corazón es entusiasta, debería prolongar el buen humor en la *Mishná* y la *Gmará*. Pero aquel que es capaz de profundizar en la sabiduría de la Cabalá, debe dedicar la mayor parte de su estudio para conocer a su Hacedor.

Rav Raia Kook, *Igrot* (cartas), Vol. 1.41-42

Los jóvenes, o los que se encuentran onerosos y con poco deseo por la Luz Interior, deben, al menos, hacer como regla el dedicar una o dos horas al día a la sabiduría de la verdad. Con el tiempo, sus mentes se ampliarán y se desarrollará abundante éxito en su estudio de la esencia de la *Torá*, así como, su fuerza en el escrutinio se acumulará y crecerá con ideas puras y la ampliación de la mente.

Rav Raia Kook, *Igrot* (cartas), Vol. 1.82

Mientras que los ortodoxos insistan en decir, "¡No! Sólo *Gmará* y *Mishná*, sin leyendas, ni ética, ni Cabalá, ni tampoco investigación", se aminorarán. Todos los medios que utilizan para protegerse a sí mismos, sin tomar la verdadera pócima de la vida, la Luz de la *Torá* en sus interiores, más allá de lo tangible y lo obvio – lo revelado de la *Torá* y las *Mitzvot* - son totalmente incapaces de llevarlo a su meta en todas las generaciones, y especialmente en nuestra generación, a menos que esté acompañado por la expansión de muchas raíces espirituales.

Rav Raia Kook, *Igrot* (cartas), Vol. 2.232-233

No prestamos atención a la voz de los verdaderos profetas, la voz de los mejores de los sabios de todas las generaciones, la voz de los justos y los *Jasidim*, los sabios de la moral, los sabios de estudio y de secretos, a los que claman en voz alta que el río del estudio práctico, en última instancia, se secará, a menos que atraigamos constantemente a éste el agua de la sabiduría de la Cabalá.

Rav Raia Kook, *Orot* (Luces), 101

La redención solo llegara por medio del estudio de la *Torá*, y la redención es el estudio primario de la Cabalá.

El *Gaón de Vilna* (*GRA*), *Even Shleima* (Un peso perfecto y justo), Cap.11, Punto 3

Cuando se ocupa en su composición, uno evoca el poder de las almas y el poder de aquellos justos con la fuerza de *Moshé* (Moisés), esto es así porque mientras se ocupan de ella, renuevan la Luz generada, la cual fue creada durante su composición, y la Divinidad brilla e ilumina desde esa Luz como cuando fue creada. Y todo aquel quien se ocupa en ella renueva ese mismo beneficio y esa primera Luz, la cual *RaShBY* y sus amigos habían revelado cuando componían.

Or Yakar (Luz preciosa), Puerta 1, Punto 5

El estudiar el Santo *Zóhar* purifica el cuerpo y el alma y es capaz de traer redención pronta en nuestros días.

Rav Efráim Ben Avraham Ardot, Mate Efráim (**La vara de** *Efráim*), **La punta de la vara, Punto 23**

Por el poder de este santo estudio seremos redimidos del exilio, y con nada más que ese estudio.

La recompensa de este estudio es mayor que la totalidad de la *Torá* y todas las *Mitzvot*. Si uno se ha ocupado en esta sabiduría después de que su alma ha abandonado el cuerpo, está exento de todo juicio.

Aquel que se dedica a la sabiduría de la Cabalá, a conocer los secretos de la *Torá* y los sabores de las *Mitzvot* de acuerdo con el secreto, es llamado "hijo del Creador".

Sefer HaBrit (El libro del pacto), Parte 2, Artículo 12, Cap. 5

Aquel que no estudia esta sabiduría es como quien vive en el extranjero.

Es similar al que no tiene ningún otro Dios, cuyo deseo aumenta y la inclinación desvía y trae dudas en la fe. Pero aquel que es valiente y se ocupa en la sabiduría de la Cabalá no tendrá ninguna duda en los caminos de Dios.

El Santo *Rav de Ziditshov*, *Sur MeRa* (Sal del mal), 69

Y retornaréis y distinguiréis entre el justo... el siervo de Dios, y aquel que no le sirve a Él: El siervo de Dios es aquel que se ocupa en el *Talmud* y *El Zóhar*. Aquel que no le sirve sólo a Él se involucra solamente en el *Talmud*, y no participa en *El Zóhar*.

Maayan Ganim (Fuente de jardines), Cap. 1, Punto 2

No permita que el temor del estudio entre en su corazón, pues mediante el estudio, los 248 órganos y 365 tendones serán santificados y purificados. Usted será capaz de purificar y santificar a cada órgano, ser un carRúaje para la *Shjiná* (Divinidad), y acelerará el final del exilio.

Heijal HaBrajá (El palacio de la bendición), *Bereshit*, pág. 32

Es sabido que el estudio de *El Zóhar* es efectivamente competente. Saber que el estudio de *El Zóhar* crea deseo, y las santas palabras de *El Zóhar* firmemente evoca al trabajo de Dios.

Rav Najman de Breslev, Conversaciones de *Rav Najman*, 108

El conjunto de la sabiduría de la Cabalá es sólo saber la guía de la Voluntad Superior, ¿Por qué ha creado todas estas criaturas, que quiere de ellas?, ¿Cuál será el final de todos los ciclos del mundo, y cómo se interpretan todos estos ciclos del mundo, que son tan extraños.

Esto se debe a que la Voluntad Superior ya había calculado el ciclo de esta Guía, la cual termina en la absoluta exhaustividad. Y estas medidas son lo que nosotros interpretamos como *Sfirot* y mundos.

Rav Moshé Jaim Lutzato (RaMJaL), *Dáat Tvunot*, pág. 21

El estudio de la Cabalá, sé que usted no quiere estudiar, excepto que sea más grande que usted. Y no lo encontrará, salvo en el estudio de *El Libro del Zóhar*. Sin embargo, antes de cada estudio, resuelva dentro de sí, a no convertirlo en hábito, sino hacerlo sólo para el Creador.

Y no siempre es lo mismo: a veces, usted será capaz de estudiar por el Creador con fervor, a veces será recompensado con el orar con un pensamiento puro, y a veces con un pequeño pensamiento, pero siempre con el pensamiento para beneficio del Creador.

Rav Meshulam Feibush, *Yósher Divrei Emet* (Sinceridad, palabras de la verdad), pág. 25

Si él estudia en la verdad, y con temor a pecar, entre más estudie, más se entregará y se verá lejos de la verdad, y estará seguro que llegará a temer el pecado.

Pero cuando estudia para ser un erudito de broma, experto en normas para juzgar y para instruir, entre más argumentos y opiniones añada, más le dolerá y mayor será el corazón. Efectivamente, por esta razón, el torpe camina en la oscuridad, entre todo tipo de pasiones y mentiras, y perderá sus años con un corazón deseoso.

Rav Meshulam Feibush, *Yósher Divrei Emet* (Sinceridad, palabras de la verdad), pág. 39

Todos los sabios de las naciones no saben en *Yetzirá* lo que el más pequeño de *Israel* sabe. Y el beneficio de las demás enseñanzas está en ser una escalera para la sabiduría de conocer al Creador.

Rav Moshé Ben Najman, Los Escritos del *RaMBaN*, Artículo *Torát HaTemima* (La Ley del Señor es perfecta), pág. 155

Cuando uno se ocupa en esta sabiduría, mencionando los nombres de las Luces y de las vasijas relacionadas con su alma, ellas inmediatamente brillan sobre él en un cierto grado. Sin embargo, brillan para él sin vestir el interior de su alma, por falta de vasijas capaces de recibirlas.

Pero, la iluminación que se recibe una y otra vez durante el estudio atrae para sí la gracia de lo Alto, impartiéndole abundante santidad y pureza, lo que le traen mucho más cerca para alcanzar perfección.

-Rav Yehudá Ashlag (Baal Hasulam),
"Introducción al estudio de las Diez *Sfirot*," Punto 155

De ello se deduce, que todos los rechazos que ha experimentado han venido del Creador. Todos ellos vinieron a impulsarle a desarrollar la espiritualidad, para no conformarse con su estado. Estos rechazos no fueron castigos por malas acciones, las cuales cometió porque no podía superar las obstrucciones. Mejor dicho, sólo aquellos que el Creador desea acercar, el Creador mismo envía ayuda desde lo Alto, utilizando estos rechazos. Esta ayuda se envía sólo a aquel con un verdadero deseo de elevarse por encima este mundo. Esa persona recibe ayuda desde lo Alto, siéndole mostrado constantemente cuan deficiente es, que no está avanzando en la espiritualidad, y se le envía pensamientos y opiniones en contra de la singularidad de las acciones del Creador.

Rav Yehudá Ashlag (Baal HaSulam),
Shamati (escuché), Artículo 1, "No hay nadie más aparte de Él"

Uno debe saber que nunca llegará a conocer la verdadera medida de la importancia de la conexión entre el hombre y el Creador, porque no puede evaluar su verdadero valor.

En cambio, tanto como uno le aprecie, así alcanzará su mérito e importancia. Hay un poder en esto, ya que de esta manera, a uno se le puede impartir permanentemente esta iluminación.

Rav Yehudá Ashlag (Baal HaSulam), Shamati (escuché),
Artículo 4, "El motivo de la pesadez"

No hay necesidad del ascetismo, y no hay necesidad de corregir lo externo. No corrija su externalidad, sino sólo su interioridad, ya que sólo su interioridad está a Punto de ser corregida.

La causa primaria de la corrupción de la interioridad es el orgullo y el egocentrismo. Si desea limpiar sus pecados, debe ocuparse en la anulación del egocentrismo en lugar de ascetismo, sentir que usted en la más baja y peor de todas las personas en el mundo. Sin embargo, uno debería notar y disminuirse a sí mismo sólo ante las personas oportunas, ante nuestra sociedad, y no ante extraños.

Rav Yehudá Ashlag (Baal HaSulam), Pri Jajam (El fruto del sabio), pág. 75

Estudie un libro de Cabalá, e incluso si no comprende, diga las palabras de *El Zóhar*, pues pueden purificar el alma.

El Libro de Oración del *Rav Yaakov Kapil*, Sección "La intención en el estudio"

La interioridad de la *Torá* es vida para la interioridad del cuerpo, lo cual es el alma y la exterioridad a la exterioridad del cuerpo. Y quienes se dedican en las intimaciones y los secretos, la inclinación al mal no puede provocarles.

El *Gaón de Vilna (GRA)*, *Even Shleima* (Un peso perfecto y justo), Cap. 8, Punto 27

Aquel quien hace un amplio estudio, estudiará en su mayoría en *El Zóhar*, inclusive si no lo entiende. Después de todo, ¿Por qué habría de importarle si no entiende, ya que, de todas formas, es una cura?

Breves artículos del antiguo *Admor*, pág. 571

Aquel a quien no se le ha concedido el entendimiento, leerá las palabras, de todas formas, ya que las palabras pueden limpiar el alma e iluminarla con maravilloso resplandor.

Rav Jaim HaKohen, Buena orientación, Punto 45

Oídme mis hermanos y amigos, quienes ansían y buscan de la verdad, la verdad del trabajo del corazón - para contemplar la amenidad del Señor y para visitar a Su Salón: Mi alma se doblará y aferrará al *Libro del Zóhar*, pues el poder de ocuparse en el libro sagrado es conocido desde nuestros antiguos sabios.

El Santo *Rav de Ziditshov*, *Sur MeRa* (Sal del mal), pág. 4

Es cierto que aceptamos que hasta para aquel que no sabe nada, las palabras del *Zóhar* pueden purificarle el alma.

Rav Tzvi Shapira Elimelej (MAHARTZA), El *MAHARTZA* Adiciones, Punto 9

Una nueva Luz es renovada cada momento, hasta que realmente se convierte en una nueva creación, a través de *El Zóhar* y nuestro maestro el *ARI*.

Heijal HaBrajá (El palacio de la bendición), *Dvarim* (*Deuteronomio*), pág. 11

Todas y cada una de las cartas en *El Libro del Zóhar* y los escritos de nuestro gran maestro, del *Rav Jaim Vital*... son grandes correcciones para el alma, para corregir todas las encarnaciones.

Rav Itzjak Yehudá Yehiel de Komarno, *Notzer Jésed*
(Observando la Misericordia), Cap. 4, Enseñanza 20

Él dijo, "Antes de la llegada del Mesías, la herejía y epicureísmo se incrementará en el mundo". El consejo para esto es leer meticulosamente *El Zóhar* todos los días, incluso si uno no entiende lo que está leyendo, ya que el leer *El Zóhar* puede limpiar el corazón.

-La Luz de los rectos, *Meira Dejia*

Una hora de estudio de *El Zóhar* corregirá más que todo lo que un año de estudiar lo literal no podrá.

Rav Shalom Ben Moshé Buzzaglo, El trono del Rey, *Tikkún* 43, Punto 60

El Creador no siente la alegría en Su mundo, excepto al ocuparse en esta sabiduría. Además, el hombre fue creado solamente para estudiar la sabiduría de la Cabalá.

Rav Jaim Vital, Prefacio al portal de las introducciones

Si usted dijese, "¿Qué beneficio hay en estas correcciones?" Sepa que hay un gran beneficio. En primer lugar, ya no está perdido, sino que le cuidan hasta el final de los días. En segundo lugar, cuando estas grandes acciones se despliegan por dentro, aunque las propias acciones no salgan, una iluminación desde las mismas llega, para rendir enormes correcciones en la redención general. Pero, para sacar esa pequeña iluminación, todas estas enormes acciones son requeridas, ya que están encerradas dentro.

Rav Moshé Jaim Lutzato (RaMJaL), Adir BaMarom (El Todopoderoso en lo alto), pág. 17

Todas las *Mitzvot* que están escritas en la *Torá* o las aceptadas, las que los Patriarcas establecieron, aunque son en la mayoría acciones o palabras, son todos para corregir el corazón, "Pues el Señor busca todos los corazones, y comprende todas las inclinaciones de los pensamientos".

Rav Avraham Even Ezra, Yesod Morá, pág. 8b

Si uno quiere saber, y pide al Creador entender la conexión, esto es llamado "oración". Y es algo grandioso y muy importante, puesto que uno ya tiene conexión con el Creador, y desea algo de Él.

Rav Baruj Ashlag, Dargot HaSulam (Peldaños de la escalera), Vol. 2, Artículo 561, "Oración"

La oración es llamada "el trabajo en el corazón", puesto que el corazón es *Maljut*, y el corazón lidera todos los órganos.

Rav Moshé Jaim Lutzato (RaMJaL), Adir BaMarom (El Todopoderoso en lo alto), pág. 234

Pero la oración es más especial para el corazón. Primero le toca, y lo prepara para comprender adecuadamente a los órganos. Y toda la fuerza de la corrección es que el corazón, en todos sus aspectos, se aferrará al Nombre *HaVaYaH*, que significa *ZA*, y se incluirá en él.

Rav Moshé Jaim Lutzato (RaMJaL), Adir BaMarom (El Todopoderoso en lo alto), pág. 242

Usted puede ver, por tanto, la necesidad absoluta para cualquier persona de *Israel*... de ocuparse en la interioridad de la *Torá* y sus secretos. Sin esto, la intención de la creación no se completará en el hombre. Esta es la razón por la cual reencarnamos, generación tras generación, a través de nuestra generación actual, el resto de las almas en la que la intención de la creación no se ha completado, ya que no han alcanzado los secretos de la *Torá* en las generaciones anteriores.

Rav Yehudá Ashlag, "Introducción al libro, La boca del sabio"

Ser favorecido por el Creador, o lo contrario, no depende de la persona. Más bien, todo depende del Creador. Y uno que no ha adquirido una mente espiritual no puede entender por qué el Señor le ha favorecido ahora y por consiguiente lo ha acercado más, y subsecuentemente le abandonó, ya que uno lo entiende sólo después de la entrada a la espiritualidad.

Rav Yehudá Ashlag (Baal HaSulam), *Shamati (Escuché)*, Artículo 1, "No hay nadie más que Él"

Un verdadero lugar en la espiritualidad es llamado el lugar de la realidad, ya que cualquier persona que llega a ese lugar ve la misma forma que la otra. Sin embargo, algo imaginario no es llamado un lugar real, ya que es imaginario y, entonces, cada quien se lo imagina de manera diferente.

Rav Yehudá Ashlag (Baal HaSulam), *Shamati (escuché)*, Artículo 98, "La espiritualidad es llamada -Eso que nunca será perdido"

Los ángeles no conocen los secretos de la *Torá*. Además, no alcanzan a su Hacedor como lo hacen las almas - demandando la *Torá* y, a través de ésta, alcanza al Creador, la grandeza del Hacedor, y la ascensión. Toda la *Torá* habla nada más que de la existencia del Hacedor y Sus *Sfirot* y Sus operaciones en ellos. Y cuanto más uno estudia sus secretos, mejor, ya que uno pronuncia Su mérito y hace maravillas en las *Sfirot*.

-*Rav Moshé Cordovero (RaMaK)*, *Conoce al Dios de tu padre*, 40

La Sabiduría del secreto no se le otorga a una sola persona, ya que todos tienen una parte en la *Torá*, puesto que el objetivo es solamente conocer al Creador. Además, le es imposible a una sola persona alcanzar toda la sabiduría, si es que todas las personas en el mundo no la alcanzan.

En efecto, "Su marido es conocido en las *Shearim* (puertas)". En *Shiurim* (medidas), cada uno tiene un *Shiur* (medida) en la *Torá*, para conocer su Hacedor.

Rav Moshé Cordovero (RaMaK), *Conoce al Dios de tu Padre*, 93

No conocemos al Creador desde el mundo y mediante el mundo, sino desde dentro de nuestra alma, desde Su cualidad Divina.

-*Rav Raia Kook*, *Igrot* (cartas), Vol. 1, 45

Hay quienes sólo examinan la *Torá* literal y las cuestiones literales. Estos estarán avergonzados en el Próximo Mundo, ya que no hay cuestiones literales allá, sólo sus secretos, para que pueda negociar con el resto de los justos, los estudiantes de los secretos de la *Torá* que están allá. De lo contrario, serán rechazados, al lugar de los estudiantes de lo literal.

En tanto que los que profundizan en el secreto tienen una parte en *Biná*, por lo que brillarán e irradiarán desde allí, desde el secreto de la interioridad de la *Torá*, y en la medida de la clase de nivel; es decir, como el resplandor del firmamento.

No hay recompensa como la recompensa de los discípulos de la *Torá* y el conocer sus secretos, para la gloria de su Creador.

Rav Moshé Cordovero (RaMaK), Conoce al Dios de tu Padre, 148

Felices son aquellos que se dedican a la *Torá* para conocer la sabiduría de su Señor. Ellos conocen y observan los Secretos Superiores. Cuando una persona que se ha arrepentido deja este mundo, y se queda sólo con las transgresiones que la muerte expira, mediante esto; es decir, la muerte, todos los juicios del mundo salen de él.

Además, se abren ante él trece puertas de los secretos del bálsamo puro, de las cuales depende la Sabiduría Sublime.

El Libro del Zóhar (comentario *Sulam*), El Cantar de los Cantares, pág. 148

No es de balde -de acuerdo a su voluntad- que ellos determinaron lo impuro, puro, prohibido, permitido, *Kósher*, y cercado. Son más bien juzgados desde la interioridad de la *Torá*, como es sabido por aquellos que conocen la sabiduría de lo oculto.

Rav Jaim Vital, Los escritos del ARI, El árbol de la vida,
Parte 1, "Introducción de *Rav Jaim Vital*", 3

Uno que no ha visto la Luz de la sabiduría de la Cabalá, nunca ha visto la Luz. Esto se debe a que entonces él entiende y aprende el secreto de Su Singularidad y Su Guía. Y todos aquellos que se retiran de la sabiduría de la Cabalá de retiran de la eterna vida espiritual.

Rav Isaías Horowitz (El Santo *Shlá*), "Primer artículo", pág. 30

Quién no ha visto la Luz de *El Libro del Zóhar* nunca ha visto la Luz.

Rav Tzvi Hirsh de Ziditshov, Atéret Tzvi (Una corona de gloria) *Parashat BeHaalotja*

Estamos obligados a conocer el por qué de la *Mitzvá*: "Conoce este día, y colócalo en tu corazón, que el Señor, Él es Dios".
Por lo tanto, debemos *saber*, y no sólo creer, pues los asuntos deben tener sentido.
Rav Moshé Jaim Lutzato (RaMJaL), La guerra de Moisés, "Reglas", pág.349

No habrá en ti dios extraño -Dios no será un extraño para ti, en tu interior, en el aspecto de extraño

No hay Nada Más Completo que un corazón roto (Dichos de *Rav de Kotzk*), pág. 42

El alma se extiende en las partes del cuerpo y se incluye en un todo único en el corazón, mediante la comprensión. Este es el significado de "el corazón comprende" (*Berajot* 61), puesto que la comprensión del corazón es la vista, puesto que los ojos ven, igual es el entendimiento del alma, que es sólo observación.

Rav Moshé Jaim Lutzato (RaMJaL), Adir BaMarom
(El Todopoderoso en lo alto), pñag, 274

Cada uno alcanza el alcance individual, de acuerdo a su propio grado y según el tiempo.

Rav Moshé Jaim Lutzato (RaMJaL), Adir BaMarom
(El Todopoderoso en lo alto), pág. 279

En verdad, quien logra el conocimiento verdadero puede ver tres cosas: la verdadera Guía oculta, el aspecto superficial de la Guía, que no es la verdad, de donde se origina este aspecto, y la forma en que se conecta a la Guía.

Rav Moshé Jaim Lutzato (RaMJaL), Adir BaMarom
(El Todopoderoso en lo alto), pág.459

El *Baal Shem Tov* ordenó a su pueblo a estudiar las palabras de *El Zóhar* antes de orar.

Rav Itzjak Bar Ishaiah Atia, Doresh Tov (Exigiendo Bondad), Referente al *Zóhar* "

No alcanzará la vida, sino solamente a través del estudio de *El Zóhar*... Y en esta generación es imposible atraer a la *Shjiná* (Divinidad) Superior, sino solo a través de *El Zóhar* y los escritos de *Rav Jaim Vital*.

Heijal HaBrajá (El palacio de la bendición), *Dvarim* (Deuteronomio 58)

En este día, cuando el santo libro - *El Zóhar* - fue escrito, el cual viene de la iluminación de la buena Luz oculta... brilla para nosotros en el exilio hasta que, por su mérito, el Mesías aparecerá. Dejemos que esta Luz sea la Luz del Rey Mesías.

Rav Tzvi Shapira Elimelej (MAHARTZA), Bnei Isasjar (Los hijos de *Isasjar*), "Artículos para el mes de *Iyar*", Artículo 3, Punto 4

Es sabido mediante libros y autores que el estudio de la sabiduría de la Cabalá es una absoluta necesidad para cualquier persona de *Israel*.

Incluso si uno ha aprendido toda la *Torá* y ha memorizado *la Mishná y Gmará*, si uno también se llenase de virtudes y buenas obras más que todos sus contemporáneos, pero no ha aprendido la sabiduría de la Cabalá, deberá reencarnar en este mundo para estudiar los secretos de la *Torá* y la sabiduría de la verdad.

Rav Yehudá Ashlag, "Introducción al libro, De la boca del sabio"

Me alegro de haber nacido en la generación cuando ya está permitido dar a conocer la sabiduría de la verdad. Y si me preguntasen, "¿Cómo puedo saber que está permitido?" Le contestaré que se me ha dado permiso para revelarla.

Esto significa que hasta ahora, los medios por los que son posibles conectarse públicamente, ante cada nación y denominación, y explicar plena y correctamente cada palabra, no había sido revelado a ningún sabio.

Yo, también he jurado por mi maestro a no revelar, al igual que todos los estudiantes antes que yo. Pero este juramento y esta prohibición aplica únicamente a las maneras dadas oralmente de generación a generación, desde los profetas y antes. Si estas maneras hubiesen sido reveladas al público, hubieran causado mucho daño, por razones conocidas sólo por nosotros.

Sin embargo, la manera en que promuevo en mis libros es permitida. Además he recibido instrucciones de mi maestro para ampliar tanto como pueda. Lo llamamos "la manera de vestir los cosas". Esto no depende del ingenio del sabio en sí, sino del estado de la generación, como nuestros sabios dijeron, "El pequeño *Shmuel* era digno, etc., pero su generación era indigna". Este es el motivo por el que digo que soy recompensado con la manera para revelar la sabiduría, debido a mi generación.

Rav Yehudá Ashlag, *Pri Jajám* (El fruto del sabio), Artículos, "La enseñanza de la Cabalá y su Esencia," pág.165

Debemos establecer seminarios y componer libros, para acelerar la difusión de la sabiduría a través de la nación. No era así antes, por temor a que discípulos indignos se mezclasen. Y esto era el motivo principal de la prolongación del exilio, por tantos pecados nuestros, hasta el día de hoy... Muchos deambularán, y el conocimiento aumentará entre todos los que sean dignos de él. Por eso, pronto serán recompensados con la venida del Mesías y la salvación de nuestras almas pronto en nuestros días, *Amén*.

Rav Yehudá Ashlag, El libro de las introducciones, "Introducción al libro, *El árbol de la vida*", Punto 5, pág. 205

Debido a la exhaustiva prevención del estudio espiritual de los asuntos de Dios, el concepto de la Divinidad se está atenuando, por falta de trabajo purificado en la mente y el corazón. Esta es la herejía de los días del Mesías, cuando la sabiduría Divina está agotada en *Israel* y en todo el mundo.

Rav Raia Kook, *Orot* (Luces), pág. 126

Convirtiendo los corazones y ocupando las mentes con nobles pensamientos, cuyo origen son los secretos de la *Torá*, se ha convertido en una necesidad absoluta en la última generación.

Rav Raia Kook, Rocío de pureza, pág. 65

Efectivamente, nunca seremos capaces de ignorar la completa curación general, cuyo abandono causó nuestra caída. Esta es la cosa que yo, en mi miseria y descontento, estoy acostumbrado a llamar...

Precisamente en un momento de gran peligro y crisis, hay que tener la mejor de las curas en toda la *Torá*, con todas sus interpretaciones espirituales... En ese tiempo, debemos protestar por la mayor de las deficiencias.

Rav Raia Kook, Igrot (cartas), Vol. 2, págs. 123, 125

Todos los grandes cabalistas unánimemente gritan como garzas que, mientras neguemos los misterios a la *Torá* y no nos ocupemos en sus secretos, estamos destruyendo el mundo.

Rav Raia Kook, Igrot (cartas), Vol. 2, pág. 231

Ya he dicho en varias ocasiones que, precisamente esta generación, que parece tan vana y rebelde, es la más apropiada para la Luz del verdadero arrepentimiento.

Rav Raia Kook, Igrot (cartas), Vol. 2, pág. 34

Cuando el conocimiento disminuye en *Israel*, al continuar el exilio, y la introducción Divina se haya ido y olvidado, muchos caerán en el hoyo de la materialización, y harán un Dios que tiene un lugar e imagen. A esto se debe que los secretos de la *Torá* se les ocultaran. Y no muchos serán sabios y conocerán el secreto, pero uno de una ciudad, y muchos estarán en la fosa de error.

Rav Moshé Cordovero (RaMaK), Conoce al Dios de tu Padre, 139-140

Estudiar el Santo *Zóhar* en este momento es muy necesario para salvarnos protegernos de todo mal, ya que la divulgación de esta sabiduría ahora está en las generaciones estropeadas, para ser ahora un escudo para aferrarnos de todo corazón a nuestro Padre en el Cielo.

Las generaciones anteriores eran hombres de acción y piadosos, y las buenas obras les salvó de los acusadores. Ahora estamos lejos de la Raíz Superior, como la levadura en el barril. ¿Quién nos protegerá sino es nuestro estudio de esta sabiduría?

El sabio y *Rav Yaakov Tzémaj* en su introducción a *El árbol de la vida*

Y él conoce los secretos de la *Torá* y los sabores de las *Mitzvot*... porque el alma es reforzada por ellos y se une con su Hacedor...

Y además del bien oculto, el próximo mundo, puesto que aquel que profundiza y se hace sabio en esto, prueba también los sabores del otro mundo en este mundo...

Y por el mérito de quienes se dedican, el Mesías vendrá, pues entonces la tierra estará llena del conocimiento, a causa de esto, y este será el motivo de su llegada.

Rav Isaías Horowitz (El Santo *Shlá*), "Primer artículo," pág. 30

Todos quienes serán recompensados con Él, serán recompensados con la redención.

Esto se debe a que este pequeño trabajo, en este momento, es más importante que todos los carneros de *Nevayot* que existieron durante la época del Templo.

Rav Avraham Kalisk de Katz, Misericordia a *Avraham*, "Primera fuente",24

He visto escrito que la prohibición de lo Alto para abstenerse del estudio abierto de la sabiduría de la verdad fue sólo por un período limitado, hasta finales de 1490. Pero a partir de entonces la prohibición se ha levantado y se concedió permiso para ocuparse en *El Libro del Zóhar*. Y desde el año 1540, ha sido una gran *Mitzvá* (precepto) que las masas estudien, viejos y jóvenes... Y debido a que el Mesías vendrá a causa de esto, y por ninguna otra razón, no debemos ser negligentes.

Avraham Ben Mordejai Azulai, *Or HaJama* (Luz del sol), Introducción

A través del estudio de los secretos de la *Torá* por parte de *Israel*, el Mesías vendrá pronto en nuestros días, *Amén*.

La congregación de Yaakov, Clave secreta

La redención llegará sólo a través del estudio de la Cabalá.

El *Gaón de Vilna (GRA)*, *Even Shlemá* (Un peso perfecto y justo), Cap. 11, Punto 3

Pueden comenzar a enseñar el sagrado *Libro del Zóhar* a los niños cuando todavía son pequeños, de nueve o diez años de edad, como fue escrito por el gran cabalista... y de la redención, sin duda, vendrá pronto, sin los dolores de parto del Mesías. Y el *Rav Shem Tov* ya había escrito en *Séfer HaEmunot* que *Yehudá* e *Israel* serán redimidos para siempre sólo por la sabiduría de la Cabalá, ya que sólo esta es la sabiduría Divina, otorgada a los sabios de *Israel* desde días y años de antaño. Y por su mérito a la gloria de Dios y la gloria de Su ley Sagrada será revelada.

Rav Shabtai Ben Yaakov Itzjak Lifshitz, *Sgulot Israel*
(Las virtudes de *Israel*), Juego 7, Punto 5

Escucha mi consejo y Dios estará contigo: No evites ocuparte en la sabiduría a causa del temor. Después de todo, ¿Cuál es la vida de tu alma en el mundo? Si, Dios no lo quiera, no hubiese sabiduría y conocimiento en ti, tu vida no es vida. La escritura dice: "Mira, yo he puesto ante ti este día la vida, por lo tanto escoge la vida". Imagínate que una persona vino a ti a negarte la vida, ¿Harías guerra en contra él... o le dominarías, o al contrario? "Todo lo que un hombre posee lo dará por su vida", y él aligerará todas las acciones y justificaciones en el mundo, para cruzar el mar, y elevarse hasta el cielo, hasta que rinda ante el que está contra de él y desee robarle la vida. Esto es aún más con la Vida Eterna, llamada "vida".

El Santo Rav de Ziditshov, Sur MeRa (Sal del mal), 8

Por qué Dios nos ha enviado para revelar en nuestra generación lo que Él no reveló, excepto en la generación de *Rabí Akiva* y *Rabí Shimon Bar Yojai* y sus amigos... Pues este es el rudimento de la *Torá* y el principio de la fe en el que giran los ejes de las puertas de la *Torá* y el trabajo. Sin estas, no sabrás lo que es la *Torá Lishmá*, ya que no sabrás el origen de las imágenes de Su Nombre, Él bendito sea y bendito sea Su Nombre... Y tú no estás exento de la interioridad de la *Torá*, pues sin ella, el hombre es como una bestia, un buey que come heno.

El Santo Rav de Ziditshov, Sur MeRa (Sal del mal), 29

Yo digo, ojalá que la más grande de las generaciones no haya facilitado el estudio de la sabiduría santa, y ojalá que hayan enseñado a sus alumnos la manera de ocuparse en esta sabiduría. Entonces, sin duda, no se enorgullecerán de enseñanzas externas, y por eso todas las enseñanzas serían rechazadas, como la oscuridad es rechazada por la Luz.

Sin embargo, nuestros pecados han causado que muchos de los justos de la generación, cierren las puertas de la sabiduría ante los aficionados y digan que no van a enseñar hasta que tengan el grado y el espíritu de la santidad. Por esta razón, hemos sido despojados de la sabiduría sagrada, y a través de nuestros tantos pecados, la oscuridad de las enseñanzas externas ha aumentado. El tonto camina en la oscuridad y pronto en nuestros días, el Señor dirá: "Que se haga la Luz", y seremos iluminados.

Rav Tzvi Shapira Elimelej (MAHARTZA), Maayan Ganim
(Fuentes de jardines), Cap. 1, Punto 5

Debido a la intensificación de las *Klipot* (cáscaras), la herejía, insolencia, y nefasta mezcla en esta generación, el permiso se ha dado desde lo Alto para divulgar la Luz de esta sabiduría, para atar las almas a la vida de la Luz de la Divinidad, a realmente unirse a Él... Esto se debe a que esta sabiduría ha sido revelada en esta generación sólo para santificar, purificar, y para eliminar los vicios.

Heijal HaBrajá (El palacio de la bendición), Devarim (Deuteronomio), pág.27

Debido a que *Israel* está destinado a probar de *El Árbol de la Vida*, que es el Santo *Libro del Zóhar*, mediante éste, serán redimidos del exilio.

El Libro del Zóhar, Parashat Naso, Punto 90

Cuando nos arrepintamos y nos dediquemos a esta sabiduría con amor, *Israel* pronto será redimido en nuestros días, *Amén*.

Rav Jaim Vital, "Prefacio a la puerta de introducciones"

La redención depende del estudio de la Cabalá.

El *Gaón de Vilna (GRA)*, *Even Shleimá* (Un peso perfecto y justo), Cap. 11, Punto 3

Tengo noticias sobre la ciudad de Praga, que es un lugar de estudio: El judaísmo disminuye allí, retrocediendo día a día. En efecto, la cosa es que previamente, la *Torá* revelada bastó. Pero ahora, en los días del Mesías, hay una necesidad también por la *Torá* oculta.

Anteriormente, la inclinación al mal no era tan fuerte, y la *Torá* revelada era suficiente como especia en su contra. Pero ahora, antes de la redención, la inclinación al mal se está intensificando y también requiere fortalecimiento a través de lo oculto.

Rav Simja Bonim de Pshisja, La *Torá* de alegría, pág. 57

Sabe que las generaciones anteriores y los primeros días, los del quinto milenio, no son como estas generaciones y estos días. En aquellos días, las puertas de la sabiduría se han cerrado y sellado.

Por lo tanto, entonces, cabalistas fueron sólo unos pocos. Esto no es así en el sexto milenio, cuando las puertas de las Luces, las puertas de la Misericordia, se han abierto, ya que está cerca del final de los días. Ahora es la alegría de la *Mitzvá* (buena acción) y gran alegría en los ojos del Creador hacer conocer la gloria de su Reino Eterno, y especialmente ahora, cuando los escritos sagrados del *ARI Luria* se han impreso. Esto nos abre las puertas de la Luz que estaban cerradas y sellados. Ahora no hay obstáculo o peligro, justo como con el revelado.

Séfer HaBrit (El libro del pacto), Parte 2, Artículo 12, Cap. 5

Sólo a través de la expansión de la sabiduría de la Cabalá a las masas es que obtendremos completa redención... Ni el individuo ni la nación completarán el objetivo para el que fueron creados, excepto al alcanzar la parte interna de la *Torá* y sus secretos.

Por lo tanto, es la gran expansión de la sabiduría dentro de la nación que necesitamos en primer lugar, el mérito y la recepción del beneficio de nuestro Mesías. Por lo tanto, la expansión de la sabiduría y la venida de nuestro Mesías, son interdependientes.

Por este motivo, debemos establecer seminarios y componer libros, para acelerar la difusión de la sabiduría a través de la nación.

Rav Yehudá Ashlag, El libro de introducciones, "Introducción al libro, El árbol de la vida". Punto 5, págs. 204-205

Ahora, el tiempo dicta a adquirir muchas posesiones en el interior de la *Torá*. *El Libro del Zóhar* abre nuevos caminos, establece las vías, hace una carretera en el desierto, él y todos sus cultivos están dispuestos a abrir las puertas de la redención.

Rav Raia Kook, Orot (Luces), 57

Muchos pensaron que el exceso de dedicación al secreto no es bueno, puesto que la *Torá* práctica sería olvidada de *Israel*, lo prohibido, lo permitido, lo no *Kósher*, y lo *Kósher*. ¿Y qué sería de esta *Torá* si hubiésemos profundizado en todos los secretos de la *Torá*? ... Sin embargo, los que la desprecian no son para nada sirvientes del Creador.

Rav Moshé Cordovero (RaMaK), Conoce al Dios de tu Padre, 132

Pero si una persona de *Israel* degrada la virtud de la interioridad de la *Torá* y sus secretos... en referencia a la virtud de la externalidad de la *Torá*, que trata de sólo la parte práctica... uno causa la degradación y disminución de la interioridad del mundo, que son los Hijos de *Israel*, e intensifica el dominio de la externalidad del mundo -las naciones del mundo- en ellos. Humillarían y deshonrarían a los Hijos de *Israel*... Después ellos harían la ruina y la atroz masacre... y toda la decadencia de los Hijos de *Israel* se debe a que han abandonado la interioridad de la *Torá*, degradando su mérito, y haciéndola parecer redundante.

Rav Yehudá Ashlag, El Libro de Introducciones,
"Introducción al *Libro del Zóhar*," Punto 69, pág. 91

Ay de aquellos que hacen que el espíritu del Mesías saliese y se apartase del mundo, y no pudiera regresar al mundo. Ellos son los que hacen que se seque la *Torá*, sin la humedad de la comprensión y el conocimiento, ya que se limitan a la parte práctica de la *Torá*, y no desean intentar comprender la sabiduría de la Cabalá, conocer y aprender los secretos de la *Torá* ni los sabores de las *Mitzvot*. Ay de ellos, pues con estos actos hacen que exista pobreza, ruina, robos, saqueos, asesinatos y destrucción en el mundo

Rav Yehudá Ashlag, El libro de introducciones,
"Introducción al *Libro del Zóhar*", Punto 70, pág. 91

El pueblo de *Israel* se divide en tres secciones:

1. La población de sirvientes del Creador, quienes no Me conocen. Estos traen el mundo de vuelta al caos, manteniendo sus cuerpos, y destruyendo sus almas.

2. Los sabios discípulos, que se ocupan en la *Torá* literal, los sabios de lo literal. Que desprecian la dedicación a la sabiduría de la verdad y dicen que todo lo que hay en la *Torá* es literal.

3. Ellos son sabios en hacer daño, y no saben cómo hacer el bien. Y con ellos traen a la caída a muchos, porque no tienen Luz en su *Torá*.

Los poseedores de la sabiduría de la verdad. Ellos son los llamados "hijos".

Rav Jaim Vital, Los escritos del *ARI*,
El árbol de la vida, Parte 1, "Introducción del *Rav Jaim Vital*", 9-10

No cabe duda de que quienes se dedican sólo al *Talmud* babilónico son como ciegos raspando la pared, los vestidos de la *Torá*. No tienen ojos para ver los secretos que se esconden en la *Torá*.

Rav Jaim Vital, Los escritos del *ARI*, El árbol de la vida,
Parte 1, "Introducción del *Rav Jaim Vital*", 9-10

Ay de las personas que ofenden la *Torá*. Pues sin lugar a dudas, cuando se ocupan sólo de lo literal y en sus historias, ésta se viste de luto, y se cubre con una bolsa. Y todas las naciones dirán a *Israel*: "¿Qué es tu Amado más que otro amado? ¿Por qué es su ley más que nuestra ley? Después de todo, su ley, son también historias mundanas". No hay mayor ofensa para la *Torá* que eso.

Por lo tanto, Ay de las personas que ofenden la *Torá*. Que no se dedican a la sabiduría de la Cabalá, la cual honra a la *Torá*, ya que prolongan el exilio y todas las aflicciones que están indudablemente a punto de venir al mundo... ¿Y qué harán los tontos de nuestro tiempo, ya que son más inteligentes, y felices con su suerte, regocijándose en su trabajo? ... No saben que es por su miedo de entrar en la misma que evitan dedicarse a ella.

Por consiguiente, estas colinas se han corrompido, y su corazón es una raíz que da ajenjo y hiel, y la plaga de barro ha llegado a ellos, a negar la sabiduría de la verdad. Ellos dicen que todo lo que hay en la *Torá* y sus vestidos, es sólo literal... Indudablemente, no tendrán parte en el mundo por venir... Y se dice sobre ellos, "Mis siervos comerán, pero quedarán hambrientos".

Rav Jaim Vital, Los escritos del ARI, El árbol de la vida, Parte 1,
"Introducción del *Rav Jaim Vital*," 11-12

Hemos aprendido cuantas virtudes tiene el hombre sobre todo lo que existe. Y lo opuesto se ha hecho evidente, ya que cuando el hombre peca, ya ha violado la intención en su creación. No sólo no va a ser considerado, como el más bajo de todas las criaturas, incluso más que las bestias y depredadores. Como el *RaMBaN* escribió, "Toda persona que no logre la completa forma humana no es considerado humano, sino bestia con forma humana". Esto se debe a que esa persona tiene la capacidad de dañar y crear mal, lo que otros animales no hacen, ya que la mente y el pensamiento que estaban preparados para alcanzar la perfección se han utilizado para todo tipo de artimañas para infligir daño. Así pues, es más bajo que una bestia.

Rav Shimon Lavi, autor de *Kétem Paz* (Oro fino),
"El hombre – El propósito final de la creación"

Esta es la respuesta a los tontos adivinos, con sabiduría vana, que hablan en contra de quienes se ocupan de la sabiduría de la Cabalá y dicen que ellos escuchan la voz de las palabras, pero no ven la imagen. Ay de ellos y de su desgracia por su insensatez y desenfreno, pues no se beneficiarán de estos, sólo mueven al pueblo de Dios hacia el aumento de Su Santa Montaña, ya que incluso los ángeles de lo Alto están hartos y no alcanzan la gloria.

Y de todas sus ansias, se esfuerzan por ascender sobre su nivel, y gritan a lo largo del camino diciendo: "con su amor sean siempre embelesados", y no se considerará un error de ellos. Incluso los habitantes de casas de barro, cuyo cimiento está en el polvo, su lujuria no se considerará un error, sino sólo alabanza y gloria y grandeza. Porque para aquel quien se desvía de la búsqueda de la casa del Rey, y vuelve a saber por cual camino está Él, es considero rectitud, y será recompensado por sus problemas con el Rey.

Esta es la verdad, más allá de toda duda. Y aquellos que orgullosa y desdeñosamente critican acerca de quienes se dedican a los libros de la Cabalá están destinados a pagar el precio: sus labios se sellará en este y en el próximo [mundo]. Pues la boca de los mentirosos, quienes se elogian a sí mismos con dioses hechos por el hombre con pruebas tangibles, tal como parece a sus ojos ciegos, sin ver el trabajo espiritual de Dios, serán bloqueados. Esto es así porque Él es un alma para el que la percibe, y su necedad es suficiente castigo para sus almas.

Rav Shimon Lavi, autor de *Kétem Paz* (Oro fino), "El bien y el mal están contenidos en el hombre"

La corona de la *Torá* es la sabiduría de la Cabalá, de la cual la mayoría del mundo se retira, diciendo que tú debe observar lo que está permitido y no tratar con lo oculto. Tú, si eres apto para esta enseñanza, extiende tu mano, sostenla, y no la muevas de ahí. Esto se debe a que aquel que no probó el sabor de esta sabiduría, nunca ha visto las Luces en su vida, y él está caminando en la oscuridad. Y ay de aquellos que ofenden esta *Torá*.

Para explicar la medida de la maldad de esa gente que se interpone, con sus falsos argumentos, ante aquellos que quieren estudiar la sabiduría de la Cabalá... este escollo no está en manos de las masas solamente. Sino, la mano de los asistentes y adivinos que conspiran con motín y malversación. Y no sólo se resisten al conocimiento de la Divinidad, sino que incluso empezaron a despreciar y condenar esta sabiduría. Caminan en la oscuridad y su nombre será cubierto en la oscuridad por segmentar y decir: "Nuestra mano está alta en lo revelado. ¿Para qué necesitamos esta sabiduría? Nos conformamos con la *Torá* literal".

Sefer HaBrit (El libro del pacto), Parte 2, Artículo 12, Cap. 5

Quien no se dedicó a la sabiduría de la verdad, quien no quería aprenderla cuando su alma quería elevarse al Jardín del Edén, es rechazado de allí con deshonor...

Y no sigue el ejemplo de los grandes en la *Torá* revelada pues no quieren ocuparse en esta sabiduría, ya que las palabras de nuestros sabios en el *Midrash* y en *El Zóhar* son más ciertas que el más grande en esta generación.

Sefer HaBrit (El libro del pacto), Parte 2, Artículo 12, Cap. 5

Todos los que se abstengan de estudiar la Cabalá son rechazados de entre los justos, y pierden su mundo, y no son recompensados con ver la Luz de la Vida del Rostro del Rey.

Rav Jaim Yair Bajaraj, Havot Yair (Aldeas de *Yair*)

Muchos tontos huyen de estudiar los secretos del *ARI* y el *Libro del Zóhar*, los cuales son nuestras vidas. Si mi pueblo me presta atención en el tiempo del Mesías, cuando el mal y la herejía aumenten, ellos profundizarían en el estudio de *El Libro del Zóhar* y los *Tikunim* y los escritos del *ARI* todos sus días. Ellos revocarían todas las duras sentencias y extenderían la abundancia y la Luz... La vida del israelita depende de *El Libro del Zóhar* y los escritos del *ARI*, de estudiar con santidad, alegría y placenteramente, con temor y con amor, cada quien según su alcance y santidad, y todos los de *Israel* son santos.

Rav Itzjak Yehudá Yehiel de Komarno, Notzer Jésed (Observando la Misericordia), Capítulo 4, Enseñanza 20

Él diría sobre los *Jasadim* que hacen mucho ruido, pero sin profundidad y sentimiento, que son casas sin chimeneas - emitiendo humo sin fuego.

No hay nada más completo que un corazón roto (refranes de *Rav de Kotzk*), pág. 38

Esta es la panacea, y dejarla causó nuestra caída. Esta es la cosa que yo, con mi deficiencia y amargura de alma, estoy acostumbrado a repetir cientos y miles de veces. Hemos abandonado la interioridad de la *Torá*... Gente pequeña y estrecha viene y nos cura con todo tipo de medicinas para el resfriado, pero dejan de lado la principal pócima de la vida.

Rav Raia Kook, Igrot (cartas), Vol. 2, 123

Ellos son los que secan la *Torá*, ya que no desean ahondar en la sabiduría de la Cabalá. Ay de ellos, pues de este modo causan la miseria, ruina, saqueo, matanzas y la destrucción al mundo!

El *Libro del Zóhar, Tikkunei Zóhar* (Correcciones del *Zóhar*), *Tikkún* 30

Cualquier persona puede alcanzar lo que se enseña en el vientre de su madre. Y a aquel que podía alcanzar los secretos de la *Torá* y no trató de alcanzarlos se lo juzgará con dureza, Dios no lo quiera.

El *Gaón de Vilna (GRA), Even Shlemá* (Un peso perfecto y justo), Cap. 24

Ahora puede entender la aridez y las tinieblas que han caído sobre nosotros en esta generación, como nunca lo hemos visto antes. Es porque incluso los trabajadores del Creador han abandonado el estudio de los secretos de la *Torá*.

Rav Yehudá Ashlag, El libro de introducciones, "Introducción al *Libro del Zóhar*," Punto 57, pág. 88

El tonto no tiene deseo de sabiduría, sino de lo que aparece en su corazón, que sigue la intoxicación del mundo sórdido. Él hace poco en el estudio de la *Torá* y en profundizar en sus secretos ocultos, ya que esto requiere "sabiduría", para deducir una cosa de otra.

Y el tonto no tiene ningún deseo de trabajar para entender, sino por lo que aparece en su corazón; es decir, de las cosas que son vistas por todos, que no requieren ningún esfuerzo para obtener. En su pequeña mente, él piensa que va a entender, aunque en verdad, ni siquiera alcanza eso.

Interpretaciones cabalistas de lo literal,
Parte 2, pág. 459, *RaMaK, Luz atenuada,* Capítulo 1

En efecto, cuando la sabiduría se deja al descubierto, palabras abstrusas sin comprensión, otro mal nace de eso: Grandes sabios lo dejan aparte, ya que la naturaleza de los sabios es buscar el entendimiento sobrio para saber la profundidad de las cuestiones, y no consentir a meras palabras. Y cuando vieron que no había nada en las palabras que llenaran su deseo, dijeron, "¿Por qué perder el tiempo con el inalcanzable?"

Otros ya han perjudicado aún más: No sólo la detestaban, sino también difamaban, considerándola credulidad que las personas han asumido, al encontrarla como cosas obscenas e inaceptables. Además, han llegado a negar su esencia y negar que el Santo *Zóhar* fue compuesto por *RaShBY* y sus amigos. Y todo esto se debe a que las palabras de los sabios eran ajenas a sus ojos, hasta que los *Tanaaim*, los cimientos de la tierra, los consideraron indignos de atención.

Rav Moshé Jaim Lutzato (RaMJaL), Shaarei RaMJaL (Puertas de *RaMJaL*), Introducción al artículo, "El debate", pág.37

Pero hay una oscuridad, que ofusca los ojos de la gente, al sumergirlos en la naturaleza. Entonces, ya no saben que el Creador es el Líder Superior, quien todo lo mueve, sino que lo atribuyen todo a la suerte. Este es el significado de "aquel quien prepara la mesa para la Fortuna" (Isaías 65.11). A pesar de ello, elaboran todos sus pensamientos y decisiones de acuerdo a la naturaleza.

Además, hay varias enseñanzas exteriores que siguen esta naturaleza, y todas ellas sumergen a los pueblos del mundo en estos conceptos. Esto les quita de conocer la Guía Interior.

En las últimas generaciones, las cosas han llegado a que la *Torá* sea olvidada de *Israel*, y nadie realmente entiende la Guía, pero todos siguen la codicia. Me gustaría decir que aún cuando no pequen realmente, son como bestias llevando su carga. Y esta regla es la oscuridad que no permite ver dónde está la raíz de la Guía.

Rav Moshé Jaim Lutzato (RaMJaL), Adir BaMarom (El Todopoderoso en lo alto), pág.459

Este es el motivo por el cual el *Rabí Shimon Bar Yojai* lloró por ella, y dijo de quienes se dedican a la *Torá* literal que están dormidos, pues no abren sus ojos para ver el amor con el que Creador les ama, como si fueran, Dios no permita, ingratos con Él. Además, no ven y no conocen el camino de la santidad y de la *Dvekut* (adhesión) con Él en lo absoluto.

Pero la *Torá* manda y dice, "únete a Él" (*Deuteronomio* 10.20). Y aunque lo interpretan en relación a adhesión a un discípulo sabio, al final, un texto no extiende su significado literal.

En realidad, *Israel* debe unirse a Él en *Dvekut* (adhesión) pleno, conocer Sus caminos especiales de acuerdo a Su santidad a fin de caminar en ellos. Por lo tanto dijeron, "El Cantar de los Cantares, el Santo de los Santos" (*Midrash Rabá, Shir HaShirim*). Esto se debe a que se basa en esta misma cuestión, y él interpreta este amor y todos los esfuerzos que el Creador está haciendo para unir Su santidad con *Israel*, mientras que *Israel* debe corresponder con una sed de Él, para realmente unirse.

Y esto, lamentablemente, es el producto del exilio - *Israel* se ha olvidado de este camino, y están dormidos, inmersos en su letargo, ajenos a ello. Pero, la *Torá* está vestida de luto por su difícil situación, y estamos en la oscuridad, como muertos, prácticamente como ciegos raspando la pared. Las alabanzas no son lindas para los justos caminan en esta senda Más bien al contrario, para abrir los ojos ciegos y ver el amor de Dios y, conocer su Santidad y sus sendas, y ser verdaderamente santificado en ella.

Rav Moshé Jaim Lutzato (RaMJaL), Shaarey RaMJaL
(Portales del *RaMJaL*), "El debate", pág. 97

Una plegaria antes de la plegaria

Sea la voluntad delante de Ti Señor nuestro Dios y Dios de nuestros padres, que oyes el clamor de las súplicas y escuchas con misericordia la voz de las oraciones de Tu pueblo *Israel*, el mismo que preparará nuestros corazones y, corregirá nuestros pensamientos, el que hará fluir nuestra plegaria en nuestras bocas. Esté atento Tu oído para escuchar la voz de la oración de Tus siervos, que te imploran con voz de ruego y con espíritu quebrantado.

Tú, Dios misericordioso, con Tus muchas misericordias y Tus grandes virtudes, perdona, absuelve y, expía para nosotros y para todo Tu pueblo de la Casa de *Israel*, todo lo que hemos pecado, transgredido, condenado e infringido delante de Ti.

Pues es revelado y sabido delante de Ti, que no fue con rebelión ni engaño que desobedecimos las palabras de Tu *Torá* y *Mitzvot*. Sino más bien, que siempre ha sido por causa del incremento de la inclinación ardiente dentro de nosotros, la cual no descansará ni se aquietará, hasta llevarnos a las pasiones de este bajo mundo y sus vanidades, confundiendo siempre nuestras mentes, incluso al momento en que nos encontramos de pie para rezar ante Ti y, rogar por nuestras almas, siempre confunde nuestros pensamientos con sus estratagemas. Y no podemos prevalecer sobre ella, porque somete demasiado nuestras mentes y razones, a tal punto que la fuerza para soportar se ha marchitado, por los problemas, las dificultades y la prolongación del tiempo.

Así, Tú, oh Dios misericordioso y lleno de Gracia, haz con nosotros tal como nos prometiste a través de aquel que fue fiel en Tu casa: "Favoreceré a quien Yo quiera favorecer y, tendré misericordia de quien Yo quiera tener misericordia". Nuestros sabios dijeron, "A pesar de que él no es decente ni digno", porque así es Tu manera: hacer bien al malo y al bueno. Pues es revelado y sabido delante de Ti, nuestros suspiros, nuestro pesar y, nuestras conversaciones acerca de nuestra imposibilidad para acercarnos por nosotros mismos a Tu trabajo, a fin de adherirnos verdaderamente a Ti, ¡ay de nuestras almas, ay de nosotros!.

Padre nuestro que estás en los Cielos, por favor despierta ahora Tus misericordias y grandes bondades sobre nosotros, desvanece y desenraiza nuestra mala inclinación de dentro de nosotros, amonéstala para que se vaya de nosotros y no nos haga errar en Tu Trabajo. Haz que ningún pensamiento malvado surja en nuestros corazones, tanto cuando hayamos despertado, así como en el sueño de la noche, y especialmente cuando estamos en oración ante Ti, o cuando estudiamos Tu *Torá*. Y mientras nos ocupamos en Tus preceptos, haz que nuestros pensamientos sean puros, lúcidos y claros, que nuestros corazones sean verdaderamente completos como Tu buena voluntad para con nosotros.

Despierta nuestros corazones y los corazones de todo *Israel*, Tu pueblo, para unirse contigo en verdad y en amor, para servirte sinceramente a Ti, tal que sea recibido delante de Tu Trono. Y fija Tu fe en nuestros corazones por siempre jamás y, deja que Tu fe sea atada a nuestros corazones como una estaca que no caerá, y quita todas las cortinas que separan entre Tú y nosotros.

Padre nuestro que estás en los Cielos, sálvanos de todas las fallas y errores; no nos dejes, no nos abandones y, no nos avergüences. Quédate en nuestras bocas cuando hablamos, en nuestras manos cuando trabajamos y, en nuestros corazones cuando pensamos. Concédenos, Padre nuestro que estás en los Cielos, Dios Misericordioso, que podamos unificar nuestros corazones, nuestros pensamientos, nuestras palabras, nuestras acciones y, todos nuestros movimientos y sentimientos, tanto aquellos que nos son conocidos así como aquellos que nos son desconocidos, lo revelado y lo oculto, ya que todo estará unificadamente en Ti en verdad y perfección, sin ningún pensamiento impropio.

Purifica nuestros corazones y santifícanos; vierte sobre nosotros agua pura y purifícanos con Tu amor y compasión y, planta Tu amor y temor en nuestros corazones por siempre y sin descanso, en todo momento, en todo tiempo y en todo lugar; cuando caminamos, cuando yacemos y, cuando nos levantamos. Enciende siempre el fuego del espíritu de Tu Santidad dentro de nosotros.

Nosotros siempre confiamos en Ti, en Tu grandeza, en Tu Amor, en el temor a Ti y, a Tu *Torá*, escrita y oral, revelada y oculta, y en Tus preceptos, para unirnos con tu Poderoso y Temible Nombre. Y cuídanos de los prejuicios, del orgullo, del enojo, de la pedantería, de la tristeza, del chisme y, otros vicios, y de cualquier cosa que rebaje Tu Trabajo Santo y Puro, el cual nos es de tanta importancia.

Imparte el espíritu de Tu Santidad sobre nosotros para que podamos dirigirnos hacia Ti y, anhelarte siempre, más y más. Y elévanos de grado en grado para que podamos llegar al mérito de nuestros santos padres, *Avraham, Itzjak y Yaakov*. Que su virtud nos sostenga, para que se escuche la voz de nuestras plegarias, para que siempre nos sea respondido cuando recemos hacia Ti, por nosotros o por cualquiera de Tu pueblo *Israel*, sea uno o sean muchos.

Regocíjate y enorgullécete de nosotros, y haremos fruto Arriba y raíz abajo. Y no te acuerdes de nuestros pecados, especialmente de los pecados de nuestra juventud, tal como dijo el Rey *David:* "No te acuerdes de los pecados y las trasgresiones de mi juventud". Cambia nuestras trasgresiones y pecados en méritos y, otorga siempre sobre nosotros, desde el mundo del arrepentimiento, pensamientos para volver a Ti de todo corazón, para corregir aquello que hemos ensuciado en Tus Santos y Puros Nombres.

Sálvanos de la envidia del hombre con su amigo, y no permitas que la envidia del hombre se eleve sobre nuestros corazones, ni que nuestra envidia se eleve sobre otros. Al contrario, deja que nuestros corazones vean las virtudes de cada uno de nuestros amigos y, no sus faltas. Tal que hable cada uno a su amigo, en una forma recta y digna delante de Ti, y no eleves ningún odio de alguno sobre su amigo, Dios no permita.

Fortalece nuestros lazos de amor hacia Ti, tal como es revelado y sabido por Ti, ya que todo será para traerte contentamiento. Y esta es la esencia de nuestras intenciones, y si no tuviésemos mente y corazón que estén intencionados a Ti, Tú nos enseñarás, entonces verdaderamente conoceremos la intención de tu buena voluntad.

Y por todo esto suplicamos delante de Ti, Dios lleno de misericordia, para que recibas nuestros rezos con misericordia y voluntad. *Amén*, así sea Tu voluntad.

Alcance
Espiritual

El asunto de "La Divinidad en exilio"

Está escrito, *"No hay nadie más aparte de Él"*. Esto quiere decir que no hay otra fuerza en el mundo que tenga la posibilidad de hacer algo en contra de Él. Y cuando una persona ve que hay cosas en el mundo que contradicen el Gobierno Superior, la razón es que esa es Su voluntad.

Y ese es el aspecto de *Tikkún* (corrección), llamado "la izquierda rechaza y la derecha aproxima"; es decir, que lo que la izquierda rechaza es lo que desvía del *Tikkún*. Esto quiere decir, que hay cosas en este mundo, las cuales desde el principio vinieron con la intención de desviar a la persona del camino correcto, y por medio de estas, es rechazada de la Santidad.

Y el beneficio de estos rechazos, es que por medio de ellos, la persona recibe una necesidad y un deseo completo para que el Creador le ayude, ya que ve que de otra manera está perdida. No es que sólo no progresa en el trabajo, sino que ve que retrocede; es decir, que incluso en *Lo Lishmá* carece de la fortaleza para cumplir con la *Torá* y *Mitzvot*. Ya que solamente por medio de la superación verdadera de todos los obstáculos, por encima de la razón, puede cumplir la *Torá* y *Mitzvot*. Pero no siempre tiene la fortaleza para sobreponerse por encima de la razón; por el contrario, es obligada a desviarse, Dios no lo quiera, del camino del Creador, incluso en *Lo Lishmá*.

Y la persona, para quien siempre lo quebrado es más grande que lo completo; es decir, que hay más descensos que ascensos y, no ve el final de esos estados, pensando que permanecerá siempre fuera de la santidad, puesto que ve que le es difícil observar incluso el más mínimo detalle, a menos que se sobreponga por encima de la razón. ¿Pero ella no siempre es capaz de sobreponerse, cuál será entonces su final?

Es así que la persona llega por medio de la decisión, de que no hay quién pueda ayudarle excepto el Creador. Esto hace que permanezca en su corazón una demanda verdadera, para que el Creador le abra sus ojos y su corazón, y la acerque realmente a la adhesión eterna con Él. Según esto, se concluye que todos los rechazos que ha experimentado vinieron del Creador.

Esto quiere decir que no fue porque la persona era culpable, ya que no tuvo la posibilidad de vencer, sino porque tuvo esos rechazos. Pero de no haber sido por las personas que quieren verdaderamente acercarse al Creador, de tal manera que no vaya a complacerse con poco; es decir, para que no permanezca en el estado de niño pequeño sin conocimiento, debido a esto le es dado la ayuda desde Arriba, para que no tenga la posibilidad de decir, "Gracias a Dios, tengo la *Torá* y *Mitzvot* y las buenas acciones y, ¿Qué más necesito?"

Y esto es si precisamente aquella persona tiene un deseo verdadero, entonces recibe la ayuda desde Arriba. Mostrándosele constantemente su falta en el estado presente. Es decir, se le envían pensamientos y opiniones que están en contra del trabajo. Esto es así para que pueda ver que no es uno con el Creador. Y en cuanto ella más se sobrepone, ve cómo es que siempre se encuentra más alejada de la santidad que los otros, que sienten que son uno con el Creador.

Lo cual no sucede con ella, ya que siempre tiene quejas y demandas y, no puede justificar el comportamiento del Creador, cómo es que Él se comporta con ella, y esto le causa dolor, dado que no es uno con el Creador. Hasta que llega a la sensación de que no tiene ninguna parte en la santidad en lo absoluto.

Aunque ella ocasionalmente recibe un despertar desde Arriba, lo cual la reanima temporalmente, pero poco después, ella cae a un lugar de bajeza. Sin embargo, esto es lo que causa que se dé cuenta de que sólo el Creador puede realmente ayudarla y acercarla.

La persona necesita esforzarse para ir siempre por el camino que la lleve a la adhesión con Él, en otras palabras, que todos sus pensamientos sean acerca de Él; es decir, incluso si se encuentra en el peor estado, ya que es imposible estar en una caída más terrible que esta, por lo cual no debería dejar Su dominio; o sea, pensar que hay otra autoridad que le impide entrar en la santidad, como si en su mano estuviese el hacerle el bien o el mal.

Lo que significa, que la persona no debe llegar a pensar que se trata de la fuerza del *Sitra Ajra* (el otro lado), la cual no deja que la persona haga buenas acciones y siga los caminos del Creador. Sino que debería pensar, que todo es hecho por parte del Creador.

Es como dijo *Baal Shem Tov*, que quién dice que hay otra fuerza en el mundo; es decir, las *Klipot* (cáscaras), esa persona está en un estado de "los que sirvieron a otros dioses". Y que no necesariamente es el pensamiento de herejía el que causa la transgresión, sino que si la persona piensa que hay otra autoridad y fuerza aparte del Creador, es que está produciendo una transgresión.

Además, aquel que dice que el hombre tiene su propia autoridad, en otras palabras, él dice que ayer por sí mismo no había querido seguir los caminos del Creador; también esto es llamado "cometer el pecado de herejía"; es decir, que no cree que sólo el Creador es el que dirige el mundo.

No obstante, al momento en que cometió alguna transgresión, indudablemente debe arrepentirse y disculparse por haber realizado dicha transgresión. Es también aquí que necesitamos ordenar la pena y el dolor en el orden correcto: ¿Sobre qué punto la persona sitúa la causa del pecado? Ya que este es el punto por el cual necesita lamentarse.

La persona necesita arrepentirse para entonces decir: "ésta es la transgresión que cometí por causa de que el Creador me arrojó de la santidad a un lugar de suciedad, a la letrina, el cual es un lugar de suciedad". O sea, que el Creador le dio un deseo y un anhelo para divertirse y respirar el aire en un lugar de hedor. (Y es posible decir lo que está escrito en los libros, que a veces la persona viene encarnada como un cerdo, por lo cual recibe un deseo y un anhelo por comportarse de tal manera, puesto que ya fue dicho sobre ellos que eran basura, queriendo ella nuevamente recibir de ellos el sustento).

Tal así, que de momento la persona siente que ahora se encuentra en un estado de ascenso, sintiendo un poco del sabor del trabajo, pero que no diga: "Ahora me encuentro en un estado en que entiendo que conviene servir al Creador". Sino que debe saber, que ahora halló compasión en los ojos del Creador, por lo cual, el Creador le trajo más cerca y, por esta razón, ahora siente el buen sabor en el trabajo. Y será cuidadosa de nunca dejar el dominio de la santidad, al decir que hay alguien más que opera aparte del Creador

(Sin embargo, de aquí se deduce, que la cuestión de haber hallado compasión en los ojos de Creador, o lo contrario, no depende del individuo en sí, sino que todo depende del Creador. Y no está en manos de la persona el entender con su mente externa, por qué es que ahora halló compasión en los ojos del Creador y, luego no).

De la misma manera, cuando se lamenta porque el Creador no le acerca, también debería ser cuidadosa de que la pena no le atormente; es decir, por el hecho de que ella se encuentra lejana del Creador. Ya que con esto, la persona se hace un receptor para su propio beneficio, y quién recibe está separado del Creador. Más bien se debería lamentar por el exilio de la *Shjiná* (Divinidad); es decir, que ella le causa pena a la *Shjiná*.

La persona debe imaginarse a sí misma, por ejemplo, como si tuviese un dolor en algún pequeño órgano, que de todas maneras el dolor es sentido principalmente en la mente y en el corazón. Ya que el corazón y la mente son el todo del hombre. Y seguramente, la sensación de un solo órgano no puede parecerse a la sensación de toda la persona, ya que es allí donde principalmente es sentido.

De la misma manera es el dolor que una persona siente cuando está distante del Creador. Puesto que la persona es solamente un pequeño órgano de la Sagrada *Shjiná*, porque la Sagrada *Shjiná* es el alma general de *Israel*. Por lo tanto, la sensación del dolor particular, no se asemeja a la sensación del dolor general. Esto quiere decir que hay dolor en la *Shjiná* cuando sus órganos están separados de ella, no pudiendo cuidar de ellos.

(Y es posible que esto sea lo que significa el verso: "Al momento en que la persona se lamenta, ¿Qué dice la *Shjiná*? -Es más ligero que mi cabeza-") Y con esto la persona piensa que es por la pena de su alejamiento y, no por sí misma, evitando caer bajo el dominio del deseo de recibir para sí misma, el cual es considerado la separación de la santidad.

Lo mismo sucede al momento en que la persona siente que existe una pequeña proximidad con la santidad, ya que siente gozo por haber hallado compasión en los ojos del Creador. Entonces, también se puede añadir diciendo que lo principal de su alegría, estará en eso que ahora hay gozo Arriba para la Sagrada *Shjiná*, en vista que tuvo un lugar para acercar a su propio órgano hacia ella, sin que haya la necesidad de mandar afuera a su órgano particular.

Y dado que la persona logró alegrar a la *Shjiná*, con esto ya tiene gozo. Y también esto va de acuerdo al mismo cálculo, ya que cuando hay alegría en el particular, es tan sólo una parte del gozo que hay en todo el general. Y por medio de estos cálculos ella pierde su individualidad y evita ser atrapada en la red de la *Sitra Ajra*, la cual es el deseo de recibir para su propio bien.

Y es así que el deseo de recibir es un asunto necesario, ya que éste es el todo del hombre, pues todo lo que existe en una persona aparte del deseo de recibir, no le pertenece al creado, excepto que nosotros se lo atribuimos al Creador; sin embargo, el deseo de recibir placer debe ser corregido con el fin de otorgar.

Es decir, que el placer y el gozo que el deseo de recibir toma, debe ser efectuado con la intención de causar complacencia Arriba, con aquello que los creados disfrutan, pues este fue el propósito de la Creación –beneficiar a Sus creados. Esto es lo que se llama "La alegría de la *Shjiná* Arriba".

Por este motivo, la persona debe buscar consejo de cómo puede hacer para causar complacencia Arriba. Y seguramente por medio de esto, ella tendrá placer de causar complacencia Arriba. Por lo tanto, siempre anhela estar en el palacio del Rey y, con eso tendrá la posibilidad de entretenerse con los tesoros del Rey. Y con esto ciertamente causará contentamiento Arriba. En definitiva, el anhelo debe ser solamente por el Creador.

La razón de la pesadez en el trabajo

Debemos saber, que la razón de la pesadez que la persona siente al momento en que desea trabajar en la anulación de su individualidad delante del Creador, sin preocuparse de su beneficio propio. Es que la persona llega a un estado como si el mundo entero permaneciera inmóvil respecto a su situación, como si solamente ella estuviese perdida ahora en este mundo, dejando atrás a su familia y amigos, por causa de la anulación ante el Creador.

Hay sólo una simple razón para esto, y ésta es llamada: **"La carencia de la fe"**. Esto significa que la persona no ve ante quién se anula; es decir, que no siente la existencia del Creador. Siendo esto lo que le causa la pesadez.

Sin embargo, al momento en que la persona empieza a sentir la existencia del Creador, inmediatamente su alma anhela anularse y conectarse a la raíz, a fin de ser incluida en ella como una vela en una antorcha, sin ningún pensamiento ni razón. Excepto que esto le viene del lado de la naturaleza, como una vela que se anuló ante una antorcha.

Según esto, resulta que la esencia del trabajo de la persona es solamente llegar por medio de la sensación de la existencia del Creador; es decir, que sentirá la existencia del Creador, el cual **"llena toda la tierra con Su gloria"**. Este será todo su trabajo; o sea, que toda la fuerza que ella pone en el trabajo, será con el fin de alcanzar eso y no ninguna otra cosa. Y no se confundirá, puesto que necesita alcanzar algo distinto.

Sin embargo, solamente una cosa le hace falta a la persona; que a saber, es el aspecto de la fe en el Creador, y no pensar en ninguna otra cosa; es decir, el motivo de la recompensa que ella quiere a cambio de su trabajo, que sea la necesaria para llegar a alcanzar la fe en el Creador.

Es necesario saber, que de lo que una persona alcanza, no hay diferencia entre una iluminación pequeña y una grande, puesto que no hay cambios en la *Luz*. Sino que todos los cambios están en los *Kelim* que reciben la abundancia, como está escrito: **"Yo el Señor no cambio"**. Por eso, si la persona es capaz de agrandar los *Kelim*, en esa misma medida, ella agranda la iluminación.

No obstante la pregunta es: ¿Con qué la persona puede agrandar las vasijas? La respuesta es, en la medida en que ella alabó y dio gracias al Creador por haberla traído cerca de Él, tal que Lo sentirá un poco y pensará en la importancia del asunto; es decir, que la persona logró obtener un poco de conexión con el Creador. Ya que de acuerdo a la medida de la importancia que la persona dibuja para sí misma, en esa misma medida crecerá para ella la iluminación.

La persona debe saber que nunca llegará a conocer la verdadera medida de la importancia de la conexión entre el hombre y el Creador, puesto que no está en las manos del hombre calcular la medida de la importancia verdadera. Sino que de acuerdo a la medida en que el hombre la aprecia, en esa misma medida, él alcanza su mérito e importancia. Y hay una virtud en esto, que por medio de esto él puede garantizar que esta iluminación se quede con él permanentemente.

Lishmá es un despertar desde Arriba

¿Cómo ser recompensados con el aspecto de *Lishmá*? No está en manos del hombre comprender esto, puesto que la mente humana no puede comprender cómo puede ser que exista algo así en el mundo. Y esto es porque todo lo que se le da a entender al hombre, es que si se involucrare en *Torá* y *Mitzvot* conseguirá algo, ya que debe haber allí recompensa para sí mismo, pues de lo contrario el hombre no está dispuesto a hacer algo. Por el contrario, *Lishmá* es una *Hitaaruta de Le'ila* (iluminación desde Arriba) y, sólo aquel que prueba esto puede conocer y comprender. Acerca de esto está dicho: "Prueben y verán que el Señor es Bueno".

Si es así hay que entender, ¿por qué es que el hombre necesita crear artificios y dar consejos sobre cómo alcanzar *Lishmá*? ¿Es que acaso ningún consejo podrá ayudarle? ¿Y si el Creador no le proporcionare la segunda naturaleza llamada "el Deseo de Otorgar"? ¿Al hombre no le servirá de nada ningún esfuerzo para alcanzar la condición de *Lishmá*?

La respuesta es tal como dijeron nuestros sabios en (*Avot* 2.21), "No está en tí completar la tarea, y tampoco eres esclavo como para desatenderte de ella". Esto significa, que al hombre se le impuso el despertar desde abajo, puesto que éste es el aspecto de la plegaria. Porque la plegaria es llamada una carencia, y sin carencia no hay llenado. Por lo tanto, cuando el hombre tiene la necesidad del aspecto de *Lishmá*, entonces viene el llenado desde Arriba y, consecuentemente viene desde Arriba la respuesta a la plegaria, de manera que recibe el llenado sobre su carencia.

Encontramos que se necesita del trabajo del hombre para recibir del Creador *Lishmá*, lo cual es solo el aspecto de una carencia y un *Kli*. Y este llenado el hombre jamás lo puede alcanzar por sí mismo, debido a que éste es un regalo del Creador.

Sin embargo, la plegaria debe ser una plegaria completa; es decir, desde el fondo del corazón. Lo cual significa que el hombre sabe con certeza, que no existe nadie en el mundo que pueda ayudarlo, excepto el Creador Mismo.

Y ¿cómo es que el hombre sabe que no hay quién pueda ayudarlo, excepto el Creador Mismo? Él puede adquirir esta percepción precisamente si ha invertido todos los esfuerzos a su disposición a fin de alcanzar *Lishmá*, y nada lo ha ayudado.

Por eso, se le impone al hombre hacer todos los actos que solamente son posibles hacer en este mundo, para ser recompensado con la característica "por el Creador". Es entonces que luego puede ofrecer una plegaria desde el fondo de su corazón, de tal manera que el Creador escucha su plegaria.

Sin embargo, el hombre debe saber que cuando se esfuerza por alcanzar el aspecto de *Lishmá*, el cual aceptará sobre sí mismo, por cuanto desea trabajar enteramente para otorgar con el propósito de la perfección; es decir, para otorgar completamente sin recibir nada. Sólo entonces el hombre comienza a ver que los órganos no están de acuerdo con esta idea.

Y de esto, el hombre puede llegar a saber con claridad, que no tiene más remedio que elevar su conversación al Creador, para que Éste lo ayude a que su cuerpo acceda a esclavizarse incondicionalmente a Él. Ya que él ve que no está en sus manos persuadir a su cuerpo, para que éste se anule por completo.

Encontramos entonces que precisamente en el momento en el que ve que no tiene sentido esperar que su cuerpo acceda por sí mismo a trabajar para el Creador, entonces su plegaria puede surgir desde el fondo del corazón, y por esto su plegaria es aceptada.

Y hay que saber, que por medio de la adquisición del aspecto de *Lishmá*, se está dando muerte a la inclinación al mal, pues la inclinación al mal es el deseo de recibir. Y por medio de la adquisición del deseo de otorgar se anula al deseo de recibir, de tal manera que tenga el poder de hacer algo, ya que se considera a esto como si lo matara, en vista que su opresor y su función no tienen más que hacer, debido a que ya no lo usa. Y esto significa que la inclinación al mal ha sido privada de sus acciones, lo cual es considerado como que el hombre le ha dado muerte.

Y cuando el hombre haga un recuento con su alma preguntándose: "Qué ganancia recibe el hombre de toda su labor... bajo el sol", entonces verá que no es tan difícil para él esclavizarse por Su Nombre, por dos razones:

1. De cualquier manera; es decir, voluntaria o involuntariamente, él está obligado a esforzase en este mundo. ¿Y qué resultados le quedan de todos los esfuerzos que ha hecho?

2. Si el hombre trabaja *Lishmá*, de ser así, él obtiene placer también durante su trabajo.

Esto es de acuerdo a la parábola del proverbio del predicador de *Dubna* que dijo acerca del verso "Tú no has solicitado ante Mí, Oh *Yaakov*, pues se esforzó por mí *Israel*". Y dijo que esto es semejante a un hombre rico que salió del tren, y tenía un bolso pequeño, y lo colocó en el lugar donde todos los comerciantes colocan sus equipajes, del lugar donde los maleteros los toman para llevarlos hasta el hotel en el cual se hospedan los comerciantes. Y el maletero pensó que el comerciante seguramente cargaría el pequeño bolso él mismo y que no necesitaría para eso de un maletero, así que tomó un bolso grande y lo llevó al hotel. Y el comerciante quiere darle una suma pequeña, tal como está acostumbrado a pagar por una maleta pequeña, y el maletero no quiere recibir la paga, y dice: "He colocado en el depósito del hotel un paquete grande, apenas he podido cargarlo, y me he agotado mucho, y usted pretende pagarme una suma mezquina por esto".

La lección es: que cuando el hombre viene y dice que ha realizado un gran esfuerzo, por el hecho de guardar *Torá* y *Mitzvot*, el Creador le dice: "Tú no has solicitado ante Mí, Oh *Yaakov*"; es decir, no es mi equipaje el que tú has cargado, sino que este equipaje le pertenece a alguien más. De manera que si estás diciendo que te ha costado un gran esfuerzo guardar *Torá* y *Mitzvot*, seguro habrás tenido otro amo, para el cual has trabajado. Así que ve ante él, que él te pague.

Y lo que está escrito que "pues se esforzó por mí *Israel*". Significa, que aquél que trabaja para el Creador, no siente ningún esfuerzo, sino al contrario: él siente placer y exaltación del espíritu.

Lo cual no sucede con aquel que trabaja en pos de otras metas, pues éste no puede dirigirse con quejas al Creador: ¿Por qué Él no le brinda vitalidad para el trabajo? Debido a que él no ha trabajado para el Creador, para que Él le pague por su trabajo.

En cambio el hombre puede venir con su queja frente a aquellos para los cuales ha trabajado, ya que ellos le influenciarán con placer y vitalidad. Y ya que en *Lo Lishmá* existen tantas metas, por eso el hombre debe exigir de esa meta para la cual ha trabajado, de tal manera que esta meta para la cual trabajó, le entregue su recompensa; es decir, le dé placer y vitalidad. Y de ellos está dicho: "Como ellos serán aquellos que lo hacen, todo aquel que confía en ellos".

Sin embargo, de acuerdo a esto será difícil: Después de todo vemos que incluso en el tiempo en el que el hombre recibe sobre sí mismo la carga del Reino de los Cielos sin ninguna otra intención, de todas maneras no siente ninguna vitalidad; o sea, que esta vitalidad lo obliga a asumir la carga del Reino de los Cielos. Y el hecho de que recibe sobre sí esta carga, es solo por motivo de la fe por encima de la razón; es decir, que lo realiza con el aspecto del fortalecimiento por coerción, lo cual no es por su beneficio.

De ser así, cabe preguntar: ¿Por qué él sí siente esfuerzo en este trabajo, de manera que el cuerpo observa a cada instante, cuándo se puede librar de este trabajo, de manera que la persona no siente ninguna vitalidad en el mismo? ¿Y en el momento en que la persona trabaja en austeridad tal que no tiene entonces ninguna meta, sino solo para trabajar con el propósito de otorgar; si es así, por qué el Creador no le imparte el sabor y la vitalidad en la labor?

La respuesta es: puesto que debe saber que es una gran corrección, ya que de no ser así; es decir, que si la Luz y la vitalidad no hubieran iluminado inmediatamente, al momento en que el hombre empieza a recibir sobre sí mismo la carga del Reino de los Cielos, de manera que inmediatamente tendría vitalidad en el trabajo; es decir, que si también el deseo de recibir hubiese acordado este trabajo, ¿entonces por qué habría consentido? Seguramente porque desea satisfacer sus antojos; en otras palabras, que habría trabajado para su propio beneficio.

Si hubiese sido así, no habría ninguna realidad pues no tendría la posibilidad de llegar a alcanzar *Lishmá*, ya que el hombre estaría forzado a trabajar por su propio beneficio, en la medida en que él siente mayor placer en el trabajo de Dios que en los deseos corporales. Siendo así, el hombre hubiese sido obligado a permanecer en *Lo Lishmá*, y esto por el hecho de que tuvo placer en el trabajo. Y donde existe satisfacción, el hombre no está dispuesto a hacer nada, ya que sin ganancia, el hombre no está dispuesto a trabajar. De ser así, que si el hombre hubiese recibido satisfacción por este trabajo de *Lo Lishmá*, habría sido obligado a permanecer en ese estado.

Y esto sería similar a lo que la gente dice, que al momento en que las personas persiguen a un ladrón para atraparlo, éste también corre y grita "¡Atrapen al ladrón!". Siendo entonces imposible reconocer quién es el verdadero ladrón, para atraparlo y sacar lo robado de su mano.

Sin embargo cuando el ladrón, o sea el deseo de recibir, no siente gusto y vitalidad en la tarea de aceptar la carga del Reino de los Cielos, y si en tal caso uno trabaja en el aspecto de la fe por encima de la razón de manera forzada, y el cuerpo se acostumbra a este trabajo, que va en contra de su deseo de recibir, entonces la persona ya tiene los medios por los cuales llevar a cabo este trabajo, que será con el propósito de deleitar a su Creador. Esto se debe a que el principal requisito que se exige de un hombre, es que por medio de su trabajo llegue a alcanzar *Dvekut* con el Creador, lo cual es el aspecto de la equivalencia de forma, de tal manera que todas sus acciones estén enfocadas hacia el otorgamiento.

Y es como está escrito: "Entonces te deleitarás en el Señor", Donde el significado de "Entonces" es "Antes". Pues al comienzo de su trabajo no había placer alguno, sino que su trabajo era por medio de la obligación. Lo cual no es así luego, cuando ya se ha habituado a trabajar con el fin de otorgar y no para examinarse a sí mismo, si está sintiendo placer en el trabajo, sino que está convencido de que está trabajando, de manera que mediante su trabajo llegue a otorgar complacencia a su Creador.

Y el hombre debe creer que el Creador acepta el trabajo de los inferiores. Sin importar "cuánto ni cómo" es la manera de su trabajo. En todo el Creador examina sólo la intención, ya que de esto tiene deleite el Creador.

"Entonces" el hombre se hace merecedor de "deléitate en el Señor", de manera que también durante el trabajo de Dios sienta el bien y el deleite, puesto que ahora realmente trabaja para Él. Pues el esfuerzo que entregó en el momento del trabajo obligado, califica al hombre, para que pueda trabajar verdaderamente en nombre de Dios. Encontramos entonces que también el placer que recibe, es acerca del Creador; es decir, por el Creador precisamente.

Apoyo en la *Torá*

Cuando un hombre estudia *Torá* deseando llegar al aspecto en que todas sus acciones sean con el fin de otorgar, debe siempre intentar apoyarse en la *Torá*. Ya que este "apoyo" es el aspecto de nutrición, el cual es amor, temor, júbilo y, vigor. Todo esto es lo que él debe extraer de la *Torá*. En otras palabras, la *Torá* debe darle estos resultados.

Y si estudia *Torá* y no obtiene estos resultados, aquello no se considera *Torá*. Esto es porque "*Torá*" se refiere a la Luz que se viste en la *Torá*, como dijeron nuestros sabios: "Creé la inclinación al mal, Creé la *Torá* como condimento". Esto se refiere a la Luz en la *Torá*, ya que la luz en ella lo corrige.

También debemos saber que la *Torá* está dividida en dos discernimientos:

1. El discernimiento de la *Torá*; y,

2. El discernimiento de la *Mitzvá*.

Según la verdad es imposible entender estos dos discernimientos antes de que el hombre sea recompensado con el caminar en los senderos del Creador, en "El Secreto del Señor es para aquellos que le temen". Esto se debe a que en el momento en que él se encuentra en estado de preparación para entrar al Palacio del Señor, es imposible entender los Senderos de la Verdad.

Sin embargo es posible dar un ejemplo, ya que incluso el hombre que se encuentra en el tiempo de preparación, también puede comprender en algún modo, qué son los Caminos del Señor. Está escrito en (*Sutá* 21), "*Rabí Yosef* dijo: Una *Mitzvá* protege y salva mientras uno se dedica a ella.
La *Torá* protege y salva, tanto cuando se dedica a ella como cuando no se dedica a ella". "Cuando se dedica" significa cuando se tiene algo de Luz, la Luz que alcanzó, la cual el hombre puede usar solamente mientras ésta se encuentra en él, ya que ahora está alegre por el hecho de que la luz le ilumina. Esto es llamado el discernimiento de la *Mitzvá*; es decir,

que aún no ha sido recompensado con el discernimiento de la *Torá*, sino que solamente con la Luz es que él extrae la vitalidad de la *Kdushá* (Santidad).

No así con la *Torá*: puesto que él alcanza un camino en el trabajo, es por eso que puede usar aquel camino que ha alcanzado, aún cuando "no se dedica a ella"; es decir, que no se ocupa de ella, lo cual quiere decir, incluso cuando no tiene la Luz. Esto se debe a que sólo la iluminación se ha apartado de él, pero por causa de haber alcanzado dicho trabajo es que puede utilizarla, incluso si la iluminación se ha aparatado de él.

Sin embargo, junto con esto hay que entender, que en el discernimiento de la *Mitzvá* (en el momento en que se dedica a ella), la *Mitzvá* es mayor que el discernimiento de la *Torá* (cuando no se dedica a ella). "Cuando se dedica" quiere decir que ahora recibe la Luz, la cual es llamada "el que se dedica a ella", ya que recibió la Luz en ella.

Es por eso que cuando el hombre tiene Luz, la *Mitzvá* es más importante que la *Torá* cuando él no tiene Luz; se dice entonces que no hay vitalidad de la *Torá*. Por un lado la *Torá* es importante porque se puede usar el camino que ha adquirido en la *Torá*. Aun así no tiene vitalidad, la cual es llamada "Luz". Y cuando se ocupa en la *Mitzvá*, de esa forma recibe la vitalidad que es llamada "Luz". Con respecto a esto, una *Mitzvá* es más importante que la *Torá*.

Por eso, cuando un hombre está sin vitalidad, él se encuentra en el aspecto de "malvado". Y en vista que ahora no puede decir que el Creador dirige al mundo en el aspecto de "El Bueno que hace el bien", es que él es considerado un malvado, ya que condena a su Hacedor, puesto que ahora él siente que no tiene ninguna vitalidad ni motivo para estar alegre, ya que dependerá de él decir que ahora agradece al Creador, por causa de que Él le otorga el bien y el placer.

Y no hay que sorprenderse, ya que él dirá que cree que el Creador dirige a otros con la Providencia de El Bueno que hace el bien, debido a que los caminos de la *Torá* son entendidos por nosotros en el aspecto de la sensación en los órganos. Y si el hombre no siente la bondad y el placer, ¿Qué le da el hecho de saber que otra persona tiene la sensación de la bondad y el placer?

Si de verdad el hombre hubiese creído que la Providencia se revela a su amigo así, en el aspecto de El Bueno que hace el bien, esa creencia debería haberle traído alegría y placer, por el hecho que cree que el Creador dirige al mundo con la Providencia del bien y el placer. Y si

esto no le trae vitalidad y alegría, ¿de qué le sirve decir que el Creador supervisa a su amigo así, con la Providencia de "El Bueno que hace bien"?

Porque lo importante es lo que el hombre siente en su propio cuerpo – Sea que es bueno para él, o sea que es malo para él. Y en caso de que sea bueno para su amigo, él lo siento solamente si él disfruta del bien que tiene su amigo, ya que entonces está diciendo, que el Creador es El Bueno que hace el bien. Y si se siente mal, no puede decir que el Creador lo dirige con el aspecto de El Bueno que hace el bien.

Y precisamente por eso, si él disfruta por el hecho de que su amigo tiene el bien, es que él recibe de eso un estado de beneficio elevado y alegría, entonces él puede decir que el Creador dirige bien. Y si no tiene alegría, puesto que siente que es malo para él, ¿cómo puede decir entonces que el Creador es El Bueno que hace el bien?

Por lo tanto, todo depende del estado en el que el hombre se encuentra. Si no tiene vitalidad o alegría, él ya se encuentra en un estado en el cual no tiene amor por el Creador, de tal manera que pueda justificar a su Hacedor, para estar con alegría, como corresponde a alguien que obtiene un beneficio por servir a un Rey grande e importante.

En resumen, debemos saber que la Luz Superior está en un estado de completo reposo. Y toda la expansión de los Nombres Sagrados viene por medio de los inferiores; es decir, todos los nombres que tiene la Luz Superior vienen como resultado del logro de los inferiores. En otras palabras, según sus logros es que se le llama Luz Superior; o sea, de acuerdo al modo en que el hombre alcanza la Luz, según su sensación, con ese nombre es que él la denomina.

Si el hombre no siente que el Creador le da algo, ¿qué nombre le puede dar al Creador si no recibe algo de Él? Solamente que al momento en que cree en el Creador, entonces cada uno de los estados que él siente, dice que estos le vienen desde el Creador. Es entonces de acuerdo a su sensación que él le da un nombre al Creador. Es decir, si un hombre siente el bien en el estado en que se encuentra, dice que el Creador es llamado "El Bueno que hace el bien", puesto que así es como él siente, ya que recibe de Él la bondad. Es en ese estado que el hombre es llamado *Tzadik* (justo), ya que él *Matzdik* (justifica) a su Creador.

Y si el estado en el que se encuentra el hombre siente que es malo para él, entonces no puede decir que el Creador le envía el bien. Por lo tanto, en ese estado es llamado *Rashá* (malvado), ya que él *Marshía* (condena) a su Hacedor. Sin embargo, no existe un estado tal como el intermedio; es decir, un estado en el cual el hombre diga que él siente que es bueno y malo a la vez, ya que, o es bueno o es malo para él.

Y esto es lo que está escrito en (*Brajot* 61), "El mundo no fue creado sino para los malvados completos ó para los justos completos". Y esto se debe a que no hay una realidad tal, en la que el hombre sienta tanto el bien como el mal simultáneamente.

Cuando se dice que hay algo intermedio, es referente al asunto en que para los creados existe un discernimiento de tiempo, y es más conveniente decir: intermedio entre dos tiempos, uno después del otro, tal como aprendemos, que existe un asunto de ascensos y descensos, los cuales son dos tiempos: el hombre, una vez es malvado y, una vez es justo. Pero que un hombre sienta que al mismo tiempo es malo y bueno para él, tal realidad no existe.

Y de lo dicho resulta, que cuando dijeron que la *Torá* es más importante que una *Mitzvá*, es precisamente en el momento en que no se ocupa de ella; es decir, al momento en que no tiene vitalidad. Entonces la *Torá* es más importante que una *Mitzvá* que no tiene vitalidad. Ya que no se puede recibir nada de una *Mitzvá* que no tiene vitalidad. Lo cual no es así con el discernimiento de la *Torá*: Ya que de todas maneras ha permanecido para él un camino en el trabajo, el cual recibió al momento en que se había ocupado en la *Torá*, a pesar que la vitalidad se apartó de él. Sin embargo, el camino permaneció en él, pudiendo hacer uso de él. Y hay un tiempo en que la *Mitzvá* es más importante que la *Torá*; o sea, cuando hay vitalidad en la *Mitzvá* y no hay vitalidad en la *Torá*.

Por eso al momento en que no se ocupa de ella; es decir, cuando no tiene vitalidad ni alegría en el trabajo, no tiene otro consejo sino la plegaria. Sin embargo, durante la plegaria, debe saber que él es malvado, porque no siente el bien ni el placer que se encuentran en el mundo, a pesar de que hace cuentas, ya que así puede creer que el Creador da sólo el bien.

No obstante, no todos los pensamientos de un hombre son verdad en los caminos del trabajo. Ya que en los caminos del trabajo, si el pensamiento lo trae por medio de la acción; es decir, por medio de la sensación en los órganos, para que los órganos sientan que el Creador es El Bueno que hace el bien, entonces los órganos deberán recibir vitalidad y alegría de eso. Y si uno no tiene vitalidad, ¿de qué le sirven todos los cálculos, si ahora los órganos no aman al Creador debido a que Él les imparte todo el bien?

Es por eso que él necesita saber, que si no tiene vitalidad o alegría en el trabajo, esto es signo de que es un malvado, debido a que no tiene el bien, siendo todos los cálculos falsos, si es que éstos no son traídos por medio de un acto; es decir, por medio de la sensación en los órganos, ya que un hombre amará al Creador por causa de que Él imparte el bien y el placer a los creados.

El hábito se convierte en una segunda naturaleza

Cuando la persona se acostumbra a sí misma a realizar algo por hábito, entonces aquello se convierte en una segunda naturaleza para ella. Por lo tanto, no hay nada de su realidad que no pueda sentir. Esto significa que, a pesar de que la persona no tiene una sensación del objeto, de todas maneras es por medio de esa costumbre que ella llega a sentirlo.

Hay que saber que existe una diferencia entre el Creador y los creados en lo que concierne a la sensación. Donde los creados tienen el aspecto del que siente y de lo sentido, así como el aspecto del que alcanza y lo alcanzado. Es decir, que tenemos el aspecto del sentido común con esta realidad.

En tanto que una realidad sin sentir es solamente el Creador en Sí mismo. Ya que a Él, "no hay pensamiento que lo perciba en lo absoluto". Lo cual no es así con una persona: Puesto que toda su existencia es solamente por medio de la sensación de la realidad, y tampoco la autenticidad de la realidad ha sido preparada para la actualidad, sino respeto al que siente la realidad.

En otras palabras, el que percibe algo de lo cual siente gusto, es lo que para él se considera verdad; es decir, si una persona prueba un sabor amargo en la realidad, significa que se siente a sí misma en algún estado en el cual ella se encuentra, ya que siente lo malo y angustioso de los sufrimientos en aquél estado. En esta circunstancia la persona es llamada un *Rashá* (malvado), porque ella *Marshía* (condena) al Creador; ya que el Creador es llamado "El bueno que hace el bien", por el hecho de que Él otorga solamente el bien al mundo. Y de acuerdo a la sensación de la persona, siente que ha recibido lo contrario del Creador, lo que significa que el estado en el que ella se encuentra es malo.

Y de lo dicho hay que entender lo que está escrito en (*Brajot* pág. 61): "El mundo no fue construido sino para los justos completos o para los malvados completos". El significado de esto es tal como ya se dijo antes: Que, o bien la persona prueba y siente un buen sabor en el mundo, de tal manera que justifica al Creador diciendo que Él otorga solamente el bien al mundo, o que ella siente y prueba un sabor amargo en el mundo, siendo entonces un *Rashá*, puesto que ella condena al Creador.

Resulta entonces que todo está medido de acuerdo a la sensación de cada persona. Lo cual no es así con respecto al Creador a quien no corresponden aquellas sensaciones, tal como está escrito en el poema *"La Unificación"*: "Como ella siempre serás, escasez y exceso en ti no habrá". Por eso, todos los mundos y todos los cambios son solamente con relación a los receptores, según lo que cada uno alcanza.

La diferencia entre la sombra de *Kdushá* y la sombra de *Sitra Ajra*

Se menciona en los escritos de (Cantar de los Cantares 2.17): *"Hasta que sople el viento del día y hayan huido las sombras"*. Hay que entender: ¿Qué son las sombras en el trabajo? y ¿Cuáles son esas dos sombras? El asunto es que durante el tiempo que la persona no siente la realidad de Su Providencia, que el Creador dirige al mundo con el aspecto del Bueno que hace el bien, esto es discernido como una sombra que oculta el sol; en otras palabras, como una sombra material que oculta el sol, con lo cual no produce ningún cambio en el sol, y el sol sigue iluminando con toda su potencia. Así es la persona que no siente la realidad de Su Providencia, no causa con esto ningún cambio Arriba, como está escrito: "Yo *HaVaYaH* no he cambiado". No obstante, todos los cambios se dan en los que reciben.

Y en esta sombra; es decir, en esta ocultación, hay que discernir dos aspectos:

1. Que aún tiene la posibilidad de superar las oscuridades y ocultaciones, lo que siente, para justificar al Creador y rezarle, de tal manera que el Creador le ilumine los ojos y vea que todas las ocultaciones que siente vienen de Él; es decir, que el Creador le da vuelta las cosas para que pueda revelar su rezo y anhele adherirse a Él. Y el motivo de esto es que solamente por medio de los sufrimientos que la persona recibe de Él, es que ella quiere liberarse de los problemas y escapar de los sufrimientos, entonces hace todo cuanto sea posible. Por eso, cuando recibe las ocultaciones y los sufrimientos, seguro aplicará el remedio conocido, el cual es incrementar el rezo, de tal manera que el Creador la ayude y la saque del estado en el que se encuentra. Estado en el cual aún sigue creyendo en Su Providencia.

2. Cuando llega a un estado en el cual le es imposible superar y decir que todos los sufrimientos y dolores que siente, se encuentran por causa de que el Creador se los envió, para que por medio de ellos tenga un motivo para subir de nivel. Es entonces que llega a un estado de herejía: Por el hecho de que no puede creer en Su Providencia y, es por dicha razón entonces, que no puede rezar.

Resulta que hay dos tipos de sombras, y ese es el significado de: "... *y hayan huido las sombras*"; es decir, que las sombras pasarán del mundo.

Y la sombra de *Klipá* es llamada "a otro debilitaré y no se perderá mi fruto". No así con la sombra de *Kdushá* (Santidad) que es llamada: "en su sombra anhelé y me senté y, su dulce fruto probé". En otras palabras, está diciendo que todas las ocultaciones y sufrimientos que siente, son porque el Creador le envió aquellos estados, a fin de que tenga un espacio para trabajar por encima de la razón. Y al momento en que tiene la fuerza en sus manos para decir así; o sea, para señalar que el Creador lo tiene girando en estas circunstancias por su bien, ya que por medio de esto puede llegar a trabajar para otorgar y no para su propio beneficio. Es entonces, que la persona llega por medio del reconocimiento; es decir, que cree que el Creador disfruta precisamente con este trabajo, el cual está completamente construido por encima de la razón.

Entonces encontramos, que la persona no le reza al Creador para que las sombras pasen del mundo, sino que ella luego dice: "Veo que el Creador quiere que trabaje esto de tal forma que todo sea por encima de la razón". Si es así en todo lo que hace, dice: "Seguramente el Creador se deleita de este trabajo, entonces qué importa si trabajo en un estado de ocultación del Rostro, por el hecho de que quiero trabajar con el fin de otorgar; es decir, para que el Creador disfrute. Por eso no tengo ninguna disminución de este trabajo; es decir, que pueda sentir que me encuentro en un estado de ocultación del Rostro, de tal manera que el Creador no se deleita con este trabajo".

Excepto que la persona reconoce la Providencia del Creador; es decir, cómo es que el Creador quiere que sienta Su realidad durante el trabajo, de tal manera que ella lo acepta en el corazón y en el espíritu, porque no ve lo que puede disfrutar, sino que pone atención en lo que el Creador puede disfrutar. Con lo cual se encuentra que esta sombra le trae vida.

Y esto es lo llamado "en su sombra anhelé"; es decir, que anhela un estado tal, en el que puede superarse por encima de la razón. Y encontramos que si la persona no se esfuerza en el estado de ocultación, tal que tenga la oportunidad de rezarle al Creador para que lo acerque, sino que es negligente con eso, por tal razón, se le envía la doble ocultación, para que no pueda incluso ni siquiera rezar.

Esto es a causa de la transgresión, porque no se había esforzado con todas sus fuerzas para rezarle al Creador, es por eso que llega a una bajeza tal. Pero después de que llega a ese estado, entonces tienen misericordia de ella desde Arriba y, le dan nuevamente un despertar desde lo alto. Con lo cual comienza de nuevo el mismo orden -hasta que finalmente se fortalece con el rezo y, el Creador escucha su rezo y la acerca y la reforma.

La importancia del trabajo del hombre

La importancia del trabajo del hombre debe estar en "Cómo llegar y sentir el gusto por otorgar complacencia a su Hacedor". Puesto que todo lo que el hombre hace es para su propio beneficio, apartándose del Creador, del gusto del llenado de la forma, no así si él hace un acto para beneficio del Creador, incluso el acto más pequeño, de todas maneras esto es llamado *Mitzvá* (precepto). Por eso, la importancia del esfuerzo del hombre debe estar en alcanzar la fuerza del que siente gusto por otorgar, ya que esto es por medio de que se complace en la fuerza del que siente gusto por la recepción en sí misma. Y es entonces que poco a poco, alcanza el gusto por otorgar.

El asunto de *Lishmá*

Para que la persona alcance *Lishmá* necesita un *Hitaaruta de Le'ila* (despertar desde Arriba) porque se trata de una revelación de las alturas y no está al alcance de la mente humana entenderla, pues sólo quien prueba sabe. Y acerca de esto fue dicho: "Prueben y verán cuan bueno es el Señor".

Y es por esto que se necesita de la persona, al momento de la recepción de la carga del reino de los cielos, que esté en un propósito pleno; es decir, en completo otorgamiento y no para recibir nada. Y si la persona ve que sus órganos no están en concordancia con este pensamiento, no le queda otro consejo excepto la plegaria: de tal manera que dirija sus palabras hacia el Señor para que lo ayude, tal que su cuerpo esté de acuerdo en someterse a sí mismo al Creador.

Y no se le ocurra a la persona decir, que si el aspecto de *Lishmá es* un regalo de las alturas; entonces, ¿en qué le beneficia la superación de su trabajo y todos los méritos y correcciones que hace para llegar a *Lishmá*, si esto depende de la mano del Señor? Y acerca de esto los sabios respondieron y dijeron: "No está en ti hijo de esclavos deshacerte de ella". Sino que al hombre se le ha impuesto dar un *Hitaaruta de Letata* (despertar desde abajo), el cual es el aspecto de la plegaria. Pero es imposible que haya una plegaria verdadera, si de antemano no sabe que el aspecto de *Lishmá* sin el rezo es imposible de alcanzar.

Por lo tanto, por medio de los actos y méritos que la persona hace para llegar a *Lishmá*, se expanden en ella las vasijas corregidas que querrán recibir "*Lishmá*", y es entonces que después de todos los actos y méritos, puede dar un rezo verdadero, porque ve que todos sus actos no la beneficiaron en nada, y solamente entonces puede dar un rezo verdadero desde *Omka de Liva* (lo profundo del corazón). Y entonces el Creador escucha el rezo y le da el regalo de *Lishmá*.

También necesita saber que por medio de la adquisición de "*Lishmá*", elimina la inclinación al mal, porque la inclinación al mal es llamada "la que recibe para beneficio propio", y por medio de esto es que llega a otorgar; anulando entonces el beneficio para sí mismo. Y el asunto de la muerte significa que deja ya de usar su *Kli* de recepción para su propio beneficio. Y puesto que anuló la función de la inclinación al mal, es que es considerado un muerto.

Y en caso de que la persona de cuentas de su alma: "¿Qué obtiene de su esfuerzo, tal que se esforzará bajo el sol?", ella ve que no es tan difícil someterse a sí misma al Creador por dos razones:

1. Entre que sí y entre que no; es decir, entre que quiere y entre que no quiere, es que la persona está obligada a esforzarse en este mundo.

2. También durante el trabajo, si ella trabaja en *Lishmá*, ella recibe placer del trabajo en sí mismo. Como la parábola del predicador de *Dubna* quien dijo acerca del verso: "No me llames *Yaakov*, porque se esforzará por mi *Israel*", queriendo decir que quien trabaja para el Creador, no existe ningún esfuerzo, sino al contrario, hay en él placer y elevación de espíritu. En tanto que, quien no trabaja para el Creador y lo hace por otros propósitos, no puede quejarse ante Él preguntando: "¿Por qué es que el Creador no le otorga vitalidad en el trabajo?", debido a que él trabaja por un objetivo diferente. Ya que solamente quien trabaja puede ir hacia Él con una demanda para que le otorgue vitalidad y placer durante el trabajo. Y sobre esto se dijo: "Como ellos serán aquellos que hagan todo lo que se les confió".

Y no se complicará con esto: ¿Por qué durante el tiempo en que la persona recibe sobre sí la carga del reino de los cielos; es decir, que está dispuesta a trabajar con el fin de otorgar al Creador la carga del reino de los cielos, ella no siente ninguna vitalidad, de tal manera que dicha vitalidad le obligue a recibir sobre sí la carga del reino de los cielos? Sino que debe recibir sobre sí, la carga del reino de los cielos contra su voluntad, con la sensación de que no es para su bien; es decir, que el cuerpo no acepta este trabajo. ¿Por qué es entonces que el Creador no le otorga vitalidad y placer?

El motivo para esto es que se trata de una gran corrección, que de no haber sido así, sino que el deseo de recibir hubiese aceptado este trabajo, la persona nunca habría tenido la posibilidad de llegar a *Lishmá*, sino que siempre hubiese trabajado para su propio beneficio; es decir, para llenar su lujuria. Esto es semejante al dicho: El ladrón que por sí mismo corre y grita: "Atrapen al ladrón". Ya que entonces es imposible distinguir quién es el verdadero ladrón, para atraparlo y quitarle de la mano lo robado.

Pero al momento en que el ladrón; es decir, el deseo de recibir, no siente placer en el trabajo de recepción de la carga del reino de los cielos; entonces, en vista que el cuerpo se acostumbró a sí mismo a trabajar en contra de su deseo, es que adquiere los medios por los cuales puede venir mediante su trabajo, el cual será solamente con el propósito de producir placer a su Hacedor, porque toda su intención tiene que ser solo hacia Él, como está escrito : "Entonces te deleitarás en el Creador"; es decir de antemano, cuando había trabajado para el Creador, no tuvo placer de su trabajo, sino que su trabajo fue mediante obligación. Mas no así cuando ya se acostumbró a sí mismo a trabajar con el fin de otorgar, por consiguiente la persona merece "deleitarse en el Creador", puesto que del trabajo en sí mismo tendrá placer y vitalidad. Y esto es llamado, que también el Creador se deleitó con él, porque él es para el Creador precisamente.

El tiempo de ascenso

Cuando uno se siente a sí mismo en un aspecto de ascenso, ya que tiene un estado de espíritu elevado, puesto que siente que no tiene ningún deseo sino sólo para la espiritualidad, le es bueno entonces profundizar en los secretos de la *Torá*, a fin de alcanzar su interioridad. Y si a pesar de todo ve, que aunque se esfuerza por entender algo y todavía no sabe nada, de todas maneras vale la pena profundizar en los secretos de la *Torá*, incluso un centenar de veces en una sola cosa, sin llegar a la desesperación, queriendo decir, que no hay ningún aprovechamiento de esto, ya que no entiende nada.

Esto es así por dos razones: 1) Que al momento en que uno examina algún asunto anhelando entenderlo, dicho anhelo es llamado "una plegaria". Esto se debe a que una plegaria está en el aspecto de carencia, lo que significa que uno anhela lo que carece, de tal manera que el Creador llenará su carencia.

La magnitud de la plegaria es medida según el anhelo, ya que para el asunto del cual más carece; entonces, el anhelo es más grande. Porque según sea la medida de la carencia, en esa misma medida así uno anhela.

Hay una regla que dice: En el asunto en el cual uno invierte el mayor esfuerzo, es entonces en ése, que el esfuerzo incrementa la carencia, queriendo recibir el llenado para dicha carencia. Siendo ésta llamada "una plegaria", ó el aspecto del "trabajo en el corazón", ya que "El Creador quiere el corazón". Resulta que entonces uno puede ofrecer una verdadera plegaria.

Al momento en que se examinan las palabras de la *Torá*, el corazón está obligado a liberarse de los deseos que aún quedan, a fin de dar fuerza a la mente para que sea capaz de pensar y analizar. Si no hay ánimo en el corazón, la mente no puede examinar. Acerca de esto está escrito: "Durante el estudio, uno siempre aprenderá lo que el corazón anhela".

Para que la plegaria de uno sea aceptada, ella está obligada a ser una plegaria completa. Por lo tanto, cuando se examina en una medida completa, luego uno obtiene de esto una plegaria completa, es entonces que la plegaria puede ser aceptada, porque "El Creador escucha una plegaria". Pero hay una condición: la plegaria debe ser una plegaria completa y, no que existan dentro de ella cosas mezcladas.

Y la segunda razón es: que en vista que uno se ha separado de la corporalidad, encontrándose en alguna medida más cerca de la cualidad de otorgamiento; entonces, éste es el momento más apropiado en que se unirá con la interioridad de la *Torá*, puesto que ella se le descubre, dado que tienen equivalencia con el Creador. Esto se debe a que la *Torá*, El Creador e, *Israel* son uno. No siendo así cuando uno se encuentra en el aspecto de auto recepción, ya que en ese caso, pertenece a la exterioridad y no a la interioridad.

Amantes del Señor odien el mal

En el verso, "¡Amantes del Señor, odien al mal! El que guarda el alma de Sus fieles, les libra de la mano de los malvados", lo cual significa, que no es suficiente con que el hombre ame al Creador; queriendo con esto merecer la adhesión con Él; sino que también debe tener odio por el mal.

El asunto de odio al mal se expresa cuando el hombre odia al mal, el mismo que es llamado "el deseo de recibir". Y viendo que no tiene ninguna táctica para deshacerse de él, con esto, él no quiere aceptar ese estado. Él siente las pérdidas que le causa el mal y, también ve la verdad, ya que por sí mismo no tiene fuerza para anular el mal, ya que esta es una fuerza natural por parte del Creador, el cual introdujo en el hombre el deseo de recibir.

Entonces, el verso nos dice lo que está al alcance del hombre hacer; es decir, odiar el mal. Y por medio de esto el Creador le guardará de éste mal, tal como está escrito: "Él guarda el alma de Sus fieles" ¿Qué es la preservación? - ¡les libra de la mano de los malvados! Y en vista que tiene algún contacto con el Creador, el mismo que será el contacto más pequeño; entonces, ya es un hombre exitoso.

En realidad, el asunto del mal continúa existiendo y trabaja en el aspecto de *Ajoráim* (posterior) en el *Partzuf*. El asunto del odio se manifiesta si es que el hombre siente gusto por atraerse a la adhesión con el Creador, siendo entonces una conducta entre amigos y compañeros: ya que si dos personas llegan por medio de una necesidad, tal que cada uno de ellos odia lo que su amigo odia o, ama lo que su amigo ama, entonces llegan por medio de una unión perpetua, en el aspecto de "algo fijo e inamovible por siempre".

Por lo tanto, puesto que el Creador ama otorgar, también los inferiores deben adaptarse a querer solamente otorgar. Y como el Creador odia tener que recibir, ya que Él es completo por el propósito de completitud y no necesita de nada, también el hombre tiene que odiar el asunto de la recepción para sí mismo.

En definitiva, el hombre debe odiar el deseo de recibir por el propósito del odio, puesto que todas las "ruinas" en el mundo proceden únicamente del deseo de recibir. Y es mediante el odio que el hombre corrige, que él entra bajo la *Kdushá* (santidad).

Parábola de la grandeza del esclavo con la ayuda de los Ministros

… Está escrito: "porque uno que es elevado cuidará a otro que también lo es, y aquellos que lo son más, de igual manera harán sobre ellos" Esto requiere de una respuesta firme; es por eso que te diré, que todos creen en la Providencia privada, pero no hay quién se adhiera a ella para nada.

La razón se debe a que, ¿cómo es posible atribuir al Creador un pensamiento extraño y corrupto, ya que Él es el principio del "Bueno que hace el Bien"? Salvo que sólo a los verdaderos sirvientes del Creador les ha sido abierto principalmente el conocimiento de la Providencia privada, puesto que hubo quien cambió todos los factores que precedieron a este, de los bienes y males juntos. Siendo entonces que aquellos se encuentran adheridos a la Providencia privada, puesto que todos los que están conectados con lo puro, son puros.

Y en vista que el guardián está unido con aquello que guarda, no hay aparente división entre bien y mal. Todos son amados y todos están limpios, pues todos ellos son portadores de los *Kelim* del Creador, listos para engalanar la revelación de Su singularidad. Esto es conocido en sensación, y por éste mérito, al final obtienen conocimiento de que todas las acciones y pensamientos, tanto buenos como malos, son portadores de los *Kelim* del Creador. El mismo que las preparó y las sacó de Su boca, y esto será sabido por todos al final de la corrección.

Pero mientras tanto, hay un largo y amenazante exilio. Y el principal inconveniente es que cuando uno ve alguna revelación de una acción incorrecta, cae de su nivel, se une a la mentira famosa y, olvida que es como un hacha en la mano del que corta. Pues se considera a sí mismo el dueño de dicho acto y olvida la razón de todas las consecuencias, ya que todo viene de Él y no hay ningún otro que opere en el mundo aparte de Él.

Esta es la lección. La cual también se mantuvo en el aspecto de conocimiento desde el principio. De todas maneras, al momento de la necesidad, uno no podrá controlar su conocimiento para unificar todo con la causa en singularidad, la misma que lo sentencia a una escala de mérito. Esta es toda la respuesta a su carta.

Ya te relaté cara a cara una parábola verdadera acerca de estos dos conceptos, donde uno elucida al otro. Aun así, la fuerza del ocultamiento domina y controla en medio de ustedes.

Se trata de una parábola acerca de un rey, cuyo sirviente halló gracia delante de sus ojos, a tal punto que quiso engrandecerlo y ponerlo por sobre todos los ministros, pues había reconocido un verdadero y consistente amor en su corazón.

Excepto que no está en las costumbres reales ascender a alguien al nivel más alto de una sola vez, sin razón aparente. Sino que la costumbre real es revelar las razones para ello a todos con una gran sabiduría.

¿Qué hizo? Nombró al sirviente guardián de la puerta de la ciudad, y le dijo a un ministro, que era entendido en la sabiduría de la comedia, que se disfrazara y fingiera ser como un rebelde para el reino, y salió a la guerra para conquistar el reino cuando los guardias no estuvieran preparados.

El ministro hizo lo que el rey le indicó y, con artimañas y una gran sabiduría, se puso a luchar contra la casa del rey. En tanto que el sirviente que cuidaba la puerta, arriesgó su vida para pelear en nombre de la casa del rey, peleando contra el ministro con poder vehemente y abnegación inmensa, hasta que se hizo evidente para todos, su gran amor por el rey.

Entonces el ministro se quitó las vestiduras y hubo muchas risas, pues él había peleado tan feroz y valientemente, y ahora se daba cuenta de que sólo había fingimiento en la lucha, y que no fue real lo que sucedió. Y aumentaron más las risas cuando el ministro habló de lo profundo que eran los pasamientos de crueldad y miedo que había visto en sus ojos. Y que todos y cada uno de los detalles en esta guerra terrible se habían tornado en una gran risa y alegría.

Sin embargo a pesar de todo esto el sirviente no obtuvo sabiduría. ¿Cómo podría ser elevado por encima de todos los sirvientes y ministros del rey?

Entonces el rey meditó y dijo al mismo ministro, que tendría que disfrazarse de ladrón y asesino, y pelear ferozmente contra él. Pues el rey sabía que en esta segunda batalla descubriría una sabiduría maravillosa, hasta que se haga merecedor de estar por sobre todos los ministros.

Así, el rey puso al sirviente a cargo del Tesoro del rey, y en esta ocasión el ministro se disfrazó de ladrón y asesino sin escrúpulos, y llegó para saquear el Tesoro del rey. El humilde sirviente peleó sin temor alguno y devotamente, hasta que estuvieron satisfechos. Entonces el ministro se quitó el disfraz y hubo aún más risas y gozo que en la ocasión anterior.

Los detalles que usó el ministro provocaron muchas risas, pues en esta ocasión el ministro tendría que ser más listo pues era evidente que nadie en el reino era cruel. Por lo tanto, el ministro adquirió sus dotes de artesano para hacerse de un disfraz de demonio.

Mientras tanto, el sirviente heredó sabiduría y conocimiento después de los eventos, y fue erigido por la eternidad.

La verdad, todas las guerras en el exilio son vistas maravillosas, y todos saben en su interior que cualquier tipo de gozo trae bien. Aún así, no hay una táctica para aliviar el peso de la guerra y las amenazas.

Ya les he hablado largamente de ello cara a cara, y ahora tienen el conocimiento de uno de los finales de esta alegoría, y con la ayuda del Creador entenderán la alegoría en sus otros finales también.

Y aquello de lo que me quieren escuchar hablar es una cosa a la que no tengo respuesta. Les he dado una alegoría acerca de ello cara a cara también, pues "el reino de los hombres es como el reino del firmamento", y la verdadera capacidad de guiar se ha dado a los ministros.

Aun así, todo es hecho de acuerdo al consejo del rey y con su firma. El rey no hace más que firmar el plan que los ministros elaboran, no lo corrige, pone a otro ministro en su lugar, y el primero renuncia al oficio.

Así el hombre, en un mundo pequeño, comportándose de acuerdo a lo que está ya en él, pues el rey tiene control de las siete naciones dentro de él. Este es el significado de lo que está escrito en el *Séfer Yetzirá* (Libro de la Creación): "El coronó una cierta carta" Cada carta es un ministro a su tiempo, haciendo evaluaciones, y el rey del mundo firmándolas. Cuando la letra se equivoca en alguno de los planes, de inmediato el ministro renuncia a la oficina, y él corona a otro ministro en su lugar.

Este es el significado de, "Cada generación y sus jueces". Al final de la corrección, la señal llamada Mesías gobernará y completará y unirá a todas las generaciones a una misma corona de Gloria en las manos de Dios.

Ahora puedes entender cómo es que puedo interferir con sus cosas en cada estado, y cada uno debe descubrir lo que se la ha asignado a descubrir, y todo se hará claro a través de las encarnaciones.

PaRDéS

"Cuatro entraron al *PaRDéS*"[7], etc. Antes de que fuera creado el mundo, estaba Él y Su Nombre son Uno, porque las almas no estaban en el aspecto de almas, porque todo el asunto del Nombre es Él, que en el instante en que su amigo vuelve su rostro de Él, lo llama por su nombre, para retornar su rostro hacia Él.

Y puesto que en la creación todavía no habían almas en adhesión a Él en servicio completo, Él colocó sobre ellas guirnaldas y coronas, majestad y esplendor y belleza, incluso lo que no habían evocado, pues Él de por sí conoce sus deseos y se los entrega a ellas, si es así, de todo lo que no corresponde a decir que es una llamada del Nombre, lo cual es un asunto de *Hitaaruta de Letata* (despertar desde abajo), de cualquier modo. Y por eso Él está en estado de *"Or Pashut"* (Luz Simple), porque todo está en el límite de la simplicidad, y esta Luz fue comprendida por toda persona sencilla, incluso por quien no ve ninguna sabiduría.

Por eso es llamado en el secreto de los sabios e inteligentes *"Pshat"*, pues *Pshat* es la raíz para cada cosa, y de eso no hablaron los escritores ni los libros, pues es un concepto simple y conocido. Y a pesar de que en los mundos inferiores se detectan dos divisiones en el *Reshimó* de esta Luz Simple, esto se debe a la división en sus propios corazones por causa de "y yo soy un hombre tranquilo"[8]. Aun así, en la parte mencionada más arriba no hay ningún cambio en las representaciones que puedan hacer.

Es cual un rey que ha tomado a su querido hijo y que lo ha colocado en su gran y maravillosa arboleda. Y cuando su hijo abrió los ojos, no se detuvo a mirar el lugar donde estaba parado, sino que debido a la gran luz en la arboleda, su vista se posó a lo lejos, cual la distancia entre el este y el oeste. Y él echó su mirada sólo sobre los edificios y los palacios a lo lejos en el oeste, y caminó durante días y meses, deambulando y admirando la gloria y la grandiosidad que estaba viendo en el oeste, y que estaba ante sus ojos.

7(N. del T.): En hebreo *PaRDéS* significa arboleda, pero en Cabalá esta palabra representa las siglas de *Pshat* (la *Torá* literal), *Rémez* (parábola o insinuación), *Drush* (interpretación) y *Sod* (secreto).

8 (N. del T.): La traducción también puede ser "y yo soy una parte de un hombre", pues *"Jalak"* en hebreo significa "tranquilo" o "suave", pero también significa "parte".

Luego de algunos meses su espíritu descansó y su deseo estaba satisfecho, y él se sació de mirar hacia el oeste. Él entonces reconsideró y pensó: "¿Qué puede ser encontrado a lo largo del camino que he atravesado?" Giró su rostro hacia el este, el lado desde el cual había entrado, y quedó perplejo. Toda la grandiosidad y toda la belleza estaban justo a su lado. Él no podía comprender cómo había fallado en notarlo hasta entonces, y cómo se había enfocado solamente en esa Luz que brillaba en el oeste. A partir de entonces él sólo se ciñó a la Luz que brilla en el este, y así siguió deambulando hacia el este hasta que regresó justo al portón de entrada.

Ahora consideren y díganme la diferencia entre los días de entrada y los días de salida, ya que todo lo que vio en los últimos meses, él también lo había visto en los primeros meses. Pero al principio él no estaba inspirado, pues sus ojos y su corazón estaban embriagados por la Luz que brilla en el oeste. Y luego que se hubo saciado, volvió su rostro hacia el este y notó la Luz que brilla en el este. ¿Pero cómo había cambiado?

Pero al estar cerca de la entrada, hay lugar para desvelar la segunda forma, que los sabios llaman *Rémez*, como en "¿Qué es lo que tus ojos insinúan?". Es cual un rey que le insinúa a su querido hijo y lo amedrenta con una guiñada de ojo. Y aunque el hijo no comprende nada y no ve el temor que se encuentra oculto en esta señal, aún así, debido a su devota adhesión a su padre, él pronto salta de allí hacia otro lado.

Éste es el significado de la segunda forma, que se llama *Rémez*, ya que las dos formas, *Pshat* y *Rémez*, están registradas en los inferiores como una raíz, como lo escriben los meticulosos, que no existe ni una palabra que tenga una raíz de dos letras llamada la "raíz de la palabra". Esto se debe a que no se puede deducir significado alguno de una sola letra. Por eso la sigla para *Pshat* y *Rémez* es *PaR*, que es la raíz de *Par Ben Bakar* (toro joven) en este mundo. Y *Priá* y *Reviá* (multiplicación) surgen también de esa misma raíz.

Luego aparece la tercera forma, que los sabios llaman *Drush*. Por eso no había *Drishá* (demanda) de nada, como en "Él y Su Nombre son Uno". Pero en esta forma hay una substracción, adición, interpretación (estudiando) y descubrimiento, como en "Yo trabajé y encontré", como ya evidentemente saben. Esta es la razón por la cual este lugar se le atribuyó a los más bajos, ya que allí existe un *Hitaaruta de Letata* (despertar desde abajo), en lugar del despertar del *rostro* del este hacia Arriba, a través de "antes que ellos llamen, yo contestaré". Por el contrario, aquí hubo un poderoso llamado, e incluso esfuerzo y anhelo. Y éste es el significado de "las tumbas de codicia".

Luego comienza la cuarta forma que los sabios llaman *Sod* (secreto). En verdad es parecida a *Rémez*, pero en *Rémez* no había percepción de ningún tipo, sino que más bien era cual una sombra que está siguiendo a una persona. Y tanto más, cuanto que la tercera forma, *Drush*, se ha vestido en la anterior.

Sin embargo, es cual un susurro; como una mujer embarazada... le susurras al oído que hoy es *Yom Kipur* (Día del perdón), para que el feto no se sacuda y caiga. Y podríamos decir "¡Además, es el ocultamiento del *Rostro*, y no el *Rostro*!". Pues éste es el significado de las palabras "El consejo del Señor está con aquéllos que Le temen; y su convenio, para hacer que ellos lo sepan". Por eso es que él hizo varios círculos, hasta que una lengua susurrante le dijo: "Él les ha dado *Téref* (comida) a aquéllos que Le temen", y no *Trefá* (comida no *Kósher*), como aquél soldado que se ha mofado.

Tú has comprendido esta respuesta por tu cuenta y me has escrito en tu carta, aunque tímidamente, que eres soltero y que por lo tanto eres naturalmente amable, y es suficiente para el entendido.

Desde el momento que este verso llegue a tus manos, te lo aclararé, pues ésta es también la pregunta del poeta: "El consejo del Señor está con aquellos que le temen". ¿Y por qué ha dicho esto? Es cual la pregunta de nuestros sabios, donde vemos que el texto invierte (ocho) doce letras para hablar en un lenguaje claro, como está escrito "y de las bestias que no están limpias", etc.

Pero tu respuesta no alcanza al poeta, pues Él puede haberles entregado abundancia a las almas, y con un lenguaje limpio, como le dijo *Labán* a *Yaakov*: "Hacia dónde has huido tú secretamente y siendo más listo que yo y sin decirme, que yo podría haberte despedido con alegría y con canciones, y con el sonido del arpa". La respuesta del poeta a esto es "y Su convenio, para hacer que ellos lo sepan".

Este es el significado del corte, la remoción y el derrame de sangre, o sea, los trece convenios individuales. Pues de no haber sido de esta manera el secreto, sino en otra lengua, estarían faltando cuatro correcciones de las trece correcciones de *Dikna*, y sólo quedarían las nueve correcciones de *Dikna* en *ZA*.

Así, *ZA* no estaría vistiendo *Arij Anpin*, como es sabido por aquellos que conocen el secreto del Señor. Éste es el significado de "y Su convenio, para hacer que ellos lo sepan", y éste es el significado de "el mérito ancestral ha acabado, pero el convenio ancestral no ha acabado".

Déjanos volver a nuestro tema que es *PaR*, *PaRaD* y *PaRDéS*. Éste es el orden y la combinación desde Arriba hacia abajo. Ahora puedes comprender a estos cuatro sabios que entraron en el *PaRDéS*, o sea, las cuatro formas, llamadas *Sod*, ya que el inferior contiene los Superiores que lo precedieron. Por eso todas las cuatro formas están incluidas en la cuarta, y están a la derecha, a la izquierda, adelante y atrás.

Las primeras dos formas son la derecha y la izquierda, o sea *PaR* (este es el significado de lo que dijo acerca del lado exterior en el Monte del Templo: "Todos los sabios de *Israel* carecen de valor ante mis ojos"). Estos son *Ben Azái* y *Ben Zumá*, pues estas almas se nutrieron de las dos formas: *PaR*. Y las dos últimas formas son el *Panim* (Frente) y *Ajor* (Posterior), que es *Rabí Akiva*, que entró en paz y salió en paz. Ellos correctamente afirmaron "indica que para cada abrojo pueden aprenderse montañas de leyes".

Ajor es *Elishá Ben Abuyá*, que se extravió (se volvió herético). Nuestros sabios dijeron al respecto que "uno no debe criar un perro malvado en su hogar", pues se extraviará. Todo lo que fue dicho respecto de ellos –"se asomaron a mirar, y murieron", "se asomaron a mirar y resultaron heridos", "se extraviaron"– fue dicho respecto de esa generación cuando se reunieron todos juntos pero estaban todos completamente corregidos, uno a uno, como es sabido por aquéllos que conocen el secreto del *Guilgul* (rotaciones del alma).

Sin embargo, luego de ver la lengua de *Jutzpit*, el traductor, él dijo: "Retornad, oh niños reincidentes", excepto por los otros, y *Rabí Meir*, el discípulo de *Rabí Akiva*, tomó su lugar. Es cierto que la *Gmará* también lo encuentra difícil: ¿cómo consiguió *Rabí Meir* aprender *Torá* del otro? Y han dicho que "Él había hallado una granada, comió su interior y tiró la cáscara (otro)". Y algunos dicen que él corrigió la *Klipá* (cáscara), también, como cuando se eleva humo encima de su tumba.

Ahora puedes comprender las palabras de *Elishá Ben Abuyá*: "Aquél que enseña a un niño, ¿a qué se parece? Cual tinta escrita sobre un papel", o sea, el alma de *Rabí Akiva*. "Y aquél que enseña a un anciano, ¿a qué se parece? Cual tinta, escrita sobre una papel usado", se dijo a sí mismo. Éste es el significado de su advertencia a *Rabí Meir*: "Así de lejos la zona de *Shabat*", pues comprendió y estimó los pasos de su caballo, ya que él jamás se había bajado de su caballo.

Y éste es el significado de "a los transgresores de *Israel* el fuego del infierno no los gobierna, y están tan llenos de *Mitzvot* como una granada". Él dice que es tanto más aún con el altar de oro, que tiene meramente el grosor de una moneda de oro. Estuvo en pie por algunos años y la luz no lo gobernó, etc., "los presumidos entre ustedes están tan llenados con *Mitzvot* como una granada, tanto más aún", como dijo él, que también la *Klipá* está corregida.

Sabe que el gran *Rabí Eliézer* y *Rabí Yehoshúa*, también pertenecen a las almas de *PaR*, al igual que *Ben Azái* y *Ben Zuma*. Pero *Ben Azái* y *Ben Zuma* estaban en la generación de *Rabí Akiva* y eran sus estudiantes, entre 24.000. Pero *Rabí Eliézer* y *Rabí Yehoshúa* fueron sus maestros.

Esta es la razón por la cual se dice que en vez de *Rabí Eliézer*, ellos estaban purificando las purificaciones (*Pshat*) que habían hecho sobre el horno de *Ajnái*, ya que lo cortaron en rebanadas (dieciocho rebanadas) y colocaron arena entre cada dos rebanadas. En otras palabras, la tercera forma, la arena, se une a la primera rebanada, que es la segunda forma; y a la segunda rebanada, que es la cuarta forma. Y naturalmente, la hermana y la consciencia se juntan en una. Y *Rabí Tarfón* y *Rabí Yehoshúa*, como uno, son discípulos del gran *Rabí Eliézer*. Y *Rabí Akiva* está en apariencia incluido en ellos. Esto se debe a que un segundo buen día, con respecto del primer buen día, es cual un día de semana a los ojos de nuestros sabios, ya que *Drush*, comparado con el *Rémez*, es cual una vela al mediodía.

Pero los sabios de su generación mancharon todas esas purificaciones y las quemaron, y el gran *Rabí Eliézer* demostró con el acueducto cuya agua subió, que *Rabí Yehoshúa* era un gran sabio, y las paredes del Templo lo demostrarán. Y ellos comenzaron a caer ante la gloria de *Rabí Eliézer*, y no cayeron ante la gloria de *Rabí Yehoshúa*. Ésta es la prueba completa de que no hay duda que él es puro.

Pero los sabios tomaron a *Rabí Yehoshúa* como aquél, y no quisieron dirigir como *Rabí Eliézer*, su maestro, hasta que bajó una voz y dijo que *Rabí Yehoshúa* era en realidad su discípulo.

Pero *Rabí Yehoshúa* no se conectó con su lugar, y dijo que tú no prestes atención a una voz: "No está en el cielo", etc. Entonces, los sabios lo bendijeron, pues la Luz de *Ozen* (oído) había sido cancelada de ellos, ya que ellos no habían obedecido las reglas del gran *Rabí Eliézer*. Y *Rabí Akiva*, su discípulo favorito, le dijo que sus 24.000 discípulos habían muerto durante la cuenta y que el mundo había enfermado, un tercio con aceitunas, etc.

Elisha Ben Abuyá y *Rabí Tarfón* salieron de la misma raíz. Pero *Elisha Ben Abuyá* es el *Ajoráim* (posterior) y *Rabí Tarfón* es el *Panim de Ajoráim* (*rostro* del posterior). ¿A qué se parece? En una casa hay aceitunas amargas que no sirven para nada; y en otra casa está la viga de la prensa de aceite, que no sirve para nada. Entonces un hombre llega y conecta ambas, coloca la viga sobre las aceitunas y produce una abundante cantidad de aceite.

De esto se desprende que el buen aceite que aparece es el *Panim*, y la viga es el *Ajoráim*. Y las sencillas herramientas de madera se tiran luego de que han completado su trabajo.

Comprende que esta costumbre radica en la expansión de las raíces hacia las ramas en mundos inferiores a éstas. Pero en su raíz ambas aparecen de una sola vez, cual una persona que repentinamente entra a la prensa de aceite y ve la viga, y debajo de la misma, una enorme pila de aceitunas con aceite fluyendo abundantemente de ellas. Esto se debe a que en la raíz todo se ve de una sola vez. Por eso uno es llamado "otro" y el otro es llamado "*Tarfón*". Uno es "una viga" y el otro es "aceite", que fluye inmediatamente a través de aquélla.

Éste es también el significado de extraviarse. Luego de que el deseo emergió, que es el alma de *Rabí Tarfón*, el alma de "otro" permaneció como "malas conductas" en la casa de uno. Éste es el significado de la combinación de letras *Sod* (secreto): *Sámej* encabeza la palabra *Sod*; el alma de "otro". *Dálet* encabeza la palabra *Drush*; el alma de *Rabí Akiva*, porque actúan. Y *Vav*, en el medio, es *Rabí Tarfón*.

"Preferible siéntate y no hagas nada"

... Aun no me será posible seguir conteniendo todo lo que está entre nosotros, así que probaré la amonestación revelada verdadera, porque necesito saber hasta cuánto vale la pena una palabra de verdad en nuestra tierra. Ya que así ha sido mi manera de proceder siempre –el indagar en todas las acciones de la creación, a fin de conocer su valor con precisión vehemente, sea bueno o sea malo.

Porque mis padres depositaron en mí solamente una condición a fin de que pudiese culminarla, y yo ya he encontrado bellas colecciones en aquellas imágenes momentáneas e inactivas, pues no es en vano que se haya preparado esa gran cantidad delante de mis ojos. Aquellas letras hermosas para sentencia de cada sabiduría y cada conocimiento, que no han sido creadas sino para el refinamiento de la sabiduría solamente.

Primero juzgaremos la magnitud de la continua indolencia en este mundo. En general, no es una medida del todo deficiente y despreciable. El asunto es que ya nuestros sabios dijeron, "preferible, siéntate y no hagas nada". Y a pesar de que la mente simple y unos cuantos escritos niegan esta regla, de todas maneras para precisarlas apropiadamente, yo mostraré que "todas y cada una de ellas son palabras del Dios viviente", y todo quedará arreglado y en su lugar.

Es completamente claro, que no hay ningún trabajo en el mundo excepto Su trabajo. Al igual que no hay ningún tipo de trabajos adicionales, incluso en las almas, en particular si se refiere a Su esencialidad, tanto que le es mejor no haber venido al mundo, ya que tuerce las palabras en su boca, porque de receptor no se ha transformado en otorgante. Esta es una ley inquebrantable, "y si hubiera estado ahí, no habría sido redimido".

Y en caso de ser así, no nos conviene, en lo más mínimo, considerar al que trabaja, ni un trabajo semejante siquiera, ya que en lo que a él respecta, él está en la forma de receptor, debido a que esto es una vaciedad completa, y no hay duda que le habría sido mejor "sentarse y no hacer nada", ya que con este acto se hace daño a sí mismo y hace daño a los demás. Siendo su provecho imposible de determinar, tal como ya dijimos arriba.

Y no me importa en lo absoluto, si resulta que alguno de sus 248 órganos se siente incómodo acerca de esta ley, ni aún si protesta abiertamente en contra de mis palabras, ya que así es la naturaleza de cada palabra de verdad, puesto que no requiere del consentimiento de ningún nacido de mujer, pequeño o grande. Y todo aquel que logra conocer la *Torá*, resulta que aumenta más su conocimiento.

¿Si yo no soy por mí, quién por mí?

Ya he dicho en nombre del *Baal Shem Tov*, que previo a realizar una *Mitzvá*, no hay que pensar en la Providencia privada para nada. Sino al contrario, la persona debe decir, "¿Si yo no soy por mí, quién por mí?" Pero luego del hecho, la persona está obligada a cuestionarse para creer por sí misma, que no es de su fuerza ni por el vigor de su mano que hizo esta *Mitzvá*, sino solamente por el poder del Creador, quien lo pensó para ella de antemano, y es así que fue obligada a hacerlo.

De la misma manera es el orden de los asuntos mundanos, porque espiritualidad y corporalidad son iguales. Por eso, antes de que la persona salga a trabajar para ganar su sustento diario, debe quitar sus pensamientos de la Providencia privada para entonces decir, "¿Si yo no soy por mí, quién por mí?", a fin de hacer todo lo que corresponde a la corporalidad para que pueda ganar su sustento tal como lo hacen los demás.

Sin embargo por la tarde, cuando la persona llega a casa con su ganancia, no debe pensar que fueron sus propios medios los que le produjeron este beneficio. Ya que incluso si hubiera estado recostada en el sótano todo el día, también habría obtenido su recompensa en su mano, ya que así es como el Creador pensó para ella de antemano, y así es como debe ser.

Y a pesar de que estas cosas puedan sonar contradictorias en una mente superficial, no siendo aceptadas en el corazón, de todas maneras, la persona está obligada a creer de esta manera, ya que así es como el Creador escribió de ella en Su *Torá* por boca de los escribas y de los libros.

Este es el secreto de la unificación de "*HaVaYaH-Elokim*", puesto que el secreto de *HaVaYaH* es el secreto de la Providencia privada, donde el Creador hace todo, sin que tenga la necesidad de que los habitantes de las casas de barro Lo ayuden. Y *Elokim* (Dios) que en *Guemátria* equivale a "La naturaleza"[9]. Ya que la persona que se comporta de acuerdo a la naturaleza que se encuentra inmersa en los sistemas de los cielos y la tierra corpóreos, cuida sus leyes como el resto de los demás corpóreos, y junto con esto se encuentra que cree en el nombre de *HaVaYaH*; es decir, en la Providencia privada, de la cual se puede notar que los une uno tras otro, habiéndolos vuelto uno en Su mano, produciendo con esto un gran contentamiento a su Hacedor, trayendo iluminación a todos los mundos.

Este es el significado de los tres discernimientos: *Mitzvá* (precepto), trasgresión y, permiso.

- *Mitzvá* - Es el lugar de santidad

- **Trasgresión** - Es el lugar de la *Sitra Ajra*

- **Permiso** - Cuando no es ni *Mitzvá* ni trasgresión. Este es el campo de batalla sobre el cual la santidad y la *Sitra Ajra* luchan.

Cuando la persona hace cosas que están permitidas, pero no las asocia con la autoridad de *Kdushá* (Santidad), entonces el lugar entero cae bajo el dominio del *Sitra Ajra*. Y cuando se esfuerza para ejecutarlas en relación a la autoridad, integrándolas según su fuerza; entonces, vuelve el permiso al margen de la *Kdushá*.

Y con esto he explicado lo que nuestros sabios dijeron, "Es por esto que se le ha dado permiso al médico para sanar". Lo cual significa, que a pesar de que la sanidad esta indudablemente en las manos del Creador, la actividad humana no Lo moverá de su lugar, de todas maneras la sagrada *Torá* nos anunció diciendo: "y el médico sanará", informándote que esto es un permiso, el cual es el campo de batalla entre *Mitzvá* y trasgresión.

Es así que de nuestra parte estamos obligados a conquistar este permiso mediante la *Kdushá*. ¿Y cómo es esto conquistado? Solamente cuando una persona va a donde un médico experto, y dicho médico le da una medicina precisa, la cual ha sido certeramente probada mil veces. Y luego de haberse hecho merecedora de recibir la sanidad; entonces, está obligada a creer que aún sin el médico, hubiese sido el Creador quien la hubiera sanado, pues la medida de su vida ha sido predeterminada. Y en lugar de cantar las alabanzas al médico humano,

---

9 (N. del E.): **En hebreo las palabras** *Elokim* **(Dios) y "la naturaleza", tienen el mismo equivalente numérico.** הטבע = אלהים = 86

la persona debe agradecer y alabar al Creador, con lo cual conquista el permiso situándolo dentro del dominio de *Kdushá*.

Y es similar con el resto de asuntos del "permiso". Y con esto va y expande los límites de *Kdushá* de tal manera que incrementa la *Kdushá* en toda su medida. Y de repente, se ve a sí misma establecida y viviendo en todo su lugar en el Palacio Sagrado, pues tanto la *Kdushá* como sus límites han sido expandidos, hasta que llegan a su propio lugar.

Todo lo dicho ya se los he explicado varias veces, ya que este asunto es un obstáculo para algunas personas que no tienen una percepción clara de la Providencia privada, puesto que "Un esclavo está cómodo sin responsabilidades", y en lugar de trabajar, desea asegurarse más e, incluso desea más fervientemente anular las preguntas de su fe, a fin de adquirir pruebas incontrovertibles de que está por encima de la naturaleza. Es por eso que dichas personas son castigadas y su sangre está sobre sus cabezas, ya que desde el pecado de *Adam HaRishón* en adelante, el Creador proveyó una corrección para este pecado en el secreto de unificación de *HaVaYaH-Elokim*, tal como ya lo he explicado.

Y este es el significado de "con el sudor de tu frente comerás tu pan". Siendo la naturaleza del hombre, que de aquello que alcanza a través de sus múltiples esfuerzos, se le hace muy difícil decir que se trata de un regalo del Creado. Es así pues tiene un lugar para trabajar, para esforzarse con fe completa en la Providencia privada, a fin de decidir que aún sin su trabajo habría obtenido todo eso. Con lo cual va y endulza esta trasgresión.

Caminata sobre el camino de la verdad

… Te escribiré lo referente al misterio de la columna central en el trabajo del Señor; para que tengas siempre un objetivo derecho e izquierdo. Esto es porque hay quien camina, el cual es peor que aquel que ociosamente permanece. Este es él, quien se desvía del camino; ya que el camino de verdad es una línea muy delgada la cual uno camina hasta que llega al palacio del Rey.

Y aquél que comienza a andar en el principio de la línea, necesita de gran cuidado para no alejarse hacia la derecha o la izquierda de la línea, aún en la anchura de un pelo. Esto es así porque; si al principio la desviación es como la anchura de un pelo, aunque continúe completamente recto, es seguro que él no llegará al palacio del Rey, al no estar él sobre la línea de la verdad, y esta es una alegoría verdadera como su camino.

Y te aclararé el misterio de la columna central el cual es el significado de "La *Torá*, El Creador e *Israel* son uno". El objetivo del alma, cuando ésta entra en el cuerpo, es ser recompensada con volver a su raíz y apegarse a Él, mientras todavía se viste en el cuerpo, como está escrito, "amar al Señor tu Dios, y caminar en todos Sus caminos, y guardar Sus preceptos, y apegarse a Él" Verás que el tema termina en "apegarse a Él", tal como estaba ella antes de vestirse en el cuerpo.

Sin embargo, se requiere de gran preparación —la cual es entrar a todos Sus caminos. Pero, ¿quién sabe los caminos del Creador? En efecto, este es el significado de "*Torá*, la cual tiene

613 senderos", y aquel que camina por ellos, finalmente será purificado hasta que su cuerpo no sea más una división de hierro entre él y su Creador, como está escrito, "y Yo le quitaré el corazón de piedra de su carne". Entonces se adherirá a Su Creador, tal como lo estuvo antes de vestir el alma en el cuerpo.

Encontramos que hay tres discernimientos:

1. **Israel**, es quien se fuerza a sí mismo para regresar a su raíz,

2. **El Creador**, el cual es la raíz que uno extraña; y,

3. **Los 613 senderos de *Oraita* (*Torá*)**, por los cuales uno purifica su alma y cuerpo. Esta es el condimento, como está escrito: "Creé la inclinación al mal, Creé para él la *Torá* como condimento".

Sin embargo, estas tres son en realidad una y la misma. Al final, todo sirviente del Creador las alcanza como una sola, uniendo y unificando el discernimiento. Ellas sólo aparentan estar divididas en tres, por ser incompleto uno mismo en el trabajo de Dios.

Te haré entender desde el principio que: un final verás, pero no su totalidad, excepto cuando Él le asiste. Es sabido que el misterio del alma es que ésta, es una parte divina de lo alto. Antes de que ella entre en un cuerpo, ella está unida como una rama en la raíz. Verás en "El Árbol de la Vida", que el Creador creó los mundos porque Él deseó manifestar Sus Santos Nombres, "Misericordioso y Clemente", y si no hubiera criaturas, no habría nadie de quien tener misericordia.

Sin embargo, tanto como lo permite la pluma, como ellos dijeron, "La *Torá* entera es sólo los nombres del Creador". El sentido de logro es que "lo que nosotros no alcanzamos, nosotros no lo definimos por nombre". Está escrito en los libros que todos estos nombres son la recompensa de las almas, obligadas a entrar en el cuerpo, ya que es precisamente a través del cuerpo que ella puede alcanzar los nombres del Creador, y su estatura es según su logro.

Existe una regla: El sustento de cualquier objeto espiritual obedece al mérito de conocerlo. Un ser viviente corporal se siente a sí mismo porque él consiste de mente y materia.

De este modo, una sensación espiritual es un cierto discernimiento. Y la estatura espiritual es medida por la cantidad de conocimiento, como está escrito: "Uno es elogiado según su mente" Sin embargo, el animal sabe; el no siente en absoluto.

Entenderás la recompensa de las almas: Antes que un alma entre al cuerpo, ella sólo es un punto diminuto, aunque unido a la raíz como la rama al árbol. Este punto es llamado "la raíz del alma y su mundo". Tuvo la recompensa no entrando a este mundo en un cuerpo, la hubiera tenido solo en su propio mundo, significando su propia parte de la raíz.

Sin embargo, más es recompensada caminando por los senderos del Creador, los cuales son los 613 senderos de la *Torá* que vuelven a ser los actuales Nombres del Creador, su estatura crece más según el nivel de los nombres que ha alcanzado.

Esto es lo que está escrito que: "El Creador confiere a todos y cada uno de los justos *SHaY*[10] mundos". Lo cual significa que: El alma consiste de dos justos: Un justo superior y un justo inferior; tal como el cuerpo está dividido desde el *Tabur* (ombligo) hacia arriba y desde el *Tabur* hacia abajo. Así, ella adquiere la *Torá* escrita y la *Torá* oral, las cuales son dos veces *SHaY*, siendo *TaRaJ*[11]. Estos son las 613 *Mitzvot* de la *Torá* y las siete *Mitzvot* de los maestros.

Esto está escrito en *El Árbol de la Vida*, "Los mundos fueron creados sólo para revelar los nombres del Creador" He aquí tú ves, que desde que el alma bajó para vestirse en esta materia inmunda, ella no pudo más volver y adherirse a su raíz, a su propio mundo, como antes de que ella viniera a este mundo. Más bien, ella debe incrementar su estatura 620 veces más que cuando previamente estaba en la raíz. Este es el significado de la perfección entera, todo el *NaRaNJaY* hasta *Yejidá*. Esto es porqué *Yejidá* es llamada *Kéter*, significando el número 620[12].

Así tú ves, que el significado de los 620 nombres, siendo los 613 *Mitzvot* de la *Torá* y los 7 *Mitzvot de los maestros*, son de hecho las cinco propiedades del alma, significando *NaRaNJaY*. Esto es porque las vasijas de *NaRaNJaY*, son de las 620 *Mitzvot* mencionados, además las Luces de *NaRaNJaY* son la actual Luz de la *Torá* en todas y cada una de las *Mitzvot*. De esto resulta que la *Torá* y el alma sean una.

Sin embargo, el Creador es la Luz de *Ein Sof*, vestido en la Luz de la *Torá*, encontrado en las 620 *Mitzvot* mencionados arriba, como los sabios dijeron: "La *Torá* entera es los nombres del Creador". Esto significa que el Creador es el todo, y los 620 nombres son partes y piezas. Estas piezas están según los escalones y grados del alma, la cual no recibe Luz en una sola vez, sino gradualmente, una a la vez.

Y te será esclarecido de todo esto que, el alma está destinada a alcanzar todos los 620 Nombres Santos, su estatura completa, la cual es 620 veces más que la que tenía antes de venir. Su estatura aparece en las 620 *Mitzvot* donde la Luz de la *Torá* se viste, y el Creador está en la Luz colectiva de la *Torá*. Así verás que "la *Torá*, el Creador e *Israel*" son, efectivamente, uno.

Regresemos al tema de que antes de completarse en el trabajo de Dios, la *Torá*, el Creador e *Israel* aparecen como tres discernimientos. A veces, uno desea completar su alma y regresar a su raíz, la cual es considerada "*Israel*". Y algunas veces, uno desea entender los caminos del Creador y los secretos de la *Torá*, "por si uno no sabe los preceptos del Superior, ¿cómo debería él servirle a Él?" Esto es considerado "*Torá*".

Y algunas veces, uno desea alcanzar al Creador, apegarse a Él con completo conocimiento, y esencialmente sólo lamentar eso, y no agonizar sobre alcanzar los secretos de la *Torá*, y tampoco agonizar sobre el regreso de su alma a su origen; como estaba ella antes de vestirse en un cuerpo.

---

[10] (**N. del T.**): Equivale a 310 en *Guemátria*
[11] (**N. del T.**): Equivale a 620 en *Guemátria*
[12] (**N. del T.**): En hebreo, כתר - *Kéter* contiene las mismas letras que תרך - *TaRaJ*.

Por lo tanto; el que camina sobre la línea verdadera con la preparación para el trabajo de Dios, siempre debe probarse a sí mismo: ¿él ansía los tres discernimientos de arriba por igual? Porque el fin del hecho yace en su pensamiento inicial. Si uno ansía un discernimiento más que el segundo o el tercer, entonces uno se desvía del sendero de verdad.

Por lo tanto es bueno que se mantenga sobre la meta anhelando el precepto del Superior, por "uno, quién no sabe los caminos del Superior y los preceptos del Superior; los cuales son los secretos de la *Torá*, ¿cómo le servirá a Él?" Entre todos esos tres, este es el que más garantiza la línea media.

Este es el significado de: "Abrieron para mí una entrada al arrepentimiento, tal como la punta de una aguja, y Yo abro para ustedes entradas por las cuales carretas y carRúajes entrarán". Lo cual significa que: la apertura de la punta de una aguja no es para entrada y salida; sino para insertar el hilo para la costura y para el trabajo.

Así anhelarás solamente la *Mitzvá* del Superior, trabajar el trabajo. Y entonces les abriré una puerta como la entrada a un salón. Este es el sentido del Nombre Sagrado en el verso, "No obstante vivo Yo y llena será la tierra del Esplendor del Señor".

El lugar en el que el hombre piensa allí se encuentra él

... No obstante cuida tus piernas de recibir el temblor fuerte antes de tiempo, porque "En el lugar en que el hombre piensa, allí se encuentra él". Y es por eso que cuando el hombre está seguro de que no le faltará nada de todo lo bueno que necesita, le es posible poner su trabajo en las palabras de la *Torá*, porque "El bendecido se adhiere al Bendito".

Pero por la falta de confianza se involucrará en un problema y, cada problema es un *Sitra Ajra*, además "Ningún maldito se adhiere al Bendito", porque no podrá apoyar toda su labor en las palabras de la *Torá* y, si realmente siente caminar dubitativamente en el país del mar, de todas formas no pensará nada acerca de estas cosas, sino que con la misma rapidez con la que se congela a un mal espíritu, así volverá a su lugar de origen, a fin de que no malgaste sus chispas en tiempos y lugares, aún a pesar de que no están unidos como corresponde.

Y sabrás que no se percibirá ningún defecto en los inferiores, sólo en el momento y lugar adquiridos, tal como en este momento. Queriendo decir, si le conviene, o si lo lamenta, o si, Dios no permita, pierde la esperanza por un momento. He aquí Él es "el Sustentador que está al término de todos los tiempos y en todos los lugares que están en el mundo". Lo cual significa que: "en un momento así, ¿cuánta es su indignación? -Un momento".

Por lo tanto el hombre no tiene corrección, excepto dirigir la vista a todos los momentos presentes y a los que están por venir, que sean ofrendados y servidos a Su gran nombre, y el que rechace un momento delante de Su rostro, por ser insensible, descubrirá frente a todos su estupidez: porque todos los mundos y todos los tiempos no son convenientes para él. Con respecto a que la luz de su rostro no está vestida con los cambios del tiempo y de la época, aún cuando el trabajo del hombre cambia en sus manos. Es por eso que el trabajo del hombre es necesariamente variable en sus manos, y en función de esto nos fue preparado, gracias al mérito de nuestros sagrados antepasados, la fe y la seguridad por sobre el conocimiento, ya que el hombre los utiliza en los momentos difíciles sin molestia y sin cansancio.

Parábola acerca del hijo del rico en el sótano

… Por lo visto hay que ser minucioso acerca del lenguaje de la *Tshuvá* (arrepentimiento), que debiera haberse llamado el lenguaje de la completitud. Solo para enseñar que todo está predeterminado, y que cada alma se encuentra ya en toda su luz, su bien y su inmortalidad. Solo a través de la concepción de "*Nahama de Kisufa*" (ar.: pan de la vergüenza) salió el alma en el secreto de las *Tzimtzumim* (restricciones), hasta que se viste en un cuerpo oscuro, y solamente a través del mérito propio ella vuelve a su raíz para alcanzar la restricción. Y su recompensa es por medio de todo el terrible camino que hizo, que la totalidad de la recompensa es la adhesión verdadera. Es decir, que renunció al *Nahama de Kisufa*. Pues su vasija de recepción se ha convertido en vasija de otorgamiento, igualándose a la forma del que lo formó.

Y con esto entenderás, si el descenso es por necesidad de elevación, es pensado como ascenso y no como descenso. Y en verdad el descenso mismo es el ascenso. Porque las letras de la plegaria misma se llenan de abundancia. Y en la plegaria corta, se acortará la abundancia, porque le faltarán letras. Y así dijeron los sabios: "si *Israel* no hubiese pecado, no les hubiese sido dado más que los cinco libros de *Moshé* (Moisés) y el libro de *Yehoshúa*".

¿A qué se asemeja esto?: A un gran rico que tenía un único hijo joven. Y fue aquél día y el rico estaba obligado a viajar grandes distancias por un período de muchos años. Y vio el rico que posiblemente su hijo derrocharía sus bienes por una mala razón.

Por lo tanto, actuó sagazmente y sustituyó sus riquezas por piedras preciosas, joyas y oro. Y así construyó un gran sótano profundo en la tierra y depositó allí todo el oro, las piedras preciosas y las joyas, y también a su hijo lo metió allí.

Llamó a sus sirvientes que le eran fieles y les mandó que cuidaran a su hijo que no saliera del sótano hasta que haya cumplido veinte años. Y que cada día le bajasen toda clase de comida y bebida, sin embargo por ningún motivo le bajarían fuego y velas. Y les mandó que revisaran las paredes de toda grieta, para que no bajaran allí los rayos del sol. Y que para su salud lo sacaran del sótano todos los días durante una hora y que pasearan con él por las calles de la ciudad, pero con fuerte vigilancia para que no se escape. Y que cuando cumpliese los veinte años, entonces le diesen velas y abriesen una ventana y le permitiesen salir.

Es compresible que la pena del hijo fuera ilimitada. Y sobre todo en el momento en el cual paseaba fuera y veía que todos los jóvenes comían y bebían y se alegraban en las calles, sin vigilancia y sin límite de tiempo. Y él encarcelado, y sus momentos de luz contados. Y si intentara escaparse, le hubiesen golpeado sin compasión. Y aún más se apenó y deprimió al escuchar que su padre mismo le rodeó de toda esa aflicción, pues los siervos de su padre estaban haciendo lo que él les mandó. Claro que piensa que su padre es el más cruel de todos los crueles anteriores, pues ¿quién escuchó algo semejante?

En el día en que cumplió los veinte años, los siervos de su padre le llevaron una vela tal como este les había encomendado, y tomó el joven la vela y empezó a observar su entorno y ¿qué ve?, bolsas llenas de oro y propiedades dignas de reyes.

Solamente entonces entendió a su padre, que él es un misericordioso verdadero y que todo el sufrimiento que le causó no era sino para su bien, e inmediatamente entendió que los siervos ciertamente lo dejarían salir libre del sótano. Y así hizo; salió del sótano y ya no había vigilancia, ni sirvientes crueles; sino, que él ahora era rico por encima de todos los ricos de la tierra.

Y en realidad no hay novedad alguna acá, porque es *Iglei Meilta* (ar.: una palabra que viene con recompensa). Que fue un gran rico cada uno de sus días. No obstante según su sensación él fue mendigo y pobre, aquél oprimido en lo profundo del abismo todos sus días. Y ahora en un momento enriqueció con una enorme fortuna, y subió "*Mevira Amikta Le Igra Rama*" (ar.: del hoyo profundo hasta la azotea más alta).

¿Y quién puede entender esta parábola? Quien entiende que "las maldades" son el sótano profundo en la alta vigilancia para no escapar de ella. Y en esto está lo simple, ya que el sótano y la alta vigilancia son "ganancias". Y las misericordias del padre respecto al hijo, que sin esto no tendría de ninguna manera la posibilidad de llegar a ser rico como su padre.

Pero "las maldades" aquellas son "efectivamente maldades", y no "transgresiones involuntarias", ni "violaciones verbales". Sino que antes de haber regresado a su riqueza, domina el sentimiento antes mencionado en su completo sentido; pero luego de regresar a su riqueza, ve que todo esto es la misericordia del padre y no común crueldad, Dios no permita.

Y hay que entender que, toda relación de amor del padre con su primogénito depende del descubrimiento de la misericordia del padre sobre el hijo respecto a los asuntos del sótano, las tinieblas y la fuerte vigilancia, porque es un gran trabajo y una sabiduría profunda ver al hijo en las misericordias de su padre.

También en el sagrado *Zóhar* hablaron de esto y dijeron: que al que logra la *Tshuvá*, la *Shjiná* (Divina presencia) se le revela, como una madre compadecida, que no vio a su hijo muchos días, e hicieron grandes y numerosas acciones para verse. Y a causa de esto llegaron a pasar ambos grandes riesgos.

Y finalmente les llegó la libertad esperada con ansia, y merecieron verse el uno al otro, a lo cual entonces la madre cayendo sobre él y besándolo, lo consoló hablándole a su corazón todo el día y toda la noche, y contándole la nostalgia y los riesgos de los caminos que la acosaron hasta aquél día, y como estuvo con él desde entonces, y la

Shjiná no se movió, sino que sufrió con él en todos los lugares, a pesar de que él no pudo percatarse de esto.

Y este es el lenguaje del *Zóhar*: "que le dice, acá estamos nosotros, acá cayeron sobre nosotros bandidos, y nos libramos de ellos. Acá estuvimos escondidos *Be Bira Amikta* (ar.: en un hoyo profundo)". Y quien es tonto no entenderá la importancia del amor, la hermosura y el placer inmenso que sale de estos cuentos consoladores.

Y la verdad es que antes que se encontraran cara a cara, hubo en esto sentimientos de sufrimientos más duros que la muerte; pero en el secreto de la palabra נגע *Néga* (calamidad/plaga) debido a que la letra "*Ayin*" viene al final de la combinación, sin embargo en ocasión al cuento se habla del consuelo, donde la "*Ayin*" viene al principio de la combinación, evidentemente es ענג *Oneg* (placer).

Estos son dos puntos que no están esclarecidos, solamente luego del hecho de su existencia en este mundo. E imagínate un padre y un hijo, que esperaron con nostalgia el uno por el otro a lo largo de días y años. Y finalmente se vieron a sí mismos. Pero el hijo es mudo y sordo, y no pueden entretenerse el uno con el otro. Encontrándose la esencia del amor en los placeres como al alcance del rey.

El Creador es tu sombra

Y es sabido en nombre de *Baal Shem Tov* de una señal indiscutible, para el conocimiento de cuánto el Creador Bendito se entretiene con él, a fin de observar en su propio corazón, cuánto él se entretiene con el Creador Bendito. Y así son todos los asuntos en el secreto de: "*El Creador es tu sombra*". Y por lo tanto, el que siente aún alguna diferencia entre "conocido y conocedor", he aquí aún para unificar el corazón necesita, estar del lado del Creador Bendito el cual es Uno en realidad, que el "*Creador Bendito*" **en verdad se encuentra en el corazón de todo hombre de *Israel*.** Y eso es todo de Su parte. Por lo tanto, ¿qué le falta al hombre? ¡Sólo saber esto! Y al saberlo cambia y al saberlo concluye. Y ese es el secreto de: "*El Creador es tu sombra*".

Lo principal es el esfuerzo

Querido hijo mío, *Baruj Shalom*,

He recibido tu carta y te felicito por tu *Smijá* (ordenación rabínica) que has obtenido. Esta fue la primera pared que bloqueaba tu camino para seguir adelante. Espero que a partir de este día empieces a tener éxito y vayas de fuerza en fuerza, hasta que llegues dentro del Palacio del Rey

Hubiese querido que logres otra *Smijá*, pero estimúlate a ti mismo desde este día para invertir la mayor parte de tu tiempo en la preparación de tu cuerpo, a fin de mostrar fuerza y coraje "como un buey para sacrificio y como un burro de carga" para no perder incluso ni un solo momento.

Y si preguntares ¿Dónde está esta preparación? Te diré que, antiguamente era necesario atravesar por terribles auto-tormentos a fin de obtener todas las siete enseñanzas seculares antes de alcanzar al Creador, y a pesar de eso no muchos fueron recompensados con el favor del Creador; sin embargo, desde que fuimos recompensados con las enseñanzas del *ARI* y el trabajo del *Baal Shem Tov*, Él se encuentra verdaderamente al alcance de cada uno, sin necesidad de mayor preparación.

Por eso deberías apoyarte en ellos, y en mí, ya que por la piedad de Dios he alcanzado misericordia delante de Sus ojos, y los he recibido con mis dos manos y, los supe cercanos a mí como la cercanía de un padre con su hijo. Seguramente te los pasaré a ti cuando te hagas acreedor para recibirlos *Pe al Pe* (boca a boca).

Y lo más importante es el esfuerzo; es decir, anhelar el cómo esforzarse en Su trabajo. Esto se debe a que el trabajo ordinario no cuenta en lo absoluto, solamente las partes que están más allá de lo ordinario, las cuales son llamadas "esfuerzo". Semejante a una persona que necesita una libra de pan para saciarse, entonces toda su comida no es considerada el alimento en el cual tiene saciedad, excepto por la última parte de la libra. Ya que esa parte con toda su pequeñez, hace al alimento satisfactorio. Y así, de todos y cada uno de los trabajos, el Creador extrae solamente a los que están más allá de lo ordinario, aquellos que serán *Otiot* (letras) y *Kelim* (vasijas) para la recepción de la Luz de Su rostro.

El asunto de la participación de la medida de la misericordia con el juicio

La importancia del trabajo es la elección; es decir, "*y escogiste la vida*", lo cual es *Dvekut* (adhesión), el aspecto de *Lishmá*. Ya que por medio de esto uno es recompensado para obtener *Dvekut* en la Vida de las Vidas.

Pero en el momento en que existe Providencia abierta, no hay lugar para la elección. Por esta razón el Superior elevó a *Maljut* hacia *Eynaim* (ojos), ya que ella es *Midat HaDin* (la medida del juicio). Por medio de lo cual se hizo un ocultamiento; es decir, que se hizo perceptible para el inferior, el cual tiene una carencia por el Superior, puesto que no hay *Gadlut* (grandeza) en el Superior. Y es entonces que la cualidad del Superior es situada hacia el inferior, lo cual quiere decir que son deficientes.

Encontrándose que estos *Kelim* tienen equivalencia con los inferiores; es decir, es como que no hubiese existencia para el inferior, con lo cual no hay existencia en las medidas de los Superiores. Esto significa que no hay ningún sabor en la *Torá* y *Mitzvot*, ya que ellos están sin vida.

Es entonces que hay lugar para la elección; o sea, que el inferior necesita decir que todo este ocultamiento que él siente, es porque el Superior se restringió a Sí mismo a favor del inferior. Esto es llamado: "*cuando Israel fue exiliado, la Shjiná estuvo con ellos*". Ya que por cualesquier sabor que prueba, dice que así es; es decir, que no tiene la culpa por eso que no puede probar el sabor de la existencia; sin embargo, según su conocimiento, realmente no hay ninguna existencia en el Superior.

Y si uno se vuelve más fuerte y dice, que el sabor amargo que encuentra en esta nutrición es sólo porque no tiene los *Kelim* apropiados, de tal manera que puedan recibir la abundancia; es decir, porque sus vasijas son para recibir y no para otorgar, se lamenta con el Superior teniendo que ocultarse a Sí mismo, por ese motivo el inferior tiene lugar para calumniar, ya que esto está en aspecto de la elevación de *MaN* puesto que el inferior se eleva. Por medio de esto el Superior eleva su *AJaP*, el cual es el asunto del ascenso; es decir, que el Superior puede mostrar al inferior la alabanza y el deleite que hay en los *Kelim de AJaP* que el Superior puede revelar. Es así que con respecto al inferior, se encuentra que el Superior eleva *Galgalta VeEinaim* del inferior, por el hecho de que el inferior por sí mismo reconoce el mérito del Superior. Resultando así que el inferior se eleva junto con el *AJaP* del Superior.

Resulta que en el momento en que el inferior ve la grandeza del Superior, por medio de esto el inferior se ha engrandecido a sí mismo. Pero al comienzo el inferior no fue digno de recibir sino sólo *Katnut* (pequeñez). Y cuando la *Gadlut* emerge en el Superior, se produce una división entre la derecha y la izquierda; es decir, entre la fe y el conocimiento.

Pero el Superior luego también es disminuido por medio del inferior, el cual es considerado *Masaj de Jírik*. En otras palabras, para que el inferior pueda recibir los grados del Superior, tal que el inferior reciba el aspecto del conocimiento solamente según la medida de la fe y no más que eso, es considerado que el inferior restringe la línea izquierda del Superior; es decir, que el inferior es el causante. Es entonces que el inferior puede existir, debido a que está compuesto por el aspecto del conocimiento y de la fe conjuntamente. Esto es llamado "tres líneas", y es precisamente en esta manera que el inferior recibe la perfección.

La Sociedad como factor
para el Alcance Espiritual

La entrega de la *Torá*
(*Matán Torá*)

"Ama a tu prójimo como a ti mismo" (Lev. 19.18)

Rabí Akiva dice: "Esta es una gran regla en la *Torá*"

1) Este enunciado demanda una explicación, porque la palabra *Klal* (regla) significa también suma total, e indica la suma de los detalles que cuando son puestos juntos forman el entero de Arriba. Esto da como resultado que cuando él habla de la *Mitzvá* "amarás a tu prójimo como a ti mismo" que es una gran regla de la *Torá*, nosotros debemos entender que todas las otras 612 *Mitzvot* (preceptos) en la *Torá* con todas sus interpretaciones no son ni más ni menos que, la suma de los detalles insertados y contenidos en la simple *Mitzvá* de "amarás a tu prójimo como a ti mismo". Esto es bastante desconcertante porque tú pudieras aceptarlo respecto de los preceptos entre un hombre y su amigo, ¿Pero cómo puede un simple precepto soportar dentro de sí mismo todos los preceptos entre el hombre y el Creador, los cuales son la mayoría de los preceptos?

2) Si nos esforzamos en encontrar una forma de reconciliar sus palabras, allí existe un segundo dicho, aún más sobresaliente, acerca de un converso que se acercó a *Hilel* (*Shabat* 31) y le pidió: "Enséñame toda la *Torá* mientras estoy parado en un solo pie", Y él le contesta: "Todo lo que odies no lo hagas a tu amigo" (la traducción del arameo de "amarás a tu prójimo como a ti mismo"), y el resto significa: ve a estudiar. Aquí ante nosotros se halla una clara *Halajá* (ley judía), que en todos los 612 preceptos y todos los escritos en la *Torá* no hay otro que sea preferido al de "ama a tu prójimo como a ti mismo", porque todos ellos apuntan solamente a interpretar y permitirnos a nosotros observar el precepto de amar a nuestro prójimo sin reservas, desde que él dice específicamente, "El resto significa: ve a estudiar". Lo que significa que el resto de la *Torá* son interpretaciones de ese único precepto, el cual no puede estar completo sin estos otros.

3) Antes que nos adentremos en el corazón de este, debemos observar este precepto cuidadosamente, como se nos dijo: "ama a tu prójimo como a ti mismo". La frase *"como a ti mismo"*

nos dice que debes amar a tu amigo en la misma medida en que tú te amas a ti mismo, y en ninguna forma menos que eso. Refiriéndose con esto a que debes constantemente estar en guardia para satisfacer las necesidades de cada una de las personas de la nación de *Israel*, justo como tú estás en guardia para satisfacerte a ti mismo. Eso es absolutamente imposible, porque no mucha es la gente que puede satisfacer sus propias necesidades durante el día de trabajo, así que, ¿Cómo puedes decirles que trabajen para satisfacer los deseos de la nación entera? Y nosotros no podríamos pensar en la posibilidad de que la *Torá* exagere, porque esta nos previene de no agregar o restar, para demostrar que esas palabras y leyes fueron dadas con absoluta precisión.

4) Y si esto aún no es suficiente para ti, déjame decirte que la simple explicación del precepto de amar a tu amigo es aún más severa, tanto que nosotros tenemos que poner las necesidades de nuestros amigos antes que las propias, como han escrito nuestros sabios con respecto al verso "Porque él está bien contigo, al respecto del esclavo hebreo: "cuando algunas veces él no tiene más que una almohada, si se recuesta en ella y no se la da a su esclavo, no está observando "Porque él está bien contigo", porque él se recuesta en la almohada y el esclavo en el suelo. Y si él no se recuesta en ella y tampoco se la da a su esclavo, está reinando la parte Sodomita. De aquí se entiende que en contra de su voluntad él debe dársela a su esclavo, mientras él mismo se recuesta en el suelo.

También encontramos la misma instrucción en el enunciado acerca de la medida de amar a nuestro amigo, porque aquí también se compara la satisfacción de las necesidades de su amigo a la satisfacción de las suyas propias, como en el ejemplo de "porque él está bien contigo" con respecto al esclavo hebreo. Así mismo si él no tiene más que una silla y su amigo ninguna, hay un veredicto en que si él se sienta en ella y no se la da a su amigo, está rompiendo el mandamiento de "ama a tu prójimo como a ti mismo", porque no satisface las necesidades de su amigo como satisface las propias. Y si él no se sienta en ella y tampoco se la da a su amigo, es tan maligno como el reino sodomita. Por lo tanto él debe dejar a su amigo sentarse en ella y debe estar parado o sentarse en el suelo. Se entiende que esta ley se aplica a todas las cosas que están a su disposición y de las cuales su amigo carece. Y ahora vete y ve si este precepto es factible.

5) Primero debemos entender por qué la *Torá* fue dada a la nación de *Israel* y no a toda la gente del mundo. Dios no permita que haya habido aquí nacionalismo involucrado. Seguro que solo una persona enferma pudiera pensar eso. En verdad nuestros sabios han examinado esta cuestión, lo que se entiende de sus palabras: "el Señor la dio a cada nación y lengua y ellos no la recibieron".

Pero lo que encontraron desconcertante es ¿por qué se nos llamó el pueblo escogido?, como se dice aquí: "el Señor, tu Dios, te ha escogido a ti", puesto que no había otra nación que la quisiera. Además, estas cosas obstaculizan su trascendencia, ¿sería posible que el Señor haya venido con la *Torá* en Sus manos a negociar con todos esos pueblos de las tierras salvajes? Semejante cosa jamás se había oído y es completamente inaceptable.

6) Pero cuando comprendemos completamente la esencia de la *Torá* y *Mitzvot* que nos fueron dados y su deseado propósito, tal como nos han instruido nuestros sabios, lo cual es el propósito de la gran creación que está erguida ante nuestros ojos, entonces entenderemos todo. Porque el primer postulado es que *no hay acto sin propósito*. Y no hay excepción aquí aparte de las especies humanas más bajas o infantes. Por lo tanto es cierto que el Creador, cuya exaltada eminencia está más allá de toda concepción, no actuaría sin propósito, sea este un acto grande o pequeño.

Nuestros sabios nos dicen acerca de esto, que el mundo no ha sido creado con otro propósito que el de observar la *Torá* y *Mitzvot*; o sea, tal como hemos sido enseñados por nuestros sabios, que el objetivo del Creador desde el tiempo que Él creó Su creación es el de revelar Su Divinidad a otros, porque la revelación de Su Divinidad llega como una placentera recompensa a la criatura que había estado creciendo hasta alcanzar la medida adecuada. Y por eso, los humildes se elevan con el verdadero reconocimiento convirtiéndose en un carRúaje para Él y, no se separan de Él hasta que ambos alcanzan su consumación final: "Ningún ojo ha visto a Dios aparte de ti", debido a la grandeza y magnificencia de esa perfección, la *Torá* y la profecía también se abstienen de pronunciar una simple palabra de exageración aquí, como nuestros sabios dijeron: "Todos los profetas no hicieron sus profecías para los días del Mesías, sino para el mundo por venir, ni tampoco ha visto el ojo un Dios aparte de Ti".

Esta perfección está expresada en las palabras de la *Torá* y la profecía y en los mundos de nuestros sabios en la simple palabra *"Dvekut"* (adhesión), solamente que con el uso común de esa palabra por parte de las masas, ésta casi ha perdido todo su contenido. Pero si por un instante alojas en tu mente esta palabra, estarás sobrecogido por su maravillosa estatura, pues si te imaginas lo enaltecido del Creador y lo bajo de la criatura, podrás percibir lo que la adhesión de las criaturas con el Creador significa, además del por qué atribuimos a esa palabra el propósito de la creación completa.

Esto da como resultado que el propósito de toda la creación es que las criaturas bajas sean capaces, al observar la *Torá* y *Mitzvot*, de elevarse hasta que logren adherirse con el Creador.

7) Pero aquí vienen los sabios de la Cabalá y preguntan: ¿por qué no fuimos creados en esta alta estatura de adhesión desde el principio? ¿Qué razón tuvo Él para darnos esta carga y trabajo de creación y la *Torá* y *Mitzvot*? Y ellos respondieron: "Él que come de lo que no es suyo, tiene miedo de mirar a su cara", refiriéndose a que el que come y disfruta el trabajo de sus amigos tiene miedo de mirar a su cara, que por eso él se ve más y más humillado hasta que pierde toda humanidad. Debido a que lo que se extiende de Su perfección no puede ser falta, Él nos dio lugar para ganarnos nuestra propia elevación, a través de nuestro trabajo en la *Torá* y *Mitzvot*.

Esas palabras son muy profundas y yo las he explicado en mi libro *Panim Meirot uMasbirot* al Árbol de la Vida, en la primera rama, y en el libro *Talmud Eser Sfirot* -Reflexiones internas Parte 1. Aquí Yo explico brevemente para hacerlas entendibles a todos.

8) Esto es como un hombre rico, que toma a un hombre del mercado y lo alimenta, le da oro y plata y todo lo que deseara cada día. Cada día él le lleva más regalos que el día anterior. Finalmente el hombre rico pregunta: Dime, ¿Han sido todos tus deseos satisfechos? Y el hombre del mercado replica, aún no, porque cuan placentero sería si todas esas posesiones

y cosas preciosas vinieran a mí a través de mi propio trabajo como lo fueron para ti, así no estaría yo recibiendo la caridad de tus manos. El hombre rico le dijo entonces: En este caso, no ha nacido persona alguna que pueda satisfacer tus deseos.

Es una cosa natural, porque por una parte él experimenta grandes placeres y disfruta estos cuando el hombre rico se los regala, pero por otra parte, es difícil tolerar la vergüenza por la excesiva bondad que el rico le otorga. Es por una ley natural que el receptor siente vergüenza e impaciencia al recibir regalos del que los otorga sin compasión y sin pena. De aquí se extiende una segunda ley, que nadie será capaz de satisfacer las necesidades de su amigo por completo, porque a fin de cuentas él no puede darle la naturaleza y la forma de auto-posesión, que solamente con el deseo de perfección es alcanzado.

Pero eso se refiere únicamente con las criaturas, mientras que en lo relativo al Creador, esto es completamente imposible e inaceptable. Y esta es la razón de que Él haya preparado para nosotros la faena y el trabajo de *Torá* y Mitzvot, para producir nuestra elevación por nosotros mismos, porque entonces el deleite y el placer que llegan a nosotros desde Él; es decir, todo lo que está incluido en el asunto de Dvekut con Él, serán nuestras propias posesiones que habremos ganado con nuestros propios esfuerzos. Entonces nos sentiremos los propietarios, sentimiento sin el cual no puede existir sensación de plenitud.

9) En verdad nosotros necesitamos examinar el corazón y la fuente de esa ley natural, y quién fue el que implantó la mancha de vergüenza e impaciencia que sentimos al recibir caridad de alguien. Se entiende de una ley que los científicos conocen, que cada rama lleva la misma naturaleza que su raíz, y todas las conductas de la raíz, la rama también las desea, busca y ansía. Y por el contrario, todas las conductas que no están en la raíz, su rama, difiere de ellas, no las puede tolerar y es dañada por ellas. Esta ley es encontrada en cada raíz y rama, y no puede ser evadida.

Ahora aquí se abre ante nosotros una puerta para entender la fuente de todos los placeres y dolores que radican en este mundo. Desde que el Señor es la raíz de sus creaciones, todo lo que mora en Él y se extiende hacia nosotros directamente de Él lo sentimos como un placer y un deleite, porque nuestra naturaleza está junto a nuestra raíz.

Las conductas que no radican en Él, y que no se extienden directamente de Él, de acuerdo a la polaridad de la misma creación, serán en contra de nuestra naturaleza y difíciles de tolerar por nosotros. Por ejemplo, amamos descansar y odiamos movernos mucho, tanto que no hacemos un simple movimiento si no es por alcanzar el reposo. Esto es porque nuestra raíz esta inmóvil; es decir, en constante reposo y, ningún movimiento existe en Él, Dios no lo permita, que lo hubiera. Por lo tanto esto es odiado por nosotros y va contra nuestra naturaleza también.

Por la misma razón amamos la sabiduría, fuerza y riqueza, porque todas ellas radican en Él, quien es nuestra raíz. Y por lo tanto odiamos los opuestos, como la locura, la debilidad y la pobreza, porque ellas no radican en Él, lo cual nos hace odiar y nos hiere intolerablemente.

10) Esto es lo que nos da el repugnante sabor de vergüenza e impaciencia cuando recibimos de otros en forma de caridad, porque en el Creador no lo hay, Dios no lo permita, cualquier cosa como el recibir un favor, ¿de quién podría Él recibir? Y porque ese elemento que no existe en nuestra raíz, lo sentimos tan repulsivo y opuesto. Por otra parte, sentimos deleite y placer con cada concesión que hacemos a los otros, porque esa conducta radica en nuestra raíz, la cual es caritativa.

11) Ahora hemos encontrado una forma de escrutinio del propósito de la creación, el cual es la adhesión con Él en su verdadera apariencia. Esta exaltación y adhesión, la cual se garantiza que venga a nosotros a través de nuestro trabajo en la *Torá* y *Mitzvot*, no es más ni menos que la equivalencia de las ramas con su raíz, de la cual cada gentileza, placer y sublimidad, se transforma en una extensión natural, tal como hemos dicho arriba, el placer está solamente en la equivalencia de forma con el Creador. Y cuando nosotros regulemos cada conducta que esté en nuestra raíz sentiremos deleite, y cada cosa que no esté en nuestra raíz se transformará intolerable, desagradable, o considerablemente dolorosa para nosotros. Naturalmente encontraremos que nuestra esperanza depende por completo en nuestra equivalencia con la raíz.

12) Estas fueron las palabras de nuestros sabios cuando en *Midrash Bereshit Rabá*, Cap. 44, preguntaron: "¿Por qué debería importarle a Dios si uno faena por la garganta o por el cuello?" Después de todo, las *Mitzvot* fueron dadas para limpiar a la gente, y esa limpieza significa la limpieza del cuerpo turbio, propósito que emerge de la observación de las *Mitzvot*.

"Un asno salvaje debe ser transformado en hombre", porque cuando él sale del seno de la creación está en completa inmundicia y bajeza, o sea que una multitud de amor propio está impresa en él, cuyo movimiento se revuelve solamente alrededor de él mismo, sin un fragmento de concesión a los demás.

En esa situación se encuentra en lo más distante de la raíz, en el otro extremo, porque la raíz es todo otorgamiento sin un indicio de recepción, mientras que por el contrario, el recién nacido es todo auto-recepción sin un indicio de otorgamiento. Por lo tanto su situación está considerada como el mínimo punto de bajeza y suciedad, el cual es nuestro mundo material. A medida que él crece recibe de su medio ambiente porciones de "otorgar a los demás", dependiendo de los valores y desarrollo de su medio ambiente. Entonces es iniciado en la *Torá* y *Mitzvot* por motivo de su amor propio, por recompensa en este mundo y en el siguiente, que es llamado *Lo Lishmá*, porque no podría acostumbrarse de ninguna otra forma.

A medida de que pasan los años, se le dice como observar la *Torá Lishmá*, lo cual es con un propósito especial, solamente para dar contentamiento a su Creador, como el *RaMBaM* dijo: "A las mujeres y a los niños no se les puede pedir que observen la *Torá* y *Mitzvot Lishmá*, porque no la cumplirían. Solamente cuando crezcan y alcancen conocimiento y sabiduría son enseñados a trabajar en *Lishmá*". Como dijeron nuestros sabios: "de *Lo Lishmá*, uno llega a *Lishmá*", lo que es definido por el objetivo de llevar contento a su Creador y no por amor propio.

A través del remedio natural que está en la ocupación de la *Torá* y *Mitzvot Lishmá* algo que quien nos dio la *Torá* sabe, como nuestros sabios dijeron: "El Creador dijo: Creé la inclinación al mal, Creé la *Torá* como condimento", esa criatura desarrolla y marcha hacia arriba en grados de la mencionada eminencia, hasta que pierde todos los remanentes de amor propio a fin de que todas las *Mitzvot* en su cuerpo se eleven, de manera que cumpla todas sus acciones solo para otorgar, para que aún la necesidad que el recibe fluya en la dirección de poder otorgar. Y esto es lo que nuestros sabios dijeron: "Las *Mitzvot* no fueron dadas, más que para purificar a la gente con ellos".

13) Hay dos partes en la *Torá*: 1) *Mitzvot* entre el hombre y Dios; y, 2) *Mitzvot* entre el hombre y su prójimo, ambos apuntan a la misma cosa: llevar a la criatura a su propósito final de adhesión con Él, tal como ha sido explicado.

Es más, incluso la parte de los actos que llevan a cabo entre ellos también son verdaderamente uno, porque cuando uno cumple un acto por Su nombre, sin ninguna mezcla de amor propio, refiriéndose a sin encontrar ningún beneficio para sí mismo, entonces la persona no siente diferencia si está trabajando para amar a su amigo o para amar al Creador.

Esto es porque se trata de una ley natural para todo ser, ya que cualquier cosa fuera de su propio cuerpo está considerada irreal y vacía, y cualquier movimiento que una persona hace para amar a su prójimo, él lo hace con la ayuda de la luz retornante, obteniendo una recompensa que finalmente retornará a él y le servirá para su propio bien. Por lo tanto semejante acto no puede ser considerado "amar al prójimo" porque este es valorado por su fin, es como esperar un pago que no será liquidado. De modo que, el acto de esperar pago no está considerado como amar al prójimo.

Pero haciendo cualquier clase de movimiento solamente como resultado del amor a otros, o sea sin una pizca de luz retornante y sin esperanza de auto-gratificación es completamente imposible. Al respecto se dice en el *Zóhar* que "Cada acto de piedad que ellos cumplen es solo para sí mismos".

Eso significa que todas las obras buenas que ellos hacen, hacia sus amigos o hacia su Dios, no son por su amor a otros, sino por amor a ellos mismos. Y esa es la razón por la cual es completamente no natural.

Por lo tanto solo aquellos que observan la *Torá* y *Mitzvot* están calificados para eso, porque al acostumbrarse uno mismo a observar la *Torá* y *Mitzvot* para llevar contento a nuestro Creador, uno gradualmente sale del seno de la creación natural y adquiere una segunda naturaleza, la cual es el amar a su prójimo.

Esto es lo que llevó a los cabalistas del *Zóhar*, a excluir a las naciones del mundo del asunto de amar a su prójimo, cuando dijeron que "cada acto de piedad que ellos cumplen es para sí mismos", porque ellos no están involucrados en observar la *Torá* y *Mitzvot Lishmá*, y el asunto de adoración a sus dioses es por recompensa y seguridad en este mundo y en el siguiente. Así, la adoración de sus dioses es debido a su amor por sí mismos, y nunca cumplirán con una acción que esté más allá de los límites de sus propios cuerpos, por lo cual no serán capaces de levantarse ni siquiera una brizna por sobre su naturaleza básica.

14) Así podemos ver claramente que hacia aquellos que observan *Torá* y *Mitzvot Lishmá*, no hay diferencia entre las dos partes de la *Torá*, aún en el lado práctico, porque antes de que uno cumpla con esta, uno está obligado a sentir cualquier acto de otorgamiento, ya sea hacia el hombre o hacia Dios, como un vacío más allá de toda comprensión. Pero a través de gran esfuerzo uno se eleva despacio y alcanza una segunda naturaleza, y entonces alcanza la meta final, que es la adhesión con Él.

Si este es el caso, es razonable pensar que la parte de la *Torá*, la cual trata con las relaciones del hombre con su amigo, es capaz de llevarle hacia la meta, porque el trabajo en *Mitzvot* entre uno y el Señor es fijo y especifico y uno se puede acostumbrar a él, y todo lo que está hecho a través del hábito no es útil, no obstante las *Mitzvot* entre uno y su amigo, está cambiando, son irregulares y hay constantes demandas nuevas hacia donde pueda uno voltear. Por lo tanto su virtud es mucho más experta, cierta y, su objetivo más cercano.

15) Ahora entenderemos la síntesis de las palabras de *Hilel HaNasí* para el converso, de que la esencia de la *Torá* es: "amarás a tu prójimo como a ti mismo", y las restantes seiscientas doce *Mitzvot* son solo una interpretación de esta. Y aún las *Mitzvot* entre el hombre y Dios son también considerados como una calificación de esa *Mitzvá*, siendo el objetivo final de la *Torá* y *Mitzvot*, como nuestros sabios dijeron: "La *Torá* y *Mitzvot* no fueron dados más que para purificar a *Israel* con ellos". Lo cual es la limpieza del cuerpo, hasta que uno alcance una segunda naturaleza definida por nuestro amor por otros, refiriéndose al precepto de "amar a tu prójimo como a ti mismo", el cual es el objetivo final de la *Torá*, después del cual uno alcanza adhesión final con Él.

Pero uno no debe asombrarse del por qué ésta no fue definida en las palabras: "Y tú debes amar al Señor Tu Dios, con todo tu corazón, con toda tu alma y con toda tu fuerza" (Deuteronomio 6.5). Esto es porque en verdad, para el hombre, quien está aún dentro de la naturaleza de la creación no hay diferencia entre el amor a Dios y el amor a su prójimo, porque todo lo que no es él, es irreal para él. Y porque ese prosélito le pidió a *Hilel HaNasí* que le explicara el resultado deseado de la *Torá*, de tal forma que pudiera alcanzar su meta de manera fácil y no tener que caminar un largo camino para alcanzarla, cuando dijo: "enséñame la *Torá* completa mientras estoy parado en un pie". Por lo que se la definió como el amor a su prójimo, porque su objetivo está más cerca y es revelado más rápido por estar a prueba de falla y llevar en ella demanda.

16) En las palabras anteriores encontramos una forma de entender nuestro concepto de arriba (ítems 3 y 4) acerca del precepto de "amar a tu prójimo como a ti mismo", ¿cómo la *Torá* nos obliga a hacer algo que no pueda ser hecho?

¡Presta atención!, pues por este motivo la *Torá* no fue dada a nuestros santos padres -*Abraham*, *Itzjak* y *Yaakov*, sino que tomó hasta el éxodo de Egipto, y hasta que ellos se convirtieron en una nación de seiscientas mil gentes de veinte años de edad y más. Porque entonces a cada miembro de la nación se le preguntó si estaba de acuerdo a ese elevado trabajo, una vez que ellos estuvieron todos de acuerdo en el corazón y el alma, dijeron: "*Naasé veNishmá*" ("haremos y escucharemos"), entonces se hizo posible observar la *Torá* completa, y lo que antes fue considerado imposible, se hizo posible.

Porque es cierto que si seiscientas mil gentes abandonaron su trabajo de satisfacer sus propias necesidades y no se preocuparon de nada sino solo de estar listos para que a sus amigos nunca les faltara nada, y aún más, que ellos observaron esto con un grandioso amor en sus corazones y en sus almas, dentro del completo significado de "amarás a tu prójimo como a ti mismo", entonces está más allá de toda duda que ningún hombre de la nación necesitaría preocuparse por su propio bienestar.

Porque debido a eso él se transforma completamente libre de asegurar su propia supervivencia y puede fácilmente observar el precepto de "amarás a tu prójimo como a ti mismo", obedeciendo todas las condiciones dadas en los ítems 3 y 4. Después de todo, ¿Por qué habría de preocuparse acerca de su propia supervivencia cuando seiscientos mil leales amantes estarían listos y con gran preocupación para asegurarse de que no le falte nada?

Por lo tanto, una vez que todos los miembros de la nación estuvieron de acuerdo, inmediatamente se les dio la *Torá*, porque ahora fueron capaces de observarla. Pero antes de que se convirtieran en una nación, y ciertamente durante la era de los patriarcas, quienes eran únicos en la tierra, no estaban calificados para verdaderamente observar la *Torá* en su forma deseable. Y porque con un pequeño número de gente es imposible empezar con el tema de las *Mitzvot* entre el hombre y su amigo al grado de "amarás a tu prójimo como a ti mismo" como se ha explicado en los ítems 3 y 4. Es por ello que no se les dio la *Torá*.

17) De todo lo anterior se puede entender una de las más desconcertantes frases de nuestros sabios; es decir, en aquello que dijeron que: Todos los hombres de *Israel* son responsables los unos de los otros: "*Bnei Israel Arevim Ze LeZe*", la cual parece completamente injustificada, porque, ¿sería posible que si alguien que ha pecado o cometido una transgresión que disguste a su Creador, y que no tenga relación contigo, el Señor cobrara sus deudas de ti? Esta dice: "Los padres no deben ser puestos a muerte por los hijos...cada hombre debe ser puesto a muerte por su propio pecado", así que, ¿cómo puedes decir que aún el que es completamente extraño, de quien no sabes nada, ni sus antecedentes, seas responsable de sus pecados?

Si eso no es suficiente para ti, nuestros sabios dicen: "*Rabí Eleazar*", el hijo de *Rabí Shimon* dice: Desde que el mundo es juzgado por su mayoría y el individuo es juzgado por su mayoría, si él cumple una *Mitzvá*, él ha hecho a todo el mundo correcto, y si él comete un pecado, él ha hecho al mundo entero pecador, como dice: Un pecador perderá mucho bien".

Así *Rabí Elazar*, el hijo de *Rabí Shimon* me hizo responsable por el mundo entero, pues resulta que él piensa que el mundo entero es responsable el uno por el otro, y que cada persona lleva mérito o pecado al mundo entero. Esto es en verdad desconcertante.

No obstante, según lo que se explica arriba, en vista que las palabras de los sabios han sido entendidas y aceptadas en una forma simple, pues hemos mostrado que cada uno de las seiscientas trece *Mitzvot* que se encuentran en la *Torá*, giran en torno a la exhaustividad de la *Mitzvá* de "amarás a tu prójimo como a ti mismo", encontrando que semejante estado puede existir solamente en una nación cuyos miembros estén todos de acuerdo.

La garantía mutua
(*HaArvut*)

(Continuación del artículo de *Matán Torá*)

Todo *Israel* es responsable el uno por el otro

(*Sanhedrín* 27.72; *Shavuot* 39)

Esto se refiere a la *Arvut*, cuando todo *Israel* se hizo responsable el uno por el otro, ya que no se les entregó la *Torá* sin antes preguntarles a cada miembro de *Israel*, si estaba de acuerdo en recibir el precepto de amor al prójimo en toda su extensión, "amarás a tu prójimo como a ti mismo", así como está explicado en el párrafo 2 y 3, palabra por palabra. Es decir que cada miembro de *Israel* asumirá la responsabilidad de preocuparse y trabajar por cada miembro de la nación y satisfacer todas sus necesidades, no menos que lo que se preocuparía naturalmente por sus propias necesidades.

Después de que toda la nación estuvo unánimemente de acuerdo, dijeron "haremos y escucharemos"; desde aquel momento cada miembro de *Israel* se hizo responsable de que no le faltara nada a los demás miembros de la nación. Entonces se hicieron merecedores de recibir la *Torá*, ya que con esta completa responsabilidad, cada miembro de la nación se desprende de toda preocupación personal y entonces puede cumplir el precepto de amar al prójimo como a sí mismo en su máxima potencia dando todo lo que tiene al que lo necesite, ya que no se preocupa por sus propias necesidades puesto que está completamente seguro que seiscientos mil personas que lo quieren y le son leales se encuentran a su alrededor y están dispuestos a preocuparse por él.

Por lo dicho anteriormente, no estaban preparados para recibir la *Torá* en la época de *Abrahán*, *Itzjak* y *Yaakov*, sino después de haber salido de Egipto y de haberse convertido en una sola nación; sólo entonces se hizo realidad el hecho de que cada uno dejó de preocuparse por sus necesidades personales.

Lo que si sucede, es que al estar aún mezclados entre los egipcios, obligatoriamente, una parte de sus necesidades estaban en manos de paganos llenos de amor para sí mismos, por lo tanto esa parte de las necesidades no estaban aseguradas para los miembros de *Israel*, ya que sus amigos no las podían satisfacer, pues no estaban en sus manos y como ya está comprobado, que mientras la persona esté preocupada por sus propias preocupaciones, no es capaz de cumplir con el precepto de amar al prójimo como a sí mismo.

Por lo tanto la entrega de la *Torá* tuvo que demorarse hasta que salieran de Egipto y se convirtieran en una nación por sí mismos; es decir, hasta que la satisfacción de todas sus necesidades estuviera en sus propias manos sin depender de los demás. Fue entonces cuando fueron capaces de recibir *Arvut* (garantía) de la cual hablamos, y por lo tanto se les entregó la *Torá*. Aún después de recibir la *Torá*, si alguien de *Israel* los traicionara y volviera al sucio amor propio, sin tener en consideración a los demás, esas necesidades que son puestas en manos de unos pocos, se convertirán en la preocupación de cada uno de *Israel*.

Esos pocos no se compadecerán y se detendrá el cumplimiento del precepto del amor al prójimo a todo *Israel*, de tal manera que estos destructores son los causantes de que los que cumplen con la *Torá*, permanezcan en la suciedad del amor propio, ya que no se podrán ocupar del cumplimiento del precepto de amar al prójimo como a sí mismo y completar su amor por el prójimo sin la ayuda de estos.

Podemos ver que todo *Israel* es responsable el uno por el otro, en lo positivo y en lo negativo. Por el lado positivo si cumplen con la garantía mutua, de tal forma que cada uno satisface las necesidades de su compañero, entonces pueden cumplir con la *Torá* y las *Mitzvot* en su totalidad; es decir, complacer a su Creador (punto 13). En tanto que por el lado negativo, si una parte de la nación no quiere cumplir con la garantía mutua sino que prefieren sumirse en el amor propio, entonces ellos son los causantes de que el resto de la nación permanezca sumida en la suciedad y la bajeza, sin poder encontrar jamás la salida.

18) El *Taná* (*Rabí Shimon Bar Yojai*) nos explica acerca de la garantía mutua diciéndonos que se asemeja a dos hombres que se encontraban en un bote, cuando uno de ellos comenzó a hacer un agujero en el bote, su amigo le preguntó: ¿Por qué haces ese agujero? Su amigo le respondió ¿Qué te importa?, yo estoy agujereando debajo de mí, no debajo de ti, a lo que el otro replicó, tonto, los dos nos hundiremos juntos con el bote.

Por lo tanto comprendemos que debido a que los destructores están sumidos en el amor por ellos mismos, con sus actos construyen un alambrado de hierro que evita que los que observan la *Torá* comiencen a observar la *Torá* y las *Mitzvot* como es debido, es decir así como está escrito, ama a tu prójimo como a ti mismo, que es la escalera para alcanzar la adhesión al Creador. Cuánta razón tenía el proverbio que decía: ¡Tonto, Los dos nos hundiremos juntos con el bote!

19) *Rabí Eleazar*, hijo de *Rabí Shimon*, se expande aún más en la explicación de la garantía mutua, diciendo que no es suficiente que todo *Israel* sean responsable unos de otros, sino que todo el mundo debe ser responsable el uno por el otro. No es necesario discutirlo, ya que todos están de acuerdo que para comenzar es suficiente una nación que observe la *Torá* y comience con la corrección del mundo, ya que es imposible empezar con todas las naciones al mismo tiempo, como lo dijeron los maestros, acerca de que el Creador recorrió todas las naciones con la *Torá* y no la quisieron recibir; es decir, estaban sumidos en la suciedad del amor en sí mismos hasta por la cabeza, algunos ocupados en el adulterio, otros en robar, asesinar etc. A tal punto que era imposible por aquella época hablar con ellos acerca de si estaban dispuestos en abandonar el amor en sí mismos.

Por lo tanto, el Creador no encontró ningún idioma ni nación que fueran merecedoras de recibir la *Torá*, excepto los hijos de *Abraham*, *Itzjak* y *Yaakov*, que recibieron el legado de sus antepasados y como dijeron los maestros: "Los padres observaban la *Torá* aún antes de recibirla", refiriéndose a que por lo elevado de sus almas, podían ir por todos los caminos del Creador, en lo que se refiere a la espiritualidad de la *Torá*, todo esto proveniente de su adhesión al Creador, sin que tengan en cuenta el lado práctico de la *Torá*, lo cual no tenían posibilidad de cumplir, como está escrito en "*Matán Torá*" (La Entrega de la *Torá*), punto 16.

Sin lugar a dudas, tanto la pureza física como la elevación espiritual de nuestros santos antepasados, influyeron en sus hijos y en los hijos de sus hijos y fueron así dignos de ese derecho, de esa generación en la que cada uno de los miembros de la nación asumió ese altísimo trabajo y cada uno dijo con entera convicción: "Haremos y escucharemos". Por esto fuimos elegidos, por necesidad, por ser un pueblo con una virtud especial entre todos los pueblos. Y resultó que sólo el pueblo de *Israel* asumió la *Arvut* necesaria y no los otros pueblos del mundo, pues no participaron y esa es la realidad. ¿Cómo podría estar en desacuerdo *Rabí Eleazar*?

20) Sin embargo la corrección final, se llevará a cabo al hacer partícipe a todo el mundo en los misterios de la labor del Creador, así como está escrito" Y el Señor será Rey sobre toda la tierra: en aquel día el Señor será Uno solo y su Nombre Uno". Y precisó escribiendo "En ese día" y no antes. Y también dice: "Porque la Tierra estará llena de conocimiento del Señor, etc., y confluirán a Él todas las naciones.

Sin embargo el rol de *Israel* hacia el mundo, se asemeja al rol de nuestros santos ancestros hacia la nación israelita; es decir, así como el legado que heredamos de nuestros ancestros nos ayudó a evolucionar y a purificarnos hasta que fuimos merecedores de recibir la *Torá*, en que si no hubiera sido porque nuestros padres observaron la *Torá* antes de recibirla, entonces no nos distinguiríamos del resto de las naciones (punto 19).

Por lo tanto la nación de *Israel* tiene el deber a través de la *Torá* y las *Mitzvot*, de capacitarse y capacitar al mundo hasta que evolucionen lo necesario para asumir el elevado trabajo de amor al prójimo, que es la escalera para llegar al propósito de la creación, la cual es la de adhesión con el Creador, tal como ha sido explicado.

De tal modo que todos y cada uno de los preceptos que el individuo de *Israel* cumpla, será para complacer al Creador y no para obtener algún beneficio o por amor para sí mismo. Esto tendrá como resultado ayudar a la evolución de los hombres del mundo, pues no se hace de una sola vez, sino por una evolución gradual hasta aumentar a tal punto, que pueda llevar a todos los seres humanos a la purificación deseada. Y esto es lo que los maestros denominan, "inclinar la balanza a favor", es decir que ha concluido el peso de la purificación deseada y han comparado esto con el peso de la balanza, donde el cambio de equilibrio es llegar al peso deseado.

21) Estas son las palabras que *Rabí Eleazar* le dijo a *Rabí Shimon*, que el mundo es juzgado de acuerdo a su mayoría, refiriéndose al rol de la nación de *Israel*, de capacitar al mundo para una cierta purificación hasta que sean merecedores de asumir la labor del Creador, no menos de lo que fue *Israel* cuando recibieron la *Torá*. Esto es lo que los maestros denominan haber conseguido la mayoría de los derechos, y si inclinan la balanza hacia el platillo del deudor, esto es amor a sí mismo.

Por supuesto que si el platillo de la balanza a favor, que es el entendimiento de la calidad del amor al prójimo es mayor que el platillo de las sucias deudas, serán entonces capaces de llegar a un resultado final y decir "Haremos y Escucharemos", así como dijo *Israel*, pero si antes de esto, es decir antes de lograr la mayoría de los derechos, vence el platillo del amor por uno mismo, entonces deberemos aceptar su carga.

Los maestros dijeron: "El que hace una *Mitzvá* se sentencia así mismo y a todo el mundo a la escala de mérito"; es decir, que el individuo de *Israel* que agrega su propia parte al peso final es como aquel que pesa los granos de sésamo y va agregando uno a uno a la balanza hasta que la balanza se inclina. Ciertamente, cada uno toma parte en el acto de pesar y, sin la parte de cada uno no se podría llegar a un resultado final. Lo mismo decimos acerca del acto del individuo de *Israel*, que pesa a todo el mundo a favor. Esto es porque cuando todo esto termina y se inclina el platillo a favor del mérito, entonces cada uno tiene parte en ese resultado final ya que si no fuera por su acto el resultado no sería completo.

De esto se desprende que *Rabí Eleazar* no discrepa con el artículo de los maestros, acerca de que todo *Israel* está en garantía mutua, sin embargo *Rabí Eleazar*, hijo de *Rabí Shimon* habla acerca de la corrección de todo el mundo en un futuro y los maestros hablan acerca del presente, donde sólo *Israel* recibe la *Torá*.

22) Y *Rabí Eleazar*, hijo de *Rabí Shimon* se basa en la *Mikrá* "Un pecador puede hacer perder mucho" porque ya ha sido demostrado que el sentimiento de admiración que siente el hombre al ocuparse de las *Mitzvot* entre el hombre y el lugar (Creador) es equivalente al sentimiento de admiración que siente al ocuparse de las *Mitzvot* entre el hombre y su semejante. El hombre está obligado a cumplir con las *Mitzvot Lishmá* sin ninguna esperanza de realizarlas por amor a sí mismo, es decir que no tiene ni un destello de esperanza de que por su esfuerzo reciba una recompensa, entendiendo que en ese punto máximo, el amor al Creador y el amor a su semejante se unen y se transforman en uno sólo.

Entendemos que él logra de esta manera progresar en la escalera del amor al prójimo entre todas las personas del mundo; esto es porque ese escalón, del que el individuo es responsable en menor o mayor grado, finalmente se une para que en un futuro la balanza se incline a favor, ya que también su parte se tiene en cuenta y se une al resultado final (alegoría del peso del sésamo).

Aquel que comete una falta, lo que significa que no puede sobreponerse y doblegar el sucio amor por sí mismo, es como si entrara a robar; entendemos así que esta persona se sentencia a sí misma y al mundo entero en contra. Porque al revelar la suciedad del amor a sí mismo, la natural bajeza de la creación vuelve y se refuerza; es como si redujera la cantidad de la balanza que se inclina a favor, como aquel que vuelve y substrae de la balanza el único grano que su amigo dejó allí; es como si elevara el platillo de la deuda y así hace retroceder al mundo; es por esto que se dice que un pecador puede hacer perder mucho ya que por no poder reprimir sus pequeñas pasiones, hace retroceder la espiritualidad del mundo entero.

23) Con lo dicho se aclara lo que se dijo anteriormente (punto 5), acerca de que la *Torá* le fue entregada al pueblo de *Israel*, en cuanto a esto no hay discrepancia, siendo que el propósito de la Creación es la responsabilidad de todo el género humano: tanto negro como blanco o como amarillo, sin ninguna diferencia.

Sin embargo al haber llegado la naturaleza humana a las profundidades más bajas, como hemos explicado anteriormente, debido a que es dominada por el amor a sí misma, no hay forma de negociar y explicarles que acepten hacerse responsables aunque solo sea como promesa, salir de las estrechas miras al amplio mundo del amor al prójimo; únicamente el pueblo de *Israel* aceptó, porque ellos habían estado bajo el yugo de Egipto cuatrocientos años de grandes y terribles sufrimientos.

Nuestros maestros dijeron: "Como la sal endulza la carne, los sufrimientos limpian al hombre de los malos actos cometidos". Es decir, que le traen al cuerpo la purificación; además tenían en su haber el legado de la pureza de sus antepasados (ver punto 16); esto es lo importante, así como lo atestiguan algunos versos de la *Torá*.

Los dos prólogos anteriores nos permiten comprender el por qué fueron escritos en singular; "Y acampó *Israel* ante la montaña" y según nuestros maestros significa, como un solo hombre con un solo corazón, pues cada uno de los miembros de la nación se desprendió por completo del amor por sí mismo y su único interés fue el de servir a su compañero, como hemos visto anteriormente (punto 16) sobre el significado de la *Mitzvá*, "amarás a tu prójimo como a ti mismo", que todos los individuos en la nación se unieron como un corazón y un hombre, pues solo entonces fueron merecedores de la *Torá*.

24) Por lo tanto, sin otra alternativa, le fue entregada la *Torá* al pueblo de *Israel*, simiente de *Abraham*, *Itzjak* y *Yaakov*, ya que era inconcebible que algún extraño participara en esto. Debido a lo cual la nación de *Israel* fue construida como una especie de pasadizo y a través de ella fluirán las chispas de la pureza hacia el género humano del mundo entero.

De manera que esas chispas se multiplicarán día a día de forma inimaginable, hasta que alcancen la cantidad deseada y evolucionen a tal punto que sean capaces de comprender la tranquilidad y la paz impregnadas en la semilla del amor al prójimo, ya que entonces comprenderán que deben inclinar el platillo de la balanza a favor, para poder así ponerse a Su disposición, bajo Su bendita carga, y el platillo de la falta desaparecerá de la faz de la tierra.

25) Ahora sólo nos queda completar lo que aclaramos (punto 16), acerca de que la *Torá* no les fue entregada a los antepasados porque el precepto de "amarás a tu prójimo como a ti mismo" es el eje de la *Torá* sobre el que giran las *Mitzvot* y, para esclarecer esto debemos

comprender que no es merecedora de existir solo para ser observada por un individuo, sino a través de la aceptación de la nación entera.

Es por esto que todo duró hasta la salida de Egipto; solo entonces fueron merecedores de observarla y se les preguntó si cada uno de los miembros de la nación estaba de acuerdo en cumplir con ese precepto y sólo después de aceptar, les fue entregada la *Torá*, aunque aún es necesario aclarar: ¿Dónde encontramos en la *Torá* que les fue hecha esta pregunta a los hijos de *Israel* y que ellos aceptaron cumplir con el precepto antes de recibir la *Torá*?

26) Es necesario comprender, que todo esto le es revelado a todo entendido, en esa invitación que envió el Creador a *Israel* a través de *Moshé* nuestro maestro, aún antes de recibir la *Torá*, como está escrito (*Parashat Itró* 19.5) "Ahora, pues, si de veras escucháis Mi Voz y guardáis Mi pacto, vosotros seréis Mi tesoro personal entre todos los pueblos, porque Mía es toda la tierra; y seréis para Mí un reino de sacerdotes y una nación santa. Estas son las palabras que has de decir a los hijos de Israel. Fue pues *Moshé* y convocó a los ancianos del pueblo y les expuso todas estas palabras que el Señor le había mandado. Entonces todo el pueblo respondió a una, diciendo: 'Nosotros haremos todo cuanto ha dicho el Señor'. Y *Moshé* llevó al Señor las palabras del pueblo".

De acuerdo a esto, las palabras no concuerdan, ya que el sentido común nos dice que si una persona le pide a su amigo que le haga un trabajo y espera que su amigo acepte, debe explicarle en qué consiste el trabajo y debe acordar cuanto pagará, sólo entonces podrá su amigo decidir si acepta o no el trabajo.

Pero en este caso, aparentemente no encontramos un ejemplo del trabajo ni el pago por el mismo, ya que dice: "Ahora, pues, si de veras escucháis Mi Voz y guardáis Mi pacto", y no nos explica nada acerca de la Voz ni en qué consiste el pacto y luego añade, "Vosotros seréis Mi tesoro[13] personal entre todos los pueblos, porque Mía es toda la tierra". De lo dicho no podemos saber si Él nos ordena que nos esforcemos en ser el pueblo elegido entre todos los pueblos o es una promesa en nuestro beneficio.

También debemos comprender lo relacionado a "Porque Mía es toda la tierra". Las tres traducciones: la de *Onkelos*, la de *Yonatan Ben Uziel* y la de *Yerushalmi*, y todos los intérpretes, *RaShI*, *RaMBaN* y demás, tratan de corregir el significado literal y *Even Ezra* dice, en nombre de *Rabí Marinos*, que la palabra "porque" significa "aunque" y lo interpreta de la siguiente manera, "Vosotros seréis Mi propiedad personal entre todos los pueblos, aunque Mía es toda la tierra". *Even Ezra* se inclina a estar de acuerdo con esto, pero esa interpretación no coincide con la de nuestros maestros, que dijeron que "porque" es utilizable de cuatro formas: "o", "no sea que", "eso" y, "pero".

El aún agrega otra quinta forma; "aunque", e interpreta así el final de la frase: "Y seréis para Mí un reino de sacerdotes y una nación santa". Sin embargo tampoco de este contexto se puede probar si es un precepto y una obligación forzada o una promesa beneficiosa. Tampoco las palabras "reino de sacerdotes" no tienen explicación ni se repiten en las Sagradas Escrituras.

---

13 (N. del T.): El texto bíblico en hebreo emplea la palabra *Sgulá*, que de hecho significa remedio, o poder, pero que aquí en el texto se traduce como "tesoro".

Debemos enfocarnos principalmente en examinar las palabras "reino de sacerdotes" y "nación santa", pues el significado de sacerdocio y santidad significan lo mismo, y es obvio que un reino donde todos son sacerdotes es una nación santa, es decir que las palabras "nación santa" está de más.

27) Sin embargo, por las aclaraciones del artículo hechas hasta el momento aprendemos que el verdadero significado de lo escrito debe ser visto como el rol ejemplar, merecedor de

ser interpretado, negociado y aceptado; es decir, que Él les ofrece la forma y el contenido que se encuentra en servir la *Torá* y observar las *Mitzvot* y una digna recompensa.

Ya que la forma de servir a la *Torá* y cumplir con las *Mitzvot* está expresada en las palabras, "Y seréis para Mí un reino de sacerdotes", ya que reino de sacerdotes significa, que todos, desde el joven hasta el anciano, son como sacerdotes. De la misma manera en que los sacerdotes no tienen posesiones materiales en la tierra, ya que el Creador es su posesión, así toda la nación se organizará de manera tal que estará dedicada por completo para servir al Creador. Y nadie tendrá que ocuparse de nada más que de observar los preceptos del Creador y de satisfacer las necesidades del prójimo para que no le falte nada, de manera tal que ninguna persona necesitará preocuparse por sus propias necesidades.

De esta manera, hasta los trabajos cotidianos como la siembra y la cosecha, se consideran como los sacrificios que los sacerdotes realizaban en el Gran Templo. ¿De qué manera pueden ser diferentes si mi intención al llevar a cabo la *Mitzvá* positiva[14] es servir al Creador? ¿O si cumplo con el precepto de ama a tu prójimo como a ti mismo? Resulta que el que cosecha su campo con el fin de alimentar a sus compañeros, es como el que ofrenda un sacrificio al Creador. Además parece que el precepto: "amarás a tu prójimo como a ti mismo" es más importante que el que hace el sacrificio, como hemos demostrado antes (puntos 14, 15).

De hecho, este no es el final de la misma, debido a que toda la *Torá* y las *Mitzvot* les fueron dadas con el único propósito de purificar a *Israel*, que es la purificación del cuerpo (ver punto 12) tras lo cual se le concederá la verdadera recompensa, que es la adhesión a Él, lo cual es el propósito de la creación (punto 15) y la recompensa se expresa en las palabras "una nación santa" y a través de la adhesión a Él nos santificamos, como está escrito "sed santos, porque yo, el Señor, tu Dios, Soy santo".

Y ves que las palabras "reino de sacerdotes" expresan todo tipo de obra que gire por sobre, "amarás a tu prójimo como a ti mismo"; es decir, un reino formado sólo por sacerdotes, que el Creador es su posesión y no tienen ninguna posesión material propia, y obligatoriamente debemos admitir que esta es la única definición a través del cual podemos entender estas palabras

"Un reino de sacerdotes". Ya que no se puede interpretar lo que se refiere a los sacrificios en el altar, y no se puede decir esto de toda la nación porque ¿quiénes son los que tienen que hacer los sacrificios?

---

14 (N. del T.): Las Mitzvot se clasifican en *Taasé* (harás) y *Lo Taasé* (no harás). Esta se refiere a las del tipo *Taasé*.

Además con respecto a tomar regalos del sacerdocio, ¿quiénes serían los que lo dan? Y también, para interpretar la santidad de los sacerdotes, ya se ha dicho "una nación santa"; lo que sucede es que obligatoriamente el significado de esto es sólo que el Creador es su posesión, que carecen de toda posesión material, es decir que el precepto de "amarás a tu prójimo como a ti mismo", abarca toda la *Torá*. Y las palabras "una nación santa" expresan la recompensa completa, que es *Dvekut* a Él.

28) Ahora se comprenden perfectamente las palabras, "Ahora, pues, si de veras escucháis Mi Voz y guardáis Mi pacto", lo cual significa, hacer un pacto por lo que estoy diciendo aquí; es decir, "vosotros seréis Mi tesoro personal entre todos los pueblos", lo que significa que ustedes serán mi tesoro y las chispas de la pureza pasarán a través de ustedes a todos los pueblos y naciones del mundo, ya que las naciones del mundo aún no están preparadas para ello, por lo tanto, necesito de una nación para empezar con ella, para que sea como un remedio para todas las naciones. Y finaliza diciendo, "porque Mía es toda la tierra", lo que significa que todos los pueblos de la tierra me pertenecen a Mí y están destinados a adherirse a Mi (punto 20).

Pero ahora, mientras todavía son incapaces de llevar a cabo esta tarea, es que necesito al pueblo virtuoso y, si ustedes aceptan esto; es decir, de ser el remedio para todos los pueblos, Yo les ordeno que sean para Mí un "Reino de sacerdotes" que es el amor al prójimo en todo su sentido; en otras palabras, amarás a tu prójimo como a ti mismo, que es el eje sobre el cual gira toda la *Torá* y las *Mitzvot*. Y una "nación santa" es la recompensa final de *Dvekut* a Él, que incluye todas las recompensas que pueden ser concebidas.

Estas son las palabras de nuestros maestros al esclarecer la parte final, "Estas son las palabras que has de decir a los hijos de Israel", precisando "Estas son las palabras", ni más ni menos. Esto desconcierta, pues ¿cómo se puede decir que *Moshé* agregue o reduzca las palabras del Creador, hasta el punto que el Creador tuvo que advertirle al respecto? Y no encontramos algo semejante en toda la *Torá*, por el contrario, la *Torá* dice de él: "Él es de toda confianza en Mi casa".

29) Ahora podemos comprender completamente lo relativo a las características del trabajo como se explica en las palabras "un reino de sacerdotes", que es la definición final de "amarás a tu prójimo como a ti mismo"; es lo que llevó a Moshé a contenerse y abstenerse de revelar la obra en su totalidad, no fuese que *Israel* no quisiera desprenderse de todos los bienes materiales y de ofrecer al Creador toda su fortuna, según lo escrito "un reino de sacerdotes".

Parecido a lo escrito por el *RaMBaM* acerca de que a las mujeres y a los niños no está prohibido revelarles el asunto de la servidumbre limpia que se debe cumplir para no recibir recompensa alguna, y esperar hasta que crezcan y se conviertan en personas inteligentes y tengan el valor para ejecutarlo. Por lo tanto el Creador les advirtió "no menos" sino que les propuso la verdadera naturaleza de la obra en toda su sublimidad, expresada en las palabras "un reino de sacerdotes".

Y con respecto a la recompensa explícita en las palabras "una nación santa" le fue posible a *Moshé* contemplar la interpretación y ampliar la información acerca de lo agradable y de la sutileza sublime que lleva encerrada la adhesión a Él para persuadirlos de aceptar esta enorme extensión, desprenderse por completo de cualquier posesión mundana, como lo hacen los sacerdotes. Por lo tanto se le advirtió "no más", callar y no explicar lo referente a la recompensa incluida en las palabras "una nación santa".

La razón de ello es, que si les revelaba las cosas maravillosas que se encuentran en la esencia de la recompensa, seguramente se confundirían y asumirían servirlo con el fin de obtener la mejor recompensa para ellos. Esto se consideraría trabajar para sí mismos, por amor a sí mismos, que es como falsificar el propósito (punto 13).

Así vemos que con respecto a la forma de la obra expresada en las palabras "un reino de sacerdotes" se le dijo "no menos", y acerca del misterio de la recompensa expresado en las palabras "una nación santa" se le dijo "no más" (punto 13).

La paz

Una investigación científico-empírica sobre la necesidad del trabajo de Dios

"Y habitará el lobo con el cordero, y el tigre se acostará junto con el cabrito; también el becerro y el leoncillo y el animal doméstico andarán juntos; y un niñito los conducirá. Y acontecerá que en aquel día tornará el Señor la segunda vez a extender Su mano para recobrar los restos de Su pueblo que aún quedaren en *Ashur*, y de Egipto, y de *Patrós*, y de *Kush*, y de *Eilam*, y de *Shinar*, y de *Jamat*, y de las islas del mar". (Isaías 11.6-11)

La contradicción y la ocultación en cuanto a la Providencia

Toda persona de mente recta que examina la realidad ante ella, halla en ésta dos contraposiciones. Cuando uno examina la estructura real de la creación, hay un liderazgo aparente y afirmado de gran sabiduría y habilidad, tanto en lo que respecta a la formación de la realidad cuanto en asegurar su existencia general.

Tomemos como ejemplo la gestación de una persona: el amor y el placer de sus progenitores es la primera razón que garantiza que cumplan con su deber. Cuando la gota esencial es extraída del cerebro del padre, la Providencia garantiza muy sabiamente un lugar seguro para ella que la cualifica para recibir vida. La Providencia también le provee el pan de cada día en la cantidad exacta, y asimismo le prepara un lugar maravilloso en la matriz de la madre, para que nada extraño pueda dañarla.

Atiende cada una de sus necesidades, como una niñera capacitada que no la olvidaría siquiera por un momento, hasta que haya adquirido la fuerza suficiente para salir a nuestro mundo. En ese momento, la Providencia le presta la fuerza suficiente para romper las paredes que la rodean y como un guerrero entrenado y bien armado irrumpe y sale al mundo.

Luego, la Providencia tampoco la abandona. Como una madre amorosa, le trae gente amorosa y leal en la que puede confiar llamados Madre y Padre, para ayudarlo en su período de debilidad hasta que crece y es capaz de proveerse a sí misma. Igual que el hombre son los animales, las plantas y los objetos, todos son cuidados con sabiduría y misericordia para asegurar la continuidad de la especie.

Pero aquellos que examinan cómo se asegura la existencia de esa realidad pueden ver claramente grandes trastornos y confusiones, como si no hubiera allí líder ni guía. Cada hombre hace aquello que le parece correcto, se construye a sí mismo sobre la ruina de otros; el mal prospera y los justos son atropellados sin misericordia.

Ten en cuenta que esta contradicción, puesta ante los ojos de toda persona sensata, ha preocupado a la humanidad desde sus primeros días. Muchos métodos intentan explicar estas dos aparentes oposiciones en la Providencia que tienen lugar en el mismo mundo.

El primer método: La naturaleza

Este método es antiguo. Dado que no han hallado un camino y una salida para acercar a estos dos conspicuos opuestos, llegaron a suponer que el Creador, que creó todo esto, que vigila poderosamente su realidad, no sea cosa que alguno de ellos sea cancelado, es un ser sin inteligencia y sin sentido. Por lo tanto, Él crea la realidad y la vigila con sabiduría maravillosa, a pesar de que Él mismo no tiene ninguna mente de Sí mismo, y Él hace todo esto inconscientemente. Ya que si existiera una mente y un sentimiento en Él, seguramente no habría dejado tales disfunciones en la provisión de la realidad, sin lástima ni compasión hacia el atormentado.

Por lo tanto, a Él se le llamó "Naturaleza"; es decir, un supervisor mecánico, descorazonado. Por eso, creen que no hay nadie con quien estar enfadado, o a quien rezar o ante quien justificarse.

El segundo método: Dos autoridades

Otros fueron más hábiles. Hallaron difícil de aceptar el supuesto de la supervisión de la naturaleza porque vieron que la supervisión sobre la realidad, para asegurar su existencia, es una sabiduría más profunda que cualquier logro humano. No podían estar de acuerdo en que el supervisor mismo no tuviera inteligencia, porque: ¿Cómo uno puede dar aquello que no posee? ¿Puede alguien enseñarle a su amigo si uno mismo es un necio? ¿Y, cómo puede usted decir acerca de Aquel que realiza ante nosotros tales hechos agudos y sabios, que no sabe lo que hace, que Él lo hace por azar? Resulta evidente con claridad que el azar no puede organizar ningún hecho ordenado, mucho menos asegurar su existencia eterna.

En consecuencia, arribaron a un segundo supuesto, de que existen dos supervisores, uno que crea y sostiene el bien y el segundo que crea y sostiene el mal. Y han elaborado en gran parte ese método, con evidencias y señales a lo largo de su camino.

El tercer método: Múltiples dioses

Este método nació del seno del segundo método de las dos autoridades. Esto se debe a que han dividido y separado cada acción en sí misma; es decir, la fuerza, la abundancia, la dominación, la belleza, el hambre, la muerte, el desorden y así sucesivamente. Y han asignado a cada una su propio supervisor y han expandido el sistema a voluntad.

El cuarto método: Abandonando su operación

Por último, cuando el conocimiento fue montado y vieron la estrecha vinculación entre todas las partes de la Creación, reconocieron que el concepto de múltiples dioses era completamente imposible. Así, otra vez volvió a surgir la cuestión de la oposición que se percibe en la Creación.

Esto los condujo a un nuevo supuesto de que en realidad el Supervisor es sabio y cuidadoso, pero debido a Su exaltación más allá de toda concepción, nuestro mundo se considera como un grano de arena; nada ante Sus ojos. Para Él no merece la pena molestarse con nuestros asuntos insignificantes y este es el motivo por el cual nuestro modo de vida es tan desordenado y cada hombre hace lo que le parece correcto.

Junto a estos métodos, existen métodos religiosos de unidad divina, pero este no es el lugar para examinarlos. Yo sólo quería examinar las fuentes de las cuales fueron tomados los métodos viciados y los extraños supuestos que dominaron y se propagaron enormemente en diversas épocas y lugares.

Hallamos que la base sobre la que fueron construidos todos estos métodos surgió y provino de la contradicción entre los dos tipos de providencias perceptibles en nuestro mundo. Por lo tanto, todos estos métodos se produjeron sólo para reparar esa gran rasgadura.

Pero no hay nada nuevo bajo el sol. No sólo que aquella gran rasgadura no se enmienda, sino que crece y se expande ante nuestros ojos en un terrible abismo. No vemos un refugio o una salida del mismo. Examinando todos esos supuestos que la humanidad ha venido realizando durante varios miles de años sin ninguna utilidad, pregunto: ¿Quizás no tendríamos que buscar la reparación de esta gran rasgadura desde el punto de vista del Supervisor, sino que esta gran corrección está en nuestras propias manos?

La necesidad de actuar con prudencia con las leyes de la naturaleza

Todos podemos ver claramente que la especie humana debe llevar una vida social, lo que significa que no puede existir y sostenerse sin la ayuda de otros. Por lo tanto, imagínese un evento donde uno se retira de la sociedad a un lugar solitario y vive allí una vida de miseria y gran dolor debido a la incapacidad de proveer las propias necesidades. Uno no tendría ningún derecho de reclamarle a la Providencia sobre su destino. Y si una persona se quejara y maldijera ese amargo destino, sólo demostraría una gran insensatez.

Esto es porque mientras la Providencia ha preparado para ella un lugar cómodo y deseable dentro de la sociedad, no tendría ninguna justificación para retirarse de ella a un lugar desolado. Esa persona no debe ser compadecida, ya que va contra la naturaleza de la creación y tiene la opción de vivir como la Providencia lo ha dispuesto. Por lo tanto, no deberíamos compadecernos de ella. Esa frase es aceptada por toda la humanidad sin controversia.

Y puedo agregar y enfatizarlo sobre una base religiosa y darle esta forma: ya que la Providencia se extiende desde el Creador, que indudablemente tiene un propósito en Sus actos, ya que no hay acto sin propósito, encontramos que quien rompe una de las leyes de la Naturaleza que Él ha grabado en nosotros, corrompe la meta establecida.

Debido a que el propósito está construido indudablemente sobre todas las leyes de la Naturaleza, sin ninguna excepción, así como el trabajador hábil no agregaría ni quitaría siquiera un fino cabello de aquello que es necesario para lograr el objetivo. Así, aquel que altera incluso una simple ley, daña y perjudica el propósito de la meta que el Señor ha establecido, y será castigado por la Naturaleza. Por lo tanto, nosotros, criaturas del Señor no debemos compadecerle, porque es el objetivo del Señor lo que él mancha y profana. Esto, creo, es la forma de la sentencia.

Y creo que no es una buena idea que alguien contradiga mis palabras, la forma que le he dado a la sentencia, porque las palabras de la sentencia son una, por lo que hay una diferencia si decimos que el Supervisor es llamado Naturaleza; es decir, sin inteligencia ni propósito, o si decimos que el Supervisor es sabio, maravilloso; o sea, que conoce, siente y tiene un propósito en sus acciones.

Al final, todos estamos de acuerdo en que depende de nosotros observar los mandamientos de la Providencia; es decir, las leyes de la Naturaleza, y todos nosotros admitimos que quien rompe las leyes de la Providencia; es decir, las leyes de Naturaleza, debería ser castigado por Ella y no debe ser compadecido. Entonces la naturaleza de la sentencia es uniforme y la única diferencia radica en el motivo: aquellos que mantienen que esto es necesario y yo, que mantengo que esto está decidido.

Y de ahora en adelante, no tendré que usar ambas lenguas; es decir, referirme a la Naturaleza y a un Supervisor, entre los cuales, como he mostrado, no hay ninguna diferencia respecto al seguimiento de las leyes, es mejor para nosotros encontrarnos a mitad de camino y aceptar las palabras de los cabalistas, de que la Naturaleza (*HaTeva*), tiene el mismo valor numérico (en Hebreo) que la palabra Dios (*Elokim*); es decir, ochenta y seis. Entonces, podré llamar a las leyes de Dios mandamientos de la Naturaleza y viceversa, ya que son uno y lo mismo, y no necesitamos discutirlo más.

Ahora es de importancia vital para nosotros observar los mandamientos de la Naturaleza y saber lo que demanda de nosotros, no sea que nos castigue en forma despiadada. Hemos dicho que la Naturaleza obliga al hombre a llevar una vida social y esto es simple. Pero necesitamos examinar los mandamientos que la Naturaleza nos exige observar a este respecto; es decir, el aspecto de la sociedad.

Cuando lo examinamos en general, encontramos que hay sólo dos preceptos sociales que observar, que pueden ser llamados "recepción" y "otorgamiento". Es decir, que cada miembro debe, por naturaleza, recibir sus necesidades por parte de la sociedad y debe beneficiar a la sociedad a través de su trabajo por el bienestar de ésta. Y si él rompe uno de estos dos mandamientos, será castigado sin misericordia.

No necesitamos analizar en exceso el mandamiento de recepción debido a que el castigo se lleva a cabo inmediatamente, lo que previene cualquier negligencia. Pero en el otro mandamiento, el de otorgamiento a la sociedad, no sólo que el castigo no ocurre inmediatamente, sino que se da indirectamente. Por lo tanto, este mandamiento no es observado en forma apropiada.

Debido a esto la Humanidad es llevada a estrellarse en una atroz confusión y los conflictos y el hambre y sus consecuencias no cesan hasta el día de hoy. Y lo maravilloso de esto es que la Naturaleza, como un juez competente, nos castiga según nuestro desarrollo, para que podamos ver que en la medida que la humanidad se desarrolla, crecen los dolores y los tormentos a medida que la humanidad se desarrolla, van aumentando los dolores y tormentos provistos para nuestra existencia.

Entonces tienen frente a ustedes una base empírica y científica, de que Su Providencia nos ha ordenado que observemos con todas nuestras fuerzas el mandamiento de otorgamiento a los demás con completa precisión, de tal modo que ningún miembro de nuestra sociedad trabaje menos de la medida necesaria para asegurar la felicidad de la sociedad y su éxito. Y mientras estemos ociosos en cumplirlo al máximo, la Naturaleza no dejará de castigarnos y tomar su venganza.

Y además de los golpes que recibimos hoy, también debemos considerar tener la espada preparada para el futuro, y debemos sacar la conclusión correcta, de que finalmente la Naturaleza nos derrotará a todos y nos obligará a unir las manos en el cumplimiento de los mandamientos con toda la medida requerida.

La prueba de Su trabajo a través de la experiencia

Pero si alguien desea criticar mis palabras aún podría cuestionar: aunque haya probado lo suficiente que uno debe ayudar a los otros, ¿dónde está la prueba de que esto tiene que ser realizado en el nombre del Señor?

De hecho, la historia misma se ha preocupado a nuestro favor y ha preparado para nosotros un hecho comprobado que es suficiente para apreciar plenamente este asunto y extraer conclusiones inequívocas: todo el mundo puede ver como una sociedad grande como el Estado de Rusia, con una población de cientos de millones de personas, que tiene a su disposición más tierra que toda Europa, con una riqueza sin igual en materias primas, que ya ha acordado vivir una vida comunitaria y prácticamente ha suprimido la propiedad privada, donde cada preocupación sólo se refiere al bienestar de la sociedad, incluso cuando aparentemente ha adquirido la medida completa de la virtud del otorgamiento a los otros en toda su esencia, tanto como la mente humana puede comprender.

Sin embargo, veamos lo que ha ocurrido con ellos: en vez de crecer y superar los logros de los países capitalistas, se han deteriorado cada vez más, hasta que no sólo han fallado en beneficiar las vidas de los trabajadores que trabajan más duro que en los países capitalistas, sino que ni siquiera pueden asegurarles el pan de cada día y la vestimenta. En realidad, ese hecho nos desorienta. Porque a juzgar por la riqueza de ese país, no deberían haber llegado a tal estado. Pero ellos sólo han cometido un pecado, por el cual el Señor no les perdonará.

Ese pecado es que todo este trabajo precioso y exaltado, que es el otorgamiento a los otros, que han comenzado a realizar, tiene que ser en nombre del Señor y no por la humanidad. Y debido a que hacen su trabajo no en Su nombre, desde el punto de vista de la Naturaleza, no tienen derecho de existir. Porque tratemos de imaginar que cada persona en esa sociedad anhelara observar la palabra de Dios al grado que está dicho: "Y amarás al Señor, tu Dios, con todo tu corazón, y con toda tu alma, y con toda tu fuerza", y en esa medida cada uno se apresurara a satisfacer las necesidades de su prójimo, con la misma prisa que tiene para satisfacer las propias, como está escrito: "amarás a tu prójimo como a ti mismo".

Y si Dios mismo fuera el objetivo de cada hombre cuando trabaja por el bienestar de la sociedad; esto es, en el sentido que a través del trabajo uno espera lograr la adhesión con Él, la fuente de toda bondad y la verdad y todo lo agradable en el mundo, sin duda que dentro de pocos años crecerían en riqueza por encima de todos los países del mundo juntos. Ello se debe a que entonces podrían utilizar las materias primas de su rico suelo y se convertirían en un ejemplo para todos los países, y serían considerados bendecidos por el Señor.

Pero cuando todo el trabajo de otorgamiento sólo está basado en el bien de la sociedad, esto es en verdad una base raquítica, porque ¿quién y qué obligaría al individuo a trabajar para la sociedad? En un principio árido, sin vida, uno no puede esperar encontrar motivación aún en individuos desarrollados. Entonces surge la pregunta: ¿dónde encontraría el trabajador o el granjero suficiente motivación para seguir trabajando?

Ya que su pan de cada día no aumentará o disminuirá debido a sus esfuerzos, cuando no hay ninguna recompensa o un objetivo. Es bien conocido por los investigadores de la naturaleza que uno no puede realizar siquiera el mínimo movimiento sin motivación; es decir, sin algo que lo beneficie a uno.

Cuando, por ejemplo, uno mueve su mano de la silla hacia la mesa es porque piensa que poniendo la mano sobre la mesa recibirá mayor placer. Si uno no pensara así, dejaría su mano sobre la silla por el resto de la vida, sin moverla ni una pulgada, y más aún cuando se trata de esfuerzos mayores.

Y si uno dice que la solución es ponerlos bajo vigilancia para que aquel que es haragán en su trabajo sea castigado privándolo del salario, le preguntaría: dígame ¿de dónde deberían sacar estos mismos supervisores la motivación para este movimiento? Porque estar parado en cierto lugar y vigilar a otros y trabajar con ellos también constituye un gran esfuerzo, quizás mayor que el trabajo mismo. Por lo tanto, es como si uno quisiera poner en marcha una máquina sin abastecerla de combustible.

Por lo tanto, son condenados por la naturaleza, ya que las leyes de la naturaleza los castigarán por ser incapaces de adaptarse a obedecer sus mandamientos, es decir que ellos realicen estos actos de otorgamiento como trabajo para el Señor, para llegar a través del mismo al propósito de la creación, que es la adhesión con Él. Hemos explicado en el artículo de *Matán Torá* (La Entrega de la *Torá*) (punto 6) que esta adhesión llega al trabajador en la medida de Su bondad agradable y placentera, aumentando en la medida deseada, para elevarse y conocer Su validez, desarrollándose cada vez más hasta que él logre la gran exaltación implícita en las palabras: "Porque nunca jamás oyeron (los hombres) ni con los oídos percibieron, ni ojo (alguno) ha visto un Dios fuera de Ti".

E imagine si el granjero y el trabajador vieran ante sus ojos ese objetivo cuando trabajaban por el bien de la sociedad, seguramente no necesitarían ningún supervisor porque ya tendrían suficiente motivación para realizar un gran esfuerzo, suficiente como para elevar a la sociedad a la máxima felicidad.

En verdad comprender que de esta manera se requiere gran cuidado y una práctica confiable, pero todo aquel que puede ver que sin ello no tiene ningún derecho de existir a los ojos de la Naturaleza pertinaz y obstinada. Esto es lo que quise demostrar aquí.

Así he probado por deducción empírica, más allá de la historia práctica que se despliega ante nuestros mismos ojos, que no hay otro remedio para la humanidad, salvo la aceptación del mandamiento de la Providencia, que es el otorgamiento a los otros para traer alegría al Señor, en la medida de los dos versículos. El primero es: "Ama a tu prójimo como a ti mismo", que es el atributo del trabajo en sí mismo; es decir, que la cantidad de trabajo para otorgar a los demás, para su felicidad, no debe ser menor que la medida grabada en el hombre para atender sus propias necesidades. Además, se debería colocar las necesidades del prójimo por delante de las propias, como se dice en el artículo de *Matán Torá* (punto 4).

El otro es: "Y amarás al Señor, tu Dios con todo tu corazón, y con toda tu alma, y con toda tu fuerza", que es el objetivo que debe estar ante los ojos de cada uno cuando trabaja para las necesidades de su amigo, cuya instrucción es que él trabaja sólo para complacer al Creador, para hacer Su voluntad.

Y si ustedes desean escuchar, se alimentarán con los frutos de la tierra, para que la pobreza, el tormento y la explotación ya no estén sobre la tierra, y la felicidad de todos y cada uno se elevará aún más allá de la medida. Pero siempre que rechacen tomar sobre ustedes el trabajo de Dios, en toda su anterior medida, la naturaleza y sus leyes estarán listas para tomar venganza y esto no cesará hasta que nos derrote y aceptemos su autoridad en todo lo que ordena.

Ahora les he dado una investigación científica práctica, examinada a través del conocimiento experimental, en lo que respecta a la necesidad absoluta de todas las personas de tomar sobre sí mismas el trabajo de Dios con todo su corazón, con toda su alma y con todas sus fuerzas.

Aclaración de la frase de la *Mishná*: "todo está en el depósito y una fortaleza se extiende sobre toda la vida"

Ahora que hemos aprendido todo lo anterior, podemos entender una frase confusa de la *Mishná* que dice así: "Él (*Rabí Akiva*) diría: 'todo está en depósito y una fortaleza se extiende sobre toda la vida. La tienda está abierta y el comerciante vende por pago diferido, el libro está abierto y la mano escribe, y todos los que quieren tomar prestado pueden venir y tomar prestado, y los cobradores regresan en forma regular y cada día se reembolsa tanto consciente como inconscientemente y ellos tienen en quien confiar y el juicio es verdadero y todo está listo para el banquete".

Esa frase permaneció confusa por alguna buena razón, sin siquiera un indicio en cuanto a su significado, lo que nos habla de la gran profundidad que tenemos aquí. De hecho, el conocimiento que hemos adquirido hasta el momento la aclara muy bien.

La rueda de transformación de la forma

Antes que nada déjenme presentar la opinión de nuestros sabios sobre la concatenación de las generaciones del mundo, que aunque nosotros veamos los cuerpos cambiar de una generación a la siguiente, esto sólo es el caso de los cuerpos. Pero las almas, que son el corazón de la esencia del cuerpo, no se ausentan por transitoriedad, sino que van de cuerpo en cuerpo, de generación en generación. Son las mismas almas que estaban en el momento de la gran inundación en la época de Babilonia y durante el exilio en Egipto, y así sucesivamente, hasta esta generación y hasta el final de la corrección.

Porque en nuestro mundo no hay ninguna alma nueva aunque los cuerpos sean nuevos, sino sólo una cierta cantidad de almas que encarnan sobre la rueda de transformación de la forma, porque ellas se invisten cada vez en un nuevo cuerpo y en una nueva generación.

Por lo tanto, respecto a las almas, todas las generaciones desde el principio de la creación hasta el final de la corrección, son como una generación que ha extendido su vida a lo largo de varios miles de años hasta que se desarrolle y se corrija como debería ser. Y el hecho de que mientras tanto cada uno ha cambiado su cuerpo varios miles de veces es completamente irrelevante, porque el corazón de la esencia del cuerpo, que es llamada alma, no sufrió en absoluto por estos cambios.

Y hay mucha evidencia que apunta a eso y una gran sabiduría llamada el secreto de la reencarnación de las almas, que aquí no vamos a desarrollar. Pero para quienes creen que es exagerado debido a su falta de conocimiento en esta sabiduría, vale la pena decir que la reencarnación ocurre en todos los objetos de la realidad tangible, que cada objeto, a su manera, vive una vida eterna.

Y aunque nuestros sentidos nos dicen que todo es transitorio, sólo se trata de una apariencia. Pero de hecho solo hay encarnaciones aquí, que cada ítem no descansa siquiera un momento sino que reencarna en la rueda de transformación de la forma sin perder nada de su esencia en su camino, como los físicos han demostrado. Y ahora vamos a aclarar las palabras: "todo está en depósito". Esto ha sido comparado con alguien que presta dinero a su amigo para hacerlo socio en el beneficio. Y para asegurarle que no perderá su dinero se lo da como garantía, y así él se libera de cualquier incertidumbre. Lo mismo se aplica a la creación del mundo y a su existencia, que Dios ha dispuesto para que el hombre trabaje, y finalmente gane a través de esto el exaltado objetivo de adherirse a Él, como está dicho en *Matan Torá* (punto 6). Por lo tanto, uno debe asombrarse: ¿quién hará que la humanidad observe Su trabajo hasta que finalmente arribe a este exaltado final?

Rabí Akiva nos dice que "todo está en depósito", es decir que todo lo que Dios estableció en el negocio de la creación y lo dio al pueblo, Él no se lo dio licenciosamente, sino que se aseguró con una garantía. ¿Y debería asombrarlo cuál garantía?

Él responde a esto diciendo: "y una fortaleza se extiende sobre toda la vida", es decir que Dios ha hecho un acto inteligente y ha extendido una maravillosa fortaleza sobre toda la humanidad, de la que nadie se escapará, sino que cada uno debe estar atrapado en esa fortaleza y aceptar necesariamente Su trabajo, hasta que logren su objetivo sublime. Esta es la garantía que Dios se aseguró para que no sobrevenga ningún daño a la obra de la creación.

Y luego lo interpreta en detalle y dice: "la tienda está abierta", es decir que aunque este mundo parezca una tienda abierta sin dueño, de modo que cualquiera puede llegar y tomar lo que le plazca, *Rabí Akiva* nos advierte acerca del tendero que vende con pago diferido. Esto significa que aunque usted no pueda ver a ningún comerciante aquí, sepa que de hecho hay uno y que la razón de que no le cobre inmediatamente se debe a que él se lo vende con pago diferido.

Y usted podría decir: ¿cómo sabe cuál es mi deuda? A lo que responde: "el libro está abierto y la mano escribe". Lo cual significa que hay un libro en el que está escrito cada acto y ninguno se pierde, y el objetivo gira alrededor de la ley de desarrollo que Dios ha grabado en la humanidad, la cual nos empuja constantemente hacia delante.

Esto significa que las conductas corruptas en las situaciones de la humanidad generan las buenas situaciones, y cada buena situación no es más que el fruto del trabajo en la mala situación que la precedió. En verdad estos valores de lo bueno y lo malo no se refieren a la situación misma, sino al propósito general, que cada situación que acerca a la humanidad al objetivo es llamada bien y aquella que la separa es llamada mal.

Y bajo ese parámetro, sólo "la ley de desarrollo" construye. Que la corrupción y el mal que toma forma en una situación se considera la causa y el generador de la buena situación, de modo que cada situación dura solamente el tiempo suficiente para cultivar el mal en ella, hasta el punto que el público no puede soportarlo más. En ese momento deben unirse contra éste y destruirlo, y encontrar una situación mejor para la corrección de esa generación.

Y la nueva situación también dura hasta que las chispas del mal maduren en ella y crezca a un nivel en el que ya no puedan ser toleradas, momento en el que debe ser destruida y una situación más confortable es construida en su lugar. Y así las situaciones se concatenan una a una y grado a grado hasta que llegan a una situación corregida en la que no haya chispas de mal.

Y encuentran que las semillas a partir de las cuales crecen las buenas situaciones no son otra cosa que los actos corruptos mismos; es decir, que cada mal expuesto que viene de las manos de los impíos en la generación, se unen de la mano y se acumulan en gran cantidad, hasta que el público ya no puede soportarlo. Entonces le hacen frente y la destruyen y crean una situación más deseable. Así, usted ve que cada mal específico se condiciona a la fuerza motriz por la cual se desarrollará la buena situación.

Estas son las palabras de *Rabí Akiva*, "el libro está abierto y la mano escribe", porque cualquier situación en la que toda generación es colocada, es como un libro. Y todos los que hacen el mal son como manos que escriben, porque cada mal es grabado y escrito en el libro hasta que lleguen a un monto que el público ya no puede soportar por más tiempo, momento en el cual se destruye la mala situación y se organiza bajo una más deseable.

Así todos y cada uno de los actos son contabilizados y escritos en el libro; es decir, en la situación. Y él dice: "todos aquellos que quieran tomar prestado pueden venir y tomar prestado"; o sea, aquel que cree que este mundo no es como una tienda abierta sin dueño, sino que hay un comerciante que exige el precio justo por la mercancía; es decir, que él se esforzará en su trabajo durante el tiempo que vive de esa tienda, de tal manera que tenga la certeza de llevarlo al propósito de la creación como a Él le place.

A tal persona se la considera como alguien que quiere pedir prestado, es decir que aún antes de extender su mano para tomar de este mundo, que es la tienda, él adquiere un préstamo para pagar el precio; en otras palabras, que él toma sobre sí el trabajar y alcanzar Su meta durante el tiempo en el que vive de la tienda, de modo que promete pagar su deuda llegando a la meta deseada. Por lo tanto, se lo considera alguien que desea tomar prestado, es decir que se compromete a devolver la deuda.

Y *Rabí Akiva* ilustra dos tipos de personas: el primer tipo es el de la "tienda abierta", que consideran este mundo como una tienda abierta sin comerciante. Sobre ellos dice: "el libro está abierto y la mano escribe", es decir que aunque ellos no puedan ver que hay una cuenta, sus actos son escritos en el libro, que está hecho según la ley de desarrollo grabada en la creación contra el deseo de la humanidad, en que las acciones del mal por sí mismas instigan las buenas acciones, como hemos mostrado anteriormente.

El segundo tipo de persona son llamados los que "quieren tomar prestado, que toman en consideración al tendero y cuando toman de la tienda, lo toman como un préstamo. Estos prometen pagarle al comerciante el precio deseado; es decir, alcanzar la meta por ello. Sobre estos él dice: "aquellos que quieran tomar prestado pueden venir y tomar prestado".

Y si ustedes dicen: ¿cuál es la diferencia entre el primer tipo, cuyo objetivo les viene de la ley de desarrollo, y el otro tipo, cuyo objetivo les viene por la esclavitud auto impuesta a Su trabajo? ¿No son iguales en el logro del objetivo? Y él agrega: "y los cobradores vuelven con regularidad y cada día el hombre rembolsa tanto consciente como inconscientemente", es decir que es verdad que ambos pagan su parte de la deuda diariamente.

Y así, como las fuerzas virtuosas que emergen tratando con Su trabajo son consideradas cobradores leales, quienes cada día cobran su deuda en cuotas, hasta que esté completamente cancelada, así son las fuerzas poderosas grabadas en la ley de desarrollo, consideradas también como cobradores que recogen su deuda en cuotas diariamente, hasta que sea cancelada completamente, como ellos dicen "y los cobradores retornan regularmente y cada día el hombre cancela".

De hecho hay una gran diferencia y una gran distancia entre ellos; es decir, "consciente e inconscientemente". El primer tipo, cuya deuda es cobrada inconscientemente por los cobradores del desarrollo, pagan su deuda inconscientemente, pero las olas tempestuosas del viento del desarrollo caen sobre ellos y los empuja desde atrás, obligándolos a avanzar.

Así, su deuda es cobrada contra su voluntad y con gran dolor por el descubrimiento de las malas fuerzas que los empujan desde atrás. El segundo tipo, sin embargo, paga su deuda, que es lograr conscientemente, por propio acuerdo, repitiendo después los actos virtuosos que apresuran el desarrollo del sentido de reconocimiento del mal. Por aquel trabajo obtienen un doble beneficio:

El primero es que las fuerzas que aparecen fuera de Su trabajo son colocadas ante ellos como una fuerza magnética que tira, que les persigue por su propia y libre voluntad en el espíritu del amor; queriendo decir que están libres de cualquier tipo de sufrimiento, del cual sufrirá el primer tipo.

El segundo beneficio es que ellos apresuran la consecución del objetivo deseado, que son los justos y los profetas que logran el objetivo en cada generación, como se explica en el artículo "La esencia de la Cabalá", en el tema "¿Sobre qué gira esta Sabiduría?".

Así ustedes ven que hay una gran distancia entre los que pagan conscientemente y los que lo hacen inconscientemente, como la supremacía de la Luz del deleite y el placer sobre la oscuridad del dolor y la agonía. Y él dice además: "y ellos tienen que confiar en que el juicio es verdadero", es decir que a los que pagan conscientemente y de buen agrado Él les promete que "tienen que confiar", que hay una gran fuerza en Su trabajo para llevarlos a la meta sublime y esto merece que ellos se sometan a Su carga.

Y a aquellos que pagan inconscientemente les dice: "Y el juicio es verdadero". Aparentemente hay que preguntarse por qué la Providencia permite que existan esas corrupciones y agonías en el mundo y deja que la humanidad se hunda en ellas sin misericordia.

Acerca de esto dice que el juicio es "un juicio verdadero" porque "todo está listo para el banquete"; es decir, para la meta verdadera. Y el deleite sublime que está destinado a emerger con la revelación de Su propósito en la creación, que todos los problemas, los trabajos y, las angustias que nos sobrevienen a lo largo del tiempo, son como un anfitrión, que se preocupa por preparar un gran banquete para los invitados. Y la meta anticipada finalmente debe ser revelada, se parece a un banquete cuyos invitados asisten con gran placer. Por lo tanto dice: "y el juicio es verdadero y todo está listo para el banquete".

Tal como ustedes encuentran en *Bereshit Rabá* respecto de la creación del hombre: los ángeles preguntaron: "¿Qué viene a ser el mísero hombre para que tengas de él memoria, y el hijo del hombre para que le visites?"; es decir, "¿Para qué necesitas preocuparte de él? Él les dice, ¿Entonces por qué fueron creados la paloma y los bueyes? Hay un proverbio acerca de un rey que tenía una torre llena de bienes, pero ningún invitado. ¿Qué placer obtenía entonces de su torre llena? Ellos le dijeron: Señor del mundo, Señor, nuestro Maestro, cuán grande es Tu nombre en toda la tierra. Haz lo que te complazca.

Es decir que los ángeles vieron el dolor y la agonía que le acontecerían a la humanidad y se asombraron, ¿Para qué necesitas este problema? Y el Señor les contestó que en efecto Él tiene una torre llena de bienes, pero sólo esta humanidad es invitada a ella. Y desde luego los ángeles sopesaron en sus mentes los placeres que esperaban a los invitados en la torre, contra la agonía y los problemas que le esperan a la Humanidad, y cuando vieron que era preferible para la Humanidad sufrir por el bien que les espera, acordaron con la creación del hombre., tal como dijo *Rabí Akiva*: "Y el juicio es verdadero y todo está listo para el banquete", así desde el principio de la creación todo el pueblo tiene reservaciones y el pensamiento del Creador les exige venir al banquete, consciente o inconscientemente.

Y ahora verán la verdad en las palabras del profeta: "Y habitará el lobo con el cordero, y el tigre se acostará junto con el cabrito". Y él razona que "la tierra estará llena del conocimiento del Señor, como las aguas que cubren el mar". Así vemos que el profeta condiciona la paz en el mundo entero a que todo el mundo esté lleno del conocimiento de Dios, tal como hemos dicho que la resistencia dura y egoísta entre los pueblos, junto con el deterioro en las relaciones internacionales, todo esto no cesará en el mundo por ningún consejo humano bajo ningún tipo de condiciones.

Nuestros ojos pueden ver como los pobres enfermos están envueltos en un dolor terrible, y la humanidad ya se ha lanzado a la extrema derecha como en Alemania, o a la extrema izquierda, como en Rusia, y no sólo ocurre que no alivian el dolor, sino que han empeorado la enfermedad y la agonía y las voces se elevan hasta el cielo, como todos sabemos.

Por lo tanto, no tienen otro remedio que llegar a la aceptación de Su carga, lo que significa enfocar sus actos a la voluntad del Señor y a Su propósito, como Él lo había planeado antes de la Creación. Y cuando hagan esto, será fácil ver que con Su trabajo toda la envidia y el odio serán eliminados de la humanidad como lo he mostrado de sobra anteriormente, porque entonces todos los miembros de la humanidad se unirán en un solo cuerpo con un corazón lleno del conocimiento del Señor. Entonces, la paz en el mundo y el conocimiento de Dios son una y la misma cosa.

Inmediatamente después de esto el profeta dice: "Y alzará bandera a las naciones, y recogerá a los desterrados de *Israel*, y congregará a los dispersos de *Yehudá*, de los cuatro cabos de la tierra". Aprendemos que la paz mundial viene antes que la reunión de la diáspora.

Ahora pueden entender las palabras de nuestros sabios: "El Creador no encontró una vasija sosteniendo la bendición para *Israel*, sino solo la paz", como está dicho: "¡El Señor dará fortaleza a Su pueblo! ¡El Señor bendecirá a Su pueblo con la paz". Y aparentemente podría asombrarse con las palabras: "una vasija sosteniendo la bendición para *Israel*", ¿y qué concluye uno a partir de estas palabras?

Pero estas palabras se hacen claras para ellos como la profecía de Isaías de que la paz mundial debe venir antes de la reunión de la diáspora. Es por eso que dice: "El Señor dará fortaleza a su pueblo", que en el futuro, cuando el Señor dé fortaleza a Su pueblo, es decir resurrección eterna, entonces "El Señor bendecirá a su pueblo con la paz". Esto significa que Él primero bendecirá a Su pueblo, *Israel*, con la paz en el mundo entero, y luego Él, "Y acontecerá que en aquel día tornará el Señor la segunda vez a extender Su mano para recobrar los restos de Su pueblo".

Nuestros sabios dijeron acerca de la razón de las palabras, por lo tanto, la bendición de la paz del mundo entero precede a la fortaleza, es decir a la redención, porque "Dios no encontró una vasija para guardar la bendición para *Israel*, sino la paz". Es decir, mientras existan el amor propio y el egoísmo entre las naciones, *Israel* tampoco será capaz de adorar al Señor en la pureza, como otorgamiento, como se dice en la explicación de las palabras, "Y seréis para mí un reino de sacerdotes", en el artículo La Adhesión. Nosotros vemos esto a partir de la experiencia, pues la vuelta a la Tierra y la edificación del Templo no podrían persistir y recibir la bendición que Dios ha prometido a nuestros padres.

Y eso es lo que ellos dijeron: "Dios no encontró una vasija sosteniendo la bendición"; es decir, hasta que *Israel* no tenga una vasija sosteniendo la bendición de los padres. Por lo tanto, el juramento que podemos heredar la tierra para toda la eternidad, aún no ha sido realizado, porque la paz mundial es la única vasija que nos permite recibir la bendición de los padres, como está dicho en la profecía de Isaías.

El mensaje que está en *Matán Torá*

En los tres ensayos: *"Matán Torá"* (La entrega de la *Torá*), *"HaArvut"* (La garantía) y *"HaShalom"* (La paz), *Baal HaSulam* nos enseña la necesidad de una gran sociedad para alcanzar el propósito de la Creación. Demuestra por qué una sola persona no puede alcanzar su meta sin el resto de la gente en el mundo, y que sólo por medio de la combinación correcta entre la unidad social y el trabajo de Dios, todas las personas merecerán la paz, la prosperidad y la revelación del potencial humano.

En *"Matán Torá"*, punto 14, *Baal HaSulam* escribe explícitamente que la parte de la *Torá* que trata de la relación entre el hombre y su amigo, es la más apta para conducir al hombre a la meta deseada. Al final del ensayo enfatiza y amplía aún más el significado de la conexión recíproca a nivel de una nación entera cuando dice: "Hemos demostrado que cada una de las 613 *Mitzvot* en la *Torá* giran en torno de la única *Mitzvá*: "Amarás a tu prójimo como a ti mismo[15]". Él también dice que este punto no es factible salvo cuando es llevado a cabo por una nación entera, cada uno de cuyos miembros ya esté listo y dispuesto para ello.

En el ensayo *"HaArvut"*, en el ítem 20, *Baal HaSulam* explica que el final de la corrección del mundo sucederá cuando todas las personas en el mundo se unan en Su trabajo. Pero los primeros en entrar al trabajo de Dios, y en dirigir al mundo entero detrás de ellos, no serán otros sino, los niños de *Israel*. "El rol de '*Israel*' con respecto al resto del mundo es similar al rol de los Sagrados Patriarcas con respecto a la nación israelí... Además, la nación israelí debe... prepararse a sí misma y al resto de las personas del mundo para que se desarrollen hasta que asuman esta sublime tarea de amor al prójimo, que es la escalera hacia la realización del propósito de la creación... de manera que cada *Mitzvá* que realiza cada individuo de *Israel*, la realiza para causarle alegría a su Creador, y no por ninguna otra recompensa o amor propio, impactando en cierta medida a la evolución del resto de las personas del mundo".

Más adelante en el ensayo (ítem 28), *Baal HaSulam* define el rol de los niños de *Israel* como "aquéllos que deberán ser el remedio a través del cual las chispas de pureza y de limpieza del cuerpo pasarán hasta todas las naciones del mundo". Esto se debe a que el resto de las naciones del mundo no están aún de ninguna manera preparadas para ello, y el Creador de todos modos necesita una nación que empiece el trabajo ahora. Por eso, *Israel* será elegido entre todas las naciones.

---
15 (N. del T.): El texto original literalmente dice "Ama a tu amigo".

Todas las naciones del mundo Me pertenecen, como vosotros Me pertenecéis a Mí, y su destino es adherirse a Mí Pero ahora, mientras (las naciones del mudo) son aún incapaces de realizar este trabajo, necesitaré un pueblo virtuoso, y si vosotros accedéis a ser mi pueblo elegido; es decir, para ser el remedio para todos los pueblos, entonces les mando que sean para Mí un reino de sacerdotes, que es la forma última del amor al prójimo: "amarás a tu prójimo como a ti mismo".

En el ensayo "La paz", *Baal HaSulam* nos enseña la verdadera razón del sufrimiento y de las tribulaciones de la gente en general y de la gente de *Israel* en particular. Él escribe que la dura y egoísta oposición entre el hombre y su prójimo, que causa la tensión en las relaciones entre los miembros de la nación, no cesará con ayuda de ninguna táctica humana, ya que nuestros ojos ven como el pobre enfermo se revuelca de dolor por causa de sus carencias humanas, hasta el punto que la humanidad ya se ha volcado hacia la extrema derecha, como en el caso de Alemania, o hacia la extrema izquierda, como en el caso de Rusia. Y no sólo que no han aliviado la situación, sino que únicamente han agravado el dolor. Y los llantos se han elevado hasta los cielos, como todos sabemos.

Desde aquí, *Baal HaSulam* nos conduce a la conclusión inevitable de que la gente no tendrá otra opción más que aceptar Su carga, conocer al Creador, y enfocar sus acciones hacia el deleite del Creador y hacia Su meta, como Él lo había planeado previo a la Creación. Y cuando hagan esto, la conclusión será evidente: que conjuntamente con servir al Creador, el recuerdo de su envidia u odio se desvanecerán de la humanidad, ya que entonces todos los miembros de la humanidad se unirán en un solo cuerpo y un corazón, llenos del conocimiento de Dios. Así, resulta que la paz mundial y el conocimiento de Dios son una y la misma cosa.

Para resumir sus palabras en los tres ensayos, podemos resaltar un número de distintos mensajes definitivos y claros:

1. El propósito de la Creación entera es que todas las criaturas logren adherirse a su Creador. De esta manera lograrán el placer infinito y la plenitud como fruto de su propio esfuerzo.

2. Es posible alcanzar esta meta sólo mediante la realización de la ley de: "Amarás a tu prójimo como a ti mismo".

3. Esta regla será realizada gradualmente, comenzando por la unidad de unas pocas personas, a través de un grupo en creciente aumento, hasta alcanzar una nación entera, que a través del mensaje en *Matán Torá*, arrastrará a todas las naciones del mundo hacia el trabajo de Dios y hacia el amor del hombre.

4. La primera nación que deberá efectuar su rol de revelar esta idea es la nación israelí.

5. El pueblo de *Israel* servirá de ejemplo para todas las naciones y, las dirigirá hacia el mismo entendimiento.

6. Cualquier individuo, grupo o nación que rehúse seguir este camino, se infligirá terribles sufrimientos a sí mismo; sufrimientos que finalmente los enderezarán de regreso hacia el camino correcto, hasta el final de la corrección.

7. Cualquier individuo, grupo o nación que se dedique a alcanzar esta meta, afectará y acelerará el proceso entero, y será recompensado con la completitud añorada.

Los siguientes principios son los que guían al grupo de cabalistas, "*Bnei Baruj*":

Los miembros de este grupo llevan una vida de participación y de unidad en el día a día, estudiando los textos de los grandes cabalistas que han implementado estos principios, y enseñando lo que han aprendido al resto de *Israel* y el mundo. Lo hacen a través de muchos grupos de estudio que están en actividad durante todo el año, la difusión de libros de cabalistas, y a través de clases de Cabalá en directo y clases de Cabalá archivadas, a través de Internet, y de la TV. Su sitio de Internet www.kabbalah.info, es el sitio de Cabalá más frecuentado en la red, y a la fecha cuenta con material en treinta y dos idiomas. Existen también periódicos y revistas de Cabalá que se publican mensualmente en ocho idiomas diferentes.

El principal objetivo de *Bnei Baruj* consiste en presentar el complejo material cabalístico en términos simples, para que cada persona que esté buscando el propósito de su vida pueda relacionarse con los mismos. Además, al seguir las enseñanzas de *Baal HaSulam*, *Bnei Baruj* busca por todos los medios disponibles enseñarle a toda la gente de *Israel* cuál es su rol histórico.

Bnei Baruj transmite el único mensaje que puede prevenir el sufrimiento, el dolor y la guerra: el mensaje llamado "No existe nadie más aparte de Él".

Queda claro a los miembros de *Bnei Baruj*, que la situación política, económica y global dependen enteramente de que se enseñe este sencillo mensaje. La única razón de ser del sufrimiento en el mundo consiste en causar la evolución del hombre y en enseñarle a dirigirse hacia el Creador y a contactarlo. Los varios intentos de evitar esta misión de guiar al mundo hacia esta conclusión, infligirán tremendos sufrimientos a los judíos.

Es así, porque la evolución humana es obligatoria. No puede ser detenida. Todo lo que podemos hacer es comprender el mensaje y apresurar su revelación. Lamentablemente, la historia sangrienta del pueblo de *Israel* nos enseña hacia dónde nos dirige el obstinado rechazo de realizar esta misión.

Lo único que debemos tener en cuenta es que sólo existe una causa en toda la realidad. Esta causa nos es revelada de varias maneras diferentes: Afuera y adentro de nosotros. Nos contacta a través de nuestros sentimientos, pensamientos, deseos y acciones, y es revelada de la misma forma al resto de las personas en el mundo. Es importante recordar que sólo con su ayuda podremos llevar a cabo la regla de "amarás a tu prójimo como a ti mismo". Todo esto puede ser alcanzado solamente por medio de un cambio en nuestra actitud frente a la realidad. No hay ninguna necesidad de realizar ningún tipo de cambio externo.

Si logramos enseñar a cuantas personas sea posible a relacionarse con la vida de esta manera, rápidamente nos encontraremos en un mundo mucho más tranquilo y pacífico. La profunda conexión con el Creador causará que cada uno de nosotros entienda el propósito de nuestras vidas, la raíz de nuestras almas, y el cómo podemos obtener disfrute ilimitado. Al lograr esto estaremos alcanzando el propósito de la Creación y recibiremos todo el deleite y el placer que ha sido preparado para cada uno de nosotros.

La unidad de los amigos

Hagan conforme a sus fuerzas y la salvación del Señor llegará en un abrir y cerrar de ojos. Y lo principal que tienen por delante hoy, es la unión de los amigos. Esfuércense en eso más y más, porque eso puede cubrir todas las carencias.

Está escrito: "Un alumno que está exiliado, exilia a su *Rav* (maestro) junto consigo". Lo cual significa que para nuestros sabios ha sido difícil: ¿Cómo es posible que las acusaciones gobiernen el trabajo del alumno y su *Torá*, hasta el punto en que lo expulsaron de estar ligado al Creador y, esto luego de haber estado adherido a un *Rav* genuino?

Y con esto los sabios establecieron, que al momento de la caída del estudiante, le parecerá como que el *Rav* también ha caído con él, Dios no lo quiera. Y por este hecho indudablemente es así; es decir, que no puede beneficiarse de su *Rav* sino de acuerdo a cuánto lo evalúe en su corazón. Y de ser así, que el estudiante no tiene más que un *Rav* el cual es bajo e inferior en la medida en que él así lo evaluó; por lo tanto, exilia a su *Rav* junto con él.

El principio del exilio y la esclavitud en Egipto comienza con las palabras "Se levantó un nuevo rey en Egipto, el cual no conocía a *Yosef*". Lo que significa que un nuevo dominio apareció en la mente de todos y cada uno, siendo un nuevo dominio el que se había acercado, puesto que ellos habían caído de su grado anterior, como fue dicho: "Que un alumno que está exilado, exilia a su *Rav* junto consigo". Por eso está dicho, "no reconocieron a *Yosef*"; es decir, que lo alcanzaron solamente en la medida en que lo asumieron en sus corazones. Por eso formaron en sus corazones una imagen de *Yosef* tal como la de ellos mismos. Y puesto que es así, "no reconocieron a *Yosef*" y, la esclavitud comenzó. De no haber sido así, por supuesto que los justos los hubieran protegido y, no hubiera sido diseñado para ellos el aspecto del exilio y la esclavitud en lo absoluto.

El amor de los amigos

... Y lo que escribiste informándome acerca del exilio en Egipto, me sorprende; "mejor dedícate a estudiar". "Ellos gritaron y su llanto ascendió hasta el Creador por motivo de su esclavitud". Entonces, "el Creador supo". Y si el Creador no tuviese conocimiento del exilio, la redención fuese imposible. Siendo el conocimiento del exilio en sí, el motivo de la redención. Y ¿cómo pretendes informarme de esto durante la redención?

Y la verdad muestra su sendero, ya que el que se lamenta declara su pesar y le es imposible ocultarse y contenerse. Sin embargo, es así que los sentiré a todos ustedes juntos, puesto que para ustedes el hoy cambió por el mañana y, en lugar de ahora, dirán después. Y para esto no hay una cura, sino esforzarse para entender ese error y perversión, que aquel que es salvado por el Señor, no es salvado sino por su necesidad de la salvación hoy día. Y quienes puedan aguardar hasta mañana, adquirirán su sentido después del pasar de sus años, Dios no permita.

Y esto se manifestó en ellos por causa de la negligencia en cuanto a mi petición para esforzarse en el amor de los amigos, ya que les he explicado [las 70 lenguas] en todo tipo de formas posibles, que basta con este remedio para poner fin a todas sus deficiencias. Y si no pudiesen elevarse al cielo, ¿acaso no les he dado formas en la tierra; y por qué no añadieron absolutamente nada en este trabajo?

Y aparte del gran remedio oculto en esto, tendrían que saber que hay muchas chispas de santidad en cada persona del grupo. Y cuando hayan recolectado todas las chispas de santidad en un lugar, en un encuentro de hermanos, con amor y amistad, ciertamente obtendrán un nivel de santidad muy importante…

La influencia del entorno sobre la persona

Es sabida por nosotros aquella regla que rige en todo el mundo, ya que para el que es artista, no es bueno que entre en contacto con obreros de menor calidad y aprenda de sus acciones; es decir, cuando uno es profesional, por ejemplo zapatero, cuando entra en contacto con zapateros que no son profesionales, entonces le dan a entender que no conviene hacer un buen zapato, sino que le dicen *"hazlo como te salga"*. Y no vale la pena hacer un zapato hermoso y de buena calidad.

O un sastre, si es profesional, cuando se encuentra en una sociedad de sastres que no son profesionales, entonces le dan a entender que no vale la pena esforzarse ni afanarse para que el traje sea limpio y ordenado, de tal manera que le quede bien a su dueño. Es por eso que necesita cuidarse de no entrar en contacto con esas personas.

Pero aquel que es constructor, cuando llegue a una sociedad de sastres, no puede aprender las malas costumbres de éstos, debido a que no hay ninguna relación entre ellos. No siendo así con las personas de la misma profesión, en cuyo caso tienen que cuidarse y percatarse de estar en contacto solamente con personas que tienen un corazón limpio.

Y según lo mencionado anteriormente, todo aquel de quien uno piensa que es siervo del Creador, uno tiene que percatarse si esa persona es un buen profesional; es decir, si quiere que su trabajo sea limpio y puro, que esté orientado en sentido de *Lishmá*. Y por lo menos si sabe que no es un buen siervo, debe ser sistemático y seguir buenos consejos de cómo llegar a ser profesional y, no actuar sin sentido, como aquel cuyas intenciones están solo en la recompensa.

Es decir, que *buen siervo y artista se le llama a aquel que no considera el beneficio, sino que siente placer en su trabajo*. Ya que si un artista o un sastre, por ejemplo, sabe que el traje que está haciendo es apropiado para el dueño en todos los puntos, entonces eso le da mayor placer espiritual que el dinero que recibe. Por lo tanto, si las personas no son de su profesión, no hay problema si uno se asocia con ellos, porque uno se ocupa de la construcción, y ellos se ocupan de curtir el cuero.

Por el contrario, las personas que se ocupan de la *Torá*, pero no se percatan de que el traje sea apropiado para el dueño, solo tienen una mente que está en contra de la *Torá*, ya que es opuesta al conocimiento de la *Torá*. Y con respecto a esto, uno tiene que permanecer constantemente con los ojos abiertos y alejarse de esas personas como de la descarga de una flecha. No siendo este el caso con las personas simples.

- Por lo tanto no tengas contacto con la gente oriental, aunque no necesitas cuidarte tanto.

- Y de la gente problemática de *Israel*, ya es necesario cuidarse.

- Y de los *Jasidim*, ya debes tener aún más cuidado.

- Y de las personas que eran cercanas a *Baal HaSulam*, uno tiene que cuidarse con los ojos abiertos.

El motivo es el siguiente: ¿Por qué en el mundo de los *Nekudim Mélej HaDáat*, el cual es el nivel de *Kéter*, que es el primer *Mélej* (rey), al momento del rompimiento cayó más abajo que todo el resto de los *Melajim* (pl. de *Mélej*)? Debido a que mientras mayor sea la resistencia, a pesar de que es más valioso cuando tiene *Masaj*; cuando se le pierde el *Masaj*, es el peor. Es por eso que cayó más abajo que todos los *Melajim*.

Y es posible interpretar sus palabras. *Cuando uno sigue el camino del Creador, su deseo de recibir es doble, tanto en la materialidad como en la espiritualidad*. Por eso, los que eran cercanos a *Baal HaSulam*, cuando se apoyaban, tenían *Masaj* y *Aviut*. Y ahora que no tienen ninguna sumisión y ningún interés de hacer un *Masaj*, sino que su trabajo consiste en ser lindos judíos o grandes rabinos. Esto se llama *Aviut* sin *Masaj*. Y de todas formas, sale todo lo que sale de ellos y, en mis ojos son sospechosos de todo, y no hay quien los vigile. He hablado en pocas palabras, porque no quiero que ellos estén en mis pensamientos, pues conoces la regla que dice: que el lugar en *el que la persona piensa, en él se encuentra ella*.

Y para que entiendan más claramente lo que fue dicho anteriormente, les daré un corto ejemplo. Es sabido que cada nivel tiene un punto medio, que se incluye conjuntamente de dos discernimientos:

- Entre el nivel inanimado y vegetativo hay un punto medio que se llama *"Atzei Almoguim"* (árboles de coral).

- Entre el nivel vegetativo y animado están las piedras del campo, que son los animales que están conectados con su ombligo a la tierra y, que se alimentan desde allí; y,

- Entre el nivel animado y el hablante hay un mono.

Siendo así nos preguntamos: ¿Cuál es el punto intermedio entre la verdad y la mentira? ¿Cuál es el punto compuesto de dos discernimientos conjuntamente? Y antes de aclarar, añadiré una regla, ya que es sabido que es imposible ver algo pequeño, lo cual no es así con algo grande pues es más fácil verlo. Por eso, cuando una persona se ocupa de pocas mentiras, no es capaz de ver la verdad, ¿cómo es que está yendo por el camino de la mentira? Solamente que dice que está yendo por el camino de la verdad. Y no hay mayor mentira que esta. Y esto se debe a que no tiene tantas mentiras como para poder ver su verdadero estado.

Lo que sí, al momento en que la persona ha adquirido muchas mentiras, se encuentra que la mentira ya ha crecido en él en cierta medida, de tal manera que si quiere ver, el hacerlo ya está dentro de sus posibilidades. Resultando que ahora; es decir, en el momento en que ve la mentira; o sea, que va por el camino de la mentira; entonces, ve su estado verdadero; es decir, que ve la verdad en su alma, de cómo subir a la vía correcta.

Resulta que este punto, el cual es el punto de la verdad, que está yendo por el camino falso, es el punto medio entre la verdad y la mentira, y es el puente que conecta la verdad con la mentira. Este punto es el fin de la mentira. Y de aquí en adelante comienza el camino de la verdad.

Y por medio de esto entenderemos, que para merecer *Lishmá* primero necesitamos preparar el *Lo Lishmá* más grande. Y luego podremos llegar a *Lishmá*. Y de acuerdo a lo que dijimos anteriormente, que **"*Lo Lishmá*" es llamado mentira; entonces "*Lishmá*" es llamado verdad**. Y cuando la mentira es pequeña; es decir, que las *Mitzvot* y las buenas acciones son pocas, resulta que tiene un *Lo Lishmá* pequeño. Y consecuentemente no es capaz de ver la verdad, es entonces por eso que dice, que está siguiendo por el buen camino y por la verdad, lo cual significa que está en *Lishmá*.

Pero cuando se ocupa día y noche en la *Torá* que es *Lo Lishmá*, entonces es capaz de ver la verdad, debido a que por medio de la gran cantidad de mentiras, estas se han convertido en una gran mentira. Resultando que ve la verdad: como que está yendo por el camino de la mentira. Y entonces comienza a corregir sus acciones; es decir, que entonces siente que todo lo que hace, lo hace solo en *Lo Lishmá*. Y desde ese punto se pasa al camino de la verdad; o sea, a *Lishmá*. Y solamente aquí en este punto, es que comienza el asunto en que de "*Lo Lishmá*" se llega a "*Lishmá*". Pero anteriormente, argumenta que se ocupa en *Lishmá*. Y ¿cómo es posible cambiar su estado y su camino?

Por eso, si la persona es perezosa en el camino del trabajo, no está dentro de sus posibilidades ver la verdad. Es como que está sumergido en la mentira. Sin embargo, por medio de la multiplicidad de sus esfuerzos en la *Torá* con el fin de otorgarle placer a su Hacedor, entonces puede ver la verdad: como que vamos por el camino de la mentira, el cual es llamado *"Lo Lishmá"*. Y ese es el punto medio entre la verdad y la mentira. Por lo tanto, debemos reforzar nuestro camino y nuestra seguridad, para que cada día tengamos algo nuevo, puesto que cada momento debemos renovar los cimientos y, entonces marcharemos hacia adelante.

El propósito de la asociación

Nos hemos reunido aquí, para dar un fundamento sobre la construcción de la sociedad, a todos aquellos que estén interesados en ir por el camino y el método de *Baal Ha Sulam ZaTZaL*, que es el camino de cómo elevarse por encima del hombre y no quedarse en el aspecto de la bestia, tal como dijeron nuestros sabios en (*Yebamot* pág. 61a) acerca del verso: "Ustedes son mis ovejas, ovejas de Mi rebaño, hombres son, ustedes son llamados *Adam*, y no los idólatras son llamados *Adam*", lo cual es el dicho de *RaShBY*.

Y con el fin de entender la altura del hombre, vamos a explicar un artículo de nuestros sabios, (*Berajot* pág. 6b) acerca del verso: "A fin de cuentas todo ha sido escuchado, temerás a Dios y, sus preceptos guardarás, porque esto es el todo del hombre". Y pregunta la *Gmará*: ¿"Qué es el todo del hombre"? Dijo *Rabí Eliézer*: El Creador dijo: Todo el mundo completo fue creado para ese propósito, lo cual significa que todo el mundo fue creado para temer al Creador.

Debemos entender el significado de: "Temerás al Señor", de lo cual se escuchó que, esta es la razón por la cual fue creado el mundo, y es sabido de todos los escritos de nuestros sabios, que la razón de la creación fue para beneficiar a sus creados; es decir, que el Creador quiso complacer a los creados, de tal manera que se sientan a sí mismos felices en el mundo. Y aquí dijeron los sabios: "Porque esto es el todo del hombre", ya que la razón de toda la creación es: "Temerás al Señor ".

Sin embargo, según lo explicado en el libro "La entrega de la *Torá*", en el cual está escrito, que la razón por la cual los creados no reciben el bien y el deleite, a pesar de que éste es el propósito de la creación, es por causa del cambio de forma entre el Creador y los creados, ya que el Creador otorga y los creados reciben, dado que hay una regla que dice que: Las ramas se parecen a las raíces de las cuales nacieron.

Y debido a que las acciones de la recepción no dirigen nuestra raíz; es decir, que el Creador no tiene, Dios no permita, la propiedad de la carencia, tal que deba recibir algo para llenar dicha carencia. Por eso, es la persona quien necesita ser la que recibe y, por eso se siente avergonzada de comer el pan de la misericordia.

Y para corregir esto fue necesario crear *HaOlam* (El mundo), ya que *"HaOlam"* significa el aspecto de *HaAlam* que quiere decir: lo oculto, lo escondido, ya que el bien y el deleite deben estar ocultos. ¿Para qué?, la respuesta es: por el Temor; es decir, que la persona tendrá temor, temor por usar su *Kli* de Cabalá (vasija de recepción), el cual es llamado "amor propio".

Lo cual significa que la persona deberá evitar recibir placer para sí misma, por el hecho de que lo desea, ya que tendrá la fuerza para superar esta inclinación hacia lo que ella desea.

Solamente que recibirá placeres, los cuales le producirán contentamiento al Creador, lo cual significa que: El creado quiere otorgarle al Creador. Y tendrá temor del Señor; es decir, al recibir para su propio beneficio, puesto que por causa de esta recepción del placer, el cual la persona recibe para su propio beneficio, este lo aleja de la adhesión con el Creador.

Es entonces, que durante el tiempo que la persona hace alguna *Mitzvá* de las *Mitzvot* del Señor, necesita dirigir esta *Mitzvá* para que le traiga pensamientos puros, de tal manera que quiera otorgarle al Creador durante el tiempo que realiza Sus *Mitzvot*, tal como dijeron nuestros sabios: "*Rabí Janania Ben Akashia* dijo: Quiso el Creador purificar a *Israel*, por lo tanto hizo abundar en ellos *Torá* y *Mitzvot*".

Por eso, estamos reunimos aquí para establecer la base de la sociedad, de tal manera que cada uno de nosotros vaya con este pensamiento: "otorgar al Creador". Y para llegar a otorgar al Creador, estamos obligados de antemano a comenzar a otorgar a las personas, lo cual es llamado "amor al prójimo".

Y el amor al prójimo no puede ser de otra forma, sino con la anulación de uno mismo, de tal forma que por un lado, cada una de las personas deben estar en bajeza y, por otro lado, deben estar orgullosas de que el Creador nos da la posibilidad de poder reunirnos en un grupo, en el que cada uno tiene un solo propósito: "Que la *Shjiná* (Divina presencia) habite entre nosotros".

Y a pesar de que aún no llegamos a cumplir este propósito, sin embargo existe en nosotros el deseo de llegar a cumplirlo. También esto debe ser importante para nosotros, a pesar de que aún nos encontramos al comienzo del camino, pero esperamos que podamos llegar a este propósito elevado.

En el asunto del amor de los amigos

1. La necesidad del amor de los amigos.

2. ¿Cuál es la razón por la que elegí precisamente a estos amigos? ¿Y por qué ellos me eligieron a mí? .

3. ¿Todos los amigos deben revelar el amor que tienen al grupo, o es suficiente que tenga este amor en su corazón trabajando en el asunto del amor de los amigos de forma humilde. Y por ello no necesita descubrir la conciencia de su corazón?

Es sabido que la humildad es algo de gran valor, o podemos decir lo opuesto, que está obligado a revelar el amor que hay en su corazón a los amigos. Porque con esta revelación, causa en el corazón de su amigo el despertar del amor hacia el grupo, de manera que los demás amigos también sientan que todos y cada uno se ocupan del amor de los amigos. Y la ganancia de esto es que al hacerlo, recibe una mayor fuerza para laborar en el amor de los amigos con mayor sudor y fuerza, ya que la fuerza del amor de todos y cada uno está incluida en su amigo.

Según esto, resulta que cuando tiene una fuerza para ocuparse del amor de los amigos; si el grupo está compuesto de diez amigos, ahora se asimilan en él diez fuerzas de necesidad, que entienden que necesitan ocuparse del amor de los amigos. Pero si cada uno no le revela a la sociedad que se ocupa del amor a los amigos, entonces le falta la fuerza del grupo, ya que le es muy difícil juzgarlo a su amigo de manera positiva (traerlo a la escala de mérito). Y todos piensan sobre sí mismos, que él es el justo; que solo él se ocupa del amor a los amigos, resultando que solamente tienen poca fuerza para poder laborar en el amor al prójimo. Por lo dicho, resulta que es precisamente este trabajo lo que tiene que ser realizado de manera revelada y no humildemente.

Pero uno tiene que recordar constantemente el propósito del grupo, de otra forma el cuerpo tiene la tendencia a empañar el objetivo, porque el cuerpo siempre se preocupa de su propio beneficio. Porque hay que recordar que todo el grupo fue establecido a base del propósito de alcanzar el amor al prójimo. Y ese es el tablón de resorte para el salto hacia el amor al Creador, y es precisamente ahí cuando dice que necesita al grupo para poder otorgarle a su amigo sin recibir nada a cambio.

Lo que significa que no necesita el grupo para que éste le otorgue ayuda y regalos, etc., y así sus vasijas de recepción estarán satisfechas. Tal sociedad está basada en el amor propio, y le conduce solamente a desarrollar sus vasijas de recepción, ya que ve que ahora tiene probabilidades de que crezca su riqueza, ya que su amigo le ayuda a alcanzar cosas físicas.

Por el contrario, se debe recordar que la sociedad ha sido establecida a base del amor al prójimo; es decir, que todos y cada uno recibirá del grupo el amor al prójimo y, el odio a su propio "yo". Y al ver que su compañero se esfuerza en anular su "yo" y en amar al prójimo, eso causa que todos se incluyan en la intención de su amigo.

Resulta, como dijimos anteriormente, que si el grupo está basado en diez amigos por ejemplo, entonces cada uno estará incluido en las diez fuerzas que se ocupan de anular su "yo"; y del odio hacia su "yo", y del amor al prójimo.

De otra manera, no solamente permanece únicamente con la fuerza de uno en el amor al prójimo, ya que no ve que los amigos se ocuparán de ello, porque los amigos se ocupan del amor del prójimo de manera humilde, si no que al revés, los amigos le causan que pierda su fuerza y la voluntad que tiene de seguir por el sendero del amor al prójimo, entonces aprende de sus acciones, cayendo entonces en el dominio del amor propio.

4. Cada uno debe saber qué es lo que le falta a su amigo, en forma particular acerca de cada uno de ellos, a fin de que sepa con qué les puede complacer. O si es suficiente, de manera general, ocuparse en el asunto del amor hacia los amigos.

Un hombre a su amigo ayudará

Hay que entender el asunto de que una persona puede ayudar a su compañero, en que este asunto es justamente en donde hay pobres y ricos, sabios y tontos, valientes y débiles o algo semejante. Pero en el instante que todos son ricos, o que todos son sabios, o todos valientes, etc. ¿En qué puede ayudar una persona a la otra?

Pero vemos que hay una cosa que es común a todos; es decir, en el asunto del estado de ánimo, tal como dijeron: "La preocupación en el corazón de un hombre, le comentará a otros". Porque en el asunto en que el hombre tenga un estado de ánimo elevado, nada le ayudará a ese hombre, ni riqueza, ni sabiduría, ni estudios, ni nada semejante.

Pero precisamente un hombre puede ayudar a otro, con eso que él ve, que él se encuentra en un estado de caída. Y como está escrito "El hombre no puede librarse a sí mismo de la cárcel", sino que justamente su compañero le puede levantar el ánimo.

Es decir, que su amigo le sube del estado en el que se encuentra, hacia el estado de ánimo de la vida, con lo cual empieza a conseguir de nuevo la fuerza de seguridad de vida y riqueza. E inicia, como si su objetivo se encontrara ahora cercano a él.

Lo que resulta de esto es que, cada uno tiene que hacer una consideración, y pensar con qué él puede ayudar a su compañero, para levantarle a un estado de ánimo elevado, porque en el asunto del estado de ánimo, cada uno puede encontrar en su compañero un espacio vacío que pueda llenar.

El propósito de la sociedad

Debido a que el ser humano ha sido creado con un *Kli* (vasija), el cual es llamado "amor propio", en el caso en que la persona no haya notado, que de la acción resultó algo para beneficio propio, sin el combustible para llegar a hacer el más mínimo movimiento y, sin anular el amor propio; es imposible llegar a la adhesión con el Creador, la cual es el asunto de la equivalencia de forma.

Y debido a que esta equivalencia de forma con el Creador es opuesta a nuestra naturaleza, necesitamos una sociedad, para que todos tengamos una gran fuerza, a fin de que podamos trabajar juntos en la anulación del deseo de recibir, denominado "el mal", porque es lo que nos impide llegar a la Meta, por la cual fuimos creados.

Es por eso que la sociedad necesita estar incluida de individuos, los cuales todos están en un solo pensamiento, ya que necesitan llegar a esto. Es entonces que de todos los individuos se hará una gran fuerza única, a fin de que pueda luchar consigo mismo, en razón de que cada uno esté integrado con todos los demás. Resultando que, cada uno está fundamentado sobre un gran deseo, el cual es el deseo por llegar a la Meta.

Y para que pueda haber una integración entre uno y el otro, cada uno necesita anularse a sí mismo delante del otro. Esto se logra por medio de que cada uno ve las virtudes de su amigo y no sus faltas. Pero el que piensa que es un tanto más alto que sus amigos, ya no puede unirse con ellos.

Así mismo al momento de la reunión, necesitan tener seriedad para no perder la *Kavaná* (intención) por la cual se han reunido. Y debido a la prudencia, la cual es un asunto muy grande, hubo la costumbre de demostrar por fuera que no es tan serio. Pero de verdad por dentro de sus corazones había un fuego ardiente.

Pero respecto a las personas pequeñas, sobre todo durante la reunión, necesitan tener cuidado, para no ir detrás de toda clase de palabras y acciones que no estén dirigidas hacia la Meta por la que se han reunido, ya que por medio de esto deben llegar a la adhesión con el Creador. Y sobre el tema de la adhesión, fíjense en el libro *Matán Torá* (La entrega de la *Torá*, pág. 168, empezando por, "y de verdad").

Solamente en el momento en que nos encontramos sin los amigos, entonces es mejor no demostrar hacia fuera la *Kavaná* que tienen en su corazón, siendo en su exterioridad como los demás, lo cual es el significado de "y andarás humildemente con el Señor tu Dios". Aunque hay explicaciones más altas al respecto, pero la explicación sencilla es algo grande también.

Por lo tanto, vale la pena que entre los amigos con los cuales se unen, haya equivalencia entre uno y el otro, para que puedan doblegarse uno ante el otro. Y dentro de la asociación debe haber prudencia adicional, de tal manera que no haya entre ellos cualquier liviandad, porque eso arruina todo. Pero como fue dicho anteriormente, debe ser un asunto interno.

Sin embargo, al momento en que se encuentre alguien entre ellos que no pertenece a esa sociedad, no se debe mostrar ningún interés, excepto para asemejarse externamente con el que acaba de llegar; o sea, no hablar de los temas serios, sino de las cosas adecuadas para la persona recién llegada, lo cual es llamado, "un huésped inesperado".

¿Qué nos da la regla "Amarás a tu prójimo"?

¿De qué nos sirve la regla "y amarás a tu prójimo como a ti mismo"? – que a través de ella podemos llegar al amor a Dios. Si es así, ¿qué beneficio hay en el cumplimiento de las 612 *Mitzvot*? – primero que nada, hay que saber lo que significa *Klal* (regla). Es sabido que una regla está construida sobre muchos particulares, sin los cuales es imposible tener una regla. Por ejemplo, cuando hablamos de una *Kehila Kadisha* (comunidad sagrada), la cual es la concentración de muchos particulares, nos referimos a los individuos que se han reunido y conectado en un solo conjunto. Y luego del *Minyán* se asigna un líder, etc. Este grupo se llama "*Minyán*" ("diez hombres") o "*Eidá*" (congregación, asamblea), en donde debe haber al menos diez personas, entonces podemos decir "*Kdushá*" ("santidad") en el rezo.

Y sobre eso está dicho en el Sagrado *Zóhar* "*Kol Bi Asará, Shjinta Shariá*", que significa: En un lugar en donde hay diez personas ya hay espacio para la inspiración de la *Shjiná*.

Y según esto resulta que la regla "amarás a tu prójimo como a ti mismo", está construida en base a las 612 *Mitzvot*; es decir, que si cumplimos las 612 *Mitzvot*, podremos llegar a la regla de "amarás a tu prójimo como a ti mismo". Resultando que, los particulares nos facilitan llegar al general. Y cuando tengamos el general, entonces podremos llegar al amor a Dios, como está escrito, "mi alma anhela a Dios".

Y aunque la persona no es capaz de cumplir todas las 612 *Mitzvot*. Por ejemplo, la redención del hijo, porque si le ha nacido primero una hija ya no puede cumplir la *Mitzvá* de la redención del hijo. O por ejemplo, las mujeres, que están eximidas del cumplimiento de aquellas *Mitzvot* que tienen que ver con los tiempos, como los "*Tzitzit*" y los "*Tefilín*". Pero debido a que "todo *Israel* es garante el uno del otro", encontramos que por medio de todos se cumple todo, esto es considerado como si todos hubieran cumplido todas las *Mitzvot*, conjuntamente. Y es por eso que por el mérito de las 612 *Mitzvot*, se puede llegar a la ley de "amarás a tu prójimo como a ti mismo".

El amor de los amigos

"Y lo encontró un hombre, y he aquí él estaba perdido en el campo; y le preguntó el hombre diciendo: ¿Qué estás buscando? Y le respondió: Estoy buscando a mis hermanos, dígame por favor dónde están pastando" (*VaYeshev*).

He aquí que, un hombre perdido en el campo, se refiere al lugar de donde tiene que emerger la cosecha del campo, para sustentar al mundo. Y el trabajo del campo es arar, sembrar y cosechar. Y acerca de eso está dicho, "El que con lágrimas siembra, con regocijo cosecha". Y esto se llama, "Un campo bendecido por el Señor".

Cuando el hombre se pierde en el campo, *Baal HaTurim* interpreta que se refiere a un "hombre" que ha perdido el camino del intelecto; es decir, que no conoce el camino verdadero, el cual lo transporta al lugar al que necesita llegar, como la frase, "un burro perdido en el campo". Y él llega por medio de un estado tal, que piensa que jamás llegará a la Meta que tiene que alcanzar.

"Y le preguntó el hombre diciendo: ¿Qué estás buscando?". Es decir, ¿en qué puedo ayudarte? "Y le respondió: estoy buscando a mis hermanos", ya que por medio de esto que estaré en el equipo junto a mi hermano; es decir, integrado en un grupo en el que hay amor entre los amigos, entonces podré subir por la senda que asciende a la casa del Señor.

Y esta senda es llamada, "El camino del otorgamiento", que es un camino que va en contra de nuestra naturaleza. Y para poder llegar a eso, no hay otra manera más que el amor de los amigos, que por medio de esto cada uno puede ayudar a su amigo.

"Y dijo el hombre, se fueron de aquí". Y *RaShI* interpretó, que se fueron de la hermandad; es decir, que no quieren unirse contigo. Y ese asunto finalmente causó que el pueblo de *Israel* terminara entrando en el exilio de Egipto. Y para salir de Egipto, tenemos que aceptar por nosotros mismos entrar en el grupo, queriendo estar en amor con los amigos, y por medio de eso lograremos salir de Egipto para recibir la *Torá*.

Acerca de lo explicado sobre "Amarás a tu prójimo como a ti mismo"

Acerca de lo explicado sobre "Amarás a tu prójimo como a ti mismo", que en esta regla fueron incluidos los elementos de los *TaRIaB Mitzvot* (612 preceptos), como dijeron nuestros sabios, "y sobre el resto, sigue indagando". Lo cual significa que al cumplir las *TaRIaB Mitzvot* lograremos alcanzar, como resultado, la regla de "Amarás a tu prójimo", y luego, el amor a Dios.

Pues, ¿qué nos brinda el amor a los amigos? Como está escrito (artículo no. 5, del 1984-5), que cuando se reúnen unos amigos, puesto que nadie de ellos tiene más que una pequeña fuerza de amor al prójimo, o sea que puede cumplir el amor al prójimo sólo en potencia. Y cuando viene a llevarlo a la práctica, entonces se acuerda que tuvo la idea de renunciar al amor propio en favor del prójimo, pero en la práctica, ve que no es capaz de renunciar a ninguno de los placeres del deseo de recibir en favor del prójimo, ni en la más pequeña medida.

Pero al reunirse varias personas que comparten la misma idea que es necesario llegar al amor al prójimo, anulándose una ante otra, entonces, cada una se conforma de todas las demás. Y así, va acumulándose en cada uno de los individuos, una gran fuerza, conforme el tamaño del grupo. Y entonces, tiene el poder de poner en práctica el amor al prójimo. Sin embargo, ¿qué nos brinda el cumplimiento de las *TaRIaB Mitzvot* particulares, si dijimos que era para cumplir la regla, pero ésta igual se cumple mediante el amor a los amigos? Ni que hablar que en la realidad, vemos que los seculares también acostumbran amar a sus amigos, y que se reúnen en toda clase de círculos para lograr el amor de los amigos. Entonces, ¿cuál es la diferencia entre los religiosos y los seculares?

Dice el verso en (Salmos 1): "Ni en morada de escarnecedores se ha sentado". Y hay que entender, cuál es la prohibición de "morada de escarnecedores". Si él hace difamación o habla cosas inútiles, entonces la prohibición no proviene de la morada de escarnecedores. ¿Qué nos añade la prohibición de "morada de escarnecedores"?

Significa que incluso cuando se reúnen varias personas para (llevar a cabo) el amor de los amigos, lo hacen con la intención que cada uno le ayude a su amigo a mejorar su situación material, y cada uno espera que al frecuentarse en las reuniones se beneficiará cada miembro del grupo, mejorando así su estado corporal.

Y después de todas las reuniones, cada uno hace sus cuentas sobre cuánto ha recibido del grupo a cambio del amor propio; es decir, qué es lo que el deseo de recibir ganó con ello.

Ya que él está invirtiendo tiempo y esfuerzo en bien de la sociedad. Y ¿qué ganó de esto? Y seguro que podría haber tenido más éxito si se dedicara al beneficio propio. Al menos por el afán que invirtiera en sí mismo. "Y yo me integré en una asociación porque pensé que con ellos podría haber ganado más de lo que podría ganar solo. Y ahora veo que no gané nada".

Y lamenta, diciendo "hubiera sido mejor para mi, si en lugar de haber entregado mi tiempo a la sociedad, por lo menos hubiera usado mi propia fuerza pequeña. De lo contrario, ahora que invertí todo mi tiempo en el grupo para que pudiera obtener más bienes con la ayuda del grupo, me doy cuenta que no solo que no gané nada del grupo, sino que todavía salí perdiendo lo que podía haber ganado con mis propias fuerzas".

Y cuando alguien de ellos quiere hablar sobre el hecho que hay que dedicarse al amor de los amigos con la intención de otorgar, o sea que todos trabajen para el bien del prójimo, todos se ríen y lo ridiculizan. Y les parece como un chiste. Y esta es una morada de seculares. Y acerca de ello dijeron "*Ve Jésed Leumim Jatat, Ki Kol Tovó De'Ovdín, Le'Garmeihu Ovdín*" (porque todo el bien que hacen lo hacen para sí mismos). Y una asociación tal lo aleja al individuo de la santidad, y lo tira al hombre hacia el mundo de escarnio. Y ésta es la prohibición de "morada de escarnecedores".

Y sobre tales grupos dijeron los sabios finados "dispersa a los malos; bien para ellos, y bien para el mundo"; es decir, que mejor que no existan. Pero con los justos, lo contrario "reúne a los justos; bien para ellos, y bien para el mundo".

Y ¿cuál es el significado de "justos"? Que quieren cumplir la regla de "ama a tu prójimo como a ti mismo", que toda su intención es la de salir del amor propio y adoptar una naturaleza distinta, la de amar al prójimo. Y aunque es una *Mitzvá* que hay que cumplir, y el individuo podría obligarse a cumplirla contra su voluntad, el amor, ya es algo que pertenece al corazón, y el corazón, por naturaleza, no está de acuerdo. Entonces, ¿qué puede hacer el individuo para que le toque el corazón, lo del amor al prójimo?

Para eso nos asignaron el cumplimiento de las *TaRIaB Mitzvot*, que contienen el remedio para permitirles llegar a sentirlo en el corazón. Pero puesto que esto está en contra de nuestra naturaleza, entonces esta sensación es tan leve, como para poder cumplir el amor de los amigos en la práctica, aunque tenga la necesidad de ello. Por eso, ahora tiene que buscar los consejos que le ayuden a cumplirla en la práctica.

Y el consejo para ello es que uno puede incrementar su fuerza con la regla "amarás a tu prójimo", realizando el amor de los amigos. Si cada uno se integra y se anula ante su amigo, se vuelven como una masa única, en donde todas las partes pequeñas que quieren el amor al prójimo se integran en una fuerza general, incluida de muchas partes. Y cuando adquiere una gran fuerza, entonces tiene la habilidad de llevar a la práctica el amor al prójimo.

Y entonces puede llegar al amor a Dios. Pero esto es sólo bajo la condición que cada uno se anule ante el otro. De no ser así, cuando se separa de su amigo, no podrá recibir la porción que tuviera que recibir de su amigo. Sino que cada uno tiene que decir, que uno mismo es un cero ante su amigo.

Esto se parece a cuando escribimos números. Cuando escribimos la cifra 1 al principio, y luego agregamos el 0, resulta el múltiplo de diez; o sea, equivale a 10. Y cuando escribimos dos ceros, entonces resulta el múltiplo de cien, es decir que equivale a 100. En otras palabras, que si su amigo es número uno y el cero le sigue, entonces, el individuo es considerado como recibiendo de su amigo el múltiplo de diez. Y si dice que él equivale a dos ceros ante su amigo, recibe entonces de su amigo, el múltiplo de cien.

Y lo contrario, si uno dice que su amigo es el cero y él mismo es el uno, entonces resulta diez veces menor que su amigo; o sea, *0.1*. Y si puede decir que él es el uno, y tiene dos amigos que son ceros contra él mismo, entonces, equivale un centésimo contra ellos; es decir, *0.01*. Resultando entonces que [en este caso] conforme la cantidad de ceros que tiene de los amigos, su altura va disminuyendo.

En todo caso, aún cuando ya posee este poder, que pueda cumplir el amor al prójimo en la práctica, y siente que el beneficio propio es malo para él, de todas maneras, "jamás creas en ti mismo", y tiene que tener el temor por si fallara en mitad de trabajo, cayéndose en el amor propio, lo cual significa que si le dieran un placer aún más grande de lo que él acostumbraba recibir –aunque ya tuviera la intención de otorgar en los placeres pequeños, estando dispuesto a renunciarlos, aún así, vive en temor de los placeres mayores.

Y a esto se le llama "temor". Y ésta es la puerta para recibir la luz de la fe, llamada "La Morada de la *Shjiná*", como está escrito en *HaSulam* "conforme el temor, alcanza la fe".

Por eso se debe recordar, que el asunto de "amarás a tu prójimo como a ti mismo", hay que cumplirlo debido a que es una *Mitzvá*; es decir, porque Dios ordenó dedicarse al amor de los amigos. Y *Rabí Akiva* sólo interpreta que el hecho que Dios ordenó este cumplimiento, era porque tenía la intención de hacer una regla de esta *Mitzvá*, para que así puedan cumplir todas las *Mitzvot*, por la orden de Dios, y no por beneficio propio.

Es decir, no es para que las *Mitzvot* nos ampliaran el deseo de recibir dentro de nosotros, tanto así que, al cumplir las *Mitzvot* el individuo reciba alguna recompensa a cambio; sino, al contrario, que al cumplir las *Mitzvot* llegaremos a la recompensa, de tal manera que podamos anular nuestro amor propio, para así llegar al amor al prójimo, y luego de esto, al amor a Dios.

Y con esto entenderemos lo que dijeron nuestros sabios sobre el verso: "y pondrán" de la palabra "poción". "Logró; poción de vida. No logró; poción de muerte". Es decir que "no logró" significa que se dedica a la *Torá* y *Mitzvot* para aumentar su amor propio y que su cuerpo adquiera bienes, en cambio. "Logró", significa que en tal caso, se anula su amor propio, es decir que apunta hacia la recepción del pago que significa que tenga el poder para el amor al prójimo, por medio del cual llegará al amor a Dios, para que todo su anhelo consista en otorgar placer al Creador.

¿Cuál observación de *Torá* y *Mitzvot* purifica el corazón?

Pregunta: ¿Si se observa la *Torá* y las *Mitzvot* con el fin de recibir recompensa, también esto purifica el corazón? Nuestros sabios dijeron "Creé la inclinación al mal, Creé la *Torá* como condimento". Esto significa que ella purifica al corazón. ¿Esto es precisamente así, cuando uno intenta observar la *Torá* y las *Mitzvot* con el fin de recibir recompensa, ó también purifica al corazón si uno trabaja con el fin de recibir recompensa?

Respuesta: En la "Introducción al Libro del *Zóhar*" (ítem 44), está escrito, "Cuando una persona comienza a ocuparse en la *Torá* y *Mitzvot*, incluso sin ninguna intención; es decir, sin amor ni miedo, como corresponde cuando se sirve al Rey, aunque sea en *Lo Lishmá*, entonces el punto en su corazón comienza a crecer y a mostrar actividad. Puesto que una *Mitzvá* no requiere intención, a pesar de que las acciones sin intención son capaces de purificar su voluntad para recibir, solamente en la magnitud del primer grado en el cual ella se encuentra, el cual es denominado como "Inanimado". Y en la medida en que purifica la parte del inanimado del deseo de recibir; en esa misma medida, la persona construye los 613 órganos del punto en el corazón, el cual es el inanimado de *Néfesh de Kdushá* (Santidad)". Por consiguiente, vemos que también al haber cumplido con *Torá* y *Mitzvot* aunque sea en *Lo Lishmá*, también así purifica el corazón.

Pregunta: ¿El camino de la observancia de la *Torá* y *Mitzvot* que no es con el fin de recibir una recompensa, está destinado para unos cuantos elegidos solamente, o les fue dada la posibilidad prácticamente a todos para que puedan ir por este camino; es decir, por el camino de la observancia de todo con el fin de no recibir una recompensa, tal que por medio de esto serán recompensados con *Dvekut* (adhesión) con el Creador?

Respuesta: A pesar de que el deseo de recibir para uno mismo surgió y estuvo en el Pensamiento de la creación, solamente por medio de esto es que se dio la corrección, puesto que las almas lo corregirán con el fin de otorgar; es decir, que es *por medio de la observancia de Torá y Mitzvot que nuestro deseo de recibir será cambiado en deseo de otorgar*. Y esto les fue dado prácticamente a todos, sin excepción, ya que a todos les ha sido dado este remedio y, no precisamente a unos cuantos elegidos.

Sin embargo, por el hecho de que esto es una cuestión de elección, hay quienes avanzan más rápidamente y, otros más lentamente. Pero como está escrito en la "Introducción al Libro del *Zóhar*" (ítems 13-14): "No obstante, al fin de cuentas, todos llegarán a la perfección completa, como está escrito, 'Porque no será alejado de Él'".

De todos modos, cuando comenzamos a aprender la observancia de la *Torá* y *Mitzvot*, empezamos en *Lo Lishmá*. Por causa de que la persona ha sido creada con el deseo de recibir; por consiguiente, ella no entiende nada mientras esto no le traiga un beneficio propio, y es así que nunca querrá comenzar a observar la *Torá* y *Mitzvot*.

Tal como dijo *RaMBaM* en (*Hiljot Tshuvá*, Cap. 10): "los Sabios dijeron: Una persona siempre debería ocuparse en la *Torá*, aunque sea en *Lo Lishmá*, ya que de *Lo Lishmá* llega a *Lishmá*. Por lo tanto, cuando se les enseñe a niños y mujeres y, más que nada a los de mi pueblo, no se les enseñará a trabajar sino solamente por temor y para recibir recompensa. Hasta que incrementen su conocimiento y adquieran más sabiduría, a fin de que revelen este secreto paulatinamente, acostumbrándolos a esto con satisfacción, hasta que Lo alcancen y Le sirvan con amor". De este modo, vemos de las palabras de *RaMBaM*, que todos necesitamos alcanzar *Lishmá*, excepto que la diferencia está en el tiempo.

Pregunta: Si una persona ve y siente que está yendo por el camino que conduce a *Lishmá*, ¿Debe tratar de influenciar también a otro para que él también suba por el camino correcto, o no?

Respuesta: Esta es una cuestión general. Es como si una persona religiosa examinara a una persona secular. Si por sí misma sabe que puede reformarlo; entonces, ella debe impulsarlo a reformarse, por causa de la *Mitzvá* que dice, "le harás caer en cuenta a tu compañero". Del mismo modo, aquí es posible decir también, que le conviene comunicarle a su amigo, respecto a que tiene que ir por el camino más correcto, siempre y cuando su intención sea sólo por motivo de la *Mitzvá* que se mencionó anteriormente. Pero hay muchas veces en las que una persona reprende a otra, solamente con el fin de dominarle y, no por motivo de la *Mitzvá* de: "le harás caer en cuenta a tu compañero"

En conclusión, respecto a lo que se ha expuesto arriba, todo aquel que desea que otro vaya por el camino de la verdad, causa divisiones entre los ortodoxos y los seculares, así como entre *Litaim*[16] y *Jasidim*, al igual que entre los mismos *Jasidim*. Puesto que cada uno piensa que está en lo cierto y, por eso cada uno quiere persuadir al otro para que vaya por el camino correcto.

¿A qué grado necesita llegar el hombre?

Pregunta: ¿A qué grado necesita llegar el hombre para que no tenga que reencarnarse una segunda vez?

Está escrito en el libro *Shaar HaGuilgulim* (El portal de las transmigraciones) que: "Todos los hijos de *Israel* están obligados a reencarnarse hasta que sean completados con todo el *NaRaNJaY*. Sin embargo, la mayoría de los seres humanos no tiene todas las cinco partes llamadas *NaRaNJaY*, sino solamente *Néfesh* (lit. alma), la cual es de *Asiyá*".

Se infiere de aquí, que cada persona necesita corregir solamente su parte y la raíz de su alma y, no más. Y con eso habrá completado el aspecto que necesita corregir.

El asunto es que nosotros debemos saber que todas las almas se desprenden del alma de *Adam HaRishón* (El primer hombre). Ya que luego de haber pecado con el pecado del árbol del conocimiento, el alma de *Adam HaRishón* fue fragmentada en seiscientas mil almas. Esto

---

16 (**N. del T.**): Fracción del judaísmo ortodoxo que comenzó con el *Gaón de Vilna* (*GRA*) en **Vilna**, **Lituania**.

quiere decir que la única Luz que el *Adam HaRishón* tuvo en el *Gan Éden* (jardín del deleite), al cual el *Zóhar* llama *"Zehirá Ilaá"* (Luz Superior), se fragmentó ahora en múltiples partes.

En el libro *"Panim Masbirot"* (pág. 56), *Baal HaSulam* escribe: "Después de haber sido mezclado lo bueno y lo malo; es decir, después del pecado, se formó una gran estructura de *Klipot* que tenían el poder de aferrarse a la *Kdushá*, y a fin de tener cuidado de ellas, la Luz de los siete días de la Creación fue dividida en partículas muy pequeñas, de tal manera que las *Klipot* no pudiesen succionarlas por causa de su pequeñez.

Esto es semejante a la parábola del rey que quiso enviar una gran suma de dinares de oro a su hijo que vivía en una ciudad costera. Donde todos los habitantes de dicha ciudad eran ladrones y embusteros, y al no disponer de un emisario leal. ¿Qué es lo que hizo? Fue y cambió los dinares en centavos y los envió por medio de un gran número de emisarios, de tal manera que no sea conveniente para ellos disfrutar del perjuicio del robo, tal que se corrompan con él, deshonrando a la majestad.

En esta forma, de orden de tiempo en muchas almas, es posible por medio de la iluminación de los días, esclarecer todas las chispas sagradas que fueron arrebatadas por las *Klipot* por causa del pecado del árbol del conocimiento.

Y el secreto de las "grandes almas" se encuentra en el aspecto de la particularidad de las luces internas, y el aspecto de los "muchos días" está en la particularidad del aspecto de las luces externas. Y cada uno de los centavos se acumulan en la cuenta de la gran Luz con que pecó *Adam HaRishón; y* entonces será el fin de la corrección.

Lo que se obtiene de esto, es que cada uno nace con tan sólo una pequeña parte del alma de *Adam HaRishón*, y cuando se corrige dicha parte, ya no es necesario reencarnarse nuevamente. Por eso, una persona no puede corregir solamente aquello que pertenece a su parte. Sobre esto se encuentra escrito en "El Árbol de la Vida" de *HaARI ZaL* que: "No hay un día que sea parecido a otro, o un momento parecido a otro, y no hay una persona que sea parecida a otra, y la *Jelboná* (parte del sagrado incienso) corregirá lo que la *Levoná*, (otra parte del sagrado incienso) no podrá. Sin embargo, cada uno necesita corregir su parte correspondiente".

Solamente que debemos saber, que cada persona que nace tiene un trabajo de elección, puesto que no hay quien nazca siendo un justo, tal como dijeron nuestros sabios en (*Nidá* 16b): "*Rabí Janina Bar Papa* dijo: El ángel encargado de la concepción, cuyo nombre es *Laila* (noche), toma una gota y la trae delante del Creador, diciéndole: De esta gota, ¿qué se hará de ella? ¿Será un héroe o un débil, un sabio o un tonto, un rico o un pobre? Pero él no pregunta: ¿Será justo o malvado?".

Es así que de aquí se infiere, que no hay quien nazca siendo justo, puesto que no preguntó: "¿Será justo o malvado?" Sin embargo esto queda a elección del hombre, cada uno de acuerdo a su esfuerzo en la *Torá y Mitzvot*. De esta manera uno se hace digno de purificar su corazón y corregir el aspecto que le fue impuesto de acuerdo a la raíz de su alma, siendo entonces él completado.

El primer grado en que el hombre nace

En *El Zóhar*, *Mishpatim* (pág. 4, ítem 11, en el comentario *Sulam*), está escrito, "Ven y ve, cuando una persona nace, se le otorga *Néfesh* del lado de la bestia; el lado de la pureza, del lado de aquellos que son llamados 'ángeles sagrados', los cuales a saber son del mundo de *Asiyá*. Si fue recompensado con más, se le otorga *Rúaj* del lado de los 'animales sagrados', los cuales corresponden al lado de *Yetzirá*. Si fue recompensado con más, se le otorga *Neshamá* del lado del *Kisé* (Trono), que corresponde al mundo de *Briá*. Si fue recompensado con más, se le otorga *Néfesh*, en camino a *Atzilut*. Si fue recompensado con más, se le otorga *Rúaj de Atzilut* del lado de la columna central, con lo cual es llamado hijo del Creador, como está escrito -Ustedes son los hijos del Señor su Dios. Si fue recompensado con más, se le otorga *Neshamá* del lado de *Aba VeIma*, las cuales son *Biná*, acerca de la cual fue dicho -Toda alma alabará al Señor, siendo completado en ellos el nombre *HaVaYaH*".

De tal manera que la perfección del alma es cuando tiene *NaRaN* de *BYA* y *NaRaN* de *Atzilut*. Ésta es la perfección que *Adam HaRishón* tenía antes del pecado. Y sólo después del pecado es que él descendió de su nivel y, su alma fue dividida en 600.000 almas.

Y debido a esto es que la espiritualidad del hombre es llamada con el nombre de *Neshamá* (alma), incluso en el momento en que tiene sólo *Néfesh de Néfesh*, ya que existe una regla que dice, que cuando se menciona algún aspecto, siempre nos referimos a su aspecto más alto. Y en vista que el aspecto más alto del hombre es el grado de *Neshamá*, es por eso que de forma general se denomina a la espiritualidad del hombre con el nombre de *Neshamá*.

Y aunque cada persona nace con el grado más pequeño, en relación a esto se dijo en (*Shaar HaGuilgulim* pág. 11b): "Pues cada persona puede ser como *Moshé Rabeinu* (Moisés) si quisiera purificar sus acciones. Según lo cual le es posible tomar otro espíritu, uno más elevado, de la altura de *Yetzirá*, así como *Neshamá* de la altura de *Briá*".

También con esto se entenderá el asunto de las famosas palabras de nuestros sabios: "Porque el espíritu del justo o sus almas, vienen y son impregnadas en el hombre en el secreto de aquello que es llamado *Ibur* (preñez), a fin de asistirle al Creador en el trabajo".

De la misma manera es presentado en el *Sulam* (Introducción al Libro del *Zóhar*, pág. 93): "El asunto es que el conductor del burro es el secreto de la ayuda para las almas de los justos, la cual ha sido enviada para ellos desde Arriba, a fin de elevarlos desde un grado al siguiente. Ya que de no haber sido por esta ayuda que el Creador envía a los justos, ellos no hubiesen podido salir de su grado para elevarse más Alto. Por eso, el Creador envía a cada uno de los justos, un alma Superior desde Arriba, a cada uno según su mérito y su grado, la misma que les ayuda en su camino. Esto es llamado 'La preñez del alma de un justo', denominándosela también como -La revelación del alma de los justos".

Resulta de esto, que cuando se dice que no hay ninguna generación en la cual no haya alguien como *Abraham*, *Itzjak* y, *Yaakov*, no significa que ellos nacieron de esta manera sin haber tenido otra opción; sino más bien, significa que ellos son personas que tratan de ir por el camino de la verdad, aplicando el esfuerzo que sea necesario dar. Aquellas son personas que siempre reciben la ayuda desde Arriba por medio de la preñez del alma de los justos, con lo cual reciben la fuerza para subir a los grados superiores.

En resumen, todo lo que es otorgado desde Arriba es por medio de la ayuda, pero no sin algún trabajo y opción. Y la subsistencia del mundo depende de aquellos justos, los mismos que mantienen la abundancia desde Arriba, por medio de lo cual hay existencia Arriba.

El asunto de la importancia de la sociedad

Es sabido, que dado que el hombre se encuentra siempre entre personas que no tienen ninguna relación con el trabajo del camino de la verdad, sino al contrario, siempre están en contra de los que van por éste camino, y puesto que los pensamientos de las personas se mezclan unos con otros, resulta que las ideas de los que se oponen al camino de la verdad, penetran en los que tienen un cierto anhelo de ir por el camino de la verdad.

Por eso no hay otro concepto, excepto que establezcan para sí mismos un grupo, a fin de que obtengan un entorno, pues se trata de una comunidad separada que no se mezcla con otras personas que tienen opiniones diferentes a las de este grupo. Y en cada ocasión, deben despertarse a sí mismos hacia el tema de la meta del grupo, para que no sean atraídos por la mayoría, ya que así es la naturaleza, pues son atraídos por la mayoría.

Porque si el grupo se aísla del resto de las personas; es decir, no teniendo ningún tipo de relación con otras personas en lo concerniente a los asuntos espirituales, sino que todo el contacto con ellos es sobre temas corporales; entonces, no se mezclan con sus ideas, por causa de que no tienen ningún nexo en lo concerniente a la religión.

Lo que sí, en vista que una persona se encuentra entre personas religiosas, comienza a hablar y discutir con ellas, mezclándose entonces con sus opiniones. A tal punto que permite que sus ideas penetren en sus pensamientos, tanto así que no puede entender que no se trata de sus propias ideas; sino que las recibió de las personas con las cuales se había relacionado.

Por lo tanto, en lo concerniente al trabajo en el camino de la verdad, la persona debe mantenerse en aspecto de aislamiento respecto al resto de personas, pues el camino de la verdad es un asunto que necesita siempre el fortalecimiento, debido a que está en contra de la opinión del mundo, ya que la sabiduría del mundo es **conocimiento y recepción**. En tanto que **el conocimiento de la *Torá* es fe y otorgamiento.** Y si uno no le presta atención a esto, olvida de inmediato todo el trabajo del camino de la verdad, cayendo en el mundo del amor propio. Y es solamente la sociedad desde el aspecto de "un hombre a su amigo ayudará", donde cada uno consecuentemente recibe la fuerza para luchar contra la opinión del mundo.

Es así que encontramos en las palabras del *Zóhar* (*Pinjas*, pág. 31, ítem 91, y en *HaSulam*) que, "de la misma manera, la persona que se asienta en una ciudad en la cual se encuentran personas malas, no puede cumplir las *Mitzvot* de la *Torá*, ni sacar provecho de ella, por lo cual debe hacer un cambio de lugar, trasladándose de allí, para arraigarse en un lugar en el cual habiten personas buenas, que se dedican a la *Torá* y *Mitzvot*. Porque la *Torá* se llama "Árbol".

Como está escrito, "Es un Árbol de vida para los que se aferran a ella". Y el hombre es un árbol, tal como está escrito "porque el hombre es el árbol del campo". Y las *Mitzvot* de la *Torá* son como frutos. Y qué está escrito en él, "sólo de aquel que sepas que no es un árbol frutal, a éste lo destruirás y lo escarbarás. A éste lo destruirás de este mundo y, lo cortarás del mundo por venir".

Es por tal motivo que la persona necesita desarraigarse de aquel lugar en el cual hay malvados, porque de lo contrario no podrá prosperar en la *Torá* y *Mitzvot*. Y se plantará a sí mismo en otro lugar, entre los justos, y así tendrá éxito en la *Torá* y *Mitzvot*.

Y puesto que el hombre, al cual el sagrado *Zóhar* lo compara con el árbol del campo, sufre como aquél árbol a causa de los malos vecinos; es decir, que siempre es necesario cortar la mala hierba que se encuentra a su alrededor, ya que es influenciado de ella; así mismo el hombre, necesita alejarse de los malos ambientes; es decir, de aquellas personas que se oponen al camino de la verdad, debiendo ser muy cuidadoso para no ser atraído por ellos.

Y esto es llamado el aspecto del "aislamiento"; o sea, que él se encuentra en los pensamientos de "la autoridad particular", la cual es llamada el aspecto de otorgamiento, y no "la autoridad de las masas", ya que ésta es el aspecto del amor propio, por lo cual es llamada "dos autoridades"; es decir, "la autoridad del Señor" y, "su propia autoridad".

Y con esto entenderemos lo que dijeron nuestros sabios en (*Sanhedrín*, pág. 38), diciendo, "Y dijo *Rav Yehuda*, dijo *Rav*: ¿*Adam HaRishón*, de qué tipo era?, ya que fue dicho, 'y llamó El Señor a *Adam* y le dijo: ¿Dónde estás, hacia dónde te lleva tu corazón?'".

Y lo interpretó *RaShI*, diciendo, "¿de qué tipo era? -del tipo que es tendiente a realizar el trabajo de ídolos". Y en la interpretación de "*Etz Yosef*" comenta acerca de: "¿Dónde estás, hacia dónde te lleva tu corazón?' -que se refiere a herejía, como dijeron, 'y no irán en pos de vuestros corazones', esta es la herejía, que su corazón se atrae a otro lado".

Y todo esto es muy asombroso, ¿cómo se puede decir que *Adam HaRishón* fue llevado por el trabajo de ídolos? O según la interpretación de "*Etz Yosef*", lo cual estuvo en aspecto de "'y no irán en pos de vuestros corazones', que esto es herejía". Sino que según lo que aprendemos sobre el trabajo del Creador, que todo su asunto es con el fin de otorgar; concluyéndose que, si el individuo trabaja con la intención de recibir, al fin y al cabo esto es un trabajo ajeno para nosotros, ya que nosotros tenemos que trabajar sólo con la intención de otorgar. En tanto que él tomó todo con la intención de recibir.

Y éste es el asunto que se comentó, que *Adam HaRishón* falló en eso de: " y no irán en pos de vuestros corazones"; es decir, que no había podido recibir la provisión del árbol del conocimiento con la intención de otorgar, sino que recibió la provisión del árbol del conocimiento con la intención de recibir. Y esto es llamado "el aspecto de *Liba* (corazón)". Lo cual significa que el corazón quiere recibir única y simplemente para beneficio propio. Y este fue el pecado del árbol del conocimiento. Y para entender este asunto, revisa la Introducción al libro "*Panim Masbirot*". Y con esto comprenderemos el beneficio del grupo, el mismo que puede traer otra atmósfera, de tal manera que sea solamente un trabajo con el fin de otorgar.

El asunto de la importancia de los amigos

Con respecto a la importancia de los amigos que se encuentran dentro del grupo, ¿de qué manera hay que estimarlos? Es decir, ¿cuál es la forma de la importancia que cada uno tiene que observar en su amigo? Y he aquí la mente le obliga, a que si él observa que su amigo se encuentra en un escalón más bajo que el suyo; entonces, él quiere enseñarle cómo es que deberá conducirse con mejores modales de los que aquel posee. Resultando que no puede ser su amigo, sino que puede aceptar a su amigo como un alumno y no como un amigo.

Y si él ve que su amigo está en un escalón más alto que el suyo y, ve que tiene que aprender de él buenos modales; en tal caso, él puede ser su *Rav* (maestro), y no su amigo.

Esto significa que precisamente mientras ve que su amigo se encuentra en el mismo nivel junto con él; entonces, lo puede aceptar como amigo pudiendo conectarse con él. Ya que "amigo" significa que ambos están en el mismo estado. Y esto es lógico; es decir, que ambos tienen equivalencia de opiniones, por consiguiente, han decidido que se unirían y activarían esta meta, la cual ambos quieren alcanzar.

Es como dos amigos que concuerdan en sus ideas y hacen juntos algún negocio, a fin de que este negocio les traiga alguna ganancia. Y es entonces en este orden que ambos sienten que tienen los mismos poderes. Lo cual no es así, si uno siente que es más hábil que el otro, entonces él no lo acepta puesto que no serán socios igualitarios, sino que se hacen socios de acuerdo a un cierto porcentaje; es decir, de acuerdo a los poderes y virtudes que tiene uno en comparación al otro. Y entonces el negocio es por un tercio y un cuarto, por lo que no es conveniente decir, que ambos son socios igualitarios.

Pero no es así en el amor de los amigos, ya que cuando ellos se conectan para que exista entre ellos unidad, significa precisamente que entre ellos hay igualdad, la cual es llamada "unidad". Por ejemplo, si ellos hacen algunos negocios juntos y dicen que no dividirán las ganancias igual a igual, ¿podría esto llamarse "unidad"?

Pero indudablemente todo este asunto del amor de los amigos, debería ser realizado de tal manera que todas las ganancias del amor de los amigos se controlaran en una forma equitativa, y no que se vayan a rechazar y ocultar, no este de ese ni ese de aquel, ya que así todo sería con amor y amistad, con verdad y paz.

Sin embargo en el libro *Matán Torá* ('La entrega de la *Torá*', pág. 142) está escrito: "No obstante, son dos las condiciones que actúan en el alcance de la elevación:

1. Siempre escuchar y aceptar la apreciación del ambiente en la medida de su participación; y,

2. Que el ambiente sea grande, tal como está escrito: En la multitud del pueblo reposa la Gloria del Rey".

Y a fin de aceptar la primera condición, cada estudiante debe sentirse como si fuera el más pequeño de todos los amigos. Y entonces podrá recibir de todos el valor de la elevación, ya que un grande no puede recibir de uno más pequeño y, menos aún inspirarse de sus palabras. Y sólo el menor se impresiona del valor del grande.

Y con respecto a la segunda condición, cada estudiante debe elevar las virtudes de su amigo como si fuera el más grande de la generación; y entonces, el entorno actuará como que fuera un gran entorno apropiado, pues 'la calidad es más importante que la cantidad'.

Y lo dicho anteriormente implica, que en el asunto del amor de los amigos, "Un hombre a su amigo ayudará", lo cual significa que es suficiente que cada uno mantenga a su amigo como si estuviera con él en el mismo nivel. Pero por causa de que cada uno tiene que estudiar de su amigo, es que entonces existe el asunto del *Rav* y el estudiante. Por eso tiene que considerar a su amigo como más grande que él.

Pero ¿cómo es posible considerar a su amigo como más grande que él, ya que por el momento ve que tiene virtudes más grandes que su amigo; o sea, que es más talentoso y tiene mejores atributos? Esto es posible entender en las dos formas siguientes:

1. Él va con el aspecto de la fe por encima de la razón, de manera que desde el momento en que escogió para él un amigo, ya lo mira por encima de la razón; y,

2. Esta forma es más natural; es decir, dentro de la razón; puesto que si decidió aceptarlo como amigo y, trabaja consigo mismo para amarlo, he aquí que es por medio del amor, que se ven sólo las cosas buenas; y las malas, aunque existan en su amigo, él no las ve; como está escrito: "El amor cubre todas las transgresiones".

Y eso es lo que vemos, que un hombre puede ver las faltas de los hijos del vecino, pero no ve las de sus propios hijos; y cuando le dicen que sus hijos tienen algunas faltas, de inmediato empieza a discutir con su amigo y, comienza a nombrar todas las virtudes que tienen sus hijos.

Y aquí cabe la pregunta, ¿Cuál es la verdad? Puesto que en sus hijos hay virtudes, y debido a esto él se enoja cuando dicen lo contrario acerca de ellos. El asunto es así, tal como lo escuché de mi padre y maestro, que de verdad en cada persona hay faltas y virtudes, y tanto el vecino como el padre, están diciendo la verdad; solamente que el vecino no se relaciona con los hijos del otro, como en una relación de un padre hacia su hijo; es decir, que no tiene el mismo amor hacia aquellos hijos, tal como lo tiene su propio padre.

Por lo tanto, cuando mira a los hijos del otro, ve sólo las faltas que hay en ellos, ya que le causa más placer, puesto que puede demostrar que es más que el otro, por el hecho de que piensa que sus hijos son mejores. Y por eso mira sólo las faltas del otro; y lo que ve es verdad, pero ¿qué es lo que ve? Sólo las cosas que le causan placer.

Pero el otro padre también ve sólo la verdad, excepto que él mira únicamente las cosas buenas que tienen sus hijos. Sin embargo las cosas malas que tienen sus hijos no las ve, debido a que eso no le causa placer; por lo tanto, él dice la verdad de lo que ve en sus hijos, porque nada más mira las cosas que le traen placer; es decir, ve sólo las virtudes.

Por eso resulta, que si él tiene amor hacia los amigos, al igual que el aspecto del amor, el cual es una ley, de tal manera que quiere ver precisamente las virtudes de su amigo y no sus faltas, resulta que si él ve alguna falta en su amigo, esta es una señal que la falta no se encuentra en su amigo sino en sí mismo; es decir, que él ha perjudicado el amor hacia los amigos y, es por eso que él ve dichas faltas.

No obstante, él necesita ver ahora, no que su amigo se corrija, sino lo que él por sí mismo debe corregir. De lo dicho anteriormente concluimos, que él mismo no necesita ver que su amigo reciba corrección sobre sus faltas, las cuales él ve en su amigo, sino que él mismo necesita una corrección por el perjuicio que causó en el amor hacia los amigos, y cuando se corrija a sí mismo, verá solamente las virtudes de su amigo y no sus faltas.

El orden de la reunión de los amigos

Al comienzo, cuando se reúnen, debe haber una agenda; es decir, que todos y cada uno de acuerdo a su capacidad, hablará acerca de la importancia de la asociación; o sea, qué ganancia le traerá el grupo. Y según lo que uno espera que el grupo le traiga cosas importantes las cuales por sí mismo no es capaz de conseguir, en esa misma medida, uno valora al grupo.

Tal como dijeron los sabios en (*Brajot* 32): "Dijo *Rabí Shamlai*, una persona siempre pondrá en orden el elogio del Señor y, luego orará. ¿De dónde aprendemos esto? De *Moshé* (Moisés), tal como está escrito: 'Implorará al Creador en aquel momento'; y está escrito: Eres Tú Señor el que batalla; y también está escrito: 'Déjame y cruzaré y veré la buena tierra'".

El motivo por el cual se necesita ordenar con antelación la alabanza del Señor, es porque esta es la manera en que se dirige el mundo, puesto que si alguien pide algo de otro, tienen que haber primero dos condiciones:

1. Que tenga lo que le pido. Por ejemplo, riqueza, que sea capaz y, que sea muy famoso por su riqueza y prestigio; además,

2. Que tenga un buen corazón; es decir, que tenga el deseo de otorgarles a los demás.

De un hombre tal, existe la opción de pedir un favor. Por eso dijeron: "una persona siempre pondrá en orden el elogio del Señor y, luego orará"; es decir, que después que el hombre cree en la grandeza del Señor, ya que tiene toda clase de placeres para impartirles a los creados y, ya que Su deseo es beneficiar, entonces cabe decir, que suplique al Creador, ya que indudablemente le ayudará, porque Su deseo es hacer el bien; por eso existe por parte del

Creador, el deseo de darle lo que su corazón desea. Y entonces, el rezo puede hacerse con la seguridad de que Él aceptará dicho rezo.

Lo mismo sucede con el amor de los amigos, que previo a que todo empiece cuando están reunidos, necesitan primero ordenar la alabanza de los amigos, la importancia de cada uno de ellos. Y en la medida en que se estima la grandeza del grupo, en esa misma medida, la persona puede respetar al grupo; y luego orará. Es decir, que cada uno tiene que examinarse a sí mismo sobre cuánto esfuerzo está invirtiendo en el grupo; y en consecuencia, cuando ve que no tiene la fuerza para hacer algo por el bien del grupo; entonces, tiene lugar para suplicarle al Señor que le ayude, que le de la fuerza y el deseo para dedicarse al amor al prójimo.

Y luego, cada uno necesita comportarse de acuerdo a lo mencionado en las tres últimas partes del rezo "*Shmoná Esré*" (dieciocho). Es decir, después de haber puesto en orden todo su pedido para el Señor. Fue dicho en el sagrado *Zóhar*, que las 3 últimas partes del rezo "*Shmoná Esré*" será en alusión a él, como si el Señor ya le hubiese concedido todo su pedido y se hubiese apartado de él.

Es de este modo en que hay que comportarse respecto al amor de los amigos. Ya que luego de haberse examinado a sí mismo, habiendo realizado el consejo conocido, el cual es orar, pensará ahora como si su rezo hubiese sido aceptado, y se sentará feliz con los amigos, como si todos los amigos fueran un sólo cuerpo; y tal como el cuerpo quiso que todos los órganos disfruten, así también él quiere que todos los amigos ahora disfruten.

Por lo tanto, luego de haber realizado todas estas cuentas, llega el momento de la alegría del amor de los amigos. Y entonces cada uno tiene que sentirse a sí mismo afortunado, como si hubiera hecho un buen negocio por medio del cual ganará mucho dinero. Y es una costumbre en el mundo que les da entonces bebida a los amigos.

Igual aquí, cada uno necesita que su amigo beba y coma dulces y demás, porque él ahora está feliz, entonces quiere que también los amigos se sientan a sí mismos bien. Por eso al momento de culminar la reunión, es necesario estar con alegría y exaltamiento.

Y esto es acerca del camino de "Tiempo de *Torá*" y "Tiempo de plegaria". Ya que "Tiempo de *Torá*" es el aspecto de perfección, donde no hay carencia alguna; y esto es llamado el aspecto de la "derecha". No así con el "Tiempo de plegaria", el cual es llamado "izquierda". Porque el lugar de carencia es el que necesita una corrección, y esto es llamado "La corrección de los *Kelim*". A diferencia del aspecto de "*Torá*", que es llamado "derecha", el cual no tiene un lugar para correcciones. Por eso la *Torá* se llama "regalo".

Y la costumbre es que a quien se ama se le da regalos. Y esta es la manera en que se comporta el mundo, ya que no se ama a quien tiene carencias. Por eso, durante el "Tiempo de *Torá*", no hay lugar para pensar sobre correcciones. Y al momento en que se abandona la reunión, se necesita estar como en las tres últimas partes del rezo "*Shmoná Esré*" mencionado anteriormente. Debido a lo cual todos sentirán la plenitud.

Los Peldaños
del Alcance

Introducción al estudio de las diez *Sfirot*
(*TAS*)

1) Al comienzo de mis palabras, siento una gran necesidad de romper un muro de acero que nos ha estado separando de la sabiduría de la Cabalá desde la destrucción del Templo hasta nuestra generación. Este se apoya pesadamente sobre nosotros y despierta miedo de que sea olvidada por *Israel*.

Sin embargo, cuando empiezo a hablar con alguien acerca de este estudio, su primera pregunta es: "¿Por qué tengo que saber cuántos ángeles hay en el cielo, y cuáles son sus nombres? ¿No puedo observar la *Torá* en todos sus detalles y complejidades sin este conocimiento?"

En segundo lugar cuestionará: "Los sabios han determinado que primero uno debe llenarse el estómago con *Gmará* y *Talmud*. Entonces, ¿cómo uno puede engañarse con que ya completó [el estudio de] toda la *Torá* revelada, y que sólo le falta la sabiduría de lo oculto?

Tercero: tiene miedo de deteriorarse por este compromiso, ya que ha habido incidentes de desviaciones del camino de la *Torá* debido a la dedicación a la Cabalá. Por lo tanto, ¿para qué necesito este problema? ¿Quién es tan tonto como para ponerse en peligro sin ninguna razón?

Cuarto: Incluso aquéllos que están a favor de este estudio se la dejan en manos de los santos, servidores del Creador, y ¿no todo el que desea tomar al Señor puede venir y tomarlo?

Quinto, y lo principal: que cuando hay una duda se hace lo que hacen los demás, o sea que veo que todos los que estudian la *Torá* en mi generación que piensan como yo se abstienen del estudio de lo encubierto, e incluso recomiendan a los que les consultan que indudablemente sería mejor estudiar una página de la *Gmará* en vez de meterse en todo esto.

2) De hecho, si apuntáramos nuestro corazón a responder una sola cuestión bien famosa, estoy seguro que todas estas preguntas y dudas desaparecerían del horizonte, y que cuando volveríamos la mirada hacia ellas encontraríamos que se han disipado. Esta pregunta

desesperada la cual se hace por todos es: "¿Cuál es el sentido de mi vida?" En otras palabras, estos numerosos años de nuestra vida que nos salen tan caros; o sea, las numerosas penas y tormentos que sufrimos por ellos, para llenarlos a tope, ¿quién es el que los disfruta? Más aún precisamente, ¿a quién le proporciono yo placer?

A decir verdad, los historiadores se han hastiado de considerarlo, y ni que hablar en nuestra generación, nadie desea ni siquiera traerlo a la mente. Sin embargo, la esencia de la pregunta sigue en pie tan amarga y vehementemente como siempre, ya que a veces nos encuentra poco preparados, picotea en nuestra mente y nos arrastra por el suelo antes de que encontremos la famosa táctica, de fluir insensatamente en las corrientes de la vida como ayer.

3) De hecho, es para resolver este gran enigma que dice el verso: "Prueben y verán que el Señor es Bueno", porque aquellos que cumplen la *Torá* y *Mitzvot* correctamente son los que saborean la vida y quienes ven y testifican que el Señor es bueno, como dicen nuestros sabios, que Él creó los mundos para beneficiar a Sus creados, ya que la conducta del Bueno es hacer el bien.

No obstante, aquellos que no han saboreado todavía el gusto de la vida observando la *Torá* y *Mitzvot*, no pueden sentir y entender que el Señor es bueno, como dicen nuestros sabios, que el único propósito del Creador en crearnos, era para beneficiarnos solamente. Y por lo tanto, no tenemos otro consejo más que cumplir la *Torá* y *Mitzvot* correctamente.

Y acerca de ello está escrito en la *Torá (Parashat Nitzavim)*: "Mira, hoy pongo ante ti la vida y el bien, la muerte y el mal". Es decir que antes de entregar la *Torá*, sólo teníamos la muerte y el mal frente a nosotros, como dijeron nuestros sabios: "los malvados en sus vidas son llamados muertos". Esto es así porque su muerte es mejor que su vida, ya que el dolor y el sufrimiento que soporta para lograr su sustento son muchas veces mayores que el pequeño placer que siente en esta vida.

Sin embargo, ahora se nos han concedido la *Torá* y *Mitzvot*, por cuyo cumplimiento lograremos la vida real, gozosa y deliciosa para nosotros, como está escrito, "Prueben y verán que el Señor es Bueno". Y es por eso que dice la escritura: "Mira, hoy pongo ante ti la vida y el bien", lo que no tenías en absoluto antes de la entrega de la *Torá*.

Y concluye la escritura: "Escoge la vida, para que vivas tú y tu descendencia". Y aparentemente, hay aquí una doble expresión: "escoge la vida para que vivas". Sin embargo, se refiere a una vida observando la *Torá* y las *Mitzvot*, que es cuando realmente se vive. No obstante,

una vida sin *Torá* y *Mitzvot* es más dura que la muerte. Y a eso se refieren nuestros sabios con las palabras, " los malvados en sus vidas son llamados muertos".

Y sobre ello dice la escritura, "para que vivas tú y tu descendencia"; es decir, que una vida sin *Torá* lo amarga no sólo a uno mismo, sino que tampoco puede deleitar a otros. O sea, que tampoco encuentra satisfacción en su descendencia, ya que también la vida de su progenie es más dura que la muerte. Y entonces ¿qué tributo les deja?

De lo contrario, quien vive en la *Torá* y *Mitzvot*, no sólo disfruta de su propia vida, sino que está completamente feliz de tener hijos y dejarles esta buena vida. Y este es el significado de: "para que vivas tú y tu descendencia", porque recibe un placer adicional en la vida de su progenie, de la cual fue causa.

4) Y de lo citado, pueden entender las palabras de nuestros sabios sobre el verso: "escoge la vida". Declarando: "Yo les digo que escojan la parte de la vida, igual que una persona le dice a su hijo: 'Elige para ti una buena parte en mi tierra'. Lo coloca en la parte buena y le dice: 'Escoge esto para ti'. Al respecto está escrito, "Oh, Señor, eres la porción de mi herencia y de mi copa, Tú guardas mi suerte. Tú colocaste mi mano en la buena fortuna, al decir: 'Toma esto para ti'".

Las palabras son aparentemente confusas porque el versículo dice, "escoge la vida", lo cual significa que uno elige por sí mismo. Sin embargo, dicen ellos, que Él lo coloca en la parte buena. Entonces ¿No tiene otra opción? Aún más, dicen que el Creador pone la mano de uno en la buena fortuna. Y esto es muy asombroso, porque si es así, ¿dónde está la elección de uno?

Ahora podemos ver el verdadero significado de sus palabras, que de hecho, es verdad que el Creador mismo pone la mano del hombre en la buena fortuna; es decir, dándole una vida de placer y deleite dentro de la vida corpórea, llena de tormento y dolor y desprovista de contenido. Una vida, de la que uno inevitablemente se escaparía si viera, aunque sea a través de las grietas, un lugar de tranquilidad para refugiarse de esta vida que es más dura que la muerte, ya que no hay satisfacción en la mano de la persona por parte de Él.

La elección del hombre se refiere sólo al fortalecimiento. Esto es debido a que ciertamente hay aquí un gran esfuerzo y afán antes que uno purifique su cuerpo y pueda observar la *Torá* y *Mitzvot* correctamente; es decir, no para contentarse a sí mismo, sino para satisfacer a su Hacedor, lo que se denomina *"Lishmá"*. Ya que sólo de esta manera se logra una vida de felicidad y el agrado que viene al observar la *Torá*.

Sin embargo, antes que uno llegue a esa purificación, escoge, ciertamente, fortalecerse en el buen camino con toda clase de medios y artificios. Y hará todo lo que esté en su mano y poder, hasta que complete el trabajo de purificación, sin caerse, Dios no permita, a mitad de camino.

5) De acuerdo con lo explicado anteriormente, entenderás las palabras de nuestros sabios en el *Tratado Avot*: "Así es el camino de la *Torá*: pan con sal comerás, un poco de agua beberás, en el suelo dormirás, una vida afligida llevarás, y en la *Torá* trabajarás. Si así lo haces, serás feliz; feliz en este mundo y feliz en el mundo por venir".

Debemos preguntarnos acerca de estas palabras: ¿En qué medida la sabiduría de la *Torá* es diferente de otras enseñanzas, que no requieren esta vida de ascetismo y aflicción, sino que el trabajo en sí mismo es suficiente para adquirir esas enseñanzas? Aun cuando trabajemos extensamente en la *Torá*, todavía no es suficiente para adquirir la sabiduría de la *Torá*, excepto a través de la mortificación del pan con la sal y una vida afligida.

Y el final de las palabras es aún más sorprendente: "si así lo haces, serás feliz; feliz en este mundo, y feliz en el mundo por venir", porque es posible que sea feliz en el mundo por venir, pero en este mundo, en el que me mortifico comiendo, bebiendo y durmiendo, y viviendo una vida afligida, ¿podría decirse sobre una vida como ésta "feliz en este mundo"? ¿Esto es lo que significa una vida feliz en este mundo?

6) Sin embargo, se explicó anteriormente que es imposible llegar a la práctica correcta de la *Torá* y *Mitzvot* en su estricta condición, la cual es proporcionar contento a su Hacedor y no la auto-gratificación, salvo por vía de un gran trabajo y esfuerzo de purificación del cuerpo.

La primera táctica es acostumbrarse a no recibir nada para el propio placer, incluso las cosas permitidas y necesarias para la existencia del propio cuerpo, como comer, beber, dormir y otras necesidades como éstas. De tal manera que se desprenda completamente de cualquier placer que necesariamente acompaña la satisfacción al colmar el propio sustento, hasta que llegue a vivir una vida afligida en su significado literal.

Y después que el hombre se haya acostumbrado a eso y que su cuerpo ya no posee ningún deseo de recibir placer para sí mismo, se le hará posible cumplir la *Torá y Mitzvot* también, de esa manera; o sea, para proporcionar contento a su Creador y nada para sí mismo.

Y cuando lo alcanza, logra saborear una vida feliz, llena de deleite y todo lo mejor, sin una mancha de dolor, la cual se revela en la práctica de la *Torá y Mitzvot Lishmá*. Es como dice *Rabí Meir* (*Avot* 86): "Todo aquel que se dedica a la *Torá Lishmá*, se le brindan muchas cosas. Aún más, el mundo entero es premiado para él, y los secretos de la *Torá* se le revelan y se vuelve como un fluido manantial".

Es acerca de él que dice el versículo: "Prueba y ve que el Señor es bueno", ya que aquel que saborea el gusto de la práctica de la *Torá y Mitzvot Lishmá* logra la propia visión de la Intención de la Creación, que es hacer sólo el bien a Sus creaciones, ya que la conducta del Bueno es hacer el bien. Entonces se regocija y deleita en el número de años de vida que el Creador le concedió, y el mundo entero es premiado para él.

7) Ahora pueden comprenderse las dos caras de la moneda de compromiso en *Torá y Mitzvot*: En una cara está el camino de la *Torá*; es decir, la extensa preparación que uno debe hacer para purificar su cuerpo antes que le sean concedidos el guardar realmente *Torá y Mitzvot*.

En ese estado es necesario que practique *Torá y Mitzvot Lo Lishmá*, pero mezclado con auto-gratificación. Esto es porque él no ha purificado y limpiado su cuerpo del deseo de recibir placer de las vanidades de este mundo. Es en ese momento que uno debe vivir una vida afligida y trabajar en la *Torá*, como está escrito en la *Mishná*.

No obstante, después que uno completó el camino de la *Torá*, que ha purificado su cuerpo, y que está listo para guardar *Torá y Mitzvot Lishmá*, para dar contento a su Creador, llega al otro lado de la moneda. Ésta es la vida de placer y gran tranquilidad sobre la cual reposa la intención de la creación "de hacer el bien a Sus creaciones", significando una vida más feliz en este mundo y en el próximo.

8) Esto explica la gran diferencia entre la sabiduría de la *Torá* y el resto de las enseñanzas en el mundo: Adquiriendo las otras enseñanzas no se beneficia en absoluto la vida en este mundo. Esto se debe a que éstas ni siquiera proporcionan gratificaciones a los tormentos y sufrimientos que uno padece durante su vida. Por consiguiente, uno no necesita corregir su cuerpo; el trabajo que uno proporciona a cambio de ellos es absolutamente suficiente, así como con todas las otras posesiones mundanas adquiridas a cambio de trabajo y esfuerzo.

En cambio, el solo propósito de comprometerse en *Torá y Mitzvot* es hacerse digno de recibir toda la bondad en la intención de creación, "de hacer el bien a Sus creaciones". Entonces, uno necesariamente debe purificar su cuerpo para merecer esa bondad Divina.

9) Esto también aclara completamente las palabras de la *Mishná*: "Si lo haces, serás feliz en este mundo". Precisaron esto con la intención deliberada de indicar que una vida feliz en este mundo es únicamente para aquellos que completaron el camino de la *Torá*. Así, la cuestión de la mortificación al comer, beber, dormir y, una vida afligida que son mencionados allí, sólo perdura mientras dura el camino de la *Torá*. Este es el motivo por el cual insistieron y dijeron: "Así es el camino de la *Torá*". Cuando uno completa este camino de *Lo Lishmá* a través de una vida afligida y mortificada, la *Mishná* concluye: "feliz en este mundo". Esto es porque adquirirá esa felicidad y benevolencia en la intención de la creación y el mundo entero será premiado para usted, aún este mundo, y tanto más en el mundo por venir.

10) El *Zóhar* (*Bereshit*) (Génesis) comenta acerca del verso, "Y dijo Dios: 'Haya Luz', y hubo luz. Haya Luz en este mundo y haya Luz para el mundo por venir". Esto significa que los actos de creación fueron creados en su completa estatura y forma; es decir, en su completa gloria y perfección. En efecto, la Luz que fue creada en el primer día llegó en toda su perfección, la cual contiene también, la vida de este mundo en absoluto agrado y apacibilidad, en la misma medida expresada en las palabras "Haya luz".

Sin embargo, para preparar un lugar de elección y trabajo, Él lo colocó y lo ocultó para los justos al final de los días, como dicen nuestros sabios. En consecuencia dicen en su lengua pura: "Haya Luz para este mundo". Sin embargo, no quedó así, sino que "y haya Luz para el mundo por venir". En otras palabras, aquellos que practican la *Torá y Mitzvot Lishmá*, sólo lo obtienen al final de los días; o sea, al final de los días después de finalizar la purificación de su cuerpo en el camino de la *Torá*, en donde ya se merecen esa gran Luz en este mundo también, como dicen nuestros sabios, "Verás tu mundo en tu vida".

11) Sin embargo, encontramos y vemos en las palabras de los sabios del *Talmud*, que ellos han hecho el camino de la *Torá* más fácil para nosotros, más que los sabios de la *Mishná*. Esto se debe a que dijeron: "Uno siempre debe practicar la *Torá y Mitzvot*, aún de manera *Lo Lishmá* y, de *Lo Lishmá* llegará a *Lishmá*, porque la Luz en ella lo devuelve al bien".

Así, nos han brindado un nuevo medio en lugar del ascetismo presentado en la *Mishná* (*Avot*) citada anteriormente, que es "La Luz en la *Torá*", la que tiene la fuerza suficiente para corregirlo a uno y llevarlo a practicar la *Torá y Mitzvot Lishmá*. Ya que no mencionaron allí ninguna mortificación, sino que sólo la dedicación a la *Torá y Mitzvot* le proporciona esa Luz que lo retorna al camino de la corrección para que pueda cumplir la *Torá y Mitzvot* para dar contento a su Creador y nada para su propio placer, lo cual se denomina, "*Lishmá*".

12) A pesar de eso, debemos cuestionar sus palabras. Después de todo hemos encontrado varios estudiantes cuya práctica en la *Torá* no les ayudó a llegar a *Lishmá* a través de la Luz contenida en ella. De hecho, practicando la *Torá y Mitzvot* en *Lo Lishmá* significa que uno cree en el Creador, en la *Torá* y en el castigo y recompensa, e incluso se compromete en la *Torá* porque el Creador ordenó tal práctica, pero asocia su propio placer con proporcionar contento a su Hacedor.

Y si después de toda esta la labor en la práctica de la *Torá y Mitzvot* se da cuenta que no le ha llegado ningún placer o beneficio propio, a través de este gran esfuerzo y afán, lamentará haber hecho todos estos esfuerzos, ya que se ha torturado, desde un principio, pensando que disfrutaría su esfuerzo, a lo que se denomina *Lo Lishmá*.

No obstante, nuestros sabios permitieron el inicio de la práctica en la *Torá y Mitzvot* en *Lo Lishmá* porque de *Lo Lishmá* se llega a *Lishmá*. Aun así, no hay duda de que si este practicante no ha adquirido la fe en el Creador y en Su *Torá*, sino que todavía se debate en la duda, no es sobre él que nuestros sabios dicen: "de *Lo Lishmá* llegará a *Lishmá*". Y no es acerca de él que dijeron que: "dedicándose a ella, la Luz en ella lo regresa al bien". Porque la Luz en la *Torá* sólo ilumina a los que tienen fe. Más aún, la medida de esa Luz es la misma medida que su propia fuerza de fe. Pero para los carentes de fe es lo contrario; o sea, que reciben oscuridad de la *Torá* y sus ojos se ciegan.

13) Y los sabios ya han presentado una bella alegoría sobre el versículo, "¡Ay, de los que anhelan el día del Señor! ¿Para qué necesitan el día del Señor? Es oscuridad, y no luz" (*Amós* 18). La parábola sobre un gallo y un murciélago que estaban esperando la Luz. El gallo le dijo al murciélago: "Yo espero la Luz porque la Luz es mía, pero usted, ¿para qué necesita la Luz?" (*Sanhedrín* 98.72). Claramente, esos estudiantes que no fueron dotados con llegar de *Lo Lishmá* a *Lishmá* debido a su ausencia de fe, no recibieron ninguna Luz de la *Torá*; y por lo tanto, caminan en la oscuridad y morirán sin sabiduría.

De manera recíproca, aquéllos que han alcanzado la fe completa, tienen garantizado en las palabras de nuestros sabios, que dedicándose a la *Torá* aún de manera *Lo Lishmá*, la Luz que hay dentro de ella los corregirá y lograrán la *Torá Lishmá*, sin que antes tengan que experimentar una vida de aflicción y dolor, lo cual les traerá una vida buena y feliz en este mundo y en el próximo. Es sobre ellos que dice el verso: "Entonces te deleitarás en el Señor, y te haré cabalgar sobre las alturas de la tierra".

14) Preocupado por este asunto, una vez interpreté el dicho de nuestros sabios, "Aquel cuya *Torá* es su oficio", que la medida de su fe se manifiesta por su práctica de la *Torá* porque las letras de la palabra *Umanutó* (su oficio) son las mismas que las letras de la palabra *Emunató* (su fe). Es como una persona que confía en su amigo y le presta dinero. Él puede confiar en su amigo por un peso, pero si le pidiera dos pesos podría negarse a prestárselos. También podría confiar en él por cien pesos, pero no más. También podría confiar en él y prestarle la mitad de sus bienes pero no todos sus bienes. Finalmente, podría confiar en él con todos

sus bienes sin una pizca de miedo. Y esta última fe, es considerada "fe completa", pero las formas previas son consideradas "fe incompleta"; o sea, es fe parcial, ya sea mayor o menor.

De modo semejante, una persona, según la medida de su fe en el Creador, le asigna sólo una hora por día para practicar la *Torá* y su labor; otra le asigna dos horas, de acuerdo a la medida de su fe en el Creador; la tercera no descuida un sólo momento de su tiempo libre sin dedicarlo a la *Torá* y su labor. Es decir, sólo la fe de la última persona es completa, ya que confía en el Creador con todos sus bienes. La fe de las anteriores, sin embargo, todavía es incompleta.

15) Así ha sido completamente aclarado, que el hombre no debe esperar que el dedicarse a la *Torá y Mitzvot* en *Lo Lishmá* lo lleve a *Lishmá*, excepto cuando sepa en su corazón que ha logrado la fe en el Creador y en Su *Torá* apropiadamente, puesto que entonces la Luz dentro de ella lo reformará, y logrará el día del Señor que es todo Luz. Porque la santidad de la fe purifica los ojos del hombre para que goce de Su Luz, hasta que la Luz dentro de la *Torá* lo reforme.

No obstante aquéllos sin fe, son como murciélagos que no pueden mirar la Luz del día, porque la luz del día se les convierte en una oscuridad más terrible que la oscuridad de la noche, ya que sólo se alimentan en la oscuridad de la noche. De esta manera, los ojos de aquellos que carecen de fe son cegados a la Luz del Creador; y como consecuencia, la Luz se les convierte en oscuridad, y la pócima de vida se les convierte en una pócima de muerte. Es sobre ellos que dicen las escrituras: "¡Ay, de los que desean el día del Señor! ¿Para qué necesitan el día del Señor? Es oscuridad y no Luz". Porque antes deben adquirir la fe completa.

16) Esto responde además otra cuestión en las *Tosafot* (suplementos - *Taanit* pág. 7): "Todo aquel que practica *Torá Lishmá*, su *Torá* se le convierte en una pócima de vida. Y todo aquel que practica *Torá* en *Lo Lishmá*, su *Torá* se le convierte en una pócima de muerte". Sin embargo, cuestionaron, está dicho que "uno siempre tiene que practicar la *Torá*, aunque sea en *Lo Lishmá*, porque de *Lo Lishmá* llegará a *Lishmá*".

Y de acuerdo con lo explicado anteriormente, hay que dividirlo en una forma sencilla: Porque el que se dedica a la *Torá* por motivo de las *Mitzvot* que hacen alusión al estudio de la *Torá* y, que de todas maneras cree en el castigo y recompensa, sólo que asocia el placer y el beneficio propio con la intención de dar contentamiento a su Hacedor, la Luz de la *Torá* lo corregirá y llegará a *Lishmá*.

De modo recíproco, quien estudia no por causa de la *Mitzvot* de estudiar la *Torá*, porque no cree en el castigo y recompensa lo suficiente como para esforzase tanto por ella, sino que se esfuerza sólo para su propio placer, su *Torá* se le convierte en una poción de muerte, porque la Luz en ella se le ha convertido en oscuridad.

17) Por lo tanto, el estudiante antes del estudio se compromete a fortalecer su fe en el Creador y en Su supervisión del castigo y recompensa, tal como escribieron nuestros sabios: "Su amo es cumplidor y lo premiará por su trabajo". Y direccionará su esfuerzo de manera que su trabajo sea para las *Mitzvot* de la *Torá*, y de esa manera, logrará gozar de la Luz dentro de ella, de tal manera que su fe se fortalecerá y crecerá a través del remedio de esta Luz, como está escrito: "Medicina será esto para tu cuerpo, y poción para tus huesos" (Proverbios 3. 8).

Entonces ciertamente estará seguro en su corazón de que de *Lo Lishmá* llegará a *Lishmá*. De tal forma que aún quien reconoce en sí mismo que aún no ha adquirido la fe, tiene también la esperanza, a través de su dedicación a la *Torá*. Porque si pone su corazón y su mente en adquirir fe en el Creador a través de ella, ya no tienes ninguna *Mitzvá* mayor que esa, como dijeron nuestros sabios, "Llegó *Javakuk* y lo redujo a una sola cosa: "el justo por su fe vivirá" (*Makot* 24).

Aún más, no tiene ningún otro consejo aparte de éste, como está escrito: "Dijo *Raba*, *Iyov* deseó librar al mundo entero del juicio. Dijo ante Él: Oh Señor, Tú has creado a los justos, Tú has creado a los malvados, ¿quién te sujeta?" *RaShI* interpreta allí: "Tú has creado a los justos por medio de la buena inclinación; Tú has creado a los malvados por medio de la mala inclinación; entonces, no hay nadie que se salve de Tu mano porque, ¿por quién eres sujetado? Obligados son los pecadores". Y ¿qué respondieron los amigos de *Iyov*? "Tú también infringes el temor, y menoscabas la oración ante el Creador Bendito (*Iyov* 15.4). El Creador ha creado la mala inclinación, y ha creado la *Torá*, como condimento para ella".

RaShI interpreta aquí: "Le creó la *Torá*, la cual es un condimento, puesto que anula -los pensamientos de trasgresión", tal como está escrito en (*Maséjet Kidushin* pág. 30): "Si este villano te ha molestado, jálalo al *Beit Midrash*[17]. Si es duro como una piedra, se ablandará. (Y no están forzados), ya que pueden salvarse a sí mismos".

18) Y queda claro que no pueden librarse del juicio, si dijeran que recibieron ese condimento, y todavía tienen pensamientos transgresores; es decir, que todavía están en la duda y que la mala inclinación no ha desaparecido. Esto es porque el Creador que creó y le dio a la mala inclinación todo su poder, evidentemente supo también crear el remedio y el condimento capaces de socavar el poder de la mala inclinación y erradicarla completamente.

Si alguien practica la *Torá* y falló en remover la mala inclinación de sí mismo, no es sólo porque haya sido negligente al desempeñar el trabajo y esfuerzo necesarios en la práctica de la *Torá*, como está dicho, "no me esforcé y encontré, no lo creas", o puede ser que haya completado la "cantidad" de esfuerzo necesaria, pero ha sido negligente en la "calidad".

Esto significa que mientras practicaban la *Torá* no pusieron su mente y su corazón en lograr atraer la Luz de la *Torá*, la cual trae la fe al corazón del ser humano; sino que más bien, se han distraído del cumplimiento de aquel requisito esencial, exigido de la *Torá*, llamado, la Luz que trae la fe. Y aunque primero se hayan apuntado a ello, sus mentes se distrajeron de ello durante el estudio.

De todos modos uno no puede librarse de la culpa, argumentando que fueron forzados, basándose en que nuestros sabios establecieron estrictamente: "Creé la inclinación al mal, Creé la *Torá* como condimento". Porque si hubiera alguna excepción en eso, entonces la pregunta de *Iyov* permaneciera válida.

19) Y a través de todo lo aclarado hasta aquí, he removido un gran reclamo acerca de las palabras de *Rabí Jaim Vital* en su introducción a *Shaar Hakdamot* (Puerta a las Introducciones) del *ARI*, y en la introducción al Árbol de la Vida, en donde dice lo siguiente:

---

17 (**N. del E.**): Literalmente "casa de estudio, o interpretación", haciendo referencia al lugar donde se realizan los estudios de *Torá*.

"Y por cierto, el hombre no debería decir, 'iré y me comprometeré en la Sabiduría de la Cabalá', antes de comprometerse en la *Torá*, la *Mishná* y el *Talmud*. Porque ya han dicho nuestros sabios, que 'el hombre no entre en el *PaRDéS*, a menos que haya llenado su barriga con carne y vino'. Ya que esto será parecido a un alma sin cuerpo, que no tiene ninguna recompensa ni obra ni cuenta, hasta que se vincula dentro del cuerpo, siendo este, pleno y completamente corregido por [el cumplimiento] de las *Mitzvot* de la *Torá*; en las 613 *Mitzvot*.

Y de manera recíproca, cuando se involucra en la Sabiduría de la *Mishná* y el *Talmud Babli* y no dedica una parte [de su tiempo] a los secretos de la *Torá* y sus ocultaciones, esto es parecido a un cuerpo sentado en la oscuridad, sin un alma humana, la vela del Señor, la cual brilla dentro de él. De modo que el cuerpo se encuentra seco sin respirar de la fuente de vida.

De modo que un discípulo sabio que practica *Torá Lishmá*, primero debe dedicarse a la Sabiduría de la *Mikrá*, *Mishná* y el *Talmud*, tanto como su mente pueda tolerar, y luego que se involucre en el conocimiento de su Hacedor, dentro de la Sabiduría de la Verdad. Es como el Rey *David* ordenó a su hijo *Shlomó*: "conoce al Dios de tu padre y sírvelo". Y si esa persona encontrara el estudio del *Talmud*, pesado y difícil, mejor que retire su mano de él, ya que ha probado su suerte en esta Sabiduría, y que se dedique a la Sabiduría de la Verdad.

Y sobre ello está escrito: "De ahí que un estudiante que no ha visto una buena señal en su estudio, dentro de cinco años, tampoco la verá" (*Julín* pág. 24). Sin embargo, todo aquel a quien el estudio le resulta fácil, debe dedicar una parte del día, una o dos horas, al estudio de la *Halajá* (Código de leyes judío) y explicar e interpretar las preguntas que surgen en la *Halajá* literal".

20) A primera vista sus palabras parecen muy asombrosas porque dice que antes de tener éxito en el estudio de lo revelado, deberá ocuparse en la Sabiduría de la Verdad, lo cual contradice sus propias palabras previas de que la Sabiduría de la Cabalá sin la Sabiduría revelada es como un alma sin cuerpo, que no tiene hechos ni cuentas ni recompensa. Y la evidencia que proporciona de un discípulo que no vio una buena señal, es aún más peculiar, porque ¿acaso han dicho nuestros sabios que debería dejar el estudio de la *Torá*, a causa de ello? Sino, seguramente advertirle que examine la forma en que lo está haciendo e intente con otro Rabino o con otro tratado. Pero que por cierto no debería dejar la *Torá*, aunque sea la *Torá* revelada.

21) Resulta aún más difícil entender a ambos en las palabras de *Rabí Jaim Vital* y la *Gmará*, porque en sus palabras está implícito que uno necesita algún mérito específico para lograr la sabiduría de la *Torá*. Sin embargo, nuestros sabios dijeron (*Midrash Rabá*): "El Creador le dijo a *Israel*: 'Mira, toda la sabiduría y toda la *Torá* son algo simple: quienquiera que Me tema y observe las palabras de la *Torá*, toda la sabiduría y toda la *Torá* están en su corazón'. "Así no necesitamos ningún mérito previo; sólo por la virtud del temor del Señor y observando la *Torá* es que nos es concedida toda la sabiduría de la *Torá*.

22) Claro está que si examinamos sus palabras nos resultarán tan claras como las puras estrellas celestiales. El texto: "es mejor que retire su mano una vez que probó su suerte en esta sabiduría", no se refiere a la suerte del ingenio y la erudición. Más bien, es como hemos explicado anteriormente en la interpretación de: "Creé la inclinación al mal, Creé la *Torá* como condimento".

Significa que uno ha penetrado y se ha esforzado en la *Torá* revelada y que todavía la inclinación al mal tiene poder y no ha sido disuelta en absoluto. Esto es debido a que todavía no se libró de los pensamientos de trasgresión, tal como escribe *RaShI* en la explicación de: "Creé para él la *Torá* como condimento".

Por consiguiente le aconseja que retire sus manos de ella, y que practique la sabiduría de la verdad porque es más fácil atraer la luz en la *Torá* mientras practica y trabaja en la sabiduría de la verdad que trabajando en la *Torá* literal. La razón también es muy simple: la sabiduría de lo revelado está vestida con ropajes corpóreos externos, como hurtos, despojos, entuertos, etc. Por lo tanto resulta duro y difícil para cualquiera enfocar su mente y su corazón al Creador durante el estudio, así como atraer la Luz de la *Torá*.

Más aún para una persona a quien el estudio en sí mismo le resulta arduo y pesado. ¿Cómo puede recordar al Creador durante el estudio, cuando la indagación concierne a cuestiones corpóreas y no puede entrar en ellas simultáneamente con la intención hacia el Creador?

Por consiguiente le aconseja que practique la sabiduría de la Cabalá, ya que esta sabiduría está completamente vestida en los nombres del Creador. Entonces aún el aprendiz más lento podrá enfocar fácilmente su mente y su corazón al Creador. Esto es así porque el estudio en los temas de la sabiduría y el Creador son uno y el mismo, y esto es muy simple.

23) Por lo tanto proporciona una buena evidencia de las palabras de la *Gmará*: "Un discípulo que no ha visto una buena señal en su estudio después de cinco años, tampoco la verá". ¿Por qué no vio una buena señal en su estudio? Por cierto, únicamente se debe a la ausencia de intención del corazón; y no a la falta de aptitud, ya que la sabiduría de *Torá* no requiere ninguna aptitud.

En cambio, como está escrito en el estudio anterior: "Mira, toda la sabiduría y toda la *Torá* son algo fácil: cualquiera que Me teme y observa las palabras de la *Torá*, toda la sabiduría y toda la *Torá* están en su corazón".

Claro que uno debe acostumbrarse a la Luz de *Torá* y *Mitzvot* y quién sabe cuánto, uno podría estar esperando toda su vida. Por lo tanto el *Baraita* nos advierte (*Julín* 24) no esperar más de cinco años.

Más aún, *Rabí Yosi* dice que solamente tres años son suficientes para lograr la sabiduría de la *Torá*. Si uno no ve una buena señal dentro de ese lapso de tiempo, no debe engañarse con falsas esperanzas e ilusiones, ya que sabe que nunca verá una buena señal.

En consecuencia, uno debe procurarse en forma inmediata una buena táctica que tenga éxito en traerlo a *Lishmá* y le sea concedida la sabiduría de la *Torá*. El *Baraita* no especificó la táctica, pero advierte no permanecer sentado en la misma situación esperando por mucho más tiempo.

Este es el significado de lo que dice *Rav*, que la táctica más segura y exitosa es el compromiso en la sabiduría de la Cabalá. Uno debe retirar completamente su mano del compromiso en la sabiduría de la *Torá* revelada, ya que ha probado suerte en ella y no ha tenido éxito, debiendo dedicar todo su tiempo a la sabiduría de la Cabalá dónde su éxito es seguro.

24) Esto es muy simple, aquí no se ha dicho nada respecto al estudio de la *Torá* revelada en consideración a lo que está obligado a conocer de la *Halajá* y la práctica, porque "no es ignorante quien es piadoso, y un aprendizaje equivocado provoca el mal, y un pecador destruye mucho bien". Por lo tanto, necesariamente uno debe repetirlos tanto como sea necesario para no fallar en su práctica.

Sin embargo, aquí sólo se habla del estudio de la sabiduría de la *Torá* revelada, para explicar y escrutar cuestiones basadas en la interpretación de las leyes, como *Rabí Jaim Vital* deduce por sí mismo. Se refiere a la parte del estudio de la *Torá* que no se realiza de facto, no a las *Halajot* (leyes) actuales.

De hecho, es posible ser indulgente y estudiar de los resúmenes y no de los originales. De cualquier modo, esto también requiere un extenso aprendizaje, ya que quien conoce del original no es como aquel que conoce de un breve examen de algún resumen.

Rabí Jaim Vital dice al comienzo mismo de sus palabras, que el alma sólo se conecta con el cuerpo cuando es corregida en las *Mitzvot* de la *Torá*, en las 613 *Mitzvot*.

25) Ahora verá cómo todas las preguntas que presentamos al comienzo de la introducción son completamente tontas. A pesar de eso, son obstáculos que la inclinación al mal tiende para cazar almas inocentes a fin de expulsarlas del mundo inmisericordemente.

Examinemos la primera pregunta, donde ellos imaginan que se puede guardar toda la *Torá* inclusive sin conocer la sabiduría de la Cabalá. Yo les digo: La verdad es que, si usted puede guardar el estudio de *Torá* y observar las *Mitzvot* correctamente, *Lishmá*; es decir, sólo para traer contentamiento al Hacedor, entonces se dice de usted: 'su alma le enseñará'.

Esto es porque entonces todos los secretos de la *Torá* aparecerán ante usted como una primavera fresca y lozana, como las palabras de *Rabí Meir* en la *Mishná Avot*, sin que tenga la necesidad de ayuda de los libros".

En cambio, si ustedes todavía están comprometidos aprendiendo en *Lo Lishmá*, pero esperan merecer *Lishmá* de este modo, entonces yo les pregunto: "¿Cuántos años han estado haciendo esto?" Si ustedes todavía se encuentran dentro de los cinco años, como dice el *Taná Kama*, o dentro de los tres años, como dice *Rabí Yosi*, entonces todavía tienen tiempo y pueden esperar.

Ahora, si ustedes ha estado comprometidos en *Torá Lo Lishmá* por más de tres años como dice *Rabí Yosi*, y por cinco años, como dice el *Taná Kama*, entonces el *Baraita* les advierte que no verán una buena señal en este camino que están tomando! ¿Por qué engañar a sus almas con falsas esperanzas cuándo ustedes tienen una táctica tan cercana y efectiva como estudiar la sabiduría de la Cabalá, tal como lo he demostrado arriba, a razón de que el estudio en los problemas de la sabiduría y el Creador en Sí Mismo son uno?

26) Permítasenos también examinar la segunda cuestión, que se refiere a si uno debe llenarse la barriga con *Mishná* y *Gmará*. Todos estamos de acuerdo que en verdad es así. Ahora bien, es verdad si a usted le ha sido concedido aprender *Lishmá*, o aún *Lo Lishmá*, si todavía se encuentra dentro de los tres años o de los cinco años. En cambio, después de ese tiempo el *Baraita* le advierte que ya no verá una buena señal, y que debe probar su suerte en el estudio de la Cabalá.

27) También debemos saber que hay dos partes en la sabiduría de la verdad: La primera, llamada "*Sitrei Torá*" ("Secretos de la *Torá*"), la cual está prohibida revelar excepto por insinuación, y de un sabio cabalista a un discípulo que comprende por sí mismo *Maasé Merkavá* y *Maasé Bereshit*, que también pertenecen a esa parte. Los sabios del *Zóhar* se refieren a esa parte como "las primeras tres *Sfirot*: *Kéter*, *Jojmá* y *Biná*, que son también el *Rosh* (cabeza) del *Partzuf*.

La segunda parte es llamada "*Teamei Torá*" ("Sabores de la *Torá*"). No sólo está permitido sino que también es una gran *Mitzvá* descubrirlos. El *Zóhar* se refiere a esta (parte) como las "Siete *Sfirot* inferiores del *Partzuf*", también llamadas el *Guf* (cuerpo) del *Partzuf*.

Porque cada uno de los *Partzufim* de *Kdushá* (Santidad) consiste de diez *Sfirot*, denominadas: *Kéter*, *Jojmá*, *Biná*, *Jésed*, *Gvurá*, *Tifféret*, *Nétzaj*, *Hod*, *Yesod* y *Maljut*. Las primeras tres *Sfirot* son consideradas el "*Rosh* del *Partzuf*", en tanto que las siete *Sfirot* inferiores son el "*Guf del Partzuf*". Incluso el alma del hombre inferior también contiene las diez *Sfirot* en sus nombres y en cada *Sfirá*, tanto en las Superiores como las inferiores.

La razón por la cual las siete *Sfirot* inferiores, que son el *Guf* del *Partzuf* son denominadas "sabores de la *Torá*" tal como dice el verso: "y el paladar saborea su comida". Las Luces que aparecen bajo las primeras tres [*Sfirot*], llamadas *Rosh*, son denominadas *Teamim* (sabores) y *Maljut* de *Rosh* es denominada *Jej* (paladar).

Por esta razón son llamadas *Teamim* de la *Torá*. Esto significa que aparecen en el paladar del *Rosh* que es la fuente de todos los *Teamim*, que es *Maljut* del *Rosh*. De allí para abajo no está prohibido descubrirlos. Por el contrario, el premio para quien las descubre es inmensurable e ilimitado.

Sin embargo, tanto estas tres primeras *Sfirot* como las siete inferiores se expanden ya sea en forma conjunta o separada, tal que es posible dividirlas. Así, incluso las primeras tres *Sfirot* de *Maljut* al final del mundo de *Asiyá*, pertenecen a la sección de los "Secretos de la *Torá*" que está prohibido descubrirlas. De modo similar, las siete *Sfirot* más bajas en el *Kéter* de *Rosh* de *Atzilut* pertenecen a la sección de los "*Teamei Torá*" y está permitido descubrirlas, y estas palabras están escritas en los libros de Cabalá.

28) Puede encontrarse la fuente de estas palabras en la *Mishná* (*Pesajim* 119), como está escrito en (Isaías 23): "Y su ganancia y su lucro serán consagrados al Señor; no serán atesorados, ni serán guardados, sino que su ganancia será para los que habitan delante del Señor, para que coman hasta la saciedad, y para que vistan espléndidamente". ¿Qué es "vestido espléndido"? Es lo que cubre las cosas que *Atik Yomin* cubrió. ¿Cuáles son éstas (cosas)? Los secretos de la *Torá*. Otros dicen, esto es lo que revelan las cosas que *Atik Yomin* cubrió. ¿Cuáles son éstas (cosas)? Los sabores de la *Torá*.

RaShBaM interpreta: *Atik Yomin* es el Creador; como está escrito, "y *Atik Yomin* se sentará". Los secretos de la *Torá* son *Maasé Merkavá* y *Maasé Bereshit* (El acto de la creación). El significado de "Nombre" es como está escrito, "éste es Mi nombre para siempre". Las "vestiduras" significan que El no las proporciona a cualquier persona, sólo a aquéllos cuyo corazón está anhelante. "Esto es lo que revela las cosas que *Atik Yomin* cubrió", significa cubriendo los secretos de las *Torá* que primero fueron cubiertos y *Atik Yomin* los descubrió y otorgó permiso para descubrirlos. Quien los descubre logra lo que se dice en este verso.

29) Ahora puede apreciar la gran diferencia entre los secretos de la *Torá*, donde todos los que los obtienen reciben este gran premio por cubrirlos y no por descubrirlos, y es lo contrario con los *Teamim* de la *Torá* dónde todos los que los obtienen reciben este gran premio por revelarlos a los otros.

No hay ninguna disputa sobre la primera opinión, sólo basta con examinar los diferentes significados entre ellas. La *Lishmá Kama* expresa el final, cuando dice "vestiduras lujosas". En consecuencia interpretan la obtención de un gran premio por cubrir los secretos de la *Torá*.

Otros dicen que expresa el principio que dice: "coma hasta llenarse" lo cual significan los *Teamim* de la *Torá*; como está escrito: "y el paladar prueba su comida" porque las Luces de los *Teamim* son llamadas comida. Por lo tanto interpretan que el logro del gran premio mencionado en el texto se refiere a alguien que descubre los *Teamim* de la *Torá* aunque ambos piensan que los secretos de la *Torá* deben cubrirse en tanto que los *Teamim* de la *Torá* deben descubrirse.

30) Así tenemos una respuesta clara acerca de la cuarta y la quinta cuestiones planteadas al comienzo de la introducción, y se encuentra en las palabras de nuestros sabios y también en los libros sagrados, que esto sólo le es dado a alguien cuyo corazón está anhelante. Se refiere a esa parte llamada "Secretos de la *Torá*" que es considerada las primeras tres *Sfirot* y el aspecto de *Rosh*. Esto sólo es otorgado a los humildes y bajo condiciones conocidas, sin embargo en todos los libros de Cabalá, escritos e impresos, ustedes no encontrarán siquiera un rastro de ellos porque ésas son las cosas que *Atik Yomin* cubrió, como está escrito en la *Gmará*.

Más aún, dice si es posible aún pensar e imaginar que todos esos santos y justos famosos, los más grandes y mejores de la nación, como el *Séfer Yetzirá* (Libro de la formación), *Séfer HaZóhar* (El libro del resplandor), y el *Baraita* de *Rabí Ishmael*, *Rabí Hai Gaón*, y *Rabí Jamai Gaón*, *Rabí HaRaA de Garmiza* y todos los *Rishonim* (primeros) hasta *RaMBaN* y, *Baal Ha-Turim* y el *Baal Shulján Aruj* pasando por el *Gaón de Vilna* y el *Gaón de L'adi* y el resto de los justos cuya memoria sea bendecida.

De ellos recibimos toda la *Torá* revelada y a través de sus palabras vivimos y sabemos cuáles actos realizar que sean del gusto del Creador. Todos ellos escribieron y publicaron libros en la sabiduría de la Cabalá. No hay mayor descubrimiento que escribir un libro porque el escritor no sabe quién lee el libro. Es posible que alguien completamente malo lo escrute. Por lo tanto, no hay mayor descubrimiento de secretos de la *Torá* que ese.

No debemos dudar de las palabras de estos santos y puros, de que ellos podrían infringir aún la cosa más ligera escrita y explicada en la *Mishná* y la *Gmará* que está prohibido descubrir, como está escrito en *Maséjet Jaguigá*.

Más bien, todos los libros escritos e impresos son considerados necesariamente los *Teamim* de la *Torá* que *Atik Yomin* primero cubrió y luego descubrió, como está escrito, "y el paladar prueba su comida". No sólo no está prohibido descubrir estos secretos sino al contrario, descubrirlos es algo muy bueno (como está escrito en *Pesajim* 119).

Aquel que sabe cómo descubrirlos y los descubre, obtiene un premio abundante. Esto es porque descubrir las Luces a muchos, particularmente a la mayoría, de eso depende la pronta venida del Mesías en nuestros días *Amén*.

31) Existe una gran necesidad de explicar por última vez por qué la venida del Mesías depende de que las masas estudien Cabalá, idea tan predominante en el *Zóhar* y en todos los libros de Cabalá. Las multitudes ya lo han discutido sutilmente y se ha vuelto [una cuestión] insoportable.

La explicación a esta cuestión está expresada en los *Tikunim* (correcciones) del *Zóhar* (*Tikkún* No. 30). Traducción abreviada: Desde el momento en que la *Shjiná* salió al exilio, su espíritu sopla sobre aquellos que se comprometen en la *Torá* porque la *Shjiná* está entre ellos. Todos ellos son como el heno que comen las bestias, cada gracia que hacen, la hacen para sí mismos. Aun todos los que estudian *Torá*, cada gracia que hacen, la hacen para sí mismos. En ese momento, el espíritu los abandona y nunca retorna. Éste es el espíritu del Mesías.

¡Ay de aquellos que hacen que el espíritu del Mesías los deje y nunca retorne! Convierten en árida a la *Torá* y no quieren penetrar en la sabiduría de la Cabalá. Estas personas causan la ramificación de la sabiduría, la cual es la partida de la [letra] *Yud* en el nombre *HaVaYaH*.

El espíritu del Mesías los abandona, el espíritu de santidad, el espíritu de sabiduría y entendimiento, el espíritu de prudencia y poder, el espíritu del conocimiento y de temor del Señor". "Y Dios dijo: ¡Haya Luz! –"Ésta es la Luz de amor, el amor de Misericordia, como está escrito, "Yo los he amado con amor eterno".

Sobre esto se ha dicho: "si despiertas, y pones en movimiento el amor, hasta eso agrada… "pero no el amor dirigido a recibir una recompensa. Esto es porque si el temor y el amor son para recibir el premio, es una criada… "una criada que es la heredera de su señora".

32) Empezaremos a explicar la cuestión de los *Tikunim* del *Zóhar* comenzando por lo más simple: Se dice que el temor y el amor que uno tiene en la práctica de *Torá* y *Mitzvot* para

recibir el premio; es decir, mientras espera algún beneficio de la *Torá* y del trabajo, son considerados la criada. Sobre ella está escrito: "una criada que es la heredera de su señora".

Esto es aparentemente confuso por cuanto está escrito, "Uno siempre practicará *Torá* y *Mitzvot*, aún en *Lo Lishmá*", y ¿por qué "la tierra se estremece?" Además, debemos entender tanto la correlación del compromiso en *Lo Lishmá* específicamente de la criada, como la parábola de que ella hereda a su señora. ¿Cuál es la herencia aquí?

33) Con todo lo explicado anteriormente en esta introducción se comprenderá que no se permite el estudio en *Lo Lishmá* sino sólo cuando de *Lo Lishmá* uno llega a *Lishmá*, dado que la Luz en ella corrige.

Por lo tanto, el compromiso en *Lo Lishmá* es considerado una criada que realiza los trabajos innobles para su señora, la *Shjiná*.

Finalmente, uno llegará a *Lishmá* y le será concedida la inspiración de la Divinidad. Entonces la criada, que es el compromiso en *Lo Lishmá*, también será una criada santa, porque apoya y prepara la santidad, aunque será considerada el aspecto del mundo de *Asiyá de Kdushá*.

Sin embargo, si la fe de uno es incompleta y se compromete en *Torá* y en el trabajo sólo porque el Creador le ordenó que estudiara, entonces hemos visto anteriormente que en tal *Torá* y trabajo la Luz no aparece. Esto es porque los ojos de uno están defectuosos y como un murciélago la Luz se transforma en oscuridad.

Tal estudio ya no es considerado una santa criada dado que no adquirirá *Lishmá* a través del mismo. En consecuencia, se llega al dominio de la criada de la *Klipá* (cáscara) que hereda esta *Torá* y este trabajo y los toma para sí.

En consecuencia "la tierra se estremece"; es decir, la Santa Divinidad, llamada tierra. Esto es así porque esa *Torá* y ese trabajo deben haber llegado a ella, como posesiones de la Santa Divinidad, ya que la mala criada roba y rebaja para que sean una posesión de las *Klipot* (pl. de *Klipá*). Así, la criada es la heredera de su señora.

34) Los *Tikunim* del *Zóhar* interpretaron el significado del poema "si despiertas y pones en movimiento al amor, hasta eso agrada". La precisión es que *Israel* atraerá la Luz de *Jésed* Superior (Misericordia), llamado "Amor de Misericordia". Lo que se desea es atraer particularmente a través del compromiso en *Torá* y *Mitzvot* y no para recibir el premio. La razón es que la Luz de la Sabiduría Superior se extiende a *Israel* a través de esta Luz de Misericordia, apareciendo y vistiéndose en esta Luz de Misericordia que *Israel* expande.

Esta Luz de Sabiduría es el significado del verso: "Y reposará sobre él el espíritu de sabiduría y de inteligencia, espíritu de consejo y de fortaleza, espíritu de conocimiento y del temor del Señor" (Isaías 11). Se dice sobre el Rey Mesías: "Y Él preparará una bandera para las naciones, y congregará a los dispersos de *Israel*, y reunirá a los esparcidos de Judá de los cuatro rincones de la tierra." Esto es porque después que *Israel* expanda la Luz de Sabiduría a través de la Luz de Misericordia el Mesías aparece y congrega a los dispersos de *Israel*".

Así, todo depende de la práctica de *Torá* y del trabajo *Lishmá* que puede extender la gran Luz de Misericordia, en la cual se viste y extiende la Luz de *Jojmá*. Éste es el significado del poema: "si despiertas y te pones en movimiento". Esto es así porque la redención completa y la reunión de los dispersos es imposible sin que los conductos de santidad estén preparados.

35) También han interpretado: "y el espíritu de Dios sobrevoló la superficie de las aguas". ¿Qué es "el espíritu de Dios"? Durante el exilio, cuándo *Israel* todavía estaba ocupado en *Torá* y *Mitzvot Lo Lishmá*, sea porque de *Lo Lishmá* uno llega a *Lishmá*, entonces la Divinidad está entre ellos, aunque en exilio, dado que todavía no han alcanzado *Lishmá*.

Esto se refiere a cuando la *Shjiná* está en ocultación; sin embargo, si deciden alcanzar la revelación de la Divinidad, entonces el espíritu del Rey Mesías los cubre con sus alas y despierta para llegar a *Lishmá*, como está escrito: "la Luz en ella corrige". Ella ayuda y prepara para la inspiración de la Divinidad, que es su señora.

Sin embargo, si este aprendizaje en *Lo Lishmá* no es apropiado para llevarlos a *Lishmá*, entonces la Divinidad lo percibe y dice que el espíritu del hombre que asciende no se encuentra entre los discípulos de la *Torá*. Más bien, ellos están en el espíritu de la bestia que desciende, comprometiéndose en *Torá* y *Mitzvot* sólo para su propio beneficio y placer.

El compromiso en la *Torá* no puede traerlos a *Lishmá* y el espíritu del Mesías no los cubre con sus alas sino que salió de ellos y no volverá. La criada impura roba su *Torá* y hereda a su señora dado que no están en el camino de *Lo Lishmá* a *Lishmá*.

Aun cuando no tienen éxito en la práctica de la *Torá* revelada porque no tienen la Luz y les resulta árida debido a la pequeñez de sus mentes, todavía podrían tener éxito comprometiéndose en el estudio de la Cabalá. Esto se debe a que la Luz (contenida) en ella se viste con las vestiduras del Creador; es decir, los Nombres Sagrados y las *Sfirot*. Ellos podrían llegar fácilmente a la forma de *Lo Lishmá* que lleva a *Lishmá* y entonces el espíritu de Dios los cubriría con sus alas, como está escrito: "la Luz en ella los corrige".

No obstante, no tienen ningún deseo de estudiar Cabalá y en consecuencia causan pobreza, saqueo, ruina, asesinato y destrucción en el mundo, debido a que desterraron al espíritu del Mesías, el espíritu de santidad, el espíritu de sabiduría y entendimiento.

36) Aprendemos de las palabras de los *Tikunim* del *Zóhar* que existe el juramento de que la Luz de Misericordia y amor no despertará en el mundo antes que los actos de *Israel* en *Torá* y *Mitzvot* sean realizados no con la intención de recibir el premio sino sólo para otorgar. Éste es el significado del juramento: "yo les imploro, oh hijas de Jerusalén".

Así, la duración del exilio y la aflicción que sufrimos depende de nosotros y espera que merezcamos la práctica de *Torá* y *Mitzvot Lishmá*. Si tan sólo lográsemos obtener esto, la Luz de amor y Misericordia que tienen el poder de expandirse despertará inmediatamente, como está escrito: "Y el espíritu descansará sobre él, el espíritu de sabiduría y entendimiento". Entonces obtendremos la redención completa.

También ha sido aclarado que es imposible que la totalidad de *Israel* llegue a esa gran pureza excepto a través del estudio de la Cabalá. Este es el modo más fácil, adecuado incluso para la gente común.

No así por medio de la ocupación en la *Torá* revelada solamente, [pues] es imposible alcanzarla, excepto por unos cuantos privilegiados y mediante un gran esfuerzo, pero no para la mayoría de la gente (por la razón explicada en el artículo 24). Esto explica la irrelevancia de las cuestiones cuarta y quinta al comienzo de la introducción.

37) La tercera pregunta referida al miedo a echarse a perder, no debe existir tal temor ni nada. Esto es porque el asunto de la desviación del camino de Dios ocurrió en el pasado por dos razones:

- Bien porque fueron más allá de las palabras de nuestros sabios con cosas que no descubrieron; ó,

- Bien porque percibieron las palabras de la Cabalá en su sentido superficial; es decir, como instrucciones corpóreas, violando (el mandato) "No te harás imagen ni ninguna figura".

En consecuencia, hasta el día de hoy ha habido un fuerte muro rodeando esta sabiduría. Muchos han intentado y comenzado a estudiar y no pudieron continuar por falta de comprensión y debido a los nombres corpóreos. Así he trabajado con la interpretación de "*Panim Meirot* y *Panim Masbirot*" para interpretar el gran libro del *ARI* "Árbol de Vida" y hacer abstracción de las formas corpóreas y establecerlas como leyes espirituales por encima del tiempo y el espacio. De acuerdo con esto, cualquier novato podrá entender los temas, sus razones y explicaciones con la mente clara y gran simplicidad, no menos que alguien que entienden la *Gmará* a través de la interpretación de *RaShI*.

38) Continuaremos discurriendo acerca de la práctica de *Torá* y *Mitzvot Lishmá*. Y debemos entender este nombre, "*Torá Lishmá*". ¿Por qué es totalmente deseable el estudio llamado *Lishmá*, e indeseable el estudio llamado *Lo Lishmá*?

Porque de acuerdo con el entendimiento simple, lo cual implica que alguien que se compromete en *Torá* y *Mitzvot* y dirige su corazón para darle contentamiento a su Creador y a sí mismo, debía haber sido referido como *Torá Lishmá* y *Torá Lo Lishmá*; es decir, para el Creador. ¿Por qué entonces son denominados con los nombres *Lishmá* y *Lo Lishmá*; es decir, para la *Torá*?

Ciertamente hay aquí algo más para entender ya que lo mencionado en la frase muestra que *Torá Lishmá* significa, que para dar contentamiento a su Hacedor aún no es insuficiente, sino que el estudio deberá ser *Lishmá*, es decir para la *Torá*. Esto requiere una explicación.

39) El asunto es, que la *Torá* es conocida como "*Torá* de Vida", tal como está dicho: "Porque es vida para aquellos que la hallan" (Proverbios 4.22), "Porque ésta no es una cosa inútil de vuestra parte, sino que es vuestra misma vida" (Deuteronomio 32.47). Por lo tanto, el signi-

ficado de *Torá Lishmá* es que la práctica de *Torá* y *Mitzvot* le trae a uno vida y largos días, y entonces la *Torá* es como su nombre (lo indica).

A quien no dirige su corazón y su mente a lo antedicho, la práctica de *Torá* y *Mitzvot* le trae lo contrario de vida y largos días, es decir completamente *Lo Lishmá*, ya que su nombre es "*Torá* de Vida". Estas palabras están explicadas en las palabras de nuestros sabios (*Taanit* 7.71) "Al que practica *Torá Lo Lishmá*, su *Torá* se convierte en una poción de muerte para él; y al que practica *Torá Lishmá*, su *Torá* se convierte en una poción de vida para él".

Sin embargo, sus palabras requieren de una explicación a partir de considerar ¿cómo y a través de qué la *Torá* se convierte para él en una poción de muerte? No sólo que su trabajo y esfuerzo son en vano y no recibe beneficio de su tarea y fatiga, sino que la *Torá* y el trabajo mismos se convierten para él en una poción de muerte. Esto es algo verdaderamente confuso.

40) Primero debemos entender las palabras de nuestros sabios (*Meguilá* 6.72), quienes dijeron: "Me esforcé y encontré, créele. No me esforcé y encontré, no le creas".

Debemos preguntarnos por la frase: "Me esforcé y encontré", ya que estas (palabras) se contradicen a sí mismas, pues "me esforcé" se refiere al trabajo y al esfuerzo que uno hace a cambio de cualquiera posesión que desea. Para una posesión importante uno realiza grandes esfuerzos y para una posesión menor uno realiza un esfuerzo menor.

Su contrario es "encontrar". Su proceder es llegar a una persona distraída y sin ninguna preparación en la labor, esfuerzo y precio. Así, ¿cómo dice "me esforcé y encontré"? Si hay esfuerzo aquí debía haber declarado, "me esforcé y compré" o "me esforcé y logré"; etc., y no "me esforcé y encontré".

41) El *Zóhar* escribe sobre el texto: "y aquéllos que Me buscan seriamente Me encontrarán" y pregunta: "¿Dónde se encuentra al Creador?" Dicen que el Creador sólo se encuentra en la *Torá*; además, con respecto al texto "Verdaderamente Tú eres un Dios con la habilidad de ocultarte a Ti mismo", (ya) que el Creador se esconde en la *Shjiná*.

Debemos entender por completo sus palabras. Parece que el Creador sólo está oculto en las cosas y conductas corpóreas y en todas las futilidades de este mundo, fuera de la *Torá*. ¿Así, cómo se puede decir lo contrario, que Él sólo se esconde en la *Torá*?

También existe el significado general de que el Creador se esconde de modo que Él debe ser buscado. ¿Por qué Él necesita esta ocultación? Además, "Todos los que Lo buscan Lo encontrarán" lo cual se deduce del texto "y aquéllos que Me buscan seriamente Me encontrarán". Debemos entender ¿qué y por qué son esta búsqueda y este encontrar?

42) Y es necesario que sepas que no obstante, la razón de nuestra gran distancia del Creador y el hecho de que estemos tan dispuestos a transgredir Su deseo, es una sola, convirtiéndose en la fuente de todo tormento y sufrimiento que padecemos y de todos los pecados y los errores que cometemos.

Claramente, removiendo esa razón nos libraremos al instante de cualquier dolor y sufrimiento. Inmediatamente nos será concedida la adhesión con Él en corazón, alma y poder. Yo digo que esa razón preliminar no es otra que la "falta de comprensión nuestra en Su Providencia sobre Sus creaciones". Este es el motivo por el cual no Lo comprendemos apropiadamente.

43) Estableceremos un ejemplo, si el Creador hubiera realizado Providencia abierta con Sus creaciones, de esta manera: Quienquiera que hubiese comido algo prohibido se habría asfixiado inmediatamente, en tanto que todo aquel que realizara una *Mitzvá* inmediatamente encontraría en esto un placer tan maravilloso como los deleites más finos en este mundo corpóreo. Entonces, ¿Qué necio consideraría todavía probar una cosa prohibida, sabiendo que debido a ello perderá su vida inmediatamente, como si estuviera saltando dentro del fuego?

Del mismo modo, ¿qué necio dejaría sin realizar una *Mitzvá* tan rápidamente como fuera posible, y se retiraría o demoraría (en recibir) tan gran placer corporal que llega a su mano en forma tan inmediata como pueda? Así, si la Providencia estuviera abierta ante nosotros, todo el mundo sería completamente justo.

44) Así se ve que todo lo que necesitamos en nuestro mundo es Providencia abierta, porque si tuviéramos Providencia abierta, absolutamente todos serían unos justos completos, y también se hubiesen adherido a Él con amor absoluto y sería ciertamente un gran honor para cualquiera de nosotros favorecerLo y amarLo con nuestro corazón y nuestro alma y nos adheriríamos a Él sin perder un minuto.

Sin embargo, esto no es así y una *Mitzvá* no es premiada en este mundo. Más aún, aquéllos que Lo desafían no son castigados ante nuestros ojos, sino que el Creador es paciente con ellos.

"He aquí, éstos son inicuos, más prosperan de continuo, aumentan (sus) riquezas" Sin embargo, no todos los que quieren tomar al Señor pueden venir y tomar. En cambio tropezamos a cada paso del camino, hasta que, como nuestros sabios escribieron sobre el versículo: "yo he encontrado un hombre en mil. Mil entran en un cuarto y uno sale para enseñar".

Así, comprendemos que Su Providencia es la razón para todo lo bueno, y la falta de comprensión es la razón de todo lo malo. Esto se convierte en el eje para todas las personas del mundo, para mejor o para peor.

45) Cuando examinamos de cerca cómo la gente percibe la obtención de la Providencia, encontramos cuatro tipos. Cada tipo recibe una Providencia especial del Creador. Así, hay cuatro tipos de logro de Providencia, aunque de hecho son sólo dos: la ocultación del rostro y la revelación del rostro, pero están divididas en cuatro. Hay dos discernimientos en la Providencia de ocultación del rostro que son:

1. la ocultación simple; y,
2. la ocultación dentro de la ocultación.

También hay dos discernimientos en la Providencia de revelación del rostro que son:

1. la Providencia de premio y castigo; y,

2. la Providencia eterna.

46) El verso dice: (Deuteronomio 31.17): "Por lo cual se encenderá Mi ira contra él en aquel día, y los dejaré y esconderé Mi rostro de ellos, de manera que será consumido y le alcanzarán muchos males y angustias. Y él dirá en aquel día: "¿No es por cuanto no está mi Dios en medio de mí, que me han alcanzado estos males?". Pues Yo indudablemente habré escondido Mi rostro en aquel día, por motivo de todas las maldades que él habrá hecho, por haberse vuelto a otros dioses".

Cuando examinamos estas palabras encontramos que al principio declaran "Por lo cual se encenderá Mi ira…y Yo habré escondido Mi rostro", lo cual significa una ocultación.

Después declara "y le alcanzarán muchos males y angustias… y Yo habré escondido Mi rostro" lo cual significa doble ocultación. Debemos comprender de qué se trata esta "doble ocultación"

47) Antes que nada debemos entender el significado de "el Rostro del Creador" sobre lo cual dice la escritura: "Yo habré escondido Mi rostro". Puede pensarse como una persona que ve la cara de su amigo y lo conoce en seguida; sin embargo, cuando lo ve desde atrás no está seguro de su identidad, y podría entrar en duda: "¿Quizás es otro y no su amigo?".

Así que la cuestión ante nosotros es: Todos sabemos y sentimos que el Creador es bueno y que la conducta del bueno es hacer el bien. Por lo tanto, cuando el Creador otorga a Sus creados, todos sabemos y Lo reconocemos dado que Él se comporta según Su nombre, como hemos visto antes respecto de la Providencia abierta.

48) Sin embargo, cuando Él se comporta con Sus creados en forma opuesta a lo antedicho; es decir, que reciben sufrimiento y dolor en Su mundo, esto es considerado la espalda del Creador. Esto es así porque Su rostro, el cual significa Su atributo completo de bondad, está completamente oculto de ellos, y ésta no es una conducta apropiada de Su nombre. Y es como cuando uno ve al amigo de espaldas y podría dudar y pensar, "¿Quizás es otra persona?".

Las escrituras dicen, "Entonces se encenderá Mi ira… y Yo esconderé Mi rostro de ellos". Porque durante la cólera, cuando las personas son afligidas por problemas y dolores, se encuentra el Creador escondiendo Su rostro que es Su benevolencia absoluta estando visible solamente Su espalda. En ese estado, se requiere un gran fortalecimiento de Su fe para cuidarse de los pensamientos de trasgresión dado que es difícil conocerlo de espaldas. Y esto es llamado "Una ocultación".

49) Sin embargo, cuando las preocupaciones y tormentos se acumulan mucho, esto causa una ocultación doble la cual los libros llaman: la "Ocultación dentro de Ocultación".

Significa que incluso Su espalda es inadvertida; es decir, que no creen que el Creador esté enfadado con ellos y castigándolos, sino que lo atribuyen al azar o a la naturaleza llegando a negar Su Providencia en castigo y recompensa y, se vuelcan hacia la idolatría.

50) De no ser así, previamente, en donde la escritura sólo habla de la perspectiva de una ocultación, el texto concluye: "Y dijo aquel día: es porque Dios no existe en mí que me han alcanzado estos males". Es decir que todavía creen en la Providencia de castigo y recompensa, y dicen que los problemas y sufrimientos les llegan porque no están adheridos al Creador, como está escrito: "es porque Dios no existe en mí que me han encontrado estos males", lo cual es considerado que todavía ven al Creador, pero sólo desde atrás. Y por lo tanto, se llama "Ocultación Simple"; es decir, la ocultación del rostro, únicamente.

51) He aquí que se han explicado los dos aspectos de percepción de la Providencia oculta que sienten los creados: "Ocultación simple" y "ocultación dentro de ocultación":

La Ocultación simple se refiere a la ocultación del rostro, únicamente, y la espalda les es revela. Significa que ellos creen que el Creador les ha causado estos sufrimientos, como castigo. Y aunque les resulta duro poder siempre reconocer al Creador a través de Su espalda, lo cual los lleva a transgredir, aún entonces son considerados "malvados incompletos". Es decir que estas transgresiones son como errores porque les han llegado como resultado de la acumulación de sufrimientos, ya que por lo general creen en el castigo y recompensa.

52) En tanto que la ocultación dentro de ocultación significa que incluso la espalda del Creador está oculta a ellos, ya que no creen en castigo y recompensa. Por lo que sus transgresiones son consideradas malicias, siendo considerados "malvados completos" porque se rebelan y dicen que el Creador no mira en absoluto sobre Sus creaciones, y se vuelcan a la idolatría, como está escrito: "han dirigido a otros dioses".

53) Debemos saber que toda la cuestión del trabajo de cumplir la *Torá y Mitzvot* por vía de elección, se aplica principalmente a las dos facetas mencionadas de Providencia oculta. Está dicho acerca de ese tiempo (*Avot*): "El premio es acorde al dolor". Ya que dado que Su guía no se revela y es imposible verLo sino sólo en ocultación del rostro; o sea, sólo de espaldas, como alguien que ve a su amigo desde atrás y puede que dude y piense que es otro, de este modo, al hombre siempre le queda la opción de cumplir Su deseo o violarlo.

Porque las penas y dolores que uno padece lo llevan a dudar de la realidad de Su guía sobre Sus creaciones; ya sea de la primera manera, como un error o, de la segunda, como malicia, pero de todas maneras se encuentra en gran dolor y afán. La escritura dice sobre este tiempo: "Todo cuanto hallare que hacer tu mano, hazlo mientras tengas fuerza" (Eclesiastés 9). Esto es así porque uno no logrará la revelación del rostro, que es la medida completa de Su bondad, antes de intentar y hacer todo lo que esté en sus manos y poder; y el premio es acorde al dolor.

54) No obstante, cuando el Creador ve que uno completó su medida de esfuerzo y terminó todo lo que tenía que hacer, fortaleciendo su elección y fe en el Creador, entonces el Creador lo ayuda, logrando alcanzar la Providencia revelada, que es la revelación del Rostro. Y en-

tonces es premiado con el arrepentimiento completo, lo cual significa que vuelve a adherirse al Creador con toda su alma y corazón, como se extiende naturalmente del lado de la Providencia revelada.

55) Dichos logro y arrepentimiento llegan a la persona en dos peldaños: el primero es el alcance absoluto de la Providencia de castigo y recompensa. Y además de alcanzar la recompensa por cada *Mitzvá* en el próximo mundo, con absoluta claridad, también es premiado, inmediatamente, en este mundo, con el logro del goce maravilloso del cumplimiento de tal *Mitzvá*. Y de la misma manera, además de alcanzar el amargo castigo que resulta por cada transgresión, después de su muerte, también logra sentir el gusto amargo de cada trasgresión, aún mientras vive. Y es obvio que el que logra esta Providencia revelada puede estar seguro que no pecará más, así como es inconcebible que uno se cortara su propia carne infligiéndose así terribles sufrimientos. Y del mismo modo, puede estar seguro que no dejaría de observar la *Mitzvá* que tuviera a mano, así como es seguro que uno tampoco descuidaría cualquier placer mundano o alguna ganancia que tuviera a mano.

56) Ahora puede entenderse lo que dijeron nuestros sabios: "¿Cómo podrá uno saber que se ha arrepentido? Hasta que Él quien conoce todos los misterios, atestigüe que no retrocederá más, a la necedad". Éstas palabras son aparentemente enigmáticas porque ¿quién subiría al cielo para oír el testimonio del Creador? Además, ¿ante quién debe atestiguar el Creador? ¿No es suficiente que el Creador Mismo sepa que la persona se arrepintió y que nunca volverá a pecar?

Y por lo explicado, el asunto es bien sencillo. Porque en realidad, uno no puede estar completamente seguro que no pecará más antes que logre alcanzar la Providencia de castigo y recompensa, elaborada anteriormente; es decir, la revelación del rostro. Y esta revelación del rostro, de parte de la salvación por el Creador es denominada "testimonio", ya que la salvación por Él mismo de este logro de castigo y recompensa, es lo que le garantiza que no pecará más.

Por consiguiente, es considerado que el Creador atestigua por él. Y por lo tanto está escrito: "¿Cómo podrá uno saber que se ha arrepentido?" En otras palabras: ¿cuándo tendrá uno la certeza de que ha logrado el arrepentimiento completo? Y es por ello que se le proporcionó una señal clara; es decir, "Hasta que Él quien conoce todos los misterios, atestigüe que no retrocederá más, a la necedad". Quiere decir que logre la revelación del rostro, en donde la salvación por el Creador Mismo testifica que no retrocederá más, a la necedad.

57) Y aquí está la respuesta admitida que es llamada como: "Arrepentimiento por temor", porque aunque uno retorna al Creador con todo su alma y corazón, hasta que Él quien conoce todos los misterios testifique que no retrocederá más a la necedad, no obstante, la certeza de que él no pecará nuevamente se debe al propio alcance y sensación del castigo y tormentos terriblemente malos que llegan por las transgresiones. Y por lo tanto, está seguro que no pecará, así como es seguro que no se afligiría terribles sufrimientos.

Por consiguiente, este arrepentimiento y esta certeza sólo se deben, a fin de cuentas, al temor por los castigos que le llegan por las trasgresiones. Resulta que uno se arrepiente sólo por miedo al castigo. Y es por eso que [este arrepentimiento] es llamado "Arrepentimiento por temor".

58) Con esto entendemos las palabras de nuestros sabios que "Quien se arrepiente por temor, logra que sus pecados se vuelvan errores". Y hay que entender, cómo sucede esto. Según lo anterior (artículo 52) se puede entender completamente que los pecados que uno comete resultan al recibir la Providencia de la doble ocultación; a saber, ocultación dentro de ocultación, lo cual significa que uno no cree en la Providencia de castigo y recompensa. Sin embargo, en la ocultación singular, que significa que cree en la Providencia de castigo y recompensa, sólo que debido a la acumulación de sufrimientos a veces llega a pensamientos de trasgresión, aunque uno cree que los sufrimientos le llegan como castigo, no obstante, es como una persona que ve a su amigo de espaldas y podría dudar y pensar que es otro. Estos pecados son sólo errores, dado que en conjunto cree en la Providencia de castigo y recompensa.

59) Entonces, cuando uno logra el arrepentimiento por temor, significando un claro alcance del castigo y recompensa hasta que esté seguro que no pecará de nuevo, la ocultación dentro de ocultación le es corregida por completo. Ya que ahora ve inequívocamente que existe una Providencia de castigo y recompensa. Y le resulta claro que todo el sufrimiento que alguna vez experimentó era un castigo de Su Providencia por los pecados que cometió. Y en retrospectiva ve que había cometido un grave error, por lo que desarraiga estos pecados desde las raíces.

Sin embargo, no los desarraiga completamente, sino que se le convierten en errores. Es como con las transgresiones que cometió en la ocultación simple, fallando debido a la confusión provocada por la multitud de tormentos que puede desquiciar a cualquiera, por lo que [las transgresiones] sólo son consideradas como errores.

60) No obstante, en este arrepentimiento no corrige en absoluto la primera ocultación del rostro, sino únicamente a partir de ahora, después de haber logrado la revelación del rostro. En el pasado, sin embargo, antes de que le haya sido otorgado el arrepentimiento, la ocultación y los errores permanecen como estaban, sin cambios ni corrección. Esto es así porque entonces también creyó que los problemas y el sufrimiento le llegaron como castigo, como está escrito: "¿Estos males no caen sobre nosotros porque nuestro Dios no está entre nosotros?"

61) Por consiguiente todavía es considerado justo completo porque quien es premiado con la revelación del rostro, a saber la medida completa de Su bondad, es llamado "justo" (ítem 55). Esto es así porque realmente justifica Su Providencia tal como es; es decir, que conduce a Sus criaturas con el principio del bien y con el principio de perfección, de manera que hace el bien tanto a buenos como a malos.

62) También es llamado "intermedio" ya que después de que logra el arrepentimiento del miedo, también es calificado para lograr el arrepentimiento del amor a través de su sano compromiso en *Torá* y buenas acciones. Entonces uno logra ser un "justo completo".

A partir de ahora es intermediario entre el miedo y el amor [y por lo tanto] es llamado "intermedio". Sin embargo, antes de esto no fue completamente calificado ni aún preparado para el arrepentimiento del amor.

63) Esto explica ampliamente el primer grado del logro de la revelación del Rostro. Esto es el logro y la sensación de Providencia de premio y castigo en un modo que Él, quien sabe todos los misterios, testificará que uno no retrocederá a la necedad. Esto es llamado "Arrepentimiento por Temor", cuando sus pecados se convierten en errores. Es llamado "justo incompleto" y también "intermedio".

64) Ahora explicaremos el segundo grado del logro de la revelación del Rostro, que es el logro de la Providencia completa, verdadera y eterna. Significa que el Creador mira por sobre Sus creados en la forma de "el Bueno que hace el bien tanto a buenos como a malos"; siendo ahora considerado "justo completo" y "arrepentimiento por amor", cuando a uno le es concedido convertir sus pecados en virtudes.

Esto explica los cuatro aspectos de la percepción de la Providencia que aplica en los creados. Las primeras tres; es decir, la ocultación doble, la ocultación simple y el logro de Providencia de premio y castigo, son preparaciones por las cuales uno alcanza el cuarto aspecto. Este es el logro de la verdad, de la Providencia eterna.

65) No obstante, debemos entender por qué el tercer aspecto no es suficiente para una persona, a saber la Providencia de premio y castigo. Hemos dicho que ya ha sido premiado por Él quien conoce todos los misterios atestiguando que no pecará nuevamente. Entonces, ¿por qué todavía es llamado "intermedio" o "justo incompleto", cuyo nombre prueba que su trabajo todavía no es deseable a los ojos del Creador y que todavía hay una falla y una mancha en su trabajo?

66) Antes que nada vamos a dilucidar lo que los intérpretes preguntaron acerca de la *Mitzvá* de amor de Dios. ¿Cómo la Santa *Torá* nos compromete a una *Mitzvá* que no podemos guardar? Uno puede obligarse y esclavizarse a algo, pero ninguna coerción ni esclavitud en el mundo lo ayudarán con el amor.

Se explica que cuando uno guarda las 612 *Mitzvot* correctamente el amor de Dios se extiende a él por sí mismo. Entonces, consideran que es posible guardar dado que uno puede esclavizarse y obligarse a sí mismo para guardar las 612 *Mitzvot* correctamente y entonces también logra el amor de Dios.

67) Verdaderamente estas palabras requieren de una elaborada interpretación. Finalmente, el amor de Dios no debe llegar a nosotros como una *Mitzvá*, ya que no hay ningún acto y esclavitud de nuestra parte en ella. Más bien se llega por sí mismo después de completar las 612 *Mitzvot*. Entonces, si tenemos lo suficiente con el mandamiento de las 612 *Mitzvot*, ¿por qué fue escrita esta *Mitzvá*?

68) Para entender que primero debemos adquirir el entendimiento genuino de la naturaleza del amor de Dios en sí mismo. Debemos saber que todas las inclinaciones, tendencias y propiedades instiladas en uno para servir con ellas a los amigos, todas estas tendencias y propiedades naturales son requeridas para el trabajo de Dios.

Para empezar, sólo fueron creadas e impresas en una persona debido a su función final, que es el último propósito de hombre, como está escrito: "no te apartarás de él ni estés apartado".

Uno los necesita a todos para completarse con los modos de recepción de la abundancia y para completar el deseo de Dios.

Este es el significado de: "A cada uno que es llamado de Mi nombre, y a quien Yo he creado, he formado y hecho en honor Mío " (Isaías 43.7), y también: "El Señor ha hecho cada cosa para Su propio propósito" (Proverbios 16.4). Sin embargo, mientras tanto al hombre le ha sido dado todo un mundo para desarrollar y completar todos estas inclinaciones y atributos naturales comprometiéndose en ellos con la gente, volviéndolas útiles para su propósito.

Está escrito: "Uno debe decir, el mundo fue creado para mí". Esto es porque todas las personas son requeridas como individuos dado que desarrollan y califican los atributos e inclinaciones de cada individuo para convertirse en una herramienta apropiada para Su trabajo.

69) Así, debemos entender la esencia del amor de Dios (a partir) de las propiedades del amor por las cuales una persona se relaciona con otra. El amor de Dios se muestra necesariamente en estos atributos ya que para empezar, éstos sólo se imprimieron en los humanos para Su nombre. Cuando observamos los atributos de amor entre un hombre y otro encontramos cuatro atributos de amor, uno superpuesto al otro; es decir, dos que son cuatro.

70) El primero es el "Amor Condicional". Significa que debido a la gran bondad, placer y beneficio que uno recibe de su amigo, su alma se aferra al amigo con amor maravilloso.

Hay dos medidas en esto: la primera es que antes de que se hayan encontrado y comenzado a amarse uno al otro, se causaron daño entre sí. Sin embargo, ahora prefieren no recordarlo porque "el amor cubre todas las transgresiones". La segunda medida es que siempre se han hecho favores y ayudado entre sí, [por lo que] no hay rastro de daño y perjuicio entre ellos.

72) La segunda es el "Amor Incondicional". Lo cual significa que uno conoce la virtud de su amigo que puede ser exaltada, más allá de cualquier medida imaginable. Debido a eso su alma se aferra a él con amor eterno.

También hay aquí dos medidas: la primera es antes que uno conozca cada conducta y acto de su amigo con otros. En ese momento este amor es considerado "Menos que Amor Absoluto".

Esto es porque el amigo de uno tiene relaciones con otros que, en la superficie, parecen ser perjudiciales para los otros sin negligencia. De esta manera, si el amante los viera, el mérito del amigo quedaría completamente manchado y el amor entre ellos se corrompería. Sin embargo, dado que él no ha visto estas relaciones, su amor todavía es completo, grande y lo más maravilloso.

73) El segundo atributo del amor incondicional es la cuarta medida del amor en general, el cual también nace de conocer el mérito de su amigo. Sólo que además de esto, uno conoce ahora todas sus relaciones y comportamientos con cada persona, sin falta, y ha verificado y encontrado, [tanto así que] no sólo que no hay rastro de falla en ellos, sino que su bondad hacia ellos es interminable y mayor que todo lo imaginable. Y Ahora es "Amor Eterno y Absoluto".

74) He aquí, que estas cuatro medidas de amor habituales entre un hombre y otro, aplican también entre el hombre y Dios. Es más, aquí, en el amor de Dios, se realizan en forma de escaleras a manera de causa y efecto, siendo imposible alcanzar cualquiera de ellas antes que logre la primera medida de amor condicional. Y después de haberla alcanzado por completo, ese primer atributo induce a que alcance el segundo atributo. Y después de haber adquirido el segundo atributo por completo ésta lo lleva a alcanzar el tercer atributo. Y así también del tercer atributo al cuarto, al amor eterno.

75) Por lo tanto surge la pregunta: ¿Cómo se puede adquirir el primer grado de amor de Dios, que es el primer grado de amor condicional, que significa, el amor que le llega por toda la bondad que uno recibe del amado, cuando no existe, la recompensa por la *Mitzvá*, en este mundo?

Ni que hablar, según lo anterior, que cada uno debe pasar por las dos primeras formas de Providencia oculta, lo cual significa que Su rostro; o sea, Su medida de bondad, que es la conducta del Bueno hacer el bien, está oculta en aquel tiempo (ítem 47). Y por consiguiente, se experimenta entonces, dolor y sufrimiento.

Por cierto, se ha aclarado que toda la práctica de la *Torá* y el trabajo por elección se aplican principalmente durante ese tiempo de ocultación de rostro. Y entonces, ¿cómo podría ser que uno logre el segundo atributo del amor condicional, lo cual significa que desde siempre el ser amado le ha hecho sólo el bien en forma maravillosa y abundante y nunca le ha causado ni una chispa de maldad, ni que hablar sobre el logro del tercer o cuarto grados?

76) Realmente estamos navegando en aguas profundas. Y por lo menos, debemos extraer de esto una gema preciosa. Con ese propósito aclararemos las palabras de nuestros sabios en (*Berajot* 17): "Verás tu mundo mientras vives, y a la postre, la vida en el próximo mundo". Y hay que entender, por qué no dijeron: "recibirás tu mundo mientras vives", y no "verás". Y si querían bendecir tendrían que haber bendecido por completo; es decir, que alcance y reciba su mundo mientras vive. También debemos entender, ¿por qué, del todo, debe uno ver su próximo mundo mientras vive, lo cual le causará pena porque sólo a la postre logrará la vida en el próximo mundo? Es más, ¿por qué colocaron esta bendición primero?

77) Primero hay que entender, cómo es esta vista del próximo mundo mientras vive. Porque ciertamente, no podemos ver nada espiritual con ojos corpóreos. Tampoco es la costumbre del Creador cambiar las leyes de la naturaleza; porque el Creador, desde un principio, no colocó estas leyes de este modo, sino sólo porque son las mejores que hay para su propósito, o sea que a través de ellas, logrará el hombre la adhesión a Él, tal como está escrito, "Todo lo que ha hecho el Señor, fue para él". Y por lo tanto, debemos comprender ¿cómo puede uno ver su mundo mientras vive?

78) Y te diré que esta vista le llega a uno a través de la apertura de los ojos en la sagrada *Torá*; como está escrito: "Abre mis ojos, para que pueda ver las maravillas de Tu *Torá*". Y acerca de esto, el alma es juramentada antes de llegar al cuerpo (*Nidá* pág. 30), que "aún si el mundo entero dijera que eres un hombre justo, sé, tú, como un malvado, en tus propios ojos"; es decir, especialmente en tus propios ojos.

Esto significa que mientras no has logrado la "apertura de los ojos" en la *Torá*, considérate a ti mismo como malévolo, y no te engañes a ti mismo con el poder del prestigio que tengas en el mundo entero, como un hombre justo. Y por lo tanto también entenderás por qué colocaron la bendición "Verás tu mundo mientras vives" al principio de todas las bendiciones; es porque antes que eso, ni siquiera logra la propiedad de "justo incompleto".

79) Y realmente debemos entender, si uno reconoce en sí mismo que ya ha cumplido toda la *Torá* por completo, y todo el mundo coincide en eso, ¿por qué esto no le resulta suficiente en lo absoluto, sino que es juramentado a continuar considerándose malvado? ¿Y sólo porque le falta este grado maravilloso de 'abrir los ojos a la *Torá*', de ver su mundo mientras vive, lo comparas con un malvado?

80) No obstante ya han sido explicadas las cuatro maneras por las que las personas alcanzan Su supervisión de ellas, que son dos aspectos de la ocultación del Rostro, y las dos mediante la revelación del Rostro. Asimismo se ha explicado la razón de la "ocultación del rostro" a las criaturas, que es proporcionar deliberadamente a las personas un lugar para esforzarse y dedicarse a Su trabajo en la *Torá y Mitzvot* en el aspecto de "elección". Esto es porque entonces, eleva el estado de ánimo ante el Creador por su trabajo en Su *Torá* y *Mitzvot*, mucho más que el estado de ánimo de Sus ángeles superiores, que no tienen ninguna elección, sino que son obligados en sus encomiendas, como ya es sabido.

81) Y a pesar del elogio por la fase de ocultación del Rostro, mencionada anteriormente, ésta, aún no es considerada perfección, sino sólo "transición". Porque forma el lugar desde el cual se logra la perfección esperada, es decir que cada pago, por cualquier *Mitzvá*, preparado para uno, es adquirido sólo a través de su esfuerzo en la *Torá* y las buenas acciones durante el tiempo de ocultación del Rostro; o sea, cuando trabaja por "elección". Esto es así porque entonces uno se aflige mientras fortalece su fe en cumplir Su deseo, y todo el premio de uno es medido sólo de acuerdo al dolor que se padece guardando la *Torá* y la *Mitzvá*. Como está escrito, "El premio es acorde al dolor".

82) Y por lo tanto, cada persona debe experimentar esa "transición" durante el periodo de ocultación del Rostro, y cuando la completa, entonces logra alcanzar la Providencia abierta; es decir, la revelación del rostro. Y antes de que ha logrado la revelación del rostro, y aunque ve el lado posterior, no puede abstenerse de cometer alguna transgresión.

Y no sólo que es incapaz de cumplir todas las 613 *Mitzvot*, porque el amor no viene por coerción y compulsión, sino que tampoco ha cumplido las 612 *Mitzvot*. Porque incluso su temor todavía no es constante, como debe serlo. Esto es lo que significa que [la palabra] "*Torá*" es igual a 611 en *Guemátria* (pues toda *Guemátria* se refiere al secreto de *Ajoráim*), ya que uno no puede incluso observar las 612 *Mitzvot*, correctamente. Y este es el significado de "Él no será adversario para siempre". Sino que está destinado a lograr la revelación del Rostro.

83) He aquí que el primer escalón de la revelación del Rostro, que es el alcance de la Providencia de castigo y recompensa con absoluta claridad, le llega al hombre sólo a través de Su salvación, cuando logra la apertura de los ojos en la Sagrada *Torá* en un alcance maravilloso, y se convierte en "una fuente creciente" (*Avot* 86). Y en cualquier *Mitzvá* de la Sagrada *Torá*

que ya ha cumplido por el esfuerzo por su propia elección, logra ver el premio por tal *Mitzvá*, destinado para él en el próximo mundo, así como también la gran pérdida en caso de transgresión.

84) Y aunque el premio no está todavía en sus manos, debido a que no hay premio en este mundo por las *Mitzvot*; no obstante, este alcance claro, desde aquí en adelante, es suficiente, en sí mismo, para que él sienta un gran placer al realizar cada *Mitzvá*, porque "Todo aquello que está por recolectar es considerado recolectado". Por ejemplo: un comerciante que hizo un negocio y ganó una gran suma, aunque la ganancia está destinada a llegar a su mano después de un largo tiempo, de todas maneras, si está completamente seguro, sin ninguna sombra de duda, de que en su momento le llegará la ganancia, es tan feliz como si el dinero le hubiera llegado inmediatamente.

85) Y es obvio que tal Providencia le atestigua que de ahora en más se apegará a la *Torá y Mitzvot* con todo su corazón y su alma, y que se retirará de las transgresiones, como si escapara del fuego. Y aunque no es un justo completo, porque no ha adquirido todavía el arrepentimiento por amor, no obstante, su gran adhesión a la *Torá* y las buenas acciones lo ayudan a lograr, poco a poco, el arrepentimiento por amor; es decir, el segundo grado de la revelación del Rostro, pudiendo entonces cumplir la totalidad de las 613 *Mitzvot*, por completo, con lo cual se convierte en un justo completo.

86) Y ahora comprendemos cabalmente lo que nos preguntábamos acerca del juramento, que el alma es juramentada antes de llegar a este mundo: en que "Aun si el mundo entero diga que eres un justo, sé, tú, como un malvado, en tus propios ojos"; pues nos preguntamos: ¿Si todo el mundo está de acuerdo en que uno es justo, por qué todavía debe considerarse malo? ¿Acaso no puede confiar en el mundo entero?

Y además, debemos añadir una pregunta acerca de la frase, "aún si el mundo entero dice", ¿Qué relevancia tiene el testimonio del mundo entero respecto al tema? ¿E indudablemente, el hombre mismo sabe mejor que el mundo entero? ¿Y tenía que hacerlo jurar que "aún si tú mismo supieras que eres justo"?

Y resulta aún más confuso lo que la *Gmará* explícitamente declara en (*Berajot* 61), que uno debe saber en su alma si uno es un justo absoluto o no. Y que hay una obligación y una posibilidad de ser genuinamente un justo completo. Es más, uno debe indagar y conocer esta verdad, por sí mismo. De ser así, ¿cómo es que el alma se hace jurar de ser siempre mala en sus propios ojos, y nunca saber, ella misma, la verdad, cuándo nuestros sabios nos han obligado a lo contrario?

87) No obstante, estas palabras son realmente precisas, que mientras no ha logrado la apertura de sus ojos en la *Torá* en alcance maravilloso, en la medida que le resulte suficiente alcanzar claramente la adquisición del castigo y recompensa, uno ciertamente no puede engañarse a sí mismo en absoluto, considerándose un hombre justo, porque uno necesariamente siente que le faltan las dos *Mitzvot* más comprensivas de la *Torá*, que son el Amor y el Temor.

Porque incluso el logro del Temor Absoluto; o sea, de manera que "testifique que no retrocederá más a la necedad", por el gran temor del castigo y pérdida por la transgresión, es inimaginable en absoluto, antes de que logre el alcance completo y claro y absoluto en la Providencia del castigo y recompensa; es decir, el logro del primer escalón de la revelación del Rostro que le llega al hombre a través de la apertura de los ojos en la *Torá*. Ni que hablar del amor, que está completamente más allá de la habilidad de uno, ya que depende de la comprensión del corazón, y ningún trabajo y coerción resultan de ayuda aquí.

88) Por esto el juramento establece, "aún si el mundo entero dijese que eres un justo". Esto es así porque sólo estas dos *Mitzvot*, el amor y el miedo, son dadas únicamente al individuo. Nadie más en el mundo puede distinguirlas y conocerlas.

En consecuencia, dado que ven que está completo en 611 *Mitzvot*, dicen inmediatamente que probablemente él tiene también las dos *Mitzvot* de amor y temor. Dado que la naturaleza humana le compele a confiar en el mundo, uno podría caer en un grave error.

Por esa razón, el alma es juramentada antes aún de llegar a este mundo, y eso puede hacernos bien. No obstante, es el mismo individuo quien debe ciertamente cuestionar y saber en su corazón si es un justo completo.

89) También podemos entender lo que preguntábamos: ¿Cómo puede aún el primer grado de amor ser logrado cuando no hay ningún premio para una *Mitzvá* en este mundo? Ahora se entiende claramente que uno no necesita realmente recibir el premio por la *Mitzvá* durante su vida.

Por lo tanto la precisión "Verás tu mundo mientras vives, y a la postre, la vida en el próximo mundo" indica que el premio para una *Mitzvá* no está en este mundo, sino en el próximo.

No obstante, para conocer, ver y sentir el premio futuro de la *Mitzvá* en el próximo mundo, uno debe conocerlo realmente con certeza mientras está en esta vida; es decir, a través del logro maravilloso en la *Torá*. Entonces uno todavía logra amor condicional, que es el primer grado de la partida de la ocultación del Rostro y la entrada a la revelación del Rostro. Uno debe tener esto para guardar *Torá* y *Mitzvot* correctamente en el modo de "Aquel que conoce todos los misterios testificará que él no retrocederá a la necedad".

90) Uno obtiene el segundo grado de revelación del Rostro esforzándose en observar *Torá* y *Mitzvot* con amor condicional. (Este) llega a uno a través de conocer el futuro premio en el próximo mundo mediante eso de que "todo aquello que está casi recolectado se considera recolectado". Esto es considerado como Su guía al mundo desde Su eternidad y veracidad, significando que Él es el Bueno que hace el bien tanto a buenos como a malos.

En ese estado uno logra el amor incondicional y los pecados se convierten en virtudes para él y, desde aquel momento es llamado "justo completo", ya que puede guardar *Torá* y *Mitzvot* con amor y temor, siendo llamado "completo" porque tiene las 613 *Mitzvot* en forma completa.

91) Esto responde a lo que preguntábamos: alguien que logra la tercera medida de la Providencia, llamada Providencia de premio y castigo, cuando Él quien conoce todos los mis-

terios, testifica que no retrocederá a la necedad todavía es considerado "justo incompleto". Ahora entendemos cabalmente que nos falta todavía una *Mitzvá*, llamada *Mitzvá* del amor. Claro que uno sigue incompleto, dado que necesariamente debe completar el número de 613 *Mitzvot*, que ineludiblemente son el primer paso en el umbral de la perfección.

92) Con todo lo dicho estamos en condiciones de comprender lo que preguntábamos: ¿Cómo es que la *Torá* nos obliga a la *Mitzvá* del amor cuando ni siquiera está en nuestras manos comprometernos en ella ni estimarla? Ahora se ve y se entiende lo que nuestros sabios nos advirtieron acerca de esto: "me esforcé y no encontré, no le creas"; y también: "permítale comprometerse en *Torá* y *Mitzvot Lo Lishmá* porque de *Lo Lishmá* se llega a *Lishmá*" (*Pesajim* 59). Asimismo, el verso testifica que: "aquéllos que me buscan seriamente me encontrarán" (Proverbios 8).

93) Estas son las palabras de nuestros sabios (*Meguilá* pág. 6): "*Rabí Itzjak* dijo, si alguien te dice 'me esforcé y no encontré', no lo creas; 'no me esforcé y encontré', no lo creas; 'me esforcé y encontré', créele".

Y dudamos acerca de la frase: "me esforcé y encontré, créele", porque parece contradecirse a sí misma, ya que el trabajo se relaciona con la posesión, y el encontrar es algo que viene sin trabajo en absoluto, en forma inadvertida. Y tendría que haber dicho, "me esforcé y compré".

No obstante, debe saberse que el término "encontrar" que se menciona aquí se refiere al verso: "aquéllos que Me buscan seriamente me encontrarán". Que se refiere a encontrar el Rostro del Creador, tal como está escrito en el *Zóhar*, que Él sólo se encuentra en la *Torá*; es decir, que uno logra encontrar el Rostro del Creador esforzándose en la *Torá*. Y por lo tanto, nuestros sabios fueron precisos en sus palabras, cuando dijeron: "me esforcé y encontré, créele", porque el esfuerzo se invierte en la *Torá* y el hallazgo yace en la revelación del Rostro de Su Supervisión.

Y deliberadamente se abstuvieron de decir: "me esforcé y logré, créele"; o "me esforcé y compré". Porque si así fuera, entonces habría lugar para errar en que las palabras acerca de la adquisición o la posesión se refieren a la adquisición de la *Torá*, únicamente. Por lo tanto, precisaron con la palabra "encontré" indicando que se refiere a otra cosa además de la adquisición de la *Torá*, a saber, el hallazgo de la revelación del rostro de Su Providencia.

94) Y esto es lo que establece el verso: "No me esforcé y encontré, no le creas". Porque parece confuso, ya que ¿quién pensaría que la *Torá* puede ser lograda sin trabajar para ello? Sino que dado que las palabras se relacionan con el verso: "aquéllos que Me buscan seriamente Me encontrarán" (Proverbios 8.17), significa que cualquier persona, sea grande o pequeña, que Lo busca, Lo encuentra inmediatamente, porque eso es lo que implica la palabra "buscar". Y podría pensarse que esto no requiere tanto afán y que incluso una persona inferior, poco inclinada a realizar cualquier tipo de esfuerzo para ello, también Lo encontraría. Y es por eso que nuestros sabios nos han advertido al respecto que no creamos en tal explicación, más bien, que el trabajo es necesario aquí, y que "no me esforcé y encontré, no le creas".

95) Y ahora entenderás por qué la *Torá* es llamada con el nombre de "Vida", como está escrito: "Mira que pongo delante de ti hoy la vida y el bien" (Deuteronomio 30.15); y, "por consiguiente, escoge la vida", y también, "Porque vida son, a aquellos que la hallan" (Proverbios 4.22). Porque esto se extiende del verso: "En la Luz del semblante del Rey está la vida" (Proverbios 16), ya que el Creador es la fuente de toda la vida y de todo lo bueno. Y por lo tanto, la vida se extiende a las ramas que se adhieren a su fuente, lo cual se refiere a aquellos que han trabajado y encontrado la Luz de Su rostro en la *Torá*; o sea, a quienes han logrado la apertura de los ojos en la *Torá*, en un alcance maravilloso, hasta que se les ha concedido la revelación del Rostro; es decir, el alcance de la verdadera Providencia, digna de Su nombre, "Bueno", ya que la conducta del Bueno es hacer el bien.

96) Y aquellos merecedores ya no pueden apartarse del cumplimiento apropiado de la *Mitzvá*, así como uno tampoco puede apartarse de un placer maravilloso que llega a su mano. También escapan de la trasgresión como uno escapa del fuego. Y se dice acerca de ellos: "Ustedes que se han apegado al Señor, vuestro Dios, están vivos hoy", porque Su amor le llega al hombre abundantemente en amor natural a través de los cauces naturales preparados por la naturaleza de la creación. Esto es porque ahora la rama se encuentra adherida apropiadamente a su raíz, y la vida es vertida al hombre desde Su fuente en forma abundante y continua; por consiguiente, la *Torá* es llamada "Vida".

97) Por esta razón nuestros sabios nos advirtieron en muchos lugares acerca de la condición necesaria en la práctica de la *Torá*, que será específicamente *Lishmá*; es decir, de modo que uno logre la vida a través de ello, porque es una *Torá* de vida. Y para esto nos ha sido otorgada, como está escrito: "y por consiguiente escoge la vida". Por lo tanto, cada persona debe esforzarse durante la práctica en la *Torá*, poniendo su mente y su corazón en ello, para encontrar en ella la Luz "del Semblante del Rey, [en donde] está la vida"; o sea, alcanzar la Providencia abierta, llamada "la Luz del Rostro".

Y cualquier persona es apta para esto, como está escrito: "aquéllos que Me buscan seriamente Me encontrarán". Y también está escrito: "me esforcé y no encontré, no lo creas". Y no le falta nada al hombre para conseguirlo salvo el esfuerzo mismo. Y es a eso que se refiere el escrito: "Quienquiera que practica la *Torá Lishmá*, su *Torá* se le vuelve una poción de vida" (*Taanit* 7.71); es decir, que uno sólo debe poner su mente y corazón en lograr la vida, que es el significado de *Lishmá*.

98) Y ahora puede verse que la duda que presentaron los intérpretes, acerca de la *Mitzvá* del amor, diciendo que esta *Mitzvá* no está en nuestras manos dado que el amor no viene por coerción ni obligación, no es una duda después de todo, porque se encuentra completamente en nuestras manos, ya que cada persona puede esforzarse en la *Torá* hasta que encuentre el logro de Su Providencia abierta, como está escrito, "me esforcé y encontré, créele".

Y cuando alcanza la Providencia abierta, el amor ya se extiende a él por sí mismo a través de los cauces naturales. Y quien no cree que puede lograr esto a través de su esfuerzo, cualquier sea la razón, se encuentra necesariamente desconfiando de las palabras de nuestros sabios.

Más bien, piensa que el trabajo no es suficiente para cualquiera, lo cual se opone al verso: "me esforcé y no encontré, no lo creas". Y también está en contra de las palabras del verso: "aquéllos que Me buscan, Me encontrarán". O sea, casualmente "aquellos que Me buscan", sea quien sea, grande o pequeño. Sin embargo, es cierto que deben invertir esfuerzos.

99) Y de lo antedicho se desprende el significado de: "Cualquiera que practica *Torá Lo Lishmá*, su *Torá* se le convierte en una poción de muerte" (*Taanit* 7.71), y también del verso: "Realmente, eres un Dios que se oculta", ya que el Creador Se esconde en la *Torá*. Porque nos preguntamos: ¿Parece razonable que el Creador esté oculto en los desatinos de este mundo que existen fuera de la *Torá*, y no en la *Torá* misma en que sólo allí es el lugar del descubrimiento? Y aún más preguntamos: Esta ocultación del Creador que se esconde a Sí mismo para ser buscado y encontrado, ¿para qué la necesito?

100) A partir de esto puede apreciarse por completo que esta ocultación del Creador que se esconde para ser buscado, es el significado de la ocultación del Rostro. Él se conduce con Sus creaciones de dos maneras: ocultación y ocultación dentro de la ocultación.

El *Zóhar* nos dice que ni siquiera debemos considerar que el Creador quiera permanecer en la Providencia del Rostro oculto para Sus creados. Más bien, es como una persona que se esconde con el propósito de que su amigo lo busque y lo encuentre.

De modo similar, cuando el Creador actúa en ocultación del Rostro con Sus creados es sólo porque Él quiere que las criaturas busquen descubrir Su Rostro a fin de encontrarLo. En otras palabras, debido a que las personas no habrían encontrado el modo o la salida para lograr la luz del Rostro del Rey, Él se comportó primero con ellos en ocultación del Rostro. Así, la completa ocultación sólo es una preparación para el descubrimiento del Rostro.

101) Está escrito que el Creador Se esconde en la *Torá*. Considerando la cuestión de los tormentos y el dolor que uno experimenta mientras está en ocultación del Rostro, una persona que tiene algunos pecados en su haber y ha hecho un poco de *Torá* y *Mitzvot* no es como aquella otra que se ha comprometido completamente en *Torá* y buenas acciones. La primera

es capaz de juzgar a su Hacedor a una balanza de mérito; es decir, a pensar que los tormentos le llegaron debido a sus pecados y escasez de *Torá*.

Para la otra, sin embargo, es mucho más difícil juzgar a su Hacedor a una balanza de mérito. Esto se debe a que piensa que no merece un castigo tan riguroso. Es más, ve que sus amigos que son peores que él no sufren tanto, como está escrito: "el malvado; y aquellos que siempre incrementan sus riquezas con facilidad", y también: "en vano he limpiado mi corazón".

Así, en la medida que uno no haya logrado la Providencia de revelación del Rostro, la profusión de *Torá* y *Mitzvot* hacen mucho más pesada la ocultación del Rostro. Éste es el significado de que el Creador se esconde en la *Torá*.

Claro está que toda esa pesadez que siente por la *Torá* no es más que proclamaciones por las cuales la misma Sagrada *Torá* lo llama; Lo despierta para que se dé prisa y proporcione la suma requerida de trabajo para dotarlo inmediatamente con la revelación del Rostro, como es el deseo de Dios.

102) Por este motivo está escrito que a todos aquellos que aprenden *Torá* en *Lo Lishmá*, la *Torá* se les convierte en una poción de muerte. No sólo que no pasan de la ocultación al descubrimiento del Rostro, sino que en la medida que no ponen sus mentes a trabajar para obtenerlo, la *Torá* que acumulan incrementa enormemente la ocultación del Rostro, cayendo finalmente en la ocultación dentro de ocultación la cual es considerada muerte por estar completamente aislada de la propia raíz. Así es como su *Torá* se convierte para ellos en una poción de muerte.

103) Eso clarifica los dos nombres con los que se denomina a la *Torá*: la "revelada" y la "oculta". Debemos entender ¿por qué necesitamos la *Torá* oculta, y por qué no es revelada la *Torá* entera?

De hecho hay aquí una intención profunda. La *Torá* oculta implica que el Creador se esconde en la *Torá*, de ahí el nombre "la *Torá* de lo oculto". Recíprocamente, se denomina "revelada" porque el Creador es revelado por la *Torá*.

Por consiguiente, el cabalista dijo y nosotros lo encontramos en el libro de oraciones del *Gaón de Vilna*, que el orden del logro de la *Torá* comienza en lo oculto y termina en lo revelado. Esto significa que a través del trabajo correcto, en el que uno indaga primero en la *Torá* oculta, le es así concedida la *Torá* revelada, la literal. Así, uno empieza con lo oculto, llamado *Sod* (secreto), y cuando le es concedido, termina en lo literal.

104) Ha sido completamente aclarado cómo es posible lograr el primer grado de amor, el amor condicional. Hemos aprendido que aunque no haya ningún premio para un *Mitzvá* en este mundo, de todas maneras el logro del premio de la *Mitzvá* existe no obstante en la vida del mundo, la cual le llega a la persona por medio de la apertura de los ojos en la *Torá*, y este logro claro es completamente similar a recibir al instante el premio por una *Mitzvá*.

Por lo tanto uno siente el maravilloso beneficio contenido en el Pensamiento de la creación, que es deleitar a Sus criaturas con Su mano llena, buena y generosa. Debido a la abundancia de beneficios que uno obtiene, aparece el amor maravilloso entre la persona y el Creador, siendo vertido en forma continua por las mismas formas y canales a través de los que aparece el amor natural.

105) Sin embargo, todo esto llega a una persona desde el momento que logra adelantar. Uno no quiere recordar todo el tormento de la Providencia en la ocultación del Rostro que ha sufrido antes de obtener la revelación del Rostro, ya que "el amor cubre todas las transgresiones". No obstante, es considerado una gran mancha, si se lo compara con el amor entre personas, mucho menos en lo concerniente a la veracidad de Su Providencia, ya que Él es el Bueno que hace el bien tanto a buenos como a malos.

Por consiguiente, debemos entender cómo uno puede lograr Su amor en esa relación, tanto como para sentir y saber que desde el día de su nacimiento el Creador siempre le ha hecho un bien maravilloso; ya que Él nunca le causó un gramo de daño. Éste es el segundo atributo del amor.

106) Necesitamos de las palabras de nuestros sabios para entender eso. Ellos dijeron: "cuando alguien se arrepiente por amor, sus pecados se convierten en virtudes". Lo cual significa que no sólo hace que el Creador perdone sus pecados, [sino que] cada pecado y trasgresión que uno ha cometido son convertidos en una *Mitzvá* por el Creador.

107) Debido a esto, después que la persona logra la iluminación del Rostro en tal medida, en que todos las transgresiones que cometió, incluso los deliberadas, son transformadas y se convierten para él en una *Mitzvá*, y se regocija de todo el tormento y la aflicción sufridos a partir del momento en que fue colocado en los dos atributos de ocultación del Rostro. Esto es debido a que [estos atributos] fueron los que nos trajeron todos estos pecados que ahora se han convertido en *Mitzvot* por causa de la iluminación del Rostro de Quien realiza milagros y maravillas.

Cualquier dolor y preocupación que lo pusieron fuera de sí, cuando cometió errores como en la primera ocultación, o con pecados deliberados como en la ocultación doble, tienen ahora una causa y una preparación para guardar una *Mitzvá* y recibir un premio eterno y maravilloso por ello. Por consiguiente, cualquier dolor se ha convertido para él en una gran alegría y todo lo malo en algo maravilloso.

108) Se parece a un cuento acerca de un judío que era custodio de la casa de cierto propietario. El propietario le profesaba cariño. Cierto día, cuando se marchó, dejó su negocio en manos de su reemplazante, que era antisemita.

¿Qué hizo él? Tomó al judío y lo golpeó cinco veces delante de todos para humillarlo por completo.

Cuando el propietario regresó, el judío fue a él y le contó todo lo que le había ocurrido; entonces éste se enojó mucho. Llamó entonces al sustituto y le ordenó que inmediatamente le diera al judío mil monedas por cada golpe que le había propinado.

El judío las tomó y fue a su casa. Su esposa lo encontró llorando y le preguntó preocupada: "¿Qué ocurrió con el dueño?" y él le contó, entonces ella preguntó: "¿Entonces por qué estás llorando?" Él le respondió: "Estoy llorando porque él sólo me pegó cinco veces. Hubiera deseado que me golpeara por lo menos diez veces más, y yo tendría en este momento diez mil monedas".

109) Ahora se ve que después de haberle sido otorgado el arrepentimiento de los pecados de modo tal que los pecados se convierten en virtudes, le es impartido entonces el amor al Creador en el segundo atributo, donde el amado nunca le causó daño o aún una sombra de daño. En cambio, Él realiza milagros y maravillas siempre y para siempre. Así, el arrepentimiento por amor y la conversión de los pecados en virtudes llegan al mismo tiempo.

110) Hasta ahora sólo hemos examinado los dos grados de amor condicional. Todavía nos falta entender cómo nos es otorgado entrar en los dos atributos de amor incondicional con el Creador.

Para eso tenemos que entender completamente lo que está escrito en (*Kidushin* pág. 40): "Uno siempre debe considerarse a sí mismo medio culpable y medio inocente. Si realiza un *Mitzvá*, dichoso es él, porque ha sentenciado al mundo a una balanza de mérito. Si comete un pecado, pobre de él que ha sentenciado al mundo a una balanza de demérito".

Rabí Eleazar, hijo de *Rabí Shimon*, dice: "Dado que el mundo es juzgado por su mayoría, y que el individuo es juzgado por la mayoría, si realiza una *Mitzvá*, dichoso él porque se ha sentenciado a sí mismo y al mundo entero a una balanza de mérito. Si comete un pecado, pobre de él porque se ha sentenciado a sí mismo y al mundo entero a una balanza de demérito. Por este pecado que cometió, el mundo y él han perdido muchas cosas buenas".

111) Estas palabras parecen totalmente confusas. Dice que quien realiza una *Mitzvá*, inmediatamente se sentencia a una balanza de mérito, porque es juzgado por la mayoría. Sin embargo, esto se refiere sólo a aquéllos que son medio culpables y medio inocentes, y *Rabí Eleazar*, hijo de *Rabí Shimon*, no habla en absoluto de aquellos. Así, la esencia todavía permanece ausente.

RaShI interpretó que estas palabras están referidas a "Uno siempre debe considerarse a sí mismo medio culpable y medio inocente". *Rabí Eleazar*, hijo de *Rabí Shimon*, agrega que uno también debe considerar al mundo como medio culpable y medio inocente. Sin embargo, la esencia todavía está ausente, y entonces, ¿por qué cambió sus palabras si el significado es el mismo?

112) Es aún más difícil en el objeto en sí mismo, significando que uno debe considerarse a sí mismo como medio culpable. Si uno conoce sus numerosas iniquidades, ¿puede engañarse a sí mismo diciendo que sólo es medio esto y medio lo otro?

La *Torá* dijo: "absténte de hablar mentira"; es más, está escrito: "un pecador destruye mucho bien". Esto es porque un pecado sentencia a la persona y al mundo entero a una balanza de demérito. Así, es acerca de la verdadera realidad y no acerca de alguna falsa imagen por lo cual una persona debe considerarse a sí misma y al mundo.

113) Y se hace extraño pues: ¿Pudiera ser que no haya muchas personas en cada generación que realicen una *Mitzvá*? Entonces, ¿cómo es que el mundo es sentenciado a una balanza de mérito? ¿Significa esto que la situación no cambia en absoluto y que no hay nada nuevo bajo el sol? En verdad se requiere aquí una gran profundidad para no interpretar estas palabras en forma superficial.

Sin embargo, esto no habla en lo absoluto de una persona que por sí misma sabe que sus pecados son numerosos, para enseñarle la decepción de que ella es mitad esto y mitad aquello. Se refiere más bien a alguien que siente e imagina ser completa y absolutamente justo y se encuentra completamente íntegro. Es así porque ya le ha sido otorgado el primer grado de amor abriendo sus ojos en la *Torá* y Él que conoce todos los misterios atestiguará que no retrocederá a la necedad.

La escritura le muestra la manera y le demuestra que todavía no es justo, sino intermedio; es decir, medio culpable y medio inocente. Esto es así porque uno todavía está carente de una de las 613 *Mitzvot* de la *Torá*, llamada *Mitzvá* del amor.

El completo testimonio de Él quien conoce todos los misterios que él no pecará nuevamente, sólo se debe a la claridad en el logro de la gran pérdida en la trasgresión. Esto es considerado temor al castigo y, por consiguiente, es considerado "arrepentimiento por temor".

114) También aprendimos anteriormente que este grado de arrepentimiento por temor todavía no lo corrige a uno, excepto a partir del momento del arrepentimiento. Sin embargo, todo el dolor y la angustia que uno sufrió antes de que se le concediera la revelación del Rostro permanece como era, sin corregir. Además, las transgresiones que uno cometió tampoco fueron corregidas por completo, sino que permanecen como errores.

115) Por consiguiente está dicho que, un hombre tal al que todavía le falta "una *Mitzvá*", se verá a sí mismo medio culpable y medio inocente, lo cual significa que uno debe imaginar que el momento en el que le fue concedido el arrepentimiento era la mitad de su vida.

Así, él todavía es medio culpable, significando con eso la mitad de sus años que han pasado antes de que se haya arrepentido. Desde ese momento uno es ciertamente culpable ya que el arrepentimiento por temor no lo corrigió.

También es medio inocente, en la mitad de sus años desde el momento que se arrepintió. En ese momento uno es ciertamente puro porque está seguro de que no pecará nuevamente. Así, uno es culpable en la primera mitad de sus años e inocente en la segunda mitad de sus años.

116) Y le es dicho, que si pensara por sí mismo, que si llevó a cabo "una *Mitzvá*", es decir esa misma *Mitzvá* que le falta del número 613, estará contento porque se ha sentenciado a una balanza de mérito. Esto es así porque alguien a quien le es concedida la *Mitzvá* del amor por el arrepentimiento por amor, sus pecados irán convirtiéndose en virtudes a través de ello.

Entonces, cada dolor y pesar que ha sufrido alguna vez, antes de que se le haya concedido el arrepentimiento, se transforma para él en un placer maravilloso e interminable. Es más, uno lamenta no haber sufrido dos veces más, como en la parábola sobre el propietario y el judío que lo amaba.

Esto es denominado "sentenciado a una balanza de mérito", ya que todas las emociones, los errores y pecados de uno, se han vuelto virtudes. Así, sentenciar a una balanza de mérito significa que el platillo que estaba lleno con los deméritos se ha convertido ahora en un platillo lleno de méritos. En palabras de los sabios, esta inversión es llamada "sentenciando".

117) Posteriormente nos advierte y dice que en la medida que uno es intermedio y no le ha sido concedida la única *Mitzvá* que le está faltando de las 613, uno no debe creer en sí mismo hasta que le llegue el día. Tampoco debe confiarse en el testimonio de Él quién sabe todos los misterios que él no retrocederá a la necedad, porque uno todavía podría transgredir.

Por consiguiente, uno debe pensar por sí mismo que si peca una vez, pobre de él porque se ha sentenciado a una balanza de demérito. Entonces perderá inmediatamente todo su logro maravilloso en la *Torá* y todo el descubrimiento del Rostro que le ha sido concedido, y retornará a la ocultación del Rostro. Uno se sentenciará a una balanza de demérito porque perderá todo las virtudes e incluso lo bueno de la última mitad de sus años. Esto es lo que testimonia el verso: "un pecador destruye mucho bien".

118) Ahora entenderás lo que agrega *Rabí Eleazar*, hijo de *Rabí Shimon*, y también el por qué él no trae la frase de "medio culpable y medio inocente". Esto es así porque allí habla del segundo y tercer atributo de amor, mientras que *Rabí Eleazar*, hijo de *Rabí Shimon*, habla del cuarto atributo de amor, a saber el amor eterno. Este es el descubrimiento del Rostro como es realmente, el Bueno que hace el bien tanto a buenos como a malos.

119) En cuanto a eso aprendimos que es imposible lograr el cuarto atributo excepto cuando uno es completamente conocedor de todas las relaciones del amado y de cómo él se comporta con otros, sin que falte ninguna de ellas. Esto es también el por qué del gran privilegio, cuando a uno le es concedido sentenciarse a una balanza de mérito, todavía no es suficiente para lograr el amor entero; es decir, el cuarto atributo. Esto es así porque ahora no obtiene Su virtud como ser Bueno que haga bien tanto a buenos como a malos, sino sólo Su Providencia sobre él.

Sin embargo, uno todavía no conoce Su Providencia con el resto de las personas en el mundo de manera sublime y maravillosa. Así, nosotros aprendimos anteriormente que en la medida que uno no conozca las relaciones del amado con otros hasta que no falte ninguna, el amor no es eterno. Entonces, uno también debe sentenciar el mundo entero a una balanza de mérito. Sólo entonces se le descubre el amor eterno ante él.

120) Y esto es lo que dice *Rabí Eleazar* hijo de *Rabí Shimon*: "El mundo es juzgado por su mayoría y el individuo es juzgado por su mayoría". Ya que él habla del mundo entero, no puede decir como está escrito, que lo considerará medio culpable y medio inocente. Este grado sólo llega a una persona cuando se le concede el descubrimiento del Rostro y el arrepentimiento por temor.

Ahora bien, ¿cómo dirá esto sobre el mundo entero, cuando no le ha sido concedido este arrepentimiento? Así, uno sólo debe decir que el mundo es juzgado por su mayoría y que el individuo es juzgado por su mayoría.

Significa, que uno podría pensar que no hay una persona que logre el aspecto de justo completo, excepto cuando no tiene ninguna trasgresión y nunca ha cometido un pecado. Sin embargo, aquellos que han fallado con pecados y transgresiones no merecen convertirse en justos completos.

Por esa razón *Rabí Eleazar*, hijo de *Rabí Shimon*, nos enseña que esto no es así; más bien, el mundo es juzgado por su mayoría y de la misma manera es para el individual. Esto significa que después de que uno ya no es considerado intermedio; es decir, después que ha realizado el arrepentimiento por temor, logra las 613 *Mitzvot* instantáneamente y es llamado "intermedio". En otras palabras, por la mitad de sus años es culpable, y por la mitad de sus años es inocente.

Después de eso, si uno agrega una sola *Mitzvá*, a saber la *Mitzvá* del amor, se considera que es principalmente inocente y sentencia todo a una balanza de mérito. Así, la balanza de transgresión se convierte también en una balanza de mérito.

Resulta que aún cuando uno tiene una balanza llena de transgresiones y pecados, todos ellos se convierten en virtudes. Entonces es como que uno nunca hubiera pecado y es considerado "justo completo".

Esto significa que el mundo y el individuo son juzgados por la mayoría. Así, las transgresiones que uno ha cometido antes del arrepentimiento no son tomadas en cuenta porque se han convertido en virtudes. De acuerdo con ello, aún los "malos completos" son considerados "justos completos" después de que le es concedido el arrepentimiento por amor.

121) Y por lo tanto dice que, si un individuo realiza "una sola *Mitzvá*", o sea, después del arrepentimiento por temor a partir de lo cual le falta "una sola *Mitzvá*", entonces "está contento porque se ha sentenciado a sí mismo y al mundo entero a una balanza de mérito". No sólo que se sentencia a sí mismo a una balanza de mérito por el arrepentimiento por amor, como está escrito, sino que logra también sentenciar al mundo entero a una balanza de mérito.

Esto significa que logra ascender en logros maravillosos en la Sagrada *Torá* hasta que se le revela cómo lograrán, al fin y al cabo, todos los seres humanos, el arrepentimiento por amor. Cuando también ellos descubrirán y verán la entera Supervisión maravillosa que él mismo ha logrado, y que ellos también serán sentenciados a una balanza de mérito, en cuyo tiempo "cesarán los pecados en la tierra y los malvados no existirán más".

Y aunque la gente en general por sí misma todavía no ha logrado siquiera el arrepentimiento por temor, de todas maneras, después de que el individuo ha alcanzado esa sentencia a una balanza de mérito, destinada para ellos en un alcance claro y absoluto, es similar al aspecto de: "verás tu mundo en tu vida", dicho acerca de alguien que se arrepiente por temor. Ya que hemos dicho que el individuo se impresiona y deleita con ello como si lo obtuviera inmediatamente ya que "todo aquello que está por recolectar es considerado recolectado".

Asimismo aquí, le es considerado al individuo que alcanza el arrepentimiento del mundo entero, como si hubieran realmente logrado y llegado al arrepentimiento por amor, y todos y cada uno de ellos hubieran sentenciado sus deméritos a méritos de modo suficiente para conocer Sus relaciones con cada persona en el mundo. Y es a eso a lo que se refiere *Rabí Eleazar*, hijo de *Rabí Shimon*, diciendo: "Feliz es él, por haberse sentenciado a sí mismo y al mundo entero a una balanza de mérito". Porque de ahora en adelante, conoce todas las conductas de Su Providencia con cada creación, por medio del descubrimiento de Su Rostro verdadero; es decir, "como el Bueno que hace el bien tanto a buenos como a malos". Y ya que lo sabe, de ahí que ha logrado el cuarto aspecto de amor, que es, el 'amor eterno'.

Y *Rabí Eleazar*, hijo de *Rabí Shimon*, tanto como el verso le advierte que aún después que ha logrado sentenciar al mundo entero a una balanza de mérito, que de todas maneras no crea en sí mismo hasta el día de su muerte. Y que si fallará con una simple trasgresión, perderá todos sus logros buenos y maravillosos inmediatamente, como está escrito: "un pecador destruye mucho bien".

Esto explica la diferencia entre la escritura y *Rabí Eleazar*, hijo de *Rabí Shimon*, porque la escritura sólo habla del segundo y tercer aspecto del amor, y por lo tanto, tampoco menciona la sentencia al mundo entero. Y aunque *Rabí Eleazar*, hijo de *Rabí Shimon*, habla del cuarto aspecto de amor, el cual no puede describirse excepto alcanzado la sentencia al mundo entero a una balanza de mérito, de todas maneras, debemos entender, ¿cómo se logra este alcance maravilloso de sentenciar al mundo entero a una balanza de mérito?

122) Y hay que entender lo que está escrito (*Taanit* 11.71): "Cuando la gente está afligida uno no debe decir -iré a mi casa y comeré y beberé y tendré el alma en paz. Y si así lo hace, la escritura dice sobre él: "Hay gozo y alegría, matanza de bueyes y degüello de ovejas; comiendo carne y bebiendo vino, diciendo: '¡Comamos y bebamos, que mañana moriremos!'" ¿Qué está escrito sobre esto? "Y el Señor de multitudes se reveló a Sí Mismo en mis oídos: 'Ciertamente esta iniquidad no será expiada por ti hasta que mueras'". Hasta aquí hablamos respecto del atributo del intermedio. Sin embargo, está escrito sobre el atributo del malo: 'Venid, yo conseguiré el vino, y nos llenaremos con un trago fuerte; y mañana será igual que hoy'. ¿Qué dice sobre esto? 'El justo perece sin que nadie tome conciencia que es ante el mal que el piadoso fue arrebatado'. En cambio, cuando uno se aflige con el público, logra y ve el consuelo del público".

123) Estas palabras parecen completamente irrelevantes. Él quiere extraer del texto la evidencia de que uno debe apenarse con la gente. Entonces, ¿por qué debemos dividir y separar el atributo de intermedio del atributo de malo? Además, ¿cuál es la precisión que hace respecto al "atributo de intermedio" y "atributo de malvado"? ¿Por qué no dice "intermedio" y "malvado", para qué necesito el atributo?

También, ¿dónde está sugerido que la escritura habla acerca de una iniquidad en la que uno no se conduele con la gente? Más aún, no vemos ningún castigo en el atributo del malo, sino en lo que está escrito: "El justo perecerá, y ningún hombre lo llevará en su corazón". Si el malo peca, ¿qué hace que el justo deba ser castigado, y por qué el malo debe llorar si el justo perece?

124) Sin embargo, debes saber que todos estos atributos: "Intermedio", "malvado" y "justo", no se encuentran en personas especiales. Más bien, los tres se encuentran en cada persona. Estos tres atributos son discernibles en cada persona. Durante el período de ocultación del Rostro, antes de que uno se arrepienta por temor, es considerado malvado.

Después, si le es concedido el arrepentimiento por temor, es considerado intermedio. Si también le es concedido el arrepentimiento por amor, en su cuarta medida, a saber el amor eterno, entonces es considerado "justo completo". Por lo tanto, no dijeron meramente intermediario y justo, sino el atributo de intermedio y el atributo de malvado.

125) Recordemos también que es imposible lograr la cuarta medida de amor sin primero lograr la revelación del Rostro que está destinada a llegar al mundo entero. Esto nos proporciona fuerza para sentenciar al mundo entero a una balanza de mérito, como dijo *Rabí Eleazar*, hijo de *Rabí Shimon*.

También hemos aprendido que en el descubrimiento del Rostro cada pesar y tristeza que llegaron durante la ocultación del Rostro se convertirán inevitablemente en placeres maravillosos, hasta sentir que uno ha sufrido muy poco.

Entonces, debemos preguntar: Cuando uno se sentencia a una balanza de mérito ciertamente recuerda todo el pesar y el dolor que ha padecido durante la ocultación del Rostro. Esto es ¿cómo es posible que todos ellos sean convertidos en placeres maravillosos, como decíamos antes?

Más aún, cuándo uno sentencia al mundo entero a una balanza de mérito, ¿cómo conoce la medida de pesar y dolor que sufren todas las personas para entenderlas? Asimismo, ¿cómo se transforman en méritos del mismo modo que hemos explicado, considerando que nosotros mismos estamos sentenciados?

Para evitar tener la balanza de mérito que el mundo entero necesita cuando uno es calificado para sentenciarlos a una balanza de mérito, uno no tiene ninguna otra táctica sino condolerse siempre con los problemas de la gente así como lo hace con sus propios problemas. Entonces la balanza de demérito del mundo entero estará lista dentro de él como su propia balanza de demérito. Así, si a uno le es concedido sentenciarse a sí mismo a una balanza de mérito, también será capaz de sentenciar al mundo entero a una balanza de mérito y lograr la medida de "justo completo".

126) Así, si uno no se conduele de la gente, entonces aún cuando le sea concedido el arrepentimiento por temor, llamado atributo del intermedio, la escritura dice sobre él: "Y he aquí felicidad y alegría". Lo cual significa que uno que ha logrado la bendición de: "verás tu mundo en tu vida" verá el premio entero para su *Mitzvá* que está preparada para el mundo por venir, estando él aquí ciertamente "lleno de felicidad y alegría".

Uno se dice a sí mismo: "Mientras matan bueyes y asesinan ovejas, mientras comen carne y beben vino, ¡comamos y bebamos porque mañana moriremos! "Significa que uno está colmado con una gran alegría debido a que garantizó el premio en el mundo por venir. Por eso él dice tan alegremente "porque mañana moriremos" y yo recolectaré mi vida en el próximo mundo desde Lo Absoluto después de que muera.

Sin embargo, está escrito acerca de esto: "Y el Señor de multitudes se reveló en mis oídos: Ciertamente esta iniquidad no será expiada por ti hasta que hayas muerto". Esto significa que el texto lo reprende por los errores cometidos.

Hemos aprendido que los pecados de alguien que se arrepiente por miedo se convierten en simples errores. Por lo tanto, dado que no se condolió de la gente y no puede lograr el arrepentimiento por amor, momento en el cual los pecados se convertirán en virtudes, es necesario que los errores cometidos nunca sean arrepentidos a lo largo de su vida.

Entonces, ¿cómo puede regocijarse por su vida en el próximo mundo? Por eso está escrito: "Ciertamente esta iniquidad no será expiada por ti hasta que mueras"; es decir, los errores. "Hasta que mueras", significa antes de morir. Así, está desprovisto de arrepentimiento.

127) También está escrito que es el "atributo de intermedio", lo cual significa que este texto habla acerca de un tiempo en el que uno se ha arrepentido por temor. En ese momento uno es considerado "intermedio".

Algo más: ¿qué dice acerca del "atributo de malvado"? En otras palabras, ¿qué retornará del tiempo en que estaba en ocultación del Rostro, cuando fue denominado "el atributo de malvado"? Además, aprendimos que el arrepentimiento por temor no corrige el pasado de uno hasta que se haya arrepentido.

De allí, el texto nos trae otro verso: "Venid, yo traeré vino, y nos llenaremos con bebida fuerte; y el día de mañana será como este día". Significa que esos días y años que uno ha tenido desde el tiempo de ocultación del Rostro cuando no estaba corregido, llamado "el atributo de malvado", ellos no quieren que él se muera. Es así porque no tienen ninguna parte en el mundo posterior a la muerte, porque ellos son el atributo de malvado.

Por consiguiente, en el momento que el atributo de intermedio se alegra y regocija en una persona "porque mañana moriremos" y lograremos la vida del próximo mundo, al mismo tiempo el atributo de malvado en una persona no dice eso. Dice más bien: "y mañana será como este día". Significa que quiere vivir y estar para siempre feliz en este mundo porque no tiene ninguna parte en el próximo. Esto es porque uno no lo ha corregido, ya que sólo es corregido cuando hay arrepentimiento por amor.

128) Está escrito: "El justo perecerá", es decir que el atributo de justo completo que esa persona debe merecer está perdido para él. "Y no hay hombre allí sobre el corazón, pues antes del mal el justo perecerá".

Esto significa que porque ese intermedio no se condolió de la gente no pudiendo lograr el arrepentimiento por amor, convirtiendo pecados en virtudes y males en placeres maravillosos. En cambio, todos los errores y el mal que uno ha experimentado antes de adquirir el arrepentimiento por temor se hallan todavía en el atributo de malvado que siente males de Su Providencia. Debido a estos males que todavía siente, él no es premiado con transformarse en un justo completo.

La escritura dice: "y ningún hombre lo pondrá en su corazón". Significa que esa persona no nota que "pues antes del mal el justo perecerá". En otras palabras, debido a los males que uno todavía siente de tiempos pasados en Su Providencia, "el justo perecerá"; es decir, perdido el atributo de justo, morirá y se irá del mundo como un intermedio más.

Todo esto concierne a alguien que no se compadece de los demás y no le es otorgado ver el consuelo de la gente porque no puede sentenciarlos a una balanza de mérito y ver su consuelo; por eso, nunca logrará el atributo de justo.

129) A partir de lo mencionado anteriormente hemos llegado a saber que no hay ninguna persona que no experimente los tres atributos anteriores:

- el atributo de malo,
- el atributo de intermedio; y,
- el atributo de justo.

Son llamados atributos porque se extienden en la medida del logro de Su Providencia. Nuestros sabios dijeron que: "con la medida con la que el hombre mide, con esa misma medida se lo mide a él" (*Sutá* 8). Aquellos que logran Su Providencia en la ocultación del rostro son considerados malvados. Malvados incompletos desde la perspectiva de la ocultación simple, o malvados completos, desde la perspectiva de la doble ocultación.

Porque sienten y piensan que el mundo se conduce de mala manera, es como si ellos se condenaran a sí mismos ya que reciben tormentos y dolores de Su Providencia y perciben sólo un malo y largo día. Ellos se condenan aún más al pensar que todos son vigilados como ellos lo hacen, con mala guía.

Por lo tanto, aquéllos que logran la Providencia desde la perspectiva de la ocultación del Rostro son llamados "malvados", ya que ese nombre aparece en ellos más allá del alcance de su sensación. Depende de la comprensión del corazón. Las palabras o el pensamiento que justifican Su Providencia no importan en absoluto cuando se opone la sensación de cada órgano y sentido, ya que no puede forzarse a mentirse a sí mismo como lo hace.

Entonces, aquellos que están en esta medida de logro se consideran que se han sentenciado a ellos y al mundo entero a una balanza de demérito, como está escrito en las palabras de *Rabí Eleazar*, hijo de *Rabí Shimon*. Esto es porque imaginan que toda la gente es vigilada como lo son ellos, con mala guía, tal como es digno de Su Nombre como el "Bueno que hace el bien tanto a buenos como a malos".

130) Aquellos a quienes les es concedida la sensación de Su Providencia en la forma de descubrimiento del Rostro en el primer grado, llamado "arrepentimiento por temor", son considerados intermedio. Esto es debido a que sus emociones están divididas en dos partes, llamadas "los dos platillos de la balanza".

Ahora que han adquirido el descubrimiento del Rostro en la forma de "verás tu mundo en tu vida", por lo menos han logrado Su buena Providencia como corresponde a Su nombre, "Bueno". Por esa razón tienen una balanza de mérito.

Sin embargo, todo el dolor y el amargo tormento que han experimentado y sentido en los últimos días y años, en los que recibieron ocultación del Rostro; es decir, antes de que les fuera otorgado el arrepentimiento anterior, siguen en pie y son llamados "una balanza de demérito".

Ellos tienen estas dos balanzas una frente a la otra. La balanza de demérito es a partir del momento en que se arrepienten y antes de hacerlo, y la balanza de mérito es a partir del momento del arrepentimiento y después. Así, su arrepentimiento se encuentra "entre" el mérito y el demérito. Por eso son llamados "intermedios".

131) Aquellos que merecen el descubrimiento del Rostro en el segundo grado, el "arrepentimiento por amor", cuando los pecados son convertidos en virtudes por ellos, se considera que han sentenciado la balanza de demérito a una balanza de mérito, significando que todo el dolor y la aflicción que se grabaron en sus huesos mientras estaban bajo la Providencia de ocultación del Rostro han sido ahora sentenciados e invertidos a una "balanza de mérito".

Esto es así porque cada dolor y cada pesar se han convertido ahora en un placer maravilloso e interminable. Ahora son llamados "justos" porque justifican Su Providencia.

132) Debemos saber que el atributo de intermedio aplica incluso cuando uno está bajo la Providencia de ocultación del Rostro. Por el gran empeño en la fe en el premio y castigo, se les aparece una Luz de gran confianza en el Creador. Durante un tiempo, les es concedido un grado de descubrimiento del Rostro en la medida del intermedio. La desventaja es que no pueden permanecer en sus grados permanentemente, ya que estar permanentemente en un grado sólo es posible a través del arrepentimiento por temor.

133) También debemos tener presente lo que dijimos acerca de que sólo hay elección cuando hay ocultación del Rostro. Eso no significa que después de obtener la Providencia del Rostro revelado uno no tiene que realizar ninguna tarea y ningún esfuerzo en la práctica de *Torá* y *Mitzvot*.

Por el contrario, el trabajo apropiado en *Torá* y *Mitzvot* empieza principalmente a partir de que uno ha sido bendecido con el arrepentimiento por amor. Sólo entonces es posible comprometerse en *Torá* y *Mitzvot* con el amor y temor que nos ordena, y "El mundo no fue creado sino para los justos completos" (*Brajot* 61).

Es más bien como un rey que deseaba seleccionar para él al más leal de sus súbditos para traerlo a trabajar dentro de su palacio. ¿Qué hizo él? Emitió una proclama abierta diciendo que cualquiera que lo deseara, joven o viejo, podría llegar a su palacio para comprometerse en los trabajos internos.

Sin embargo, colocó muchos sirvientes para cuidar el muro del palacio así como todos los caminos que llevan a él, y les ordenó despistar astutamente a todos aquellos que hábilmente se acercaban a su palacio a fin de desviarlos del camino.

Naturalmente, todas las personas en el estado empezaron a correr al palacio del rey. Sin embargo, los diligentes guardias los rechazaron con habilidad. Muchos de ellos lograron superarlos y llegaron cerca del palacio, pero los guardias de la puerta eran los más eficientes. Aun cuando alguien se acercara al muro, lo desviaron y rechazaron con gran astucia, hasta que se desesperaron y retornaron por donde habían llegado.

Así que llegaban y se iban, y recobraban fuerzas y volvían y así sucesivamente durante varios días y años, hasta que se cansaron de intentarlo nuevamente. Sin embargo, sólo aquellos héroes que soportaron con paciencia y derrotaron a los guardias lograron abrir el muro, y al instante les fue otorgado ver el semblante del Rey, y Él colocó a cada persona en su correcta posición.

Por supuesto, a partir de ese momento no tuvieron ninguna relación con esos guardias que los desviaron, aquellos que los despistaron y amargaron su vida durante varios días y años, corriendo de un lado a otro alrededor del muro. Esto es porque ellos han sido bendecidos con trabajar y servir ante la gloria del Rostro del rey en el interior de Su palacio.

Así sucede con el trabajo del justo completo. La Providencia aplicada durante la ocultación del Rostro ciertamente no aplica cuando han abierto la puerta para lograr la Providencia abierta.

De hecho, comienzan el trabajo real en el descubrimiento del Rostro, en ese momento comienza el pasaje por los muchos escalones de la escalera preparada en la tierra, y la cima de ésta alcanza al cielo, como está escrito: "los justos irán de fuerza en fuerza".

Nuestros sabios dicen: "Cada justo es cubierto por el abrigo de su amigo". Estos trabajos lo califica para el deseo de Dios, para comprender en ellos Su pensamiento en el propósito de la creación, la cual es "deleitar a Sus criaturas" acorde a Su buena y generosa mano.

134) Es deseable conocer esta ley, ya que no hay descubrimiento excepto en un lugar dónde había ocultación, como en los asuntos de este mundo dónde la ausencia precede la existencia. El trigo sólo crece en el lugar donde se sembró y se pudrió.

Lo mismo sucede con los asuntos más elevados en los que la ocultación y el descubrimiento se relacionan uno con el otro como la mecha y la luz que la sostiene. Cualquier otra ocultación que proviene de la corrección causa el descubrimiento de la Luz atribuido a ese tipo de ocultación. La Luz que aparece, se aferra a él como la Luz a una antorcha, y recuerda esto en todos tus caminos.

135) Y con esto entenderás lo que escribieron nuestro sabios, que toda la *Torá* completa son los nombres del Creador. Parece confuso, ya que encontramos muchos nombres indecentes como: La muerte de los *Reshaim* (malvados), *Paró* (Faraón), *Bilam*, prohibición e impureza, advertencias con crueles maldiciones y así sucesivamente. Entonces ¿Cómo podemos percibirlos a todos ellos como los nombres del Creador?

136) Para entenderlo debemos saber que nuestros caminos no son Sus caminos. Nuestro camino es alcanzar la perfección desde lo imperfecto. En Su camino, todas las revelaciones llegan a nosotros desde la perfección a lo imperfecto.

Primero la completa perfección emana y sale de Él. Esta perfección baja desde Su Rostro y cae, restricción tras restricción, a través de varios grados. Finalmente llega al último, la fase más restrictiva, conveniente para nuestro mundo material, y entonces la materia se nos aparece en este mundo.

137) A partir de lo mencionado debes estar atento para aprender, que la Sagrada *Torá*, cuya altura es infinita, no emana de Él y llega a nuestro mundo en forma directa. Más bien, se sabe que "la *Torá* y el Creador son uno", y esto no está nada claro en nuestro mundo. Es más, para quien se compromete en *Lo Lishmá*, su *Torá* se convierte en una poción de muerte para él.

Más bien, cuando fue emanada de Él, emanó y entró en la perfección absoluta, lo cual es el real significado de: "La *Torá* y el Creador son uno". Esto es lo que significa la "*Torá de Atzilut*" en la Introducción a las Correcciones del *Zóhar* (pág. 3), "Él, Su Luz y Sus hechos son uno". Después que descendió de Su Rostro y se fue restringiendo gradualmente a través de muchas restricciones hasta que fue otorgada en el [monte] *Sinái*, como está escrita ante nosotros en este mundo, vestida con los crudos ropajes del mundo material.

138) Debes saber que la distancia entre las vestiduras de la *Torá* en este mundo y las vestiduras de la *Torá* en el mundo de *Atzilut*, son más de lo que pueda evaluarse. Sin embargo, la propia *Torá*; es decir, la Luz dentro de las vestiduras, no está alterada en absoluto entre la *Torá de Atzilut* y la *Torá* de este mundo, como está escrito: "Yo, el Señor no cambio" (*Malají* 3.6).

Más aún, estos crudos ropajes en nuestra *Torá* de *Asiyá* no tienen un valor inferior respecto de la Luz que está revestida en ella. Más bien, su importancia es mucho mayor desde la perspectiva del fin de su corrección, que todas sus puras vestimentas en los Mundos Superiores.

Esto se debe a que la ocultación es la razón para el descubrimiento. Después de su corrección durante el descubrimiento, la ocultación se vuelve descubrimiento, como una mecha para la Luz que se aferra a ella. Cuanto mayor es la ocultación, tanto más la Luz se aferra a ella cuando es corregida. Así, el valor de todos estos crudos ropajes con los cuales se viste la *Torá* en este mundo, no es inferior a la Luz que lo viste, sino todo lo contrario.

139) En esto tuvo éxito *Moshé* sobre los ángeles con el argumento: "Hay envidia entre ustedes, La mala inclinación está entre ustedes" (*Shabat* 89). Esto significa que cuanto mayor es la ocultación, mayor es la cantidad de Luz que descubre. Él les mostró que en las vestimentas puras en que la *Torá* se viste, en el mundo de los ángeles, las Luces superiores no pueden aparecer a través de ellos como lo hace con las vestimentas de este mundo.

140) Así aprendemos que no hay ningún cambio en absoluto en la *Torá* de *Atzilut*, dónde "la *Torá* y el Creador son uno" a través de la *Torá* en este mundo. La única diferencia está en la vestidura, como las vestiduras de este mundo ocultan al Creador y Lo esconden.

Sabe, que debido a Su vestidura en la *Torá*, es llamada "Enseñanza". Te dice que aún durante la ocultación del Rostro e incluso durante la doble ocultación, el Creador se introduce y se viste en la *Torá*. Él es el "Maestro" y esta es la *Torá*, pero los crudos ropajes de la *Torá* ante nuestros ojos son como alas que cubren y esconden al Maestro, que está vestido y se esconde en ellas.

Sin embargo, cuando le es concedida la revelación del Rostro en el arrepentimiento por amor en su cuarta forma, se dice acerca de él: "Ya no serás un Maestro que se oculta a Sí Mismo, para que mis ojos te vean como Maestro". Desde ese momento las vestiduras de la *Torá* ya no esconden ni ocultan al "Maestro", y uno descubre en ese momento que "La *Torá* y el Creador son uno".

141) Y con esto entenderás las palabras de la escritura: "A Mí me abandonaron y mi *Torá* guardaron", lo cual significa: "Desearía que Me hubieran dejado y guardado Mi *Torá*; la Luz en ella los retorna al bien" (*Yerushalmi Jaguigá* 81.12).

Aparentemente es enigmático; no obstante su intención es, porque ellos habrían ayunaron y se atormentaron para encontrar la revelación de Su Rostro tal como está escrito: "ellos se complacen en acercarse a Dios" (Isaías 58.2). Sin embargo, el texto les dice en nombre del Creador: "Yo deseo que Me dejes, porque todo tu trabajo es vano e infructuoso. Yo no me encuentro en ningún otro lado sino en la *Torá*". Por consiguiente, guarda la *Torá* y búscame allí, y la Luz en ella te reformará y me encontrarás", como está escrito: "aquellos que Me buscan Me encontrarán".

142) Ahora estamos en condiciones de aclarar la esencia de la sabiduría de la Cabalá, lo suficiente como para tener una percepción fiable de la calidad de esa sabiduría. Así, uno no se engañará a sí mismo con las falsas imaginaciones con que las masas se la representan mentalmente.

Debes saber que la Sagrada *Torá* está dividida en cuatro aspectos que abarcan toda la realidad. Tres aspectos son discernidos en la realidad general de este mundo. Ellos se llaman "Mundo", "Año" y "Alma". El cuarto aspecto es la conducta de existencia de las tres partes anteriores de la realidad; es decir, su nutrición y todos sus incidentes.

143) La parte exterior de la realidad, como el cielo y los firmamentos, la tierra y los mares, etc., que están escritos en la *Torá*, todos éstos se llaman "Mundo". La parte interior de la

realidad, el hombre y la bestia, los animales y los pájaros etc., descritos en la *Torá*, los cuales están sobre los sitios llamados "exteriores", son llamados "Alma".

La evolución de la realidad a lo largo de las generaciones es llamada causa y consecuencia. Por ejemplo, en la evolución de las cabezas de las generaciones de *Adam HaRishón* hasta *Yehoshúa* y *Kalev*, contenidas en la *Torá*, el padre es considerado la "causa" del hijo, quien es "causado" por él. Esta evolución de los detalles de la realidad por medio de causa y consecuencia, es llamada "Año". De modo similar, todas las conductas de la existencia de la realidad, tanto externa como interna, en cada incidente y conducta que contiene la *Torá*, son llamadas "la existencia de la realidad".

144) Y sabrás que, los cuatro mundos son nombrados en la sabiduría de la Cabalá: *Atzilut*, *Briá*, *Yetzirá* y *Asiyá*. Tal como ellos salieron y evolucionaron, así están contenidos uno dentro del otro como el sello y la estampa, ya que todo lo que está escrito en el sello aparece necesariamente en lo que se imprime con él, nada más ni nada menos. Del mismo modo ocurrió con la evolución de los mundos.

Así, los cuatro aspectos que son llamados (*Olam-Shaná-Néfesh*), *AShaN* (Mundo-Año-Alma), con todos sus modos de substancia que estaban en el mundo de *Atzilut*, salieron, se imprimieron y se manifestaron también en su imagen en el mundo de *Briá*. Lo mismo ocurre del mundo de *Briá* hacia el mundo de *Yetzirá*, hasta llegar al mundo de *Asiyá*.

Así, los tres discernimientos de la realidad ante nosotros, llamados *AShaN*, con todos sus modos de substancia que son fijados ante nuestros ojos en este mundo, se extienden y aparecen desde el mundo de *Yetzirá*, y en *Yetzirá* desde su anterior.

De esta manera, la fuente de toda la multitud de detalles ante nuestros ojos está en el mundo de *Atzilut*. Es más, incluso las innovaciones que aparecen en este mundo hoy, cada novedad debe aparecer primero anteriormente en el mundo de *Atzilut*, y de allí desciende hasta que aparece en nuestro mundo.

Este es el significado de las palabras de nuestros sabios: "No tienes ni una hierba abajo [en éste mundo], sobre la cual no haya una suerte y un guardián arriba, que la golpee y le diga ¡crece!" (*Bereshit Rabá*). Éste es el significado del texto: "Uno no mueve un solo dedo sin que sea ordenado desde arriba" (*Julín* pág. 7).

145) Sabe que debido a las vestiduras de la *Torá* en los tres elementos de la realidad, "Mundo", "Año", "Alma", y su existencia en este mundo material, se producen las prohibiciones, impurezas e prohibiciones que se encuentran en la *Torá* revelada. Anteriormente hemos explicado que el Creador se viste en ella en la forma de: "La *Torá* y el Creador son uno", pero en gran ocultación. Esto es debido a que estos ropajes materiales son las alas que Lo cubren y Lo esconden. Sin embargo, la vestidura de la *Torá* en la forma del puro *AShaN* y su existencia en los tres Mundos Superiores, llamados *Atzilut*, *Briá*, *Yetzirá* generalmente son llamados "La Sabiduría de la Cabalá".

146) Resulta que la sabiduría de la Cabalá y la *Torá* revelada son una y la misma. Sin embargo, mientras uno recibe el aspecto de la Providencia de la ocultación del Rostro, y el Creador se esconde en la *Torá*, considerado que él está estudiando la *Torá* revelada. En otras palabras, él es incapaz de recibir ninguna iluminación de la *Torá* de *Yetzirá*, y ni que decir más arriba de *Yetzirá*.

Cuando a uno le es concedida la revelación del Rostro comienza a comprometerse en la sabiduría de la Cabalá. Esto es porque las mismas vestimentas de la *Torá* revelada fueron purificadas para él y su *Torá* se convirtió en una *Torá* de *Yetzirá*, llamada "La Sabiduría de la Cabalá".

Incluso a quien le es concedida la *Torá de Atzilut* no significa que las letras de la *Torá* hayan cambiado para él. Más bien, las mismas vestiduras de la *Torá* revelada se han purificado para él y se han convertido en vestiduras muy puras. Se han convertido como el verso: "Ya no serás un Maestro que se oculta a Sí Mismo, para que mis ojos te vean como Maestro". En ese momento se convierte en el aspecto de: "El, Su Luz y Sus hechos son uno".

147) Daré un ejemplo para acerca la cuestión un poco más a nuestra comprensión. Por ejemplo: Mientras uno estaba en ocultación del Rostro, era necesario que las letras y las vestiduras de la *Torá* escondieran al Creador. Por esa razón uno falló por los pecados y errores cometidos y por esa razón se puso bajo la vara del castigo, los crudos ropajes en la *Torá*, que son impureza, prohibición e interdicciones, etc.

Sin embargo, cuando a uno le es otorgada la Providencia abierta y el arrepentimiento por amor, sus pecados se convierten en virtudes. Entonces todos los pecados y errores cometidos alguna vez mientras estaba bajo la ocultación del Rostro, ahora se quitan sus ropajes tan crudos y amargos. Se visten con vestimentas de Luz, *Mitzvá* y méritos.

Esto es así porque los mismos crudos ropajes se han vuelto virtudes para él. Ahora son como ropa que se extiende del mundo de *Atzilut* o *Briá* y ya no cubren y esconden al Maestro. Por el contrario, "Mis ojos verán a mi Maestro".

Continúa con que no hay ninguna clase de reemplazo entre la *Torá de Atzilut* y la *Torá* en este mundo; es decir, entre la sabiduría de la Cabalá y la *Torá* revelada. En cambio, la única diferencia está en la persona que se compromete en la *Torá*. Dos pueden estudiar *Torá* de una manera y con una misma lengua, pero sólo uno tendrá esa *Torá* como sabiduría de la Cabalá y la *Torá* de *Atzilut*, mientras para el otro será revelada la *Torá* de *Asiyá*.

148) Y con esto comprenderás la verdad en las palabras del *Gaón de Vilna* en el libro de oraciones, en la bendición para la *Torá*. Él escribió que la *Torá* empieza con el *Sod* (secreto); es decir, la *Torá* revelada de *Asiyá*. Se considera oculta porque el Creador está allí completamente oculto.

Entonces se mueve al *Rémez* (insinuación, alusión); es decir, que Él se revela posteriormente en la *Torá de Yetzirá*. Finalmente, uno logra el *Pshat* (simple) que es la *Torá de Atzilut*. Es llamada *Pshat* porque es despojada de todas los ropajes que ocultan al Creador.

149) Una vez que hemos llegado tan lejos podemos proporcionar alguna idea y discernimiento de los cuatro mundos conocidos en la sabiduría de la Cabalá por los nombres de *Atzilut, Briá, Yetzirá, Asiyá de Kdushá*, y los cuatro mundos *ABYA* de las *Klipot*, los cuales están colocados uno enfrente del otro, opuesto al de *ABYA de Kdushá*.

Discernirás esto en los cuatro discernimientos del logro de Su Providencia y los cuatro grados de amor. Comenzaremos por explicar los cuatro mundos *ABYA de Kdushá*, y lo haremos desde abajo, desde el mundo de *Asiyá*.

150) Anteriormente hemos explicado las primeras dos formas de Providencia de ocultación del Rostro. Sabe, que ambas son consideradas el mundo de *Asiyá*. Por eso está escrito en el "Árbol de Vida" que el mundo de *Asiyá* es mayormente malo. Incluso la parte más pequeña de lo bueno contenido en él, también está mezclada completamente con el mal y resulta irreconocible.

Desde la perspectiva de la primera ocultación sigue que es principalmente mala; es decir, los tormentos y dolores de aquellos que reciben esta percepción de Providencia. Desde la perspectiva de la doble ocultación, lo bueno también está mezclado con lo malo y lo bueno es completamente imperceptible.

El primer discernimiento de revelación del Rostro es considerado "el mundo de *Yetzirá*". Por eso está escrito en el libro "El árbol de la Vida" (*Shaar* 48.83) que el mundo de *Yetzirá* es mitad bueno y mitad malo.

Esto significa que quién logra el primer aspecto de la revelación del Rostro que es la primera forma de amor condicional, llamado solamente "arrepentimiento por temor", es llamado "Intermedio", siendo mitad culpable y mitad inocente.

La segunda forma de amor también es condicional, pero no hay ningún rastro de daño y detrimento entre ellos. También, la tercera forma de amor es la primera forma de amor incondicional. Los dos son considerados como el mundo de *Briá*.

Por ello está escrito en el libro "el árbol de la Vida" que el mundo de *Briá* es principalmente bueno y sólo su minoría es mala, y ese mal menor es imperceptible. Significa que desde que al intermedio logra una *Mitzvá*, se sentencia a sí mismo a una balanza de mérito. Debido a eso es considerado "principalmente bueno"; es decir, la segunda forma de amor.

El diminuto e imperceptible mal que termina en *Briá* se extiende desde la tercera forma de amor, el incondicional. También, quien ha sido sentenciado a una balanza de mérito, pero no ha sentenciado al mundo entero, entonces, la minoría en él es mala dado que este amor todavía no se considera eterno. Sin embargo, esta minoría es imperceptible ya que uno no ha sentido ningún daño y detrimento ni siquiera hacia otros.

La cuarta forma de amor, el amor incondicional, que también es eterno, es considerada como el mundo de *Atzilut*. Ése es el significado del texto en el libro, "El árbol de la Vida" que en el mundo de *Atzilut* no hay nada malo en absoluto, y que allí "el mal no se asentará en ti".

Esto es porque después que uno también ha sentenciado al mundo entero a una balanza de mérito, el amor es eterno y completo, y nunca más se concebirán la ocultación y el disimulo. Esto es porque es el lugar de la revelación absoluta del Rostro, como está escrito, "Ya no serás un Maestro que se oculta a Sí Mismo, para que mis ojos te vean como Maestro". Esto es porque ahora uno sabe todos los compromisos del Creador con todas las personas como verdadera Providencia que aparece de Su nombre de: "el Bueno que hace el bien tanto a buenos como a malos".

151) Ahora también puede entenderse el discernimiento de los cuatro mundos de *ABYA de Klipá*, los dispuestos frente a *ABYA de Kdushá* como en el verso: "Dios ha hecho tanto a uno como al otro". Esto es porque el carro de las *Klipot de Asiyá* viene del aspecto de la ocultación del Rostro en ambos grados. Ese carro domina para hacer que uno sentencie todo a una balanza de demérito.

El mundo de *Yetzirá de Klipá* toma en su mano la balanza de demérito, la cual no es corregida en el mundo de *Yetzirá de Kdushá*. Así el intermedio que recibe el control del mundo de *Yetzirá*, como está escrito: "Dios hizo tanto al uno como al otro de esa manera".

El mundo de *Briá de Klipá* tiene el mismo poder para cancelar el amor condicional; es decir, de cancelar sólo aquellas cosas que dependen del amor. Esto se refiere al estado incompleto en el amor de la segunda forma.

El mundo de *Atzilut de Klipá* es lo que captura en su mano esa minúscula parte de mal cuya existencia no es aparente en *Briá* debido a la tercera forma de amor. Éste es un amor verdadero porque Él es el Bueno y Benevolente que hace el bien tanto a los buenos como a los malos, lo cual es considerado *Atzilut de Kdushá*.

Sin embargo, porque uno no ha logrado sentenciar el mundo entero a una balanza de mérito, hay poder en las manos de la *Klipá* para que falte el amor con respecto a la Providencia sobre otros.

152) Éste es el significado de lo que está escrito en el "Árbol de la vida" que el mundo de *Atzilut* de las *Klipot* es opuesto al mundo de *Briá*, y no al mundo de *Atzilut*. Esto es así porque sólo el cuarto aspecto de amor se extiende del mundo de *Atzilut de Kdushá*.

En consecuencia, no hay dominio de las *Klipot* allí, en tanto uno ya sabe que ha sentenciado el mundo entero a una balanza de mérito. Uno también sabe todas las conductas del Creador en Su Providencia sobre las personas, de la Providencia de Su nombre, como el "Bueno que hace el bien tanto a buenos como a malos".

Sin embargo, en el mundo de *Briá*, desde el que se extiende el tercer aspecto, no hay todavía sentencia del mundo entero. Por consiguiente hay todavía un sostén para las *Klipot*. No obstante, estas *Klipot* son consideradas *Atzilut* de las *Klipot* ya que están en oposición al tercer aspecto, que es el amor incondicional y este amor es considerado *Atzilut*.

153) Ya hemos explicado completamente los cuatro mundos de *ABYA de Kdushá* y las *Klipot*, los cuales son el aspecto de todos y cada uno de los mundos, tal que las *Klipot* son la carencia que hay en el mundo que se encuentra en contra de la *Kdushá*. Ellos provienen del aspecto de la carencia que existe en su mundo correspondiente en la *Kdushá* y son aquellos llamados "cuatro mundos *ABYA* de *Klipot*".

154) Estas palabras son suficientes para que cualquier estudiante sienta la esencia de la sabiduría de la Cabalá hasta cierto grado. Debes saber que la mayoría de los autores de libros de Cabalá dirigieron sus palabras sólo a aquellos lectores que han logrado un descubrimiento del Rostro y todos los logros sublimes.

No debemos preguntar: que si a ellos ya les ha sido concedido el logro, entonces ellos conocen todo a través de su propio logro. ¿Por qué necesitarían todavía indagar en los libros de Cabalá de otros autores?

Claro está que no es sabio preguntar eso. Es como alguien que se compromete en la *Torá* literal, que no tiene ningún conocimiento de las ocupaciones de este mundo en el aspecto de: Mundo, Año y, Alma que se encuentran en este mundo, pues no conoce los acontecimientos de las personas ni cómo se comportan con ellas mismas ni con los otros. Tampoco conoce a las bestias y los pájaros en este mundo.

Y en vista que ahora has alcanzado conocimiento, ¿Cómo es que un hombre así sería capaz de entender algún asunto de *Torá* como si fuese su costumbre? -pues hubiese cambiado los asuntos de la *Torá* de bueno a malo y de malo a bueno, y no hubiese encontrado sus piernas y manos en nada.

Así que la cuestión ante nosotros es: Aun cuando a uno le ha sido otorgado el logro, e incluso al nivel de *Torá* de *Atzilut*, todavía no percibirá más que para relacionarla con su propia alma. Sin embargo, uno debe conocer los tres aspectos: Mundo, Año y, Alma, en cada uno de sus incidentes a fin de conducirse con absoluta conciencia para poder entender las cuestiones de la *Torá* que se relacionan con ese mundo.

Estos problemas están explicados en el *Libro del Zóhar* y en los genuinos libros de Cabalá con todos sus detalles y especificaciones. Así, cada sabio y alguien que ha adquirido el propio logro deben meditar día y noche en eso.

155) Por consiguiente debemos preguntar: ¿Por qué entonces, los cabalistas obligan a que cada persona estudie la sabiduría de la Cabalá? De hecho hay algo grande en ello, digno de ser publicado: Hay un remedio maravilloso e inestimable para aquellos que se comprometen en la sabiduría de la Cabalá. Y aunque no entiendan lo que estudian, a través del anhelo y el gran deseo de entender lo que están estudiando, despiertan hacia sí mismos, las Luces que circundan sus almas.

Esto significa que cada persona de *Israel* tiene garantizado lograr finalmente todos los maravillosos logros que el Creador ha calculado en el Pensamiento de la Creación para deleitar a cada criatura. Y quien no logre en esta vida logrará en la siguiente o la próxima, etc., hasta que logre completar el Pensamiento que el Creador ha diseñado para él. Y mientras uno no haya logrado alcanzar la perfección, estas Luces que están destinadas para él son consideradas Luces Circundantes. Lo cual significa que están listas para él, sólo que esperan a que el hombre purifique sus *Kelim* de recepción, en cuyo momento se vestirán las Luces en los *Kelim* preparados-purificados.

Por lo tanto, aún cuando no tenga todavía los *Kelim*, cuando uno se involucra en esta sabiduría, mencionando los nombres de las Luces y los *Kelim* relacionadas con su alma, éstas le iluminan de inmediato en una cierta medida. Sólo que le iluminan sin vestir el interior de su alma por la falta de *Kelim* capaces de recibirlas. A pesar de eso, la iluminación que uno recibe una y otra vez mientras que se enlaza en eso, le atraen gracia de Lo Alto, impartiéndole abundancia de santidad y pureza, que lo llevan a uno más cerca de alcanzar la perfección.

156) Sin embargo, hay una condición estricta durante la práctica de esta sabiduría, la de no materializar las cosas con asuntos imaginarios y corpóreos. Lo cual transgrede el [precepto] de: "No te harás ídolo, ni semejanza alguna". Porque entonces, uno es dañado en lugar de beneficiado. Y es por eso que nuestros sabios nos advirtieron sólo estudiar esta sabiduría

después de los cuarenta años o a través de un *Rav*, y otras cosas como esas, por cautela. Y todo esto es por la razón mencionada anteriormente.

Por consiguiente, para rescatar a los lectores de cualquier materialización, yo compuse el libro *Talmud Eser Sfirot* (El estudio de las diez *Sfirot*) basado en los libros del *ARI*. Allí he recogido los principales ensayos concernientes a la explicación de las Diez *Sfirot* en un idioma lo más simple y fácil que pude. También he organizado una tabla de preguntas y respuestas para cada palabra y problema. "Y que el deseo del Señor tenga éxito en Su mano".

La libertad
(HaJerut)

"Tallado (*Jarut*) sobre las piedras".
No pronuncies *Jarut* (tallado), sino más bien *Jerut* (libertad).
Para mostrar que ellos fueron librados del ángel de la muerte.
(*Midrash Shemot Rabá*, 41)

Estas palabras tienen que ser clarificadas. ¿Cómo es que el asunto de la recepción de la *Torá* está relacionado con la liberación de alguien de la muerte? Además, una vez que ellos han logrado un cuerpo eterno que no puede morir, debido a la recepción de la *Torá*, ¿cómo es que ellos lo perdieron otra vez? ¿Puede el Eterno volverse ausente?

La libertad del deseo

Para entender el concepto sublime: "la liberación del ángel de muerte", primero debemos entender el concepto, cómo es esto normalmente entendido por toda la humanidad.

Es una opinión generalizada que la libertad es considerada una ley natural, que se aplica a todo lo que está vivo. Así podemos ver que los animales que caen en el cautiverio mueren cuando su libertad es negada. Y esto es un testimonio verdadero que la Providencia no acepta la esclavitud de ninguna criatura. Esto es una buena razón por la que la humanidad ha luchado durante los últimos cientos de años, antes de que haya logrado una cierta cantidad de libertad para el individuo.

Aun el concepto, expresado en aquella palabra "libertad", permanece confuso. Y si investigamos en el corazón de esta palabra, no habrá casi nada más. Ya que antes de que busques la libertad de alguien, debes asumir que cualquier individuo, en y por sí, tiene aquella calidad, la llamada libertad; es decir, él puede actuar según su propia opción libre.

El placer y el dolor

Sin embargo, cuando examinamos los actos de un individuo nosotros los encontramos forzados. Se le obliga a hacerlos y no tiene ninguna libertad de opción. En cierto modo, él se parece a un guisado, que se cocina sobre una estufa; no tiene ninguna otra opción, sólo cocinarse. La Providencia ha preparado la vida con dos cadenas: placer y dolor. Todas las criaturas vivas no tienen ninguna libertad de opción entre el placer y el dolor, y la única ventaja que el hombre tiene sobre los animales es que él puede apuntar a un objetivo remoto. Esto es, él puede estar de acuerdo con una cierta cantidad de dolor actual, por la opción de ventaja futura o de placer, para ser logrado después de algún tiempo.

Pero de hecho no hay más que un cálculo aparentemente comercial aquí; es decir, la ventaja futura o el placer, parecen mayores que el dolor actual, o la agonía, sentidos en este momento. Hay sólo un asunto de deducción aquí, que el dolor es deducido del placer aspirado, y allí permanece algo extra.

Así, sólo el placer es ampliado. Y entonces a veces pasa, que uno es atormentado, porque no encontró que el placer logrado, que de sobra había esperado, se comparara con la agonía sufrida, y por lo tanto uno está en déficit. Esto es como lo hacen los comerciantes.

Y cuando todo está dicho y hecho, no hay ninguna diferencia aquí entre el hombre y el animal. Si este es el caso, no hay ninguna opción libre en absoluto, sino una fuerza que tira y atrae hacia cualquier placer que se les prepara en alguna forma, ya que esto pasa desapercibido en circunstancias dolorosas. Y la Providencia les conduce a cada lugar mediante estas dos fuerzas, sin preguntar su opinión sobre el asunto.

Incluso la determinación del tipo de placer o la ventaja, está completamente fuera de la propia opción libre de alguien, sino más bien, sigue el deseo de otros. Por ejemplo: me siento, me visto, hablo, como. Hago todo esto no porque quiera sentarme así, o conversar así, o vestir así o comer así. Lo hago porque los otros quieren que yo me sienta, me vista, hable y coma así; conforme a los deseos de la sociedad, más no de mi propio libre albedrío.

Además, en la mayor parte de los casos, hago estas cosas contra mi voluntad. Ya que yo sentiría el comportamiento mucho más cómodo simplemente, sin llevar ninguna carga. Pero estoy encadenado en cada movimiento a los sabores y los modales de otros, que arreglan la sociedad.

Entonces me dicen, ¿dónde está la libertad de mi deseo? Por otro lado, si asumimos que el deseo no tiene ninguna libertad, entonces somos todos algo así como máquinas, manejados y creados por fuerzas externas, que le hacen interpretar en la manera en que lo hace. Esto significa que estamos encarcelados en la prisión de la Providencia, que, usando estas dos cadenas - el placer y el dolor – nos empuja y nos tira a su voluntad, adonde considere oportuno, resultando en que parece no haber ninguna cosa como el egoísmo en el mundo, ya que nadie aquí está libre ni está en pie sobre sus propios pies. No soy el dueño del acto, y no soy el ejecutante porque quiero actuar, sino que soy puesto en acción, de una manera obligatoria, sin la consideración de mi propia opinión. Por lo tanto la recompensa y el castigo se extinguen.

Esto es bastante extraño no sólo para el ortodoxo, quien cree en Su Providencia, y puede confiar en Él y confiar en que él apunta sólo para lo mejor en cada acto; sino que esto es extraño hasta para quienes creen en la naturaleza, ya que según lo anterior, estamos encarcelados todos por las cadenas de la naturaleza ciega, sin la conciencia o la responsabilidad. ¿Y nosotros, la especie escogida, de mente y de conocimiento, nos hemos hecho un juguete en las manos de la naturaleza ciega, perdiéndonos quién sabe dónde?

La ley de causalidad

Vale la pena tomar algún tiempo para comprender una cosa tan importante, el significado de cómo existimos en el mundo en términos "de egoísmo", ya que todos y cada uno de nosotros nos consideramos a nosotros mismos como un único ser, actuando solos, independientemente de fuerzas externas, ajenas y desconocidas. ¿Y cómo es que este ser [egoísta] se descubre en relación directa ante nosotros?

Es un hecho que hay una obligación general entre todas las piezas de la realidad que cumplen con la ley de causalidad, por medio de causa y efecto. Y así como es en el todo, así es en todas y cada una de las piezas en sí. Es decir, que todas y cada una de las criaturas en el mundo, de los cuatro tipos: inanimado, vegetativo, animado y hablante, cumplen con la ley de causalidad por medio de causa y efecto.

Y además, cada forma particular de comportamiento particular, que una criatura tiene en este mundo, es empujada por causas antiguas, obligándola a tomar aquel cambio específico de comportamiento y ningún otro. Y esto es evidente para todo aquel que examina las formas de la naturaleza, desde un punto de vista puramente científico, sin la más mínima tendenciosidad. De verdad debemos analizarlo para permitirnos examinarlo desde todos los lados.

Los cuatro factores

Ten en mente que cada aparición que ocurre a los seres del mundo, debe ser entendida, no como la existencia que viene de la ausencia, sino como la existencia que viene de la existencia; es decir, de una entidad real que ha sido despojada de su antigua forma para tomar la actual.

Por lo tanto, debemos entender que en cada aparición en el mundo hay cuatro factores, que de los cuatro juntos, surge aquella aparición. Ellos son:

1. La base,

2. La conducta de causa y efecto, relacionada con el propio atributo de la base, la cual permanece inalteradas,

3. La causa interna y el efecto, que cambia como consecuencia del contacto con fuerzas ajenas; y,

4. La causa y efecto de fuerzas ajenas, que actúan sobre eso desde fuera.

Los aclararé uno por uno:

El primer factor: la base, el primer asunto

A. "La base"; es decir, el primer asunto, relacionado con este ser. Porque "no hay nada nuevo bajo el sol" y cualquier acontecimiento que ocurrirá en nuestro mundo, no es la existencia desde la ausencia, sino más bien la existencia desde la existencia. Esto es una entidad que se ha desnudado de su antigua forma y ha tomado otra, diferente desde el principio, y aquella entidad es considerada "la base". En eso descansa la fuerza destinada para ser revelada y determinada al final de la formación de aquella aparición. Por lo tanto, esto seguramente es considerado como su causa principal.

El segundo factor: la causa y el efecto de parte de sí mismo

B. Esto es una conducta de causa y efecto, que está relacionada con el propio atributo de la base, que no cambia. Toma, por ejemplo, un tallo de trigo que se pudre en la tierra, como consecuencia de la cual muchos tallos de trigo crecen. Así, aquella fase putrefacta es considerada "la base". Esto significa que la esencia del trigo se ha desnudado de su antigua forma, que es la forma de trigo, y ha tomado la forma de trigo putrefacto, que es la semilla, la cual llamamos "la base", despojada ahora de cualquier forma. Ahora, después de pudrirse en la tierra, se ha hecho digno de preparación en otra forma, que es la forma de muchos tallos de trigo, destinados a nacer de esa base, que es la semilla.

Y como es sabido por todos, esta base está destinada para hacerse, no cereal, ni avena, ya que esto puede ser comparado con su antigua forma, misma que ahora ha sido desnudada, para ser el tallo solo de trigo. Y aunque esto cambia en cierto grado, tanto en la calidad como en la cantidad, ya que en la antigua forma había solamente un tallo, y ahora hay diez o veinte tallos, y en el gusto y el aspecto también, la esencia de la forma de los restos de trigo permanece inalterada. Así es como hay una conducta de causa y efecto, atribuida al propio atributo de la base, que nunca cambia, aquel cereal nunca surgirá del trigo, como hemos dicho. A esto se le llama el segundo factor.

El tercer factor: causa y efecto internos

C. Esta es la conducta de la causa interior y el efecto de la base que cambia en el encuentro con las fuerzas ajenas de su ambiente. Significa, que encontramos que de un tallo de trigo, el cual se pudre en la tierra, resultan muchos tallos, a veces más grandes y mejores que de lo que eran antes de la siembra.

Por lo tanto, debe haber factores adicionales implicados aquí, que han colaborado con la fuerza oculta del ambiente; es decir, "la base". Y debido a esto, las adiciones en la calidad y la cantidad, que estaban ausentes de la forma anterior de trigo, ahora se han hecho evidentes. Estos son los minerales y los materiales de la tierra, la lluvia y el sol. Todo ellos operan sobre él, asignando sus fuerzas y participando con la fuerza en la base misma, que por razón de causa y efecto, ha producido la multiplicación de cantidad y la calidad en aquella aparición.

Debemos entender que este tercer factor participa con el interior de la base, porque la fuerza oculta en la base los controla. Al final, todos estos cambios pertenecen al trigo y a ninguna otra planta. Por lo tanto, los determinamos como factores internos. Sin embargo, se diferencian del segundo factor que permanece inmutable en cada aspecto, mientras que el tercer factor cambia a ambos tanto en la calidad como en la cantidad.

El cuarto factor: la causa y el efecto por factores ajenos

Es una conducta de causa y efecto por factores ajenos que actúan sobre él desde fuera; es decir, que ellos no tienen una relación directa con el trigo, como los minerales, o la lluvia o el sol, sino que son factores ajenos a él, como plantas cercanas o, acontecimientos externos como el granizo, el viento, etc.

Y aquí encuentras que esos cuatro factores que se combinan en el trigo en todo su crecimiento. En cada situación particular el trigo está sujeto durante ese tiempo, siendo condicionado por los cuatro. La calidad y la cantidad de cada estado son determinadas por ellos. Como hemos visto en el trigo, así es la regla en cada aparición en el mundo, hasta en los pensamientos y las ideas.

Si, por ejemplo, nos imaginamos algún estado conceptual en un cierto individuo, como un estado de una persona que es religiosa, o no religiosa, o un ortodoxo extremo, o no tan extremo, o el intermedio; entenderemos que aquel estado es determinado en el hombre por los cuatro factores antes mencionados.

Bienes hereditarios

El primer factor es la base, que es su primera substancia. Para el hombre es la existencia creada desde la existencia; es decir, de las mentes de sus antepasados. Resulta, por lo tanto, que hasta cierto punto, esto se parece al copiar de libro a libro para preservar; es decir, casi todos los asuntos que fueron aceptados y logrados en los antepasados son copiados en él también.

Pero la diferencia es que está en una forma abstracta. Como el trigo sembrado, que es considerado una semilla hasta que se haya podrido y haya sido despojado de su antigua forma. Así es el caso con la gota de semen, de la que el hombre nace, no hay nada en ello de las formas de sus antepasados, sino una fuerza abstracta.

Porque las mismas ideas que eran conceptos en sus antepasados, se han convertido en meras tendencias en él, llamados instintos o hábitos, hasta sin saber por qué él hace lo que él hace. Ya que estas de verdad son fuerzas ocultas que él ha heredado de sus antepasados, de un modo tal en que no solamente los bienes materiales nos vienen por la herencia de generación en generación.

Y de aquí florecen varias tendencias como las que encontramos en la gente: una tendencia de creer, o criticar, una tendencia de conformarse con vida material, o un deseo de ideales, despreciando una vida sin ninguna exigencia, tacaña, consentida, insolente o tímida.

Todos estos cuadros, que aparecen en la gente, no son su propiedad, la que ellos han adquirido, sino la mera herencia que les habían dado sus antepasados. Es sabido, que en la mente de un hombre hay un lugar especial, donde estas tendencias residen. Lo llaman "*Móaj Ha-Meorej*" (El cerebro alargado), o el subconsciente, y todas las tendencias son encontradas allí.

Los conceptos de nuestros antepasados, adquiridos por sus experiencias, se han hecho meras tendencias en nosotros, siendo considerados lo mismo que el trigo sembrado, que se había salido de su antigua forma y había permanecido desnudo, pero con fuerzas potenciales, habiendo considerado tomar formas nuevas. En nuestro asunto, estas tendencias, se considera que toman las formas de ideas y, que por lo tanto son considerados la primera substancia, y esto es el factor primario, la llamada base. En esto residen todas las fuerzas de las únicas tendencias que él ha heredado de sus antepasados, que son definidas como la herencia hereditaria.

Ten en cuenta, que algunas de estas tendencias vienen en una forma negativa; es decir, lo contrario de lo que había en sus antepasados. Es por eso que ellos dijeron: "Todo lo que está oculto en el corazón del padre se hace evidente en el hijo".

La razón de esto es que "la base" sale de su antigua forma para tomar una nueva. Por lo tanto está cerca de negar las formas de los conceptos de sus antepasados, como el trigo que se pudre en la tierra se despoja de la forma en que existió antes. Sin embargo, esto todavía depende de otros tres factores.

La influencia del entorno

El segundo factor es una conducta de causa directa y el efecto, relacionada con el propio atributo de la base, el cual no cambia. Es decir, como hemos clarificado con el trigo que se pudre en la tierra, que el ambiente en el cual los restos de base, como el suelo, minerales y la lluvia, el aire y el sol, el acto de la siembra, como hemos dicho, forman una cadena larga de causa y el efecto, que lleva por un proceso largo y gradual, paso a paso, hasta que madura.

La base ha vuelto a tomar su antigua forma; es decir, la forma de trigo, pero con una calidad y cantidad diferente. Y su aspecto general permanece completamente inalterado, ya ningún cereal o avena nacerán de él. Ellos cambian en su aspecto particular de cantidad –ya que de un tallo, salen una docena o dos docenas de tallos, y en la calidad –que es mejor o peor que la antigua forma del trigo.

Es lo mismo en este caso, aquel hombre, como "una base", es colocado en el ambiente; es decir, en la sociedad, y le obligan a estar bajo la influencia de ella, tal como el ambiente de su trigo, porque la base es sólo una forma cruda. Así, de un lado a otro se ponen en contacto con su entorno y ambiente, él es impresionado por ellos por un proceso gradual o por una cadena de situaciones, una por una, como la causa y el efecto.

En ese tiempo, las tendencias incluidas en su base toman la forma de conceptos. Si, por ejemplo, uno hereda de sus antepasados una tendencia a la tacañería, cuando crece, construye para él conceptos e ideas, que concluyen decididamente que es bueno ser tacaño. Así, aunque su padre fuera generoso, él puede heredar de él la tendencia negativa, la de la tacañería, porque la ausencia es tan herencia como la presencia.

O si uno hereda de sus antepasados una tendencia de ser mentalmente abierto. Él construye ideas y dibuja de ellas conclusiones que es bueno ser mentalmente abierto. Pero, ¿dónde encuentra uno estas sentencias y motivos? Uno los toma de su ambiente, inconscientemente, ya que ellos implantan sus opiniones y sabores en él en un proceso de causa gradual y efecto.

Esto se hace para que el hombre los considere como propio, como si él los hubiera adquirido por su libre pensamiento. Aquí también, como con el trigo, está la parte inmutable de la base y esta [es la razón] por la cual las tendencias heredadas permanecen tal como estaban en sus antepasados. Esto es el segundo factor.

El hábito se convierte en la segunda naturaleza

El tercer factor es una conducta de causa directa y efecto, por lo que la base va a través y es cambiada por ellos. Porque las tendencias heredadas en el hombre se han vuelto, debido al ambiente, en conceptos, debiendo trabajar en las direcciones que estos conceptos definen. Por ejemplo, un hombre de naturaleza tacaña, que por la sociedad esta tendencia se ha convertido en un concepto y él ahora puede entender la tacañería por alguna definición razonable.

Asumamos que él se defiende por aquel comportamiento de manera que él no necesite de otros. Resulta que él ha logrado una escala para la tacañería, que durante algún tiempo, cuando ese miedo está ausente, él será capaz de dejar este rasgo. Resulta que él ha mejorado de la tendencia original que él había heredado de sus antepasados. A veces uno logra desarraigar completamente una tendencia mala. Esto se hace por el hábito, que tiene la capacidad de convertirse en la segunda naturaleza.

En esto la fuerza de hombre es mayor que la de una planta. Ya que el trigo no puede cambiarse, sino en su parte privada, mientras que el hombre tiene la capacidad de cambiarse por el poder de causa ambiental y efecto, hasta en las partes generales, que deben completamente desarraigarse y convertirse en una tendencia opuesta.

Factores externos

El cuarto factor es una conducta de causa y efecto que afecta la base, por las fuerzas que son completamente ajenas a ella, y funcionan sobre ella desde fuera. Es decir que estas fuerzas no están relacionadas con la conducta de crecimiento de la base, para actuar directamente sobre ella, sino más bien funciona indirectamente. Por ejemplo, cuestiones monetarias, cargas diarias, o los vientos etc., que en y por sí mismos tienen un completo, lento y gradual orden de situaciones por medio "de causa y efecto", de manera que cambia los conceptos del hombre para mejorar o para empeorar.

De esta manera, he establecido que los cuatro factores naturales que se encuentran en cada pensamiento y que vienen a nuestras mentes, salen de nosotros, y no tienen sino sus propios frutos. Y si uno se sienta y medita el día entero mucho tiempo, no será capaz de agregar o cambiar lo que aquellos cuatro factores le dan. Cualquier adición que él pueda agregar está en la cantidad: tanto si es una gran mente o una pequeña, no así en la calidad [en la cual] no puede agregar nada, ya que ésta determina el carácter y la forma de la idea y la conclusión irresistiblemente, sin preguntar nuestra opinión. Así es como estamos en las manos de estos cuatro factores, como la arcilla en las manos de un alfarero.

Elección libre

Sin embargo, cuando examinamos estos cuatro factores, encontramos que aunque nuestra fuerza no sea bastante para afrontar el primer factor, que es "la base", todavía tenemos la capacidad y la opción libre para defendernos contra los otros tres factores, por los que la base cambia en sus partes individuales. A veces esto cambia su parte general también, por el hábito, que lo dota con una segunda naturaleza.

El ambiente como un factor

Esa protección significa que siempre podemos complementar en materia de la elección de nuestro ambiente, los amigos, los libros, los maestros, etc. Tal como una persona que ha heredado de su padre unos tallos de trigo, que él puede hacer nacer de esta pequeña cantidad docenas de tallos por su elección del ambiente para su "base", que es el suelo fértil, con todos los minerales necesarios y las materias primas que alimentan el trigo en abundancia. Existe también el asunto del trabajo en el mejoramiento de las condiciones ambientales para hacer encajar las necesidades de la planta y el crecimiento, por lo que el sabio hará bien para escoger las mejores condiciones y encontrará bendiciones para su trabajo, y el idiota [en cambio] tomará de lo que viene antes de él, y así girará la siembra a una maldición antes que a una bendición.

Así, toda su alabanza y el espíritu dependen de la opción del ambiente en el cual sembrar el trigo. Pero una vez que lo han sembrado en la posición seleccionada, su forma absoluta es determinada según la medida que el ambiente es capaz de suministrar.

Este es el caso del tema que abordamos. Es verdad que el deseo no tiene ninguna libertad, pero es impresionado por los cuatro factores anteriores. Lo obligan a pensar y examinar como ellos sugieren, negando cualquier fuerza de escrutinio o de cambio, como el trigo en su ambiente.

Sin embargo, hay libertad para el deseo al principio para escoger tal ambiente como libros y tales guías, que le conceden conceptos buenos. Pero si uno no hace esto, sino que está dispuesto a ir a cualquier ambiente y leer cualquier libro que caiga en sus manos, está destinado a la caída en un ambiente malo, o a gastar su tiempo en libros sin valor, que son abundantes y más fáciles para adquirir, que le llevan a ensuciar conceptos, que lo hacen pecar y condenar. Ciertamente será castigado, no debido a sus malos pensamientos y hechos, sobre los que él no tiene ninguna opción, sino porque no escogió el ambiente bueno.

Por lo tanto, quien se esfuerza continuamente en escoger un mejor ambiente es digno de alabanza y de recompensa. Pero no debido a sus buenas acciones o pensamientos, que le vienen sin su opción, sino debido a su esfuerzo por adquirir un ambiente bueno, que le trae estos pensamientos y hechos buenos. Como el *Rabí Yehoshúa Ben Perajya* dijo: "hazte de un *Rav* y cómprate un amigo".

El deber en la elección de un ambiente bueno

De ahí podrás entender las palabras del *Rabí Yosi Ben Kisma* (*Avot* 86), quien, en respuesta a una oferta de vivir en la ciudad de otra persona y ser pagado por ello miles de monedas de oro, le contestó: "Incluso si usted me da todo el oro y la plata y joyas en el mundo, viviré sólo en un lugar de Cabalá". Estas palabras parecen demasiado sublimes para ser comprendidas por nuestra mente simple, porque ¿cómo puede ser que él haya dejado miles de monedas de oro por una cosa tan pequeña, como vivir en un lugar donde no hay ningún discípulo de Cabalá, mientras que él mismo era un gran sabio que no tuvo que aprender de nadie? Esto de verdad es un gran misterio.

Pero como hemos visto, esto es una cosa simple que debería ser observada por todos y cada uno de nosotros. Ya que aunque cada uno tenga "su propia base", las fuerzas no se revelan abiertamente sino por el ambiente en que uno está, como el trigo que sembraron en la tierra, cuyas fuerzas no se hacen evidentes, sino por su ambiente, que es el suelo, la lluvia y la Luz del sol.

Así, el *Rabí Yosi Ben Kisma* correctamente asumió que si él debía dejar el ambiente bueno que él había escogido y caía en un ambiente dañino; es decir, un lugar sin discípulos de Cabalá, no sólo sus antiguos conceptos estarían comprometidos, sino que todas las demás fuerzas, ocultas en su base, que él aún no había revelado en la acción, permanecerían ocultas. Esto es porque ellos no estarían sujetos al ambiente correcto que los activaría.

Y como hemos esclarecido antes, sólo en materia de la elección por parte del hombre del ambiente, su reinado sobre él es medido, y del que él es digno de alabanza o de castigo. Por lo tanto, no hay que preguntarse como un hombre sabio como *Rabí Yosi Ben Kisma* para escoger el bien y declinar el mal y por no haber sido tentado por cosas materiales y corpóreas, como él deduce allí: "Cuando uno muere uno no toma con él la plata o el oro, o joyas, sino sólo buenas acciones y la Cabalá". Nuestros sabios advirtieron: "hazte de un *Rav* y cómprate un amigo", así como la opción de libros, como hemos mencionado. Ya que sólo en esto puede uno ser reprochado o elogiado; es decir, en su elección del ambiente. Pero una vez que se escoge el ambiente, éste se encuentra en sus manos como la arcilla en las manos del alfarero.

El control de la mente sobre el cuerpo

Algunos hombres sabios contemporáneos, después de haber meditado sobre la anterior materia, y habiendo visto cómo la mente del hombre es sólo una fruta que supera los acontecimientos de vida, llegaron a una conclusión: que la mente no tiene ningún control sobre el cuerpo, sino sólo los acontecimientos de vida, impresos en los tendones físicos del cerebro, son los que controlan y activan al hombre. Y la mente de un hombre se parece a un espejo que toma las formas delante de él, que aunque el espejo sea el portador de estas formas, no pueda activar o mover las formas reflejadas en él.

Así es la mente. Aunque los acontecimientos de vida, en todos sus factores de causa y efecto, sean vistos y reconocidos por la mente, esta es completamente incapaz de controlar el cuerpo, ni traerlo al movimiento; es decir, traerle más cerca del bien o más lejos del mal, porque lo espiritual y lo físico son completamente remotos el uno del otro. Y no puede haber ningún instrumento intermediario entre ellos para permitir a la mente activar y funcionar sobre el cuerpo corpóreo, como hemos hablado en profundidad.

Pero donde son fuertes, ellos también deterioran. Porque la imaginación del hombre le sirve no menos que el microscopio sirve al ojo, sin él no puede ver ninguna cosa dañina debido a su pequeño tamaño. Pero una vez que él ha visto el factor dañino por el microscopio, el hombre mismo se distancia del factor nocivo.

Resulta, que es el microscopio el que lleva al hombre a la acción, a distanciarse del factor dañino, y no el sentido, porque el sentido no descubrió el factor nocivo. Y en ese grado la mente totalmente controla el cuerpo del hombre para distanciarse del mal, y traerle cerca del bien. Es decir, que en todos aquellos sitios donde el atributo del cuerpo no logra reconocer el factor tanto caritativo como dañino, necesita el ingenio de la mente.

Además, ya que el hombre conoce su mente, que es una conclusión verdadera de las experiencias de vida, por lo tanto puede tomar la mente y el conocimiento de una persona de confianza, y aceptarlo como la ley, aunque los acontecimientos de su vida aún no le hayan revelado estos conceptos. Esto se parece a una persona que pide el asesoramiento de un doctor y le obedece aún cuando él no entienda nada con su propia mente. Así uno emplea la mente de otros tanto como uno emplea la propia.

Como hemos clarificado antes, hay dos caminos de la Providencia para asegurarse que el hombre llegue a ese objetivo bueno y resuelto. Estos son:

1. El camino de los sufrimientos; y,

2. El camino de la *Torá*.

Toda la claridad en el camino de la Cabalá se deriva de esto. Porque estos conceptos claros que fueron revelados y reconocidos después de una cadena larga de acontecimientos en las vidas de los profetas y otros hombres de Dios, llega un hombre que totalmente los utiliza, y se beneficia de ellos como si estos conceptos vinieran de los acontecimientos de su propia vida. Así verás que uno es liberado de todas las terribles experiencias que hay que experimentar antes de que él pueda desarrollar aquella mente clara. Así uno ahorra tanto tiempo como dolor.

Esto puede ser comparado con un hombre enfermo que no obedecerá las órdenes del doctor, antes de que entienda cómo es que aquel asesoramiento lo va a curar, y por lo tanto comienza a estudiar la medicina, [solamente que] él podría morir de su enfermedad antes de que aprendiera la sabiduría de la medicina.

Así es el camino de los sufrimientos frente al camino de la *Torá*. Porque aquel que no cree en los conceptos que la *Torá* y la profecía le aconsejan sin el auto-entendimiento, debiendo llegar a estas concepciones por sí sólo; es decir, sólo a través de alguien que sigue la cadena de causa y efecto de los acontecimientos de la vida, que son experiencias muy apresuradas, capaces de desarrollar el sentido del reconocimiento de mal en ellos, como hemos visto, sin la opción de alguien, sino porque uno mismo trabaja en la adquisición de un ambiente bueno que lo conduce a estos pensamientos y actos buenos.

La libertad del individuo

Ahora hemos llegado junto al entendimiento también en la libertad del individuo. Sin embargo, se relaciona sólo con el primer factor, que es "la base", la primera substancia de cada hombre; es decir, todas las características que heredamos de nuestros antepasados, características con las cuales nos diferenciamos el uno del otro.

Porque incluso cuando miles de personas comparten el mismo ambiente, de tal modo que los otros tres factores actúan igualmente sobre ellos, [aún así] todavía no encontrarás a dos personas que compartan el mismo atributo. Esto es porque cada uno de ellos tiene su propia base única. Se parece a la base del trigo, que aunque esto cambie mucho por el poder de los tres factores restantes, todavía conserva la forma preliminar del trigo y nunca tomará otra forma.

La forma general de los antepasados nunca se pierde

Así es, cada "base" que había salido de la forma preliminar del antepasado y había tomado una forma nueva como consecuencia de los tres factores que le fueron agregados, y que como consecuencia de esto ha cambiado considerablemente, conservando aún la forma general del antepasado ya que nunca adoptará la forma de otra persona que se parezca a él, tal como la avena nunca se parecerá al trigo.

De manera que todas y cada una de las bases conforman una larga cadena para él por sí misma, comprendiendo varios cientos de generaciones, y la base incluye los conceptos de todos ellos. Pero estos no son revelados en él de la misma manera en que ellos aparecieron en sus antepasados, que es en forma de ideas, sino sólo como formas abstractas. Por lo tanto, existen en él en forma de fuerzas abstractas, llamadas "tendencias" e "instintos", sin que sepa su razón o el por qué él hace lo que él hace. Así, nunca puede haber dos personas con el mismo atributo.

La necesidad de conservar la libertad del individuo

Sabe, que esto es una posesión verdadera del individuo, que no debe ser dañada ni cambiada. Porque finalmente estas tendencias en la base se materializarán y tomarán la forma de conceptos, cuando aquel individuo crezca y logre una mente por sí mismo, y como consecuencia de la ley de evolución que controla aquella cadena y lo empuja hacia adelante.

Aprenderemos más adelante, que todas y cada una de las tendencias están obligadas a convertirse en un concepto sublime de valor inmensurable.

Resulta que quien erradica una tendencia de un individuo y la desarraiga, causa la pérdida de aquel concepto sublime y maravilloso del mundo, destinado para materializarse al final de la cadena, porque aquella tendencia nunca estará otra vez en ningún otro cuerpo, sino en ese en particular.

Así entendemos que cuando una tendencia particular toma la forma de un concepto, este no puede ser distinguido como bueno o malo. Sino que tales distinciones sólo pueden existir cuando son todavía tendencias o conceptos inmaduros y, de ninguna manera son reconocidos así cuando toman la forma de conceptos verdaderos.

De lo anterior aprendemos que un terrible error inflige a aquellas naciones que fuerzan su reinado sobre las minorías, privándolas de libertad, de la capacidad de vivir sus vidas por las tendencias que ellos han heredado de sus antepasados. Ellos son considerados no menos que como asesinos.

Tampoco aquellos que no creen en la religión ni en la Providencia particular, podrán entender el deber de conservar la libertad del individuo, de la mirada de los sistemas de naturaleza. Porque podemos ver que cada nación que alguna vez cayó, no fue sino debido a la opresión de minorías e individuos, que por lo tanto, se habían rebelado contra ella y la habían arruinado. Está claro que la paz no puede existir en el mundo si no tenemos en cuenta la libertad del individuo. Sin ella, la paz nunca puede existir y la ruina prevalecerá.

De esta forma, hemos definido claramente la esencia del individuo con exactitud extrema, después de la deducción que le llega de todo lo acumulado tal como se ha explicado. Pero ahora afrontamos la pregunta: ¿dónde, por fin, está el individuo mismo? Porque todo lo que hemos dicho hasta ahora, es tomado como la característica del individuo, heredado de sus antepasados. Pero, ¿dónde está el individuo en sí?, ¿dónde está quien es el heredero, quien exige que nosotros protejamos su propiedad?

Pero de todo lo que se ha explicado hasta aquí, todavía no hemos encontrado el punto del "yo" en la persona, aquello que lo colocará ante nuestros propios ojos como una unidad independiente. Pero, finalmente, ¿qué tengo que hacer con el primer factor, que es una cadena larga, comprendida por miles de personas, una tras otra, de generación en generación, que ponen la imagen del individuo como un heredero?; y, ¿qué tengo que hacer con los otros tres factores comprendidos por miles de personas, permaneciendo una frente a la otra en una generación? Lo esencial es que cada individuo es sólo una máquina colectiva, esperando para ser usada por el colectivo, tal como se ve; es decir, que él ha llegado a estar sujeto por dos tipos de colectivo:

1. Desde la perspectiva del primer factor, el hombre ha llegado a estar sujeto a un colectivo grande de generaciones pasadas, permaneciendo una tras otra.

2. Desde la perspectiva de los otros tres factores, el hombre ha llegado a estar sujeto a su colectivo contemporáneo.

Es una cuestión universal. Por eso hay muchos que se oponen el método natural anterior, aunque ellos reconozcan su validez, toman en su lugar métodos metafísicos, el dualismo, o el transcendentalismo, para crear para ellos una imagen de algún objeto espiritual, tal como se ubica dentro del cuerpo o el alma. Esta es esa alma que aprende y que maneja el cuerpo y que es la esencia del hombre, su "yo".

Quizás estas interpretaciones podrían aliviar la mente de alguien, pero el problema es que no tienen ninguna solución científica en cuanto a cómo es posible para un objeto espiritual, tener cualquier clase de contacto con átomos físicos, llevarles a cualquier clase de movimiento. Y su sabiduría no les ayuda encontrar un puente sobre cual cruzar aquella grieta amplia y profunda que se extiende entre la entidad espiritual y el átomo corpóreo. Así, la ciencia no ha ganado nada de todos estos métodos metafísicos.

El deseo de recibir: *Yesh MeAin* **(existencia a partir de la ausencia)**

Necesitamos sólo la sabiduría de la Cabalá para avanzar un paso aquí, en una manera científica. Porque toda la sabiduría de los mundos está incluida en la sabiduría de la Cabalá. Aprendemos en el tema de "las Luces espirituales y *Kelim*", que la principal novedad desde el punto de vista de la creación, donde Él ha creado la existencia desde la ausencia, se aplica a un solo aspecto, definido como el "deseo de recibir". Todos los otros asuntos en toda la creación no son definitivamente la novedad, ya que ellos no son la existencia desde la ausencia, sino *Yesh MiYesh* (existencia desde la existencia). Es decir, que ellos directamente son extraídos de Su esencia, como la Luz se extiende del sol. Aquí tampoco hay ninguna novedad, ya que la substancia del sol se extiende en apariencia.

Pero el deseo de recibir, sin embargo, es la innovación completa; es decir, que antes de la creación tal cosa no existió en realidad, porque Él no tiene ningún aspecto del deseo de recibir, ya que Él precede todo, porque ¿de quién Él recibiría? Por lo tanto, este deseo de recibir que Él extrajo como *Yesh MeAin* es la innovación completa. Así todo el resto no tiene ninguna novedad a la cual se pueda llamar "creación". Todos los *Kelim* así como los cuerpos, tanto de mundos espirituales como de físicos, se consideran, la substancia material o espiritual de una naturaleza de "querer recibir".

Dos fuerzas en el deseo de recibir: la fuerza de atracción y la fuerza de repulsión.

Es necesario que entiendas aún más, pues en el aspecto de esta fuerza, llamada el "deseo de recibir ", distinguimos dos fuerzas las cuales son llamadas:

1. La fuerza de atracción.; y,

2. La fuerza de repulsión.

El motivo es, que cada *Kli* o *Guf* (cuerpo), el cual está determinado como el deseo de recibir, en verdad es limitado por la calidad y la cantidad que recibirá. Por lo tanto, toda la cantidad y la calidad que está fuera de sus límites, parecen ir en contra de su naturaleza, y debido a esto él los rechaza. De esta forma, este "deseo de recibir", aunque sea considerado una fuerza de atracción, también le obliga a llegar a ser una fuerza de repulsión.

Una ley para todos los mundos

Aunque la sabiduría de la Cabalá no mencione nada de nuestro mundo corpóreo, de todas maneras existe para ellos –para todos los mundos, una sola ley (tal como está escrito en el artículo "La esencia de la sabiduría de la Cabalá" pág. 5 la Ley de raíz y rama). Por lo tanto se encuentra que todas las entidades corpóreas de nuestro mundo; es decir, todo lo que hay dentro de aquel espacio, sea inanimado, vegetativo, animado, sea un objeto espiritual o un objeto corpóreo, si queremos distinguir el aspecto de único e individual de cada uno de ellos, en aquello en que se distinguen el uno del otro, e incluso en la división más pequeña de las partículas, todo se reduce a no más que un "deseo de recibir", que es toda su forma particular por parte de la creación renovada, limitándolo tanto en la cantidad como en la calidad, ya que de esta fuerza resulta [la presencia] de la fuerza de atracción y la fuerza de repulsión.

Pero algo más que esas dos fuerzas dentro de él es considerada la generosidad de Su esencia. Esa generosidad es igual para todas las criaturas porque no hay ninguna innovación atribuida a ello por parte de la creación, siendo la existencia ampliada desde la existencia. Y esto no puede ser atribuido a ninguna unidad particular, sino sólo a las cosas que son comunes a todas las partes de la creación, pequeñas o grandes. Cada una de ellas recibe de aquella generosidad según su deseo de recibir, y bajo esta limitación cada individuo y unidad es definido.

De esta forma tengo clara y científicamente probado el "yo" (el ego) de cada individuo, por medio de una prueba crítica desde todo punto de vista, incluso con respecto al sistema de los materialistas fanáticos automáticos. De ahora en adelante no necesitamos aquellos métodos audaces, aquellos preparados por la metafísica.

Desde luego esto no hace diferencia, si esta fuerza del deseo de recibir es el fruto y resultado del paraguas que nos sacó por medio de la química, o que la estructura es un resultado y el fruto y resultado de aquella fuerza. Ya que sabemos que el asunto principal es que sólo esta fuerza, impresa en cada ser y átomo del "deseo de recibir", es considerado la unidad, donde es separado de su ambiente. Esto es verdad, tanto para un solo átomo como para un grupo de átomos, llamados cuerpo.

Todos los demás aspectos donde hay algún exceso de esa fuerza, no están relacionados de ningún modo con aquella partícula o aquel grupo de partículas, del aspecto de su "yo", o solamente en general, que es la generosidad que se extiende hacia ellos desde Dios, puesto que es un asunto colectivo para todas las partes de la creación, sin distinguir cuerpos específicos creados.

Ahora entenderemos el asunto "de la libertad del individuo", según la definición del primer factor, al que llamamos "la base", donde todas las generaciones anteriores, que son los antepasados de aquel individuo, tienen impresa su naturaleza. Y como hemos esclarecido, el significado de la palabra individuo no es sino las fronteras del "deseo de recibir", impreso en ese grupo de partículas.

Así verás que todas las tendencias que él ha heredado de sus antepasados son de verdad nada más que las fronteras de su "deseo de recibir", del lado de la fuerza de atracción que hay en él, o del lado de la fuerza de repulsión que también se encuentra en él, la cual aparece antes de nosotros como tendencias para la tacañería o la generosidad, una tendencia de mezclarse o quedarse aislado, etc.

Por esto, ellos realmente son su "yo" (el ego), que lucha por su existencia. Así, si erradicamos hasta una sola tendencia de aquel individuo particular, como se considera, estamos separando un órgano real de sus huesos. Y esto también es catalogado como una pérdida genuina para toda la creación, porque no hay ningún otro como Él, ni tampoco aparecerá otro como Él en el mundo entero.

Después de haber esclarecido a fondo el justo derecho del individuo según la ley natural, déjennos girar y ver solamente cómo es de práctico, sin comprometer la teoría de la ética y la diplomacia. Y lo más importante: cómo es aplicado este derecho por nuestra sagrada *Torá*.

Yendo con la mayoría

Aquí las escrituras dicen: "Yendo con la mayoría". Esto significa que en cualquier parte donde hay una discusión entre un individuo y los muchos, nos obligan a actuar según el deseo de los muchos. En vista que se ha interpretado, que en los muchos tienen un derecho de expropiar la libertad del individuo.

Pero nos encaramos con una pregunta diferente aquí, aún más grave que la primera, porque esta ley hace retroceder a la humanidad en vez de ayudarla a avanzar. Mientras la mayor parte de humanidad está aún subdesarrollada y el desarrollado es siempre una pequeña minoría, resulta que si tú sigues el deseo de los muchos –del resto, que es el subdesarrollado y de corazón precipitado, las opiniones y los deseos del sabio y el desarrollado, que es siempre la minoría, nunca son tenidos en cuenta. De esta manera tú sellas el destino de la humanidad a la regresión, ya que no serás capaz de dar ni un sólo paso adelante.

Aunque, como se dice en el ensayo "la paz" sobre "la obligación de atención con las leyes de la naturaleza", ya que la Providencia nos ordena llevar una vida social, estamos obligados a observar todas las reglas que tratan del sostenimiento de la sociedad. Y si subestimamos su importancia aún en un pequeño grado, la naturaleza tomará su venganza en nosotros, independientemente de si realmente entendemos la razón de la ley o no.

Podemos ver que no hay ningún otro arreglo para vivir dentro de nuestra sociedad, excepto por la ley de "yendo con la mayoría", la cual nos ordena cada discusión y tribulación dentro de la sociedad. Así, esta ley es el único instrumento que nos da el derecho de existir en la sociedad. Por lo tanto está considerada como uno de los preceptos naturales de la Providencia, debiendo ser aceptado y guardado meticulosamente, independientemente de nuestro entendimiento.

Esto es como otras *Mitzvot* (preceptos), las cuales corresponden a todas las leyes de la naturaleza y Su Providencia, que nos viene desde arriba hacia abajo. Ya he descrito cómo toda la obstinación que descubrimos en la conducta de la naturaleza en este mundo, es sólo porque se amplía y se toma de leyes y de conductas de mundos superiores espirituales.

Y con esto también entenderás, que las *Mitzvot* de la *Torá* no son más que leyes y conductas puestas en mundos superiores, constituyéndose como las raíces para todas las conductas de la naturaleza en este mundo, como dos gotas de agua. Esta es la manera en que hemos probado que la ley de: "yendo con la mayoría", es la ley de Providencia y la naturaleza.

El camino de la *Torá* y el camino de los sufrimientos

De todas maneras en el asunto sobre el retroceso que habría ocurrido como consecuencia de aquella ley aún no está resuelto. Y es de verdad nuestra preocupación encontrar modos de reparar esto. Pero por parte de la Providencia no carece de nada por esto, ya que ha envuelto profundamente al género humano de dos caminos: "el Camino de la *Torá*"; y, "el camino de los sufrimientos". De manera que ella está segura del desarrollo continuo de la humanidad y del progreso hacia la meta, sin ninguna reserva (artículo "La paz" desde "todo nos da con garantía). No obstante, el cumplimiento de esta ley es un compromiso natural y necesario, tal como se ha explicado.

El derecho de la multitud para retirar la libertad del individuo

Nos debemos preguntar más cosas, [como por ejemplo]: ¿por qué las cosas son justificadas cuando los asuntos giran alrededor de las cuestiones que están entre dos personas? Entonces, podemos aceptar la ley de "yendo con la mayoría", a través de la obligación de la Providencia, que nos insta a cuidar del bienestar y la felicidad de mis amigos. Pero la ley de: "yendo con la mayoría", es considerada válida por la *Torá* en asuntos que son discusiones entre el hombre y Dios, aunque estos asuntos no parezcan ser pertinentes para la existencia de la sociedad.

Por lo tanto, la pregunta todavía está en pie: ¿Cómo podemos justificar esa ley, que nos obliga a aceptar la opinión de la mayoría, la cual es, como hemos dicho, subdesarrollada, y rechazar y anular la opinión del desarrollado, que es siempre una pequeña minoría?

Pero como hemos demostrado, las *Mitzvot* y la *Torá*, no se dieron sino para purificar a *Israel*; es decir, para desarrollar en nosotros el sentido de reconocimiento del mal, impreso en nosotros desde el nacimiento, el cual generalmente es definido como nuestro amor propio, a fin de llegar junto al bien puro sin merecerlo, el cual es definido como "el amor al prójimo", que es el único y especial enlace hacia el amor de Dios.

De acuerdo a esto, también definiremos las *Mitzvot* entre el hombre y Dios, ya que estas son los instrumentos de virtud que separan al hombre del amor propio, que es dañino para la sociedad. Así, es obvio que los temas de discusión en cuanto a los preceptos entre el hombre y Dios, se relacionan con el problema del derecho a existir por parte de la sociedad. Así, ellos también caen en el marco de: "yendo con la mayoría".

Con esto podemos entender la conducta de discriminación entre la *Halajá* (código de leyes judío) y la *Agadá* (relatos y alegorías), porque sólo en la *Halajá* está la ley "del individuo y el colectivo, *Halajá* como un colectivo". En tanto que en la *Agadá* no se encuentra esto, porque los asuntos de la *Agadá* están sobre los asuntos que conciernen a la existencia de la sociedad, ya que estos hablan exactamente del asunto de la conducta de la gente en asuntos acerca del hombre y Dios, en aquella misma parte donde la existencia y la felicidad física de la sociedad no tienen ninguna consecuencia.

Por tal razón, no hay ninguna justificación para que la mayoría anule la opinión del individuo, "puesto que un hombre íntegro hará lo que sea conveniente en sus propios ojos"; no así las *Halajot* las cuales se refieren a la observación de las *Mitzvot* de la *Torá*, ya que todos ellos caen en la supervisión de la sociedad, donde no puede haber ninguna orden, excepto por la ley de: "yendo con la mayoría".

La sociedad debería seguir la Ley de: "yendo con la mayoría"

Ahora hemos llegado a un entendimiento claro de la sentencia de la libertad del individuo. La pregunta es: ¿de dónde la mayoría toma el derecho de expropiar la libertad del individuo y negarle la cosa más preciosa en la vida: la libertad? Aparentemente, la causa no es más que la fuerza bruta.

Pero, como claramente hemos explicado antes, esta es una ley natural y el decreto de la Providencia, porque la Providencia nos obliga a todos a llevar una vida social, y es obvio que obliga a todas y a cada una de las persona a asegurar la existencia y el bienestar de la sociedad. Y esto no puede existir a menos que sea por la imposición de la conducta de: "yendo con la mayoría", ignorando así la opinión del individuo.

Dado que te parecerá obvio, que este sea la fuente de cada derecho y justificación que la mayoría tiene para expropiar la libertad del individuo, contra su voluntad, colocándolo bajo su autoridad. Por lo tanto, se entiende que con respecto a todos aquellos asuntos que no conciernen a la existencia de la vida material de la sociedad, no hay ninguna justificación para que la mayoría robe y abuse de la libertad del individuo de ningún modo. Si ellos lo hacen, son considerados atracadores y ladrones que prefieren la fuerza bruta a cualquier derecho y justicia en el mundo, porque aquí la obligación del individuo para obedecer el deseo de la mayoría no se aplica.

En la espiritualidad la ley es: "ir tras el individual"

Resulta que por lo que a la vida espiritual concierne, no hay ninguna obligación natural sobre el individuo para cumplir con la sociedad de cualquier modo. Al contrario, aquí se aplica una ley natural sobre la mayoría, que es la de someterse a la autoridad del individual. Y esto es clarificado en el artículo "La paz", pues existen dos caminos con los que la Providencia nos ha envuelto y rodeado para traernos a la meta. Estos son:

1. El camino de los sufrimientos, que nos impone aquel desarrollo, independientemente de nuestra opinión; y,

2. El camino de la *Torá*, el cual nos desarrolla deliberadamente sin ningún hecho de atormentarse o por coacción.

Como lo más altamente desarrollado en la generación es definitivamente el individuo, resulta que cuando la gente común quiere liberarse de los terribles sufrimientos a fin de asumir el desarrollo consciente, que es el camino de la *Torá*, no tienen ninguna otro opción sino solo someterse ellos mismos y su libertad física a la disciplina del individuo, obedeciendo las ordenes y remedios que él les ofrecerá.

De esta manera ve que en asuntos espirituales la autoridad de la mayoría es invalidada y la ley de: "tomando después del individuo (desarrollado)" es aplicada. Es fácil ver que el desarrollado y culto en cada sociedad es siempre una pequeña minoría. Por lo tanto, resulta que el éxito y el bienestar espiritual de la sociedad son embotellados y sellados en las manos de pocos.

Eso significa que la mayoría es obligada a mirar meticulosamente la opinión de pocos, pues ellos no echarán a perder al mundo. Ya que ellos deben tener por seguro, con absoluta certeza, que las opiniones más desarrolladas y verdaderas nunca están en manos de la mayoría, sino más bien en las manos de los más débiles; es decir, en las manos de una minoría indistinguible. Cada sabiduría y todo lo que es precioso, entra en el mundo en pequeñas cantidades. Por lo tanto, somos advertidos de conservar las opiniones de cada individuo, debido a la imposibilidad de la mayoría de los que dominan dilucidando entre ellos.

La crítica trae el éxito, la carencia de ella causa la degeneración

Debemos agregar que la realidad ofrece a nuestros ojos la contradicción extrema entre los asuntos físicos, en conceptos e ideas respecto al anterior sujeto, porque el asunto de la unidad social que puede ser una fuente de alegría y éxito, es practicada sólo entre cuerpos, y temas corporales de las personas y la separación entre ellos es la fuente de cada calamidad y desgracia.

Pero, con los asuntos de conceptos e ideas, es completamente lo opuesto. Es decir, porque la unidad y la falta de crítica son consideradas la fuente de todo el fracaso y el mayor obstáculo a cada progreso y la propagación didáctica. Porque sacar la conclusión correcta depende principalmente de la multiplicidad de desacuerdos y separación, entre las opiniones. Cuantas más contradicciones y crítica existan entre las opiniones, más se incrementará el conocimiento y la sabiduría y, las materias llegarán a ser más adecuadas para el examen.

La degeneración y el fracaso de la inteligencia se derivan sólo de la carencia de crítica y el desacuerdo. Es fácil ver que cada base para el éxito físico es la medida de la unidad de la sociedad, en tanto que la base para el éxito de la inteligencia y del conocimiento, es la separación y el desacuerdo entre ellos.

Por tal razón el juicio resulta [de la siguiente manera], ya que cuando la humanidad tiene éxito en materia del éxito de los cuerpos; es decir, llevándoles al grado de amor completo por el prójimo, todos los cuerpos en el mundo se unirán en un solo cuerpo y en un solo corazón. Y sólo entonces toda la felicidad buscada para la humanidad será revelada en toda su gloria. Pero, contra esto, debemos procurar no traer las opiniones de gente demasiado cercana, ya que esto podría terminar en el desacuerdo y la crítica del sabio, porque el amor del cuerpo trae con él el amor de la mente. Y si la crítica y el desacuerdo desaparecieran del mundo, todo el progreso en conceptos e ideas cesarían también y la fuente de conocimiento en el mundo se acabaría.

Esta es la prueba de la obligación de cuidar la libertad del individuo en cuanto a conceptos e ideas, porque el desarrollo entero de la sabiduría está basado en esta libertad del individuo. Así, somos advertidos para conservarlo con mucho cuidado, en un modo en que todas y cada una de las formas que se encuentran dentro de nosotros, las cuales llamamos con el nombre de "individuo", es decir el aspecto de la fuerza particular de una persona única, la cual es generalmente llamada como: "deseo de recibir".

La herencia ancestral

Todos los detalles que este "deseo de recibir" incluye, al que hemos definido como "la base", o el Primer Factor, cuyo significado incluye todas las tendencias y las costumbres heredadas de sus antepasados, las imaginamos como una cadena larga, consistiendo de miles de personas que una vez estaban vivas estando de pie uno sobre el otro, en que cada uno de ellos es una gota esencial de sus antepasados. Y esa gota, la que cada uno de nosotros recibe, trae con ella los bienes espirituales de sus antepasados, en su "*Móaj HaMeorej*" (El cerebro alargado), también llamado subconsciente. Así el individuo antes de nosotros toma, en su subconsciente, todos los miles de herencias espirituales de todos los individuos representados en aquella cadena, que son sus antepasados.

De esta manera, tal como las caras de todas las personas son diferentes, sus opiniones también lo son. Ya que no hay dos personas sobre la tierra cuyas opiniones sean idénticas, porque cada persona tiene una gran y sublime posesión, la que él hereda de sus antepasados, de los que los otros no tienen ni un fragmento.

Por lo tanto, todos aquellos bienes son considerados la característica del individuo, y la sociedad está atenta para conservar su sabor y espíritu, e impedir que el ambiente se enturbie a fin de conservar la integridad de la herencia de cada individuo. Entonces, la contradicción y la diferencia entre ellos permanecerán siempre, para asegurar la crítica y el progreso de la sabiduría para toda la eternidad, los cuales son la ventaja de la humanidad y sus verdaderos deseos eternos.

Después de haber llegado a una cierta cantidad de reconocimiento en el hombre mismo, al que hemos determinado como una fuerza y un "deseo de recibir", siendo el punto esencial de los seres desnudos, también hemos aclarado, con todas sus fronteras, la medida de la posesión original de cada cuerpo, al que hemos definido como: "la herencia hereditaria". Esto significa que todo el poder de las tendencias y los atributos que han entrado en su "base" por la herencia, que es la primera substancia de cada hombre, es la gota preliminar de semen de sus antepasados. Ahora clarificaremos los dos aspectos del deseo de recibir.

Dos aspectos: A) La fuerza potencial; y, B) la fuerza real

Para empezar, debemos entender que este "yo", que hemos definido como el "deseo de recibir", aunque sea la esencia misma de hombre, no puede existir en realidad ni siquiera un segundo.

Eso que llamamos fuerza potencial; es decir, antes de que esto se haya hecho real, no obstante existe **sólo en nuestro pensamiento**, es decir que sólo **el pensamiento** puede definirlo.

De hecho, no puede haber ninguna fuerza verdadera en el mundo que esté latente e inactiva. Dado que la fuerza no existe en la realidad, salvo en el momento en que es revelada por la acción. De la misma manera, no se puede decir acerca de un niño que éste tiene una gran fuerza, puesto que no puede levantar ni el peso más ligero, ya que solamente se puede decir, que se sabe que este mismo niño cuando crezca, se descubrirá en él una gran fuerza.

Sin embargo, realmente decimos que la fuerza que encontramos en el hombre cuando él ha crecido estuvo presente en sus órganos y en su cuerpo incluso cuando él era un niño, solamente que la fuerza había sido ocultada y no se hacía evidente.

Es verdad que en nuestras mentes nosotros podríamos determinar la fuerza futura, porque la mente así lo afirma. Sin embargo, en el cuerpo real del niño, allí seguramente no hay ninguna fuerza, ya que ninguna fuerza es revelada en sus acciones.

Es lo mismo con el apetito, el cual no aparecerá en la realidad del cuerpo de un hombre, cuando los órganos no puedan comer; es decir, cuando esté saciado. Pero incluso cuando uno está satisfecho, hay fuerza de apetito, aunque esto sea ocultado dentro del cuerpo. Entonces luego de algún tiempo, cuando el alimento haya sido digerido, reaparece de nuevo de una fuerza potencial a una fuerza real.

Sin embargo tal sentencia de determinar una fuerza potencial, la cual aún no ha sido revelada, pertenece al proceso del pensamiento culto. Pero esto no existe en realidad, porque cuando estamos saciados, sentimos ciertamente que la fuerza del apetito se ha ido y si se la busca, no se la encontrará en ninguna parte.

Resulta que no podemos mostrar una fuerza potencial como un sujeto que existe por sí mismo, sino sólo como un predicado. Es decir, cuando una acción ocurre en realidad, en ese momento la fuerza es revelada dentro de la acción.

Por medio de la deducción, necesariamente encontramos aquí dos cosas: un sujeto y un predicado, que son una fuerza potencial y una fuerza real, así el apetito es la imagen sustancial e imaginada del plato, que es el predicado y la acción. En realidad, sin embargo, vienen como uno solo. Nunca ocurrirá que una persona sentirá apetito sin imaginar el plato que quiere comer, de modo que estos son dos mitades de la misma cosa. La fuerza del apetito debe ser vestida de esa imagen. Llamamos a dicha acción "el deseo"; es decir, la fuerza de apetito revelado en la acción de la imaginación.

Igual es en el caso del tema que tratamos: el deseo general de recibir, que es la esencia misma del hombre, se revela y existe sólo por la preparación en las formas de los objetos que probablemente van a ser recibidos. Para entonces, esto existe como el sujeto y de ningún otro modo. Esa acción es la vida; es decir, el sustento del hombre, lo que significa que la fuerza del deseo de recibir se prepara y actúa dentro de los objetos deseados. Dicha medida de revelación es la medida de su vida, como hemos explicado en el acto que llamamos el deseo.

Dos creaciones: A) el hombre; y, B) un alma viva

De lo anterior claramente podemos entender el verso: "Y el Señor Dios formó al hombre del polvo de la tierra, y respiró en las ventanas de su nariz el aliento de vida; y el hombre llegó a ser un *Néfesh Jayiá* (alma viviente)" (Génesis 2.7). Aquí encontramos dos formaciones:

1. El hombre por sí mismo; y,

2. El alma viva por sí misma

El verso dice que entonces el primer hombre fue creado como el polvo de la tierra, que es una colección de partículas en la que reside la esencia de hombre; es decir, su "deseo de recibir". Este deseo de recibir está presente, como hemos esclarecido, en cada partícula de la realidad, de la que emanaron los cuatro tipos: inanimado, vegetativo, animado y, hablante. En ese aspecto el hombre no tiene ninguna ventaja sobre cualquier otra parte de la creación, como el verso dice: "El polvo de la tierra".

Pero hemos visto que esta fuerza, llamada el deseo de recibir, no puede existir sin preparar y actuar en un objeto deseado, una acción llamada vida. Y según esto encontramos que antes de que el hombre haya llegado a las formas de recepción del placer material, las cuales se diferencian del resto de criaturas, siendo considerado una persona muerta sin vida. Esto es porque su deseo de recibir no tiene ningún lugar en el cual se vaya a vestir a fin de que descubra sus acciones, pues estas son las revelaciones de la vida.

Y respecto a aquello de: "y sopló en su nariz el aliento de vida", que son las formas generales de la recepción, aquellas que son convenientes para la categoría del hombre. La palabra "*Nishmat*" (el aliento de) proviene de la palabra "*SheMin*" (que es una especie) de territorio para él, cuyo significado es como "pertenencia", siendo entendido a través del verso: "El espíritu de Dios me ha hecho y el aliento del Todopoderoso me ha dado la vida" (*Iyov* 33.4). [En cambio] la palabra *Neshamá* (alma) tiene la misma estructura de sintaxis que las palabras "*Nifkad*" (perdido), "*Neesham*" (acusado); etc.

Y la medida de lo descrito en: "y sopló en su nariz", significa que tiene que ver con que Él insertó en su interior en sus adentros una *Neshamá* (alma), la cual es una aproximación de la vida, y que se refiere a la suma total de las formas que son dignas de recepción en su deseo de recibir. Entonces, esa fuerza, el deseo de recibir que fue abrigado en sus partículas, ha encontrado un lugar para prepararse en una forma y en un acto; es decir, en aquellas formas de recepción que él logró del Señor, y esa acción es llamada vida, tal como hemos dicho.

El verso finaliza diciendo: "Y fue el hombre un alma viva". Es decir, que desde que el deseo de recibir ha comenzado a actuar por las medidas de esas formas de recepción, la vida había sido revelada instantáneamente en él y [por eso dice]: "y fue un alma viva".

Sin embargo, antes del logro de esas formas de recepción, aunque la fuerza del deseo de recibir hubiera sido impresa en él, todavía es considerado un cuerpo sin vida, debido a que allí no hay ningún lugar para llegar a su interior junto con las revelaciones de la acción.

Como hemos visto antes, aunque la esencia de hombre sea sólo el "deseo de recibir", de todas maneras es entendido como la mitad de algo, porque está obligado a vestirse con alguna realidad que lo prepare. Por eso, el deseo de recibir y la imagen de su posesión es en realidad lo mismo, porque de lo contrario no tendría el derecho de existir ni siquiera un momento, tal como ha sido aclarado.

Por lo tanto, cuando la máquina del cuerpo se haya preparado y llenado, hasta la mitad de sus años, de manera que su "ego" está de pie en todo su nivel, el cual ha sido impreso en él desde su nacimiento, ya que debido a esto él por sí mismo siente una cantidad grande y fuerte del deseo de recibir; es decir, él quiere lograr la riqueza y el honor y todo lo que haya en su

camino. Esto se debe a que la perfección "del ego" del hombre atrae las formas de estructuras y conceptos de manera que se viste en ellos y se sostiene de sus manos.

Sin embargo, cuando ha pasado la mitad su vida, comienzan los días de la pendiente, que por definición son los días de su muerte. Esto es porque una persona no muere en un instante, tal como él fue traído a la vida en un instante. Más bien su vela, siendo su "ego", se marchita y muere poco a poco, y junto con ello, mueren las imágenes y los bienes que él quiere recibir.

Porque ahora él comienza a dejar ir muchos de los bienes que él había soñado en su juventud, dejando ir sus bienes mayores, según el avance de sus años, hasta que en sus días viejos, cuando la sombra de la muerte se derrama sobre él, días en los cuales no hay ningún anhelo [por nada] en lo absoluto, se debe a que su deseo de recibir, el cual es su "ego", se marchita y muere y todo lo que es abandonado es una chispa diminuta, ocultada al ojo; es decir, que no está preparada para ningún acto. Por lo tanto no hay ninguna petición y esperanza en ese tiempo para cualquier clase de recepción.

Hemos comprobado que el deseo de recibir, con la imagen del objeto que se espera recibir, es realmente la misma. Y su revelación es igual, su estatura es igual y así [también] es la medida de sus días. Sin embargo, hay una distinción significativa aquí, en forma de ceder en el momento de la declinación de la vida. Porque esa cesación no es un resultado de saciedad, sino de desesperación. Es decir, es cuando "el ego" comienza a morir, durante el tiempo de la declinación, siente su propia debilidad y la muerte próxima. Por lo tanto, se deja ir y desiste de los sueños y las esperanzas de su juventud.

Observa con cuidado y discierne la cesión debido a la saciedad, ya que esto no causa ninguna aflicción y no se la puede denominar con el nombre de "muerte parcial", sino como un acto, ya que al finalizar la acción, el abandono causado por la desesperación está lleno de dolor y de disgusto, y por lo tanto, se puede llamar "muerte parcial".

La liberación del ángel de la muerte

Después de todo lo que hemos aprendido, encontramos un modo de entender las palabras de nuestros sabios en su significado verdadero cuando dijeron: "*Jarut* (tallado) sobre las piedras". No pronuncies esto como "tallado", sino más bien "*Jerut*" (libertad), ya que ellos han sido liberados del ángel de la muerte. Por eso se ha dicho en los artículos: "La revelación de la piedad (*Matán Torá*)" y "La garantía (*HaArvut*)", que antes de la recepción de la *Torá*, ellos habían tomado sobre sí mismos terminar con cualquier característica privada al grado que es expresado en las palabras: "un reino de sacerdotes" (*Mamléjet Kohanim*), ya que habían asumido el objetivo de la creación; es decir, el serle fieles en igual forma, en como Él concede y no recibe, así ellos van a conceder y no recibir, lo cual es el último grado de adhesión, expresada en las palabras: una nación santa, tal como se dice en el final de la obligación.

Ya te he llevado a comprender que la esencia de hombre; es decir, su "yo", definido en el deseo de recibir, es sólo la mitad, y no puede existir, sino por haberse vestido en alguna imagen de alguna pertenencia o la esperanza por alguna pertenencia. Porque sólo entonces nuestro asunto estará completo y podrá ser llamado "la esencia de hombre" y no [simplemente] un ser humano.

Resulta, que los Hijos de *Israel* cuando lograron la adhesión completa en esa ocasión santa, se constituyeron en *Kelim* de recepción completamente vaciados de toda pertenencia en el mundo, habiéndose adherido a Él en igualdad de forma. Esto significa que no tenían ningún deseo de poseer algo para ellos, sino sólo en el grado en que podrían conceder la alegría de que su Hacedor disfrutaría en ellos.

Debido a que su deseo de recibir se había preparado en una imagen de aquel objeto, se han preparado y se han vinculado con él como una unidad completa. Por lo tanto, seguramente ellos se han hecho libres del ángel de la muerte, ya que la muerte es necesariamente un aspecto de ausencia y la negación de la existencia de un cierto objeto. Pero sólo mientras haya una chispa que quiera existir para su propio placer, pudiéndose decir que aquella chispa no existe, sino que está ausente y muerta.

No así en caso de que no se encuentre una chispa en el hombre, sino que todas las chispas de su esencia se visten para el otorgamiento del contentamiento a su Hacedor, entonces no estará, ni ausente, ni muerto. Porque incluso cuando el cuerpo se anula, sólo lo hace desde el aspecto de recepción para su propia satisfacción, en la que el deseo de recibir es preparado, y no tiene ningún derecho de existir, sino a través suyo.

Sin embargo, cuando él aspira al objetivo de la creación, Dios tiene contentamiento de eso, pues se ha hecho Su voluntad, encontrándose que la esencia del hombre, la cual se viste de Su contentamiento, logra la inmortalidad total, tal como Él; dando como resultado el ser liberado del ángel de la muerte, tal como dice el *Midrash*: "La libertad del ángel de la muerte", y en la *Mishná* (*Avot* 86): *Jarut* (tallado) sobre las piedras; no pronuncian "tallado", sino más bien *Jerut* "libertad", porque no hay ningún hombre libre, sino el que estudia la *Torá*".

Prefacio al Libro del *Zóhar*

1) La profundidad de la sabiduría en el *Libro Sagrado del Zóhar* está cercada y enjaulada detrás de mil cerrojos, y nuestra lengua humana es demasiado pobre para proveernos de suficientes expresiones fidedignas para interpretar algo hasta su final. Además, la interpretación que he hecho no es más que una escalera para ayudar a elevar al examinador a la altura de las cosas y examinar las palabras del libro mismo. Por lo tanto, he visto necesario preparar al lector, para darle un camino y un acceso a definiciones confiables, concernientes a cómo debería contemplar y estudiar el libro.

2) Al principio, uno debería estar alerta de que cada concepto discutido en *El Libro del Zóhar*, ya sea en el lenguaje de *Agadá* (leyendas o cuentos), concierne a las diez *Sfirot*: es decir, *KaJaB (Kéter, Jojmá, Biná), JaGaT (Jésed, Gvurá, Tifféret), NeHYM (Nétzaj, Hod, Yesod, Maljut)*, y sus combinaciones. Lo mismo que el lenguaje hablado, consistente en veintidós letras con sus diversas permutaciones. Las *Sfirot* son enteramente adecuadas para revelar la esencia de cualquier objeto o aprendizaje, así también son suficientes los conceptos y las permutaciones de las diez *Sfirot* para revelar la sabiduría entera contenida en el libro del Cielo.

Sin embargo, hay tres limitaciones con las que uno debe ser muy prudente y no debe excederse al estudiar las palabras del libro. Primero las presentaré brevemente, y luego las explicaré en detalle.

3) **La primera limitación:** Existen cuatro categorías en las conductas del conocimiento llamadas,

1. Materia,

2. Forma vestida en la Materia,

3. Forma abstracta; y,

4. Esencia.

Esto es lo mismo en las diez *Sfirot* tal como lo explicaré abajo. Uno debe ser consciente de que *El Libro del Zóhar* no se relaciona en absoluto con la Esencia y la Forma abstracta en las diez *Sfirot*, sino sólo con la Materia en ellas, o con la Forma en ellas, mientras las *Sfirot* se visten en la Materia.

4) La segunda limitación: La Divina realidad comprensible, concerniente a la creación de las almas y a las conductas de su existencia son discernidas por nosotros en tres discernimientos:

1. *Ein Sof* (lit. el Infinito),

2. El mundo de *Atzilut*; y,

3. Los Tres mundos llamados *Briá*, *Yetzirá* y *Asiyá*.

Sabe que *El Libro del Zóhar* se relaciona sólo con los mundos de *BYA* (*Briá*, *Yetzirá* y *Asiyá*). Este trata superficialmente a los mundos de *Ein Sof* y *Atzilut* hasta el grado en que los mundos de *BYA* reciban de ellos, pero *El Libro del Zóhar* no se involucra en ellos del todo, porque ellos son para sí mismos.

5) La tercera limitación: Hay tres aspectos en cada uno de los mundos de *BYA*.

1. Diez *Sfirot*, los cuales son la Divinidad que brilla en ese mundo;

2. Las Almas y los Espíritus de las personas;

3. El resto de la realidad, denominado *Malajim* (ángeles), *Lebushim* (vestiduras), y *Heijalot* (palacios), cuyos elementos particulares son innumerables.

Debes saber que aunque el *Zóhar* explica extensamente los detalles de cada mundo, deberías saber que las palabras del *Zóhar* están siempre enfocadas en las almas de la gente en ese mundo.

Este explica otros discernimientos sólo para saber la medida en que las almas reciben de ellos. El *Zóhar* no se relaciona con eso que no está conectado a la recepción de las almas, ni en una sola palabra. Así, debes concluir que cada palabra que ha sido traída al *Libro del Zóhar*, es sólo con relación a la recepción del alma.

Estos tres discernimientos fundamentales son muy severos, y si el lector no sabe cómo ser prudente con ellos, y remueve asuntos de contexto, entonces inmediatamente estará confundido en la materia. Por esta razón me he visto en la necesidad de complicar y expandir el entendimiento de estas tres limitaciones tanto como pueda, de tal manera que serán comprendidas por todo el mundo.

6) Ya sabes que las diez *Sfirot* son llamadas *Jojmá*, *Biná*, *Tifféret*, *Maljut* y la raíz, llamada *Kéter*. (Son diez porque *Tifféret* por sí misma consta de seis *Sfirot*, llamadas *Jésed*, *Gvurá*,

Tifféret, Nétzaj, Hod y *Yesod*. Recuerda eso en todos los lugares donde estamos acostumbrados a decir diez *Sfirot* que son *JuB TuM*).

En general, ellas constan de los cuatro mundos de *ABYA*. Esto es así porque el mundo de *Atzilut* es la *Sfirá* de *Jojmá*; el mundo de *Briá* es la *Sfirá* de *Biná*; el mundo *Yetzirá* es la *Sfirá* de *Tifféret* y el mundo de *Asiyá* es la *Sfirá* de *Maljut*. En particular, no sólo todos y cada uno de los mundos tienen diez *Sfirot JuB TuM*, sino aún el menor elemento en cada mundo tiene esas diez *Sfirot JuB TuM*, tal como está escrito en la Introducción (ítems 44, 51 y 61).

7) El *Zóhar* comparó estas diez *Sfirot, JuB TuM*, con cuatro colores:

1. Blanco para la *Sfirá* de *Jojmá*,

2. Rojo para la *Sfirá* de *Biná*,

3. Verde para la *Sfirá* de *Tifféret*; y,

4. Negro para la *Sfirá* de *Maljut*.

Es similar a un espejo que tiene cuatro cristales pintados de los colores arriba citados. La luz en este es una, pero es coloreada al viajar a través de los cristales, siendo convertida en cuatro clases de luz: luz blanca; luz roja; luz verde y luz negra.

Así, la Luz en todas las *Sfirot* es la completa Divinidad y la simple unidad, desde la parte superior de *Atzilut* hasta el fondo de *Asiyá*. La división en las diez *Sfirot JuB TuM* se debe a los *Kelim* llamados *JuB TuM*. Cada *Kli* (sing. de *Kelim*) es como una parte fina de la Luz Divina que atraviesa hacia los receptores.

Por esta razón se considera que cada *Kli* hace de la Luz un color diferente. El *Kli de Jojmá* en el mundo de *Atzilut* transporta Luz blanca, o sea luz incolora, porque el *Kli de Atzilut* es similar a la luz misma. La luz del Creador no sufre ningún cambio mientras pasa a través de él, porque el *Kli de Atzilut* es como la Luz misma, en tanto que la Luz Divina no es inducida a ningún cambio cuando viaja a través de él.

Éste es el significado de lo que está escrito en el *Zóhar* acerca del mundo de *Atzilut*, "**Él, Su Vida y, Su Esencia, son uno**". Por lo tanto, la Luz de *Atzilut* es considerada blanca, pero cuando la Luz viaja a través de los *Kelim* de los mundos de *Briá, Yetzirá* y *Asiyá*, hacia los receptores, es cambiada y oscurecida. Tal es el ejemplo de la Luz Roja para *Biná*, que es *Briá*, la Luz verde, como la luz del sol, para *Tifféret*, que es el mundo de *Yetzirá*, y la luz negra para *Sfirá de Maljut*, que es el mundo de *Asiyá*.

8) Además de lo dicho anteriormente, hay una advertencia muy importante en esta parábola de los cuatro colores. Las Luces Superiores son llamadas *Séfer* (lit. libro), tal como está escrito (*Séfer Yetzirá*, Capítulo 1, *Mishná* 1), "**Y Él creó Su mundo en tres libros: *Séfer* -un libro, *Sofer* -un autor, y *Sipur* -un cuento**". La escritura también dice: "**y ellos aparecieron como el Libro del Cielo**" (Isaías 34).

El descubrimiento de la sabiduría en cada libro no está en el blanco en él, sino sólo en los colores, o sea en la tinta. Aquí es donde las letras dentro del libro en sus combinaciones de la sabiduría llegan al lector.

En general, hay tres clases de tinta en este libro:

1. Roja,
2. Verde; y,
3. Blanca.

Correspondientemente, el mundo de *Atzilut*, que es *Jojmá*, es todo *Divinidad*, como el blanco en el libro. Esto quiere decir que no tenemos percepción en él en lo absoluto, pero todo el descubrimiento en el Libro del Cielo está en las *Sfirot* de *Biná*, *Tifféret* y *Maljut*, las cuales son los mundos de *BYA*, puesto que ellos son considerados la tinta en el cielo.

Sus letras y sus combinaciones aparecen en las tres anteriormente citadas clases de tinta, y es sólo a través de ellas que la Luz Divina aparece ante los receptores. Al mismo tiempo, debemos notar que el blanco en el libro es el objeto primario del libro, y las letras son todas los "predicados" en lo blanco del libro. Así, si no fuese por el blanco, no hubiese sido posible la existencia para las letras ni la manifestación entera de *Jojmá* en ellas.

De modo semejante, el mundo de *Atzilut*, el cual es la *Sfirá de Jojmá*, es el objeto primario de la manifestación de *Jojmá* que aparece a través de los mundos de *BYA*. Éste es el significado de: "**En sabiduría, Tú has creado a todos ellos**".

9) Hemos dicho en la tercera limitación que el *Zóhar* no habla del mundo de *Atzilut* puesto que este es estimado como el blanco en el libro, sino más bien de acuerdo a su luminiscencia en los tres mundos de *BYA*. Esto es así porque es comparable a la tinta, las letras y sus combinaciones en el libro. Es decir en dos formas:

1. Una, es que los tres mundos de *BYA* reciben la luminiscencia del mundo de *Atzilut* en su propio lugar, al tiempo en que la Luz es grandemente reducida a medida que pasa a través del *Parsá* debajo del mundo de *Atzilut*. Al final, esta es percibida meramente como una luminiscencia de los *Kelim de Atzilut*; y,

2. La otra, es el camino del ascenso de los mundos de *BYA* por encima del *Parsá* al lugar de las *Sfirot Biná*, *Tifféret* y *Maljut de Atzilut*. Para ese entonces visten al mundo de *Atzilut*, o sea, reciben la Luz en el lugar de su luminiscencia, tal como está escrito en el Prefacio, del ítem *155* en adelante.

10) No obstante la alegoría no es similar del todo a la lección, porque en el libro de la sabiduría en este mundo, ambos, el blanco y la tinta en sus letras, están sin vida. El descubrimiento de la sabiduría inducida por ellos no está en su esencia misma, sino fuera de ellos, o sea en la mente del investigador.

Sin embargo, referente a los cuatro mundos de *ABYA*, que son el libro del Cielo, las Luces en la realidad espiritual y corpórea están presentes en ellos y se extienden desde ellos. Así, deberías saber que el blanco en él, que es el objeto del libro, es el mismo objeto aprendido en sí mismo, mientras que los tres colores de la tinta explican ese tema.

11) Aquí deberíamos estudiar estas cuatro maneras de percepción, presentadas arriba en la primera limitación:

1. La materia,

2. Forma vestida en la materia,

3. Forma abstracta; y,

4. Esencia;

Más aún, primero las explicaré usando ejemplos reales de este mundo. Por ejemplo, cuando decimos que uno es "una persona fornida", "una persona veraz" o "una mentirosa", etcétera, tenemos ante nosotros:

1. La materia de uno; es decir, nuestro cuerpo,

2. La forma que viste la materia de uno, o sea una persona fuerte, una veraz o una mentirosa,

3. La forma abstracta. Puedes desnudar la forma de una persona fuerte, veraz o mentirosa, a partir de la materia de esa persona, y estudiar estas tres formas desde ellas mismas, desvestidas de cualquier materia o cuerpo. Esto significa

   examinar los atributos de fuerza, verdad y engaño, discernir el mérito o desmérito en ellas mientras están desprovistos de cualquier substancia; y,

4. La esencia [de uno].

12) Sabe que la cuarta forma, siendo la esencia de la persona en sí, sin la materia, es completamente inconcebible para nosotros. Esto es así porque nuestros cinco sentidos y nuestra imaginación no nos ofrecen nada más que la revelación de las acciones de la esencia, pero no de la esencia misma. Por ejemplo:

1. El sentido de la vista nos ofrece sólo sombras de la esencia visible, según a cómo se forman opuestas a la luz.

2. De modo semejante, el sentido de la audición no es más que una fuerza de golpeteo de alguna esencia en el aire. El aire es rechazado debido a su fuerza, golpea el tambor en nuestro oído y, oímos que hay alguna esencia en nuestra proximidad.

3. El sentido del olfato no es más que aire que sale de la esencia y golpea nuestros nervios del olfato y olemos. También,

4. El sentido del gusto no es más que el resultado de tocar alguna esencia en nuestros nervios del gusto.

Así, todo lo que estos cuatro sentidos nos ofrecen no es más que las manifestaciones de las operaciones que resultan de alguna esencia, y nada de la esencia misma.

Aun el sentido del tacto, el más fuerte de los sentidos, que separa lo caliente de lo frío, y lo sólido de lo blando, todas esas no son más que manifestaciones de operaciones dentro de la esencia; son sólo acontecimientos de la esencia. Lo caliente puede ser enfriado, lo frío puede ser calentado, lo sólido puede ser convertido a líquido a partir de operaciones químicas y el líquido hecho aire; es decir, sólo gas, donde cualquier discernimiento en nuestros cinco sentidos ha expirado. Sin embargo la esencia todavía existe, porque puedes convertir el aire en líquido otra vez y el líquido a sólido.

Así, evidentemente te encuentras con que los cinco sentidos no nos revelan completamente ninguna esencia, sino sólo los acontecimientos y las manifestaciones de las acciones de la esencia. Se sabe que por eso es que no podemos sentirlo, tampoco podemos pensarlo; ni tenemos forma de percibirlo.

Resulta, que el pensamiento no tiene percepción alguna de la esencia. Además, ni siquiera conocemos nuestra propia esencia. Siento y sé que ocupo un espacio en el mundo, que soy sólido, caliente, y que pienso, y otras manifestaciones similares de las acciones de mi esencia. Pero si me preguntas cuál es mi propia esencia, de la cual estas manifestaciones resultan, no sé qué contestarte.

Por consiguiente, ves que la Providencia nos ha impedido el logro de alguna esencia; pues logramos sólo manifestaciones y reflexiones de las acciones que resultan de las esencias.

13) Tenemos percepción completa en la primera categoría, la cual es la **Materia**; es decir, estas manifestaciones de las acciones que se manifiestan desde cada esencia. Esto es así porque ellas explican muy suficientemente la esencia que mora en la substancia, de tal manera que no sufrimos del todo de la falta del logro de la esencia misma.

No la extrañamos tal como no extrañamos un sexto dedo en nuestra mano. El logro de la materia; es decir, la manifestación de las acciones de la esencia es realmente suficiente para cada necesidad y cada concepción, tanto para comprender nuestro propio ser, así como también para comprender el ser completo fuera de nosotros.

14) La segunda categoría, la cual es **La Forma vestida en la Materia,** es un logro satisfactorio y claro también. Esto es porque lo adquirimos a partir de experimentos prácticos y reales que encontramos en el comportamiento de cualquier materia. Toda nuestra percepción superior fidedigna resulta de este discernimiento.

15) La tercera categoría es **La Forma Abstracta.** Esto quiere decir que la forma se ha revelado vestida en alguna materia una vez, después de la cual nuestra imaginación la puede deducir enteramente de cualquier materia. Tal como las virtudes y los buenos atributos que aparecen en los libros de moral, donde hablamos de las propiedades de la verdad y el engaño, la cólera y la fuerza, etc., cuando ellos están desprovistos de cualquier materia, les atribuimos mérito o demérito aún cuando son abstractos.

Deberías saber que esta tercera forma es inaceptable para el prudente erudito, puesto que es imposible confiar en ella al cien por ciento, porque al ser sentenciada mientras no está vestida en la materia, uno podría equivocarse. Toma por ejemplo una persona con una moral idealista; es decir, alguien que no es religioso. Por su compromiso intensivo en el mérito de la forma abstracta de la verdad, esa persona podría decidirse que aún si el mundo entero estuviese perdido, no pronunciará una mentira deliberada, aún cuando salve personas de la muerte por causa de la mentira.

Ésta no es la regla de la *Torá*, puesto que nada se sostiene frente a salvar vidas (*Yomá* 82). Además, habría aprendido que las formas de la verdad y el engaño cuando están vestidas en la materia, pueden ser comprendidas sólo con relación a los beneficios o perjuicios para la materia.

En otras palabras, después de las muchas experiencias duras que el mundo ha pasado, habiendo visto la multitud de ruina y daño que personas engañosas han causado con su engaño, y los grandes beneficios que personas veraces han traído conservándose ellas mismas en decir sólo palabras de verdad, han llegado a convenir que no hay más mérito importante que el atributo de la verdad, y la deshonra como el atributo de la falsedad.

Si el idealista hubiera entendido eso, entonces ciertamente habría estado de acuerdo en la regla de la *Torá*. Encontraría que el engaño que simplemente salva a una persona de la muerte es más importante por mucho, frente a la alabanza y mérito entero del atributo abstracto de la verdad.

Así, **no hay certeza del todo en esos conceptos** de la tercera categoría, que son las formas abstractas, mucho menos con las formas que nunca se han vestido en alguna substancia. Tales conceptos no son más que una pérdida de tiempo.

16) Ahora has estudiado a fondo estas cuatro categorías, **Materia, Forma de la materia, Forma abstracta y Esencia,** en cosas tangibles, donde ha sido clarificado que:

1. No tenemos percepción en absoluto de la *cuarta categoría*, la cual es la esencia.

2. También, la tercera categoría es un concepto que podría confundir.

3. Sólo la primera categoría, que es la **Materia**, y la segunda categoría, que es la **Forma vestida en la materia**, aisladamente nos son dadas en claro y en suficiente logro por el *Gobierno Superior*. A través de ellas también puedes percibir la existencia de los objetos espirituales; es decir, los Mundos Superiores de *ABYA*, puesto que no tienes un componente diminuto en ellos que no esté dividido por las cuatro categorías anteriores. Si por ejemplo tomas un cierto componente en el mundo de *Briá*, entonces allí están los *Kelim* que son de un color rojo.

Ahí hay *Kelim* los cuales son la diversificación del hombre. La *Luz de Briá* viaja a través de eso a los hijos de *Briá*, y encuentras que el *Kli* en *Briá*, el cual es de color rojo, es considerado la Materia, o un objeto; es decir, la *primera categoría*.

Si bien es sólo un color, que es un incidente y una manifestación de una acción en el objeto, no obstante, no tenemos logro en la Esencia misma, sino sólo en la manifestación de la acción de la Esencia. Nos referimos a esa manifestación como un **Esencia**, o como **Materia**, o un *cuerpo*, o un *Kli* (ver ítem 13).

Una Luz Divina que viaja y viste a través del color rojo es la forma que es vestida en la esencia; es decir, la *segunda categoría*. Por esta razón la Luz misma parece roja, indicando la

ropa de su luminiscencia a través de la esencia, que es considerada el cuerpo y la substancia; es decir, el color rojo.

Si quieres desnudar la *Luz Divina* del objeto, siendo el color rojo, y debatir sobre ella, sin vestirla en un objeto, esto ya forma parte de la *tercera categoría*, la *Forma removida de la Materia*, que podría estar sujeta a errores. Por esta razón esto está estrictamente prohibido en el estudio de los *Mundos Superiores*. Ningún *cabalista* genuino se involucraría en eso, mucho menos los autores del *Zóhar*.

Es incluso más de esta manera con la "Esencia" de un elemento de la creación, puesto que no tenemos ninguna percepción en la esencia de los objetos corpóreos, más aún así en los objetos espirituales.

Así tienes *cuatro categorías* ante ti:

1. El *Kli de Briá*, que es el color rojo, considerado la esencia o la substancia de la creación,

2. La vestidura de la *Luz Divina* en el *Kli de Briá*, que es la forma en la Esencia,

3. La *Luz Piadosa* misma, removida de la esencia de *Briá*; y,

4. La esencia del componente.

Así, la *primera limitación* ha sido clarificada a fondo, pues no hay incluso ni una sola palabra de la tercera y cuarta categoría en el *Zóhar* entero, sino sólo de la primera y segunda categorías.

17) Junto con eso la *segunda categoría* es aclarada. Sabe que tal como hemos aclarado las cuatro maneras en la primera categoría sólo en el Mundo de *Briá*, así también son ellas en general en los cuatro mundos de *ABYA*. Los tres colores, rojo, verde y negro, en los tres mundos de *BYA*, son considerados la substancia o la esencia. El color blanco, que es considerado el mundo de *Atzilut*, es la forma vestida en la materia; es decir, en los tres colores llamados *BYA*.

Ein Sof es en sí la esencia, tal como hemos dicho acerca de la primera categoría, que no tenemos percepción en la esencia, que es la cuarta categoría oculta en todos los objetos, aún en los objetos en este mundo (ver ítem 12).

El color blanco en sí está desvestido en los tres colores en *BYA*; es decir, cuando la *Luz de la Sabiduría* no está vestida en *Biná, Tifféret y Maljut*. Más bien, es una forma abstracta. No nos involucramos en eso, y el *Zóhar* no habla absolutamente nada de eso, sino sólo de la *primera categoría*, siendo los tres colores de *BYA*, considerados la substancia, que a saber son las tres *Sfirot Biná, Tifféret y Maljut*.

Ellas son también de la segunda categoría, que es la luminiscencia de *Atzilut*, vestida en los tres colores de *BYA*; es decir, la *Luz de la Sabiduría* vestida en *Biná, Tifféret y Maljut*, que son a la vez, una forma vestida en la materia. Éstas son las dos categorías con las cuales el *Libro del Zóhar* es concernido en todos los lugares.

Por lo tanto, si el lector no es prudente en definir su pensamiento, para siempre aprender las palabras del *Zóhar* estrictamente bajo la limitación de las dos categorías citadas anteriormente, el asunto será inmediata y enteramente confundido para esa persona, puesto que sacará las palabras de contexto.

18) Puesto que las cuatro categorías en la generalidad de *ABYA* fueron aclaradas, así es en cada uno de los mundos, aún en el componente más pequeño de algún mundo, ambos en la cima del mundo de *Atzilut*, y el fondo del mundo de *Asiyá*, porque allí hay *JuB TuM*. Encontrarás que la *Sfirá de Jojmá* es considerada "**una forma**", y *Biná* y *TuM* son consideradas la "**materia**" en la cual la forma se viste; es decir, la primera y segunda categorías de las que el *Zóhar* se ocupa.

No obstante el *Zóhar* no trata de la *Sfirá de Jojmá* cuando se desnudó de *Biná y TuM*, lo cual es una forma sin materia. Es incluso más así con la esencia, considerada *Ein Sof* en ese componente.

De manera que nos ocupamos de *Biná, Tifféret y Maljut*, en cada componente, aún en *Atzilut*, y no nos ocupamos de *Kéter y Jojmá* de cada componente en sí mismo, aún en *Maljut* del fin de *Asiyá*, cuando las desvestimos, sino sólo hasta el grado en que visten a *Biná y TuM*. Ahora las primeras dos categorías han sido clarificadas a fondo. Todo en lo que los autores del *Zóhar* se ocupan es en la materia, o la forma en la materia, que es la *primera limitación*, así como también en *BYA*, o la iluminación de *Atzilut* en *BYA*, que es la *segunda limitación*.

19) Ahora explicaremos la *tercera limitación*. El *Zóhar* se ocupa de las *Sfirot* en cada uno de los mundos, siendo estas la Santidad que brilla en cada mundo, así como también en cada componente ***Domem*** (inanimado), ***Tzomeaj*** (vegetativo), ***Jai*** (animado) y ***Medaber*** (hablante), siendo las criaturas en ese mundo. Sin embargo, la meta primaria del *Zóhar* pertenece solamente al "hablante" en ese mundo.

Te daré un ejemplo de las conductas de este mundo. Ha sido explicado en la Introducción al *Libro del Zóhar* (ítem 42), que las cuatro clases *DaTzaJaM*, Inanimado, Vegetativo, Animado y Hablante en cada uno de los mundos, son las cuatro partes del deseo de recibir, incluso en este mundo. Cada uno contiene sus propias cuatro clases de *DaTzaJaM*. Tú encuentras, que una persona en este mundo debería nutrirse y ser alimentada por las cuatro categorías *DaTzaJaM* en este mundo.

Esto es así porque nuestra comida también consta de estas cuatro categorías, las cuales a su vez se extienden de las cuatro categorías *DaTzaJaM* en el cuerpo humano. Estas son:

1. Querer recibir según lo que es necesario para la existencia de uno,

2. Querer más de lo que es necesario de provisión, anhelar suntuosidad, pero restringidos solamente a los deseos físicos,

3. Querer anhelos humanos, tales como respeto y poder; y,

4. Querer conocimiento.

Estas vienen a nosotros en las cuatro partes del deseo de recibir en nosotros:

1. Querer la provisión necesaria es considerado lo Inanimado del deseo de recibir,

2. Querer lujurias físicas es considerado lo Vegetativo del deseo de recibir, puesto que vienen sólo a aumentar y deleitar al *Kli* (vasija) de uno, que es la carne del cuerpo,

3. Querer deseos humanos es considerado lo Animado en el deseo de recibir, puesto que enaltecen el espíritu de uno; y,

4. Querer el conocimiento es lo "Hablante" en el deseo de recibir.

20) Resulta que en la primera categoría, siendo la medida necesaria de la provisión de uno, y en la segunda categoría, los deseos físicos que exceden la medida de la substancia de uno,

uno recibe de los objetos inferiores: inanimado, vegetativo y animado. Sin embargo, en la tercera categoría, que son los deseos humanos, tales como el poder y el respeto, uno recibe y es nutrido de sus propias especies, iguales a uno. En la cuarta categoría, la del conocimiento, uno recibe y es nutrido por una categoría superior a la propia; es decir, la sabiduría real y el intelecto, que son espirituales.

21) Lo encontrarás similar en los Mundos superiores espirituales. Esto así porque los mundos son impresos de uno a otro desde el cielo hacia abajo. Así, todas las categorías de *DaTzaJaM* en el mundo de *Briá* dejan sus huellas en el mundo de *Yetzirá*, y las de *DaTzaJaM* de *Asiyá* son impresas desde las de *DaTzaJaM* de *Yetzirá*. Finalmente, las de *DaTzaJaM* en este mundo son impresas desde las de *DaTzaJaM* del mundo de *Asiyá*.

Ha sido clarificado antes en la introducción al *Libro del Zóhar* (ítem 42):

1. Que lo inanimado en los mundos espirituales son denominados con el nombre de "*Heijalot*",

2. Lo vegetativo es llamado "*Lebushim*",

3. Lo animado es llamado "*Malajim*",

4. Lo "hablante" es llamado "*Neshamot*" en este mundo; y,

5. Y las diez *Sfirot* que están en cada mundo son la "Divinidad".

Las almas humanas son el centro en cada mundo, alimentadas por la realidad espiritual en ese mundo, como el "hablante" corpóreo que se alimenta de la entera realidad corpórea en este mundo. De tal modo que:

1. La primera categoría, que es el deseo de recibir la provisión necesaria de uno, es recibida de la iluminación de los *Heijalot* y *Lebushim*.

2. La segunda categoría, siendo el sobrante animado que aumenta el cuerpo de uno, es recibida de la categoría de los *Malajim* (ver *Zóhar Tikunim*, *Tikkún* 69, pág. 105, fila 32). Estas son iluminaciones espirituales sobrantes para la medida necesaria de la existencia de uno con el fin de enaltecer a los *Kelim* espirituales cuya alma visten.

Así, uno recibe la primera categoría y la segunda categoría desde las categorías inferiores de uno, que son los *Heijalot*, *Lebushim* y, *Malajim*, que están más abajo de las *Neshamot* humanas.

1. La tercera categoría, que son los deseos humanos que incrementan el espíritu humano, es recibida en este mundo por las propias especies de uno. Resulta que uno recibe de las propias especies de uno; es decir, de todas las *Neshamot* en ese mundo, por lo cual se incrementa la iluminación

de *Rúaj* de *Neshamá* (sing. para *Neshamot*) de uno.

2. La cuarta categoría del deseo; es decir para el conocimiento, es recibida desde las *Sfirot* en cada mundo. Desde ellas uno recibe la categoría de *JaBaD* para el alma propia.

Resulta que en cada mundo donde el alma de uno está presente, debería crecer y debería ser completada a través de todas las categorías presentes en ese mundo. Esta es la tercera limitación que hemos mencionado.

Uno debe saber que todas las palabras del *Zóhar*, en cada componente de los *Mundos Superiores* que son tratados, las *Sfirot*, *Neshamot* y *Malajim*, *Lebushim* y *Heijalot*, aunque se ocupa de ellos puesto que ellos están por sí mismos, el investigador debe saber que son hablados primordialmente con relación a la medida por la cual el alma humana recibe de ellos y es alimentada por ellos. Así, todas sus palabras se concentran en las necesidades del alma. Si aprendes todo según esa línea, entonces entenderás y, tu camino será exitoso.

22) Después de todo, aún tenemos que explicar todas estas denominaciones corpóreas explicadas en *El Libro del Zóhar* que conciernen a las diez *Sfirot*. Tal como están de arriba a abajo, subida y bajada, contracción y expansión, pequeñez y grandeza, separación y unión, así como los números, etc., puesto que las inferiores inducen a través de sus buenas o malas acciones en las diez *Sfirot*.

Estas palabras aparentemente son desconcertantes. *¿Puede ser que la Santidad se manejaría a sí misma y experimentaría tales cambios por los inferiores?* Podrías decir que las palabras no se refieren a la Santidad misma, la cual viste y brilla en las *Sfirot*, sino sólo a los *Kelim* de las *Sfirot*.

Estos a su vez, no son la Santidad. Fueron bastante renovados con la creación de los mundos para encubrir o revelar la medida del logro, en la ración y medida correcta para las almas, para traerlas al final deseado de la corrección. Se parece a la parábola acerca de los vidrios de cuatro colores del espejo (ver ítem 7), teñidos con blanco, rojo, verde y negro. Se parece también al blanco en el libro, y a la substancia de las letras en el libro.

Todo aquello es posible en los tres mundos de *BYA*, donde los *Kelim* de las *Sfirot* son renovados y no son la Santidad. Sin embargo, no es del todo correcto comprender esta regla con relación al mundo de *Atzilut*, donde los *Kelim* de las diez *Sfirot* son la completa Santidad, siendo uno con la Luz Piadosa en ellos.

Está escrito acerca de esto en los *Tikunim* (las Correcciones para el *Zóhar*): "**Él, Su Vida, y Su Yo, son uno**".

1. **Él**, pertenece a la esencia de las *Sfirot*, que es *Ein Sof*.

2. **Su Vida** pertenece a la Luz que brilla en las *Sfirot*, llamada la Luz de *Jayiá* (vida). Esto es así porque el mundo de *Atzilut* entero es considerado *Jojmá* (sabiduría), y la Luz de *Jojmá* es llamada la Luz de

Jayiá. Esto es por lo que es llamado "**Vida**".

3. **Su Yo** pertenece a los *Kelim* de las *Sfirot*.

Así, todo es completa *Santidad* y unidad. *¿Cómo entonces es posible percibir estos cambios allí, aquellos que son causados por los inferiores?* Al mismo tiempo debemos ver que si todo es *Santidad* en ese mundo, y nada de las criaturas renovadas es para ser encontrado allí, ¿luego, dónde percibimos los tres aspectos anteriores, en los *Tikunim* del *Zóhar*, Él, Su vida, y Su Yo? ¡*Después de todo, es una unidad absoluta*!

23) Entiende que debes recordar lo que está explicado en el ítem 17, pues nos esclarecerá [lo siguiente]:

1. Explica que un objeto necesario es una esencia de la cual no tenemos percepción incluso en las esencias corpóreas; incluso en nuestra propia esencia, menos aún en Lo Necesario.

2. El mundo de *Atzilut* son las *Sfirot* de la *Forma*,

3. Los tres mundos de *BYA* son las *Sfirot* de la *Materia*.

4. La luminiscencia de *Atzilut* en *BYA* son las *Sfirot* en una forma vestida en la *Materia*.

Y de aquí entenderás, que el nombre *Ein Sof* que mencionamos no es del todo un nombre para una esencia necesaria, de manera que "*¿todo lo que no logremos cómo podremos definirlo por un nombre o una palabra?*"

Puesto que la imaginación y los cinco sentidos no nos ofrecen alguna cosa con relación a la esencia, incluso en la materialidad, *¿cómo es posible que haya un pensamiento y una palabra en ella, y mucho menos en Lo Necesario en Sí Mismo?* En lugar de eso, debemos entender el nombre *Ein Sof* definido para nosotros en la tercera limitación, ya que todo lo que *El Libro del Zóhar* habla compete precisamente a las almas (ver ítem 21).

Así, el nombre *Ein Sof* no es de ninguna manera Lo Necesario en sí mismo, pero pertenece a todos los mundos y todas las almas incorporadas en Él, en el Pensamiento de la Creación, estando en la forma de: "**El fin del acto se encuentra en el pensamiento inicial**".

Ein Sof es el nombre de la conexión en el que la creación entera está conectada hasta el fin de la corrección. Es eso a lo que nos referimos en la introducción (ítem 13) como la Primera Situación de las almas, puesto que todas las almas poseen una realidad en Él, llenas con todo el placer y la exquisitez en el último nivel, el cual recibirá prácticamente al final de la corrección.

24) Te daré un ejemplo de las conductas de este mundo. Por ejemplo una persona que quiere construir una casa elegante. En el primer pensamiento, ve ante sí una casa elegante con todos sus cuartos y los detalles, etc., tal como se hará cuando su construcción esté acabada.

Después diseña el plan de ejecución para cada detalle. Luego ella explicará a los trabajadores cada detalle a su debido tiempo, madera, ladrillos, hierro, etc. Después comienza realmente a construir la casa, hasta su terminación, tal como fue antepuesta ante ella en el pensamiento inicial.

Sabe, que *Ein Sof* pertenece al primer pensamiento, en el cual la creación entera fue ya imaginada ante Él, en su plenitud absoluta. Sin embargo, la lección no es realmente como el ejemplo, porque en Él, el futuro y el presente son similares, y el pensamiento se acaba. Él no necesita herramientas de acciones como nosotros. Por lo tanto, en Él está la realidad real.

El mundo de *Atzilut* es como los detalles y el diseño del plan, que más tarde necesitará manifestarse cuando el edificio de la casa realmente comience. Sabe, que en estos dos, tanto en el pensamiento preliminar, que es *Ein Sof*, así como en el diseño contemplado de los detalles de la ejecución en su debido momento, no hay todavía ni una huella de los creados, sino que esto está todavía en potencia, y no en hecho real.

Tal como una persona: Que a pesar de que piensa en todos los detalles, madera, ladrillos y metal que tendrán [que ser trabajados] mientras ejecuta la obra, esto es esencialmente una mera materia conceptual, puesto que no hay aún una huella de alguna madera real o ladrillo. La única diferencia es que en una persona, el diseño contemplado no es considerado una realidad verdadera, sino en el pensamiento *Piadoso*, es una realidad mucho más verdadera que las mismas criaturas reales.

Así hemos explicado el significado de *Ein Sof* y el mundo de *Atzilut*, como todo lo que es dicho acerca de ellos es sólo en relación a la creación de las criaturas, aunque estas están todavía en potencial, y de su esencia no es sabido ni siquiera un poco. Es similar a nuestra parábola de la persona que diseña un plan de trabajo, que no contiene ninguna madera, ningunos ladrillos y ningún metal.

25) Los tres mundos de *BYA* y este mundo son considerados el aspecto del cambio de lo que está en potencia hacia la acción, tal como uno que construye su casa como un hecho real, y trae madera, ladrillos y los trabajadores hasta que la casa esté completa. Por lo tanto, la Santidad que brilla en *BYA* viste los diez *Kelim KaJaB JaGaT NeHYM* hasta el grado en que las almas deban recibir para alcanzar su perfección. Éstos son realmente los *Kelim* con relación a Su Santidad. Es decir que no son la Santidad, sino que son renovados por la necesidad de las almas.

26) En la parábola citada anteriormente observarás y encontrarás, cómo las tres categorías de la persona que contempla la construcción de la casa están conectadas una a la otra a manera de causa y consecuencia. La raíz de todas ellas está en el primer pensamiento, puesto que ningún componente viene en el plan contemplado, excepto de acuerdo al fin del acto que emergió ante uno en el pensamiento preliminar.

También, uno no ejecuta nada durante la construcción sino sólo según los componentes determinados en el plan contemplado. De esto aprendes acerca de los mundos de que no hay una diminuta renovación en los mundos que no se extienda desde *Ein Sof*, desde el primer estado de las almas que están allí en su última perfección del fin de la corrección, en correspondencia con: "*El fin del acto se encuentra en el pensamiento inicial*".

Resulta que todo lo que se revela allí está incluido hasta el fin de la corrección. Al principio se extiende desde el *Ein Sof* hacia el Mundo de *Atzilut*, como en la parábola, donde el plan contemplado se extiende desde el primer pensamiento. Todos y cada uno de los detalles se extienden desde el Mundo de *Atzilut* hacia los mundos de *BYA*, tal como en la parábola, donde todos los detalles resultan del plan pensado al momento de su ejecución para funcionar de forma real en la construcción de la casa.

De manera que, no existe un solo componente diminuto, renovado en este mundo, que no se extienda desde *Ein Sof*, desde el primer estado de las almas. Desde *Ein Sof* se extiende hacia el Mundo de *Atzilut*; es decir, a la relación específica que relaciona a la cosa renovada en este mundo en *un acto*. Desde el Mundo de *Atzilut*, la renovación se extiende a los tres mundos de *BYA*, puesto que allí la renovación se revela en un hecho real, saliendo de allí del aspecto de la Santidad hacia el aspecto de los creados, y de *Yetzirá* a *Asiyá* hasta que se extiende al inferior, el cual se encuentra en este mundo.

Ha sido aclarado, que no tienes ninguna renovación que no se manifieste en el mundo, que no será extendida desde su raíz general que está en *Ein Sof*, y de su raíz particular en *Atzilut*, cruzando luego a través de *BYA* recibiendo el aspecto de creado, siendo luego transformada en este mundo.

27) Y con esto entenderás, que todos estos cambios descritos en el mundo de *Atzilut*, no competen a la Santidad misma, sino sólo a las almas, en la intensidad en que reciben de *Atzilut* a través de los tres mundos de *BYA*. El significado de la realidad de ese mundo está en relación al plan conceptual, al pensamiento preliminar, que es *Ein Sof*.

Sin embargo, en ambos, tanto en *Ein Sof* como en el mundo de *Atzilut*, aún no hay nada allí en el aspecto de *Neshamot*, tal como en el plan intelectual de la persona, de lo que fue pensado por ella, ya que no se encuentra en su mente ninguna madera, ni ladrillos, ni metal verdaderos.

La realidad de las almas comienza a revelarse en el mundo de *Briá*. Por esa razón los *Kelim* de las diez *Sfirot*, los cuales realmente miden la porción para las almas, no son necesariamente la *Santidad*, sin embargo están renovados. Esto es así porque no puede haber ningún cambio ni numeración en la *Santidad*.

Por tal razón atribuimos los tres colores, rojo, verde y negro, a los *Kelim* de las diez *Sfirot* en *BYA*. Es concebible que serán percibidos como la Santidad puesto que no hay renovación en en Él en lo absoluto.

Sin embargo, la *Luz* vestida en los diez *Kelim* en *BYA* es la Divinidad y la unidad simple, sin absolutamente ningún cambio. Incluso la *Luz* vestida en el *Kli* inferior en *Asiyá* es la Divinidad simple sin ningún cambio en absoluto, puesto que la *Luz* es una, cuando es para sí misma, y todos los cambios hechos en su iluminación son hechos por medio de los *Kelim* de las *Sfirot*, puesto que no tienen Divinidad, ya que generalmente tienen los tres matices mencionados, y a partir de estas cortinas, miles de alteraciones particulares fueron hechas.

28) No obstante, los *Kelim* de las diez *Sfirot* de *BYA* ciertamente reciben cada componente y hasta el menor detalle de los cambios, puesto que existe el plan conceptual de todos los componentes que vendrán con el fin de la construcción real de la casa en *BYA*. Por lo tanto, es considerado que los *Kelim* de las diez *Sfirot JuB TuM* en *BYA* reciben desde su aspecto correspondiente en el *JuB TuM* en *Atzilut*; es decir, del diseño conceptual ahí.

Esto es así porque cada detalle en la ejecución gira en torno a cada componente que se encuentra en el plan conceptual. Por lo tanto, de este aspecto nosotros denominamos a los *Kelim de Atzilut* con el nombre de color blanco, a pesar de que para nada e refiere a un color.

De todas maneras [este color] es la fuente de todos los colores, como el blanco en el libro de la sabiduría, a pesar de que no hay ninguna percepción en el blanco en él, y el blanco en el libro no tiene sentido para nosotros, no obstante es la materia prima de todo libro de sabiduría. Esto es porque ilumina alrededor y dentro de cada letra, dándole a cada letra su forma única, y a cada combinación su único lugar.

Podríamos decir lo contrario, que no tenemos percepción en la substancia de las letras rojas, verdes o negras, y que todo lo que percibimos y sabemos en la substancia de las letras del libro es sólo a través del blanco en él. Es así porque a través de su luminiscencia alrededor de la letra y dentro de cada letra, se crean formas en ellas, y estas formas nos revelan la sabiduría entera en el libro.

Esto es comparable a las diez *Sfirot de Atzilut*: Si bien se parecen al color blanco, es imposible percibir cualquier cosa en ellas, ni un número, ni ningún cambio semejante a lo descrito. De todas maneras están en la iluminación del blanco para los mundos de *BYA*, ya que estos son los tres colores de la substancia de las letras, [donde] todos los cambios necesariamente provienen de los diez *Kelim* de las *Sfirot* de *Atzilut*, a pesar de que allí no hay *Kelim* cuando es para sí mismo, pues todo él es blanco. Es como la parábola del blanco en el libro con relación a las letras y sus combinaciones, pues se trata de la iluminación para *BYA* que hace en ellas los *Kelim*.

29) De lo que clarificado entenderás, que los *Tikunim* del *Zóhar* dividen el mundo de *Atzilut* en tres aspectos que son: **Él, Su Vida y, Su Yo**, aunque allí está la unidad simple y no hay nada del aspecto de los creados allí.

Porque –*Él*- compete a la *Divinidad* tal como es en sí misma, de la cual no tenemos percepción, siendo imperceptible para nosotros, tal como ha sido explicado en todas las esencias, incluso las corpóreas (ítem 12). -**Su Yo**- compete a los diez *Kelim JuB TuM* allí, aquellos que hemos comparado al blanco en el libro de la sabiduría, ya que incluso un número no se podría mencionar en lo blanco, puesto que no hay nada allí que forme un número, ya que todo es blanco. No obstante, no sólo les damos un número a ellos, sino toda una gran cantidad de cambios que se revelan en *BYA*, que son el aspecto de la substancia de las letras, las cuales encontramos primero en los *Kelim JuB TuM* en *Atzilut* mismo.

No obstante solo mediante el blanco, el cual nos da todas las formas de las letras en el libro, el cual por sí mismo no tiene ninguna forma. Además se encuentra que el blanco está dividido en una multitud de cambios según su iluminación en *BYA*, como el plan conceptual que es ejecutado en el trabajo real en la construcción de la casa.

De manera que todos estos son los cambios que son ejecutados en *BYA*, los cuales son sólo de la iluminación de los *Kelim* de las diez *Sfirot JuB TuM* de *Atzilut*, y en relación a los receptores en *BYA*, encontramos una multitud de cambios en el blanco. En tanto que en relación a *Atzilut* mismo, escomo el blanco cuando es para sí mismo, y no está vestido con la tinta que está en las letras, dado que no se encuentra en él ningún número ni ninguna cosa. Así, hemos explicado a fondo el Yo, que son los *Kelim*, los cuales en sí mismos son la unidad simple, tal como Él es.

30) -*Su Vida*- tiene que ver con la Luz que se vistió dentro del blanco, que son los *Kelim* [de arriba]. Esta *Luz* es entendida por nosotros sólo con respeto a las almas que reciben de *Atzilut*, y no en la *Divinidad* en sí misma. Esto es porque "*Él*" significa que los tres mundos de *BYA* ascienden a *Atzilut* con las almas de las personas, entonces la *Luz* que reciben allí es considerada el aspecto de la *Luz* de *Jojmá* (sabiduría), llamada la "*Luz de Jayiá*".

En cuanto a este aspecto allí nosotros denominamos a la *Luz* con el nombre de "*Su Vida*", esto es lo que está en los *Tikunim* del *Zóhar*, que "*Él, Su Vida y Su Yo*, son uno". Todas estas tres categorías se relacionan con los receptores, donde *Su Yo* es la luminiscencia de los *Kelim* en el lugar de *BYA* bajo el *Parsá de Atzilut*. Puesto que la *Luz* de *Atzilut* nunca irá por debajo del *Parsá* de *Atzilut*, sino sólo la iluminación de los *Kelim*.

El aspecto de -*Su Vida*- es la iluminación de la Luz de *Atzilut* misma; es decir, cuando *BYA* sube a *Atzilut*, siendo este el secreto de la esencia de la *Santidad*, que es inalcanzable de cualquier manera.

Los *Tikunim* del *Zóhar* dicen que aunque nosotros, los receptores, deberíamos discernir estos tres aspectos en *Atzilut*, esto no obstante es sólo con relación a los receptores. Sin embargo, concierne también al mundo de *Atzilut* mismo, incluso *Su Yo* es considerado *Él*; es decir, la esencia de la *Divinidad*. Por eso no hay percepción en absoluto en el mundo de *Atzilut* mismo. Éste es el significado del color blanco, en el cual no hay percepción por sí mismo, y allí es todo unidad simple completamente.

31) El *Zóhar* describe a los *Kelim JuB TuM* en *Atzilut* como creciendo o disminuyendo por causa de las acciones de las personas. También encontramos en (*Zóhar, Bo 4.3*): "*Israel entenderá la infinita fuerza y el valor del Creador*", cuyo significado es, en la *Divinidad* cuando es para sí misma. Esto no debe ser tomado literalmente, puesto que no puede haber ningún cambio en la *Divinidad* de alguna manera, tal como está escrito: "*Yo el Señor no cambio*". Sino dentro del hecho que el pensamiento de la creación fue para deleitar a Sus criaturas. De esto aprendemos que Él tiene un deseo de otorgar.

Y por el hecho de que nosotros nos encontramos en este mundo, en que la satisfacción de los dadores aumenta cuando los receptores de Él se multiplican, deseando Él incrementar a los receptores. Por lo tanto, a este respecto decimos que las Luces en *Atzilut* crecen cuando los inferiores logran recibir la abundancia del otorgamiento de *Atzilut*, con lo entonces se lo sustenta. Inversamente, cuando no hay más inferiores dignos de recibir Su abundancia, las *Luces* disminuyen a esa intensidad; es decir, no hay nadie para recibir de ellos.

32) Compara esto con una vela, ya que si iluminas unas mil velas con ella, o si no iluminas a ninguna, no encontrarás de esto ningún cambio inducido en la vela misma resultante de eso. O como *Adam HaRishón* (El primer hombre): Si él tuvo la progenie de muchas miles de descendencia como nosotros en la actualidad, o si él no tuvo ninguna en absoluto, no inducirá ningún cambio al final en *Adam HaRishón* en sí mismo.

De la misma manera, no hay ningún cambio en el mundo de *Atzilut* mismo, ya sea que los inferiores reciban su gran abundancia exuberantemente o no. La anteriormente citada grandeza yace solamente en los inferiores.

33) No obstante, ¿por qué los autores del *Zóhar* tuvieron que describir todos esos cambios en el mundo de *Atzilut* en sí mismo? Deberían haber hablado explícitamente sólo en relación a los receptores en *BYA*, y no hablar tan elaboradamente de *Atzilut*, forzándonos a dar respuestas.

Ciertamente hay un secreto muy exaltado aquí: éste es el significado de: "en secreto y por mano de los profetas me asemejaré" (*Hoshea* 12). La verdad es que hay una voluntad Santa de que estas similitudes que funcionan sólo en las almas de los receptores aparecerán ante las almas, puesto que Él mismo participa con ellas, para acrecentar grandemente el logro de las almas.

Es como un padre que se constriñe para mostrar a su preciado hijo pequeño una cara de tristeza y una cara de satisfacción, aunque no hay ni tristeza ni satisfacción en él. *Él* sólo lo hace para impresionar a su preciado hijo para expandir su comprensión, para jugar con él; y sólo cuando él crezca aprenderá y sabrá que todo lo que su padre hizo no fue más real que un juego con él.

Así es el asunto ante nosotros: Que a pesar de que todas estas imágenes y cambios comienzan y acaban sólo con la impresión de las almas, y de la misma manera con ellas termina, de todas maneras el anhelo de Dios se asemeja a ellos tal como ellos son vistos por *Él* mismo. Él hace esto para realzar y expandir el logro de las almas abundantemente, la cual es absolutamente de acuerdo al pensamiento de la Creación: "para deleitar a Sus criaturas".

34) No dejes que te sorprenda que tal conducta encuentras en nuestra percepción corpórea también. Toma nuestro sentido de la vista por ejemplo: Vemos un mundo grande y colosal ante nosotros, y todo su relleno maravilloso. Pero de hecho, no vemos todo excepto lo que está en nuestro propio interior. En otras palabras, hay una clase de máquina fotográfica en nuestro cerebro que retrata todo lo que se nos aparece, y nada por fuera de nosotros.

Él ha hecho en nuestro cerebro una clase de espejo pulido que invierte todo lo que se ve, a fin de que lo veamos fuera de nuestro cerebro, delante de nuestra cara. A pesar del hecho de que lo que vemos fuera de nosotros no es una cosa real, deberíamos agradecer a Su Providencia por haber hecho ese espejo pulido en nuestro cerebro, permitiéndonos ver y percibir cada cosa fuera de nosotros. Esto es porque Él nos ha dado el poder de percibir cada cosa con conocimiento y percepción cristalina, y medir cada cosa desde dentro y desde afuera. Y de no ser por eso, hubiésemos perdido la mayor parte de nuestra percepción.

Lo mismo sucede con el *deseo* divino para las *percepciones divinas*. Si bien los cambios son todos hechos en el interior de las almas, no obstante ellas lo ven todo en el *Dador* mismo, porque sólo de esta manera son premiadas con todas las percepciones y la afabilidad en el *Pensamiento de la Creación*.

También puedes deducir esto de la parábola citada anteriormente. Y aunque realmente vemos todo delante de nosotros, de todas maneras toda persona razonable sabe con seguridad que todo lo que vemos está sólo dentro, en nuestro cerebro. Lo mismo sucede con las almas, aunque todos ven los cambios en el *otorgante*, no obstante no tienen duda que todo lo que hay está sólo en su propio interior, y de ningún modo en el *Dador*.

35) Y por el hecho de que estos asuntos se cuecen en el mundo, estoy muy preocupado en que el examinador vaya a ser capturado por ellos. Me conviene más traer las palabras doradas del propio *Zóhar* respecto a estos asuntos, e interpretarlas según mis posibilidades: "*Debería uno preguntar, 'está escrito en la Tora, 'pues vosotros no visteis ninguna imagen'. ¿Cómo es que pretendemos nombres y Sfirot en Él?' Le contestará: 'pues esta imagen vi; según como está escrito, 'las formas del Creador contemplará´ '*" (Parashat Bo, ítem 215).

Quiere decir que la *Sfirá de Maljut*, donde todas las almas y las palabras están enraizadas puesto que ella es la raíz de todos los *Kelim*, a manera de, "*Los que reciben de ella, están obligados a adquirir los Kelim de ella*", siendo ella considerada una forma para ellos. *Por eso se dice acerca de ella: "las formas del Creador contemplará".*

Incluso esta forma que nombramos en la *Sfirá de Maljut*, no está en su lugar con relación a sí misma, sino sólo cuando la Luz de *Maljut* desciende y se expande sobre la criatura, entonces se mostrará *Elokim*, a todos y cada uno, según a su propia apariencia, visión, e imaginación; es decir, sólo en el aspecto de los receptores, y de ningún modo en la *Sfirá de Maljut* misma.

Éste es el significado de: "*y por mano de los profetas me mostraré*". Por eso, el *Creador* les dirá: "Aunque me manifiesto a vosotros en vuestras formas; es decir, en la vista y en la imaginación, sin embargo ¿*con quién me compararéis, a quién me igualaré?*" Después de todo, antes de que el Creador crease una similitud en el mundo, y antes de que Él formase una forma, el Creador fue único, sin forma y sin imagen.

Aquel que Lo alcanza antes del grado de *Briá*, el cual es *Biná*, donde Él está más allá de cualquier similitud, le está prohibido atribuirle a Él una forma y una imagen en el mundo, ni en la letra *Hei*, ni en el letra *Yud*, o incluso llamarlo por el nombre sagrado *HaVaYaH*, o por cualquier letra y punto.

Los escritos dicen: "pues vosotros no visteis ninguna imagen". Quiere decir que el verso: "pues vosotros no visteis ninguna imagen", pertenece a los que son premiados por el logro encima del grado de *Briá*, que es *Biná*. Esto es porque no hay forma ni imaginación en absoluto en las *Sfirot Kéter, Jojmá*; es decir, los *Kelim* y los límites (ítem 18). Los *Kelim* comienzan desde la *Sfirá de Biná* hacia abajo.

Ésta es la razón por la que todas las implicaciones en las letras, en los puntos, o en los nombres sagrados, son sólo de *Biná* hacia abajo. Tampoco están en el lugar de las *Sfirot* mismas, sino sólo en relación a los receptores, al igual que con la *Sfirá de Maljut*.

36) Parece haber una contradicción en las palabras: Primero se dice que las formas se extienden hasta los receptores sólo desde *Sfirá de Maljut*, y aquí se dice que las formas se extienden hasta los receptores de *Briá* hacia abajo. Es que ciertamente, la forma y la similitud se extienden sólo desde *Bjiná Dálet*, que es *Maljut*. De ella los *Kelim* se extienden hasta el lugar de los receptores y, nada desde las primeras nueve *Sfirot*, que son *Kéter, Jojmá, Biná* y *Tifféret*.

No obstante, la asociación de *Midat HaRajamim* (la medida de la misericordia) con *Din* fue hecha en el Mundo de *Tikkún* (corrección), lo cual significa que elevó a *Sfirá de Maljut*, la cual es determinada como *Midat HaDin* (la medida del juicio), misma que fue traída hacia dentro de la *Sfirá Biná*, determinada como *Midat HaRajamim*.

Por lo tanto, desde entonces, los *Kelim* de *Maljut* se han vuelto enraizados en *Sfirá de Biná*, como dice aquí. Por esta razón el *Zóhar* comienza a hablar de la raíz real de las descripciones, que son los *Kelim*. Dice que están en *Maljut*, y luego dice que están en *Briá*, por la asociación hecha para la corrección de mundo.

Nuestros sabios también dijeron: "Desde el comienzo el Creador creó el mundo con *Midat HaDin*; Él vio que el mundo no podía existir, [entonces] Él asoció a *Midat HaRajamim*. Sabe, que las diez *Sfirot KaJaB TuM* tienen numerosos apelativos en el *Libro del Zóhar*, según sus múltiples funciones.

Cuando hablaron de *Kéter, Atzilut, Briá, Yetzirá* y *Asiyá*, sus funciones son distinguidas entre los anteriores *Kelim*, llamados *Kéter* y *Atzilut*; es decir, *Kéter* y *Jojmá*, y los *Kelim* posteriores, llamados *Briá, Yetzirá* y *Asiyá*; es decir, *Biná, Tifféret* y *Maljut*. Este discernimiento emergió en ellos por la asociación de *Midat HaDin* con *Rajamim*.

El Zóhar quiere insinuar el asunto de la asociación de *Maljut* con *Biná*. Por eso el *Zóhar* llama a *Biná* por el nombre de *Briá*. Es así porque antes de la asociación, no hubo imagen y forma en *Biná*, aún con relación a los receptores, sino sólo en *Maljut*.

37) Continúa allí: "Después que hizo esa forma de la carroza del *Adam* Superior, descendió y se vistió, siendo eso nombrado en la forma de las cuatro letras הוי"ה - *HaVaYaH*, es decir las diez *Sfirot KaJaB TuM*. Esto es porque la punta de la *Yud* es *Kéter*, la "י" - *Yud* es *Jojmá*, la "ה" - *Hei* es *Biná*, la "ו" - *Vav* es *Tifféret* y la última "ה" - *Hei* es *Maljut*. Esto es a fin de que se alcance a Él por medio de Sus atributos; es decir, de las *Sfirot*, en cada atributo en Él.

38) La explicación de los asuntos: ya que desde *Briá* en adelante; es decir desde *Biná*, luego de que se asoció con *Midat HaDin*, que es *Maljut*, las similitudes y las formas se extienden hasta los receptores, que son las almas; pero no en su propio lugar, sino sólo en el lugar de los receptores.

Él dice que en aquel tiempo él hizo la forma de la carroza del *Adam Superior*, y bajó y se vistió en la forma de este *Adam*. En otras palabras, la forma entera de *Adam*, en sus 613 *Kelim*, se extiende desde los *Kelim* del alma. Es así porque el alma tiene 613 *Kelim*, llamados 248 órganos espirituales y 365 tendones espirituales, divididos en cinco divisiones según las formas de las letras *HaVaYaH*:

1. La punta de la *Yud*. Su *Rosh* (cabeza) es el aspecto de *Kéter*.

2. Desde el *Pe* (boca) al *Jazé* (pecho) es *Jojmá*.

3. Desde *Jazé* al *Tabur* (ombligo) es *Biná*; y,

4. Desde el *Tabur* al *Sium Raglin* son las dos *Sfirot Tifféret y Maljut*.

Además, la *Torá* como un todo es considerada el *Partzuf de Adam*, relacionado con las 248 *Mitzvot* positivas que corresponden a los 248 órganos, y las 365 *Mitzvot* negativas que corresponden a los 365 tendones. Contiene cinco divisiones, que son los cinco libros de *Moshé* (Moisés), llamados "La imagen del *Adam* Superior"; es decir, el *Adam* de *Briá*, que es *Biná*, desde el cual los *Kelim* comienzan a extenderse en el lugar de las almas.

Él es llamado el *Adam Superior* porque hay tres categorías de *Adam* en las *Sfirot*:

1. Adam de Briá,

2. *Adam de Yetzirá*; y,

3. *Adam de Asiyá*.

Sin embargo no hay similitud en *Kéter y Jojmá* del todo, de manera que pudiese ser nombrada por alguna letra y punto, o por las cuatro letras *HaVaYaH*. Y de acuerdo a lo que aquí se menciona es [en relación] al *Mundo de Briá*, por consiguiente se precisa decir: *Adam Ilaá* (Superior).

Al mismo tiempo, siempre debes recordar las palabras del *Zóhar*, que estas imágenes no están en el lugar de las *Sfirot Biná, Tifféret y Maljut*, sino solamente en el lugar de los receptores. Salvo que ninguna de estas *Sfirot* otorga los *Kelim* y *Lebushim* (vestiduras), a fin de que las almas Lo logren a través de la Luz que se extiende hasta ellos en una medida y limite según sus 613 órganos. Por esta razón también llamamos a los otorgante por el nombre de "*Adam*", aunque están meramente en la forma del color blanco (ver ítem 8).

39) Eso no debería ser difícil para ti con las cuatro letras *HaVaYaH* y el punto de la *Yud*, que son cinco *Kelim*, tal como hemos mencionado. Esto es porque los *Kelim* siempre son

llamados "Letras" y son el significado de las *Sfirot KaJaB TuM*. Así está clarificado que también hay *Kelim* en *Kéter-Jojmá*, ya que la punta de *Yud* y la *Yud* de *HaVaYaH* aluden respecto a ellas.

El asunto es así pues se dice que las "imágenes" y "los atributos", los cuales son los *Kelim*, empiezan de *Briá* hacia abajo; es decir, sólo desde las tres *Sfirot Biná, Tifféret y Maljut*, y no en *Kéter-Jojmá*; es decir, desde la perspectiva de la esencia de las *Sfirot*.

No obstante es sabido, que las *Sfirot* están integradas una en otra. Y hay diez *Sfirot KaJaB TuM* en *Kéter*, de la misma manera *KaJaB TuM* en *Jojmá*, y así también *KaJaB TuM* en *Biná*, y lo mismo en *Tifféret* y en *Maljut*. Y de acuerdo a esto se encuentra, que en cada una de las *Sfirot KaJaB TuM* se encuentran las tres *Sfirot de Biná, Tifféret y Maljut*, ya que de ellas aparecen los *Kelim*.

Y con esto entenderás, que la punta de la *Yud*, que son el misterio de los *Kelim* de *Kéter*, indica que *Biná* y *TuM* están incorporadas en *Kéter*; en tanto que la *Yud* de *HaVaYaH*, la cual es el *Kli* de *Jojmá*, indica que *Biná* y *TuM* están incorporadas en *Jojmá*. De manera que el aspecto de *Kéter* y *Jojmá*, los cuales están incluidos incluso en *Biná* y *ZON*, no tienen el aspecto de *Kelim*. En tanto que el aspecto de *Biná* y *TuM* están incluidos incluso en *Kéter-Jojmá*, actuando también en ellos *Kelim*.

A este respecto realmente hay en realidad cinco categorías de *Adam*. Porque *Biná* y *TuM* que se encuentran en cada una de las cinco *Sfirot* influyen en el misterio de la *Merkavá de Adam*. Por esta razón hay:

1. *Adam* en el aspecto de *Kéter*, llamado *"Adam Kadmón"*,

2. *Adam* en el aspecto de *Jojmá*, llamado *"Adam Atzilut"*.

3. *Adam* en el aspecto de *Biná*, llamado *"Adam Briá"*,

4. *Adam* en el aspecto de *Tifféret*, llamado *"Adam Yetzirá"*; y,

5. *Adam* en el aspecto de *Maljut*, llamado *"Adam Asiyá"*.

40) Él se llamó a Sí Mismo: *"El"-"Elokim"-"Shadai"-"Tzvaot"* y *"Ékie"*, a fin de que Lo conozcan en cada uno de Sus atributos que están en Él, pues son diez los nombres de la *Torá*, que no están borrados, siendo [éstos] las diez *Sfirot*, tal como está escrito en el *Zóhar* (*Vaikrá*, ítem 168): La *Sfirá* de *Kéter* es llamada *Ékie*,

6. La *Sfirá* de *Jojmá* es llamada *Ko*,

7. La *Sfirá* de *Biná* es llamada *HaVaYaH* (con la puntuación de *Elokim*),

8. La *Sfirá* de *Jésed* es llamada *Kel*,

9. La *Sfirá de Gvurá* es llamada *Elokim*,

10. La *Sfirá de Tifféret* es llamada *HaVaYaH*,

11. Las dos *Sfirot Nétzaj* y *Hod* son llamadas *Tzvaot*,

12. La *Sfirá de Yesod* es llamado *El Jay*; y,

13. La *Sfirá de Maljut* es llamada *Adni*.

41) Y si no hubiese expandido Su Luz en todas las creaciones aparentemente vestidas en estas *Santas Sfirot*, ¿cómo las creaciones hubiesen logrado conocerLo? ¿Cómo hubiesen podido cumplir con el verso: "la tierra entera está llena de Su gloria"?

Significa, que con esto se establece el anhelo divino por manifestarse a las almas, tal como estuvieran en Él aquellos cambios que se encuentran en las *Sfirot*., ya que es con el fin de dar un lugar para las almas para el reconocimiento y alcance suficiente en Él, porque entonces se cumpliría lo escrito: "la tierra entera está llena de Su gloria".

42) De todas maneras, ¡ay de aquel que se iguale a Él en alguna medida!; es decir, aquel que llegue a decir que la medida se encuentra en Él cuando es para Sí mismo, incluso en aquellas medidas espirituales en las cuales Él se manifiesta a las almas., y de todo lo que es así en los atributos corporales de una naturaleza humana, ya que su fundamento es del polvo, y aquellos son los *Kelim* sin valor.

En otras palabras, es tal como dijimos antes (ítem 14), que a pesar de que se trata del anhelo divino, el que las almas reciban lo que les fue mostrado, ya que los cambios que están en ellas están en el otorgante, por lo tanto debería ser claro para las almas que no hay ningún cambio ni medida en Él en lo absoluto. Sino sólo un anhelo divino de manera que ellas lo imaginarán así, tal como está escrito: "por mano de los profetas Yo me mostraré". Y si, Dios no permita, llegasen a equivocarse en esto, entonces [será] aflicción para ellas, pues se perderán instantáneamente de la abundancia divina; necesitándose decir entonces, que los tontos lo asemejaron con algún acontecimiento de aquellos que son insignificantes y sin valor de carne y sangre.

Introducción al libro *"Panim Meirot uMasbirot"*

1) Está escrito al final de la *Mishná* (*Okatzin*): "El Creador no encontró una vasija que contuviera una bendición para *Israel*, excepto la paz, como está escrito: 'El Señor dará fortaleza a Su pueblo; el Señor bendecirá a Su pueblo con la paz'".

Hay mucho para aprender en esto: Primero, ¿cómo demostraron que no hay nada mejor para *Israel* que la paz? Segundo, el texto declara explícitamente que la paz es la bendición misma; está escrito: "dar" respecto a la "fortaleza" y, "bendecir" respecto a la "paz". De acuerdo con ellos, debería haber dicho "dar" respecto a la "paz". Tercero, ¿por qué este artículo fue escrito al final del *Mishná*? Además necesitamos entender el significado de las palabras "paz", "fortaleza" y lo que estas conllevan.

Para interpretar este artículo en su verdadero significado, debemos venir por un camino insondable, ya que el corazón de los Sabios es demasiado profundo de explorar. Esto significa que todos los asuntos de la *Torá* y la *Mitzvá* muestran lo revelado y lo oculto; como está escrito: "Una palabra dicha acertadamente es como manzanas de oro en engarces de plata". No obstante las *Halajot* (disposiciones legales según el código judío) son como copas de vino. Cuando uno le da un regalo a un amigo, una copa de vino, tanto el interior como el exterior son importantes. Esto se debe a que la copa tiene su propio valor, así como lo tiene el vino que está en su interior.

No así las *Agadot* (leyendas), las cuales son como manzanas, ya que su interior se come y su exterior se desecha, esto se debe a que el exterior carece completamente de valor. Resultando que todo el valor y la importancia residen solo en el interior, en la parte interna. Y así es el asunto con las leyendas; la aparente superficialidad parece no tener significado ni valor; sin embargo, el contenido interior oculto en las palabras está construido únicamente sobre los cimientos de la sabiduría verdadera, la cual es dada a unos pocos virtuosos.

¿Quién se atrevería a emitir esto desde el corazón de las masas y a escrutar su camino cuando su logro es incompleto, aún en las dos partes de la *Torá* llamadas *"Pshat"* (literal) y

"Drush" (exigencia para escrutar los misterios)? En opinión de ellos, el orden de las cuatro partes de la *Torá* (*PaRDéS*) comienza con el *Pshat*, le sigue el *Drush*, luego el *Rémez*, y al final es comprendido el *Sod* (secreto).

Sin embargo, está escrito en el libro de oraciones del *Gaón de Vilna* que el logro comienza con el *Sod*; es decir, después que la parte del *Sod* de la *Torá* es alcanzado, es posible obtener la parte del *Drush* y, luego la parte del *Rémez*. Entonces cuando uno tiene fluidez en estas tres partes de la *Torá*, es premiado con el logro de la parte del *Pshat* de la *Torá*.

Es como está escrito en el *Maséjet Taanit*: "Si a uno le es concedido, se le convierte en una poción de vida; si no le es concedido, en una poción de muerte". Se requiere un gran mérito para comprender la interpretación de los textos, ya que primero debemos lograr las tres partes internas de la *Torá* en las cuales el *Pshat* se reviste, [mientras que] el *Pshat* mismo no será analizado. Y si a uno no le ha sido concedido esto, necesita una gran misericordia para que eso no se le convierta en una poción de muerte.

Y para los que se abstienen del argumento, aquellos negligentes en alcanzar el interior, y que dicen en su corazón: "Nos conformamos con lograr el *Pshat*. Si logramos esto, estaremos satisfechos". Sus palabras pueden ser comparadas con alguien que desea ascender al cuarto piso sin primero pisar los tres primeros.

2) Sin embargo, según esto tenemos que entender el gran ocultamiento aplicado en el interior de la *Torá*, como está dicho en *Maséjet Jaguigá*, uno no estudia la *Torá* en pareja, ni la Cabalá solo. Además, todos los libros a nuestra disposición en este tema están sellados y bloqueados ante los ojos de las masas. Sólo los pocos que son convocados por el Creador los entenderán, debido a que ya entienden las raíces por sí mismos y en la transmisión *Pe al Pe* (boca a boca).

En realidad sorprende sobremanera, cómo los caminos de la sabiduría y la inteligencia les son negados a las personas para quienes constituye la vida y la longitud de sus días., considerándose una ofensa criminal, tal como refirieron nuestros sabios en el *Midrash Rabá* (*Bereshit*) acerca de *Ajaz* (retenido, agarrado), ya que él había retenido seminarios y sinagogas, y esto fue su gran iniquidad.

Además, es una ley natural que seamos posesivos en lo concerniente a compartir el capital y la propiedad con otro. No obstante, ¿hay alguien que sea posesivo para compartir su sabiduría e inteligencia con otros? Absolutamente lo contrario, cuanto más quiere comer el becerro, más lo quiere alimentar la vaca.

También encontramos tales misterios incluso en la sabiduría de los sabios seculares de generaciones anteriores. En la introducción a su comentario del *Séfer Yetzirá* (Libro de la formación) escrita por *Rav Butril*, hay un texto atribuido a Platón que advierte a sus discípulos con estas palabras: "No transmitan la sabiduría a alguien de quien no conozcan su mérito".

Aristóteles también advirtió: "No transmita la sabiduría al indigno, puesto que será robada". Él (*Rav Butril*) interpretó que si los sabios enseñan la sabiduría a los indignos, éstos roban la sabiduría y la destruyen.

En tanto que los sabios seculares de nuestro tiempo no actúan así; por el contrario, se empeñan en expandir las puertas de su perspicacia hacia las masas sin límites ni fronteras. En apariencia discrepan fuertemente con los primeros sabios que confinaron las puertas de su conocimiento a un puñado de virtuosos a quienes hallaron dignos de ello, dejando que el resto de la gente rasguñe la pared.

3) **Explicaré** la cuestión. Distinguimos cuatro divisiones en la especie hablante, ordenada en grados uno sobre otro. Estas son:

1. las Masas,
2. los Fuertes,
3. los Ricos; y,
4. los Sagaces.

Estas son equivalentes a los cuatro grados en toda la realidad:

1. *Domem* (Inanimado),
2. *Tzomeaj* (Vegetativo),
3. *Jai* (Animado); y,
4. *Medaber* (Hablante).

Lo **Inanimado** puede desarrollar las tres propiedades, Vegetativo, Animado y Hablante. Discernimos tres valores en el monto de fuerza beneficiosa y perjudicial en ellos.

La fuerza más pequeña entre ellas es la **Vegetativa**. La flora opera atrayendo lo que es beneficioso para ella, en tanto que rechaza lo dañino, del mismo modo que lo hacen los humanos y los animales; sin embargo, no hay ninguna sensación individual en esa especie, sino una fuerza colectiva, ya que todas las plantas del mundo producen esta operación en ellas.

Sobre estas se encuentra lo **Animado**. Cada criatura siente por sí misma atracción hacia lo que la beneficia y, rechazo hacia lo que la daña. Esto implica que un animal iguala en valor a todas las plantas. Esto es así porque la fuerza que distingue lo beneficioso y lo perjudicial en todo lo Vegetativo está presente en una criatura en lo Animado, separada para su propia autoridad.

Esta fuerza sensitiva en lo Animado es muy limitada en tiempo y espacio ya que la sensación no funciona aún a la distancia más corta fuera de su cuerpo. Tampoco siente nada fuera de su propio tiempo, es decir en el pasado o en el futuro, sino sólo en el momento presente.

Por sobre ellos está lo **Hablante**. Esta consiste en una fuerza emocional y una fuerza intelectual juntas. Por esa razón su poder no es limitado por el tiempo y el espacio, atrayendo lo que le es beneficioso y rechazando lo dañino, igual que lo Animado.

Esto es así debido a su conocimiento, siendo un asunto espiritual que no está limitado a un tiempo y a un lugar. Uno puede enseñar a otros en cualquier parte en que se encuentren, y también en todos los tiempos y en todas las generaciones.

Se añade, que el valor de una persona desde lo Hablante equipara el valor de todas las fuerzas en lo Vegetativo y lo Animado, de ese tiempo y de todas las generaciones pasadas. Esto es así porque su poder los abarca y los contiene dentro de su propio ser, junto con todas sus fuerzas.

Esta regla también se aplica a las cuatro divisiones en la especie humana, a saber las Masas, los Fuertes, los Ricos, y los Sagaces. Seguramente, todos ellos provienen de las Masas, que son el primer grado, como está escrito: "todo era del polvo".

Es cierto que todo el mérito del polvo y su mismo derecho de existir es acorde al mérito de las tres virtudes que evoca, Vegetativo, Animado y Hablante. Del mismo modo, el mérito de las Masas es tal como las propiedades que ellas evocan desde su interior, ya que ellas también se conectan en la forma de un rostro humano.

Con ese propósito el Creador ha infundido tres inclinaciones en las masas en general. Ellas son llamadas:

1. Envidia,

2. Lujuria; y,

3. Honor.

Debido a éstas, las Masas se desarrollan grado por grado para conformar el rostro completo de un hombre.

La inclinación hacia la Lujuria caracteriza a los Ricos. Los elegidos entre ellos tienen un fuerte deseo, y también lujuria. Sobresalen en adquirir riqueza, que es el primer grado en la evolución de las Masas. Como el grado Vegetativo de la realidad, son gobernados por una fuerza ajena que los desvía hacia su inclinación, ya que la lujuria es una fuerza ajena a la especie humana, la cual ha sido tomada prestada de lo Animado.

La inclinación hacia el Honor evoca a los héroes famosos que se encuentran entre ellos. Ellos son los que gobiernan la sinagoga, la ciudad, etc. Quienes poseen el más firme deseo entre ellos también tienen inclinación hacia el honor, y sobresalen en adquirir dominio.

Ellos son el segundo grado en la evolución de las Masas. Al igual que el grado Animado en la realidad general, la fuerza que opera en ellos ya está presente en su propia esencia, como hemos dicho anteriormente. Esto se debe a que la inclinación hacia el honor es única en la especie humana, y con ello el anhelo de poder.

La inclinación hacia la Envidia caracteriza a los sabios entre sí, como está dicho: "Cuando los escritores contienden, la sabiduría se enaltece". Los que están fuertemente inclinados hacia la envidia sobresalen en adquirir conocimiento y saber. Esto es como el grado Hablante en la realidad como un todo, en el cual la fuerza que opera no está limitada por el tiempo ni por el espacio, sino que es colectiva y abarca cada aspecto del mundo a través de todos los tiempos.

Además, la naturaleza del fuego de la envidia es su carácter general, abarcando todos los tiempos y toda la realidad. Esto es debido que el comportamiento de la envidia es que si uno no hubiera visto el objeto que su amigo posee, nunca se le hubiera despertado el deseo por éste.

Hallamos que la sensación de ausencia no se refiere a lo que uno no tiene, sino a lo que el amigo de uno tiene, quienes son toda la progenie de *Adam* (Adán) y *Javá* (Eva) a lo largo de todos los tiempos. Así, esta fuerza es ilimitada y por lo tanto resulta apta para su tarea sublime y elevada.

Quienes permanecen sin mérito alguno se debe a que no tienen un deseo fuerte. Por lo tanto, las tres inclinaciones mencionadas anteriormente funcionan en ellos conjuntamente, en una mezcla. En ocasiones son lascivos, a veces envidian y a veces anhelan el honor. Sus deseos se quiebran en pedazos; son como niños que ansían todo lo que ven y no pueden obtener nada. Por lo tanto, su valor se asemeja a la paja y el salvado que quedan después de (refinar) la harina.

Es sabido que la fuerza beneficiosa y la fuerza perjudicial conviven en el mismo sujeto. En otras palabras, que algo puede ser tanto beneficioso como perjudicial. En consecuencia, debido a que la fuerza de un individuo específico es mayor que la de todas las bestias y los animales a lo largo del tiempo, la fuerza perjudicial en uno también toma el lugar de todos ellos.

Así, mientras uno no merece su grado, de modo tal que utilice su fuerza sólo para hacer el bien, necesita realizar una vigilancia cuidadosa para no adquirir un nivel superior que el nivel humano, que es el conocimiento y la ciencia.

Por esta razón los primeros sabios ocultaron la sabiduría de las masas por miedo a tomar discípulos indignos que usaran la fuerza de la sabiduría para causar daño y perjuicio. Estos podrían romper y destruir a toda la población con su lujuria bestial y su salvajismo, usando la gran fuerza del hombre.

Una vez que las generaciones han decrecido y sus sabios mismos han comenzado a anhelar ambas mesas, es decir también una buena vida para su materialidad, su opinión se acercó a la de las masas. Hicieron tratos con ellas y vendieron la sabiduría para prostitución al precio de un perro. Desde entonces el muro fortificado que los primeros habían levantado fue derruido y las masas la han saqueado.

Los salvajes han llenado sus manos con la fuerza de los hombres, han confiscado la sabiduría y la han destruido. La mitad fue heredada por adúlteros y la otra mitad por asesinos, y la han puesto en desgracia eterna hasta este día.

4) A partir de esto puede deducirse que la sabiduría verdadera contiene todas las enseñanzas seculares en su interior, que son sus siete pequeñas hijas. Esto es la totalidad de la especie humana y el propósito para el que fueron creados todos los mundos, como está escrito: "¿Acaso no está mi pacto con el día y la noche, acaso Yo no he puesto las leyes del cielo y la tierra?". Por tanto, nuestros sabios han declarado en (*Avot* 4, *Mishná* 7): "Aquel que usa la Corona pasa". Esto es porque ellos nos prohíben usarla para todo tipo de placer mundano.

Y esto es lo que nos ha sostenido hasta aquí para mantener los ejércitos y el muro alrededor de la sabiduría verdadera, para que ningún extraño ni extranjero irrumpa y la coloque en su vasija para ir a venderla en el mercado como hicieron los sabios seculares. Esto fue así porque todos aquellos que ingresaron ya han atravesado siete pruebas hasta que hubo certeza más allá de toda inquietud y de toda sospecha.

Después de estas palabras y esta verdad hallamos lo que parece ser una gran contradicción, completamente opuesta a las palabras de nuestros sabios. Está escrito en el *Zóhar* que en el tiempo del Mesías esta sabiduría está destinada a ser revelada, incluso hasta a los jóvenes. Sin embargo, según lo anterior, hemos aprendido que en los días del Mesías toda la generación será la más elevada. No necesitaremos protegerla en absoluto y las fuentes de la Sabiduría se abrirán y bañarán a la nación entera.

Sin embargo, en *Maséjet Sutá* 49, y en *Sanedrín* 97.71, ellos dicen: "La insolencia se incrementará en los tiempos del Mesías, la sabiduría de los autores se perderá, y los justos serán arrojados". Se interpreta que no hay nadie tan malo como esa generación. Entonces, ¿cómo reconciliamos las dos declaraciones, ya que ambas son seguramente las palabras de Dios Vivo?

La cuestión es que esta cuidadosa vigilancia y cerrojo sobre la antesala de la sabiduría, es por temor a personas en las que el espíritu de la envidia de los escritores está mezclada con la fuerza de la lujuria y el honor. Su envidia no se limita a querer solamente el saber y el conocimiento.

Y con esto se encuentra que ambos textos son correctos, y uno viene y enseña sobre el otro. El rostro de la generación es como el rostro del perro, es decir que ladran como perros '*Hav Hav*' ("¡dame!, ¡dame!"), y detestarán el temor por el pecado, y la sabiduría de los sabios se apegará a ellos, de cualquier manera está permitido abrir las puertas de la sabiduría y remover la cuidadosa custodia ya que está naturalmente segura del robo y la explotación. Ya no hay temor a que discípulos indignos puedan tomarla y venderla en el mercado a la plebe materialista, puesto que no encontrarán compradores para esta mercadería, pues es aborrecible a sus ojos.

Y debido a que no tienen ninguna esperanza de obtener honor a través de ésta, se convierte en segura y protegida por sí misma. Ningún forastero se acercará excepto los amantes de la sabiduría y sus moradores. Por consiguiente, cualquier examen será removido para aquellos que ingresan y aún los más jóvenes serán capaces de alcanzarla.

Con esto podrás entender lo que dijeron nuestros sabios en (*Sanhedrín* 98.71): "El Hijo de *David* llega tanto en una generación que es toda digna, o toda indigna". Esto es muy sorprendente, ya que aparentemente mientras haya unos pocos justos en la generación, ellos detienen la redención, a menos que estos merecedores desaparezcan de la tierra –de ninguna manera, entonces será posible la venida del Mesías. Eso espero.

No obstante necesitas mucho entender, que este asunto de la redención y la venida del Mesías la cual esperamos suceda pronto en nuestros días *Amén*, es la totalidad suprema del logro y el conocimiento, como está escrito: "Y no enseñarán más cada cual a su compañero y cada cual a su hermano diciendo: '¡Conoced al Señor!', porque todos ellos me conocerán, desde el menor de ellos hasta el mayor de ellos". Cuando la mente se completa, también se completan los cuerpos, como está escrito: "el joven morirá siendo de cien años" (Isaías 65.20).

Cuando los Hijos de *Israel* sean complementados con la razón completa, las fuentes de la inteligencia y el conocimiento fluirán más allá de las fronteras de *Israel*. Ellas bañarán a todas las naciones del mundo, como está escrito: "porque la tierra está llena del conocimiento del Señor" (Isaías 11.9).

La proliferación de este conocimiento es el asunto de la expansión del Rey Mesías a todas las naciones. Sin embargo, la imaginación de la plebe ordinaria y materialista está completamente atada al poder del puño. Por lo tanto, la cuestión de la expansión del Reino de *Israel* está grabada en su imaginación sólo como una suerte de dominio de cuerpos sobre cuerpos, para tomar sus retribuciones de todos con gran orgullo y vanidad sobre el mundo entero.

Qué puedo hacer yo por ellos, si nuestros sabios ya los han rechazado y sus iguales entre la congregación del Señor dicen: "Para aquel que es orgulloso, el Creador dice: 'él y Yo no podemos morar en la misma morada´'". Además, algunos se equivocan y decretan que en vista de que el cuerpo debe existir antes de la existencia del alma y de la percepción completa, entonces la perfección del cuerpo y sus necesidades preceden en tiempo al logro del alma y a la percepción completa. Por consiguiente, la percepción completa es negada por un cuerpo débil.

Este es un grave error, más duro que la muerte, ya que un cuerpo perfecto es totalmente inconcebible antes de que se alcance la percepción completa. Por sí mismo es un bolso agujereado, una cisterna rota. Esta no puede contener nada bueno para sí o para otros, excepto con el logro de la percepción completa. Ya que entonces en ese momento el cuerpo en realidad se eleva a su completitud junto con ésta. Esta regla se aplica tanto a los individuos como al todo.

5) Y con esto entenderás lo que está escrito en el *Zóhar*: "Que con esta composición los Hijos de *Israel* serán redimidos del exilio", al igual que en muchos otros lugares, que sólo a

través de la expansión de la sabiduría de la Cábala en las masas obtendremos la redención completa.

También dijeron: "La Luz en ella lo reforma". Siendo intencionalmente meticulosos en esto, para mostrarnos que sólo la Luz encerrada dentro de ella, "como manzanas de oro en engarces de plata", es el remedio que reforma a la persona. Tanto el individuo como la nación no completarán el objetivo para el cual fueron creados, salvo logrando la parte interior de la *Torá* y sus secretos.

Aunque esperamos el logro completo con la llegada del Mesías, está escrito: "Dará sabiduría al sabio". También dice: "Yo he puesto la sabiduría en el corazón de cada Sabio". Por consiguiente, lo que primero necesitamos es la gran expansión de la sabiduría entre la nación, merecer recibir el beneficio de nuestro Mesías. Por consiguiente, la expansión de la sabiduría y la venida de nuestro Mesías son interdependientes.

Por lo tanto, debemos organizar seminarios y escribir libros, apresurar la circulación de la sabiduría a lo largo de toda la nación. Este no era el caso anteriormente, por temor a que discípulos indignos se confundieran, como hemos explicado anteriormente. Esto se convirtió en la primera razón para la prolongación del exilio hasta este día debido a nuestros muchos pecados.

Nuestros sabios dijeron: "El Mesías *Hijo de David* viene en una generación que es totalmente digna", es decir que cada uno se abstendrá de perseguir el honor y la lujuria. En ese tiempo será posible organizar seminarios y prepararlos para la llegada del Mesías *Hijo de David*. "O en un tiempo en que la generación es toda indigna", es decir en aquella generación en que el "rostro de la generación es como la cara de un perro", los justos serán arrojados, y la sabiduría de los autores será desviada en ellos". En ese momento va a ser posible remover la cuidadosa vigilancia y "Santos" serán los nombres de aquellos que permanezcan en la casa de *Yaakov* con sus corazones batiendo para obtener la sabiduría y el propósito.

Vendrán y aprenderán, porque no habrá más miedo a no poder sostener sus méritos y a comerciar la sabiduría en el mercado, ya que nadie en la multitud deseará comprarla. La sabiduría será tan aborrecible a sus ojos que ninguna gloria o deseo serán alcanzables a cambio de ella.

Por lo tanto, quien desea entrar puede venir y entrar. Muchos vagarán y los conocimientos se multiplicarán entre quienes la merezcan. A través de ello nos será otorgada la llegada del Mesías y la redención de nuestras almas ocurrirá pronto en nuestros días, Amén.

Con estas palabras me libero de un reclamo considerable, de que en mi libro me he atrevido más que todos mis predecesores a descubrir las nociones normalmente ocultas de la sabiduría, las cuales hasta ahora estaban inexploradas. Esto se refiere a la esencia de las diez *Sfirot* y todo lo concerniente a ellas, *Yashar* (directo) y *Jozer* (retorno), *Pnimí* (interior) y *Makif* (circundante), el significado de *Akaá* (golpe) y el significado de *Hizdakjut* (purificación).

Los escritores previos a mí esparcieron deliberadamente las palabras aquí y allá con insinuaciones sutiles. De este modo, nuestra mano fallaría en recogerlas. Yo, a través de Su Luz que apareció sobre mí y con la ayuda de mis maestros, las he recogido y revelado los temas en forma suficientemente clara y en su forma espiritual, por encima del espacio y del tiempo.

Podían haber venido a mí con un gran argumento: Si aquí no hay agregados a mis maestros, entonces el mismo *ARI* o *Rav Jaim Vital* y los autores genuinos que interpretaron sus palabras, hubieran podido revelar y explicar los temas abiertamente como yo lo hago. Si tú quieres decir que estaba abierta para ellos, entonces ¿quién es este escritor, para quien resulta ciertamente un gran privilegio ser polvo y cenizas bajo sus pies, que dice que su herencia es más afortunada que la de ellos?

Sin embargo, como puede verse en las referencias, yo no agregué a mis maestros ni innové en la composición. Todas mis palabras ya están escritas en las Ocho Puertas, en el Árbol de la Vida, y en *Mavó Shearim* (Entrada a las Puertas) del *ARI*. No les agregué ni una sola palabra, solamente que ellos quisieron ocultar las cuestiones, por lo tanto las esparcieron aquí y allá.

Esto fue así porque su generación todavía no era completamente indigna y requería una vigilancia cuidadosa. Por su parte, debido a nuestros muchos pecados, todas las palabras de nuestros sabios ya son verdad en nosotros. Ellos han dicho que el tiempo del Mesías iba a comenzar, porque en esa generación no hay más miedo de descubrir la sabiduría, tal como lo hemos elaborado anteriormente. Es por esta razón que mis palabras están abiertas y en orden.

6) Y ahora los hijos me escucharán: "porque la sabiduría grita fuerte en las calles, y he aquí ella expresa su voz", "Quienquiera esté del lado del Señor, dejadlo venir hacia mí", "Por eso no es algo vano para ti; porque esta es su vida, y la longitud de sus días".

"Porque no has sido creado para seguir el acto del grano y la patata, tú y tus asnos en un pesebre". Así como el propósito de la bestia no será servir a todas otras bestias del mundo, del mismo modo no es el propósito del hombre servir a los cuerpos físicos de las personas en su tiempo. Más bien, el propósito del asno es el de servir y ser de utilidad al hombre, el cual es superior a éste, en tanto que el propósito del hombre es servir al Señor y completar Su objetivo.

Como dijo *Ben Zuma*: "Todos ellos fueron creados sólo para servirme, y yo, para servir a mi Creador". Él dice: El Señor ha hecho todos las cosas para Su propio propósito", ya que el Creador anhela y ansía nuestro completamiento. Está dicho en *Bereshit Rabá* (Cap. 8) que los ángeles dijeron ante Él: "¿Qué es el hombre para que Tú estés atento a él, y el hijo del hombre para que lo dirijas?' '¿Por qué Tú necesitas este problema? El Creador les dijo: 'Por lo tanto ¿por qué la oveja y el buey?".

¿A qué se parece esto? A un rey que tenía una torre llena de cosas hermosas, y ningún invitado. ¿Qué placer tiene el Rey de su abundancia? Luego le dijeron: "¡Oh Señor, nuestro Señor, que glorioso es Tu Nombre en toda la tierra! Haz aquello que Te satisfaga". Aparentemente, deberíamos dudar de la alegoría, ya que ¿dónde se encuentra esa torre llena de cosas hermosas? En nuestro tiempo realmente la llenaríamos de invitados hasta el tope.

En efecto las palabras son verdaderas. Vemos que los ángeles no formularon queja alguna respecto de alguna de las criaturas que fueron hechas durante los seis días de la Creación, excepto acerca del Hombre. Esto es porque él fue creado a la imagen de Dios y consiste en lo Superior y lo Inferior juntos. Los ángeles que lo vieron estaban asustados y desconcertados. ¿Cómo descendería el alma pura espiritual de su grado sublime y vendría a morar en el mismo compartimento que este cuerpo sucio y bestial? En otras palabras, preguntaron: "¿Por qué necesitas Tú este problema?".

La respuesta dada a ellos es que existe una torre llena de cosas hermosas, pero vacía de invitados. Necesitamos de la existencia de este humano, hecho de lo Superior y lo Inferior juntos, para llenarlo de invitados. Así, esta alma pura debe vestir este cuerpo sucio. Ellos lo entendieron enseguida y dijeron: "Haz aquello que te satisfaga".

Sabemos que esta torre llena de cosas hermosas implica todo el placer y la bondad para la cual Él ha creado a las criaturas, como ellos dijeron: "La conducta del Bueno es hacer el bien". Por lo tanto, Él ha creado los mundos para deleitar a Sus criaturas.

Y ya que no hay pasado ni futuro en Él, debemos comprender que apenas Él pensó en crear a las criaturas y deleitarlas, ellas emergieron y fueron hechas instantáneamente ante Él, ellas y todas sus realizaciones de deleite y placer, como Él las había diseñado.

Está escrito en el libro: "Mi Deseo está en el Creador" (Cap. 1), que todos los mundos, superiores e inferiores, están contenidos en el *Ein Sof* incluso antes del *Tzimtzum* (restricción) en la forma de: "Él es uno y Su Nombre es Uno". El incidente del *Tzimtzum* es la raíz de los mundos de *ABYA*, confinados en este mundo.

Esto ocurrió porque todas las raíces de las almas mismas anhelan igualarse en su forma con el Emanador. Este es el significado de *Dvekut* (adhesión), ya que la separación y la adhesión en cualquier ente espiritual sólo son posibles en cuestiones de equivalencia o disparidad de forma.

Y por el hecho de que Él quiso deleitarlos, el deseo de recibir placer ha sido necesariamente grabado en ellos. De acuerdo con esto su forma ha sido cambiada a partir de la Suya, ya que la forma no está presente en absoluto en el Emanador, porque ¿de quién recibiría Él entonces? El *Tzimtzum* y el *Guevul* (borde, limitación) fueron realizados con este propósito hasta despertar a este mundo a una realidad en la cual el alma se reviste en un cuerpo físico. Cuando uno se compromete en la *Torá* y el trabajo para brindar alegría a su Creador, la forma de recepción será reunida para otorgar una vez más.

Este es el significado del texto: "y adherirse a Él". Esto se debe a que entonces uno equipara su forma con la del Creador, la cual como dijimos, es *Dvekut* en espiritualidad. [Entonces] cuando la materia de *Dvekut* sea completada en todas las partes del alma, los mundos volverán al estado de *Ein Sof*, como antes del *Tzimtzum*.

"En su tierra ellos poseerán el doble". Esto es porque entonces serán capaces de recibir una vez más el deleite y el placer completo que ha sido preparado para ellos por adelantado en el mundo de *Ein Sof*. Además, ahora están preparados para la verdadera *Dvekut* sin disparidad de forma ya que su recepción no es más para ellos mismos, sino para brindar alegría a su Creador. Encontramos que se han igualado en la forma del otorgamiento con el Creador.

7) Ahora entenderás las palabras de los sabios [que dijeron], que la *Shjiná* en los inferiores es una necesidad superior. Esta es la declaración más asombrosa, aunque esto vaya de la mano con lo dicho en el *Midrash* anterior. Pues ellos han comparado la cuestión con un rey que tiene una torre llena de cosas hermosas y ningún invitado. Es indudable que si éste se sienta y espera a los invitados, todos sus preparativos serán en vano.

Es similar a un gran rey que tuvo un hijo cuando ya era anciano y con el cual estaba muy encariñado. Por tanto, a partir del día de su nacimiento el rey tuvo pensamientos para él, reunió todos los libros y a los eruditos más refinados de la tierra, y construyó una escuela para él. Reunió a los constructores más refinados en la tierra y construyó palacios de diversión para él, reunió a todos los músicos y cantantes y construyó salas de concierto. Convocó a los mejores cocineros y panaderos de la tierra y le sirvió cada manjar que existía, etc., etc.

Con todo esto, el muchacho creció hasta llegar a ser un tonto sin deseos de conocimiento. Además es ciego y no puede ver ni sentir la belleza de las construcciones; es sordo, y no puede oír a los cantantes. Lamentablemente, es diabético, y sólo tiene permitido comer pan de harina barata, surgiendo [entonces] el desprecio y la ira.

Ahora podemos entender sus palabras acerca del versículo, "Yo, el Señor, En su tiempo lo apresuraré" (Isaías 60.22): "Si no son recompensados, 'en su tiempo'; sí son recompensados, 'lo apresuraré'. Por consiguiente, hay dos modos de alcanzar la meta mencionada: a través de su propia atención, llamado "Camino del arrepentimiento". Si esta les es concedida, les será aplicado "*Ajishena*" (lo apresuraré). Esto quiere decir que no hay ningún plazo establecido, pero cuando le es concedida la corrección concluye, por supuesto.

Si no les es concedida la atención, hay otro camino, llamado "Camino del sufrimiento". Como dijo el *Sanhedrín*: "Yo coloco sobre ellos a un rey como *Hamán* y ellos se arrepentirán en contra de su deseo; es decir, a su tiempo, ya que en eso hay un tiempo determinado". Por ello quisieron mostrarnos que Sus caminos no son nuestros caminos. Por esta razón el caso de la carne y la sangre del rey que se había preocupado de preparar esas grandes cosas para su hijo amado, finalmente fue atormentado y todo su esfuerzo fue en vano y en el desprecio y la ira, no Le ocurrirán.

En cambio, todos los hechos del Creador son seguros y confiables; no hay ningún engaño en Él, Dios no lo quiera. Esto es lo que nuestros sabios dijeron: Si no les es concedido "*Beltó*" (en su tiempo). Lo que no haga el deseo, el tiempo lo hará, como está escrito, "¿Puedes enviar los rayos, para que se vayan, y para que a ti te digan: 'Henos aquí'?".

Hay un camino de sufrimiento que puede limpiar cualquier defecto y materialismo hasta que uno comprende cómo la cabeza es quitada del pesebre de las bestias para elevarse y ascender el peldaño de la escalera de la felicidad y el éxito humano, ya que uno se adherirá a su raíz y completará la meta.

8) Por lo tanto, ven y mira cuán agradecidos deberíamos estar con nuestros maestros que nos imparten sus Luces sagradas y dedican sus almas a hacer el bien a nuestras almas. Ellos están parados en la mitad entre los duros tormentos y el camino del arrepentimiento y nos salvan del fondo del infierno, que es más duro que la muerte.

Ellos también nos acostumbran a alcanzar los placeres divinos, la suavidad sublime y la comodidad que es nuestra porción, la cual está preparada y espera por nosotros desde el principio mismo, como hemos dicho anteriormente. Cada una de éstas funciona en su propia generación, según el poder de la luz de su *Torá* y de su santidad.

Ellos han dicho: "Ustedes no tienen una generación semejante a la de *Abraham*, *Itzjak* y, *Yaakov*". En verdad, ese hombre piadoso, nuestro *Rav Itzjak Luria*, se ha preocupado y nos ha proporcionado la medida más completa. Él hizo maravillosamente mucho más que sus predecesores, y si yo tuviera una lengua elogiosa, elogiaría el día en que apareció su sabiduría casi como el día en que la *Torá* fue entregada a *Israel*.

No hay palabras suficientes para medir su santo acto en nuestro favor. Las puertas del logro fueron cerradas y clausuradas, y él vino y las abrió para nosotros. Así, todos los que desean entrar en el palacio del Rey sólo necesitan pureza y santidad, e ir a bañarse y a cortarse el cabello, y usar ropa limpia para pararse frente al Reinado sublime como se debe.

Encontramos a alguien de treinta y ocho años que atenuó con su sabiduría a todos sus predecesores hasta los *Gaonim*[18] y hasta el resto de los sabios. Todos los ancianos de la tierra, los principales pastores, amigos y discípulos del sabio piadoso *RaMaK* (*Rabí Moshé de Cordovero*) se pararon ante él como discípulos ante su *Rav*. Todos los sabios de las generaciones posteriores a ellos hasta este día, sin faltar ninguno, han quitado sus manos de todos los libros y composiciones que lo precedieron, la Cabalá del *RaMaK*, la Cabalá del Primero y, la Cábala de los *Gaonim*, bendita sea la memoria de todos ellos. Ellos han amarrado su vida espiritual única y totalmente a su Santa Sabiduría. Naturalmente, existe una razón por la cual le es concedida una victoria total a este joven en años y padre en sabiduría.

Por desgracia, el trabajo del opositor tuvo éxito y tuvo obstáculos a lo largo del camino de la expansión de su sabiduría en una nación santa, y sólo muy pocos han comenzado a vencerlos. Esto es así principalmente porque las palabras fueron escritas de oídas, pues él interpretó la sabiduría día a día frente sus discípulos, los cuales ya eran ancianos y con gran competencia en el *Zóhar* y los *Tikunim* (correcciones). En la mayoría de los casos, sus santos dichos fueron organizados de acuerdo con las profundas preguntas que le formularon, cada uno según su propio interés.

Por esa razón no expresó la sabiduría en un orden adecuado tal como lo hicieron las composiciones que lo precedieron. [Sin embargo] encontramos en los textos que el mismo *ARI* hubiera deseado ordenar las cuestiones. Respecto a eso, ver el comienzo de los dichos de *RaShBI* en la interpretación del *Idra Zuta*, en una breve introducción realizada por *Rav Jaim Vital*.

---

18 (**N. del E.**): *Gaonim* (sabios). Apelativo con el que se llamaba a quienes se encargaban de realizar las interpretaciones de los libros sagrados hasta antes de la aparición del *Talmud*.

Además está la brevedad de su periodo de estudio, ya que todo su tiempo de estudio fue aproximadamente diecisiete meses, tal como está dicho en la Puerta para las Reencarnaciones, Puerta No 8, pág. 49. Esto fue así porque él había llegado a *Safed* desde Egipto poco antes de [la celebración de] *Pésaj* del año 1571. En aquel tiempo *Rav Jaim Vital* tenía veintinueve años, y en julio de 1572, en vísperas de *Shabat*, (el *ARI*) cayó enfermo, y el martes de la semana siguiente habría fallecido.

También está escrito en la Puerta a las Reencarnaciones (Puerta No 3, pág. 71) que antes de morir le ordenó *Rav Jaim Vital* que no enseñara la sabiduría a otros y solo le permitió estudiar en susurros. Al resto de los amigos se les prohibió absolutamente involucrarse en esto porque consideró que éstos no habían comprendido la sabiduría correctamente. Esta es la razón por la cual *Rav Jaim Vital* no arregló los textos en absoluto y los dejó desorganizados. Como es natural, no explicó las conexiones entre los temas para que no fueran enseñados a otros. Esta es la razón por la cual encontramos tanta precaución de su parte, como saben los que ya conocen los escritos del *ARI*.

El orden que se encuentra en los escritos del *ARI* fue establecido y organizado por la tercera generación, en tres momentos por tres organizadores. El primer organizador fue el sabio *MaHaRI Tzemaj ZaL*. Él vivió al mismo tiempo que el *MaHaRA Azulai ZaL*, quien falleció en el año 1644. Una gran parte de los textos proviene de él, quien arregló muchos de estos libros, el más importante de los cuales es el libro *Adam Yashar* (el Hombre recto). En éste recogió la raíz y la idea esencial de los estudios que estaban a su disposición. Sin embargo, algunos libros que este *Rav* compiló se perdieron. En la introducción a su libro *Kol BeRama* (En voz alta) presenta todos los libros que había compilado.

El segundo organizador es el discípulo del sabio *MaHaRaM Paprish ZaL*. Él desarrolló más que su *Rav*, ya que algunos de los libros que fueron ofrecidos por el sabio *MaHaRaSh Vital ZaL* provienen de sus manos, y él ordenó muchos libros. Los más importantes entre ellos son los libros *Etz Jaim* (Árbol de la Vida) y *Pri Etz Jaim* (Fruto del Árbol de la Vida), que contienen la íntegra sabiduría en el pleno sentido de la palabra.

El tercer organizador fue el sabio *MaHaRaSh Vital ZaL*, el hijo de *Jaim MOHaRaR Jaim Vital ZaL*. Fue un sabio grande y renombrado que ordenó las famosas Ocho Puertas a partir de los restos literarios que su padre había dejado.

Vemos que ninguno de los organizadores tenía los escritos completos. Fue difícil organizar las publicaciones ya que no estaban cualificados para ellas. No tenían una verdadera competencia en el *Zóhar* y los *Tikunim*; por lo tanto son pocos aquellos que ascienden.

9) Como compensación, Él nos ha privilegiado concediéndonos al *Baal Shem Tov*, cuya grandeza y santidad están más allá de cualquier palabra y de cualquier expresión. Él no ha sido observado y no será observado excepto por los dignos que han servido bajo su Luz, y estos también sólo en forma intermitente, cada uno (de acuerdo a lo que recibe en su corazón).

Es verdad que la Luz de su *Torá* y de la Santa Sabiduría está construida principalmente sobre las bases sagradas del *ARI*; sin embargo ellas no son del todo similares en todos los asuntos. Lo explicaré comparándolo con una persona que se está ahogando en el río, emergiendo y hundiéndose como lo hace quien se está ahogando. A veces, solamente es visible el cabello y entonces el consejo es buscarlo para agarrarlo de la cabeza. Otras veces también aparece su cuerpo, y entonces el consejo es tomarlo también por debajo de los brazos.

Así es el asunto frente a nosotros. Después de que *Israel* se ahogó en las malas aguas del exilio entre las naciones, a partir de ese momento ascendió y cayó, y no todos los tiempos son iguales. En el tiempo del *ARI* sólo era visible la cabeza. Por consiguiente el *ARI* se preocupó a nuestro favor salvándonos a través de la mente. En el tiempo de *Baal Shem Tov* hubo cierto alivio. De ahí en adelante fue una bendición para nosotros salvarnos por debajo de los brazos, y esto constituyó una grande y verdadera salvación para nosotros.

La rueda ha sido girada otra vez en nuestra generación debido a nuestras iniquidades, y hemos declinado tremendamente, (desde el monte alto hacia el hoyo profundo). Además, hay una colisión de naciones que ha confundido al mundo entero. Las necesidades han crecido y el conocimiento es poco y defectuoso en la mugre del materialismo que captura a la dirección. Los sirvientes montan caballos y los ministros caminan sobre la tierra, y cada cosa que se ha dicho en nuestro estudio del mencionado *Maséjet Sutá* se nos ha hecho realidad debido a nuestras injusticias. Nuevamente ha sido erigido el muro de acero incluso sobre esta gran Luz del *Baal Shem Tov*, que como ya hemos dicho, iluminó hasta tanto se erija nuestra completa redención.

Los sabios de corazón no creyeron en la posibilidad de esta generación y no pudieron ver debido a su Luz. Nuestros ojos se han oscurecido; se nos ha robado el bien, y cuando vi esto dije: "¡Es tiempo de actuar!" Así es como ascendí para abrir de par en par las puertas de la Luz del *ARI*, puesto que él es ciertamente capaz y adecuado también en nuestra generación, y "dos es mejor que uno".

Y no deberíamos ser culpados por la brevedad de mi obra, ya que ésta corresponde y está adaptada a cualquier amante de la sabiduría, al igual que demasiado vino resta sabor, el logro sería más difícil para el discípulo. No somos responsables de los hinchados de corazón ya que el lenguaje para ayudarlos no ha sido creado aún. Dondequiera que sus ojos reposen encuentran locura, y hay una regla que dice que de la misma fuente que un sabio extrae su sabiduría, el tonto extrae su locura.

Sostengo y advierto al inicio de mi libro que no tengo ningún problema con aquellos a los que les gusta observar a través de las ventanas. Más bien, es para aquellos que anhelan y ansían al Creador y Su Bondad para poder completar el propósito para el cual fueron creados, ya que la voluntad de Dios se hará verdadera en ellos como el Señor desea, tal como está escrito: "Todos aquellos que me busquen vehementemente me hallarán".

10) Ven y mira las palabras de la boca sabio *Rabí Even Ezra*, en su libro "*Yesod Morá*" pág. 8.72: "Y ahora observa y conoce que todas las *Mitzvot* que están escritas en la *Torá* o las convenciones que los padres han establecido, aunque son mayormente en acción o palabra, son todas para poder corregir el corazón, 'Yo escrudiño el corazón y pruebo los íntimos pensamientos".

Está escrito: "y a los que son rectos en su corazón". Esto es opuesto a: "el corazón que maquina tretas inicuas". He encontrado un verso que contiene todas las *Mitzvot*, el cual es: "Al Señor, tu Dios temerás, a Él servirás, y a Él te adherirás". La palabra "temerás" contiene todas las *Mitzvot* negativas en el habla, en el corazón y en la acción. Este es el primer grado a partir del cual uno asciende al trabajo de Dios, el cual contiene todas las *Mitzvot* positivas. Éstas acostumbrarán al corazón de uno y lo guiarán hasta que se adhiera al Señor, porque para eso fue creado el Hombre, no para adquirir fortunas y construir edificios. Por lo tanto, uno debe buscar cualquier cosa que lo lleve a amarlo a Él, a aprender sabiduría y a buscar la fe.

El Creador abrirá los ojos de nuestro corazón y renovará un espíritu diferente en nuestro interior. Entonces seremos amados por nuestro Creador en nuestra vida. Sabemos que la *Torá* les fue dada solamente a los hombres de corazón. Las palabras son tanto cuerpos y *Teamim* (sabores), así como almas. Si uno no entiende los *Teamim*, todo su esfuerzo será vano, trabajo perdido. Esto es como si uno hiciera el esfuerzo de contar las palabras de un libro de medicina, ya que ninguna cura provendrá de esta tarea. También es como un camello que transporta seda; éste no beneficia a la seda, ni la seda lo beneficia a él.

Esto lo extraemos solamente de sus palabras, aferrarnos a la meta para la cual el Hombre fue creado. Él dice acerca de eso que tiene que ver con el *Dvekut* con el Creador. Por consiguiente, él dice que debemos buscar todos los medios que nos lleven a amarlo, a aprender la sabiduría y a buscar la fe, hasta que el Creador nos recompense con la apertura de nuestros ojos y renueve un espíritu diferente en nuestro interior. En ese momento seremos amados por nuestro Creador.

El realiza esta precisión deliberadamente, ser amado por nuestro Creador en nuestra propia vida. Esto indica que mientras no hayamos adquirido esto, nuestro trabajo está incompleto, el trabajo que nos ha sido dado hacer ahora necesariamente. Así concluye él, que la *Torá* solo le fue otorgada a los hombres de corazón, es decir a aquellos que han adquirido el corazón para amar y anhelarlo a Él. Los sabios los llaman "sabios de corazón" porque ya no hay un espíritu bestial allí, descendiendo, ya que la inclinación al mal está presente solo en un corazón vacío de sabiduría.

El interpreta y dice que las palabras son como cuerpos y los *Teamim* como almas. Si uno no entiende los *Teamim*, es como esforzarse por contar páginas y palabras en un libro de medicina. El esfuerzo no producirá remedio alguno, queriendo decir que estamos obligados a encontrar los medios para adquirir la mencionada posesión. Esto se debe a que entonces podemos probar los sabores de la *Torá*, que es la sabiduría interior y sus misterios, y los sabores de la *Mitzvá*, que son el amor interior y el deseo de Él.

Sin esto, uno solo tiene las palabras y las acciones; cuerpos muertos sin almas. Es como alguien que trabaja contando páginas y palabras en un libro de medicina, etc. Ciertamente, la medicina no será completada hasta tanto uno entienda el significado de la medicina escrita. Además luego de que la adquiramos al precio que nos pidan, si la conducta de estudio no está organizada para conducirnos a ella, es como un camello que transporta seda. Éste no beneficia a la seda y, la seda no lo beneficia a él, a fin de llevarlo a concluir la intención para la cual fue creado.

11) Según estas palabras, nuestros ojos han sido abiertos en lo que respecta a las palabras de *Rabí Shimon* en *Midrash Rabá*, capítulo 6 acerca del verso, "Hagamos un hombre", ya que el Creador vino para crear al hombre, y consultó a los ángeles servidores, y estos fueron divididos en agrupaciones y conglomerados. Algunos dijeron, "Que sea creado", otros dijeron, "Que no sea creado"; como está escrito: "La misericordia y la verdad se encontraron; la justicia y la paz se besaron".

- La Misericordia dijo: "Que sea creado, para que realice actos misericordiosos".

- La Verdad dijo: "Que no sea creado, porque él es todo mentiras".

- La Rectitud dijo: "Que sea creado, para que se comporte rectamente".

- La Paz dijo: "Que no sea creado, porque él es todo conflicto".

¿Qué hizo el Creador? Tomó a la Verdad y la arrojó al suelo, como está escrito: "y él echó por tierra la verdad". Los ángeles dijeron ante el Creador: "¿Por qué deshonras tu sello? Deja que la Verdad se levante del suelo, como está escrito: "la verdad brotará de la tierra".

Este texto es difícil por delante y por detrás:

a) Aún no ha sido explicada la seriedad del verso: "Hagamos al hombre". ¿Es un consejo que Él necesita, como está escrito: "Liberación en el corazón de un consejo"?

b) Respecto de la Verdad, ¿cómo puede decir acerca de toda la especie humana que es toda mentiras, cuando no hay una generación tal como la de *Abraham, Itzjak* y *Yaakov*?

c) Si las palabras de la Verdad son serias, ¿cómo es que los ángeles de la Misericordia y la Justicia aceptan un mundo que es todo mentiras?

d) ¿Por qué la Verdad es considerada un Sello al final de una carta? Por cierto, la realidad existe primariamente fuera del sello. ¿No hay ninguna realidad fuera de los límites de la Verdad?

e) ¿Pueden los ángeles de verdad pensar acerca del Operador de la Verdad que Su operación es falsa?

f) ¿Por qué la Verdad merece un castigo tan duro como ser arrojada al suelo?

g) ¿Por qué la respuesta de los ángeles no está incluida en la *Torá*, cuando la pregunta sí lo está?

Debemos entender que estas dos conductas puestas ante nuestros ojos son completamente antagónicas. Ellas son las conductas de la existencia de toda la realidad de este mundo y las conductas de las formas de existencia de la substancia en cada realidad. A partir de esta finalidad encontramos una conducta confiable en una guía completamente fija que controla la creación de cada criatura.

Tomaremos como ejemplo los órdenes de la existencia de la realidad del ser humano. El amor y el placer son su primera razón, segura y confiable para su cometido. Tan pronto es extraído del cerebro del padre, la Providencia le provee un lugar seguro y resguardado dentro del vientre de su madre, para que ningún extraño pueda tocarlo. La Providencia le provee el alimento diario que necesita. Ella atiende su verdadera necesidad sin olvidarlo siquiera por un momento hasta que se hace suficientemente fuerte como para salir a nuestro mundo exterior que está lleno de obstáculos.

En ese momento la Providencia le presta su poder y su fuerza. Al igual que un héroe armado y experto, ella abre puertas y rompe muros para llegar a las personas en las que puede confiar, para que lo ayuden a sostener su existencia en sus días de debilidad con amor y gran compasión, ya que ellas son lo más precioso para él en el mundo. De este modo, la Providencia lo abraza hasta que está calificado para existir y continuar su existencia de allí en adelante. Así como sucede con el hombre, ocurre también con los animales y los vegetales. Todos ellos son cuidados maravillosamente asegurando su existencia, y cada estudioso de la naturaleza conoce este hecho.

Más allá de esto en el otro extremo, cuando observamos el orden de existencia y sustento en los modos de existencia de aquellas realidades, grandes y pequeñas, encontramos órdenes confusas como si un ejército huyera de la campaña enfermo, golpeado y afligido por el Creador. Toda su vida es como muerte, ya que no tienen sustento salvo a través de los tormentos y dolores que lo preceden, obteniendo su alimento a cambio de sus almas.

E inclusive un piojo minúsculo rompe sus dientes cuando sale a comer. ¿Cuántas veces salta hasta que obtiene el alimento que necesita para mantenerse? Igual que este, así son todos, grandes y pequeños, y cuanto más los humanos, la elite de la creación, entremezclándose con cada cosa.

12) Discernimos dos opuestos en las diez *Sfirot de Kdushá* (Santidad). Las primeras nueve *Sfirot* están en la forma de otorgamiento, en tanto que el asunto de *Maljut* es la recepción. Además, las primeras nueve están llenas de Luz y *Maljut* (no tiene nada por sí misma). Esta es la razón por la cual determinamos dos discernimientos de la Luz en cada *Partzuf*, que son *Or Pnimí* (Luz interior) y *Or Makif* (Luz circundante), y dos discernimientos en los *Kelim*, que son el *Kli* interior para *Or Pnimí* y el *Kli* exterior para *Or Makif*.

Esto es así debido a los dos opuestos anteriores, ya que es imposible que dos opuestos vengan en un solo objeto. Por tal razón se necesita un objeto específico para *Or Pnimí* y otro específico para *Or Makif*.

Sin embargo, ellos no están realmente opuestos en *Kdushá* ya que *Maljut* está en *Zivug* (copulación) con las primeras nueve, y su atributo es también otorgamiento en la forma de *Or*

Jozer (Luz retornante). No así la *Sitra Ajra* la cual no tiene ninguna de las primeras nueve., que son construidas primariamente a partir del Espacio Vacío que es la forma de la gran medida de recepción sobre la cual ocurrió el primer *Tzimtzum*. Esa raíz quedó sin Luz incluso después que la iluminación del *Kav* (línea) alcanzó el interior del *Reshimó* (reminiscencia). Por esta razón ellos son dos completos opuestos comparados con la vida y la *Kdushá*, como está escrito: "Dios creó tanto al uno como al otro", por lo tanto son llamados muerte.

Como hemos explicado anteriormente (ítem 6) todo el *Tzimtzum* ocurrió solo con el propósito del adorno de las almas equiparando sus formas con las de su Creador. Este es el asunto de la conversión de las vasijas de recepción a la forma de otorgamiento.

Encontramos que esta meta todavía es negada **desde la perspectiva de los *Partzufim* de *Kdushá***. Esto es así ya que no hay nada fuera del Espacio Vacío, que es la forma de la gran medida de recepción, a la cual le es aplicado el *Tzimtzum*. Por lo tanto, no puede haber corrección de algo que no existe. Además, tampoco hay corrección aquí **desde la perspectiva de la *Sitra Ajra*,** aunque tenga un Espacio Vacío, ya que tiene un interés completamente opuesto y todo lo que recibe muere.

Por lo tanto, lo único que necesitamos en este mundo es un ser humano. En *Katnut* (pequeñez), éste es sostenido y mantenido por la *Sitra Ajra*, heredando de ésta los *Kelim* del espacio vacío. Cuando crece, se conecta con la estructura de la *Kdushá* a través del poder de *Torá* y *Mitzvot* para brindar satisfacción a su Creador. Así, uno transforma la gran medida de recepción que ha adquirido en formas de otorgamiento. En ella la forma es igualada con el Creador y la meta se hace verdad en él.

Este es el significado de la existencia del tiempo en este mundo. Hallamos que primero estos dos opuestos se dividieron en dos sujetos separados, llamados *Kdushá* y *Sitra Ajra*, como está escrito: "tanto a uno como al otro". Estos carecen todavía de la corrección superior por lo cual deben estar en el mismo recipiente, que es el hombre.

Por consiguiente, para nosotros es necesario que exista un orden en el tiempo ya que estos dos opuestos llegan a la persona uno a uno, es decir en el tiempo de *Katnut* y en el tiempo de *Gadlut* (grandeza).

13) Y ahora podrás comprender la necesidad de la ruptura de los *Kelim* y sus propiedades, tal como está escrito en el *Zóhar* y en los escritos del *ARI*, que en cada una de las diez *Sfirot* están presentes dos tipos de Luz, los cuales se repiten una y otra vez:

- La primera Luz es *Or Ein Sof* (Luz infinita). Esta viaja desde arriba hacia abajo y es llamada *Or Yashar* (Luz directa).

- La segunda Luz es el resultado final del *Kli* de *Maljut*, retornado desde abajo hacia arriba, llamada *Or Jozer* (Luz retornante).

Ambas están unidas en una. Sabemos que desde el *Tzimtzum* hacia abajo, el punto del *Tzimtzum* está desprovisto de toda Luz y queda un Espacio Vacío. La Luz Superior ya no puede aparecer en el último discernimiento antes del fin de la corrección, y esto se dice particularmente acerca de *Or Ein Sof*, llamada *Or Yashar*. Sin embargo, la segunda Luz, llamada *Or Jozer*, puede aparecer en el último discernimiento ya que el incidente del *Tzimtzum* no aplica a éste en ningún caso.

Ahora hemos aprendido que el sistema de la *Sitra Ajra* y las *Klipot* (cáscaras) es algo necesario para el propósito del *Tzimtzum*. Este es para infundirnos el gran *Kli* de recepción durante *Katnut*, cuando somos dependientes de ella. Así, la *Sitra Ajra* también necesita abundancia. ¿De dónde la toma si sólo está hecha del último discernimiento, que es un espacio vacío de toda Luz ya que desde el *Tzimtzum* para abajo la Luz Superior se separa de ella completamente?

Por tanto, el asunto del quiebre de los *Kelim* ha sido preparado. El quiebre indica que una parte de *Or Jozer* del mundo de *Nekudim* desciende de *Atzilut* hacia el Espacio Vacío, y sabemos que *Or Jozer* puede aparecer también en el Espacio Vacío. Esa parte de *Or Jozer* que desciende de *Atzilut* contiene en apariencia treinta y dos discernimientos especiales en cada una de las diez *Sfirot de Nekudim*. Diez veces treinta y dos es 320, y estos 320 discernimientos que descendieron fueron preparados para sostener la existencia de las inferiores. La última viene en dos sistemas, como está escrito, "Dios ha hecho tanto a uno como al otro", es decir los mundos de *ABYA de Kdushá* y opuestos a ellos los mundos de *ABYA de Sitra Ajra*.

En la interpretación del versículo: "y una nación prevalecerá sobre la otra", está escrito que cuando una se eleva la otra cae, y ese *Tzur* (roca) es construido solamente sobre las ruinas de *Yerushaláim* (Jerusalén). Esto se debe a que la totalidad de estos 320 discernimientos que descendieron pueden aparecer para la *Sitra Ajra*, al momento que la estructura del sistema de *Kdushá* para los inferiores está completamente arruinada.

Además, estos 320 discernimientos pueden conectarse únicamente con la *Kdushá*. En ese momento el sistema de la *Sitra Ajra* es completamente destruido de la tierra. Éstos también se pueden dividir más o menos equitativamente entre estas dos, acorde con las acciones de las personas, y así ellos se encarnan en los dos sistemas hasta que la corrección se completa.

Después de la ruptura de las vasijas y del descenso de estos 320 discernimientos de chispas de Luz de *Atzilut* exterior; 288 de ellas fueron separadas y elevadas; es decir, todo lo que llega abajo desde las primeras nueve *Sfirot* en las diez *Sfirot de Nekudim*. Nueve veces treinta y dos son 288 discernimientos, y estos son los únicos que se reconectaron con el sistema de *Kdushá*, resultando que sólo quedan para *Sitra Ajra* treinta y dos discernimientos desde que descendió desde *Maljut* del mundo de *Nekudim*. Este fue el comienzo de la estructura de la *Sitra Ajra*, en su total pequeñez, cuando aún es impura para su tarea. El completamiento de su construcción finaliza más tarde por el pecado de *Adam HaRishón* (El primer hombre) con el Árbol del Conocimiento.

Por lo tanto encontramos que hay dos sistemas, uno frente al otro operando en el sustento de la realidad. La ración de Luz necesaria para la existencia son las 320 chispas que fueron preparadas y medidas por el quiebre de los *Kelim*. Esta ración es para oscilar entre los dos sistemas, y de eso depende el sustento y existencia de la realidad.

Debemos saber que el sistema de *Kdushá* debe contener por lo menos una porción de las 288 chispas para completar sus nueve *Sfirot* superiores, y entonces puede sostener y proveer para la existencia de las inferiores. Eso fue antes del pecado de *Adam HaRishón* y por esta razón toda la realidad fue conducida por el sistema de *Kdushá*, puesto que tenía la totalidad de las 288 chispas.

14) Ahora hemos encontrado la abertura al estudio anterior referido a las cuatro divisiones: Misericordia, Justicia, Verdad y Paz, las mismas que negociaron con el Creador respecto de la creación del hombre. Estos ángeles son servidores del alma del hombre y esta es la razón por la cual Él negoció con ellos, ya que todo acto de Creación fue creado para que ellos lo conocieran, ya que cada alma consiste en diez Sfirot en *Or Pnimí* y *Or Makif*.

- La Misericordia es *Or Pnimí* de las primeras nueve [*Sfirot*] del alma.

- La Justicia es *Or Pnimí* de [la *Sfirá*] Maljut del alma.

- La Verdad es *Or Makif* del alma.

Ya hemos dicho que *Or Pnimí* y *Or Makif* son opuestas, ya que *Or Pnimí* es atraída siguiendo la ley de la iluminación del *Kav* (línea). Ella tiene impedido aparecer desde el punto del *Tzimtzum*, que es la forma de la gran medida de recepción. *Or Makif* se extiende desde *Or Ein Sof* que rodea todos los mundos, ya que en *Ein Sof* lo grande y lo pequeño son iguales. Por esta razón *Or Makif* también ilumina y otorga al punto del *Tzimtzum*, mucho menos para *Maljut*.

Por ser opuestos, son necesarios dos *Kelim*. Esto se debe a que *Or Pnimí* ilumina en las primeras nueve. Incluso hasta la *Maljut* ésta brilla solamente según la ley de las primeras nueve, y nada en absoluto para sí misma. En cambio, *Or Makif* ilumina en los *Kelim* que se extienden específicamente desde el punto del *Tzimtzum*, que es llamado "el *Kli* Externo".

Ahora podemos entender por qué la Verdad es llamada "Sello". Es un nombre prestado del sello al final de una carta, al final de las cuestiones. No obstante, éste los afirma y les otorga validez. Sin el sello ellas no tienen ningún valor y todo el texto se echa a perder.

Lo mismo ocurre con la cuestión de *Or Makif* que le otorga al punto del *Tzimtzum*, que es la gran medida de recepción, hasta que iguala su forma en otorgamiento con su Creador. De hecho, este es el propósito de todos los mundos limitados, superiores e inferiores.

La protesta de la Verdad respecto de la creación del hombre es su queja de que él es todo mentiras. Esto es así porque desde la perspectiva del Creador, el hombre no tiene un *Kli* Exterior, mismo que necesita para atraer desde el punto del *Tzimtzum*, ya que ella ha sido separada de Su Luz. Consecuentemente, los Ángeles de la Verdad son incapaces de ayudar al Hombre a obtener *Or Makif*.

Todos los mundos limitados, superiores e inferiores, fueron creados con esta única finalidad, y este hombre debería haber sido su único tema. Dado que el hombre es inadecuado para este propósito, se desprende que todos ellos son abismos y falsedad; el trabajo en ellos es inútil.

No obstante ocurre lo opuesto con los ángeles de la Misericordia y la Justicia, que pertenecen específicamente a *Or Pnimí* del alma. Debido a que no tienen nada de Espacio Vacío, ellos no podrían otorgarle abundantemente todas las Luces de la *Neshamá* en la perfección más sublime. Por tal razón ellos estaban felices de beneficiarlo estando de acuerdo sin reservas con la creación del hombre. Porque ellos son *NeHY* que entran por *Zivug de Akaá* (acoplamiento de golpe), y por eso estos pertenecen a la mitad de *Or Makif* desde la perspectiva de *Or Jozer* en ella.

Los ángeles de la paz clamaron que él es todo conflicto; en otras palabras, ¿cómo es que llegaría a ser el asunto de la recepción de *Or Makif*?, sin embargo al final es imposible que ellos pueden estar en el mismo objeto con *Or Pnimí*, ya que son opuestos entre sí; es decir, todo conflicto. *Or Makif* es discernido por dos: el futuro *Or Jozer* y el futuro *Or Makif*. El *Kli* Exterior para *Or Jozer* es el *Masaj* (Pantalla) y el *Kli* Exterior para *Or Makif* es el *Aviut* (Espesor) de *Bjiná Dálet* mismo (Cuarto Discernimiento), a saber el Corazón de Piedra.

Encontramos que *Adam HaRishón* carecía solamente del *Kli* exterior, que pertenece a los ángeles de la Verdad. No carecía del *Kli* exterior que pertenece a los ángeles de la Paz. Por lo tanto estuvieron de acuerdo con la creación, solamente que clamaron que él es todo conflicto; es decir, que *Or Makif* no puede entrar en el *Kli* interior ya que son opuestos.

15) Y de lo dicho hemos logrado comprender el resto de los versos del pecado del Árbol del Conocimiento del Bien y el Mal, los cuales son muy profundos. Nuestros sabios que revelaron una parte de ellos en un cierto momento, más aún ocultaron diez porciones. Y aquí a manera de introducción está escrito: "Y estaban ambos desnudos, el hombre y su mujer, y no se avergonzaban". Sabe que el tema de la vestimenta significa *Kli* exterior; por lo tanto, el texto viene a demostrar la razón del pecado del Árbol del Conocimiento, como está escrito en el versículo: "La calumnia es terrible para los hijos del hombre, pues al calumniarlo tú te encuentras con él".

Significa que el pecado había sido preparado de antemano, y esto es lo que significan las palabras de que *Adam* y su mujer no tenían un *Kli* exterior en el momento de la creación, sino solamente el *Kli* interior que se extiende desde el sistema de *Kdushá*, por tal razón no estaban avergonzados. No sentían su ausencia, ya que la vergüenza; es decir, que no sintieron su carencia, porque su propia vergüenza es la sensación de la carencia.

Sabemos que la sensación de carencia es la razón primaria para la satisfacción de la carencia. Es como alguien que se siente enfermo y está dispuesto a recibir la medicación, pero si no siente que está enfermo, seguramente evitará toda medicina. En realidad, esta tarea es para que la realice el *Kli* exterior, debido a que está en la construcción del cuerpo y está vacía de Luz, razón por la cual viene del Espacio Vacío, resultando que engendra la sensación de vacío y muerte dentro de sí, por lo cual uno se avergüenza.

Por tanto, uno es obligado a retornar para completar la carencia y extender el *Or Makif* faltante para llenar ese *Kli*. Este es el significado del texto: "Y estaban ambos desnudos, el hombre y su mujer", respecto del *Kli* exterior. Por esta razón no estaban avergonzados, pues no percibían su ausencia. De esta manera están desprovistos del propósito para el cual fueron creados.

Sin embargo, debemos comprender a fondo lo sublime de ese hombre, hecho por boca del Creador. Asimismo, su mujer, a quien el Creador le había dado una inteligencia superior a la de él, tal como ha sido escrito en (*Nidá* 45) en la interpretación del versículo: "Y el Señor hizo el costado". Entonces, ¿cómo es que cayeron y se comportaron como tontos, sin saber cuidarse de la malicia de la serpiente? Por otro lado, esa serpiente, de la cual el texto testifica que era la más astuta de entre todos los animales de la tierra, ¿cómo pronunció algo tan tonto y vacuo de que si comían del fruto del Árbol del Conocimiento llegarían a ser como Dios? Más aún, ¿cómo es que esta tontería pudo anidar en sus corazones?

Además, se menciona más abajo que no comieron porque desearan ser como Dios, sino simplemente porque ese árbol era bueno para comer. ¡Este es aparentemente un deseo bestial!

16) Debemos conocer la cualidad de los dos tipos de aclaraciones a las que estamos acostumbrados:

1. La primera aclaración es llamada: "la aclaración del bien y el mal"; y,

2. La segunda aclaración es llamada: "aclaración de verdadero y falso".

Esto significa que el Creador ha grabado en cada criatura una fuerza que discierne, que ejecuta cada cosa que es buena para ella y la lleva a su completitud deseada. Aquí el primer discernimiento es la fuerza física activa. Esta opera usando la sensación de amargo y dulce. La criatura rechaza y desecha la forma amarga, porque es mala para ella, y ama y busca lo dulce, porque es bueno para ella. Esta fuerza operativa es suficiente en la realidad de lo Inanimado, Vegetativo y, lo Animado, para conducirlos a la completitud deseada.

Sobre estas se ha añadido a la especie humana, en la cual el Creador ha instilado una fuerza operativa racional. Esta opera separando la segunda aclaración, rechazando asuntos de falsedad y vacío, sintiendo aversión hasta el punto de la náusea, y acercando las cuestiones verdaderas y cualquier beneficio con gran amor. Esta aclaración es llamada: "discernimiento de verdadero y falso". Es implantada solamente en la especie humana, en todos y cada uno de acuerdo con su propia medida. Sabe, que esta segunda fuerza activa fue creada y alcanzó al hombre debido a la serpiente. En la Creación, éste tenía solamente la fuerza activa que discernía el bien y el mal, y le era suficiente en ese momento.

Déjeme explicarlo con una parábola: Si los justos fueran recompensados según sus buenas acciones, y los malos castigados por sus malas obras en este mundo, la *Kdushá* estaría determinada para nosotros en la realidad de dulce y bueno, en tanto que la *Sitra Ajra* sería definida en la realidad de malo y amargo.

Así es como este mandamiento de la elección nos llegaría, tal como está escrito: "Mira, He colocado ante ti lo dulce y lo amargo; por lo tanto elige lo dulce". Así todas las personas estarían seguras de lograr la perfección y ciertamente huirían del pecado, porque este resultaría malo para ellas, [entonces] se ocuparían en Sus *Mitzvot* día y noche sin descanso, tal como los tontos de hoy que se engaña respecto de los asuntos corporales y su mugre, ya que es bueno y dulce para ellos. De la misma manera fue la cuestión de *Adam HaRishón* por causa de que Él lo creó.

"Y lo puso en el jardín de Edén para que lo labrase y lo guardase". Ellos interpretaron: "lo labrase", éstas son las *Mitzvot* positivas, "Y lo guardase", éstas son las *Mitzvot* negativas. Su *Mitzvá* positiva era comer de todos los árboles del Jardín y deleitarse con ellos. Su *Mitzvá* negativa era no comer del Árbol del Conocimiento del bien y del mal. La *Mitzvá* positiva era dulce y agradable y, la *Mitzvá* negativa [en cambio], era alejarse del fruto amargo que es tan duro como la muerte.

Lo extraño es que, ¿cómo es posible que estas puedan ser llamadas *Mitzvot* y trabajo?, puesto que también encontramos con esto en nuestros trabajaos de hoy, ya que por medio de los placeres del *Shabat* y los días festivos alcanzamos la sublime *Kdushá Elióná* (Superior). Y así mediante la abstinencia de los reptiles e insectos y todo lo que hallamos repugnante, nosotros recibimos recompensa. Y encontrarás que, la elección en el trabajo de *Adam HaRishón* fue bajo la forma de: "entonces escoge lo dulce". Por consiguiente, el paladar físico sólo era suficiente para el total beneficio propio, para conocer lo que el Señor había ordenado y lo que no le había ordenado.

17) Ahora podemos entender la astucia de la serpiente, de manera que nuestros sabios añadieron para notificarnos que *SaM* se revestía en ella, motivo por el cual sus palabras eran muy elevadas. Ella comenzó [diciendo]: "¿Con que ha dicho Dios -No comáis de todos los árboles del jardín?". Empezó a hablarle a ella porque *Javá* (Eva) no estaba dirigida por el Creador, por eso le preguntó a ella acerca de los modos de clasificar. En otras palabras, ¿cómo sabrías tú que el árbol del Conocimiento había sido prohibido? ¿Quizás todos los frutos del Jardín también fueron prohibidos para ti? "Y dijo la mujer...no comáis de él, ni lo toquéis, no sea que muráis". Aquí hay dos grandes precisiones:

1. Nunca les fue prohibido tocar; por lo tanto, ¿por qué ella lo agregó a la prohibición?

2. ¿Dudaba ella de las palabras del Creador? El Creador dijo: "ciertamente morirás" en tanto que ella dijo: "no sea que muráis". ¿Pudiera ser que ella no creyera las palabras de Dios aún antes del pecado?

No obstante, la mujer respondió de acuerdo a la pregunta de la serpiente. Ella sabía que era lo que el Creador había prohibido y que todos los árboles del Jardín eran dulces, agradables y buenos para comer. Sin embargo, ella estaba próxima a tocar ese árbol del Jardín y probó que tenía un sabor duro como la muerte.

Ella misma había probado que de acuerdo con su propia observación tenía miedo a morir, con sólo tocarlo. Por esta razón entendió la prohibición más allá de lo que había escuchado de su esposo, ya que no hay nada más doloroso que lo experimentado. "Ciertamente morirás" se refiere a tocar. La respuesta tenía que haber sido suficiente para alguien que interfiere y niega la predilección de otro. Sin embargo, la serpiente la contradijo diciéndole: "Morir no moriréis; antes bien, sabe Dios que en el día que comiereis de él, vuestros ojos se abrirán".

Aquí debemos hacer la precisión respecto a la cuestión de la apertura de los ojos a este lugar. Ciertamente, la serpiente le informó a ella acerca de algo nuevo. Le probó que es tonto pensar que el Creador haya creado algo dañino y perjudicial en Su mundo. Así, es cierto que seguramente respecto del Creador esto no es malo ni dañino. En cambio, esta amargura que sentirás incluso cuando estés próximo a tocar, es solamente en tu parte. Es para notificarte lo elevado de tu mérito. Así, esta es una *Kdushá* adicional que tú necesitas durante el acto para que tu única meta sea dar satisfacción a tu Creador, manteniendo la intención por la cual fuiste creado. Por esta razón a ti te parece malo, para que puedas ver la *Kdushá* adicional que se requiere en ti.

"Porque en el día que de él comieres, ciertamente morirás". Esto significa que si el acto es en *Kdushá* y la pureza es tan clara como el día; entonces, "y seréis como Dios, conocedores del bien y del mal". Esto significa, que así como es ciertamente dulce para el Creador con completa equivalencia, así el bien y el mal serán para ti, en completa equivalencia, dulce y suave. También es posible dudar de la credibilidad de la serpiente ya que el Creador Mismo no dijo eso. Por lo tanto, la serpiente primero dijo: "sabe Dios que en el día que comiereis de él, vuestros ojos se abrirán".

Esto significa que para el Creador no es necesario notificarte de esto, ya que Él sabe que si tú observas que al comer del lado de *Kdushá*, tus ojos se abrirán por sí mismos para entender la grandeza de Su sublimidad. Tú sentirás una maravillosa dulzura y suavidad en Él, por lo tanto Él no necesita hacer que tú lo conozcas, ya que Él instaló en ti la fuerza del escrutinio, de manera que tú puedes conocer por ti mismo qué es lo que te beneficia.

Después de eso está escrito: "Cuando la mujer vio que el árbol era bueno para comida, y que era una delicia para los ojos". Esto significa que ella misma no confiaba en Sus palabras, sino que fue y examinó con su propia mente y entendimiento. Ella se santificó a sí misma con *Kdushá* adicional para darle satisfacción al Creador, para así poder completar la intención deseada de ella, y no para ella misma. En ese momento sus ojos se abrieron, tal como dijo la serpiente: "Cuando la mujer vio que el árbol era bueno para comida".

En otras palabras, viendo que "era una delicia para los ojos", es decir antes de tocarlo, ella sintió gran dulzura y deseo, sus ojos solamente vieron que no habían visto nada tan deseable en todos los árboles del Jardín. Ella también descubrió que el árbol era bueno para el conocimiento, y que por lo tanto había más para anhelar y codiciar en este árbol que en todos los árboles del Jardín. Esto se refiere a conocer que fueron creados para este acto de comer, y que ése es todo el propósito, cómo le había dicho la serpiente.

Entonces, después de todas estas observaciones certeras, "tomó de su fruto y comió, y dio también a su marido que estaba con ella, y él comió". El texto dice con precisión "con ella", lo cual significa con la pura intención de otorgar y no para ella misma. Este es el significado de las palabras: "y dio también a su marido que estaba con ella", con ella en *Kdushá*.

18) Ahora llegaremos al corazón mismo de la cuestión, y al error que fue conectado a su pierna. Este Árbol del Conocimiento del bien y el mal se mezcló con el Espacio Vacío, es decir a partir de la forma de la gran medida de recepción sobre la que se implementó el *Tzimtzum* y de donde partió *Or Elión* (Luz Superior). Y ya ha sido explicado, que *Adam HaRishón* no tenía en su estructura nada de la forma de gran recepción, aquella que se extiende desde el Espacio Vacío. En cambio, él se extendió completamente desde el sistema de la *Kdushá*, el cual es el asunto del otorgamiento.

Está escrito en el *Zóhar* (*Kdoshim*), que *Adam HaRishón* no tenía nada de este mundo. Por esa razón el Árbol del Conocimiento fue prohibido para él, ya que su raíz y todo el sistema de *Kdushá* están separados de la *Sitra Ajra* debido a su disparidad de forma, que es el significado de separación. Por esa razón también le fue ordenado y advertido respecto de conectarse con éste, ya que sería separado de su raíz y moriría como la *Sitra Ajra* y las *Klipot* que mueren debido a su oposición de forma y separación de la *Kdushá*, así como también de la Vida de las Vidas.

Sin embargo, *HaSatán* (el adversario), que es *SaM*, el ángel de la muerte que estaba revestido en la serpiente, bajó y sedujo a *Javá* con engaños de su boca: "Morir no moriréis". Es sabido respecto de cualquier mentira que si tú no dices una verdad al principio, ésta no se sostiene. Por lo tanto, la serpiente empezó diciendo una palabra verdadera y le reveló a ella el propósito de la Creación, en que cada uno de los asuntos no llegó sino para corregir a ese árbol; es decir, para convertir los grandes *Kelim* de recepción hacia el lado del otorgamiento.

Le dijo a ella que Dios había comido de este árbol y había creado el mundo; es decir, trató el asunto en la forma de: "El fin del acto yace en el pensamiento inicial", y por esa razón él ha creado el mundo. Como hemos explicado arriba, que toda la cuestión del primer *Tzimtzum* fue sólo para el hombre, el cual en el futuro se igualaría a la forma de recepción para el otorgamiento.

Esto es verdad y es por eso que tuvo éxito, y la mujer le creyó cuando se preparó para recibir y disfrutar únicamente para otorgar. Encontramos que en todo caso la maldad desapareció del Árbol del Conocimiento del bien y el mal, y sólo quedó el Árbol del Conocimiento del Bien. Esto se debe a que toda la cuestión del mal es sólo la disparidad de forma de recepción para 'sí mismo' que fue impresa en él. Sin embargo, con la recepción para otorgar él es llevado a su completa perfección, y así encontramos que ella ha realizado la gran unificación, tal como debe ser al final del acto.

Sin embargo, esa sublime *Kdushá* aún estaba a destiempo. Ella sólo proveyó para soportarla en la primera mordida pero no en la segunda. Quien se abstiene antes de haber probado y que creció habituado no es como aquel que se abstiene después de haber probado y que llegó a conectarse con éste. El primero puede seguramente abstenerse una vez y siempre, mientras que el segundo deberá hacer grandes esfuerzos para retirarse de su avidez poco a poco hasta que se completa la cuestión.

Así es este asunto, debido a que la mujer aún no había probado del Árbol del Conocimiento, y estaba completamente en el aspecto del otorgamiento. Por esta razón, fue sencillo para ella realizar la primera mordida para darle satisfacción al Creador en absoluta *Kdushá*. Más no fue así una vez que ella lo probó, pues se creó en ella un gran deseo y codicia por el Árbol del Conocimiento, a tal punto que no pudo más alejarse de su apetencia, y la cuestión se le fue de las manos.

Por eso nuestros sabios nos dijeron que ella comió prematuramente; es decir, antes de que estuviera maduro; en otras palabras, antes de que ellos hubieran adquirido la fuerza y el poder para controlar su deseo. Es similar a lo que dijeron los sabios en *Maséjet Yevamot*: "He comido y seguiré comiendo". Esto significa que aunque había escuchado explícitamente que el Creador estaba enojado con él, no podía retirarse de allí, ya que el deseo se había conectado a él. Encontramos que la primera mordida fue en el lado de la *Kdushá* y la segunda fue en gran suciedad.

Ahora podemos comprender la severidad del castigo del Árbol del Conocimiento, en que todas las personas están destinadas a morir. Esta muerte se extiende por comer de éste, ya que el Creador le había advertido: "en el día que de él comieres, ciertamente morirás". La cuestión es que la forma de la gran recepción se extiende hasta sus extremidades desde el Espacio Vacío, y a partir del *Tzimtzum* ya no es posible la convivencia con el *Or Elión* (Luz Superior). Por lo tanto, ese aliento de vida eterno, expresado en el verso: "y sopló en sus narices el aliento de la vida", debía marcharse de allí y depender de un pedazo de pan para su sustento transitorio.

Esta vida no es eterna como antes, cuando era para sí mismo. Es similar en valor a "sudor de la vida", es decir una vida que ha sido dividida en gotas diminutas. Cada gota es un fragmento de su vida anterior, y este es el significado de las chispas de las almas que se dispersaron a través de la descendencia. Así, a lo largo de toda su progenie, todas las personas en el mundo en todas las generaciones hasta la última, que concluyen el propósito de la creación, constituyen una larga cadena. De manera que los actos del Creador no se modificaron en absoluto por [causa] del pecado del Árbol del Conocimiento. Más bien, esta Luz de vida que era completa en *Adam HaRishón* fue extendida y desplegada en una larga cadena que continúa a través de la rueda de transformación de la forma hasta el fin de la corrección. Y no cesa siquiera por un instante pues las acciones del Creador deben ser vivas y duraderas; [puesto que] "La Santidad se eleva, no se rebaja".

Y así como ocurre con el hombre, también sucede con todas las criaturas del mundo. Esto es así porque todas ellas descienden de una forma eterna y general en la rueda de la transformación de la forma, tal como lo hizo el hombre. Porque tanto el hombre como el mundo tienen un valor interior y uno exterior. El exterior siempre asciende o desciende de acuerdo al interior. Ese es el significado de: "con el sudor de tu nariz comerás el pan". En lugar del aliento de vida previo que el Creador había insuflado en sus narices, ahora hay un sudor de vida en sus narices.

19) Nuestros sabios dijeron en (*Babá Batrá* 17): "Él es la mala inclinación, él es *HaSatán*, y él es el ángel de la muerte. Él declina e incita, y eleva y se queja, y él viene y toma su alma". Esto se debe a que ocurrieron dos corrupciones generales debido al pecado del Árbol del Conocimiento.

La primera corrupción es la cuestión de: "se eleva y se queja". Él fue tentado a comer del Árbol del Conocimiento y adquirió un *Kli* de recepción del Espacio Vacío en la estructura de su cuerpo. Esto, a su vez, causó odio y distanciamiento entre la eterna Luz de la vida que el Creador había soplado en las fosas nasales de *Adam* y en el cuerpo de *Adam* mismo. Es similar a lo que dijeron nuestros sabios: "Si alguien es soberbio, el Creador dice, 'él y Yo no podemos morar en el mismo lugar'". Esto es así porque la soberbia proviene de los *Kelim* de recepción del Espacio Vacío del cual ya había partido el *Or Elión* a partir del momento del *Tzimtzum*. Está escrito en el *Zóhar* que el Creador odia los cuerpos que están conformados sólo para sí mismos. Por esta razón la Luz de la vida se apartó de él y esta fue la primera corrupción.

La segunda corrupción es el descenso de las 288 chispas que ya estaban conectadas en el sistema de *Kdushá*. Ellas fueron dadas y descendieron al sistema de la *Sitra Ajra* y de las *Klipot* para que el mundo no fuera destruido. Esto se debe a que el sistema de *Kdushá* no puede nutrir y alimentar a las personas y al mundo debido al odio que se creó entre la *Kdushá* y los *Kelim* del Espacio Vacío, desprendiéndose [de aquí] la ley de opuestos: "él y yo no podemos morar en el mismo lugar". Por lo tanto, las 288 chispas le fueron dadas al sistema de la *Sitra Ajra* para que nutriera y sustentara al hombre y al mundo a través de las encarnaciones de las almas en los cuerpos, tal como está escrito: "Diez mil para una generación y para mil generaciones", hasta el fin de la corrección.

Y con esto entenderás, por qué estas son llamadas *Klipot*. Esto se debe a que son como la cáscara de la fruta. La dura cáscara envuelve y cubre a la fruta para protegerla de toda suciedad o daño hasta que la fruta es comida. Sin ella, la fruta se echaría a perder y no cumpliría su propósito. Del mismo modo encontramos que las 288 chispas le fueron otorgadas a las *Klipot* con el fin de sostener y cualificar la realidad hasta que se conecten y alcancen la meta deseada.

Y aquí la mencionada segunda corrupción es la cuestión de: "viene y toma su alma". Quise decir, que aún esa pequeña parte del alma que permanece para una persona, como "un sudor de la vida previa", también es robada por la *Sitra Ajra* a través de la misma administración que ella le da de las 288 chispas que han caído en ella.

Para que comprendas esto, se necesita tener una imagen clara de la *Sitra Ajra* de cómo ésta realmente es. De manera que puedas examinar todas sus facetas. Todas las partes de la realidad del mundo inferior son ramas, las cuales se extienden desde sus raíces como la impresión de un sello desde el Mundo Superior, y del Superior que está sobre éste y del Superior desde su propio Superior. Sabemos que cualquier discernimiento de las ramas respecto a las raíces es sólo en los elementos de su substancia. Esto significa que las substancias en este mundo son elementos físicos, y las substancias en el mundo de *Yetzirá* son elementos espirituales, es decir desde el aspecto espiritual en *Yetzirá*. Cada uno de los mundos es similar en todos sus elementos.

Sin embargo, los eventos y los comportamientos en ellos tienen el mismo valor de cada rama con su raíz. Son como dos gotas de agua idénticas y como la impresión, cuya forma es completamente igual al sello. Una vez que conoces esto, podemos buscar esa rama de la

Sitra Ajra superior en este mundo, y entonces también conoceremos la raíz de la *Sitra Ajra* superior.

Encontramos en el *Zóhar* (*Parashat Tazria*) que los males en los cuerpos de las personas son ramas de la *Sitra Ajra* superior. Por tanto, tomemos el nivel Animado y aprendamos de allí. Resulta que la descarga que ocurre en su cuerpo cuando alcanza el placer es lo que multiplica su vida. Por esta razón la Providencia ha impreso en los pequeños que cualquier sitio en el que posan sus ojos les otorga placer y satisfacción, e incluso las cosas más banales. Esto es así porque el nivel de lo pequeño debe proliferar lo suficiente para crecer y germinar y este es el motivo por el cual su placer es abundante. Así uno encuentra que la Luz del placer es la progenitora de la vida.

Sin embargo, esta ley se aplica tan sólo a los placeres que llegan al nivel como una totalidad. A la inversa, en un placer segregado, cuando el placer es concentrado y recibido sólo por una parte separada del nivel del Animal, encontramos la regla opuesta. Si hay un área defectuosa en su carne que requiere rascarse y frotarse, el acto de rascarse tiene su recompensa en sí mismo, ya que experimenta gran placer al hacerlo. Sin embargo, el placer es empapado con una gota de muerte. Si uno no gobierna su deseo y paga la demanda inquietante, el pago incrementará la deuda.

En otras palabras, conforme al placer de rascarse, se incrementa la enfermedad y el placer se va a convertir en dolor. Cuando empiece a curarse de nuevo, aparecerá un nuevo deseo de rascarse en mayor medida que antes. Si uno todavía no es capaz de controlar su propio deseo y paga para saturar la demanda, el mal también crecerá. Finalmente, trae una gota amarga que envenena completamente la sangre del animal. Vemos que este muere por recibir placer, porque es un placer segregado, recibido sólo por una parte particular del nivel. Por lo tanto, la muerte opera dentro del nivel de manera opuesta al placer administrado al nivel general.

Aquí vemos ante nuestros ojos la forma de la *Sitra Ajra* superior de la cabeza a los pies[19], ya que su cabeza es el deseo de recibir para sí misma únicamente y no para otorgar fuera de sí misma, tal como lo es la propiedad de la demanda en la carne afligida respecto a la totalidad del animal. El cuerpo de la *Sitra Ajra* es una cierta forma de demanda que no va a ser pagada. El pago que uno reembolsa incrementan la deuda y la aflicción aún más que en el ejemplo del rascarse.

En tanto que el talón de la *Sitra Ajra* es la gota de la poción de muerte que le roba y lo separa de la última chispa de vida que le queda. Es como esa gota de veneno que intoxica toda la sangre del animal, siendo este es el significado de lo que dijeron nuestros sabios: "al final, éste llega y toma su alma". En otras palabras, ellos nos dicen que el ángel de la muerte viene con la espada desenvainada y una gota de veneno en la punta; la persona abre su boca, él echa la gota adentro y muere. La espada del ángel de la muerte es la influencia de la *Sitra Ajra*, llamada "*Jérev*"[20], debido a la gran separación que crece según la medida de recepción, ya que la separación la destruye. Y el hombre obligatoriamente abre su boca, ya que debe recibir la abundancia para el sustento y persistencia de sus manos. Al final, la gota amarga en la punta de la espada lo alcanza a uno y esto completa la separación de la última chispa del alma de la vida de uno.

19 (**N. del E.**): Literalmente está escrito "hasta su talón".
20 (**N. del T.**): Proviene de la palabra *Jarav* que significa, destruido.

20) Como resultado de estas dos corrupciones, el cuerpo del hombre fue corrompido también, ya que el mismo está adaptado desde su creación para recibir la abundancia de su sustento del sistema de *Kdushá* con completa precisión. Esto es así porque en todo acto viable sus componentes están protegidos de cualquier excedente o escasez. Cuando un acto no es viable, es porque sus partes no están balanceadas y hay algún excedente o escasez en ellas.

Como dice en el Poema de Unificación: "En todo Tu trabajo, no hay cosa que Tú hayas olvidado; Tú no le agregaste, y Tú no le sustrajiste". Esta es una ley obligatoria ya que las operaciones perfectas emanan del Operador perfecto. Sin embargo, para una persona desde el sistema de *Kdushá*, al sistema de la *Sitra Ajra*, debido a la coraza añadida a su construcción por el Árbol del Conocimiento, muchas partes de éste ya son sobrantes, innecesarias. Esto es porque no reciben nada de la abundancia del sustento distribuido de la autoridad de la *Sitra Ajra*, tal como encontramos en la médula de la avellana[21] (*Zóhar, Midrash HaNeelam, Toledot*) y también en una cierta porción de cada uno de los órganos.

Por lo tanto, uno debe recibir sustento dentro de su cuerpo más de lo necesario ya que el sobrante se une a cada demanda que se eleva del cuerpo, y es por esto que el cuerpo recibe para éstas. Sin embargo, el sobrante mismo no puede recibir su parte, y así su parte permanece en el cuerpo como sobrante y desecho que el cuerpo debe expulsar más tarde. Así, los aparatos de la alimentación y la digestión se esfuerzan en vano. Disminuyen y se reducen a la extinción porque su sentencia está decidida, así como la de cualquier acto desequilibrado, destinado a desintegrarse.

Por lo tanto, se encuentra que desde la perspectiva de la construcción del cuerpo también su muerte depende en causa y efecto del Árbol del Conocimiento.

Ahora se nos ha concedido conocer y aprender acerca de las dos conductas contradictorias y opuestas (artículo 11). El sustento y cuidado de los seres creados ya ha pasado del sistema de *Kdushá* al sistema de la *Sitra Ajra*. Esto es así debido a la coraza del gran deseo de recibir para uno mismo. Y está conectada con lo seres creados debido a que comer del Árbol del Conocimiento indujo separación, oposición y, odio entre el sistema de *Kdushá* y la estructura de los cuerpos de los seres creados de este mundo.

Cuando la *Kdushá* no tiene la posibilidad de sostenerlos ni nutrirlos desde la mesa superior, por eso para que no vaya a destruir la realidad, y para inducir un acto de corrección para ellos, se da la abundancia colectiva del sustento de la realidad al sistema de la *Sitra Ajra*, que son las 288 chispas. Ellas proveerán a todas las creaciones del mundo durante el período de las correcciones.

Por esta razón, las reglas de la existencia son muy confusas, porque el mal brota del malvado. Si la abundancia es reducida a los niños del mundo, esto ciertamente trae ruina y destrucción, y si la abundancia es incrementada, esto trae excesiva fuerza de separación a los receptores, como dijeron nuestros sabios: "El que tiene una porción, quiere doscientas; el que tiene doscientas, quiere cuatrocientas".

---

21 (N. del E.): לוז, cuya pronunciación es "*Luz*" y significa "avellana". Esto se aclara en vista que en ciertos textos se encuentra escrito como "el hueso de Luz" en lugar de "la médula de la avellana".

Es similar al *Taanug de Pruda* (el placer de la separación), que es el término para la carne separada y defectuosa, puesto que el aumento del placer incrementa la separación y la aflicción. Consecuentemente, el auto-amor se incrementa en gran medida en los receptores y uno se traga a su amigo vivo. También, la vida del cuerpo se acorta ya que la acumulación de la recepción trae la gota amarga al fin más rápido, y donde quiera que ellos volteen, solo condenan.

Con esto entenderás lo que está escrito en las *Tosafot* (*Ktuvot* pág. 104): "Mientras uno reza para que la *Torá* entre en su cuerpo, uno debería rezar para que no entren fragilidades en su cuerpo". Esto es porque la forma de auto recepción, que es lo opuesto de *Kdushá*, aumenta y se multiplica de acuerdo al placer que el cuerpo que uno adquiere. Entonces, ¿cómo puede uno alcanzar la Luz de la *Torá* dentro de su cuerpo cuando está separado y en completa oposición de forma con la *Kdushá*, existiendo un gran odio entre ellas? Es como con todos los opuestos, se odian uno al otro y no pueden estar bajo el mismo techo.

Por lo tanto, uno primero debe rezar para que no entren al cuerpo de uno ni placeres ni deleites, y como los hechos en *Torá* y *Mitzvot* se acumulan, uno lentamente se purifica e invierte la forma de recepción en una forma de otorgamiento. Hallamos que uno iguala su forma con el sistema de *Kdushá* y la equivalencia y el amor entre ellas, entonces regresa a como era antes del pecado del Árbol del Conocimiento. Así, uno es recompensado con la Luz de la *Torá*, ya que uno entra en la presencia del Creador.

21) Ahora podemos entender bien por qué la respuesta anterior de los ángeles no se presenta, respecto de la creación del hombre que hemos estudiado en el *Midrash* (ítem 11). Esto se debe a que incluso los ángeles de la Misericordia y la Justicia no aceptaron al presente hombre; ya que él ha salido completamente de su influencia y se ha hecho completamente dependiente de la *Sitra Ajra*.

Concluye el *Midrash*: "Él tomó a la Verdad y la echó al suelo. De inmediato todos dijeron, 'Deja que la Verdad se levante de la tierra'". Es decir que incluso los ángeles de la Misericordia y la Justicia se arrepintieron por haber consentido, ya que nunca estuvieron de acuerdo con que se humille a la Verdad. Este incidente ocurrió en el momento en que comieron del Árbol del Conocimiento, cuando la Verdad se ausentó del liderazgo del sustento de la realidad. Esto fue así debido a que la fuerza escrutadora impresa en el hombre por parte de la creación, la cual opera a través de la sensación de amargo y dulce, se ha debilitado y fallado (ítem 17).

Sin embargo, luego de haber probado por primera vez del Árbol del Conocimiento, debido a lo cual se adhirió a ellos la forma de gran recepción para sí mismo, su cuerpo y la *Kdushá* se convirtieron en dos opuestos. En ese momento la abundancia de sustento, que son los 288 discernimientos, fue a las manos de la *Sitra Ajra*. Y resulta que las 288 chispas que ya han salido, fueron mezcladas por la *Sitra Ajra*. De esta manera es como fue hecha una nueva forma en la realidad, la forma cuyo comienzo es dulce y cuyo fin es amargo. Esto fue porque la forma de las 288 ha sido cambiada por la *Sitra Ajra*, donde la Luz del placer trae separación y una gota amarga. Esta es la forma de la falsedad, el primer y más importante progenitor de cada destrucción y confusión.

Está escrito: "Él tomó a la Verdad y la echó al suelo". Por tal razón ha sido agregado en el hombre un nuevo discernimiento por el hecho de la provocación de la serpiente, el cual es la fuerza intelectual activa. Ésta opera por medio de la aclaración de verdad y mentira, y uno debe utilizarla a lo largo del período de corrección, porque sin ésta el beneficio es imposible (ítem 17).

Ven y mira la confusión que se creó por causa de la caída de los 288 chispas en manos de la *Sitra Ajra*. Porque antes de que él probara del Árbol del Conocimiento, la mujer no pudo respetar el asunto de lo prohibido (ítem 17). Ella probó un sabor tan amargo como la muerte en el Árbol del Conocimiento por el mero hecho de aproximarse a éste. Por esta razón ella entendió y agregó la prohibición de tocarlo. Sin embargo, después de probarlo por primera vez, cuando la *Sitra Ajra* y la mentira ya estaban en poder en el sustento de la realidad, haciéndoseles la prohibición tan dulce al principio, tanto que no se pudieron retirar de ella. Por eso él dijo: "He comido y voy a comer más".

Y con esto entenderás por qué la recompensa en la *Torá* está destinada solamente a los cuerpos maduros. Esto se debe a que todo el propósito de la *Torá* es corregir el pecado del Árbol del Conocimiento, que induce a la confusión de la conducta del sustento de la realidad. Para esta corrección fue dada la *Torá*, para elevar una vez más las 288 chispas hacia la *Kdushá*. En ese momento la conducta de sustento retornará a la *Kdushá* y las confusiones serán disipadas de los modos de sustento de la realidad. En ese estado las personas serán conducidas a su perfección deseada por sí mismos únicamente a través del discernimiento de amargo y dulce, que fue el primero en operar antes del pecado del Árbol del Conocimiento.

Los profetas también se refieren únicamente a esta corrección. Por eso nuestros sabios dijeron: "todos los profetas hicieron sus profecías únicamente para los días del Mesías *j*". Este es el significado de la restauración de los modos de sustento del mundo bajo Providencia Oportuna, como era antes del pecado. "Pero para el mundo por venir" significa el fin de la cuestión, siendo la equivalencia de forma con el Creador, "nunca jamás oyeron (los hombres) ni con los oídos percibieron, ni ojo de nadie ha visto un Dios fuera de Ti". También está escrito que en los días del Mesías, si Egipto no se eleva, no caerá la lluvia sobre ellos; es decir, a través de los discernimientos de bueno y malo.

22) Ahora comprendemos las palabras de nuestros sabios de que el Creador no encontró un *Kli* que contuviera una bendición para *Israel* salvo la paz. Preguntamos: ¿"Por qué se eligió esta afirmación para cerrar la *Mishná*?". Según lo anterior, entendemos que la *Nishmat Jaim* (el soplo de vida) eterna que el Creador sopló en sus narices, sólo para las necesidades de *Adam HaRishón*, ha salido por el pecado del Árbol del Conocimiento, recibiendo una forma nueva, denominada "Sudor de Vida", lo cual significa que lo general ha sido dividido en una gran cantidad de gotas pequeñas particulares, divididas entre *Adam HaRishón* y toda su descendencia infinitamente.

De manera que no hay cambios en los actos del Creador, solamente que aquí más bien hay una forma adicional. Esta Luz que fue insuflada en la nariz de *Adam HaRishón* se ha expandido a una larga cadena. Esta evoluciona sobre la rueda de la transformación de la forma en muchos cuerpos, cuerpo tras cuerpo hasta el necesario fin de la corrección. Por tal razón resulta, que inmediatamente murió el mismo día que comió del Árbol del Conocimiento y, la vida eterna lo abandonó. En cambio, él fue amarrado a una larga cadena por medio del órgano de la procreación (que es el asunto del *Zivug*, llamado "Paz").

Resulta, que el hombre no vive por la necesidad en sí sino por la necesidad de la cadena entera, de manera que cada parte de la cadena no recibe la Luz de la vida dentro de sí, sino que sólo distribuye la luz de la vida a la cadena completa. Esto es lo que uno encuentra en las medidas de los días de su vida. A los veinte años ya está listo para desposar una mujer; puede esperar diez años para tener hijos, entonces ciertamente debe engendrar hacia los treinta. Entonces se sienta y espera a que su hijo llegue a los cuarenta años, la edad de *Biná* (entendimiento). Así, él puede transferir su fortuna y el conocimiento que ha adquirido por sí mismo y todo lo que ha heredado y ha aprendido de sus antepasados, seguro de que no se va a perder en un mal asunto. Justo en ese momento fallece y su hijo toma la continuación de la cadena en lugar de su padre.

Ya se ha explicado (ítem 15) que el incidente del pecado del Árbol del Conocimiento fue compelido a *Adam HaRishón*, como está escrito: "La calumnia es terrible para los hijos del hombre". Eso es así porque uno debe adquirir un *Kli* exterior para recibir la Luz Circundante. Por tanto, los dos opuestos estarán en un portador en dos momentos consecutivos. Durante la infancia él va a depender de la *Sitra Ajra*. Sus *Kelim* de recepción del Espacio Vacío crecerán a su medida deseada por los placeres egoístas que uno recibe gracias a ellas. Finalmente, cuando uno alcanza la edad adulta y se compromete en *Torá* y *Mitzvot*, estará disponible la capacidad de convertir los grandes *Kelim* de recepción en *Kelim* de otorgamiento. Esta es la primera meta, llamada "La Luz de la Verdad" y, "El Sello" (ítem 14).

Sin embargo, sabemos que antes de conectarse con la *Kdushá* uno se debe retirar una vez más de la forma de recepción que ha recibido de la mesa de la *Sitra Ajra*, ya que el mandamiento del amor vino a nosotros "con todo tu corazón y con toda tu alma". Por lo tanto, ¿qué han hecho los sabios por esta corrección, si uno pierde todo lo que ha adquirido de la *Sitra Ajra*?

Por esta razón Su Providencia proveyó con la proliferación de los cuerpos en cada generación, tal como dijeron nuestros sabios: "Él vio que eran pocos los justos, los colocó y los plantó en cada generación". Quiere decir que Él vio que al final los justos van a rechazar la substancia de recepción para sí en su totalidad, y que por tanto la Luz Circundante disminuiría en ellos, pues el *Kli* exterior que se necesita ha sido rechazado por ellos. Por esta razón Él los colocó en todas y cada una de las generaciones, pues no hay una generación en la cual un gran número de personas sean creadas primariamente para la justicia, para ser los soportes de los *Kelim* del Espacio Vacío para ellos. Así, el *Kli* exterior operaría necesariamente en los justos, involuntariamente.

Ocurre así porque todas las personas en el mundo están ligadas unas con otras, para impresionarse una de la otra, tanto en sus inclinaciones corporales como en sus opiniones. Por consiguiente, inevitablemente le traen al justo la inclinación de recibir para sí mismo, y de esta manera pueden recibir la Luz Circundante deseada.

Sin embargo, de acuerdo a lo anterior, los justos y los perversos tendrían que haber tenido el mismo peso en cada generación. Sin embargo no es así, sino que encontramos un justo por cada muchos miles de malvados. Sin embargo, uno debe saber que existen dos clases de dominio en la Creación:

1. La fuerza cualitativa; y,

2. La fuerza cuantitativa.

La fuerza de aquellos que permanecen a los pies de *Sitra Ajra* es escasa, despreciable y baja, indeseable y con falta de propósito, y éstos se esparcen como paja al viento. Entonces, ¿cómo podrían estos hacer algo para los sabios de corazón, cuyo camino y voluntad son claros y con propósito, y una columna de Luz Superior brilla ante ellos día y noche lo suficiente para conducir las pequeñas inclinaciones en sus corazones?

Por tanto, Él proveyó la fuerza cuantitativa en la creación, ya que esta fuerza no necesita ninguna cualidad. Voy a explicarlo a través de la forma que encontramos la fuerza cualitativa en los leones y los tigres. Debido a la gran calidad de su fuerza no hay hombre que luche con ellos. En oposición a estos encontramos que no hay fuerza ni poder en las moscas, sólo cantidad. Sin embargo, debido a su cantidad ningún hombre lucha contra ellas. Estas vagabundas deambulan por la casa del hombre y se alimentan gratis siendo el hombre quien se siente débil frente a ellas.

No así con las moscas silvestres, insectos y otros huéspedes no deseados, aún cuando la cualidad de su poder es mayor que el de la mosca doméstica, el hombre no va a descansar hasta que los elimine de su territorio. Esto se debe a que la naturaleza no les dio la misma capacidad de reproducirse que a las moscas. En función de esto entenderás, que necesariamente debe haber una gran multitud por cada justo. Esta instila en él sus inclinaciones ordinarias, mediante el poder de la proliferación, ya que no tienen ninguna cualidad en absoluto.

Este es el significado del texto: "El Señor dará fuerzas a Su pueblo". Quiere decir que la Luz Eterna de la Vida lograda por toda la cadena de la creación es llamada "Fortaleza". El texto nos garantiza que el Creador seguramente nos dará esta fortaleza. No obstante, debemos preguntar: "¿Cómo puede ser, si no todos están completos? Nuestros sabios han escrito: "Le es mejor al hombre el no haber sido creado, antes que haber sido creado". Por lo tanto, ¿cómo podemos estar seguros de Su eternidad?".

El texto concluye: "el Señor bendecirá a Su pueblo con la paz", es decir la bendición de los hijos. Es como nuestros sabios han dicho en *Maséjet Shabat*: "el que establece la paz en la casa es cancelado". Esto es así porque a través de los hijos esta cadena queda unida y conectada hasta el fin de la corrección, cuando todas las partes se encuentren en la eternidad.

Por esta razón nuestros sabios dijeron: "El Creador no encontró una vasija que contuviera una bendición para *Israel*, salvo la paz". Y puesto que Su bendición es eterna, también deberán ser eternos quienes la reciben. Y con esto resulta, que por medio de los hijos que se adhieren a sus padres, se hace entre ellos la cadena de la eternidad, la cual es apropiada para sostener la bendición para la eternidad. El resultado es que es la paz la que contiene y conduce la totalidad de la bendición.

Por tal razón nuestros sabios concluyeron la *Mishná* con este artículo, debido a que La Paz es el *Kli* que contiene la bendición de la *Torá* y de las *Mitzvot*, hasta la redención completa y eterna, prontamente en nuestros días, Amén, y todo estará en su lugar en paz.

La materia y la forma en la sabiduría de la Cabalá

La ciencia en su totalidad se divide en dos partes: Una se llama "El estudio de la Materia", y la otra "El estudio de la Forma", lo que significa que no tiene percepción de toda la realidad que se encuentra delante de ella, ya que esta realidad no será entendida sino mediante Materia y Forma.

Por ejemplo, la mesa: posee un componente material que es la madera y, tiene forma, que es la forma de una mesa. En la que la materia, que es la madera, conlleva la forma, que es la mesa. Es así en el caso de la palabra "mentiroso"; su materia es la persona y, su forma es la mentira. En este caso, la materia, que es el hombre, conlleva la forma de la mentira; es decir, que está acostumbrado a mentir. Y es así con todo.

De acuerdo a esto, también la ciencia que trata los detalles de la realidad, se divide en dos partes:

1. La investigación de la materia; y,
2. La investigación de la forma.

Es así que la parte de la ciencia que trata la característica de las substancias de la realidad, tanto en relación a la materia solamente, sin considerar su forma, así como de la materia y su forma conjuntamente, es denominada con el nombre de "La investigación material". Esta investigación está fundamentada sobre la base experimental; es decir, en base a evidencias y deducciones tomadas de la experimentación práctica. Ya que estas experimentaciones prácticas son tomadas como una base sólida a fin de llegar a conclusiones verdaderas.

La segunda parte de la ciencia, trata sólo las formas abstractas de la materia, sin ninguna conexión con la materia en sí; es decir, que descubren las formas de verdad y mentira de la materia, que son las personas que se ocupan de ellas. Y toda su ocupación en la ciencia, consiste en indagar los valores de mayor o menor importancia; etc., respecto a estas formas de verdad y mentira, como si ellas por sí mismas estuvieran descubiertas; como si nunca hubieran estado vestidas de ninguna materia. Esto es llamado "La investigación de la forma". Esta investigación no está basada en la experimentación práctica, ya que tales formas abstractas no puede ser experimentadas en la práctica, debido a que no llegan por medio de hechos prácticos, porque no existen en la realidad actual, siendo que esta forma abstracta es tomada solamente del fruto de la imaginación. Es decir, que sólo la imaginación puede describirla, a pesar de que no existe en la realidad actual.

Por lo tanto, toda investigación científica de este tipo se fundamenta necesariamente sólo en una base teórica; es decir, que no se deriva de la experimentación práctica, sino dentro de la investigación de discusiones teóricas solamente. Y toda la alta filosofía pertenece a esta categoría. Por lo tanto, una gran parte de los investigadores modernos la han abandonado, porque no están complacidos con todas las discusiones construidas sobre una base puramente teórica, la cual a su parecer, es una base insegura, ya que solamente la base experimental es considerada como una base segura, tal como es sabido.

Y he aquí que también la sabiduría de la Cabalá se divide en dos partes, que son la "investigación de la materia" y la "investigación de la forma". No obstante aquí tenemos una gran ventaja sobre la ciencia secular, ya que en el caso de la Cabalá, incluso la parte que se ocupa de la investigación de la forma está completamente construida sobre el análisis del razonamiento práctico; es decir, en base de la experimentación práctica.

Esto es para *Yehuda*

Ese pan, el cual nuestros padres comieron en la tierra de Egipto: La *Mitzvá* (precepto) de comer *Matzá*[22] fue otorgado a los hijos de *Israel* antes de partir de Egipto, relacionado al futuro éxodo, el cual tenía que ser apresurado. Se deduce que la *Mitzvá* de comer *Matzá* les fue otorgada mientras todavía estaban esclavizados, en tanto que la intención de la *Mitzvá* era para el tiempo de la redención, ya que ellos partieron apresuradamente.

Ésta es la razón por la que nos gusta recordar el comer *Matzot* en Egipto hasta hoy en día, ya que, también nosotros, estamos como cuando fuimos esclavizados en el extranjero; también, con esta *Mitzvá*, tenemos la intención de extender la redención que ocurrirá pronto en nuestros días, *Amén*, tal como nuestros padres comieron en Egipto.

Este año aquí... el año que viene libres: Está escrito previamente que con la intención de esta *Mitzvá* podemos evocar la redención garantizada, destinada para nosotros, como en la *Mitzvá* de comer el *Matzá* de nuestros padres en Egipto.

Fuimos esclavos...: Está escrito en *Maséjet Pesajim* (pág. 116): "Comienza con denuncia, y termina con alabanzas". Con respecto a la denuncia, *Rav* y *Shmuel* estaban en una disputa: *Rav* dijo para empezar con "en el principio, nuestros padres eran adoradores de ídolos", *Shmuel* dijo para empezar con "Éramos esclavos". La práctica sigue a *Shmuel*.

Necesitamos entender esta disputa. La razón de "Comienza con denuncia, y termina con alabanzas" es, como está escrito: "tan lejos como la luz sobrepasa a la oscuridad". Por lo tanto, debemos recordar la cuestión de la denuncia, ya que a través de ésta adquirimos conocimiento concienzudo de las misericordias del Creador para con nosotros.

Es sabido que todo nuestro comienzo está solamente en la denuncia, ya que "la ausencia precede a la existencia". Esto es porque "el hombre nace como el potro de un asno salvaje"; y al final, él adquiere la forma de un hombre. Esto se aplica a cada elemento en la creación, y así fue también en el enraizamiento de la nación Israelí.

---

22 (**N. del E.**): Es el pan sin levadura que le fue ordenado comer al pueblo de *Israel* en su salida de Egipto y que se sigue comiendo como recordatorio durante la festividad de *Pésaj* (pascua).

La razón de esto es que el Creador provocó la existencia de la creación *Yesh MeAin* (a partir de la ausencia). Por eso no hay ni una sola creación que no estuviese previamente en la ausencia. Sin embargo, esta ausencia tiene una forma distinta en cada elemento en la creación, porque cuando dividimos la realidad en cuatro tipos: Inanimado, Vegetativo, Animado y, Hablante, encontramos que el principio del inanimado es la necesariamente ausencia completa.

Sin embargo, el comienzo del vegetativo no es la ausencia completa, sino meramente su grado previo, el cual, comparado consigo mismo, es considerado ausencia. Y en materia de siembra y deterioro, que son necesarios para cualquier semilla, es recibido de la forma del inanimado. Y es lo mismo con la ausencia del animado y el hablante: en tanto que la forma vegetativa es considerada ausencia con respecto al animado; y la forma animada es considerada ausencia con respecto al hablante.

De esta manera, el texto nos enseña que la ausencia que precede a la existencia del hombre es la forma de la bestia. Esto es por qué está escrito: "el hombre nace como el potro de un asno salvaje", pues es necesario que cada persona comience en el estado de bestia. Y la escritura dice: "Hombre y bestia Tú los conservas, Oh Señor", Y así como a la bestia se le otorga todo lo que necesita para su sustento y la realización de su objetivo, Él también provee al hombre de todo lo que es necesario para su substancia y la realización de su propósito.

Por consiguiente, debemos entender dónde está la ventaja de la forma del hombre sobre la bestia, desde la perspectiva de su propia preparación. En efecto, es discernido en sus deseos, ya que los deseos del hombre son ciertamente diferentes de aquellos de una bestia. Y hasta ese grado, la salvación de Dios para el hombre se diferencia de la salvación de Dios para la bestia.

Así, después de todas las indagaciones y escrutinios, encontramos que la única necesidad en los deseos del hombre, la cual no existe en toda la especie animada, es el despertar hacia *Dvekut* (la adhesión) con Dios. Sólo la especie humana está lista para ello, y ninguno otro.

Se deduce que toda la cuestión de presencia en la especie humana está en aquella preparación impresa en él para añorar Su trabajo, y con esto, él es superior a la bestia. Y muchos ya han dicho que hasta la inteligencia en la construcción y en conductas políticas está presente, con gran sabiduría, en muchos elementos en el mundo animal.

En consecuencia, también podemos entender la cuestión de la ausencia que precede a la existencia del hombre como la negación del deseo de la proximidad con Dios, ya que uno está en el grado animado. Ahora entendemos las palabras de la frase que dice: "Comienza con denuncia, y termina con alabanzas". Esto significa que nosotros debemos recordar e investigar la ausencia que precede a nuestra existencia en una manera positiva, puesto que ésta es la denuncia que precede a la alabanza, y de ello entenderemos la alabanza más profundamente, pues está escrito: "Comienza con denuncia, y termina con alabanzas".

Este también es el asunto de nuestros cuatro exilios, exilio tras exilio, del cual preceden las cuatro redenciones, redención por redención, hasta la cuarta redención, que es la completa perfección que esperamos pronto en nuestros días, *Amén*. El exilio se refiere a "la ausencia que precede a la existencia", la cual es la redención. Y ya que esta ausencia es la que prepara para la existencia atribuido a ésta, como la siembra que prepara la cosecha, todas las letras de la redención están presentes en el exilio, excepto la *Alef*, ya que esta letra indica "*Alufó Shel Olam* – El Supremo del Mundo"[23].

Esto nos enseña que la forma de la ausencia es sólo la negación de la existencia. Y conocemos la forma de la existencia, la cual es la redención, conocida por nosotros por el verso: "Y no enseñará más ninguno a su prójimo…porque todos Me conocerán, desde el más pequeño de ellos hasta el más grande". De ahí la forma de la ausencia anterior, lo cual significa que la forma del exilio es sólo la ausencia del conocimiento del Señor. Esta es la ausencia de *Alef*, la cual falta en la palabra *Golá* (exilio), y está presente en el *Gueulá* (redención), que es *Dvekut* con el "Supremo del mundo". Esto es precisamente la redención de nuestras almas, no más ni menos, cuando hemos dicho que todas las letras de *Gueulá* están presentes en *Golá*, excepto la *Alef*, que es el Supremo del mundo.

Para entender esta importante cuestión, en que la ausencia en sí misma es lo que prepara la existencia atribuida a ésta, debemos aprender de las conductas de este mundo corpóreo. Vemos que en el concepto de libertad, el cual es un concepto sublime, sólo unos cuantos elegidos lo perciben, y hasta ellos requieren preparaciones apropiadas. Sin embargo la mayoría de la gente es completamente incapaz de percibirlo. Contrariamente, en cuanto al concepto de esclavitud, el pequeño y el grande son iguales: hasta el menor entre la gente no lo tolerará.

(Vimos que en Polonia, perdieron su reino sólo porque la mayoría de ellos no entendieron correctamente el mérito de libertad y no lo conservaron. De ahí, ellos cayeron bajo la carga de subyugación bajo el gobierno ruso durante cien años. Durante aquel tiempo, todos ellos sufrieron bajo la carga de subyugación y desesperadamente buscaron la libertad del menor hasta el más grande. Y aunque ellos no asumieron todavía el gusto por la libertad como realmente es, cada uno de ellos la imaginó como ellos quisieron, pero en ausencia de la libertad, que es la subyugación, fue profundamente grabado en sus corazones para apreciar la libertad.

Por esta razón, cuando fueron liberados de la carga de la subyugación, muchos de ellos estaban aturdidos, pues no sabían lo que habían ganado con esta libertad. Algunos de ellos hasta lamentaron esto y dijeron que su gobierno los cargaba hasta con más impuestos que el gobierno extranjero, y desearon que éste regresara. Esto fue así porque la fuerza de ausencia no los afectó suficientemente).

Ahora podremos entender la disputa entre *Rav* y *Shmuel*. *Rav* interpreta la *Mishná* que empieza con denuncia, de modo que por ésta la salvación sería apreciada a fondo. Por lo tanto, él dice comenzar a partir del tiempo de *Téraj*. Y él no dice lo que *Shmuel*, ya que en Egipto, Su amor y trabajo ya habían sido plantados en unos cuantos de la nación. También, la dificultad añadida de la esclavitud en Egipto no es una deficiencia en sí misma en la vida de la nación llamada "*Adam*".

---

23 (**N. del T.**): En el hebreo, la diferencia entre las palabras גולה *Golá* (exilio) y גאולה *Gueulá* (redención) está en la adición de la letra *Alef* a ésta última palabra.

En tanto que *Shmuel* interpreta la *Mishná*, diciendo que en vista que la ausencia prepara la existencia, esta es considerada una parte de Su salvación, debiendo ser recibida también con gratitud. Por consiguiente, no deberíamos comenzar con, "en el principio, nuestros padres eran adoradores de ídolos", ya que aquel tiempo no era considerado como "ausencia que precede a la existencia". Esto es porque ellos estaban completamente desprovistos del tipo humano de existencia, ya que ellos fueron completamente removidos de Su amor, como el castrado, que es desprovisto de amor.

Por lo tanto, comenzamos con la esclavitud en Egipto, cuando las chispas de Su amor ardían en sus corazones, hasta un grado, pero debido a la impaciencia y el trabajo arduo, estaban siendo apagadas cada día. Esto es considerado "ausencia que precede a la existencia", y esta es la razón por la cual él dice empezar con "fuimos esclavos".

De esta manera debido a que el concepto de la libertad de la nación se encuentra en el conocimiento de Dios, es un concepto muy elevado, puesto que sólo unos cuantos elegidos lo entienden, e incluso éstos requieren de las preparaciones apropiadas, pero la mayoría de la gente aún no ha alcanzado esto. En contraste con esto, el alcance de las dificultades de la esclavitud son entendidas por cada uno, tal como lo escribió *Even Ezra* al comienzo de *Parashat Mishpatim*, en que "Nada es más difícil para el hombre que estar a cargo de otro hombre como él".

La mente que actúa

Todo hombre está obligado a alcanzar la raíz de su alma. Lo cual significa que el propósito deseado y lo que se espera de la creación, es *Dvekut* (la adhesión) con las cualidades del Creador *"Cuan compasivo es..."*. Y el asunto de Sus cualidades son las sagradas *Sfirot* como es sabido. Que este es el secreto, en que la mente que actúa y dirige su mundo y las mide a través de ellas, su influencia y su bondad serán bendecidas.

Sin embargo se debe entender, por qué razón se llama a esto *"Dvekut con el Creador"*. Aparentemente se trata de un estudio impenetrable. Y lo aclararé a través de una alegoría, dado que por cada acción en el mundo, se adhiere y queda en ese mismo acto la mente que la hace funcionar. Tal como con la mesa que es una idea en el aspecto de la mente del carpintero y su laboriosidad en ese arte, sea mucho o sea poco. Porque durante su labor la evaluó con respecto al aspecto y medida de su mente. Y aquel que observa el acto piensa en la mente oculta en él, ya que al momento del acto queda adherido a la mente que la hace actuar; es decir, que se unen realmente.

Porque realmente no existe distancia ni cortadura en lo espiritual. Incluso cuando llegan en cuerpos divididos, pero a sus mentes es imposible describirlas divididas, porque ¿con qué cuchillo cortarás lo espiritual y lo mantendrás separado? Sin embargo la principal diferencia que se encuentra en lo espiritual, está en las *cualidades*. Lo cual significa, *admirable* o *deshonroso*. Y también en su fabricación. Porque la mente que reflexiona acerca de la sabiduría de las estrellas no se adherirá con el pensamiento de las ciencias naturales.

Aunque en la misma sabiduría se encuentran muchas combinaciones. Puesto que uno supera a su amigo incluso en una sola sabiduría y sólo en eso se diferenciarán espiritualmente uno de otro. Pero cuando dos sabios reflexionan acerca de la misma sabiduría, una misma medida va de acuerdo a su entendimiento, estando entonces realmente unidos. ¿Porque si no, en qué se diferenciarán?

Por eso, cuando uno se encuentra reflexionando en los actos de su amigo y consigue el intelecto del sabio que lo activa, encontrándose que a los dos se los mide con una misma fuerza y mente. Estando ahora realmente unidos, como el hombre que hirió a su querido amigo en la feria, al cual lo abraza y lo besa, siendo imposible separarlo de su amigo debido a la gran unión que existe entre ellos.

Por lo tanto según la regla, la cual se encuentra en el aspecto de la mente de los hablantes, que es la fuerza que mejor se adapta entre el Creador y sus creados, estando él en el aspecto del centro; es decir, el que salva una chispa de esta fuerza, la cual por medio de esta misma chispa todo vuelve a él. Y está escrito: *"A todos los hiciste con sabiduría"*; es decir, que todo el mundo fue creado con Su sabiduría. Y por lo tanto, el que sea digno de alcanzar las maneras en que fue creado el mundo y su orden, entonces se adherirá a la mente que los activa, encontrándose que está adherido al Creador.

Y este es el secreto de la *Torá*, que ella son todos los nombres del Creador, los cuales le pertenecen a sus creados. Y por el hecho de ser creado, consigue por medio de ellos la mente que lo activa todo, porque el Creador se había fijado en la *Torá* mientras creaba al mundo, como es sabido. Y la iluminación que consigue a través de la creación se adhiere a esa mente siempre, encontrándose que está adherido al Creador.

Y con esto queda entendido el por qué el Creador Bendito nos mostró Su instrumento de trabajo. ¿Y por qué necesitamos nosotros al Creador de los mundos? Por lo que fue mencionado anteriormente, porque el Creador nos mostró su orden, para que sepamos cómo adherirnos a Él, lo cual es, *"La adhesión a Sus cualidades"*.

Introducción al libro "La boca del sabio"

Es conocido de boca de los autores y de los libros, que el estudio de la sabiduría de la Cabalá es absolutamente obligatorio para cada persona de *Israel*. Y si una persona estudió toda la *Torá* completa y conoce la *Mishná* y la *Gmará* de memoria, y si también está colmada de virtudes y buenas obras más que sus contemporáneos, pero no ha aprendido la sabiduría de la Cabalá, está obligada a reencarnar y venir nuevamente a este mundo para estudiar los secretos de la *Torá* y la sabiduría de la verdad. Esto se ha publicado en varios sitios en los escritos de nuestros sabios.

Esto es lo que dice *El Zóhar* respecto a *"Cantar de los Cantares"*, en explicación del verso: "Si no lo sabrás tú, la más hermosa entre las mujeres", lo cual nuestros sabios interpretaron acerca del alma que llega delante del Trono luego del fallecimiento de una persona. A la que el Creador le dice: "Si no lo sabrás tú, la más hermosa entre las mujeres". A pesar que tú eres la más hermosa entre las mujeres y merecedora de buenas obras más que todas las almas, si no tienes el conocimiento en los secretos de la *Torá*, "sal y sigue las huellas del rebaño", sal de aquí y vuelve a éste mundo. "Y alimenta a tus cabritos, junto a las tiendas de los pastores", vete allá a los seminarios y aprende los secretos de la *Torá* por medio de los discípulos de los sabios.

Debemos entender sus palabras, en eso que engancharon la perfección de la persona sobre el estudio de la sabiduría de la verdad. Aparentemente, ¿Cómo es que estoy restando las palabras de la *Torá* revelada? No encontramos en ninguna parte, que sea una obligación sobre la persona el entender todos los temas que se encuentran en la *Torá*, tal que no completará si le faltase un tema en la *Torá*. Al contrario, nuestros sabios dijeron "que no es el estudio lo más importante, sino el acto". Nuestros sabios también dijeron: "Uno es el que aumenta, otro es el que disminuye, con tal que su corazón se dirija al Cielo", y hay muchos refranes como estos.

Con el fin de alcanzar la profundidad de sus antedichas palabras, antes debemos entender y conocer de buen agrado, lo que fue escrito muchas veces en *El Zóhar* y los *Tikunim* (Correcciones del *Zóhar*), que: "La *Torá*, el Creador e, *Israel*, son uno". Al parecer son cosas muy sorprendentes.

Antes de dilucidar sus palabras, te comunicaré que nuestros maestros definieron para nosotros una gran regla acerca de todos los nombres sagrados y las denominaciones que se encuentran en los libros. Estas son sus palabras de oro: **"Todo lo que no alcancemos no lo definiremos por un nombre"**. Significa que: Es sabido que no hay pensamiento ni percepción de Él en lo absoluto, como está escrito en el artículo "Reveló *Eliyahu*" al comienzo de los *Tikunim* del *Zóhar*. Que acerca de la Esencia del Creador incluso el pensamiento está prohibido, y ni qué decir del habla.

Todos los nombres con los que Lo denominamos, no son sobre el aspecto de *Atzmutó* (Su Esencia), sino solamente sobre Sus Luces, las cuales se extienden de Él hacia los inferiores. Incluso el nombre sagrado *Ein Sof* (Infinito), citado en los libros de Cabalá, también es un aspecto de la Luz que se extiende de Su Esencia.

Pero ya que Él determinó que Su Luz, la cual se extiende desde Su Esencia, sea alcanzada por los inferiores en el aspecto de *Ein Sof*; por lo tanto, ha sido definida por un nombre y una palabra. Pero no se refiere a Su Esencia, ya que no hay pensamiento ni percepción de Él en lo absoluto. Por lo tanto, ¿Cómo la definiremos con un nombre y una palabra, puesto que todo lo que no alcancemos no lo definiremos con un nombre?

Todo el que empieza a indagar en la sabiduría de la verdad, antes de cada escrutinio en un libro de Cabalá, debe contemplar la gran regla general, ya que en Su Esencia incluso el pensamiento está prohibido, ya que no hay pensamiento ni percepción de Él en lo absoluto, ¿Cómo mencionaremos de Él un nombre o una palabra, la cual indica alcance?

Lo que sí, respecto a Sus Iluminaciones las cuales se extienden desde Él, las mismas que son todos los nombres sagrados y las denominaciones citadas en los libros; es lo contrario, el investigar y examinar acerca de ellas es una gran *Mitzvá* (precepto). A lo cual cada persona de *Israel* está completamente obligada; es decir, estudiar y comprender los secretos de la *Torá* y todas las formas de Su otorgamiento a los inferiores, lo cual es la esencia de la sabiduría de la verdad y la recompensa de las almas en el futuro venidero.

Está escrito en los libros de explicaciones de nuestros sabios, en *El Zóhar*, y los *Tikunim*, que todos los Mundos Superiores y todas las Sagradas *Sfirot* de los cinco mundos de *AK* y *ABYA*, han sido preparadas de antemano en cantidad y cualidad para el perfeccionamiento de los hijos de *Israel*. Porque el alma de un hombre de *Israel* es una parte divina de lo Alto. Y "El fin del acto está en el pensamiento inicial", el cual surgió en Su Simple Voluntad para deleitar a las almas mediante la recompensa de sus esfuerzos a cambio de su labor. Y por este motivo, toda la realidad se extendió delante de Él por medio de una secuencia de causa y consecuencia la una con la otra, en el descenso de los grados a través de los mundos de *AK* y *ABYA*. Hasta que finalmente se obtuvieron dos discernimientos vestidos uno dentro del otro; es decir, un alma que desde las ocultaciones de los cielos se expande y se viste en un cuerpo material.

Y así como la realidad se extendió hasta el nivel inferior, el cual es el cuerpo material sobre un alma. De la misma manera fue hecho el encadenamiento por medio de causa y consecuencia, en el aspecto de la esencia de la existencia de la realidad, las cuales son las formas de Su otorgamiento que están encadenadas por medio de gradaciones. De tal manera que la Luz Superior que es Alta por encima de lo Alto, finalmente se extenderá y llegará al alma vestida en el cuerpo material en este mundo, como está escrito: "y la tierra será llena del conocimiento del Señor, y no enseñará más un hombre a su vecino, ni un hombre a su hermano, diciendo: 'Conoce al Señor'; porque todos Me conocerán desde el más grande hasta el más pequeño de ellos".

Y fue escrito por nuestros sabios y en El *Libro del Zóhar*, que "Toda la *Torá* completa son los nombres del Creador". Todas las historias y las leyes y las oraciones, todo son Sus Nombres Sagrados". Y según lo explicado anteriormente, que "Todo lo que no alcancemos no lo definiremos por un nombre", entenderás correctamente, que el secreto de los Nombres Sagrados del Creador son el secreto de los alcances que se han extendido desde Él hacia Sus siervos, los profetas y los justos, cada cual según su mérito, como está escrito: "Yo y Tu pueblo nos distinguimos de todas los pueblos que están sobre la faz de la tierra".

Esta distinción nos llega por medio de la recepción de la *Torá* y el cumplimiento de las *Mitzvot*, empezando con el asunto de lo revelado solamente. Ya que su virtud es purificar nuestros cuerpos y desarrollar nuestras almas en tal medida, hasta que seamos merecedores de alcanzar toda la *Torá* completa y sus *Mitzvot* en el aspecto de Sus Nombres. Esta es toda la recompensa destinada para las almas en el futuro venidero. Sin embargo, también en este mundo, tal como dice en la *Gmará*: "Verás tu mundo en tu vida".

Con esto nos queda claro aquello que se menciona en varios lugares en el *Zóhar*, que lo que es denominado como *TaRIaG Mitzvot* (613 Preceptos) son "*TaRIaG Eitin de Oraita*" (613 consejos de la *Torá*). Y en muchos lugares en el *Zóhar* se lee que los "*TaRIaG Mitzvot*" son "*TaRIaG Pkudim*" (613 órdenes). Ya que desde el comienzo la persona está obligada a guardar *Torá* y *Mitzvot* a fin de purificar su cuerpo y desarrollar su alma. Entonces encontramos que para él, los 613 *Mitzvot* están en el aspecto de los 613 *Eitin*; es decir "consejos", tal que finalmente será purificado para llegar delante del Rey y merecer la Luz de Su Rostro. Puesto que la observancia de la *Torá* y el cumplimiento de las *Mitzvot* lo purifican lentamente, hasta que sea recompensado con la Luz del Rostro del Rey de la Vida.

De igual manera está escrito en la *Gmará*: "¿Acaso le importa al Creador si se faena al toro por la garganta o si se lo faena por detrás del cuello? Solamente que no nos dieron la *Torá* y *Mitzvot* sino para purificar con ellos a *Israel*".

Sin embargo, luego que ha sido purificado suficientemente y merece la Luz del Rostro del Rey, entonces los ojos y alma le serán abiertos y será recompensado para alcanzar las 613 Luces Sagradas, que se encuentran en los 613 *Mitzvot*, los cuales son el secreto de Sus Nombres Sagrados, los mismos que le llegan por motivo de su alcance. Y por medio de la observancia de cada una de las *Mitzvot*, se apropia de una parte de la luz que acompaña a la *Mitzvá*. Porque en definitiva la *Mitzvá* es el *Kli* y en él se viste la Luz; es decir, es un Nombre

Sagrado, cuyos detalles se le atribuyen a esta *Mitzvá*. Lo que significa que: "La *Mitzvá* es una lámpara y la *Torá* es la Luz".

Es entonces que se les llama 613 *Mitzvot* "613 *Pkudim*". Semejante a una persona que deposita piedras preciosas y gemas en una vasija y le dice a su amado: "Toma esta vasija para ti, pero cuídala de los ladrones y asaltantes". Y encontramos que todo lo que hablaron entre ellos es únicamente de la vasija, pero el propósito principal está en las piedras preciosas depositadas allí.

Es sabido en los libros de Cabalá, que el significado del Nombre Sagrado "El Santo Bendito es Él" o *Kudsho Brij Hu* (en arameo) mencionado por nuestros sabios en *El Zóhar*, es nombrado en relación al nombre *HaVaYaH* (הוי"ה)[24]. Este Nombre Sagrado contiene a todos los Nombres Sagrados hasta el más Alto de los Altos. De esta manera aprendemos que "La *Torá* y el Creador son uno", aunque las masas no Lo hayan visto en la *Torá*, sino solamente en las historias, leyes y oraciones.

No obstante, ya he explicado que "manzanas de oro son adornadas con plata", así es como son llamadas las 613 órdenes, tal como nuestros sabios dijeron: "Toda la *Torá* completa son los nombres del Creador". Es así que: "la *Torá* y el Creador son uno". Pero en el significado de "general y particular", es el Creador el que contiene todos los nombres y la Luz general, y la *Torá* está dividida en 613 Luces. Resultando que todos ellos juntos son uno y el Creador mismo.

Ahora, aún nos queda por explicar el aspecto de *Israel*. Y necesito que primeramente entiendas el asunto de la multiplicidad de las formas separadas en la espiritualidad; es decir, cómo y en qué están divididas y separadas una de la otra. Puesto que las cosas corpóreas son separadas por un cuchillo o cosas semejantes, o el espacio y el tiempo distinguen y separan entre ellas. Tal cosa no se podría pensar en la espiritualidad, ya que estas están por encima del lugar y tiempo como es sabido.

Sin embargo sabe, que en la espiritualidad, todo el asunto de la diferencia entre las Luces Superiores no está sino en la diferencia de forma. Por ejemplo: Las almas mentales de las personas, que por supuesto cada alma de una persona y de esta con su amigo, están divididas y separadas para sí mismas. Sin embargo, toda la importancia de su diferencia no está más que dentro de la diferencia de forma; es decir, que el alma de uno es buena, y la del otro es mala; o que una alcanzó sabiduría, y la otra insensatez, etc. Acerca de esto nuestros sabios dijeron: "Así como sus caras difieren una de la otra, así sus criterios difieren uno del otro".

Y con esto queda entendido, que si todas las personas hubiesen llegado a conceptos y tendencias equivalentes sin ninguna diferencia en lo absoluto, entonces ciertamente, todas las almas de todos los habitantes del mundo hubiesen sido consideradas como una sola alma. Su valor sería como la luz del sol, ya que la luz viste a todos los habitantes del mundo, y de todas maneras no discernimos en lo absoluto, que hay formas separadas de la luz del sol. Del mismo modo, hubo un alma ideal vestida en muchos cuerpos, puesto que

---

[24] (N. del E.): Esta es la forma en que los cabalistas se refieren al Nombre Sagrado compuesto por las cuatro letras hebreas: *Yud-Hei-Vav-Hei*, del cual vemos aquí su forma permutada.

los lugares no se separan en lo absoluto en asuntos espirituales, si no hay en sus calidades una forma separada.

Ahora llegaremos al escrutinio, ya que es sabido que el significado de las almas de los hijos de *Israel*, es que ellas son una parte divina de lo Alto. Dado que el alma se descolgó por vía de causa y consecuencia y, bajó grado por grado hasta que se hizo merecedora para entrar en este mundo y vestirse en un cuerpo material impuro. Y que por medio de guardar la *Torá* y observar sus *Mitzvot*, se encuentra ascendiendo de grado en grado hasta que su estatura sea completada, digna de recibir su recompensa completa. La cual se le prepara de antemano; es decir, el alcance de la sagrada *Torá* en el aspecto de los Nombres del Creador, los cuales son el significado de las 613 órdenes.

Ahora podrás ver con tus propios ojos que "la *Torá* e *Israel* son uno". Y que toda la diferencia entre la *Torá* y el alma está solamente en la propiedad de la diferencia de forma que se encuentra en ella, la cual ha sido reducida en aspecto de una pequeña Luz, y la *Torá* es una Luz Simple que se expande desde Su Esencia, cuya sublimidad es interminable, como está escrito: "la *Torá* y el Creador son uno".

No obstante, al momento en que el alma completa toda su estatura, recibe la *Torá* por vía de Sus Nombres; es decir, alcanza toda la Luz depositada en la *Torá* y las *Mitzvot*, pues encontramos que la Luz del alma es igual a la Luz de la *Torá*. Puesto que ya ha alcanzado toda la Luz en la *Torá*. Pero mientras haya algún déficit en el alcance de una pequeña y sutil parte de la Luz general de la *Torá*, aún se la considera incompleta. Dado que toda su Luz ha sido preparada para las almas, tal como he explicado previamente, que "Todo lo que no alcancemos no lo definiremos por un nombre".

Y ya que la Luz fue preparada para el alcance del alma y el alma no alcanzó todo, resulta que está incompleta, como está dicho: "observaré la *Torá* completa excepto por una cosa. Que ciertamente él es un malvado completo". Sin embargo, de esta manera juzgarás en la observación de la *Torá* y las *Mitzvot* en el alcance de las 613 órdenes. Que de todas maneras está incompleta si carece de una cosa, sea grande o pequeña. Y así finalmente llegará a completar la ley de la perfección; es decir, que el alma alcanzó toda la Luz de la *Torá*. Sea que entonces no se encuentre ninguna diferencia de forma entre la Luz del alma y la Luz de la *Torá*. Es así que te he aclarado sutilmente, que "la *Torá* e *Israel* en realidad son uno".

Dado que no hay diferencia de forma entre ellos, encontramos que en realidad son uno. Y puesto que ya hemos demostrado que "el Creador y la *Torá* son uno", y en vista que ya hemos dado a conocer que "la *Torá* e *Israel* son uno", es por lo tanto evidente que "la *Torá*, el Creador e *Israel* son uno".

De todo lo que nos fue explicado anteriormente, encontramos que hay dos partes en la *Torá* y las *Mitzvot*:

1. La *Torá* y las *Mitzvot* es acerca de sus formas que se nos han revelado a todos nosotros, tal que ellas son el aspecto de la observación de las *Mitzvot* y el estudio de la *Torá* en forma de 613 consejos. Éstos tienen el poder de purificar

y limpiar el cuerpo, y engrandecer la virtud del alma, tal que sea digna y meritoria de recibir la Luz del Rostro del Rey, como lo fue el alma en su raíz, antes de que peque y entre en este cuerpo bajo en el mundo bajo; y,

2. La observancia de las *Mitzvot* y el estudio de la *Torá* en la forma de 613 órdenes, las cuales son el asunto del alcance de Sus Nombres y toda la recompensa de las almas.

El mérito de la segunda parte sobre la primera, es como el mérito de los Cielos sobre la Tierra. Pues la primera parte es solamente el aspecto de la preparación, y la segunda parte de hecho, es el cumplimiento y el objetivo de la Creación.

Con esto explicaremos nuestras preguntas previas acerca de las palabras de nuestros sabios, que incluso *si una persona sobresale en la Torá y buenas obras más que todos sus contemporáneos, pero no aprendió los secretos de la Torá y la sabiduría de la verdad, está obligada a reencarnar y venir nuevamente a este mundo*.

Preguntamos: "¿Cuál es la diferencia entre esta ocupación de la sabiduría de verdad respecto a las ocupaciones que están en la *Torá*, ya que no encontramos en ninguna parte, que la persona esté obligada a ocuparse en todos los asuntos que están en la *Torá*? Al contrario, en muchos sitios hemos encontrado lo opuesto a esto; como: "Uno es el que aumenta, otro es el que disminuye, con tal que su corazón se dirija al Cielo"; y, "No es el estudio lo importante, sino el acto".

Ahora con la ampliación queda clarificado aquél asunto: En que toda la parte de la *Torá* revelada no es sino, un aspecto de la preparación tal que seremos dignos y merecedores de alcanzar la parte oculta, la cual es la parte oculta que de hecho, es la misma totalidad y el propósito por el cual el hombre ha sido creado. Por eso, es indudablemente claro, que si a una parte le falta lo oculto, a pesar que guardó la *Torá* y observó los preceptos de su parte revelada, aún está obligada a reencarnar y venir a este mundo para recibir lo que le conviene recibir; es decir, la parte oculta, por medio de las 613 órdenes. Que sólo con esto es la consumación del alma, tal como lo había predeterminado el Creador de antemano.

Y ahora ves la obligación absoluta, la cual es puesta sobre todo *Israel*, sea quien sea, para ocuparse en la interioridad de la *Torá* y en sus secretos. Que no será perfeccionado en la persona la intención de la Creación hacia su prójimo. Esta es la razón por la cual reencarnamos, saliendo una generación y llegando otra, hasta esta nuestra generación, la cual es el remanente de las almas, sobre las cuales aún no ha sido completada la intención de la Creación, porque no pudieron lograr sobre ellas los secretos de la *Torá* en las generaciones pasadas.

Por esta razón dijeron en *El Zóhar*: "Los secretos de la *Torá* y sus misterios serán revelados en los tiempos del Mesías". Esto es claro para todo el que entiende, debido a que ellos estarán completando la intención de la Creación, por lo tanto se les recompensará con la llegada del Mesías. Y así de esta manera, los secretos de la *Torá* serán revelados entre ellos, puesto que si se abstienen de la corrección, estarán obligados a reencarnar.

Esto te establecerá qué es lo que hay que comparar acerca de esta interpretación en general, pues ¿Quién soy yo y quiénes son mis padres que me han premiado por hacer una interpretación con la expansión del conocimiento de los secretos escondidos en *El Zóhar* y las escrituras del *ARI*? Y, ¿Por qué hasta ahora no hemos encontrado a ninguno que interprete esta sabiduría con un esclarecimiento tal como yo lo hice?

De lo dicho entenderás, porque nuestra generación está realmente en los tiempos del Mesías, tal que todos estamos ante el umbral de la corrección completa, ya que toda la prevención es el completo abandono de la sabiduría de la verdad en esta generación hasta su final, debido a la dificultad de los lenguajes y los asuntos dispersos.

Adicionalmente a todo eso está la pequeñez de mente y las abundantes dificultades habituales en esta nuestra generación. Por consiguiente, queriendo el Señor apresurar la redención de nuestras almas, atrajo una recompensa por medio de mi mano para revelar la medida en esta interpretación, y Su anhelo fue exitoso en mi mano.

Y no tuve otra razón, más que la que me vino para esclarecer esta revelación, como está escrito en *El Zóhar*: "Una persona debe aprender un poco hasta de las tonterías", como está escrito: "como el predominio de la Luz en medio de la oscuridad". Porque después de haber sobrevivido en la ciudad de Varsovia en el estado de Polonia, encerrado entre mis cuatro paredes, no teniendo nada que ver con la oscuridad de mis alrededores, tuve el placer de establecerme en la Ciudad Sagrada de *Yerusaláim*.

Y cuando anduve entre las personas de aquí, vi la pobreza de mi gente, la pobreza de sus mentes. Y la risa de los tontos me llegaba como el ruido de ollas bajo la ciudad, burlándose y pisoteando el corazón y el alma de nuestros anhelos, difamando en voz alta al Señor, a Su *Torá*, y a Su gente, sin ninguna sabiduría, entendimiento, ni conocimiento en la sabiduría de la Cabalá en lo absoluto. Solamente son un surtido de palabras y nombres, sin sentido ni moral, sólo palabras como las que están escritas. Es un privilegio murmurar palabras ociosas en el texto escrito con fe plena de que son cosas sagradas, que con esto el propósito de la Creación será completado en nosotros. Y cuando aquellos quienes se ocupan en las cosas literales con fe plena, aumentan en cantidad, inmediatamente llegará el Rey Mesías, pues con esto se completará toda la corrección, y nada más será necesario.

Y así fue hasta que me encontré con los famosos entre ellos, gente que ya ha gastado sus años en el estudio de los escritos del *ARI* y *El Zóhar*. Tuvieron tanto éxito con los libros del *ARI* tal que llenaron sus bocas hasta causar asombro. Y son nombrados como la gente más santa que ha habido en la tierra. Les pregunté si habían estudiado con un *Rav* que haya tenido alcance en la interioridad de los asuntos. Ellos me respondieron: "¡Dios nos libre de mencionar algo así! Aquí no hay ninguna interioridad en lo absoluto, sólo palabras escritas que fueron intencionadas para nosotros, y nada más que eso, ¡Dios nos libre!".

Les pregunté si *Rav Jaim Vital* había alcanzado la interioridad de los asuntos. Ellos me respondieron: "Por supuesto que él no alcanzó más de lo que nosotros alcanzamos".

Entonces les pregunté sobre el mismo *ARI*. Y replicaron: "Por supuesto que no supo nada de la interioridad más que nosotros, y todo lo que supo se lo pasó a su discípulo, *Rav Jaim Vital* y, así nos llegó a nosotros".

Me burlé mucho de ellos: "De ser así, ¿Cómo fueron entonces compuestos los asuntos en el corazón del *ARI* sin ningún entendimiento o conocimiento?" Y me respondieron: "Que la composición de los asuntos él los recibió de boca de *Eliyahu*, y que él conoció la interioridad debido a que es un ángel". Aquí deposité mi ira sobre ellos, pues mi paciencia para estar con ellos se había terminado.

Y ahora que vi que su insensatez se había enraizado en casi todos los que se ocupaban en esta sabiduría en aquél entonces, ¡ay de mis oídos que así escucharon! "Además era para subyugar a la reina conmigo en la casa". Ya el sagrado *Zóhar* se había lamentado amargamente por la falsedad de los pecadores en sus almas, diciendo que no hay secretos internos en la *Torá*, como está escrito en *Parashat "Vayerá"*: "¿Acaso ha venido la *Torá* para mostrarnos fábulas y cuentos históricos? Tales historias y fábulas se encuentran también entre las otras naciones". Nuestros sabios dijeron que ellos desarraigan las plantaciones, ya que ellos solamente toman *Maljut*.

¿Qué hubieran dicho los autores del *Zóhar* en opinión de la cultura de gente tan pecadora, que niega que haya algún conocimiento o sabiduría en las palabras del *Zóhar* y la sabiduría de la verdad en sí mismos? Los cuales dicen de los secretos de la *Torá* en sí mismos, que no hay allí ningún conocimiento o percepción revelada en este mundo, sino palabras enteramente vanas. De esta manera llegaron a forzar la Sagrada Divinidad, Dios no permita, dentro del palacio del Rey. ¡Ay de ellos!, pues volvieron el mal a sus almas.

Nuestros sabios dijeron que la Sagrada *Torá* gime delante del Creador: *"Tus hijos Me han convertido en una canción de tabernas"*. Incluso hacen que la *Torá* no parezca una canción, sólo palabras aterradoras que levantan la ira y el desprecio en cualquier oyente. Además, piden una recompensa como *Pinjas*, diciendo que lo hacen con fe completa. Acerca de ellos la Escritura dice: *"Puesto que se acercó este pueblo con su boca y con sus labios Me honran y su corazón está lejos de Mí"*, y este es el motivo de la ruina del Primer Templo.

El adversario todavía baila entre nosotros, precisamente en los tiempos del Mesías, el cual es el tiempo de la finalización de los secretos de la *Torá*. El celo del Señor de los Ejércitos vino como fuego que no se extinguirá en mis huesos. Que por tal motivo ha sido creado en mi interior el despertar para revelar la plenitud en una medida tal, hasta que sepan que hay sabiduría en *Israel*.

Esta es la razón que tomó en mí una gran parte entre los demás motivos importantes, tal que por su causa llegué a mi explicación. Y es necesario que entiendas en cada propósito y en cada meta, la cual es simple con un propósito simple. No obstante, todo el ingenio, las inteligencias y las muchas cuestiones, se crean en la preparación hasta que llegan a la meta. Por ejemplo, cuando una persona desea sentarse en una casa, ella necesita conocimiento e ingenios en la forma del diseño, en la forma de invención, en la calidad y la cantidad de los cuartos y las posesiones.

La meta final no es sino un aspecto simple -morar allí-. Este es el significado de las palabras, "la casa toma forma según la belleza del hombre", lo cual es un pensamiento simple, sin conceptos ni reglas de importancia y sin el ingenio; sino, una voluntad simple.

Y sabe que todo el ingenio que hay en los conceptos es según la gran cantidad de errores propensos a caer ante la cuestión de la verdad. No obstante, el asunto de la verdad por sí misma es simple, sin ingenio en lo absoluto. Y hay un secreto en esto, siendo principalmente la pared de hierro que nos separa de nuestro Padre que está en los Cielos. Porque hay cosas que están escondidas debido a su gran altura y profundidad, y hay cosas que están escondidas debido a su extrema sutileza, como la parábola de las moscas que vuelan por el aire que no son vistas debido a su delgadez.

Y puesto que Su Luz es una Luz Simple, tal que la mente humana no siente ni una medida de la Esencia; por lo tanto, simplemente no La percibe. Como las cosas pequeñas de aquella medida que necesitan de una herramienta para ser vistas en realidad. Porque la profundidad de la altura y la profundidad de la anchura, a pesar que ninguna es completamente percibida, pero de todas maneras es una idea poco cercana; sin embargo con cosas sutiles, parece como si no existiesen en la realidad en lo absoluto, ya que no alcanzas ni siquiera su mínima parte.

Introducción a la "Apertura a la sabiduría de la Cabalá"

1) Está dicho en el *Zóhar*, *Parashat Tazría*, pág. 40: "Venid y ved, que todo lo que existe en el mundo, existe para el hombre, y todo existe solo para él". Sabe que está escrito: "Y Creó el Señor Dios al hombre, con un nombre completo, como lo hemos visto, que él incluye todo y lo contiene todo, y todo lo que existe Arriba y abajo, etc., está incluido en él en perfecta exactitud". Y observa esto muy bien.

Ha sido interpretado, que todos los mundos Superiores e inferiores están incluidos en el hombre. De igual manera, toda la realidad que se encuentra en esos mundos, existe solamente para el hombre. Y hay que entender el asunto: Acaso no le es suficiente al hombre este mundo y todo lo que hay en éste para servirle y beneficiarle, sino que también necesita todos los mundos superiores y todo lo que hay en ellos, porque estos no fueron creados con otro objetivo que para proveerle todo lo que necesita

2) Y para explicar estos asuntos en toda su plenitud, sería necesario recapitular toda la sabiduría de la Cabalá. Pero en términos generales, los asuntos serán suficientemente aclarados en el contenido del libro, de manera que la introducción podrá ser entendida.

La esencia es, que fue la intención del Creador, en el acto de la creación, el deleitar a sus criaturas. Y ciertamente, el momento en que tuvo el pensamiento de crear las almas y proveerles el deleite de todo lo bueno, inmediatamente emergieron de Él con todas sus características únicas, su nivel, y la plenitud de los deleites que se propuso otorgarles, porque en Él el pensamiento en sí lo completa todo, y no necesita de una vasija de acción como nosotros.

Según lo dicho, debemos preguntar: ¿Por qué creó los mundos *Tzimtzum* (restricción) tras *Tzimtzum*, hasta este mundo turbio, y vistió las almas en los cuerpos turbios de este mundo?

3) La respuesta se encuentra en *"El Libro de la Vida"*, el cual es para sacar a luz la plenitud de sus acciones (*Etz Jaim -Sección 1*). Pero hay que entender, ¿Cómo es posible que del Completo salgan acciones que no son completas, al punto que deban ser completadas por una acción en este mundo?

El asunto es, que hay que distinguir en las almas los discernimientos de la luz y del *Kli*, ya que la esencia de las almas que fueron creadas es el *Kli* que hay en ellas, y toda la plenitud con que pensó complacerles, es la luz que hay en ellas. Ya que después de que pensó en complacerlas, las creó obligadamente del deseo de recibir Su placer, ya que de acuerdo a la medida del deseo de recibir la plenitud, así crecerá el placer y el deleite.

Y sabrás que ese deseo de recibir es toda la esencia del alma en el aspecto de la renovación y la salida de *Yesh MeAin* (la existencia a partir de la ausencia), y es considerado como el *Kli* del alma. Y el discernimiento del placer y la plenitud es atribuido a la Luz del alma, que emana existencia de la existencia desde Su esencia.

4) Clarifiquemos el asunto. Ya que la creación significa la renovación de algo que no existía previamente, considerado como *Yesh MeAin*, no obstante ¿Cómo podemos imaginar que haya algo que no está incluido en Él? ya que Él lo puede todo, y todo está incluido en Él, y no hay quien dé lo que no tiene.

Según lo dicho -que la totalidad de la creación que creó, no es más que los *Kelim* de las almas que son el deseo de recibir-, se entiende claramente que Él no está incluido en el deseo de recibir, ya que ¿de quién recibiría? Y por ello es una creación nueva que no existía de ninguna manera antes de la creación, por lo cual se la considera como *Yesh MeAin*.

5) Y hay que saber, que la unión y separación que existe entre los espirituales, existe solamente en términos de la igualdad y la diferencia de forma, ya que si dos espirituales tienen la misma forma, entonces están conectados juntos, y no son dos. Porque no hay algo que separe a uno del otro, y no se los puede diferenciar como dos, a no ser por la existencia de la diferencia de forma entre ellos.

Es más, la medida de diferencia de forma entre ellos representa la medida de alejamiento que existe entre ambos, hasta el punto que si son opuestos en forma, se considera que están alejados el uno del otro como el Este del Oeste; es decir, en el extremo total de alejamiento que podemos imaginarnos en la realidad.

6) Y nosotros no poseemos un pensamiento de comprensión del Creador de ninguna manera, y no tenemos en Él ningún alcance o palabra. A pesar de que "de tus acciones te conoceremos", debemos entender sobre Él, que Él es el deseo de otorgar, ya que lo creó todo para deleitar a sus criaturas, y para otorgarles Su benevolencia.

Según lo dicho, las almas se encuentran en un estado en el cual su forma es opuesta a la del Creador, ya que Él es únicamente otorgamiento, y no existe en Él ningún deseo de recibir algo; en cambio las almas fueron impresas con el deseo de recibir para sí mismas, como lo dijimos anteriormente, y no hay mayor oposición de forma que ésta.

Resulta que si en la práctica las almas permanecieran en el deseo de recibir; perpetuarían su separación de Él, Dios no permita, por siempre.

7) Y ahora entenderán lo que está escrito en (*Etz Jaim* sección 1, arriba mencionado) que el motivo de la creación de los mundos es que Él obligatoriamente debe ser perfecto en todas sus acciones y sus fuerzas, etc., y si no hubiera realizado sus acciones y fuerzas por medio de la acción real, no sería considerado como perfecto, etc. Hasta aquí sus palabras. Esto nos deja perplejos, ya que ¿cómo pueden acciones imperfectas emerger de un operador perfecto, hasta el punto de necesitar ser corregidas?

Por lo aclarado entenderás lo siguiente: Ya que el fundamento de toda la creación no es otro más que el deseo de recibir, a pesar de que por un lado no es perfecto, por estar en oposición de forma con el Hacedor, lo que significa que es la causa de la separación de Él. Pero por otra parte, ésta es toda la innovación y el *Yesh MeAin* que Él creó, por medio de la cual pueden recibir lo que Él planeó otorgarles.

Y si de todas formas hubieran permanecido así separados, el Creador no se llamaría Perfecto, ya que al final de cuentas, de aquel que es Trabajador perfecto, deben emanar acciones perfectas.

Por eso restringió su Luz, creó los mundos *Tzimtzum* tras *Tzimtzum*, hasta llegar a este mundo, y vistió a las almas en un cuerpo de este mundo. Y a través de su ocupación en la *Torá y Mitzvot*, el alma alcanza la perfección que le faltaba antes de la creación, que es la equivalencia de forma con Él, para ser merecedora de recibir todo el Bien y el Placer contenidos en el Pensamiento de la Creación, así como para encontrarse con Él en *Dvekut* (adhesión) completo; es decir, en equivalencia de forma, tal como fue aclarado anteriormente.

8) Y el asunto del remedio que existe en la *Torá y Mitzvot* para conducir al alma para el *Dvekut* con Él, es simplemente su ocupación en ella sin la intención de recibir ningún premio, sino para causarle contentamiento al Creador únicamente. Porque entonces, poco a poco, el alma adquiere la equivalencia de forma con su Creador, como está escrito en el artículo de *Rabí Janania Ben Akashia*, en el principio del libro (Introducción a la Sabiduría de la Cabalá), Observa esto muy bien.

Ya que en esto hay 5 niveles que incluyen *Néfesh, Rúaj, Neshamá, Jayiá y, Yejidá*, que se reciben de los cinco mundos que se llaman *AK (Adam Kadmón), Atzilut, Briá, Yetzirá y, Asiyá*. Y de la misma manera hay cinco niveles particulares, *NaRaNJaY*, que reciben individualmente de los 5 *Partzufim* que hay en cada uno de los cinco mundos, y también hay *NaRaNJaY* individuales que se reciben de las 10 *Sfirot* de cada *Partzuf*, tal como lo verás en el contenido del libro.

Ya que por medio de la *Torá y Mitzvot* para otorgarle contentamiento al Creador, los *Kelim* merecen y logran gradualmente el deseo de otorgar que llega en esos niveles, de nivel en nivel, hasta que alcanzan la equivalencia de forma completa con el Creador, y entonces se ve realizado en ellas el Pensamiento de la Creación, que es recibir todo el placer, la delicadeza y la benevolencia que Él pensó para ellos.

Y además de todo eso, reciben el premio mayor, ya que adquieren también un verdadero *Dvekut* con el Creador por medio de la fuerza que adquirieron del deseo de otorgar, tal como su Creador.

9) De ahora en adelante no será difícil entender las palabras del *Zóhar*, como lo aclaramos anteriormente, que todos los mundos superiores e inferiores y todo lo que existe en ellos fue creado solamente para el hombre. Porque todos estos niveles y estos mundos fueron creados para complementar en las almas la medida de *Dvekut* que les faltaba desde el Pensamiento de la Creación, como ya lo aclaramos.

Puesto que al principio se restringieron y descendieron, nivel tras nivel y mundo tras mundo, hasta llegar a nuestro mundo material para conducir a las almas al cuerpo de este mundo, que es en su plenitud el deseo de recibir, como las bestias y los animales del campo. Como está escrito: "Cuando el hombre nace, es como una bestia salvaje" que es el asunto del deseo de recibir completo, en el cual no hay absolutamente ningún rasgo de otorgamiento de ninguna manera. Y entonces la persona se considera ser total y completamente opuesta al Creador, de manera que no existe mayor alejamiento que éste en lo absoluto.

Y luego, con la fuerza del alma que se viste en él, el hombre se ocupa de la *Torá y Mitzvot*, ya que entonces alcanza la forma de otorgamiento, como su Creador, poco a poco, por medio de los eslabones, de abajo hacia arriba, atravesando por todos los discernimientos por los que descendieron en su deslizamiento desde arriba hasta abajo, que consiste solamente en la medida y el alcance de la forma del deseo de otorgar.

Y puesto que cada nivel superior significa que está más alejado del deseo de recibir y más cerca solamente al otorgamiento, hasta que alcanza a estar todo él en otorgamiento, y no desea recibir nada para sí mismo. Entonces el hombre completa su *Dvekut* verdadero con el Creador, porque fue creado sólo para esto. Ya que todos los mundos y todo lo que en ellos hay, fue creado sólo para el hombre.

10) Y ahora luego que lograste entender y saber todo esto, ya les está permitido estudiar ésta sabiduría sin ningún miedo de su realización, Dios no permita. Ya que los que analizan se confunden mucho, por el hecho de que por una parte ha sido dicho que todo, las Diez *Sfirot* y los *Partzufim*, desde el principio de las diez *Sfirot de Atzilut* hasta el fin de las diez *Sfirot de Asiyá*, son Divinidad y unidad perfecta.

Por otro lado se dice que todos esos mundos son generados y llegan después del *Tzimtzum*. ¿Cómo es posible concebir tal cosa de la Divinidad? Y también están los números y *Arriba* y *Abajo*, etc., y otros cambios y ascensos y descensos y copulaciones. Pero está escrito: "Yo, *HaVaYaH*, no he cambiado", etc.

11) De lo que ha sido aclarado ante nosotros, queda entendido que todos esos ascensos y descensos y *Tzimtzumim* (restricciones), y el número, son considerados solamente con respecto a los *Kelim* de los receptores, que son las *Neshamot* (almas).

Y hay que discernir en ellos el potencial y la acción, -como cuando una persona edifica una casa- el acto final está en el pensamiento inicial. A pesar de que la cualidad de la casa que tiene en su pensamiento no tiene ninguna similitud con la casa que tiene que realizarse, ya que mientras la casa es un pensamiento, es un concepto espiritual, es la materia del pensamiento, y se considera que es el material de la persona que piensa, ya que entonces la casa es simplemente "potencial". Pero luego, cuando comienza el trabajo de construcción de la casa en la actualidad, ya recibe una forma material completamente distinta; es decir, su materia está compuesta de árboles y de piedras.

También debemos discernir en las almas lo potencial y la acción, ya que se trata del aspecto de sus emanaciones desde la perfección del Creador hasta convertirse en almas "en acto", comenzando sólo en el mundo de *Briá*, y su inclusión en el mundo de *Ein Sof* antes del *Tzimtzum* con respecto al pensamiento de la creación, tal como ha sido aclarado en el ítem 2, [lo cual] se refiere solamente al "potencial" sin ninguna manifestación real en lo absoluto.

En este sentido, se dice que todas las almas estaban incluidas en la *Maljut* de *Ein Sof*, que se llama el punto medio, ya que este punto está incluido del potencial de todos los *Kelim* de las almas que saldrán a su realización en "acción" desde el mundo de *Briá* hacia abajo. Y el asunto del primer *Tzimtzum* ocurrió solamente en este punto medio; es decir, sola y exactamente en ese discernimiento y medida considerada como el "potencial" de las almas futuras, y para nada en sí mismo.

Y sabe que todos los *Kelim* de las *Sfirot* y los mundos, hasta el mundo de *Briá*, que descienden y emanan de este punto, o por motivo del *Zivug de Akaá*, llamado *Or Jozer*, también son considerados solamente "potencial", sin ninguna esencia de las almas. Sino que esos cambios fueron destinados a realizarse en el futuro, en aquellas almas cuya esencia comienza a emanar desde el mundo de *Briá* hacia abajo, porque allí todavía no ha emanado la esencia del Creador.

12) Te lo ilustraré en términos de este mundo. Por ejemplo, una persona que se cubre y se oculta en todo tipo de vestiduras para que su amigo no lo vea y no lo sienta. ¿Se podría concebir acaso que él mismo es afectado en algo por causa del ocultamiento realizado por la cantidad de vestiduras que lo encubren?

Así por ejemplo el *Ein Sof* el cual nosotros llamamos por los nombres de **Kéter, Jojmá, Biná, Jésed, Gvurá, Tifféret, Nétzaj, Hod, Yesod y, Maljut,** son solamente diez coberturas en las cuales el *Ein Sof* se encubre y se oculta. Y las almas que han sido destinadas a recibir de Él en el futuro, estarán obligadas a recibir de Él en la misma medida que el *Ein Sof* ha preparado para ellas, y se encuentran que los que reciben son activados por medio de este número que está en el *Ein Sof,* y no por Su Luz en lo absoluto, puesto que es única y no cambia.

No así los que reciben que se dividen en diez niveles de acuerdo a las propiedades de estos nombres. Es más, incluso aquellos aspectos de los encubrimientos que nombramos, no se encuentran en dicha medida, sino desde el mundo de *Briá* hacia abajo, puesto que solamente allá ya se encuentran las almas que reciben de esas diez *Sfirot*. En tanto que en los mundos de *Adam Kadmón* y *Atzilut* no existe ninguna realidad ni siquiera de las almas, ya que allí éstas se encuentran solamente en forma potencial.

Por tal razón el asunto de los diez encubrimientos de los cuales se habla con respecto a *Ein Sof* dominan solo en los tres mundos inferiores que se llaman *Briá*, *Yetzirá* y, *Asiyá*. Aunque también en los mundos de *BYA* las diez *Sfirot* son consideradas como Divinidad hasta el fin de *Asiyá*, verdaderamente como en *AK* y *BYA* antes de la restricción.

Solamente que la diferencia está en los *Kelim* de las diez *Sfirot*, puesto que en *AK* y en *Atzilut* aún no tienen ni siquiera la revelación del dominio, ya que están allá únicamente en la forma de "potencial", y sólo en *BYA* los *Kelim* de las diez *Sfirot* comienzan a manifestar el potencial del ocultamiento y del encubrimiento que hay en ellas. No obstante en la luz que está en las diez *Sfirot* no hay ningún cambio por causa de esos encubrimientos, tal como lo aclaramos anteriormente según lo que está escrito en la alegoría: *"Yo, HaVaYaH, no he cambiado"*.

13) Y ni qué preguntar, en vista que en *AK* y *Atzilut* no existe aún ninguna revelación de la cualidad de las almas de los que reciben, entonces ¿de qué sirven esos *Kelim* que se llaman *Eser Sfirot* (las Diez *Sfirot*), y a quién ocultan y encubren en esas medidas?

Eso tiene dos respuestas:

1. Que esa es la forma del descenso, tal como lo podrán encontrar en el contenido del libro; y,

2. Que incluso las almas que en el futuro recibirán de esas diez *Sfirot* que se encuentran en *AK y Atzilut*; es decir, por medio del ascenso de los tres mundos de *BYA* hacia ellos (como está escrito luego, en el artículo 163 de "La Introducción a la Sabiduría de la Cabalá"). Por lo tanto, debemos discernir también en *AK y Atzilut* estos cambios que ocurren en las diez *Sfirot*, de acuerdo a lo que iluminarán a las almas cuando éstas asciendan allá con los mundos de *BYA*, porque entonces recibirán de acuerdo al nivel de esas diez *Sfirot*.

14) Ha sido plenamente aclarado que el asunto de los mundos y el inicio y los cambios y el número de eslabones, etc., todo esto fue solamente con respecto a los *Kelim* que otorgan a las almas y las ocultan y las miden para que puedan recibir de la luz de *Ein Sof* en ellas, de acuerdo a su nivel, y no efectúan ninguna impresión en la Luz de *Ein Sof*, ya que los encubrimientos no tienen ningún efecto en Quien los realiza, sino solo en el segundo, el que quiere sentirlo y recibir de Él, como ya aclaramos.

15) Y en términos generales, debemos discernir en las *Sfirot* y los *Partzufim*, en cualquier lugar donde se encuentren estos tres discernimientos: *Atzmutó* (Su esencia), *Kelim* (vasijas), y *Orot* (luces).

Ya que en Su Esencia no tenemos ni el pensamiento de su percepción, y en los *Kelim* siempre existen los dos discernimientos opuestos el uno al otro, pues ellos son el ocultamiento y la revelación. [Esto es así] porque el asunto del *Kli* desde un principio encubre a Su Esencia, de manera que estos diez *Kelim* que están en las diez *Sfirot*, son diez niveles de ocultamiento.

Sin embargo cuando las almas reciben para estos *Kelim* con todas las condiciones que hay en ellas, entonces estos ocultamientos se convierten en revelaciones: en el logro de las almas. Ya que las vasijas incluyen dos discernimientos opuestos el uno al otro, pues estos son uno. Esto se debe a que la medida de revelación que hay en el *Kli* es en realidad igual a la medida del ocultamiento que existe en ella, y mientras más gruesa sea la vasija; es decir, que oculta más a Su Esencia; revela también un nivel más alto. Ya que estos dos opuestos son uno.

Y el asunto de las Luces en las *Sfirot* significa el mismo nivel que merece la revelación del alcance de las almas. Porque todo se extiende desde Su Esencia y aún así, no hay ningún alcance en Él, sino solamente en las cualidades de los *Kelim*, tal como ha sido indicado anteriormente. Por lo tanto, necesariamente existen diez Luces en esos diez *Kelim*; es decir, diez niveles de revelación hacia los que reciben en las propiedades de esos *Kelim*.

De tal manera que no se debe diferenciar entre Su Luz y Su Esencia solamente en ese sentido, ya que en Su Esencia no existe el logro de su percepción, excepto aquello que nos llega de Él por medio de su vestidura en los *Kelim* de las *Diez Sfirot*, y en este aspecto todo aquello que alcanzamos lo llamamos con el nombre de Luces.

Cabalá -
La Conducción de los Mundos

Prefacio a la "Apertura de la sabiduría de la Cabalá"

Introducción a la Sabiduría de la Cabalá

1) Está escrito en *El Libro del Zóhar*: *Todos los mundos, los Superiores y los inferiores, se encuentran dentro del hombre*[25], y toda la realidad fue creada sólo para el hombre. ¿Entonces, por qué nos sentimos diferentes? Sentimos que estamos dentro de la realidad, y no que esa realidad está dentro de nosotros. Además, ¿Por qué este mundo no es suficiente para nosotros? ¿Por qué necesitamos los Mundos Superiores?

2) La razón de la creación de la realidad es **el deseo del Creador de beneficiar a sus creaciones**. Por lo tanto, el Creador creó al creado con una naturaleza de querer disfrutar lo que el Creador desea otorgarle. El Creador está por encima del tiempo y del espacio; Su Pensamiento opera de la misma manera que el acto mismo. Por lo tanto, cuando Él deseó y contempló crear las creaciones, para llenarlas con los deleites, las criaturas fueron creadas inmediatamente, plenas con todos los placeres que habían recibido del Creador. Solamente que no sentimos ese estado, pues se trata simplemente de nuestra raíz a la cual debemos llegar, de acuerdo con el diseño de la creación.

Al crear la secuencia de los mundos[26] desde el mundo de *Ein Sof* (Infinito) hasta este mundo, el Creador apartó al creado de Sí mismo hasta el estado más bajo. Es importante comprender por qué hizo eso. ¿Este acto demuestra la imperfección en sus acciones?

El *ARI* responde a esta pregunta en el libro *El árbol de la vida*, [diciendo que es]: "Para revelar la perfección de Sus actos", de manera que los creados se perfeccionarán y alcanzarán el nivel del Creador, que es la única perfección verdadera. Para ayudarlos, el Creador creó la escalera de los mundos. Las almas descienden por esta escalera al nivel más bajo, en donde se visten en cuerpos materiales de este mundo. Entonces a través del estudio de la Cabalá, las almas mismas empiezan a ascender y subir por esa escalera por la que habían bajado, hasta que retornan al Creador.

---

25 (N. del E.): El estudiante ha de tomar en cuenta que ninguno de los nombres utilizados en el lenguaje de la Cabalá son referentes a aspectos o cualidades naturales correspondientes a éste mundo material, sino que todas hacen alusión a aspectos espirituales, por lo tanto al momento de estudiar acerca de éstos, se deberá evitar hacer una imagen corporal de dichos aspectos.
26 (N. del E.): La palabra hebrea עולם/*Olam* que significa Mundo, proviene de la palabra העלמה/*Haalamá* que significa Ocultación.

3) El alma está incluida de Luz y *Kli*. La Luz del alma viene del Creador, dentro de Su Esencia. A través de esta Luz el *Kli* del alma fue creado, ya que se trata del deseo para recibir la Luz, el dese por disfrutarla. Por lo tanto, el *Kli* se ajusta perfectamente a la Luz que viene a llenarlo.

La Luz es una parte del Creador. El alma es de hecho el *Kli* y por eso solamente el *Kli* es considerado como una creación, siendo creado de la ausencia,; es decir, que quiere decir que no había ningún deseo antes de que el Creador decidiera crearlo. Y debido a que el Creador deseaba dar el placer perfecto a este *Kli*, tal como es lo apropiado en Él, creó este *Kli*, es decir el deseo de recibir inconmensurable, de acuerdo a la medida de la Luz (el placer) que Él quiso darle.

4) La creación es la renovación, algo que no hubo antes, y esta renovación es llamada "*Yesh MeAin*" (existencia a partir de la ausencia). Pero si el Creador es completo, ¿cómo es que algo no podría estar incluido en Él? De lo que ya ha sido dicho, está claro que antes de la creación no había deseo de recibir en el Creador, ya que el Creador es completo y desea solamente otorgar. Por lo tanto, lo que no está en Él, y debería ser creado, es solamente el deseo de recibir el placer de Él.

El deseo de recibir es el todo de la realidad. Por lo tanto, la única diferencia entre los elementos de la realidad está en la medida del deseo de recibir en cada elemento, y dos elementos no contienen el mismo deseo.

5) No existe ningún cuerpo físico en la espiritualidad. El mundo espiritual es un mundo de deseos, fuerzas "primarias", desprovistas de cualquier tipo de vestidura material. Por lo tanto, todas las palabras empleadas en la sabiduría de Cabalá son en realidad las denominaciones del deseo de disfrutar, o sus impresiones del llenado de la Luz dentro de éste.

El Creador es el deseo de otorgar, y el creado es el deseo de disfrutar el otorgamiento del Creador. Si el creado disfruta sólo porque el Creador disfruta de su recepción, tal acto es considerado otorgamiento, de acuerdo con su intención, y no como un acto de recibir. Así, se considera que el deseo del Creador y el deseo del creado son iguales, sin nada que los separe.

Por esto, conforme a la ley espiritual de equivalencia de forma, como resultado de igualar sus cualidades (deseos), se convierten en uno solo. En ese estado, no son dos deseos idénticos

sino que son literalmente uno. Ese estado espiritual se denomina: "equivalencia del forma" o *Dvekut* (adhesión).

Sin embargo, si no tienen el mismo deseo, la misma intención, no tienen el mismo objetivo y están separados. Debido a que tienen diferentes cualidades (deseos), son dos y no uno. En la espiritualidad ese estado se llama, "disparidad de forma".

La medida de la equivalencia de forma entre el Creador y el creado determina su cercanía así como la medida de la disparidad de forma determina el distanciamiento uno del otro. Al comienzo, el deseo de otorgar del Creador y el deseo de recibir del creado son iguales, ya que el deseo de recibir del creado nació del deseo de otorgar del Creador. Y por lo tanto:

- Si todos sus deseos (intenciones) son los mismos, son uno,
- Si todos sus deseos (intenciones) son opuestos, están tan lejanos como dos extremos,
- Si de todos los deseos (intenciones), tienen solamente un deseo común, entonces se están tocando a través de ese deseo común,
- Si algunos de los deseos (intenciones) son similares, están tan alejados o cercanos a la medida de su equivalencia de forma o disparidad de forma.

6) No tenemos ningún alcance del Creador Mismo, en Su Esencia, ya que alcanzamos solamente la sensación de la Luz en el *Kli*, el llenado en nuestro deseo. Y lo que no alcanzamos no podemos nombrar por ningún nombre, ya que asignamos los nombres de acuerdo a nuestras impresiones del llenado. Por lo tanto, no podemos pronunciar ni una sola palabra o atribuir algún nombre a Su Esencia. Todos nuestros nombres y denominaciones con respecto al Creador son solamente los reflejos de lo que sentimos hacia Él.

Podemos sentirlo y sentir Sus acciones sólo en la medida de la equivalencia de forma (deseo, intención) con Él. Por lo tanto, en la medida en que somos similares al Creador, en esa misma medida sentimos Sus deseos y acciones, y nombramos al Creador en consecuencia. Cuando los sentimos, podemos nombrarlo de acuerdo a lo que sentimos de Él. A esto se le dice: "Por Tus actos Te conoceremos".

7) Los cabalistas son personas que están viviendo en este mundo y se conectan al Creador de acuerdo a su medida de la equivalencia de forma mientras vive en este mundo. Los mundos son las diferentes medidas de la sensación del Creador. Un "mundo" es la medida de la revelación u ocultación del Creador hacia los creados; y la ocultación completa se llama "este mundo".

El comienzo de la sensación del Creador es la transición entre este mundo y el mundo espiritual. La transición en sí misma se llama el *"Majsom"*(barrera). Hay 125 grados de revelaciones de las partes del Creador hacia los creados entre la ocultación y la revelación completa. Estas partes se llaman *"Olamot"* (mundos).

Los cabalistas ascienden a los mundos espirituales corrigiendo sus deseos (intenciones). Ellos nos cuentan, de acuerdo a los escritos u oralmente, que el Creador tiene solamente el deseo de otorgar el bien, habiendo creado todo, para darnos toda Su abundancia. Debido a esto es que nos creó con un deseo de recibir, para que podamos recibir lo que desea darnos.

El deseo de recibir para nosotros mismos es nuestra naturaleza misma. Pero en esta naturaleza somos opuestos a la forma del Creador, ya que el Creador es solamente deseo de otorgar y no posee deseo de recibir. Por lo tanto, si nos quedamos en el deseo de recibir para nosotros mismos, nos quedaremos para siempre alejados del Creador.

Los cabalistas nos dicen que el propósito del Creador es conducir a toda la creación hasta Él, y que Él es la bondad absoluta. Por esta razón, Él desea otorgar a todos. También dicen que la razón de la creación de los mundos es que el Creador debe estar completo con todas Sus acciones y fuerzas. Y si Él no realiza Sus fuerzas en acciones completas, se considera que en apariencia Él está incompleto.

¿Pero cómo es posible que desde el principio del Creador perfecto hayan salido acciones imperfectas, al grado en que sus acciones requieran corrección por medio de los creados? ¡Nosotros somos sus acciones! Si debemos corregirnos nosotros mismos, ¿no quiere decir que Sus acciones son imperfectas?

El Creador creó sólo el deseo de recibir, el cual es llamado "el creado". Pero cuando la criatura recibe lo que el Creador desea otorgarle, se separa del Creador, pues el Creador es el que da y la criatura es quien recibe, y por esto son contrarios. En la espiritualidad la equivalencia de forma es determinada por la equivalencia de los deseos (cualidades, intenciones). Y si la criatura permanece separada del Creador, el Creador tampoco estará completo, ya que las operaciones perfectas provienen de un operador perfecto.

Con el fin de darle al creado la posibilidad de lograr la perfección por su propia y libre elección, el Creador se restringió a Sí mismo, a Su Luz, y creó los mundos, *Tzimtzum* tras *Tzimtzum*, hasta este mundo. Aquí, el hombre está totalmente subordinado al deseo de disfrutar, pero no para disfrutar de la Luz de Dios, sino más bien de la vestidura corporal que lo recubre. Toda la humanidad se está desarrollando a través del deseo de placer que experimentan los animales, así como a través de los deseos por la riqueza, el honor, el dominio, y el conocimiento, hasta que el Creador introduce un deseo de disfrutar algo desconocido dentro de estos deseos, algo que está más allá de las vestiduras de este mundo.

El nuevo deseo impulsa al hombre a buscar el llenado hasta que llega al estudio de la Cabalá. Durante el estudio, empieza a comprender la intención del Creador hacia él. En ese estado, no estudia para recibir conocimiento sino para atraer hacia él la Luz que reforma ("Introducción al estudio de las diez *Sfirot*", ítem 155).

A través de esa Luz una persona empieza a corregir sus deseos. En total, el hombre tiene 613 deseos los cuales generalmente son llamados *Guf* (cuerpo). La corrección de los deseos se realiza empleando cada deseo con la intención de otorgar al Creador, igual que el Creador otorga a hombre.

La corrección de cada deseo y la recepción de la Luz dentro de él, se llama "cumplir una *Mitzvá*" (precepto). La Luz que una persona recibe dentro del deseo común corregido se llama "*Torá* (Instrucción, enseñanza)". Y la Luz que corrige los deseos del hombre es el medio a través del cual el creado obtiene su perfección (ver "Recorriendo el sendero de la verdad").

La perfección radica en que el creado obtenga la equivalencia de forma con el Creador por sí misma. Esto se debe a que en ese momento es digno de recibir todo el deleite y el placer incluido en el Pensamiento de la Creación. En otras palabras, disfruta la Luz y el estado del Creador Mismo, ya que ha logrado la equivalencia de forma en los deseos y pensamientos.

Resulta que solamente a través del estudio de la Cabalá la persona puede corregirse a sí misma y alcanzar la meta para la cual el hombre fue creado. Esto es lo que todos los cabalistas escriben. La única diferencia entre los libros sagrados (la *Torá*, los Profetas, los Escritos, la *Mishná*, el *Talmud*, etc.) radica en la intensidad de la Luz dentro de ellos, misma que puede corregir a una persona. La Luz en los libros de Cabalá es lo más importante; es por esto que los cabalistas recomiendan específicamente estudiarlos.

"No hay ninguna otra manera para que el pueblo logre el ascenso espiritual y la redención excepto a través del estudio de la Cabalá, el cual es una manera fácil y accesible. Sin embargo, solamente unos cuantos pueden llegar a la meta usando otras partes de la *Torá*".

-Rav Yehuda Ashlag, "Introducción al estudio de las diez *Sfirot*", Ítem 36

"El alcance empieza con la sabiduría de lo oculto, y sólo entonces se alcanzan las otras partes de la *Torá*. Al final, se alcanza la *Torá* revelada".

- El Gaón de Vilna (GRA), *Libro de las oraciones*

"La prohibición de estudiar Cabalá fue solamente por un tiempo limitado, hasta 1490. Pero desde 1540, se debe alentar a todas las personas a ocuparse del *Libro del Zóhar*, pues sólo a través del estudio del *Zóhar* la humanidad logrará su salvación espiritual y la llegada del Mesías. Por lo tanto, no debemos evitar el estudio de la Cabalá".

- Avraham Ben Mordejai Azulai, *Or HaJama (La luz del sol)*

"Ay de aquellos que no desean estudiar *El Zóhar*, porque así, causan la desdicha, la ruina, el saqueo, el asesinato y, la destrucción del mundo".

- El Libro del *Zóhar*, *Tikunei Zóhar (Correcciones del Zóhar)*, *Tikkún* No. 30

"El estudio del *Libro del Zóhar* está en lo alto y es preferible a cualquier otro estudio".

- *El JIDA*

"La redención y la venida del Mesías dependen solamente del estudio de la Cabalá".

- *El Gaón de Vilna (GRA), Even Sheleima (Una pesa perfecta)*

"No hay ninguna limitación en el estudio del *Zóhar*".

- *El Jafetz Jaim*

"Si mis contemporáneos me prestaran atención, estudiarían *El Libro del Zóhar* a la edad de nueve, y adquirirían el temor del cielo en lugar de conocimientos superficiales".

- Rav Itzjak Yehuda Yehiel de Komarno, Notzer Jésed (Manteniendo la piedad)

"Llamo a cada persona a dedicar tiempo al estudio de la Cabalá todos los días, de esto es lo que depende la purificación de las almas".

- Rav Itzjak Kaduri

"En el futuro, solamente por los méritos del *Libro del Zóhar* los niños de *Israel* serán redimidos del exilio".

- El Libro del Zóhar, Parashat Nasó

(Hay muchos más pasajes como estos en el capítulo: "*Los* cabalistas *escriben sobre la sabiduría de Cabalá*").

8) Existe un "poder" en el estudio de la *Torá y Mitzvot*. Este poder es la fuerza espiritual que lleva a una persona a igualar su deseo con el deseo del Creador. Pero este poder aparece y actúa en una persona solamente cuando uno se ocupa de la *Torá y Mitzvot* con el fin de no recibir ninguna recompensa para sí mismo. En lugar de esto, trabaja sólo para otorgar satisfacción al Creador. Sólo bajo esa condición uno adquiere gradualmente la equivalencia de forma con el Creador.

La corrección de la equivalencia de forma del hombre con el Creador es gradual, y en general consta de cinco grados: *Néfesh, Rúaj, Neshamá, Jayiá y, Yejidá*. Cada grado es considerado un mundo, ya que si uno obtiene algún grado en el proceso de su corrección, siente la existencia del Creador de acuerdo a la medida de su corrección. Estas correcciones se llaman "mundos" porque revelan al Creador de acuerdo a la medida de la corrección de uno, y ocultan al Creador de acuerdo a los hasta ahora *Kelim* (los deseos) no corregidos, del total de los 613 deseos.

Resulta que uno recibe estos cinco grados en su camino de perfección de los cinco mundos: *Asiyá, Yetzirá, Briá, Atzilut* y, *Adam Kadmón*. Dentro de cada mundo están cinco *Partzufim*, y en cada uno de ellos cinco *Sfirot*, por lo tanto este es el total de 125 niveles en "la escalera de *Yaakov*" desde este mundo hasta la cima de la escalera.

Al observar la *Torá y Mitzvot* con el fin de dar satisfacción a su Hacedor, una persona es recompensada gradualmente con los *Kelim* del deseo de otorgamiento, grado por grado. Así, uno asciende por los peldaños, uno a la vez, y finalmente consigue la equivalencia de forma completa con el Creador. En ese momento el Pensamiento de la Creación se realiza en una persona, ya que este –es recibir el deleite completo y la completitud que el Creador había planeado para la persona. Adicionalmente a esto uno es recompensado con el beneficio más grande de todos, habiendo alcanzado *Dvekut* verdadero, por el hecho de haber logrado el deseo de otorgar tal como el Creador.

9) Ahora trataremos de comprender lo escrito arriba: "Todos los mundos, los Superiores y los inferiores, se encuentran dentro del hombre, y toda la realidad fue creada sólo para el hombre". Todos estos grados y mundos llegan solamente para complementar cada deseo en una persona con el propósito de otorgar, entonces el hombre adquirirá la equivalencia de forma con el Creador. Esta equivalencia de forma está ausente en el hombre debido a la naturaleza de su creación.

En el principio, los mundos estaban restringidos y los grados descendieron grado por grado y, mundo por mundo hasta nuestro mundo material, para llegar a un "cuerpo de este mundo". Éste es el nombre que la Cabalá atribuye al deseo de recibir para uno mismo. En el grado de "este mundo", una persona es como una bestia, ya que es incapaz de otorgar. En ese estado, el hombre es contrario al Creador y no hay una distancia más grande que esta.

Una persona que estudia Cabalá despierta sobre sí misma la "*Or Makif*" (Luz circundante) en proporción a su deseo por la espiritualidad. Esta es la Luz que existe fuera o alrededor de su *Kli*. La Luz circundante corrige el *Kli* de tal manera que su intención será con el fin de otorgar. La intención para otorgar al Creador y no a sí mismo convierte un acto de recepción en un acto de otorgamiento.

Conforme a su naturaleza el *Kli* mantiene un deseo de disfrutar, pero el objetivo cambia la esencia del acto de recepción a otorgamiento. Luego la Luz circundante puede ingresar al *Kli* corregido con el objetivo de otorgar al Creador. Es precisamente durante el estudio de la Cabalá que la Luz Circundante puede corregir los deseos de uno hasta que son dignos de recibirla como "*Or Pnimí*" (Luz interior).

Uno obtiene el deseo de otorgar gradualmente "desde Arriba hacia abajo", de un deseo pequeño, que es más fácil corregir, hasta el más grande, siguiendo el mismo orden por el que los grados se descolgaron de arriba hacia abajo. Todos los grados son la dimensión del deseo de otorgar. La escalera de los grados está organizada de tal manera que entre más elevado sea el grado, más apartado se encuentra del deseo de recibir para sí mismo, y el más próximo es el deseo de otorgar. Una persona adquiere gradualmente todos los grados del otorgamiento hasta que es recompensada con poseer sólo la aspiración de otorgar, sin ninguna recepción para sí misma.

En ese momento, una persona se encuentra completa en *Dvekut* verdadero con el Creador. Éste es el propósito de la creación, y el hombre fue creado sólo para eso. Es por esto que todos los mundos y todo dentro de ellos no fueron creados para sí mismos, sino solamente para ayudar al hombre a subir por la escalera de los grados. Cuando uno se corrige y está lleno con la Luz, el sistema entero de los mundos y todo lo que existe dentro de ellos está incluido en él.

10) Una persona que sabe y recuerda lo que se ha dicho aquí se le permite estudiar Cabalá sin ningún temor a materializarla. Es por esto que estudiar la sabiduría de la Cabalá sin la orientación correcta confunde al aprendiz. Por una parte, todas las *Sfirot* y *Partzufim* del mundo de *Atzilut* al mundo de *Asiyá* son la Divinidad completa, en la unión con el Creador, y por otro lado, ¿cómo puede haber cambios, ascensos, descensos, y *Zivuguim* (acoplamientos) en la Divinidad y la unión?

11) De lo que ha sido explicado, está claro que todos estos cambios -ascensos, descensos, restricciones y *Zivuguim* -son percibidos solamente con respecto a los *Kelim* de las almas que reciben la Luz. La realidad puede ser dividida en dos partes: potencial y en acto. Esto es similar a una persona que quiere construir una casa y ya tiene el plano de la casa en la mente. Sin embargo el plano de la casa no es como la casa construida, según el plano que resultó en hecho. Esto es porque la idea sobre la casa está hecha de la substancia conceptual y se encuentra en "potencia". Pero cuando la casa empieza a surgir del pensamiento a la acción, se convierte en una substancia diferente: en materia de ladrillos y madera.

De la misma manera debemos distinguir en las almas entre lo potencial y lo realizado: la salida de las almas que salen del Creador "en acción" comienza solamente desde el mundo de *Briá*. Por esta razón, todos los cambios y todo lo que existe antes del mundo de *Briá* es considerado el "potencial", sin que exista una diferencia real del Creador.

Esta es la razón del por qué se dice que todas las almas están incluidas en *Maljut de Ein Sof*, en el punto medio de la realidad, ya que este punto "potencialmente" contiene todo los *Kelim* de las almas que están destinadas a surgir en la realidad desde el mundo de *Briá* hacia abajo. Y el *Tzimtzum Alef* (primera restricción), también ocurrió en el punto medio, solamente en el "potencial" respecto a las futuras almas.

Con respecto a las almas, todo los *Kelim* de las *Sfirot* y los mundos que aparecen y cuelgan del punto medio, después del *Tzimtzum Alef* y hacia abajo al mundo de *Briá*, están solamente en potencia. Cuando las almas empiezan a aparecer de hecho, desde el mundo de *Briá* hacia abajo, solamente entonces los cambios en los niveles de los mundos las afectan.

12) Esto es similar a una persona que se esconde y se oculta con ropa y capas para así no ser visto o notado. Pero en sí mismo permanece como fue. Por lo tanto las diez *Sfirot*: *Kéter, Jojmá, Biná, Jésed, Gvurá, Tifféret, Nétzaj, Hod, Yesod y, Maljut*, son solamente diez capas que cubren al *Ein Sof* y lo ocultan de las almas.

La Luz de *Ein Sof* se encuentra en completo reposo; por lo tanto ilumina dentro de las cubiertas. Pero debido a que las almas reciben la Luz del *Ein Sof* a través de las cubiertas, estas sin embargo sienten como si hubiera cambios en la Luz. Por esta razón, las almas que reciben la Luz están divididas en diez niveles, también de acuerdo a la división de las capas.

Todas las capas son solamente del mundo de *Briá* hacia abajo, ya que sólo desde ahí hacia abajo están las almas que reciben de las diez *Sfirot* a través de las capas. En los mundos de *Adam Kadmón (AK)* y *Atzilut* todavía no hay presencia de las almas, ya que allí están solamente en potencia.

Aunque las diez capas en las diez *Sfirot* gobiernan solamente los mundos de *BYA -Briá, Yetzirá, Asiyá-* las diez *Sfirot* allí son consideradas de la Divinidad, tal como lo fueron antes del *Tzimtzum Alef*. La diferencia está solamente en los *Kelim* de las diez *Sfirot*: en *AK* y en *Atzilut* están en potencia; y desde *BYA* los *Kelim* de las diez *Sfirot* empiezan a descubrir su fuerza de ocultación y la cubierta. Esto es así aunque las cubiertas no ocasionan cambios en la Luz misma.

13) Esto plantea una pregunta: Si dentro de los mundos de *AK* y *Atzilut* todavía no hay revelación real de las almas que reciben la Luz de los mundos, ¿cuál es el propósito de los *Kelim* de *AK* y *Atzilut*, y hacia quién ocultan y cubren la Luz de *Ein Sof* de acuerdo con sus medidas? En el futuro las almas se elevarán a *AK* y *Atzilut*, junto con los mundos de *BYA*, y recibirán la Luz de estos. Por lo tanto, los cambios también ocurren en *AK* y *Atzilut* de acuerdo con las cualidades de las almas, ya que están destinados a iluminar las almas que se elevarán hacia ellos en el futuro.

14) Resulta que los mundos, las renovaciones, los cambios y, los grados, todos se relacionan solamente a los *Kelim*, los cuales otorgan a las almas y las adecuan para que puedan recibir la Luz del *Ein Sof*. Pero cuando las almas se elevan en los grados no producen ningún cambio en la Luz de *Ein Sof* misma, debido a que las cubiertas no afectan aquello que está cubierto, sino solamente a aquel que desea sentir lo que está cubierto, y recibir de ésta.

15) Hay que determinar en las Sfirot y en los *Partzufim*, un cualesquier lugar donde ellos estén, tres aspectos: Su Esencia, *Kelim* y, Luces.

1. En Su Esencia, los receptores no tienen ningún pensamiento o percepción.

2. En los *Kelim*, siempre hay dos discernimientos opuestos: La ocultación y la revelación. Primero, el *Kli* se oculta, de tal manera que los diez *Kelim* en las diez *Sfirot* son diez grados de ocultación. Pero después de que las almas reciben las mismas condiciones que en los *Kelim*, estas ocultaciones se convierten en revelaciones, en alcances de las almas. En ese estado, los dos discernimientos opuestos en los *Kelim* se vuelven como uno, ya que la medida de la revelación en el *Kli* en realidad es igual a la medida de ocultación en el *Kli*. Y entre más áspero es el *Kli*, cuando oculta más de su Su Esencia, descubre un nivel más Elevado.

3. Las Luces en las *Sfirot* son la medida específica que debe aparecer para el alcance de las almas. Aunque todo se extiende de Su Esencia, el alcance en la Luz es solamente en las cualidades del *Kli*. Por lo tanto, necesariamente hay diez Luces en estos diez *Kelim*; es decir, diez niveles de revelación. Por lo tanto, la Luz no puede distinguirse de Su Esencia, sino sólo en que no hay percepción o alcance en Su Esencia Y lo que se nos revela a nosotros es solamente lo que nos llega del Creador a través de Su vestidura en los *Kelim* de las diez *Sfirot*. Por lo tanto, nos referimos a cualquier cosa que alcanzamos con el nombre de "Luces".

Cuatro etapas en el desarrollo del *Kli*

Los cabalistas alcanzaron la espiritualidad y la plasmaron en los libros de Cabalá. Percibieron que la raíz de toda la realidad es una Fuerza Suprema a la cual llamaron *"Atzmutó"* (Su esencia), ya que no pudieron alcanzarla en sí misma. [Sin embargo] ellos tuvieron éxito en alcanzar, puesto que desde Su Esencia sale el pensamiento y la intención para crear a los creados, a fin de satisfacerlos. Ellos llamaron a ese pensamiento e intención "El Pensamiento de la Creación" o la "Luz Superior". Resultando de esto que, con respecto al creado la Luz es el Creador, ya que Su Esencia es inalcanzable. Por lo tanto tiene lugar la conexión Creador-creado en medio de la Luz Superior.

En resumen: La Luz emana de Su Esencia y desea crear un creado, a fin de deleitarlo llenándolo de placer. En otras palabras, el objetivo de la Luz es crear un creado que sienta la Luz como un placer. Es por esto que los cabalistas nombraron al creado con el nombre de "*Kli*" y, a la Luz con el nombre de "Llenado". La Luz que proviene de Su Esencia para crear a la criatura, es llamada *Bjinat Shóresh* (fase raíz), ya que es la raíz de toda la realidad. Esta Luz crea un deseo de disfrutar, y el deseo de disfrutar la Luz es llamado también "el deseo de recibir" la Luz.

La medida de placer depende solamente de la medida del deseo de recibirlo, tal como en nuestro mundo: se puede tener el estómago vacío, pero sin deseos de comer. Por lo tanto, el deseo es el *Kli* para el llenado, y sin el deseo no hay placer. No hay coerción en la espiritualidad, y el llenado es siempre solo según el deseo.

La Luz surge de Su Esencia, crea un *Kli* y lo llena. El placer experimentado en la criatura por la recepción de la Luz es llamado *Or Jojmá* (Luz de la sabiduría). El deseo nacido por la Luz que lo llena es llamado *Bjiná Alef* (La primera fase). Se le da ese nombre ya que éste es el primer aspecto del futuro *Kli*.

Sin embargo este deseo todavía no es autónomo ya que es creado por la Luz directamente. Un verdadero ser creado es aquel que quiere disfrutar toda la Luz emitida por el Creador mismo. En otras palabras, el deseo y la decisión de disfrutar la Luz deben provenir desde el interior del creado, en lugar de que sea el Creador quien los introduzca.

Para querer recibir la Luz, la criatura debe conocer primero la cantidad de placer que existe en la Luz. Por lo tanto, debe ser llenada de Luz para después sentir lo que es estar sin la Luz. En ese estado se crea en la criatura un verdadero deseo por la Luz.

Es similar a las situaciones que conocemos en la vida. Cuando se le ofrece a una persona una fruta que no conoce, al principio no siente ningún deseo de probarla. Pero una vez que la ha probado y experimenta el placer que proviene de esta fruta, si se la retira, empieza a ansiarla y a desear volver a experimentar el placer. Este antojo es el nuevo deseo que ha nacido en una persona, el cual uno siente como un deseo autónomo.

Por lo tanto es imposible desarrollar el *Kli* de una sola vez. Por el contrario, para que el deseo sepa qué disfruta, para que sienta que quiere disfrutar, el deseo debe atravesar por todo el proceso de evolución. En la Cabalá, esta condición se presenta como una ley: "**La expansión de la Luz** dentro del deseo de recibir **y su retiro** de allí, **hacen que el *Kli* sea apto para su propósito** de recibir toda la Luz y disfrutarla". Los estados de desarrollo del deseo son llamados *Bjinot* (fases), ya que son los nuevos escrutinios en el deseo de recibir.

Por lo tanto, una Luz que llena el *Kli* le da a éste, al mismo tiempo que el placer, su cualidad de otorgamiento. Y si bien el *Kli* disfruta de la Luz, descubre que desea otorgar, al igual que la naturaleza de la Luz que lo llena. La razón de esto es que el Creador intencionalmente dispuso que la Luz tuviera la capacidad de transmitir al *Kli*, junto con el placer, el deseo de otorgar.

Resulta que una vez que la Luz creó *Bjiná Alef* (la primera fase) y la llenó, ésta sintió que deseaba ser semejante al Creador. Y debido a que este era un nuevo deseo, fue un nuevo discernimiento, llamado *Bjiná Bet* (la segunda fase).

Bjiná Bet es un deseo de dar. El placer que siente de ser semejante al Creador se llama *Or Jasadim* (Luz de Misericordia). Por lo tanto vemos que *Bjiná Alef* es opuesto a *Bjiná Bet* en el sentido de que el deseo en *Bjiná Alef* es recibir, en tanto que el deseo en *Bjiná Bet* es dar. La Luz en *Bjiná Alef* es *Or Jojmá*, y en *Bjiná Bet* es *Or Jasadim*.

Cuando el deseo de recibir en *Bjiná Alef* empieza a disfrutar la Luz que lo llena, de inmediato percibe que es la Luz que da el placer y que el deseo (*Bjiná Alef*) es el receptor del placer. Por consiguiente, empieza a querer ser como la Luz misma, y no quiere recibir el placer, sino darlo de la misma manera que la Luz. Por esta razón, el deseo de recibir dentro de éste desaparece y se queda vacío de *Or Jojmá*, ya que el placer se percibido únicamente en el deseo.

El deseo de recibir no puede permanecer sin *Or Jojmá*, ya que *Or Jojmá* es su Luz de vida. Por ende, se ve forzado a recibir un poco de *Or Jojmá*. Así, este nuevo deseo, llamado *Bjiná Guimel* (la tercera fase) consta de dos deseos:

1. un deseo de ser semejante a la Luz; y,
2. un deseo de recibir un poco de *Or Jojmá*.

En ese estado el *Kli* siente dos luces: la Luz de *Jasadim* -en el deseo de otorgar- y Luz de *Jojmá*, en el deseo de recibir.

Cuando *Bjiná Guimel* recibe la Luz, siente que de sus dos Luces, la *Or Jojmá*, la Luz de vida, satisface su naturaleza. Entonces decide recibirla en su totalidad, y de este modo nace un nuevo deseo independiente de recibir ese placer, *Or Jojmá*. Éste es el mismo placer con el que el Creador desea llenar a la criatura.

Por lo tanto vemos que la Luz que surge de Su Esencia crea para sí mismo un *Kli* en cuatro pasos. Por lo tanto, este deseo final llamado *Bjiná Dálet* (la cuarta fase), es el único creado. Todas sus etapas precedentes son solamente las etapas de su desarrollo. A decir verdad, todo lo que existe en la realidad, además del Creador, es *Bjiná Dálet*. *Bjiná Dálet* es llamado *Maljut* (reino), ya que el deseo de recibir reina en éste.

Cuatro *Bjinot* (fases)

Bjiná Dálet (la cuarta fase) es el único creado. *Bjiná Dálet* está dividida en exterioridad, cuyas distintas partes son las *Sfirot*, *Partzufim*, mundos, nuestro mundo, lo Inanimado, Vegetativo y Animado; y en interioridad - las almas de las personas. La diferencia entre todas estas partes está sólo en la medida del deseo de recibir dentro de ellas.

Bjiná Dálet la cual ha sido llenada completamente con *Or Jojmá* es llamada "El mundo de *Ein Sof*", debido a que no hay fin a su deseo de recibir la Luz. *Bjiná Dálet* recibe la Luz a través de sus cuatro *Bjinot* previas: *Shóresh, Alef, Bet, Guimel*. Por lo tanto, está dividida internamente en cinco *Bjinot* del deseo de recibir: los deseos por las Luces en las *Bjinot* que la preceden, y el deseo por la Luz que viene a ella.

Las cuatro *Bjinot* **previas a** *Bjiná Dálet* **con cinco** *Bjinot* **dentro de ella**

Resumen: La Luz emana del Creador, es *Bjinat Shóresh*. La Luz crea un creado, la *Bjiná Dálet*, en cuatro etapas. La esencia del creado es el deseo de recibir placer. El placer es la sensación de la Luz dentro del deseo. *Bjiná Dálet* misma se divide en cuatro partes las cuales reciben la Luz de las *Bjinot* precedentes. *Bjiná Dálet*, que está llena de *Or Jojmá*, se llama "el mundo de *Ein Sof*". Las partes de *Bjiná Dálet* se llaman "Almas" y "Mundos". Los mundos contienen *Partzufim, Sfirot*, y todo lo demás menos las almas.

Tzimtzum Alef, Masaj, Partzuf

Cuando *Or Jojmá* llena el deseo de recibir en *Bjiná Alef*, le entrega al deseo de recibir su naturaleza - el deseo de otorgar. Esta es la razón por la cual en su extremo, es decir una vez que sintió la naturaleza de la Luz que la llena, cambió su deseo de querer recibir a querer otorgar.

También en *Bjiná Dálet* luego de que partió de *Bjiná Guimel* y fue llenada con su Luz, la cual es también *Or Jojmá*, la Luz actúa de tal manera que empezó a querer otorgar, igual a la naturaleza de la Luz dentro de ella. Por lo tanto, el deseo de recibir desapareció de *Bjiná Dálet*.

¿Por qué cuando *Or Jojmá* llena al *Kli* le da a este un deseo de otorgar? Se debe a que el *Kli* siente no sólo el placer de la Luz sino también el deseo del que da. El Creador hubiese podido crear un *Kli* que no lo sintiera como el Dador, sino que sintiera solamente el placer de la recepción. En nuestro mundo, esto es lo que las personas sienten cuando su deseo de recibir todavía no está desarrollado, tal como el de los niños, de las personas incultas o mentalmente perturbadas.

Cuando un niño crece se avergüenza de recibir. En el hombre, esta impresión está tan desarrollada que uno preferiría cualquier dolor del mundo entero al sufrimiento de la vergüenza. El Creador creó esta cualidad en nosotros deliberadamente, para que **a través de ella podamos elevarnos por encima de nuestra naturaleza**, que es el deseo de recibir.

Para estar avergonzado y sentir sufrimiento al recibir, la persona debe sentir que está recibiendo. Esto es posible sólo si se siente que el Dador existe, solamente si se siente al que da. Si no puedo sentir al anfitrión, no me sentiré avergonzado. Pero si el anfitrión se encuentra frente a mí me sentiré avergonzado. No puedo recibir directamente porque tendría que relacionarme con él. Sentiría que debo entregar algo a cambio de recibir de él. En tal caso, ya no estaría recibiendo sino que estaría intercambiando lugares con él y me convertiría en el que da, ya que entonces él también estaría recibiendo de mí.

La sensación del Creador despierta en *Maljut* unos sufrimiento tan grandes por causa de la recepción, hasta que ella decide no empleará nunca su deseo de recibir por la recepción del placer para sí misma. Esta decisión de *Maljut* de "no recibir Luz para sí misma" se llama "*Tzimtzum*". El nombre *Tzimtzum Alef* indica que esta operación ocurre por primera vez.

Por lo tanto *Maljut* dejó de recibir Luz y con esto dejó de ser un receptor, pero todavía no estaba dando algo al Creador; todavía no llenaba su deseo de querer llegar a ser como la Luz, el dador del placer. Al no recibir el placer del Creador *Maljut* no obtuvo la equivalencia de forma. Por lo tanto, vemos que el acto de *Tzimtzum Alef* no fue una meta, sino un medio para adquirir la capacidad de dar.

El propósito del Creador en la creación fue para que *Maljut*, el ser creado, reciba los placeres. El Pensamiento de la Creación es constante y absoluto. Por lo tanto, el Creador, la Luz, continuó presionando a *Maljut* para recibirla. *Maljut* [por su parte], percibió que el acto de la restricción no era suficiente para alcanzar el acto del otorgamiento. Sin embargo, ¿cómo es que el creado, cuya única cualidad es recibir, puede darle al Creador de la misma forma como Él lo hace?

Percibiendo las cualidades de las nueve Superiores dentro de ella -las cualidades del Creador que siente en su interior, que para ella constituyen la actitud que tiene el Creador hacia ella- *Maljut* empieza a entender cómo puede llegar a otorgar al Creador. Y decide que si recibe la Luz y la disfruta sólo porque el Creador disfruta de su deleite, su recepción sería equivalente al otorgamiento. La recepción del placer por el receptor con el fin de beneficiar al dador convierte un acto de recepción en uno de otorgamiento. Por lo tanto, si *Maljut* recibe toda la Luz (el placer) que el Creador ha preparado para ella, ella Le estaría dando, de la misma manera como Él le está dando a ella.

Tomemos, por ejemplo a un visitante que ha sido invitado. El anfitrión agasaja al invitado con comida, ofreciendo precisamente la cantidad y el sabor que el invitado desea (el deseo está en perfecta armonía con la Luz, en sabor y cantidad, ya que la Luz-placer creó el *Kli*-deseo, de conformidad consigo misma). A pesar de todo, aunque el invitado tenga hambre, la presencia del anfitrión le causa tal vergüenza que le impide recibir. La vergüenza proviene de la sensación de sí mismo como receptor, y del anfitrión como quien da. Y la vergüenza es tan fuerte que ya no puede recibir.

Pero, la súplica del anfitrión para que coma, pues Él ha preparado todo para él, persuade al invitado de que el anfitrión disfrutaría si él acepta. Entonces, le parece al invitado que si él recibiera el placer, después de haberlo rechazado en varias ocasiones, esta recepción sería considerada como si él estuviera dando y beneficiando al anfitrión. Por tal razón, el invitado se convertiría en quien da, y el anfitrión en receptor.

En Cabalá, el hambre, el deseo de recibir el deleite y el placer, se llama *Kli*. El placer que proviene del Creador se llama *Or Yashar* (Luz directa). La fuerza que repele el placer que viene del Creador se llama *Masaj* (pantalla). La Luz que el *Masaj* repele se llama *Or Jozer* (Luz retornante).

Al usar la fuerza del *Masaj* que es el poder de resistir la auto-satisfacción a fin de complacer al Creador, el *Kli* puede resistir su propia voluntad de recibir. Podemos entender que el *Kli* rechaza la Luz, pero es más acertado decir que el *Kli* se niega a usar el deseo de disfrutar para sí mismo. El *Kli* no puede devolver la Luz al Creador; sólo puede cambiar su intención. La meta creada en el *Kli* que es complacer al Creador se llama *Or Jozer*. *Or* es otro nombre para el placer. *Or Yashar* es el placer que el Creador desea dar a la criatura, en tanto que *Or Jozer* es el placer que la criatura desea otorgar al Creador.

Una vez que el *Kli* (el invitado) tiene la certeza de que no recibe (disfruta) para sí mismo, examina la intensidad de su *Or Jozer* (la medida de su deseo de otorgar placer al Creador, al Anfitrión), y decide recibir la abundancia que viene por medio de *Or Yashar* (los platillos delicados y los deleites que el Anfitrión está impartiendo), pero únicamente en la medida que pueda recibir para complacer al Creador (al Anfitrión).

Los cabalistas son personas que sienten la Luz que emana del Creador y todas sus acciones. Sin embargo cuando escriben acerca de la espiritualidad, transmiten sus sensaciones en un lenguaje que emplea términos y definiciones "técnicos". Por lo tanto, sólo si el lector tiene un *Masaj* y la fuerza de la que los libros hablan, [solamente así] podrá "traducir" las palabras en sentimientos, al realizar en sí mismo las mismas acciones sobre las que lee.

La Luz viene directamente del Creador (por eso es llamada *Or Yashar*) y desea vestirse dentro del *Kli*. Pero se encuentra con el *Masaj*. El *Masaj* repele la Luz (se niega a recibirla para recibir), cumpliendo así la condición de *Tzimtzum Alef* de no recibir para sí mismo. Una vez que el *Kli* tiene la certeza de que no recibirá para sí mismo, calcula (con la ayuda del el *Masaj*) cuánto puede recibir con el fin de otorgar (para complacer al Creador). La sensación en la Luz y la decisión de cuánto recibir se toma antes de recibirla. Por esta razón, esta parte en el *Kli* se llama *Rosh* (cabeza). El lugar del cálculo, donde el *Masaj* se ubica, es llamado *Pe* (boca).

A partir de la decisión en el *Rosh*, el *Kli* recibe la Luz en el *Toj* (interior). El *Toj* es la parte del *Kli* en el que la recepción de Luz (la sensación de placer dentro del deseo de disfrutar) ocurre de facto. *Or Jojmá* (el placer) se recibe con el fin de complacer al Creador de esta manera. Este propósito se llama *Or Jasadim* (Luz de la Misericordia). En el lenguaje de la Cabalá, *Or Yashar* se viste en *Or Jozer*, y *Or Jojmá* se viste en *Or Jasadim*.

El *Kli* puede recibir solamente una pequeña porción de la Luz que viene del Creador, ya que el *Masaj* no tiene el poder de recibir toda la Luz. Por lo tanto, una parte (de los deseos) del *Kli* se llena y una parte se queda vacía. La parte que se queda vacía es llamada *Sof* (final, conclusión). Por lo tanto vemos que el creado consta de tres partes: *Rosh*, *Toj* y, *Sof*. Juntas, se llaman el *Partzuf* (Rostro). El *Guf del Partzuf* (todos sus deseos) se divide en *Toj*, la parte que recibe, y *Sof*, que se queda vacía.

- El límite en el *Guf* del *Partzuf*, donde la recepción de la Luz termina, es llamado *Tabur* (ombligo).

- La parte de la Luz que se recibe dentro del *Partzuf* se llama *Or Pnimí* (Luz interior).

- La parte de la Luz que se queda fuera del *Kli* es llamada *Or Makif* (Luz circundante).

- A través del *Masaj*, *Or Yashar* se divide en *Or Pnimí* y *Or Makif*.

Maljut está incluida de cinco *Bjinot* (fases, aspectos). El *Masaj* determina cuánto recibir en cada *Bjiná*. Cada *Bjiná* se divide en una parte que recibe y una parte que no recibe. Por lo tanto, hay cinco *Bjinot* en el *Toj*, y cinco *Bjinot* en el *Sof*.

Resumen: Cuando la Luz corrige el *Kli*, le da a éste el deseo del Creador. Esto, de hecho, es de lo que carecemos, ya que la Luz (la Luz circundante que evocamos durante el estudio, si nuestro deseo es lograr el propósito de la Creación) viene a corregirnos para que queramos que nuestras acciones sean como las del Creador (otorgar). Esta es la singularidad del estudio de la Cabalá, y esta es también su importancia. El estudio evoca la Luz circundante que corrige a una persona.

Expansión y partida de las Luces

Después de que *Maljut* decidió recibir una parte de *Or Yashar* recibiéndola en el *Toj*, ella deja de recibir. *Maljut* siempre calcula en el *Rosh* del *Partzuf*, cuál es la máxima Luz que puede recibir con el fin de otorgar. Dependiendo de la fuerza del *Masaj*, *Maljut* recibe solamente una parte muy pequeña de todo el *Or Yashar*, ya que recibir para beneficiar al Creador va en contra de su naturaleza.

La parte de *Or Yashar* que se queda fuera del *Kli* se llama *Or Makif*. Esta continúa presionando al *Masaj* el cual limita su expansión en el *Partzuf* y desea abrirse paso a través del *Masaj* y llenar todo el *Kli*, incluyendo el *Sof* del *Partzuf*, tal como antes del *Tzimtzum*.

El *Partzuf* comprende que si recibe solamente una parte; es decir, se llena sólo hasta el *Tabur* y permanece en ese estado, el Pensamiento de la Creación no se realizaría. Para realizar el Pensamiento de la Creación toda la Luz que llenó a *Maljut* antes del *Tzimtzum* debe recibirse con el propósito de otorgar. Pero si el *Partzuf* fuera a recibir más, debajo del *Tabur*, esto sería recepción con el fin de recibir, debido a que no tiene un *Masaj* para recibir con el fin de otorgar sobre aquellos *Kelim*.

Por esta razón, el *Partzuf* decide abandonar la recepción de la Luz totalmente y regresar a su estado antes de la recepción. Esta decisión se toma en el *Rosh* del *Partzuf*, como con todas las decisiones. Luego de la decisión, el *Masaj* que descendió de *Pe* a *Tabur* y se ubicó allí, empieza a elevarse desde el *Tabur* al *Pe*. El ascenso del *Masaj* causa que las Luces salgan del *Partzuf* a través de *Pe* al *Rosh*.

La decisión de dejar de recibir la Luz se tomó debido a que sobre el *Masaj*, el cual se ubica en el *Tabur*, fue presionado por *Or Makif* que quería ser recibida en el *Partzuf*, lo mismo que

Or Pnimí. Estas dos Luces desean anular el *Masaj* que es como un límite en la expansión de la Luz. Su presión sobre el *Masaj* se llama "*Bitush* (golpeteo) de *Or Pnimí* y *Or Makif*".

Estas dos luces presionan al *Masaj* en el *Tabur*, el cual limita la recepción de la Luz en el *Partzuf*. Estas quieren que el *Masaj* descienda del *Tabur* al *Sium* (extremo) del *Partzuf*, y con eso todo el *Or Makif* podría entrar en su interior.

Este estado es similar a una persona que recibió una parte de lo que su anfitrión le había ofrecido, experimentando el gran placer por lo que ha recibido, y esto le debilita porque siente el gran placer que existe en lo que no recibió. Como resultado, el *Masaj* regresa de *Tabur* a *Pe*, y el *Partzuf* se vacía de la Luz. Así como la Luz ingresó al *Partzuf* a través del *Pe*, así también abandona al *Partzuf* a través del *Pe*. La expansión de la Luz desde Arriba hacia abajo, del *Pe* a *Tabur*, se llama *Teamim* (sabores). La partida de la Luz en el *Partzuf* de *Toj* a *Rosh* se llama *Nekudot* (puntos). Cuando la Luz parte del *Partzuf* deja una impresión de sí misma llamada *Reshimó* (reminiscencia). El *Reshimó* de las Luces de *Teamim* se llama *Taguín* (coronas), y el *Reshimó* de las Luces de *Nekudot* se llama *Otiot* (letras).

La expansión de la Luz y su partida hacen que el *Kli* sea apto para su tarea, ya que solamente después de que el *Kli* siente el placer y, el placer parte, aparece en el *Kli* un verdadero deseo por este placer. Este es un *Reshimó* del placer que se encontraba ahí, de las *Nekudot*. En cuanto el *Kli* se vacía de la Luz el *Reshimó* determina el deseo y el anhelo del *Kli*. Por lo tanto, el *Reshimó* de la partida de la Luz es llamado *Otiot*, o *Kli*.

Antes del *Tzimtzum*, *Bjiná Dálet* recibe Luces de todas sus cuatro *Bjinot* previas. La Luz viene a ésta desde Su Esencia a través de las *Bjinot Shóresh*, *Alef*, *Bet*, *Guimel* y, *Dálet*. Por lo tanto, *Bjiná Dálet* contiene cinco *Bjinot* internas. Cada *Bjiná* interna de *Bjiná Dálet* recibe la Luz de su *Bjiná* correspondiente:

- *Bjinat Shóresh* en *Bjiná Dálet* recibe *Or Yejidá* (Luz de *Yejidá*) de *Bjinat Shóresh*.

- *Bjiná Alef* en *Bjiná Dálet* recibe *Or Jayiá* de *Bjiná Alef*.

- *Bjiná Bet* en *Bjiná Dálet* recibe *Or Neshamá* de *Bjiná Bet*.

- *Bjiná Guimel* en *Bjiná Dálet* recibe *Or Rúaj* de *Bjiná Guimel*.

- *Bjiná Dálet* en *Bjiná Dálet* recibe *Or Néfesh* de *Bjiná Dálet*.

Solamente *Bjiná Dálet* en *Bjiná Dálet* siente que el deseo de recibir el placer es suyo. Por lo tanto, solamente esta *Bjiná* es considerada como un "creado"; el resto de las *Bjinot* en *Bjiná Dálet*, precediendo a *Bjiná Dálet* en *Bjiná Dálet*, son los deseos que *Bjiná Dálet* recibió de las *Bjinot Shóresh*, *Alef*, *Bet* y, *Guimel* que la precedieron. Aunque los deseos en sus *Bjinot* precedentes son deseos de recibir, estos vienen del Creador y no de *Bjiná Dálet* misma.

Bjiná Dálet consta de cinco *Bjinot*; esta es su estructura y es inalterable. Estas *Bjinot* pueden dividirse, llenarse, unirse para las acciones de recepción de las Luces dentro de ellas, pero su estructura permanece siendo la misma. Esto es llamado **"la punta de la *Yud*, י - *Yud*, ה - *Hei*, ו - *Vav*, ה – *Hei*"**.

Los mundos, y todo lo que se encuentra en ellos, fuera de las personas, surgen de las *Bjinot* que preceden a *Bjiná Dálet* en *Dálet*, puesto que no hay en ellos ningún deseo de recibir independiente. Estos son operados de acuerdo a los deseos que el Creador introdujo en ellos, y por eso no son definidos en Cabalá como "creados"". Solamente las almas de las personas fueron hechas de *Bjiná Dálet* en *Dálet*, donde el deseo de recibir existe en ella por separado. Por lo tanto, solamente las almas de las personas son consideradas "creados".

Un deseo verdadero de recibir para sí mismo nace solamente en la *Bjiná Dálet* que está en *Bjiná Dálet*. Esta es la única que siente en sí misma como quien recibe, y por lo tanto es la única que decide restringir la recepción de la Luz. Sin embargo, la Luz también se ausenta de todo el resto de *Bjinot* de la *Bjiná Dálet*, esto se debe a que solamente *Dálet* en *Dálet* recibe, en tanto que las *Bjinot* precedentes solamente desarrollan su deseo de recibir. Y cuando ella deja de recibir, la Luz desaparece de todas ellas, ya que todas las cinco *Bjinot* son un *Kli*, **la punta de la *Yud*, י - *Yud*, ה - *Hei*, ו - *Vav*, ה - *Hei*.**

También luego del *Tzimtzum*, cuando *Maljut* recibe estas cinco Luces a través del *Masaj*, dentro de sus cinco *Bjinot*, estas introducen a estas mismas cinco partes de *Maljut*. El orden en el que entran las Luces en el *Partzuf* es de la Luz más pequeña a la Luz más grande: *Néfesh, Rúaj, Neshamá, Jayiá* y, *Yejidá*. Por lo tanto, estas luces son llamadas *NaRaNJaY*.

Entrada y partida de las Luces en un *Partzuf*

Las cinco partes de *Maljut* se llaman *Bjinot Shóresh, Alef, Bet, Guimel* y, *Dálet*. Luego del *Tzimtzum* cuando estas partes reciben Luces a través del *Masaj*, se llaman *Sfirot* (iluminaciones) porque la Luz ilumina en ellas. Por lo tanto, en lugar de *Bjinot* las llamamos con el nombre de *Sfirot*.

Kéter = *Shóresh* (0)

Jojmá = *Alef* (1)

Biná = *Bet* (2)

Zeir Anpin (ZA) = *Guimel* (3)

Maljut = *Dálet* (4)

Los *Reshimot* (pl. de *Reshimó*) de las Luces que parten son llamados *Otiot*. Después de la partida de las cinco Luces: *Néfesh, Rúaj, Neshamá, Jayiá* y, *Yejidá,* de las cinco **Sfirot**: *Kéter, Jojmá, Biná, Zeir Anpin* y, *Maljut,* cinco *Reshimot* u *Otiot* permanecen: **la punta de la *Yud*, י - *Yud*, ה - *Hei*, ו - *Vav*, ה - *Hei*.**

A continuación aprenderemos cómo los cabalistas usan los símbolos para representar las fuerzas espirituales en lo que escriben. Ellos construyen letras, palabras y, nombres de un punto y una línea. Así es cómo todos los libros sagrados fueron escritos. Resulta que la escritura es información sobre fuerzas y operaciones espirituales. Cuando un cabalista lee un libro, puede actuar de acuerdo con las instrucciones en ellos.

No obstante, cuando examinamos los libros sagrados, nos parece que estos hablan de eventos históricos. Pero está escrito en la *Torá*: "que toda la *Torá* son los nombres del Creador". Esto quiere decir que todas las palabras en la *Torá* nos hablan sobre los *Kelim* o sobre sus acciones. En otras palabras, toda la *Torá* es la misma sabiduría de la Cabalá que debemos aprender hoy, solamente que escrita en un lenguaje diferente.

Como regla, existen cuatro lenguajes para la *Torá*: El lenguaje de la *Torá*, el lenguaje de la *Agadá* (relatos, parábolas), el lenguaje del *Talmud*, y el lenguaje de la Cabalá. Todos los cuales fueron creados por los cabalistas que alcanzaron la espiritualidad, a fin de indicarnos cómo podemos lograr el propósito de la Creación.

Observación general

El Creador desea beneficiar a Sus creados. Los creados están destinados a recibir el beneficio del Creador por ellos mismos. Para este propósito, el Creador creó una criatura independiente, totalmente ajena a Él. La criatura no siente al Creador porque la Luz es más elevada que el *Kli*, y cuando llena al *Kli*, lo controla y determina lo que el *Kli* deseará.

Por lo tanto, la criatura para ser independiente debe nacer en la ocultación de la Luz, sin la sensación de la espiritualidad ni la existencia del Creador. El creado nace en el grado más apartado del Creador, en un grado llamado "este mundo". Junto con esto, cuando el creado es independiente de la influencia de la Luz Superior (el Creador), también carece del poder de comprender su estado, su realidad, el propósito de su vida. Resulta que el Creador debe preparar el entorno correcto para que el creado se desarrolle y crezca:

1. Él debe restringir Su Luz al mínimo posible, *Tzimtzum* tras *Tzimtzum*. Así es cómo los grados fueron construidos desde Arriba hacia abajo, del grado del *Ein Sof*, el más cercano al Creador, al grado de "este mundo", el más bajo y más lejano del Creador. Este acto es llamado "la expansión de los mundos y los *Partzufim*".

2. Una vez que el punto de partida ha sido preparado para el creado, se le debe ser dar la posibilidad de elevarse de ese estado y alcanzar el nivel del Creador. ¿Pero, cómo se puede lograr si después del *Tzimtzum Alef* ninguna Luz alcanza al *Kli*, al creado, el cual está en el nivel de "este mundo"? Por esta razón, el Creador nos suministró con un *Segulá* (remedio, mérito) en este mundo: *Or Makif* (Luz circundante), misma que ilumina incluso al *Kli* restringido.

Rav Yehuda Ashlag escribió sobre esta *Sgulá* en la sección 155 de su *Introducción al estudio de las diez Sfirot*: 155) "Por consiguiente debemos preguntar: ¿Por qué entonces, los cabalistas obligan a que cada persona estudie la sabiduría de la Cabalá? De hecho hay algo grande en ello digno de ser publicado: Hay un remedio maravilloso e inestimable para aquellos que se comprometen en la sabiduría de la Cabalá. Y aunque no entiendan lo que estudian, a través del anhelo y el gran deseo de entender lo que están estudiando, despiertan hacia sí mismos las Luces que circundan sus almas.

"Esto significa que cada persona de *Israel* tiene garantizado lograr finalmente todos los maravillosos logros que el Creador ha calculado en el Pensamiento de la Creación para deleitar a cada criatura. Y quien no logre en esta vida logrará en la siguiente o la próxima, etc., hasta que logre completar el Pensamiento que el Creador ha diseñado para él. Y mientras uno no ha logrado alcanzar la perfección, estas Luces que están destinadas para él son consideradas Luces circundantes. Lo cual significa que están listas para él, sólo que esperan a que el hombre purifique sus *Kelim* de recepción, en cuyo momento se vestirán las Luces en los *Kelim* preparadas-purificadas.

"Por lo tanto, aún cuando no tenga todavía los *Kelim*, cuando uno se involucra en esta sabiduría, mencionando los nombres de las Luces y los *Kelim* relacionados con su alma, éstas le iluminan de inmediato en una cierta medida. Sólo que le iluminan sin vestir el interior de su alma por la falta de *Kelim* capaces de recibirlas. A pesar de eso, la iluminación que uno recibe una y otra vez mientras que se enlaza en eso, le atraen gracia de Lo Alto, impartiéndole abundancia de santidad y pureza, que lo llevan a uno más cerca de alcanzar la perfección".

Por lo tanto, solamente el estudio correcto de la sabiduría de Cabalá puede llevar al hombre al propósito de su vida. Esto es lo que los cabalistas dicen, y ¿quién conoce sobre la realidad más que ellos?

Or Makif es una *Sgulá* con la que cualquier persona puede empezar a elevarse de este mundo al mundo espiritual. Sin el apoyo de la iluminación de *Or Makif*, no tendríamos ninguna posibilidad de trascender nuestro estado, ya que el *Kli* puede ser corregido solamente por la Luz, y la Luz Superior no puede alcanzar este mundo. Por lo tanto, necesitamos *Or Makif*.

Para ayudar a los principiantes a evitar fracasos en su camino, añadimos una tabla de las preguntas y las respuestas, un glosario, las abreviaturas y, varios archivos de medios. No intentamos ahondar profundamente o extendernos en la explicación y la cantidad de la información, sino dirigir al estudiante a obtener el impulso de avanzar correctamente. Debe quedar claro que el propósito del estudio es lograr *Dvekut* con el Creador. Esto debe estar delante de nuestros ojos, ya que solamente así evocamos hacia nosotros las Luces circundantes, y a través de su impacto, entraremos en el Mundo Superior.

El glosario está dirigido al conocimiento correcto de los términos básicos. Pero sólo si uno sabe cómo interpretar correctamente las palabras que uno está leyendo, en su significado verdadero y espiritual, a diferencia de la manera en que generalmente los interpretamos en nuestro mundo, sólo en esa medida a uno le es permitido aprender y leer algo en la *Torá*; de lo contrario uno podría percibir los libros de la *Torá* como relatos históricos.

Cuando un cabalista alcanza la espiritualidad, no tiene la posibilidad de describirla en palabras, ya que la espiritualidad contiene solamente sensaciones. Es por esto que los libros de Cabalá están escritos en el lenguaje de las ramas, usando palabras de este mundo para describir conceptos espirituales. El mundo espiritual es un lugar abstracto, "virtual", donde existen solamente las fuerzas y las emociones, sin vestidura corporal. Debemos renovar y repetir los conceptos espirituales constantemente porque hasta que logremos la conexión emocional con la espiritualidad, estaremos leyendo los libros de Cabalá sin ningún entendimiento de lo que está detrás de las palabras.

El error principal es que hay "cabalistas" que enseñan que existe alguna conexión entre el cuerpo humano y el *Kli* espiritual, como si el *Kli* espiritual se vistiera en un cuerpo humano, como si dentro de cada órgano corpóreo se vistiera un órgano espiritual. Desde su punto de vista, si uno realiza un acto físico o cualquier movimiento físico, aparentemente éste tiene un contenido espiritual. Piensan que al efectuarlo, uno realmente lleva a cabo un acto espiritual.

El error se origina en el uso que los cabalistas hacen del lenguaje de las ramas, empleando palabras de este mundo para nombrar y definir términos espirituales. Esta es la razón de la estricta prohibición en la *Torá*: "No harás para ti imagen o cualquier semejanza". En otras palabras, está prohibido imaginar la espiritualidad en formas corpóreas, no porque esto pueda infligir daño Arriba, sino porque la imagen falsa le impediría a uno comprender los caminos del Creador y acercarse a la meta.

Por lo tanto, el estudiante debe repetir una y otra vez los conceptos elementales de la Cabalá, tales como "lugar", "tiempo", "movimiento", "la falta de existencia", "cuerpo", "partes del cuerpo" u "órganos", *Zivug* (acoplamiento), "beso", "abrazo", hasta que cada concepto se perciba correctamente. Esto es lo que *Baal HaSulam* escribe en su *Introducción al estudio de las diez Sfirot*. Es aconsejable que aquellos que quieren estudiar Cabalá de manera correcta dejen todos los libros sobre este tema, excepto *El Libro del Zóhar*, los escritos del *ARI*, los escritos de *Baal HaSulam* y, los escritos de *RaBaSh*.

Interpretar la *Torá* como un relato histórico contradice el verso que dice que toda la *Torá* son los nombres del Creador, puesto que se trata de la *Torá* del mundo de *Atzilut*, y que todas las palabras en ella son los Nombres Sagrados. Es importante recordar que no habla de este mundo y las personas dentro de él (consultar la *Introducción al Libro del Zóhar*, ítem 58).

Todos los nombres en la *Torá* son sagrados, incluso tales nombres como *Paró* (Faraón), *Bilam*, *Balak*. Por ejemplo, aquel que es llamado para permanecer cerca del Arca de la sinagoga durante el servicio, besa el libro de la *Torá* sin verificar primero si por error besó el nombre de *Paró* o *Labán*. El *Zóhar* explica que cada nombre simboliza un nivel espiritual: *Paró* corresponde a *Maljut*, *Labán* al *Loven* (blancura) más Alto, al *Partzuf de Jojmá Ilaá*, etc.

Reshimot

Para llevar a cabo la operación correcta el *Kli* debe: saber que precisamente qué es lo que debe alcanzar, saber cómo conseguir lo que quiere, y tener la fuerza para conseguir lo que sabe y quiere.

Aparte del Creador existe solamente un único creado: El deseo de recibir placer. Por lo tanto, toda la realidad contiene solamente Luz y *Kli*, placer y deseo, *Hitlabshut* (vestidura) y *Aviut* (espesor).

En cada acto espiritual después de la partida de la Luz del *Kli*; es decir, después de la transición de un estado donde el *Kli* está lleno de la Luz a un estado donde el *Kli* está vacío, deja atrás dos "*Reshimot*" del estado previo. Estos se llaman:

1. *Reshimó de Hitlabshut* (el recuerdo de la vestidura), el *Reshimó* de la Luz que estaba en el *Kli* y que luego partió; y,

2. un *Reshimó de Aviut* (el recuerdo del deseo de recibir), el *Reshimó* del *Kli* sobre el *Masaj* que permanece para ser utilizado.

Estos dos *Reshimot* son considerados un *Reshimó*. Si no queda un *Reshimó*, el *Kli* no sabrá qué desear o cómo conseguir lo que desea.

Todo el proceso del descenso de la realidad desde su inicio, en *Maljut de Ein Sof*, y hasta su final en este mundo, son estados diferentes de *Maljut de Ein Sof*. Ella atraviesa por esta secuencia de estados con la ayuda de esta misma *Or Makif*, que despierta los *Reshimot* que permanecen en ella después de cada estado.

El estado en el que *Bjiná Dálet* está llena de la Luz se llama *Maljut de Ein Sof*. Luego que *Bjiná Dálet* por sí misma siente que "recibe", ella decide restringir la recepción de la Luz. La Luz parte y queda un *Reshimó* de la Luz que estaba en ésta. Además después del *Tzimtzum* la Luz viene a llenar a *Maljut*; no obstante, ella lleva a cabo un calculó y decide recibir solamente hasta cuanto pueda dirigirse con el fin de otorgar al Creador.

Los datos requeridos para este cálculo son:

1. El *Reshimó* del *Hitlabshut* de la Luz en el estado previo; y,

2. El deseo de recibir con el fin de otorgar.

Una vez que *Maljut* calcula estas *Reshimot* en el *Rosh*, recibe lo que ha decidido recibir en el *Guf*. Y cuando el *Kli* completa la recepción de la parte de la Luz que decidió recibir, *Or Makif* golpea al *Masaj* y lo fuerza a que regrese al *Pe*. Por lo tanto, el *Partzuf* se vacía de su llenado.

Cuando el *Masaj* se eleva desde el *Tabur de Galgalta* hacia su *Pe*, resulta que *Or Pnimí* se retira de *Galgalta* y deja al *Masaj* del *Guf* con un *Reshimó* de la Luz que tenía, lo cual se llama *Reshimó de Hitlabshut*. Sin embargo el *Reshimó* de la fuerza del *Masaj* que recibió la Luz no permanece, ya que el *Masaj* había decidido dejar de recibir la Luz, y se descalificó a sí mismo para trabajar con su fuerza. Por eso el *Reshimó* del *Masaj* desaparece.

El *Masaj* se elevó del *Tabur* de regreso hacia *Pe*. Por lo tanto, siente la Luz Superior en el *Rosh*, la cual le presiona con una exigencia para recibirla. Como resultado, el deseo de recibir

Luz con el fin de otorgar despierta nuevamente en *Maljut*. Este es el comienzo del nacimiento de un nuevo *Partzuf* en los *Reshimot* que quedaron del estado previo.

Resumen: Un *Reshimó* de la Luz es una parte de la Luz, pues la Luz deja después de que ha partido. Este es el núcleo y la raíz del nacimiento del siguiente *Partzuf*. El *Reshimó* del *Masaj* ha sido eliminado y el *Zivug* se hace sobre un nuevo *Reshimó*.

Los *Reshimot* en los que surgen los *Partzufim*

Mundo/*Partzuf*	Nombre	Reshimó de Hitlabshut	Reshimó de Aviut
Mundo de *Adam Kadmón*:			
Partzuf Kéter	Galgalta	Dálet	Dálet
Partzuf Jojmá	AB	Dálet	Guimel
Partzuf Biná	SaG	Guimel	Bet
Partzuf ZA	MA	Bet	Alef
Partzuf Maljut	BoN	Alef	Shóresh
Partzuf Nekudot de SaG:			
Partzuf Nekudot de SaG		Bet	Bet
Mundo de *Nekudim*:			
Partzuf Katnut (pequeñez)		Bet	Alef
Partzuf Gadlut (grandeza)		Dálet	Guimel
Mundo de *Atzilut*:			
Partzuf Kéter	Atik	Dálet	Dálet
Partzuf Jojmá	AA	Dálet	Guimel
Partzuf Biná	AVI	Guimel	Bet
Partzuf ZA	ZA	Bet	Alef
Partzuf Maljut	Nukva	Alef	Shóresh
Mundo de *Briá*:			
Partzuf Kéter	Atik	Dálet	Dálet
Partzuf Jojmá	AA	Dálet	Guimel
Partzuf Biná	AVI	Guimel	Bet
Partzuf ZA	ZA	Bet	Alef
Partzuf Maljut	Nukva	Alef	Shóresh
Mundo de *Yetzirá*:			
Partzuf Kéter	Atik	Dálet	Dálet
Partzuf Jojmá	AA	Dálet	Guimel
Partzuf Biná	AVI	Guimel	Bet
Partzuf ZA	ZA	Bet	Alef
Partzuf Maljut	Nukva	Alef	Shóresh
Mundo de *Asiyá*:			
Partzuf Kéter	Atik	Dálet	Dálet
Partzuf Jojmá	AA	Dálet	Guimel
Partzuf Biná	AVI	Guimel	Bet

| Partzuf ZA | ZA | Bet | Alef |
| Partzuf Maljut | Nukva | Alef | Shóresh |

Reshimot del *Aviut* del *Masaj* de los mundos

Mundo de *Kéter*	Mundo de *Adam Kadmón*	*Aviut Dálet*
Mundo de *Jojmá*	Mundo de *Atzilut*	*Aviut Guimel*
Mundo de *Biná*	Mundo de *Briá*	*Aviut Bet*
Mundo de *ZA*	Mundo de *Yetzirá*	*Aviut Alef*
Mundo de *Maljut*	Mundo de *Asiyá*	*Aviut Shóresh*

Cuando toda la realidad se expande hasta que ningún *Reshimó* queda en el *Masaj*, este es el final del mundo de *Asiyá*. *Maljut* del mundo de *Atzilut* engendra aún otro *Partzuf*, llamado *Adam HaRishón* (El primer hombre), el cual se rompe en partes que caen debajo del mundo de *Asiyá*, a un lugar llamado "este mundo".

El *Reshimó* más pequeño en el *Kli* roto más pequeño se llama "*Nekudá SheBaLev*" (el punto en el corazón). Esto es lo que una persona siente como un deseo por la espiritualidad cuando es despertado desde Arriba. Estos *Reshimot* se visten en ciertas personas en nuestro mundo y no les dan descanso, hasta que las corrigen con un *Masaj* y las llenan con la Luz.

Si una persona siente este *Reshimó*, él o ella son merecedores de lograr la espiritualidad, de experimentar el Mundo Superior y conocer toda la realidad. La guía para lograrlo se encuentra en los libros de Cabalá. Cada generación tiene sus propios libros de Cabalá escritos para esa generación, para el tipo particular de almas que descienden en ese momento.

Los libros que sirven de guía para nuestra generación en la espiritualidad son los libros de *Rav Yehuda Ashlag* (*Baal HaSulam*), y *Rav Baruj Ashlag* (el *RaBaSh*). Además de estudiar en estos libros, hay dos condiciones más, necesarias para el aprendizaje correcto: 1) estudiar en un grupo, cuya meta sea lograr el propósito de la Creación; y, 2) que esté dirigido por un *Rav* (maestro cabalista).

En el descenso de la realidad de Arriba hacia abajo se formó una escalera de grados, por la cual una persona asciende de abajo hacia Arriba. Aquel que alcanza cierto grado descubre en él los *Reshimot* de un nivel más elevado, y [por lo tanto] puede continuar ascendiendo. Los *Reshimot* de grados más elevados también aparecen en las personas de nuestro mundo. Son *Reshimot* del grado espiritual más cercano a aquella persona. Trabajando con estos *Reshimot*, la persona sale de nuestro mundo y entra en el mundo espiritual.

El nacimiento de los *Partzufim*

Bjiná Dálet es llamada "*Maljut*", ya que alberga el deseo de recibir más grande. Cuando se llena de Luz, se le llama *Ein Sof*, en vista que recibe sin poner fin a la recepción de la Luz. *Maljut* es el creado único. Sus partes son llamadas *Olamot* (Mundos), debido a que *Maalimim* (ocultan) la Luz del Creador de los creados. La ocultación en cada mundo corresponde a la medida de Luz que los creados pueden recibir usando el *Masaj*.

Cuando *Bjiná Dálet* recibió la Luz de *Ein Sof*, sintió que la Luz venía del Dador. La sensación del Dador provocó en ella una vergüenza y sufrimientos tan grandes, hasta que decidió no ser nunca más un receptor.

La decisión del Superior se convierte en una ley obligatoria para todos sus estados posteriores. Por lo tanto, incluso si una parte de *Maljut* quiere recibir para sí, no podrá recibir, ya que *Maljut* controla todas sus partes. Cada nueva decisión proviene de la debilidad del grado; por lo tanto, cada decisión afecta solamente los niveles más bajos.

Después del *Tzimtzum Alef*, el *Reshimó* de la Luz y el *Kli* permanecieron en *Maljut*. La Luz regresó a *Maljut* y quiso llenarla, pues la intención del Creador de complacer a la criatura es constante. Es únicamente este Pensamiento del Creador el que opera en cada acto en la Creación, incluso cuando nos parece que la realidad no está a nuestro favor.

Maljut que se ubica en el *Pe* del *Rosh* del *Partzuf*, siente la meta del Creador de beneficiarla, tal como en el ejemplo del invitado y el anfitrión. *Maljut* siente que si no recibe del Creador no podrá darle nada. Por lo tanto, decide recibir para que el Creador disfrute de su recepción.

Con la ayuda de los *Reshimot de Hitlabshut* y de *Aviut* del llenado anterior, *Maljut* puede calcular con precisión qué tanto puede recibir, no de acuerdo a su deseo de disfrutar, sino con el fin de deleitar al Creador.

El *Reshimó* de *Hitlabshut* es un *Reshimó* de la Luz que estaba en *Maljut*. El *Masaj*, en el cual *Maljut* recibió esa Luz ha sido purificado. No había poder en el *Masaj* para recibir una vez más de la misma Luz que quedaba en el *Reshimó de Hitlabshut*. Por lo tanto, el *Rosh de Hitlabshut* del siguiente *Partzuf* nació en el *Reshimó de Hitlabshut*. Después, el *Masaj* hizo un *Zivug* en el *Reshimó de Aviut* engendrando el segundo *Rosh*, llamado *Rosh de Aviut*, del cual se expandió el *Guf*. Esta es la vestidura de la Luz en *Maljut*.

La parte en la que *Maljut* determina qué tanto de la Luz Superior puede recibir con el fin de otorgar se llama *Rosh*. Luego de la decisión en el *Rosh*, *Maljut* recibe la cantidad de Luz que ha determinado dentro del *Partzuf*. Esta Luz se llama *Teamim*.

Cuando la Luz de *Teamim* completa su entrada en el *Guf*, el *Masaj* que lo extendió detiene la expansión de la Luz en el *Partzuf*. El *Masaj* no permite que la Luz continúe entrando, ya que la decisión de *Maljut* es una decisión sobre la cantidad máxima que puede recibir sin la finalidad de deleitarse a sí misma. Si recibe mayor cantidad, será con el fin de recibir placer para sí misma.

Por lo tanto, en el lugar en donde el *Masaj* detiene y no recibe nada más, *Maljut* percibe una vez más la determinación de la Luz superior para que la reciba. Este lugar se llama *Tabur*. Si *Maljut* recibe más Luz, será para su propio placer. Por lo tanto, no tiene otra opción excepto dejar de recibir la Luz totalmente.

Todas las decisiones se toman solamente en el *Rosh* del *Partzuf*, para ser luego ejecutadas en el *Guf*. Aquí, también, obedeciendo a la decisión en el *Rosh* de dejar de recibir, el *Masaj* se eleva del *Tabur* a *Pe* y expulsa las luces del *Guf* del *Partzuf*.

El *Masaj* viene al *Pe* con un *Reshimó* de la Luz que llenó el *Partzuf* y, un *Reshimó* del *Aviut* que permaneció en el *Masaj*. Por el encuentro del *Masaj* con la Luz Superior en el *Rosh* del *Partzuf*, el deseo de recibir la Luz con el fin de otorgar se vuelve a despertar en el *Masaj*, lo cual despierta los *Reshimot* en él. El *Masaj* hace un *Zivug de Akaá* con la Luz Superior y engendra el siguiente *Partzuf*.

Hay dos *Masajim* (pl. de *Masaj*) en cada *Partzuf*: 1) un *Masaj* que rechaza la Luz; y, 2) un *Masaj* que recibe la Luz. El *Masaj* que rechaza la Luz siempre se ubica en el *Pe* del *Partzuf*, repeliendo toda la Luz que desea traspasar el *Partzuf*, y por lo tanto cumple la condición de *Tzimtzum Alef*.

Una vez que el primer *Masaj* repele toda la Luz y tiene la certeza de que no recibirá para sí mismo, sino sólo con el fin de otorgar al Creador, activa el segundo *Masaj*, el cual mide qué tanto de la Luz superior que viene hacia él puede recibir con el fin de otorgar.

Luego de la decisión, el *Masaj* empieza a recibir la Luz. Desciende del *Pe* y, en seguida de esto, la Luz ingresa en el *Partzuf*. Cuando la medida de la Luz dentro del *Partzuf* llega a la medida que el *Masaj* del *Rosh* había decidido, el *Masaj* que desciende al *Guf* se detiene. Esto es porque el *Masaj* del *Guf* siempre sigue las órdenes y decisiones tomadas por el *Masaj* del *Rosh*. Por lo tanto, el siguiente *Partzuf* nace del anterior.

El cálculo se realiza en el *Masaj* que está en el *Rosh*. Pero debido a que su *Aviut* es menor que en el *Partzuf* anterior, el *Masaj* desciende al *Jazé* (pecho) del *Partzuf*, y no se ubica en el *Pe*. Esto es porque el *Jazé* es el nivel de *Aviut Guimel* del *Guf*, a diferencia del *Pe*, que es *Dálet*.

Por lo tanto, en cuanto el *Masaj* se eleva del *Tabur* hacia *Pe*, en donde recibe un deseo de hacer un nuevo *Zivug*, desciende al *Jazé* y calcula qué tanto recibir. Ese cálculo engendra el segundo *Rosh* del *Partzuf*. Luego de la decisión, el *Masaj* desciende del *Pe* hasta el lugar que eligió para recibir la Luz. Ese lugar se convertirá en el *Tabur* del segundo *Partzuf*.

Debajo de *Tabur* y a través del *Sium Raglin* (extremo de las piernas) del próximo *Partzuf*, quedan allí *Kelim* vacíos que el *Masaj* no llena debido a la ausencia del poder de resistencia. El segundo *Partzuf* y, el resto de los *Partzufim* del mundo de *Adam Kadmón*, no pueden descender debajo del *Tabur* del primer *Partzuf* debido a la falta de poder en su *Masaj*.

Después que salió el segundo *Partzuf*, el cual es llamado *AB de AK*, recibió lo que determinó en el *Rosh*, al igual que en el *Masaj* que descendió a su *Tabur*, se hizo un *Bitush* de *Or Pnimí* y *Or Makif*. Aquí también el *Masaj* comprende que no puede permanecer en el *Tabur* porque no tiene la fuerza de recibir más, y si fuera a permanecer en su estado, no lograría el propósito de la creación.

Por lo tanto, también el *Masaj* del segundo *Partzuf* se purifica y se eleva al *Pe*. Aquí también permanece un *Reshimó* en el *Masaj*. Cuando alcanza el *Pe* y se integra en el *Masaj* del *Pe*, se vuelve a despertar para recibir la Luz. El último *Reshimó de Aviut*, el de *Bjiná Guimel*, desaparece del *Masaj*, y el *Reshimó* de *Bjiná Bet* aparece. Por lo tanto, el *Masaj* desciende al *Jazé* donde hace un *Zivug* de *Akaá* para engendrar el nuevo *Partzuf*, llamado *Partzuf SaG de AK*.

También aquí, luego de que el *Partzuf SaG* surgió, su *Masaj de Guf* se purifica por el *Bitush* de *Or Pnimí* y *Or Makif* en él. El *Masaj* se eleva hasta el *Pe*, desciende al *Jazé* y, engendra el próximo *Partzuf* en el nivel de *Aviut Alef* (el primer espesor), llamado "*MA* Superior".

Cuando el *Partzuf* superior *MA* detiene la expansión de la Luz dentro de él, percibe el *Bitush* de la Luz Interna y Circundante dentro de él y decide purificarse. Regresa al *Pe* con *Aviut Shóresh*, ya que el *Masaj* ya no tiene la fuerza de *Kashiut* (dureza) para recibir la Luz. Ya no puede engendrar un *Partzuf*, sino solamente un *Rosh*, y por lo tanto detiene el proceso del nacimiento de los *Partzufim*.

La realidad universal

Luego del *Tzimtzum*, *Maljut* decide recibir con el fin de otorgar al Creador. Esta intención es llamada *Masaj* (pantalla). Sobre el Masaj que está en Maljut surge el orden de los [siguientes] *Partzufim*:

- Un *Partzuf* llamado *Galgalta* surge en un *Masaj* que tiene la fuerza de recibir la Luz en *Aviut Dálet*.

- Un *Partzuf* llamado *AB* surge en un *Masaj* que tiene la fuerza de recibir la Luz en *Aviut Guimel*.

- Un *Partzuf* llamado *SaG* surge en un *Masaj* que tiene la fuerza de recibir la Luz en *Aviut Bet*.

- Un *Partzuf* llamado *MA* surge en un *Masaj* que tiene la fuerza de recibir la Luz en *Aviut Alef*.

- Un *Partzuf* llamado *BoN* surge en un *Masaj* que tiene la fuerza de recibir la Luz en *Aviut Shóresh*.

Los nombres de los *Partzufim* están determinados por la cantidad y la calidad de las luces que los llenan. *Maljut* apareció como *Bjiná Dálet*; es decir, el quinto en la evolución de la Luz de Su Esencia. Por lo tanto, recibe de las *Bjinot* previas y las contiene. Por esta razón, dentro de *Maljut de Ein Sof* están las cinco *Bjinot* del deseo, del deseo más pequeño en *Bjinat Shóresh* al deseo más grande en *Bjiná Dálet*, recibiendo la Luz dentro de ella ilimitadamente.

Después del *Tzimtzum*, *Maljut* decide recibir la Luz solamente con el fin de otorgar al Creador. La recepción en esta manera es contraria a su deseo natural; por lo tanto, no puede recibir ilimitadamente. No puede recibir toda la Luz inmediatamente, como antes. Por lo tanto, decide recibir toda esta Luz en partes más pequeñas. Al final, será llenada totalmente y logrará el propósito de la creación.

Cada parte pequeña de *Maljut* es semejante a la generalidad de *Maljut*, incluyendo en su interior cinco partes del deseo de recibir. Esto es así porque no puede haber un deseo si no hay cuatro niveles de expansión de la Luz que le precedan.

Por esta razón, cada *Kli* tiene una estructura fija de acuerdo con las cinco partes de *Aviut*: **Shóresh, Alef, Bet, Guimel y, Dálet**, llamadas *Sfirot* **Kéter, Jojmá, Biná, ZA y, Maljut**, llamadas *Otiot* - **la punta de la Yud,** י **- Yud,** ה **- Hei,** ו **- Vav,** ה **- Hei**.

Toda la *Maljut* está dividida en cinco partes principales llamadas cinco mundos: **AK (Adam Kadmón), Atzilut, Briá, Yetzirá y, Asiyá**. Cada mundo está dividido en cinco *Partzufim*: **Atik, AA (Arij Anpin), AVI (Abba Ve Ima), ZA (Zeir Anpin) y, Nukva (Maljut)**. Cada *Partzuf* contiene cinco *Sfirot*: **Kéter, Jojmá, Biná, ZA y, Maljut**.

Los cinco mundos contienen 5x5=25 *Partzufim*. Cada *Partzuf* contiene cinco *Sfirot*. Por lo tanto en todos los mundos hay 25x5=125 *Sfirot* o grados que cada alma debe experimentar, de este mundo al mundo del *Ein Sof*, a fin de lograr *Dvekut* con el Creador.

Cada grado, *Sfirá*, *Partzuf*, mundo – son una parte de *Maljut de Ein Sof*, la fracción más pequeña de la realidad- que está incluida de cinco partes del deseo de recibir, un *Masaj* sobre este, y la Luz, la cual recibe a través del *Masaj*. Por lo tanto, la diferencia entre todas las partes de la creación está solamente en la medida del deseo de recibir y el *Masaj* encima de este. La medida del *Masaj* determina el tipo y el nivel de la ejecución del deseo.

Nuestro cuerpo contiene las mismas partes. La diferencia entre las partes está en su llenado (más fuerte, más inteligente, o más diestro). Por lo tanto, las mismas partes existen en todo los *Partzufim* espirituales: **la punta de la Yud,** י **- Yud,** ה **- Hei,** ו **- Vav,** ה **- Hei**.

Estas letras son llamadas "el Nombre del Creador", ya que creó al creado con este modelo. El creado percibe a su Creador por la manera en que está lleno de la Luz -el Creador- y como resultado de esto atribuye nombres al Creador.

El nombre de cada *Kli* resulta de la medida en la que el *Kli* siente al Creador. Por lo tanto, cada grado tiene su propio nombre, desde este mundo al mundo de *Ein Sof*. Las almas se elevan para lograr el propósito de la creación, comenzando con este mundo, que es el nivel más bajo.

Cuando un alma asciende a cierto punto, significa que recibe la Luz en ese nivel; en otras palabras, llena su *HaVaYaH* con un cierto llenado de la Luz de *HaVaYaH*, que junto con el llenado crea el nombre del grado.

Está escrito que todos deben llegar a ser como *Moshé* (Moisés). Esto quiere decir que todos deben alcanzar el grado llamado *"Moshé"*. Todos los nombres en la *Torá* son Nombres Sagrados, ya que son las representaciones de la revelación de la Luz, el Creador. Por lo tanto, toda la *Torá* se llama "los nombres del Creador", incluyendo tales nombres como *Paró* (Faraón), *Bilam*, *Balak*, etc.

El nombre del grado está determinado por la Luz que llena el *Partzuf*, el *HaVaYaH*.

Por ejemplo, si el *Kli* está lleno de *Or Jojmá* y, el distintivo de esa Luz es la letra *Yud*, el llenado de las letras ה-ו-ה-י (*Yud, Hei, Vav, Hei*) es:

יוד-הי-ויו-הי

Esto se debe a que cada letra en el alefato hebreo tiene su propio número:

Alef = 1	א	*Zayin* = 7	ז	*Mem* = 40	מ	*Kuf* = 100	ק
Bet = 2	ב	*Jet* = 8	ח	*Nun* = 50	נ	*Resh* = 200	ר
Guimel = 3	ג	*Tet* = 9	ט	*Sámej* = 60	ס	*Shin* = 300	ש
Dálet = 4	ד	*Yud* = 10	י	*Ayin* = 70	ע	*Tav* = 400	ת
Hei = 5	ה	*Kaf* = 20	כ	*Pe* = 80	פ		
Vav = 6	ו	*Lamed* = 30	ל	*Tzadi* = 90	צ		

Por lo tanto, si sumamos las letras en el nombre *HaVaYaH*:

Yud Yud Vav Dálet	Hei Hei Yud	Vav Vav Yud Vav	Hei Hei Yud	י-ה-ו-ה
				יוד-הי-ויו-הי
10+6+4	5+10	6+10+6	5+10	= (10+6+4) + (5+10) + (6+10+6) + (5+10) = 72 = **AB**

Da como resultado las letras *AB* (*Ayin* + *Bet*). Este es el por qué el *Partzuf Jojmá* es llamado ע״ב - *AB*.

Un *Partzuf* que recibe la Luz de *Jasadim* es llamado ס״ג - *SaG*:

Yud, Hei, Vav, Hei = 63 = SaG (Sámej + Guimel).

Así es cómo se nombran todos los niveles en toda la realidad. Por lo tanto, para conocer el nombre de cada nivel, necesitamos solamente saber los nombres de cada tipo de Luz. Entonces cuando leemos la *Torá*, comprenderemos de qué acciones espirituales y de qué lugares y de qué niveles en los Mundos Superiores se está hablando.

Entonces no pensaremos por más tiempo equivocadamente que la *Torá* habla de algo debajo del mundo espiritual. No pensaremos que la *Torá* habla de nuestras vidas corpóreas, de historia, o de cómo conducirnos en nuestras vidas materiales.

En lugar de esto, sabremos que todos los libros de la *Torá* son en realidad instrucciones que nos dirán cómo lograr el propósito de nuestras vidas mientras todavía vivimos en este mundo, para no tener que regresar a este mundo *Guilgul*[27] (transmigración) tras *Guilgul*, y sufrir repetidamente esta vida vana, inútil y sin sentido.

Un *Partzuf* es diez *Sfirot*: *Kéter*, *Jojmá*, *Biná*, *ZA* y, *Maljut*

Un *Partzuf* en letras es *Yud* (*Jojmá*), *Hei* (*Biná*), *Vav* (*ZA*) y, *Hei* (*Maljut*).

Sin embargo el nivel de un *Partzuf*: *Néfesh*, *Rúaj*, *Neshamá*, *Jayiá*, *Yejidá*, no es explicado por medio del nombre *HaVaYaH*, ya que las letras *HaVaYaH* son las diez *Sfirot* del esqueleto del *Kli*. Estas aclaran el estado del *Kli* vacío, sin el llenado con la Luz Superior.

El nivel del *Kli*, el nivel espiritual del *Kli*, está determinado por la medida del *Masaj*. El *Masaj* llena las diez *Sfirot* de *HaVaYaH* con luces. El *Masaj* puede llenar el *Kli* con la Luz de *Néfesh*, *Rúaj*, *Neshamá*, *Jayiá* o, *Yejidá*. La Luz en el *Kli* determina el nivel del *Kli* sobre la escalera de niveles.

Existen solamente dos luces en la realidad: *Or Jojmá* (Luz de Sabiduría) y *Or Jasadim* (Luz de Misericordia). El símbolo para *Or Jojmá* es la letra *Yud*, y el símbolo para *Or Jasadim* es la letra *Hei*.

1. El registro del nivel de *Yejidá* (*Kli de Kéter*) es *HaVaYaH* simple, sin llenar:

Yud	Hei	Vav	Hei	י-ה-ו-ה
				= 10 + 5 + 6 + 5 = 26

2. El registro del nivel de *Jayiá* (*Kli de Jojmá*) es *HaVaYaH* llenado con *Yud*:

Yud	Hei	Vav	Hei	י-ה-ו-ה
Yud Vav	Hei	Vav Yud	Hei	יוד-הי-ויו-הי
Dálet	Yud	Vav	Yud	
10+6+4	5+10	6+10+6	5+10	= (10+6+4) + (5+10) + (6+10+6) + (5+10) = 72 = **AB** ע"ב

3. El registro del nivel del *Neshamá* (*Kli de Biná*) es *HaVaYaH* lleno de *Hei*, excepto que la letra *Vav* está llena con *Alef*, y la letra *Hei* está llena de *Yud*:

Yud	Hei	Vav	Hei	י-ה-ו-ה
Yud Vav	Hei	Vav Alef	Hei	יוד-הי-ויו-הי
Dálet	Yud	Vav	Yud	
10+6+4	5+10	6+1+6	5+10	= (10+6+4) + (5+10) + (6+1+6) + (5+10) = 63 = *SaG* ס"ג

---

[27] (N. del E.): También se lo conoce como "rotación de las almas" ó "rencarnación".

4. El registro del nivel de *Rúaj* (*Kli* de *ZA*) es *HaVaYaH* lleno de *Hei*, excepto que la letra *Vav* de *HaVaYaH* está llena con *Alef*:

Yud Yud Vav Dálet	Hei Hei Alef	Vav Vav Alef Vav	Hei Hei Alef			
10+6+4	5+1	6+1+6	5+1	= (10+6+4) + (5+1) + (6+1+6) + (5+1)	= 45 = **MA** מ"ה	

י-ה-ו-ה

יוד-הא-ואו-הא

5. El registro del nivel de *Néfesh* (*Kli* de *Maljut*) es *HaVaYaH* lleno de *Hei*, excepto la letra *Vav* de *HaVaYaH*, que permanece sin llenado:

Yud Yud Vav Dálet	Hei Hei Hei	Vav Vav Vav	Hei Hei Hei			
10+6+4	5+5	6+6	5+5	= (10+6+4) + (5+5) + (6+6) + (5+5)	=52= **BoN** ב"ן	

י-ה-ו-ה

יוד-הה-ואו-הה

Este es el origen de los nombres de los *Partzufim*: *AB*, *SaG*, *MA*, *BoN*.

Nekudot de SaG

Después del *Tzimtzum Alef*, *Maljut* decide llenarse con el fin de otorgar usando los *Reshimot* que quedaron del mundo de *Ein Sof*. La recepción con el fin de otorgar va en contra de la naturaleza del creado. Por lo tanto, *Maljut* no puede recibir toda la Luz superior que la llenaba en el mundo de *Ein Sof*, sino solamente en pequeñas porciones, llamadas *Partzufim*. Por lo tanto, *Maljut* recibe cinco porciones de la Luz: *Galgalta*, *AB*, *SaG MA* Superior, y *BoN* Superior. Esto completa la salida de todos los *Reshimot* en ella, y la cadena de la expansión se detiene.

El tercer *Partzuf* en surgir es el *Partzuf SaG*. Su naturaleza es aquella de *Biná* así que no quiere recibir algo para sí mismo; se "deleita en la misericordia". Por esta razón, este *Partzuf* puede descender debajo del *Tabur de Galgalta* y llenar el final de *Galgalta* con sus luces.

El *Partzuf SaG* surgió en los *Reshimot de Hitlabshut Guimel* (3) y *Aviut Bet* (2). Por lo tanto, hay iluminación de *Jojmá* en sus *Teamim*. Por esta razón, los *Teamim de SaG* no pueden descender debajo del *Tabur de Galgalta*. Pero cuando el *Partzuf SaG* empieza a purificarse, *Or Jojmá* desaparece inmediatamente, y como el *Masaj* se purifica del *Tabur* al *Pe*, el *Partzuf Nekudot de SaG* surge, y este *Partzuf* contiene solamente *Or Jasadim*. Por lo tanto, este *Partzuf* puede descender debajo del *Tabur de Galgalta* y llenar el *Sof* de *Galgalta* con *Or Jasadim*.

Toda la realidad surge de *Bjinat Shóresh* (Raíz), puesto que se trata del deseo del Creador de beneficiar a Sus criaturas. De conformidad con este deseo, la Luz se expande como una secuencia de causa y efecto para ejecutar el Pensamiento de la creación dentro del *Kli*, para que éste lo reciba.

En *Bjiná Alef* (1), la cual es toda la Luz y el *Kli*, hay toda la intención del Creador de hacer un *Kli* y llenarlo con la Luz. Todo lo que surge después de *Bjiná Alef* surge de esto. Por lo tanto, el Pensamiento del Creador aparece en un hecho real. El Creador imprimió la posibilidad de llevar a la creación a su meta de elevarse al grado del Creador dentro de la naturaleza de los *Kelim* y las luces, desde el principio.

Después del *Tzimtzum Alef*, *Maljut de Ein Sof* decidió recibir a través del *Masaj* y generó cinco *Partzufim*: *Galgalta*, *AB*, *SaG*, *MA* Superior y, *BoN* Superior. Esto completó la extracción de todos los *Reshimot* agotando la fuerza del *Masaj*, aunque solamente parte de *Maljut* fue llenada.

Si *Nekudot de SaG* no hubiesen descendido para llenar el *Sof de Galgalta*, *Maljut de Ein Sof* nunca habría sido llenada. Esto se debe a que *Maljut* es solamente deseo de recibir sin ninguna mezcla de deseos para otorgar. Y aquí, cuando *Nekudot de SaG* -que son *Biná*- descienden al *Sof de Galgalta* -que es *Maljut*- crea una mezcla de *Maljut* con *Biná*. Por lo tanto, se le da a *Maljut* una oportunidad de adquirir el deseo (*Kli*) para el otorgamiento, corregirse y ser llenada con la Luz.

Luego del *Tzimtzum Alef*, *Maljut de Ein Sof* decidió recibir solamente por medio de un *Masaj*, esto es, de acuerdo a su capacidad de recibir con el fin de otorgar. Hace un *Zivug* en las *Reshimot de Hitlabshut Dálet* (4) y *Aviut Dálet* (4), que permanecieron en ella después del *Tzimtzum*, y recibió una parte de la Luz de *Ein Sof*. La parte de *Maljut de Ein Sof* que fue llenada por este *Zivug* es llamada *Galgalta* o *Kéter*.

Posteriormente, *Maljut* recibe aún otra porción de la Luz de *Ein Sof* con el fin de otorgar. La parte de *Maljut* que fue llenada por este *Zivug* en el *Masaj* con los *Reshimot de Hitlabshut Dálet* (4) y *Aviut Guimel* (3) que permanecieron después de *Galgalta* se llama *AB*, o *Partzuf de Jojmá*.

La parte de *Maljut de Ein Sof* que fue llenada por el *Zivug* en las *Reshimot* en la próxima etapa -*Hitlabshut Guimel* (3) y *Aviut Bet* (2) que permanecieron después del *Partzuf AB* - es llamado *SaG*, o *Partzuf de Biná*. El *Partzuf SaG* es lo mismo que *Maljut*, el deseo de recibir, excepto que ésta no puede recibir con el fin de otorgar a través del *Masaj*, de la misma manera que los *Partzufim Galgalta* y *AB*; sólo puede hacerse semejante a *Bjiná Bet*, *Biná*.

Por su naturaleza, *Biná* no quiere recibir Luz; desea solamente otorgar. No hay ninguna limitación en el acto de "dar"; por lo tanto el *Partzuf SaG* puede llenar con su *Or Jasadim* toda la parte de *Maljut* que quedaba vacía.

Biná comprende tres partes:

1. Expansión de *Or Jojmá*,

2. La decisión de *Biná* que no quiere *Or Jojmá*, sino solamente desea otorgar. Es por esto que *Or Jasadim* se extiende en esta parte; y,

3. *Biná* recibe un poco de *Or Jojmá*, pero no para sí, sino para dárselo al *Partzuf de ZA*.

La primera parte en *Biná* todavía es *Jojmá*. Solamente en la segunda parte en *Biná* es que empieza a manifestarse el deseo de otorgar. Por lo tanto, puede llenar la parte de *Maljut de Ein Sof*, la parte en donde hay un deseo de otorgar con *Or Jasadim*, debajo del *Tabur* general que todavía no ha sido llenado.

El *Partzuf SaG* empieza a recibir la Luz en su *Toj* a través de un *Zivug* en *Hitlabshut Guimel* (3) y *Aviut Bet* (2). La presencia del *Reshimó de Guimel* de *Hitlabshut* produce la expansión de *Or Jojmá* en sus *Teamim*. Por esta razón esta parte de *Maljut* no puede descender debajo del *Tabur de Galgalta*.

Pero una vez que el *Masaj de SaG* empieza a purificarse y a elevarse del *Tabur* al *Pe*, una parte del *Partzuf* que es solamente *Biná*, puede descender debajo de *Tabur de Galgalta*. La Luz que sale del *Partzuf SaG* también puede descender debajo del *Tabur de Galgalta*, ya que es *Or Jasadim* sin *Or Jojmá*.

Por esta razón, la parte del *Partzuf SaG*, llamada *Nekudot de SaG*, que incluye la segunda y tercera parte de *Partzuf de Biná*, desciende debajo de *Tabur de Galgalta* y se viste por encima de su *Sof*.

Tzimtzum Bet (Segunda restricción)

Las *Nekudot de SaG* descendieron debajo del *Tabur de Galgalta* y ahí llenaron los *Kelim* vacíos de *Sof de Galgalta* con *Or Jasadim*. Percibieron que hay *Reshimot* de la Luz que llenó al *Sof de Galgalta* antes de su *Hizdakjut* (purificación) en los *Kelim* vacíos de *Galgalta*.

La Luz que llenó al *Sof de Galgalta* era *Or Jasadim* con un poco de *Jojmá*, y los *Reshimot* permanecieron allí después del *Hizdakjut* del *Masaj*: el *Reshimó* de la Luz de *Dálet* (4) de *Hitlabshut*, y el *Reshimó* del *Masaj* en *Guimel* (3) de *Aviut*. El *Sof de Galgalta* repelió la Luz para que no se esparciera en él, de la misma manera que *Biná*, y con eso, se convirtió en semejante a *Nekudot de SaG*. Por lo tanto, *Nekudot de SaG* se mezcló con el *Sof de Galgalta* y llenó sus *Kelim* vacíos.

Al mezclar *Nekudot de SaG* con el *Sof de Galgalta* recibieron los *Reshimot* que quedaron en el *Sof de Galgalta*. Los *Reshimot* de *Galgalta* eran más grandes que el *Masaj* de *Nekudot de SaG*, y por consiguiente, las *Nekudot de SaG* empezaron a querer recibir el placer que estaba en *Galgalta* para sí mismas.

La regla es que si el placer que se percibe en el deseo de recibir es más grande que la fuerza del *Masaj*, el *Kli* lo quiere para sí mismo, ya que el más fuerte –el *Masaj* o el deseo– es el que determina

Todos los mundos y *Partzufim* son partes de *Maljut de Ein Sof*. Este *Maljut* hizo un *Tzimtzum* y decidió nunca recibir para sí misma. Por lo tanto, ahora que un deseo de recibir para sí apareció en el *Partzuf Nekudot de SaG*, *Maljut* que hizo *Tzimtzum Alef* se elevó y se ubicó en el *Sium* de *Galgalta*, hasta el lugar donde el *Partzuf Nekudot de SaG* se ubica. Éste es el lugar desde el cual las *Nekudot de SaG* empezaron a querer recibir la Luz para sí mismas.

Cada *Partzuf* contiene diez *Sfirot*: *Kéter, Jojmá, Biná, Jésed, Gvurá, Tifféret, Nétzaj, Hod, Yesod* y, *Maljut*. *Nekudot de SaG* es el *Partzuf de Biná*, y *Biná* se divide en dos partes:

1. Las partes superiores de *Biná* son las *Sfirot* **Kéter, Jojmá, Biná, Jésed, Gvurá, Tifféret**. Estas *Sfirot* quieren solamente dar y no recibir algo; y,

2. Las partes inferiores de *Biná* son las *Sfirot* **Nétzaj, Hod, Yesod y Maljut**.

Estas *Sfirot* no pertenecen a *Biná*. Su función en *Biná* es recibir *Or Jojmá* de *Jojmá* y pasarla al inferior. Esto quiere decir que las *Sfirot Nétzaj, Hod, Yesod* y, *Maljut* en *Biná* tienen un deseo de recibir la Luz. Tienen un *Masaj* para recibir la Luz no para sí mismas, sino solamente para pasarla al inferior. Pero si el *Masaj* se pierde, las *Sfirot* -estos deseos- inmediatamente quieren recibir la Luz para sí mismas, sin darla a otros.

Ejemplo: Cierta persona estaba acostumbrada a recibir una suma regular de dinero y pasarla a personas que eran indigentes. De repente, recibió una suma mucho mayor que lo de costumbre, y sintió que no podía repartir el dinero; lo quería para sí misma. No podía resistir ese gran placer.

Mientras el placer del dinero era más pequeño que su *Masaj*, resistía los placeres porque el placer de dar el dinero era más grande que el placer de deleitarse a sí misma (robar). Pero cuando el placer de la recepción llegó a ser más grande que el placer de la donación, inmediatamente quiso recibir para sí misma.

Así es cómo el deseo de recibir opera en cada persona y en cada creado porque nuestra substancia es el deseo de recibir. Si realizamos actos de otorgamiento, es sólo porque nos traen más beneficio que los actos de recepción.

Esto es también lo que ocurrió en el *Partzuf Nekudot de SaG*: cuando la parte del *Partzuf* que recibió para dar a los inferiores fue expuesta a un placer más grande que la fuerza del *Masaj*, el *Masaj* quedó anulado de inmediato y el *Partzuf* quiso recibir para sí mismo.

El deseo de recibir para sí mismo evocó en el *Partzuf Nekudot de SaG* desde la *Sfirá Tifféret* hacia abajo. Esto es porque las *Sfirot*:

- *Kéter, Jojmá* y, *Biná* son las *Sfirot del Rosh*, que no quieren recibir,

- *Jésed, Gvurá* y, *Tifféret* son como las *Sfirot Kéter, Jojmá, Biná*, excepto que estas están en el *Guf* del *Partzuf*; y,

- *Jésed* es como *Kéter, Gvurá* es como *Jojmá*, y *Tifféret* es como *Biná*.

Por lo tanto, la *Sfirá Tifféret* es *Biná* del *Guf* del *Partzuf*.

Cada *Sfirá* dentro de sí misma está incluida de diez *Sfirot* particulares. Por lo tanto, la *Sfirá Tifféret* está dividida dentro de sus diez *Sfirot* internas en dos partes, tal como *Biná*:

1. Los *Kelim* que no "reciben" son las *Sfirot Kéter, Jojmá, Biná, Jésed, Gvurá, Tifféret*; y,

2. Los *Kelim* que "reciben con el fin de otorgar", los cuales son la parte más baja de *Biná*, corresponden a las *Sfirot Nétzaj, Hod, Yesod, Maljut*.

El *Partzuf Nekudot de SaG* se divide en *Kelim* de otorgamiento y vasijas de recepción. La línea de separación entre ellas está en la *Sfirá* interna de *Tifféret de Tifféret*. Este lugar es llamado "el *Jazé* del *Partzuf Nekudot de SaG*".

Ahora, una parte de los *Kelim* de *Nekudot de SaG* recibió un deseo que era más grande que su *Masaj*; por eso *Maljut* del *Tzimtzum Alef* que mantiene al *Tzimtzum Alef* ascendió específicamente a este lugar. Se ubicó allí y no permitió que la Luz penetrara debajo de éste. El límite a la expansión de la Luz que se hizo aquí se llama *Parsá*.

El ascenso de *Maljut* al lugar del *Jazé* de *Nekudot de SaG*, para limitar la expansión de la Luz hacia abajo, se llama *Tzimtzum Bet*. *Tzimtzum Alef* es la prohibición de recibir *Or Jojmá* con el fin recibir, en tanto que el *Tzimtzum Bet* es la prohibición de cualquier recepción de *Or Jojmá*, ya que no hay fuerza para recibir *Or Jojmá* con el fin de otorgar desde el *Partzuf Nekudot de SaG* hacia abajo. Es por esto que cualquier trato con ella está prohibido.

"Un deseo en el superior llega a ser una ley obligatoria en el inferior". Por eso, en todos los *Partzufim* que aparecen después del *Tzimtzum Bet*, el *Parsá* en ellos no permite que la Luz Superior -*Or Jojmá*- lo atraviese y descienda a los *Kelim* de recepción. Por esta razón, el lugar debajo del *Tabur de Galgalta* fue dividido en cuatro partes:

1. El lugar del mundo de *Atzilut*, donde *Or Jojmá* puede iluminar,

2. El lugar del mundo de *Briá*, debajo del *Parsá*, donde *Or Jojmá* no puede

aparecer, sino solamente *Or Jasadim*,

1. El lugar del mundo de *Yetzirá*, debajo del lugar del mundo de *Briá*; y,

2. El lugar del mundo de *Asiyá*, debajo del lugar del mundo de *Yetzirá*.

El *Sium* del mundo de *Asiyá* es también el final de la *Kdushá* (Santidad). Debajo de la *Kdushá* se encuentran:

1. El "*Majsom*" (barrera) - el límite entre la espiritualidad y la corporalidad, aquel que separa el mundo de *Asiyá* del nivel de este mundo; y,

2. El lugar de este mundo; y,

3. Nuestro mundo.

El Mundo de *Nekudim*

Todo el proceso del ascenso de *Nekudot de SaG* debajo del *Tabur de Galgalta*, su mezcla con el *Sof de Galgalta*, y el *Tzimtzum Bet*, tuvo lugar durante el ascenso del *Masaj de SaG* desde el *Tabur* al *Pe*. Por eso, cuando el *Masaj* alcanzó al *Pe de SaG*, los *Reshimot* de todo lo que había ocurrido desde *Nekudot de SaG* hacia arriba y desde el *Tabur de Galgalta* hacia abajo, ya estaban en él.

Luego del *Hizdakjut* (purificación) del *Partzuf Galgalta*, permanece allí un *Reshimó de Hitlabshut Dálet* (4) de la Luz que estaba en *Galgalta* y un *Reshimó de Aviut Guimel* (3) del *Masaj* restante. Luego del *Hizdakjut* del *Partzuf AB*, los *Reshimot de Hitlabshut Guimel* y de *Aviut Bet* (2) permanecieron en el *Masaj*. Así, vemos que después del *Hizdakjut del Partzuf*, un par de *Reshimot* permanecen en este: El *Reshimó de Hitlabshut* y *Reshimó de Aviut*.

Pero siguiendo el *Hizdakjut del Partzuf SaG*, los tres pares de los *Reshimot* quedaron en el *Masaj* que se extendió del *Tabur* al *Pe*, en el cual el *Masaj* hizo tres *Zivuguim*, por orden de importancia:

1. Un *Zivug* en las *Reshimot Bet de Hitlabshut* y *Alef de Aviut de Teamim de SaG*. Creando un *Partzuf* en el nivel de ZA por encima del *Tabur*, llamado "MA Superior".

2. Un *Zivug* en los *Reshimot Bet de Hitlabshut* y *Alef de Aviut de Nekudot de SaG* que se ha extendido por debajo del *Tabur de Galgalta*. Estos *Reshimot* son posteriores al *Tzimtzum Bet* que fue hecho en *Nekudot de SaG*, debajo del *Tabur*. Todo lo que estaba en el *Partzuf* se traslada a los *Reshimot*. Por eso, la prohibición de usar los *Kelim* de recepción del *Tzimtzum Bet* está registrada en los *Reshimot de Nekudot de SaG*. Al guardar esta condición de acuerdo con la demanda de los *Reshimot*, el *Masaj* de *Rosh de SaG* se eleva del *Pe* hacia *Nikvei Eynaim*, donde hace un *Zivug de Akaá* con la Luz Superior en los *Reshimot Bet de Hitlabshut* y *Alef de Aviut*. El lugar en el *Rosh* donde el *Masaj* hace un *Zivug de Akaá* con la Luz Superior determina la singularidad de la expansión de las Luces en el *Guf del Partzuf*.

El *Zivug* en las *Reshimot Dálet de Aviut* y *Guimel de Hitlabshut* será discutido más adelante en el ensayo.

El *Masaj* se elevó a *Nikvei Eynaim (NE)* debido a la prohibición de la recepción de la Luz en los *Kelim* de recepción. La Luz puede expandirse solamente a través del *Jazé* en cada *Partzuf* ya que los *Kelim* de otorgamiento están presentes solamente a través del *Jazé*, y del

Jazé hacia abajo empiezan los *Kelim* de recepción en el *Partzuf*. El *Masaj* que hace un *Zivug* en los *Reshimot* restringidos engendra un *Partzuf*. La Luz se extiende en este *Partzuf* y llena solamente los *Kelim* de otorgamiento. No llena los *Kelim* para la recepción de la Luz, y se quedan vacíos. El *Partzuf* puede usar solamente una parte de sus *Kelim*, es por esto que es considerado "pequeño".

Pregunta: ¿por qué el *Masaj* se eleva del *Pe* hacia *Nikvei Eynaim* y hace el *Zivug* allí, de acuerdo con la demanda de los *Reshimot*?

Respuesta: Es porque los *Reshimot* requieren un *Zivug* solamente en los *Kelim* de otorgamiento. Por esta razón, el *Masaj* debe elevarse a la mitad de *Biná* del *Rosh de SaG* donde los *Kelim* de otorgamiento del *Rosh* terminan, y hacen un *Zivug* en los *Reshimot Bet de Hitlabshut* y *Alef de Aviut*.

Los *Reshimot* por debajo del *Tabur* exigen extender la Luz solamente en *Kelim* de otorgamiento, pero ¿cómo puede nacer un *Partzuf* solamente con *Kelim* de otorgamiento? No puede haber un *Partzuf* que no contenga en él diez *Sfirot*. Sin embargo, puede haber un *Partzuf* que no esté usando algunos de sus deseos -*Sfirot*. Por lo tanto, el *Rosh de SaG* debe engendrar un *Partzuf* cuyos *Kelim* de recepción se encuentren inactivos. Estos *Kelim* en el *Partzuf* son la mitad inferior de *Biná*, *ZA*, y *Maljut*.

El *Masaj* de *SaG* debe engendrar el *Partzuf* de tal manera que, desde el principio, no vaya a usar los *Kelim* de recepción en su *Toj*, para que estos *Kelim* en el *Partzuf* no sean llenados. Para que esto ocurra, el *Masaj* debe hacer un *Zivug* para entregar al *Partzuf* solamente los *Kelim* de otorgamiento en el *Rosh*.

Los *Kelim* del *Rosh* son llamados:

Kéter = *Galgalta*

Jojmá = *Eynaim*

Biná = *Oznáim*

ZA = *Jótem*

Maljut = *Pe*

La división de *Rosh de SaG* en cinco *Bjinot*

Los *Kelim*, *Kéter*, *Jojmá* y, la mitad Superior de *Biná* juntos, son llamados *Galgalta ve Eynaim* (*GE*), o "*Kelim* de otorgamiento". La mitad Superior de *Biná* pertenece a los *Kelim* de otorgamiento ya que está llena de *Or Jojmá* y no quiere recibir nada, sin embargo anhela *Or Jasadim*. En cambio la mitad más baja de *Biná* quiere recibir Luz para *ZA*. El *Partzuf Nekudot de SaG* es el *Partzuf de Biná*. De la mitad inferior del *Partzuf de Biná*; es decir, de la *Sfirá Tifféret de Nekudot de SaG* hacia abajo, hay *Kelim* de recepción:

1. La mitad inferior de *Biná* desea recibir Luz para *ZA*.

2. *ZA* desea recibir *Or Jasadim* en la iluminación de *Or Jojmá*.

3. *Maljut* desea recibir *Or Jojmá* completa.

Por esta razón, esta parte del *Partzuf Nekudot de SaG* recibió un deseo de recibir con el fin de recibir.

La división del *Partzuf Nekudot de SaG* **en** *GE* **y** *AJaP*

El lugar donde el *Masaj de Rosh* se encuentra, determina la forma del *Partzuf* que va a nacer:

- Si el *Masaj* desea engendrar un *Partzuf* que recibirá la Luz en todas sus diez *Sfirot* debe hacer un *Zivug* en el *Pe*. Una vez que el *Masaj* está en el *Pe*, la *Kashiut* (dureza) del *Masaj* determina el nivel del *Partzuf* (el tamaño y la altura); es decir, la extensión en la que el *Masaj* usará sus cinco *Kelim*.

- Si el *Masaj* desea engendrar un *Partzuf* que recibirá la Luz solamente en *Kelim* de otorgamiento; es decir, solamente en la mitad del *Partzuf*, debe estar en *Nikvei Eynaim* y no en *Pe de Rosh*, debido a que hay la mitad Superior del *Rosh*. Entonces los *Kelim* de otorgamiento estarán encima del *Masaj*; es decir, que serán tomadas en el cálculo del *Masaj*.

Una vez que el *Masaj* se ubica en *Nikvei Eynaim* su *Kashiut* determina el tamaño (altura) del *Partzuf*; es decir, el porcentaje de sus *Kelim* de otorgamiento que el *Partzuf* va a usar. El *Partzuf* que nace bajo estas condiciones es llamado "*Katnut*[28] del mundo de *Nekudim*".

Una vez que se lleva a cabo un *Zivug* en los *Reshimot* restringidas de *Bet de Hitlabshut* y *Alef de Aviut* en el *Rosh de SaG*, el *Partzuf* recién nacido desciende al lugar del cual los *Reshimot* se elevaron. Este desciende debajo del *Tabur de Galgalta* y se extiende ahí en el *Rosh* y *Guf*. El *Rosh de Hitlabshut* es llamado *Kéter*, el *Rosh de Aviut* es llamado *Aba VeIma* (*AVI*), y el *Guf* es llamado *ZON*.

Su estructura contiene *Rosh* y *Guf*, y cada parte en ella está dividida en dos partes: *GE* y *AJaP*:

- *GE* son siempre *Kelim* de otorgamiento. Siempre pueden ser usados porque el *Tzimtzum* fue solamente sobre *Or Jojmá*.

- *AJaP* son siempre *Kelim* de recepción. Una vez que el *Tzimtzum Bet* se hizo en el *Partzuf Nekudot de SaG*, ningún *Partzuf* que surge tiene la fuerza de recibir *Or Jojmá* en los *Kelim* de *AJaP* con el fin de otorgar.

---

28 (N. del E.): Significa "pequeñez"

El tercer par de *Reshimot* que se elevaron con el *Masaj* al *Rosh* de *SaG*, son *Reshimot* que se trasladaron a *Nekudot de SaG* del *Sof de Galgalta*: *Dálet de Hitlabshut* y *Guimel de Aviut*. El *Partzuf Nekudot de SaG* estaba integrado con estos *Reshimot* cuando llenó al *Sof de Galgalta*, y estos *Reshimot* demandan recibir *Or Jojmá*.

Después de que el *Partzuf de Katnut* del mundo de *Nekudim* descendió a su lugar, de *Tabur de Galgalta* hasta el *Parsá*, el *Rosh de SaG* le dio el otro *Reshimó*, *Dálet de Hitlabshut* y *Guimel de Aviut*. Por la exigencia de estos *Reshimot*, el *Masaj* que estaba en *Nikvei Eynaim de Rosh de AVI* descendió al *Pe de AVI*, donde hizo un *Zivug* sobre los *Reshimot Dálet – Guimel* (4/3). Como resultado de este *Zivug Or Jojmá* descendió al *Guf*, alcanzó el *Parsá*, y lo atravesó.

El *Rosh* de *AVI* pensó que de acuerdo al presente despertar de las *Reshimot Dálet - Guimel*, los *Kelim* de recepción por debajo del *Parsá* podían ahora recibir con el fin de otorgar. Por lo tanto, *AVI* hizo un *Zivug* sobre *Gadlut*; es decir, en los *Reshimot Dálet - Guimel*. Para este propósito, se reunieron los *Kelim* de *GE* con el *AJaP* en su *Rosh*, así como en su *Guf*, los cuales eran *ZON*, en tanto que *Or Jojmá* se expandió desde ellos hacia abajo al *ZON*.

El Nacimiento de un *Partzuf* **desde el Superior,** *Partzuf Katnut de Nekudim*, **y** *Partzuf Gadlut de Nekudim*

Los *Roshim* (pl. para *Rosh*) de *Kéter* y *AVI* no tienen conocimiento de que la Luz de *AB-SaG* que vino desde arriba y le dio fuerza al *Kli* para desplazarse de *Katnut* a *Gadlut* (grandeza), no podía descender debajo del *Parsá*. Es por esto que el *Parsá* no fue anulado. Cuando *Or Jojmá* empezó a llenar los *Kelim* debajo del *Parsá*, los *Kelim* empezaron a romperse, ya que se quedaron en el deseo de recibir con el fin de recibir.

Cuando el *Rosh* de *AVI* hizo un *Zivug* en los *Reshimot* de *Dálet de Hitlabshut* y *Guimel de Aviut*, *Or Jojmá* salió de ellos y entró en el *Guf de Nekudim*. La Luz se extendió a través de *GE* deseando pasar por el *Parsá* y entrar en el *AJaP* del *Guf*. En ese momento los *Kelim* de *AJaP* empezaron a recibir *Or Jojmá* con el fin de recibir. Los *Kelim* de *GE* que se ubican por encima del *Parsá*, se unieron con los *Kelim* de *AJaP* debajo del *Parsá* en un solo *Guf*. Por esta razón, el *GE* –los *Kelim* de otorgamiento– se rompieron junto con el *AJaP* [que son] - *Kelim* de recepción.

El primer *Partzuf de Gadlut de Nekudim* se hizo cuando *Or Jojmá* salió del *Pe de AVI* y se expandió a través del *Guf de Nekudim*, que incluye *GE* y *AJaP*. Y habiéndose roto:

1. Los *Kelim* del *Guf* perdieron el *Masaj*; y,

2. Se cayeron de su estado previo, ya que querían recibir con el fin de recibir.

Como consecuencia de la ruptura, el *Masaj* del primer *Partzuf* de *Gadlut*, *Partzuf de AVI*, se purificó y se elevó con los *Reshimot Guimel-Bet* (3/2) que quedaron en él, [es decir] al *Pe de Rosh AVI*. Allí hizo un *Zivug* de *Akaá* sobre estos *Reshimot* y generó el próximo *Partzuf* cuyo *Rosh* es llamado *YeShSUT*. Una vez que el *Rosh* surgió, este calculó y produjo un *Guf*.

El *Partzuf* de *YeShSUT* se rompió y murió también. Por lo tanto, el *Masaj* se purificó y se elevó al *Pe* de *YeShSUT* con los *Reshimot Bet-Alef* (2/1). Un *Guf* no puede aparecer en estos *Reshimot*, debido a que no hay suficiente *Aviut* para recibir la Luz.

Por lo tanto, vemos que los dos *Partzufim* que surgieron, *AVI* y *YeShSUT*, se rompieron. Como cada *Partzuf* se purificó, surgieron cuatro *Partzufim de Nekudot*. Por lo tanto, en total,

surgieron ocho *Partzufim*, llamados "Los ocho *Melajim*" (reyes), ya que los gobierna *Maljut*, el deseo de recibir con el fin de recibir.

Cada *Partzuf* comprende *HaVaYaH*, cuatro partes. Esta es la estructura de cada creación. Cada *Partzuf* contiene sus propias diez *Sfirot*; por lo tanto, el número total de partes es 8x4x10=320. En *Guemátria* este número es llamado *ShaJ* (Shin + Kaf), ya que la letra *Shin* es igual a 300 y la letra *Kaf* es igual a 20

La ruptura ocurrió en todas las *Sfirot*. Todas las *Sfirot* fueron mezcladas y se integraron una con otra, por lo que cada parte rota comprendía 320 partes. Por lo tanto, todo el trabajo en la corrección es clasificar cada uno de las partes de los *Kelim* rotos.

La menos rota de las 320 partes se debe tomar primero, y luego de entre sus partes rotas, hay que clasificar las partes de *Maljut* que causaron la ruptura. En total, las 320 partes rotas son las nueve *Sfirot de Nekudim de ZON*. *Maljut* es la décima parte en estas diez *Sfirot*; es decir, que dentro de las 320 partes están 32 partes de *Maljut*.

La clasificación de las partes de *Maljut* lo hace *Or Jojmá*. Cuando *Or Jojmá* ilumina a todas las 320 partes rotas, sólo puede iluminar a las nueve *Sfirot*; es decir, para 288 (320 - 32) de las partes y no para la décima *Sfirá*, las 32 partes de *Maljut*. Así es cómo se realiza la clasificación.

Maljut es la única parte mala que nos impide entrar en la espiritualidad. Nuestra naturaleza es distanciarnos del mal. Esta es la razón por la cual uno llega a odiar el mal. Porque en la espiritualidad el separador es el odio, a la persona se le separa de este mal, el deseo de recibir para sí misma.

Los 288 partes que son aptas para la corrección se llaman *RaPaJ*

(*Resh* = 200) + (*Pe* = 80) + (*Jet* = 8).

Las 32 partes no aptas para la corrección se llaman *Lev HaEven* (El corazón de piedra). *Lev* se escribe con *Lamed* = 30 y *Bet* = 2.

Así: *Lamed* (30) + *Bet* (2) = 32.

Por lo tanto, después de la clasificación de las *Lamed Bet* (32) *Maljuyot* (pl. de *Maljut*) que no deben ser usadas, quedan *RaPaJ* (288) partes rotas para la corrección. Estas son las partes rotas de las primeras nueve *Sfirot*. De esas, las primeras en ser clasificadas son los *Kelim* de otorgamiento, *GE*. Estos comprenden el *ZON* del mundo de *Atzilut*.

Como hay diez *Sfirot* en la *Hitpashtut* (expansión) de la Luz en el *Kli* desde arriba hacia abajo, también hay diez *Sfirot* en el espesor del *Kli*.

Estas vienen de la *Hitkalelut* (mezcla) de las *Sfirot* a través de *Or Jozer*. Las diez *Sfirot* en el espesor del *Partzuf* son llamadas:

Kéter -------- *Moja* (mente)

Jojmá ------- *Atzamot* (huesos)

Biná --------- *Guidim* (tendones)

ZA ----------- *Basar* (carne)

Maljut ------ *Or*[29] (piel)

Aquí también se aplica la ley del *Tzimtzum Bet* tal como en las *Sfirot* de la extensión.

Olam HaTikkún (**El mundo de la corrección**)

Luego de la ruptura del mundo de *Nekudim*:

- **Las luces** que llenaron al *Partzuf de Gadlut de Nekudim* partieron al *Rosh del Partzuf de Nekudim*.

- **Los *Reshimot*** que permanecieron en el *Masaj* se elevaron al *Rosh del Partzuf de Nekudim*, y luego al *Rosh de SaG*.

- **Los *Nitzotzim*** (chispas), las partes de *Or Jozer* (partes del *Masaj* roto), cayeron en los *Kelim* rotos, los cuales perdieron el *Masaj* y regresaron al deseo de recibir con el fin de recibir. Esto significa que cayeron al lugar de *BYA*, debajo del *Parsá*.

La diferencia entre la *Hizdakjut* del *Partzuf* a través del *Bitush de Or Pnimí* y *Or Makif*, y la *Hizdakjut* del *Partzuf* a través de la ruptura, es que después de la ruptura, los *Kelim* deben ser reformados primero, y solamente entonces se pueden hacer en ellos los *Zivuguim* para dar a Luz a nuevos *Partzufim*; es decir, llenarlos con la Luz.

---

[29](**N. del E.**): Aunque su pronunciación es similar a la de אור - Or/Luz, en este caso difiere por una letra, pues la palabra עור – Or/"piel" se escribe con la letra *Ayin*, en tanto que la palabra *Or*/Luz se escribe con la letra *Alef*.

La intención del *Rosh* del mundo de *Nekudim* fue recibir toda la Luz del propósito de la creación con el fin de otorgar, llenando todo el *Sof de Galgalta*. De esta forma conseguiría el llenado completo de *Maljut de Ein Sof*. Por eso, cuando la ruptura de los *Kelim* se corrige, se corrigen todos los *Kelim* de recepción, para que trabajen con el fin de otorgar, y se alcance el *Gmar Tikkún* (El fin de la corrección).

Pero con esto no se corregirá a todo *Maljut de Ein Sof*, sino solamente una parte, sus *Bjinot Shóresh*, *Alef*, *Bet* y, *Guimel*, excluyendo a *Bjiná Dálet*. *Bjiná Dálet* es el único creado. Las *Bjinot Shóresh*, *Alef*, *Bet* y, *Guimel* en ella vienen de la *Hitkalelut* (inclusión) de las nueve Superiores de ella, de la influencia del Creador en ella, mientras que un "creado" es un deseo que está completamente separado del Creador y existe por derecho propio.

Solamente la *Bjiná Dálet* que se encuentra en *Bjiná Dálet* es un deseo de recibir con el fin de recibir que se siente independiente. Por consiguiente, solamente ella es la que restringe su deseo de recibir. Después del *Tzimtzum*, todos los *Partzufim* y todos los mundos surgen para llenar los deseos *Shóresh*, *Alef*, *Bet* y, *Guimel* en *Bjiná Dálet*, y no en *Bjiná Dálet* en *Dálet*.

Pero si lo que requiere la corrección es *Bjiná Dálet* en *Dálet*, y no las *Bjinot Shóresh*, *Alef*, *Bet* y, *Guimel* en *Dálet*, ¿por qué se reciben las Luces en estos deseos? Estos deseos no son los deseos del creado; sino que son las cualidades del Creador, las fuerzas del Creador. Mediante su uso, Él guía al creado -*Bjiná Dálet* en *Bjiná Dálet*. Estas fuerzas llenan los mundos espirituales excepto el alma de *Adam*.

Bjiná Dálet misma, el alma de *Adam*, en realidad no puede corregirse a sí misma para recibir con el fin de otorgar. Más bien, la verdadera corrección del creado está en examinar todas las cualidades opuestas respecto a todas las cualidades del Creador, y en todos los casos, preferir ser como el Creador. El creado no usa su propia cualidad -el corazón de piedra- sino solamente las nueve Superiores, las 248 *Bjinot* que clasifica y eleva después de la ruptura, hacia la unión con el Creador.

Todos los *Zivuguim* se realizaron después de que se llevó a cabo el *Tzimtzum Alef* en estos deseos. Los *Partzufim*, mundos y, todo dentro de los mundos nacen fuera de estos *Zivuguim*, extendiéndose desde arriba hacia abajo. Todos los cinco mundos, con los cinco *Partzufim* en cada mundo, se convierten en una escalera de grados desde el Creador -el Dador- hasta el creado -el receptor. Los peldaños de la escalera son medidos de acuerdo a la equivalencia de los deseos entre la criatura y el Creador.

El descenso de los *Partzufim* y los mundos desde arriba hacia abajo construye los grados, los mismos que son como capas sobre la Luz de *Ein Sof*. Cada *Partzuf* cubre la Luz y la oculta de los *Partzufim* debajo de él, a tal punto que recibe con el fin de otorgar.

Podemos comparar los *Partzufim* y los mundos con las pieles de la cebolla: envolviendo, rodeándose una a la otra, y mientras más interna la piel, más queda cubierta la Luz. Por lo tanto, el punto de obscuridad está al final de la escalera, en medio de todos estos círculos.

Para posibilitar al deseo del creado el tener la libertad de sus acciones, de manera que logre la equivalencia con el Creador y se aferre a Él por su propia voluntad; y además habilitar a la criatura para que se desarrolle y se eleve de su estado al grado del Creador, el creado debe nacer en el punto medio de todos los mundos, el punto de la obscuridad. Asimismo, se debe disponer que sea posible la corrección de su deseo, aunque debido a la debilidad del creado, la corrección no será instantánea sino gradual.

Para este propósito, se ha preparado una escalera de grados con cinco mundos, cinco *Partzufim* en cada mundo, y cinco *Sfirot* en cada *Partzuf*. En total, hay 125 grados desde el estado inicial del creado hasta su terminación. Por lo tanto, los mundos tienen dos funciones:

1. Ocultar la Luz de *Ein Sof* gradualmente. Esto se efectúa a través del descenso de los mundos desde Arriba hacia abajo. Es por esto que los grados de ocultación se llaman *Olamot* (mundos), de la palabra *Haalamá* (ocultación); y,

2. Proporcionar correcciones al creado (las almas) con las cuales pueda subir los grados de los mundos desde abajo hacia Arriba. Cada grado que adquiere es un *Partzuf* tuvo origen durante el descenso desde Arriba hacia abajo. Para subir por los grados espirituales, el creado debe recibir la ayuda del nivel al cuál aspira. Cuando el creado recibe la ayuda de ese nivel emplea esta fuerza auxiliar para adquirir un *Masaj* y elevarse a ese mismo peldaño., llamándose a sí mismo con el nombre de ese grado.

Con esto aprendemos que todos los mundos y lo que los llena son solamente una escalera preparada por el Creador para el ascenso del hombre. Cuando uno sube por esos grados todas las almas se elevan al mismo tiempo que él, ya que todos los mundos y todo lo que los llena está dentro del hombre mismo. Por lo tanto, aparte del individuo que alcanza, el creado, sólo existe el Creador.

Alrededor del hombre está solamente la Luz Superior Simple, la cual se encuentra en completo reposo. Es decir que la intención del Creador es inalterable, y es lo mismo en todas sus acciones con el fin de beneficiar al hombre. Una persona siente al Creador solamente en la medida de la equivalencia de sus cualidades con la cualidad de otorgamiento del Creador:

- Si las cualidades -deseos, intenciones- son completamente opuestas a las del Creador, la persona [simplemente] no siente al Creador. De acuerdo a esta sensación, una persona llama a ese estado "este mundo".

- Si el hombre tiene éxito en cambiar alguna de sus cualidades, de manera que la haga similar a la cualidad de otorgamiento del Creador, se considera que esa persona ha pasado del estado de "este mundo" al estado del "mundo espiritual". Por lo tanto, ingresa en el primer grado de la escalera de grados para acercarse al Creador.

Todos los cambios están solamente dentro del hombre, en sus *Kelim* de recepción, dependiendo de la medida de la corrección de su *Masaj* en su interior. Pero aparte del hombre, existe sólo la Luz superior, donde no hay ningún cambio. Al conseguir una parte de la Luz

Superior, se alcanza y siente una parte del Creador. Y conforme a esta sensación, la persona nombra a la sensación del Creador [como]: "misericordioso", "clemente", "terrible", etc.

Toda la *Torá* son sólo los registros de las sensaciones de una persona que alcanza la espiritualidad, que se acerca al Creador. Resulta que toda la *Torá* son los nombres del Creador. Es por eso que está escrito que toda la *Torá* son Sus Nombres Sagrados. Una persona que alcanza la *Torá* alcanza una parte de la Luz Colectiva. Los niveles del alcance de la Luz son llamados por los nombres de las *Sfirot* (*Partzufim*, mundos) o por las luces que uno recibe (*NaRaNJaY*).

Además del hombre, existe solamente el Creador. Por lo tanto, cualquier cosa que alguno de nosotros sienta, piense, y quiera, provine del Creador. Lo que cada persona en el mundo siente es sólo el Creador.

Cuando el creado sube desde el punto más bajo desde el cual empieza a acercarse al Creador (el punto de este mundo), hasta el momento en que consigue la completa equivalencia de forma con el Creador (*Gmar Tikkún*), él atraviesa por medio de 620 niveles, llamados las "613 *Mitzvot* de la *Torá*" y las "Siete *Mitzvot* de nuestros grandes sabios". Siendo el *Zivug* con la Luz Superior en el *Masaj* llamado una *Mitzvá*. La Luz que recibe el [individuo] que alcanza en su *Kli* es llamada *Or Pnimí* (Luz interior), *Or Teamim* (Luz de los sabores) o "*Torá*". Es por esto que los cabalistas dicen a todos, "prueben y verán que el Señor es bueno".

El creado, *Bjiná Dálet* en *Bjiná Dálet*, corrige su deseo de recibir para poder "recibir con el fin de otorgar". El *Tikkún* no está en el deseo de recibir en sí, sino para que su uso sea con la intención por el fin de otorgar. Este *Tikkún* que concentra la aspiración en el otorgamiento, se lleva a cabo en las partes pequeñas del deseo del creado, de la porción más pequeña hasta la más grande, y no en toda. De esta manera el creado "se eleva" de grado en grado en la escalera de los grados. Los mundos son grados sobre los cuales se asciende desde abajo hacia Arriba.

El *Tikkún* del deseo de recibir, para recibir sólo con el fin de otorgar, es un *Tikkún* muy difícil, ya que es opuesto a la intención. Es opuesto a la naturaleza del creado. Por lo tanto, el Creador dividió todo el camino en 613 pequeños grados, y dividió a la criatura misma en 600.000 pequeñas piezas, llamadas "*Neshamot*" (almas). Cuando todas las *Neshamot* se unen, se llaman "el alma común" o *Adam HaRishón* (El primer hombre).

Sin embargo el trabajo de corrección comienza incluso antes de eso, en un estado más bajo, llamado "nuestro mundo", en donde todas las partes de la creación existen en una realidad donde no existe Creador o espiritualidad. Ni siquiera sienten que carecen de la sensación de la ausencia del conocimiento del Creador. Todos nacemos en este grado, el cual es tan sólo el deseo de recibir placeres accesibles a nuestros cinco sentidos.

Todo el mundo está dirigido por los mandatos del Creador. Esta conducción se llama la "Naturaleza", ya que el deseo de recibir placer en cada uno de los estados: el Inanimado, el Vegetativo, el Animado y; el Hablante, necesariamente determina cada reacción. Esto se debe a que la ley determina que cada criatura siempre escoge el placer más grande escapándose [así] de los sufrimientos.

En cada generación hay personas en las que el Creador "implanta" un punto en el corazón -un deseo de sentir al Creador. Tal persona empieza a buscar llenar este nuevo deseo sin saber que se trata de un deseo por el Creador y que sólo puede llenarse con la Luz Superior.

Los *Partzufim* que surgieron después de la ruptura son llamados "*Olam HaTikkún*" (el mundo de la corrección). Todo lo que ocurre debe aparecer en la creación y es necesario para el desarrollo del creado, para que pueda lograr la perfección de las acciones del Creador y disfrutar lo que el Creador ha preparado para él.

Por consiguiente, tanto la ruptura en el mundo de los *Nekudim*, llamada "la ruptura de los mundos", así como la ruptura en *Adam HaRishón*, llamada "la ruptura de las almas", estaban predestinadas. En la ruptura del mundo de *Nekudim*, los *Kelim* de recepción se mezclaron con los *Kelim* de otorgamiento. Las partes rotas están tan mezcladas que cada una de ellas está incluida en todas las otras. Por esto, cada una de las 320 partes (deseos) contiene las otras dentro de ella. Lo resultados de esto son:

1. Los *Kelim* de recepción serán corregidos debido a la mezcla con los *Kelim* de otorgamiento; y,

2. Las luces de *NaRaNJaY* aparecerán en cada deseo (en lugar de la Luz de *Néfesh*, que estaba ahí antes).

Sin la mezcla obtenida por la ruptura, los *Kelim* de recepción no tendrían manera de recibir la Luz, ya que el *Parsá* los separaría del lugar en el que la Luz Superior podría empezar a extenderse. Pero ahora, después de la ruptura, pueden elevarse hasta *Atzilut* (*AJaP de Aliá*) y ser llenadas allí.

La ruptura en el mundo de *Nekudim* es llamada "la ruptura de los mundos", ya que *Maljut de Ein Sof* comprende cinco partes. Cuatro de ellas procrean los mundos y todo lo que hay dentro de ellos, al irse extendiendo de Arriba hacia abajo, contienen toda la creación con excepción del hombre, el cual fue creado de *Bjiná Dálet* en *Dálet*, de la última parte de *Maljut*, el deseo concreto e independiente de recibir, totalmente apartado del deseo de otorgar del Creador.

Por lo tanto, solamente el hombre es el propósito y la meta de la creación. Fuera de él, el resto de las partes de la creación no son independientes. Pertenecen al deseo del Creador, ya que el Creador determina su conducta, así como el Inanimado, Vegetativo y, Animado que existen en nuestro mundo.

En nuestro mundo, el deseo del hombre no es esencialmente diferente al de los animales. Solamente a aquella persona en la que surgió el deseo por el Creador (una parte del deseo de *Adam HaRishón*) se llama "*Adam*" (hombre). Una persona con tal deseo puede corregirlo adquiriendo un *Masaj* y lograr el deseo de otorgar. Y si no surge un deseo semejante en una persona, no tiene nada para corregir y esa persona no siente ninguna inclinación por acercarse al Creador.

Toda la realidad en este mundo se divide en las cuatro partes de la creación: Inanimado, Vegetativo, Animado y, Hablante, conforme a la magnitud del deseo de recibir, y por lo tanto también según la magnitud de la fuerza beneficiosa y dañina.

Una persona en este mundo debe atravesar por cuatro etapas del desarrollo: Inanimado, Vegetativo, Animado y, Hablante, a fin de desarrollar e intensificar el deseo de recibir hasta que el Creador le implante el "punto en el corazón"; es decir, el deseo por el Creador para lograr la meta.

Por eso en el transcurso de la humanidad, durante miles de años ha sido pulverizada bajo la presión de la naturaleza, el desarrollo del deseo de recibir desde el nivel "Inanimado" hasta el nivel "Hablante". Esta es la evolución de las generaciones que conocemos.

Toda la humanidad así como todas y cada una de las almas, de generación en generación, atraviesan por cuatro etapas de desarrollo del deseo de recibir:

1. La gente común: el "Inanimado" en la especie humana. Por medio de una tendencia hacia la riqueza se desarrollan hasta el nivel de "acaudalados".

2. Los acaudalados: el "Vegetativo" en la especie humana. Por medio de una tendencia por el honor (gobierno), se desarrollan en el nivel de "fuertes".

3. Los fuertes: el "Animado" en la especie humana. Por medio de una tendencia hacia el conocimiento se desarrollan al nivel de "sabios".

4. Los sabios: el "Hablante" en la especie humana. En el nivel hablante del hombre el deseo es ilimitado en el tiempo y en el espacio. Una persona siente envidia de las personas que vivieron en generaciones anteriores, de las cosas de las que uno no tiene ninguna necesidad, pero que otros tienen y él no. Por lo tanto, puede incrementar su deseo de recibir ya que quiere lo que ve en otros. Por lo tanto, uno puede aumentar su deseo de recibir ilimitadamente, y esto le hace a uno un candidato apropiado para alcanzar el propósito de la creación.

Si el Creador implanta un punto en el corazón en este "hablante", la persona empezará a despertar hacia la meta y a buscar la raíz de su alma.

El orden de las correcciones de abajo hacia Arriba es:

1. Recibir con el fin de recibir – se encuentra en nuestro mundo.

2. Otorgar con el fin de recibir - se encuentra en nuestro mundo.

3. Otorgar con el fin de otorgar - se encuentra en los mundos de *BYA*.

4. Recibir con el fin de otorgar - se encuentra en el mundo de *Atzilut*.

Todo el sistema de la creación alcanza el *Gmar Tikkún* solamente a través del mundo de *Atzilut*. Es por esto que el mundo de *Atzilut* se llama "*Olam Ha Tikkún*" (El mundo de la corrección).

El Mundo de *Atzilut*

Luego de la ruptura, el *Masaj* se purificó y se elevó con los *Reshimot* al *Rosh de AVI* de *Nekudim*. Los *Reshimot* en el *Masaj* demandan corrección para que un *Zivug* pueda hacerse en ellos para la recepción de la Luz. Pero el *Rosh de AVI de Nekudim* regresó al estado de *Katnut* y no pudo hacerlo. Por lo tanto, el *Masaj* se elevó al *Rosh* del *Partzuf* más Alto, *Rosh de SaG*.

No hay ninguna diferencia entre un *Masaj* que es purificado por el *Bitush* de sus Luces internas y circundantes respecto de un *Masaj* que es purificado por la ruptura. Incluso después de la ruptura, los *Reshimot* permanecieron en el *Masaj* y exigiendo ser llenados:

- Los *Reshimot de Hitlabshut Alef* y *Shóresh de Aviut* restringidas que quedaron del *Partzuf de Nekudim*;

- Los *Reshimot Dálet (4) de Hitlabshut* y *Guimel (3) de Aviut* del *Sof* del *Partzuf Galgalta*.

Los *Reshimot Alef (1) de Hitlabshut* y *Shóresh (0) de Aviut* restringidos provienen del *Partzuf Nekudim* mismo. Por lo tanto, el *Masaj* hace el primer *Zivug* en ellos. Después de que un *Partzuf* nace en ellos, el *Masaj* proveerá las demandas de los *Reshimot Dálet-Guimel (4/3)* que causaron la extracción del *Gadlut* del *Partzuf*. Por lo tanto, una vez que el *Masaj* se elevó hasta el *Rosh de SaG*, se elevó de acuerdo al *Reshimó de Aviut Shóresh* restringido, a *Biná de Kéter de Rosh SaG*.

Las cinco *Bjinot* (fases) del *Rosh* se llaman:

- *Kéter* —Galgalta —*Aviut de Shóresh (0)*
- *Jojmá* —Eynaim —*Aviut Alef (1)*
- *Biná* —Oznáim —*Aviut Bet (2)*
- *ZA* —Jótem —*Aviut Guimel (3)*
- *Maljut* —Pe —*Aviut Dálet (4)*

En cada una de las *Sfirot* en el *Rosh* están cinco *Sfirot* particulares: *Kéter*, *Jojmá*, *Biná*, *ZA* y, *Maljut*. El *Reshimó de Aviut Shóresh* restringido exige un *Zivug* solamente en los *Kelim* de otorgamiento en *Aviut Shóresh*. El *Reshimó* exige que un *Partzuf* nazca, uno que trabaje solamente con *Kelim* de otorgamiento, *GE*, *de Aviut Shóresh*. Por lo tanto, el *Masaj* que engendra este *Partzuf* debe hacer un *Zivug* solamente en los *Kelim* de otorgamiento de *Aviut Shóresh* en el *Rosh*.

En consecuencia el *Masaj* se eleva del *Pe* a la *Sfirá Kéter de Rosh de SaG*, y desde allí aún más alto, a *Biná de Kéter*, encontrándose después de las *Sfirot KaJaB JaGaT de Kéter*. Resulta que Arriba del *Masaj* hay solamente *Kelim* de otorgamiento de *Kéter*; es decir, *Aviut Shóresh*. El lugar donde el *Masaj* está es llamado *Métzaj* (frente).

El *Partzuf*, nacido afuera del *Zivug* en el *Reshimó* de *Aviut Shóresh* restringido, se llama *Ibur* (embrión). En la espiritualidad, no puede haber menos que este grado. Puesto de manera diferente, este es el nivel espiritual mínimo. Después de su parto, el *Partzuf* recién nacido baja al lugar desde el cual los *Reshimot* se elevaron, debajo del *Tabur de Galgalta*, extendiéndose allí desde el *Tabur* hacia abajo.

Después de que el *Partzuf de Ibur* se extiende en su lugar, los *Reshimot* **Dálet de Hitlabshut y Guimel de Aviut (del *Sof de Galgalta*)** despiertan en este. El *Gadlut* del *Partzuf* surge sobre estos *Reshimot*: el *Masaj* hace un *Zivug* con la Luz Superior en los *Reshimot Dálet-Guimel* (4/3), y el nivel de *Gadlut* se extiende **desde el *Tabur de Galgalta* hasta el *Parsá***. Este *Partzuf* es llamado "*Atik*", ya que este está *Neetak* (separado) del alcance de las (*Neshamot*) más bajas.

El *Partzuf de Atik* es el primer *Partzuf* en una nueva serie de cinco *Partzufim*, llamado "El mundo de *Atzilut*". Por lo tanto, el *Partzuf Atik* es el *Kéter* del mundo de *Atzilut*.

Después de que el *Partzuf de Atik* surgió en *Gadlut*, el *Rosh de SaG* le dio todos los *Reshimot* que se elevaron a él después de la ruptura. De todos los *Reshimot*, *Atik* escogió el *Reshimó* más puro, hizo un *Zivug* en él y generó el siguiente *Partzuf*, creándolo primero en el nivel de *Ibur* y luego haciendo un *Zivug* en *Gadlut* (*Dálet-Guimel*). Este *Partzuf* se expandió **desde el *Pe de Atik* hasta el *Parsá***, y es llamado *Partzuf de Jojmá*, o ***Arij Anpin* (AA)**.

Una vez que el *Gadlut* del *Partzuf* de AA surge, *Atik* le da todos los *Reshimot* restantes, de los que se elevaron al *Rosh de SaG* después de la ruptura. De estos, AA escoge el más puro, hace un *Zivug* en ellos, y esto genera el *Partzuf de Biná* del mundo de *Atzilut*, primero en el nivel de *Ibur* y finalmente en *Gadlut*. **Este *Partzuf* se extiende desde el *Pe de AA* al *Tabur de AA***. Este es llamado ***Aba VeIma* (AVI)**.

Después de que el *Partzuf* AVI surge en *Gadlut*, AA le da todas las *Reshimot* restantes. De las *Reshimot* que AA le dio, AVI escoge las *Reshimot* más puras y hace un *Zivug* en ellos, así genera el ***Partzuf* de ZA del mundo de *Atzilut***. Por lo tanto, por primera vez, hay tres estados: **El nivel de *Ibur*, *Katnut* (pequeñez), y *Gadlut* (grandeza). El *Partzuf* de ZA toma su lugar desde el *Tabur* de AA hasta el *Parsá***.

Una vez que el *Partzuf* de ZA surge, AVI le da todos los *Reshimot* restantes. ZA hace un *Zivug* en ellos y genera **Maljut del mundo de *Atzilut***. Esto completa los *Zivuguim* que pueden surgir en los *Reshimot* que se elevaron hasta *Rosh de SaG* luego de la ruptura de los *Kelim*.

El estado constante de *Atzilut* es *Katnut* -GE- *Kelim* de otorgamiento. No puede haber menos que esto dentro de él. En este estado, precisamente corresponde al *Katnut* del mundo de *Nekudim* antes de la ruptura. Sin embargo, el mundo de *Atzilut* surgió con el fin de traer a toda la creación al *Gmar Tikkún* para que *Maljut de Ein Sof* estuviera llena con la Luz de *Ein Sof* con la finalidad de otorgar. Y esto aún no se ha logrado.

En la ruptura, los *Kelim* de recepción fueron mezclados con los *Kelim* de otorgamiento. Por lo tanto, se hicieron cuatro discernimientos en cada *Kli*:

1. *Kelim* de otorgamiento.

2. *Kelim* de otorgamiento dentro de *Kelim* de recepción.

3. *Kelim* de recepción dentro de *Kelim* de otorgamiento.

4. *Kelim* de recepción.

Primera clasificación: los *Kelim* de otorgamiento se clasifican de la mezcla y constituyen el *Katnut* del mundo de *Atzilut*.

Segunda clasificación: los *Kelim* de otorgamiento dentro de los *Kelim* de recepción se clasifican de la mezcla y comprenden los mundos de *BYA*. Estos mundos son *Kelim* de otorgamiento, *GE*, como el mundo de *Atzilut*, pero permanecen contenidos dentro del *AJaP*, los *Kelim* de recepción. Por sí mismos, son *Kelim* de otorgamiento; por ende, la Luz puede extenderse dentro de ellos.

Por lo tanto, una vez que el mundo de *Atzilut* surgió, *Maljut* del mundo de *Atzilut* se elevó a *AVI* e hizo un *Zivug* en los *Kelim* de otorgamiento dentro de los *Kelim* de recepción. Ella generó el mundo de *Briá*, después el mundo de *Yetzirá*, y finalmente, el mundo de *Asiyá*.

- El mundo de *Briá* surgió en el *Zivug* en *GE* que están en los *Kelim* de recepción de *Aviut Bet (2)*.

- El mundo de *Yetzirá* surgió en el *Zivug* en *GE* que están en los *Kelim* de recepción de *Aviut Guimel (3)*.

- El mundo de *Asiyá* surgió en el *Zivug* en *GE* que están en los *Kelim* de recepción de *Aviut Dálet (4)*.

Tercera clasificación: los *Kelim* de recepción dentro de los *Kelim* de otorgamiento son clasificados de la mezcla. Esta clasificación y corrección las hacen las almas de las personas. Ellas clasifican estos *Kelim* y los elevan por encima del *Parsá* al mundo de *Atzilut*. Este trabajo se llama "*Hitaaruta de Letata*" (un despertar desde abajo), ya que lo hacen las almas. Los *Kelim* rotos que se elevan a *Atzilut* se llaman "*AJaP* elevado".

Cuarta clasificación: Se examinan los *Kelim* de recepción que no fueron mezclados con *Kelim* de otorgamiento, verificando que permanezcan en sus cualidades, y por lo tanto queda prohibido su uso. Estos *Kelim* son llamados *Klipot*, o *Lev HaÉven*, ya que no pueden ser corregidos hasta el *Gmar Tikkún*.

Los Mundos de *BYA*

El *Zivug* para dar origen al mundo de *Briá* se hizo en *Biná de Atzilut*. Por lo tanto, el mundo de *Briá* se expande en el lugar de *ZA de Atzilut*.

El mundo de *Yetzirá*, nacido después del mundo de *Briá*, se expande desde éste hacia abajo en el lugar de *Maljut de Atzilut*. El *Partzuf de Maljut de Atzilut* viste solamente las cuatro *Sfirot NeHYM* del *Partzuf ZA*. Por lo tanto, solamente las primeras cuatro *Sfirot* del *Partzuf de Maljut* -*KaJaB* y *Jésed*- están en *Atzilut*, frente a las cuatro *Sfirot NeHYM* de *ZA*. La *Sfirot Gvurá, Tifféret* y, *NeHYM* del *Partzuf de Maljut* están debajo del *Parsá*.

Por lo tanto, cuando el mundo de *Yetzirá* nació, sus primeras cuatro *Sfirot* vistieron las primeras cuatro *Sfirot* de *Maljut*, mientras que sus últimas seis *Sfirot* vistieron en el lugar de las primeras seis *Sfirot* del lugar de *BYA*.

El lugar de *BYA* comprende treinta *Sfirot*. En el futuro, después del pecado de *Adam HaRishón*, los mundos de *BYA* descenderán a este lugar. El lugar donde las últimas seis *Sfirot* del mundo de *Yetzirá* termina es llamado "*Jazé* del lugar del mundo de *Briá*". Aquí es donde el *Jazé de Briá* estará después del pecado de *Adam HaRishón*.

Después de que el mundo de *Yetzirá* nació y se expandió a su lugar, *Maljut de Atzilut* generó el mundo de *Asiyá*, que se extendió debajo del mundo de *Yetzirá* del *Jazé* del lugar del mundo de Briá al *Jazé* del lugar del mundo de *Yetzirá*.

El *Jazé* del lugar del mundo de *Yetzirá* se llama "*Jazé* del lugar de los mundos de *BYA*". Este es el lugar donde la expansión de los mundos de *BYA* termina. Debajo del *Jazé* del lugar del mundo de *Yetzirá*, se encuentra vacío de la Luz. Este lugar, del *Jazé* del lugar de *BYA* hacia abajo a través el *Sium*, es el lugar de las *Klipot*, llamado *Mador HaKlipot* (La sección de las cáscaras). Debajo está un lugar llamado "el punto de este mundo".

En la espiritualidad un "lugar" representa un "Deseo". El punto de este mundo es un deseo de recibir (disfrutar) con el fin de recibir (para uno mismo), un deseo de disfrutar los placeres en vestiduras de este mundo: sexo, honor, poder, envidia. Las *Klipot* son consideradas más elevadas ya que desean recibir el placer del Creador, el cual corresponde a la *Kdushá*.

La sabiduría de la Cabalá siempre habla desde la perspectiva del individuo que alcanza. Por lo tanto, alguien que logra que sus deseos sean solamente recibir con el fin de recibir, y no con el fin de otorgar, se puede decir que ha tenido alcance, ya que está en un estado llamado "este mundo". Pero aquel que no ha alcanzado que todos sus deseos sean solamente el recibir con el fin de recibir, no se encuentra en este lugar (deseo). Tal persona está más abajo (antes de esta revelación), en un lugar (deseo) llamado "nuestro mundo", donde las personas son inconscientes (de sus deseos) y no perciben su falta de consciencia.

Toda la humanidad está en el nivel de "nuestro mundo", inconsciente. Desde este grado, el deseo de recibir empieza a desarrollarse en una persona. La evolución ocurre porque la naturaleza incita a cada uno hacia la corrección por medio de la fuerza del juicio severo.

La historia entera de la humanidad es una evolución -de generación en generación- del deseo de recibir a través de tres elementos: la lujuria, el honor, y la envidia. El sufrimiento lleva al hombre y, a toda la humanidad, a la decisión de dejar el deseo de recibir, ya que esta es la razón de todo el sufrimiento.

Aquellos cuyo deseo de recibir se ha desarrollado lo suficiente, reciben un impulso desde Arriba por querer lo que está más allá de este mundo. Como resultado de este impulso, una persona empieza a buscar una fuente de placer que llenará el nuevo deseo hasta que encuentra el maestro correcto. Esta búsqueda podría tomar muchos años, o incluso más de una vida, pero si el Creador trae a una persona a un lugar donde se enseña la Cabalá, así como ocurrió conmigo (*Rav Michael Laitman*), es una señal de que se le brinda una oportunidad desde arriba para corregir su alma y llegar a la meta.

Los estados de los *Partzufim* en los mundos de *ABYA*

Adam HaRishón

Adam HaRishón es una entidad distinta de todo lo que le precedió. Es el único que fue creado de *Maljut de Ein Sof*; por lo tanto, es el único que merece el título de "creado". Él también fue generado por *Maljut de Atzilut* que se elevó hasta *AVI*. Esta procreó el *Partzuf de Adam HaRishón* de la misma manera como procreó los mundos de *BYA*, y por esta razón, *Adam HaRishón* está siempre dentro de los mundos de *BYA*.

Cuando los mundos de *BYA* nacieron, se ubicaron desde *AVI* hasta el *Jazé* del lugar del mundo de *Yetzirá*. Cuando *Adam HaRishón* nació, este estaba dentro de ellos en el nivel de todos los tres mundos de *BYA*, recibiendo las Luces *NaRaN* de *BYA*. *Adam HaRishón* recibió luces adicionales, *NaRaN* de *Atzilut*, ya que *BYA* estaba en *Atzilut*.

El estado de los mundos cuando *Adam HaRishón* nació se llama "*Érev Shabat*" (víspera del *Shabat*). Después, a través de un despertar desde Arriba, los mundos se elevaron a la primera ascensión, un grado más elevado -diez *Sfirot*- junto con *Adam HaRishón*, por eso el *Sium* de los mundos de *BYA*, con *Adam HaRishón* dentro de ellos, se elevó al *Jazé* del lugar del mundo de *Briá*.

En ese estado, *Adam HaRishón* quería recibir todas las Luces con el fin de otorgar, como en el estado que precede al rompimiento de los *Kelim* en el mundo de *Nekudim*. Allí, en *Nekudim*, el *Rosh de AVI* no comprendía que la parte del *ZON* no tenía *Tikkún Kavim* (corrección de las líneas); por lo tanto, le fue dada la Luz de *Gadlut* y el *ZON* se rompió.

Lo mismo ocurrió aquí con *Adam HaRishón*: no había conocimiento de que ocurriría una ruptura. Pero después de la primera vez que por error recibió con el fin de recibir, quiso recibir nuevamente, esta vez deliberadamente. Y ya no pudo dejar de disfrutar.

Como resultado, de esta ruptura nacieron las *Klipot*, los deseos de recibir con el fin de recibir. Además, los mundos de *BYA* descendieron debajo del *Parsá* a su estado constante, desde el *Parsá* al *Sium* general. Esto se llama "el estado constante" porque los mundos de *BYA* no pueden estar en un estado más bajo que eso. Pero no están "permanentemente" sujetos a ese lugar; pueden elevarse y descender a su lugar constante.

Además del descenso de los mundos de *BYA* a su lugar constante, como resultado de la ruptura del *Partzuf de Adam HaRishón*, nació el *BYA de Tumá* (de impureza). Éstos son tres mundos que contienen las deficiencias en *BYA* y se ubican frente a *BYA*. Por lo tanto, *BYA*, que están limpios de los deseos de recibir con el fin recibir, se llaman "*BYA de Kdushá*" (de Santidad) y sus deficiencias correspondientes se llaman "*BYA de Tumá*".

Los tres mundos impuros se llaman:

- *Esh Mitlakajat* (Fuego consumidor) - corresponde al mundo de *Briá*.

- *Anán Gadol* (Gran nube) - corresponde al mundo de *Yetzirá*.

- *Rúaj Seará* (Viento de tormenta) - corresponde al mundo de *Asiyá*.

Después del pecado el *Partzuf de Adam HaRishón* se rompió en 600.000 partes. La ruptura continuó más todavía en las partes rotas (respecto a las rupturas adicionales la *Torá* se refiere como "el asesinato de *Hével* (Abel)", "la generación del diluvio", "la generación de Babilonia", etc.).

Esto ocurrió hasta que todas las partes en su *Partzuf* se quedaron solamente en su deseo de recibir con el fin recibir, con la chispa de Luz que estaba en él. Estas partes, los deseos con las chispas entre ellas, visten personas en nuestro mundo y los inspiran a despertar hacia la espiritualidad, a la Luz, al Creador. Por lo tanto, estamos hechos para entrar en un grupo de personas que están estudiando Cabalá, aprendiendo el método por medio del cual lograrán la meta.

Existe todavía otra *Klipá*: *Klipat Noga* (*Klipá de Noga*). Estos son los deseos mezclados de bien y mal. "Mezclado" quiere decir que reciben la Luz en su buena parte y la transfieren a su parte mala también. La corrección de toda la realidad se concentra en la corrección de *Klipat Noga* - separándola de las tres *Klipot* impuras (*Rúaj Seará*, *Anán Gadol* y, *Esh Mitlakajat*), las cuales están relacionadas a su parte malvada, y uniendo su parte buena a la *Kdushá*, a *Atzilut*.

El ascenso de los Mundos

El verdadero lugar de los mundos es tal como el segundo estado antes del pecado:

- *ZA* en el lugar de *AA*,

- *Maljut* en el lugar de *AVI*,

- *Briá* en el lugar de *YeShSUT*,

- *Yetzirá* en el lugar de *ZA*,

- Las primeras cuatro *Sfirot* del mundo de *Asiyá* en el lugar de las primeras cuatro *Sfirot* de *Nukva de Atzilut*, vistiendo *TaNHYM* del mundo de *Yetzirá*,

- Las últimas seis *Sfirot* del mundo de *Asiyá* en el lugar de las seis *Sfirot* del mundo de *Briá*, debajo del *Parsá*,

- Las primeras seis *Sfirot* del lugar del mundo de *Briá*; es decir, el lugar desde el *Parsá* al *Jazé* del lugar del mundo de *Briá*, se llama "alrededores de la ciudad", ya que pertenecen al mundo de *Atzilut*, el cual se llama "una ciudad". El *Parsá* también se llama "el muro de la ciudad",

- Hay veinticuatro *Sfirot* desde el *Jazé* del lugar del mundo de *Briá* hasta el *Sium* general. Este es un espacio que está vacío de Luz.

- Las dieciséis *Sfirot* desde el *Parsá* al *Jazé de Yetzirá* se llaman "zona de Shabat". Contiene los "alrededores de la ciudad", más las diez *Sfirot* desde el *Jazé* de *Briá* al *Jazé* de *Yetzirá*. Cada diez *Sfirot* se llama 2.000 *Amá* (alrededor de ¾ de una yarda). Por lo tanto, todo el lugar de los mundos de *BYA* se llama 6.000 *Amá* o 6.000 años de la vida del mundo.

Las catorce *Sfirot* desde el *Jazé* de *Yetzirá* hasta el *Sium* general se llaman "la sección de las *Klipot*". Aquí es donde las *Klipot* estaban antes del pecado de *Adam HaRishón*. Pero después del pecado, se convirtieron en los cuatro mundos impuros de *ABYA*.

La secuencia de causa y consecuencia

Las cuatro *Bjinot* (fases) de *Or Yashar* (Luz directa):

- **Bjinat Shóresh (Raíz, 0)**: la Luz emite su deseo de hacer bien a sus creaciones desde Su Esencia. Como consecuencia de Su deseo de beneficiar, crea *Bjiná Alef*, el deseo de recibir, el deseo de disfrutar la Luz.

- **Bjiná Alef (1)**: Una vez que siente que está recibiendo, decide que no quiere recibir. Este nuevo deseo es *Bjiná Bet*.

- **Bjiná Bet (2)**: Una vez que queda completamente vacía de *Or Jojmá*, *Bjiná Bet* siente su falta y decide que quiere recibir algo de *Or Jojmá* dentro de *Or Jasadim*. Esta es *Bjiná Guimel*.

- **Bjiná Guimel (3)**: a su final, cuando recibe *Or Jojmá* tanto como *Or

Jasadim, *Bjiná Guimel* decide que quiere recibir toda la Luz. Esto es *Bjiná Dálet*, llamada *Maljut*, ya que es gobernada por el deseo de recibir. Siente el deseo de recibir la Luz así como en *Bjiná Alef*, pero con una adición. Este deseo adicional es un nuevo *Kli*, llamado el "*Hishtokekut*" (anhelo). *Maljut* percibe que su deseo es un deseo independiente el cual proviene de ella.

- *Bjiná Dálet (4)*: recibe toda la Luz sin limitaciones, de aquí su nombre, "el mundo de *Ein Sof*".

Tzimtzum Alef: *Bjiná Dálet* hace el *Tzimtzum Alef*. *Bjiná Dálet* restringida se llama "El mundo de la restricción".

El trabajo del *Masaj*: *Bjiná Dálet*, la *Maljut*, decide recibir la Luz en los deseos de otorgar, en sus *Bjinot Shóresh*, *Alef*, *Bet* y *Guimel*, y no en su *Bjiná Dálet*, puesto que es un deseo de recibir solamente.

El *Partzuf Galgalta*: Por medio del *Masaj* con *Reshimot Dálet de Hitlabshut* y *Dálet de Aviut*, *Maljut* hace un *Zivug* con la Luz Superior que se separó debido al *Tzimtzum*. En el *Zivug* con la Luz el *Masaj* determina cuánta Luz recibirá en *Maljut*.

Luego de la decisión, el *Masaj* desciende al *Guf* con la cantidad de Luz que había decidido recibir. Las luces que entran en el *Partzuf* se llaman *Teamim* (sabores). El lugar en el que el *Masaj* deja de descender y limita la recepción de la Luz es llamado "*Tabur*".

La Luz que ingresa al *Partzuf* se llama *Or Pnimí* (Luz interior). La Luz general que quedó fuera del *Kli* se llama *Or Makif* (Luz circundante). Posteriormente, un *Bitush* (golpeteo) entre *Or Pnimí* y *Or Makif* ocurre sobre el *Masaj* que está en el *Tabur*, puesto que desean anular la limitación de la recepción.

El *Masaj* decide no usar los *Reshimot* de *Aviut Dálet* y purificarse. Se eleva del *Tabur* al *Pe*, y *Or Pnimí* abandona el *Partzuf*. Las luces que parten se llaman *Nekudot* (puntos). Todo el *Partzuf*, desde el *Zivug* en el *Rosh* al final de su *Hizdakjut*, se llama "*Partzuf Galgalta*".

El *Partzuf AB*: El *Masaj de Guf* de *Galgalta* que se elevó al *Pe de Rosh de Galgalta* está integrado en el *Zivug* constante en el *Masaj* en *Pe*. El encuentro entre el *Masaj* y la Luz Superior en el *Rosh* causan que el *Masaj* quiera recibir una parte de la Luz en el *Rosh*, pero de acuerdo con los *Reshimot* en éste, *Dálet de Hitlabshut* y *Guimel de Aviut*. El último *Reshimó de Aviut* (para la extensión de la Luz) se desvanece como resultado de la decisión de abandonar la recepción.

El *Masaj* desciende al *Jazé* de *Galgalta* de acuerdo con el *Reshimó Guimel de Aviut*, y hace un *Zivug* sobre los *Reshimot Dálet de Hitlabshut* y *Guimel de Aviut*. Este es el lugar del *Pe* del próximo *Partzuf*. Después del *Zivug*, el *Masaj* desciende desde el *Pe* hacia abajo, hasta el *Tabur* del nuevo *Partzuf*, y las luces de *Teamim* entran en el *Toj*.

Posteriormente, hay un *Bitush* de *Or Pnimí* y *Or Makif* sobre el *Masaj* en el *Tabur*, para anular la limitación del *Masaj*. El *Masaj* decide purificarse, el *Reshimó de Aviut Guimel* desaparece, y el *Masaj* se eleva del *Tabur* al *Pe*. Las luces que parten son llamadas *Nekudot de AB*.

El Partzuf SaG: Cuando el *Masaj* viene al *Pe*, se incluye con el *Zivug* permanente con la Luz superior que existe allí, y desea recibir una parte de la Luz que está en el *Rosh*. Por lo tanto, el *Masaj* desciende al *Jazé de Partzuf AB*, de acuerdo con el *Reshimó*, y hace un *Zivug* allí con la Luz en los *Reshimot Guimel de Hitlabshut* y *Bet de Aviut*. Recibe la Luz y se detiene en el lugar que determinó en el *Rosh-Tabur*. Un *Bitush* inmediato de *Or Pnimí* y *Or Makif* se aplica al *Masaj*, ya que quieren anular la limitación de la recepción que crea el *Masaj de Toj*. El *Masaj* decide purificarse y se eleva al *Pe*.

Nekudot de SaG: Las luces, que aparecen durante la *Hizdakjut* del *Masaj*, se llaman *Nekudot. Nekudot de SaG* son *Bet de Hitlabshut* y *Bet de Aviut*. Esta es la cualidad de *Biná*. Estas luces pueden aparecer en cualquier lugar (cualquier deseo). Por esta razón, las luces de las *Nekudot* descienden debajo del *Tabur de Galgalta* y llenan el *Sof de Galgalta*.

El *Sof de Galgalta* y las *Nekudot de SaG* se mezclan y el *Partzuf de Nekudot de SaG*, el cual es *Partzuf de Biná*, se divide en *GaR de Biná* y *ZaT de Biná*. *ZaT de Biná*, siendo *Kelim* de recepción, son afectados por los *Reshimot* en el *Sof de Galgalta* y quieren recibir esas luces con el fin de recibir. Esto es porque la fuerza del *Masaj de Nekudot de SaG* es *Bet de Aviut*, y los *Reshimot* en el *Sof de Galgalta* son *Dálet-Guimel*, más que el poder de resistencia en el *Masaj*.

Por lo tanto, un deseo de recibir con el fin de recibir se forma del *Jazé de Nekudot de SaG* hacia abajo. Esto obliga a *Maljut*, la cual llevó a cabo el *Tzimtzum Alef*, a elevarse del *Sium de Galgalta* al lugar del *Jazé de Nekudot de SaG*, limitando la expansión de la Luz para que llegue solamente el *Jazé*.

Todos los procesos en las *Nekudot de SaG* se desarrollan durante el ascenso del *Masaj de Guf de SaG* desde el *Tabur de SaG* hasta su *Rosh*, excepto que los *Reshimot de Tzimtzum Bet* y del *Sof de Galgalta* fueron añadidos.

Tzimtzum Bet (La segunda restricción): El ascenso de *Maljut de Tzimtzum Alef* al *Jazé de Nekudot de SaG* es llamado *Tzimtzum Bet*.

MA y BoN por encima del Tabur de Galgalta: Cuando el *Masaj de Guf de SaG* alcanza el *Pe*, hace un *Zivug* sobre los *Reshimot Bet de Hitlabshut* y *Alef de Aviut* que permanecieron de las luces de *Teamim de SaG* por encima del *Tabur*, generando el *Partzuf* Superior *MA*, de *Pe de SaG* a través del *Tabur de Galgalta*. Después del *Hizdakjut* del *Partzuf* superior *MA*, el *Partzuf* superior *BoN* nace de este, de *Pe de MA* a través del *Tabur de Galgalta*.

El mundo de Nekudim (Katnut-pequeñez): Cuando el *Masaj de Guf de SaG* se purifica y se eleva hasta el *Pe de SaG*, desea hacer un *Zivug* sobre los *Reshimot* en este (*Bet de Hitlabshut* y *Alef de Aviut* debajo del *Tabur de Galgalta*).

Este asciende como resultado de la demanda de los *Reshimot*, desde *Pe* hasta *Nikvei Eynaim* (*NE*) de *Rosh de SaG*, ya que los *Reshimot Bet-Alef* (2/1) están restringidos, exigiendo recibir Luz solamente en *Kelim* de otorgamiento.

Por lo tanto, el *Masaj* se encuentra debajo de los *Kelim* del otorgamiento en el *Rosh*, debajo de *Kéter* y *Jojmá* en el *Rosh de SaG*. El *Masaj* siempre hace un *Zivug* solamente en las *Bjinot* de *Rosh* que están por encima de él. Por esta razón se encuentran en el *Rosh*, el lugar del cual desea recibir Luz en el *Guf*.

Después del *Zivug*, el *Masaj* activamente pasa al *Guf* lo que había recibido en el *Rosh* en potencia. La Luz se extiende al lugar del cual los *Reshimot Bet-Alef* restringidos se elevaron; es decir, de debajo del *Tabur de Galgalta*. Este *Partzuf* es llamado *Partzuf de Nekudim*, ya que surgió en los *Reshimot de Nekudot de SaG*.

Este *Partzuf* incluye:

- *Rosh* de *Hitlabshut*, llamado *Kéter*,
- *Rosh* de *Aviut*, llamado *Aba VeIma* (*AVI*); y,
- *Guf*, llamado *ZON* (*Zeir Anpin* y *Nukva*).

En cada uno de ellos, están activos solamente los *Kelim* de otorgamiento; en tanto que sus *Kelim* de recepción son anulados (dentro de ellos).

Gadlut (grandeza) del mundo de *Nekudim*: después de la extracción del *Katnut* del mundo de *Nekudim*, el *Masaj* en el *Rosh de SaG* descendió, luego de la demanda de los *Reshimot Dálet de Hitlabshut* y *Guimel de Aviut* en el *Pe de SaG*, e hizo un *Zivug*. Como resultado de este *Zivug*, *Or Jojmá* vino al *Rosh de Kéter de Nekudim* y a *Aba* del *Rosh de AVI*.

Ima es *Biná*, la cual no quiere recibir *Or Jojmá* excepto por la petición de *ZON*. *Or Jojmá* ilumina desde el *Rosh de Nekudim* hasta el *Sof de Galgalta*, y desde allí viene una petición -a través del *ZON de Nekudim*- para pedir a *AVI* por el *Gadlut*, *Or Jojmá*. Cuando el *ZON* pide a *AVI*, se acoplan y traen a *ZON*, *Or Jojmá*.

El rompimiento de los *Kelim*: *Or Jojmá* se extiende desde el *Rosh de AVI* en *ZON*, hasta *GE* de *ZON* hasta el *Parsá*. Cuando la Luz desea cruzar el *Parsá* y llenar los *Kelim de AJaP* de *ZON*, esta se encuentra con el deseo de recibir y parte hacia arriba. Los *Kelim GE* y *AJaP* se rompen y las 320 partes rotas caen debajo del *Parsá*.

En el rompimiento, los *Kelim* de otorgamiento (*GE*) se mezclan con los *Kelim* de recepción (*AJaP*); por lo tanto, en cada parte rota hay cuatro tipos de *Kelim*:

1. *GE* - que formó *GE* de *ZON* de *Atzilut*,

2. *Hitkalelut* (inclusión) de *GE* en *AJaP* –que formó los mundos de *BYA*,

3. *Hitkalelut* de *AJaP* en *GE* –que formó el *AJaP* elevado,

4. *AJaP* –que formó las *Klipot*, que son los deseos de recibir con el fin de recibir, inadecuados para la recepción de la Luz. Estos son las (32, *Lamed Bet*) *Maljuyot* de las (320-*SHaJ*) partes que son imposibles de corregirlas hasta el *Gmar Tikkún*, y recibir en ellas con el fin de otorgar. Las treinta y dos *Maljuyot* se llaman *Lev HaÉven* (el corazón de piedra). Su corrección está en clasificar todas las 320 partes y no usarlas.

Las 288 partes (320 - 32) de las 320 que existen en cada parte rota pueden ser corregidas, ya que no son partes de *Maljut*, sino que son partes de las nueve *Sfirot* Superiores. Algunas de aquellas que pertenecen a *GE* de *ZON* deben ser clasificadas de la mezcla, ya que son *Kelim* de otorgamiento. Estas son las que construyen el *Katnut* (*GE*) de *ZON de Atzilut*.

Surgimiento del Mundo de *Atzilut*

Atik: El *Masaj*, con los *Reshimot*, se eleva al *Rosh* de *Nekudim* y desde allí al *Rosh de SaG*. El *Masaj* clasificó a los *Reshimot* más puros, *Alef de Hitlabshut* y *Shóresh de Aviut*, y se elevó del *Pe* a la *Sfirá Kéter de Rosh de SaG*, y desde allí fue más arriba a *Biná* en *Kéter*, donde se ubicó detrás de las *Sfirot JaGaT* de *KaJaB* de *Kéter*.

Por lo tanto, encima del *Masaj* están solamente los *Kelim* de otorgamiento de *Kéter* de *Aviut Shóresh*. Este lugar se llama *Métzaj*, y es donde el *Masaj* hace un *Zivug* desde el cual el *Partzuf Kéter* de *Atzilut* nace, y es llamado *Partzuf Atik*.

El *Partzuf* proveniente de este *Zivug* es llamado *Ibur*, ya que tiene solamente *Kelim* de otorgamiento en *Aviut Shóresh*, lo mínimo que puede existir en la espiritualidad. Después de su parto, este *Partzuf* desciende al lugar del cual los *Reshimot* se elevaron, por debajo del *Tabur de Galgalta*.

Cuando el *Partzuf Atik* nace y desciende a su lugar, los *Reshimot Dálet–Guimel* despiertan allí y demandan que este *Partzuf* obtenga *Gadlut*. El *Masaj* hace un *Zivug* con la Luz Superior en éstas *Reshimot* y construye el nivel de *Atik* en *Gadlut*. Este *Partzuf* se extiende del *Tabur de Galgalta* al *Sium de Galgalta*, cruzando el *Parsá*, ya que es el *Partzuf Kéter* el cual todavía pertenece al *Tzimtzum Alef*. Es por esto que es nombrado *Atik*, porque este es *Neetak* (separado) del alcance de los más bajos.

AA: En cuanto surge el *Partzuf Atik* en *Gadlut*, el *Rosh de SaG* le pasa todos los *Reshimot* que recibió después del rompimiento. De todos los *Reshimot*, *Atik* escoge el *Reshimó* más puro, hace un *Zivug* y procrea el próximo *Partzuf* -*Jojmá*- en el nivel de *Ibur*, y posteriormente en *Gadlut*. Este *Partzuf* se extiende de *Pe de Atik* al *Parsá*, y es llamado *Partzuf* "*Arij Anpin*" (*AA*).

AVI: Una vez que el *Gadlut* del *Partzuf AA* surge, *Atik* le da todos los *Reshimot* que quedaron de aquellos que se elevaron hasta el *Rosh de SaG* después del rompimiento. De esos, *AA* escoge los *Reshimot* más puros y hace un *Zivug* en ellos. Este *Zivug* produce el *Partzuf Biná de Atzilut*, el primero en el nivel de *Ibur* y posteriormente en *Gadlut*. Este *Partzuf* se extiende de *Pe de AA* hasta su *Tabur*.

ZA: Una vez que el *Partzuf AVI* surge en el *Gadlut*, *AA* le da todos los *Reshimot* restantes. *AVI* escoge los *Reshimot* más puros de todos los *Reshimot* que había recibido, hace un *Zivug* en ellos, y procrea el *Partzuf ZA de Atzilut* en los niveles de *Ibur* (*Katnut*) y luego *Gadlut*. El *Partzuf ZA* toma su lugar del *Tabur de AA* hasta el *Parsá*.

Maljut: después de que surge el *Partzuf ZA* en *Katnut*, *AVI* le da todos los *Reshimot* restantes, los que no han sido corregidos por los *Partzufim* previos. De esos, *ZA* escoge aquellos que le convienen, hace un *Zivug*, y procrea el *Partzuf Maljut de Atzilut* como un *Nekudá* (punto), así como fue en el mundo de *Nekudim*. Esto completa la corrección de todos los *Reshimot* de *Katnut de Nekudim* que se elevaron al *Rosh de SaG* después del rompimiento.

Surgimiento de los Mundos de *BYA*

Los *Partzufim* de *GaR* del mundo de *Atzilut* surgieron en los *Reshimot de Rosh de Nekudim* que estaban solamente purificados, pero no rotos. Del *ZON de Nekudim* hacia abajo, el nacimiento de los *Partzufim* es hecho para clasificar y corregir las partes rotas. Esto es porque a través del rompimiento en el mundo de *Nekudim*, los *Kelim* de otorgamiento desde arriba del *Parsá* se mezclaron con los *Kelim* de recepción por debajo del *Parsá* y se integraron entre sí. Por lo tanto, en cada una de las 320 partes rotas están cuatro tipos de *Kelim*:

1. *Kelim* de otorgamiento;

2. *Kelim* de otorgamiento integradas con *Kelim* de recepción;

3. *Kelim* de recepción integradas con *Kelim* de otorgamiento;

4. *Kelim* de recepción.

Primero, solamente los *Kelim* de otorgamiento fueron clasificados y corregidos (se hacen *Zivuguim* en ellos) de todas las 320 partes por orden de *Aviut*, del puro al espeso. El *Masaj* que desciende del *Rosh de SaG* procrea todos los *Partzufim* del mundo de *Atzilut*, primero en *Katnut* y luego en *Gadlut*. *Katnut* del mundo de *Atzilut* surge frente al *Katnut* del mundo de *Nekudim*.

Posteriormente, *ZON de Atzilut* se eleva a *AVI de Atzilut*, *ZA* llega a ser como *Aba*, y *Maljut* llega a ser como *Ima*. El inferior que se eleva al superior llega a ser como éste; por lo tanto, *Maljut* recibió el nivel de *Biná* para que pudiera hacer un *Zivug* en *Or Jojmá* y procrear nuevos *Partzufim*. Cuando *Maljut de Atzilut* se elevó hasta *Ima*, esta clasificó los *Kelim* de otorgamiento que fueron integrados con los *Kelim* de recepción de cada una de las 320 partes rotas, por orden de *Aviut* -del puro al espeso. En esta disposición, ella generó nuevos *Partzufim*:

- Cinco *Partzufim* se hicieron de la clasificación y el *Zivug* que se hicieron en los *Kelim* de otorgamiento (*GE*) que cayeron en la parte de *Biná* que estaba por debajo del *Parsá* (*GE* integrado en el *Aviut Bet de AJaP*): *Kéter-Atik, Jojmá-AA, Biná-AVI, ZA-ZA* y, *Maljut-Nukva* del mundo de *Briá*.

- Cinco *Partzufim* se hicieron de la clasificación y el *Zivug* que se hicieron en los *Kelim* de otorgamiento (*GE*) que cayeron en los *Kelim* de *ZA* debajo del *Parsá* (*GE* integrado en *Aviut Guimel de AJaP*): *Kéter-Atik, Jojmá-AA, Biná-AVI, ZA-ZA* y, *Maljut-Nukva* del mundo de *Yetzirá*.

- Cinco *Partzufim* se hicieron de la clasificación y el *Zivug* que se hicieron en los *Kelim* de otorgamiento (*GE*) que cayeron a *Maljut* debajo del *Parsá* (*GE* integrado en *Aviut Dálet de AJaP*): *Kéter-Atik, Jojmá-AA, Biná-AVI, ZA-ZA* y, *Maljut-Nukva* del mundo de *Asiyá*.

Maljut de Atzilut hizo estos *Zivuguim* mientras se ubicaba en el lugar de *Ima* de *Atzilut*. Por esta razón el mundo de *Briá* que ella creó, se encuentra debajo de ella, ocupando el lugar de *ZA de Atzilut*.

El mundo de *Yetzirá*, nacido del *Maljut de Atzilut* después del mundo de *Briá*, surgió de ella y ocupó el lugar debajo del mundo de *Briá* en el lugar de las cuatro *Sfirot* de *Maljut de Atzilut* y seis *Sfirot* del lugar del mundo de *Briá*.

El mundo de *Asiyá*, nacido de *Maljut de Atzilut* después del mundo de *Yetzirá*, surgió de ella y ocupó el lugar debajo del mundo de *Yetzirá*, del *Jazé* del lugar del mundo de *Briá* al *Jazé* del lugar del mundo de *Yetzirá*.

Todos los mundos terminan en el *Jazé* del mundo de *Yetzirá*, ya que todas las partes rotas que fueron clasificadas son los *Kelim* de otorgamiento y los *Kelim* de otorgamiento, se incluyeron con los *Kelim* de recepción. Esto corresponde al *Jazé* del lugar de los mundos de *BYA*, ya que allí es dónde su *GE* termina.

Abajo del *Jazé de Yetzirá* empieza el *AJaP* del lugar de *BYA*, el lugar de los *Kelim* de recepción los cuales fueron incluidos con los *Kelim* de otorgamiento, y de los *Kelim* de recepción (*Lev HaÉven*).

AJaP de Aliyá: La clasificación y la corrección de los *Kelim* de recepción que fueron integrados en los *Kelim* de otorgamiento añaden *Kelim* de *AJaP* en el mundo de *Atzilut*. La Luz que se expande en estos *Kelim* es *Or Jojmá*, y el mundo de *Atzilut* recibe *Gadlut*.

Or Jojmá se expande solamente en verdaderos *Kelim* de recepción, mientras que aquí hay *Kelim* de recepción integrados con *Kelim* de otorgamiento durante la ruptura. Por lo tanto, la Luz que aparece en los *Zivuguim* de éstos *Kelim* no es *Or Jojmá* (Luz de *Jojmá*), sino solamente la iluminación de *Jojmá*.

Hay un *Tikkún* especial en el *Rosh* del mundo de *Atzilut* garantizando que nunca haya otro rompimiento en el mundo de *Atzilut*, así como ocurrió en el mundo de *Nekudim*. Hay una limitación en el *Rosh* del *Partzuf AA* entonces no hay *Zivug* en *Maljut* mismo debajo del

Partzuf AA, sino solamente en la *Hitkalelut* (inclusión) de *Maljut* en las *Sfirot* encima de ella, en los deseos de otorgar.

Como resultado, el mundo de *Atzilut* nació solamente en *Katnut*, y cada *Partzuf* tiene solamente *Kelim* de otorgamiento, *Kelim* de GE. Los *Kelim* de recepción, *AJaP*, están debajo del *Parsá*. Es imposible añadir *AJaP* a GE y hacer un *Zivug* sobre todas las diez *Sfirot* en su lugar, así como estaba en el mundo de *Nekudim*, ya que esta fue la causa del rompimiento.

Por lo tanto, cada adición de *Kelim* de recepción en *Atzilut* se hace elevando algunos *Kelim* de recepción, que están integrados en *Kelim* de otorgamiento. El ascenso es desde abajo del *Parsá* hacia Arriba del *Parsá*, para que las partes de *AJaP* sean añadidas a *Atzilut*. Esto, a su vez, incita la iluminación de *Jojmá* en el mundo de *Atzilut*.

Por lo tanto, las partes de los *Kelim* de recepción se elevan de debajo del *Parsá* y se unen a *Atzilut*. Todos los *Kelim* de recepción que pueden unirse a los *Kelim* de *Atzilut*, que son los *Kelim* de recepción que están integrados en los *Kelim* de otorgamiento, se elevan en un orden del puro al espeso.

La corrección del *Lev HaÉven* se hace solamente por medio de la Luz del *Mashíaj* (Mesías): Después de todo lo mencionado arriba las correcciones quedan terminadas, todo lo que quedó en BYA son *Kelim* de recepción, llamados *Lev HaÉven*. Estos no están incluidos en los *Kelim* de recepción y por lo tanto no pueden ser corregidos. Su corrección está en ser excluidos cada vez que se hace una clasificación en una de las 320 partes rotas. De esta forma, las treinta y dos partes del *Lev HaÉven* quedan suprimidas. Cuando se usan las 288 partes restantes para la construcción de los *Partzufim*, debemos clasificar y decidir que no queremos usar el *Lev HaÉven* que pertenece a esa parte.

Después del *Tikkún* de todas las 288 partes, una *Or Jojmá* especial vendrá desde arriba llamada "Mesías", y corregirá estos *Kelim* en el *Masaj*. En ese momento toda *Maljut de Ein Sof* estará corregida con un *Masaj*. Este estado en *Maljut* se considera su *Gmar Tikkún*.

Todos las partes en los mundos de BYA, excepto en el *Lev HaÉven*, se corrigen en el orden del puro al espeso. En cada uno de los mundos de BYA hay 2000 etapas de la corrección, llamadas "años" o "grados". En total, hay 6000 niveles en los tres mundos de BYA, llamados "los seis días de la semana", ya que los mundos de BYA son considerados los días de la semana, mientras que el mundo de *Atzilut* es considerado "El Sagrado *Shabat*".

- Cuando todos los mundos de BYA sean corregidos, así como el *Lev HaÉven*, el mundo de *Atzilut* se extenderá por debajo del *Parsá* hasta este mundo. Este estado será llamado "el séptimo milenio".

- Después, los mundos de ABYA se elevarán a *SaG*, y esto se llamará "el octavo milenio".

- Después, los mundos de ABYA se elevarán a AB, y esto se llamará "el noveno milenio".

- Después, los mundos de *ABYA* se elevarán a *Galgalta*, y esto se llamará "el décimo milenio".

En otras palabras, después de la corrección de toda la *Maljut de Ein Sof*, ella quedará llena de la misma manera que antes del *Tzimtzum Alef*. Además, recibirá adiciones de los ascensos infinitos en los grados de otorgamiento al Creador.

Más aún, ya que la sabiduría de la Cabalá enseña a una persona sólo lo que concierne a su propia corrección, no se enseñan estos estados. No aparecen en los libros de Cabalá, ya que pertenecen a la parte que está prohibido revelar, llamada "los Secretos de la *Torá*". Sólo unos cuantos elegidos se ocupan de ellos, y bajo estrictas condiciones.

Adam HaRishón: En todas las correcciones de *Maljut* mencionadas hasta ahora, *Maljut* de *Maljut*, el punto central de todos los mundos, no ha sido llenada. Todo lo que se ha desarrollado hasta ahora -*Tzimtzum Alef*, *Tzimtzum Bet*, el rompimiento de los *Kelim*, el *Tikkún* de los *Kelim* -ocurrió en las nueve *Sfirot* Superiores de *Maljut*, y no en *Maljut* mismo, *Bjiná Dálet* en *Bjiná Dálet*. Esto se debe a que hubo un *Tzimtzum* en ella para que no recibiera dentro de ella, en el deseo de recibir. Lo que se recibe después del *Tzimtzum Alef* se recibe sólo en *Kelim* de otorgamiento, en los *Kelim* de *Maljut de Ein Sof* que fueron impresionados por las nueve Superiores, el deseo de otorgar de la Luz Superior.

Maljut en *Maljut* será corregida y llenada con *Or Jojmá*, como antes del *Tzimtzum Alef*, sólo si los deseos de otorgar entran en ese *Maljut* y se mezclan con los deseos de recibir de *Maljut*. En el rompimiento de los *Kelim* en el mundo de *Nekudim*, *Maljut* se mezcló con las nueve *Sfirot* que la precedían. Como resultado, surgieron los mundos, la exterioridad de la realidad. Pero esto no corrigió nada en *Maljut* misma, ya que no se mezcló con el deseo de otorgar.

Después del nacimiento de los mundos de *BYA*, *Maljut de Atzilut*, que se ubica en el lugar de *Ima*, hizo un *Zivug* en *Katnut* juntando los *Kelim* de otorgamiento con *Bjiná Dálet de Dálet*. El resultado de este *Zivug* es el *Partzuf de Katnut*, *GE*, cuyo *AJaP* es *Bjiná Dálet de Dálet*. Por lo tanto, está prohibido usar este *Partzuf*, sus *Kelim* de recepción, su *AJaP*. Este *Partzuf* es llamado *Adam HaRishón* (primer hombre), al cual se le prohibió comer del Árbol del Conocimiento; es decir, hacer un *Zivug* en los *Kelim* de recepción: *AJaP*.

En el nacimiento de *Adam HaRishón*, los mundos de *BYA* se expandieron hasta el lugar del *Jazé de Yetzirá*. Después, la Luz de *Ein Sof*, llamada "el despertar desde Arriba", vino y elevó todos los mundos por un grado. Por lo tanto, el *Sium* del mundo de *Asiyá* se elevó desde el lugar del *Jazé de Yetzirá* al lugar de *Jazé de Briá*. Después llegó más Luz del despertar de *Ein Sof*, por lo que todos los mundos se elevaron un grado más, de manera que el *Sium* del mundo de *Asiyá* se elevó por encima del *Parsá*.

Adam HaRishón está dentro de los mundos de *BYA*; por lo tanto, se elevó hasta *Atzilut* al mismo tiempo que ellos. *Adam HaRishón* pensó que ahora podía recibir con el fin de otorgar toda la Luz en sus *Kelim* de recepción, en el *AJaP*, en *Bjiná Dálet* en *Bjiná Dálet*.

Pero así como ocurrió con el rompimiento de los *Kelim* en el mundo de *Nekudim*, cuando extendió la Luz a los *Kelim* de recepción, se rompió. Perdió su *Masaj*, su propósito de otorgar. Todo su *Guf* se dividió en 600.000 partes, llamadas "órganos" o "almas", que cayeron a las *Klipot* y recibieron el deseo de recibir.

Todas las partes juntas, y cada parte en particular, cayeron aún más abajo (como se describe en los pecados que la *Torá* narra en las primeras generaciones después de *Adam*). Estas partes se visten en personas en nuestro mundo. Aquellos en quiénes están vestidas las partes rotas del *Partzuf de Adam HaRishón*, sienten -específicamente en esta parte- un deseo de elevarse y de unirse con su Fuente, aquella que estaba en *Adam HaRishón*. Esa Fuente se llama "la raíz de su alma".

Para que el creado merezca el nombre de "creado", debe ubicarse por su propia cuenta; es decir, no verse afectado por el Creador. Es por esto que el Creador se oculta. Al hacer esto, ayuda a los creados a igualarse con Él por medio de sus propios esfuerzos. Resulta que una persona en nuestro mundo, a quien se ha revestido con una parte de *Adam HaRishón*, se la define como un "creado".

Un creado es una parte de *Adam HaRishón* que existe en una persona en nuestro mundo. Todos los creados, todas las almas, son partes del *Guf* (cuerpo) de *Adam HaRishón*. Todas deben tomar parte en la corrección de su ruptura; al hacerlo, regresan al estado que precedía al pecado y añaden *Dvekut* (adhesión) con el Creador, clasificando todas las partes de las *Klipot*. Por lo tanto, cada persona debe alcanzar la raíz de su alma mientras todavía vive en nuestro mundo. Aquel que no lo hace, reencarna en nuestro mundo hasta que logra el propósito para el cual fue creado.

Apertura a la sabiduría de la Cabalá

Durante el estudio se recomienda examinar los diagramas al final del ensayo

El Pensamiento de la creación y las cuatro fases de Luz directa

1) *Rabí Jananiá Ben Akashia* dice: "El Creador deseaba purificar a *Israel*, por eso le entregó abundante *Torá* y *Mitzvot*; tal como está escrito, 'El Señor se deleitó, por Su rectitud, haciendo que esta enseñanza fuera grande y gloriosa'" (*Makot* 23b). Se sabe que "*Zajut*" (pureza) proviene de la palabra *Hizdakjut* (refinamiento). Tal como dijeron nuestros sabios: "Las *Mitzvot* fueron entregadas sólo para la purificación de *Israel* (*Midrash Shmuel, Parashá* 4). Debemos entender en qué consiste esta limpieza o purificación, que se consigue por medio de *Torá* y *Mitzvot*; y qué es el *Aviut* (espesor) que se encuentra dentro de nosotros y que debemos limpiar usando *Torá* y *Mitzvot*.

Como ya lo hemos discutido en mi libro "*Panim Masbirot*" y en "El estudio de las diez *Sfirot*", les reiteraré brevemente que la Idea (o Pensamiento) de la Creación consistía en deleitar a las criaturas de acuerdo con Su abundante generosidad. Por esta razón se imprimió en las almas un gran anhelo, un gran deseo de recibir Su abundancia.

Esto se debe a que el deseo de recibir es el *Kli* para la medida del deleite en esta abundancia, ya que la medida y fuerza del deseo de recibir la abundancia, corresponde precisamente con la medida de placer y deleite en la abundancia. Y están tan interconectadas, que son indivisibles excepto en cuanto a que el placer se relaciona con la abundancia, y el gran deseo de recibir la abundancia se relaciona con el receptor.

Ambos se extienden necesariamente del Creador, y necesariamente se encontraban en el Pensamiento de la Creación. Sin embargo, deben dividirse de la siguiente manera: la abundancia viene de Su esencia, extendiéndose a modo de "existencia a partir de la existencia" (*Yesh MiYesh*); y el deseo de recibir que está incluido ahí, es la raíz de las criaturas. Esto significa que es la raíz de su origen; es decir, del surgimiento ex-nihilo (*Yesh MeAin*), o a modo de "existencia a partir de la ausencia", puesto que ciertamente no existe forma alguna de "deseo de recibir" en Su esencia.

Por lo tanto, se considera que el deseo de recibir que acabamos de mencionar, consiste de toda la substancia de la Creación; de principio a fin. De este modo, todas las criaturas, todas sus innumerables instancias y comportamientos que se han manifestado y que se han de manifestar, no son más que grados de diferentes denominaciones del deseo de recibir. Todo lo que existe en esas criaturas; o sea, todo lo que se recibe en el deseo de recibir impreso en ellas, se extiende de Su esencia a modo de *Yesh MiYesh*. No es, en absoluto, una nueva creación, ya que no es algo nuevo. Por el contrario, se extiende de Su infinitud a modo de *Yesh MiYesh*.

2) Como ya hemos dicho, el deseo de recibir está innatamente incluido en el Pensamiento de la Creación, con todas sus denominaciones, a lo largo de la gran abundancia que Él había planeado impartirles. Y sabe que esto es lo que discernimos como *Or* (Luz) y *Kli* (vasija) en los Mundos Superiores. Necesariamente vienen entrelazados y descienden nivel por nivel. Y el punto hasta el cual descienden los grados de la Luz de Su Rostro, saliendo de Él, es el punto de materialización del deseo de recibir contenido en la abundancia.

También podríamos afirmarlo a la inversa: Que desciende gradualmente hacia el punto donde se materializa el deseo de recibir que se encuentra implícito en la abundancia; al lugar más bajo de todos, donde el deseo de recibir se manifiesta en su totalidad. Este lugar se llama "el mundo de *Asiyá*"; [donde] el deseo de recibir es considerado "el cuerpo del hombre", y la abundancia que recibe es considerada la medida de "la vitalidad que hay en ese cuerpo".

Ocurre lo mismo en otras criaturas de este mundo. La única diferencia entre los Mundos Superiores y este mundo es que, mientras el deseo de recibir que se encuentra dentro de Su abundancia no se haya manifestado completamente, es considerado como perteneciente a los mundos espirituales. Y una vez que el deseo de recibir se ha materializado completamente, es considerado como existiendo en este mundo.

3) El orden gradual descendente a modo de cascada, que trae al deseo de recibir a su forma final en este mundo, sigue una secuencia de cuatro fases que también se encuentra en las cuatro letras del nombre *HaVaYaH*. Esto se debe a que las cuatro letras, *HaVaYaH* (*Yud, Hei, Vav, Hei*), en Su Nombre, abarcan la realidad entera, sin excluir nada.

En general están descritas en las diez *Sfirot*: *Jojmá, Biná, Tifféret, Maljut*, y su *Shóresh* (Raíz). Son diez *Sfirot* debido a que la *Sfirá Tifféret* contiene seis *Sfirot* internas llamadas *JaGaT NeHY* (*Jésed-Gvurá-Tifféret Nétzaj-Hod-Yesod*), y la Raíz, llamada *Kéter*. De todas formas, en esencia, se las llama *JuB TuM* (*Jojmá-Biná Tifféret-Maljut*)

Y estas letras corresponden con los cuatro mundos *Atzilut, Briá, Yetzirá* y, *Asiyá*. El mundo de *Asiyá* contiene, dentro de sí, a este mundo. Así, no existe ni una sola criatura en el mundo que no se haya originado en *Ein Sof*; es decir, en el Pensamiento de la Creación de deleitar a Sus criaturas. Por eso está innatamente compuesto de Luz y *Kli*; un cierto grado de abundancia, con el correspondiente deseo de recibir tal abundancia.

El grado de abundancia se extiende a modo de *Yesh MiYesh* desde Su Esencia; en tanto que el deseo de recibir la abundancia surge a modo de *Yesh MeAin*.

Pero para que este deseo de recibir adquiera su cualidad final, debe descender gradualmente junto con la abundancia que se encuentra dentro, a través de los cuatro mundos *Atzilut*,

Briá, Yetzirá y *Asiyá*. Esto completa la Creación con la Luz y el *Kli*, también llamados *Guf* (cuerpo) y la "Luz de vida" que se encuentra dentro.

4) La razón por la cual el deseo de recibir debe descender gradualmente a través de las cuatro *Bjinot* (fases) mencionadas más arriba en *ABYA* (*Atzilut, Briá, Yetzirá, Asiyá*) es que existe una gran regla en lo referente a los *Kelim* (pl. de *Kli*): **la expansión de la Luz y su partida, volvieron al *Kli* apto para su función**. Esto significa que en la medida que el *Kli* no haya sido separado de la Luz, está incluido en la Luz, y está anulado dentro de sí mismo como una vela dentro de una antorcha.

Esta anulación se debe a que ambos son completamente opuestos entre sí; se encuentran en extremos opuestos. Esto se debe a que la Luz se extiende de Su esencia a modo de existencia a partir de la existencia (*Yesh MiYesh*). Desde la perspectiva del Pensamiento de la Creación en *Ein Sof*, todo existe en función del otorgamiento, y no existe rastro alguno del deseo de recibir en ello. Su opuesto es el *Kli*, el gran deseo de recibir esa abundancia, que representa la raíz de la criatura recientemente creada, en la cual no existe rastro alguno de (la cualidad de) otorgamiento.

Por lo tanto, cuando ambos están juntos, el deseo de recibir se cancela en la Luz que se encuentra adentro, y puede determinar su forma sólo una vez que la Luz haya partido al menos una vez. Esto se debe a que después de la partida de la Luz del *Kli*, este comienza a anhelarla, y este anhelo determina y establece la forma del deseo de recibir. En consecuencia, cuando la Luz se reviste dentro del *Kli* una vez más, ambos se relacionan como dos nociones separadas: el *Kli* y la Luz, o el cuerpo y la Vida. Observa esto con detenimiento, pues ciertamente es muy profundo.

5) Por lo tanto, se requieren las cuatro fases del nombre *HaVaYaH*, llamados *Jojmá, Biná, Tifféret* y, *Maljut*. ***Bjiná Alef*** **(primera fase)** corresponde con *Jojmá*, y consiste ciertamente del ser emanado en su totalidad: La Luz y el *Kli*. En ella se encuentra el gran deseo de recibir con toda la Luz incluida adentro, llamada *Or Jojmá* (Luz de Sabiduría) u *Or Jayiá* (Luz de Vida), pues comprende toda la *Jaim* (Vida) dentro del ser creado, revestida dentro de su *Kli*. Sin embargo, esta fase es considerada Luz por entero; y el *Kli* es apenas distinguible, puesto que se encuentra mezclado con la Luz, y de este modo está anulado cual una vela dentro de una antorcha.

Le sigue *Bjiná Bet* **(segunda fase)**, puesto que al final el *Kli* de *Jojmá* prevalece en equivalencia de forma con la Luz Superior dentro de sí. Esto significa que surge dentro de sí un deseo de otorgar al Emanador, de acuerdo con la naturaleza de la Luz que se encuentra adentro, y que representa por completo la cualidad de otorgamiento.

Entonces, utilizando este deseo que se ha despertado dentro, se extiende una nueva Luz hacia él desde el Emanador, llamada *Or Jasadim* (Luz de Misericordia). Como resultado de esto, se separa casi completamente de *Or Jojmá* que el Creador le había impreso, ya que *Or Jojmá* puede ser recibida sólo dentro de su *Kli*, el cual consiste de un deseo de recibir que ha crecido hasta su máxima expresión.

De este modo, la Luz y el *Kli* en *Bjiná Bet* terminan difiriendo de aquéllos en *Bjiná Alef*, ya que aquí el *Kli* consiste del deseo de otorgar. La Luz que está adentro es considerada *Or*

Jasadim; ésta es una Luz que viene de la fuerza del *Dvekut* (adhesión) del ser emanado dentro de su Emanador, pues su deseo le guía hacia la equivalencia de forma con éste. Además, en la espiritualidad la equivalencia de forma es *Dvekut*.

Luego le sigue *Bjiná Guimel* (tercera fase). Una vez que la Luz se hubo disminuido y convertido en *Or Jasadim* dentro del ser emanado, sin nada de *Jojmá*, sabiéndose que *Or Jojmá* es la esencia del ser Creado, al final de *Bjiná Bet* despierta y arrastra dentro de sí cierto grado de *Or Jojmá*, para que ésta brille dentro de su *Or Jasadim*. Este "despertar" volvió a extender una cierta medida del deseo de recibir, que forma un nuevo *Kli* llamado *Bjiná Guimel* o *Tifféret*. Y la Luz que se encuentra dentro se llama "Luz de *Jasadim* en iluminación de *Jojmá*", ya que la mayor parte de esa Luz es *Or Jasadim*, y una parte menor es *Or Jojmá*.

Por último llegó *Bjiná Dálet* (cuarta fase), ya que el *Kli* de *Bjiná Guimel*, al final, también "despertó" para atraer *Or Jojmá* completa, tal como ocurrió en *Bjiná Alef*. De este modo, este "despertar" se considera "anhelo" al grado del deseo de recibir en *Bjiná Alef*; e incluso sobrepasándolo, pues ahora ya ha sido separado de la Luz, puesto que la Luz de *Jojmá* ya no está revestida dentro de él (pero aspira a esta *Or Jojmá*). Así, la forma del deseo de recibir ha sido determinada por completo, ya que el *Kli* se determina siguiendo la expansión de la Luz, y la partida (de la Luz) de allí. Luego, cuando retorne, recibirá la Luz nuevamente. De esto se desprende que el *Kli* precede a la Luz. Y ésta es la razón por la cual esta *Bjiná Dálet* es considerada la conclusión del *Kli*, y se llama *Maljut* (Reino).

6) Estas cuatro *Bjinot* recién mencionadas comprenden las diez *Sfirot* que se disciernen en cada criatura por completo, y que corresponden con los cuatro mundos incluso en el aspecto más pequeño de la realidad. *Bjiná Alef* corresponde con *Jojmá* o el "mundo de *Atzilut*"; *Bjiná Bet* corresponde con *Biná* o "el mundo de *Briá*"; *Bjiná Guimel* corresponde con *Tifféret* o el "mundo de *Yetzirá*"; y *Bjiná Dálet* corresponde con *Maljut* o "el mundo de *Asiyá*".

Permítasenos explicar las cuatro *Bjinot* aplicadas a cada alma. Cuando el alma sale de *Ein Sof* y llega al mundo de *Atzilut*, este estado corresponde con *Bjiná Alef* del alma. De todos modos aún no se le distingue allí con esta denominación, ya que el nombre *Neshamá* (alma) implica que exista alguna diferencia entre ella y el Creador; y que por causa de esa diferencia ella se retira de *Ein Sof*, y así se revela su voluntad propia.

Pero mientras no posea la forma de un *Kli* no habrá nada que permita distinguirla de Su esencia, ni que le amerite un nombre propio. Ya sabes que la *Bjiná Alef* del *Kli* no es considerada un *Kli*, sino que está anulada por completo a causa de la Luz. Y a esto se refiere al decir respecto del mundo de *Atzilut*, que es "Divinidad absoluta"; como en "Él, Su Vida y Su Esencia son Uno". Incluso las almas de todas las criaturas vivientes, mientras atraviesan el mundo de *Atzilut*, se consideran aún adheridas a Su Esencia.

7) Esta *Bjiná Bet* que mencionamos arriba, rige en el mundo de *Briá*, que viene a ser el *Kli* con el deseo de otorgar. Entonces, cuando el alma desciende de forma gradual hasta el mundo de *Briá*, y adquiere el *Kli* que existe ahí, se considera una *Neshamá*. Esto quiere decir que ya ha sido separada de Su Esencia, y amerita un nombre propio: *Neshamá*. Aún así, éste

es un *Kli* muy puro y sutil, pues se encuentra en equivalencia de forma con el Emanador, y por esta razón es considerada espiritualidad absoluta.

8) La *Bjiná Guimel* que hemos mencionado arriba rige en el mundo de *Yetzirá*, comprendiendo una pequeña porción del deseo de recibir. Por eso, cuando el alma desciende de forma gradual hasta el mundo de *Yetzirá*, y adquiere ese *Kli*, se retira de la espiritualidad del *Neshamá*, y pasa a denominarse *Rúaj* (viento; espíritu). Esto se debe a que aquí su *Kli* ya está mezclado con cierta cantidad de *Aviut*; es decir, con un poco del deseo de recibir dentro de sí mismo. Pero aún se considera espiritual, debido a que esta medida de *Aviut* es insuficiente para separarla completamente de Su Esencia, y así ameritar el ser llamada con el nombre de "un cuerpo con presencia propia".

9) *Bjiná Dálet* rige en el mundo de *Asiyá*, la cual ya representa el *Kli* completo del gran deseo de recibir. Por lo tanto obtiene un cuerpo completamente separado y distinguible de Su Esencia, con presencia propia. Su Luz (de esta *Bjiná*) se llama "*Néfesh*", indicando que la Luz en sí es inerte. Y debes saber que no existe ni un solo elemento en la realidad que no esté comprendido del *ABYA* completo.

10) De este modo descubrimos que esta *Néfesh*, la Luz de vida que está revestida en el cuerpo, se extiende de Su misma Esencia a modo de Existencia a partir de la Existencia (*Yesh MiYesh*). A medida que atraviesa los cuatro mundos *ABYA*, se va distanciando cada vez más de la Luz de Su Rostro, hasta que llega a su destinado *Kli*, llamado *Guf*. Aquí se considera que el *Kli* ha completado su forma deseada.

E incluso aunque la Luz se ha disminuido (en esta *Bjiná*) de modo tal que su origen se vuelve indetectable, a través del compromiso en *Torá* y *Mitzvot* para poder otorgar satisfacción al Creador, uno de todas formas purifica su *Kli*, llamado *Guf*, hasta que se vuelve apto de recibir la gran abundancia en la completa medida que había sido incluida en la Idea de la Creación, cuando Él lo creó. Esto es lo que *Rabí Janania Ben Akashia* quería decir con: "El Creador deseaba purificar a *Israel*; por eso Él le entregó abundante *Torá* y *Mitzvot*".

11) Ahora podemos comprender la verdadera diferencia entre espiritualidad y corporalidad: Cualquier cosa que contenga un completo deseo de recibir en todos sus aspectos, que es *Bjiná Dálet*, es considerada "corporal". Esto es lo que existe ante nosotros en todos los elementos de la realidad de este mundo. En cambio, todo aquello que se encuentra por encima de esta gran medida de deseo de recibir se considera "espiritualidad". Éstos son los mundos de *ABYA* (por encima de este mundo) y toda la realidad comprendida en ellos.

Con esto entenderás todo el asunto acerca de ascensos y descensos que se describen en los Mundos Superiores, no se refiere a un lugar imaginario, sino sólo a las cuatro fases del deseo de recibir. Cuanto más alejada esté de *Bjiná Dálet*, tanto más Arriba se considera que está. Y a la inversa: cuanto más cerca se encuentra de *Bjiná Dálet*, se considera que está más Abajo.

12) No obstante se debe entender, que la esencia de la criatura y de la Creación como un todo, consiste sólo del deseo de recibir. Cualquier cosa por encima de esto, no es parte de la Creación, sino que se extiende de Su Esencia a modo de "existencia a partir de la existencia"

(*Yesh MiYesh*). Entonces, ¿por qué distinguimos este deseo de recibir como *Aviut* y turbiedad, y por qué debemos purificarlo a través de *Torá* y *Mitzvot*, al punto que sin esto no podremos alcanzar la meta sublime del Pensamiento de la Creación?

13) El tema es que, del mismo modo que los objetos físicos están separados entre sí por medio de la distancia espacial, las entidades espirituales están separadas por medio de la disparidad de forma entre sí. Esto también puede verse en nuestro mundo. Por ejemplo: Cuando dos personas comparten la misma forma de pensar, el hecho de encontrarse espacialmente en lugares diferentes, no les causa alejamiento.

Lo mismo ocurre a la inversa. Cuando sus formas de ver las cosas son muy diferentes entre sí, éstos se odian mutuamente y la proximidad espacial no resultará en cercanía mutua. Por lo tanto, la disparidad de forma en cuanto a su manera de pensar los aleja entre sí, en tanto que la proximidad de forma los acerca. Si, por ejemplo, la naturaleza de uno fuera completamente opuesta a la de otro, entonces estarían ambos tan distanciados entre sí como el este del oeste.

De forma similar, todas las cuestiones acerca de cercanía y lejanía, *Zivug* (acoplamiento, cópula) y unidad, que se despliegan en la espiritualidad, no son más que grados de disparidad de forma. Parten de uno a otro de acuerdo con la medida de disparidad de forma, y se juntan según la medida de equivalencia de forma.

De todos modos debes comprender que, a pesar de que el deseo de recibir representa una ley obligatoria en la criatura, puesto que es la esencia misma de la criatura y es el *Kli* adecuado para alcanzar la meta del Pensamiento de la Creación, sin embargo esto lo separa completamente del Emanador. La razón para esto es que existe disparidad de forma al punto de existir oposición total entre la criatura y el Emanador. Esto se debe a que el Emanador es puro otorgamiento, sin rastro alguno de recepción; y la criatura es pura recepción, sin rastro alguno de otorgamiento. Así, no existe oposición de forma mayor que esta. Por consiguiente inferimos que esta oposición de forma necesariamente la separa del Creador.

14) El *Tzimtzum Alef* (Primera restricción) ocurrió para salvar a las criaturas de esta titánica separación. Esencialmente, separó a *Bjiná Dálet* del resto de los *Partzufim* de *Kdushá*, de forma tal que esa gran medida de recepción permaneció como un hueco vacío; como un punto privado de Luz. Esto se debe a que todos los *Partzufim* de *Kdushá* surgieron con un *Masaj* erigido en su *Kli de Maljut*, para que no pudieran recibir dentro de su *Bjiná Dálet*. Entonces, cuando la Luz Superior fue atraída y se extendió al ser emanado, este *Masaj* la rechazó. Esto es referido como un choque entre la Luz Superior y el *Masaj*, el cual eleva *Or Jozer* hacia Arriba, vistiendo a las diez *Sfirot* de la Luz Superior.

Esa parte de la Luz que es rechazada y empujada de regreso, se llama *Or Jozer*. A medida que ésta va vistiendo a la Luz Superior, se va convirtiendo en un *Kli* para recepción de la Luz Superior, en lugar de *Bjiná Dálet*. La razón para esto es que el *Kli* de *Maljut* ya se ha expandido por medio de *Or Jozer* que se ha elevado y que ha vestido a la Luz Superior desde abajo hacia Arriba, expandiéndose desde Arriba hacia abajo también. Por lo tanto, las Luces se encontraban vestidas en los *Kelim*, dentro de *Or Jozer*.

Este es el significado implícito en la palabra *"Rosh"* y *"Guf"* en cada grado. El *Zivug de Akaá* (Acoplamiento de golpe) de la Luz Superior que llega hasta el *Masaj*, eleva *Or Jozer* hacia Arriba vistiendo a las diez *Sfirot* de la Luz Superior (que descienden desde Arriba) dentro de esa *Or Jozer*. Así, *Or Jozer* termina y se convierte en un *Kli* para la Luz Superior. En ese momento existen ropajes de las Luces dentro de los *Kelim*; y esto se denomina el *"Guf"* de ese grado; o sea, los *Kelim* completados.

15) De este modo, luego del *Tzimtzum* se formaron nuevos *Kelim* en los *Partzufim de Kdushá*, en vez de *Bjiná Dálet*. Fueron creados a partir de *Or Jozer* del *Zivug de Akaá* del *Masaj*. En realidad debemos comprender cómo es que esta *Or Jozer* se convirtió en un *Kli* de recepción, puesto que al comienzo no era más que una Luz reflejada. Así, vemos que ahora está sirviendo para un rol opuesto respecto de su propia esencia.

Lo explicaré a través de una alegoría de la vida real. La naturaleza del hombre es apreciar y gustar de la cualidad de otorgamiento, y despreciar y aborrecer el recibir de un amigo. Entonces, cuando llega con su amigo y éste (el anfitrión) le invita a una comida, él (el invitado) declinará la invitación aunque se encuentre muy hambriento, puesto que a sus ojos es humillante recibir un presente de su amigo.

Sin embargo, cuando su amigo le implora lo suficiente, de forma tal que quede claro que al comer le estaría haciendo un gran favor (a su amigo, el anfitrión), él accede a comer, pues ahora ya no siente que está recibiendo un presente, ni que su amigo es quien está otorgando. Por el contrario, él (el invitado) es quien otorga y quien está haciéndole un favor a su amigo, al recibir de él éste bien.

Así, podemos observar que aunque el hambre y el apetito representan *Kelim* de recepción designados para comer, y que la persona (en el ejemplo anterior) tenía suficiente hambre y apetito para recibir (aceptar) la comida de su amigo, aún así no podía probar ni un bocado, debido a la sensación de vergüenza. Sin embargo, a medida que su amigo le imploraba y él lo rechazaba, se fueron formando dentro de sí nuevos *Kelim* para comer, ya que el poder de los ruegos de su amigo y el poder de sus propios rechazos, a medida que se acumulaban, terminaron por alcanzar una cantidad suficiente que revirtió la medida de recepción a una medida de otorgamiento.

Al final observa que al comer le estará haciendo un gran favor a su amigo. En ese estado se forman, dentro de él, nuevos *Kelim* de recepción para recibir la comida ofrecida. Ahora, se considera que el poder de su rechazo se ha convertido en el *Kli* esencial dentro del cual recibir la comida; y no el hambre y el apetito, aunque éstos son, por cierto, los *Kelim* de recepción habituales.

16) A partir de esta alegoría entre los dos amigos, podemos comprender el tema del *Zivug de Akaá* y el *Or Jozer* que se eleva por su causa, que se convierte así en nuevos *Kelim* de recepción para la Luz Superior, en vez de *Bjiná Dálet*. Podemos comparar la Luz Superior que choca contra el *Masaj* y que desea expandirse hacia dentro de *Bjiná Dálet*, con la súplica por comer. La razón es que, al igual que en el ejemplo anterior donde uno aspiraba a que su amigo recibiera su comida, la Luz Superior desea extenderse al receptor. Y el *Masaj*, el cual

choca con la Luz y la empuja de regreso, puede compararse con el rechazo del amigo rehusándose a recibir la comida, rechazando así su favor.

Y del mismo modo en que puedes ver aquí que es precisamente el rechazo y negativa lo que se transforma en los *Kelim* de recepción apropiados para la comida de su amigo, podrás imaginar que el *Or Jozer*, que se eleva a través del choque del *Masaj* y la Luz Superior que es rechazada, se convierte en un nuevo *Kelim* de recepción para la Luz Superior, en vez de *Bjiná Dálet*, que servían como *Kelim* de recepción antes del *Tzimtzum Alef*.

Sin embargo, esto fue colocado solamente en los *Partzufim* (pl. de *Partzuf*) de *Kdushá* de *ABYA*; no en los *Partzufim* de las *Klipot* (cáscaras) ni en este mundo, donde *Bjiná Dálet* es considerada el *Kli* de recepción. Y éste es el motivo por el cual están separadas de la Luz Superior, ya que la disparidad de forma en *Bjiná Dálet* las separa. Por eso, se considera que las *Klipot* son infames y que están muertas, ya que se encuentran separadas de la Vida de Vidas a través del deseo de recibir que poseen.

Cinco aspectos que se encuentran en el *Masaj*

17) Hasta ahora hemos aclarado los tres elementos básicos de esta sabiduría. El primero consiste de la Luz y el *Kli*, donde la Luz representa la directa extensión de Su Esencia, y el *Kli* es el deseo de recibir, que está necesariamente incluido en esa Luz. Uno de ellos se retira del Emanador, y se convierte en un ser emanado en la medida de ese deseo. También, este deseo de recibir es considerado la *Maljut* que se discierne en la Luz Superior. Por eso se le llama *Maljut*, a modo de "Él y Su Nombre son Uno", pues Su nombre en *Guemátria* es (tiene el mismo valor que) *Ratzón* (deseo).

El segundo aspecto es el referente a la aclaración de las diez *Sfirot* y los cuatro mundos de *ABYA*, los cuales representan cuatro grados consecutivos de Arriba hacia abajo. El deseo de recibir debe descender a través de éstos hasta que estén completos: el *Kli* y el contenido.

La tercera cuestión es la relativa al *Tzimtzum* y al *Masaj* que se encuentra ubicado sobre el *Kli* de recepción, que es *Bjiná Dálet*, y a cambio del cual (del *Masaj*) fueron creados nuevos *Kelim* de recepción en las diez *Sfirot*, llamados *Or Jozer*. Comprende y memoriza estos tres conceptos fundamentales y sus razones, tal cual como te han sido presentados, pues sin ellos será imposible entender ni siquiera una sola palabra de esta sabiduría.

18) Ahora explicaremos las cinco partes que son discernibles en el *Masaj*, por medio de las cuales cambian los niveles durante el *Zivug* de *Akaá* que se lleva a cabo con la Luz Superior. Primero debemos entender a fondo que aunque a *Bjiná Dálet* se le prohibiera volverse un *Kli* de recepción para las diez *Sfirot* después del *Tzimtzum*, y aunque el *Or Jozer* que se eleva desde el *Masaj* por medio del *Zivug* de *Akaá* se convirtiera en un *Kli* de recepción en su lugar, aún así debe acompañar a *Or Jozer* con su poder de recepción. Si no hubiera sido por eso, *Or Jozer* no hubiera podido convertirse en un *Kli* de recepción.

También debes entender lo de la alegoría que se encuentra en el punto número 15, donde se ha demostrado que el poder de rechazar la comida se convirtió en el *Kli* de recepción en lugar del hambre o apetito. Esto se debe a que al hambre o apetito, es decir al *Kli* de recepción habitual, se le prohibió en este caso llegar a ser un *Kli* de recepción, puesto que a través del rechazo y el repudio, la recepción se transformó en otorgamiento; y a través de éstos consiguió que los *Kelim* de recepción fuesen aptos para recibir la comida de su amigo.

Sin embargo, no se puede decir que haya dejado de necesitar sus *Kelim* de recepción habituales; es decir, el hambre o apetito, pues está claro que sin el deseo de comer no podrá satisfacer el deseo de su amigo y traerle satisfacción al comer en su casa. Pero la cuestión es que el hambre y apetito que fueron bloqueados en su forma regular, ahora han sido transformados en una nueva forma a través de las fuerzas del rechazo y del repudio. Esta nueva forma es la "recepción para poder otorgar". De esta forma, la (sensación de) humillación se ha transformado en (una sensación de) dignidad.

De lo anterior se desprende que los *Kelim* de recepción habituales aún se encuentran tan activos como siempre, solamente que han adquirido una forma nueva. También concluirás, en lo referente a nuestro tema, que es verdad que *Bjiná Dálet* ha sido descalificada para convertirse en un *Kli* de recepción de las diez *Sfirot*. Esto se debe a su *Aviut*; o sea, a la disparidad de forma respecto del Otorgante, lo cual la separa de Él. Sin embargo, por medio de la corrección del *Masaj* (que se encuentra) en *Bjiná Dálet*, y que choca con la Luz Superior y la repele, su anterior forma defectuosa se transforma y adquiere una forma nueva, llamada *Or Jozer*, al igual que la transformación de la "forma de recepción" en "forma de otorgamiento".

El contenido de su forma inicial no ha cambiado. Porque además ahora (la persona) no comerá sin apetito. De forma similar, todo el *Aviut*, mismo que representa la fuerza de recepción en *Bjiná Dálet*, ha entrado en *Or Jozer*. Por lo tanto, *Or Jozer* se vuelve apta para volverse un *Kli* de recepción.

Por esta razón, siempre deben distinguirse las siguientes dos (fuerzas) en el *Masaj*:

1. *Kashiut* (dureza), que representa la fuerza que está dentro y que rechaza la Luz Superior.

2. *Aviut*, que es la medida de deseo de recibir de *Bjiná Dálet*, incluido en el *Masaj*. A través del *Zivug* de *Akaá*, por medio de la fuerza de *Kashiut* que posee, su *Aviut* se convierte en "pureza"; o sea, la recepción se transforma en otorgamiento.

Estas dos fuerzas que se encuentran en el *Masaj* actúan a través de cinco atributos discernibles: las cuatro *Bjinot JuB TuM* y, su raíz llamada *Kéter*.

19) Ya hemos explicado que los primeros tres aspectos aún no son considerados un *Kli*, sino que sólo *Bjiná Dálet* es considerada un *Kli*. Aún así, debido a que los primeros tres aspectos representan sus causas, e inducen la conclusión de *Bjiná Dálet*, en cuanto *Bjiná Dálet* es completada, se registran cuatro grados en su cualidad de recepción.

- *Bjiná Alef* dentro de ella (de *Bjiná Dálet*) representa el grado más pequeño de la cualidad de recepción.

- *Bjiná Bet* comprende un mayor *Aviut* que *Bjiná Alef*, en términos de su cualidad de recepción.

- *Bjiná Guimel* es más "gruesa" que *Bjiná Bet* en cuanto a su cualidad de recepción.

- Y finalmente, *Bjiná Dálet* es la más "gruesa" de todas, y su cualidad de recepción es perfecta (completa) en todo sentido.

- También debemos distinguir que la raíz de las cuatro *Bjinot* (pl. de *Bjiná*), que es la más pura de todas, también está incluida allí.

Estos son los cinco aspectos de la recepción contenida en *Bjiná Dálet*, que llevan los nombres de las diez *Sfirot KaJaB TuM*, incluidas en *Bjiná Dálet*, puesto que las cuatro fases o aspectos corresponden a *JuB TuM* y a su raíz, llamada *Kéter*.

20) Las cinco distinciones de recepción que se encuentran en *Bjiná Dálet* se denominan usando los nombres de las *Sfirot KaJaB TuM*. Esto se debe a que antes del *Tzimtzum*, mientras *Bjiná Dálet* aún era el *Kli* de recepción para las diez *Sfirot* que estaban incluidas en la Luz Superior a modo de "Él y su Nombre son Uno", debido a que todos los mundos se encontraban incluidos allí, su revestimiento de las diez *Sfirot* en ese lugar siguió a estas cinco *Bjinot*. Cada una de las cinco *Bjinot* de *Bjiná Dálet*, vistió la *Bjiná* correspondiente de las diez *Sfirot* que comprenden la Luz Superior.

- *Bjinat Shóresh* (Fase Raíz) de *Bjiná Dálet*, vistió la Luz de *Kéter* de las diez *Sfirot* (de la Luz Superior);

- *Bjiná Alef* de *Bjiná Dálet* vistió la Luz de *Jojmá* de las diez *Sfirot*;

- *Bjiná Bet* de *Bjiná Dálet* vistió la Luz de *Biná*;

- *Bjiná Guimel* de *Bjiná Dálet* vistió la Luz de *Tifféret*;

- Y su propia *Bjiná* vistió la Luz de *Maljut*.

Por lo tanto, aún ahora, luego de la primera restricción, cuando *Bjiná Dálet* fue descalificada de ser un *Kli* de recepción, sus cinco grados de *Aviut* llevan los nombres de las *Sfirot KaJaB TuM*.

21) Y ya supiste que en general la substancia del *Masaj* se llama *Kashiut*, y que implica algo muy duro que impide a cualquier cosa atravesar su protección. De forma similar, el *Masaj* impide el paso a la Luz Superior hacia *Maljut*, o *Bjiná Dálet*. Así, se considera que el *Masaj* bloquea y repele la medida entera de Luz que de modo contrario debería vestirse en el *Kli* de *Maljut*.

También se ha puesto en claro que esas cinco *Bjinot* de *Aviut* de *Bjiná Dálet*, están incluidas y vienen dentro del *Masaj*, y así es como también se unen al *Kashiut* en su correspondiente medida. Por lo tanto, se distinguen cinco tipos de *Zivug* de *Akaá* en el *Masaj*, que corresponden a los cinco grados de *Aviut* que allí se encuentran:

- Un *Zivug* de *Akaá* sobre un *Masaj* completo, con todos los niveles de *Aviut*, eleva suficiente *Or Jozer* para vestir todas las diez *Sfirot* hasta el nivel de *Kéter*.

- Un *Zivug* de *Akaá* sobre un *Masaj* que carece de *Aviut* de *Bjiná Dálet* y que contiene sólo *Aviut* de *Bjiná Guimel*, eleva suficiente *Or Jozer* para vestir las diez *Sfirot* sólo hasta el nivel de *Jojmá*, faltándole *Kéter*.

- Y si tiene sólo *Aviut* de *Bjiná Bet*, su *Or Jozer* se reduce y alcanza sólo a vestir hasta el nivel de *Biná*, faltándole *Kéter* y *Jojmá*.

- Si contiene sólo *Aviut* de *Bjiná Alef*, su *Or Jozer* se reduce aún más, y alcanza sólo a vestir hasta el nivel de *Tifféret*, faltándole *KaJaB*.

- Y si también carece de *Aviut* de *Bjiná Alef*, y sólo le queda *Aviut* de *Bjinat Shóresh*, su poder de choque es mínimo, y alcanza sólo a vestir hasta el nivel de *Maljut*, faltándole las primeras nueve *Sfirot*, que son *KaJaB* y *Tifféret*.

22) De este modo podrás ver cómo los cinco niveles de las diez *Sfirot* emergen por medio de cinco tipos de *Zivug* de *Akaá* del *Masaj*, que se efectúan sobre los cinco grados de *Aviut* que allí se encuentran. Y ahora te daré la razón de esto, pues es sabido que no existe Luz sin un *Kli*.

También sabrás que estos cinco grados de *Aviut* vienen de los cinco grados de *Aviut* que se encuentran en *Bjiná Dálet*. Previo al *Tzimtzum* había cinco *Kelim* en *Bjiná Dálet*, vistiendo las diez *Sfirot KaJaB TuM* (ítem 18). Después del *Tzimtzum Alef*, fueron incorporados en los cinco grados del *Masaj* que, conjuntamente con *Or Jozer* con la cual se eleva, vuelven a ser cinco *Kelim* con respecto a las diez *Sfirot KaJaB TuM*, en lugar de los cinco *Kelim* que había en *Bjiná Dálet* antes del *Tzimtzum*.

De acuerdo con esto, queda claro que si un *Masaj* contiene todos los cinco niveles de *Aviut*, contiene los cinco *Kelim* que visten estas diez *Sfirot*. Pero cuando no contiene todos los cinco niveles, ya que el *Aviut* de *Bjiná Dálet* está ausente allí, contiene sólo cuatro *Kelim*. Por eso sólo puede vestir cuatro Luces: *JuB TuM*; y carece de una Luz, que es *Kéter*; al igual que carece de un *Kli*, que es el *Aviut* de *Bjiná Dálet*.

Del mismo modo, cuando también carece de *Bjiná Guimel*, y el *Masaj* contiene sólo tres niveles de *Aviut*; es decir, sólo hasta *Bjiná Bet*, contiene sólo tres *Kelim*. Así, sólo puede vestir tres Luces: *Biná*, *Tifféret* y, *Maljut*. En ese estado el nivel mencionado carece de las siguientes dos Luces: *Kéter* y *Jojmá*. Y también carece de los siguientes dos *Kelim*: *Bjiná Guimel* y *Bjiná Dálet*.

Y cuando el *Masaj* contiene sólo dos niveles de *Aviut*; o sea, *Bjinat Shóresh* y *Bjiná Alef*, contiene sólo *Kelim*. Entonces viste solamente dos Luces: la Luz de *Tifféret* y la Luz de *Maljut*. De este modo, el nivel carece de las tres Luces *KaJaB*, al igual que carece de los tres *Kelim* que corresponden a *Bjiná Bet*, *Bjiná Guimel* y *Bjiná Dálet*.

Y cuando el *Masaj* posee sólo un nivel de *Aviut*, que viene a ser sólo *Bjinat Shóresh* de *Aviut*, tiene sólo un *Kli*. Por lo tanto, sólo puede vestir una Luz: la Luz de *Maljut*. Este nivel carece de las cuatro Luces *KaJaB* y *Tifféret*, al igual que carece de los siguientes cuatro *Kelim*: *Aviut* de *Bjiná Dálet*, *Bjiná Guimel*, *Bjiná Bet* y *Bjiná Alef*. Entonces, el nivel de cada *Partzuf* depende precisamente del grado de *Aviut* que existe en el *Masaj*. Del *Masaj* de *Bjiná Dálet* se obtiene el nivel de *Kéter*. Del *Masaj* de *Bjiná Guimel* se obtiene el nivel de *Jojmá*. Del *Masaj* de *Bjiná Bet* se obtiene el nivel de *Biná*. Del *Masaj* de *Bjiná Alef* se obtiene el nivel de *Tifféret*. Y del *Masaj* de *Bjinat Shóresh* se obtiene el nivel de *Maljut*.

23) Sin embargo, debemos descubrir por qué ocurre que cuando el *Kli* de *Maljut* (*Bjiná Dálet*) está ausente del *Masaj*, carece de la Luz de *Kéter*; y cuando el *Kli* de *Tifféret* está ausente, carece de la Luz de *Jojmá*, etc. Pareciera que hubiera sido al revés; que cuando falta el *Kli* de *Maljut*, o sea *Bjiná Dálet*, en el *Masaj* sólo debiera faltar la Luz de *Maljut*; y por otra parte debería tener las cuatro Luces *KaJaB* y *Tifféret*. Y que además, en la ausencia de los dos *Kelim* de *Bjiná Guimel* y *Bjiná Dálet*, debería carecer de las Luces de *Tifféret* y de *Maljut*, y que el nivel tendría las tres Luces *KaJaB*, etc.

24) La respuesta es, que siempre existe una relación inversa entre las Luces y los *Kelim*. En los *Kelim*, los de más Arriba surgen antes en el *Partzuf*: primero *Kéter*; luego el *Kli* de *Jojmá*,

etc.; y el *Kli* de *Maljut* aparece al último. Por eso denominamos a los *Kelim* de acuerdo con el orden descendente *KaJaB TuM*, pues éste es el orden de su manifestación.

Sucede lo contrario con las Luces. En las Luces, las de más abajo son las primeras en entrar al *Partzuf*. Primero entra *Néfesh*, que corresponde a la Luz de *Maljut*; entonces viene *Rúaj*, que es la Luz de *ZA*, etc.; y la Luz de *Yejidá* es la última en entrar. Por tal motivo nombramos las Luces por el orden de *NaRaNJaY*, de abajo hacia Arriba, pues éste es el orden por medio del cual entran: de abajo hacia Arriba.

De manera que, cuando apenas se ha manifestado un *Kli* en el *Partzuf*, siendo necesariamente el *Kli* de más Arriba, que es *Kéter*, en este caso entra en el *Partzuf* sólo la Luz de más abajo, que es la Luz de *Néfesh*; pero no la Luz de más Arriba, es decir *Yejidá*, que se le atribuye al *Kli*. De esta forma, la Luz de *Néfesh* se viste dentro del *Kli* de *Kéter*.

Y es de la misma manera cuando se manifiestan dos *Kelim* en el *Partzuf*, siendo éstos los dos de más Arriba, *Kéter* y *Jojmá*, en este caso la Luz de *Rúaj* también entra en el *Partzuf*. En ese momento la Luz de *Néfesh* desciende desde el *Kli* de *Kéter* hasta el *Kli* de *Jojmá*, y la Luz de *Rúaj* se viste en el *Kli* de *Kéter*.

De forma similar, cuando aparece un tercer *Kli* en el *Partzuf*, siendo éste el *Kli* de *Biná*, entra la Luz de *Neshamá* dentro del *Partzuf*. En este momento la Luz de *Néfesh* desciende desde el *Kli* de *Jojmá* hasta el *Kli* de *Biná*, la Luz de *Rúaj* al *Kli* de *Jojmá*, y la Luz de *Neshamá* se viste en el *Kli* de *Kéter*.

Y cuando el cuarto *Kli* se manifiesta en el *Partzuf*, siendo éste el *Kli* de *Tifféret*, la Luz de *Jayiá* entra en el *Partzuf*. En ese instante la Luz de *Néfesh* desciende del *Kli* de *Biná* al *Kli* de *Tifféret*; la Luz de *Rúaj* desciende al *Kli* de *Biná*; la Luz de *Neshamá* desciende al *Kli* de *Jojmá*; y la Luz de *Jayiá* desciende al *Kli* de *Kéter*.

Y cuando un quinto *Kli* (el *Kli* de *Maljut*) se manifiesta en el *Partzuf*, entra la Luz de *Yejidá*. En ese momento todas las Luces entran dentro de sus respectivos *Kelim*. La Luz de *Néfesh* desciende del *Kli* de *Tifféret* al *Kli* de *Maljut*; la Luz de *Rúaj* desciende al *Kli* de *Tifféret*; la Luz de *Neshamá* desciende al *Kli* de *Biná*; la Luz de *Jayiá* desciende al *Kli* de *Jojmá* y, la Luz de *Yejidá* desciende al *Kli* de *Kéter*.

25) Entonces, mientras aún no se hayan manifestado todos los cinco *Kelim KaJaB TuM* en un *Partzuf*, las Luces no se encontrarán en sus respectivos lugares. Por otra parte se encuentran en relación inversa: en la ausencia del *Kli* de *Maljut*, la Luz de *Yejidá* está ausente; y cuando faltan los dos *Kelim TuM*, están ausentes *Yejidá* y *Jayiá*, etc. Esto se debe a que con los *Kelim*, los de más Arriba emergen primero; y con las Luces, las últimas son las primeras en entrar.

También podrás notar que cada nueva Luz que llega se viste sólo en el *Kli* de *Kéter*. Esto ocurre porque el receptor es capaz de recibir sólo en su *Kli* más puro; es decir, en el *Kli* de *Kéter*.

Por lo tanto al recibir cada nueva Luz, las Luces que ya están vestidas en el *Partzuf*, deben descender un nivel desde el cual se encuentran. Por ejemplo, cuando la Luz de *Rúaj* entra, la Luz de *Néfesh* desciende desde el *Kli* de *Kéter* hasta el *Kli* de *Jojmá*, para ceder el lugar del *Kli* de *Kéter* a la nueva Luz, que es *Rúaj*. Del mismo modo, si la nueva Luz es *Neshamá*, *Rúaj* también debe descender del *Kli* de *Kéter* al *Kli* de *Jojmá*, para ceder el lugar de *Kéter* a la nueva Luz, que es *Neshamá*. Como resultado de esto, *Néfesh*, que antes se encontraba en el *Kli* de *Jojmá*, debe descender al *Kli* de *Biná*, etc. Todo esto ocurre para hacer lugar, en el *Kli* de *Kéter*, para la nueva Luz.

Ten en cuenta esta regla y siempre podrás discernir en cada tema, si se está refiriendo a los *Kelim* o a las Luces. Entonces no te confundirás, pues siempre existe una relación inversa entre éstos. Así, hemos aclarado a fondo el asunto relativo a las cinco partes discernibles en el *Masaj*, y cómo, a través de ellos, cambian los niveles uno bajo el otro.

Los cinco *Partzufim de AK*

26) Luego de que ha sido aclarado minuciosamente el asunto del *Masaj* que ha sido colocado en el *Kli* de *Maljut*; o sea, en la *Bjiná Dálet* luego de haber sido restringida. También aclaramos lo referente a los cinco tipos de *Zivug* de *Akaá* que allí suceden, y que producen

los cinco tipos de (grupos de) diez *Sfirot*, uno debajo del otro. Ahora explicaremos los cinco *Partzufim* de *AK*, que preceden a los mundos de *ABYA*.

Y esto ya lo sabes, que esta *Or Jozer* que se eleva a través del *Zivug* de *Akaá* (de abajo hacia Arriba) y que viste las diez *Sfirot* de la Luz Superior, sólo alcanza para las raíces de los *Kelim*, llamadas "diez *Sfirot* de *Rosh* del *Partzuf*". Para completar los *Kelim*, *Maljut* del *Rosh* se expandió desde esas diez *Sfirot* de *Or Jozer* que vestían las diez *Sfirot* de *Rosh*, y se desplegó desde allí, desde adentro de sí misma, desde Arriba hacia abajo, en la misma medida que las diez *Sfirot* de *Rosh*. Esta expansión completa los *Kelim* llamados "el *Guf* del *Partzuf*". De este modo, debemos siempre distinguir dos tipos de diez *Sfirot* en cada *Partzuf*: *Rosh* y *Guf*.

27) Al principio emergió el primer *Partzuf* de *AK*. Esto es debido a que, inmediatamente después del *Tzimtzum Alef*, cuando *Bjiná Dálet* había sido impedida de volverse un *Kli* de recepción para la Luz Superior, y fue corregida a través de un *Masaj*, la Luz Superior fue atraída hasta vestirse en el *Kli* de *Maljut* como lo estaba antes. Sin embargo, el *Masaj* (que se encontraba) en el *Kli* de *Maljut* lo detuvo y rechazó la Luz. A través de este choque en el *Masaj* de *Bjiná Dálet*, elevó *Or Jozer* hasta el nivel de *Kéter* de la Luz Superior; y esta *Or Jozer* se convirtió en la vestidura y la raíz de los *Kelim* para las diez *Sfirot* de la Luz Superior, llamadas "diez *Sfirot* del *Rosh*" del "primer *Partzuf* de *AK*".

Por consiguiente, *Maljut*, con *Or Jozer*, se expandió desde sí misma a través de la fuerza de las diez *Sfirot* del *Rosh*, en las diez nuevas *Sfirot* de "Arriba hacia abajo", completando así los *Kelim* del *Guf*. Entonces, toda la medida del grado que emergió en las diez *Sfirot* del *Rosh*, se vistió también en las diez *Sfirot* del *Guf*; y así se completó el primer *Partzuf* de *AK*; *Rosh* y *Guf*.

28) Posteriormente, el mismo *Zivug* de *Akaá* se repitió en el *Masaj* del *Kli* de *Maljut*, que sólo tiene *Aviut* de *Bjiná Guimel*. Entonces, surgió en él sólo el nivel de *Jojmá*, en *Rosh* y en *Guf*, puesto que la ausencia del *Masaj* en *Aviut* de *Bjiná Dálet* le causó que sólo tuviera cuatro *Kelim KaJaB Tifféret*. Por lo tanto, *Or Jozer* tiene lugar para vestir sólo cuatro Luces, *NaRaNJ* (*Néfesh*, *Rúaj*, *Neshamá*, *Jayiá*), y le falta la Luz de *Yejidá*. Éste (nuevo nivel) se llama *AB* de *AK*.

Luego, el mismo *Zivug* de *Akaá* volvió a repetirse en el *Masaj* del *Kli* de *Maljut*, el cual contiene sólo *Aviut* de *Bjiná Bet*. Así, emergieron diez *Sfirot* del nivel de *Biná*, en *Rosh* y en *Guf*. Este (nuevo nivel) se llama *Partzuf SaG* de *AK*, careciendo de los dos *Kelim* de *ZA* y *Maljut*, y de las dos Luces "*Jayiá*" y "*Yejidá*".

Después de esto, sucede el *Zivug* de *Akaá* sobre un *Masaj* que sólo posee *Aviut* de *Bjiná Alef*. De este modo, emergieron en el nivel de *Tifféret* diez *Sfirot* en *Rosh* y en *Guf*, faltándoles los tres *Kelim* "*Biná*", "*ZA*" y "*Maljut*", y las tres Luces "*Neshamá*", "*Jayiá*" y "*Yejidá*". Sólo posee las Luces "*Rúaj*" y "*Néfesh*", vestidas en los *Kelim* "*Kéter*" y "*Jojmá*". Éste (nuevo nivel) se llama *Partzuf MA* y *BoN* de *AK*. Recuerda la relación inversa entre los *Kelim* y las Luces (como fue mencionado en el ítem 24).

29) De este modo hemos explicado el surgimiento de los cinco *Partzufim* de *AK*, llamados *Galgalta*, *AB*, *SaG*, *MA* y, *BoN*; uno debajo del otro. Cada *Partzuf* que se encuentra debajo de otro, carece de la *Bjiná* superior del de más Arriba. Así, vemos que al *Partzuf AB* le falta la Luz de *Yejidá*; al *Partzuf SaG* le falta también la Luz de *Jayiá*, la cual en cambio sí posee su *Partzuf* inmediatamente superior, que es *AB*; al *Partzuf MA* y *BoN* les falta la Luz de *Neshamá*, cuyo *Partzuf* superior, *SaG*, sí posee.

Esto se debe a que depende de la medida de *Aviut* que se encuentra en el *Masaj*, sobre el cual se lleva a cabo el *Zivug* de *Akaá* (ítem 18). Sin embargo, debemos entender quién y qué provocó que el *Masaj* redujera su *Aviut* gradualmente, *Bjiná* tras *Bjiná*, hasta dividirse en los cinco niveles que existen en esos cinco tipos de *Zivuguim* (pl. de *Zivug*).

La purificación del *Masaj* **hasta** *Atzilut* **del** *Partzuf*

30) Para entender lo relativo a la concatenación de los grados en cinco niveles, uno debajo del otro tal como hemos explicado anteriormente al hablar de los cinco *Partzufim* de *AK*, al igual que en todos los grados que aparecen en los cinco *Partzufim* de cada uno de los cuatro mundos de *ABYA*, hasta *Maljut* de *Asiyá*, debemos comprender debidamente el asunto del *Hizdakjut* (purificación) del *Masaj* del *Guf*, que fue implementado en cada uno de los *Partzufim* de *AK* y en el mundo de *Nekudim*, así como también en el mundo de la corrección.

31) El tema es que no existe *Partzuf* ni grado alguno que no contenga dos Luces llamadas *Or Makif* (Luz circundante) y *Or Pnimí* (Luz interior); y las explicaremos en lo referente a *AK*. *Or Makif* del primer *Partzuf* de *AK*, es la Luz de *Ein Sof*, que llena la realidad entera. Luego del *Tzimtzum Alef* y del *Masaj* que fue establecido en *Maljut*, ocurrió un *Zivug* de *Akaá* de la Luz de *Ein Sof* sobre ese *Masaj*. Y usando *Or Jozer* que el *Masaj* elevó, volvió a traer la Luz Superior al mundo restringido, bajo la forma de diez *Sfirot* de *Rosh* y diez *Sfirot* de *Guf* (ítem 25).

No obstante, esta Luz que se "jala" al *Partzuf* de *AK* desde *Ein Sof* no llena la realidad entera, tal como ocurría antes del *Tzimtzum*. Excepto que se le distinguen un *Rosh* y un *Sof*.

- De Arriba a abajo, su Luz se detiene en el punto de este mundo, el mismo que corresponde con la *Maljut* culminante; como en el verso: "Y Sus pies pisarán… sobre el Monte de Olivos".

- Estos son los aspectos que van desde adentro hacia afuera. Puesto que del mismo modo en que hay diez *Sfirot KaJaB TuM* de Arriba hacia abajo, y *Maljut* culmina el (mundo de) *AK* en su punto inferior, así también existen diez *Sfirot KaJaB TuM* de adentro hacia afuera, llamadas *Moja*, *Atzamot*, *Guidim*, *Basar* y, *Or*[30]. "*Or*" corresponde con *Maljut*, culminando y finalizando el *Partzuf* desde afuera. Con respecto a esto, el *Partzuf de AK* es considerado una mera línea en comparación con *Ein Sof* que llena la realidad entera. Esto se debe a que el *Partzuf de Or* le pone fin y lo limita, encontrándose alrededor de su parte exterior, y no puede expandirse y

---

30 (N. del E.): עור - "*Or*" significa "piel". A pesar que su pronunciación en hebreo es similar a la palabra אור - Or/Luz, no obstante se escriben en forma distinta.

llenar todo el espacio restringido. De esta forma, sólo una fina línea se encuentra ubicada en medio de ese espacio.

Y la medida de la Luz recibida en *AK*, la línea fina, se denomina *Or Pnimí* (Luz interior). La diferencia entre *Or Pnimí* de *AK* y la Luz de *Ein Sof* anterior al *Tzimtzum*, se denomina *Or Makif*, ya que permanece como Luz que rodea al *Partzuf* de *AK*, puesto que no ha podido vestirse en el *Partzuf*.

32) Esto aclara a fondo el significado de *Or Makif* de *AK*, cuya inmensidad es inmensurable. Sin embargo, esto no significa que *Ein Sof* que llena la realidad entera, sea considerado *Or Makif* de *AK*. Sin embargo esto quiere decir que se llevó a cabo un *Zivug* de *Akaá* en *Maljut* del *Rosh* de *AK*, sobre cuyo *Masaj* (de esta *Maljut*) chocó (la Luz de) *Ein Sof*. En otras palabras, ésta (la Luz de *Ein Sof*) deseaba vestirse en *Bjiná Dálet* como antes del *Tzimtzum*, pero el *Masaj* que se encuentra en *Maljut* del *Rosh* chocó con la misma. Esto quiere decir que le impidió expandirse dentro de *Bjiná Dálet*, y la repelió (ítem 14). Y esta *Or Jozer* que surgió a partir del rechazo de la Luz a su origen, se convirtió también en *Kelim* para vestir la Luz Superior.

Sin embargo, existe una gran diferencia entre la recepción en *Bjiná Dálet* anterior al *Tzimtzum*, y la recepción de *Or Jozer* después del *Tzimtzum*, pues ahora viste sólo una fina línea en *Rosh* y *Sof*. Esto es por efecto del *Masaj* y debido a su choque con la Luz Superior. Y la medida (de Luz) que fue rechazada de *AK* por medio del *Masaj*, la completa medida de la Luz Superior de *Ein Sof* que deseaba vestirse en *Bjiná Dálet*, se convirtió en la *Or Makif* rodeando *AK*. Esta Luz Superior de *Ein Sof* se hubiera vestido en *Bjiná Dálet*, de no ser por el *Masaj* que se lo impidió.

La razón es que no existe cambio ni ausencia en lo espiritual. Y no podría ser de otro modo, puesto que la Luz de *Ein Sof* es traída a *AK* para vestirse en *Bjiná Dálet*.

De este modo, a pesar de que el *Masaj* la ha detenido y repelido (a la Luz), esto no significa que deje de jalar (la Luz de) *Ein Sof*. Por el contrario, continúa haciéndolo, pero de un modo diferente: a través de la multiplicación de los *Zivuguim* en los cinco mundos de *AK* y *ABYA* hasta el final de la corrección, cuando *Bjiná Dálet* se encuentre completamente corregida a través de ellos. En ese momento *Ein Sof* se vestirá en ella (en *Bjiná Dálet*) al igual que en el principio.

En vista que no hubo cambio alguno ni ausencia de ningún tipo en la Luz Superior por efecto del choque del *Masaj*. A esto mismo se refiere la frase del *Zóhar*: "El *Zivug* de *Ein Sof* no desciende hasta que reciba su par". Mientras tanto, hasta que llega ese momento, se considera que esta Luz de *Ein Sof* se ha vuelto *Or Makif*; es decir, que en el futuro se vestirá ahí dentro (de *Bjiná Dálet*). Por ahora la rodea y brilla sobre ella desde afuera, con cierta "iluminación" (intensidad). Esta "iluminación" la adapta para expandirse, por medio de las leyes adecuadas que la llevarán a recibir *Or Makif* en la medida en que solía atraer, antes, a (la Luz de) *Ein Sof*.

33) Ahora debemos aclarar lo relativo al *Bitush* (golpeteo) de *Or Pnimí* y *Or Makif* entre sí, lo cual provoca la *Hizdakjut* del *Masaj* y la pérdida de la última *Bjiná* de *Aviut*. Como estas

dos Luces son opuestas entre sí, aunque están conectadas a través del *Masaj* que se encuentra en *Maljut* del *Rosh* de *AK*, chocan entre sí y se rechazan mutuamente.

Interpretación: Este mismo *Zivug de Akaá* que se lleva a cabo en el *Pe de Rosh de AK*, en el *Masaj* ubicado en *Maljut* de *Rosh*, llamado "*Pe*", que fue el motivo de la *vestidura* de *Or Pnimí* de *AK* por medio de *Or Jozer* que se elevó, también es la razón para la partida de *Or Makif* de *AK*. Debido a que detuvo la Luz de *Ein Sof* para impedir que se vistiera en *Bjiná Dálet*, la Luz partió (se retiró) bajo la forma de *Or Makif*. En otras palabras, esa misma parte de la Luz que *Or Jozer* no puede vestir a modo de *Bjiná Dálet*, partió y se convirtió en *Or Makif*. Por consiguiente, el *Masaj* que se encuentra en el *Pe* es la causa de que *Or Makif* se transforme en *Or Pnimí*.

34) Hemos aprendido que tanto *Or Pnimí* como *Or Makif* están conectadas al *Masaj*, pero a través de acciones opuestas. Y al igual que el *Masaj* absorbe parte de la Luz Superior hacia dentro del *Partzuf*, a través de *Or Jozer* que la viste, expulsa *Or Makif* lejos, impidiéndole vestirse dentro del *Masaj*.

Y puesto que la parte de la Luz que permanece fuera, como *Or Makif*, es muy grande, debido al *Masaj* que le impide vestirse en *AK*, se considera que ésta choca el *Masaj* que la rechaza, debido a que desea vestirse dentro del *Partzuf*. En contraste, se considera que la fuerza de *Aviut* y *Kashiut* del *Masaj*, choca al *Or Makif* que desea vestirse allí dentro, y la detiene al rechazar la Luz Superior durante el *Zivug*. Estos choques que ocurren entre *Or Makif* y el *Aviut* del *Masaj*, se denominan *Bitush* de *Or Makif* y de *Or Pnimí*.

Pero debemos tener en cuenta que este *Bitush* entre estos dos tipos de Luz ocurrió sólo en el *Guf* del *Partzuf*, pues allí es donde se manifiesta la acción por medio de la cual las Luces se visten en los *Kelim*, dejando a *Or Makif* afuera del *Kli*. Sin embargo, este *Bitush* no aplica a las diez *Sfirot* de *Rosh*, ya que allí *Or Jozer* no es considerada *Kelim* en modo alguno, sino apenas su raíz. Por tal motivo, la Luz que allí se encuentra (en las *Sfirot* de *Rosh*) no se considera *Or Pnimí* limitada, al punto de distinguir entre ella y la Luz que permanece afuera como *Or Makif*. Y puesto que esta distinción entre ellas no existe, tampoco existe choque entre *Or Pnimí* y *Or Makif* en las diez *Sfirot* de *Rosh*.

Sólo en cuanto las Luces descienden desde el *Pe* hasta las diez *Sfirot de Guf*, donde las Luces se visten en los *Kelim*, que a su vez están comprendidos por las diez *Sfirot* de *Or Jozer* desde *Pe* hacia abajo, existe un choque entre *Or Pnimí* que se encuentra dentro de los *Kelim* y *Or Makif* que había permanecido fuera.

35) Este *Bitush* continúa hasta que *Or Makif* purifica el *Masaj* de su *Aviut* elevándolo a su Raíz Superior en *Pe de Rosh*. Esto quiere decir que purifica todo el *Aviut* desde Arriba hacia abajo, llamado *Masaj* y *Aviut de Guf*, dejándolo sólo con el *Shóresh* del *Guf* que es el *Masaj* de *Maljut de Rosh*, llamado *Pe*. En otras palabras, lo purifica de todo su *Aviut* desde Arriba hacia abajo, siendo el divisor entre *Or Pnimí* y *Or Makif*, dejando solamente *Aviut* de abajo hacia Arriba, donde aún no se ha manifestado la distinción entre *Or Pnimí* y *Or Makif*.

Se sabe que la equivalencia de forma une las entidades espirituales. Por eso, en cuanto el *Masaj de Guf* se purifica de todo su *Aviut de Guf*, dejándole sólo *Aviut* equivalente al *Masaj* de *Pe de Rosh*, su forma se iguala con el *Masaj de Rosh*. De este modo, se integra con él y literalmente se vuelven uno, pues ya no existe nada que los mantenga divididos como dos entidades diferentes. Respecto de esto se dice que "el *Masaj de Guf* ascendió al *Pe de Rosh*".

Y puesto que el *Masaj de Guf* se integró con el *Masaj de Rosh*, vuelve a incluirse en el *Zivug de Akaá* del *Masaj de Pe de Rosh*. De este modo ocurre allí un nuevo *Zivug de Akaá*. Por consiguiente, surgen nuevas diez *Sfirot* de un nuevo nivel llamado *AB de AK*, o *Partzuf Jojmá de AK*. Este es considerado "hijo", "resultado" del primer *Partzuf* de *AK*.

36) Y luego de que el *Partzuf AB de AK* salió siendo completado de *Rosh* y *Guf*, volvió también a él el asunto del *Bitush de Or Makif* en *Or Pnimí*, como ya fue explicado más arriba al hablar del primer *Partzuf de AK*. Su *Masaj de Guf* también fue purificado de todo su *Aviut de Guf*, hasta igualarse en forma con su *Masaj de Rosh*. Entonces fue incluido en el *Zivug* del *Pe de Rosh*.

Posteriormente, se realizó allí un nuevo *Zivug de Akaá*, engendrando un nuevo nivel de diez *Sfirot*, esta vez del grado de *Biná*. Este nuevo nivel se llamó *SaG de AK*. Este es considerado "hijo" y "resultado" de *Partzuf AB de AK*, puesto que surgió a partir de su *Zivug* del *Pe de Rosh*. Y los *Partzufim* desde *SaG de AK* hacia abajo, aparecieron de manera similar.

37) Y es así que hemos explicado el surgimiento de los *Partzufim*, cada uno debajo del anterior, por medio de la fuerza del "*Bitush* de *Or Makif* y *Or Pnimí*" que purifica el *Masaj de Guf* hasta traerlo de regreso al estado de *Masaj de Pe de Rosh*. Resultando entonces que ha quedado incluido en un *Zivug de Akaá*, que se desenvuelve en el *Pe de Rosh*; y a través de este *Zivug*, genera un nuevo nivel de diez *Sfirot*. Este nuevo nivel es considerado el "hijo" del *Partzuf* anterior.

De este modo *AB* emergió del *Partzuf Kéter*; *SaG* del *Partzuf AB*; y *MA* del *Partzuf SaG*; y de la misma manera con el resto de los grados de *Nekudim* y de *ABYA*. Excepto que aún se debe entender, por qué las diez *Sfirot* de *AB* aparecieron sólo en *Bjiná Guimel* y no en *Bjiná Dálet*; y de la mismo forma *SaG* sólo [apareció] en *Bjiná Bet*, etc.; es decir, que cada uno es inferior en un grado a su superior inmediato. ¿Por qué, entonces, no emergieron todos en un mismo nivel?

38) Primero debemos entender por qué las diez *Sfirot* de *AB* son consideradas como un resultado del primer *Partzuf* de *AK*, puesto que emergieron del *Zivug* en *Pe de Rosh* del primer *Partzuf*, como las diez *Sfirot* del *Guf* del *Partzuf* mismo. Entonces, ¿de qué forma emergió del Primer *Partzuf*, como para ser considerado un segundo *Partzuf*, resultado del primero?

Aquí debemos comprender la gran diferencia que hay entre el *Masaj* de *Rosh* y el *Masaj* de *Guf*. Existen dos tipos de *Maljut* en el *Partzuf*:

1. *Maljut Mizdavéguet* (copulante) -La *Maljut* de *Zivug* o Apareamiento con la Luz Superior, a través de la fuerza del *Masaj* que fue establecido en ella; y,

2. *Maljut Mesayémet* (culminante) -La *Maljut* Final o Concluyente; la Luz Superior (vestida) en las diez *Sfirot* del *Guf* por medio de la fuerza del *Masaj* que fue establecido en ella.

La diferencia entre ambas es tan grande como la diferencia entre el Emanador y el emanado. *Maljut de Rosh* que se aparea con la Luz Superior en un *Zivug de Akaá*, es considerada "el Emanador del *Guf*", ya que el *Masaj* que fue establecido en ella no rechazó la Luz Superior a medida que ésta chocaba sobre el mismo. Por el contrario, a través de *Or Jozer* que se elevó, vistió y atrajo la Luz Superior bajo la forma de diez *Sfirot* de *Rosh*. Así es como se expandió desde Arriba hasta abajo, hasta que las diez *Sfirot* de la Luz Superior se vistieron en el *Kli* de *Or Jozer* llamado *Guf*.

Por esta razón el *Masaj* y la *Maljut* del *Rosh* son consideradas Emanador de las diez *Sfirot* del *Guf*, y no hay limitación ni rechazo aparente en ese *Masaj* ni en *Maljut*. Sin embargo, el *Masaj* y la *Maljut de Guf* después que las diez *Sfirot* se expandieron desde el *Pe de Rosh* de Arriba hacia abajo, se expandió sólo hasta la *Maljut* de esas diez *Sfirot*. Esto se debe a que la Luz Superior no puede extenderse hacia adentro del *Masaj de Guf*, debido al *Masaj* que está ubicado allí y que le impide seguir extendiéndose dentro de *Maljut*. Esta es la razón por la cual el *Partzuf* se detiene en ese punto, y allí se ubica el final y la conclusión del *Partzuf*.

De este modo, todo el poder y la limitación del *Tzimtzum* aparecen sólo en este *Masaj* de *Maljut* del *Guf*. Por esta razón todo el "*Bitush de Or Makif y Or Pnimí*" sólo ocurre en el *Masaj* del *Guf*, pues esto es lo que limita y empuja el *Or Makif* de regreso, impidiéndole brillar dentro del *Partzuf*. Esto no ocurre en el *Masaj de Rosh*, ya que el *Masaj de Rosh* sólo atrae y viste las Luces, mientras que el poder limitante aún se encuentra completamente oculto en él.

39) Vemos que por medio de la fuerza del "*Bitush de Or Makif y Or Pnimí*" el *Masaj* de la *Maljut* culminante se convirtió nuevamente en *Masaj* y *Maljut* de la *Maljut* de apareamiento (ítem 35). Esto se debe a que el *Bitush de Or Makif* purificó el *Masaj* final de todo su *Aviut de Guf*, dejándole sólo finos *Reshimot* (reminiscencias) de ese *Aviut*, iguales al *Aviut del Masaj de Rosh*.

También es sabido que la equivalencia de forma junta y une a las entidades espirituales entre sí. Por lo tanto, en cuanto el *Masaj de Guf* igualó su *Aviut* al *Masaj de Rosh*, quedó inmediatamente incluido en éste, y ambos se volvieron un mismo *Masaj*, o al menos en apariencia. En tal estado recibió la fuerza para el *Zivug de Akaá*, como el *Masaj* del *Rosh*; y ahí emergieron las diez nuevas *Sfirot* del nuevo nivel.

Sin embargo, conjuntamente con este *Zivug*, los *Reshimot* del *Aviut de Guf* que se encontraban allí desde el principio, fueron renovados en su *Masaj de Guf*. En ese estado volvió a quedar de manifiesto en cierto grado la disparidad de forma con respecto al *Masaj de Rosh* que allí estaba incluido. El reconocimiento de esta diferencia lo separa y lo extrae del *Pe de Rosh* del (nivel) del *Elión* (Superior) Arriba. Esto se debe a que en cuanto regresó del *Pe de Rosh* del *Elión* hasta abajo, luego de haber conocido su origen, no pudo continuar ubicado encima del *Pe* de "el de Más Arriba", ya que la disparidad de forma separa las entidades espirituales entre sí. Entonces podemos observar que fue forzado a descender de ese lugar, ubicado en el *Pe* del *Elión* hacia abajo.

Por consiguiente, esto es considerado necesariamente como una segunda entidad con respecto al *Elión* (de arriba con respecto a éste), pues aún el *Rosh* del nuevo nivel es considerado meramente el cuerpo del nuevo nivel, ya que se extiende de su *Masaj de Guf*. Entonces, a causa de esta disparidad de forma, se los distingue como dos entidades separadas. Y debido a que el nuevo nivel es enteramente el resultado del *Masaj de Guf* del *Partzuf* anterior, se considera su "resultado", tal como una rama que se extiende de su tronco.

40) Y existe otra diferencia entre el (grado) de abajo y el de arriba. Cada uno que se encuentra debajo, emerge con un nivel distinto que el de arriba, en relación a las cinco *Bjinot del Masaj*. Además, cada grado inferior carece de la *Bjiná* superior de las Luces del (nivel) de arriba, y de la *Bjiná* más baja de los *Kelim* de (el nivel) de arriba. La razón consiste en que es la naturaleza del *Bitush* de *Or Makif* que se lleva a cabo en el *Masaj* para excluir la última *Bjiná* de su *Aviut*.

Por ejemplo, en el *Partzuf de AK*, cuyo *Masaj* contiene todos los cinco niveles de *Aviut* hasta *Bjiná Dálet*, el *Bitush* de *Or Makif* en el *Masaj de Guf* purifica completamente el *Aviut* de *Bjiná Dálet*, sin dejar siquiera un *Reshimó* (sing. de *Reshimot*) de ese *Aviut*. Y sólo los *Reshimot* del *Aviut* de *Bjiná Guimel*, y superiores, permanecen en el *Masaj*.

Por lo tanto, cuando el *Masaj* está incluido en el *Rosh* y recibe un *Zivug de Akaá* sobre el *Aviut* que permaneció en sus *Reshimot* del *Guf*, el *Zivug* emerge sólo en *Bjiná Guimel de Aviut* del *Masaj*. Esto se debe a que el *Reshimó de Aviut* de *Bjiná Dálet* ya ha desaparecido de allí. Por lo tanto, el grado que emerge sobre ese *Masaj* se encuentra sólo en el nivel de *Jojmá*, llamado *HaVaYaH* de *AB* de *AK*, o *Partzuf AB* de *AK*.

Ya hemos aprendido en el ítem 22 que el nivel de *Jojmá*, el cual emerge sobre el *Masaj de Bjiná Guimel*, carece de *Maljut de Kelim* y del discernimiento de la Luz de *Yejidá*, que corresponde sólo a la Luz de *Kéter*. De este modo, el *Partzuf AB* carece de la última *Bjiná* (fase) de los *Kelim* del *Elión* (su nivel inmediatamente superior), y el discernimiento más alto de las Luces de su *Elión*. Y debido a esta gran disparidad de forma, el *Tajtón* (el grado inmediatamente inferior; es decir, éste) es considerado un *Partzuf* separado del *Elión*.

41) De modo similar, en cuanto el *Partzuf AB* se expandió en *Rosh* y *Guf*, y se produjo el *Bitush de Or Makif* sobre el *Masaj del Guf de AB*, que es el *Masaj de Bjiná Guimel*, este *Bitush* cancela y anula el *Reshimó* de *Aviut* de la última *Bjiná* del *Masaj*, que es *Bjiná Guimel*. De esto se desprende que durante el ascenso del *Masaj* al *Pe de Rosh* y su inclusión en el *Zivug* de *Akaá*, el choque ocurre sólo sobre el *Aviut de Bjiná Bet* que permaneció en ese *Masaj*, puesto que *Bjiná Guimel* desapareció de allí. De manera que da a luz sólo diez *Sfirot* del grado de *Biná*, llamadas *HaVaYaH* de *SaG* de *AK*, o *Partzuf SaG*, careciendo a la vez de los *Kelim de ZA* y *Maljut* y, de las Luces de *Jayiá* y *Yejidá*.

Igualmente, cuando este *Partzuf SaG* se expandió en *Rosh* y *Guf*, ocurrió el *Bitush de Or Makif* en su *Masaj de Guf*, que es el *Masaj de Bjiná Bet*. Este *Bitush* cancela y anula la última *Bjiná de Aviut* en el *Masaj*, que es la *Bjiná Bet*, dejando en el *Masaj* sólo los *Reshimot* de *Aviut* desde *Bjiná Alef* hasta Arriba.

De esta forma, durante el ascenso del *Masaj* al *Pe de Rosh* y la inclusión de éste en el *Zivug de Akaá* que allí se realiza, el choque ocurre sólo en el *Masaj de Bjiná Alef* que permaneció en el *Masaj*, puesto que *Bjiná Bet* ya ha desaparecido de ahí. Por tal razón, da a luz sólo diez *Sfirot* del grado de *Tifféret*, llamadas "el nivel de *ZA*", careciendo de los *Kelim de Biná*, *ZA* y *Maljut*, y de las Luces de *Neshamá*, *Jayiá* y *Yejidá*; y así sucesivamente.

42) Esto aclara a fondo el motivo del descenso de los niveles, uno por uno, durante la concatenación descendente de los *Partzufim*. Esto se debe a que el *"Bitush de Or Makif y Or Pnimí"*, que se repite en cada *Partzuf*, siempre cancela la última *Bjiná* del *Reshimó* de *Aviut* que allí se encuentra. Sin embargo, debemos saber que existen dos distinciones en los *Reshimot* que permanecen en el *Masaj* luego de su *Hizdakjut* (purificación):

1. *Reshimó de Aviut*

2. *Reshimó de Hitlabshut* (vestidura)

Por ejemplo, hemos dicho que luego de que el *Masaj de Guf* del primer *Partzuf* de *AK* se purificó, se perdió la última *Bjiná* de los *Reshimot de Aviut*, que es el *Reshimó de Bjiná Dálet*; (dijimos también), que todo lo que quedó en el *Masaj* fue el *Reshimó de Aviut* de *Bjiná Guimel*. Pero aún así, a pesar de que el *Reshimó de Bjiná Dálet* contiene dos distinciones; es decir, *Hitlabshut* y *Aviut*, como ya hemos dicho, sólo el *Reshimó de Aviut* de *Bjiná Dálet* ha desaparecido del *Masaj* a través de esa *Hizdakjut*. Sin embargo el *Reshimó de Hitlabshut* de *Bjiná Dálet* permaneció en ese *Masaj* y no desapareció.

El *"Reshimó de Hitlabshut"* se refiere a una *Bjiná* muy sutil del *Reshimó de Bjiná Dálet*, que no contiene suficiente *Aviut* para el *Zivug de Akaá* con la Luz Superior. Este *Reshimó* permanece (tras la partida) de la última *Bjiná* en cada *Partzuf* durante su *Hizdakjut*. Y en cuanto a lo que dijimos, que la última *Bjiná* desaparece de cada *Partzuf* durante su *Hizdakjut*, se refiere sólo al *Reshimó de Aviut* que allí se encuentra.

43) Lo que quedó de los *Reshimot* de *Hitlabshut* de la última *Bjiná* que permaneció en cada *Masaj*, instó a la aparición de dos niveles, masculino y femenino, en las cabezas (*Roshim*) de todos los *Partzufim*: comenzando en *AB de AK*, *SaG de AK*, *MA* y, *BoN de AK*, y en todos los *Partzufim* de *Atzilut*. Esto se debe a que en el *Partzuf AB de AK*, donde sólo hay *Reshimó de Aviut de Bjiná Guimel* en el *Masaj*, a través del cual se obtienen diez *Sfirot* del grado de *Jojmá*, el *Reshimó de Hitlabshut de Bjiná Dálet* que permaneció allí en el *Masaj*, no está apto para un *Zivug* con la Luz Superior, debido a su estado de pureza. Sin embargo, incluye *Aviut de Bjiná Guimel*, volviéndose con este, un solo *Reshimó*. A su vez, el *Reshimó de Hitlabshut* adquiere la fuerza de emparejarse con la Luz Superior. Por esta razón surgió encima de ella, el *Zivug de Akaá* con la Luz Superior, a través de lo cual se obtienen diez *Sfirot* semejantes al nivel de *Kéter*.

Esto se debe a que tenía *Hitlabshut de Bjiná Dálet*. Esta *Hitkalelut* (inclusión) se denomina *"Hitkalelut* del femenino en el masculino", ya que el *Reshimó de Aviut* de *Bjiná Guimel* se llama "femenino", puesto que contiene el *Aviut*; en tanto que el *Reshimó de Hitlabshut* de *Bjiná Dálet* se llama "masculino", puesto que viene de un lugar más Alto debido a que está desprovisto de *Aviut*. De este modo, a pesar de que el *Reshimó* "del masculino" es insuficiente para (realizar) un *Zivug de Akaá*, se vuelve apto para un *Zivug de Akaá* a través de la *Hitkalelut* "del femenino" en él.

44) Luego de esto, también hay una *Hitkalelut* "del masculino en el femenino". Esto significa que el *Reshimó de Hitlabshut* está incluido en el *Reshimó de Aviut*. Entonces da como resultado un *Zivug de Akaá* sólo del nivel femenino, que es el nivel de *Bjiná Guimel*, que corresponde al nivel de *Jojmá*, llamado *HaVaYaH de AB*. Aquí el *Zivug Elión*, el cual es lo femenino que ha sido incluido en lo masculino, ha sido determinado como el nivel "masculino", el cual es el nivel de *Kéter* en aproximación. En tanto que el *Zivug* del *Tajtón* (inferior), el cual es lo "masculino" incluido en lo "femenino", es considerado el nivel femenino que corresponde con el nivel de *Jojmá* solamente.

Sin embargo, el *Aviut* del nivel masculino no aparece por sí solo, sino por medio de la *Hitkalelut* con el (nivel) femenino. Y a pesar de ser suficiente para obtener a partir de ello el nivel de diez *Sfirot* de abajo hacia Arriba, llamado *Rosh*, este nivel aún no puede extenderse de Arriba hacia abajo en la forma de un *Guf*, lo cual implicaría que las Luces se vistieran en los *Kelim*. Esto se debe a que un *Zivug de Akaá* sobre el *Aviut* que viene de la *Hitkalelut*, es insuficiente para la expansión de los *Kelim*.

Por eso, este nivel masculino contiene solamente el discernimiento de *Rosh* sin un *Guf*. El *Guf* del *Partzuf* surge sólo a partir del nivel femenino que posee *Aviut* propio. Por esta razón denominamos al *Partzuf* sólo de acuerdo con el nivel femenino; es decir con el nombre de *Partzuf AB*. Esto se debe a que lo esencial del aspecto del *Partzuf* es su *Guf*, lo cual es la vestidura de las Luces en los *Kelim*. Y esto sale sólo del nivel femenino como ya hemos explicado. Esta es la razón por la cual el *Partzuf* lleva el nombre correspondiente al nivel de aquél (del nivel femenino del *Reshimó*).

45) Y como hemos explicado en lo referente a los dos niveles, masculino y femenino (o macho y hembra), en el *Rosh* de *Partzuf AB*, estos dos se manifiestan precisamente de la misma manera en el *Rosh* de *SaG*. Solamente que allí el nivel "del masculino" es semejante a la *Bjiná* de *Jojmá*, pues viene del *Reshimó de Hitlabshut* de *Bjiná Guimel* en la *Hitkalelut* del *Aviut* de *Bjiná Bet*. Y el nivel femenino se encuentra en el nivel de *Biná*; es decir, en el nivel de *Aviut* de *Bjiná Bet*. Y allí también, el *Partzuf* lleva su nombre sólo según el nivel femenino, puesto que el (nivel) masculino representa un *Rosh* sin un *Guf*.

De forma similar, en el *Partzuf MA de AK* el nivel masculino es semejante al nivel de *Biná*, llamado "el nivel de *YeShSUT*", puesto que corresponde al *Reshimó* de *Bjiná Bet de Hitlabshut* con *Hitkalelut* de *Aviut* de *Bjiná Alef*; mientras que el nivel femenino se encuentra sólo en el nivel de *ZA*, ya que es sólo *Bjiná Alef de Aviut*. Y también aquí, el *Partzuf* lleva solamente el nombre que corresponde con el (nivel) femenino; es decir, *Partzuf MA* o *Partzuf de VaK*, ya que el (nivel) masculino representa un *Rosh* sin un *Guf*. Acerca de esto podrás observar en todos los *Partzufim*.

TaNTA

(*Teamim, Nekudot, Taguín, Otiot*)

46) Ahora hemos aclarado (el tema respecto de) el "*Bitush de Or Makif y Or Pnimí*", que se lleva a cabo luego de la expansión del *Partzuf* dentro de un *Guf*. Esto lleva a que el *Masaj* *de Guf* se purifique, a que se retiren todas las Luces del *Guf*, y que el *Masaj*, junto con los *Reshimot* que en él permanecen, se eleve hasta el *Pe de Rosh*. Allí vuelven a restablecerse en un nuevo *Zivug de Akaá* produciéndose [entonces] un nuevo nivel en el grado del *Aviut* que se encuentra en los *Reshimot*. Ahora explicaremos los cuatro tipos de Luz, *TaNTA* (*Teamim, Nekudot, Taguín, Otiot*), que se forman con el *Bitush* de *Or Makif* y del ascenso del *Masaj* al *Pe de Rosh*.

47) Ya se ha explicado que por medio del *Bitush* de *Or Makif* en el *Masaj de Guf* se purificó el *Masaj* de todo el *Aviut de Guf*, hasta quedar purificado e igualado con el *Masaj de Pe de Rosh*. La equivalencia de forma con el *Pe de Rosh* los une, formando una unidad. De este modo (el *Masaj de Guf*) queda incluido en el *Zivug de Akaá* que se encuentra en él.

Sin embargo, el *Masaj* no se purifica de una sola vez sino gradualmente. Primero (pasa) de *Bjiná Dálet* a *Bjiná Guimel*; luego de *Bjiná Guimel* a *Bjiná Bet*; luego de *Bjiná Bet* a *Bjiná Alef*; y por último de *Bjiná Alef* a *Bjinat Shóresh*, hasta que finalmente queda purificado de todo su *Aviut*, y queda tan puro como el *Masaj de Pe de Rosh*.

En este momento, la Luz Superior no deja de brillar siquiera por un instante, y se acopla con el *Masaj* en cada etapa de la *Hizdakjut*. Esto se debe a que una vez que se ha purificado de *Bjiná Dálet*, y el nivel de *Kéter* ha sido completamente removido, y el *Masaj* ha llegado a *Aviut* de *Bjiná Guimel*, la Luz Superior se acopla con el *Masaj* en el *Aviut* de *Bjiná Guimel* restante, produciendo diez *Sfirot* del nivel de *Jojmá*.

Luego, cuando el *Masaj* se retira también de *Bjiná Guimel* y se retira así el nivel de *Jojmá*, dejando sólo un *Masaj* de *Bjiná Bet*, la Luz Superior se acopla con éste en *Bjiná Bet* y produce diez *Sfirot* del nivel de *Biná*. Después, cuando se purifica de *Bjiná Bet* y se retira este nivel dejando sólo *Aviut* de *Bjiná Alef*, la Luz Superior se acopla con el *Masaj* en el *Aviut* restante de *Bjiná Alef*, produciendo diez *Sfirot* del nivel de *ZA*. Y cuando se purifica también del *Aviut de Bjiná Alef* y el nivel de *ZA* se retira, permanece sólo con el *Shóresh* del *Aviut*.

En ese estado, la Luz Superior realiza un *Zivug* en el *Aviut Shóresh* restante, y genera diez *Sfirot* del nivel de *Maljut*. Y cuando el *Masaj* queda también purificado del *Aviut Shóresh*, el nivel de *Maljut* se retira también de allí, puesto que no queda más *Aviut de Guf*. En tal estado se considera que el *Masaj* y sus *Reshimot* se elevan y se unen con el *Masaj de Rosh*, y se incluyen ahí en el *Zivug de Akaá*, generando encima diez nuevas *Sfirot* llamadas "hijo" y un "resultado" del Primer *Partzuf*.

De este modo hemos explicado que el "*Bitush* de *Or Makif* y *Or Pnimí*" que purifica el *Masaj de Guf* del primer *Partzuf* de *AK*, y que lo eleva a su *Pe de Rosh*, por lo cual emerge el segundo *Partzuf*, *AB de AK*, no se lleva a cabo de una sola vez. En cambio, sucede gradualmente a medida que la Luz Superior se acopla con él en cada uno de los cuatro grados que atraviesa durante su *Hizdakjut*, hasta igualarse con el *Pe de Rosh*.

Y tal como ya fue aclarado en lo referente al surgimiento de los cuatro niveles durante la *Hizdakjut* del *Guf* del primer *Partzuf* con propósito de (el surgimiento de) *AB*, los tres niveles emergieron durante el período de la *Hizdakjut* del *Masaj de Guf* del *Partzuf AB*, para generar el *Partzuf SaG*; y ocurre de forma similar con todos los demás grados. La regla afirma que un *Masaj* no se purifica de una sola vez sino gradualmente; y la Luz Superior, la cual no deja de expandirse hacia el *Tajtón*, se acopla con él (en el *Masaj*) en todos y cada uno de los grados a lo largo de su *Hizdakjut*.

48) Sin embargo, estos niveles que emergen sobre el *Masaj* durante su gradual *Hizdakjut*, no son considerados *Hitpashtut* (extensión) de grados reales, como el primer nivel que se generó antes del comienzo de la *Hizdakjut*. En cambio, son considerados *Nekudot* (puntos) y se denominan *Or Jozer* y *Din* (juicio), ya que la fuerza de *Din* de la partida de las Luces ya se encuentra mezclada con ellos. Esto se debe a que en el primer *Partzuf*, en cuanto el *Bitush* comenzó a aparecer y purificó el *Masaj de Guf* de *Bjiná Dálet*, se considera que se ha purificado completamente, puesto que nada ocurre a medias en la espiritualidad.

Y en vista que comenzó a purificarse, tuvo que purificarse completamente. Aun así, debido a que el *Masaj* se purifica gradualmente, hay tiempo para que la Luz Superior se acople con él en cada uno de los grados de *Aviut* que asume el *Masaj* durante su *Hizdakjut*, hasta quedar completamente purificado. Entonces, la fuerza de retiro se mezcla con los niveles que emergen durante su partida, y son considerados sólo "*Nekudot, Or Jozer* y, *Din*".

Esta es la razón por la cual distinguimos dos tipos de niveles en cada *Partzuf*: *Teamim* y *Nekudot*. Esto se debe a que las primeras diez *Sfirot de Guf* que emergen en cada *Partzuf* se llaman *Teamim*; en tanto que los niveles que emergen en el *Partzuf* a medida que éste se purifica, luego de que el *Masaj* ha comenzado a purificarse, y hasta que alcanza el *Pe de Rosh*, se denominan *Nekudot*.

49) Los *Reshimot* que quedan abajo, en el *Guf*, luego de la partida de las Luces de *Teamim*, se llaman *Taguín*; y las *Reshimot* que quedan de los niveles de *Nekudot* se llaman *Otiot*, las cuales son *Kelim*. Además, los *Taguín* que son los *Reshimot* de las Luces de *Teamim*, se amurallan encima de las *Otiot* y de los *Kelim*, y los sustentan.

De este modo hemos aprendido los cuatro tipos de Luz que llamamos *Teamim, Nekudot, Taguín* y, *Otiot*. El primer nivel en emerger en cada uno de los cinco *Partzufim* llamados *Galgalta, AB, SaG, MA* y, *BoN*, se denomina *Teamim*. Los niveles que emergen en cada *Partzuf* una vez que éste ha comenzado a purificarse, y hasta que queda completamente purificado, se denominan *Nekudim*. Los *Reshimot* que quedan de las Luces de *Teamim* en cada nivel, luego de retirarse, se denominan *Taguín*. Y los *Reshimot* que quedan de las Luces de los niveles de *Nekudot*, luego de retirarse, se denominan *Otiot* o *Kelim*. Recuerda esto para todos los cinco *Partzufim*, llamados *Galgalta, AB, SaG, MA* y, *BoN*, pues en todos ellos encontramos *Hizdakjut* así como aquellos cuatro tipos de Luces.

El asunto de *Rosh*, *Toj* y *Sof* de cada *Partzuf*, y el orden de *Hitlabshut* de los *Partzufim* en cada uno de ellos

50) Ya conociste la diferencia entre las dos *Maljuyot* (pl. de *Maljut*) que hay en cada *Partzuf*: *Maljut Mizdavéguet* (copulante) y *Maljut Mesayémet* (culminante). Diez *Sfirot de Or Jozer* se originan del *Masaj* situado en *Maljut Mizdavéguet*, vistiendo las diez *Sfirot* de *Or Elión* (Luz Superior), y se llaman "diez *Sfirot* de *Rosh*"; o sea que son sólo raíces. De allí hacia abajo, las diez *Sfirot* de *Guf* del *Partzuf* se expanden bajo la forma de *Hitlabshut* de *Orot* (pl. de *Or*), formando *Kelim* completos.

Estas diez *Sfirot* de *Guf* se dividen en dos *Bjinot* de diez *Sfirot*: diez *Sfirot* de *Toj* (interior) y diez *Sfirot* de *Sof* (final). La posición de las diez *Sfirot* de *Toj* es entre el *Pe* y el *Tabur* (ombligo); o sea, el lugar de *Hitlabshut* de las *Orot* dentro de los *Kelim*. Las diez *Sfirot* de *Sof*; es decir, del final del *Partzuf*, están posicionadas desde el *Tabur* hasta el *Sium Raglin* (extremo de las piernas/pies), que se encuentra más abajo.

Esto significa que *Maljut* culmina todas y cada una de las *Sfirot* hasta que llega a su propia posición, ya que no está apta para recibir nada de Luz. Por eso, éste es el final del *Partzuf*. Este cese se denomina "el final de *Etzbaot Raglin* (los dedos de los pies) del *Partzuf*", y de allí para abajo queda un espacio vacío y carente de Luz.

Y sabe, que estos dos tipos de "diez *Sfirot*" se extienden desde las "diez *Sfirot*" raíz llamadas "*Rosh*", puesto que ambos (tipos) están incluidos en *Maljut Mizdavéguet*. Esto se debe a que allí existe el poder de *Hitlabshut*, el *Or Jozer* que se eleva y viste la Luz Superior. También está el poder de detenimiento del *Masaj* sobre *Maljut*, el cual le impide recibir la Luz, y a causa de lo cual se llevó a cabo el *Zivug* de *Akaá* que eleva *Or Jozer*. En el *Rosh* estas dos fuerzas son sólo raíces.

Sin embargo, cuando se expandieron desde Arriba hasta abajo, la primera fuerza que es una fuerza de *Hitlabshut*, se ejecuta en las diez *Sfirot* de *Toj*, desde *Pe* hasta el *Tabur*. Y la segunda fuerza, la cual detiene a *Maljut* de recibir la Luz, se ejecuta en las diez *Sfirot* de *Sof* y *Sium* desde *Tabur* hasta abajo, al final de *Etzbaot Raglin*.

Estos dos tipos de "diez *Sfirot*" son llamados siempre *JaGaT NeHYM* (*Jésed-Gvurá-Tifféret Nétzaj-Hod-Yesod-Maljut*). Las diez *Sfirot* desde *Pe* hasta *Tabur* se denominan *JaGaT*, y las "diez *Sfirot* de *Sof*" desde *Tabur* hasta abajo, se denominan *NeHYM*.

51) También deberíamos saber que (el bloqueo de) el *Tzimtzum* ocurrió sólo con respecto a *Or Jojmá*, cuyo *Kli* es el deseo de recibir que termina en *Bjiná Dálet*, donde se "formaron" el *Tzimtzum* y el *Masaj*. Sin embargo, no había allí ningún *Tzimtzum* con respecto a *Or Jasadim*, ya que su *Kli* es el deseo de otorgar, dentro del cual no hay *Aviut* ni disparidad de forma respecto del Emanador, y no necesita de ninguna corrección.

Por eso, en las diez *Sfirot* de la Luz Superior, estas dos Luces, *Jojmá* y *Jasadim*, están unidas entre sí sin ninguna diferencia entre ellas, puesto que son una sola Luz que se expande acorde con su cualidad. Por esta razón, cuando llegan a vestirse en los *Kelim*, luego del *Tzimtzum*, *Or Jasadim* también se detiene en *Maljut* a pesar de que no estaba restringida. Esto se debe a que si *Or Jasadim* se hubiera expandido dentro de un lugar donde *Or Jojmá* no se puede expandir ni un poco; es decir, *Maljut Mesayémet*, ocurriría un "rompimiento" en la Luz Superior, debido a que *Or Jasadim* estaría completamente separada de *Or Jojmá*. Por lo tanto, la *Maljut Mesayémet* se volvió un espacio vacío carente incluso de *Or Jasadim*.

52) Ahora podemos entender el contenido de las diez *Sfirot de Sof* del *Partzuf* desde *Tabur* hasta abajo. No puede decirse que sean consideradas sólo *Or Jasadim* sin nada de *Jojmá*, por el hecho de que *Or Jasadim* haya sido separada por completo de *Or Jojmá*. En cambio, necesariamente también existe en ellas sólo una pequeña iluminación de *Or Jojmá*. Debes saber que siempre denominamos esta pequeña iluminación como "*VaK* sin un *Rosh*". De esta manera, quedan explicados los tres tipos distintos de "diez *Sfirot*" que se encuentran en el *Partzuf*, llamados *Rosh*, *Toj* y, *Sof*.

53) Y ahora explicaremos el orden de *Hitlabshut* de los *Partzufim* de *Galgalta*, *AB* y, *SaG* de *AK*, uno dentro de otro. Sabe, que siempre el más bajo se origina del *Masaj* del *Guf* del (nivel) superior al suyo, una vez que éste se ha purificado y se ha igualado en forma con *Maljut* y el *Masaj de Rosh*. Esto se debe a que entonces queda incluido en el *Zivug de Akaá* que se lleva a cabo en el *Masaj de Rosh*.

Y en cuanto se somete al *Zivug de Akaá* en los dos *Reshimot* que quedan en el *Masaj de Guf*; o sea, de *Aviut* y de *Hitlabshut*, su *Aviut* es reconocido como *Aviut de Guf*. A través de este reconocimiento, se discierne que el nivel emerge del *Rosh* del primer *Partzuf de AK*, el cual desciende y se viste en su *Guf*; es decir, en su raíz, puesto que ella viene del *Masaj de Guf*.

Realmente el *Masaj* que se encontraba con la *Maljut Mizdavéguet* del nuevo *Partzuf*, debía descender al lugar del *Tabur* del primer *Partzuf*, ya que allí es donde comienza el *Masaj de Guf* (que está unido) con *Maljut Mesayémet* del primer *Partzuf*. Además, ahí se encuentra la raíz del nuevo *Partzuf*. Sin embargo, la última *Bjiná de Aviut* ha desaparecido del *Masaj* a causa del "*Bitush de Or Pnimí y Or Makif*" (ítem 40), quedando en el *Masaj* sólo *Aviut* de *Bjiná Guimel*. Esta *Bjiná Guimel* de *Aviut* se denomina *Jazé* (pecho). Por esta razón, el *Masaj* y la *Maljut Mizdavéguet* del nuevo *Partzuf* no se originan en el *Tabur* del (nivel) superior al suyo, sino sólo en su *Jazé*, donde están sujetos como una rama a su raíz.

54) Por lo tanto, el *Masaj* del nuevo *Partzuf* desciende al sitio del *Jazé* del primer *Partzuf*, de donde se obtienen diez *Sfirot de Rosh*, arriba de él, por medio de un *Zivug de Akaá* con la Luz Superior, hasta el *Pe* del (*Partzuf*) superior; es decir, de *Maljut de Rosh* del primer *Partzuf*. Sin embargo el (*Partzuf*) inferior no puede vestir las diez *Sfirot de Rosh* del *Partzuf* superior en lo más mínimo, pues se lo considera meramente el *Masaj de Guf* del "Superior". Por consiguiente, produce diez *Sfirot* desde arriba hacia abajo, llamadas "diez *Sfirot de Guf*" en el *Toj* y el *Sof* del (*Partzuf*) inferior.

Su lugar comprende sólo desde el *Jazé* del *Partzuf* superior hasta el *Tabur* que se encuentra más abajo, pues desde el *Tabur* hacia abajo está el sitio de las diez *Sfirot* del *Sium* del (*Partzuf*) superior, que es *Bjiná Dálet*. El (*Partzuf*) inferior no tiene contacto con la última *Bjiná* del (*Partzuf*) superior, ya que la pierde durante su *Hizdakjut* (ítem 40). Por esta razón, ese *Partzuf* inferior llamado *Partzuf de Jojmá de AK*, o *Partzuf AB de AK*, debe terminar encima del *Tabur* del primer *Partzuf de AK*.

De este modo, hemos aclarado debidamente que cualquier *Rosh*, *Toj*, *Sof* del *Partzuf AB* de *AK*, que es el que se encuentra inmediatamente debajo del primer *Partzuf de AK*, se ubica desde el lugar debajo del *Pe* del primer *Partzuf* hasta el *Tabur*, que está más abajo. Así, el *Jazé* del primer *Partzuf* representa el lugar del *Pe de Rosh* de *Partzuf AB*; o sea, *Maljut Mizdavéguet*; y el *Tabur* del primer *Partzuf* es el sitio del *Sium Raglin* del *Partzuf AB*, que es *Maljut Mesayémet*.

55) Como ya ha sido explicado en lo referente al orden del surgimiento de *Partzuf AB* a partir del primer *Partzuf de AK*, sucede lo mismo en todos los demás *Partzufim*, hasta el *Olam Asiyá* (mundo de *Asiyá*). De este modo, cada *Partzuf* inferior emerge del *Masaj de Guf* de su (*Partzuf*) superior, luego de haberse purificado y haber quedado incluido en el *Zivug de Akaá* que se lleva a cabo en el *Masaj de Maljut* de *Rosh* del (*Partzuf*) superior.

Luego desciende desde allí hasta su punto de atracción en el *Guf* del (*Partzuf*) superior, a partir de lo cual surgen diez *Sfirot* de *Rosh* "desde abajo hacia arriba", a través de un *Zivug* de *Akaá* con la Luz Superior. Además se expande "desde arriba hacia abajo" formando diez nuevas *Sfirot* de *Guf* en *Toj* y *Sof*, como ha sido explicado para el *Partzuf AB* de *AK*. Sin embargo, existen diferencias en lo concerniente al final del *Partzuf*, como ha sido escrito en otra parte.

Tzimtzum Bet, llamado *Tzimtzum NeHY de AK*

56) Así hemos explicado en su justa medida lo relativo al *Tzimtzum Alef*, que se llevó a cabo en el *Kli de Maljut*, en *Bjiná Dálet*, con el fin de no recibir la Luz Superior dentro de sí. También hemos explicado el tema referente al *Masaj* y su *Zivug de Akaá* con la Luz Superior, que eleva *Or Jozer*. Esta *Or Jozer* se convirtió en nuevos *Kelim* de recepción, en lugar de *Bjiná Dálet*.

También fue explicada la *Hizdakjut* del *Masaj de Guf* que se llevó a cabo en los cuerpos de cada *Partzuf* a través del *Bitush* de *Or Makif* y *Or Pnimí*, que genera los cuatro discernimientos *TaNTA* del *Guf* de cada *Partzuf*, y eleva el *Masaj de Guf* hasta que éste se iguala con *Masaj de Rosh*. De este modo lo vuelve apto para el *Zivug de Akaá* con la Luz Superior, del cual nace otro *Partzuf* de un grado menos que el *Partzuf* anterior. Finalmente, hemos explicado el surgimiento de los tres primeros *Partzufim* de *AK*, llamados *Galgalta*, *AB*, *SaG*, y cómo se visten uno dentro del otro.

57) Y sabe, que en estos tres *Partzufim*, *Galgalta*, *AB* y, *SaG*, no existe siquiera una raíz para (el surgimiento de) los cuatro mundos de *ABYA*, ya que allí no hay espacio siquiera para los tres mundos de *BYA*. Esto se debe a que el *Partzuf* interno de *AK* se extendió hacia abajo hasta el punto de este mundo; y la raíz de la corrección deseada, que fue la causa del *Tzimtzum*, no ha sido revelada aún. Esto se debe a que el propósito del *Tzimtzum* que se desplegó en *Bjiná Dálet* consistía en corregirla, para que no hubiera disparidad de forma en ella con la recepción de la Luz Superior (ítem 10).

Es decir, para crear el cuerpo del *Adam*[31] con esa *Bjiná Dálet*; y a través de su compromiso en *Torá* y *Mitzvot* con el propósito de deleitar a su Creador, invertir la fuerza de recepción que

---

[31] (N. del E.): La palabra hebrea *Adam* la cual comúnmente se la conoce como Adán, proviene de la palabra *Domé* que significa "semejante". Por lo tanto en relación al Creador, este nombre, nivel o estado, lo adquiere quien se ha asemejado al Creador en Sus cualidades.

se encuentra en *Bjiná Dálet*, a fin de que sea con el propósito de otorgar. Con esto igualaría la forma de recepción con el completo otorgamiento; y así se llegaría al final de la corrección ya que esto devolvería a *Bjiná Dálet* nuevamente a ser un *Kli* de recepción para la Luz Superior, a la vez que estaría en completo *Dvekut* con la Luz sin la más mínima disparidad de forma.

Sin embargo, hasta ahora la raíz de esta corrección no ha sido revelada, pues esto requiere que el *Adam* incluya las *Bjinot* más altas, por encima de *Bjiná Dálet*, para poder llevar a cabo actos de otorgamiento. Y si *Adam* hubiese abandonado el estado de los *Partzufim de AK*, se habría encontrado completamente en el estado de vacío total. La razón para esto es que ahí, toda *Bjiná Dálet* que debería ser la raíz del cuerpo de *Adam*, hubiera estado debajo de los *Raglaim de AK* bajo la forma de un espacio vacío y oscuro, pues sería opuesta a la forma de la Luz Superior. Por lo tanto, se la consideraría separada y muerta.

Y si *Adam* hubiese sido creado a partir de eso no habría podido corregir sus acciones en absoluto, ya que no habría ni la más mínima chispa de otorgamientos dentro de él. Sería considerado una bestia que no poseería absolutamente nada en común con la forma de otorgamiento, y cuya vida estaría dirigida exclusivamente hacia sí mismo. Sería como los malvados que están inmersos en la lujuria y la codicia de la recepción para sí mismos. De éstos se dice que "aún cuando (ellos) son corteses, lo hacen para sí mismos", y que "a los malvados en sus vidas son llamados muertos", pues se encuentran en oposición de forma respecto de la "Vida de Vidas".

58) Esto es lo que nuestros sabios quieren decir con las siguientes palabras: "Al principio Él contempló la creación del mundo con la cualidad de *Din*. Él vio que el mundo no existe, y precedió la cualidad de *Rajamim* (Misericordia) y la asoció con la cualidad de *Din*" (*Bereshit Rabá* 12). Esto significa que en la espiritualidad todo "principio" y "después" se refieren a causa y efecto.

Por tal motivo está escrito que la primera razón de los mundos; es decir, de los *Partzufim de AK* que engendraron antes que todos los *Olamot* (mundos), surgieron en la cualidad de *Din*; es decir, en *Maljut* sola, llamada *Midat HaDin*. Esto se refiere a *Bjiná Dálet* que ha sido restringida y que se ha retirado, (quedando) como un espacio vacío y como la conclusión de los *Raglaim de AK*, que representan el punto de este mundo, debajo del *Sium* de los *Raglaim de AK*, bajo la forma de un espacio vacío y carente de cualquier (tipo de) Luz.

"Él vio que el mundo no existe". Es decir como se dijo antes, que de este modo era imposible para *Adam*, quien debía ser creado a partir de esta *Bjiná Dálet*, adquirir actos de *Hashpaá* (otorgamiento) para que el mundo fuera corregido suficientemente a través de él. Por eso "precedió la cualidad de *Rajamim* y la asoció con la cualidad de *Din*".

Explicación: La *Sfirá* (sing. de *Sfirot*) de *Biná* se llama *Midat HaRajamim* (Cualidad de Misericordia); y la *Sfirá Maljut* se llama *Midat HaDin*, puesto que el *Tzimtzum* se llevó a cabo sobre ella. El Emanador elevó *Midat HaDin*, que es la fuerza concluyente que se efectuó en la *Sfirá de Maljut*, y la elevó a *Biná* que es *Midat HaRajamim*. El las asoció entre sí, y a través de esta asociación, *Bjiná Dálet*, que es *Midat HaDin*, se incorporó con las chispas de otorgamiento en el *Kli* de *Biná*.

Esto le permitió al cuerpo de *Adam* que surgió de *Bjiná Dálet*, integrarse también con la cualidad de otorgamiento. De este modo podrá llevar a cabo buenos actos con el fin de deleitar y contentar a su Creador, hasta convertir toda la cualidad de recepción que se encuentra dentro de él en completa cualidad de otorgamiento, ya que por medio de esto el mundo existirá hasta la corrección que fue deseada desde la creación del mismo.

59) Esta asociación de *Maljut* con *Biná* ocurrió en el *Partzuf SaG de AK*, y provocó un segundo *Tzimtzum* en los mundos ubicados desde sí mismo hasta abajo. Esto se debe a que se formó otro *Sium* en la Luz Superior; es decir, en el lugar de *Biná*. De esto se desprende que *Maljut Mesayémet* (culminante), que se encontraba en el *Sium Raglaim* de *SaG de AK*, encima del punto (sitio) de este mundo, ascendió y finalizó la Luz Superior a la mitad de *Biná de Guf de SaG de AK*, llamada *Tifféret*, puesto que *KaJaB de Guf* se denomina *JaGaT*. De esta forma, *Tifféret* es *Biná de Guf*.

Además, *Maljut Mizdavéguet*, que se encontraba en el *Pe de Rosh de SaG de AK*, ascendió hasta el lugar de *Nikvei Eynaim* (pupilas de los ojos), que están en la mitad de *Biná de Rosh*. Entonces se efectuó allí un *Zivug* para el *MA de AK*, en los *Nikvei Eynaim*, llamado "el Mundo de *Nekudim*".

60) Esto también se llama *Tzimtzum NeHY de AK*. Esto se debe a que *SaG de AK*, el cual terminó junto con el *Partzuf Galgalta de AK* encima del punto de este mundo, termina encima del *Tabur* de *AK* interior a través de la asociación y ascenso de *Maljut* al sitio de *Biná*, a la mitad de *Tifféret*, que es la mitad de *Biná de Guf* del *AK* interior. Esto también se debe a que *Maljut Mesayémet* ascendió a ese sitio y detuvo la Luz Superior, impidiéndole expandirse desde allí hacia abajo.

Por tal motivo, se formó allí un espacio vacío y desprovisto de Luz. De este modo, *TaNHY* (*Tifféret*, *Nétzaj*, *Hod* y, *Yesod*) de *SaG* quedaron restringidas y desprovistas de la Luz Superior. Por esta razón el *Tzimtzum Bet* (segunda restricción) se llama *Tzimtzum NeHY* de *AK*, puesto que a través del nuevo *Sium* en el punto del *Tabur*, *NeHY* de *SaG* de *AK* fueron vaciadas de sus respectivas Luces.

También se considera que el *AJaP de Rosh* de *SaG* se retiró del grado de *Rosh de SaG*, y se convirtió en su *Guf*, ya que *Maljut Mizdavéguet* ascendió hasta los *Nikvei Eynaim*, y las diez *Sfirot* de *Rosh* se retiraron del sitio que ocupaban desde el *Masaj* de los *Nikvei Eynaim* hasta arriba. Además, desde *Nikvei Eynaim* hasta abajo es considerado el *Guf* del *Partzuf*, ya que sólo puede recibir iluminación de *Nikvei Eynaim* y de más abajo, lo cual se considera *Guf*.

El nivel de estas diez *Sfirot* que emergió a la altura de los *Nikvei Eynaim* de *SaG de AK*, comprende las diez *Sfirot* que llamamos "el Mundo de *Nekudim*". Bajaron desde los *Nikvei Eynaim de SaG* hasta su lugar debajo del *Tabur* del *AK* interior, donde se expandieron con *Rosh* y *Guf*. Sabe que este nuevo *Sium* formado en el lugar de *Biná de Guf* se denomina *Parsá*. Además existe aquí "interior" y "exterior"; y sólo las diez *Sfirot* externas son llamadas "el Mundo de *Nekudim*", mientras que las diez *Sfirot* interiores son llamadas *MA* y *BoN* de *AK*.

61) Sin embargo, debemos comprender que debido a que las diez *Sfirot* de *Nekudim*, y el *MA de AK*, fueron emanadas y emergieron de las *Nikvei Eynaim* de *Rosh de SaG*, deberían haberse vestido en *SaG* desde su *Pe de Rosh* hasta abajo, al igual que los demás *Partzufim*,

donde cada (*Partzuf*) inferior se viste en su (*Partzuf*) superior desde el *Pe de Rosh* hasta abajo. ¿Por qué no sucedió esto? ¿Por qué descendieron y se vistieron en el lugar debajo del *Tabur* de *AK*? Para entender esto debemos comprender debidamente cómo ocurrió esta asociación de *Biná* con *Maljut*, y cómo se interconectaron hasta unificarse.

62) La cuestión es que durante el surgimiento de *Partzuf SaG*, éste terminó enteramente encima de *Tabur* del *AK* interior, como ya fue explicado en lo referente al *Partzuf AB de AK*. No pudieron expandirse desde *Tabur* hacia abajo, debido a que allí comienza el gobierno de *Bjiná Dálet* del *AK* interior; en sus diez *Sfirot de Sium*. Por lo tanto, no hay absolutamente nada de *Bjiná Dálet* en los *Partzufim de AB* y *SaG*.

Sin embargo, cuando empezaron a aparecer las *Nekudot de SaG de AK* luego de haberse purificado el *Masaj de SaG*, que es *Bjiná Bet de Aviut*, por medio del *Bitush de Or Makif* que allí se llevó a cabo, y llegó a *Bjiná Bet de Hitlabshut* y *Bjiná Alef de Aviut*, los *Teamim de SaG* se retiraron. Entonces, emergió el nivel de *Nekudot* en el *Aviut* que quedó en el *Masaj*, en *VaK* sin un *Rosh*. Esto se debe a que las diez *Sfirot* que emergen en *Bjiná Alef de Aviut*, son del nivel de *ZA*, sin *GaR*. Además, no hay *Biná* en el nivel del *Zajar* (masculino), que es la *Bjiná Bet* de *Hitlabshut* aunque cercanamente. Esto se considera *VaK de Biná*.

Por lo tanto, esta forma del nivel de *Nekudot de SaG* ha sido igualada con las diez *Sfirot de Sium* (que se encuentran) debajo de *Tabur de AK*, que es también la forma de *VaK* sin un *Rosh* (ítem 52). Se sabe que la equivalencia de forma une a las entidades espirituales en una sola. Por eso, este nivel descendió posteriormente debajo del *Tabur de AK*, y se mezcló allí con *ZoN de AK*, donde se volvieron "uno" al encontrarse en el mismo nivel.

63) Podríamos sorprendernos ante el hecho de que aún haya una gran distancia entre ellos con respecto a su *Aviut*, ya que los *Nekudot de SaG* vienen del *Aviut de Bjiná Bet*, y no tienen nada de *Bjiná Dálet*. Y aunque están en el nivel de *ZA*, (éste) no es como el nivel de *ZA* debajo de *Tabur de AK*, que es *ZA de Bjiná Dálet*, de manera que existe una gran diferencia en ellos.

La respuesta a esto es que el *Aviut* no está aparente en el *Partzuf* durante la *Hitlabshut* de la Luz, sino sólo luego de la partida de la Luz. Por lo tanto, cuando *Partzuf Nekudot de SaG* apareció en el nivel de *ZA*, descendió y se vistió en el nivel de *ZoN* desde el *Tabur de AK* hasta abajo, ya que *Bjiná Bet* se mezcló con *Bjiná Dálet* y provocó el *Tzimtzum Bet*. Esto creó un nuevo *Sium* en el sitio de *Biná de Guf* de ese *Partzuf*, a la vez que incitó un cambio en el sitio del *Zivug*, convirtiéndolo en el *Pe de Rosh* en el lugar de *Nikvei Eynaim*.

64) Y así es como descubres, que el origen de la asociación de *Maljut* con *Biná* llamada *Tzimtzum Bet*, se llevó a cabo sólo debajo del *Tabur de AK* a través de la expansión del *Partzuf Nekudot de SaG* que allí se encontraba. Así, vemos que este nivel de "diez *Sfirot de Nekudim*" que viene del *Tzimtzum Bet*, no pudo expandirse encima del *Tabur* de *AK*, puesto que no existe fuerza ni decisión que pueda surgir por encima de su propio origen. Y debido a que el lugar donde se creó el *Tzimtzum Bet* se encontraba desde el *Tabur* hasta abajo, el nivel de *Nekudim* también tuvo que expandirse allí.

El Lugar para los Cuatro Mundos de *ABYA*, y el *Parsá* ubicado entre *Atzilut* y *BYA*

65) De este modo hemos explicado que el *Tzimtzum Bet* se llevó a cabo principalmente en *Partzuf Nekudot de SaG*, que estaba ubicado desde el *Tabur de AK* hasta abajo, (precisamente) hasta su *Sium Raglin*; es decir, encima del punto de *Olam HaZé* (este mundo). Sabe, que todos los cambios que siguieron a la segunda restricción sucedieron sólo en ese *Partzuf Nekudot de SaG*, y no encima del mismo.

Y lo que dijimos anteriormente, que por medio del ascenso de *Maljut* hasta la mitad de *Tifféret de AK*, donde ésta concluyó el *Partzuf*, la mitad inferior de *Tifféret* y *NeHYM de AK* emergieron bajo la forma de un "espacio vacío", esto no sucedió en *TaNHY de AK*, sino sólo en *TaNHY* del *Partzuf Nekudot de SaG de AK*. Sin embargo, estos cambios en sí mismos son considerados solamente el aspecto del ascenso de *MaN* en *AK*. En otras palabras, se vistió en estos cambios para engendrar las diez *Sfirot de Nekudim* con su forma propia, aunque no se haya incitado a ningún cambio en *AK*.

66) Y tan pronto como ocurrió el *Tzimtzum* durante el ascenso de *Maljut* a *Biná*, aún antes de la elevación de *MaN* y del *Zivug* que se hizo en los *Nikvei Eynaim de AK*, éste (*Tzimtzum*) provocó que el *Partzuf Nekudot de SaG de AK* se dividiera en cuatro partes:

1. *KaJaB JaGaT* hasta su *Jazé*, que está más arriba, se considera el lugar de *Atzilut*.

2. Los dos tercios inferiores de *Tifféret*, desde el *Jazé* hasta abajo, hasta el lugar del *Sium* de *Tifféret*, se convirtió en el lugar del mundo de *Briá*.

3. Sus tres *Sfirot NeHY*, se convirtieron en el lugar del mundo de *Yetzirá*.

4. Su *Maljut* se convirtió en el lugar del mundo de *Asiyá*.

67) El motivo para esto se debe a que el sitio del mundo de *Atzilut* implica un sitio apto para la expansión de la Luz Superior. Y debido al ascenso de *Maljut Mesayémet* al lugar de *Biná de Guf*, llamado *Tifféret*, el *Partzuf* termina allí y la Luz no puede atravesar desde allí hasta abajo. De este modo, el lugar de *Atzilut* termina ahí, a mitad de *Tifféret*, en el *Jazé*.

Y ya sabes que este nuevo *Sium* que se formó aquí, se denomina "el *Parsá* bajo el mundo de *Atzilut*". Y existen tres divisiones entre las *Sfirot* que están debajo del *Parsá*. Esto se debe a que ciertamente sólo dos *Sfirot*, que son *ZoN de Guf*, (también) llamadas *NeHYM*, tuvieron que emerger debajo de *Atzilut*. La razón para esto es que, debido a que el *Sium* se formó al nivel de *Biná de Guf* que viene a ser *Tifféret*, sólo *ZoN* se encuentran debajo de *Tifféret*; es decir, debajo del *Sium*, y no *Tifféret*; aunque la mitad inferior de *Tifféret* también apareció debajo del *Sium*.

El motivo es que *Biná de Guf* también consiste de diez *Sfirot KaJaB ZoN*. Y puesto que estas *ZoN de Biná* son las raíces de las *ZoN de Guf* "incluidas", que fueron incluidas en *Biná*, se las considera igual que aquéllas. Por lo tanto, *ZoN de Biná* también surgió debajo del *Parsá* de

Atzilut, conjuntamente con *ZoN* "incluidas". Por eso, la *Sfirá Tifféret* se "rompió" a la altura del *Jazé*, puesto que la *Maljut* que ascendió hasta *Biná* se encuentra allí, y emana las *ZoN de Biná*; es decir, los dos tercios de *Tifféret*, desde el *Jazé* hasta su *Sium* que se encuentra debajo.

No obstante aún existe una diferencia entre los dos tercios de *Tifféret* y las *NeHYM*, puesto que los dos tercios de *Tifféret* ciertamente pertenecen a la *Biná de Guf*, y jamás surgieron debajo del *Sium de Atzilut* por sí mismas, sino porque son las raíces de *ZoN*. Por lo tanto, su defecto no es tan grande, ya que no salieron por su propia cuenta. Pero a pesar de ello, se separaron de las *NeHYM* y se volvieron un mundo en sí mismas, llamado "el Mundo de *Briá*".

68) *ZoN de Guf*, también llamadas *NeHYM*, se dividen en dos discernimientos: puesto que *Maljut* es *Nukva* (hembra), su defecto es mayor, y (por lo tanto) se convierte en el mundo de *Asiyá*. *ZA*, que es *NeHY*, se convirtió en el mundo de *Yetzirá* encima el mundo de *Asiyá*.

De este modo, hemos explicado cómo el *Partzuf Nekudot de SaG* fue dividido por el *Tzimtzum Bet*, convirtiéndose así en el lugar de los cuatro mundos: *Atzilut, Briá, Yetzirá* y, *Asiyá*. *KaJaB JaGaT*, hasta el *Jazé*, se convirtieron en el sitio del mundo de *Atzilut*. La mitad inferior de *Tifféret*, desde el *Jazé* hasta el *Sium* de *Tifféret*, se convirtió en el sitio del mundo de *Briá*; su *NeHY* terminó siendo el mundo de *Yetzirá*; y su *Maljut*, el mundo de *Asiyá*. Sus respectivos lugares comienzan a partir del punto del *Tabur de AK*, y termina encima del punto de este mundo; es decir, hasta el *Sium Raglin de AK* donde termina la *Hitlabshut* del *Partzuf Nekudot de SaG* sobre el *Partzuf Galgalta de AK*.

Katnut y *Gadlut* en el Mundo de *Nekudim*

69) Ahora que sabes acerca del *Tzimtzum Bet* que se llevó a cabo en el *Partzuf Nekudot de SaG* con el propósito de engendrar las diez *Sfirot* del mundo de *Nekudim*, que es la cuarta parte de *AK*, regresaremos para explicar el surgimiento de las diez *Sfirot* particulares de *Nekudim*. La manifestación de un *Partzuf* por el anterior ya ha sido explicada. Cada *Partzuf* inferior nace y sale del *Masaj de Guf* del (*Partzuf*) superior, luego de su *Hizdakjut* y ascenso para renovar el *Zivug* (que se lleva a cabo) en el *Pe* del (*Partzuf*) superior. Y el motivo de esta *Hizdakjut* es el *Bitush* de *Or Makif* que ocurre en el *Masaj* del *Partzuf* Superior, el cual purifica al *Masaj* de su *Aviut de Guf* y lo asemeja al *Aviut de Rosh* (ítem 35).

De esta forma emergió el *Partzuf AB de AK* a partir del *Partzuf de Kéter de AK*; el *Partzuf SaG de AK*, a partir del *Partzuf AB de AK*; y de la misma manera, el cuarto *Partzuf de AK*, llamado "las diez *Sfirot* del Mundo de *Nekudim*" nació y salió de su (*Partzuf*) superior, que es *SaG de AK*.

70) Sin embargo, existe otro asunto aquí. En los *Partzufim* previos, el *Masaj* había sido formado sólo de los *Reshimot de Aviut* del *Guf* del (*Partzuf*) superior durante la *Hizdakjut* del *Masaj* al *Pe de Rosh* del (*Partzuf*) superior. Pero aquí, en la *Hizdakjut* del *Masaj de SaG de AK* para *Nekudim*, este *Masaj* fue hecho de dos tipos de *Reshimot*. Aparte de estar compuesto de sus propios *Reshimot de Aviut*, con respecto a las *Sfirot de Guf de SaG de AK*, incluye también los *Reshimot de Aviut de ZoN de AK* (que se encuentran) debajo de *Tabur*. Esto se debe a que

se mezcló debajo del *Tabur* de *AK*, como está escrito (ítem 61) al decir que *Nekudot de SaG* descendió debajo de *Tabur de AK*, y se mezcló allí con *ZoN de AK*.

71) Y de esta fuerza ha sido renovado aquí en el *Partzuf de Nekudim*, el asunto de *Katnut* (pequeñez) y *Gadlut* (grandeza). Con respecto a los *Reshimot de Aviut* del *Masaj*, emergieron sobre ellos diez *Sfirot* de *Katnut* de *Nekudim*. Y con respecto a los *Reshimot de ZoN de AK* debajo del *Tabur*, los cuales se mezclaron y conectaron con los *Reshimot* del *Masaj*, emergieron sobre ellos las diez *Sfirot de Gadlut* de *Nekudim*.

72) También debes saber que las diez *Sfirot* de *Katnut* de *Nekudim*, que emergieron sobre el *Masaj*, son consideradas el centro del *Partzuf de Nekudim*, puesto que surgieron gradualmente; es decir, del centro del *Masaj de Guf* del (*Partzuf*) superior, al igual que los tres *Partzufim de AK* previos. Pero las diez *Sfirot de Gadlut* de *Nekudim* son consideradas solo como adición al *Partzuf* de *Nekudim*. Esto se debe a que sólo emergieron del *Zivug* sobre los *Reshimot de ZoN de AK* debajo del *Tabur*, que no apareció gradualmente, sino que fueron agregadas y conectadas al *Masaj* a causa del descenso del *Partzuf de Nekudot de SaG* debajo del *Tabur de AK* (ítem 70).

73) Primero debemos aclarar lo referente a las diez *Sfirot de Katnut* de *Nekudim*. Ya sabes que luego de la *Hitpashtut* (expansión), se hizo en él un "*Bitush de Or Makif y Or Pnimí*"; es decir, sobre su *Masaj*, lo cual lo purificó gradualmente. Los niveles que surgieron a medida que se iba purificando se llaman *Nekudot de SaG*, los cuales descendieron desde el *Tabur de AK* y se mezclaron allí con *Bjiná Dálet* (ítem 62). Después de completar su proceso de purificación de todo el *Aviut de Guf* del *Masaj*, y de quedar sin más que con *Aviut de Rosh*, se le considera haberse elevado a *Rosh de SaG*, donde se sometió a un nuevo *Zivug* en el grado de *Aviut* que quedó en los *Reshimot* del *Masaj* (ítem 35).

74) Y también aquí se considera que la última *Bjiná* de *Aviut*, *Aviut de Bjiná Dálet* que se encontraba en el *Masaj*, desapareció completamente, dejando solamente el *Reshimó* de *Hitlabshut*. De esta forma, no quedó nada del *Aviut* salvo *Bjiná Alef*. Por lo tanto (ítem 43), el *Masaj* recibió dos tipos de *Zivuguim* (pl. de *Zivug*) en el *Rosh de SaG*.

- La *Hitkalelut* de *Bjiná Alef de Aviut* en *Bjiná Bet de Hitlabshut*, llamada "*Hitkalelut* del *Reshimó* femenino en el *Reshimó* masculino", produjo un nivel semejante al de *Biná*, en el nivel de *VaK de Biná*. Este nivel se denomina "la *Sfirá* de *Kéter de Nekudim*".

- La *Hitkalelut* del masculino en el *Reshimó* femenino, (que viene a ser) el *Reshimó de Bjiná Bet de Hitlabshut* en *Bjiná Alef de Aviut*, produjo el nivel de *ZA*, que es considerado *AK* sin un *Rosh*, llamado "*Aba VeIma de Nekudim Ajor VeAjor*" (padre y madre de *Nekudim* espalda con espalda).

Estos dos niveles se llaman *GaR de Nekudim*; es decir, son considerados diez *Sfirot de Rosh* de *Nekudim*, ya que cada *Rosh* se llama *GaR* (*Guimel Rishonot*; es decir "las tres primeras") o *KaJaB* (*Kéter, Jojmá, Biná*). Pero hay una diferencia entre ellos: *Kéter de Nekudim* del nivel masculino no se expande dentro del *Guf*, y brilla sólo en el *Rosh*. Sólo *AVI* (*Aba VeIma*) de

Nekudim del nivel femenino, llamadas "las siete *Sfirot* inferiores de *Nekudim*" o "*JaGaT NeHY de Nekudim*", se expanden dentro del *Guf*.

75) De este modo, tenemos tres grados, cada uno debajo del otro:

1. *Kéter de Nekudim*, con el nivel de *VaK de Biná*

2. El nivel de *AVI de Nekudim*, que tiene el nivel de *ZA*. Estos dos son considerados *Rosh*.

3. *ZAT de Nekudim*, *JaGaT NeHYM*, que es considerado *Guf de Nekudim*.

76) Sabe que a través del ascenso de *Maljut* a *Biná*, estos dos grados de *Nekudim* se dividieron en dos mitades a su salida, llamadas *Panim* y *Ajoráim* (posteriores). Esto se debe a que, puesto que el *Zivug* se llevó a cabo en los *Nikvei Eynaim*, hay solamente dos *Sfirot* y media en el *Rosh*, que son *Galgalta*, *Eynaim* (ojos) y *Nikvei Eynaim*; o (también llamadas) *Kéter*, *Jojmá* y, la mitad superior de *Biná*. Estas se llaman *Kelim de Panim* (*Kelim* frontales).

Los *Kelim de AJaP* (siglas de *Ozen*, *Jótem*, *Pe*), que corresponden a la mitad inferior de *Biná*, *ZA* y, *Nukva*, emergieron de las diez *Sfirot de Rosh*, y se las considera el grado debajo del *Rosh*. Por lo tanto, a los *Kelim de Rosh* que surgieron a partir del *Rosh*, se los considera *Kelim de Ajoráim* (*Kelim* posteriores). Cada grado fue dividido de esta misma manera.

77) De esto inferimos que no existe ni un solo grado que no posea *Panim* y *Ajoráim*. Esto se debe a que el *AJaP* del nivel masculino, el *Kéter de Nekudim*, emergieron del grado de *Kéter* y descendieron al grado de *AVI de Nekudim*, que es el nivel femenino. Y el *AJaP* del nivel femenino, *AVI de Nekudim*, descendieron y cayeron a su grado de *Guf*, el grado de las siete *Sfirot* inferiores *JaGaT NeHY* (correspondiente a las *Sfirot Jésed-Gvurá-Tifféret*, *Nétzaj-Hod-Yesod*) de *Nekudim*.

Se encuentra, que *AVI* están incluidas de dos *Bjinot Panim* y *Ajoráim*: dentro de ellas están los *Ajoráim* del grado de *Kéter*; es decir, el *AJaP de Kéter*. Y encima de ellas se visten los propios *Kelim de Panim de AVI*; o sea, sus propios *Galgalta veEinaim*, y *Nikvei Eynaim*. Así *ZAT de Nekudim* comprenden *Panim* y *Ajoráim*: los *Kelim de Ajoráim* de *AVI*, que son sus *AJaP*, están dentro de *ZAT*, y los *Kelim de Panim de ZAT* los visten por afuera.

78) Este asunto referente a la división de los grados en dos mitades, causó también que sea imposible tener en cada uno de aquellos grados de *Nekudim*, el [contener] más que el aspecto de *Néfesh Rúaj*, es decir *VaK* sin *GaR*. Esto se debe a que cada grado carece de los tres *Kelim* "*Biná y ZoN*". Por eso las Luces de *GaR* están ausentes allí, las cuales son *Neshamá*, *Jayiá* y, *Yejidá* (ítem 24). De este modo hemos explicado en profundidad lo referente a las diez *Sfirot de Katnut de Nekudim*, que son los tres grados llamados *Kéter*, *AVI* y, *ZaT*. Cada grado contiene sólo *Kéter Jojmá de Kelim*, y *Néfesh Rúaj de Orot* (Luces), ya que *Biná* y *ZoN* de cada grado cayeron al grado que se encontraba debajo.

La Elevación de *MaN* y el surgimiento de *Gadlut de Nekudim*

79) Ahora explicaremos lo concerniente a las diez *Sfirot de Gadlut* de *Nekudim*, que emergieron a causa de *MaN de Reshimot* de *ZoN de AK* que se encontraba debajo de su *Tabur* (ítem 71). Primero debemos entender el asunto referente a la elevación del *MaN*. Hasta ahora sólo hemos tratado del ascenso del *Masaj de Guf* al *Pe de Rosh* del (*Partzuf*) superior, en cuanto éste se ha purificado. También, hubo un *Zivug de Akaá* en los *Reshimot* incluidos allí, que produce el nivel de diez *Sfirot* para las necesidades del (*Partzuf*) inferior. Ahora, sin embargo, el tema de la elevación del *MaN* (*Mein Nukvin* - aguas femeninas) ha sido renovado, puesto que estas Luces que ascendieron de debajo del *Tabur de AK* al *Rosh de SaG*, y que son los *Reshimot de ZoN de Guf de AK*, son llamadas "la elevación de *MaN*".

80) Sabe que el origen de la elevación de *MaN* viene de *ZA* y *Biná* de las diez *Sfirot* de *Or Yashar* (Luz directa). En el ítem 5 ha sido explicado que *Biná*, considerada *Or Jasadim*, volvió a unirse con *Jojmá* cuando engendró la *Sfirá Tifféret*, llamada *Bjiná Guimel*, y extrajo de allí la iluminación de *Jojmá* para *Tifféret*, que es *ZA*. Y resultó que *ZA* emergió de *Or Jasadim de Biná*, y en menor medida de la iluminación de *Jojmá*.

Aquí es donde se llevó a cabo la conexión entre *ZA* y *Biná*, pues cada vez que los *Reshimot de ZA* se elevan hasta *Biná*, *Biná* se conecta con *Jojmá*, y extiende de allí la iluminación de *Jojmá* para *ZA*. Este ascenso de *ZA* a *Biná*, que se conecta con *Jojmá*, siempre es llamado "elevación de *MaN*". Sin el ascenso de *ZA* a *Biná*, *Biná* no es considerada *Nukva* con respecto a *Jojmá*, puesto que ella misma es sólo *Or Jasadim* y no necesita *Or Jojmá*.

Siempre se la considera *Ajor VeAjor* (espalda con espalda) respecto de *Jojmá*, lo cual significa que no desea recibir (*Or*) *Jojmá*. Sólo cuando *ZA* se eleva hasta ella, ella pasa a ser *Nukva* para *Jojmá* nuevamente, para así recibir de ella (de *Jojmá*) la iluminación de *Jojmá* para *ZA*. De esta forma, el ascenso de *ZA* la convirtió en una *Nukva*, y ésta es la razón por la cual su ascenso se denomina *MaN*, puesto que el ascenso de *ZA* la deja, una vez más, *Ajor VeAjor*. Esto significa que ella recibe de él del mismo modo que *Nukva* lo hace del "masculino". De este modo hemos aclarado a fondo el asunto de la elevación de *MaN*.

81) Y ya sabes que el *Partzuf AB de AK* es el *Partzuf de Jojmá*, y que el *Partzuf SaG de AK* es el *Partzuf de Biná*. Esto significa que se los discierne de acuerdo a su *Bjiná* más alta. La *Bjiná* más alta en *AB* es *Jojmá*; por lo tanto, se la considera *Jojmá*. La *Bjiná* más alta en *SaG* es *Biná*; por eso se la considera *Biná*.

De esta forma, cuando los *Reshimot de ZoN de Guf*, debajo del *Tabur de AK*, ascendieron al *Rosh de SaG*, se volvieron ahí *MaN* para el *SaG*, por lo cual *SaG*, que es *Biná*, hizo un *Zivug* con el *Partzuf AB*, que es *Jojmá*. Por causa de este *Zivug*, *AB* le proporcionó a *SaG* una nueva Luz para satisfacer a *ZoN*, los cuales (*ZoN*) habían ascendido desde debajo del *Tabur*.

Y en cuanto *ZoN de AK* recibieron su nueva Luz, descendieron nuevamente a su sitio debajo del *Tabur de AK*, donde están las diez *Sfirot de Nekudim*, dentro de las cuales iluminaron con esa nueva Luz. Esta constituye el *Mojin* (mente) de *Gadlut* de las diez *Sfirot de Nekudim*. De este modo hemos explicado las diez *Sfirot de Gadlut* que emergieron del segundo tipo de

Reshimot, que son los *Reshimot de ZoN* debajo del *Tabur de AK* (ítem 71). Por cierto, son estos *Mojin de Gadlut* los que provocaron el rompimiento de los *Kelim*, como será explicado luego.

82) Arriba, en el ítem 74, ha sido explicado que existen dos grados en el *Rosh de Nekudim*, llamados *Kéter* y *AVI*. Por lo tanto, cuando *ZoN de AK* iluminaron a las diez *Sfirot de Nekudim* con la nueva Luz de *AB SaG*, primero iluminaron en *Kéter de Nekudim* a través de su *Tabur de AK*, donde *Kéter* se viste, y la completaron con Luces de *GaR* (*Guimel Rishonot* – las primeras tres *Sfirot*) y *Kelim de Biná* y *ZoN*. Posteriormente, iluminó sobre *AVI de Nekudim*, donde se visten *AVI*, a través del *Yesod de AK*, y las completó con Luces de *GaR* y con *Kelim de Biná* y *ZoN*.

83) Para empezar explicaremos el asunto de *Gadlut* que esta nueva Luz provocó en las diez *Sfirot* de *Nekudim*. La cuestión es que debemos preguntar respecto de lo que está escrito en el ítem 74: que el nivel de *Kéter* y *AVI de Nekudim* eran considerados *VaK*, debido a que emergieron en *Aviut de Bjiná Alef*. Pero hemos dicho que por causa del descenso de *Nekudot de SaG* debajo de *Tabur de AK*, *Bjiná Dálet* se juntó con el *Masaj de Nekudot de SaG*, que es *Biná*. Así, el *Masaj* contiene también un *Reshimó de Bjiná Dálet de Aviut*. En ese caso, durante la *Hitkalelut del Masaj de Rosh de SaG*, deberían haber surgido diez *Sfirot* del nivel de *Kéter* y la Luz de *Yejidá*, y no el nivel de *VaK de Biná* en la *Sfirá Kéter* y el nivel de *VaK* sin un *Rosh* en *AVI*.

La respuesta es: que el lugar es la causa. Puesto que *Bjiná Dálet* está incluida en *Biná*, que es *Nikvei Eynaim*, habiendo desaparecido allí el *Aviut Dálet* dentro de *Biná*, como si ni siquiera estuviese allí. Por lo tanto, el *Zivug* se llevó a cabo sólo en los *Reshimot de Bjiná Bet de Hitlabshut* y *Bjiná Alef de Aviut*, los cuales son de hecho solamente el *Masaj de Biná* (ítem 74). Y no salieron de allí sino solo aquellos dos niveles: *VaK de Biná* y *VaK* completo.

84) Por lo tanto, ahora *ZoN de AK* debajo del *Tabur* extrajeron la nueva Luz, a través de su *MaN*, de *AB SaG de AK*, e iluminaron con ella el *Rosh de Nekudim* (ítem 81). Y ya que el *Partzuf AB de AK* no tiene conexión con el segundo *Tzimtzum*, el cual elevó la *Bjiná Dálet* al lugar de *Nikvei Eynaim* cuando su Luz fue atraída al *Rosh de Nekudim*, volvió a cancelar el *Tzimtzum Bet* dentro de sí, lo cual elevó el sitio del *Zivug* a *Nikvei Eynaim*. Además, bajó la *Bjiná Dálet* de regreso a su sitio en el *Pe*, donde se encontraba antes del *Tzimtzum Alef*; es decir, al lugar de *Pe de Rosh*.

De esta forma, los tres *Kelim* -*Ozen* (oreja), *Jótem* (nariz) y *Pe* (boca)– que habían caído de sus respectivos grados debido al *Tzimtzum Bet* (ítem 76), ahora regresaron a su sitio; el mismo grado que antes. En ese momento, el sitio del *Zivug* descendió nuevamente del *Nikvei Eynaim* a *Bjiná Dálet* en el *Pe de Rosh*. Y puesto que *Bjiná Dálet* ahora se encuentra en su lugar, emergieron allí diez *Sfirot* del grado de *Kéter*.

De este modo hemos explicado que por medio de la nueva Luz, que *ZoN de AK* extrajo de *Rosh de Nekudim*, obtuvo las tres Luces *Neshamá*, *Jayiá* y, *Yejidá*; y los tres *Kelim* de *AJaP*, que corresponden a *Biná* y *ZoN*, y que faltaban cuando recién habían emergido.

85) Ahora, ya hemos aclarado a fondo el *Katnut* y *Gadlut de Nekudim*. El *Tzimtzum Bet*, que elevó la *Hei* inferior –*Bjiná Dálet*– al sitio de *Nikvei Eynaim*, donde fue ocultada, causó el nivel de *Katnut* de *Nekudim* –el nivel de *VaK*, o *ZA* de *Orot* (Luces) de *Néfesh Rúaj*. Allí les faltaba *Biná* y *ZoN* de *Kelim*, y *Neshamá Jayiá* de *Orot*. Y a través de la aproximación de la nueva Luz de *AB SaG de AK* a *Nekudim*, el *Tzimtzum Alef* retornó a su lugar.

Biná y *ZoN* de los *Kelim* retornaron al *Rosh*, puesto que la *Hei* inferior descendió desde *Nikvei Eynaim* y regresó a su lugar, que es *Maljut*, también llamado *Pe*. Entonces se efectuó allí un *Zivug* en *Bjiná Dálet* la cual regresó a su sitio, y aparecieron diez *Sfirot* del nivel de *Kéter* y *Yejidá*. Esto completó el *NaRaNJaY* de *Orot* y el *KaJaB ZoN* de *Kelim*.

A partir de ahora, y por un momento, nos referiremos al *Tzimtzum Bet* y a *Katnut* con el nombre de "el ascenso de la *Hei* inferior a *Nikvei Eynaim*, y el descenso del *AJaP* hacia abajo". Además, nos referimos a *Gadlut* por el nombre "la aproximación de la Luz de *AB SaG*, que trae la *Hei* inferior de *Nikvei Eynaim*, y retorna el *AJaP* nuevamente a su sitio". Recuerda esta aclaración.

También debes recordar que *GE* (*Galgalta Eynaim*) y *AJaP* son nombres de las diez *Sfirot KaJaB ZoN de Rosh*; y las diez *Sfirot de Guf* son llamadas *JaGaT NeHYM*. Éstos también se dividen en *GE* y *AJaP*, ya que *Jésed* y *Gvurá*, y el tercio superior de *Tifféret* hasta el *Jazé*, son *Galgalta veEinaim* y *Nikvei Eynaim*; y los dos tercios (inferiores) son *AJaP*, como ya ha sido escrito más arriba.

Además, recuerda que *Galgalta veEinaim* y *Nikvei Eynaim*, o *JaGaT* hasta el *Jazé* (que está más arriba), se llaman *Kelim de Panim* (*Kelim* anteriores). Y *AJaP*, o los dos tercios inferiores de *Tifféret*, y *NeHYM*, desde el *Jazé* hacia abajo, se llaman *Kelim de Ajoráim*, como ya ha sido escrito en el ítem 76. Y debes recordar también, la fisura del grado que ocurrió allí con *Tzimtzum Bet*, que dejó sólo *Kelim de Panim* en todo el grado. Y finalmente, cada (grado) inferior contiene dentro de sí los *Kelim* de *Ajoráim* del (grado) superior (ítem 77).

Explicando los *Guimel Nekudot* **(tres puntos):** *Jólam*, *Shúruk*, *Jírik*

86) Sabe, que las *Nekudot* se dividen en tres *Bjinot*: *Rosh*, *Toj* y, *Sof*. Éstas corresponden a:

- *Nekudot* Superiores: encima de las *Otiot* (letras hebreas). Llevan el nombre "*Jólam*".

- *Nekudot* del Medio: colocadas dentro de las *Otiot*. Llevan el nombre "*Shúruk*" o "*Melafom*", o sea, *Vav* (la sexta letra del alefato hebreo) y el punto dentro de sí.

- *Nekudot* Inferiores: debajo de las *Otiot*. Llevan el nombre "*Jírik*".

87) Ésta es su explicación: Las "*Otiot*" son los *Kelim*; es decir, *Sfirot* del *Guf*. Esto se debe a que las diez *Sfirot de Rosh* son, para los *Kelim*, no más que raíces; no son verdaderos *Kelim* de hecho. Las "*Nekudot*" implican las Luces que mantienen y ponen en movimiento a los

Kelim. Por eso, *Or Jojmá* se denomina *Or Jayiá*. Esta se considera una nueva Luz que *ZoN de AK* recibió de *AB SaG*, y con la cual iluminó los *Kelim de Nekudim*, bajando la *Hei* inferior de regreso al *Pe* de cada grado, y retornando al *AJaP* de *Kelim* y *GaR* de *Orot* a cada grado.

De este modo, esta Luz pone en movimiento los *Kelim de AJaP*, y los eleva del grado inferior, conectándolos con el (grado) superior como al principio. Este es el significado de las *Nekudot* que mueven o que ponen en movimiento a las *Otiot*. Y puesto que esta Luz se extiende de *AB de AK*, que es *Or Jayiá*, revive aquellos *Kelim de AJaP* al vestirse en ellos.

88) Ya sabes que *ZON de AK* iluminó las diez *Sfirot de Nekudim* con esta nueva Luz a través de dos sitios:

- Iluminó *Kéter de Nekudim* a través del *Tabur*; e,

- Iluminó *AVI de Nekudim* a través del *Yesod*.

Sabe que esta iluminación a través del *Tabur* se denomina "*Jólam*", que ilumina para las *Otiot* que se encuentran encima de ellas. Esto se debe a que la iluminación del *Tabur* alcanza sólo *Kéter de Nekudim*, el nivel masculino de *Rosh de Nekudim* (ítem 74). Y el nivel masculino no se expande dentro de las *Zayin Rishonot* (siete primeras) de *Nekudim*, que son los *Kelim de Guf*, llamados *Otiot*. Por lo tanto, se considera que brilla sobre ellos sólo desde su sitio, arriba, sin expandirse dentro de las *Otiot*.

Esta iluminación a través de *Yesod* se denomina *Shúruk*; es decir, *Vav* con el punto que se encuentra dentro de la línea de las *Otiot*. La razón es que esta iluminación llega a *AVI* de *Nekudim*, que son el nivel femenino de *Rosh de Nekudim*, cuyas Luces se expanden también dentro del *Guf*, que es *ZaT de Nekudim*, también llamado *Otiot*. Por eso encontrarás el punto de *Shúruk* dentro de la línea de las *Otiot*.

89) Así, el *Jólam* y el *Shúruk* han sido explicados debidamente. La iluminación de una nueva Luz a través del *Tabur*, que baja la *Hei* inferior de *Nikvei Eynaim de Kéter* hasta el *Pe*, y eleva el *AJaP de Kéter* una vez más, es el punto de *Jólam* encima de las *Otiot*. La iluminación de una nueva Luz a través de *Yesod*, que baja la *Hei* inferior de *Nikvei Eynaim de AVI* a su *Pe*, y retorna sus *AJaP*, es el punto de *Shúruk* dentro de las *Otiot*. Esto se debe a que estos *Mojin* también vienen a *ZaT de Nekudim*, llamadas *Otiot*.

90) "*Jírik*" es considerado la nueva Luz que las *ZaT* (*Zayin Tajtonot* – siete inferiores) reciben de *AVI* para bajar la *Hei* inferior final, que se encuentra en su *Jazé*, al sitio del *Sium Raglin de AK*. De esta forma, retornan a ellos sus *AJaP*, que son los *Kelim* comprendidos desde el *Jazé* hasta abajo, y que se convirtieron en el lugar de *BYA* (*Briá, Yetzirá, Asiyá*). En ese momento *BYA* vuelve a ser como *Atzilut*.

Sin embargo *ZaT de Nekudim* no pudo bajar del *Jazé* la *Hei* inferior, y revocó completamente el *Tzimtzum Bet*, el *Parsá* y el lugar de *BYA*. En cambio, cuando extrajeron la Luz hacia dentro de *BYA*, todos los *Kelim de ZaT* inmediatamente se rompieron, puesto que la fuerza de la *Hei* inferior final, que se encuentra en el *Parsá*, se mezcló con estos *Kelim*.

De este modo, la Luz tuvo que partir instantáneamente, y los *Kelim* se rompieron, perecieron, y cayeron dentro de *BYA*. Además, sus *Kelim de Panim*, encima del *Parsá*, los *Kelim* encima del *Jazé*, también se rompieron, puesto que toda la Luz partió también de allí. Así, se rompieron y cayeron dentro de *BYA*, debido al hecho de haberse juntado en un solo *Guf* con los *Kelim de Ajoráim*.

91) Ahora ves que el punto de *Jírik* no pudo emerger y controlar en el mundo de *Nekudim*, puesto que, además, provocó el rompimiento de los *Kelim*. Esto se debió a que deseaba vestirse dentro de las *Otiot*; o sea, los *TaNHYM* debajo del *Parsá* de *Atzilut* que se convirtieron en *BYA*.

Sin embargo, luego en el mundo de la corrección, el punto de *Jírik* recibió su corrección, puesto que fue corregido para iluminar debajo de las *Otiot*. Esto significa que *ZaT de Atzilut* reciben la Luz de *Gadlut de AVI*, y deben bajar la *Hei* inferior final del lugar del *Jazé* al *Sium Raglin de AK*, conectar los *Kelim de TaNHYM* con *Atzilut*, y las luces se expandirán hacia abajo hasta el *Sium Raglin de AK*. Sin embargo no hacen esto, sino que elevan estas *TaNHY* desde el lugar de *BYA* al lugar de *Atzilut*, encima del *Parsá*, y reciben las Luces mientras están encima del *Parsá de Atzilut*, para que no vuelva a ocurrir allí un rompimiento de *Kelim* como en el mundo de *Nekudim*.

Respecto de lo anterior, se considera que el punto de *Jírik* que eleva los *Kelim de TaNHY* de *ZaT de Atzilut*, se ubica debajo de los *Kelim de TaNHYM* que ella elevó; es decir, en el sitio del *Parsá de Atzilut*. De esta forma, el punto de *Jírik* sirve debajo de las *Otiot*. Con esto se termina de explicar, en general, los tres puntos: *Jólam*, *Shúruk* y *Jírik*.

El asunto de la elevación de *MaN* desde *ZaT de Nekudim* hacia *AVI* y la explicación de la *Sfirát Dáat*

92) Y ya fue explicado que cada grado se dividió en dos mitades a causa del ascenso de la *Hei* inferior a *Nikvei Eynaim*, que ocurrió en *Tzimtzum Bet*; es decir, cuando emergió el *Katnut* de las diez *Sfirot de Nekudim*:

- *Galgalta veEinaim* permanecieron en el grado en que estaban; por eso se denominan *Kelim de Panim* (anteriores); y,

- *Ozen*, *Jótem* y *Pe*, que cayeron del grado en que estaban al de abajo, se denominan por tal motivo "*Kelim de Ajoráim*".

De esta forma, cada grado ahora se transforma en interioridad y exterioridad, puesto que los *Kelim de Ajoráim* del grado superior cayeron a la "interioridad" de sus propios *Kelim de Panim*. En tanto que los *AJaP* caídos de *Kéter de Nekudim* están vestidos (envueltos) dentro de *Galgalta ve Eynaim de AVI*; y los *AJaP* caídos de *AVI* están vestidos dentro de *Galgalta ve Eynaim de ZaT de Nekudim* (ítem 76).

93) En consecuencia, cuando la nueva Luz de *AB SaG de AK* llega al grado y baja la *Hei* inferior de regreso a su sitio en el *Pe*, durante el *Gadlut de Nekudim*, el grado le trae sus *AJaP*

de regreso, y sus diez *Sfirot de Kelim* y diez *Sfirot de Orot* son completadas. Entonces, se considera que también el grado inferior, el cual estaba adherido a los *AJaP* del (grado) superior, se eleva conjuntamente con ellos hasta el (grado) superior.

Esto se debe a que la regla indica que "no existe ausencia en lo espiritual". Y en la medida en que el "inferior" se encuentre adherido a los *AJaP* del "superior" durante el *Katnut*, se mantendrán unidos durante el *Gadlut* cuando los *AJaP* del "superior" retornen a su grado. De esto se desprende que el grado inferior ahora se ha convertido en un grado más alto, ya que el inferior (más bajo) que se eleva al más alto, se vuelve igual a él.

94) Podemos concluir que cuando *AVI* recibieron la nueva Luz de *AB SaG* y bajaron la *Hei* inferior de los *Nikvei Eynaim* de regreso a su *Pe*, y elevaron sus *AJaP* hasta ellos, las *ZaT* también, que visten estos *AJaP* durante el *Katnut*, ahora se elevan con ellos hasta *AVI*. De este modo las *ZaT* se convierten en un grado solo junto con *AVI*. Este ascenso de *ZaT* a *AVI* se denomina "elevación de *MaN*". Y cuando se encuentran en el mismo grado que *AVI*, reciben las Luces de *AVI*.

95) Y se denomina *MaN* puesto que el ascenso de *ZA* a *Biná* la trae de regreso a estar *Panim VePanim* (Cara a cara) con *Jojmá* (ítem 80). Es sabido que todas las *ZaT* son *ZoN*. Por lo tanto, cuando las *ZaT* (*Zayin Tajtonot* – siete inferiores) ascendieron con *AJaP de AVI* al grado de *AVI*, se convirtieron en *MaN* para la *Biná* de las *Sfirot* de *AVI*. Entonces vuelve a estar *Panim VePanim* con *Jojmá de AVI*, y provee a *ZoN*, que son las *ZaT* de *Nekudim* que ascendieron hasta ellos con la iluminación de *Jojmá*.

96) A pesar del recién mencionado ascenso de *ZaT* a *AVI*, esto no significa que hubieran desaparecido por completo del sitio anterior y subido a *AVI*, puesto que no existe ausencia en "lo espiritual". Además, cualquier "cambio de lugar" en la espiritualidad no implica que haya partido de su lugar anterior y se haya movido a su nueva ubicación, del mismo modo que uno cambia de lugar en el mundo corporal. En cambio, aquí hay meramente un agregado: alcanzaron una nueva ubicación, a la vez que permanecieron en la previa. Así, aunque *ZaT* ascendió a *AVI* mediante el *MaN*, siguieron permaneciendo en su mismo lugar; en su grado más bajo, como antes.

97) Y así por medio de esto entenderás, que aunque decimos que en cuanto *ZoN* ascendió por *MaN* a *AVI*, y recibió allí las Luces, y partió de allí y retornó a sus lugares debajo, aquí tampoco significa que hayan dejado su lugar de arriba para trasladarse al lugar de abajo. Si *ZoN* hubiera estado ausente de su lugar arriba, en *AVI*, el *Zivug Panim VePanim* se interrumpiría inmediatamente, y volverían a estar *Ajor VeAjor* como antes. Esto interrumpiría su *Shefa* (abundancia), y *ZoN*, debajo, perdería también su *Mojin*.

Ya ha sido explicado arriba que *Biná* por naturaleza anhela sólo *Or Jasadim*, pues ella está en *Jafetz Jésed* (es decir, se complace con la Luz de Misericordia). *Biná* no tiene ningún interés de recibir *Or Jojmá*; por lo tanto se encuentra *Ajor VeAjor* (espalda con espalda) con *Jojmá*. Y solamente al momento de la elevación de *ZoN* hasta ellos por causa del *MaN*, *Biná* vuelve a estar en un *Zivug Panim VePanim* con *Jojmá*, para poder otorgar esa iluminación de *Jojmá* a *ZA* (ítem 80).

Por lo tanto, es necesario que *ZoN* permanezcan siempre allí, para brindar sustento y mantenimiento al *Zivug Panim VePanim* de *AVI*. Por esta razón, no puede decirse que *ZoN* estén ausentes del sitio de *AVI* cuando descienden hasta su lugar. En cambio, como hemos dicho, todo "cambio de lugar" no es más que una adición, un agregado. Así, aunque *ZoN* descendieron de su sitio, al mismo tiempo siguieron permaneciendo arriba.

98-99) Y de aquí podrás comprender el misterio de la *Sfirát Dáat*, que surgió en el mundo de *Nekudim*. En todos los *Partzufim* de *AK*, hasta *Nekudim*, hay sólo diez *Sfirot KaJaB ZoN*. No obstante a partir del mundo de *Nekudim*, existe la *Sfirá Dáat*; por eso a partir de entonces nos referimos a los *Partzufim* como *KaJBaD ZoN*.

El hecho es que no hubo elevación de *MaN* en los *Partzufim* de *AK*, sino sólo el ascenso de *Maljut* al *Pe de Rosh* (ítem 79). Pero debes saber que la *Sfirá Dáat* surge a partir del ascenso del *MaN* de *ZoN* a *AVI*, como ya fue aclarado al comentar que *ZoN*, al elevarse con *MaN* a *Jojmá* y a *Biná*, permanecen allí incluso luego del retorno a su sitio más abajo, para proveer sustento y subsistencia al *Zivug Panim VePanim* de *AVI*. Estos *ZoN* que permanecen en *AVI* se llaman "la *Sfirá Dáat*". Por lo tanto, ahora *JuB* (*Jojmá-Biná*) tienen la *Sfirá Dáat*, que las mantiene y las ubica en un *Zivug Panim VePanim*. Estas son las *ZoN* que subieron con *MaN* y que permanecieron allí incluso luego del regreso de *ZoN* a su sitio.

Por eso, de ahora en adelante llamaremos a las diez *Sfirot* por los nombres *KaJBaD ZoN* (Kéter-Jojmá-Biná-Dáat, ZoN). Pero en los *Partzufim* de *AK*, antes del mundo de *Nekudim*, aún no se había llevado a cabo la elevación de *MaN*. Por lo tanto no había *Sfirá Dáat* allí. También debes saber que la *Sfirá Dáat* siempre se denomina "cinco *Jasadim* y cinco *Gvurot*", ya que el *ZA* que permaneció allí es considerado "cinco *Jasadim*", y la *Nukva* que permaneció allí es considerada "cinco *Gvurot*".

100) Podríamos preguntar acerca de lo que está escrito en el Libro de la Creación, que las diez *Sfirot* son "diez y no nueve, diez y no once". De acuerdo con lo que se dice acerca del mundo de *Nekudim*, (allí) surgió la *Sfirá Dáat*, y de este modo (a partir de ahora) hay siete *Sfirot KaJBaD ZoN*.

La respuesta es que esto no representa en absoluto algo adicional a las diez *Sfirot*. Ya ha sido explicado que la *Sfirá Dáat* es el *ZoN* que ascendió con *MaN* y que permaneció allí. Por lo tanto, no hay nada agregado aquí, sino sólo los siguientes discernimientos en *ZoN*:

1. Aquellas *ZoN* que se encuentran en su lugar abajo, son el aspecto de *Guf*; y,

2. Aquellas *ZoN* que quedaron en *Rosh de AVI* debido a que ya se encontraban allí durante la elevación de *MaN*, y debido a que no hay ausencia en "lo espiritual". De este modo, no hay nada adicional aquí a las diez *Sfirot*, pues en definitiva sólo hay aquí diez *Sfirot KaJaB ZoN*. Y si el discernimiento de *ZoN* permanece en el *Rosh de AVI*, esto no agrega nada nuevo a las diez *Sfirot*.

El rompimiento de los *Kelim* y su caída a *BYA*

101) Ahora hemos terminado de explicar adecuadamente lo concerniente a la elevación de *MaN* y la *Sfirá Dáat*, que son consideradas los *Kelim de Panim de ZaT de Nekudim* que fueron extendidos y que ascendieron hasta *AVI*. Esto se debe a que *AVI* recibió, de *ZoN* de *AK*, la nueva Luz de *AB SaG de AK* bajo la forma del punto de *Shúruk*. Y bajaron la *Hei* inferior de su *Nikvei Eynaim* al *Pe*, y elevaron sus *Kelim de Ajoráim*, que se habían caído a *ZaT de Nekudim*. Como resultado, los *Kelim de Panim* de *ZaT* que estaban unidos a los *Kelim de Ajoráim* de *AVI* (ítems 89-94), también ascendieron, y *ZaT de Nekudim* se convirtieron en *MaN* allí, y causaron el retorno de *AVI* para estar en el aspecto de *Panim VePanim*.

Y puesto que la *Hei* inferior, que es *Bjiná Dálet*, ya había retornado a su sitio en el *Pe*, el *Zivug de Akaá* que se llevó a cabo en ese *Masaj de Bjiná Dálet* produjo diez *Sfirot* completas en el nivel de *Kéter* y la Luz de *Yejidá* (ítem 84). De este modo, *ZaT*, que están incluidas allí como *MaN*, recibieron también esas inmensas Luces de *AVI*. Sin embargo, todo esto es considerado sólo desde arriba abajo, ya que *AVI* son referidos como *Rosh de Nekudim*, donde se lleva a cabo el *Zivug* que produce diez *Sfirot* de arriba abajo.

Posteriormente se expanden también al *Guf* de arriba abajo (ítem 50). En ese momento, *ZaT* descienden hasta su sitio, que está abajo, con todas las Luces que habían obtenido en *AVI*, y ahí terminan el *Rosh* y el *Guf* del *Partzuf Gadlut de Nekudim*. Esta *Hitpashtut* (expansión) es considerada los *Teamim* del *Partzuf Gadlut de Nekudim* (ítem 26).

102) Las cuatro *Bjinot* –*Teamim, Nekudot, Taguín* y *Otiot*– también se disciernen en el *Partzuf Nekudim* (ítem 47). Esto se debe a que todas las fuerzas que existen en los (niveles) superiores también deben existir en los (niveles) inferiores. Pero en el (nivel) inferior hay asuntos adicionales respecto del (nivel) superior. Ya se ha explicado que el corazón de la *Hitpashtut* de cada *Partzuf* se llama *Teamim*. Luego de que se expande, se lleva a cabo allí el "*Bitush* de *Or Makif* y *Or Pnimí*"; y a través de este *Bitush*, el *Masaj* se purificó gradualmente hasta igualarse con el *Pe de Rosh*.

Y puesto que la Luz Superior no se detiene, la Luz Superior se acopla con el *Masaj* en cada estado de *Aviut* a lo largo de su *Hizdakjut* (purificación). Esto significa que cuando se purifica de *Bjiná Dálet* a *Bjiná Guimel*, emerge allí el nivel de *Jojmá*. Y cuando pasa a *Bjiná Bet*, emerge allí el nivel de *Biná*. Cuando pasa a *Bjiná Alef*, emerge allí el nivel de *ZA*. Y cuando llega a *Bjinat Shóresh*, emerge allí el nivel de *Maljut*. Todos estos niveles que emergen en el *Masaj* a lo largo de su (proceso de) *Hizdakjut*, se denominan "*Nekudot* (puntos)".

Los *Reshimot* que quedan de las Luces luego de que estas se han retirado, se denominan "*Taguín*". Los *Kelim* que quedan luego de la partida de las Luces dentro de ellos, se llaman "*Otiot*". Y en cuanto el *Masaj* se ha purificado por completo de su *Aviut de Guf*, queda incluido en el *Masaj de Pe de Rosh* en el *Zivug* que allí se lleva a cabo; y surge allí un segundo *Partzuf*.

103) Y aquí, en *Partzuf de Nekudim*, se llevó a cabo de la misma manera. Aquí también surgen dos *Partzufim* –*AB* y *SaG*, uno debajo del otro. Y en cada uno de ellos hay *Teamim*, *Nekudot*, *Taguín* y, *Otiot*.

La única diferencia radica en lo relativo a la *Hizdakjut* del *Masaj*, puesto que no se llevó a cabo aquí debido al *"Bitush de Or Makif y Or Pnimí"*, sino debido a la fuerza de *Din* de la *Maljut Mesayémet*, incluida en aquéllos *Kelim* (ítem 90). Por tal motivo, los *Kelim* vacíos no permanecieron en el *Partzuf* luego de la partida de las *Orot*, como en los tres *Partzufim de Galgalta*, *AB* y, *SaG de AK*, sino que se rompieron, perecieron y cayeron a *BYA* (*Briá*, *Yetzirá*, *Asiyá*).

104) Aquí el *Partzuf de Teamim*, el cual emergió en el mundo de *Nekudim*, que es el primer *Partzuf* de *Nekudim*, que surgió en el nivel de *Kéter*, apareció con *Rosh* y *Guf*. El *Rosh* surgió en *AVI*, en tanto que el *Guf* es la *Hitpashtut* de *ZaT* desde el *Pe de AVI* hacia abajo (ítem 101). Esta *Hitpashtut* desde *Pe de AVI* hacia abajo se denomina *Mélej HaDáat* (Rey *Dáat*).

Y esto es, por cierto, la totalidad de *ZaT de Nekudim* que se volvieron a expandir a su sitio luego de la elevación del *MaN*. Pero debido a que su *Shóresh* (raíz) quedó en *AVI* por el sustento y subsistencia (que recibe) del *Panim VePanim* de *AVI* (ítem 98), llamado *Móaj HaDáat*, que acopla a *AVI*, su expansión dentro del *Guf*, desde arriba hacia abajo, se denomina *"Mélej HaDáat"*. Este es el primer *Mélej* (rey) de *Nekudim*.

105) Es sabido que la completa medida de cantidad y calidad de las diez *Sfirot de Rosh* se manifiesta también en la *Hitpashtut* de arriba abajo, hasta el *Guf*. Por lo tanto, como en las *Orot* del *Rosh*, la *Maljut Mizdavéguet* (*Maljut* de apareamiento) retornó y descendió desde *Nikvei Eynaim* al *Pe*. Entonces, *GE* (*Galgalta Eynaim*) y *Nikvei Eynaim*, que son los *Kelim de Panim*, volvieron a juntar sus *Kelim de Ajoráim*; o sea, su *AJaP*; y las *Orot* se expandieron dentro de ellos. De forma similar, en la medida que se expandieron desde arriba abajo, al *Guf*, las *Orot* fueron jaladas también a sus respectivos *Kelim de Ajoráim*, que son las *TaNHYM* (*Tifféret*, *Nétzaj*, *Hod*, *Yesod*, *Maljut*) que se encuentran en *BYA*, debajo del *Parsá* de *Atzilut*.

Sin embargo, debido a que la fuerza de *Maljut Mesayémet* en el *Parsá de Atzilut* está mezclada dentro aquéllos *Kelim*, en cuanto las *Orot* de *Mélej HaDáat* se encontraron con esta fuerza, partieron todas de los *Kelim* y ascendieron hasta su *Rosh*. Entonces, todos los *Kelim* de *Mélej HaDáat* se rompieron en *Panim VeAjor*, perecieron y cayeron a *BYA*. Esto se debe a que la partida de las *Orot* de los *Kelim* es similar a la pérdida de la vitalidad del cuerpo físico, a la que llamamos "muerte". En ese momento, el *Masaj* se purifica del *Aviut de Bjiná Dálet*, puesto que estos *Kelim* ya se han roto y han muerto, y sólo queda allí *Aviut de Bjiná Guimel*.

106) Y en cuanto el *Aviut de Bjiná Dálet* fue revocado del *Masaj de Guf* por el rompimiento, ese *Aviut* también fue revocado en el *Maljut Mizdavéguet* del *Rosh* en *AVI*. Esto se debe a que el *Aviut de Rosh* y el *Aviut de Guf* son la misma cosa, excepto que uno es potencial y el otro es de hecho (ítem 50). Por lo tanto, el *Zivug* en el nivel de *Kéter* se detuvo también en el *Rosh* en *AVI*; y los *Kelim de Ajoráim*, los *AJaP* que completaron el nivel de *Kéter*, volvieron a caer al grado debajo de ése; es decir, *ZaT*. Esto se llama "revocar el *Ajoráim* del nivel de *Kéter*, de

AVI". De esto se desprende que el nivel entero de *Teamim de Nekudim* que comprende *Rosh* y *Guf*, se retiró.

107) Y por el hecho de que *Or Elión* (Luz Superior) no deja iluminar, volvió a hacer un *Zivug* sobre el *Aviut de Bjiná Dálet* que quedó en el *Masaj de Rosh* en *AVI*, engendrando diez *Sfirot* del nivel de *Jojmá*. El *Guf* de arriba abajo se expandió hasta la *Sfirá Jésed*, y éste es el segundo *Mélej de Nekudim*. Este también se extendió a *BYA*, se rompió y pereció, a cuyo tiempo se revocó, del *Masaj de Guf* y de *Rosh*, el *Aviut* y la *Bjiná Guimel*. Además, los *Kelim de Ajoráim*, que vienen a ser el *AJaP* que completó este nivel de *AVI*, fueron anulados nuevamente y cayeron al grado de abajo, al *ZaT*, al igual que ocurrió en el nivel de *Kéter*.

Luego se llevó a cabo el *Zivug* en el *Aviut de Bjiná Bet* que quedó en el *Masaj*, engendrando diez *Sfirot* del nivel de *Biná*. El *Guf*, de arriba abajo, se expandió dentro de la *Sfirá Gvurá*; y éste es el tercer *Mélej de Nekudim*.

Este también se extendió dentro de *BYA*, se rompió y pereció, anulando también el *Aviut de Bjiná Bet* en *Rosh* y *Guf*, y también poniendo fin al *Zivug* que estaba llevándose a cabo en el nivel de *Biná* en el *Rosh*. El *Ajoráim* del nivel de *Biná de Rosh* cayó a *ZaT*, el grado debajo del suyo, y entonces el *Zivug* se llevó a cabo en el *Aviut* de *Bjiná Alef* que quedó en el *Masaj*, engendrando diez *Sfirot* del nivel de *ZA*. Además, su *Guf*, de arriba abajo, se expandió dentro del tercio superior de *Tifféret*. Sin embargo, esto tampoco duró y su *Or* también se retiró de allí. De este modo, el *Aviut de Bjiná Alef* se ha purificado tanto en *Rosh* como en *Guf*, y el *Ajoráim* del nivel de *ZA* cayó a *ZaT*, que es el grado debajo del suyo.

108) Esto completa el descenso de todos los *Ajoráim de AVI*, que son los *AJaP*. Esto se debe a que con el rompimiento de *Mélej HaDáat*, sólo fueron anulados los *AJaP* que pertenecen al nivel de *Kéter*. Y con el rompimiento de *Mélej HaJésed*, sólo fueron anulados los *AJaP* que pertenecen al nivel de *Jojmá*. Con el rompimiento de *Mélej HaGvurá*, fueron anulados los *AJaP* que pertenecen al nivel de *Biná*. Y con la partida del tercio superior de *Tifféret*, fueron anulados los *AJaP* del nivel de *ZA*.

Por lo tanto, todo el *Gadlut de AVI* fue anulado, y sólo quedaron en ellos *GE* y *Katnut*; y sólo quedó *Aviut Shóresh* en el *Masaj*. Luego se purificó el *Masaj de Guf* de todo su *Aviut* y se igualó con el *Masaj de Rosh*. En ese instante quedó incluido en un *Zivug de Akaá* del *Rosh*, y los *Reshimot* de ahí fueron renovados, dejando de lado la última *Bjiná* (ítem 41). Y a través de esta renovación, surgió un nuevo nivel llamado *YeShSUT*.

109) Y puesto que se perdió la última *Bjiná*, todo lo que quedó fue *Bjiná Guimel*, de la cual emergieron diez *Sfirot* del nivel de *Jojmá*. Y cuando su *Aviut de Guf* fue reconocido, se retiró del *Rosh de AVI*, descendió y se vistió en el sitio del *Jazé de Guf* de Nekudim (ítem 55). Engendró las diez *Sfirot de Rosh* desde el *Jazé* hasta arriba, y este *Rosh* se denomina *YeShSUT*. Engendró su *Guf* del *Jazé* hasta abajo, desde los dos tercios de *Tifféret* hasta el *Sium de Tifféret*. Este es el cuarto *Mélej de Nekudim*; y éste también se extendió hasta *BYA* y se rompió. De este modo, el *Aviut de Bjiná Guimel* se purificó, tanto en el *Rosh* como en el *Guf*. Sus *Kelim de Ajoráim* del *Rosh* cayeron al grado debajo del suyo propio, al sitio de su *Guf*.

Consecuentemente, el *Zivug* se llevó a cabo en *Aviut* de *Bjiná Bet*, que fue el que quedó allí, y engendró el nivel de *Biná*. Su *Guf*, de arriba abajo, se expandió dentro de los dos *Kelim Nétzaj* y *Hod*, los cuales comprenden un *Mélej*: el quinto *Mélej de Nekudim*. Y ellos también se extendieron a *BYA*, se rompieron y perecieron. Así, el *Aviut* de *Bjiná Bet* fue purificado en *Rosh* y en *Guf*, y los *Kelim de Ajoráim* de ese nivel cayeron al grado de abajo: al *Guf*.

Luego, el *Zivug* se llevó a cabo en el *Aviut* de *Bjiná Alef* que quedó allí, y engendró el nivel de *ZA*. Su *Guf*, de arriba abajo, se expandió dentro del *Kli de Yesod*; y éste es el sexto *Mélej* de *Nekudim*. Este también se expandió hacia dentro de *BYA*, se rompió y pereció. De esta forma, también el *Aviut* de *Bjiná Alef* se ha purificado en *Rosh* y en *Guf*; y los *Kelim de Ajoráim* en el *Rosh* cayeron al grado debajo del suyo; es decir, al *Guf*.

Entonces se llevó a cabo el *Zivug* en el *Aviut* de *Bjinat Shóresh*, que fue el que quedó en el *Masaj*, y engendró el nivel de *Maljut*. Se extendió de arriba abajo hacia dentro del *Kli de Maljut*, y he aquí el séptimo *Mélej* de *Nekudim*. Este también se expandió hacia dentro de *BYA*, se rompió y pereció. De este modo, también el *Aviut Shóresh* fue purificado en el *Rosh* y en el *Guf*, y el *Ajoráim de Rosh* cayó al grado debajo del suyo; es decir, al *Guf*. Ahora todos los *Kelim de Ajoráim* de *YeShSUT* han sido anulados, al igual que el rompimiento de los *Kelim* del *ZaT de Nekudim* entero, llamado "los siete *Melajim* (reyes)".

110) Así, hemos explicado lo relativo a los *Teamim* y *Nekudot* que surgieron en los dos *Partzufim AVI* y *YeShSUT* de *Nekudim*, llamados *AB SaG*. En *AVI* aparecieron cuatro niveles en sentido descendente:

- El nivel de *Kéter* se denomina "la observación de los *Eynaim de AVI*".

- EL nivel de *Jojmá* se denomina "*Guf de Aba*".

- El nivel de *Biná* se denomina "*Guf de Ima*".

- El nivel de *ZA* se denomina "*Yesodot* (fundamentos o bases) *de AVI*".

A partir de ellos se expandieron (los siguientes) cuatro cuerpos, que son:

- *Mélej HaDáat*;

- *Mélej HaJésed*;

- *Mélej HaGvurá*;

- El *Mélej* del tercio superior de *Tifféret*, hasta el *Jazé*.

Estos cuatro *Gufim* (pl. de *Guf*) se rompieron en *Panim* y *Ajoráim*. Pero con respecto a sus *Roshim* (pl. de *Rosh*); es decir, a los cuatros niveles en *AVI*, todos los *Kelim de Panim* permanecieron en sus (respectivos) niveles; o sea, los *GE* y *Nikvei Eynaim* de cada nivel, que se encontraban en ellos desde el *Katnut de Nekudim*. Sólo los *Kelim de Ajoráim* en cada grado, que se unieron a ellos durante el *Gadlut*, fueron anulados por causa del rompimiento, cayeron a su grado de abajo y permanecieron como estaban antes del surgimiento de *Gadlut de Nekudim* (ítems 76-77).

111) El surgimiento de los cuatro niveles, en sentido descendente, se efectuó exactamente del mismo modo en el *Partzuf de YeShSUT*:

- El primer nivel es el nivel de *Jojmá*, llamado "observación de los *Eynaim de YeShSUT* el uno con el otro",

- El nivel de *Biná*,

- El nivel de *ZA*; y,

- El nivel de *Maljut*.

A partir de ellos se expandieron (los siguientes) cuatro *Gufim* (cuerpos):

- El *Mélej* de los dos tercios inferiores de *Tifféret*,

- *Mélej* de *Nétzaj y Hod*,

- *Mélej* de *Yesod*; y,

- *Maljut*.

Sus cuatro *Gufim* se rompieron en *Panim* y *Ajor* (espalda). Pero en los *Roshim*; o sea, en los cuatro niveles de *YeShSUT*, los *Kelim de Panim* de ahí permanecieron, y sólo fueron anulados sus *Ajoráim* por causa del rompimiento, y cayeron a su grado de abajo. Luego de la anulación de los dos *Partzufim AVI* y *YeShSUT*, surgió el nivel de *MA de Nekudim*. Y puesto que todos los que se expandieron desde ahí (desde *MA*) al *Guf* eran sólo correcciones de los *Kelim*, no elaboraré sobre el tema.

El mundo de *Tikkún* y el nuevo *MA* que surgió de *Métzaj de AK*

112) Desde el comienzo del prefacio hasta este punto, hemos explicado a fondo los primeros cuatro *Partzufim de AK*:

- El primer *Partzuf de AK* se denomina *Partzuf Galgalta*, cuyo *Zivug de Akaá* se efectúa en *Bjiná Dálet*, y sus diez *Sfirot* se encuentran en el nivel de *Kéter*,

- El segundo *Partzuf de AK* se denomina *AB de AK*. Su *Zivug de Akaá* se lleva a cabo en *Aviut de Bjiná Guimel*, y sus diez *Sfirot* están en el nivel de *Jojmá*. Se viste en el *Partzuf Galgalta* desde el *Pe* hasta abajo,

- El tercer *Partzuf de AK* se denomina *SaG de AK*. Su *Zivug de Akaá* se lleva a cabo en *Aviut de Bjiná Bet*, y sus diez *Sfirot* se encuentran en el nivel de *Biná*. Se viste en el *Partzuf AB de AK* desde el *Pe* hasta abajo; y,

- El cuarto *Partzuf* se denomina *MA de AK*. Su *Zivug de Akaá* se lleva a cabo en *Aviut de Bjiná Alef*, y sus diez *Sfirot* se encuentran en el nivel de *ZA*. Este *Partzuf* se viste en *SaG de AK* desde el *Tabur* hasta abajo, y se divide en "interioridad" y "exterioridad". La parte interna se denomina *MA* y *BoN de AK*, y la parte externa se denomina "el mundo de *Nekudim*". Aquí es donde ocurre la asociación de *Maljut* con *Biná*, llamada *Tzimtzum Bet*, al igual que el *Katnut*, el *Gadlut*, el elevamiento de *MaN*, y *Dáat*, que determina y asocia *JuB* (*Jojmá-Biná*) *Panim VePanim*, y lo relativo al rompimiento de los *Kelim*. Esto se debe a que todos ellos comenzaron en el cuarto *Partzuf de AK*, llamado *MA* o "el mundo de *Nekudim*".

113) Estos cinco discernimientos de *Aviut* en el *Masaj* se denominan de acuerdo a las *Sfirot* del *Rosh*; es decir, a *Galgalta Eynaim* y *AJaP*:

- El *Aviut de Bjiná Dálet* se denomina *Pe*, del cual surge el primer *Partzuf de AK*,

- El *Aviut de Bjiná Guimel* se denomina *Jótem*, del cual surge el *Partzuf AB de AK*,

- El *Aviut de Bjiná Bet* se denomina *Ozen*, del cual surge el *Partzuf SaG de AK*,

- El *Aviut de Bjiná Alef* se denomina *Nikvei Eynaim*, del cual surgen el *Partzuf MA de AK* y el mundo de *Nekudim*; y,

- El *Aviut de Bjinat Shóresh* se denomina *Galgalta* o *Métzaj*, del cual surge el mundo de *Tikkún* (corrección), llamado "el nuevo *MA*", puesto que el cuarto *Partzuf de AK* es el centro del *Partzuf MA de AK*, ya que es consecuencia de los *Nikvei Eynaim* en el nivel de *ZA*, llamado *HaVaYaH de MA*.

Pero el quinto *Partzuf de AK*, el cual surgió del *Métzaj*, que viene a ser el aspecto de *Galgalta*, que es considerada *Aviut Shóresh*, en realidad sólo posee el nivel de *Maljut* llamado *BoN*. Sin embargo, debido a que también quedó la *Bjiná Alef de Hitlabshut*, que se considera *ZA*, también se la denomina *MA*. Aun así, se le llama "*MA* que surgió del *Métzaj de AK*", lo cual implica que es del *Hitkalelut de Aviut Shóresh*, llamado *Métzaj*. También se le llama "el nuevo *MA*", para distinguirlo del *MA* que surgió de *Nikvei Eynaim de AK*. Y este nuevo *Partzuf MA* se llama "el mundo de *Tikkún*" o "el mundo de *Atzilut*".

114) Sin embargo, debemos entender por qué los primeros tres niveles de *AK*, llamados *Galgalta*, *AB* y *SaG*, no son considerados tres mundos, sino tres *Partzufim*; y cómo es que el cuarto *Partzuf de AK* difiere de los anteriores como para ameritar ser llamado "mundo". Esto también concierne al quinto *Partzuf de AK*, porque el cuarto *Partzuf* se denomina "el mundo de *Nekudim*" y el quinto *Partzuf* se denomina "el mundo de *Tikkún*".

115) Debemos saber la diferencia entre un *Partzuf* y un mundo. Cualquier nivel de diez *Sfirot* que surge del *Masaj de Guf* del nivel superior, luego de que se purifica y queda incluido en el *Pe de Rosh* del (*Partzuf*) superior (ítem 50), se llama "*Partzuf*". Luego de su partida del *Rosh* del nivel superior, se expande dentro de sus propios *Rosh*, *Toj* y *Sof*, y también contiene cinco niveles en sentido descendente (uno debajo del otro), llamados *Teamim* y *Nekudot* (ítem 47). Sin embargo, recibe su nombre sólo luego de los *Teamim*. Y los primeros tres *Partzufim* de *AK* – *Galgalta*, *AB*, *SaG* (ítem 47) – surgen de la misma manera. Pero el concepto de "mundo" implica que contiene todo lo que existe en el mundo que está encima, tal cual como un sello y su impresión, donde todo lo que existe en el sello queda completamente transferido a su impresión.

116) De este modo puedes ver que los primeros tres *Partzufim* -*Galgalta*, *AB* y *SaG* de *AK*- son considerados un mundo, el mundo de *AK*, que surgió bajo el *Tzimtzum Alef*. Pero el cuarto *Partzuf de AK*, donde se llevó a cabo el *Tzimtzum Bet* se convirtió en un mundo en sí mismo, debido a la dualidad provocada en el *Masaj de Nekudot de SaG* a través de su descenso del *Tabur de AK*. Esto se debe a que fue duplicado por el *Aviut de Bjiná Dálet*, bajo la forma de la *Hei* inferior en los *Eynaim* (ítem 63).

Durante el *Gadlut*, *Bjiná Dálet* regresó a su lugar en el *Pe*, y dio a luz el nivel de *Kéter* (ítem 84); y este nivel se igualó con el primer *Partzuf de AK*. Y luego de que se expandió hacia dentro del *Rosh*, *Toj*, *Sof*, en *Teamim* y *Nekudot*, surgió allí un segundo *Partzuf* en el nivel de *Jojmá*, llamado *YeShSUT*, similar al segundo *Partzuf de AK*, llamado *AB de AK*. Y luego de su *Hitpashtut* en *Teamim* y *Nekudot*, emergió un tercer *Partzuf* llamado *MA de Nekudim* (ítem 111), similar al tercer *Partzuf de AK*.

De este modo, todo lo que existía en el mundo de *AK*, reapareció aquí, en el mundo de *Nekudim*; o sea, tres *Partzufim* en sentido descendente. Cada uno de ellos contiene "*Teamim y Nekudot*" y todas sus instancias, como son los tres *Partzufim Galgalta*, *AB*, *SaG* de *AK* en el mundo de *AK*. Por eso el mundo de *Nekudim* es considerado una impresión del mundo de *AK*.

Además, por esta razón se considera en sí mismo, un mundo completo. Y la razón por la que los tres *Partzufim de Nekudim* no se llaman *Galgalta*, *AB*, *SaG*, sino *AB*, *SaG*, *MA*, es que el *Aviut de Bjiná Dálet* que fue unido con el *Masaj de SaG*, está incompleto debido al *Hizdakjut* que se realizó en el primer *Partzuf de AK*. Por tal motivo descendieron (un grado), llegando a ser *AB*, *SaG* y *MA*.

117) De esta forma, hemos aprendido cómo el mundo de *Nekudim* fue impreso a partir del mundo de *AK*. De forma similar, el quinto *Partzuf de AK*; o sea, el nuevo *MA*, fue impreso completamente a partir del mundo de *Nekudim*. Así, aunque todos los discernimientos que sirvieron en *Nekudim* fueron destruidos y anulados, fueron renovados en el nuevo *MA*. Esta es la razón por la cual se lo considera un mundo por separado.

Además, se llama "el Mundo de *Atzilut*", porque termina completamente encima del *Parsá* que fue creado en el *Tzimtzum Bet*. También se denomina "el Mundo de *Tikkún* (corrección)", debido a que el mundo de *Nekudim* no pudo persistir, por causa del rompimiento y anulación que ocurrió en él. Sólo más adelante, en el nuevo *MA*, cuando todas esas *Bjinot* que estaban en el mundo de *Nekudim* retornaron y llegaron al nuevo *MA*, se establecieron y permanecieron allí.

Por esta razón se llama "el Mundo de *Tikkún*"; pues ciertamente se trata del mundo de *Nekudim* mismo, con la diferencia que aquí, en el nuevo *MA*, recibe su corrección completa. Esto se debe a que a través del nuevo *MA*, todo el *Ajoráim* que había caído de *AVI* y de *YeShSUT* al *Guf*, al igual que los *Panim* y *Ajoráim* de todas las *ZaT* (*Zayin Tajtonot* – siete inferiores) que habían caído adentro de *BYA* y que habían muerto, se vuelven a juntar y se elevan a *Atzilut*.

118) El motivo para esto es que cada *Partzuf* inferior retorna y llena los *Kelim* del (*Partzuf*) superior, luego de la partida de sus Luces durante la *Hizdakjut* (purificación) del *Masaj*. Esto se debe a que luego de la partida de las Luces del *Guf* del primer *Partzuf* de *AK*, a causa de la *Hizdakjut* del *Masaj*, el *Masaj* recibió un nuevo *Zivug* en el nivel de *AB*, el cual volvió a llenar "los *Kelim* del *Guf* del (*Partzuf*) superior" que se encontraban vacíos; es decir, el primer *Partzuf*.

Además, después de la partida de "las Luces del *Guf de AB*" a causa de la *Hizdakjut* del *Masaj*, el *Masaj* recibió un nuevo *Zivug* en el nivel de *SaG*, el cual volvió a llenar los *Kelim* vacíos del (*Partzuf*) superior, que es *AB*. Aparte, luego de la partida de las Luces de *SaG* a causa de la *Hizdakjut* del *Masaj*, el *Masaj* recibió un nuevo *Zivug* en el nivel de *MA*, el cual surgió de *Nikvei Eynaim*, siendo *Nekudim*, que volvió a llenar los *Kelim* vacíos del (*Partzuf*) superior; o sea, de *Nekudot de SaG*.

Y de la misma manera, siguiendo la partida de las Luces de *Nekudim* a causa de la anulación de *Ajoráim* y del rompimiento de los Kelim, el *Masaj* recibió un nuevo *Zivug* en el nivel de *MA*, el cual emergió del *Métzaj* del *Partzuf SaG de AK*. Esto llena los *Kelim* vacíos del *Guf* del (nivel) superior, siendo los *Kelim de Nekudim* que habían sido anulados y rotos.

119) Sin embargo, existe una diferencia esencial aquí en el nuevo *MA*. Porque se volvió masculino y el aspecto superior con respecto a los *Kelim de Nekudim*, puesto que los corrige. Y a la inversa, en los *Partzufim* previos, el (*Partzuf*) inferior no se vuelve masculino y superior con respecto a los *Kelim* del *Guf* del (*Partzuf*) superior, a pesar de que los llene a través de su nivel. Y el cambio radica en que en los *Partzufim* previos no había mancha alguna por causa de la partida de las Luces, puesto que su partida era meramente causada por la *Hizdakjut* del *Masaj*.

Pero aquí, en el mundo de *Nekudim*, existía un defecto en los *Kelim*, puesto que la fuerza de *Maljut Mesayémet* se mezcló con los *Kelim de Ajoráim* de *ZaT*, tornándolos "no aptos" para recibir las Luces. Esta es la razón por la que se rompieron y cayeron dentro de *BYA*. Por lo tanto, dependen completamente de que el nuevo *MA* los reciba, los clasifique y, los eleve a *Atzilut*. Como resultado de esto, el nuevo *MA* es considerado "masculino" y "otorgante".

Y esos *Kelim de Nekudim*, clasificados por él (por *MA*), se convirtieron en *Nukva* con respecto al *MA*. Por tal motivo, su nombre cambió por *BoN*; es decir , que se volvieron *Tajtón* con respecto al *MA*, a pesar de que son superiores al nuevo *MA*, ya que son *Kelim* del mundo de *Nekudim* y son considerados *MA* y *Nikvei Eynaim*, cuya *Bjiná* más alta es *VaK de SaG de AK* (ítem 74). Aún así, ahora se tornaron *Tajtón* con respecto al nuevo *MA*, por lo cual ahora se les llama *BoN*.

Los cinco *Partzufim de Atzilut*, **y el** *MA* **y** *BoN* **de cada** *Partzuf*

120) Ya fue aclarado que el nivel del nuevo *MA* también se expandió a un mundo totalmente completo en sí mismo, como el mundo de *Nekudim*. La razón es, como ya fue explicado en el nivel de *Nekudim*, que él es [producto] de la fuerza de la duplicación del *Masaj* también de *Bjiná Dálet* (ítem 116). Esto se debe a que todos estos niveles fueron rotos y anulados nuevamente, y todas las Luces partieron de su interior a pesar de que la iluminación de *ZoN de AK*, que iluminó sobre *GaR de Nekudim* a través del *Tabur* y de *Yesod*, trajo al *Tzimtzum Alef* de regreso a su sitio, y la *Hei* inferior descendió desde sus *Nikvei Eynaim* hasta su *Pe*, a través

de lo cual emergieron todos estos niveles de *Gadlut de Nekudim* (ítem 101). Por tal motivo, el *Tzimtzum Bet* retornó a su lugar, y *Bjiná Dálet* se reunió con el *Masaj*.

121) Por lo tanto, también en el nuevo *MA*, que surgió del *Métzaj*, hay dos *Bjinot* de *Katnut* y *Gadlut*; como en el mundo de *Nekudim*. El *Katnut* aparece primero de acuerdo con el *Aviut* que se reveló en el *Masaj*, que es el nivel de *ZA de Hitlabshut*, llamado *JaGaT* (*Jojmá-Gvurá-Tifféret*), y el nivel de *Maljut de Aviut*, llamado *NeHY* (*Nétzaj-Hod-Yesod*), a causa de las tres líneas que se formaron en *Maljut*. La línea derecha se llama *Nétzaj*; la línea izquierda se llama *Hod*; y la línea del medio se llama *Yesod*.

Sin embargo, a causa de que sólo hay *Hitlabshut* en *Bjiná Alef*, sin *Aviut*, ésta no posee *Kelim*. De esta forma, el nivel de *JaGaT* carece de *Kelim*, vistiéndose en *Kelim de NeHY*, **y este nivel se denomina "***Ubar***"** (**embrión**). Esto significa que hay aquí sólo la medida del *Aviut de Shóresh*, que es lo que quedó en el *Masaj* luego de su *Hizdakjut*, al momento de su elevación al *Zivug de Akaá* en el *Métzaj* del (nivel) superior. Y el nivel que surge de allí es sólo el nivel de *Maljut*.

Sin embargo, dentro de ella se encuentra la *Hei* inferior en ocultamiento, referida como "la *Hei* inferior en el *Métzaj*". Y en cuanto el *Ubar* recibe el *Zivug* del (nivel) superior, desciende de ahí a su sitio (ítem 54), y recibe el **Mojin de Yeniká de Elión (del nivel superior)**, que es *Aviut de Bjiná Alef*, que se considera "la *Hei* inferior en *Nikvei Eynaim*". De ese modo, adquiere también *Kelim* para *JaGaT*; y *JaGaT* se expanden desde *NeHY*; y adquiere el nivel de *ZA*.

122) Luego sube nuevamente al *Elión* (nivel encima del suyo) por *MaN*. Esto se llama *Ibur Bet* (2da. concepción), donde recibe *Mojin de AB SaG de AK*. En ese momento la *Bjiná Dálet* desciende de *Nikvei Eynaim* a su sitio en el *Pe* (ítem 101), y se lleva a cabo un *Zivug* en *Bjiná Dálet*, en su sitio, engendrando diez *Sfirot* del nivel de *Kéter*. De este modo, los *Kelim de AJaP* volvieron a subir a su sitio en el *Rosh*, y el *Partzuf* quedó completado con diez *Sfirot* de *Orot* y *Kelim*. Y esos *Mojin* se denominan *Mojin de Gadlut* del *Partzuf*. Este es el nivel del primer *Partzuf de Atzilut*, llamado *Partzuf de Kéter* o *Partzuf de Atik de Atzilut*.

123) Y ya sabes que después del *Shvirat HaKelim* (rompimiento de las vasijas) todos los *AJaP* cayeron de sus respectivos grados; cada uno al grado que se encontraba debajo del suyo (ítem 77, 106). De esta forma, los *AJaP* (*Ozen*, *Jótem* y *Pe*) del nivel de *Kéter de Nekudim* se encuentran en *GE* del nivel de *Jojmá*; y el nivel de *AJaP* del nivel de *Jojmá* se encuentra en el *GE* del nivel de *Biná*, etc. Por lo tanto, durante el *Ibur Bet de Gadlut* del primer *Partzuf* de *Atzilut*, llamado *Atik*, que volvió a elevar su *AJaP*, *GE* del nivel de *Jojmá* subió junto con ellos (*AJaP*), y fueron corregidos (*GE*) junto con el *AJaP* del nivel de *Atik*, y recibieron allí el primer *Ibur*.

124) Y en cuanto *GE de Jojmá* obtuvo su nivel de *Ibur* y *Yeniká* (amamantamiento) (ítem 121), subió nuevamente hasta el *Rosh de Atik*. Allí obtuvo un segundo *Ibur* de *Mojin de Gadlut*, *Bjiná Guimel* descendió a su sitio en el *Pe*, y engendró diez *Sfirot* en sí misma, del nivel de *Jojmá*; y sus *Kelim de AJaP* volvieron a subir a su sitio en el *Rosh*; y el *Partzuf Jojmá* quedó completado con diez *Sfirot* de *Orot* y *Kelim*. Este *Partzuf* se denomina *Arij Anpin de Atzilut*.

125) *GE* del nivel de *Biná* subieron junto con este *AJaP de AA* (*Arij Anpin*), donde recibieron el primer *Ibur* y *Yeniká*. Luego subieron al *Rosh de AA* por un segundo *Ibur*, elevaron su *AJaP*, y recibieron el *Mojin de Gadlut*; y el *Partzuf de Biná* quedó completada con diez *Sfirot*, *Orot* y *Kelim*. Este *Partzuf* se denomina *AVI* y *YeShSUT*, puesto que las *GaR* son llamadas *AVI*; y las *ZaT* (*Zayin Tajtonot*) son llamadas *YeShSUT*.

126) Y *GE de ZoN* subieron junto con estos *AJaP de AVI*, donde recibieron su primer *Ibur* y *Yeniká*. Así queda completado el *ZoN* en el estado de *VaK* para *ZA* y *Nekudá* (punto) para *Nukva*. De este modo hemos explicado los cinco *Partzufim* del nuevo *MA* que surgieron en el mundo de *Atzilut*, en el estado (lugar) fijo (constante/permanente), llamados *Atik*, *AA*, *AVI* y *ZoN*.

- *Atik* apareció en el nivel de *Kéter*,

- *AA* — en el nivel de *Jojmá*,

- *AVI* — en el nivel de *Biná*; y,

- Y *ZoN* en *VaK* y *Nekudá*, que representa el nivel de *ZA*.

Además, jamás puede existir disminución alguna en estos cinco niveles, pues los actos de los (niveles) de más abajo jamás alcanzan el *GaR* de forma tal que puedan mancillarlos. Las acciones de "los inferiores" sí llegan hasta *ZA* y *Nukva*; es decir, hasta los *Kelim* de *Ajoráim* que obtienen durante el *Gadlut*. Pero las acciones de "los inferiores" no pueden alcanzar los *Kelim de Panim*, que son *GE* en *Orot* de *VaK* y *Nekudá*. Por lo tanto, estos cinco niveles son considerados "*Mojin* constante en *Atzilut*".

127) El orden según el cual se visten uno dentro del otro, y (en) el *Partzuf de AK*, es que el *Partzuf Atik de Atzilut*, a pesar de que surgió a partir de *Rosh SaG de AK* (ítem 118), aún no puede vestirse desde el *Pe de SaG de AK* hacia abajo, sino sólo debajo del *Tabur*. Esto se debe a que encima del *Tabur de AK* se considera *Tzimtzum Alef*, llamado "*Akudim*". Debido a que

el *Partzuf de Atik* es el primer *Rosh* de *Atzilut*, y aún el *Tzimtzum Bet* no lo controla, por lo cual debería haber sido apto de vestirse encima del *Tabur de AK*. Pero, debido a que el *Tzimtzum Bet* ya se había establecido en su *Pe de Rosh*, para el resto de los *Partzufim* de *Atzilut*, desde allí hasta abajo, sólo puede vestir desde el *Tabur de AK* hacia abajo.

De esto se desprende que el nivel de *Atik* comienza en el *Tabur de AK* y termina igualmente con los *Raglin de AK*; es decir, encima del punto de este mundo. Esto se debe a su propio *Partzuf*. Sin embargo, a causa de su conexión con el resto de los *Partzufim de Atzilut*, según cuya perspectiva se le considera como estando incluido en *Tzimtzum Bet*, también en ese sentido se considera que sus *Raglin* terminan encima del *Parsá de Atzilut*, puesto que el *Parsá* es el nuevo *Sium* (final) *del Tzimtzum Bet* (ítem 68).

128) En el nuevo *MA*, el segundo *Partzuf* llamado *AA*, que emanó y emergió del *Pe de Rosh de Atik*, empieza desde el sitio de su surgimiento; o sea, desde el *Pe de Rosh de Atik*, y viste las *ZaT de Atik* que terminan encima del *Parsá de Atzilut*. El tercer *Partzuf* llamado *AVI*, que emergió del *Pe de Rosh de AA*, empieza desde *Pe de Rosh de AA* y termina encima del *Tabur de AA*. Y *ZoN* empieza en el *Tabur de AA* y termina de la misma manera con el *Sium de AA*; o sea, encima del *Parsá de Atzilut*.

129) Y debes saber, que cada nivel de estos cinco *Partzufim* del nuevo *MA* seleccionó y conectó a sí mismo una parte de los *Kelim de Nekudim*, que se convirtieron en su *Nukva*. De este modo, cuando surgió el *Partzuf de Atik*, tomó todo el *GaR de Nekudim* que había quedado entero durante el rompimiento de los *Kelim* y las conectó a sí mismo. Esto se refiere a sus *GE* que surgieron durante su *Katnut*, llamados "*Kelim de Panim*" (ítem 76). En el *Katnut de Nekudim* sólo vino con ellos la mitad superior de cada grado; es decir, *GE* y *Nikvei Eynaim*. La mitad inferior de cada uno, llamada *AJaP*, descendió a grado de más abajo.

Por lo tanto, se considera que el *Partzuf de Atik* del nuevo *MA* tomó la mitad superior de *Kéter*, la mitad superior de *JuB*, y las siete raíces de *ZaT* que estaban incluidas en *GaR de Nekudim*. Y se convirtieron en un *Partzuf de Nukva* para el *Atik* del nuevo *MA*, y se juntaron entre sí. Se llaman *MA* y *BoN de Atik de Atzilut*, puesto que la (parte) masculina de *Atik* se llama *MA*, y los *Kelim de Nekudim* que se juntaron con él se llaman *BoN* (ítem 119). Están colocados *Panim VeAjor* (cara con espalda): *Atik de MA* está en *Panim*, y *Atik de BoN* está en *Ajor*.

130) El *Partzuf AA* del nuevo *MA*, que surgió en el nivel de *Jojmá*, seleccionó y conectó a sí mismo la mitad inferior de *Kéter de Nekudim* –*AJaP de Kéter*– que se encontraban en el grado debajo de *Kéter* durante el *Katnut*; es decir, en *Jojmá* y *Biná de Nekudim* (ítem 77). Se convirtió en una *Nukva* para el *AA* del nuevo *MA*, y ambos se juntaron. Se ubican a derecha e izquierda (*Yamín veSmol*): *AA de MA*, que es masculino, se ubica a la derecha; y *AA de BoN*, que es la *Nukva*, a la izquierda.

Y la razón por la cual el *Partzuf de Atik de MA* no tomó la mitad inferior de *Kéter de Nekudim* se debe a que, puesto que *Atik* es el primer *Rosh de Atzilut*, cuyo nivel es muy alto, conectó consigo mismo sólo los *Kelim de Panim de GaR de Nekudim*, donde no ocurrió defecto alguno durante el rompimiento. Esto no aplica a la mitad inferior de *Kéter*, el *AJaP* que cayó dentro de *JuB* durante el *Katnut*. Luego, durante el *Gadlut*, ascendieron desde *JuB* y se juntaron con *Kéter de Nekudim* (ítem 84); y luego del rompimiento de los *Kelim*, volvieron a caer de *Kéter de Nekudim* y fueron anulados. De esta forma, fueron estropeados a causa de su caída y de su anulación, por lo cual se volvieron indignos de *Atik*. Este es el motivo por el cual los tomó *AA de MA*.

131) Y el nuevo *Partzuf de AVI*, en el nivel de *Biná*, seleccionó y conectó a sí mismo la mitad inferior de *JuB* (*Jojmá-Biná*) *de Nekudim*, que corresponde al *AJaP de JuB* que cayó dentro de *ZaT de Nekudim* durante el *Katnut*. Pero luego, durante el *Gadlut de Nekudim*, ascendieron y se juntaron con *JuB de Nekudim* (ítem 94). Durante el rompimiento de los *Kelim*, volvieron a caer dentro de *ZaT de Nekudim*, y fueron anulados (ítem 107); y *AVI de MA* los seleccionó para convertirlos en su *Nukva*.

Se denominan *ZaT de Jojmá* y *ZaT de Biná de BoN*, puesto que *Jésed de Biná* quedó con *GaR de JuB* en el *Partzuf de Atik*; y sólo la *Vav* inferior, desde *Gvurá* hacia abajo, permaneció en la mitad inferior de *Biná*. Por eso, la parte masculina de *AVI* corresponde al nivel de *Biná de MA*; y *Nukva de AVI* es *ZaT de JuB de BoN*. Se ubican a derecha y a izquierda (*Yamín VeSmola*): *AVI de MA*, a la derecha; y *AVI de BoN*, a la izquierda. Y *YeShSUT de MA*, que corresponde a *ZaT de AVI*, tomó a *Maljut de JuB de BoN*.

132) Y el *Partzuf de ZoN* del nuevo *MA*, en el nivel de *VaK* y *Nekudá*, seleccionó y conectó a sí mismo los *Kelim de Panim* de *ZaT de Nekudim*, de (los restos de) su rompimiento y destrucción en *BYA*; es decir, la *Bjiná de GE* de *ZaT de Nekudim* (ítem 78). Se convirtieron en *Nukva* para *ZoN de MA*, y se ubican a derecha e izquierda: *ZoN de MA*, a la derecha; y *ZoN de BoN*, a la izquierda.

133) De este modo hemos explicado el *MA* y *BoN* para los cinco *Partzufim de Atzilut*. Los cinco niveles del nuevo *MA* que surgió en el mundo de *Atzilut* seleccionaron los viejos *Kelim* que funcionaban en *Nekudim*, y los convirtieron en *Nukvot* (femeninos) llamados *BoN*.

- *BoN de Atik* fue seleccionado y construido a partir de la mitad inferior de *GaR de Nekudim*, que funcionaba durante el *Gadlut de Nekudim*, y que fue anulada nuevamente,

- *BoN de AA* y *AVI* fueron seleccionados y construidos a partir de la mitad inferior de *GaR de Nekudim*, que les sirvió durante *Gadlut de Nekudim*, y que fue anulada nuevamente; y,

- *BoN de ZoN* fueron seleccionados y construidos a partir de los *Kelim de Panim* que surgieron durante *Katnut de Nekudim*, que se rompieron y *cayeron* junto con sus *Kelim de Ajoráim* durante su *Gadlut*.

Una gran regla concerniente al constante *Mojin* **y a los ascensos de los** *Partzufim* **y de los** *Olamot* **(mundos) a lo largo de los seis mil años**

134) Ya ha sido explicado que el surgimiento del *Gadlut* del *GaR* y *ZaT de Nekudim* se produjo a través de una serie de tres puntos: bajo la forma de los tres puntos *Jólam*, *Shúruk*

y, *Jírik* (ítem 86). A partir de esto podemos entender que existen dos tipos de compleción de las diez *Sfirot* para la recepción del *Mojin de Gadlut*.

El primero es a través del ascenso e inclusión (*Hitkalelut*) dentro del (grado) superior; o sea, cuando el *ZoN de AK* iluminó con su nueva Luz a *Kéter de Nekudim* a través del *Tabur*, y bajó la *Hei* inferior del *Nikvei Eynaim de Kéter* a su *Pe*. De este modo, los *AJaP* de *Kéter* que habían caído a *AVI*, subieron y regresaron a su grado en *Kéter*, completando sus diez *Sfirot*.

Se considera que en ese estado *GE de AVI*, unido al *AJaP de Kéter*, subió junto con ellos. Por eso, también *AVI* están incluidos en las completas diez *Sfirot de Kéter*, puesto que el (grado) inferior que se eleva al (grado) superior se iguala con éste (ítem 93). Por tal motivo se considera que también *AVI* obtuvo los *AJaP* que les faltaba para completar sus diez *Sfirot*, por la fuerza de su inclusión en *Kéter*. Este es el primer tipo de *Mojin de Gadlut*.

135) El segundo tipo es un grado que fue completado con diez *Sfirot* por sí mismo cuando *ZoN de AK* iluminó con su nueva Luz a *AVI* a través de *Yesod de AK*, llamado "el punto de *Shúruk*", y bajó la *Hei* inferior de *Nikvei Eynaim de AVI* a su *Pe*. De esta forma elevaron, al *Rosh de AVI*, los *Kelim de AJaP de AVI* desde el sitio al cual habían caído en *ZaT*, completando así sus diez *Sfirot*. De este modo, ahora *AVI* están completos, puesto que han obtenido los verdaderos *Kelim de AJaP* que les faltaba.

Sin embargo, en el primer tipo, cuando recibieron del *Kéter* su terminación a través de *Dvekut* con su *AJaP* (de *Kéter*), aún carecían del *AJaP*. Pero debido a su *Hitkalelut* en *Kéter*, recibieron a través éste (de *Kéter*), iluminación de su propio *AJaP*, que alcanzó sólo a completarlos con diez *Sfirot* mientras aún se encontraban en el lugar de *Kéter*; y no cuando partieron de allí a su propio sitio.

136) De forma similar, también *ZaT* son completadas de dos maneras:

1. Durante el brillo e iluminación de *Shúruk* y el ascenso de *AJaP de AVI*, en cuyo momento también ascendieron junto con ellos los *GE de ZaT* que se encontraban adheridos a ellos, y donde recibieron un *AJaP* para completar sus diez *Sfirot*. Estos *AJaP* ya no son verdaderos *AJaP*, sino sólo iluminación de *AJaP*, suficiente sólo para completar las diez *Sfirot* mientras se encuentran en *AVI*, y no cuando descienden a su propio sitio; y,

2. De la manera como fueron completadas las diez *Sfirot*, que *ZaT* obtuvo durante la *Hitpashtut* del *Mojin* desde *AVI* a *ZaT*, a través de lo cual también bajaron su *Hei* inferior final desde su *Jazé* al *Sium Raglin de AK* y elevaron sus *TaNHY* desde *BYA* y las conectaron a su grado, a *Atzilut*. Entonces, si no hubiera estado roto, se hubieran completado con diez *Sfirot* completas por sí mismas, puesto que ahora han obtenido el verdadero *AJaP* que les faltaba.

137) En los cuatro *Partzufim*, los cuales emergieron de *AVI* hacia los *Kelim de JaGaT*, al igual que en los cuatro *Partzufim* que emergieron de *YeShSUT* hacia los *Kelim de TaNHYM* (ítem 107-109), existen también estos dos tipos a través de los cuales fueron completadas las

diez *Sfirot*. Esto se debe a que en la primera *Bjiná* cada uno fue completado por medio de la adhesión con el *AJaP de AVI* y *YeShSUT* mientras aún se encontraban en el *Rosh*. Este es el primer tipo de conclusión de las diez *Sfirot*. Luego, cuando se expandieron a *BYA*, quisieron ser completadas completando el segundo tipo de "diez *Sfirot*". Esto también aplica a las *Sfirot* (que se encuentran) dentro de (otras) *Sfirot*.

138) Debes saber que estos cinco *Partzufim*, *Atzilut*, *Atik*, *AA*, *AVI* y *ZoN* fueron establecidos en un estado (lugar) constante y permanente, y no les aplica disminución de ningún tipo (ítem 126). *Atik* surgió en el nivel de *Kéter*; *AA* en el nivel de *Jojmá*; *AVI* en el nivel de *Biná* y *ZoN* en el nivel de *ZA*, siendo *VaK* sin un *Rosh*.

De este modo, los *Kelim de AJaP* que fueron seleccionados para ellos en el período de *Gadlut*, fueron considerados del primer tipo de "conclusión de diez *Sfirot*", por medio del punto de *Jólam* que volcó su iluminación en *Kéter de Nekudim*. En ese momento también *AVI* fueron completados por el *Kéter*, y obtuvieron iluminación de los *Kelim de AJaP* (ítem 134). Por lo tanto, aunque *Atik*, *AA* y *AVI* tenían todos diez *Sfirot* completas en el *Rosh*, no se expandió ningún tipo de *GaR* desde éste (el *Rosh*) a sus *Gufim*. Incluso el *Partzuf de Atik* tenía sólo *VaK* sin un *Rosh* en el *Guf*; e igualmente *AA* y *AVI*.

La razón para esto es que lo más puro se selecciona primero. Por lo tanto, sólo fue seleccionada entre ellos la conclusión del primer tipo de "diez *Sfirot*", desde la perspectiva de su ascenso al (grado) de arriba; o sea, la iluminación de los *Kelim de AJaP*, que alcanza para completar las diez *Sfirot* en el *Rosh*. Pero aún no hay *Hitpashtut* (expansión) desde el *Rosh* al *Guf*, ya que cuando *AVI* fueron incluidos en *Kéter de Nekudim*, se aprontaron para la iluminación de *AJaP* por la fuerza de *Kéter*, y no por su *Hitpashtut* a su propio sitio, desde el *Pe de Kéter* hacia abajo (ítem 135). Y puesto que los cuerpos de *Atik*, *AA* y *AVI* se encontraban en *VaK* sin un *Rosh*, es tanto más cierto con *ZoN*, que son considerados el *Guf* común de *Atzilut* que emergió en *VaK* sin un *Rosh*.

139) Sin embargo en *AK* no fue así. Solamente que toda la cantidad entera que emergió en los *Roshim* (cabezas) de los *Partzufim de AK*, también se expandieron a sus cuerpos. Por lo tanto, todos los cinco *Partzufim de Atzilut* son considerados solo como *VaK* de los *Partzufim de AK*. Por tal motivo se les llama "el nuevo *MA*" o "*MA* de los cinco *Partzufim de AK*"; es decir, el nivel de *ZA*, que es *MA* sin *GaR*. Las *GaR* son *Galgalta*, *AB* y *SaG*, puesto que el corazón del grado se mide de acuerdo con su expansión dentro del *Guf*, desde el *Pe* hacia abajo. Y puesto que los primeros tres *Partzufim* no se extienden hacia dentro del *Guf* sino sólo *VaK* sin un *Rosh*, son considerados *MA*, que es el nivel de *VaK* sin un *Rosh* con respecto a los cinco *Partzufim de AK*.

140) De esta forma **Atik de Atzilut** con el nivel de *Kéter* en el *Rosh*, es considerado *VaK* respecto al *Partzuf de Kéter de AK*; careciendo también de *Neshamá*, *Jayiá* y *Yejidá de Kéter de AK*. *AA de Atzilut*, con el nivel de *Jojmá* en el *Rosh*, es considerado *VaK* para el *Partzuf AB de AK*, que es *Jojmá*, careciendo de *Neshamá*, *Jayiá* y *Yejidá de AB de AK*.

AVI de Atzilut, con el nivel de *Biná* en el *Rosh*, es considerado *VaK* del *Partzuf SaG de AK*; careciendo de *Neshamá*, *Jayiá* y, *Yejidá de SaG de AK*. **ZoN de Atzilut** son considerados *VaK* del *Partzuf MA* y *BoN* de *AK*, careciendo de *Neshamá*, *Jayiá* y, *Yejidá* de *MA* y *BoN* de *AK*. Y **YeShSUT y ZoN** siempre se encuentran en el mismo grado, siendo uno el *Rosh* y el otro el *Guf*.

141) La conclusión del *AJaP* de las diez *Sfirot* del segundo tipo, se lleva a cabo por medio de la elevación de *MaN* a partir de buenos actos de los inferiores. Esto significa que ellos completan a *AVI* con respecto a sí mismos, como en el punto de *Shúruk*. En ese momento, *AVI* bajan la *Hei* inferior desde su *Nikvei Eynaim* (de *AVI*), y elevan su *AJaP* hasta sí mismos. En ese momento también tienen la fortaleza de otorgar a *ZaT*, que son *ZoN*; es decir, a los *Gufim* en sentido de arriba abajo. Esto se debe a que *GE de ZoN*, unidos a los *AJaP* y *AVI*, son atraídos a *AVI* junto con ellos, y reciben de ellos la conclusión de sus diez *Sfirot*.

En ese momento, la totalidad del *Mojin de AVI* se entrega también al *ZoN* que ascendió junto con ellos a sus *AJaP*. Por lo tanto, cuando los cinco *Partzufim de Atzilut* son completados por medio de este "segundo tipo", existe *GaR* para los *Gufim* de los primeros tres *Partzufim* –*Atik*, *AA* y, *AVI de Atzilut*– al igual que para *ZoN de Atzilut*, el *Guf* común y corriente de *Atzilut*.

Cuando esto ocurre, los cinco *Partzufim de Atzilut* se elevan y visten los cinco *Partzufim* de *AK*. Esto se debe a que durante la *Hitpashtut de GaR* a los *Gufim* de los cinco *Partzufim de Atzilut*, se igualan con los cinco *Partzufim de AK*:

- *Atik de Atzilut* se eleva y viste al *Partzuf Kéter de AK*,

- *AA* viste a *AB de AK*,

- *AVI* a *SaG de AK*; y,

- Y *ZoN* viste a *MA* y a *BoN de AK*.

Y entonces, cada uno de ellos recibe *Neshamá*, *Jayiá* y, *Yejidá* de su correspondiente *Bjiná de AK*.

142) Sin embargo, con respecto a *ZoN de Atzilut*, estos *Mojin* son considerados solamente como el primer tipo de conclusión de "diez *Sfirot*". Esto se debe a que estos *AJaP* no son *AJaP* completos, sino solamente iluminación de *AJaP*, la cual reciben a través de *AVI* mientras se encuentran en el lugar de *AVI*. Pero en su expansión a su propio sitio, aún carecen de su propio *AJaP* (ítem 36).

Por esta razón, todo el *Mojin* que *ZoN* obtiene a lo largo de los 6.000 años es considerado "*Mojin* de ascensión", puesto que sólo pueden obtener *Mojin de GaR* cuando se elevan al lugar de *GaR*, ya que entonces son completados a través de ellas. Pero si no se elevan al lugar de *GaR*, no pueden recibir *Mojin*, ya que *ZoN* aún necesita arreglar el segundo tipo de *Mojin*; porque esto sucederá sólo al final de la corrección.

143) De este modo hemos explicado que el *Mojin* de los cinco *Partzufim* permanentes de *Atzilut* son del primer tipo de arreglo de los *Kelim de AVI*, que en el mundo de *Nekudim* se denomina "iluminación de *Tabur*" o "el punto de *Jólam*". Incluso *AVI* sólo posee el primer

tipo de conclusión; por lo tanto no se extiende iluminación de *GaR* alguna de los *Roshim de Atik*, *AA* y, *AVI*, a sus propios *Gufim* y a *ZoN*, ya que *ZaT de Nekudim* tampoco recibió nada de esa iluminación del *Jólam* (ítem 88).

Y el *Mojin* de los 6.000 años, hasta el final de la corrección que llega a través de la elevación de *MaN* por parte de "los inferiores", es considerado el arreglo o selección de los *Kelim* para completar el segundo tipo de "diez *Sfirot de AVI*". En el mundo de *Nekudim* esta iluminación se denomina "iluminación de *Yesod*" o "el punto de *Shúruk*", ya que entonces *AVI* elevan sus propios *AJaP*, a los cuales también están unidos los *GE de ZaT*. Por lo tanto, también las *ZaT* reciben *Mojin de GaR* en el lugar de *AVI*. De esta forma, estos *Mojin* alcanzan los *Gufim* de los cinco *Partzufim de Atzilut* y el *ZoN* común, excepto que deben estar arriba, en el lugar de *GaR* a fin de vestirlos.

En el futuro al final de la corrección, *ZoN* recibirá la conclusión (será completado) del segundo tipo de "diez *Sfirot*", y bajará la *Hei* inferior final de su *Jazé*, que es el *Parsá de Atzilut*, al sitio de *Sium Raglin* de *AK* (ítem 136). En ese momento las *TaNHY* (*Sfirot*) de *ZoN* en *BYA* se conectarán al grado de *ZoN* de *Atzilut*, y *Sium Raglin de Atzilut* se igualará con *Sium Raglin de AK*. Entonces aparecerá el Rey Mesías, como está escrito: "Y Sus pies se pararán... sobre el Monte de Olivos". Así, ha sido aclarado debidamente que no existe corrección alguna de los mundos durante los 6.000 años, salvo a través del ascenso.

Explicando las tres Mundos de *Briá, Yetzirá y Asiyá*

144) Existen siete puntos básicos para discernir dentro de los tres *Olamot* de *BYA*:

1. ¿De dónde salió el lugar dado a estos tres *Olamot*?,

2. Los niveles de los *Partzufim* de *BYA* y la posición inicial de los *Olamot* cuando fueron creadas y emanaron de *Nukva de Atzilut*,

3. Todos los niveles del *Mojin* agregado, y la posición que habían adquirido antes del pecado de *Adam HaRishón*,

4. El *Mojin* que quedó en los *Partzufim de BYA*, y el sitio al cual cayeron los Mundos después de haber sido mancillados por el pecado de *Adam HaRishón*,

5. El *Mojin de Ima* que recibieron los *Partzufim BYA* luego de su caída debajo del *Parsá de Atzilut*,

6. Los *Partzufim de Ajor* de los cinco *Partzufim de Atzilut* que descendieron y vistieron los *Partzufim de BYA*, y que se convirtieron en lo que se discierne para ellos como el aspecto de *Neshamá a Neshamá*; y,

7. La *Maljut de Atzilut* que descendió y se convirtió en *Atik* de los *Partzufim de BYA*.

145) El primer discernimiento ya fue explicado en el (ítem 66): Debido a la ascensión de *Maljut Mesayémet* (culminante), que se encontraba debajo del *Sium Raglin de AK*, al lugar del *Jazé de ZaT de Nekudot de SaG*, que se produjo durante el *Tzimtzum Bet*, los dos tercios inferiores de *Tifféret* y *NeHYM* cayeron debajo del nuevo punto de *Sium* al *Jazé de Nekudot*. De esta forma, dejaron de ser aptos de recibir *Or Elión* (Luz Superior), y el lugar de los tres Mundos de *BYA* fue formado a partir de ellos:

- El sitio del mundo de *Briá* fue formado de los dos tercios inferiores de *Tifféret*,

- El sitio del mundo de *Yetzirá* fue formado de las tres *Sfirot NeHY*; y,

- El sitio del mundo de *Asiyá* fue formado de *Maljut*.

146) El segundo discernimiento corresponde a los niveles de los *Partzufim de BYA* y su posición al momento de su partida y nacimiento en *Nukva de Atzilut*. Sabe que en ese momento, *ZA* ya había obtenido la *Bjiná de Jayiá de Aba*, y *Nukva* ya había obtenido la *Bjiná de Neshamá de Ima*.

Y ya sabes que *ZoN* (*ZA* y *Nukva*, o *Zajar* y *Nekevá* (Masculino y Femenino)) reciben el *Mojin* de *AVI* sólo por medio de la elevación y la *Hitlabshut* (ítem 142). Por lo tanto, *ZA* viste a *Aba de Atzilut* llamado *AVI Superior*; *Nukva* viste a *Ima de Atzilut* llamada *YeShSUT*; y entonces *Nukva de Atzilut* preparó y engendró el mundo de *Briá* con sus cinco *Partzufim*.

147) Y puesto que *Nukva* se encuentra en el sitio de *Biná*, se considera que posee el grado de *Ima*, ya que el (grado) del inferior que se eleva hasta el (grado) de más arriba, se vuelve igual a éste. Por eso, el Mundo de *Briá* (mundo de *Briá*), que fue preparado por ella, se considera el grado de *ZA*, puesto que corresponde a un grado inferior a *Nukva*, que es considerada *Ima*; en tanto que el (grado) inferior al de *Ima* es *ZA*. Entonces, el Mundo de *Briá* que se ubica en el sitio de *ZA de Atzilut*, se encuentra debajo de *Nukva de Atzilut*, que era considerada *Ima de Atzilut*.

148) De este modo, se considera que el mundo de *Yetzirá*, que fue preparado y engendrado por el Mundo de *Briá*, se encuentra entonces en el grado de *Nukva de Atzilut*. Esto se debe a que (éste) es el grado inferior al del Mundo de *Briá*, que entonces era considerado el *ZA de Atzilut*. Y el inferior de *ZA* es considerado *Nukva*.

Sin embargo, no todas las diez *Sfirot* del Mundo de *Yetzirá* son consideradas *Nukva de Atzilut*, sino sólo las primeras cuatro de *Yetzirá*. Esto se debe a que existen dos estados de *Nukva*: *"Panim VePanim"* (cara a cara) y *"Ajor VeAjor"* (espalda con espalda).

- Cuando está *"Panim VePanim"* con *ZA*, su nivel se iguala al de éste;

- Y cuando está *"Ajor VeAjor"*, ocupa sólo las cuatro *Sfirot TaNHY de ZA*.

Y debido a que en ese momento el estado (posición) de todos los Mundos era sólo *"Ajor VeAjor"*, había sólo cuatro *Sfirot* en *Nukva*. Por lo tanto, el Mundo de *Yetzirá* también tiene sólo sus primeras cuatro *Sfirot* en el lugar de *Nukva de Atzilut*. Y las seis (*Sfirot*) inferiores de *Yetzirá* se encontraban en (el lugar de) las primeras seis *Sfirot* del Mundo actual de *Briá*, de acuerdo con las cualidades que están en el lugar de *BYA* en la primera fase (ítem 145), adonde los Mundos de *BYA* cayeron luego del pecado de *Adam HaRishón*, y el cual es ahora su lugar permanente.

149) El Mundo de *Asiyá*, que fue preparado por el Mundo de *Yetzirá*, es considerado el grado actual de *Briá*. Puesto que el Mundo de *Yetzirá* se encontraba previamente en el grado de *Nukva de Atzilut*, el grado inferior al suyo –el Mundo de *Asiyá*– es considerado el Mundo actual de *Briá*. Pero debido a que sólo las primeras cuatro (*Sfirot*) de *Yetzirá* eran consideradas *Nukva de Atzilut*, y sus seis (*Sfirot*) inferiores también se encontraban en ese momento en el Mundo de *Briá*, sólo las primeras cuatro del Mundo de *Asiyá*, debajo de ellas, son referidas como las cuatro inferiores del Mundo de *Briá*. Y las seis (*Sfirot*) inferiores del Mundo de *Asiyá* se encontraban en el lugar de las primeras seis del Mundo actual de *Yetzirá*.

En ese momento las catorce *Sfirot* –*NeHYM* del (Mundo de) *Yetzirá* actual y todas las diez *Sfirot* del (Mundo de) *Asiyá* actual– fueron privadas de toda *Kdushá* y se volvieron *Mador HaKlipot* (la sección de las cáscaras). Esto se debe a que sólo había *Klipot* en el sitio de estas catorce *Sfirot*, puesto que los Mundos de *Kdushá* terminaron en el sitio del *Jazé* del Mundo de *Yetzirá* actual. De este modo, hemos aprendido acerca de los niveles de los *Partzufim* de *BYA* y el lugar en el que estaban posicionados cuando recién emergieron.

150) Ahora, ya hemos explicado la tercera fase (*Bjiná*) –los niveles de los *Partzufim de BYA* y la postura que tenían del *Mojin* agregado previo al pecado de *Adam HaRishón*. Esto se debe a que a través de la iluminación de la adición de *Shabat*, tenían dos ascensiones:

1. A la quinta hora de la noche de *Shabat*, cuando nació *Adam HaRishón*. En ese momento comienza a iluminar la adición del *Shabat* bajo la forma de "la quinta del sexto día". Y entonces:

    a) *ZA* obtuvo la *Bjiná de Yejidá* y ascendió y vistió a *AA de Atzilut*,

    b) Y *Nukva* alcanzó la *Bjiná de Jayiá*, y ascendió y vistió a *AVI de Atzilut*,

    c) *Briá* ascendió a *YeShSUT*,

    d) *Yetzirá* entera ascendió a *ZA*,

    e) Las cuatro primeras (*Sfirot*) de *Asiyá* ascendieron al lugar de *Nukva de Atzilut*; y,

    f) Las seis inferiores de *Asiyá* ascendieron al lugar de las primeras seis de *Briá*.

2. En la noche de *Shabat*, al crepúsculo. Por medio de la adición del *Shabat*, las seis inferiores de *Asiyá* también ascendieron al sitio de *Nukva de Atzilut*, y los Mundos de *Yetzirá* y *Asiyá* se ubicaron en el Mundo de *Atzilut*, en el lugar de *ZoN de Atzilut*, en el estado de "*Panim VePanim*".

151) Y ahora explicaremos la cuarta fase: el nivel de *Mojin* que quedó en *BYA*, y el lugar al cual cayeron luego del pecado. Debido al estrago causado por el pecado del Árbol del Conocimiento, todo el *Mojin* agregado que habían obtenido a través de las dos ascensiones se retiró de los Mundos; y *ZoN* volvió a ser *VaK* y *Nekudá*. Y los tres Mundos de *BYA* quedaron solamente con el *Mojin* con el cual habían surgido inicialmente. El Mundo de *Briá* se encontraba en el grado de *ZA* que significa *VaK*; y también *Yetzirá* y *Asiyá* en la medida que fue mencionada más arriba (ítem 148).

Además, el discernimiento de *Atzilut* les había dejado completamente, por lo cual cayeron debajo del *Parsá de Atzilut* a la cualidad del sitio de *BYA*, (que había sido) preparada por el *Tzimtzum Bet* (ítem 145). De este modo, las cuatro (*Sfirot*) inferiores de *Yetzirá* y las diez *Sfirot* del Mundo de *Asiyá* cayeron y se ubicaron en el sitio de las catorce *Sfirot* de las *Klipot*, llamadas *Mador HaKlipot*.

152) La quinta fase consiste del *Mojin de Ima* que *BYA* recibieron en el lugar al cual cayeron. Luego que *BYA* partieron de *Atzilut* y cayeron debajo del *Parsá de Atzilut*, tenían sólo *VaK* (ítem 151). Entonces, *YeShSUT* se vistió en *ZoN de Atzilut*, y *YeShSUT* se acopló (hizo *Zivug*) con el propósito de vestirse en *ZoN*, e impartió *Mojin de Neshamá* a los *Partzufim* de *BYA* en sus (respectivos) lugares:

- El Mundo de *Briá* recibió de ellos diez *Sfirot* completas en el nivel de *Biná*,

- El Mundo de *Yetzirá* recibió de ellos *VaK*; y,

- El Mundo de *Asiyá* (recibió) sólo la fase de "*Ajor VeAjor*".

153) La sexta fase es el aspecto de "*Neshamá a Neshamá*", puesto que los *Partzufim* de *BYA* obtuvieron de los *Partzufim* de *Ajor* de los cinco *Partzufim de Atzilut*. Esto se debe a que durante la disminución lunar, el *Partzuf de Ajor* de *Nukva de Atzilut* cayó y se vistió en los *Partzufim de BYA*. Este está incluido de tres *Partzufim* llamados *Ibur, Yeniká* y, *Mojin*:

- La *Bjiná* (fase) de *Mojin* cayó dentro de *Briá*,

- La *Bjiná* de *Yeniká* cayó dentro de *Yetzirá*; y,

- La *Bjiná* de *Ibur* cayó en *Asiyá*.

Se convirtieron en el aspecto de "*Neshamá a Neshamá*" para todos los *Partzufim de BYA*, los cuales con respecto a ellos son considerados *Jayiá*.

154) La séptima fase es *Nukva de Atzilut*, que se convirtió en *RaDLA* y la iluminación de *Yejidá* en *BYA*. Esto se debe, como ha sido explicado, a que durante la disminución lunar, las tres *Bjinot -Ibur, Yeniká* y, *Mojin-* del *Partzuf de Ajor de Nukva de Atzilut*, cayeron y se vistieron en *BYA*. Estas son consideradas como el *Ajoráim* de las nueve (*Sfirot*) inferiores de *Nukva*, que son *Ibur, Yeniká* y, *Mojin*:

- *NeHY* se llama *Ibur,*

- *JaGaT* se llama *Yeniká*; y,

- *JaBaD* se llama *Mojin.*

Sin embargo, el *Ajor* de *Bjiná Kéter de Nukva* se convirtió en *Atik* para los *Partzufim de BYA*, de un modo tal que las *Orot* (Luces) de los *Partzufim* de *BYA* ahora consisten básicamente de los restos que quedaron en ellos luego del pecado de *Adam HaRishón*, pues son el aspecto de *VaK* (*Vav Ktzavot*) (seis bordes) de cada uno de ellos (ítem 151).

- Recibieron el aspecto de *Neshamá* de parte de *Mojin de Ima* (ítem 152),

- Y recibieron el aspecto de "*Neshamá a Neshamá*" que es la *Bjiná* de *Jayiá*, de las nueve (*Sfirot*) inferiores del *Partzuf de Ajor de Nukva*; y,

- Recibieron el aspecto de *Yejidá* de parte de la *Bjiná* de *Ajor de Kéter* de *Nukva de Atzilut*.

Explicando el asunto de la elevación de los Mundos

155) La diferencia principal entre los *Partzufim de AK* y los *Partzufim* del Mundo de *Atzilut*, es que los *Partzufim de AK* son del *Tzimtzum Alef*, donde cada grado contiene "diez *Sfirot* completas". Además, hay sólo un *Kli* en las diez *Sfirot*: el *Kli* de *Maljut*. En tanto que las primeras nueve *Sfirot* son consideradas sólo *Orot*.

Los *Partzufim de Atzilut*, en cambio, son del *Tzimtzum Bet*, tal como está escrito al decir: "en el día que el Señor Dios creó la tierra y el cielo", cuando Él asoció *Rajamim* con *Din* (ítem 59). *Midat HaDin*, que es *Maljut*, ascendió y se conectó a *Biná*, que es *Midat HaRajamim*, y se juntaron. De esta forma, se colocó un nuevo *Sium* encima de *Or Elión* en el lugar de *Biná*. La *Maljut* que finaliza en el *Guf* (*Maljut Mesayémet*) ascendió a *Biná de Guf*, que es *Tifféret*, al lugar del *Jazé*; y la *Maljut* de acoplamiento en el *Pe de Rosh* (*Maljut Mizdavéguet*) ascendió al lugar de *Biná de Rosh*, que se llama *Nikvei Eynaim*.

De este modo, el nivel de los *Partzufim* disminuyó hasta el grado de *GE* que corresponde a los *Kelim* de *Kéter-Jojmá*, del nivel de *VaK* sin un *Rosh*, que corresponde a las *Orot Néfesh-Rúaj* (ítem 74). Por lo tanto, carecen de los *AJaP de Kelim* que corresponden a *Biná* y *ZoN*, y de las *Orot Neshamá*, *Jayiá* y, *Yejidá*.

156) Ya ha sido explicado (ítem 124) que al elevar *MaN* con motivo del segundo *Ibur*, los *Partzufim de Atzilut* obtuvieron de *AB SaG de AK*, la iluminación de *Mojin* que hace bajar la *Hei* inferior de los *Nikvei Eynaim* de regreso a su lugar en el *Pe*, tal como en *Tzimtzum Alef*. De esta forma recuperan los *AJaP de Kelim* y las *Orot* (Luces) de *Neshamá*, *Jayiá* y, *Yejidá*. No obstante, esto ayudó sólo en las diez *Sfirot* del *Rosh* de los *Partzufim*, pero no en sus *Gufim*, puesto que estos *Mojin* no se expandieron desde el *Pe* hacia abajo, hasta sus *Gufim* (ítem 138).

Por consiguiente, incluso luego de *Mojin de Gadlut*, los *Gufim* permanecieron en *Tzimtzum Bet* como durante el *Katnut*. Por tal motivo, todos los cinco *Partzufim de Atzilut* se considera que ostentan sólo el nivel de las diez *Sfirot* que emergen en *Aviut* de *Bjiná Alef*; el nivel de *ZA* sin un *Rosh*, llamado "el nivel de *MA*". Estos visten el nivel de *MA* de los cinco *Partzufim de AK*; es decir, desde el *Tabur* de los cinco *Partzufim de AK* hasta abajo.

157) De este modo, el **Partzuf de Atik de Atzilut** viste al *Partzuf de Kéter de AK* desde su *Tabur* hacia abajo, recibiendo su abundancia del nivel de *MA* del *Partzuf de Kéter de AK* que allí se encuentra. El **Partzuf de AA de Atzilut** viste al *Partzuf AB de AK* desde el *Tabur* hasta abajo, y recibe su abundancia del nivel de *MA de AB de AK* que allí se encuentra. **AVI de Atzilut** viste al *Partzuf SaG de AK* desde el *Tabur* hasta abajo, y recibe su abundancia del nivel de *MA de SaG* que allí se encuentra. **ZoN de Atzilut** viste al *Partzuf MA y BoN de AK* desde el *Tabur* hasta abajo, y recibe su abundancia del nivel de *MA del Partzuf MA y BoN de AK*.

De esta forma, cada uno de los cinco *Partzufim de Atzilut* recibe, de su correspondiente *Partzuf*, sólo *VaK* sin un *Rosh*, llamado "el nivel de *MA*". Y aunque hay *GaR* en los *Roshim* de los cinco *Partzufim de Atzilut*, sólo los *Mojin* que se expanden desde el *Pe* hasta abajo, hacia dentro de sus *Gufim*, son tomados en consideración ya que son solamente *VaK* sin un *Rosh*.

158) Esto no quiere decir que cada uno de los cinco *Partzufim de Atzilut* se vista encima de su correspondiente *Bjiná* (fase) en *AK*, ya que esto es imposible, puesto que los cinco *Partzufim de AK* se visten uno encima del otro, e igualmente hacen los cinco *Partzufim de Atzilut*. En cambio, esto significa que el nivel de cada uno de los *Partzufim* de *Atzilut* apunta hacia su correspondiente *Bjiná* en los cinco *Partzufim de AK*, de la cual recibe su abundancia (Libro "*Ha-Ilán* [El árbol]", imagen No. 3).

159) Para que los *Mojin* fluyan desde el *Pe* hasta abajo, a los *Gufim* de los cinco *Partzufim de Atzilut*, se ha explicado (ítem 141) que es necesario elevarlo para (así) elevar *MaN* "desde los inferiores". Esto se debe a que entonces se les otorga la conclusión de las diez *Sfirot* del segundo tipo, que también alcanza para los *Gufim*.

Existen tres discernimientos en estos *MaN* que elevan los inferiores:

- Cuando elevan *MaN* de *Aviut de Bjiná Bet*, surgen diez *Sfirot* del nivel de *Biná* llamadas "el nivel de *SaG*". Estas son los *Mojin* de Luz de *Neshamá*,

- Cuando elevan *MaN* de *Aviut de Bjiná Guimel*, surgen diez *Sfirot* del nivel de *Jojmá*, llamadas "el nivel de *AB*". Estas son los *Mojin* de la Luz de *Jayiá*; y,

- Cuando elevan *MaN* de *Aviut de Bjiná Dálet*, surgen diez *Sfirot* del nivel de *Kéter* llamadas "el nivel de *Galgalta*". Estas son los *Mojin* de la Luz de *Yejidá* (ítem 29).

160) Y debes saber que los inferiores que pueden elevar *MaN*, son sólo considerados *NaRaN* (*Néfesh*, *Rúaj*, *Neshamá*) de *Tzadikim* (justos), los cuales ya están incluidos en *BYA* y pueden elevar *MaN* a *ZoN* de *Atzilut*, que es considerado su (grado) superior. En ese momento *ZoN* eleva *MaN* a su (grado) superior, que es *AVI*; y *AVI* lo eleva más arriba aún, hasta que alcanza los *Partzufim de AK*. Entonces la Luz Superior desciende desde *Ein Sof* a los *Partzufim de AK*, encima del *MaN* que fue elevado hasta allí, y surge el nivel de diez *Sfirot* de acuerdo con la medida del *Aviut* del *MaN* que habían elevado.

- Si es de *Bjiná Bet*, (entonces, el nivel de las diez *Sfirot* que surge) es del nivel de *Neshamá*; y,

- Si es de *Bjiná Guimel*, (entonces, el nivel de las diez *Sfirot* que surge) es del nivel de *Jayiá*.

Y desde allí, los *Mojin* descienden grado a grado a través de los *Partzufim de AK*, hasta que llegan a los *Partzufim de Atzilut*. Y también viajan a través de todos los *Partzufim* de *Atzilut* hasta que llegan a los *Partzufim de ZoN* de *Atzilut* que imparten esos *Mojin* hacia los *NaRaN de Tzadikim* que habían elevado *MaN* desde *BYA*.

Y ésta es la regla: que toda innovación de los *Mojin* viene sólo de *Ein Sof*; y ningún grado puede elevar *MaN* o recibir abundancia, salvo de su (grado) adyacente e inmediatamente superior.

161) Y de esto sabrás, que es imposible para los inferiores recibir nada que venga de *ZoN de Atzilut*, antes que todos los *Partzufim* superiores en el Mundo de *Atzilut* y el Mundo de *AK* alcancen *Gadlut* a través de ellos. Esto se debe a lo que ya se ha explicado, que no hay comienzo de los *Mojin*, salvo desde *Ein Sof*.

No obstante, las *NaRaN* (*Orot Néfesh-Rúaj-Neshamá*) de *Tzadikim* sólo pueden recibir de su (nivel) adyacente e inmediatamente superior, que es *ZoN de Atzilut*. Por eso, los *Mojin* deben descolgarse a través de los Mundos Superiores y *Partzufim* hasta alcanzar a *ZoN*, que a su vez se lo entrega a las *NaRaN de Tzadikim*.

Ya sabes que no hay ausencia en lo espiritual, y que el traslado de un lugar a otro no implica desaparecer del primer lugar para llegar al siguiente, como en la corporalidad. En cambio, uno permanece en el primer lugar aún luego de haberse cambiado y llegado al siguiente lugar, tal como cuando se utiliza una vela para encender otra sin que la primera pierda nada.

Por otra parte, la regla indica que la esencia, el *Shóresh* (Raíz) de la Luz, permanece en el primer lugar, y sólo una rama se extiende desde él al siguiente lugar. Ahora podrás ver que la recompensa que atraviesan los superiores hasta llegar a *NaRaN de Tzadikim*, permanece en cada grado por el que ha pasado. De esta forma, todos los grados crecen gracias a la recompensa que le han pasado a las *NaRaN de Tzadikim*.

162) Ahora podrás comprender cómo es que las acciones de los "inferiores" provocan ascensos y descensos en los *Partzufim* superiores y en los Mundos. Esto se debe a que cuando mejoran sus acciones, y elevan *MaN*, y extraen la recompensa, todos los *Olamot* (Mundos) y *Madregot* (grados) a través de los cuales pasa la recompensa, crecen y ascienden aún más alto, debido a la recompensa que ellos pasan. Y cuando vuelven a corromper sus actos, el *MaN* se corrompe y los *Mojin* también se retiran de los *Madregot* superiores, ya que se detiene la transferencia de la recompensa desde ellos a los inferiores, (así) desciende nuevamente a su estado (lugar) fijo como al principio.

163) Y ahora explicaremos el orden de los ascensos de los cinco *Partzufim de Atzilut* a los cinco *Partzufim de AK*; y de los tres Mundos de *BYA* hasta *YeShSUT*; y *ZoN de Atzilut* de su estado (lugar) permanente al nivel que puede ser alcanzado durante los 6.000 años antes del final de la corrección (*Gmar Tikkún*). En total, éstos suman tres ascensos; solamente que se dividen en muchos diversos detalles.

El estado (lugar) permanente de los Mundos de *AK* y *ABYA* ya ha sido explicado más arriba: el primer *Partzuf* que surgió luego del *Tzimtzum Alef*, es el *Partzuf Galgalta de AK*, vestido por medio de los cuatro *Partzufim de AK*: *AB*, *SaG*, *MA* y, *BoN*, y el *Sium Raglin de AK*, encima del punto de este mundo (*Olam HaZé*) (ítem 27, 31). *AK* está rodeado por *Ein Sof*, cuya magnitud es infinita e inconmensurable (ítem 32). Y del mismo modo que *Ein Sof* lo rodea, se viste dentro de él denominándose así "la línea de *Ein Sof*".

164) Y dentro de *MA* y *BoN de AK* yace el *Partzuf de TaNHYM de AK*, llamado *Nekudot de SaG de AK* (ítems 63, 66). Durante el *Tzimtzum Bet*, *Maljut HaMesayémet* se ubicó encima del punto de *Olam HaZé* y determinó su posición en el *Jazé* de este *Partzuf*, debajo del tercio superior de *Tifféret*, donde creó un nuevo *Sium* en *Or Elión* para evitar expandirse desde allí. Este nuevo *Sium* se denomina "*Parsá* debajo de *Atzilut*" (ítem 68).

Además, estas *Sfirot* desde el *Jazé* hasta abajo, del *Partzuf Nekudot de SaG de AK*, que quedaron debajo del *Parsá*, se convirtieron en el lugar para los tres mundos de *BYA*:

- Los dos tercios de *Tifféret*, hasta el *Jazé*, se convirtieron en el sitio del Mundo de *Briá*,

- *NeHY* se convirtió en el sitio del Mundo de *Yetzirá*; y,

- La *Maljut*, en el sitio del Mundo de *Asiyá* (ítem 67).

Resulta que el sitio de los tres Mundos de *BYA* comienza debajo del *Parsá* y termina encima del punto de *Olam HaZé*.

165) De esta forma, los cuatro Mundos de -*Atzilut*, *Briá*, *Yetzirá* y, *Asiyá*- comienzan en el lugar debajo del *Tabur de AK* y terminan encima del punto de este mundo. Esto se debe a que los cinco *Partzufim* del Mundo de *Atzilut* comienzan en el lugar debajo del *Tabur de AK* y terminan encima del *Parsá*. Y desde el *Parsá* hasta abajo, hasta este mundo, se ubican los tres Mundos de *BYA*. Este es el estado permanente de los Mundos de *Olamot AK* y *ABYA*, y jamás habrá disminución alguna en ellos.

Y fue explicado (ítem 138) que en ese estado existe sólo la *Bjiná de VaK* sin un *Rosh* en todos los *Partzufim* y en los Mundos. Esto se debe a que incluso en los primeros tres *Partzufim de Atzilut*, en cuyos *Roshim* hay *GaR*, aún no se les ha impartido desde su *Pe* hasta abajo; y todos los *Gufim* son *VaK* sin un *Rosh*, y tanto más aún en los *Partzufim de BYA*. Aun los *Partzufim de AK*, con respecto a su entorno son considerados como careciendo de *GaR* (ítem 32).

166) Por lo tanto, en total hay tres elevaciones para completar los Mundos en los tres niveles que les faltan, que son *Neshamá, Jayiá* y, *Yejidá*. Y estas elevaciones dependen de la elevación de *MaN* por parte de los inferiores.

La primera ascensión ocurre cuando los inferiores elevan *MaN* desde la *Bjiná de Aviut* de *Bjiná Bet*. En ese momento, son preparados *AJaP*, del nivel de *Biná* y *Neshamá*, con respecto a las diez *Sfirot* del segundo tipo. Estos *Mojin* brillan sobre *ZaT* y también sobre los *Gufim*, como en los *Partzufim de AK*, cuando la totalidad que existe en las diez *Sfirot* en los *Roshim* de los *Partzufim de AK* atraviesa y se extiende también hacia los *Gufim*.

167) Resulta que cuando estos *Mojin* viajan a través de los *Partzufim de Atzilut*, cada uno de los cinco *Partzufim de Atzilut* recibe *Mojin de Biná* y *Neshamá*, llamado *Mojin de SaG*, que también ilumina con *GaR* a sus *Partzufim*, como en *AK*. Por lo tanto, se considera entonces que crecen y ascienden, y que se visten en los cinco *Partzufim de AK* en la medida del *Mojin* que han alcanzado.

168) De este modo, cuando el *Partzuf de Atik de Atzilut* obtiene estos *Mojin de Biná*, asciende y se viste en el *Partzuf de Biná de AK*, opuesto al nivel de *SaG del Partzuf Galgalta de AK*, del cual recibe su *Bjiná de Neshamá de Yejidá de AK*, que también ilumina sobre sus *ZaT*.

Y cuando los *Mojin* llegan al *Partzuf de AA de Atzilut*, (éste) asciende y se viste en el *Rosh de Atik* del estado fijo, opuesto al nivel de *SaG* del *Partzuf AB de AK*, del cual recibe la *Bjiná de Neshamá de Jayiá de AK*, que brilla sobre sus *ZaT*. **Y cuando los *Mojin* llegan al *Partzuf de AVI de Atzilut*,** (éste) asciende y se viste en el estado (*Matzav*) constante de *GaR de AA*, opuesto al nivel de *Biná del Partzuf SaG de AK*, del cual recibe la *Bjiná de Neshamá de Neshamá de AK*, que también ilumina sobre sus *ZaT*. **Y cuando estos *Mojin* llegan al *YeShSUT* y *ZoN de Atzilut*,** (éstos) asciende y se viste en el *Matzav* (estado) constante de *AVI*, opuesto al nivel de *Biná del Partzuf MA* y *BoN de AK*, del cual reciben la *Bjiná de Neshamá de Néfesh Rúaj de AK*. Entonces, las *NaRaN de Tzadikim* reciben *Mojin de Neshamá de Atzilut*.

Y cuando los *Mojin* llegan a los *Partzufim* del Mundo de *Briá*, el Mundo de *Briá* asciende y se viste en la *Nukva de Atzilut*, de la cual recibe la *Bjiná de Néfesh de Atzilut*. **Y cuando los *Mojin* llegan al Mundo de *Yetzirá*,** (ésta) asciende y se viste en el *Matzav* constante del Mundo de *Briá*, del cual recibe la *Bjiná de Neshamá y GaR de Briá*. **Y cuando los *Mojin* llegan al Mundo de *Asiyá*,** (éste) asciende y se viste en el Mundo de *Yetzirá*, del cual recibe la *Bjiná de Mojin de VaK* que está en *Yetzirá*. De esta manera, hemos explicado la primera ascensión que obtuvo cada *Partzuf* en *ABYA* por medio del *MaN* de la *Bjiná Bet* que elevaron los inferiores (*Ha Ilán*, imagen No. 7).

169) La segunda ascensión se lleva a cabo cuando los inferiores elevan *MaN* a partir de *Aviut Guimel*. En ese momento se preparan *AJaP* del nivel de *Jojmá* y *Jayiá* con respecto a la conclusión de las diez *Sfirot* del segundo tipo. Estos *Mojin* también iluminan sobre *ZaT* y los *Gufim*, como en los *Partzufim de AK*. Y cuando los *Mojin* pasan a través de los *Partzufim de ABYA*, cada *Partzuf* asciende y crece por medio de ellos, de acuerdo con los *Mojin* que había alcanzado.

170) De esta forma, **cuando los *Mojin* llegaron al *Partzuf de Atik de Atzilut*,** (éste) ascendió y se vistió en las *GaR* del *Partzuf de Jojmá de AK*, llamado *AB de AK*, opuesto al nivel de *AB de Galgalta de AK*, del cual recibe *Or Jayiá de Yejidá*. **Y cuando los *Mojin* alcanzan el *Partzuf de AA de Atzilut*,** (éste) ascendió y se viste en *GaR de SaG de AK*, opuestas al nivel de *AB* del *Partzuf AB de AK*, del cual recibe *Or Jayiá de Jayiá de AK*. **Y cuando los *Mojin* alcanzan los *Partzufim de AVI de Atzilut*,** (éstos) ascienden y se visten en el *Matzav* constante de *GaR de Atik*, opuesto al nivel de *AB SaG de AK*, del cual reciben *Or Jayiá de Neshamá de AK*, la cual también ilumina sobre *ZaT* y (sobre) los *Gufim*. **Y cuando los *Mojin* alcanzan YeShSUT de Atzilut*,** (*YeShSUT*) asciende y se viste en el *Matzav* constante de *GaR de AA*, (que es) opuesto al nivel de *AB de MA de AK*, del cual reciben *Or Jayiá de MA de AK*. **Y cuando los *Mojin* alcanzan a *ZoN de Atzilut*,** (éstos) ascienden a *GaR de AVI*, (que son) opuestos al nivel de *AB de BoN de AK*, del cual reciben *Or Jayiá de BoN de AK*. Además, reciben las *Neshamot* (almas) de los *Tzadikim* de *ZoN*.

Y cuando los *Mojin* alcanzan el Mundo de *Briá*, (éste) asciende y se viste en *ZA de Atzilut*, del cual recibe la *Bjiná de Rúaj de Atzilut*. **Y cuando los *Mojin* alcanzan al Mundo de *Yetzirá*,** *Yetzirá* asciende y se viste en *Nukva de Atzilut* y recibe de ella *Or Néfesh de Atzilut*. **Y cuando los *Mojin* alcanzan el Mundo de *Asiyá*,** (éste) asciende y se viste en el Mundo de *Briá*, y recibe de ella la *Bjiná de GaR* y *Neshamá de Briá*. En ese momento, el Mundo de *Asiyá* es completado con *NaRaN de BYA* completas. De este modo hemos explicado la segunda ascensión de cada uno de los *Partzufim de ABYA* que ascendieron y que crecieron por medio del *MaN de Bjiná Guimel* que habían elevado los *NaRaN de Tzadikim* (*Ha Ilán*, imagen No. 8).

171) La tercera ascensión ocurre cuando los de abajo elevan *MaN* desde *Aviut de Bjiná Dálet*. En ese momento, se selecciona y prepara el *AJaP* del nivel de *Kéter de Yejidá* con respecto a la terminación del segundo tipo de diez *Sfirot*. Estos *Mojin* iluminan sobre *ZaT* y sus *Gufim*, al igual que en los *Partzufim de AK*. Y cuando estos *Mojin* atraviesan los *Partzufim de ABYA*, cada *Partzuf* asciende, crece y se viste en su (*Partzuf*) superior (inmediato), de acuerdo con la medida de ese *Mojin*.

172) De esta forma, **cuando los *Mojin* alcanzan el *Partzuf Atik de Atzilut*,** (éste) asciende y se viste en *GaR* del *Partzuf Galgalta de AK*, y recibe de allí su *Or Yejidá* de *Yejidá*. **Y cuando los *Mojin* alcanzan el *Partzuf de AA de Atzilut*,** (éste) asciende y se viste en *GaR* del *Partzuf AB de AK*, y recibe de allí *Or Yejidá de Jayiá de AK*. **Y cuando los *Mojin* alcanzan el *Partzuf AVI de Atzilut*,** estos (*AVI*) ascienden y se visten en *GaR de SaG de AK*, y reciben de allí la *Or Yejidá de Neshamá de AK*. **Y cuando los *Mojin* alcanzan el *Partzuf de YeShSUT* (*Israel, Saba veTvuná*),** (éstos) ascienden y se visten en *GaR de MA de AK*, y reciben de allí *Or Yejidá de MA de AK*. **Y cuando los *Mojin* alcanzan *ZoN* (*ZA-Nukva*) *de Atzilut*,** estos

(*ZoN*) ascienden y se visten en *GaR de BoN de AK*, y reciben de allí *Or Yejidá de BoN de AK*. Y entonces las *NaRaN de Tzadikim* reciben de *ZoN de Atzilut*, *Or Yejidá*.

Y cuando los *Mojin* alcanzan el mundo de *Briá*, (éste) asciende y se viste en el *Partzuf de YeShSUT de Atzilut*, y recibe de allí *Neshamá de Atzilut*. **Y cuando los *Mojin* alcanzan el mundo de *Yetzirá*,** (éste) asciende y se viste en el *Partzuf de ZA de Atzilut*, y recibe de allí la *Bjiná* de *Rúaj de Atzilut*. **Y cuando los *Mojin* alcanzan el mundo de *Asiyá*,** (éste) asciende y se viste en *Nukva de Atzilut*, y recibe de ella la *Bjiná* de *Or Néfesh de Atzilut* (*Séfer Ha Ilán*, diagrama No. 9).

173) Ahora resulta que durante la tercera ascensión, cada uno de los cinco *Partzufim de Atzilut* ha sido completado con los tres niveles –*Neshamá*, *Jayiá* y, *Yejidá de AK*– de los que carecía en el estado (lugar) fijo. Por eso se considera que estos cinco *Partzufim* ascendieron y se vistieron en los cinco *Partzufim de AK*, cada uno en su correspondiente *Bjiná* en los *Partzufim de AK*.

Además, *NaRaN de Tzadikim* recibieron las *GaR* que les faltaba. Y los tres mundos de *BYA* que se encontraban debajo del *Parsá de Atzilut* tenían sólo *NaRaN de Orot Jasadim* en el *Matzav* (estado) constante. Estos partieron de *Jojmá* por la fuerza del *Parsá* que se encontraba encima. Ahora, sin embargo, han ascendido encima del *Parsá* y se han vestido en *YeShSUT* y *ZoN de Atzilut*; y obtienen *NaRaN de Atzilut*, ya que *Or Jojmá* ilumina en sus *Jasadim*.

174) Y debemos saber que las *NaRaN de Tzadikim* se visten permanentemente sólo en los *Partzufim de BYA* debajo del *Parsá*:

- *Néfesh* se viste en las diez *Sfirot de Asiyá*,

- *Rúaj*, en las diez *Sfirot de Yetzirá*; y,

- Y *Neshamá*, en las diez *Sfirot de Briá*.

De esto se desprende que, aunque reciben de *ZoN de Atzilut*, (éste) sólo los alcanza a través de los *Partzufim de BYA* en los cuales aquellos se visten. Así, las *NaRaN de Tzadikim* también ascienden junto con las ascensiones de los tres Mundos de *BYA*. Entonces resulta que los Mundos de *BYA* crecen sólo de acuerdo con la medida de recepción de abundancia por las *NaRaN de Tzadikim*; es decir, de acuerdo con el *MaN* que ha sido preparado por ellas.

175) De esta forma, quedó claro que en el estado (lugar) constante sólo hay *VaK* sin un *Rosh* en todos los Mundos y *Partzufim*, cada uno de acuerdo con su *Bjiná*. Incluso las *NaRaN de Tzadikim* son consideradas sólo *VaK*, puesto que, aunque tienen *GaR de Neshamá* desde el Mundo de *Briá*, estas *GaR* son consideradas *VaK* en comparación con el mundo de *Atzilut*, ya que son consideradas *Or Jasadim* separada de *Jojmá*.

Además, los *Partzufim de Atzilut*, aunque haya *GaR* en sus *Roshim*, son considerados el aspecto de *VaK* solamente, porque no iluminan sobre los *Gufim*. Y todos los *Mojin* que llegan a los Mundos, que son más que el aspecto de *VaK*, llegan sólo a través del *MaN* que elevan los *Tzadikim*. No obstante, estas *Mojin* sólo pueden ser aceptadas en los *Partzufim* a través de la elevación del (*Partzuf*) inferior al lugar del (*Partzuf*) superior. Esto se debe a que, aunque sean considerados la terminación del segundo tipo de las diez *Sfirot*, con respecto a los *Gufim* y a *ZaT* aún son considerados como arreglo y preparación del *AJaP* del primer tipo, que no es completado en su propio lugar, sino sólo cuando se encuentran en el lugar del (*Partzuf*) superior (ítem 142). Por lo tanto, los cinco *Partzufim de Atzilut* no pueden recibir *Neshamá*, *Jayiá* y, *Yejidá de AK*, salvo cuando ascienden y se visten encima de éstas.

Así también, estás *NaRaN* y los tres Mundos de *BYA* no pueden recibir *NaRaN de Atzilut*, excepto cuando ascienden y se visten en *YeShSUT* y *ZoN de Atzilut*. Esto se debe a que estos *AJaP* del segundo tipo, que pertenecen a *ZaT* y que se expanden de arriba hacia abajo, al lugar de *ZaT*, sólo serán purificados al final de la corrección (*Gmar Tikkún*). Por eso, cuando los tres Mundos de *BYA* asciendan y se vistan en *YeShSUT* y *ZoN* de *Atzilut*, su lugar permanente, desde el *Parsá* hacia abajo, quedará completamente vacante de toda Luz de *Kdushá*.

Y existe una diferencia entre "desde el *Jazé* hacia arriba del mundo de *Yetzirá*" y "desde su *Jazé* hacia abajo". El motivo, como ya ha sido explicado, es que desde el *Jazé del Mundo de Yetzirá* hacia abajo se encuentra el estado (lugar) permanente de las *Klipot* (ítem 149). Pero, debido al defecto del pecado de *Adam HaRishón*, las cuatro (*Sfirot*) inferiores de *Yetzirá* de *Kdushá* y las diez *Sfirot* de *Asiyá* de *Kdushá* descendieron y se vistieron allí (ítem 156). Por lo tanto, durante las ascensiones de *BYA* a *Atzilut*, no hay *Kdushá* ni *Klipot* desde el *Jazé* de *Yetzirá* hacia arriba. Sin embargo desde el *Jazé de Yetzirá* hacia abajo hay *Klipot*, puesto que éste es su lugar.

176) Y ya que los *Mojin* adicionales del nivel de *VaK* llegaron sólo por medio del *MaN* de los de abajo, no están constantemente presentes en los *Partzufim*, puesto que dependen de las acciones de los inferiores. Cuando corrompen sus acciones, los *Mojin* se retiran (ítem 162). Sin embargo, los *Mojin* constantes en los *Partzufim* que fueron establecidos por la fuerza del Emanador mismo, jamás sufrirán cambio alguno, ya que no son aumentados por los inferiores, y por lo tanto no son mancillados por ellos.

177) Y no te sorprendas, por le hecho que *AA de BoN* sea considerado *Kéter de Atzilut*, y que *AVI* sea considerado *AB* (ítem 130). Esto se debe a que *AA* es la mitad inferior de *Kéter de BoN*; y *AVI* son la mitad inferior de *JuB* (*Jojmá-Biná*) de *Nekudim*. Por lo tanto, la *Bjiná* correspondiente de *AA* en *AK* debe ser el *Partzuf Kéter de AK*; y la *Bjiná* correspondiente de *AVI* en *AK* debe ser *AB de AK*.

La respuesta radica en que los *Partzufim de BoN* son femeninos, sin poseer alguna recepción propia, excepto aquello que los masculinos –los *Partzufim de MA*– les dan. Por eso, todos estos discernimientos (implicados) en las ascensiones que se llevaron a cabo para obtener *Mojin* de los superiores, son discernidos sólo en los masculinos, que son los *Partzufim de MA*. Y puesto que *AA de MA* no posee nada de la *Bjiná* de *Kéter*, sino sólo el nivel de *Jojmá*, y *AVI de MA* no posee nada de la *Bjiná* de *Jojmá*, sino sólo el nivel de *Biná* (ítem 126), se considera que sus *Bjinot* correspondientes en *AK* son: *AB de AK* para *AA*; y *SaG de AK* para *AVI*. En tanto que el *Partzuf* de *Kéter de AK* se relaciona sólo a *Atik*, que adquirió el nivel entero de *Kéter de MA*.

178) Además debes notar lo dicho respecto de la escalera de los *Madregot* (grados, peldaños). Debido a que los grados se encuentran en un *Mojin* permanente, no cambian nunca por causa de todas estas ascensiones. Después de todo, se ha explicado que la razón de todos estos ascensos fue que las *NaRaN de Tzadikim*, que se encuentran en *BYA*, no pueden recibir nada antes de que los *Partzufim* superiores se lo transfieran desde *Ein Sof*. En esa medida, los (*Partzufim*) superiores por sí mismos, a través de *En Sof*, también crecen y ascienden, cada uno hasta su propio (grado) superior (ítem 161).

De esto resulta que en la ascensión de un grado, todos los (demás) grados hasta *Ein Sof* (también) deben ascender. Por ejemplo, cuando *ZoN* asciende desde su estado (lugar) fijo, debajo del *Tabur de AA*, comprendido desde el *Jazé de AA* hasta abajo, entonces también *AA* asciende un grado encima de su estado (lugar) fijo, desde el *Pe de Atik* hasta abajo, vistiéndose en *GaR de Atik*. Siguiéndole, ascienden también todos sus grados internos: sus *JaGaT* ascienden al lugar de las *GaR* constantes, y su grado comprendido desde su *Jazé* a su *Tabur*, asciende al lugar del *JaGaT* constante; y su grado abarcado desde su *Tabur* hasta abajo, ascienden al lugar comprendido entre el *Jazé* y el *Tabur*.

De acuerdo con esto, *ZoN*, que ascendió al lugar comprendido dese el *Jazé* hasta el *Tabur* de *AA* fijo, sigue estando debajo del *Tabur de AA*. Esto se debe a que en ese momento, el sitio ubicado debajo del *Tabur de AA* ya había ascendido al sitio comprendido entre el *Jazé* y el *Tabur* (*Ha Ilán*, diagrama No. 4: las ascensiones de *ZoN* en el estado fijo de los cinco *Partzufim de Atzilut* que ascienden y que se visten, durante la obtención de *Neshamá* hacia *GaR de YeShSUT*, sobre el lugar comprendido entre el *Pe de AVI* hasta abajo, [o lo que es lo mismo] sobre el *Jazé de AA* hacia abajo).

Sin embargo, todos los *Partzufim de Atzilut* ascienden al mismo tiempo (*Ha Ilán*, diagrama No. 7). Por esta razón, encontrarás que allí *ZoN* aún se viste encima de *YeShSUT* desde el *Pe* hacia abajo; (es decir), desde el *Jazé de AVI* hacia abajo, (o también) desde el *Tabur de AA* hacia abajo. De esta forma, la escalera de *Madregot* (grados) no cambia en lo más mínimo por medio de las ascensiones. Y sucede lo mismo en todas las demás ascensiones (*Ha Ilán*, imágenes No. 3-hasta el final).

179) También debemos saber que incluso luego de la ascensión de los *Partzufim*, éstos mantienen totalmente su grado en el lugar permanente, (es decir) en el lugar en el cual se encontraban al comienzo, puesto que no existe ausencia en lo espiritual (ítem 96). De este modo, cuando *GaR de AVI* asciende a *GaR de AA*, *GaR de AVI* aún siguen estando en su lugar permanente desde *Pe de AA* hacia abajo. Y *YeShSUT* ascienden encima del *JaGaT* del *AVI* que hubo ascendido y, reciben de las verdaderas *GaR de AVI*, que se encontraban allí desde antes de la ascensión.

Por otra parte, ya que se considera que allí hay tres grados juntos. Las *GaR de AVI* que habían ascendido, se ubican en el sitio constante de las *GaR de AA*, y les otorgan su lugar permanente desde el *Pe de AA* hacia abajo, donde *YeShSUT* se encuentran presente en este momento. Así, *GaR de AA*, *AVI* y, *YeShSUT* iluminan simultáneamente en el mismo lugar.

Este también es el modo de todos los *Partzufim de AK* y *ABYA* durante las ascensiones. Por tal motivo, cuando un *Partzuf* asciende, deberíamos notar siempre el significado de la ascensión con respecto a los (*Partzufim*) superiores en su estado (lugar) constante, y su valor con respecto a los (*Partzufim*) superiores que también han ascendido un grado (Examina todo eso en el libro *Ha Ilán*. En el diagrama No. 3 encontrarás el estado de los *Partzufim* en su estado (lugar) permanente. Y en los diagramas 4-6 encontrarás las tres ascensiones de ZA por medio del valor de los cinco *Partzufim de Atzilut* constantes. En los diagramas 7-9 encontrarás las tres ascensiones de todos los cinco *Partzufim de Atzilut*, por medio del valor de los cinco *Partzufim de AK* permanentes. Y en los diagramas 10-12 encontrarás las tres ascensiones de todos los cinco *Partzufim de AK* en relación con la línea del *Ein Sof* permanente).

La división de cada *Partzuf* **en** *Kéter* **y** *ABYA*

180) Hay que saber, que lo general y lo particular son equivalentes. Además, lo que se discierne en lo general, está también presente en sus detalles; aún en el detalle más pequeño que pueda haber. También, la realidad general discierne cinco mundos, que son *AK* y *ABYA*, donde el mundo de *AK* es considerado el *Kéter* de los Mundos; y los cuatro Mundos de *ABYA* son considerados *JuB ZoN* (ítem 3). Del mismo modo, no existe ni un solo pequeño detalle en ninguno de los cuatro Mundos de *ABYA* que no esté comprendido de estas cinco partes: pues el *Rosh* de cada *Partzuf* es considerado su *Kéter*, en correspondencia con el Mundo de *AK*; y el *Guf*, desde el *Pe* hasta el *Jazé*, es considerado su Mundo de *Atzilut*; desde el lugar del *Jazé* hasta el *Tabur*, es considerado su Mundo de *Briá*; y desde el *Tabur* hacia abajo, hasta el *Sium Raglin*, es considerado su *Yetzirá* y *Asiyá*.

181) Y es necesario que sepas, que existen muchos nombres para denominar a las diez *Sfirot KaJaB JaGaT NeHYM*. A veces se las llama *GE* y *AJaP*; o *KaJaB* y *ZoN*; o *NaRaNJaY*; o la punta de la *Yud* y las cuatro letras *Yud-Hei-Vav-Hei*; o simplemente *HaVaYaH* y *AB, SaG, MA* y *BoN*, siendo éstos los cuatro tipos de llenados de *HaVaYaH*.

- El llenado de *AB* es *Yud, Hei, Vav, Hei* (la *Alef* de *Vav* es reemplazada por una *Yud*)

- El llenado de *SaG* es *Yud, Hei, Vav, Hei*

- El llenado de *MA* es *Yud, Hei* (la *Alef* reemplaza a la *Yud*), *Vav, He*

- El llenado de *BoN* es *Yud, Hei* (la *Hei* reemplaza a la *Yud*), *Vav, Hei*

También se las llama: *AA, AVI* y *ZoN*. *AA* es *Kéter*, *Aba* es *Jojmá*, *Ima* es *Biná*, *ZA* es *JaGaT NeHY*, y *Nukva de ZA* es *Maljut*.

Y también se les dice *AK* y *ABYA*, o *Kéter* y *ABYA*. *Maljut de Kéter* es llamada *Pe*; *Maljut de Atzilut* es llamada *Jazé*; *Maljut de Briá* es llamada *Tabur*; *Maljut de Yetzirá* es llamada *Atéret Yesod* (la corona de *Yesod*); y la *Maljut* general es llamada *Sium Raglin*.

182) Y sabrás que siempre hay que distinguir dos implicaciones en estos distintos nombres de las diez *Sfirot*:

1. Es el asunto de su equivalencia a la *Sfirá* con la que se relaciona; y,

2. El asunto en qué difiere de esa *Sfirá* a la que se relaciona, por la cual cambió su nombre a esa otra específica denominación.

Por ejemplo: *Kéter* de las diez *Sfirot* de *Or Yashar* (Luz directa) es *Ein Sof*; y cada *Rosh* de un *Partzuf* también se denomina *Kéter*. Además, del mismo modo, todos los cinco *Partzufim* de *AK* se denominan *Kéter*. Al *Partzuf de Atik* también se le llama *Kéter*; y *AA* también es llamado *Kéter*. Por lo tanto, debemos considerar esto: si todos son *Kéter*, ¿por qué razón cambia su nombre para ser llamado (en cambio) mediante estas (otras) denominaciones? Y además, si todos se relacionan a *Kéter*, ¿no deberían, acaso, ser iguales a *Kéter*?

No obstante la verdad es, que en un aspecto todos son iguales a *Kéter*, que es considerada *Ein Sof*; pues la regla indica que, mientras *Or Elión* (la Luz Superior) no se haya vestido en un *Kli*, es considerada *Ein Sof*. Por eso, todos los cinco *Partzufim de AK* son considerados *Or* sin un *Kli* con respecto al Mundo de *Tikkún*, puesto que no poseemos percepción alguna en los *Kelim del Tzimtzum Alef*. Por tal razón, para nosotros, sus *Orot* (Luces) son consideradas *Ein Sof*.

Además, *Atik* y *AA* de *Atzilut* son, ambos, considerados *Kéter de Nekudim*. No obstante, desde un distinto ángulo, están distantes entre sí puesto que *Kéter de Or Yashar* es una *Sfirá*, pero en *AK* abarca cinco *Partzufim* completos, cada uno de los cuales contiene *Rosh*, *Toj* y *Sof* (ítem 142). Además, el *Partzuf de Atik* representa sólo una mitad de *Kéter*, la parte superior de *Kéter de Nekudim*; y el *Partzuf de AA* representa la otra mitad, la parte inferior de *Kéter de Nekudim* (ítem 129). De forma similar, estas dos funciones deberían discernirse en todas las denominaciones de las *Sfirot*.

183) **Y** sabe que la función especial de estos nombres de las diez *Sfirot*, llamadas *Kéter* y *ABYA*, es mostrar que se refiere a la división de las diez *Sfirot* en los *Kelim de Panim* y los *Kelim de Ajoráim*, formados a causa del *Tzimtzum Bet* (ítem 60). En ese instante, la *Maljut Mesayémet* ascendió al sitio de *Biná de Guf*, llamado "*Tifféret* del lugar del *Jazé*", donde completó y finalizó el grado y creó un nuevo *Sium*, llamado "*Parsá* debajo de *Atzilut*" (ítem 68).

En tanto que los *Kelim* que van desde el *Jazé* hasta abajo salieron de *Atzilut* y se llaman *BYA* (*Briá*, *Yetzirá*, *Asiyá*). Los dos tercios de *Tifféret* que van desde el *Jazé* hasta el *Sium* son llamados *Briá*; *NeHY* (*Nétzaj*, *Hod*, *Yesod*) son llamadas *Yetzirá*; y *Maljut* es llamada *Asiyá*.

También se ha explicado que, por esta razón, cada grado fue dividido en *Kelim de Panim* y *Kelim de Ajoráim*: desde el *Jazé* hacia arriba se llaman *Kelim de Panim*; y desde el *Jazé* hacia abajo se llaman *Kelim de Ajoráim*.

184) Por lo tanto, este discernimiento del *Parsá* en el punto mismo del *Jazé* divide al grado en cuatro *Bjinot* (fases) especiales llamadas *ABYA*: *Atzilut* hasta el *Jazé* (pecho), y *BYA* desde el *Jazé* hasta abajo. Y el principio de la distinción está en *AK* mismo. Pero ahí, el *Parsá*

descendió hasta su *Tabur* (ítem 68); por este motivo su *Atzilut* es el *AB SaG* que concluye encima de su *Tabur*.

Desde su *Tabur* hasta abajo está su *BYA*; el sitio de sus dos *Partzufim MA* y *BoN*. Así es como los cinco *Partzufim de AK* se dividen en *ABYA* por medio de la fuerza del *Sium* del *Tzimtzum Bet*, llamada *Parsá*: *Galgalta* es el *Rosh*, el *AB SaG* hasta su *Tabur* representa *Atzilut*, y el *MA* y *BoN* desde su *Tabur* hasta abajo representa a *BYA*.

185) De igual manera, todos los cinco *Partzufim* del Mundo de *Atzilut* se dividen en sus propios *Kéter* y *ABYA*:

- *AA* es el *Rosh* de todo el *Atzilut*,

- Los *AVI* superiores, que son *AB*, abarcando desde el *Pe de AA* hasta el *Jazé* (que está abajo, en relación con el *Pe*), son *Atzilut*. Y ahí, en el punto de *Jazé*, se encuentra el *Parsá*, que concluye la *Bjiná de Atzilut* de Mundo de *Atzilut*,

- *YeShSUT*, que son *SaG*, abarcando (vistiéndose) desde el *Jazé de AA* hasta su *Tabur*, son *Briá de Atzilut*; y,

- *ZoN*, que son *MA* y *BoN*, abarcando (vistiéndose) desde el *Tabur de AA* hasta el *Sium* de *Atzilut*, son *Yetzirá* y *Asiyá de Atzilut*.

Así, también el mundo de *Atzilut* en sus cinco *Partzufim*, se divide en *Rosh* y *ABYA*, al igual que los cinco *Partzufim de AK*. Pero aquí está el *Parsá* que se ubica en el lugar del *Jazé de AA*, que representa su verdadero lugar (ítem 127).

186) Sin embargo, en los mundos en general, todos los tres *Partzufim Galgalta*, *AB* y, *SaG de AK* son referidos como el *Rosh* general. Y los cinco *Partzufim* del Mundo de *Atzilut*, que se visten y abarcan desde el *Tabur de AK* hasta abajo en el *Parsá* general, siendo éste el *Parsá* que se formó en el *Jazé de Nekudot de SaG* (ítem 66), representan el *Atzilut* general. Y los tres mundos generales de *BYA* se encuentran desde el *Parsá* hasta abajo (67-68).

187) De este mismo modo, cada grado particular en cada uno de los mundos de *ABYA* se divide en *Rosh* y *ABYA*; aún *Maljut de Maljut de Asiyá*, puesto que contiene un *Rosh* y un *Guf*.

- El *Guf* se divide en *Jazé*, *Tabur*, y *Sium Raglin*,

- El *Parsá*, debajo del *Atzilut* de ese grado, se encuentra en su *Jazé* y concluye el (Mundo de) *Atzilut*,

- El lugar comprendido desde el *Jazé* hasta el *Tabur* es considerado el (Mundo de) *Briá* del grado, y que concluye en el punto del *Tabur*; y,

- El lugar comprendido desde el *Tabur* hasta abajo, hasta el *Sium Raglin*, es considerado (el Mundo de) *Yetzirá* y *Asiyá* de grado.

Y con respecto a las *Sfirot JaGaT*, hasta el *Jazé*, ahí se considera que está *Atzilut*. Los dos tercios inferiores de *Tifféret*, desde el *Jazé* hasta el *Tabur*, son considerados *Briá*. *NeHY* es *Yetzirá*, y *Maljut* es *Asiyá*.

188) Por esta razón, el *Rosh* de cada grado se atribuye a la *Bjiná* de *Kéter*, o a (Or) *Yejidá*, o al *Partzuf Galgalta*. El *Atzilut* de ese grado, desde el *Pe* al *Jazé*, se atribuye a *Jojmá*, o a *Or Jayiá*, o al *Partzuf AB*. Su *Briá*, desde el *Jazé* al *Tabur*, se atribuye a *Biná*, o a *Or Neshamá*, o al *Partzuf SaG*.

Y (sus Mundos) *Yetzirá* y *Asiyá*, desde el *Tabur* hasta abajo, se atribuyen a *ZoN*, a las Luces *Néfesh-Rúaj*, o a los *Partzufim de MA y BoN* (Ver el libro *Hallán* desde el diagrama No. 3 en adelante, y observar cómo cada *Partzuf* se divide entre estas *Bjinot*).

Explicación del artículo: "Introducción a la sabiduría de la Cabalá"

Cuatro fases de la Luz directa

El principio de este estudio trata acerca del aspecto denominado: "La relación existente entre el Creador y sus criaturas", pues del Creador en sí mismo no se habla, [pues lo podemos alcanzar] solamente en eso de: "por Tus actos te conoceremos", entonces todo alcance es a través de acciones que provienen de Él.

Esta relación se denomina: "El propósito de la creación" y lo percibieron nuestros sabios, que (entendieron que) Su propósito era beneficiar a Sus criaturas. Es por esto que, desde este discernimiento es que comienza el orden evolutivo hasta llegar a las almas, enraizadas en el alma de *Adam HaRishón*, que se extiende desde la interioridad de los Mundos de *BYA*.

Hablando de forma figurativa: Cuando quiso hacer el bien a Sus criaturas, quiso darle cien kilos de placer, por lo que tenía que crear criaturas que quisieran aceptar esto, y nosotros hemos estudiado que el deseo de recibir placer y deleite es la esencia misma de la criatura y, en su nombre se la llama a la creación *Yesh MeAin* (Existencia a partir de la ausencia); y Él creó esto, para poder cumplir con ese pensamiento de hacer el bien a Sus criaturas, como se ha dicho anteriormente.

Y para que nazca el deseo de recibir, es necesario que haya un orden evolutivo de los cuatro discernimientos, y esto es porque el hombre no puede disfrutar sólo por el hecho de anhelar algo; siendo esta la razón por la cual denominamos al *Kli* como deseo de recibir y, también como anhelo. Es decir, que la medida de la carencia va de acuerdo a la medida del anhelo de colmar esa carencia.

Y a la formación del anhelo lo condicionan dos aspectos:

1. Que sepa qué es lo que anhela. El hombre no puede anhelar algo que no haya visto u oído; y,

2. Que no tenga eso que él anhela, porque si ya consiguió aquello que desea, se pierde el ansia de conseguirlo.

Y con el fin de conseguir estas dos condiciones se formaron cuatro aspectos del deseo de recibir, [que junto] con su raíz son cinco; siendo el quinto aspecto llamado *Kli*, condicionado a recibir placer y satisfacción. Y este es su orden:

1.   *Kéter*: es "El deseo de hacer el bien a Sus criaturas",

2.   *Jojmá*: "El deseo de hacer el bien a Sus criaturas" llevó a cabo la creación *"Yesh MeAin"*, la carencia, y la creó junto con la Luz; es decir, la abundancia y el deseo de recibirla se hicieron juntos, y esto es porque el deseo no sabe aún lo que desea, por eso es que nació junto a lo que lo satisface, aunque si tiene lo que lo satisface, no tiene el deseo de llenarlo, como el aspecto número dos lo requiere; y este discernimiento se denomina, *Bjiná Alef de Aviut* (la primera fase de *Aviut*).

3.   *Biná:* Como la Luz proviene del que Otorga, está incluida en ella la fuerza del otorgamiento; es por esto que *Jojmá* en su parte final quiere igualarse a esa forma; es decir, no ser el que recibe sino el que otorga. En la espiritualidad existe una regla: "toda innovación de forma es un nuevo discernimiento". Por lo tanto a este discernimiento se lo denomina por su propio nombre, *Biná*, y este es *Bjiná Bet de Aviut* (la segunda fase de *Aviut*). Y aprendimos que, la Luz que se expande cuando la parte inferior quiere conseguir la equivalencia de forma, es *Or Jasadim* (la Luz de la Misericordia) y, es la Luz que ilumina a *Biná*.

Pregunta: Si el anhelo de *Biná* es el de otorgar, entonces ¿por qué se la denomina *Aviut Bet* (segundo grado de *Aviut*). Al contrario, tendría que ser más pura que *Bjiná Alef de Aviut* (el primer grado de *Aviut*).

Respuesta: Lo expliqué por medio de esta parábola: Un hombre le obsequia un regalo a su amigo y éste lo recibe; después de pensarlo, decide no aceptarlo, por lo que devuelve el regalo. En un principio estaba bajo el control y la influencia de quien obsequiaba, es por eso que lo aceptó, pero después de recibirlo sintió que era él quien lo recibía y este sentimiento es el que lo lleva a devolver el regalo.

Conclusión: En *Bjiná Alef*, lo recibió por estar bajo el control de quien le otorga, no obstante aún no sentía que recibía. Cuando percibió y sintió que era ella quien recibía dejo de recibir. Esta es la condición [denominada] *Bjiná Bet;* es decir, que es allí donde sintió que era quien recibía y es por esto que quiere otorgar a quien otorga y, por esta razón *Bjiná Bet* se denomina *Biná*, pues ella *Hitbonená* (examinó/observó), que era ella la que recibía, y por lo tanto quería otorgar. También hemos aprendido que el comienzo del aprendizaje es desde *Biná* hacia abajo.

4.   *Zeir Anpin: Biná* en su parte final recibió una especie de impulso interior, que proviene del propósito de la creación y que ella debe recibir,

porque el propósito de la creación no era que Sus criaturas se ocupen de otorgar. Pero por otro lado, ella también quería conseguir la equivalencia de forma, por el otorgamiento, por lo que llegó a un arreglo: ella recibiría a *Jasadim* (Misericordia), y la iluminación de *Or Jojmá* (Luz de la sabiduría).

Y a esto se lo denomina, *Bjiná Guimel de Aviut* pues se ocupa ya de la extensión de *Jojmá*, aunque aún contenga la condición de *Jasadim*, como lo hemos aclarado anteriormente, y es por eso que se denomina *"Zeir Anpin"*. **Jojmá se denomina *Panim*** (Rostro) como en, "La sabiduría del hombre iluminará su rostro", aunque *Or Jojmá* la recibe de la condición *"Zeir"*, **es decir, en pequeña medida.** Pero a este discernimiento aún no se la puede considerar un *Kli*, porque si puede otorgar y recibir sólo en la iluminación de *Or Jojmá*, esta es una señal que el anhelo de recibir no es perfecto, porque también tiene fuerza para ocuparse en otorgar.

5.   *Maljut*: *Bjiná Guimel* en la parte final, recibe el impulso desde lo alto, de parte de "Su deseo es hacer el bien a Sus criaturas" y ella debe recibirlo en abundancia, ya que el propósito de la creación no era que las partes inferiores reciban de *"Zeir Anpin"*. Por lo tanto, este despertar provoca en *Maljut* que tenga deseos y ansias de recibir la Luz de *Jojmá*, así como iluminó en *Bjiná Alef* cuando poseía toda la Luz de *Jojmá*.

Sin embargo, la diferencia entre *Bjiná Alef* y *Bjiná Dálet* es que: en *Bjiná Alef* es imposible decir que disfrute de la Luz de *Jojmá*, porque aún no tiene el anhelo ni la carencia, ya que la abundancia y el *Kli* llegaron al mismo tiempo, sin embargo *Bjiná Dálet* anhela la Luz de *Jojmá* al no tenerla, es por eso que cuando la recibe, disfruta y siente el placer que se logra al colmar su carencia.

Sólo a esta *Bjiná* se la denomina *Kli*, por el hecho de querer recibir, por lo tanto, todas las *Bjinot* anteriores son consideradas Luz sin *Kli*. Y la situación en la que la *Bjiná Dálet* recibe la Luz, se la denomina ***Olam Ein Sof*** *(el mundo infinito)* y se dice que **"llena toda la realidad"**.

Pregunta: Si en el campo espiritual, no existe ni el tiempo ni el espacio ¿qué significa que "llena toda la realidad"?

Respuesta: Volvamos a la escena figurativa del comienzo del repaso: acerca del proverbio en el que quería dar a Sus criaturas cien kilos de placer, para lo cual tenía que crear en Sus criaturas, cien kilos de deseo de recibir y de carencia para corresponder al placer. Y cuando los cien kilos de carencia reciben los cien kilos de contenido, se dice que **"llena toda la realidad"**; es decir, que no queda ninguna realidad de carencia que no haya sido llenada.

Ahora explicaremos el significado de *"**Maljut de Ein Sof**"*: esta *Maljut* que anhela recibir toda la abundancia para llenar su carencia denominada "recibir con el fin de recibir", que significa que recibe con el fin de llenar su carencia, en una etapa posterior, se contraerá y hará *Tzimtzum* (restricción), decidiendo no utilizar ese *Kli*. Sin embargo en esta primera etapa que estamos tratando, aún no ha realizado ese *Sof* (fin) ni *Sium* (finalización), por lo que se la denomina "*Ein Sof*".

Aprendimos, que *Jojmá* en su parte final después de haber recibido toda la abundancia, comienza a despertarse en ella el deseo de otorgar, así tal como el que Emana quiere otorgar. De la misma manera, después de que *Maljut* recibió la Luz, en la que está la fuerza del otorgamiento, se despierta en ella como consecuencia de ello, el deseo de otorgar.

Biná tenía el deseo de otorgar, sin embargo no lo consiguió, ya que por su característica, no cumplía con el propósito de la creación; aún cuando posteriormente recibió la iluminación de *Zeir Anpin*, no fue suficiente, dado que el deseo del Creador de hacer el bien a Sus criaturas estaba en su abundancia y no por *Zeir Anpin*, por lo tanto **¿cómo puede *Maljut* lograr la equivalencia de forma y al mismo tiempo llegar al propósito de la creación?**

Y con respecto a esto se dice que descubrió una nueva innovación: *Maljut* recibirá todo, sin embargo no como en *Ein Sof* que era con el fin de recibir, sino con el propósito de otorgar. De esta manera se cumple el propósito de la creación, que consiste en "Hacer el bien a Sus criaturas", ya que recibirá, y por otra parte, su intención será con el fin de otorgar, que es la equivalencia de forma.

Tzimtzum Alef (Primera restricción)

Al momento en que esta *Maljut* dijo que no quiere recibir, sólo por el hecho de recibir, es como si devolviera la Luz, este estado se denomina *Tzimtzum* (restricción). En el nivel espiritual existe una regla, toda renovación de la forma es un nuevo aspecto, por lo tanto tenemos que discernir dos aspectos:

3. Cuando *Bjiná Dálet* recibió toda la Luz, en el *Kli* llamado *Hishtokekut* (anhelo), dijimos que "llena toda la realidad" y lo denominamos *Olam Ein Sof*, (el Mundo de *Ein Sof*); y,

4. Después de querer la equivalencia de forma, se considera este estado como otro mundo, denominado *Olam HaTzimtzum* (el Mundo de la restricción), y de él se marchó la Luz.

Por lo tanto, como discernimos que *Jojmá* recibió y *Biná* devolvió la Luz, y *Maljut* permaneció como estaba en el estado del *Olam Ein Sof*; es decir, que recibió toda la Luz, y que ahora es discernida una nueva *Maljut* que devuelve la Luz.

Y se debe saber, que en el estado número uno llamado *Ein Sof*, era "Él y Su nombre son Uno"; es decir, que la Luz y el *Kli* eran un solo aspecto, y sólo después de la restricción (*Tzimtzum*) es que se hizo una distinción de las cuatro fases, o las diez *Sfirot*, porque la Luz las abandonó.

Pregunta: En esta restricción (*Tzimtzum*) se marchó la Luz de todas las diez *Sfirot*. Aparentemente, es confuso, ya que la restricción se hizo con respecto a la condición de recibir con el propósito de recibir, que es la *Bjiná Dálet* y no al resto de las *Bjinot*.

Respuesta: Las primeras tres *Bjinot* no son consideradas *Kelim*, ellas sólo contribuyen con el orden evolutivo del cual finalmente se forma el *Kli*, llamado recibir con el fin de recibir, el cual se separa del que Otorga; no obstante las tres primeras *Bjinot* aún no se separaron del que Otorga.

Después de que *Maljut* nació, ella consiguió sus propias causas. De acuerdo a esto, es imposible decir, que después del *Tzimtzum* la Luz se haya quedado en las Nueve Superiores, ya que ellas no son *Kelim*. El único *Kli* es *Maljut* y, si ella no quiere recibir, la Luz se marcha y ella no recibe nada.

El *ARI* acota: "El *Tzimtzum* fue una sola igualdad". Es decir, sin distinguir grados.

Pregunta: De ser así ¿cómo es que dijimos que se hizo una distinción de las cuatro *Bjinot* después del *Tzimtzum*?

Respuesta: Se hizo la distinción con respecto al causa-efecto, pero no había distinción de Superior (lo Alto) e inferior (lo bajo).

Pregunta: ¿Qué significa "Superior e inferior" en el aspecto espiritual?

Respuesta: Es con respecto a la importancia, mientras que [en relación a] causa y efecto no nos enseña acerca de la importancia. Por ejemplo el *Gaón de Vilna* era una consecuencia de su padre y, ¿quién era más importante, la causa o el efecto?

Hay que entender por qué no había una distinción entre Arriba y abajo: *Maljut* recibió la Luz que "llena toda la realidad" y esto no es considerado como una carencia ni inferior en importancia. Por lo que podría haberse quedado en esa situación, sin embargo se restringió [hizo un *Tzimtzum*] por propia elección. Y esto es lo que el *ARI* nos insinúa al decir que la restricción era una sola igualdad; es decir, que *Maljut* no era de menor importancia, sino que por su propia elección se hizo la restricción, lo que si hay que tener en cuenta es que después de que *Maljut* no recibe (la Luz), por prohibición, se transforma en una condición de menor importancia. Y lo más alejado de *Maljut* se hace **superior en importancia,** en tanto que a lo más cercano a *Maljut* se le dice **inferior en importancia.**

Diez *Sfirot de Igulim* (círculos), y una línea infinita que las llena

Después de la restricción quedaron los *Kelim* vacíos y dentro de ellos quedó el *Reshimó* (reminiscencia) que les dejó la Luz que tuvieron. A ellos se los denomina, *Diez Sfirot de Igulim* y se encuentran en el mundo de *Tzimtzum*. Se los denomina *Igulim* (círculos) con el propósito de mostrar que no existe en ellos la cuestión de superior e inferior, así como en los círculos del mundo material.

Maljut es la que activa en vista que es el verdadero *Kli*, por lo tanto *Maljut de Igulim* devolvió y extendió a la Luz para recibirla con el propósito de otorgar. Aquí aprendemos una nueva regla: Lo que fue deseo en el Superior, se convierte en una ley obligatoria en el inferior. Por lo tanto ahora le está prohibido recibir.

En una ocasión dije una alegoría al respecto: La víspera de *Rosh Jódesh* (el nuevo mes) es el lapso de tiempo en que se reza la plegaria de *Yom Kipur Katán*, (Día de la expiación), para despertar el arrepentimiento. A veces el hombre piensa que quizás le convendría ayunar también en este día. Obligación de ayunar no existe ni tampoco la prohibición a los alimentos en sí, por lo tanto la elección está en sus manos.

Si finalmente el hombre decide que sí ayunará, si luego se arrepiente y quiere comer, la regla es: que ya existe una prohibición al alimento, porque no romperá su palabra en cuanto a su promesa. Vemos que en un principio no regía ninguna prohibición con respecto al alimento y después de tomar esa decisión de no comer, ya rige la prohibición con respecto al alimento.

Conclusión: En un principio *Maljut*, por decisión propia, no quería recibir, pero ahora que atrae nuevamente la Luz, ya existe la prohibición de recibir la Luz y [por lo tanto] sí existe una prohibición, entonces ya hay una distinción de superior e inferior en importancia, por lo tanto a esa atracción se la denomina, "la línea atraída del *Ein Sof*, de Arriba hacia abajo".

También hemos aprendido que los *Igulim* a pesar de atraer la Luz, no la reciben sino de la línea, y debemos comprender cuál es la causa: Cualquier forma nueva en la espiritualidad es un nuevo aspecto. Por lo tanto hay dos clases de *Kelim*:

1. Los *Kelim* que no tienen prohibido recibir; y,

2. Los *Kelim* que fueron atraídos con la atracción de la Luz y cuya *Maljut* se denomina, *Maljut de Yósher*, y sobre ella ya rige la prohibición de recibir, por la regla de: El deseo del superior se convierte en ley obligatoria en el inferior.

Y aprendemos, que los *Igulim* deben recibir la Luz de lo que atrajeron de vuelta, esta Luz ya se denomina *Kav* (línea), y ya hay en ella superior e inferior en importancia, y una Luz distinta no existe; es decir, que los *Igulim* no poseen Luz sino de la línea.

Sin embargo, junto con esto, la diferencia entre *Maljut de Igulim* (de círculos) y *Maljut de Kav* (de línea) es enorme: *Maljut de Igulim* tenía la Luz del aspecto de: "llena toda la realidad", en cambio *Maljut de Yósher* nunca tuvo la Luz y nunca la tendrá, en su *Kli* denominado -recibir con el propósito de recibir.

El asunto de la línea y el *Zivug de Akaá*

Hasta el momento hemos hablado de los tres estados:

1. El deseo de recibir que se creó en el mundo de *Ein Sof* y recibió toda la Luz,

2. En el mundo del *Tzimtzum* se ve que es necesario corregir el deseo de recibir por motivo de la dureza; y,

3. En la línea se ve que es necesario corregir el *Kli*, por la carencia, de lo contrario la Luz no se esparce en ella.

Hablemos ahora acerca de la línea. Ya hemos aprendido que en la línea hay una parte superior y otra inferior en importancia, porque sobre *Maljut de Kav* rige la prohibición de recibir, ya que está condicionada a recibir con el propósito de recibir. Y esta es la regla: que en todos los grados no cambia el nombre de *Maljut*, que es: recibir con el propósito de recibir. Siendo su Luz *Or Jozer*; es decir, que ella quiere otorgar al superior.

Cuando la Luz fue atraída a *Maljut* ella hizo *Zivug de Akaá* (acoplamiento de golpe); es decir, formó un *Masaj*, una pantalla lo cual significa el fin de la Luz e hizo la cuenta. Alegoría: Ella estima por sí misma que sólo el veinte por ciento de la Luz podrá recibir con el propósito de otorgar, y por eso esa parte de la Luz es con la cual ella decide investirse.

Sin embargo, con el ochenta por ciento [restante] ella siente que el placer es demasiado grande y, si lo recibe, será con el propósito de recibir, por lo tanto decide que parte de esa Luz no la recibirá. ¿Cuál es la diferencia entre el *Tzimtzum* (restricción) y el *Masaj* (pantalla)?

    A. El *Tzimtzum* es una elección, como ya hemos estudiado, que *Maljut* poseía toda la Luz y eligió no recibirla; y,

    B. El *Masaj*, es el control de lo superior sobre él; es decir, que aún cuando el inferior quiera recibir, el superior no se la dará.

El significado del término "*Zivug de Akaá*" es: En el mundo material, cuando las personas tienen diferentes opiniones pueden llegar a golpearse. Y en el plano espiritual, de dos elementos diferentes se dice que se golpean uno a otro. ¿Y cuál es la controversia?

El superior que quiere hacer el bien a Sus criaturas, despierta en el inferior el deseo de recibir toda la Luz. Sin embargo el inferior desea conseguir precisamente la equivalencia de forma, por lo tanto no desea recibir nada. Y este es el impacto entre lo superior y lo inferior.

Finalmente se equiparan y se forma la unión y el *Zivug* entre ellos; es decir, el inferior recibe la Luz de acuerdo a lo que desea el Superior, pero sólo en la medida en que dirige la intención para recibir con el propósito de otorgar, de acuerdo a lo que lo inferior desea, por lo tanto tenemos aquí dos elementos:

1. La equivalencia de forma; y,

2. La recepción de la Luz.

El *Zivug* es posible sólo si anteriormente se produjo el impacto, porque si no hubo impacto, sino que el inferior desea recibir la Luz, esto sería algo opuesto y separado del Creador. Este proceso de *Zivug de Akaá* se denomina **Rosh** (Cabeza). *Rosh*, significa raíz; es decir, un potencial que necesita el proceso para llevarlo a la práctica. Y el hecho de que haya un *Rosh*, es porque también hay un *Sof* (fin); es decir, que no puede recibir. Es por esto que *Maljut* necesita realizar un cálculo denominado el aspecto de *Rosh* antes de recibir en la práctica.

De acuerdo a lo dicho entenderemos las palabras del *ARI* al comienzo del *TAS*, *(El estudio de la diez Sfirot)*: "Sabe que antes de que las emanaciones fueran emanadas y las criaturas creadas, etc., no poseía la condición de *Rosh* ni la condición de *Sof*, etc.". Y esto es porque en las diez *Sfirot* aún no estaba la prohibición de recibir, es por esto que enseguida recibieron. Sin embargo ahora que existe el *Sof*, debemos distinguir entre *Rosh* que es el potencial y *Guf* que es la acción.

Y luego recibe activamente; es decir, el veinte por ciento que recibe con el propósito de otorgar se denomina, el *Toj* (**la parte interna**) **del grado**, en tanto que al lugar de la expansión de la Luz se lo denomina, **desde *Pe* hasta *Tabur*.**

Y en el *Tabur* está *Maljut de Toj*, que dice: Lo que reciba de ahora en adelante; es decir, el ochenta por ciento, será con el propósito de recibir, razón por la cual no quiero recibir, para no tener que llegar a la separación. Por lo tanto la Luz sale. Este aspecto se llama **el *Sof* del grado.**

La cuestión del *Bitush* interno y circundante en el *Partzuf*

El primer *Partzuf* llamado *Galgalta* que utiliza el *Aviut* de *Bjiná Dálet*, sigue todo lo dicho con respecto a *Rosh, Toj y, Sof-* Y hemos estudiado, que *Galgalta* recibió lo máximo que le fue posible recibir con el propósito de otorgar; más que eso no podía recibir. Sin embargo en el pensamiento de la creación, aprendimos que allí el *Kli* recibió todo, y esto es porque a ese *Kli* llamado recibir con el propósito de recibir lo creó el Creador; no así el *Kli* que el inferior realiza el cual es llamado: con el propósito de otorgar, [pues] tiene un límite y una ración de lo que es capaz de recibir. De acuerdo a esto encontramos que para el ochenta por ciento de Luz que quedó fuera del *Partzuf*, no hay *Kli* que la pueda recibir.

¿Y entonces que será de ella? Corregir esto es una cuestión del **Bitush interno y circundante.** Y estas son las palabras del *ARI* con respecto a este tema, en el *Talmud Eser Sfirot*, Sección 4, Capítulo 1, ítem 4: "He aquí en la unión de las Luces internas con las Luces circundantes se unen dentro del *Pe*, por lo tanto al salir juntas fuera del *Pe* están entrelazadas juntas, ellas se golpean mutuamente e impactan una con otra y del golpe se engendran los *Kelim*. En consecuencia: **gracias al impacto se forman los *Kelim*.**

Y debemos comprender:

1. ¿Por qué *Or Pnimí* y *Or Makif* se golpean mutuamente? y,

2. ¿Por qué gracias al golpe se forman los *Kelim*?

Respuesta: Ya hablamos acerca de que el golpe en el aspecto espiritual son dos elementos opuestos el uno al otro; sin embargo, también hay que entender ¿por qué justamente cuando "salen fuera de *Pe*" se produce el golpe?

En la parte del *Rosh* del grado se expande el cien por ciento de la Luz, allí no existe la división de interior y circundante. Esto es porque el deseo de hacer el bien a Sus criaturas es del cien por ciento. El inferior, que está limitado, calcula y decide, por ejemplo, que sólo puede recibir el veinte por ciento con el propósito de otorgar. Y esto ocurre en el *Rosh*, en potencia. "**Cuando surgen juntos fuera del *Pe***", el surgimiento en el aspecto espiritual se denomina revelación; es decir, que lo que existía en potencia se revela en acción, entonces recibe una parte y la otra parte la rechaza fuera, la cual se convierte en *Or Makif*.

Esta *Or Makif* es como si llegara al *Masaj* y argumentara: la manera en que te comportas, el hecho que has erigido un *Masaj*, tienes que reconocer que no es buena porque, ¿cómo se hará efectivo el propósito de la creación, que es "hacer el bien a Sus criaturas"? ¿Quién recibirá toda la Luz?

Y por otra parte, *Or Pnimí* está de acuerdo con el *Masaj* ya que toda la expansión de la Luz en el interior se hace gracias al *Masaj* y a *Or Jozer* (Luz retornante). **Esta diferencia de opiniones se denomina *Bitush* de *Or Makif* y *Or Pnimí* o, *Bitush* de *Or Makif* en el *Masaj*.**

Y ciertamente *Or Makif* está en lo correcto, por lo que el *Masaj* estuvo de acuerdo con ésta, y como estuvo de acuerdo, ya no puede rechazar y elevar *Or Jozer* puesto que ya es incapaz de recibir con el propósito de otorgar. Es por esto que la Luz se marcha y el *Masaj* se purifica; es decir, que no recibe. A esta estado se lo denomina, *Din* (juicio) y *Ajoráim* (parte posterior).

Y como cada *Bjiná* (fase) consiste de cuatro *Bjinot*, el *Masaj* se marcha **paulatinamente** comenzando con *Bjiná Dálet* en *Bjiná Dálet*, luego de *Bjiná Guimel* en *Bjiná Dálet*, etc., hasta que asciende al *Pe de Rosh*, que es el origen de donde proviene el *Masaj de Guf;* es decir, que terminó por completo de recibir y en su elevación utiliza un *Aviut* menor, de todas maneras recibe una Luz más pequeña con el propósito de otorgar.

Por ejemplo, en su elevación a *Bjiná Alef,* puede recibir sólo la Luz de *Rúaj* y en su elevación a *Bjinat Shóresh* (Raíz), puede recibir sólo la Luz de *Néfesh* para poder otorgar, hasta que no es capaz de recibir más con el propósito de otorgar y termina de recibir completamente.

Pregunta: ¿Qué es lo que obtiene *Or Makif* al querer iluminar de acuerdo al propósito de la creación y al querer que el *Masaj* reciba más? Pareciera que se consigue lo contrario a su deseo, ¿es decir que **el *Masaj* perdió** aún **hasta lo que poseía**?

Respuesta: Los grados que se revelaron al marcharse (la Luz), no son los restos de lo que tenía en un principio, ya que existe una regla: "No tendrás una renovación de Luz que no haya sido atraída de *Ein Sof*"; es decir, todo discernimiento que se descubre es un nuevo discernimiento. Por lo tanto, en un principio no hubiera podido recibir nada más, solamente que ahora después de marcharse *Bjiná Dálet*, ya pude recibir más de *Bjiná Guimel*.

Esto significa que por medio del *Bitush* se formaron los *Kelim*. Es decir, que antes del *Bitush* no tenía más *Kelim* para recibir, porque recibió la mayor parte de lo que podía con la intención de otorgar. Sin embargo, después del *Bitush*, al purificarse el *Masaj* de *Bjiná Dálet*,

se hizo lugar para recibir en *Bjiná Guimel* y esto se debe a que se marchó de *Bjiná Dálet* y se quedó sin nada, y cuando se marchó de *Bjiná Guimel* pudo recibir de *Bjiná Bet*.

Pero aún queda la pregunta: ¿Cuál es la ganancia, si cada vez recibe menos?

Respuesta: Nada se pierde la espiritualidad. Esto significa que todo lo que ha sido revelado – permanece, pero él no ve esto y no puede disfrutar de esto ahora, sólo del presente, después de que termine el trabajo, se revelarán todas las luces al mismo tiempo y, de acuerdo a esto al fin de cuentas se beneficiará.

Mi padre y maestro, *Baal HaSulam*, dijo una alegoría al respecto: Dos personas eran amigas en su juventud, más tarde sus caminos se separaron: uno se convirtió en rey y el otro en una persona pobre y miserable. Después de unos años el pobre se enteró que su amigo se había convertido en rey, por lo que decidió viajar hasta su país para pedirle ayuda. Empacó sus utensilios y viajó.

Cuando se encontraron le contó al rey acerca de sus penurias, esto conmovió al rey y le dijo a su amigo: "Te daré una carta para mi ministro de economía, para que te autorice a entrar al tesoro durante dos horas, durante esas dos horas, todo lo que consigas juntar, tuyo será". Llevó el indigente la carta al ministro y recibió el tan deseado permiso. Entró entonces al tesoro del rey con una caja, con aquella que acostumbraba a pedir limosna.

Durante cinco minutos llenó la caja y salió contento, pero el responsable del tesoro tomó la caja y tiró todo lo que juntó. El pordiosero rompió en llanto y el encargado le dijo: "Toma tu caja y llénala con más dinero". Entró nuevamente el pordiosero y llenó su caja y cuando salió nuevamente el encargado tiró todo el dinero de la caja, y así volvió a acontecer el mismo proceso hasta que se cumplieron las dos horas. Cuando salió el pordiosero por última vez, le dijo al encargado: "Te suplico, deja lo que he juntado, pues mi tiempo se ha terminado y ya no puedo entrar al tesoro". Entonces el tesorero le dijo, "Lo que has juntado ahora, tuyo es, lo mismo que todo el dinero que tiré al piso durante estas dos horas. Al tirar tu dinero en cada oportunidad quise hacerte el bien, ya que **llenaste tu pequeña caja y no te quedó lugar para llenarla más.**

Conclusión: Cada vez que se recibe una parte de la Luz, con el propósito de otorgar, eso queda, pero si eso queda no querrá recibir más, ya que no tendría la posibilidad de recibir con el propósito de otorgar más de lo que recibió, por lo tanto el grado debe marcharse, y cada vez, él corrige un *Kli* de deseo de recibir con el propósito de otorgar hasta que todo esté corregido y, entonces las luces iluminarán al mismo tiempo.

Volvamos a esclarecer el tema de la purificación del *Masaj*. La primera expansión que surgió de *Pe* hacia abajo es llamada **Teamim** (sabores) que proviene del dicho: "Y el paladar saboreará el alimento". Después del *Bitush* de *Or Makif*, el *Masaj* comienza a purificarse y a sacar a través de esa purificación otro nuevo grado cada vez. Estos grados son llamados *Nekudot* (puntos).

Y he vuelto a aclarar lo dicho por el *ARI* de que por medio del *Bitush* se formaron los *Kelim*, y esto es así porque ahora tiene la posibilidad de recibir más Luz. Sin embargo, *Baal HaSulam* interpreta la formación de los *Kelim* de diferente manera: Durante el tiempo en que la Luz estaba en el *Kli*, estaban la Luz y el *Kli* entremezclados unos con otros, y por causa del *Bitush* se marchó la Luz y entonces se llevó a cabo la discriminación del *Kli*.

Interpretación: Durante el tiempo en que la Luz iluminó al *Kli* no se aprecia la carencia del *Kli*, por lo tanto, no tiene mérito para ser llamado con el nombre de *Kli*, ya que sin un *Kli* la Luz no puede iluminar, por lo tanto ambos tienen la misma importancia. Sin embargo después de marcharse la Luz, se reconoce al *Kli* como *Kli* y a la Luz como Luz.

Esta es la razón por la cual los grados que emergen durante la purificación son llamados por el nombre de *Nekudá* del *Tzimtzum*. ¿Qué significa *Nekudá* del *Tzimtzum*?

El sagrado *Zóhar* dice: *Maljut* es llamada "*Nekudá Shjorá Delit Ba Lebanonita*" (ar.: un punto negro sin nada de blanco en él). Es decir, durante la oscuridad se la denomina a *Maljut* con el nombre de *Nekudá*, y cuando hay *Tzimtzum*, está prohibido recibir con el propósito de recibir y se vuelve oscuro, por lo tanto, **el punto del *Tzimtzum* estará presente en todo lugar donde no se pueda recibir con el propósito de otorgar y se desee recibir con el propósito de recibir.**

Y continuando con nuestro tema, cuando se purifica el *Masaj* de *Bjiná Dálet*, a *Bjiná Dálet* ya le será prohibido recibir y se dirá que reina sobre ésta el *Tzimtzum*; sin embargo, *Bjiná Guimel* aún pudo recibir y cuando también se purifique el *Masaj* del *Bjiná Guimel*, se lo llamará también punto de *Tzimtzum*.

Aún nos falta por aclarar la diferencia entre *Rosh, Toj y, Sof* (Cabeza, Interior y, Final): a **Rosh se lo denomina el aspecto en potencia**, es decir que allí no existe recepción. Y del *Rosh* se expanden dos partes:

- La parte que puede recibir la Luz se denomina diez *Sfirot de Toj*; la Luz, la abundancia que llega al interior de los *Kelim* se denomina *Or Pnimí*, que es *Or Jojmá*, la Luz de Su deseo de "hacer el bien a Sus criaturas"; y,

- La segunda parte que se expande desde el *Rosh* es la parte del deseo de recibir con el propósito de recibir, el cual no quiere utilizar y dice que allí no quiere recibir; es decir, que hace *Sof,* razón por la cual a esta parte se la denomina **diez *Sfirot de Sof***.

Pregunta: Aprendimos que la palabra *Sfirot* proviene de la palabra *"Sapir"* (zafiro), es decir que ilumina, y si *Maljut de Guf* llamada *Maljut de Tabur* no quiere recibir, y le hace *Sof* a la Luz, ¿por qué esa parte es denominada *Sfirot*?

Respuesta: Las diez *Sfirot* se refieren a que, en verdad, la Luz las ilumina. La aclaración acerca de este tema la encontramos en la parte cuatro, párrafo cinco, ítem 1, allí se aclara con respecto a la diferencia entre *Toj* y *Sof*: "He aquí que de *Pe* (boca) *de AK* salieron diez *Sfirot* internas y diez *Sfirot* circundantes, y se extienden opuestas a *Panim* hasta [estar] opuestas al *Tabur* de *AK*. Y esta es la parte importante de la Luz, sin embargo también ilumina a través de los costados a todo alrededor de ese *Adam*"; es decir, no justamente en oposición a *Panim* sino también de los costados.

De acuerdo al ítem 2, él interpreta las palabras del *ARI* como sigue: En resumen aclararemos, **que del *Tabur* hacia arriba se denomina *"Panim"*,** por expandirse allí la Luz de *Jojmá*, que es la Luz principal; y del *Tabur* hacia abajo se denomina *"Ajor"* (posterior) por ser un aspecto que recibe con el propósito de recibir, por lo que la Luz de *Jojmá* no se expande allí. "Sino que llega a través de los costados".

Más adelante en esa página, en el renglón que comienza con la frase, "y al costado": porque a través de *Or Jozer* esa *Bjiná Dálet* trae al *Partzuf*, que es *Or Jasadim*", como **Maljut de Tabur no quiere recibir allí, porque allí recibiría con el propósito de recibir y ella quiere la equivalencia de forma llamada *Jasadim*,** "entonces se encuentra recibiendo también la iluminación de *Jojmá*, sin embargo desde el aspecto de Luz femenina, esto significa, sólo recibir y no otorgar". "**Recibir y no otorgar**", significa, que no quiere otorgarse a ella misma la Luz, por el contrario, dice que no quiere recibir.

Y a través de este *Dvekut* (adhesión) una iluminación de la Luz de *Jojmá* ilumina sobre ella y a esto se le llama "iluminación de *Jojmá*". De acuerdo a lo dicho, **la diferencia entre *Toj* y *Sof*, es que el *Toj* y el *Sof* están iluminados por la Luz de *Jojmá* todo el tiempo que no quieran recibir por la cuestión de la equivalencia de forma, iluminará allí la Luz de *Jasadim* con la iluminación de *Jojmá*.**

Aun debemos explicar por qué los nombres usados bajo la Luz de *Jasadim* son **derecha e izquierda** y bajo la Luz de *Jojmá* se denominan **largo y corto**, es decir que cuando ilumina la Luz esto se llama en *Jasadim* derecha, y en *Jojmá* se llama largo; y cuando no ilumina se llama en *Jasadim* izquierda y en *Jojmá* se llama corto, ¿y qué significan estos nombres?

Respuesta: Aprendimos que la Luz de *Jojmá* ilumina a los *Kelim* que reciben con el propósito de otorgar, por supuesto. Por lo tanto el tamaño de la iluminación depende del tamaño del *Aviut* que posea, y a esto se lo llama **superior e inferior**, es por eso que los nombres bajo la Luz de *Jojmá* son, largo y corto, sin embargo la Luz de *Jasadim* no es atraída por el *Aviut* y tampoco depende de esto, razón por la cual, los nombres bajo la Luz de *Jasadim*, que son considerados por su amplitud, se denominan derecha e izquierda, esto insinúa que **iluminan en el mismo nivel** y no tiene la menor importancia si se tiene mayor o menor *Aviut*.

El asunto del *Partzuf* interior

Hasta ahora hemos hablado acerca del primer *Partzuf de AK*, denominado *Galgalta* (cráneo) o *Partzuf* interno *de AK*. Aclaremos acerca del tema, *Partzuf* interno: Él nos muestra una regla, y es que en todos los mundos existe el *Partzuf* interno el cual tiene cuatro vestimentas. Aclarémoslo en *AK*: El *Partzuf Galgalta* tiene *HaVaYaH* completo dentro de su grado, y de cada letra de *HaVaYaH* sale un grado completo y se revela en el exterior.

- Su *Rosh* no se alcanza y es llamada *Kéter* o *Kutzó Shel Yud* (la punta de la *Yud*),

- Desde el Pe hasta el *Jazé* (pecho), se denomina *Yud de HaVaYaH* y de allí sale el *Partzuf de Ab de AK* que lo reviste; y,

- De la primera *Hei*, llamada *Biná*, salió desde el *Jazé* hacia abajo, el *Partzuf SaG*.

- Resulta que *Yud-Hei*, que son *AB* y *SaG* lo visten desde el *Tabur* hacia arriba, y por debajo del *Tabur* son las *Vav-Hei de HaVaYaH*.

- La letra *Vav* es llamada *Shlishin Ilain de NeHY*, (la tercera superior de *NeHY*) denominado el *Partzuf MA* del cual salió el mundo de los *Nekudim* que es el que reviste allí; y,

- De su última letra *Hei* llamada *Maljut* que es *Bet Shlishin Tetain Denei de AK* (los dos tercios inferiores de *NeHY de AK*), salió el *Partzuf* de *BoN*, llamado *Olam HaAtzilut* (El Mundo de *Atzilut*), que utiliza el *Aviut* de *Shóresh*.

El asunto de los *Reshimot*

Cuando la Luz se marcha del *Partzuf Galgalta*, quedan *Kelim* vacíos y en el quedan los *Reshimot* de las luces que iluminaron el interior de los *Kelim*; el significado de los *Reshimot* es, de la misma manera que ocurre en el mundo material, cuando una persona come una comida sabrosa, o escucha acerca de algo interesante, le queda el sabor de lo que fue y le despierta el interés por continuar lo que sintió. De la misma manera, el *Reshimó* significa: **anhelo por lo que se tuvo [antes]**.

Y los *Reshimot* tienen dos aspectos:

1. La Luz pura del *Reshimó*; y,
2. La Luz densa del *Reshimó*.

Significado: Así como *Or Yashar* ilumina a los *Kelim* llamados *Or Jozer* general, de la misma manera cuando *Or Yashar* se marcha y deja un *Reshimó* que es parte de *Or Yashar*, este *Reshimó* se viste con parte de ese *Or Jozer* que había [antes]. Es decir, que quedó la impresión de haber trabajado con la intención de otorgar, y a esto se lo denomina **Reshimó de Or Jozer**.

- Y lo que queda de *Or Yashar* es lo que se denomina **La Luz pura que está en el *Reshimó*; en tanto que,**

- Lo que queda de *Or Jozer* se denomina **La Luz densa que están en el *Reshimó*.**

Y las dos juntas se visten con *Or Jozer* general llamada *Kli*, siendo las dos un aspecto.

Significado: Cuando la Luz ilumina en los *Kelim*, hemos dicho que la Luz y el *Kli* se mezclan el uno con el otro hasta que no se puede distinguir entre la Luz y el *Kli*; es decir, que **los dos realizan la misma labor y es imposible estar el uno sin el otro.** Al igual que la comida y el apetito, los dos realizan la misma labor, ya que si no hay comida y se tiene apetito, es imposible comer y, si hay comida pero no se tiene apetito, de la misma manera, es imposible comer.

Lo que si ocurre, es que cuando la Luz se marcha es cuando discernimos el *Kli*; es decir, que *Or Jozer* recibe allí un *Kli*.

Lo mismo ocurre con la cuestión de los *Reshimot*: Cuando la Luz pura y la Luz densa están juntas, **a ambas se las denomina Luz y se mezclan unas con otras,** y cuando la Luz pura se separa de la Luz densa, recibe la Luz densa otro nombre: ***Nitzotzin* (chispas).**

Tenemos que entender, ¿por qué cuando *Or Jozer* general se retira, se la llama a esta con el nombre de "*Kli*", sin embargo cuando *Or Yashar* que está en el *Reshimó* se retira, la Luz densa en el *Reshimó* es llamada "***Nitzotz***", que significa, chispa de Luz?

Respuesta: Tenemos que decir, que cuando *Or Yashar* general se retira, **no ilumina en lo absoluto**, sin embargo, cuando *Or Yashar* que está en el *Reshimó* se retira, **esta ilumina de lejos.**

De acuerdo a lo mencionado entenderemos el tema de la raíz de los *Kelim* y la raíz de las Luces: Existe una regla [que dice que] - todos los mundos salen por medio de sello y sellado. Es decir, de la misma manera en que salió el discernimiento por primera vez, así es como se expanden los mundos, desde lo alto hasta lo bajo de acuerdo al mismo orden, y la primera vez que salieron los *Kelim* fue en el *Partzuf Galgalta*, por eso es que se la denomina como la raíz de los *Kelim*.

Significado: Lo mismo ocurre cuando la Luz ilumina a los *Kelim*, ellos se mezclan y es imposible distinguir la Luz o el *Kli*, sin embargo después de marcharse la Luz se distinguen los *Kelim* en los cuales quedaron los *Reshimot* de la Luz; es decir, en el *Kli* de *Kéter* quedó el *Reshimó* de la Luz de *Kéter*; y en el *Kli* de *Jojmá* quedó el *Reshimó* de la Luz de *Jojmá* y así sucesivamente; es por eso que cuando se habla de los *Kelim* se comienza por *KaJaB* (*Kéter, Jojmá, Biná*).

Cuando salió el segundo *Partzuf* que es llamado *AB*, el mismo que está iluminado por la Luz de *Jojmá*, y de acuerdo a la regla por la que toda Luz que ilumine un *Kli* puro se llama

Kéter, ilumina ahora la Luz de *Jojmá* al *Kli* de *Kéter*. Y a esto se lo llama la raíz de las Luces que están organizadas de acuerdo a este orden; es decir, de acuerdo al orden de *JaBaD*. De acuerdo a esto entenderemos, que algunas veces comienzan las *diez Sfirot* desde *KaJaB* y otras desde *JaBaD*.

El asunto de *Taguín* y *Otiot*

Y ahora aclararemos el tema de *Taguín* y *Otiot*: Aprendimos que los *Reshimot* que quedaron de los *Teamim* se denominan "*Taguín*" (coronas), y hay ocasiones en que a los *Reshimot* que quedaron de los *Nekudot* se les llama con el nombre de "*Otiot*" (letras). La razón es que al momento en que se purifica cada *Partzuf Galgalta*, que es *Bjiná Dálet de Aviut*, aprendimos que el *Masaj* está incluido en los *Reshimot* en todos los niveles que se marcharon; este nivel se eleva al *Rosh* del grado y pide las fuerzas que perdió; y como "la última *Bjiná* se pierde" a causa del *Bitush de Or Makif* que debilitó la fuerza del *Masaj*, no puede superar a *Bjiná Dálet*, sino sólo a *Bjiná Guimel*, que se parece a *Nekudot*.

Hemos aprendido [también], que quedaron dos tipos de *Reshimot*: el *Reshimó* de la Luz de *Kéter* que fue vestida por los *Kelim*, llamada **Dálet de Hitlabshut** (vestidura); sin embargo, el *Reshimó* de las fuerzas y las superaciones se le perdieron, y de ella se dice que **"la última Bjiná se pierde"**, y que lo que queda es sólo **Guimel de Aviut**.

Resulta [entonces] que el *Masaj de Guf de Galgalta*, cuando se elevó al *Rosh de Galgalta*, pidió la fortaleza del *Masaj* para los dos tipos de *Reshimot*:

1. Para *Dálet* que es un *Reshimó* del nivel de *Teamim*; y,

2. Para el *Aviut* que viene del nivel de *Nekudot*.

Y por tal razón se llevaron a cabo dos *Zivuguim* en el *Rosh* del grado:

1. En *Dálet de Hitlabshut*, en el nivel de *Kéter*; y,

2. En *Guimel de Aviut*, en el nivel de *Jojmá*.

También hemos aprendido, que *Dálet de Hitlabshut* ilumina solamente el *Rosh* del grado del inferior; es decir, en el *Rosh de AB*; lo que si hay que tener en cuenta es que *Guimel de Aviut* tiene *Hitpashtut* en el *Guf* también; y como al *Guf* se le denomina *Kelim* y *Otiot*, **el *Reshimó de Aviut*; es decir, el *Reshimó de Nekudot* se denomina con el nombre de *Otiot*,** ya que luego se expanden de ese *Reshimó* los *Kelim*, mientras que el **Reshimó de Hitlabshut queda como *Taguín*; es decir, que ilumina sólo en el Rosh del grado.**

Oralmente él lo explicaba de esta manera: que *Guimel de Aviut* de *AB* y *Guimel de Galgalta* no son iguales, ya que *Guimel de AB* es *Guimel* del *Aviut* general, sin embargo el *Guimel de Galgalta* viene a ser el *Guimel de Dálet de Aviut*; solamente que el

Guimel de AB es atraído desde el *Guimel de Galgalta*; por lo tanto aquí se refiere a que el *Reshimó de Aviut* de elevación sacó el *Partzuf AB* hacia el *Reshimó de Nekudot* cuyas *Bjinot* están en *Guimel*.

La continuación del desarrollo

Volvamos a aclarar la continuación del desarrollo: Después de que *Or Makif* anuló el *Masaj de Guf de Galgalta*, el *Masaj de Guf* se elevó al *Rosh* y, como la última *Bjiná* se perdió, entonces el *Zivug* se hizo en el *Rosh de Galgalta* con los *Reshimot Dálet Guimel* solamente, expandiéndose desde el *Pe* hasta el *Jazé*.

Y como el *Masaj de Tabur* al estar en el *Rosh* se incluye en el *Aviut de Rosh*, por lo tanto se deben distinguir dos aspectos:

1. Su propia *Bjiná*, que es *Masaj de Tabur*; y,

2. *Aviut de Rosh*.

Después de que ese *Masaj* bajó del *Pe* al *Jazé* que es *Bjiná Guimel*, de la cual se dice que la Luz de *AB* ilumina el interior de los *Kelim de Galgalta*; es decir, que *AB* interno hizo un *Zivug* con lo que incluía el *Aviut de Rosh*. Desde el *Jazé* hasta el *Pe de Galgalta* salió un nuevo grado, llamado *Rosh* de *AB* exterior y, del *Jazé* hasta el *Tabur* salió el *Guf de AB*.

Pregunta: Es confuso. Y he aquí una regla, que el siguiente grado debe llenar los *Kelim* vacíos del grado anterior ¿y por qué *AB* no se expande debajo del *Tabur de Galgalta*?

Respuesta: En vista que no tiene *Masaj de Bjiná Dálet*, entonces si se expande hacia abajo y el deseo de recibir ve lo que hay allí, no podría superarlo, es por eso que se queda por sobre el *Tabur*.

Además en el *Partzuf AB* se produjo un *Bitush* con *Or Makif*, en tanto que de las *Reshimot* del *Partzuf AB* salió el *Partzuf SaG*; aún [incluso] de los *Reshimot* que estaban por sobre el *Tabur de AK*, solamente que los *Reshimot* que estaban por debajo del *Tabur de AK* aún no estaban llenos.

El *Partzuf SaG* que salió de los *Reshimot Guimel de Hitlabshut* y *Bet de Aviut*, también llenó los *Kelim* vacíos del *Partzuf AB*, aunque no podía descender por debajo del *Tabur de Galgalta* y llenar los *Kelim* vacíos que estaban allí, y esto se debe a que tiene *Guimel de Hitlabshut* los cuales son *Kelim* para la extensión de *Jojmá*. Resulta que esta fase es llamada los *Teamim de SaG* que se extendieron hasta el *Tabur de AK*.

Aunque los *Nekudot de SaG* sólo tienen la condición de *Jasadim*, por no tener la *Bjiná Guimel* mencionada anteriormente, podrían extenderse por debajo del *Tabur de Galgalta* donde está la *Bjiná Dálet de Aviut*, que es un *Kli* de recepción, al que no se le puede poner un *Masaj*. Como los *Nekudot de SaG* son *Kelim* de otorgamiento, no tienen ningún interés en los *Kelim* receptores, por lo tanto se expandieron por debajo del *Tabur de Galgalta* y llenaron los *Kelim* vacíos que había allí.

De todas maneras, ya que has visto que el deseo de recibir que había allí, quiso recibir con el propósito de recibir puesto que no tenían un *Masaj en Bjiná Dálet*; y como aprendimos que sobre el aspecto de recibir con el propósito de recibir se llevó a cabo un *Tzimtzum*, por lo tanto la Luz se marchó inmediatamente de ellos.

Pregunta: Aprendimos que los *Nekudot de SaG* son *Kelim* de otorgamiento, por lo tanto ¿cómo es que se restringieron?

Respuesta: Existe una diferencia entre *GaR de Biná* y *ZaT de Biná*, ya que hemos aprendido que *ZaT de Biná* tiene que recibir *Jojmá* para poder otorgar a *Zeir Anpin*, a pesar de que *GaR de Biná* se ocupa sólo de otorgar.

Y con esto comprenderemos que *GaR de Biná* los cuales son *Galgalta veEinaim* no se implicaron, por lo tanto se quedaron los *Galgalta veEinaim* en el grado y no se restringieron; aunque *ZaT de Biná* denominada *AJaP*, salieron fuera del grado porque querían recibir con el propósito de recibir y, a esto lo denominamos *Tzimtzum Bet*.

Resulta [entonces] que, en *JaBaD JaGaT de Nekudot de SaG* los cuales son *Galgalta ve Eynaim*, no hay intervención de *Bjiná Dálet*; es por esto que su lugar aún se denomina el lugar de *Atzilut*; en tanto que por debajo del *Tabur de Nekudot de SaG* que visten a los *Shlishin Tatain de NeHY de AK*, (los dos tercios inferiores de *NeHY de AK*), allí existe el control del aspecto de recibir con el propósito de recibir.

Y cuando el *Partzuf SaG* ascendió al *Pe de Rosh*, se realizaron allí en el *Rosh de SaG* dos *Zivuguim*:

1. Un *Zivug* sobre los *Reshimot de Teamim de SaG* que no descendieron debajo de *Tabur de AK*, y de ellas salió el *Partzuf MA* Superior; y,

2. Un *Zivug* sobre los *Reshimot de Nekudot de SaG* que se restringieron y se mezclaron con *Bjiná Dálet* que estaba debajo de *Tabur de AK*, y de él salió *MA* que es *Olam HaNekudim* (el Mundo de los *Nekudim*), y este *Zivug* se hizo en la mitad del grado de *Alef de Aviut* y en *Bet de Hitlabshut*.

Es por esto que *Maljut* no atrae la Luz sobre su *Kli* de recepción, pero sí sobre los *Kelim* de otorgamiento solamente, y esto es debido al *Tzimtzum*, pues si utilizara los *Kelim* de recepción, sería sólo para recibir.

Nosotros aprendemos que la Luz se expande en los *Kelim* interiores de *SaG* y también en los *Kelim* exteriores a *SaG*. Tenemos que entender que generalmente no se refiere al *MA* Superior, principalmente nos referimos a la asociación de *Midat HaRajamim* (cualidad de la misericordia) en el *Din* (juicio) que comienza en el *Partzuf MA*, que es *Olam HaNekudim*.

He aquí que hemos aprendido que el *Olam Nekudim* tiene dos *Roshim* (cabezas):

1. Del aspecto de *Aviut*; y,

2. Del aspecto de *Hitlabshut*.

Se dice que *Kéter* se denomina *Bet de Hitlabshut* y *Aba VeIma* son *Alef de Aviut*. Y en vista que el *Bet de Hitlabshut* no puede atraer a la Luz pues allí no hay carencia, entonces necesita la asociación con el *Aviut* que tiene la posibilidad de atraer a la Luz. Y aprendimos, que el nivel de la Luz que ilumina allí es *VaK de Biná*, por tener la condición de *"Jafetz Jésed"* ("pues Él se deleita en la misericordia"), de tal manera que no sea necesaria la *Jojmá* en ese grado.

A esta Luz se la denomina también *Tikkún Kavim* **"Corrección de líneas"**, por lo tanto aprendimos que *Tikkún Kavim* ilumina sólo en el *Rosh*, porque *Hitlabshut* no tiene *Hitpashtut* (expansión) en el *Guf*; aunque el *Guf* tiene muy poca luminosidad y no recibía satisfacción del estado en *Katnut*, por lo que cuando llega la Luz *de Gadlut*, incluso los *Kelim* de otorgamiento *del Guf* se quebraron.

Prefacio al comentario *HaSulam*

Las diez *Sfirot*

1) Primero hay que saber los nombres de las diez *Sfirot*: *KaJaB, JaGaT, NeHYM*. Estos son acrónimos de *Kéter, Jojmá, Biná, Jésed, Gvurá, Tifféret, Nétzaj, Hod, Yesod y, Maljut*. Las mismas que corresponden a los aspectos de las diez cubiertas de Su Luz, que se corrigieron para que los inferiores pudiesen recibir Su Luz. Esto es semejante a la luz del sol, la cual es imposible observar directamente excepto a través de un vidrio oscurecido que disminuya su luz, adecuándola a la capacidad de la visión de los ojos. De lo contrario, si Su Luz no hubiera sido cubierta por estas diez coberturas denominadas "diez *Sfirot*", en las cuales cada inferior cubre adicionalmente Su Luz, los inferiores no hubieran sido capaces de obtenerla.

2) Estas diez *Sfirot* son los diez Nombres Sagrados en la *Torá*: El nombre *Ehyeh* (pronunciado *Ekie*) es la *Sfirá Kéter*, el nombre *YaH* (pronunciado *Koh*) es la *Sfirá Jojmá* y, el nombre *HaVaYaH* con la puntuación de *Elokim* es *Biná*. El nombre *El* (pronunciado *Kel*) es *Jésed*, el nombre *Elohim* (pronunciado *Elokim*) es *Gvurá* y, el nombre *HaVaYaH* con puntuación de *Shvá, Jólam, Kámatz*, es *Tifféret*. El nombre *Tzvaot* es *Nétzaj* y *Hod*, el nombre *Shadai* (pronunciado *Shadi*) es *Yesod* y, el nombre *Adonai* (pronunciado *Adni*) es *Maljut* (*Zóhar, VaYikrá*, Ítems 157-163, 166-177).

3) Y a pesar de que contamos diez *Sfirot*, no hay más de cinco *Bjinot* (fases o aspectos) en ellas, llamadas *Kéter, Jojmá, Biná, Tifféret* y *Maljut*. La razón por la cual contamos diez *Sfirot* es porque la *Sfirá Tifféret* contiene seis *Sfirot* llamadas: *Jésed, Gvurá, Tifféret, Nétzaj, Hod* y, *Yesod*, siendo por lo tanto diez. (*Introducción del libro de Zóhar*, "Espejos de la Escalera," pág. 5).

Y estas cinco *Bjinot, KaJaB TuM* están consideradas en cada emanado y en cada criatura, en todos los mundos, los cuales son cinco mundos llamados: *Adam Kadmón, Atzilut, Briá, Yetzirá* y, *Asiyá*, los mismos que corresponden a las cinco *Bjinot KaJaB TuM*. Estando estas en el detalle más pequeño en la realidad. Del cual nosotros distinguimos que: el *Rosh* es *Kéter*; desde su *Rosh* hasta el *Jazé* (pecho) es *Jojmá*; desde el *Jazé* hasta el *Tabur* es *Biná*; y, desde el *Tabur* hacia abajo *Tifféret* y *Maljut*.

¿Por qué *Tifféret* incluye *JaGaT NeHY*?

4) Cuando las cinco *Bjinot KaJaB TuM* salieron, estaban incorporadas entre sí de tal manera que cada una de ellas contenía *KaJaB TuM*; sin embargo, en la *Sfirá Tifféret*, el nivel de las *Sfirot* descendió en aspecto de *GaR*, por tanto los nombres de *KaJaB TuM* incluidos en ellas cambiaron a *JaGaT NaH*, siendo *Yesod* el que las contiene. Por lo tanto, cuando decimos que *Tifféret* contiene seis *Sfirot*, no es debido a su mérito sobre las primeras tres *Sfirot*; sino al contrario, es debido a la disminución de la Luz de *GaR* en ella, que las cinco *Bjinot KaJaB TuM* recibieron nombres diferentes, los cuales son *JaGaT NaH*.

De tal manera que *Jésed* es *Kéter*, *Gvurá* es *Jojmá*, *Tifféret* es *Biná*, *Nétzaj* es *Tifféret* y, *Hod* es *Maljut*. La *Sfirá Yesod* es agregada a ellas, pero no es una *Bjiná* (sing. de *Bjinot*) adicional a las cinco *Bjinot*, sino que es un aspecto integrado solamente, el cual contiene en su interior todas las cinco *Sfirot JaGaT NaH*. Y estas siempre son llamadas *VaK*, lo cual es un acrónimo para *Vav Ktzavot* (seis Bordes/puntas), las cuales son las seis *Sfirot JaGaT NeHY*. Y dado que este descenso de las cinco *Bjinot* a *JaGaT NeHY* no fue hecho sino en *ZA*; por lo tanto, nosotros adjudicamos las cinco *Bjinot* cambiadas únicamente a *ZA*.

Or y *Kli* (Luz y vasija)

5) Es imposible que exista Luz sin un *Kli* en cualquiera de los mundos. Inicialmente existía únicamente un *Kli* en las diez *Sfirot*, el cual era *Maljut*. La razón por la que decimos que existen las cinco *Bjinot KaJaB TuM*, es porque todas ellas son solamente partes de *Maljut*, la misma que es llamada *Bjiná Dálet*. Es decir, que ellas son preparadas por su proximidad al *Kli* completo, el cual es *Maljut*, llamado *Bjiná Dálet*.

Pero luego del *Tzimtzum Alef* un *Masaj* fue establecido en el *Kli* de *Maljut*, el cual detiene la Luz Superior previniendo que ésta se vista en él. Por lo tanto, cuando la Luz Superior alcanza el *Masaj*, el *Masaj* choca con ella y la rechaza. Este choque es llamado "*Zivug de Akaá* de la Luz Superior con el *Masaj* en el *Kli* de *Maljut*", y la luz que ha sido rechazada es llamada "*Diez Sfirot de Or Jozer*".

Esto se debe a que la Luz rechazada se eleva desde abajo hacia Arriba y viste las diez *Sfirot* en la Luz Superior, llamadas "Diez *Sfirot de Or Yashar*". Y es de esta *Or Jozer* que fueron hechos nuevos *Kelim* para vestir la Luz Superior en lugar de *Maljut*, la cual había sido restringida de modo que no reciba Luz. El contenido de esos nuevos *Kelim* (pl. de *Kli*) es llamado "*Diez Sfirot de Or Jozer*".

Rosh – Toj - Sof, Pe – Tabur - Sium Raglin

6) Debido a los nuevos *Kelim de Or Jozer*, se disciernen tres partes en cada *Partzuf*, las cuales son llamadas: "*Rosh, Toj y, Sof*". Ha sido explicado que por la fuerza del *Masaj* que impide la llegada de la Luz a *Maljut*, se hizo un *Zivug de Akaá* con la Luz, lo cual produjo las diez *Sfirot de Or Jozer* que vistieron a las diez *Sfirot de Or Yashar* en la Luz Superior.

Estas diez *Sfirot de Or Yashar* y *Or Jozer* son llamadas "*diez Sfirot de Rosh*". Sin embargo, estas diez *Sfirot de Or Jozer*, las cuales salieron desde el *Masaj* hacia arriba vistiendo las diez

Sfirot de Or Yashar, aún no son los *Kelim* verdaderos. Esto se debe a que el nombre *Kli* indica el *Aviut* en él; es decir, la fuerza de *Din* en el *Masaj*, la cual previene que la Luz se vista en *Maljut*.

Existe una regla que dice: que la fuerza de *Din* actúa únicamente desde el lugar de la existencia del *Din* hacia abajo, y no desde el lugar de la existencia del *Din* hacia Arriba. Y dado que las diez *Sfirot de Or Jozer* salieron desde el *Masaj* hacia Arriba; por lo tanto, la fuerza de *Din* no es reconocida por *Or Jozer* y no es apropiada para ser un *Kli*. Por tal razón, estas diez *Sfirot de Or Jozer* son llamadas con el nombre de *Rosh*, lo cual significa una raíz para los *Kelim* y, no los *Kelim* en realidad.

Y *Maljut*, en la cual había sido establecido el *Masaj* para el *Zivug de Akaá*, debido a esto es llamada *Pe*. Esto implica que tal como es en una boca en lo corporal, donde las *Otiot* (letras) salen a través de un *Zivug de Akaá* de las cinco salidas de la boca, así el *Pe* espiritual contiene un *Zivug de Akaá* para producir diez *Sfirot de Or Jozer*, siendo las cinco *Bjinot KaJaB TuM*, las cuales son los *Kelim* para las diez *Sfirot de Or Yashar*, llamadas *Otiot*. De esta forma han sido explicadas las diez *Sfirot de Rosh*.

7) Y debido a esto, las diez *Sfirot de Or Yashar* y las diez *Sfirot de Or Jozer*, tuvieron que expandirse desde el *Masaj* hacia abajo, con lo cual entonces las diez *Sfirot de Or Jozer* se transformaron en el aspecto de *Kelim*, los cuales reciben y visten las diez *Sfirot de Or Yashar*. Porque ahora hay un *Masaj* sobre las diez *Sfirot de Or Jozer* y, por lo tanto, el *Aviut* que está en él, controla las diez *Sfirot de Or Jozer*, ya que con él fueron hechos los *Kelim*. Y estas diez *Sfirot* las cuales son los *Kelim* verdaderos, son llamadas con el nombre de "*Toj y Guf*"; es decir, que ellas son el centro de su interior y exterior del cuerpo del *Partzuf*. Y *Maljut del Toj* es llamada "*Tabur*", tal como en la frase: "el *Tabur* (ombligo) de la tierra", refiriéndose al centro y a la mitad. Esto indica que *Maljut de Toj* es la *Maljut* central, ya que de su *Or Jozer* se hicieron los *Kelim* verdaderos del *Guf*.

También es posible decir, que *Tabur* viene de las palabras, *Tov-Or* (Luz buena), indicando que hasta allí la Luz es *buena* para ser vestida en los *Kelim* apropiados para recibirla. Con esto hemos explicado las diez *Sfirot de Toj* hasta el *Tabur*.

8) Y es así que encontramos dos *Bjinot* en *Maljut del Rosh*:

- La *Bjiná de Maljut Mesayémet* (culminante); es decir, la que el *Masaj* retiene de la Luz Superior para que no se vista en el *Kli de Maljut*; y,

- La *Bjiná de Maljut Mizdavéguet* (copulante), ya que de no haber sido por el *Zivug* de la Luz Superior con el *Masaj* a través del *Zivug de Akaá*, el cual eleva *Or Jozer* para vestir la Luz Superior, no hubieran *Kelim* de recepción para la Luz Superior y, no hubiera ninguna Luz en la realidad, puesto que no existe Luz sin un *Kli*.

- Estas dos *Bjinot* se encuentran en *Maljut del Rosh* únicamente en el aspecto de dos raíces. *Maljut Mesayémet* es la raíz de la *Maljut* que finaliza el grado, en tanto que *Maljut Mizdavéguet* es la raíz de la vestidura de la Luz en los *Kelim*.

- Ambas acciones aparecieron y ocurrieron en el *Guf* del *Partzuf*:

- Desde el *Pe* hasta el *Tabur*, allí la *Maljut Mizdavéguet* muestra su fuerza, porque la Luz Superior viene por medio de la vestidura en los *Kelim*; y,

- Desde el *Tabur* hacia abajo, la *Maljut Mesayémet* muestra su fuerza y produce diez *Sfirot de Sium*. Cada *Sfirá* sale únicamente con la iluminación de *Or Jozer* sin la Luz Superior. Y cuando la *Maljut* alcanza aquellas diez *Sfirot de Sium*, todo el *Partzuf* termina. Esto es porque esta *Maljut* es la *Maljut* culminante, la cual no recibe nada y, por lo tanto, en ella termina la expansión del *Partzuf*. Es a ésta *Maljut* a la que llamamos "*Maljut de Sium Raglin*", la cual corta la Luz y culmina el *Partzuf*. Y estas diez *Sfirot de Sium*, las cuales se expanden desde el *Tabur* hacia abajo hasta el *Sium Raglin*, son llamadas "diez *Sfirot de Sof*", ya que todas ellas son partes de *Maljut de Sof* y *Sium*. Y cuando decimos que en ellas hay solamente *Or Jozer*, esto no significa que ellas no tengan *Or Yashar* en lo absoluto. Más bien, significa que también tienen una iluminación escasa de *Or Yashar*, solamente que es considerada como *VaK* sin un *Rosh*.

Jazé

9) Hasta ahora hemos hablado acerca de los *Partzufim* (pl. de *Partzuf*) de *Adam Kadmón*. Sin embargo, en los *Partzufim* del mundo de *Atzilut* fue agregado un nuevo *Sium* en las diez *Sfirot de Toj*, el cual es *Maljut de Toj* llamado "*Tabur*", el mismo que se elevó a *Biná* de las diez *Sfirot de Toj*, finalizando allí las diez *Sfirot* del grado de *Toj*. Este *Sium* es llamado *Jazé*, y es allí donde el *Parsá* se estableció. Esto significa que el nuevo *Sium* que fue hecho mediante la elevación de *Maljut* a *Biná* en el lugar del *Jazé*, es llamado "*Parsá*", tal como el firmamento que separa entre las Aguas Superiores, las cuales son *Kéter* y *Jojmá*, las mismas que permanecieron en el grado del *Toj*, y entre *Biná* y *TuM*, las cuales partieron desde el grado de las diez *Sfirot de Toj* y se transformaron en el grado de las diez *Sfirot de Sof*.

Es por esta razón que las diez *Sfirot de Toj* fueron divididas en dos grados.

- Desde el *Pe* hasta el *Jazé* es considerado el aspecto de las diez *Sfirot de Toj*, siendo para *Atzilut*, el aspecto de *GaR del Guf*; y,

- Desde el *Jazé* hacia abajo hasta el *Tabur* es considerado el aspecto de las diez *Sfirot de Sof*, siendo para *Briá*, el aspecto de *VaK* sin un *Rosh*, como las diez *Sfirot de Sof*.

Relación inversa entre *Kelim* y *Orot* (vasijas y Luces)

10) Siempre existe una relación inversa entre las Luces y los *Kelim*. Ya que en los *Kelim* el orden es que los Superiores son los primeros en crecer en un *Partzuf*. *Kéter* empieza entrando al *Partzuf*, después *Jojmá*, luego *Biná*, después *Tifféret* y, luego *Maljut*. Por esta razón nombramos los *Kelim KaJaB TuM*; es decir, de Arriba hacia abajo, porque así es el orden de su llegada al *Partzuf*. En tanto que con las Luces sucede lo contrario. Ya que el orden de las Luces es que las inferiores ingresan al *Partzuf* primero. La primera en ingresar es la Luz de *Néfesh*, luego la Luz de *Rúaj*, después la Luz de *Neshamá*, luego la luz de *Jayiá* y, después la Luz de *Yejidá*. De tal manera que al inicio ingresa la Luz de *Néfesh* la cual es la Luz de *Maljut*, la más pequeña de todas las Luces. Y al final ingresa la Luz de *Yejidá* que es la más grande de todas las Luces. Por lo tanto, siempre nombramos a las Luces con el nombre de *NaRaNJaY*; es decir, de abajo hacia Arriba, puesto que así es el orden de su llegada al *Partzuf*.

11) Y de acuerdo a esto encontramos que mientras no haya en el *Partzuf* sino solamente un *Kli*, el cual es necesariamente el *Kli* Superior; es decir, *Kéter*, el cual creció primero, entonces en tal caso no ingresa en el *Partzuf* la gran Luz relacionada con *Kéter*, la misma que es la Luz de *Yejidá*, sino que ingresa vistiéndose en el *Kli de Kéter* la luz más pequeña, la cual es la luz de *Néfesh*. Y cuando dos *Kelim* han crecido en el *Partzuf*, los cuales son los *Kelim* más grandes; es decir, *Kéter* y *Jojmá*, es entonces que también entra en él la Luz de *Rúaj*. En ese estado, la Luz de *Néfesh* desciende desde el *Kli de Kéter* hasta el *Kli de Jojmá* y, la Luz de *Rúaj* se viste en el *Kli de Kéter*. De la misma manera, cuando el tercer *Kli* ha crecido en el *Partzuf*, el cual es el *Kli de Biná*, entonces la Luz de *Neshamá* ingresa al *Partzuf*. En ese estado, la Luz de *Néfesh* desciende desde el *Kli de Jojmá* hasta el *Kli de Biná*, la Luz de *Rúaj* abandona el *Kli de Kéter* e ingresa el *Kli de Jojmá* y, la Luz de *Neshamá* se viste en el *Kli de Kéter*.

Y cuando un cuarto *Kli* ha crecido en el *Partzuf*, el cual es el *Kli de Tifféret*, la Luz de *Jayiá* ingresa en el *Partzuf*. En ese estado, la Luz de *Néfesh* desciende desde el *Kli de Biná* hasta el *Kli de Tifféret*, la Luz de *Rúaj* hasta el *Kli de Biná*, la Luz de *Neshamá* hasta el *Kli de Jojmá* y, la Luz de *Jayiá* hasta el *Kli de Kéter*.

Y cuando un quinto *Kli* ha crecido en el *Partzuf*, el cual es el *Kli de Maljut*, entonces todas las Luces ingresan en sus respectivos *Kelim*. Esto se debe a que entonces la Luz de *Yejidá* ha sido atraída hacia el interior del *Partzuf*, tal así que, la Luz de *Néfesh* desciende desde el *Kli de Tifféret* hasta el *Kli de Maljut*, la Luz de *Rúaj* desciende desde el *Kli de Biná* e ingresa en el *Kli de Tifféret*, la Luz de *Neshamá* desciende desde el *Kli de Jojmá* e ingresa en el *Kli de Biná*, la Luz de *Jayiá* desciende desde el *Kli de Kéter* e ingresa al *Kli de Jojmá* y, la Luz de *Yejidá* llega y se viste en el *Kli de Kéter*.

12) Y te será notorio, que mientras no hayan crecido todos los cinco *Kelim KaJaB TuM* en el *Partzuf*, las Luces no estarán en sus lugares designados. Más aún, ellas estarán en una relación inversa, puesto que si faltare el *Kli de Maljut* en el *Partzuf* el cual es el *Kli* más pequeño, la Luz de *Yejidá* que es la Luz más grande, estará ausente. Y si faltaren los dos *Kelim* inferiores, *Tifféret* y *Maljut*, las dos Luces mayores, *Jayiá* y *Yejidá*, también estarán ausentes. Y si faltaren los tres *Kelim* inferiores, *Biná*, *Tifféret* y, *Maljut*, las tres Luces mayores, *Neshamá*, *Jayiá* y, *Yejidá*, estarán ausentes, y así sucesivamente.

Así que mientras no hayan crecido todos los cinco *Kelim KaJaB TuM* en el *Partzuf*, encontraremos una relación inversa entre los *Kelim* y las Luces. Ya que si faltare una Luz y un *Kli*, entonces en las luces estará ausente la Luz más grande, que es la Luz de *Yejidá*. Siendo lo opuesto en los *Kelim*, donde estará ausente el *Kli* más pequeño, el *Kli de Maljut*.

13) Y con esto entenderás lo que estamos diciendo, que mediante la elevación de *Maljut* hacia *Biná* ha finalizado el grado bajo *Jojmá*. Y por esta razón, solamente dos *Sfirot* permanecieron en el grado, *Kéter* y *Jojmá*, mientras que *Biná* y *TuM* del grado fueron anuladas y descendieron desde este grado. Aquí esto está dicho únicamente desde el punto de vista de los *Kelim*. Pero en relación a las Luces es lo opuesto, ya que las Luces de *Néfesh Rúaj* permanecieron en el grado, en tanto que las luces de *Neshamá, Jayiá* y, *Yejidá*, fueron anuladas del grado.

14) Ahora podrás entender lo que en ocasiones menciona *El Zóhar*, que con la elevación de *Maljut* hacia *Biná* fueron divididas las cinco *Otiot* (letras) del nombre אלקים - *Elokim*, de tal manera que las dos *Otiot* מ"י -**MI**- (Mem, Yud) permanecieron en el grado y, las tres *Otiot* **ELEH** (אל"ה - *Alef, Lamed, Hei*) partieron y fueron anuladas en el grado.

Y a veces *El Zóhar* dice lo opuesto, que cuando *Maljut* se elevó hacia *Biná*, las dos *Otiot* אל- **EL** (*Alef, Lamed*) permanecieron en el grado, en tanto que las tres *Otiot* הים -**HIM** (*Hei, Yud, Mem*) fueron anuladas y descendieron desde el grado.

El hecho es que las cinco *Otiot* de *Elokim* son las cinco *Sfirot KaJaB TuM* o, las cinco luces *NaRaNJaY*. Y en la elevación de *Maljut* hacia *Biná*, permanecieron del aspecto de los *Kelim*, *Kéter* y *Jojmá* en el grado, siendo estas las dos *Otiot* **EL** y, las tres *Otiot* **HIM**, que descendieron desde el grado.

En el aspecto de las luces sucede lo contrario, ya que las dos *Otiot* inferiores **MI**, las cuales se refieren a las dos Luces inferiores, *Néfesh Rúaj*, son las que permanecieron en el grado, en tanto que las tres *Otiot* Superiores, **ELEH**, que se refieren a *Yejidá, Jayiá, Neshamá*, son las que partieron y fueron anuladas del grado.

Por lo tanto, en la *Introducción al Libro del Zóhar*, *El Zóhar* habla de cinco Luces *NaRaNJaY*, en alusión a las cinco *Otiot* [del nombre] *Elokim*. Por lo tanto, dice que **MI** permaneció y **ELEH** partió del grado. Adicionalmente en (Génesis 1), *El Zóhar* menciona que los cinco *Kelim KaJaB TuM*, están relacionados con las cinco *Otiot* [del nombre] *Elokim*.

Es por eso que dice lo contrario, que *EL* permaneció en el grado y las tres *Otiot* **HIM** partieron del grado. Debemos recordar estas palabras y examinar cada lugar, para ver si esto habla de Luces o de *Kelim*, ya que con esto se resolverán muchas aparentes contradicciones.

Elevación de *Maljut* hacia *Biná*

15) Hay que entender muy bien el asunto del endulzamiento de *Maljut* con *Biná*, ya que esta es la raíz de toda la sabiduría. Pues *Maljut* es *Midat HaDin* (cualidad del juicio) sin la cual el mundo no puede realizarse. Por esta razón, el Emanador la elevó hasta la *Sfirá de Biná*

la cual es *Midat HaRajamim* (cualidad de la misericordia). Nuestros sabios hicieron insinuaciones acerca de esto: "En el comienzo, Él concibió crear el mundo con *Midat HaDin*"; es decir, únicamente en *Maljut*, la cual es *Midat HaDin*. "Viendo que el mundo no se realizaba, antepuso *Midat HaRajamim* y la asoció con *Midat HaDin*" (*Bereshit Rabá* 12).

Por medio de la elevación de *Maljut* a *Biná*, *Maljut* adquiere la forma de *Biná*, la cual es *Midat HaRajamim*, y es así que *Maljut* dirige el mundo con *Midat HaRajamim*. Y éste asunto de la elevación de *Maljut* a *Biná* ocurre en todos y cada uno de los grados, desde el *Rosh* del mundo de *Atzilut* hasta el *Sof* del mundo de *Asiyá*, puesto que no hay grado que no disponga de las diez *Sfirot KaJaB, JaGaT, NeHYM*. En tanto que *Maljut* en cada grado se elevó hacia *Biná* en ese grado y fue endulzada allí.

La división de cada grado en dos mitades

16) Es sabido que *Maljut* culmina cada *Sfirá* y cada grado. Lo cual quiere decir que *Maljut* retiene la luz en dicho grado, ya que la luz no se expandirá en su interior, debido a la fuerza del *Tzimtzum* que se hizo sobre ella, para que no reciba la Luz Superior. Por lo tanto, la Luz del grado no es atraída sino hasta *Maljut* y, cuando llega al *Masaj* que está en *Maljut*, ella se detiene. Es entonces que se hace sobre el *Masaj* que está en *Maljut*, un *Zivug de Akaá* con la Luz.

Por esta causa y dado que *Maljut* del grado se elevó hasta *Biná* en ese grado, se encuentra que *Maljut* ha finalizado la Luz en el lugar hasta donde ella se elevó; es decir, en la mitad de *Biná*. Y la mitad de *Biná*, *Tifféret* y *Maljut*, las cuales se encuentran bajo la *Maljut Mesayémet* (culminante), salieron de sus grados y se transformaron en un segundo grado debajo de *Maljut*. De tal manera que mediante la elevación de *Maljut* hacia *Biná*, cada grado es cortado en dos, ya que *Kéter, Jojmá* y, la mitad de *Biná*, que están sobre *Maljut*, permanecen en el grado, y la mitad de *Biná, Tifféret* (la cual incluye a *JaGaT NeHY*) y, *Maljut*, salieron del grado y se transformaron en un grado inferior a él. Y esta finalización que hizo *Maljut* en la mitad de *Biná*, es llamada "*Parsá*".

17) En cada grado se necesita que hayan cinco Luces, las cuales son llamadas: *Yejidá, Jayiá, Neshamá, Rúaj* y *Néfesh*, vestidas en cinco *Kelim*, llamados: *Kéter, Jojmá, Biná, Tifféret* (el cual incluye a *JaGaT NeHY*) y, *Maljut*. Y debido a la elevación de *Maljut* hacia *Biná*, no permanecieron en el grado sino dos *Kelim* completos, *Kéter* y *Jojmá*, faltando en él tres *Kelim, Biná, Tifféret* y, *Maljut*; por lo tanto, no permanecieron en él sino solamente dos Luces, *Néfesh, Rúaj*, las mismas que se visten en dos *Kelim*, *Kéter* y *Jojmá*. Faltando en él las tres Luces, *Neshamá, Jayiá* y, *Yejidá*, debido a que no tienen *Kelim* en los cuales vestirse. Resulta ser que el grado carece de las primeras tres *Sfirot*, ya que por causa de la elevación de *Maljut* hacia *Biná*, el grado fue cortado en dos mitades, de tal manera que la una mitad permaneció en el grado, el cual es *Kéter y Jojmá de Kelim*, y *Néfesh Rúaj de Orot*, y la otra mitad partió del grado, siendo esta *Biná y TuM de Kelim*, y *Neshamá, Jayiá* y, *Yejidá de Orot*. Es por esto que esta subida hace alusión a la elevación de *Maljut* hacia *Biná* en el secreto de la *Yud*, ya que ingresó la Luz del grado, y la *Or* (Luz) se hizo *Avir* (aire). Porque debido a la elevación de *Maljut* hacia *Biná*, el grado perdió la Luz de sus primeras tres *Sfirot*, y permaneció en el nivel de *Rúaj Néfesh* denominado "*Avir*". Este asunto también hace alusión a las cinco letras del

nombre *Elokim*, el cual fue dividido en dos mitades: (מי-אלה) *MI-ELEH*. Las dos letras (מ"י) *MI* aluden a las dos Luces *Rúaj Néfesh*, vestidas en los dos *Kelim de Kéter Jojmá* que permanecieron en el grado y, las tres letras (אל"ה) *ELEH* aluden a los tres *Kelim de Biná, Tifféret* y, *Maljut* que partieron del grado. **El Descenso de *Maljut* desde *Biná* hacia Su Lugar**

18) Sin embargo, por medio de la elevación de *Mein Nukvin de Torá* y la plegaria de los inferiores, es atraída una Iluminación Superior desde *Jojmá* y *Biná de AK*, lo cual trae a *Maljut* fuera de *Biná* en todos los grados, haciéndola descender hasta su lugar (*Zóhar, VaYakel*, pág. 41), ya que entonces los tres *Kelim de Biná, Tifféret* y, *Maljut*, que previamente salieron del grado por causa de la entrada de la " י- *Yud*", la cual es *Maljut*, hacia la Luz del grado, finalizaron el grado debajo de *Jojmá*, razón por la cual אור *Or* se hizo אויר *Avir*.

Pero ahora, luego que *Maljut* ha descendido desde allí y ha partido el *Avir*, los *Kelim* retornan a su grado. Y así, nuevamente quedan cinco *Kelim KaJaB TuM* en el grado. Y dado que hay cinco *Kelim*, todas las cinco Luces de *Yejidá, Jayiá, Neshamá, Rúaj* y, *Néfesh*, regresan y se visten en ellos, y el *Avir* vuelve a ser *Or* una vez más, puesto que el nivel de los primeros tres, llamado *Or*, ha regresado al grado.

El tiempo de *Katnut* y el tiempo de *Gadlut*

19) Y así, ha sido explicado que debido a la elevación de *Maljut* hacia *Biná*, dos tiempos fueron hechos en cada grado: Un tiempo de *Katnut* (pequeñez) y un tiempo de *Gadlut* (grandeza). Ya que con la elevación de *Maljut* hacia *Biná*, ésta finaliza allí el grado debajo de *Jojmá*, en tanto que *Biná, Tifféret* y, *Maljut* del grado, parten del grado y vienen al grado por debajo de este. Por lo tanto, no permanecieron en el grado sino solamente *Kéter Jojmá de Kelim* y *Rúaj Néfesh de Orot*, careciendo de *GaR*. Este es el tiempo de *Katnut*.

Y luego de que los inferiores elevan *Mein Nukvin* y, atraen la iluminación de *Jojmá Biná de AK*, la cual saca a *Maljut* fuera de *Biná*; entonces, los tres *Kelim de Biná* y *TuM* que cayeron al grado inferior, nuevamente se elevan desde allí hasta su grado inicial. Y dado que ahora hay cinco *Kelim KaJaB TuM* en el grado, cinco Luces retornan y se visten en ellos: *Néfesh, Rúaj, Neshamá, Jayiá* y, *Yejidá*. Este es el tiempo de *Gadlut* del grado. Y así ha sido explicado que debido a la caída de *Biná* y *TuM* del grado hasta el grado inferior, se encuentra que tal grado está en *Katnut*; es decir, careciendo de *GaR*. Y mediante el retorno de *Biná* y *TuM* al grado, se encuentra que el grado está en *Gadlut*; es decir, con llenado de *GaR*.

Como el inferior se eleva hacia su superior

20) En esta cuestión de la elevación de *Maljut* hacia *Biná*, ha sido preparada la conexión y la posibilidad de elevar cada inferior hacia su Superior. Puesto que hay una regla que dice que, cuando el Superior desciende hacia el inferior, se hace como él. De igual manera, cuando el inferior se eleva hacia el Superior, se hace como él. Esto se debe al estado de *Katnut* del grado; es decir, en el momento de la elevación de la *Maljut Mesayémet* (culminante) hacia *Biná*, sacando a *Biná* y a *TuM* del grado hacia el interior del grado inferior a él. Haciéndose entonces aquellas *Biná* y *TuM* un grado con el grado debajo de ellas, puesto que el Superior que desciende hacia el inferior, se hace como él. Por esta razón, en el estado de *Gadlut* del

grado; es decir, en el momento que *Maljut* regresa y sale de *Biná* y llega a su lugar, *Biná* y *TuM* que cayeron desde *Biná*, regresan a su grado tomando consigo también al grado inferior, en el cual ellas estuvieron morando al momento de su caída.

Debido a que finalmente se hicieron un grado con el inferior en el momento de su caída y, se adhirieron con él como uno, ahora ellas lo toman consigo también al momento de su retorno al grado, elevando el grado inferior hacia el grado Superior. De acuerdo con la regla en que el inferior que se eleva al Superior se hace como él, se encuentra ahora que el grado inferior recibe todas las Luces y *Mojin* que existen en el grado Superior. Es así que se ha clarificado, cómo la elevación de *Maljut* hacia *Biná* indujo la conexión entre los grados, de modo que cada grado pueda elevarse al grado superior a él. Y aún incluso el grado más bajo podrá elevarse al nivel más Elevado, a través de esta conexión hecha mediante la caída de *Biná* y *TuM* desde cada grado, hacia el grado inferior a él. (*Zóhar, VaYkahel*, pág. 41).

Katnut y *Gadlut de YeShSUT y ZON*

21) Luego de que se ha explicado el asunto de la elevación de *Maljut* hacia *Biná* en forma breve; es decir, lo que rige en todos y cada uno de los grados en los cuatro mundos de *ABYA*, me aprestaré ahora a explicarlos en detalle. Tomemos como ejemplo dos grados, llamados *YeShSUT* y *ZON* en el mundo de *Atzilut*. Que por causa de la elevación de *Maljut de YeShSUT* hacia *Biná de YeShSUT* en el estado de *Katnut*, las tres *Sfirot, Biná* y *TuM de YeShSUT*, partieron y cayeron al grado que está debajo de *YeShSUT*, el cual es *ZON*. Con lo cual estas *Biná* y *TuM* se adhirieron al grado de *ZON* durante su caída.

Por lo tanto, cuando llegó el tiempo de *Gadlut*, *Maljut* salió de *Biná de YeShSUT* de regreso a su propio lugar, ya que por medio de esto nuevamente *Biná* y *TuM de YeShSUT* se elevaron de su caída y llegaron al grado de *YeShSUT*. Es así que elevaron junto consigo también a *ZON*, puesto que estuvieron adheridas a ellas durante el *Katnut*, al momento de su caída. Y resulta ser que también *ZON* se elevó y se dirigió al grado de *YeShSUT*, recibiendo también las mismas Luces y *Mojin* apropiados para el grado de *YeShSUT*. **De no haber sido por la elevación de *Maljut* hacia *Biná*, *ZON* no hubiera sido digno de recibir *Mojin***

22) Y hay que saber aquí, que los estados de *ZON* por sí mismos no son merecedores de recibir *Mojin* en lo absoluto, puesto que el origen de *ZON* está en un estado por debajo del *Tabur de AK*, donde *Maljut de Midat HaDin* gobierna, ya que la fuerza del *Tzimtzum* sube sobre ella, siendo por lo tanto, incapaz de recibir la Luz Superior. Pero ahora que *Biná* y *TuM de YeShSUT* elevaron a *ZON* hacia el grado de *YeShSUT*, *ZON* se hizo como el grado de *YeShSUT*, pudiendo con esto, recibir la Luz Superior tal como ellos lo hacen.

23) Ahora comprenderás adecuadamente lo que nuestros sabios dijeron en (*Bereshit Rabá, Parashá* 12): "En el comienzo, Él concibió crear el mundo con *Midat HaDin*"; es decir, con *Maljut de Tzimtzum Alef*, la cual es *Midat HaDin*. Y "este mundo" se refiere a *ZON de Atzilut*, el cual es denominado *"Olam"* (Mundo). Lo que significa que éste mundo recibe desde *ZON de Atzilut*. Porque todo lo que es recibido en *ZON de Atzilut*, puede ser recibido por la gente en este mundo y, todo lo que no es recibido en *ZON*, no es recibido por la gente en este mundo, ya que por encima del grado de *ZON* no nos es posible recibir.

Por lo tanto, en vista que la raíz de *ZON* se encuentra debajo del *Tabur de AK* donde *Maljut de Midat HaDin* gobierna, ellas no pueden recibir la Luz Superior y realizarse, por causa del *Tzimtzum* en *Maljut* que sube sobre ellas. Es por eso que a este mundo no le será posible realizarse. Este es el significado de: "Él vio que el mundo no se estaba realizando, entonces antepuso *Midat HaRajamim* y lo asoció con *Midat HaDin*". Esto significa que Él elevó *Maljut* de cada grado, la cual es *Midat HaDin*, hacia *Biná* del grado, la cual es *Midat HaRajamim*. Y como resultado, *Maljut de YeShSUT* se elevó hacia *Biná de YeShSUT*, ya que por medio de esto *Biná* y *TuM de YeShSUT* cayeron al grado por debajo de ellas, el cual es *ZON*, habiéndose adherido a ellas.

Por esta razón durante el *Gadlut de YeShSUT*, cuando *Maljut* descendió desde *Biná de YeShSUT* y volvió a su lugar, al igual que los tres *Kelim* de *Biná* y *TuM de YeShSUT* que también volvieron a su lugar, a *YeShSUT* tal como fue al principio, es entonces que tomaron consigo también a *ZON* el cual está adherido a ellas y lo elevaron hasta el grado de *YeShSUT*. Es así que *ZON* se hizo tal como el grado de *YeShSUT*; es decir, que ellas se hicieron dignas de recibir la Luz Superior tal como *YeShSUT*. Y por lo tanto, ellas reciben la Luz Superior *de YeShSUT* y se la otorgan a este mundo, con lo cual ahora el mundo puede realizarse.

Pero de no haber sido por la asociación de *Midat HaDin* con *Midat HaRajamim*; es decir, que si *Maljut de YeShSUT* no se hubiera elevado a *Biná de YeShSUT*, *Biná* y *TuM de YeShSUT* no hubieran caído hacia *ZON*, y no habría ninguna posibilidad de que *ZON* se eleve a *YeShSUT*. Entonces nunca hubiesen podido recibir la Luz Superior y, éste mundo no hubiese podido existir. Así hemos explicado el asunto de la elevación de *Maljut* hacia *Biná*.

El asunto de *Tikkún Kavim* (la corrección de las líneas)

24) En los primeros tres *Partzufim de AK*, llamados "*Galgalta, AB, SaG de AK*", las *Sfirot* estaban una debajo de la otra en una línea única. Pero en el mundo de *Nekudim*, el cual se viste desde *Tabur* y por debajo *de AK*, se hizo un *Tikkún Kavim* (corrección de líneas) en su *GaR*, pero no en las siete *Sfirot* inferiores. Y en el mundo de *Atzilut* también fue constituido un *Tikkún Kavim* en las siete *Sfirot* inferiores.

Dos discernimientos en *Tikkún Kavim*

25) La explicación a esto es que, el *Tikkún Kavim* realizado en las diez *Sfirot* se extiende desde la elevación de *Maljut* hacia *Biná*, la cual se convirtió en *Nukva* (femenino) para *Jojmá*. Y como resultado de esto se hicieron dos lados en las diez *Sfirot*:

- La *Maljut* que se mezcló en cada una de las *Sfirot* se transformó en el lado izquierdo de la *Sfirá*; y,

- La *Sfirá* en sí misma es considerada la línea derecha en la *Sfirá*.

Y puesto que la línea izquierda había echado a perder la línea derecha; entonces, la Luz Superior copuló con el *Masaj* de los *Dinim* (pl. de *Din*) en dicha *Maljut*, y el nivel de *Jasadim* que surgió en el *Zivug de Akaá* de la Luz Superior con el *Masaj* de aquella *Maljut*, se convirtió en la línea central, uniendo y asemejando las dos líneas una con la otra. Ya que de no haber sido por los *Dinim* en *Maljut*, no habría *Zivug de Akaá*, ni tampoco habría los muchos *Jasadim*. Por lo tanto, se hizo la *Maljut*, la cual es la izquierda, llegando a ser tan importante como la misma *Sfirá*, la cual es la derecha.

Y es sabido que el inicio de la corrección de la elevación de *Maljut* hacia *Biná*, se hizo en el mundo de *Nekudim*, el cual emergió luego del *Partzuf SaG de AK*. Por esta razón, también la corrección de las tres líneas empieza en el mundo de *Nekudim*, puesto que uno es dependiente del otro. No así en los primeros tres *Partzufim*, *Galgalta*, *AB*, *SaG* que precedieron al mundo de *Nekudim*, en los cuales aún no se había constituido el asunto de la elevación de *Maljut* hacia *Biná*; por lo tanto, no había en ellos las tres líneas, sino solamente una línea.

26) Todo esto llegará a ser posible únicamente en *GaR* del mundo de *Nekudim*, el cual está en el aspecto de *GaR de Biná*, cuyos *Jasadim* son *GaR*, puesto que ellos son *Or Jasadim* en su misma esencia, ya que ellos no reciben *Or Jojmá* nunca. Por esta razón el nivel de *Jasadim* que emergió sobre el *Masaj de Maljut*, es suficiente para unir las dos líneas, la derecha y la izquierda entre sí, para devolver *GaR* hacia las *Sfirot*.

Pero no sucede así en las siete *Sfirot* inferiores en el mundo de *Nekudim*, las cuales están en el aspecto de *ZA*, cuya esencia es la iluminación de *Jojmá* en *Jasadim*, puesto que ellas necesitan *Jojmá*. Y dado que *Maljut* se encuentra presente en todas las *Sfirot*, no les es posible recibir *Jojmá*. Por lo tanto, ellas se encuentran deficientes y defectuosas mientras *Jojmá* no ilumine en ellas.

Es debido a esto que no hay nivel de *Jasadim*, el cual salió sobre el *Masaj de Maljut*, siéndoles absolutamente inútil para igualar las dos líneas, derecha e izquierda, una con la otra. Porque los *Dinim* en la izquierda, los cuales son los *Dinim de Maljut* que se elevaron hacia *Biná*, echaron a perder la línea derecha expulsando de ella la Luz de *GaR*. Así, el *Tikkún Kavim de GaR* no ayuda para nada en la corrección de las dos líneas, derecha e izquierda en *VaK*, ya que *VaK* en todas las *Sfirot* es de la *Hitkalelut* (inclusión) de *ZA* allí. Y mientras no tenga la iluminación de *Jojmá*, resulta ser deficiente y defectuoso.

Tikkún Kavim en *ZaT* y en *YeShSUT*

27) Por tal motivo, el primer *Tikkún* que las siete *Sfirot* inferiores necesitan es para remover los *Dinim* en *Maljut*, los cuales han sido mezclados en las *Sfirot*; es decir, simplemente para extender iluminación desde *Jojmá Biná de AK*, lo cual hace descender a *Maljut* desde *Biná* y la vuelve a su lugar. Ya que entonces los tres *Kelim Biná* y *TuM* regresan a la *Sfirá* convirtiéndose en la línea izquierda, en tanto que *Kéter* y *Jojmá* que quedaron se transformaron en la línea derecha. Y puesto que el grado se completa con cinco *Kelim KaJaB TuM*, todas las cinco Luces *NaRaNJaY* regresan a él, devolviendo la Luz de *Jojmá* al grado. Pudiendo entonces la línea central unir las dos líneas una con otra, para completar el grado con todas sus correcciones.

28) El segundo *Tikkún* es para fortalecer el *Parsá*, el cual es la fuerza de culminación de la *Maljut* que se elevó hacia *Biná*, de tal manera que no se anule nunca. E incluso en el

momento en que *Maljut* desciende desde *Biná*, su fuerza de culminación permanece en el lugar de *Biná*. Entonces *Biná* y *TuM*, las cuales se unen con el grado, deben elevarse por encima del *Parsá*, a fin de unirse allí con el grado. Pero como su presencia se encuentra por debajo del *Parsá*, ellas no pueden conectarse al grado, aún a pesar de que *Maljut* ya había descendido desde allí, porque su fuerza de culminación también permanece luego de su descenso desde allí.

29) Y cuando *Biná* y *TuM* se elevan por encima del *Parsá* y se conectan al grado, ellas de hecho no se convierten en un grado con los dos *Kelim Kéter* y *Jojmá*. Debido a que permanece una diferencia entre los dos *Kelim Kéter* y *Jojmá*, los cuales nunca se echaron a perder porque ellos no abandonaron su grado, en tanto que los tres *Kelim Biná* y *TuM* que partieron de su grado y que se echaron a perder al momento de *Katnut*, ahora han retornado. Y aquella diferencia los convierte en dos líneas, derecha e izquierda, ya que *Kéter* y *Jojmá* del grado se convirtieron en la línea derecha, en tanto que *Biná* y *TuM* del grado se convirtieron en la línea izquierda.

30) Esta diferencia entre derecha e izquierda no se refiere a una localización, porque lo espiritual está por sobre el tiempo y el espacio. Sino que se refiere a que ellas no desean adherirse entre sí. A su vez, derecha se refiere a *Or Jasadim* e, izquierda se refiere a *Or Jojmá*.

El asunto es que *Kéter* y *Jojmá* del grado, los cuales permanecieron en él al momento de *Katnut* con *Or Jasadim*, también se satisfacen con esta *Or Jasadim* al momento de *Gadlut*; es decir, incluso luego de que *Maljut* descendió desde *Biná*. Esto se debe a que esta Luz no se echó a perder. Además, no desean recibir *Or Jojmá* y *GaR* que acaban de volver a éste grado, junto con el retorno de *Biná* y *TuM*. Por lo tanto, *Kéter* y *Jojmá* son consideradas la línea derecha; es decir, *Or Jasadim*.

Estas *Biná* y *TuM*, quienes a su retorno trajeron *Or Jojmá* y *GaR* al grado, no desean adherirse con *Kéter* y *Jojmá*, porque ellas se mantienen con el *Or Jasadim* que tuvieron al momento de *Katnut*. En tanto que *Biná* y *TuM* le dan más importancia al *Or Jojmá* que acaba de llegar al grado; por lo tanto, ellas son consideradas la línea izquierda, debido a que se mantienen con *Or Jojmá*.

31) Y esta diferencia entre la línea derecha y la línea izquierda, también es considerada como la división de la derecha y la izquierda. Puesto que la línea derecha es la que se mantiene con *Jasadim*, queriendo anular *Or Jojmá* en la línea izquierda, para organizar únicamente *Or Jasadim*. Y la línea izquierda, la cual se mantiene con *Or Jojmá*, desea anular *Or Jasadim* en la línea derecha para organizar únicamente *Or Jojmá*. Debido a esta controversia entre ellas dos, ninguna de ellas ilumina, puesto que *Or Jasadim* en la línea derecha carece de *Or Jojmá*, tal como un *Guf* sin *Rosh*, en tanto que *Or Jojmá* en la línea izquierda se oscureció completamente, porque *Or Jojmá* no puede iluminar sin *Jasadim*.

32) Y no existe corrección para esta fragmentación, excepto mediante la línea central creada por medio del inferior, el cual eleva allí el *MaN*, en el secreto de la línea central. Ya que se hizo un *Zivug* desde la Luz Superior por encima del *Masaj* del inferior, llamado "*Masaj*

de Jírik", emergiendo sobre él el nivel de *Jasadim*, el cual es el secreto de la línea central. Por un lado, este *Masaj* disminuye el *GaR* de la línea izquierda; y por otro lado, incrementa el *Or Jasadim*. Con aquellos dos, este obliga a la línea izquierda a unirse con la línea derecha.

Y con esto se encuentra que la Luz de *VaK de Jojmá* de la línea izquierda, se viste con *Jasadim* en la línea derecha, pudiendo ella ahora iluminar. Completándose también la línea izquierda. Y así, *Or Jasadim* en la línea derecha se une con *Jojmá* en la línea izquierda, alcanzando con esto la Luz de *GaR* y, completando la línea derecha. De esta forma ves cómo la línea central completa las dos líneas, derecha e izquierda. Es así como ha sido explicado en términos generales, la corrección de las tres líneas, la cual ha sido corregida en las siete *Sfirot* inferiores.

La aparición de las tres líneas en *YeShSUT*

33) Ahora explicaremos el orden de la aparición de las tres líneas en un grado particular. Y con esto serás capaz de deducir acerca de todos los grados; es decir, el grado de *YeShSUT* por ejemplo, el cual es el aspecto de las siete *Sfirot* inferiores de *Biná*. Puesto que *GaR de Biná de Arij Anpin* se ha corregido en *AVI* Superior y, *ZaT de Biná de Arij Anpin* se ha corregido en *YeShSUT*. Lo primero que apareció fue la línea derecha de *YeShSUT*, la cual es *Kéter* y *Jojmá de YeShSUT*. Ella fue corregida al momento de la elevación de *Maljut de YeShSUT* hacia *Biná de YeShSUT*, concluyendo así el grado de *YeShSUT* debajo de *Jojmá*, con lo cual *Biná y TuM de YeShSUT* cayeron hacia el grado de *ZA*.

Y aquellos dos *Kelim*, *Kéter* y *Jojmá*, permanecieron en el grado de *YeShSUT* y se transformaron en la línea derecha. Y dado que allí hay únicamente dos *Kelim*, *Kéter* y *Jojmá*, ellos tienen solamente dos Luces, *Néfesh Rúaj*, careciendo de *GaR*.

34) A continuación salió la línea izquierda, la misma que tiene que ver con los tres *Kelim de Biná y TuM de YeShSUT*, que volvieron y se elevaron de su caída. Ella fue corregida por medio de la iluminación de *Jojmá y Biná de AK*, la cual saca a la *Maljut* culminante desde *Biná de YeShSUT* y la retorna a su lugar. En ese momento, *Biná y TuM de YeShSUT* se elevan nuevamente a su grado. Y dado que los cinco *Kelim* en el *Partzuf* han sido completados, todo el *NaRaNJaY* se viste en ellos. Entonces ellos se convierten en la línea izquierda de *YeShSUT*. Y con la aparición de la línea izquierda, se hizo una división entre la derecha y la izquierda, tal que la derecha desea anular a la izquierda para gobernar sola, así mismo la izquierda desea también anular a la derecha para gobernar sola. Por esta razón, ninguna de las dos puede iluminar mientras la línea central no se corrija, ya que esta es la que las une.

35) Luego que aparece la línea central. Esta aparece por medio del *Masaj* del grado más bajo en *YeShSUT*, siendo este *ZA*, el cual elevó *MaN* hacia *YeShSUT*, el mismo que se elevó hacia *YeShSUT* junto con los tres *Kelim Biná y TuM*, al momento en que volvieron y se elevaron a su grado. Ya que el nivel de Luz que aparece sobre este *Masaj*, unifica a la derecha y la izquierda en *YeShSUT* en una sola. Excepto que la derecha iluminará de Arriba hacia abajo y la izquierda de abajo hacia Arriba. Es entonces que *Jojmá* se viste con la vestidura de *Jasadim*, pudiendo de esta manera iluminar; en tanto que los *Jasadim* se incluyen en la iluminación de *Jojmá*, siendo así completados con *GaR*.

Así vas descubriendo, que antes del establecimiento de la línea central, la línea derecha y la línea izquierda se encontraban en oposición, y habían querido anularse la una a la otra. Ya que la línea derecha al ser la raíz del grado que no se echó a perder, deseaba anular el dominio de la izquierda para someterla, de acuerdo al comportamiento de la raíz con su rama. Y ya que la línea izquierda se mantiene con *Or Jojmá*, la cual es más grande que *Or Jasadim* en la línea derecha; por lo tanto, su poder es mayor para anular *Or Jasadim* en la línea derecha. A esto se debe que ninguna de las dos podía iluminar, ya que *Jojmá* no puede iluminar sin vestirse de *Jasadim* y *Jasadim* sin la iluminación de *Jojmá*, siendo *VaK* sin un *Rosh*.

36) La razón por la cual *Jojmá* no puede iluminar sin *Or Jasadim* es porque ella está en *YeShSUT*, la cual corresponde a las siete *Sfirot* inferiores de *Biná*, *JaGaT NeHYM de Biná*. Y estas *JaGaT NeHYM de Biná* no están en el aspecto de *Biná* en sí, sino en el aspecto de *Hitkalelut de ZA* en *Biná*. Ya que todas las diez *Sfirot* se encuentran incluidas una en la otra, existiendo en cada *Sfirá*, diez *Sfirot*.

Por ejemplo, la *Sfirá Biná* está compuesta de todas las diez *Sfirot KaJaB TuM*, *Biná* en ella está en su propio discernimiento. *Kéter* y *Jojmá* en ella son de *Kéter* y *Jojmá* que fueron incluidas en ella, en tanto que *Tifféret* y *Maljut*, las cuales son su *JaGaT NeHYM*, pertenecen a la *Hitkalelut de ZON* en ella. Y es sabido que la *Sfirá ZA* procede de las diez *Sfirot de Or Yashar*, siendo *Or Jasadim* básicamente, excepto que *Or Jojmá* ilumina en sus *Jasadim*. Por lo tanto, es imposible que *Jojmá* ilumine en todas las siete *Sfirot* inferiores sin *Jasadim*, puesto que ellas carecen de la esencia de la naturaleza de la iluminación de *Jojmá*; es decir, de *Jasadim*, los cuales vienen siendo el fundamento de la esencia de *ZA* de las diez *Sfirot de Or Yashar*, la misma que a su vez, es la raíz de cada siete *Sfirot* inferiores incluidas en todos los grados.

De aquí viene la regla que dice que, *Jojmá* puede iluminar sin *Jasadim* únicamente en las tres primeras *Sfirot*. Pero en las siete *Sfirot* inferiores, dondequiera que estas estén, ellas se encuentran en el aspecto de *ZA*, siendo imposible que *Jojmá* llegue a iluminar sin *Jasadim*, ya que *Jasadim* es su principal esencia. Por esta razón, si *Jojmá* se encuentra carente de *Jasadim*, es oscuridad y no Luz.

37) Pero debido a la estatura de *Jojmá* que la izquierda sostiene, la línea izquierda a fin de unirse con *Jasadim* en la línea derecha, no se rinde en lo absoluto. E incluso lucha con ella deseando anularla. Ella no se somete a la derecha a no ser por medio de las dos fuerzas que se elevan desde la línea central, las cuales actúan sobre ella y la someten:

1. El *Masaj de Bjiná Alef* en la línea central, el cual es *ZA*, disminuye el nivel de *Jojmá* en la línea izquierda desde el nivel de *GaR de Jojmá* hasta el nivel de *VaK de Jojmá*. Esto es para que *Jojmá* no se expanda a fin de iluminar de Arriba hacia abajo, sino para que ilumine en un aspecto desde abajo hacia Arriba. Esta iluminación es considerada como *VaK de Jojmá* solamente.

2. El *Zivug* de la Luz Superior que se hizo sobre este *Masaj de Bjiná Alef*, es el que extiende el nivel de *Or Jasadim*. Entonces, por un lado, está el nivel de *Jojmá* en la izquierda que descendió al interior de *VaK de*

Jojmá, mediante la fuerza del *Masaj*; y por otro lado, están los *Jasadim* que se encuentran sobre la línea izquierda que se incrementaron desde dos lados, tanto desde el lado de la línea derecha, así como desde el lado del *Zivug* de la Luz Superior sobre el *Masaj* en la línea central. Es así que entonces, la línea izquierda se rinde y se unifica con los *Jasadim* en la línea derecha y, en la línea central. Sin embargo, en tanto el *Masaj* en la línea central no disminuya el nivel de *GaR de Jojmá*, no habrá ningún poder en el mundo que pueda unirla con la línea derecha.

38) Y hay que saber que son dos las fuerzas que actúan en este *Masaj* de la línea central, para disminuir el nivel de *GaR de Jojmá* en la línea izquierda. Ya que *ZON* de sus mismos discernimientos, no es capaz de recibir *Mojin*, puesto que ellos son controlados por *Maljut de Midat HaDin*, la cual es eliminada por la fuerza del *Tzimtzum*, a fin de no recibir iluminación de *Jojmá*. A esta *Maljut de Midat HaDin* es a la que nosotros llamamos "*Mánula*" (candado). Solo que posteriormente, *Maljut* toma parte con *Midat HaRajamim*; es decir, la *Biná* que está en la *Bjiná* de *Maljut* asociada con *Biná*, pues ellas son dignas de recibir *Mojin*; es decir, *Or Jojmá*. Y es a esta *Maljut*, la cual está asociada con *Biná*, a la que nosotros llamamos "*Míftaja*" (llave).

Por lo tanto, también en el *Masaj de ZA*, el cual es la línea central, hay estas dos fuerzas de *Mánula y Míftaja*. El cual da inicio a esta acción cuando necesita disminuir el *GaR* de la línea izquierda; es decir, en *Maljut de Midat HaDin*. En cada lugar que aparece, la Luz Superior se escapa de allí. Pero dado que ella desea abandonar *VaK de Jojmá*, ella subsecuentemente remueve este *Masaj de Mánula* operando con el *Masaj de Míftaja*, siendo esta la *Maljut* asociada con *Biná*. La cual sigue de todas maneras, permaneciendo con la fuerza de la iluminación de *VaK de Jojmá*.

Es así que hemos explicado detalladamente cómo *ZA* se eleva junto a *Biná* y *TuM de YeShSUT* hasta el grado de *YeShSUT*, y por medio de su *Masaj*, unifica y completa las dos líneas, derecha e izquierda en *YeShSUT*, donde se convierten en una línea central. Y estas tres líneas en *YeShSUT* son llamadas "*Jojmá, Biná y, Dáat*" de *YeShSUT*. Ya que las dos líneas, derecha e izquierda, son llamadas *JuB* y *ZA*, siendo la línea central la que decide entre ellas, la misma que es llamada *Dáat*.

Jólam, Shúruk, Jírik

39) Estas tres líneas también son llamadas "los tres puntos *Jólam, Shúruk, Jírik*". La línea derecha es el secreto del punto de *Jólam*, la línea izquierda es el secreto del punto de *Shúruk*; es decir, *Melafom*, el cual es una *Vav* con un punto en su interior, y la línea del medio que es el secreto del punto de *Jírik*. La explicación a esto es que los puntos implican iluminación de *Jojmá*, la cual revive y mueve a las *Otiot* (letras), las cuales son los *Kelim*.

Por lo tanto, la línea derecha, que fue corregida durante la elevación de *Maljut* a *Biná*, la misma que carece de *Jojmá*, está representada por el punto de *Jólam*, el cual se encuentra de pie encima de las *Otiot*. Esto indica que el punto, el cual es *Jojmá*, no está vestido en los *Kelim*, los cuales son las *Otiot*, sino que se encuentra sobre los *Kelim*.

La línea izquierda en cambio es corregida por *Biná* y *TuM*, las cuales conservan *Or Jojmá* luego de haber vuelto a su grado. Por esta razón está representada por el punto de *Shúruk* el cual es una *Vav* con un punto en su interior. Esto indica que el punto, el cual es *Jojmá*, se encuentra vestido al interior de los *Kelim* llamados *Otiot*. Y la línea central, la cual es corregida por el grado que se encuentra debajo ella y que se elevó hasta el Grado Superior, dominó y completó sus dos líneas.

De no haber sido por la línea central *Jojmá* nunca hubiera sido capaz de iluminar. Y dado que esta corrección proviene del grado que está debajo de ella, es representado por el punto de *Jírik*, el cual se encuentra debajo de las *Otiot*; o sea, los *Kelim*, ya que es su grado inferior. Y es por esto que siempre denominamos al *Masaj* de la línea central con el nombre de "*Masaj de Jírik*".

La línea central sobre las dos líneas

40) Ciertamente, hay un aspecto de la línea central sobre las dos líneas, en los primeros *Roshim* (cabezas) *de Atik*, donde *Reishá de lo Etiadá* decide y unifica las dos líneas, derecha e izquierda, las cuales son los dos *Roshim*, *Kéter* y *Jojmá Stimá de AA*, los cuales se encuentran debajo de esta. Sin embargo, ellos corrigieron el aspecto de la raíz para las tres líneas, pero de todas las tres líneas, es la línea central la que proviene desde abajo.

Como resultado de esto se obtienen tres *Bjinot de Tikkún Kavim*:

1. *Tikkún Kavim* en los tres *Roshim de Atik*, donde la línea central está sobre las dos líneas,

2. *Tikkún Kavim* en *GaR*, aunque en la línea izquierda no exista revelación de *Jojmá* (ítem 26); y,

3. *Tikkún Kavim* en las siete *Sfirot* inferiores, puesto que en la línea izquierda existe revelación de *Jojmá* (ítems 27-39).

Tres tipos de *Jojmá* en *Atzilut*

41) Son tres *Jojmot* (pl. de *Jojmá*) las que están en *Atzilut*:

1. *Jojmá* en las diez *Sfirot* de *Or Yashar*, la cual en los *Partzufim* es *Jojmá Stimá de AA*,

2. *GaR de Biná*, la cual en los *Partzufim* es *AVI* y es llamada "*Jojmá* de la derecha"; y,

3. *ZaT de Biná*, la cual en los *Partzufim* es *YeShSUT* y es llamada "*Jojmá* de la izquierda".

Las primeras dos *Jojmot* están bloqueadas y no iluminan para los inferiores. Únicamente la tercera *Jojmá*; es decir, la *Jojmá* de la izquierda, es revelada en el lugar de *Maljut*, iluminando para ZON y para los inferiores.

42) Y una vez que conociste que *AA* es *Jojmá de Atzilut*, y que *AVI* es *GaR de Biná de Atzilut*, y que *YeShSUT* son las siete *Sfirot* inferiores *de Biná de Atzilut*. Ha de ser sabido que en *Rosh de AA* existen únicamente dos *Sfirot*, *Kéter* y *Jojmá*, llamadas "*Kitra*" y "*Jojmá Stimá*"[32], cuya *Biná* partió de su *Rosh* y se transformó en el aspecto de *Guf* sin *Rosh*; es decir, por causa de la *Maljut Mesayémet* que se elevó y finalizó al *Rosh* debajo de su *Jojmá*. Ya que debido a esto, *Biná* y *TuM* se encuentran debajo de la *Maljut Mesayémet* en el *Rosh* (ítem 33). Es por eso que se formó el aspecto de *Guf*, siendo denominadas todas estas *Biná* y *TuM* con el nombre de la *Bjiná* Superior que está en ellas, la cual es *Biná*. Y puesto que ella partió del *Rosh* hacia el aspecto de *Guf* sin *Rosh*, ya no es digna de recibir *Jojmá* hasta que vuelva al *Rosh de AA*.

43) Esta *Biná* se dividió en dos *Bjinot*, *GaR* y *ZaT*, por motivo de la corrupción de la carencia de *Jojmá* que fue hecha en ella por su salida desde el *Rosh de AA*, lo cual no afecta el *GaR de Biná* en lo absoluto, ya que ellas se encuentran siempre en el estado de: "porque él se deleita en la misericordia". Puesto que ésta *Biná* anhela únicamente *Or Jasadim* y no *Or Jojmá*. Incluso estando en el *Rosh de AA* su *GaR* no había recibido *Jojmá*, sino tan solo *Jasadim*.

Este se extendió hasta ella desde *Biná de Or Yashar*, ya que toda su esencia es *Jasadim* sin *Jojmá*. Por esta razón, nada se echó a perder en *GaR de Biná* por causa de su salida desde el *Rosh*, siendo consideradas completamente perfectas mientras se hallan en el *Rosh de AA*. Por lo tanto, *GaR de Biná* se separaron delante de sí mismas en un grado. Y de ellas se corrigieron *AVI* Superiores, las cuales se visten desde el *Pe de AA* hacia abajo, las mismas que siempre son consideradas *GaR*, a pesar de que ellas se encuentran por debajo del *Rosh de AA*.

Sin embargo las siete *Sfirot* inferiores *de Biná* no son de la misma esencia de *Biná*, sino que lo son de la *Hitkalelut de ZON* en *Biná*. Y lo principal de la esencia de *ZA* es la iluminación de *Jojmá* en *Jasadim*. Es por eso que necesitan la iluminación de *Jojmá*, a fin de otorgar a ZON. Y ya que al momento de su salida del *Rosh de AA*, ellas no son dignas de recibir *Jojmá* para ZON, son consideradas como corruptas. Debido a esto es que ellas se separaron de *GaR de Biná* completo y se transformaron en un grado separado en sí, desde el cual corrigieron el *Partzuf YeShSUT de Atzilut*, vistiendo desde el *Jazé de AA* hacia abajo. Ya que están en el aspecto de *VaK* sin un *Rosh*, hasta que *Biná* vuelva al *Rosh de AA*, entonces habrán alcanzado *GaR*.

44) Así tú ves que de hecho, *Jojmá* se encuentra en el *Rosh de AA* llamado "*Jojmá Stimá*", debido a que esta *Jojmá* inicial fue bloqueada en el *Rosh de AA* y no ilumina a los inferiores, los cuales están debajo del *Rosh de AA*. Siendo *AVI* y *YeShSUT* la *Biná* fundamental *de Atzilut* denominadas "el nivel de *SaG de MA*", cuya esencia es *Jasadim* y no *Jojmá*. Y con la salida de *Biná* desde el *Rosh de AA*, solamente *ZaT de Biná*, la cual es *YeShSUT*, se echó a perder; y por lo tanto, permaneció carente de *GaR*. Y no tienen consumación excepto en el retorno de *Biná* al *Rosh de AA*, ya que entonces *Jojmá* recibe para ZON.

---

32 (**N. del T.**): estos nombres están en arameo. *Kitra* es la *Sefirá Kéter*, y *Jojmá Stimá* significa *Jojmá* bloqueada.

Es entonces que ellas son consideradas como *Jojmá* de la línea izquierda. Esto significa que esta *Jojmá* no se revela sino a través de las tres líneas que emergen en *YeShSUT*, tal que en la línea izquierda de aquellas tres líneas, se revela *Jojmá* (ítem 34). Sin embargo, a pesar de que *GaR* y *ZaT* de *Biná*, las cuales son *AVI* y *YeShSUT*, volvieron al *Rosh* de *AA*, *YeShSUT* no recibe *Jojmá* directamente de *Jojmá Stimá* en *Rosh* de *AA*, porque cada grado no recibe sino de su grado Superior adyacente. Sin embargo, *AVI* recibe la *Jojmá* desde *Jojmá Stimá* en el *Rosh de AA* y otorga a *YeShSUT*.

45) *AVI* son consideradas como *Jojmá* de la derecha. Esto es porque incluso cuando ellas se encuentran debajo del *Rosh*, ellas están completas tal como si estuviesen en el *Rosh*. Ellas se encuentran siempre unidas con *Jojmá Stimá* en el *Rosh de AA*, solamente que no reciben de ella, puesto que siempre están en el estado de "porque él se deleita en la misericordia".

Ha sido explicado detalladamente, que la esencia de *Jojmá* se encuentra en el *Rosh de AA*, pero está bloqueada y no ilumina debajo de su *Rosh* en lo absoluto. Ya que la iluminación de *Jojmá Stimá* que está incluida en *AVI*, a pesar de que ellas en realidad no la reciben, es considerada *Jojmá* de la derecha. Y ante su retorno al *Rosh*, ellas son llamadas "*Jojmá Ilaá*" (*Jojmá Superior*).

Y la razón por la cual ellas son consideradas *Jojmá*, a pesar de que ellas no la reciben, es porque su unificación con *Jojmá* transforma a *Jasadim* que está en *AVI*, en un *GaR* completo. Y la *Jojmá* que ilumina en *YeShSUT* es la *Jojmá* de la izquierda, porque ella ilumina únicamente en la línea izquierda. Esta *Jojmá* de la izquierda es llamada "Los treinta y dos senderos de la *Jojmá* (sabiduría)", y esta es la *Jojmá* que aparece para *ZON* y para los inferiores.

Pero la *Jojmá* de la derecha no ilumina ningún aspecto de *Jojmá* en lo absoluto, sino únicamente *Jasadim*, puesto que *AVI* no recibe la *Jojmá*, mucho menos la *Jojmá* de *Or Yashar* en el *Rosh de AA*, la cual no ilumina debajo de su *Rosh*. Es por eso que es llamada *Jojmá Stimá*. Puesto que la iluminación de *Jojmá* no aparece, sino únicamente *Jojmá* de la izquierda; sin embargo, no hay tal *Jojmá* en realidad, sino *Biná* que recibe *Jojmá* para *ZON*.

Tres *Otiot* **(letras),** *Mem, Lamed, Tzadi* **en** *Tzélem*

46) El *Mojin de Gadlut*; es decir, luego de que *Maljut* volvió y bajó desde el lugar de *Biná* hacia su propio lugar y, que *Biná* y *TuM* volvieron a su grado, y luego que el grado fue completado con cinco *Kelim KaJaB TuM* y cinco luces *NaRaNJaY*. Esta es considerada aquella *Maljut*, la cual es el secreto de la *Yud* que ingresó en la *Or* (Luz) y que se transformó en *Avir* (aire), la misma que partió del *Avir* nuevamente, con lo cual el *Avir* volvió a ser *Or*. Hay que discernir tres grados en estas *Mojin*, los cuales están caracterizados por las tres *Otiot* – מ *Mem*, ל *Lamed*, צ *Tzadi*- las cuales son el secreto de צלם – *Tzélem* (imagen).

Primer Grado: Este grado es *GaR de Biná* que se corrigió en *AVI Superior*. Ellas se encuentran en un estado de: "porque él se deleita en la misericordia", y nunca reciben *Jojmá*. Por esta razón, se puede notar en ellos que la *Yud* no abandona su *Avir*. Esto es porque *Avir* es el secreto del nivel de *Rúaj*, ya que ellas son *Jasadim*, en tanto que en *AVI* estos *Jasadim* en realidad son considerados *GaR*, los cuales no tienen interés de remover la *Yud* de su *Avir*. Ellos son llamados la *Mem de Tzélem*, puesto que esta letra implica que ellos contienen cuatro *Mojin*: *Jojmá*, *Biná*, la derecha de *Dáat* y la izquierda de *Dáat*. Cada *Móaj* (sing. de *Mojin*) está incluida de diez *Sfirot*, por lo tanto son cuarenta *Sfirot*. Esto también implica que las *Mojin* se encuentran cerradas como si fuera un anillo, ya que toma la forma de la (ם) *Mem* [cerrada] para no recibir *Jojmá*.

47) Segundo Grado: Son las siete *Sfirot* inferiores *de Biná* que se corrigieron en *YeShSUT*, las cuales requieren *Jojmá* a fin de otorgar a *ZON*. Por lo tanto, durante el *Gadlut*, la *Yud* abandona su *Avir* y *Or Jojmá* vuelve a ellas a fin de otorgar a *ZON*. Pero tampoco ellas reciben *Jojmá* para sí mismas, ya que ellos son de *Biná*, y cada *Biná*, ya sea de *GaR* o de *ZaT*, es de *Or Jasadim*. La única diferencia se encuentra en *ZaT*, ya que ellas reciben *Jojmá* a fin de otorgar a *ZON*.

Este grado es llamado la (ל) *Lamed de Tzélem*. Esta letra implica que ahí hay tres *Mojin* en ellos: *Jojmá*, *Biná* y, *Dáat*. Cada *Móaj* contiene diez *Sfirot*, siendo entonces treinta *Sfirot*. Ya que la derecha de *Dáat* y la izquierda de *Dáat* aquí son consideradas como una, por tratarse del aspecto de la línea central, a fin de unificar *Jojmá* y *Biná*.

48) El tercer grado es *ZON*, en el cual *Jojmá* aparece desde el *Jazé* hacia abajo, puesto que ellas son el lugar de la revelación de *Jojmá*. Y es llamada la (צ) *Tzadi de Tzélem* en nombre de las nueve *Sfirot* en *ZON*. Y puesto que cada una está incluida de diez, vienen a ser noventa[33]. Es así que hemos explicado las tres *Otiot* -Mem, Lamed, Tzadi (*MaLaTz*) en los tres *Partzufim* *AVI*, *YeShSUT* y *ZON* en el mundo de *Atzilut* en general. Aunque también es así en cada detalle, ya que no existe grado en el cual estas tres *Bjinot MaLaTz* no sean discernidas, puesto que cada una de ellas contiene *MaLaTz*.

49) Sin embargo, el lugar donde aparece *Jojmá* no está en *ZA* sino en *Maljut*. Cuando decimos que *Jojmá* aparece desde el *Jazé de ZA* hacia abajo, es porque desde el *Jazé de ZA* hacia abajo es considerado el aspecto de *Maljut*. De tal manera que *Jojmá* no aparece en las primeras nueve *Sfirot*, sino únicamente en *Maljut*. Por lo tanto, *Maljut* es llamada "*Jojmá Tataá*" (*Jojmá inferior*).

Dos *Bjinot* en la elevación de *MaN*

50) Existen dos *Bjinot* en la elevación de *MaN de ZA*: 1) Puesto que *GaR de Biná*, los cuales son el secreto de *AVI* Superiores, se encuentran siempre en *Ajoráim* en relación a *Jojmá*. Esto significa que ellas no desean recibir *Jojmá*, sino *Jasadim*, tal como está escrito: "porque él se deleita en la misericordia". No pudiendo *YeShSUT* recibir *Jojmá* de *AA* sino mediante *AVI* (ítem 44). Por lo tanto, es imposible que *YeShSUT* reciba *Jojmá* mediante *AVI*, a no ser que *ZA* eleve *MaN* hacia *YeShSUT*. Entonces *AVI* remueve sus *Ajoráim de Jojmá* y, *Jojmá* pasa a través de *AVI* hacia *YeShSUT*. Este despertar se extiende desde *Biná de Or Yashar*, el cual extiende iluminación de *Jojmá* en *Jasadim* para *ZA de Or Yashar*. Y por lo tanto, cada vez que *ZA* eleva *MaN*, *AVI* se despierta para extenderle *Jojmá*.

---

33 (**N. del T.**): en *Guemátria*, **el valor numérico de la letra** *Tzadi* **es 90.**

51) El Segundo discernimiento en la elevación de *MaN de ZA* es para unificar las dos líneas derecha e izquierda en *YeShSUT* (ítem 35). Porque cuando la línea izquierda de *YeShSUT* sale, se hace una división entre la derecha y la izquierda, y debido a esto ninguna de las dos ilumina hasta que *ZA* las une una a la otra mediante la línea central y, entonces ambas iluminan.

Tres surgen de uno, uno existe en tres

52) Tal como ha sido explicado, que el segundo aspecto en la elevación de *MaN de ZA* hasta *YeShSUT*, sirve para unificar las dos líneas de *YeShSUT*, derecha e izquierda. Las cuales no pueden iluminar sino por medio del *Masaj de Jírik* en *ZA* (ítem 39), el cual completa en ellas la línea central, el mismo que determina las dos líneas de *Biná*. Esto considera que las tres líneas salen en *Biná* mediante el *Masaj de ZA*, las cuales son llamadas *Jojmá*, *Biná* y, *Dáat*.

Hay una regla que dice que toda la medida del inferior causa que sea iluminado el Superior, siendo a su vez recompensado por él, también el inferior. Por lo tanto, puesto que *ZA* con su *Masaj* causó que salgan las tres líneas, *Jojmá*, *Biná* y, *Dáat* en *YeShSUT*, también *ZA* es recompensado con las tres líneas, *Jojmá*, *Biná* y, *Dáat*. Este es el significado de lo que está escrito en el *Zóhar*: "Tres surgen de uno, uno existe en tres" (*Bereshit*, 1, ítem 363).

La raíz de *Nukva de ZA*; **es decir,** *Maljut*

53) Durante el *Katnut* del mundo de *Nekudim*, *ZA*, el cual es *JaGaT NeHY de Nekudim*, tenía seis *Kelim*, *JaBaD JaGaT*. Ya que por parte de las Luces, las pequeñas que crecen primero, son llamadas *JaGaT NeHY* carentes de *GaR*. Y por parte de los *Kelim*, las Superiores que crecen primero, son llamadas *JaBaD JaGaT* carentes de *NeHY de Kelim*. Esto ocurrió así debido a la elevación de *Maljut* hacia el lugar de *Biná de ZA*, que es la *Sfirá Tifféret*, ya que *JaGaT de ZA* son *KaJaB* (ítem 9); es decir, que son el tercio Superior de *Tifféret* en el lugar del *Jazé*. Y los dos tercios de *Biná* y *TuM* que en *ZA* son llamados los dos tercios de *Tifféret* y *NeHY*, son los que cayeron desde su grado hasta el grado inmediato inferior; o sea, a los mundos *Briá*, *Yetzirá* y, *Asiyá*, los cuales se encuentran debajo de *ZA de Atzilut*.

Por lo tanto, no permanecieron en él sino, *JaBaD JaGaT de Kelim* hasta el punto del *Jazé*. Siendo el punto del *Jazé*, la *Maljut* que finaliza el grado en el lugar de *Biná*, la que hace descender a *Biná* y *TuM*, las cuales son llamadas *TaNHY*, hasta el grado inferior a éste (ítem 16). Este es el motivo por el cual *ZON* en *Katnut* siempre es llamado "*VaK* y *Nekudá*", ya que los seis *Kelim JaBaD JaGaT* en él son llamados *VaK*; es decir, "*Vav Ktzavot*", y el punto del *Jazé* el cual es la *Maljut* que finaliza su grado, es llamado "*Nekudá*" (punto). Desde el punto de vista de las Luces, las menores que crecen primero, son llamadas *JaGaT NeHY*, y la *Maljut Mesayémet* es llamada "*Nekudá* debajo de *Yesod*".

54) Es por esta razón que *Maljut* tomó todos los *Kelim* en *BYA* bajo su propio dominio, el cual es el punto del *Jazé*. Ya que este punto saca los *Kelim de TaNHY de ZA* hacia *BYA*. Es así que ella devuelve estos *Kelim* hacia el grado de *Atzilut*, en el mismo instante en que *Gadlut de Nekudim* salió, antes de que ellos fueran rotos. Ya que durante *Gadlut*, la *Maljut Mesayémet* nuevamente desciende desde el lugar del *Jazé*, de regreso hasta su propio lugar, debajo de

NeHY de Kelim de ZA. Entonces los *Kelim de Biná* y *TuM* que cayeron hasta *BYA*, los cuales son *TaNHY*, se elevaron de vuelta hacia *Atzilut*. Y puesto que *ZA* adquirió los *TaNHY de Kelim* completos, salieron en él, *GaR de Orot*.

Y en vista que no existe ausencia en lo espiritual, se considera también ahora que *Maljut* permanece en el lugar del *Jazé de ZA* tal como antes, exceptuando solamente a la fuerza de *Din* y *Sium* en ella, la cual desciende al punto de este mundo. Por lo tanto, estos mismos *Kelim TaNHY de ZA* que se encontraban bajo su dominio durante el *Katnut* y, que ahora volvieron y se unificaron con *ZA*, se puede notar que también se unifican con ella durante el *Gadlut*, luego de haber unificado y completado ya el *TaNHY de ZA*. Transformándose para ella en sus nueve *Sfirot* inferiores, ya que el punto del *Jazé*, el cual es la raíz de *Maljut* que se encuentra en ella desde el tiempo de *Katnut*, se ha transformado en *Kéter*.

Y en los tres *Kelim NeHY de ZA*, cada *Kli* fue dividido en tres tercios. Los tres tercios de *Nétzaj de ZA* se transformaron en *Maljut*, *Jojmá*, *Jésed*, *Nétzaj*. Y los tres tercios de *Hod de ZA* se transformaron en *Maljut*, *Biná*, *Gvurá*, *Hod*, en tanto que los tres tercios de *Yesod de ZA* se transformaron en *Maljut*, *Dáat*, *Tifféret*, *Yesod*. De tal manera que estos *TaNHY de ZA* que se elevaron desde *BYA* durante el *Gadlut* y que se unieron con su grado causando su *GaR de Orot*, también se unen con *Maljut*, transformándose en sus nueve *Sfirot* inferiores *de Kelim* y las nueve primeras en Luces.

55) Así tú ves que de hecho, la raíz de *Nukva de ZA* es el punto del *Jazé*, el cual no prescinde de ella ni siquiera durante el *Katnut*. Siendo llamada por el nombre de "*Kéter de Maljut*". Estos *Kelim TaNHY de ZA* que cayeron al interior de *BYA* durante el *Katnut* y que regresan hasta *Atzilut* durante el *Gadlut*, se dividen en dos *Partzufim*: *ZA* y *Maljut*. Puesto que ellos sirven como *TaNHY de Kelim* para *ZA* o como *JaBaD JaGaT NeHY de Kelim* para *Maljut*.

Desde el *Jazé* y por debajo de *ZA* pertenece a *Nukva*

56) Es de aquí que se desprende la regla que dice que, desde el *Jazé de ZA* hacia abajo; es decir, los *Kelim TaNHY de ZA*, son considerados el aspecto de *Maljut*, los cuales son llamados "la *Nukva* separada *de ZA*". Ya que todas las nueve *Sfirot* inferiores de *Maljut* están hechas de estos *TaNHY de ZA*, luego que se unen con él durante el *Gadlut*. Así queda completamente entendido esto que nosotros decimos, que en *Katnut* se encuentran *ZA* y *Maljut* en aspecto de *Vav* y *Nekudá*; es decir, *JaBaD JaGaT de Kelim* y, *Nekudá de Jazé*. Y debido a la ausencia de *NeHY de Kelim*, *ZA* carece de *GaR de Orot*, y debido a la ausencia de las nueve inferiores en los *Kelim*, *Maljut* carece de las nueve primeras *Sfirot de Orot*.

De esta manera ha sido explicado detalladamente, que la raíz de *Nukva de ZA* en *Katnut* y *Gadlut*, es la misma de *Katnut* y *Gadlut* del mundo de *Nekudim*. Y a pesar de que los *Kelim de Nekudim* se rompieron; aún así, nuevamente fueron corregidos en el mundo de *Atzilut*, en aquellos dos tiempos, *Katnut* y *Gadlut*. De la misma manera que *ZA* y *Maljut de Atzilut*, son *VaK* y *Nekudá* en *Katnut*, tal como en *Katnut* de las diez *Sfirot de Nekudim*.

Es entonces que *TaNHY de ZA de Atzilut* se encuentran caídas en *BYA*, siendo este punto la raíz de *Nukva*. Las cuales al momento de *Gadlut*, vuelven a su grado en *ZA de Atzilut*, completando *NeHY de Kelim* para *ZA* y completando los nueve *Kelim* inferiores para su *Nukva*, la cual es *Maljut*, tal como en el *Katnut* y *Gadlut* del mundo de *Nekudim*. Encontramos pues, que aquellos *TaNHY de ZA* desde su *Jazé* hacia abajo, son las raíces de *Gadlut de Nukva*.

Doce *Partzufim* en *Atzilut*

57) Cada grado que contiene tres veces diez *Sfirot*; es decir, diez *Sfirot de Rosh*, diez *Sfirot de Toj* y, diez *Sfirot de Sof*, es llamado un "*Partzuf*". Este grado es discernido por su *Bjiná* Superior. Si la *Bjiná* Superior es *Kéter*, todas las treinta *Sfirot* en él son llamadas con el nombre de *Kéter*, y si la *Bjiná* Superior es *Jojmá*, todas serán llamadas *Jojmá*, etc.

Cinco son los *Partzufim* cuyo nivel es medido mediante el *Zivug de Akaá* sobre las cinco *Bjinot* en el *Masaj*. Del *Zivug de Akaá* sobre el *Masaj de Bjiná Dálet* se extiende el nivel de *Kéter*; del *Masaj de Bjiná Guimel* se extiende el nivel de *Jojmá*; del *Masaj de Bjiná Bet* se extiende el nivel de *Biná*; del *Masaj de Bjiná Alef* se extiende el nivel de *ZA*; y, del *Masaj Bjiná de Shóresh* se extiende el nivel de *Maljut*.

58) Sin embargo son doce *Partzufim* en *Atzilut*, siendo éstos: Cuatro *Partzufim de Kéter* que son llamados "*Atik y Nukva*", "*Arij y Nukva*"; los cuatro *Partzufim de Biná* que son llamados "*AVI* Superior" y "*YeShSUT*"; y, los cuatro *Partzufim de ZON* que son llamados "el *ZON* grande" y "el *ZON* pequeño". El motivo por el cual ellos se encuentran divididos de esta manera, es porque cada *Partzuf* en *Atzilut* abarca dos tipos de *Kelim*:

- *Kelim* que emergieron en el mundo de *Atzilut* en los *Zivuguim* (pl. de *Zivug*) de *Akaá*. Esos son denominados como *Kelim de MA*; y,

- *Kelim* que se rompieron en el mundo de *Nekudim*, los cuales son denominados como *Kelim de BoN*, los mismos que se corrigen y elevan desde *BYA*, unificándose con los niveles que salieron por medio del *Zivug de Akaá* en el mundo de *Atzilut*, el cual es llamado *MA*. Estos son los *Kelim de MA* que están en aspecto de *Kéter* y, los *Kelim de BoN* que están en aspecto de *Nukva*[34]. A esto se debe que en cada *Partzuf* hayan, masculino y femenino.

59) Adicionalmente, cada *Partzuf* está dividido en *GaR* y *ZaT*. Resulta ser que existen masculinos y femeninos en el *GaR del Partzuf* y, existen masculinos y femeninos en el *ZaT del Partzuf*. Es por esta razón que de cada *Partzuf* salieron cuatro *Partzufim*.

Los dos *Partzufim de GaR de Kéter* son llamados "*Atik y Nukva*", donde *Atik* es *MA* y *Nukva* es *BoN*. Los dos *Partzufim de ZaT de Kéter* son llamados "*Arij Anpin y Nukva*", donde *Arij Anpin* es *MA* y *Nukva* es *BoN*. Los dos *Partzufim de GaR de Biná* son llamados "*AVI* Superiores", los dos *Partzufim de ZaT de Biná* son llamados "*YeShSUT*", los dos *Partzufim de GaR de ZON* son llamados "*ZON* grandes" y, los dos *Partzufim de ZaT* en *ZON* son llamados "*ZON* pequeños".

---

34 (**N. del E.**): Los *Kelim de MA* se consideran "masculinos" y los *Kelim de BoN* "femeninos".

60) La razón por la cual no se cuentan cuatro *Partzufim* en *Jojmá*, es porque *AA* es el nivel de *Jojmá de MA*, salvo que *Jojmá* está bloqueada dentro de su *Kéter*, en el secreto de "uno está dentro del otro". Con lo cual, *Jojmá* no ilumina en *Atzilut* en lo absoluto. Sino que toda la *Jojmá* que ilumina en *Atzilut*, es la *Jojmá de Biná* que retornó hasta el *Rosh de AA* y que se transformó en *Jojmá*, ya que *Biná* se vistió en *AVI* y *YeShSUT*. Y *AVI* son consideradas como *Jojmá* de la derecha y *YeShSUT* como *Jojmá* de la izquierda (ítem 41). Por lo tanto, nosotros no contamos cuatro *Partzufim* en *Jojmá*, sino en *Biná*, la cual también está en aspecto de *Jojmá*, e ilumina en *ZA* y *Maljut* en todos los mundos.

Una gran regla en tiempo y espacio

61) Sabe, que todas las expresiones que tienen que ver con tiempo y lugar en la sabiduría de la Cabalá, no se refieren al tiempo y lugar imaginario tal como se acostumbra en la corporalidad, ya que en esta sabiduría, todo está por encima del tiempo y del espacio. Es así que, "antes" y "después", se refieren a causa y consecuencia. Es por eso que nosotros nos referimos a la causa como "antes" y, a la consecuencia como "después", ya que cada causa precede a su consecuencia.

Y el asunto de "arriba", "abajo", "elevación" y, "descenso", son medidas de *Aviut* y *Zakut* (pureza)[35]. Esto se debe a que "elevación" significa *Hizdakjut*, en tanto que "descenso" significa *Hitabut* (engrosamiento del *Aviut*). Y cuando decimos que "un grado inferior se elevó", significa que el inferior ha sido purificado y se ha transformado en tan puro como el grado Superior. Por lo tanto, es considerado como adherido a este, debido a que la equivalencia de forma adhiere los espirituales uno con el otro.

Y así, cuando decimos que "el inferior se viste en el Superior", significa que ha sido realizada en él, una equivalencia de forma con la exterioridad del Superior, ya que a la adhesión con la exterioridad del Superior la denominamos como "vistiendo al Superior". Y es lo mismo en todas las demás cosas percibidas en tiempo o espacio. Entiéndanlo de esta manera; es decir, en significados espirituales de acuerdo al asunto.

Dos diferencias entre los *Partzufim de GaR* y los *Partzufim de VaK*

62) Cada *Partzuf* es emanado y nacido desde el *Masaj del Guf del Partzuf* Superior mediante causa y consecuencia. Esto se aplica a todos los *Partzufim*, desde el *Partzuf Kéter de AK*, el cual salió luego de la primera restricción, hasta el final de los *Partzufim de Asiyá*. Además, ellos se visten unos a otros; es decir, cada inferior viste el *Guf* de su Superior.

63) Los *Partzufim* están divididos en *Partzufim de GaR*; los cuales son: El *Partzuf de Kéter*, *Partzuf de Jojmá*, *Partzuf de Biná* y, los *Partzufim de VaK*, los mismos que son, el *Partzuf de ZaT de Biná*, llamado *YeShSUT*, el *Partzuf de ZA* y, el *Partzuf de Maljut*. Estos tres *Partzufim* siempre son considerados *Partzufim de VaK*. Incluso cuando ellos reciben *GaR*, ellos no dejan de estar en el estado de *VaK*, ya que ellos carecen de *KaJaB* desde su misma raíz. Y hay una diferencia entre los *Partzufim de GaR* y los *Partzufim de VaK*, tanto en el aspecto de su surgimiento y nacimiento, así como en el aspecto en el cual ellos visten el *Guf* del Superior.

---

35 (**N. del T.**): En Cabalá, *Zakut* se refiere al poder del *Masaj*, en vez de al significado tradicional de la palabra: pureza.

Los *Partzufim de GaR* salen desde el *Pe de Rosh* de su Superior adyacente. Esto empieza en el *Partzuf Kéter de AK*, puesto que luego que el *Partzuf Kéter de AK* salió en *Rosh* y *Guf*, se hizo un *Bitush de Or Makif* (Luz circundante) y *Or Pnimí* (Luz interna) en las diez *Sfirot del Guf*.

Esto significa que esta misma Luz, la cual el *Aviut del Masaj* impidió ingresar en el *Guf del Partzuf*, es llamada *Or "Makif"*. Esta golpeó con el *Aviut del Masaj* cuya *Or Pnimí* es vestida en su *Or Jozer* (Luz retornante), y mediante este golpe de *Or Makif* en el *Aviut* sobre el *Masaj*, el *Masaj* en el *Guf* fue purificado y, su forma se igualó con el *Masaj* copulante en el *Rosh del Partzuf*. Esto quiere decir que el *Masaj de Guf* se elevó y fue incluido en el *Masaj* en el *Pe de Rosh*, allí dentro del *Zivug*, ya que la equivalencia de forma es considerada *Dvekut* (adhesión).

Debido a esto y por medio de su *Hitkalelut* (inclusión) en el *Zivug del Rosh*, todas las *Bjinot de Aviut* en el *Masaj* fueron renovadas, excepto por la última *Bjiná*. Es entonces que salió sobre él un *Zivug de Akaá* de la Luz Superior en el *Rosh* sobre la medida del *Aviut* que permaneció en el *Masaj*, el cual es *Aviut de Bjiná Guimel*; de esa forma surgió sobre él el nivel del *Partzuf de Jojmá*.

Es entonces que el *Masaj* reconoce que se encuentra en una *Bjiná* (fase) diferente, ya que el Superior es el *Partzuf de Kéter*, siendo el nivel que fue renovado sobre el *Masaj*, el nivel de *Jojmá*, ya que la última *Bjiná* se perdió. Y este reconocimiento es considerado "nacimiento"; es decir, que partió del nivel de *Kéter* y se convirtió en un *Partzuf* distinto, teniendo únicamente el nivel de *Jojmá*. De tal manera que la fuente del *Partzuf de Jojmá* que ha nacido, es el *Masaj de Guf* del nivel de *Kéter*, el cual se purificó y elevó hasta el *Pe de Rosh*, en tanto que el lugar de la salida y del nacimiento, es *Pe de Rosh del Partzuf Kéter*.

Y luego de que el *Partzuf de Jojmá* nació y salió desde el *Pe de Rosh del Partzuf de Kéter*, se considera vistiendo únicamente el *Guf del Partzuf de Kéter*; es decir, el *GaR de Guf*, el cual es *JaGaT*. Esto se debe a que el *Masaj de Guf* es la raíz desde la cual este nació. Vistiendo únicamente la externalidad del *Guf del Partzuf de Kéter*, porque el nivel de *Bjiná Guimel* es externo al *Partzuf de Kéter*, cuyo nivel es desde *Or Jozer de Bjiná Dálet*. Por lo tanto, esto es percibido como que lo está vistiendo, lo cual indica *Dvekut* en la exterioridad.

64) Tal como ha sido explicado en lo concerniente al nacimiento del *Partzuf de Jojmá de AK* desde *Pe de Rosh del Partzuf de Kéter de AK*, que fue precisamente de esta manera que el *Partzuf de Biná* salió desde el *Pe y Rosh del Partzuf de Jojmá*. Y luego que el *Partzuf de Jojmá* fue completado con *Rosh* y *Guf*, nuevamente se hizo un *Bitush de Or Makif* y *Or Pnimí*, que purifica el *Aviut del Masaj* e iguala su forma con el *Masaj de Maljut del Rosh*. Y puesto que está incluido en el *Zivug del Rosh*, la *Bjiná de Aviut* en él ha sido renovada, exceptuando a la última *Bjiná*, la cual estaba perdida.

Y sobre la medida del *Aviut* que permanece en él, el cual es *Aviut de Bjiná Bet*, salieron las diez *Sfirot* del nivel de *Biná*. Y en vista que se sabe que este nivel es inferior al *Partzuf de Jojmá*, se lo tiene como separado de él, como si hubiese nacido en su propio dominio. Solamente que vistiendo al *Guf del* Superior, puesto que allí está su raíz. Vistiendo también al *GaR de Guf*, que se encuentra en el lugar de *JaGaT*.

65) Y en realidad es por medio de esto que salieron los tres *Partzufim* de *VaK*; siendo estos, *YeShSUT*, *ZA* y, *Maljut*, salvo que se presentan dos diferencias en ellos:

1. Que en ellos el inferior no sale desde el *Pe de Rosh* de su adyacente Superior, sino desde el *Pe de Rosh de Ali Elión* (El Superior del Superior). Ya que por ejemplo, *ZA* no emerge desde el *Pe de Rosh de YeShSUT*, sino luego que *YeShSUT* se hace un *Partzuf* con *AVI*, los cuales se encuentran en *Ali Elión*. De la misma manera, *Nukva* no sale desde el *Pe de Rosh de ZA*, sino luego que *ZA* se ha elevado hasta *AVI*. Lo mismo sucede con el *Partzuf de Atik de Atzilut*, el cual no salió desde el primer *Rosh de Nekudim*, sino desde el *Rosh de SaG de AK*. La razón es que estos *Roshim* (pl. de *Rosh*), los cuales están en el aspecto de *VaK* desde su misma raíz, no son idóneos para realizar un *Zivug* con la Luz Superior, de manera que puedan emanar un *Partzuf* inferior.

2. Es lo concerniente a la vestidura: Ya que los *Partzufim de VaK* no visten el *GaR de Guf* de su Superior, el cual es *JaGaT*, sino el *VaK del Guf* del Superior, el cual es *NeHY* desde el *Jazé* hacia abajo. Puesto que ellos son *VaK* en su raíz, ellos no pueden adherirse al *GaR de Guf* del Superior. Así, las dos diferencias entre los *Partzufim de GaR* y los *Partzufim de VaK* han sido debidamente clarificadas:

   - Una concierne a la salida, en la que únicamente los *Partzufim de GaR* salen desde el *Pe* de su Superior adyacente. Lo cual no es así en los *Partzufim de VaK*, puesto que ellos salen de *Ali Elión*: y,

   - La otra concierne a la vestidura, ya que únicamente los *Partzufim de GaR* pueden ligarse a los *JaGaT* del Superior, los cuales son *GaR de Guf*, no siendo así con los *Partzufim de VaK*, los cuales se ligan solamente desde el *Jazé* hacia abajo; es decir, solamente en el *VaK de Guf*.

Tres condiciones para el surgimiento de un *Partzuf* inferior

66) Tres cosas están determinadas en el asunto del *Zivug* a fin de dar origen al *Partzuf* inferior:

La primera condición es el *Masaj* que copula con la Luz Superior en *Zivug de Akaá* y eleva *Or Jozer*, que viste la Luz Superior, ya que según la medida de la vestidura de *Or Jozer*, así es la medida del nivel inferior. Similarmente, luego de que el *Masaj* extrajo todos los *Partzufim* y grados en el mundo de *Nekudim*, ellos no persistieron sino que se quebraron y anularon, siendo purificado el *Masaj* de todas las cinco *Bjinot de Aviut* en él, volviendo hasta el *Rosh de SaG*, con lo cual todos los grados que salieron en *Nekudim* abandonaron sus *Reshimot* en el *Masaj*.

Por lo tanto, al momento en que el *Masaj* fue incluido en el *Zivug* en *Rosh de SaG*, sus *Reshimot* previos fueron renovados en él. Inicialmente, el *Masaj* extrajo la *Bjiná* Superior en él, la cual es el *Reshimó del Partzuf de Kéter*, llamado "*Atik de Atzilut*", en *Aviut de Bjiná Dálet*. El resto de los *Reshimot*, los cuales permanecieron en el *Masaj*, salieron con el nacimiento de *Atik* hacia el lugar de *Atik*.

Y luego que *Atik* había sido completado se hizo en él un *Zivug de Akaá* sobre la *Bjiná* Superior en el remanente del *Masaj* que se encuentra en él, la cual es *Bjiná Guimel*, extrayendo el nivel de *AA* sobre ella. Y el resto de los *Reshimot* en el *Masaj*, sobre los cuales el *Zivug de Akaá* aún no había sido realizado, descendieron junto con el nacimiento de *AA* hasta el lugar de *AA*.

Y cuando *AA* fue completado, un *Zivug* fue realizado en él sobre la *Bjiná* Superior en el resto del *Masaj*, la cual es *Bjiná Bet*, extrayendo el nivel de *AVI*, y así sucesivamente. Es así que todos los *Partzufim* salen mediante un *Zivug de Akaá* de la Luz Superior con el *Masaj*.

67) La segunda condición se da debido a que *Kéter* y *Jojmá* de cada inferior se encuentran adheridas a *Biná* y *TuM* de su Superior. Por eso, al momento en que el Superior es completado y eleva su *Biná* y *TuM*, *Kéter* y *Jojmá* del inferior también se elevan con ellos hasta el lugar del Superior, siendo de esta forma incluidos en el *Zivug* del Superior. Y con esto cada inferior recibe su nivel desde el *Zivug del Rosh* del Superior.

68) La tercera condición es que *ZA* se eleva a *YeShSUT* completando y unificando las Luces de la derecha e izquierda de *YeShSUT*, y de no haber sido por la elevación de *MaN* por parte de *ZA*, la derecha e izquierda de *YeShSUT* hubieran sido incapaces de iluminar, con lo cual se encuentra que la elevación de *ZA* a *YeShSUT* es la que causó la salida de las tres líneas, derecha, izquierda y, central, las cuales son *JaBaD de YeShSUT*.

Y hay una regla que dice que: toda la medida de la Luz que produce el inferior, es para iluminar en el Superior, llenando con ella también al inferior. Por lo tanto, *ZA* recibe los mismos *Mojin de JaBaD* desde *YeShSUT*. Este es el significado de "Tres surgen de uno, uno existe en tres". Así es como hemos explicado las tres condiciones para que el *Zivug* extraiga al inferior.

69) La esencia del *Zivug* para extraer el inferior, sale en el secreto del *Zivug de Akaá* desde la Luz Superior sobre el *Masaj*, ya que esto mide el nivel del inferior, como es sabido. No obstante, se requiere un despertar de *MaN* del inferior, y este despertar es realizado en el secreto de *Kéter* y *Jojmá* del inferior, los cuales están adheridos a *Biná* y *TuM* del Superior. Por lo tanto, se requiere de ambos para extraer un *Partzuf* inferior.

En *ZA* existe un asunto adicional: Pues su *Masaj* no extiende los *Kelim de GaR*, ya que se trata del *Masaj de Bjiná Alef*. Debido a esto, el Superior no puede otorgarle *Mojin* desde el *Zivug del Masaj* con la Luz Superior. Es por esto que se requiere de la tercera condición para que reciba el *Mojin*, por medio del cual producirá *Mojin* en su Superior, tal como en "Tres surgen de uno, uno existe en tres".

Tres etapas en la salida de las diez *Sfirot*

70) La primera etapa está en los primeros *Partzufim de AK*, donde todas las diez *Sfirot* salieron de una sola vez. En el *Zivug de Akaá* sobre el *Masaj de Bjiná Dálet*, salieron las diez *Sfirot* del nivel de *Kéter*. Y en el *Zivug de Akaá* sobre el *Masaj de Bjiná Guimel*, salieron diez *Sfirot* en nivel de *Jojmá*. Y en el *Zivug de Akaá* sobre el *Masaj de Bjiná Bet*, salieron diez *Sfirot* en nivel de *Biná*.

71) **La segunda etapa** es el mundo de *Nekudim*, el cual salió sobre un *Masaj de Bjiná Alef* conectado con *Maljut*, en el cual salieron diez *Sfirot* en dos tiempos. Primero, *Maljut* se elevó hasta *Biná de SaG de AK*. Luego, cuando el *Masaj de SaG* se purificó en *Bjiná Alef*, llamada "*Nikvei Eynaim*", *Maljut* se elevó y unió con *Bjiná Alef*, finalizando el grado debajo de *Jojmá*, que es llamado *Eynaim*. Encontrándose que en el grado permanecieron únicamente dos *Kelim*, *Kéter* y *Jojmá*, con dos Luces, *Rúaj* y *Néfesh*. Y los tres *Kelim Biná* y *TuM* cayeron del grado. Esto es llamado "*Katnut de Nekudim*".

En el tiempo de *Gadlut*, los tres *Kelim Biná* y *TuM* volvieron hacia el grado, siendo así completados los cinco *Kelim KaJaB TuM* en el grado, con las cinco Luces de *NaRaNJaY*. Así es como ha sido explicado que en el mundo de *Nekudim* las diez *Sfirot* no salieron de una sola vez, tal como en los primeros tres *Partzufim de AK*; sino más bien, salieron en dos tiempos, un tiempo de *Katnut* y, un tiempo de *Gadlut*. Al tiempo de *Katnut*, salieron únicamente dos *Sfirot* y, al tiempo de *Gadlut*, salieron las tres *Sfirot* restantes.

72) **La tercera etapa** es el mundo de *Atzilut*, en el cual las diez *Sfirot* salieron en tres tiempos, denominados "*Ibur*", "*Yeniká*" y, "*Mojin*". Esto se debe a que aquí el *Hizdakjut del Masaj* en el último grado, fue agregado al mundo de *Atzilut*. Ya que el *Masaj* fue purificado desde *Bjiná Alef*, llamada "*Nikvei Eynaim*", en un *Masaj* con *Aviut de Bjinat Shóresh*, cuya *Or Jozer* viste únicamente el nivel de la Luz de *Maljut* en el *Kli de Kéter*, llamado "*Métzaj*". Por lo tanto, esta Luz es denominada con el nombre de "*MA que emerge desde el Métzaj*". Puesto que *KaJaB TuM de Rosh* son denominados "*Galgalta*", "*Eynaim*", *AJaP* y, *Métzaj* que es *Galgalta*.

Por lo tanto, aquí se necesita de dos descensos de *Maljut*:

1. Que descienda desde el *Métzaj* hasta *Nikvei Eynaim*, lo cual es llamado *Yeniká*; y,

2. Que descienda desde el *Nikvei Eynaim* hasta su lugar en el *Pe*. Lo cual es llamado *Mojin*.

De manera que el primer nivel que sale sobre el *Masaj de Aviut Shóresh*, es llamado "*Ibur*". El segundo nivel que sale sobre el *Masaj* luego del descenso de *Maljut* hasta *Bjiná Alef*, es llamado "*Yeniká*". Y el tercer nivel que sale sobre el *Masaj* luego del descenso de *Maljut* hasta su lugar, es llamado "*Mojin*". Así es como ha sido clarificado que en el mundo de *Atzilut*, las diez *Sfirot* salen en tres tiempos, llamados *Ibur*, *Yeniká*, *Mojin*.

Ibur, Yeniká, Mojin de Ajor, e Ibur, Yeniká, Mojin de Panim

73) Ya ha sido explicado, que el nivel que sale sobre un *Masaj* en el cual hay solamente *Aviut de Shóresh*, es llamado "el nivel de *Ibur*". Este es el nivel de la Luz de *Néfesh* en el *Kli de Kéter*. Y el aspecto de las tres líneas en él, es llamado "el nivel de *NeHY*". Sin embargo, existe también en él el nivel de *Rúaj*, el cual es llamado "el nivel de *JaGaT*", solamente que carece de *Kelim*. Por esta razón, *JaGaT* necesita vestirse con los *Kelim de NeHY*. Es así que el nivel de *Ibur* es llamado con el nombre de "tres dentro de tres"; es decir, *JaGaT* dentro de *NeHY*.

74) La explicación a esto es que, a pesar de que la *Hizdakjut del Masaj* provoca que se pierda la última *Bjiná*, ya que debido a esto los cinco niveles se encuentran uno debajo del otro, la última *Bjiná* no está completamente perdida, sino que permanece en su *Masaj* el *Reshimó de Hitlabshut*. Por ejemplo, cuando el *Masaj del Partzuf de Kéter de AK* se purificó y se elevó hasta el *Pe de Rosh*, éste fue incluido allí en el *Zivug*, habiendo sido renovados sus *Reshimot*, es así que en el aspecto del *Aviut* en el *Masaj*, sobre el cual se hizo el *Zivug de Akaá*, no permaneció en el *Masaj* sino el *Reshimó de Aviut de Bjiná Guimel* solamente, puesto que la última *Bjiná*, la cual es *Bjiná Dálet*, se había perdido. Pero una parte del *Hitlabshut de Bjiná Dálet* permaneció aún en el *Masaj*.

Y con esto se encuentra que existen dos *Bjinot* Superiores en el *Masaj* que son aptos para el *Zivug*:

- El *Aviut de Bjiná Guimel*, el cual detiene la Luz Superior y recibe el *Zivug de Akaá*, sobre el cual sale el nivel de *Jojmá*; y,

- El aspecto de *Hitlabshut de Bjiná Dálet*. El cual aunque no es apropiado para el *Zivug de Akaá*, ya que no tiene *Aviut* que detenga la expansión de la Luz, cuando es incluido y asociado con el *Aviut de Bjiná Guimel*, a pesar de esto, un *Zivug de Akaá* se hace también sobre él, produciendo algo muy parecido al nivel de *Kéter*.

Estos dos niveles son llamados "masculino y femenino". Ya que el nivel que salió sobre *Bjiná Dálet de Hitlabshut* en participación con *Bjiná Guimel de Aviut*, es llamado "masculino", en tanto que al nivel que salió únicamente sobre *Bjiná Guimel de Aviut*, se le llama "femenino".

Similarmente, cuando el *Masaj del Guf del Partzuf de Jojmá de AK* se purificó y se elevó hasta su *Pe de Rosh*, permanecieron en él también dos *Reshimot*; masculino y femenino. Esto se debe a que el *Reshimó de Bjiná Guimel de Hitlabshut*, asociado con *Bjiná Bet de Aviut*, produce algo muy parecido al nivel de *Jojmá*, siendo éste el aspecto del masculino. Y el *Reshimó de Bjiná Bet de Aviut*, el cual es el primero en recibir el *Zivug de Akaá*, produce el nivel de *Biná*. El cual es considerado, femenino.

Del mismo modo, existen masculino y femenino en el *Hizdakjut del Masaj del Guf del Partzuf de Nekudim*. El masculino; es decir, el *Reshimó de Bjiná Alef de Hitlabshut* que permaneció en el *Masaj*, el cual participa con *Bjiná de Aviut de Shóresh* en el nivel de *Bjiná Alef* en aproximación; es decir, el nivel de *ZA*, el cual es el nivel de *Rúaj*; o en otras palabras, *JaGaT*. Y el femenino, el cual es el *Aviut de Bjinat Shóresh*, el mismo que recibe el *Zivug de Akaá*, está al nivel de la Luz de *Néfesh*, la cual es el nivel de *Maljut*, en el aspecto de las tres líneas llamadas *NeHY*.

75) Por lo tanto, discernimos que en el nivel de *Ibur* existen dos niveles: El nivel de *JaGaT* y el nivel de *NeHY*. El nivel de *JaGaT* sale, ya que el *Reshimó de Bjiná Alef de Hitlabshut* está unido con *Aviut de Shóresh*, lo cual es el secreto de masculino. Y solamente del *Reshimó de Aviut Shóresh* es que sale el nivel de *NeHY*, el cual es femenino.

Y en vista que el *Reshimó de Hitlabshut* no es digno de recibir un *Zivug de Akaá*, excepto mediante la participación con *Aviut de Shóresh*; por esta razón, el nivel de *JaGaT* no se sostiene por sí mismo, sino que debe vestirse dentro de *NeHY*. Es por eso que el nivel de *Ibur*, el cual es *JaGaT* y *NeHY* juntos, es entendido como "tres dentro de tres"; es decir, *JaGaT* dentro de *NeHY*.

76) Y luego que los dos niveles de *JaGaT* dentro de *NeHY* salieron en la *Hitkalelut del Zivug de Rosh* del Superior, se supo que estos eran niveles nuevos, diferentes del Superior, entendiéndose este reconocimiento como "el nacimiento". Es decir, que ha sido reconocido que un *Partzuf* nuevo ha nacido aquí, siendo diferente del Superior. Estos niveles descienden y visten al *Guf* del Superior. Si se tratase de los *Partzufim de GaR* entonces estarán vistiendo al *GaR de Guf*, los cuales son *JaGaT*. Y si se tratase de los *Partzufim de VaK* entonces estarán vistiendo a *VaK de Guf*, los cuales son *TaNHYM*, desde el *Jazé* hacia abajo.

Además, ellos succionan la Luz del *Partzuf* Superior. Dicha succión hace descender *Maljut* desde el *Métzaj* hasta *Nikvei Eynaim*. Con lo cual entonces vuelve y recibe *Aviut de Bjiná Alef*, el cual está conectado a *Maljut*, tal como fue en los *Partzufim de Nekudim*. Luego de lo cual, también el nivel de *JaGaT* adquiere los aspectos de *Kelim*, sin tener más necesidad de los *Kelim de NeHY*. Por tal razón se considera que por medio de la succión, *JaGaT* se expande y sale desde el interior del *NeHY*. Y es entonces que este obtiene el nivel de *Rúaj* completamente.

Por ejemplo, en el *Partzuf de Atik de Atzilut*, al comienzo el *Masaj de Nekudim* se elevó a través de su *Hizdakjut* hasta el *Rosh de SaG de AK*. Y luego de que se había perdido el último aspecto de la *Bjiná de Aviut* en él, el *Masaj* se quedó con *Aviut de la Bjinat Shóresh*, el cual es llamado "*Métzaj*" y el *Reshimó de Hitlabshut de Bjiná Alef*. Luego salieron sobre él los dos niveles de *JaGaT NeHY*, tres dentro de tres, ya que *JaGaT* no tiene *Kelim*.

Cuando ellos fueron reconocidos como un Nuevo nivel, quedó entendido que salieron, nacieron y llegaron a su lugar; es decir, para vestir desde el *Tabur de AK* hacia abajo. Puesto que es un *Partzuf de VaK*, por eso viste únicamente *VaK de Guf*, por lo cual es llamado "*Partzuf de Atik*".

Posteriormente, por medio de *Yeniká*, la cual este succiona desde *SaG de AK*, él rebaja el *Masaj* desde el *Métzaj* hasta *Nikvei Eynaim*. Y entonces, también los *Kelim* salen a su *JaGaT*, expandiéndose desde el interior de *NeHY*. Así es como las dos *Bjinot*, llamadas "*Ibur y Yeniká*", han sido clarificadas.

77) Ahora explicaremos el *Partzuf de Mojin*. Porque luego que el *Partzuf* recibió las dos *Bjinot Ibur* y *Yeniká*, éste eleva *MaN* hacia el Superior, tornando a *JuB* del Superior *Panim VePanim* (cara a cara). Es entonces que ellos otorgan al inferior la iluminación que hace bajar a *Maljut* desde *Nikvei Eynaim* hacia su propio lugar; es decir, hacia *Pe*. Entonces esos tres *Kelim*, *Biná* y *TuM*, los cuales cayeron debido a la elevación de *Maljut* hacia *Biná*, nuevamente se elevan a su grado. Es así que el *Partzuf* ha sido completado con cinco *Kelim KaJaB TuM* y cinco Luces *NaRaNJaY*. Esto es llamado "El *Partzuf de Mojin*", ya que las primeras tres Luces, *Neshamá*, *Jayiá* y, *Yejidá*, son llamadas *Mojin*.

Por ejemplo, luego de que *Atik* recibió las dos *Bjinot Ibur* y *Yeniká* completamente, las cuales vienen siendo los niveles de *Néfesh* y *Rúaj*, entonces vuelve y eleva *MaN* hacia el *Rosh de SaG*, modificando *Jojmá* y *Biná* para que estén *Panim VePanim*. Y en vista de que en el *Partzuf de Jojmá de AK*, *Biná* no está mezclada con *Maljut*; por tal razón, cuando *Atik* recibe su iluminación, baja también a *Maljut* desde su *Biná*. Elevando entonces sus tres *Kelim Biná* y *TuM*, los cuales cayeron por causa de la mezcla de *Maljut* con *Biná*. Con lo cual obtiene ahora *KaJaB TuM de Kelim*, pudiendo con esto vestir en él, las Luces *NaRaNJaY*.

78) Y cuando estos *Mojin* salen por primera vez, se hace una separación entre la derecha y la izquierda. Ya que la línea izquierda, la cual es la portadora de la iluminación de *Jojmá*, desea anular la línea derecha, siendo esta la portadora de la Luz de *Jasadim*. Por causa de esta fisura y este *Bitush* (golpeteo) de derecha e izquierda que ocurren en estos *Mojin*, es que estos son llamados *Mojin de Ajor*. Es así como las tres *Bjinot de Ibur*, *Yeniká* y, *Mojin de Ajor*, han sido clarificadas.

79) Este *Bitush* de derecha e izquierda causa que el *Partzuf* vuelva a elevar *MaN* al Superior. Ya que la iluminación de la izquierda, la cual es la iluminación de *Jojmá*, golpea y purifica todo el *Aviut* en el *Partzuf*, hasta que el *Masaj* vuelve a ser tan puro como lo fue cuando por primera vez se elevó hasta el *Rosh* del Superior. Es decir, que no permanecieron en él sino el *Aviut de Shóresh* y el *Reshimó de Hitlabshut de Bjiná Alef*. Ya que por medio de esta equivalencia, él se adhiere al *Rosh* del Superior.

Y luego que ha sido incorporado en el *Zivug de Rosh* del Superior, éste nuevamente recibió un *Zivug de Akaá* de la Luz Superior sobre el *Aviut de Bjinat Shóresh* y *Bjiná Alef de Hitlabshut*, los cuales se renovaron en el *Masaj*. Y de nuevo extrajeron sobre él el nivel de tres dentro de tres; es decir, el nivel de *JaGaT* que es la vestidura dentro del nivel de *NeHY*, el cual es llamado "el nivel de *Ibur*". Es así que hemos explicado cómo es que el *Bitush* de la izquierda y la derecha, los cuales ocurrieron en *Mojin de Ajor*, causaron el retorno del *Partzuf* hacia el Superior, a fin de recibir nuevamente una *Bjiná de Ibur* del Superior.

80) Y una vez que recibió la *Bjiná de Ibur* nuevamente, volvió a salir del *Rosh* del Superior y vistió el *Guf* del Superior. Y por medio de esta vestidura succionó las Luces del Superior una vez más. Con lo cual estas Luces de *Yeniká* bajaron el *Aviut de Shóresh* hacia el interior del *Aviut de Bjiná Alef*. Es decir, bajaron *Maljut* desde el *Métzaj* hacia el lugar de *Nikvei Eynaim*. Es entonces que sobre el *Masaj* salió un nivel de *Bjiná Alef* completamente. Esto es considerado como *Hitpashtut* (expansión) de *JaGaT* desde el interior de *NeHY*. Y resulta que ha obtenido una *Bjiná de Yeniká* nueva, la cual es el secreto del nivel de *Rúaj*.

81) Y luego de haber alcanzado nuevos *Ibur* y *Yeniká*, vuelve a elevar *MaN* al Superior. Esta elevación es hecha por sí misma, ya que mediante su partida desde su raíz adherida a *Biná* y *TuM* del Superior (ítem 67), puede retornar ahí cada vez que lo necesite, unificando *JuB* de tal manera que se encuentren allí *Panim VePanim*, otorgándole la iluminación que hace descender a *Maljut* desde *Nikvei Eynaim* hacia su lugar. Entonces, *Biná* y *TuM* se elevan y unen en ella tal como antes, obteniendo así, *KaJaB TuM de Kelim* y Luces de *NaRaNJaY*.

Y para que la división de la derecha e izquierda no ilumine nuevamente, la línea central se eleva desde abajo y unifica la derecha y la izquierda de modo que iluminen juntas: *Jojmá* que está en la izquierda, se vestirá en *Jasadim* que se encuentra en la derecha y, *Jasadim* en la derecha, será integrado en *Jojmá* que está en la izquierda (ítem 37). Entonces los *Mojin* que iluminan con toda su perfección, son llamados "*Mojin de Panim*". Es así que hemos explicado cómo es que debido al *Bitush* de la izquierda y derecha en el *Mojin de Ajor*, las tres *Bjinot* de *Ibur, Yeniká* y, *Mojin de Panim*, salieron nuevamente.

82) Es por esta causa que no hay ningún *Partzuf* completo, excepto luego de que recibe *Ibur, Yeniká* y, *Mojin de Ajor*; e, *Ibur, Yeniká* y, *Mojin de Panim*. Porque de la *Hizdakjut* del *Masaj* que fue agregado en *Atzilut* hasta el grado de *Aviut de Bjinat Shóresh*, los *Partzufim* de *Atzilut* no fueron capaces de recibir sus diez *Sfirot*, excepto luego de tres veces consecutivas llamadas: *Ibur, Yeniká, Mojin*. Y dado que en la primera ocasión de la salida de *Mojin* se hizo el *Bitush* de la derecha e izquierda, hasta que la izquierda purificó todo el *Aviut* en el *Masaj*, todas las Luces de *Ibur, Yeniká* y, *Mojin* que éste había recibido, partieron.

Esto es así porque en la anulación del *Aviut* en el *Masaj*, el *Zivug* se anula y las Luces parten. Con lo cual devuelve al *Ibur* hacia el *Rosh* del Superior, recibiendo tres dentro de tres nuevamente. Luego de lo cual nace y recibe una *Yeniká* otra vez, lo cual baja a *Maljut* desde *Métzaj* hasta *Eynaim*, con lo cual *JaGaT* sale del interior del *NeHY* y recibe el nivel de *Rúaj* nuevamente. Luego eleva *MaN* y recibe *Neshamá, Jayiá, Yejidá* una vez más, en las cuales ya existe la línea central, la cual unifica la derecha y la izquierda una con la otra. Esto es llamado "*Mojin de Panim*". Es entonces que ellas iluminan y existen. Así, antes de que alcancen *Mojin* por segunda vez, ellas no pueden realizarse.

Panim y *Ajor* y, *Panim VePanim*

83) Es así que también al momento en que el *Partzuf* recibió el *Mojin de Panim*, encontramos que *Jojmá* y *Biná* aún están en aspecto de *Panim* y *Ajor*. Esto quiere decir que únicamente *Jojmá* recibe el *Mojin de Panim*. Pero *Biná* está siempre en un estado de *Jafetz Jésed* anhelando *Jasadim* y no *Jojmá*, por lo cual considera que sus *Ajoráim* se encuentran hacia *Jojmá*, y no desea recibir el *Mojin de Panim* de ella.

Jojmá y *Biná* se encuentran en aquel estado de *Panim* y *Ajor* hasta que *ZA* eleva *MaN* hacia ellos. En vista que existe una conexión entre *Biná de Or Yashar*, la cual otorgará iluminación de *Jojmá* para *ZA de Or Yashar*. Por tanto, cuando *ZA* eleva *MaN* hacia *Biná, Biná* inmediatamente dirige su *Panim* hacia *Jojmá* para recibir de ella el *Mojin de Panim*, los cuales son *Mojin* de iluminación de *Jojmá*, para *ZA*, tal como lo hace en las cinco *Bjinot de Or Yashar*. Entendiéndose entonces, que *Jojmá* ya se encuentra *Panim VePanim* con *Biná*.

¿Quién mide el nivel en *Atzilut*?

84) Deberíamos preguntar: "El *Masaj de Atzilut* tiene solamente la *Bjiná de Shóresh de Aviut*, llamada *Métzaj*, en la cual no existe sino solamente el nivel de *Or Néfesh*. Entonces, ¿quién causó que salieran los cinco *Partzufim* en *Atzilut*, siendo éstos, *Atik, AA, AVI* y, *ZON*,

donde *Atik* es el nivel de *Yejidá*, *AA* el nivel de *Jayiá*, *AVI* el nivel de *Neshamá* y, *ZON* el nivel de *Rúaj*?" Esta pregunta se aplica también para el mundo de *Nekudim*, ya que únicamente el *Aviut de Bjiná Alef* permaneció en el *Masaj*, el cual es llamado *"Nikvei Eynaim"*, ¿Cómo es que pudieron salir cinco *Partzufim* en *Nekudim*?

85) El asunto es que, también la *Bjiná Dálet* estaba conectada con el *Masaj de Nekudim* y con el *Masaj de Atzilut*, debido a la fuerza de *Maljut* que se elevó hasta *Nekudot de SaG de AK*. Y si la *Bjiná Dálet* no se hubiera asociado con ellos en el *Masaj*, no hubiese podido salir ningún *Partzuf* sobre aquel *Masaj*. Ya que incluso el *Aviut de Bjiná Alef* en *Nekudim* es considerado como *"Histaklut delgado"*, desde el cual el *Zivug de Akaá* no produce ningún *Partzuf*. Lo mismo ocurre en el *Aviut de Métzaj* en *Atzilut*, ya que la salida del *Partzuf* no es digna del *Zivug de Akaá*.

Pero debido a que la *Bjiná Dálet* se unió a sus *Masajim* (pl. de *Masaj*), ellas se hicieron dignas del *Zivug de Akaá*. Y cabe preguntar ahora, "En ese caso, ¿hubiese sido digna de salir sobre el *Masaj* del nivel de *Kéter*, puesto que *Bjiná Dálet* se encuentra adherida al *Masaj*?".

86) La respuesta es que, la *Bjiná Dálet* no produce el nivel de *Kéter*, excepto cuando se encuentra en el lugar de *Maljut*. Ya que entonces *Or Jozer* que se eleva desde el *Zivug de Akaá* sobre él, viste los cinco *Kelim KaJaB TuM* con las cinco Luces de *NaRaNJaY*. Pero si *Bjiná Dálet* se encuentra en el lugar de *ZA*, allí donde no hay sino solo los cuatro *Kelim KaJaB Tifféret*, *Or Jozer* atrae solamente cuatro Luces *NaRaNJ* en cuatro *Kelim KaJaB* y *Tifféret*.

Y si la *Bjiná Dálet* se encuentra en el lugar de *Biná*, allí donde no hay sino solamente tres *Kelim KaJaB*, *Or Jozer* atrae solamente tres Luces *NaRaN*. Y si *Bjiná Dálet* se encuentra en el lugar del *Kli de Jojmá*, donde existen solamente dos *Kelim*, *Kéter* y *Jojmá*, su *Or Jozer* atrae solamente dos Luces, *Néfesh Rúaj*.

Esto es lo que sucedió en *Nekudim*, donde se hizo el *Zivug* en *Nikvei Eynaim*, el cual es el *Kli de Jojmá*. Por lo tanto, no salió sino solamente el nivel de *Néfesh Rúaj* en *Katnut*. Y si *Bjiná Dálet* se coloca en el lugar de *Kéter*, donde existe tan solo un *Kli*, su *Or Jozer* atrae únicamente una Luz, *Néfesh*. Esto es lo que sucedió en *Atzilut*, ya que en *Ibur* salió únicamente el nivel de *Néfesh*, debido a que el *Zivug* estaba en el lugar de *Métzaj*, el cual es el *Kli de Kéter*.

Sin embargo, luego de la iluminación de *Yeniká*, la cual *Bjiná Dálet* rechazó hasta el lugar de *Bjiná Alef*, el cual es llamado *Nikvei Eynaim*, el nivel de *Rúaj* salió. Luego de lo cual, mediante la iluminación de *JuB Panim VePanim* del Superior, el cual hizo descender *Bjiná Dálet* hasta su lugar en *Maljut*, la cual eleva *Biná* y *TuM* que caen hasta su grado, permitiendo que existan nuevamente allí cinco *Kelim KaJaB TuM*. Entonces, *Bjiná Dálet* saca el nivel de *Kéter* en la Luz de *Yejidá*, siendo éste el nivel de *Atik de Atzilut*.

87) Ahora necesitamos explicar, cómo es que el resto de los *Partzufim* salieron debajo de *Atik*. El asunto es que al principio, luego de la ruptura de los *Kelim*, el *Masaj de Nekudim* se elevó hasta el *Rosh de SaG*; es decir, que fue purificado de todos las cinco *Bjinot de Aviut* que salieron en él en cinco *Partzufim*, hasta que se igualó con el *Masaj de Rosh de SaG*. A pesar de todo, permanecieron los *Reshimot del Aviut* de los cinco *Partzufim* que salieron en él, excep-

tuando a la última *Bjiná*, la cual se perdió, tal como está escrito acerca de todos los *Partzufim*. Así, al momento en que fue incluida en el *Zivug del Masaj de Rosh de SaG*, el *Aviut* de todos los cinco *Partzufim* fue renovado en el *Masaj de Nekudim*. Saliendo entonces, un *Zivug de Akaá* sobre el *Aviut* en el *Masaj*.

Sin embargo, no todas las *Bjinot* en el *Aviut* entraron en el *Zivug de Akaá*, sino únicamente la *Bjiná* Superior en él, la cual es *Aviut de Métzaj*, que está conectado con *Bjiná Dálet*. Ya que por medio de las tres *Bjinot Ibur, Yeniká* y, *Mojin*, sus diez *Sfirot* fueron completadas en el nivel de *Kéter*.

Los otros *Reshimot* del resto de los *Partzufim de Nekudim* que estuvieron en el *Masaj*, no recibieron nada de este *Zivug* en el *Rosh de SaG*, puesto que ellos se encuentran debajo del nivel de *Kéter*. Y comparados con su valor, ellos son desperdicios. Por tal razón, en el momento de la salida de *Atik* desde el *Rosh de SaG*, todos los *Reshimot* del resto de los *Partzufim* que no fueron incluidos en su *Zivug*, descendieron junto con él.

Y luego de que *Atik* fue completado en *Ibur, Yeniká, Mojin de Panim*, la Luz Superior iluminó sobre la *Bjiná* Superior desde los *Reshimot* que permanecieron en ella, la cual es *Aviut de Bjiná Guimel*. Ya que por medio de las tres *Bjinot, Ibur, Yeniká* y, *Mojin*, salieron las diez *Sfirot* en el nivel de *Jojmá*. Este es el *Partzuf de AA*.

Es lo mismo aquí, todos los *Reshimot de Aviut* que son menos que *Aviut de Bjiná Guimel*, son desperdicio en comparación con el *Zivug* del nivel de *Bjiná Guimel*, el cual salió en el *Rosh de Atik*. Por lo tanto, en el momento en que *AA* nació y partió del *Rosh de Atik* hacia su lugar, atrajo consigo a todos aquellos *Reshimot* a su lugar.

Y luego de que *AA* alcanzó todas las tres *Bjinot, Ibur, Yeniká, Mojin* completamente, la Luz Superior iluminó sobre la *Bjiná* Superior que permaneció en aquellos *Reshimot*, la cual es *Aviut de Bjiná Bet*. Entonces, por medio de las tres *Bjinot, Ibur, Yeniká, Mojin*, salieron sobre ella las diez *Sfirot* en el nivel de *Biná*. Ellas corresponden al *Partzuf de AVI*, y el resto de los *Partzufim* salieron de forma similar. Así hemos explicado cómo es que los *Partzufim de Atzilut* salieron el uno del otro.

Los dos estados que se encuentran en *Maljut*

88) *Maljut* es el secreto de *Nukva de ZA*. Su raíz empieza en *Maljut de Tzimtzum Bet*, la cual culminó las siete *Sfirot de Katnut de ZA de Nekudim*. Siendo un grado separado de *ZA*, puesto que *ZA* incluye *JaGaT NeHY de Nekudim*. En tanto que su grado inferior es *Maljut*, el cual finaliza los *Nekudim*. Debido a esto, *Maljut* es considerada una *Nukva* separada y de un grado inferior a *ZA*.

También existe una *Bjiná de Nukva* en el *Guf de ZA*, ya que el lado izquierdo de *ZA* es considerado su *Nukva*. Solamente que esta *Nukva* es considerada el *Guf de ZA* por sí mismo, puesto que *ZA* es el secreto de la línea central, la cual recibe de las dos líneas, izquierda y derecha de *Biná*. La derecha en él recibe de la línea derecha de *Biná*, la misma que es el secreto de *Or Jasadim*, considerada el lado masculino en él. El lado izquierdo en él recibe de la línea izquierda de *Biná*, la cual es el secreto de *Or Jojmá*, considerada el lado de la *Nukva* en él. Pero ambas son un grado, y están incluidas la una en la otra.

Es sabido que al inicio, el sol y la luna, los cuales son *Nukva* y *ZA* separadas, fueron consideradas las dos grandes luces. Ya que el nivel de *Nukva* era igual y tan grande como *ZA*. Entonces la luna, la cual es la *Nukva* que está separada de *ZA*, se quejó y dijo: "Es imposible que dos reyes utilicen una misma *Kéter* (corona)". Entonces le fue dicho: "Ve y disminúyete a ti misma". Así es como ella se volvió la luz pequeña.

Así tú ves que de hecho aquí se encuentran dos estados en *Nukva*:

- El primer estado es cuando estuvo con *ZA* en el aspecto de las dos grandes luces, ya que ella era igual a *ZA*; y,

- El Segundo estado es luego de que la *Nukva* se disminuyó y se transformó en la luz pequeña.

Explicación: Al inicio de la corrección de la *Nukva* que fue separada de *ZA*, el Emanador la conectó con la *Nukva* en el *Guf de ZA*, la cual es el lado izquierdo en ella, ya que ambas se transformaron en una *Nukva* para *ZA*. Y cuando los *Mojin* de la derecha e izquierda fueron atraídos desde *Biná*, *ZA*, el cual es la derecha en ella, tomó las Luces de la derecha de *Biná*, en tanto que la *Nukva* separada tomó las Luces de la línea izquierda de *Biná*, tal como la *Nukva* en el *Guf de ZA*, debido a que fue unida en una única *Nukva* junto con ella.

Y sabrás ya, que las Luces de la línea derecha de *Biná* son *Jasadim* y, las Luces de la línea izquierda de *Biná* son *Jojmá*. Se encuentra ahora que *ZA* recibió *Jasadim* de la derecha de *Biná* sin *Jojmá*, y que la *Nukva* separada recibió *Jojmá* de la izquierda de *Biná* sin *Jasadim*; y es sabido, que *Jojmá* no puede iluminar sin *Jasadim*. Por esta razón, *Jojmá* se congeló en ella y ella se tornó oscuridad y no Luz.

Este es el significado del reclamo de la luna, diciendo que no hay dos reyes que utilicen una misma *Kéter*. Ya que la misma *Kéter*, la cual es *Biná*, al ser utilizada por ambos, es considerada para ellos su *Kéter*, con lo cual *ZA* se transforma en *Jasadim* sin *Jojmá*, en tanto que la *Nukva* se transforma en *Jojmá* sin *Jasadim*, lo cual es oscuridad, sin que haya podido mantenerse en ese estado.

Cabe preguntar, ¿Pero antes de que la *Nukva* separada se uniera con la *Nukva* en su *Guf*, también estuvo la derecha en ella, la cual es el masculino, que recibió *Jasadim*, y la izquierda en ella, la cual es la *Nukva* en su *Guf* que recibió *Jojmá*; a pesar de todo, *Nukva* en su *Guf* pudo mantenerse y no tener oscuridad? El asunto es que la *Nukva* en su *Guf* es *ZA* mismo. Por tanto, *Jojmá* en ella no está separada de *Jasadim* en *ZA*. Lo cual no es así con la *Nukva* separada, la cual es verdaderamente un grado diferente de *ZA*. Solamente que debido a que se unió con la *Nukva* en su *Guf*, recibió *Jojmá* de la izquierda de *Biná* como ella. Por lo tanto, luego de que ella recibió *Jojmá* dentro de ella, la *Jojmá* fue separada de *Jasadim*, ya que no tenía conexión con *Jasadim de ZA*.

Así ha sido explicado detalladamente el primer estado de la *Nukva* separada. Y a fin de que le sea posible iluminar para los inferiores, se le dijo: "Ve y disminúyete a ti misma"; es decir, disminúyete a ti misma de aquel gran grado, para estar en igualdad con el grado de *ZA* a fin de recibir de *Biná*. Así es que descendió debajo de *Yesod de ZA*, tal como cuando estuvo en su raíz; es decir, debajo de todo el grado de *ZA*, a fin de recibir todas sus Luces de *ZA*.

Y puesto que ella recibe sus Luces de *ZA*, el cual es el secreto de la línea central, *Jojmá* encuentra que adicionalmente él le otorga *Jasadim*, pudiendo ella iluminar. Este es el segundo estado de la *Nukva* separada. Lo que ella recibió en el primer estado es considerado como *Néfesh, Rúaj, Neshamá de Ajor*; lo cual quiere decir que ellas no iluminan. Y lo que ella recibe en el segundo estado es considerado como *Néfesh, Rúaj, Neshamá de Panim*; lo que significa que ellas iluminan totalmente (*Zóhar, Bereshit* 1, ítems 111-116; *Idra Raba*, ítems 323-325).

Estas tienen una ventaja en su primer estado, puesto que su nivel Superior es *Biná*, pudiendo entonces recibir *Jojmá* de ella, sin la necesidad de recibir de *ZA*. Salvo que no puede iluminar para los inferiores, debido a la ausencia de *Jasadim*. Es por eso que se la considera que está en el aspecto de *Ajoráim*.

Sin embargo en el segundo estado, luego de que se disminuyó debajo del *Masaj de Yesod de ZA*, ella ya no fue digna de recibir *Jojmá*, puesto que el *Masaj de Yesod de ZA* se lo impedía. Estando entonces necesitada de recibir *Jojmá* en los *Kelim de Ajoráim*, los cuales permanecieron en ella desde el primero estado. Pero hay más ventajas en el segundo estado que en el primer estado, ya que entonces ella podría iluminar de *Jojmá* y *Jasadim* a los inferiores, en tanto que en el primer estado, ella no podía iluminar para los inferiores.

Talmud Eser Sfirot
Parte 1

Histaklut Pnimit
(Observación interna)

Primero, deben saber que cuando tratamos de asuntos espirituales a los que no afecta el tiempo, el espacio y el movimiento, y más aún cuando hablamos de la *Kdushá* (Santidad), no tenemos las palabras que nos permitan expresarnos y contemplar [dicho asunto]. Todo nuestro vocabulario está tomado de sensaciones de sentidos imaginarios. Entonces, ¿cómo es posible respaldarse en ellos donde el sentido y la imaginación no reinan?

Por ejemplo, incluso si tomaras la más sutil de las palabras, *Orot* (Luces), no obstante ésta se parece y pide prestado de la luz del sol, o de una luz percibida por la emoción o algo similar. Entonces, ¿cómo pueden utilizarse para expresar asuntos Sagrados, ya que ciertamente no le proporcionarían al lector ningún asunto verdadero?

Y no hay necesidad de decir que en el lugar donde se desea descubrir aquellas palabras que se encuentran escritas en el libro, en asuntos de investigación y recepción de la sabiduría, tal preocupación se encuentra en todos los investigadores de toda sabiduría, ya que si se falla aún en una sola palabra [al no darle] sentido ni significación, el lector inmediatamente se confundirá y no le encontrará ni pies ni cabeza a todo este asunto.

Por esa razón, los sabios de la Cabalá han escogido un idioma especial, el cual es posible definirlo como "el lenguaje de las ramas", debido a que no tenemos ninguna esencia o conducta en este mundo [material] que no se extienda desde su *Shóresh* (Raíz) en el Mundo Superior. Al contrario, el principio de cada ser en este mundo comienza en el Mundo Superior y desde allí se extiende [desciende] a este mundo.

Debido a esto los sabios han escogido un lenguaje preparado sin inconveniente, de manera que pudiesen transmitir sus logros a través de la palabra oral o escrita de generación en generación, pues han tomado para sí los nombres de las ramas en este mundo, ya que cada nombre se explica a sí mismo, como si indicara su Raíz Superior en el sistema de los Mundos Superiores.

Y con eso tranquilizarás tu conocimiento, respecto a las expresiones confusas que a menudo se encuentran en los libros de Cabalá, algunas de las cuales incluso resultan extrañas al espíritu humano. Esto se debe a que una vez que han escogido este lenguaje para expresarse; es decir "el lenguaje de las ramas", ya no podrían dejar una rama sin utilizar debido a su grado inferior. No podrían evitar usarla para expresar el concepto deseado, pues en nuestro mundo no nos sugiere otra rama en su lugar.

Pues tal como dos cabellos no se alimentan de la misma raíz, de la misma manera no existen dos ramas que se relacionen con el mismo *Shóresh*. Tampoco se podrá perder el objeto de la sabiduría que está relacionado con aquella expresión inferior. Una pérdida tal produciría deterioro y confusión en todo el reino de la sabiduría, dado que no hay otra sabiduría en el mundo en la cual los asuntos estén tan ligados y relacionados unos con otros desde su *Rosh* (principio) hasta su *Sof* (final), como una larga cadena en realidad.

De manera que no hay ninguna libertad de deseo aquí para cambiar y reemplazar los nombres malos por otros mejores. Siempre debemos proporcionar la rama exacta que apunta a su Raíz Superior, y trabajar sobre ella hasta proveer la definición exacta para el lector interesado.

De hecho, aquellos cuyos ojos no han sido abiertos a la visión del cielo y, no han adquirido la habilidad para conectar las ramas de este mundo con sus raíces en los Mundos Superiores, son como un ciego tanteando las paredes. Puesto que no entenderán el verdadero significado de una sola palabra siquiera, porque cada palabra es una rama que se relaciona con su Raíz.

Sólo si reciben una interpretación de boca de un sabio genuino que se ponga a disposición para explicarlo en el lenguaje corriente, que es como traducir de un idioma a otro; es decir, del lenguaje de las ramas al lenguaje hablado, sólo entonces será capaz de explicar el concepto espiritual tal como es.

Y esto es lo que me he propuesto hacer en esta interpretación, explicar las *Eser Sfirot* (diez *Sfirot*), tal como lo hizo el sabio y sagrado *ARI*, mediante su pureza espiritual, desprovista de cualquier término tangible. De manera que cualquier novato pueda acercarse a la sabiduría sin [temor a] equivocarse con cualquier materialización. Puesto que con la comprensión de estas diez *Sfirot*, también descubrirá la entrada para observar y conocer la manera [en que hay que] comprender las otras cuestiones de esta sabiduría.

Capítulo 1

"**Sabrás, que antes de que los *Neetzalim* fueran emanados y las criaturas creadas, una Luz Simple Superior llenaba toda la realidad**" (Libro "El Árbol de la Vida"). Estas palabras requieren una explicación: ¿Cómo era esa realidad en la que *Or Pashut* (Luz Simple) estaba completa antes de que los *Olamot* (Mundos) fueran emanados? Además, el problema de la aparición del *Ratzón* (deseo) que fue restringido para traer la perfección de Sus hechos a la Luz, como está implícito en el libro, significa que ya había allí alguna necesidad.

El problema del punto intermedio en Él, donde ocurrió el *Tzimtzum* (restricción), también nos resulta confuso, porque ya hemos dicho que no hay allí ni *Rosh* ni *Sof*, entonces ¿cómo hay allí un intermedio? De hecho estas palabras son más profundas que el mar, y por consiguiente debo extenderme en su interpretación.

No hay nada en toda la realidad que no esté contenida en Ein Sof. Las nociones que para nosotros son opuestas están contenidos en Él en la forma de "*Ejad, Yajid uMeyujad* (Uno, Único y Unificado)"

1) Sabe que no existe esencia de un simple ser en el mundo, ya sea percibido a través de nuestros sentidos o a través del ojo de nuestra mente, que no esté incluido en el Creador, porque todas ellas nos llegan desde Él. ¿[Acaso] alguien puede dar aquello que no se encuentra dentro sí?

Esta cuestión ha sido explicada completamente en los libros. Debemos ver que estos conceptos están separados u opuestos a nosotros. Por ejemplo, el término *Jojmá* (sabiduría) se considera diferente al término dulzura, ya que la sabiduría y la dulzura son dos conceptos separados entre sí. De modo similar, el término operador ciertamente difiere del término operación. El operador y su operación son necesariamente dos conceptos separados, y más aún [ocurre] con términos opuestos, como lo dulce y lo amargo. Estos ciertamente serán examinados por separado.

Sin embargo en Él, sabiduría, placer, dulzura y amargura, operación y operador, y otras formas diferentes y opuestas, todas ellas están contenidas como [si fueran] una en Su *Or Pashut*. No hay diferenciaciones en absoluto entre ellas, como en el concepto "Uno, Único y Unificado".

"Uno" indica una uniformidad simple. "Único" implica que todo lo que se extiende desde Él, todas estas multiplicidades son en Él tan simples como *Atzmutó* (Su Esencia). "Unificado" muestra que aunque Él realiza múltiples actos, hay una fuerza que realiza todo, y que todos retornan y se unen como Uno. De hecho, esta única forma absorbe todas las formas que aparecen en Sus operaciones.

Esta es una cuestión muy sutil y no cualquier mente puede tolerarla. El *RaMBaN* nos ha explicado la cuestión de Su unicidad, expresándola con estas palabras: "Uno, Único y Unificado".

En su interpretación del *Séfer Yetzirá* (Libro de la formación), él explica la diferencia entre Uno, Único y, Unificado:

1. Cuando Él se une para actuar con Una Fuerza, Él es llamado "Unificado".

2. Cuando Él se divide para actuar Su acto, cada parte de Él es llamada "Única"; y,

3. Cuando Él está en simple uniformidad, Él es llamado "Uno".

Interpretación: Al decir "se une para actuar con Una Fuerza", quiere decir que Él trabaja para dar, como es digno de Su Unidad, y Sus operaciones son inmutables. Cuando Él "se divide para llevar a cabo Su acto", significa que cuando sus operaciones difieren, y Él parece estar haciendo el bien y el mal, entonces Él es llamado "Único" porque todas Sus diferentes operaciones tienen un simple resultado: Hacer el bien.

Encontramos que Él es único en cada acto individual y que no cambia a través de Sus varias operaciones. Cuando Él está en simple uniformidad, es llamado "Uno". "Uno" apunta a Su *Atzmut*, dónde todos los opuestos están en simple uniformidad. Es como el *RaMBaM* escribió: "En Él, conocedor, conocido y conocimiento son uno, porque Sus pensamientos están tan por encima de nuestros pensamientos, y Sus caminos [maneras] son más Altos que los nuestros".

Dos discernimientos en el otorgamiento: Antes de ser recibido y después de ser recibido

2) Debemos aprender de aquellos que comieron el *MaN* ("maná"). El maná es llamado "Pan que cayó del cielo" porque no se materializó cuando se vistió en este mundo. Nuestros sabios dijeron que cada uno le encontró el gusto que quiso saborear en él.

Eso significa que tenía que haber formas opuestas en él. Una persona le encontró un sabor dulce y otra un sabor picante y amargo. Entonces, el maná en sí mismo tuvo que haber contenido juntos ambos sabores contrarios, ¿cómo uno puede dar lo que no está en uno? ¿Cómo dos cosas opuestas pueden estar contenidas en el mismo portador?

Por consiguiente debe tratarse de algo simple, y exento de ambos sabores, y sólo incluido en ellos de modo tal que el receptor corpóreo pueda discernir el sabor que quiera. Del mismo modo se puede percibir algo espiritual: es único y simple por sí mismo, pero consiste en toda una multiplicidad de formas en el mundo. Al caer en manos de un receptor corpóreo, es el receptor quien distingue una forma separada en él, distinta a todas las otras formas que están unidas en esa esencia espiritual.

Por consiguiente debemos distinguir siempre dos discernimientos en Su otorgamiento:

1. La forma de la esencia de esa *Shefa Elión* (abundancia Superior) antes de ser recibida, cuando todavía está incluida en *Or Pashut*; y,

2. Después de que la *Shefa* ha sido recibida, ya que por medio de esto ha adquirido así una forma separada acorde a las propiedades del receptor.

¿Cómo podemos percibir la *Neshamá* (alma) como parte de la *Kdushá* (Santidad)?

3) Ahora podemos llegar a entender lo que los cabalistas escriben acerca de la esencia de la *Neshamá*: "La *Neshamá* en realidad es una parte divina de lo Alto y, no hay en ella ningún cambio con respecto al "Todo", excepto en que la *Neshamá* es una parte y no el "Todo". Es como una piedra cortada de una montaña; la esencia de la montaña y la de la piedra son la misma y no hay ningún discernimiento entre la piedra y la montaña, sólo que la piedra es una "parte" y la montaña es el "todo".

Esta es la esencia de sus palabras. Parece absolutamente confuso y muy difícil de entender cómo algo podría ser parte y a la vez estar separado de la Santidad, de manera que pudiéramos compararlo con una piedra cortada de la montaña. La piedra puede cortarse con un hacha y un martillo, pero tratándose de la Santidad, ¿cómo pueden ser separadas y con qué?

Lo espiritual es dividido por la fuerza del *Shinui Tzurá* (cambio de forma), tal como en la corporalidad [algo] es dividido por un hacha

4) Antes de aclarar la cuestión, explicaremos la esencia de la separación en la espiritualidad: Sabe que esas entidades espirituales han sido separadas una de la otra sólo por *Shinui Tzurá*. En otras palabras, si una entidad espiritual adquiere una segunda *Tzurá* (forma), entonces no es una más una, sino dos.

Te explicaré con las almas de las personas, puesto que ellas también son espirituales: Es conocida la regla espiritual que dice que en una forma simple hay tantas *Neshamot* (pl. de *Neshamá*) como cuerpos en los que iluminan las *Neshamot*. Sin embargo, están separados entre sí por el *Shinui Tzurá* en todos y cada uno tal como está escrito: "Así como sus rostros no son iguales uno con otro, de la misma manera sus opiniones no son las mismas una con la otra".

Y el cuerpo tiene una característica para separar la forma de las almas, a fin de distinguir en cada alma según su propiedad, de manera que dice que esta es un alma buena o un alma mala; del mismo modo ocurre con las formas separadas.

Ahora puede verse que así como una materia corpórea es cortada, desunida y separada por una hacha y tiende a aumentar la distancia entre las partes, así la materia espiritual es dividida, cortada y separada por el *Shinui Tzurá* en diversas partes. Según la diferencia, así es la distancia entre las partes.

¿Cómo puede haber *Shinui Tzurá* en la creación con respecto al *Ein Sof*?

5) No obstante aún no nos resulta claro en éste mundo, en las almas de las personas. Sin embargo, en la *Neshamá*, sobre la cual se ha dicho que es una parte divina de lo Alto, todavía resulta poco claro cómo es separada de la Santidad al punto que podemos llamarla "una parte divina". Y no es posible decir por medio de *Shinui Tzurá*, porque ya nos queda claro que la Divinidad es *Or Pashut*, la cual contiene toda la multiplicidad completa de las formas y los opuestos de las formas que se encuentran en el mundo, en unidad simple, en aquello de: "Él es Uno, Único y Unificado". Por lo tanto ¿cómo puede haber un aspecto de *Shinui Tzurá* en la *Neshamá*, de manera que lo diferencie de la Divinidad, y en función de esto sea separada, a fin de adquirir allí una parte de Él?

De hecho, esta pregunta aplica a *Or Ein Sof* antes del *Tzimtzum*, pero en la realidad frente a nosotros, todos los *Olamot* (Mundos), superiores e inferiores juntos, están discernidos por dos discernimientos:

1. El primer discernimiento es la forma de esta entera realidad tal como ella es antes del *Tzimtzum*. En ese momento todo era sin *Gvul* (límite) y sin *Sof*. Este discernimiento es llamado *Ein Sof*.

2. El segundo discernimiento es la forma de toda la realidad desde el *Tzimtzum* hacia abajo. Entonces todo fue limitado y moderado. Este discernimiento es llamado los cuatro *Olamot: Atzilut, Briá, Yetzirá* y, *Asiyá*.

Y es sabido que no existe percepción en absoluto en Su Esencia, ya que aquello que no ha sido alcanzado ¿cómo podremos definirlo con un nombre?, puesto que cada nombre es el asunto de su alcance, el cual es mostrado, de manera que nos provee de la noción de dicho nombre.

Ciertamente por eso allí en Su Esencia no existe ningún nombre ni denominación en lo absoluto. En tanto que todos los nombres y denominaciones se refieren solamente a Su Luz, los cuales se desprenden de Él. Puesto que la *Hitpashtut* (expansión) de Su Luz es antes del *Tzimtzum*, ya que había llenado toda la realidad sin *Gvul* (límite) ni *Sof* (final), lo cual es llamado con el nombre de *Ein Sof*. De acuerdo a esto debemos entender cómo *Or Ein Sof* es definido en y por sí mismo, y ha dejado Su Esencia para que podamos definirlo por un nombre, tal como mencionamos antes acerca de la *Neshamá*.

Explicación sobre el texto de nuestros sabios: "Por lo tanto ha habido trabajo y labor preparados para el premio de las *Neshamot*, porque "Quien come algo que no le pertenece, su miedo se expresa en su rostro"

6) Para entender algo de este lugar sublime debemos entrar en detalles adicionales acerca de estas cosas. Debemos investigar toda la realidad que se encuentra ante nosotros así como su propósito general, debido a que nada tiene una operación u acción sin [algún] propósito. Por lo tanto ¿cuál es ese propósito, para el cual Él ha inventado [diseñado] toda esta realidad ante nosotros en los mundos superiores e inferiores?

No obstante nuestros sabios en muchos lugares ya nos han instruido que todos los mundos no fueron creados sino para *Israel*, aquellos que dan cumplimiento a la *Torá* y *Mitzvot*. Sin embargo, debemos comprender esta pregunta de nuestros sabios que dice que: "Si el propósito de la creación de los Mundos es deleitar a Sus criaturas, entonces ¿por qué Él tuvo que crear este mundo corpóreo, el cual es turbio y lleno de sufrimientos, sin el cual por supuesto hubiese podido deleitar a las *Neshamot* tanto como Él quisiera; siendo así entonces ¿por qué Él colocó la *Neshamá* en un cuerpo impuro y mugriento como este?

Y acerca de esto [nuestros sabios] mencionaron el verso que dice: "Quien come algo que no le pertenece, su miedo se expresa en su rostro". Lo cual significa que hay una mancha de vergüenza en cualquier cosa que nos regalen. Y a fin de evitar a las *Neshamot* este defecto, Él creó este mundo en el cual se encuentra una realidad del trabajo, [de la acción]. Encontrándose que en el futuro se disfrutará del esfuerzo, debido a que tomarán su recompensa completamente, a cambio de su esfuerzo, ahorrándose así la mancha de vergüenza.

¿Cuál es la relación que hay entre el trabajo de setenta años y el deleite eterno, [con aquello de]: y no encontrarás un regalo mayor que este?

7) Estas palabras son muy difíciles de entender por donde quiera se las vea. De comienzo es complicado, nuestro principal objetivo y plegaria es, "Nuestra gracia está en lo atesorado

de un regalo gratuito". Nuestros sabios han dicho que el tesoro de un regalo gratuito sólo es preparado para las almas más elevadas en el mundo.

Pero aún mucho más difícil resulta la importancia de justificarlas, puesto que justificaron [diciendo que], en el regalo gratuito se encuentra una gran carencia; es decir, lo vergonzoso, aquello que se encuentra en todo aquel que recibe un regalo gratuito. De tal manera que para la culminación de esto el Creador ha preparado este mundo, en el cual hay una realidad de esfuerzo y trabajo, a fin de que el mundo por venir premie a aquellos que son merecedores, aquellos que llevaron a cabo un esfuerzo en su trabajo.

Sin embargo su justificación [resulta ser] muy sorprendente. Es semejante a una persona que le dice a su amigo: ¡Trabaja conmigo por tan solo un pequeño momento, y te daré como recompensa todos los placeres del mundo, te daré cada placer y riqueza por el resto de tu vida. Ya que no tienes ningún regalo gratuito más grande que este! De tal manera que la recompensa no tiene ninguna similitud con el trabajo. Debido a que este trabajo se encuentra en este mundo, el cual es un mundo transitorio, puesto que no tiene valor alguno comparado con el premio y el placer en el mundo eterno.

Y ni que decir en cuanto a la calidad del esfuerzo, pues en la calidad del esfuerzo no hay nada que se le compare respecto a la calidad del premio. Tal como está escrito por los sabios: "El Creador heredará a todos y cada uno de los justos [virtuosos] 310 mundos". Tampoco se puede decir que a cambio de su esfuerzo el Creador le dé un poco de premio, y que el resto es un regalo gratuito, ya que al ser así ¿qué provecho tienen los sabios de sus correcciones?, ya que de esta manera permanecería la falta de la vergüenza en el resto del regalo. Hay que considerar también que aquellas palabras no deben ser entendidas en forma simple, [sencilla], puesto que guardan un significado más profundo.

La realidad entera fue emanada y creada con un solo pensamiento. Es la que opera, es la operación misma y, es la realidad del premio esperado y la esencia del esfuerzo

8) Antes de profundizar en la explicación de estas palabras, debemos entender Su pensamiento al crear los mundos y la realidad ante nosotros, ya que sus acciones no salieron delante de Él por medio de muchos pensamientos, tal como sucede con nosotros. Puesto que Él es "Uno, Único y Unificado", y como Él es Simple, así Sus *Orot* (Luces) se extienden desde Él, [de formas] simples y unificadas, sin ninguna multiplicidad de formas, tal como está escrito: "Mis pensamientos no son sus pensamientos, ni sus caminos Mis caminos".

Por consiguiente, debes entender y percibir que todos los nombres y denominaciones, y todos los Mundos, Superiores e Inferiores, son todos un *Or Pashut*, Único y Unificado, ya que para el Creador el *Or* que se extiende, el pensamiento, la operación y el operador y todo lo que el corazón pueda pensar y contemplar, son en Él una y la misma cosa en realidad.

Y de acuerdo a esto podrás juzgar y percibir que toda esta realidad ha sido emanada y creada en un solo pensamiento, los Superiores e Inferiores juntos, hasta que todo sea incluido en el *Gmar Tikkún* (Final de la corrección). Ya que ese mismo pensamiento único es quien lleva a cabo todo, y éste es por sí mismo [la esencia de] todas las operaciones, el que recibe el objetivo y la esencia del esfuerzo, el cual por sí mismo es la realidad de toda la completitud y el premio anhelado, tal como escribió *RaMBaN*, [que Él es]: "Uno, Único y Unificado".

El asunto del *Tzimtzum* explica cómo de un operador completo [perfecto] se produjo una acción incompleta [imperfecta]

9) El *ARI* se extendió [en la explicación] de la cuestión del *Tzimtzum Alef*, debido a que esta cuestión es la base fundamental de sus escritos. Pues [esto] era necesario, ya que tanto las corrupciones así como todo tipo de limitaciones, se extienden y provienen de Él, tal como está escrito: "[Yo] formé la Luz y creé la oscuridad". Es así que las corrupciones y la oscuridad se encuentran en oposición verdadera para Él. Y ¿cómo es posible que se extiendan una de la otra? ¿Cómo es posible que [éstas] vengan juntas con la Luz y el Placer que se encuentra en el Pensamiento de la Creación?

No se puede decir que aquellos sean dos pensamientos unificados uno del otro. Por lo tanto, ¿cómo es que todo esto haya provenido de Él hasta este mundo, el cual está lleno de sufrimientos terribles y grande tormento?, y ¿cómo es que ellos se incluyen juntos en un único pensamiento?

Capítulo 2
Explicando el pensamiento de la creación.

10) Ahora intentaremos clarificar el Pensamiento de la Creación, ya que de hecho, "El fin del acto se encuentra en el pensamiento inicial". Porque incluso en una persona corporal sobre la cual se encuentran multitud de pensamientos, en ella también acontecerá aquello de: "El fin del acto se encuentra en el pensamiento inicial". Es semejante a cuando una persona se ocupa en la construcción de su casa, entonces entendemos que el primer pensamiento que pensó cuando se ocupó de esto, es que pensó en la forma de la casa en la cual va a habitar. Por consiguiente, [le vienen] cantidad de pensamientos y [lleva a cabo] cantidad de acciones, hasta que termina esto que previamente había pensado. Y esta forma es la que aparece al final de todas sus operaciones.

Y así es como ve que el fin del acto se encuentra en el pensamiento inicial. Y así es el fin del acto, el cual es el eje y el propósito para el cual todos ellos fueron creados; es decir, para deleitar a Sus creaciones. Es sabido, que Su pensamiento ha concluido y actúa inmediatamente, porque Él no es un humano que está obligado a actuar, sino que el propio pensamiento en seguida completa el acto [en su totalidad].

De acuerdo a esto queda entendido, que apenas Él pensó acerca del asunto de la Creación a fin de deleitar a Sus criaturas, inmediatamente esta Luz se extendió y expandió de Él en toda su medida, forma y grandeza de los placeres en los cuales pensó. Ya que todo está incluido en ese mismo pensamiento el cual nosotros llamamos "Pensamiento de la creación". Y sabe que este Pensamiento de la creación lo denominamos como *Or Ein Sof*. Esto se debe a que en Su Esencia no tenemos ninguna expresión ni palabra para definirLo con algún nombre.

Debido al deseo de dar que está en el *Maatzil*, nace la necesidad del deseo de recibir en el *Neetzal*, el cual es el *Kli*, dentro del cual el *Neetzal* recibe Su abundancia

11) Esto es lo que dijo el *ARI*, que "Al principio hubo *Or Ein Sof* que llenaba toda la realidad". Lo cual significa, que la intención que consideró el Creador fue deleitar a Sus creados, con lo cual la Luz (*Or*) se extendió de Él y provino de delante de Él, [con lo cual] el Creador, de inmediato introdujo en esta Luz el deseo de recibir Sus placeres.

Y determinarás también que este es el *Ratzón* (deseo), el cual es toda la gran medida de la Luz que se expande. Es decir, que la medida de Su Luz y Abundancia (*Shefa*), no va ni más ni menos, que de acuerdo a la medida en la que quiere deleitar.

Por tal razón nosotros denominamos con el nombre de *Makom* (lugar), a la esencia del deseo de recibir que ha sido impreso de la fuerza del Pensamiento. Lo ilustraremos con una parábola: Una persona tiene lugar [espacio] para recibir un estómago [lo suficientemente grande] como para comer una libra de pan, mientras que otra no puede comer más que la mitad de una libra de pan, ¿de qué lugar estamos hablando? No del tamaño de sus grandes intestinos, sino de la medida de las ganas y el deseo de comer. Y ahora ves, que la medida para el lugar de la recepción del pan depende de la medida del deseo y las ganas de lo que se come.

Y ni qué decir en lo referente a la espiritualidad, pues el deseo de recibir la Abundancia es el lugar para la abundancia, habiendo sido la abundancia medida según la medida del deseo.

El deseo de recibir contenido en el Pensamiento de la creación lo extrajo Él de Su Esencia, para [adquirir] el discernimiento de *Ein Sof*.

12) Con esto podrás ver cómo *Or Ein Sof* salió de la generalidad de Su Esencia, acerca de lo cual no tenemos ninguna expresión o palabra, [es por eso que] ha sido definida con el nombre de *Or Ein Sof*, lo cual es el motivo de este discernimiento, debido a que en esta Luz se ha incluido el deseo de recibir desde Su Esencia, en vista que se trata de una forma nueva, la cual no estuvo incluida en Su Esencia en lo absoluto, porque ¿de quién recibiría [entonces]? Además esta forma también es [tiene que ver con] toda la grandeza de esta Luz.

Antes del *Tzimtzum* no se había conocido un cambio de forma en el deseo de recibir

13) No obstante, no hubiese la posibilidad para dar una definición de esta nueva forma como el aspecto de cambio de Su Luz. Tal como está escrito en (*Pirké Avot*): "Antes que el mundo fuera creado, había [el principio de] Él es Uno y Su Nombre Uno".

"Él" se refiere a la Luz que está en *Ein Sof*, y "Su Nombre" implica el "Lugar", el cual es el secreto de *Maljut de Ein Sof*, debido a que se trata del secreto del deseo de recibir de Su Esencia, el mismo que se encuentra incluido en la Luz de *Ein Sof Baruj Hu*.

Esto nos enseña, que **Él y Su Nombre son Uno**; es decir, Su Nombre es *Maljut de Ein Sof*, siendo este el deseo, [llamado] el deseo de recibir, el cual ha sido grabado en toda la realidad que estaba contenida en el Pensamiento de la creación antes del *Tzimtzum*, pues no se considera que haya algún tipo de cambio de forma ni diferencia de la Luz que se encuentra en él. [Es así que] la Luz y el Lugar en realidad son Uno. Si allí hubiese habido alguna diferencia y limitación dentro del *Lugar* comparado con la Luz de *Ein Sof*, entonces por supuesto que habría allí dos *Bjinot* (fases/aspectos).

Tzimtzum quiere decir que Maljut disminuyó el deseo de recibir en ella. Entonces el Or desapareció porque no hay Or sin un Kli

14) Con respecto al *Tzimtzum*: El deseo de recibir que está contenido en *Or Ein Sof*, llamado *Maljut de Ein Sof* que es el Pensamiento de la creación y que contiene la creación entera, se embelleció al ascender e igualar su *Tzurá* (forma) con Su Esencia. Ella por consiguiente disminuyó su deseo de recibir Su *Shefa* en *Bjiná Dálet* en el *Ratzón*. Su intención era que haciendo esto, los *Olamot* emanarían y serían creados debajo en el *Olam Jazé*.

Así la Forma del deseo de recibir sería corregida y retornaría a la Forma de otorgamiento, y esto la traería a *Hishtavut Tzurá* (equivalencia de forma) con el *Maatzil*. Así, después de haber disminuido el deseo de recibir, el *Or* partió naturalmente, porque es sabido que el *Or* depende del *Ratzón*, y el *Ratzón* es el Lugar del *Or*, ya que no hay ninguna coerción en la espiritualidad.

Capítulo 3
Explicación del origen del alma

15) Ahora explicaremos el problema del origen del *Neshamá* (alma). Hemos dicho que ella es una parte divina de lo alto, etc. Nos preguntamos: "¿Cómo y en qué difiere la forma del *Neshamá* de Su *Or Pashut*, a tal punto que la separa de todo?" Ahora podemos entender que realmente hay un gran *cambio de forma* en ella.

Aunque Él contiene todas las formas concebibles e imaginables, todavía después de las palabras anteriores tú encuentras una *forma* que no está contenida en Él, a saber la *forma* del deseo de recibir, [porque] ¿de quién recibiría Él? Sin embargo, las *Neshamot*, cuya creación se produjo porque Él quiso deleitarlos, que es el Pensamiento de la creación, fueron necesariamente grabadas con esta ley de querer y anhelar recibir Su *Shefa* (abundancia).

Allí es donde éstas difieren de Él, porque su *forma* es diferente de la Suya. Ya hemos explicado que la esencia corpórea se ha separado y dividido por la fuerza del movimiento y la ha apartado de su posición. Sin embargo, la esencia espiritual es separada y dividida por *el cambio de forma*.

La medida del *cambio de forma* determina la medida de la distancia entre uno y otro. Si el *cambio de forma* se opone completamente, de un extremo al otro, entonces están completamente divididos y separados y ya no pueden absorberse entre sí, porque se consideran extraños uno del otro.

Capítulo 4

Después del *Tzimtzum* y el *Masaj* que fue colocado en el deseo de recibir, ya fue incapaz de ser un *Kli* de recepción. Dejó el sistema Sagrado y *Or Jozer* sirve en su lugar como un *Kli* de recepción, y el *Kli* del deseo de recibir fue dado al sistema impuro

16) Desde que el *Tzimtzum* y el *Masaj* fueron colocados en ese *Kli*, llamado "deseo de recibir", fue cancelado y partió del sistema puro, y *Or Jozer* se convirtió en un *Kli* de recepción en su lugar.

Sabe que ésta es toda la diferencia entre el *ABYA* puro y el *ABYA* impuro. El *Kli* de recepción del *ABYA* puro proviene de *Or Jozer* que se estableció en *Hishtavut Tzurá* (equivalencia de forma) con *Ein Sof*, mientras que el *ABYA* impuro utiliza el deseo de recibir que fue restringido, siendo la *forma* opuesta al *Ein Sof*. Eso los separó y cortó de la "Vida de vidas", llamada *Ein Sof*.

La humanidad se alimenta de las sobras de las *Klipot*, y así utiliza el deseo de recibir como lo hace

17) Ahora puede entenderse la raíz de la corrupción que fue incorporada en el Pensamiento de la creación, que es deleitar a Sus criaturas. Después del encadenamiento de los cinco Mundos generales, *Adam Kadmón* y *ABYA*, las *Klipot* aparecieron también en los cuatro Mundos de *ABYA* impuros, porque "Uno frente al otro los hizo *Elokim*".

En ese estado, el *Guf* corpóreo y turbio es colocado ante nosotros, sobre lo cual está escrito: "el corazón del hombre es malo desde su juventud". Esto se debe a que todo el sustento de su juventud proviene del cuidado de las *Klipot*. La esencia de las *Klipot* y la impureza es la *forma* de sólo querer recibir que ellas tienen. No tienen nada del deseo de otorgar.

Se encuentran opuestas a Él porque Él no tiene ningún deseo de recibir en absoluto y todo lo que Él quiere es dar y deleitar. Por esa razón las *Klipot* son llamadas "muerto", porque son opuestas a la Vida de vidas y por consiguiente separadas de Él sin nada de Su abundancia. Es por eso que el *Guf* también se alimenta del cuidado de las *Klipot*, y también está separado de la vida y está lleno de suciedad debido al "deseo de recibir" y no otorgar impreso en él. Su deseo siempre está abierto para recibir al mundo entero en su estómago.

Por eso "los malvados en sus vidas son llamados muertos", porque el *cambio de forma* en su *Shóresh*, cuando no tienen nada de la forma de otorgar, los separa de Él, y están literalmente muertos. Aunque parezca que los malvados también poseen el aspecto del otorgamiento cuando dan caridad, etc., sobre ellos se ha dicho en el *Zóhar*: "Cualquier gracia que otorgan, la hacen para sí mismos", porque su objetivo primario son ellos mismos y su propia gloria.

Sin embargo los justos, que cumplen con *Torá* y *Mitzvot* no por el fin de recibir un premio, sino para proporcionar contentamiento a su Hacedor, purifican así su *Guf* e invierten sus *Kelim* de recepción a la forma de otorgamiento. Es como decía nuestro santo *Rav*: "yo ni siquiera disfruté en mi dedo meñique" (*Ktuvot* 104).

Eso los adhiere completamente con Él, porque su *forma* es idéntica a su Hacedor sin ningún cambio de forma. Nuestros sabios dijeron sobre el verso: "Dile a *Tzión* (Sion): 'Tú eres Mis pueblo', porque estás en sociedad conmigo". Esto significa que los virtuosos son los compañeros del Creador, ya que Él comenzó la creación, y ellos la terminan, convirtiendo los *Kelim* de recepción en otorgamiento.

Toda la realidad está contenida en *Ein Sof* y expande la existencia desde la existencia. Sólo el deseo de recibir es nuevo y expande la existencia a partir de la ausencia

18) Sabe, que la innovación *Yesh MeAin* (existencia a partir de la ausencia) que el Creador inventó en esta creación, sobre lo cual nuestros sabios dijeron que Él generó existencia desde la ausencia, sólo aplica a la forma del deseo de disfrutar que está impreso en cada criatura. Nada más fue renovado en la creación; y este es el significado de: "Yo formo la luz, y creo la oscuridad". El *RaMBaN* interpreta la palabra Creador como una indicación de renovación, lo cual significa que antes no existió.

Puedes notar que no dice: "creé la Luz", porque no hay innovación en ella a través de *Yesh MeAin*. Eso es porque la Luz y todo lo que está contenido en ella, todas las sensaciones y concepciones agradables en el mundo, expanden la *Yesh Min Yesh* (existencia desde la existencia). Esto significa que ya están contenidos en Él y por consiguiente no constituyen una innovación. Por eso está escrito, "formo la Luz", lo cual indica que no hay innovación y creación en Él.

Sin embargo se ha dicho acerca de la oscuridad, que contiene cada sensación y concepción desagradable, sobre lo cual está dicho: "y creó la oscuridad".

Eso es porque Él las sacó de *Yesh MeAin* en realidad. Lo cual no existe en absoluto en Su realidad, sino que ahora fue renovada. El *Shóresh* de todos ellos es la forma del "deseo de disfrutar" que está contenido en Sus Luces que se expanden desde Él.

Al principio sólo es más oscuro que *Or Elión*, y por consiguiente es llamado oscuridad, comparado con la Luz. Pero finalmente las *Klipot*, la *Sitra Ajra* y los malvados se descuelgan, y es debido a ello que se separan completamente de la Vida de vidas.

Éste es el significado del versículo: "y sus piernas descendieron hacia la muerte". Sus piernas indican el extremo de algo, y dice que ellas son las piernas de *Maljut*, que es el deseo de disfrutar que existe en la *Hitpashtut* de Su Luz.

En el final, la muerte se expande desde ella al *Sitra Ajra* y a aquellos que son alimentados y siguen a la *Sitra Ajra*.

Porque nosotros somos ramas que se extienden desde *Ein Sof*, las cosas que están en nuestro *Shóresh* son agradables a nosotros, y aquellas que no están en nuestro *Shóresh*, nos resultan pesadas y dolorosas

19) Si este cambio de forma del deseo de recibir debe estar en las criaturas, ¿de qué modo se expandiría desde Él y cambiaría desde el ser del Creador al ser de las criaturas? Esto sólo es posible por el mencionado cambio de forma. Además, esta forma del deseo de disfrutar es la esencia primaria de la creación, el eje del Pensamiento de la creación. También es la medida del deleite y el placer, como hemos dicho anteriormente, por lo cual es llamado Lugar.

Entonces, ¿cómo podemos decir de ella que es oscuridad y que se expande hasta el aspecto de la muerte porque crea una separación y una interrupción de la Vida de vidas en los receptores inferiores? También debemos entender de qué se trata la gran angustia que llega a los receptores debido al cambio de forma de Su Esencia y por qué la gran ira.

Para explicar esta sutil cuestión suficientemente, primero debemos conocer el origen de todos los placeres y sufrimientos que se experimentan en nuestro mundo. Sabe esto: que cada rama tiene una naturaleza igual a su *Shóresh* (Raíz). Por consiguiente, cada conducta en *Shóresh* es deseada y amada y también codiciada por la rama, y cualquier cuestión que no está en el *Shóresh*, la rama tampoco la tolera y la aborrece.

Esta es una ley inquebrantable que perdura entre cada rama y su raíz. Porque Él es la Raíz de todas Sus creaciones, cada cosa en Él y que se expande directamente desde Él es agradable y placentera para nosotros, porque nuestra naturaleza está cerca de nuestra Raíz. Asimismo, cada cosa que no se extiende directamente desde Él, sino del eje de la creación misma, estará contra nuestra naturaleza y será duro para nosotros tolerarla.

Por ejemplo, amamos la tranquilidad y vehementemente odiamos movernos, a tal punto que no hacemos un solo movimiento que no sea sino para hallar descanso. Esto es porque nuestra Raíz está inmóvil y sosegada; puesto que no hay ningún movimiento en Él en lo absoluto. Por esa razón está contra nuestra naturaleza y es aborrecido por nosotros.

De igual modo, amamos la sabiduría, el poder, la riqueza y todas las virtudes, porque están contenidas en Él, que es nuestra Raíz. Odiamos a sus opuestos, como la locura, la debilidad, la pobreza, la ignominia y así sucesivamente, porque no están para nada en nuestra Raíz, lo cual las hace despreciables y aborrecibles para nosotros.

Todavía debemos examinar cómo existe alguna *Hamshajá* (atracción) que no provenga directamente de Él, sino del eje de la creación misma. Es como el hombre adinerado que llamó a un compañero pobre, lo alimentó y le dio bebidas, plata y oro cada día; y cada día más que el anterior.

Este compañero pobre sintió respecto a esos regalos maravillosos del rico, dos cosas:

Por un lado experimentó un placer inconmensurable por la multitud de regalos.; y,

Por otro lado, se hizo duro para él tolerar la abundancia del beneficio y se avergonzó de recibirlo. La abundancia de regalos le provocó impaciencia.

Es cierto que su placer por los regalos se extendió directamente desde el adinerado benefactor, pero la impaciencia que sintió con los regalos no provino del benefactor, sino de la misma esencia del receptor. La vergüenza despertó en él por causa de haber recibido un regalo libre. La verdad es que esto también proviene del hombre rico, pero indirectamente.

Porque el deseo de recibir no está en nuestra raíz, sentimos vergüenza y poca tolerancia con él. Nuestros sabios escribieron que para corregir eso, Él preparó para nosotros el trabajo en *Torá* y *Mitzvot* en este mundo, para convertir el deseo de recibir en un deseo de otorgar

20) Hemos aprendido de lo anterior, que todas las formas que se extienden hacia nosotros indirectamente, resultan dificultosas para nuestra paciencia y están contra nuestra naturaleza. Por eso verás que la nueva forma que se ha formado en el receptor, llamado "deseo de disfrutar", realmente no es nada más bajo o menor que Él. Más aún, éste es el eje primario de Su creación. Sin eso, no habría creación en absoluto. Sin embargo, el receptor, que es el portador de esa forma, siente la intolerancia debido a su "ego", lo cual significa que esta forma no está en su Raíz.

Así nosotros comprenderemos la respuesta de nuestros sabios, quienes dijeron que este mundo fue creado porque "quien come algo que no le pertenece, el miedo se expresa en su rostro". Esto es aparentemente confuso, pero ahora sus palabras son muy agradables para nosotros, ya que se refieren a la cuestión del cambio de forma del deseo de disfrutar, que por necesidad está presente en las *Neshamot*.

Porque "quien come algo que no le pertenece, el miedo se expresa en su rostro", toda persona que recibe un presente está avergonzada al recibirlo debido al cambio de forma de la Raíz que no contiene esa forma de recepción. Para corregirlo, Él creó este mundo, donde la *Neshamá* viste un *Guf* y los *Kelim* de recepción de la *Neshamá* se convierten en *Kelim* de otorgamiento a través de la práctica en *Torá* y *Mitzvot* para dar contentamiento a Su Creador.

Si fuera por ella, no quisiera la apreciada *Shefa*, sin embargo la recibe para dar contentamiento a su Creador, que quiere que las *Neshamot* disfruten Su *Shefa*. Porque ella no está corrompida por el deseo de recibir para sí misma, ya no aparece en su rostro, revelando así la perfección completa de la criatura.

La carencia y la necesidad en el largo encadenamiento a este mundo serán explicadas más adelante. Esta gran tarea de convertir la forma de recibir en forma de otorgar sólo puede ser concebida en este mundo.

Los malvados son destruidos con doble destrucción, en tanto que los justos heredarán el doble

21) Ven y vé, que los malvados son destruidos con doble destrucción porque ambos están sostenidos en el cabo de la soga. Este mundo está creado con una necesidad y un vacío de buena abundancia, y para adquirir las posesiones necesitamos el movimiento. Sin embargo, se sabe que ese exceso de movimientos hiere a los humanos, porque es una *Hamshajá* (atracción) indirecta de Su Esencia. Sin embargo, también es imposible permanecer desprovisto de bienes y posesiones, porque eso también está en contraste con la Raíz, que está llena de bondad. Por consiguiente, escogemos el tormento del movimiento para adquirir las posesiones.

Sin embargo, debido a que todas sus posesiones son para ellos mismos, y "quien tiene una simple porción quiere una porción doble", uno finalmente se muere sólo con "la mitad de su deseo en su mano". En el final padecen por ambos lados; por el aumento del dolor debido a la multiplicidad de movimiento, y por el pesar de no tener las posesiones que necesitan para llenar su mitad vacía.

Pero los justos [en cambio], heredan el doble en su tierra: una vez que transforman su deseo de recibir en un deseo de otorgar, entonces heredan doble. No sólo logran la perfección de los placeres y posesiones, sino que también adquieren la equivalencia de forma con su Creador. Así llegan a una verdadera *Dvekut* (adhesión) y por consiguiente reposan, y la abundancia fluye hacia ellos fácilmente, por sí misma, sin hacer un solo movimiento.

Capítulo 5

El Pensamiento de la creación obliga a todos los particulares que están en la realidad a oponerse uno al otro hasta el fin de la corrección

22) Ahora que hemos adquirido todo lo anterior, entenderemos un poco acerca del significado de Su singularidad: Sus pensamientos no son nuestros pensamientos y la multiplicidad de formas que percibimos en esta realidad están unidas en Él dentro de un solo pensamiento, que es el Pensamiento de la creación de deleitar a Sus criaturas. Este Pensamiento singular abarca la realidad entera en perfecta unidad hasta el fin de la corrección, porque este es realmente todo el propósito de la creación y del Operador.

Es decir que por medio de la fuerza que opera en lo operado, porque lo que para nosotros no es sino un pensamiento, sería una fuerza obligatoria y necesaria en las criaturas. Y en vista que Él pensó deleitarnos, ha sido efectuado en nosotros este asunto, a fin de ser los receptores de su buena abundancia.

Esta es la operación. Esto significa que después de que esta ley del deseo de recibir placer fue impresa en nosotros, nos definimos a nosotros mismos con el nombre de "operación". Esto se debe a que a través de este cambio de forma, dejamos de ser el Creador y nos convertimos en el creado, dejamos de ser operador y nos volvernos acto.

Este es el esfuerzo y el trabajo. Esto significa que debido a la fuerza que opera en lo operado, el deseo de recibir se incrementa en nosotros como mundos que se desprenden, hasta que nos convertimos en un *cuerpo* separado en este mundo. Nos tornamos opuestos a la Vida de vidas, que no nos confiere nada fuera de Él mismo, y traemos muerte a los cuerpos y todo tipo de tormento y labor al alma.

Este es el significado del trabajo del Creador en *Torá* y *Mitzvot*. Pues por medio de la iluminación del *Kav* (línea) en un lugar restringido expande los Nombres Sagrados, la *Torá* y las *Mitzvot*. Y mediante *Torá* y *Mitzvot* para dar contentamiento al Creador, nuestros *Kelim* de recepción lentamente se transforman en *Kelim* de otorgamiento. Esta es toda la recompensa que nos espera.

Esto significa que cuanto más corrompidos están nuestros *Kelim* de recepción, nos es imposible ampliar nuestras bocas para recibir Su abundancia. Es decir, se debe al temor del cambio de forma porque "Quien come algo que no le pertenece, tiene miedo de que su rostro lo delate". Esta fue la razón del *Tzimtzum Alef*, pero cuando corregimos nuestros *Kelim* de recepción en otorgamiento, entonces igualamos nuestros *Kelim* a los de nuestro Creador y nos adecuamos para recibir Su *abundancia* infinita.

Y aquí ves, que todas estas formas opuestas en la creación ante nosotros, llamadas la forma de operador y el operado, la forma de las corrupciones y correcciones, y la forma de la tarea y su recompensa, todas ellas están incluidas en Su pensamiento único. En palabras sencillas, se trata de "deleitar a Sus criaturas", precisamente eso, nada más y nada menos.

Toda la multiplicidad de conceptos también está incluida en ese Pensamiento, tanto los conceptos de nuestra *Torá*, como los correspondientes a las enseñanzas seculares. Todas las creaciones, mundos y variadas conductas en todos y cada uno, proviene de este Pensamiento singular, como lo explicaré más adelante.

Maljut de *Ein Sof*, significa, que *Maljut* no realiza allí el aspecto de *Sof*

23) ¿Y por qué se la denomina allí *Maljut de Ein Sof*, si allí también hay las nueve *Sfirot* inferiores? Ahora podemos ver el significado de los *Tikunim* en el *Zóhar* referidos a *Maljut de Ein Sof*, según los cuales las puertas temblaron con los lamentos del dubitativo. Ellos preguntaron: "¿Podemos reconocer un *Maljut* en *Ein Sof*? Eso significaría que también están allí las nueve *Sfirot* superiores!"

A partir de nuestras palabras se hace muy claro que el deseo de recibir que está contenido en *Or Ein Sof* por necesidad, es llamado *Maljut de Ein Sof*. Sin embargo, *Maljut* no llevó a cabo un límite ni fin en *Or Ein Sof*, en vista que el cambio de forma debido al deseo de recibir no se había revelado en ella todavía. Por eso se llama *Ein Sof*, es decir que la *Maljut* no hace abstinencia en el aspecto de *Sof* allí, sino sólo desde el *Tzimtzum* hacia abajo, habiéndose llevado a cabo en cada *Sfirá* y *Partzuf* el aspecto de *Sof* con la fuerza de *Maljut*.

Capítulo 6

Es imposible para el deseo de recibir aparecer en cualquier esencia, excepto en las cuatro *Bjinot* que son las cuatro letras de *HaVaYaH*

24) Y [ahora] entenderemos adecuadamente el *Sof* que ocurrió en *Maljut*. Para empezar explicaremos lo que los cabalistas han determinado y lo que los *Tikunim* del *Zóhar* nos presentan: En que no tienes ninguna Luz grande o pequeño en los Mundos Superiores o en los inferiores, que no esté colocada en el orden de las cuatro letras del nombre *HaVaYaH*.

Esto va de acuerdo con la regla, en que no tienes una Luz en el Mundo que no sea vestida en un *Kli*. Y ya he explicado la diferencia entre Su Esencia y la Luz que se expande desde Él. Eso sólo ocurre debido al deseo de disfrutar que está contenido en Su Luz que se extiende, pues es el aspecto del cambio de forma de Su Esencia, en el cual no hay, Dios no permita, este deseo.

En este ha sido incluida la Luz que se expande con el nombre de *Neetzal* porque esta diferencia de forma detiene la Luz proveniente del *Maatzil* y lo convierte en un *Neetzal*.

También se explica que el deseo de disfrutar que está contenido en Su Luz es también la medida de *Gadlut* (grandeza) de la Luz, el cual es llamado el "lugar" de la Luz, lo cual significa que recibe su *abundancia* según la medida de su deseo y el anhelo de recibir, nada más y nada menos.

Además [queda] explicado, que este asunto del deseo de recibir es todo el aspecto de la renovación con que ha sido renovada la creación de los Mundos por medio de la innovación de *Yesh MeAin*. Esta *forma* sola no está para nada incorporada en Su Esencia, y solamente ahora el Creador la ha creado con el propósito de la creación.

Este es el significado de "y creó la oscuridad", porque esta forma es el *Shóresh* (raíz) de la oscuridad debido a su *equivalencia de forma*. Por esa razón es más oscuro que el *Or* que se expande dentro de ella y por su causa.

Y con esto entenderás, que cualquier Luz que se expande desde Él, inmediatamente es discernida en esta en dos aspectos:

1. El primer aspecto es el *Atzmut* de la Luz que se expande antes de que aparezca la *forma* del "deseo de disfrutar"; y,

2. El segundo aspecto llega después de que aparece la *forma* del "deseo de disfrutar", ya que entonces se vuelve más denso y algo más oscuro debido a la adquisición del cambio de forma.

Así, el primer aspecto es la Luz, y el segundo es el *Kli*. Por esa razón, cualquier Luz que se expande consiste de cuatro *Bjinot* en la impresión sobre el *Kli*. Eso se debe a que la forma del deseo de recibir, llamado *Kli* para la Luz que se expande en él, no se completa de una vez, sino a través del operador y lo operado. Hay dos *Bjinot* en el operador y dos *Bjinot* en lo operado, llamados "fuerza potencial" y "fuerza real" en el operador, y "fuerza potencial" y "fuerza real" en lo operado, que constituyen cuatro *Bjinot*.

El deseo de recibir no penetra en el *Neetzal* excepto a través de su propio deseo de recibir por su propia fuerza

25) Este asunto se debe a que el *Kli* es la raíz de la oscuridad, ya que es lo opuesto de la *Luz*, por consiguiente debe empezar a operar lenta y gradualmente, a través de causa y consecuencia, tal como está escrito: "Las aguas fueron concebidas y engendraron la oscuridad" (*Midrash Rabá, Shemot*, 80.22).

La oscuridad es un resultado de la propia Luz y es operada por esta como en la concepción y el nacimiento, significando lo potencial y lo real. Esto quiere decir que en cualquier Luz que se expande, está necesariamente incorporado el deseo de recibir. Sin embargo, no se considera como un cambio de forma antes de que este *deseo* esté claramente fijado en la Luz.

El deseo de recibir que es incorporado en la Luz por [parte] del *Maatzil* no es suficiente para ello; sino que el *Neetzal* mismo debe desplegar independientemente ese deseo de recibir en él, en la acción; es decir, por propia elección. Esto significa que él debe extender la abundancia a través de su propio deseo, que es más que la medida de la Luz del *Hitpashtut* en él por [parte] del *Maatzil*. Después de que el *Neetzal* es operado por su propia elección aumentando la medida de su deseo, el anhelo y el deseo de recibir se fijan en él, y la Luz puede vestir este *Kli* permanentemente.

Es verdad que la Luz de *Ein Sof* aparentemente se expande por encima de las cuatro *Bjinot*, alcanzando la medida de *Gadlut* del deseo por parte del *Neetzal* mismo, puesto que es la *Bjiná Dálet*. Eso se debe a que de todos modos no había salido del aspecto de Su Esencia, para ser determinado según su propio nombre: es decir, *Ein Sof*.

Sin embargo, la *forma* no cambió en absoluto debido al deseo de recibir en Su omnipotencia, y no hay ningún cambio que distinga allí entre la Luz y el lugar de la Luz que es el deseo de disfrutar; puesto que ellos son una y la misma cosa en realidad. Está escrito en *Pirke Avot*: "Antes de que el Mundo fuera creado, había Él y Su Nombre son Uno". Realmente es difícil de entender esta doble referencia "Él y Su Nombre". Porque antes de que fuera creado el mundo ¿cuál es el asunto de Su Nombre allí? Hubiese tenido que decir: "Antes de que el *Olam* fuera creado Él era Uno".

Sin embargo, esto se refiere a la Luz de *Ein Sof* que es anterior al *Tzimtzum*. Aun cuando hay allí un lugar y un deseo de recibir la abundancia de Su Esencia, todavía no hay cambio ni diferenciación entre el aspecto de la Luz y el "Lugar". Él es Uno, se refiere a la Luz de *Ein Sof*. En tanto que "Su Nombre es Uno", es decir el deseo de disfrutar que está incorporado allí sin ningún cambio en lo absoluto. Y entenderás lo que aludieron nuestros sabios al respecto, ya que "Su Nombre"[36] en *Guemátria* equivale a "deseo"; es decir, "el deseo de disfrutar".

Todos los *Olamot* en el Pensamiento de la Creación son llamados *Or Ein Sof*, y la suma total de los receptores es llamada *Maljut* de *Ein Sof*

26) Ya ha sido explicado con respecto al asunto de "El fin del acto yace en el pensamiento inicial", que el Pensamiento de la creación se expandió desde Su Esencia para deleitar a Sus criaturas. Hemos aprendido que en Él, el Pensamiento y la Luz son una y la misma cosa. Por consiguiente, ese *Or Ein Sof* que se expandió de Su *Atzmut* contiene toda la realidad frente a nosotros a través del fin de la corrección futura.

Este es el fin del acto, porque en Él todas las creaciones están ya completas con toda la alegría que Él deseó otorgarles. Esta entera realidad en su completa satisfacción es llamada *Or Ein Sof*, y lo que las contiene es llamado *Maljut de Ein Sof*.

Capítulo 7

Aunque sólo la *Bjiná Dálet* fue restringida, la Luz dejó también las primeras tres *Bjinot*

27) Ya hemos explicado que el punto intermedio, que es el punto colectivo del Pensamiento de la creación (llamado deseo de recibir), se embelleció al igualarse más intensamente

---

36 (N. del E.): *Shemó*/**Su Nombre** שמו = 346 = רצון *Ratzón*/**Deseo**

con el *Maatzil*. Desde la perspectiva del *Maatzil* no hay ningún cambio de forma en Su omnipotencia.

Sin embargo, el punto del deseo lo sintió como un tipo de *Hamshajá* (atracción) indirecta desde Su esencia, como en la historia del hombre rico. Por esa razón (el punto intermedio) disminuyó su deseo desde la última *Bjiná*, que es el propósito del *Gadlut* del deseo de recibir, para aumentar la *Dvekut* a través de la *Hamshajá* directa de Su esencia.

Entonces la Luz fue vaciada de todo el espacio; es decir, de los cuatro grados que existen en el espacio. Aun cuando sólo disminuyó su deseo desde la *Bjiná Dálet*, en vista que es la naturaleza de lo espiritual lo que es indivisible.

Después, un *Kav* de la Luz se extendió una vez más desde las primeras tres *Bjinot*, y la *Bjiná Dálet* continuó siendo un espacio libre

28) Después de que la Luz de *Ein Sof* ingresó una vez más al lugar que estaba vacío, no llenó todo el espacio de las cuatro *Bjinot*, sino sólo de tres *Bjinot*, tal como había sido el deseo del punto del *Tzimtzum*. Y resulta, que el punto intermedio que había sido restringido permaneció vacío y hueco porque la Luz sólo lo iluminó a un nivel tan inferior como *Bjiná Dálet*, pero no en su totalidad; habiéndose detenido allí la Luz de *Ein Sof*.

A continuación explicaremos la cuestión de la *Hitkalelut* (inclusión) de las *Bjinot* en cada uno de los Mundos superiores: ahora podemos ver que las cuatro *Bjinot* están incorporadas una dentro de la otra, de modo tal que dentro de *Bjiná Dálet* se encuentran también las cuatro *Bjinot*. Así, *Or Ein Sof* penetró las primeras tres *Bjinot* en *Bjiná Dálet* y ella sola permaneció vacía y sin Luz.

Capítulo 8

Jojmá es denominada Luz, y *Jasadim* denominada agua. *Biná* es denominada aguas superiores, y *Maljut*, llamada aguas inferiores

29) Ahora explicaremos el significado de las cuatro *Bjinot* de causa y consecuencia, necesarias para completar la *forma* del deseo de recibir. Está escrito: "Las aguas fueron concebidas y engendraron la oscuridad". Esto significa que hay dos *Bjinot* de Luz en *Atzilut*. La primera *Bjiná* se denomina Luz, específicamente *Luz de Jojmá*, y la segunda *Bjiná* se denomina *Máim* (agua), que es *Jasadim*.

La primera *Bjiná* se extiende desde arriba hacia abajo sin ninguna ayuda de parte de la inferior. La segunda *Bjiná* se extiende con la ayuda de la inferior, de ahí el nombre de *Máim*, porque la naturaleza de la Luz es estar por encima en tanto que la naturaleza de *Máim* es morar por debajo. También hay dos *Bjinot* dentro de *Máim*, es decir las *Máim* superiores, ya que ellas están mediante la *Bjiná Bet* que se encuentra en las cuatro *Bjinot*. Y hay *Máim* inferiores, aquellas que están por medio de la *Bjiná Dálet* que se encuentra en las cuatro *Bjinot*.

Explicación de la extensión de la Luz de *Ein Sof* en las cuatro *Bjinot* para revelar el *Kli*, que es el deseo de recibir

30) Por esa razón, cualquier *Hitpashtut* (extensión) de la Luz de *Ein Sof* está constituida de *diez Sfirot*. Esto se debe a que *Ein Sof*, que es el *Shóresh* y el *Maatzil*, es llamado *"Kéter"*. La Luz de la extensión misma es llamada *"Jojmá"*, siendo la completa medida de la extensión de la Luz Superior, desde *Ein Sof*.

Ya hemos dicho que el deseo de recibir está incorporado en cada extensión de la Luz Superior. Sin embargo la *forma* del deseo en realidad no se manifiesta antes de que el deseo de extender la Luz despierte en el *Neetzal* más que la medida de su extensión.

Así, debido a que el potencial deseo de recibir es incorporado inmediatamente en la Luz de la *Hitpashtut*, la Luz es obligada a convertir lo potencial en real. Por consiguiente, la Luz despierta para extender una abundancia adicional, más que la medida de su *Hitpashtut* de *Ein Sof*. Es en esa Luz que el deseo de recibir realmente aparece y adquiere la nueva forma en el cambio de forma. Eso lo hace más oscuro que la Luz para la cual ganó *Aviut* por la renovación de la forma.

Esta parte que se ha vuelto más densa se denomina *"Biná"*. De hecho, *Biná* es una parte de *Jojmá*; es decir, la misma Luz de la extensión de *Ein Sof*. Sin embargo, debido a que ella aumentó su deseo y atrajo más abundancia que la medida de su *Hitpashtut* en *Ein Sof*, adquirió así el cambio de forma y creció un poco más densa que la Luz. De esa manera adquirió su propio nombre, el cual *Sfirá* de *Biná*.

La esencia de la abundancia adicional que ella extendió desde *Ein Sof* por el poder de su fortalecimiento del deseo es denominada *"Luz de Jasadim"*, o "Aguas superiores". Eso se debe a que esta Luz no se extiende directamente desde la Luz de *Ein Sof* como *Luz de Jojmá*, sino por medio de la asistencia del *Neetzal* que intensificó el deseo, con lo cual se eleva con el nombre según el cual llega a ser llamada *"Luz de Jasadim"* o *"Máim"*.

Y aquí encuentras ahora que la *Sfirá* de *Biná* está incluida de tres aspectos de la Luz:

- La Luz de *Atzmut* de *Biná*, que es una parte de la *Luz de Jojmá*,

- El *Hitabut* (espesor) y el cambio de forma en ella, el cual fue adquirido por la intensificación del deseo; y,

- La *Luz de Jasadim* que llegó a ella a través de su propia atracción desde *Ein Sof*.

Sin embargo, esto todavía no completa toda el *Kli* de recepción, ya que *Biná* es esencialmente *Jojmá*, que es realmente transcendente, siendo una extensión directa de la Luz de *Ein Sof*. Por consiguiente, sólo la raíz de los *Kelim* de recepción y el operador de la operación del *Kli* aparecieron en *Biná*.

Después esa misma *Luz de Jasadim* la cual se extendió a través del poder de su superación, se extendió hacia la derecha habiendo sido agregada una leve iluminación de *Jojmá*. Esta extensión de la *Luz de Jasadim* es llamada *"Zeir Anpin"*, o *"JaGaT"*.

Esta *Luz* de la extensión también incrementó su deseo de extender una nueva abundancia mayor que la medida de la iluminación de *Jojmá* en su extensión desde *Biná*. Esta extensión también se considera como dos *Bjinot*, porque la Luz de la extensión misma es denominada ZA o VaK, mientras que su superación se denomina *Maljut*.

Y este es el secreto de las diez *Sfirot*:

- *Kéter* es *Ein Sof*,

- *Jojmá* es la Luz de *Hitpashtut* de *Ein Sof*,

- *Biná* es la *Luz de Jojmá* que se intensificó para aumentar la abundancia por lo cual ganó *Aviut*,

- ZA que está incluida de *JaGaT NeHY*, es *la Luz de Jasadim* con la iluminación de *Jojmá* que se expande desde *Biná*; y,

- *Maljut* es la segunda superación para agregar más *Jojmá* de la que existe en ZA.

- **Las cuatro *Bjinot* en el deseo son las cuatro letras de *HaVaYaH*, que son *KaJaB TuM***

- 31) Las cuatro *Otiot* (letras) del Nombre de cuatro letras:

- La punta del *Yud* es *Ein Sof*; es decir, la fuerza que opera en el Pensamiento de la creación, que es deleitar a Sus criaturas, llamado *Kli* de *Kéter*,

- La *Yud* es *Jojmá*; es decir, *Bjiná Alef*, que es lo real en el potencial que está contenido en la Luz de la extensión de *Ein Sof*,

- La primera *Hei* es *Biná*; es decir, *Bjiná Bet*, que es la forma en como lo potencial se convierte en real; es decir, la *Luz de Jojmá* que se volvió más densa,

- La *Vav* es *Zeir Anpin* o *JaGaT NeHY*; es decir, la extensión de la *Luz de Jasadim* que llegó a través de *Biná*; es decir, la *Bjiná Guimel*. La fuerza para el cumplimiento de la operación; y,

- La última *Hei* en *HaVaYaH* es *Maljut*; es decir, *Bjiná Dálet*. Es la manifestación del acto completo en el *Kli* de recepción que se ha intensificado para extender más abundancia que su medida de *Hitpashtut* en *Biná*.

Eso completa la *forma* del deseo de recibir y la Luz que viste su *Kli*, siendo el deseo de recibir que sólo se completa en esta cuarta *Bjiná* y no antes.

Ahora se puede ver fácilmente que no hay una Luz en los *Eliónim* (superiores) o en los *Tajtonim* (inferiores) que no se sitúe bajo el Nombre de cuatro letras; es decir, de las cuatro *Bjinot*. Sin él, el deseo de recibir que debe estar en cada Luz está incompleto, por eso este deseo es el lugar y la medida de esa Luz.

Las letras *Yud* y *Vav* de *HaVaYaH* son atenuadas puesto que son *Bjinot* potenciales solamente

32) Esto podría sorprendernos ya que *Yud* implica *Jojmá* y *Hei* implica *Biná*, y el *Atzmut* entero de la Luz que existe en las diez *Sfirot* está en la *Sfirá* de *Jojmá*, mientras que *Biná*, *Zeir Anpin* y, *Maljut* simplemente visten *Jojmá*. Así, *Jojmá* debería haber tomado la letra más representativa en el Nombre de cuatro letras.

La cuestión es que las letras del Nombre de cuatro letras no implican ni indican la cantidad de Luz en *Ein Sof*. Salvo que ellas indican la medida del impacto en el *Kli*. Lo blanco en el pergamino del rollo de la *Torá* implica la Luz, en tanto que lo negro que son las letras en el rollo de la *Torá*, indica la calidad de los *Kelim*.

Por lo tanto, debido a que *Kéter* es sólo la *Bjiná* del *Shóresh de Shóresh* para el *Kli*, por consiguiente está implícita solamente en el punto de la *Yud*. *Jojmá*, que es la fuerza que no ha aparecido realmente, está implícita en la más pequeña entre las letras, la *Yud*. *Biná*, de la cual resultó y fue revelada la fuerza vuelta en acción, está es aludida con la letra más ancha, la *Hei*. Y *ZA* es sólo la fuerza por la ejecución del acto, y por consiguiente está implícita en una letra larga y estrecha, que es la *Vav*.

En vista que la delgadez indica que la esencia del *Kli* hasta ahora está oculta y permanece como potencial, y su longitud indica que al final de su expansión, aparece el *Kli* terminado y completo. Porque *Jojmá* no se dirigió para manifestar el *Kli* entero en su *Hitpashtut*, porque *Biná* aún no es un *Kli* en realidad, a pesar que es el aspecto ejecutor del *Kli*. Por eso el rasgo de la *Yud* es breve, insinuando que todavía es corta; es decir, que no se manifestó la fuerza en ella, y a través de su expansión el *Kli* completo.

Maljut también está implícita en la letra *Hei*, como *Biná*, que es una letra ancha apareciendo en su *forma* completa. No te sorprendas que *Biná* y *Maljut* tengan las mismas letras, porque en el *Mundo de la corrección* ellas son de hecho similares y se prestan sus *Kelim* una a la otra, como dice el verso: "Y andaban juntas".

Capítulo 9

Movimiento espiritual significa renovación del cambio de forma

33) Todavía nos queda por analizar el significado de tiempo y movimiento que encontramos casi en cada palabra en esta sabiduría. De hecho, debes saber que el movimiento espiritual no es como el movimiento tangible de un sitio a otro; se refiere a una *forma* renovada.

Denominamos a cada *renovación de la forma* con el título de "movimiento". Porque esa misma *renovación*; es decir, ese *cambio de forma*, lo que se renovó en lo espiritual. Contrariamente a su forma general que la precede en lo espiritual, se considera como si hubiera sido dividida y distanciada de lo espiritual.

Se considera que ha salido con su propio nombre y autoridad, por lo cual se volvió exactamente como una esencia corpórea que partió de alguna parte y se movió hacia un lugar diferente. Por esa razón la *renovación de la forma* es denominada "movimiento".

El tiempo espiritual significa un cierto número de renovaciones del cambio de forma que provienen una de la otra. Anterior y posterior significan causa y consecuencia

34) Con respecto a la definición espiritual del tiempo, debe entenderse que el tiempo es esencialmente definido por nosotros **sólo** como una sensación de movimientos. Nuestra imaginación capta y proyecta cierto número de movimientos consecutivos que se discriminan uno del otro, y los traduce como una cierta cantidad de "tiempo". De manera que si uno estuviera en un estado de completo reposo con su ambiente, ni siquiera sería consciente del concepto de tiempo.

Lo mismo ocurre en la espiritualidad: Cierta cantidad de renovaciones de la *forma* es considerada como "movimientos espirituales". Aquéllos se entremezclan entre sí por medio de causa y consecuencia y son llamados "tiempo" en la espiritualidad.

Del mismo modo, "antes" y "después" se refiere siempre a causa y consecuencia.

Capítulo 10

Toda la materia relacionada al *Neetzal* es el deseo de recibir, y lo que hay en él además de esto es atribuido al *Maatzil*

35) Sabe, que el aspecto del deseo de recibir en el *Neetzal* es el *Kli* que se encuentra en él, siendo también la materia general que se atribuye al *Neetzal*. De manera que toda la existencia además de él es atribuida al *Maatzil*.

El deseo de recibir es la primera *forma* de cada esencia, la cual definimos con el nombre de "materia", debido a que no tenemos ningún logro en la esencia

36) Percibimos el deseo de recibir como un incidente, como una *forma* en la esencia, pero ¿cómo lo percibimos como substancia de la esencia? Lo mismo ocurre con las esencias que se encuentran cerca de nosotros.

Tendemos a denominar a la primer *forma* en la esencia con el nombre de "la primera materia que está en la esencia", porque no tenemos ningún logro y percepción de ninguna materia en lo absoluto, ya que nuestros cinco sentidos son completamente incapaces de ello. La vista, el sonido, el olor, el gusto y, el tacto, le ofrecen a la mente escrutadora solamente formas abstractas de "eventos de la esencia". Estos son formulados a través de la cooperación de nuestros sentidos.

Por ejemplo, si tomamos los átomos microscópicos más pequeños, en los elementos más diminutos de cualquier esencia, separados a través de un proceso químico, ellos serían también solamente formas abstractas que aparecen de ese modo ante los ojos. O más precisamente, son distinguidos y examinados por medio de las formas del "deseo de recibir y aceptar" lo que encontramos en ellos.

Podemos utilizar estas operaciones para distinguir y separar varios átomos hasta la materia primigenia de esa esencia; sin embargo, incluso entonces el aspecto de la primera materia de aquella esencia, sería nada más que fuerzas que se encuentran en la esencia y no la esencia en sí misma.

Así encuentras, que incluso en la corporalidad no tenemos ninguna manera por la cual revelar la primera materia, excepto asumiendo que la primer *forma* es la primera materia que lleva todos los otros incidentes y formas que vienen después. De hecho, todo lo demás es así en los Mundos superiores, donde lo tangible y lo ficticio no residen.

*Ptijá*_ Prefacio General

Para los expertos en El árbol de la vida, al igual que para toda alma, por medio del principio: "Primero, aprende; después, comprende".

1) Nuestros sabios dicen, "No hay una hierba abajo que no tenga un ángel arriba que la golpee y le diga, '¡Crece!'" Esto parece muy desconcertante, ¿por qué el Creador molestaría a un ángel de Arriba con golpear y cuidar una pequeña e insignificante hierba?

Aquí esta frase es uno de los secretos de la Creación que son muy largos de interpretar. Esto es así porque el corazón del infinitamente sabio desea revelar una porción y ocultar dos porciones con sus alegorías de oro, ya que son cautelosos de revelar la *Torá* a un discípulo indigno. Es por esta razón que nuestros sabios dicen que uno no aprende de leyendas, ya que las leyendas están selladas y bloqueadas ante las masas y, son reveladas solamente a unos cuantos elegidos en una generación.

Y nosotros también encontramos en *El Libro del Zóhar*, que *RaShBY* (*Rabí Shimon Bar Yojai*) ordenó a *Rabí Aba* escribir los secretos, porque él supo cómo revelar con indicio. Mira en el *Idra*, donde está escrito que por cada secreto que *RaShBY* reveló en la sabiduría, él lloraría y diría: "¡Ay de mí si revelo; y ay de mí si no revelo! Si no revelo, mis amigos perderán esa palabra; y si revelo, los malvados sabrán cómo servir a su Señor".

Esto significa que él estuvo en aflicción desde ambos ángulos: si él no revelara los secretos de la *Torá*, los secretos se hubieran perdido de los verdaderos sabios, quienes temen a Dios. Y si él revelara los secretos, gente sin merito fallaría en ellos, porque ellos no entenderían la raíz de los asuntos y comerían fruta inmadura.

Por lo tanto, *RaShBY* eligió a *Rabí Aba* para escribir, por su sabiduría en alegorías, para arreglar las cosas de tal manera que sería suficientemente revelado a aquellos que son dignos de entenderlas, y ocultarlas y bloquearlas de aquellos indignos de entenderlas. Esto es el por qué él dijo que *Rabí Aba* sabía cómo revelar con indicio. En otras palabras, aunque él revelara, estas aún permanecerían secretas para los indignos.

Sin embargo, en el *Zóhar*, ellos nos aseguraron que esta sabiduría estuviese destinada a ser completamente revelada al final de los días, incluso para los pequeños. Y ellos también dijeron que con esta composición, los hijos de *Israel* serían redimidos del exilio, lo cual significa que con la aparición de la sabiduría de la verdad, *Israel* será recompensado con la redención completa. Y también vemos que las palabras del *Zóhar* y los secretos ocultos en la sabiduría de la verdad están siendo gradualmente revelados, generación tras generación, hasta que seamos recompensados con la revelación de toda esta sabiduría, y en ese tiempo seremos recompensados con la redención completa.

Para aclarar el texto con el que empezamos, primero debemos explicar el verso en el famoso "Libro de la creación" donde está escrito: hubo allí el secreto de diez *Sfirot*, diez y no nueve, diez y no once. La mayoría de los intérpretes ya lo han examinado, pero nosotros lo explicaremos a nuestra manera, entonces los asuntos serán revelados a todos quienes buscan la palabra del Creador.

Es sabido que las diez *Sfirot* son llamadas *Kéter, Jojmá, Biná, Jésed, Gvurá, Tifféret, Nétzaj, Hod, Yesod y, Maljut*. Está escrito en "Puerta a las introducciones" del *ARI*, en la sección *"HaDáat"*, que de hecho estas son cinco *Bjinot* (fases): *Kéter, Jojmá, Biná, Zeir Anpin y, Maljut*; solamente que *Zeir Anpin* comprende seis *Sfirot JaGaT NeHY*. Yo he escrito extensamente acerca de las diez *Sfirot* en esta composición, entonces aquí yo en resumen diría que en este prefacio general, deseo dar al estudiante un conocimiento verdadero y general de la mayor parte de esta amplia sabiduría, [así como una] verdadera orientación en la forma de estudio.

En el libro "El árbol de la vida", la mayoría de estudiantes fracasan en entender tales asuntos, ya que los conceptos espirituales están por encima del tiempo y lugar, solamente que son expresados en términos corpóreos, ilustrados y puestos en tiempos y lugares. Adicionalmente, en los escritos del *ARI*, no está arreglado un orden para principiantes en esta sabiduría. Los libros fueron compuestos por las sagradas palabras que él diría frente a sus estudiantes día a día, y los mismos estudiantes eran competentes en la sabiduría de la verdad.

Por lo tanto, no hay texto –largo o corto– en todos los libros que fueron escritos, que no requieran verdadera competencia en la sabiduría en general. Por esta razón, los estudiantes llegan a cansarse y no pueden conectar totalmente dichos asuntos.

Así, yo vengo con este prefacio, para conectar los asuntos y los fundamentos de la sabiduría en una manera concisa, para que sea fácilmente accesible para el estudiante en cada texto que él deseara estudiar en los escritos del *ARI*. Y por esta razón, yo no elaboro o interpreto cada asunto por completo, porque este será clarificado dentro de mi composición. Sino que más bien, resumo lo suficiente para mi propósito. Y nuestros sabios dicen: "Primero, aprende; después, comprende".

El *ARI* escribió que las diez *Sfirot KaJaB, JaGaT, NeHYM* son de hecho cinco *Bjinot, KaJaB, ZA y, Maljut*. Este es el significado del nombre de cuatro letras, *Yud, Hei, Vav, Hei*. El punto de la *Yud* es *Kéter*; la *Yud* es *Jojmá*; *Hei* es *Biná, Vav* es *Zeir Anpin* –conteniendo seis *Sfirot JaGaT NeHY*- y la última *Hei* es *Maljut*.

Debes saber que las *Otiot* (letras) y las *Sfirot* son una cosa. Pero siguiendo la regla de que ninguna Luz se expande sin un *Kli* (vasija), cuando hablamos de ambas juntas, esto es, cuando la Luz es vestida en el *Kli*, estas son llamadas *Sfirot*. Y cuando hablamos solamente de los *Kelim* (pl. de *Kli*), estos son llamados *Otiot*.

Está escrito acerca de la Luz que lo blanco en el libro de la *Torá* implica la Luz, y lo negro en el libro de la *Torá*, se refiere a las letras, lo cual implica los *Kelim*. Esto significa, tal como *RaMBaM* interpreta acerca del verso: "Yo formo la luz, y creo la oscuridad", que el asunto de provocar *Yesh MeAin* (la existencia a partir de la ausencia) es llamado "Creador", ya que es una innovación, algo que no existía antes de su creación. Y en la Luz, y todo el deleite y placer incluido en la Luz, eso no es una innovación y provocación de existencia de la existencia, sino más bien *Yesh MiYesh* (la existencia a partir de la existencia), porque la Luz y toda la abundancia están ya incluidas en Su Esencia.

Por esta razón, está dicho: "formé la luz", porque ésta no es un asunto de creación, sino de formación, esto es, formar la Luz de tal manera que los moradores abajo puedan recibirla. Sin embargo la oscuridad es una innovación que fue generada con creación, provocando *Yesh MeAin*, lo cual significa, que ésta no está incluida en Su Esencia. Por eso está dicho: "...y Cree la oscuridad". Pero la oscuridad es el opuesto real de la Luz; por lo tanto, debemos entender cómo es que la oscuridad puede extenderse de la Luz.

En *Panim Masbirot*, "Rama uno", me he extendido en este punto, en tanto que aquí lo abordaré brevemente. Es sabido que está escrito en *El Zóhar* que el propósito de la creación es deleitar a Sus criaturas, ya que ese es la conducta del bueno que hace bien. Claramente cada deseo en Él es una ley obligatoria para las criaturas. De esto se deduce que ya que el Creador contempló deleitar a Sus creaciones, una obligatoria naturaleza de querer recibir Su placer fue inmediatamente impresa en las criaturas; es decir, el gran deseo de recibir Su Abundancia. Sabe que este es el deseo llamado *Kli*, con respecto a su raíz.

Por esta razón, los cabalistas han dicho que no hay Luz sin *Kli*, ya que el deseo de recibir incluido en cada criatura y ser emanado es el *Kli*, siendo también la cantidad completa de la Luz. En otras palabras, recibe precisamente la cantidad que desea, no más y no menos, ya que no hay coerción en la espiritualidad, en tanto que en lo corpóreo ésta no se encuentra del lado de la *Kdushá* (Santidad)

Y es claro que, la forma del *Kli* es diferente a la forma de la Luz. Por eso es denominado con el nombre de *Kli* y no con el nombre de Luz. [Sin embargo] necesitamos entender el asunto de esta disparidad de forma. De hecho, el deseo de recibir para uno mismo es una gran disparidad de forma, ya que esta forma no aplica en absoluto en quien Emana, ya que ¿de quién recibiría Él? Más bien, se ha renovado, por medio de aquello que es emanado *Yesh MeAin*. Ahora, el deseo de recibir es la Causa de causas (*Panim Masbirot*, "Rama Uno").

Esto aclara lo que está escrito en el Sagrado *Zóhar*, que el *Kéter* Superior es oscuridad comparado con la Causa de causas. Ellos se refieren al deseo de recibir incluido en la primera emanación, y llaman a esta disparidad de forma, "oscuridad", ya que ésta no existe en quien

Emana. Por esta razón, este es la raíz de la oscuridad, que es el color negro comparado con la Luz, y opuesto a esta.

También esto ha sido explicado en *Panim Masbirot*, que como las cosas corpóreas están separadas una de la otra por un hacha y un martillo, las espiritualidades están separadas una de la otra por la disparidad de forma que hay entre ellas, incrementando la disparidad de forma entre sí, hasta [encontrarse completamente] opuestas de un extremo al otro, haciéndose entre ellas una separación completa.

Y ha sido explicado allí que la forma del deseo de recibir es inmediatamente incluida en toda la Luz que se expande desde Él, solamente que en aspecto de fuerza oculta (potencial), debido a que esta fuerza oculta no es revelada al emanado excepto cuando este intensifica el deseo de querer una abundancia adicional, mayor a la cantidad que ha expandido en él quien Emana.

Por ejemplo, cuando la comida es apetitosa, el deseo de uno por más comida incrementa más que lo que uno come. Por lo tanto, después de que el emanado incrementa su deseo de prolongar la abundancia adicional, en una medida mayor a su expansión, entonces el *Kli* de recepción real aparece. Y el asunto se debe a que esta disparidad de forma no dirige en Él sino en la criatura, por tanto esta no es completada sino por el despertar del emanado, a fin de que entienda perfectamente.

2) Debido a esto, la expansión de Su Luz no sale del todo del Emanador hacia el aspecto del emanado, mientras no pasen sobre él cuatro *Bjinot* llamadas: *Jojmá, Biná, Zeir Anpin y, Maljut*. Esto es así porque la totalidad de la expansión de Su Luz es llamada *Jojmá*, por cuanto es toda la medida de la esencia de la Luz de este emanado. Y cuando esta se intensifica para prolongar más abundancia adicional que la medida de su expansión, esta es considerada *Bjiná Bet* (la segunda fase) la cual es llamada *Biná*.

Dentro de la *Bjiná Bet* hay que distinguir tres discernimientos: **Primer discernimiento**: que la esencia de la *Sfirá Biná* es *Jojmá*. **Segundo discernimiento**: el asunto de la intensificación del deseo que se reveló, ya que debido a esto fue revelado en él la Raíz del *Kli de Cabalá* (vasija de recepción), y debido a esto hay disparidad de forma en ella; es decir, el *Aviut* en relación a la *Luz de Jojmá*, la cual es llamada *Gvurá Ilaá* (Superior).

Tercer discernimiento: Este es la esencia de la abundancia que adquirió a través del despertamiento de su propio deseo, puesto que esta Luz ha sido denominada por su propio nombre; es decir *Luz de Jasadim*, la cual es inferior a la *Luz de Jojmá*, la misma que se expande solamente de quien Emana, en tanto que la *Luz de Jasadim* también está asociada tanto con el emanado así como con su intensificación, tal como fue mencionado, que la *Gvurá*, que es una Luz que ha sido hecha burda, se convierte en la raíz de la *Luz de Jasadim*. [Es así que] estos tres discernimientos juntos son llamados con el nombre de *Biná*, siendo la segunda *Bjiná* desde *Jojmá*. Así las dos *Bjinot*, *Jojmá* y *Biná*, han sido clarificadas, y *Kéter* es la *Sfirá* de *Ein Sof*, aspecto en el cual se encuentra la raíz para el emanado.

No obstante, a pesar de que *Bjiná Bet* ya reveló la intensificación del deseo que está en ella hacia el operario, una relación específica aún es inadecuada para ser un completo *Kli* de recepción. El asunto es que en la espiritualidad el *Kli* con la Luz en éste están muy cercanos y, dependen en realidad el uno el otro, ya que cuando la Luz desaparece el *Kli* se anulará, y cuando el *Kli* desaparece es la Luz quien se anulará, siendo que la importancia del *Kli* es como la importancia de la Luz.

Es decir, que en *Biná* no fue completada la forma del *Kli de Cabalá* (vasija de recepción), ya que su esencia es la *Luz de Jojmá*. Por esta razón, la *Luz de Jasadim* la cual se extendió a través de su propia intensificación, fue anulada en la medida de su propia esencia como una vela ante una antorcha. Así es como la *Luz de Jasadim* se expandió lejos de *Biná* hacia su exterior, y se intensificó para continuar añadiendo más abundancia que la medida de la expansión por parte de *Biná*, entonces el *Kli* de recepción fue completado.

Por lo tanto, discernimos dos *Bjinot* más, *Bjiná Guimel* (tercera fase) y *Bjiná Dálet* (cuarta fase), las cuales son expansiones que se extienden desde *Biná*, donde el *Kli* de recepción aún está incluido en la ocultación en potencia, mientras no haya intensificado una adición distinta, siendo llamada *Zeir Anpin*. Y aquella abundancia adicional que intensificó, es llamada "*Kli de Maljut*", la cual es un *Kli* de recepción que fue completado en dicha emanación, ya que ahora está incluido de Luz y *Kli*, con lo cual emergió de la generalidad del *Maatzil* (Emanador) y, denominada con el nombre de *Neetzal* (emanado).

Estas son las cuatro *Bjinot* conocidas con el nombre de *JuB, ZA* y, *Maljut*, que [corresponden] al nombre {Sagrado} de cuatro letras. *JuB* son י״ה (*Yud-Hei*), y *ZON* son ו״ה (*Vav-Hei*).

Ellas son consideradas diez *Sfirot* porque *Zeir Anpin* contiene seis *Sfirot*, que son *Jésed, Gvurá, Tifféret, Nétzaj, Hod y, Yesod*.

El asunto es que la esencia de *ZA* es la *Luz de Jésed* y, *Gvurá*; es decir, las dos *Bjinot* de la *Luz de Jasadim* y *Gvurá Ilaá* (superior), las cuales se han extendido desde *Biná* hacia afuera tal como se dijo. Y debemos distinguir aquí que en *Biná*, *Gvurá* es precedente y la raíz de la *Luz de Jasadim*, sin embargo en *Tifféret* es lo contrario, ya que *Jésed* precede a la *Luz de Gvurá*, porque la principal Luz que expande es *Jésed*, y la *Gvurá* es complementaria dentro de esta, en *Biná*.

Y con esto entenderás lo que está escrito en El árbol de la vida y lo que dijo *RaShBY*, que en el Mundo de *Nekudim*, *Gvurá de ZA* precede a su *Jésed*, en otras palabras, se debe a que *ZON de Nekudim* son consideradas *ZON de Biná* y no *ZON* en realidad, como en las dos *Bjinot* inferiores de las cuatro *Bjinot* antes mencionadas, y por eso *Gvurá de ZA* precede a su *Jésed*.

En tanto que tal como dijimos antes, la *Sfirá Tifféret de ZA* es la unificación de *Jojmá* y *Gvurá* para el acto del *Kli de Maljut*, y esto es llamado *Tifféret*, ya que la Luz por sí misma se ramifica en la *Bjiná Alef* (primera fase), que es *Jojmá* la cual no alcanzó la intensificación de su deseo como para crear al *Kli*. Pero la *Bjiná Guimel* (tercera fase), que es *Jasadim* y *Gvurot* (pl. de *Gvurá*) que se expandieron desde *Biná* hacia afuera, alcanzó a crear el *Kli de Maljut*.

Este es el significado de: "para morar en la casa según la belleza (*Tifféret*) del hombre". Y con esto quedan explicadas las tres *Sfirot JaGaT de ZA* las cuales son llamadas "Los tres Patriarcas", debido a que son la esencia de la emanación de *ZA*. Además, *Nétzaj, Hod* y, *Yesod* son llamadas "hijos" ya que se expanden desde *JaGaT*.

El asunto para que el *Tzimtzum Alef* haya sido minuciosamente explicado dentro del libro, es porque ha sido creado un *Masaj* fuerte en el *Kli* de *Maljut*, lo cual significa que la *Bjiná Dálet* (cuarta fase) que se encuentra en el *Kli de Maljut* detiene la Luz Superior, de manera que no se extienda hacia *Bjiná Dálet*, debido a la disparidad de forma que hay ahí, tal como fue escrito en su respectivo lugar.

Y así la Luz se expande deseando llegar también a *Bjiná Dálet*, pues así es la naturaleza de la Luz Superior a fin de expandirse a los inferiores hasta estar casi separada de su lugar, como está escrito en *Panim Masbirot*; por lo tanto, un *Zivug de Akaá* (acoplamiento por golpe) es llevado a cabo entre la Luz Superior que se esparció dentro del *Kli* de *Maljut* y el *Masaj* que la detiene en el *Kli* de *Maljut*. Semejante a la luz del sol que golpea en una lámpara reflejando las chispas tras de sí. Por lo tanto, de este *Zivug de Akaá* salieron diez nuevas *Sfirot*, llamadas diez *Sfirot de Or Jozer* (Luz retornante). Resultando de esto que hay dos series de diez *Sfirot* en cada ser emanado: diez *Sfirot de Or Yashar* (Luz directa) sobre las cuatro *Bjinot*, al igual que diez *Sfirot de Or Jozer* tal com dijimos anteriormente.

Sabe que esta es la Luz Superior la cual nuevamente se expandió desde *JaGaT de ZA* hacia el *Zivug de Akaá* en el *Masaj* que se encuentra en el *Kli de Maljut*, las cuales son llamadas *Nétzaj, Hod* y, *Yesod*. Y con esto entenderás lo que es tomado de *Tikunei Zóhar* (las correcciones del *Zóhar*), que *Maljut* es la cuarta para los Padres y séptima para los hijos; es decir, que *Maljut* es la primera emanación discernida del acto de *Tifféret de ZA*, encontrándose que luego han sido extendidas *JaGaT*, las cuales son llamadas "Padres", y por parte de las iluminación de *Or Jozer* en su *Masaj*, ella se encuentra extendida después de *NeHY* las cuales se expanden a esta por *Zivug de Akaá*, cuyas *NeHY* son "los hijos de *JaGaT*"; por lo tanto es séptima para los hijos.

Así hemos explicado apropiadamente la esencia de las diez *Sfirot KaJaB, JaGaT, NeHY* y, *Maljut* en su raíz, puesto que éste es el primer concepto en la sabiduría de la verdad, el cual debe siempre ser tomado en cuenta por parte del estudiante mientras profundiza en esta sabiduría.

Ahora entendemos la advertencia certera que se encuentra en el Libro de la creación, (cuando dice): "diez y no nueve". Lo cual quiere decir que en relación al *Tzimtzum* hacia abajo se hizo un *Masaj* que detiene a la *Bjiná Dálet*, por eso es posible equivocarse y decir, que *Bjiná Dálet* está excluida de las diez *Sfirot*, permaneciendo en *Kdushá* (Santidad) –Dios no permita- solamente nueve *Sfirot*. Por esta razón continua advirtiendo "diez y no nueve". Y advierte más allá, "diez y no once", lo cual significa que no debes equivocarte y decir que *Bjiná Dálet* después del *Tzimtzum* se convierte en *Kli* de recepción.

Por eso hay dos *Sfirot* en *Maljut*: una es el aspecto del *Masaj* que siempre eleva *Or Jozer*, y [la otra es] el *Kli de Cabalá* para recibir también *Or Yashar*. Es por esto que dice, "diez y no once".

3) Es así que hay cinco grandes discernimientos en las diez *Sfirot* mencionadas anteriormente, las cuales no apartarás de tus ojos [pues] enderezarán tu camino [durante] el estudio de la sabiduría. **El primer discernimiento** es la Luz de *Atzmut* (Esencia), que es la generalidad de la Luz de *Ein Sof* que existe en este *Neetzal*. Este [discernimiento] es la esencia, por cuanto aquí no existe el asunto de la participación de los inferiores en lo absoluto; siendo llamado *Jojmá de Or Yashar*.

El segundo discernimiento es la *Luz de Jasadim* que se extiende de Arriba hacia abajo, la cual es luz compartida en el despertamiento de la *Gvurá* del *Neetzal* de *Bjiná Bet*, que es la Luz de *Biná* que ella atrae. **El tercer discernimiento** es *la Luz de Jasadim* que se eleva de abajo hacia Arriba por medio del *Zivug de Akaá*, esta es llamada *Or Jozer* que se eleva y extiende solamente desde el *Neetzal*, debido a la detención mencionada arriba.

El cuarto discernimiento es la Luz de la *Gvurá Ilaá* (superior); es decir, *Bjiná Bet*, que es el *Aviut de Biná* que ella adquirió por su intensificación. **El quinto discernimiento** es la *Gvurá Tataá* (inferior); o sea, *Bjiná Dálet*, donde la intensificación del deseo es activado en la *Luz de Jasadim* que fue agregada por parte del *Neetzal*, lo cual es llamado "*Kli de Maljut de Or Yashar*", de manera que esta *Gvurá* es el *Kli* de las diez *Sfirot*; recuerda esto.

Sabe que el *Masaj* que se encuentra en el *Kli de Maljut* es la raíz de la oscuridad, es decir en la fuerza de detención existente en el *Masaj*, sobre la luz Superior que no se expandirá en *Bjiná Dálet*, siendo también la raíz del esfuerzo para recibir recompensa, pues el asunto del esfuerzo es un aspecto que no se encuentra en el deseo, por el hecho de que el trabajador solamente en el descanso [se siente} cómodo., pero debido a que el dueño de casa [el anfitrión] le está pagando un salario, se encuentra que él anula su voluntad ante la voluntad del anfitrión.

Sabe que aquí en este mundo, no hay ninguna realidad o conducción que no esté enraizada con los *Mundos superiores*, pues desde allí se extienden sus ramas hacia los mundos inferiores, hasta que son reveladas a nosotros en este mundo. Y es así que ves que tanto el trabajo como el esfuerzo están enraizados en el *Masaj* que se encuentra en el *Kli* de *Maljut*, el cual detiene la Luz superior la misma que es deleitable para ella, por causa de que el *Maatzil* (Emanador) quiere [hacerle] disfrutar, y todo lo que es un Pensamiento en quien Emana es una ley obligatoria y necesaria en el emanado, claro que el *Kli* no tiene necesidad de la acción, sino que Su Pensamiento lo completa., por tal razón elige por sí mismo no recibir la Luz Superior, de manera que no llegará junto a la disparidad de forma (*Panim Masbirot*, "Rama uno").

De esto se deduce que la medida de la fuerza de restricción que se encuentra en el *Masaj* es igual a la medida del esfuerzo. En tanto que el asunto de la recompensa que el Anfitrión da al trabajador, está enraizada en *Or Jozer* que emerge por medio del *Zivug de Akaá*, pues el *Masaj* se ha transformado en una raíz para *Or Jozer*. De esto resulta que ella vuelve a ser *Kéter* para estas diez *Sfirot de Or Jozer*, así como para *Or Yashar*, tal como será explicado más adelante, que todo este beneficio le llegó debido al acto de detención.

De lo explicado anteriormente, [se deduce] que todo el asunto de las diez *Sfirot* no son sino un *Kli* el cual es llamado *Maljut*, sino que para completar su forma, se la ha distinguido con tres raíces, que son las *Bjinot*: *Jojmá*, *Biná* y, *ZA* las mismas que se extienden una de la otra. Debes saber que esta *Maljut* aún se encuentra contenida en *Or Ein Sof* que es antes del *Tzimtzum*, el cual es llamado *Maljut de Ein Sof*, ya que en ella se llevó a cabo el asunto del *Tzimtzum Alef* (la primera restricción).

Tal como está escrito en *Panim Masbirot*, "Rama uno", que por causa de la equivalencia de forma con el *Maatzil*, incrementó su deseo de recibir en *Bjiná Dálet*, con lo cual se extiende hacia ella desde el *Ein Sof* la *Luz de Kav* (línea), ya que la *Luz de Kav* incluye toda la Luz que se extiende a los cinco mundos, los cuales son llamados: *Adam Kadmón, Atzilut, Briá, Yetzirá* y, *Asiyá*. Pues esta Luz generalmente es denominada como *Kav*, de la palabra *Kav HaMidá* (La línea de la medida), a fin de ser extendida en todos los mundos, en una medida y número limitado en todos y cada uno de los mundos, de acuerdo a la forma del *Kli* de *Maljut* en ese mismo mundo, tal como está escrito ampliamente [dentro de dicho texto].

Y el asunto de los cinco mundos arriba mencionados, son en realidad el asunto de *Kéter* y las cuatro *Bjinot* conocidas en las diez *Sfirot*, pues el mundo de *AK* es el mundo de *Kéter*; el mundo de *Atzilut* es el mundo de *Jojmá*; el mundo de *Briá* es el mundo de *Biná*; el mundo de *Yetzirá* es el mundo de *Zeir Anpin*; y el mundo de *Asiyá* es el mundo de *Maljut*. Sin embargo, en todos y cada uno de los mundos hay diez *Sfirot*, y cada *Sfirá* de las diez *Sfirot* de ese mundo también está incluida de diez *Sfirot*, tal como está escrito al interior [del libro].

Y el asunto de su división en cinco mundos tal como se ha escrito arriba, se debe a que desde un comienzo el *Kli* de *Maljut* necesita estar integrado por todas y cada una de las *Sfirot* hasta *Kéter*. Esto ocurre en *Hitpashtut Alef* (la primera expansión) *de AJaP de AK*, puesto que allí se encuentra integrada a *ZON*. En *Hitpashtut Bet* (la segunda expansión) *de AJaP*, esta estaba integrada a *Biná*. Y en el mundo de *Nekudim*, esta estaba integrada a *Jojmá*, y en el mundo de *Atzilut* esta estaba integrada a *Kéter*.

Y ya que *Maljut* ha sido integrada en todas y cada una de las *Sfirot*, entones da comienzo el mundo de *Tikkún* (la corrección), cuyo *Rosh* es el Mundo de *Atzilut* antes mencionado, es decir que allí es donde la Luz de *Ein Sof* se viste en *Bjiná Alef*. Después la Luz de *Ein Sof* se viste en *Bjiná Bet*, creando el mundo de *Briá*. A continuación [esta] se viste en *Bjiná Guimel*, [de lo cual] emerge el mundo de *Yetzirá*. Y [finalmente] se viste en *Bjiná Dálet*, con lo cual se crea el Mundo de *Asiyá*, tal como será esclarecido interna y ampliamente, [el] cómo todos estos provienen uno del otro por medio de la obligación de precedente y consecuente, [y cómo estos] están vinculados uno al otro.

4) De antemano necesitamos entender la cualidad de cada uno de los mundos *AK* y *ABYA* los cuales explicaré uno a uno. Empecemos con el Mundo de *Kéter*, que es el mundo de *Adam Kadmón*. Su primer *Kli* es el Mundo de *Akudim*. Esto es lo que dice *Rav ZaL* en La puerta de *Akudim*, Cap. tres, [el *ARI* escribió que] aquí todas las diez *Sfirot* emergieron, pero no todas ellas emergieron juntas. Al principio, solamente surgió *Maljut* en el aspecto del Mundo de *Akudim*. Y esta *Maljut* surgió en el aspecto de *Néfesh*, luego de lo cual el resto de las partes se extendieron y emergieron a través de *Kéter*.

Y cuando *Kéter* emergió, *Maljut* estaba completa con todas las cinco Luces internas *Néfesh*, *Rúaj, Neshamá, Jayiá* y, *Yejidá*. Sin embargo, estas aún carecían de todas las *Sfirot* tal como se mencionó anteriormente, pues emergieron incompletas. Por lo tanto, tuvieron que ascender y regresar al *Maatzil* (Emanador) para recibir su consumación. No obstante ahora, al retornar, *Kéter* regresó primero que todas.

Y cuando *Kéter* se elevó, la Luz de *Jojmá* se elevó al lugar de *Kéter*, *Biná* al lugar de *Jojmá*, *ZA* al lugar de *Biná* y, *Maljut* al lugar de *ZA*. Subsecuentemente, también *Jojmá* se elevó hacia el *Maatzil*. Entonces *Biná* se elevó tras de *Jojmá* hacia *Kéter*, *ZA* a *Jojmá* y, *Maljut* a *Biná*. Entonces *Biná* también se elevó, *ZA* se elevó a *Kéter* y, *Maljut* a *Jojmá*. Hasta que también *ZA* se elevó, y *Maljut* se elevó a *Kéter*, hasta que *Maljut* también se alejó [para ir] hacia el *Maatzil*.

Después de eso, nuevamente la Luz volvió del *Maatzil* y se expandió en ellas, aunque no en su orden inicial. Salvo que la Luz de *Kéter* no regresó sino que partió y permaneció oculta. Por lo tanto, la Luz de *Jojmá* salió en el *Kli* de *Kéter*, la Luz de *Biná* en el *Kli* de *Jojmá*, la Luz de *ZA* en el *Kli* de *Biná*, y la Luz de *Maljut* en el *Kli* de *ZA*. Permaneciendo el *Kli* de *Maljut* sin Luz en lo absoluto; hasta aquí sus palabras en resumen. Adicionalmente, las diez *Sfirot* de *Akudim* emergieron de abajo hacia Arriba. Siendo *Maljut* [la que] emergiera primero, luego *ZA*, después *Biná*, después *Jojmá* y, finalmente *Kéter*, hasta aquí sus palabras.

Debemos entender perfectamente el asunto de la salida de las diez *Sfirot* de Arriba hacia abajo y de abajo hacia Arriba mencionada en las palabras del *ARI*. Por supuesto que no se habla de las medidas de Arriba-abajo, [de] antes y después, que están en tiempo y espacio. Sino más bien, [se habla] en términos de precedente y consecuente, causa y efecto. Por lo tanto, ¿cómo es posible que la *Maljut* emerja primero, seguida de ZA, luego de *Biná*, hasta que *Kéter* –la cual es la raíz de todas ellas- emergiera al final? Lo cual aparentemente es sorprendente. Y ¿quién y qué dio [lugar] e invirtió los Superiores [dejándolos] abajo y a los inferiores Arriba?

El asunto es que el orden de las diez *Sfirot de Or Yashar* ya fue explicado arriba, las cuales son cinco grados uno debajo del otro; es decir, según la medida de *Hizdakjut* (purificación) de todas y cada una de las Luces de la iluminación densa que ha cambiado su forma; en otras palabras, la *Bjiná Dálet*. Puesto que *Bjiná Alef* vino a ser el aspecto de la ocultación en potencia, siendo la más importante en grado. Y *Bjiná Bet* la cual ya salió de potencia a la acción debido a que intensificó el deseo, siendo la disminución de *Bjiná Alef*, en tanto que *Bjiná Guimel* es la disminución de *Bjiná Bet*, [hasta llegar] a *Bjiná Dálet* que es la *Maljut*, la cual es la disminución de todas pues el *Aviut* en ella es mayor que en las demás.

También es sabido, que una vez que el *Kli* de *Maljut* emergió, este experimentó el *Tzimtzum Alef*, el cual es para no recibir en *Bjiná Dálet*. Debido a que esta fuerza que detiene es llamada *Masaj*, y en vista que *Or Yashar* desciende desde *Ein Sof* golpeando el *Masaj* en *Maljut*, entonces se lleva a cabo un *Zivug de Akaá*, de lo cual salen las diez *Sfirot de Or Jozer*, como está escrito dentro de (Rama tres).

Es así que en estas diez *Sfirot* de *Or Jozer*, los grados están invertidos [respecto] al valor de las diez *Sfirot de Or Yashar*. En las diez *Sfirot de Or Yashar* se encuentra lo más puro, [pues] lo más puro es más Alto y excelente. Sin embargo en las diez *Sfirot de Or Jozer* se encuentra todo lo más burdo, [siendo esto} lo es más Alto y excelente. Esto se debe a que *Maljut* es el *Kéter* y la raíz de estas diez *Sfirot de Or Jozer*, ya que su *Masaj* de disminución evita [y detiene] la Luz que desciende sobre su *Bjiná Dálet*. Así, *Maljut* vuelve a ser *Kéter*, [resultando con esto que] su final viene a ser su principio, tal como está escrito en *Panim Masbirot*, Rama tres.

De esto resulta que ZA recibe la *Luz de Kéter de Or Jozer*; por lo tanto, ZA es considerada un grado de *Jojmá*, en tanto que *Biná* es considerada un grado de *Biná* porque esta recibe de ZA, quien regresa a ser *Jojmá* como ya dijimos. Además, *Jojmá de Or Yashar* es considerada *Or Jozer* para ZA, ya que esta recibe la *Or Jozer* de *Biná*. En tanto que *Kéter de Or Yashar* es considerada *Or Jozer* para la *Maljut*, ya que esta recibe de ZA. Así encuentras que todo lo puro en grado será más bajo [o inferior] en mérito y elogio (calidad). Entiende eso perfectamente.

Sin embargo, las *diez Sfirot de Or Jozer* se unen e integran en los diez *Kelim*, uniéndose como una, encontrándose que todos los grados son de igual merito, ya que el nivel de *Maljut* es igual al de *Kéter* por parte de *Or Jozer*, dado que *Maljut* regresa a ser *Kéter*. De la misma manera ZA es igual a *Jojmá*, ya que ZA viene a ser el aspecto de *Jojmá de Or Jozer*. Y el nivel de *Jojmá* es igual al de *Kéter*, ya que *Kéter* viene a ser la que recibe *Or Jozer* de ella, así como *Jojmá* recibe *Or Yashar* de *Kéter*.

Y ya que el nivel de ZA es igual a *Jojmá* y, *Jojmá* a *Kéter*, de esto se entiende que el nivel de ZA también es igual al de *Kéter*. De esto se deduce que por motivo de la salida de las diez *Sfirot de Or Jozer* desde *Bjiná Dálet*, todos los grados en las diez *Sfirot* han sido igualados, en un mismo nivel a través de *Kéter*.

5) Es así que las diez *Sfirot* del mundo de *Akudim* se ocultaron nuevamente. Y necesitamos entender la razón de su partida. El *ARI* dice que la razón es que cuando estas emergieron, emergieron incompletas, y por lo tanto partieron una vez más para recibir su consumación.

Sin embargo, necesitamos entender los asuntos de la carencia y el *Tikkún* que llegaron a estas a través de esta partida. Aquí el *ARI* escribió que la carencia se debió a que *Kéter* emergió solamente en *Bjiná Néfesh*, y en otro lugar, él escribió que la carencia fue porque *Or Pnimí* y *Or Makif* salieron de una misma abertura, habiendo colisionado una con la otra, como él escribe en *Heijal AK, Shaar Vav, Shaar HaAkudim*, Cap. 1.

Luego llegaron los *Teamim* inferiores que están debajo de las *Otiot* (letras), las cuales son Luces que emergen a través de *Pe de AK*, y de ahí hacia afuera. Así es como aquí las Luces se unieron en una unión completa, ya que de esta manera salen a través de un solo canal. Y en vista que las Luces circundantes y las Luces internas se han unido juntas, por tal razón, de aquí empezó a crearse el aspecto de los *Kelim*.

Por esta razón, las cinco Luces internas y circundantes emergieron atadas juntas, por lo cual son llamadas *Akudim*, del verso: "y ató a *Itzjak*". Así, cuando estas emergieron juntas fuera de *Pe*, atadas juntas, chocan una con la otra y, sus choques engendran la existencia de los *Kelim*. Esto significa que las Luces en *Ozen* y *Jótem* [existen] debido a que *Or Pnimí* se expande a través de los orificios izquierdos de *Ozen* y de *Jótem*, en tanto que *Or Makif* se expande a través de los orificios derechos de *Ozen* y *Jótem*. Por lo tanto estas permanecieron y no se separaron, ya que hay un *Kli* especial para *Or Pnimí* y un *Kli* especial para *Or Makif*.

No obstante en la Luz de *Pe*, donde hay solamente un orificio, *Or Pnimí* y *Or Makif* estuvieron en un [mismo] *Kli*. Por lo tanto, estas estuvieron golpeándose una a la otra, y como resultado de esto la Luz partió y los *Kelim* cayeron hacia abajo. En otras palabras, estos cayeron desde su altura, [con lo cual] fue agregado mayor *Aviut* al *Aviut* previo, y con esto se crearon los *Kelim*, ya que esto es la partida de la Luz completa y complementaria de los *Kelim*.

Para entender adecuadamente el asunto de los dos orificios de *Ozen*, *Jótem* y de *AK*, el asunto de un orificio en *Pe de AK*, y el significado de las cinco internas y cinco circundantes, el *Bitush*, los *Kelim* y el *Ibui* (engrosamiento, agregación de *Aviut*), Yo necesito extenderme, ya que las palabras del *ARI* respecto a estos asuntos son absolutamente resumidas, en especial con respecto a las circundantes, donde él aparentemente se contradice a sí mismo en todas y cada una de sus interpretaciones.

Una vez él dijo que desde *Jotem* [hacia abajo] habían cinco Luces internas *KaJaB ZON* y, por sobre *Jotem* cinco Luces circundantes *KaJaB ZON*, pero que desde *Pe* hacia abajo, las circundantes de *Biná* y *ZON* cesaron y no permanecieron sino solamente dos circundantes, *Kéter* y *Jojmá*, [así como] los cinco *Partzufim KaJaB ZON*. Y en otra ocasión, él dijo que del mundo de *Nekudim* hacia abajo, las circundantes inferiores habían cesado, pero que en las Luces de *Pe* aún hay cinco Luces circundantes y cinco Luces internas. Y en otra ocasión, él dijo que en todo *ABYA* hay cinco internas y cinco circundantes, y [así] otras contradicciones.

6) Yo vine a extenderme dentro del libro, y aquí solamente resumiré para no alejarme del asunto. Ha sido explicado en Rama uno y en Rama cuatro en el orden de las diez *Sfirot*, con respecto a las cuatro *Bjinot* de diez *Sfirot* de *Or Yashar* y *Or Jozer*, que en cada diez *Sfirot* hay dos *Bjinot* de *Hitpashtut* (expansión) y dos *Bjinot* de *Hitabut* (incremento de *Aviut*), los cuales se expanden desde la raíz que es *Kéter* de estas diez *Sfirot*.

La que primero se extiende es *Jojmá*, siendo ella el aspecto de *Hitpashtut* en desarrollo, es decir que esta *Hitpashtut* contiene toda la Luz que se extiende desde *Ein Sof* hacia este *Neetzal*, el *Kli* que es llamado *Or HaAv* (la Luz densa); en otras palabras, [se trata] del deseo de recibir contenido en la *Hitpashtut* de la Luz, ya que debido a esto adquiere disparidad de forma con el *Maatzil* en quien no hay el aspecto de recepción y, por eso llega a ser más oscuro que la Luz, sin que exista aún en él la revelación en este *Hitpashtut* en desarrollo. Todo lo demás que no lo intensifica en un deseo distinto lo añade en una abundancia adicional a la medida de su *Hitpashtut*, no obstante se encuentra incluida de la Luz densa como dijimos antes, por parte del *Maatzil* que es quien desea otorgar sobre esta.

Por esta razón este estaba obligado a revelar su *Kli* de recepción a fin de llevarla de potencial al acto. Por lo tanto este se hace más grueso por medio de su propagación, es decir que intensifica su deseo para continuar agregando más abundancia respecto a la medida de su *Hitpashtut*. Este es el *Hitabut* que fue hecho en este *Hitpashtut* definido según su propio nombre, debido a su intensificación, siendo llamado *Biná*, porque es más oscuro que *Or Jojmá*, en el cual el deseo de recibir fue revelado en acto.

Esta *Biná* aún no es adecuada para ser un *Kli* en realidad, ya que su esencia es de *Jojmá* como fue dicho antes, salvo que esta es la raíz del *Kli*, puesto que el *Kli* no puede desarrollarse completamente excepto por el *Hitabut* (engrosamiento) hecho en la segunda *Hitpashtut*, la cual es llamada "*Hitpashtut* a través de una ventana", lo que significa que la abundancia adicional que *Biná* extrajo a través de su intensificación se extiende de ella hacia afuera, adquiriendo el nombre de *Or Jasadim*, [que es] el opuesto a la primera *Hitpashtut* de ensanchamiento, llamada *Or Atzmut* (Luz de Esencia).

Aquí la *Hitpashtut* que se extiende desde *Biná* a través de una ventana es llamada *ZA*, también se engrosa mediante su *Hitpashtut*, tal como el primer *Hitpashtut*; es decir, que también este se intensifica para extender abundancia adicional en mayor medida que su *Hitpashtut* desde *Biná*, ya que con esto hace real el *Kli* de recepción contenido en éste, y así a este segundo *Hitabut* le es dado su propio nombre, ya que a través de esta intensificación, este se hizo más oscuro que la Luz de *Hitpashtut*, y es llamado *Maljut*.

Así en *Bjiná Dálet* que es el *Hitabut* que se hizo en la *Hitpashtut* a través de la ventana, la cual es llamada *Maljut*, es el *Kli* de recepción completo, y no las tres *Bjinot* que la preceden, pues hacia ellas se descuelgan solamente para revelar a esta cuarta *Bjiná*.

Sobre ella pasa el secreto del *Tzimtzum Alef* (Primera restricción), evitando ella misma recibir la abundancia en esta *Bjiná Dálet*, debido a la disparidad de forma revelada en ésta, dicha fuerza que detiene es llamada *Masaj o Pargod* (cortina), lo que quiere decir que esta retiene a la abundancia de iluminar y extenderse por sí misma.

Y entiende, este es todo el discernimiento que se hizo entre el primer *Hitabut* en la *Hitpashtut* extendida, y el *Hitabut* que fue hecho en la *Hitpashtut* a través de la ventana, porque en el primer *Hitabut* no existe un *Tzimtzum* que gobierne allí. Por eso es adecuada para la recepción de la Luz, por lo cual es llamada "una ventana", es decir que recibe, tal como la casa que recibe la luz del día a través de la ventana que está en ella, lo cual no sucede con el segundo *Hitabut* puesto que la fuerza del *Tzimtzum* gobierna sobre éste evitando a sí misma recibir la abundancia en su *Aviut*, razón por la cual es llamado *Masaj*, debido a que detiene la Luz.

Y después de que *Bjiná Dálet* apareció con su *Masaj*, la Luz se extendió a esta otra vez, y el *Masaj* la detiene tal como fue mencionado anteriormente, por consiguiente, un *Zivug de Akaá* se llevó a cabo en este, emergiendo de esto diez *Sfirot de Or Jozer*, como está escrito en Rama tres. El orden de estas diez *Sfirot* es opuesta a la de las diez *Sfirot de Or Yashar*, las cuales emergen de abajo hacia Arriba, ya que el *Masaj* que provocó esa gran Luz, y que es su raíz, se ha convertido en *Kéter*.

Este es el significado de: "su final está incrustado en su comienzo", tal como *Kéter* es el comienzo y el *Rosh* de las diez *Sfirot de Or Yashar*, así el final que es *Maljut*, se ha convertido en el comienzo y en el *Rosh* de las diez *Sfirot de Or Jozer*. Así, *Maljut* ha retornado para ser *Kéter* para estas diez *Sfirot*, y *ZA* de las diez *Sfirot de Or Yashar* ahora se ha convertido en *Jojmá*, ya que el primer receptor desde la raíz es llamado *Jojmá*, siendo similar con el resto, a través de *Kéter* de *Or Yashar*, la cual ha preparado a la *Maljut* en las diez *Sfirot de Or Jozer*, a fin de que esta reciba de *ZA* de *Or Jozer*, que es *Jojmá* de *Or Yashar*.

De esto resulta que en las diez *Sfirot KaJaB ZON de Or Yashar*, los grados son examinados de acuerdo a la pureza a partir la Luz densa, ya que todo lo más puro es más Alto y más importante, en tanto que en las diez *Sfirot KaJaB ZON de Or Jozer*, los grados son examinados de acuerdo al *Aviut*, donde entre mayor es el *Aviut* en el grado, más Alto e importante es éste. Y con esto se encuentra que las diez *Sfirot* superiores *de Or Yashar* estarán debajo de las diez *Sfirot de Or Jozer*, y que las diez *Sfirot* inferiores *de Or Yashar* estarán por encima de las diez *Sfirot de Or Jozer*.

Las primeras diez *Sfirot* que se extienden desde *Ein Sof* son llamadas *Adam Kadmón*, y son las raíz de los *Kelim de Rosh*, por lo tanto las diez *Sfirot* son nombradas como las diez *Sfirot* del *Kli de Rosh*, es decir *Galgalta, Eynaim Oznáim*, los cuales son *KaJaB* de las diez *Sfirot de AK*, en tanto que *Jótem* y *Pe* son *ZA* y, *Maljut* son las diez *Sfirot de AK*. Y es sabido que las diez *Sfirot* están integradas una en la otra, tal como está escrito al interior [del libro]. Por lo tanto, todas y cada una de las antes mencionadas *Galgalta, Eynaim* y, *AJaP*, se expanden en diez *Sfirot*. Está prohibido hablar de las diez *Sfirot* que se extienden en *Galgalta veEinaim*, que son *Kéter* y *Jojmá* de las diez *Sfirot de AK*, [pues] no tenemos relación con estas, [por lo tanto] nosotros empezamos a hablar desde *AJaP* hacia abajo; es decir, desde *Biná* y *ZON de AK*.

Es sabido que las diez *Sfirot* son *Kéter* y las cuatro *Bjinot JuB ZON*, en las cuales hay *Or Pnimí* y *Or Makif*; esto significa que ya se vistieron en el *Kli* llamado *Or Pnimí*, y lo que aún no ha sido vestido [en dicho] *Kli* es llamado *Or Makif*, de lo cual resulta que en cada una de las diez *Sfirot de AJaP de AK* hay cinco internas *KaJaB ZON* y, cinco circundantes *KaJaB ZON*.

7) Ahora explicaremos las cualidades inherentes a *Or Pnimí* y *Or Makif* que se encuentran incluidas de las diez *Sfirot de AK*. Aquí ya ha sido explicado el asunto de las diez *Sfirot de Or Yashar* y las diez *Sfirot de Or Jozer* que hay en cada *diez Sfirot*, ya que en aquellas diez *Sfirot de AK* también hay diez *Sfirot de Or Yashar* desde *Kéter* hasta *Maljut*, y así mismo, diez *Sfirot de Or Jozer* dese *Maljut* hasta *Kéter*, y es así que *Or Yashar* se extiende y llega en totalidad a este *Neetzal*. Sin embargo, las diez *Sfirot de Or Jozer* no han sido extendidas completa e inmediatamente hacia este *Neetzal*, sino que se extienden en medio de todos los *Partzufim* emanados a partir de *Adam Kadmón*.

El asunto es que todo lo que se extiende desde el Maatzil se extiende total y completamente, ya que estas son las diez *Sfirot de Or Yashar*. Esto no sucede con las diez *Sfirot de Or Jozer* que se extienden desde el *Neetzal*, es decir por la fuerza que se encuentra en *Bjiná Dálet* y que es llamada *Masaj* tal como mencionamos anteriormente, [pues] estas no emergen inmediatamente, sino que cada *Neetzal* tiene una parte de estas, y se reproducen y multiplican con respecto a la gran cantidad de *Neetzalim* (pl. *Neetzal*), como está escrito al interior. Y con esto entenderás, que las diez *Sfirot de Or Yashar* y una parte de las diez *Sfirot de Or Jozer* son *Or Pnimí*, en tanto que la inclusión de *Or Jozer* es *Or Makif*.

Ya ha sido explicado arriba que hay dos *Nukvot* (pl. de *Nukva*) en las diez *Sfirot*, es decir *Hitabut* que está en la *Hitpashtut* extendida y, el *Hitabut* que está en la *Hitpashtut* a través de una ventana, las cuales son llamadas *Biná* y *Maljut*. Debes saber que *Biná* es discernida como un *Kli* interno en el cual se viste todo el *Or Pnimí*, en tanto que *Maljut* es el *Kli* externo, en el cual se viste todo el *Or Makif*. Esto significa que *Or Makif* está conectado a esta, a fin de estar por sobre el *Masaj* que no es apropiado para la recepción debido a la fuerza que detiene en este, sino que este es la raíz de las diez *Sfirot de Or Jozer*.

Así se ha explicado adecuadamente las cualidades de *Or Pnimí* y *Or Makif*, al igual que las cualidades del *Kli* interno y el *Kli* externo. Y con esto quedan claras las palabras del *ARI* traídas arriba en el punto 5 con respecto a las cinco interiores y las cinco circundantes, las cuales emergieron atadas una a la otra a través de *Pe de AK*. Esto concierne a lo que él explico en *Shaar TaNTA*, Cap. 1, que *Or Pnimí* y *Or Makif* de las diez *Sfirot de Oznáim*, al igual que *Or Pnimí* y *Makif* de las diez *Sfirot de Jótem*, emergieron en dos *Kelim*: un *Kli* interno para *Or Pnimí* y un *Kli* externo para *Or Makif*, las cuales están alejadas una de la otra, ya que las cinco circundantes de *KaJaB ZON* salen del orificio derecho de *Ozen*, en tanto que del orificio izquierdo de *Ozen* salen las cinco internas *KaJaB ZON*; y de la misma manera sucede en *Jótem*.

Por lo tanto, se nos dice acá que en las diez *Sfirot de Pe de AK* no hay dos *Kelim* específicos aquí, sino que ambas, las cinco internas y las cinco circundantes, emergieron atadas en un solo *Kli* que es el *Pe* llamado *Maljut de AK*, es decir *Bjiná Dálet*, pero que el *Kli* interno el cual es *Bjiná Bet* y la *Bjiná de Biná*, no existe aquí.

Y acerca de esto se puede cuestionar: ¿Cómo es posible que *Or Pnimí* que se encuentra en las diez *Sfirot de Or Yashar* se vista en el *Kli de Pe*, el cual es la *Bjiná Dálet* que fue erigida con un *Masaj*, y que no es apropiada para la recepción? El asunto es que *Maljut* en sí misma es discernida con cuatro *Bjinot* particulares [distintas] llamadas: *Atzamot* (huesos), *Guidim* (tendones), *Basar* (carne), y *Or*[37] (piel). Los *Atzamot* de *Maljut* indican el *Etzem* (hueso, pero también "esencia") de su estructura. Esta es la *Bjiná de ZA* en realidad; es decir la *Hitpashtut* a través de una ventana, excepto que esta ha ganado *Aviut* por medio de su *Hitpashtut* debido a la intensificación del deseo de extender más abundancia en su *Hitpashtut* desde *Biná*.

Por esta razón, esta es definida con un nombre de acuerdo a sí misma, de tal manera que dos *Bjinot* son discernidas en esta: *Bjiná Alef* que son los *Atzamot* que se encuentran en esta, la cual es parte de *ZA* y, *Bjiná Bet* que es el *Aviut* agregado en ella debido a su intensificación, lo cual es llamado *Guidim*. Y lo que esta toma de la fuerza del *Tzimtzum*, es decir la fuerza que detiene para no recibir abundancia en esta Luz densa que es llamado *Masaj*, la misma que es la poseedora del *Zivug* de las diez *Sfirot de Or Jozer*, es la *Bjiná Dálet* en *Maljut*, llamada *Or* (piel). Y *Or Jozer* que se eleva desde el *Masaj* por la fuerza del *Zivug*, es llamada *Basar*, y esta es la *Bjiná Guimel* de *Maljut*.

Y así encuentras que la *Maljut* también está contenida en la *Hitpashtut* de *Biná*. Además, esta es de hecho la esencia de su estructura, y entenderás que los *Atzamot* en *Maljut* llegan a ser el *Kli* interno para las cinco Luces internas de *Pe*, y la *Bejina* de *Or* (piel) en esta llega a ser un *Kli* externo para las cinco Luces circundantes de *Pe*. [Con esto] ha sido completamente aclarado cómo las cinco internas *KaJaB ZON* y las cinco circundantes *KaJaB ZON*, emergieron en un solo *Kli* el cual es *Maljut*, en cuya esencia hay también dos *Kelim*, uno interno y otro externo, aunque conectados uno al otro, ya que las cuatro *Bjinot* son un solo *Kli*; [o sea], *Maljut*.

8) Y ahora explicaremos el asunto del golpe y el *Bitush* que ocurrieron entre *Or Makif* y *Or Pnimí* debido a que entre estas se encuentra la causa de sus ataduras en un solo *Kli*. Fíjate

---

37 (N. del E.): **En hebreo las palabras "luz" y "piel" se pronuncian de la misma manera pero se escriben en forma diferente.** *Or* אור (luz) se escribe con la letra *Alef* "א", en tanto que *Or* - עור (piel) se escribe con la letra *Ayin* "ע".

en *El árbol de la Vida, en Heijal AK, Shaar 2*, pág. 3, así como en *Shaar Akudim*, Cap. 2, que la naturaleza de *Or Pnimí* es purificar al *Kli* que está revestido de diez *Sfirot*. Por lo tanto, en vista que en las diez *Sfirot de Pe de AK - Or Pnimí* y *Or Makif* estuvieron atados en un solo *Kli* en *Maljut*, *Or Pnimí* estaba yendo y purificando el *Kli de Maljut* grado por grado, siendo esta la razón de la partida de las diez *Sfirot de Pe*, que es llamado "*Olam Akudim*" (El mundo de *Akudim*).

El asunto es que esto ya ha sido explicado en los puntos 6 y 4, pues las diez *Sfirot de Or Jozer* son de valor opuesto a las diez *Sfirot de Or Yashar*. Esto es así porque en las diez *Sfirot de Or Yashar* los grados se elevan uno encima del otro según su pureza, hasta la raíz que es lo puro que se encuentra en todas [ellas]. Sin embargo en las diez *Sfirot de Or Jozer*, los grados se elevarán uno sobre otro según su *Aviut*, hasta la raíz que es la más densa de todas, lo cual es la *Bjiná Dálet*, en tanto que *Maljut* volvió a ser *Kéter* otra vez. También, *Bjiná Guimel* es *Jojmá*, *Bjiná Bet* es *Biná*, *Bjiná Alef* es *ZA*, y *Kéter* es considerada *Maljut*.

Al comienzo el *Masaj* fue purificado por un grado. Esto significa que la forma densa de la Luz de *Bjiná Dálet* fue purificada y adquirió la forma de *Aviut de Bjiná Guimel*. Esto es considerado como que la Luz de *Maljut* partió de su lugar y se elevó al *Kli de ZA*, debido a que también *Or Yashar* se expandió desde *Ein Sof* sobre el *Masaj*, [con lo cual] entonces también la fuerza de detención controló al *Masaj* hasta que se llevó a cabo el *Zivug de Akaá*, emergiendo las diez *Sfirot de Or Jozer* del *Masaj de Bjiná Guimel*.

Sin embargo ya no están en el nivel de *Kéter* como estuvieron inicialmente, sino en el nivel de *Jojmá*. Esto se debe a que el *Aviut de Bjiná de ZA* y *Bjiná Guimel de Or Yashar* tienen el mismo valor de *Jojmá* en *Or Jozer*, resultando que el *Masaj* no regresó a ser *Kéter* por causa de *Or Jozer*, sino que volvió a ser *Jojmá*. Y luego de que se purificó más y recibió la purificación de *Bjiná Bet*, la cual es *Biná*, también allí se expandió hacia ella *Or Yashar* hasta el *Zivug de Akaá* y la elevación de *Or Jozer*, no obstante se encuentra en el nivel de *Biná*, y como el *Aviut de Bjiná Guimel* y *Bjiná Dálet* se perdieron, esta perdió las dos primeras *Sfirot de Or Jozer*.

Subsecuentemente, esta se purifico en mayor grado y recibió la purificación de *Bjiná Alef*, copulando también con esta *Or Yashar de Ein Sof* y [como consecuencia de esto] *Or Jozer* se elevó; sin embargo en el nivel de *ZA* está faltando también la *Bjiná de Biná*. Después de esto, se purificó incluso más hasta la forma de *Shóresh* (Raíz), la cual se elevó por sobre *Kéter*. En ese momento no quedó más *Aviut* en el *Masaj* en lo absoluto; por lo tanto no hubo más *Zivug de Akaá* en *Or Yashar* en esta. Por esta razón, *Or Jozer* desapareció completamente de las diez *Sfirot de Akudim*; y fíjate al interior [del libro] en Rama tres y Rama cuatro, en donde [esto] está explicado extensamente.

Y así ha sido clarificado que debido a que también *Or Pnimí* está vestido en el *Kli de Maljut*, por tal razón este va y se purifica grado por grado, y por medio de su purificación las diez *Sfirot KaJaB ZON de Or Jozer* se van y desaparecen. Porque al momento de su elevación a *Bjiná Kéter*, nuevamente el *Masaj* pierde toda su propiedad para elevar *Or Jozer*. Debido a esto también las diez *Sfirot de Or Yashar* partieron con él, ya que *Or Yashar* y *Or Jozer* están conectadas y son dependientes la una de la otra.

9) Para explicar esto, procederé a aclarar el asunto del estado de las diez *Sfirot* con la figura de *Sgolta de Teamim* (puntuación de *Segol*), como este ∴, en donde [en forma representativa] *Kéter* es la que se encuentra arriba en el centro, debajo a la derecha de ésta está *Jojmá*, y a su izquierda se encuentra *Biná*. Necesitas entender eso, porque -Dios no permita- entenderlo como una descripción de lugares que son imaginarios para el ojo corporal. Así como el asunto de *Panim VePanim* (cara a cara) y *Ajor VeAjor* (espalda con espalda) lo cual rige en las diez *Sfirot*, y Dios no permita haya aquí ni posterior ni anterior [en relación a algo corporal].

El asunto es que esto ya ha sido explicado en las cuatro *Bjinot de Or Yashar* que se expanden desde *Ein Sof* y que son *Kéter*, ya que la *Hitpashtut* de *Kéter* es llamada *Jojmá*, la misma que se engrosa mediante su *Hitpashtut* el cual es la intensificación del deseo de extender mayor abundancia respecto a la medida de su *Hitpashtut*; por lo tanto es considerada como dos discernimientos: *Bjiná Alef* es la que se encuentra incluida de toda la Luz que se expande desde *Ein Sof* hacia este *Neetzal* llamado *Jojmá*, y *Bjiná Bet* es el *Hitabut* que adquirió por medio de la intensificación del deseo de extender una nueva abundancia, llamada *Biná*.

Por esta razón, hay tres discernimientos en la *Sfirá Biná*: el primer discernimiento es su propia estructura, que es una parte de *Jojmá* en sí misma. El segundo discernimiento es la Luz que se ha hecho densa en ésta, es decir a través de la intensificación para extender una nueva abundancia desde *Kéter*. El tercer discernimiento es la esencia de la abundancia que esta extrae desde *Kéter*, llamada *Or de Jasadim*, que es inferior a *Or Jojmá* que se extiende directamente desde el *Maatzil*, lo cual no ocurre con la Luz de *Biná* pues esta extrae desde *Jojmá*, la cual se extiende directo desde el *Maatzil*. No así la Luz desde *Kéter*, la cual se extiende por medio de su intensificación previa que se hizo densa para ella.

Y así cuando *Biná* atrae la *Luz de Jasadim* desde *Kéter*, esta no atrae la Luz de *Jojmá* desde la *Sfirá* de *Jojmá*, y por lo tanto esto es considerado ser *Ajor VeAjor* con *Jojmá*. De esto resulta que *Or Jojmá*, que es la Luz de Su Esencia de las diez *Sfirot* generales que se encuentran en este *Neetzal*, cesa desde esta, porque *Biná* ha volteado su *Panim* para extraer *Or de Jasadim* desde *Kéter*.

No obstante cuando *Bjiná Dálet* aparece, y las diez *Sfirot de Or Jozer* que se extienden desde ella, la cual es también el aspecto de la *Luz de Jasadim*, está en mayor medida que el resto de la *Luz de Jasadim* que se encuentra en *Biná*, entonces *Biná* ya no necesita atraer *Or Jasadim* desde *Kéter*, ya que esta recibe abundantemente de *Or Jozer de Maljut*, por esta razón, esta vuelve su *Panim* de regreso a *Jojmá* y nuevamente se nutre de la *Luz de Jojmá*, entonces en ese momento también la *Luz de Jojmá* es atraída abundantemente en las diez *Sfirot* generales que están en el *Neetzal* y, esto es llamado *Panim VePanim de JuB*, que se ganaron a través de *Or Jozer* que se eleva desde *Maljut*.

Sin embargo antes del exilio del *Kli de Maljut*, *Biná* colocó su *Panim* hacia *Kéter*, ya que este es el estado de *Sgolta de Teamim*, debido a que *Biná* está debajo de *Kéter* tal como *Jojmá*, solamente que *Jojmá* atrae la Luz de *Atzmut* desde *Kéter*, en tanto que *Biná* atrae Luz de *Jasadim* desde *Kéter*. Y en vista que la Luz de *Atzmut* es la Luz General que se encuentra en el *Neetzal*, por tal razón *Jojmá* es considerada el aspecto de la "derecha" y, la Luz de *Jasadim* es considerada el aspecto de la "izquierda", debido a que esta está acoplada con *Gvurá*.

Así hemos explicado que la Luz de *Atzmut* no puede esparcirse en todas las diez *Sfirot de Or Yashar* en lo absoluto, por causa de que *Biná* está *Ajor VeAjor* con esta, excepto por medio del *Zivug de Akaá* [que se lleva a cabo] en el *Masaj* que se encuentra en el *Kli* de *Maljut*, ya que entonces [en ese momento], *Biná* no necesita más *Or de Jasadim*, volviendo a estar *Panim VePanim* con *Jojmá*.

De esto resulta que cuando las diez *Sfirot de Or Jozer* partieron del mundo de *Akudim*, también la Luz de *Atzmut* de las diez *Sfirot de Or Yashar* partió junto con estas, puesto que *Or Jojmá* y *Or Jozer* dependen la una de la otra, y no permaneció allí en el Mundo de *Akudim* excepto el aspecto de *Ajoráim* de *Biná*, es decir su Luz de *Jasadim* y *Gvurá*.

Y con esto entenderás las palabras del *ARI* que trajimos arriba, que la naturaleza de *Or Pnimí* es purificar el *Kli* en el que se viste, ya que es el centro de *Or Jojmá* que se viste en la interioridad del *Neetzal* a través de *Biná* que vuelve a estar *Panim VePanim* con esta, ya que junto con esto los *Ajoráim de Biná* son purificados. Y en vista que los *Ajoráim de Biná*, lo cual es *Bjiná Bet*, es la raíz de *Bjiná Dálet*, y por cuanto la raíz es purificada, la rama; es decir, *Bjiná Dálet*, también es purificada junto con esta.

10) Ahora explicaremos el asunto del *Bitush* de las Luces internas con las Luces circundantes, ya que están atadas una a la otra, tal como presenté arriba en el punto 5, además traeré las palabras del *ARI* en *Shaar Akudim*, Cap. 5, donde él mismo explica el asunto del *Bitush* en forma explícita. Esto es en resumen lo que él escribió: Resulta que hay tres tipos de Luces [en la *Hitpashtut* de Luz en el mundo de *Akudim* y su partida de regreso al *Maatzil*]. La primera que se encuentra en todas; es decir, las Luces de *Akudim*, llamada *Teamim*. La segunda es el *Reshimó* de esa Luz que permanece después de su partida y es llamada *Taguín*. La tercera Luz es aquella Luz que llega a esta a través de la elevación de las *Sfirot*, ya que entonces esta es por medio de los *Ajoráim*, que son *Din*, siendo llamada *Nekudot*.

Y cuando la tercera Luz, llamada *Nekudot*, llega y golpea la segunda Luz, llamada *Reshimó*, que es *Rajamim*, estas se golpean y chocan una con la otra debido a que son opuestas, la una es *Or Yashar*, que es *Rajamim* y, la otra es *Or Jozer*, que es *Din*. Entonces las *Nitzotzin* caen desde *Or Jozer* que desciende el cual es *Din*, y aquellas *Nitzotzin* son una cuarta Luz distinta llamadas *Otiot* (letras). Estos son los cuatro discernimientos –*Teamim, Nekudot, Taguín y, Otiot*, los cuales fueron incluidos aquí en el asunto de los *Akudim*; etc. Además, estas *Nitzotzin* (chispas) que cayeron de *Or Jozer* que desciende son la ejemplificación de las 248 *Nitzotzin* del rompimiento de los *Kelim* en el mundo de *Nekudim*.

Interpretando sus palabras: con respecto a lo que ha sido explicado arriba concerniente al orden de la expansión de la Luz en el mundo de *Akudim*, en que primero la Luz se expande desde *Ein Sof* hasta [llevarse a cabo el] *Zivug de Akaá* en el *Masaj* que se encuentra en el *Kli* de *Maljut*, con lo cual diez *Sfirot de Or Jozer* emergieron de esta, de abajo hacia Arriba, tal como está escrito en el punto 6. Estas tienen una proporción invertida, donde las superiores de *Or Yashar* vienen a ser las inferiores en *Or Jozer*, ya que en las diez *Sfirot* de *Or Jozer* los grados disminuyen con respecto a la pureza, debido a que ZA es más pura que *Maljut* llegando a ser de grado menor a *Maljut*.

Pero esto es así solamente con respecto a *Jojmá* en las diez *Sfirot de Or Jozer*. En tanto que *Biná*, que es más pura que ZA, fue disminuida en grado, existiendo en ella solamente una medida de *Biná*. Y *Jojmá*, que es más pura que *Biná*, es disminuida en su grado y tiene solamente el valor de ZA. Y *Kéter* tiene el valor de *Maljut*, tal como está escrito allí al interior [del libro], en Rama tres.

Sin embargo luego de que *Or Yashar* y *Or Jozer* se unen y adhieren juntas, por tal razón se crea un valor igual, dado que todas y cada una de las Luces de las diez *Sfirot* estará en su nivel a través de *Kéter*, tal como está escrito en el Punto 4. Y esta es la generalidad del mundo de *Akudim*; es decir, la expansión y regreso de la Luz de *Ein Sof* desde *Kéter* a *Maljut* y desde *Maljut* a *Kéter*, y *Or Jozer* que se conjunta con *Or Yashar* en un mismo nivel a través de *Kéter*, es llamado *Teamim*, o también, *Hitpashtut Alef de Akudim*.

Esto ha sido explicado arriba (Punto 8) que debido a que *Or Pnimí* se viste en el *Kli* de *Maljut* cuya naturaleza es purificar al *Kli*, a causa de lo cual va y purifica el *Masaj* grado por grado, ya que en el principio este recibe la purificación en *Bjiná Guimel*, siendo considerado que el *Masaj* se elevó a ZA. En ese momento, *Or Ein Sof* se expande una vez más desde *Kéter* hasta el *Masaj* que se encuentra en el *Kli* de ZA, y desde ZA a *Kéter*, ya que con esto disminuye el valor de *Or Jozer* que se eleva desde el *Masaj* hasta el grado de *Jojmá*; en una medida similar a la de ZA de *Or Jozer*. De la misma manera, los grados descienden en la *Hizdakjut* (purificación) del *Masaj* a través de la *Hizdakjut* de *Bjiná Kéter de Or Yashar*, en cuyo momento el *Masaj* es anulado y el *Zivug de Akaá* cesa.

Así es la generalidad de esta *Or Jozer*, que desciende grado por grado hasta que desaparece completamente, siendo llamada "la Luz de *Nekudot*". Esto es así porque el *Masaj* se extiende desde el punto del *Tzimtzum*, y por lo tanto también detiene a *Or Yashar* de venir y expandirse dentro de sí, tal como el punto medio del *Tzimtzum Alef* que se atavió a sí mismo y dejó la Luz en este, y eligió decididamente por la *Hizdakjut* de su *Aviut*, a fin de igualar su forma con la del *Maatzil*, tal como ha sido explicado en detalle en *Panim Masbirot*, Rama uno. Por lo tanto, esta fuerza es impresa en el *Masaj*; es decir, el deseo de ser purificado.

Ahora explicaremos el significado del *Reshimó*, el cual es la Luz de *Taguín*. Es sabido que aunque la Luz parte, esta aún deja un *Reshimó* detrás de ésta; por lo tanto, la totalidad de la primera *Hitpashtut* del mundo de *Akudim* que se expandió y regresó desde *Kéter* a *Maljut* y de *Maljut* a *Kéter*, [provocó] que salieran de allí diez *Sfirot* cuyo nivel iguala a *Kéter* en *Or Pnimí*, y de la misma manera, diez *Sfirot de Or Makif*, como está escrito en el punto 7 [nota que aquí no hay un *Kli* distinto para *Or Pnimí* y un *Kli* distinto para *Or Makif*]. Este *Kli* en general es llamado *Kli de Kéter*, debido a que todas las diez *Sfirot* estaban al nivel de *Kéter*, y por eso aunque este *Hitpashtut* volvió y partió, no obstante un *Reshimó* de este permaneció, el cual preserva y mantiene la forma previa ahí, ya que no anulará totalmente debido a la partida de la Luz.

Con respecto a esto, entenderás cómo la Luz del *Reshimó* que permaneció de la *Hitpashtut Alef*, y *Or Jozer* ascendente que es la Luz de *Nekudot*, son opuestas, y se golpean una a la otra. Esto es así porque la Luz del *Reshimó* es fortalecida por la *Hitpashtut Alef*, donde *Or Yashar* se expandió a través del *Masaj de Bjiná Dálet*, y mucho desea que el *Masaj* permanezca específicamente en *Aviut* de *Bjiná Dálet*, ya que solamente a través de la virtud del *Aviut* excedente que se encuentra en *Bjiná Dálet* tiene este el valor del nivel de *Kéter*. Sin embargo la Luz de *Nekudot*, es decir el *Masaj* en sí mismo, se intensifica con todo su poder solamente para ser purificado de la Luz densa que está en él, la cual es discernida como *Din* (juicio) deseando ser completamente purificado para igualarse a la forma del *Maatzil*, ya que el primer inicio del punto de *Tzimtzum* ha sido impreso en este, siendo esta su raíz.

11) Ahora podremos entender la cuarta Luz, la cual cae a través del *Bitush* de la Luz del *Reshimó* con la Luz de *Nekudot*, la cual es llamada *Otiot*. Estas son el modelo de las 248 *Nitzotzin* en el rompimiento de los *Kelim* en el mundo de *Nekudim*. Además debes saber que en cada lugar que cita *El Zóhar*, los *Tikunim* (correcciones de *El Zóhar*) y en los escritos del *ARI*, la palabra *Nitzotzin* o *Natzatzin* o *Hitnotzetzut* hacen referencia a *Or Jozer*.

Esto es así debido a que la iluminación de *Or Yashar* es definida con el nombre *Orot* o *Nehorin*, en tanto que la iluminación de *Or Jozer* es definida con el nombre *Nitzotzin* o *Zikin* o *Hitnotzetzut*. Y con esto entenderás que el asunto de las *Nitzotzin* que cayeron a través del *Bitush* del *Reshimó* en *Or Jozer* descendente, también es considerado el aspecto del *Reshimó*, solamente que es un *Reshimó de Or Jozer*, y por lo tanto es definido con el nombre *Nitzotzin*.

El orden del descenso de *Or Jozer* ha sido explicado arriba (Punto 8), el cual desde un comienzo recibió la purificación de *ZA* [dando como] resultado el haber sido separada de *Bjiná Dálet*, la cual es el *Kli* real de *Maljut*. Y cuando *Or Ein Sof* nuevamente se expandió hacia el *Masaj* que se encuentra en el *Kli* de *ZA*, esta Luz de *Maljut* se llegaría a encontrar en el nivel de *Jojmá*, habiendo disminuido la *Bejinat Kéter* de la Luz general de *Akudim*, ya que *Maljut* en *ZA* no regresa a ser *Kéter*, sino *Jojmá*. [Ha sido explicado que el dador esencial del nivel en las diez *Sfirot* de lo emanado es la Luz de *Maljut*, tal como fue mencionado arriba (*Panim Masbirot*, Rama cuatro)]

De esto se deduce que el verdadero *Kli* de *Maljut* está sin Luz, habiendo tenido que permanecer en él dos *Reshimot*. El primer *Reshimó* es la iluminación de los *Teamin*, que guarda y sustenta el *Aviut* de *Bjiná Dálet* tanto como puede. El segundo *Reshimó* es la iluminación de *Nekudot*, lo que significa que la Luz perteneciente al *Masaj* está anhelando la *Hizdakjut* (purificación).

Sin embargo, ambos no tienen la posibilidad de permanecer juntos debido a que son opuestos. Esto se debe a que el lugar del *Reshimó de Teamin* es llamado *Kli de Kéter*, ya que sus diez *Sfirot* están en el nivel de *Kéter*. En tanto que el lugar del *Reshimó* de *Or Jozer* descendente es llamado *Kli de Jojmá* o "debajo de *Kéter*." Por lo tanto también su [propio] *Reshimó* habría partido de *Maljut*, además de haberse elevado al *Kli* de *ZA*. En tanto que el *Reshimó* de *Or Jozer* permaneció en su lugar. Resultando aquí que el *Reshimó* de las *Nitzotzin* de *Or Jozer* ha sido rechazado. Sin embargo, de aquí en adelante las *Nitzotzin* de *Or Jozer* son rechazadas por la Luz del *Reshimó*.

Luego de esto en la elevación del *Masaj* al lugar de *Biná*, es decir cuando este recibió la purificación de *Bjiná Bet*, y [donde] *Or Ein Sof* nuevamente se expande de *Kéter* a *Biná* y de *Biná* a *Kéter*, entonces *Bjiná Jojmá* también es retraída, resultando entonces que el *Kli* de *ZA* permanece sin Luz, permaneciendo también allí dos *Reshimot*, el *Reshimó* de la Luz de *Teamin* y el de *Or Jozer*, los cuales son opuestos. Y aquí el *Reshimó* domina a las *Nitzotzin de Or Jozer*, ya que el *Reshimó de Teamin* permaneció en el *Kli de ZA*; por lo tanto, este permaneció en la forma de *Kli de Kéter*.

Sin embargo el *Reshimó de Or Jozer*, que son las *Nitzotzin del Kli de Jojmá* es rechazado por debajo del *Tabur*, es decir debajo del *Kli de Kéter*, porque la *Hitpashtut* del mundo de *Akudim* es hasta el *Tabur*, [tomando en cuenta] que *Maljut de Akudim* es llamado *Tabur*. Además es sabido que las *Nitzotzin de Kéter* de *Or Jozer* descendente, cuyo valor es considerado el aspecto de *Kéter de Jojmá*, permanecen ahí en vista que el *Reshimó de Maljut de Teamim*, el cual es verdaderamente *Bjiná Kéter*, se eleva a ZA tal como se dijo antes. Y las *Nitzotzin* que cayeron del *Kli ZA*, las mismas que son las *Nitzotzin de Jojmá* en *Jojmá*, cayeron por debajo del *Tabur*, debido a que allí es donde está *Kéter de Jojmá*.

Similarmente, en el ascenso del *Masaj a Jojmá*, es decir en vista que *Bjiná Alef* había sido purificado, *Or Ein Sof* aún se expandía volviendo de *Kéter* a *Jojmá* y de *Jojmá* a *Kéter*, por cuanto esta Luz está al nivel de ZA. Por lo tanto, el nivel de *Biná* también habría sido retraído, en tanto que el *Kli de Biná* permaneció vacío, sin Luz, dejando dos *Reshimot*, tal como está escrito arriba: *Reshimó de Teamim* que permanecieron en su lugar, y el *Reshimó de Or Jozer* descendente que fue rechazado y cayó por debajo de las *Nitzotzin de Jojmá* que se encuentran debajo de *Tabur*, como ya fue mencionado anteriormente.

Luego de esto, fue purificada hasta *Bjiná Kéter*, la cual es *Shóresh* (raíz), y por lo tanto perdió todas las *Bjinot Aviut* en este. Es así que el *Zivug de Akaá* fue anulado, no teniendo más *Or Jozer*. De esto resulta que ninguna de las *Nitzotzin* cayó de *Bjiná Kéter* en lo absoluto, y solamente la *Reshimó de Teamin* permaneció ahí.

Así hemos explicado completamente los opuestos entre el *Reshimó* y *Or Jozer* descendente, razón por la cual fue rota la cubierta, en tanto que el *Reshimó* de las diez *Sfirot de Teamin* permanece en su Lugar, puesto que ellas son el aspecto de los *Kelim KaJaB ZON de Kéter* hasta el *Tabur de AK*. Y los *Nitzotzin* que son el *Reshimó de Or Jozer* descendente, cayeron fuera del grado en el que estaban, siendo estos son considerados por debajo del *Tabur*, es decir debajo de *Maljut de Akudim*, la cual es el aspecto de los *Kelim KaJaB ZON*, tal como hemos dicho arriba, que estos son llamados *Otiot* (letras).

12) La razón para la *Hizdakjut* ya ha sido explicada arriba al final del punto 9, debido a que *Or Pnimí* está conectada al *Kli de Maljut*, el cual de hecho es solamente un *Kli* externo para *Or Makif*, tal como está escrito en el punto 7; por lo tanto en vista que *Or Jozer* se eleva y restituye a *JuB Panim VePanim* tal como está descrito en el Punto 9, resulta que el *Aviut de Biná* se va de ella, volviendo a ser una con *Jojmá* tal como lo fue al principio; y cuando el *Aviut* en la raíz es cancelado, el *Aviut* en la rama también es cancelado. Y con esto descubrirás que el orden de la consecución de *Biná* con *Jojmá* es que purifica junto con ella tanto al *Masaj* como a sí misma, elevándose sobre su mano y propósito, grado por grado hasta que se sobreponen.

Y en vista que al principio de la entrada de *Or Jozer* a *Biná*, ésta empieza a girar su *Panim* de regreso a *Jojmá*, con lo cual el *Masaj* se eleva de *Bjiná Dálet* y *Bjiná Guimel*. Y cuando esta atrae *Or Jojmá* de *Panim de Jojmá*, resultando que el *Masaj* se eleva a *Bjiná Alef*; y cuando se intensifica con *Jojmá* en una sola esencia, entonces el *Masaj* se eleva hacia *Bjiná Alef* hasta que llega a la *Bjiná de Shóresh*, dado que este es el misterio de lo que es mencionado en el *Idra Raba*, "la chispa fue sorbida".

De esto resulta, que *Or Jojmá* la cual es la totalidad de la Luz de *Atzmut* que se encuentra en el primer *Neetzal* (emanado), es decir el mundo de *Akudim*, y *Or Jozer* que se eleva desde el *Kli* de *Maljut*, están conectadas una a la otra y se buscan una a otra. Esto se debe a que sin *Or Jozer*, *Or Jojmá* no tendría la posibilidad de expandirse en lo emanado, ya que *Biná* gira su *Panim* para absorber *Or Jasadim* de *Kéter*, y su parte posterior a *Jojmá*, es decir que no absorberá de ella *Or Atzmut*, sino cuando *Or Jozer* haya salido, resultando con esto que *Biná* gira su *Panim* hacia *Jojmá*, y solamente entonces la Luz de *Atzmut* puede expandirse en el *Neetzal*.

Resulta que la Luz de *Atzmut* depende de *Or Jozer*; no obstante, cuando *JuB* regresan a ser *Panim VePanim*, y el amamantamiento a *Kéter* cesa, resulta que el *Aviut* que está en ella se anula, y por sí mismo anuló también el *Aviut* en la rama que es el *Masaj*, de todas formas también *Or Jozer* desaparece, dando como resultado que *Or Jozer* es rechazada y perseguida por causa de la Luz de *Atzmut*.

Y con esto se explicará adecuadamente las palabras del *ARI* que mencioné arriba en el Punto 5, que *Or Pnimí* y *Or Makif* se golpean una a la otra, y que sus golpes engendran los *Kelim*. Esto es porque *Or Pnimí* es *Or Jojmá* que se expande en el *Neetzal* debido a *Or Jozer*, en tanto que *Or Makif* es el secreto del *Masaj* que es el *Kli* externo en el cual se encuentra conectado todo el *Or Makif* que está destinado a emerger en los mundos como *Or Jozer*, tal como está escrito en el punto 7. Y aunque estas dependen la una de la otra, lo cual significa que *Or Pnimí* que se esparce a través del regreso de *JuB Panim VePanim* golpea en *Or Makif*, puesto que esto purifica el *Masaj* y causa la partida de la Luz del mundo de *Akudim*, razón por la cual los *Reshimot de Teamin* y de *Or Jozer* también son separados uno del otro tal como se dijo arriba, donde el *Reshimó de Or Jozer* es rechazado fuera de su presencia, es decir por debajo del *Tabur*, lo cual es llamado *Otiot*, y estas son los *Kelim* como es sabido.

13) De este modo hemos clarificado debidamente la razón para la partida, debida a la *Hizdakjut* del *Masaj* por medio del grado, hasta el punto en que todo el *Or Jozer* desapareció, y junto con él la Luz de *Atzmut* de *Kéter* y *Jojmá* de *Or Yashar*. Sin embargo esto no permaneció así, sino que luego de la desaparición de la Luz de *Atzmut*, debido a que *Biná* volvió su *Panim* de regreso a *Kéter* por abundancia de *Or Jasadim*, de lo cual resulta que volvieron a ella los *Ajoráim* y *Aviut* tal como estuvieron antes; y al ser así, su *Aviut* también regreso al *Masaj* el que es su raíz. Y es sabido que *Or Yashar* del *Maatzil* (Emanador) no ha prescindido de los emanados ni siquiera por un momento. Por lo tanto, después de que el *Masaj* volvió y se hizo más espeso, nuevamente *Or Yashar de Ein Sof* fue renovada por medio de las cuatro *Bjinot* conocidas hasta el *Zivug de Or Jozer*, y volviéndose las diez *Sfirot* de *Or Yashar* y *Or Jozer* a expandirse en el mundo de *Akudim*, lo cual es llamado *Hitpashtut Bet* (2da. Extensión) del mundo de *Akudim*.

Sin embargo, luego de que *JuB* regresaran a estar *Panim VePanim* a través del *Or Jozer* mencionado arriba, el *Aviut* y *Ajoráim de Biná* se purificaron una vez más, y con esto también el *Aviut de Masaj* que es su rama. Y una vez más el *Zivug de Akaá* y *Or Jozer* se anularon, en tanto que *Biná* regreso para extraer *Or Jasadim* de *Kéter*, resultando que nuevamente la Luz de *Atzmut* salió como antes. Similarmente, una vez que los *Ajoráim* y *Aviut* regresaron a *Biná*, el *Aviut* fue llevado al *Masaj*, de todas formas *Or Yashar* nuevamente fue renovada en el *Masaj*, por cuanto su característica es expandir también la Luz de *Atzmut* como se dijo antes.

De esta forma, vuelve una y otra vez, ya que en la salida de *Or Jozer*, la Luz de *Atzmut* se expande una vez más, en tanto que en la salida de la Luz de *Atzmut*, *Or Jozer* sale. Y cuando *Or Jozer* sale, el *Masaj* vuelve a engrosarse, y la *Or Jozer* se renueva otra vez, y la Luz de *Atzmut* se expande nuevamente una y otra vez y así sucesivamente. De esto resulta que su segunda *Hitpashtut* es como una llama que se mece de un lado al otro. Esta es la razón por la cual el *ARI* dice, que tanto *Or Pnimí* como *Or Makif* las cuales están atadas en un *Kli*, se golpean una a la otra.

Esto aclara la gran diferencia entre la *Hitpashtut Alef de Akudim* que estaba en el nivel de *Kéter*, en vista que *Or Yashar* está copulando con el *Masaj de Bjiná Dálet*, y la actual *Hitpashtut*, la cual está solamente en el nivel de *Jojmá*. Esto se debe a que todo el *Aviut del Masaj* es solamente una *Hitpashtut* desde el *Aviut de Biná*, como en el *Aviut de ZA*, razón por la cual extiende solamente el nivel de *Or Jojmá*, tal como está escrito en el punto 8; además esta Luz tampoco es constante. Más bien, es como una flama que se mueve de un lugar al otro. Esto explica adecuadamente que el asunto de la *Hitpashtut Bet de Akudim* es el asunto de la continuidad de la partida del mismo *Hitpashtut Alef*.

14) Con esto llegaremos a entender las palabras de *ARI* en *Shaar Nekudim*, Capitulo 1 y 2, en que *AK* se restringió a sí mismo y elevó todas las Luces que están en *Tabur* y por debajo de *Tabur* hacia Arriba, y estas se elevaron como *MaN* hacia *AB* de *Galgalta*. Ahí este puso un límite en su interior y la Luz que se elevó desde *NeHY* partió a través de *Eynaim*, se extendió debajo de *Tabur*, y se esparció en las diez *Sfirot* del mundo de *Nekudim*.

Y desde la Luz que fue renovada por causa de la elevación de *MaN*, esta se esparció y agrietó el *Parsá*, y descendió por debajo del *Tabur*, extendiendo a través de los *Nekavim* (agujeros) de *Tabur* y *Yesod* hacia las diez *Sfirot* del mundo de *Nekudim*. Y de aquellas dos Luces es que fueron construidas las diez *Sfirot de Nekudim*. Y el asunto de aquellas dos luces y este nuevo *Tzimtzum* requiere una aclaración amplia, que será dada en su tiempo, no obstante aquí las explicaré de acuerdo a la necesidad de este lugar.

Esto ya ha sido explicado que las Luces debajo de *Tabur de AK* son las *Otiot* y *Nitzotzin* que cayeron por el *Bitush* del *Reshimó de Kéter* y los *Teamim* en el *Reshimó de Jojmá* y *Nekudot*. Estas partieron debajo de todo el *Reshimó de Kéter*, ya que el lugar de esta salida es llamado *NeHY* por debajo del *Tabur*.

Ahora, después de que la *Hitpashtut Bet* que es solamente *Or Jojmá* en *Kli de Kéter* regresó del mundo de *Akudim*, la equivalencia entre los *Reshimot de Teamim* y los *Reshimot de Nekudot* fue hecha una vez más. Esto es porque ambas son consideradas *Jojmá* y por lo tanto todas las *KaJaB ZON* de los *Reshimot de Nekudot* debajo del *Tabur* fueron extraídas, elevadas, y reconectadas con los *Reshimot* que están por sobre el *Tabur*. Es decir que lo que dice el *ARÍ*, que *AK* elevó la Luz que va desde abajo de su *Tabur* hacia Arriba de su *Tabur*.

Sin embargo, necesitamos entender por qué esto es llamado *Tzimtzum*. El asunto se debe a que existen dos fases en los *Nitzotzin* que se elevaron. El primero son los *Nitzotzin de Kéter* de *Or Jozer* que desciende, puesto que permanecieron en el mismo *Tabur*, el cual es *Maljut de Akudim* y *Bjiná Dálet*. Y dado que la Luz de *Hitpashtut Bet* no llega a él, por cuanto es de la tercera fase y el *Aviut* de la *Hitpashtut* son los *Ajoráim* de *Biná* tal como se dijo antes. El segundo discernimiento, son los *Nitzotzin de JuB* y *ZON* de *Bjiná Guimel*, tal como está escrito en los puntos 11 y 12.

Por lo tanto, luego de que *JuB ZON de Nitzotzin* se elevaron, las Luces se incrementaron ahí más que antes, debido al *Aviut* que les fue agregado por su caída debajo del *Tabur*. Por lo tanto, las *Nitzotzin de Kéter* en el *Tabur*, que son *Bjiná Dálet*, también se extendieron ahí. Y naturalmente, *Or Yashar* de *Ein Sof* fue expandida y renovada en estas, ya que los *Neetzalim* no han cesado ni por un momento, haciéndose un *Zivug de Or Jozer* fue hecho en *Bjiná Dálet*, y como resultado, diez nuevas *Sfirot* emergieron en el nivel de *Kéter*, tal como en la *Hitpashtut Alef*.

Así, ves cómo las dos *Bjinot* de diez *Sfirot* fueron hechas de los *Nitzotzin* que se elevaron: diez *Sfirot* al nivel de *Jojmá* fueron hechas de *JuB ZON* de las *Nitzotzin* que fueron corregidas solamente en su ascenso, ya que son tanto de *Bjiná Guimel* como de la *Hitpashtut Bet*, se encuentran corregidos en *Bjiná* de las diez *Sfirot* de *Jojmá*; en tanto que las diez nuevas *Sfirot* al nivel de *Kéter* fueron hechas de las *Nitzotzin de Kéter*. Estos dos *Partzufim* son raíces de los *Partzufim* de *AVI* y *YeShSUT* de *Atzilut*. El nuevo *Partzuf* al nivel de *Kéter* es *AVI*, y es llamado *Jojmá* y *Aba de Atzilut*. Y el *Partzuf* de la Luz antigua, puesto que se encuentra en el nivel de *Jojmá* en el secreto de *YeShSUT*, y es llamado *Biná* e *Ima de Atzilut*.

Con estas raíces entenderás lo que está escrito en el *Idra Zuta*, que *Aba* trajo a *Ima* fuera respecto a *Biná*, y el mismo *Aba* se corrigió como una clase de masculino y femenino. Esto es así porque el *Partzuf* Superior que está al nivel de *Kéter*, el cual es llamado *Aba*, se corrigió en una clase de masculino y femenino, ya que este elevó a *Bjiná Dálet*, lo cual es el secreto de *Nukva* y *Maljut*. En tanto que *Biná*, que es el secreto del *Partzuf* inferior, cuyo nivel está por debajo de *Kéter*, resulta que dejó a *Aba* por motivo de la *Nukva*, que es el secreto de *Bjiná Dálet*, la cual culmina y detiene la Luz Superior, ya que no se expandirá por debajo de esta, razón por la cual esta *Bjiná Dálet* es llamada *Parsá*, sin el *Nékev* (hoyo) que dirige *Bjiná Bet*. Y *YeShSUT* no viste la Luz de *Kéter* por motivo de este Parsá.

De esto resulta que *Bjiná Bet*, la cual es *Biná*, en la que el *Tzimtzum Alef* no aplica en lo absoluto, ahora llegó a ser deficiente, debido a que esta también fue restringida por cuanto se encuentra debajo de *Bjiná Dálet*. Esto es el por qué el *ARI* dijo que *AK* se restringió a sí mismo elevando la Luz por debajo del *Tabur*, en relación a *Bjiná Bet* que ahora ha sido restringida debido a la elevación de *MaN*.

15) Y se hace necesario que sepas, la gran diferencia entre el *Rosh* y el *Guf*. El *Rosh* es llamado *Gar*, y el *Guf* es llamado *VaK, ZaT, o ZON*. El mismo *Guf* también está dividido en *Gar* y *ZON*. La raíz de esta división se debe a que arriba de *Pe*, el cual es el secreto de *Maljut*, resultando que la estructura está hecha esencialmente de *Or Yashar*, en tanto que *Or Jozer* que se eleva y se une es solamente el aspecto vestido en ella. Y lo opuesto a eso, es el *Guf*, que

es una *Hitpashtut* del mismo *Masaj*, en la misma medida en que se visten las *Sfirot de Rosh*. Por lo tanto, *Or Jozer* será lo principal de su estructura, y las diez *Sfirot de Or Yashar* serán como sus ramas.

No obstante es llamado ZON, a pesar de que esencialmente es solo *Maljut*. Esto es porque no tienes Luz de *Maljut* en lo absoluto en la realidad, excepto con *NeHY de ZA* que se unen con a esta en un *Zivug de Akaá*, por lo tanto ambas son consideradas una sola, las cuales se extienden en el secreto de *Or Jozer*. Y ya ha sido explicado arriba, que el asunto del *Masaj* que detiene, y *Or Jozer* que emerge como resultado de esto, sin que sean atribuidos al *Maatzil*, sino solamente al *Neetzal*. Por esta razón, el *Rosh* es considerado como el *Atzmut* de la Luz del *Maatzil*, y el *Guf* es considerado solamente como el acto del mismo *Neetzal*.

Y con esto se te aclarará, los cinco *Partzufim de AK* generales, llamados *Galgalta, AB, SaG, MA* y, *BoN*, y el orden de su creación y revestimiento de uno sobre el otro, y cómo están interconectados y emerge uno del otro por causa y consecuencia. Esto es así porque por Su primer, único y unificado Pensamiento – completamente explicado en *Panim Masbirot*, Rama Uno- que es deleitar a Sus creados, puesto que este pensamiento es la raíz del *Kli*, y del *Tzimtzum Alef* que ocurrió en *Bjiná Dálet*, aunque indirectamente, como está escrito tanto en el Punto 7, como en la parábola acerca de un hombre rico. Revisa en el punto 8, que este único Pensamiento comprende toda la realidad, todos los mundos, toda la gran cantidad de aspectos, formas y conducciones hasta el fin de la corrección, cuando todos estos se reúnan con la Luz de *Ein Sof* antes del *Tzimtzum*, en simple unidad, en una forma que se ubica por sobre nosotros "deleitar a Sus criaturas". E inmediatamente del secreto del *Tzimtzum* en *Bjiná Dálet*, que es el *Gadlut* del deseo en *Maljut de Ein Sof*, cuatro formas del grado aparecieron en el *Reshimó* que ha sido vaciado de Luz, en el *Kli*. Estas son llamadas *JuB, ZA* y, *Maljut*, las mismas que contienen *Or Pnimí* y *Or Makif*, y así doce formas.

Y luego de que la Luz se ha extendido sobre el *Reshimó* mencionado anteriormente, hasta el punto del *Tzimtzum*, ya que Su Luz no cesa en lo absoluto; recuerda eso. Entonces la línea delgada se extendió en el *Reshimó*, y es llamada "delgada" porque la Luz de *Atzmut* no se extiende hacia el *Neetzal*, excepto en *Or Jozer* que se eleva en un *Zivug* desde el *Masaj*. Y por el mérito de *Or Jozer*, el *Tzélem de AK* fue revelado en la forma del *Partzuf Galgalta*, el cual es llamado en el ejemplo, "el propósito de la línea". Y esta se expande sobre las veinticinco *Bjinot*, ya que hay *KaJaB ZON* en longitud y de igual manera *KaJaB ZON* en espesor tal como ya hemos dicho, en vista que *Maljut* regreso a ser *Kéter*, por eso cada *KaJaB ZON* se expande dentro de diez *Sfirot* a través de *Kéter*, y esto es llamado en el ejemplo, *Galgalta, Eynaim, AJaP* o, *Galgalta, AB, SaG, MA* y, *BoN*, dado que el nivel de cada una de estas alcanza a *Galgalta*, y de la interioridad de este Neetzal emergen estas Luces hacia afuera, tal como ha sido explicado en *Panim Masbirot*, Rama 3, Punto 2, pág. 32, donde se explica adecuadamente el orden de la salida de las Luces hacia el exterior debido a la *Hizdakjut* del *Masaj*.

16) Y así es como desde un principio salió *AB*. Dicha salida concierne a la deficiencia debido a la *Hizdakjut* de *Bjiná Dálet* de *AK* interno, el cual es llamado *Pe* que recibió *Aviut de Bjiná Guimel*. Y después de que la Luz de *Ein Sof* continuó por encima de este *Masaj*, diez nuevas *Sfirot* emergieron al nivel de *Jojmá*, llamadas *AB*. De esto resulta que *AB* que sale es restada de *AB* que permanece dentro de *AK*, al nivel de *Kéter*. Resultando que *Kéter de AB*

externo se viste en *Jojmá de Galgalta*, y se expande hasta el *Tabur* de *AK* interno, en el cual también contiene veinticinco *Bjinot* de sus diez *Sfirot* de *Or Yashar*, que son sus *Galgalta, Eynaim, Ozen, Jótem, Pe*, cada una que se esparce por la cualidad de *Or Jozer* sobre las cinco *Bjinot*, hasta de *Kéter de AB*.

Sin embargo, el *Kéter* general de *AK* interno permanece revelado, siendo discernido en ella también *Rosh* y *Guf*, ya que desde el *Pe* hacia abajo es llamado *Guf*, puesto que este es solamente la *Hitpashtut* del *Masaj*. Por lo tanto, *Or Pnimí* y *Or Makif* están atadas ahí solamente en *Bjiná Dálet de AB*. Esto es por qué estas tuvieron que partir una vez más, las cuales son llamadas "el mundo de *Nekudim*", siendo *ZON* y *Guf* de *AB* externa. Y ya ha sido explicado, que el *Aviut* regresó al *Masaj* después de la *Histaklut* de su *Guf*, llegando allí la segunda *Hitpashtut*, tal como está escrito en los puntos 13 y 14. Este extiende las Luces desde abajo del *Tabur* hasta arriba del *Tabur*, ya que por esta elevación, el *AVI* Superior es corregido, y el *Parsá* es esparcido debajo de éste, en tanto que *YeShSUT* desde el *Parsá* hasta el *Tabur*. Toda esta elevación es llamada "el *Partzuf SaG* externo"; es decir, que salió de su grado previo, el cual está en *AB* externo que era *Biná* al nivel de *Kéter Jojmá*, que es la Luz de *Ozen* hasta *Shibolet HaZakán* (barba).

Sin embargo, en este *Partzuf*, el cual fue hecho de las *Nitzotzin* que cayeron de las Luces del *Pe* de *AB* externo, encontrándose que *Biná* de este *Partzuf* está debajo de todas las diez *Sfirot* de *AVI* Superior, habiendo sido sustraída debido a este en el aspecto de *Kéter*. Así, su lugar es desde *Pe* hacia abajo, es decir desde *Shibolet HaZakán*, que es su *Galgalta*. Y como el *AB* externa viste solamente *Maljut* del *Kéter* general, y las nueve primeras permanecen reveladas, al igual que el *SaG* externo que viste solamente a la *Maljut de Kéter de AB*, es decir desde *Pe* hacia abajo, en tanto que sus nueve primeras las cuales son la generalidad del secreto de *Rosh* – permanecen reveladas. Y como *AB* produjo sus raíces a través de los *Searot Rosh*, así este *SaG* produjo sus raíces a través de los *Searot* de *AJaP*, lo cual será explicado en su lugar. Este es el significado de la Luz que es sustraída de estas debido a su salida, con el valor como la Superior que permanece ahí en los *Searot* en el secreto de *Mekifim* (circundantes), como en circundante retornante.

Y este *SaG* viste a *AK* desde *Shibolet HaZakán* hasta su final; es decir, que su *Bjiná* de su *Rosh*, la cual es *Gar* que se extiende hasta el *Tabur*, está en el valor de *Galgalta, Eynaim, Ozen* y, *Jótem*, en tanto que su *Pe* se expande tanto en las mismas diez *Sfirot de Guf*, así como en *Pe* de *AB* externo. Y el incidente de las Luces tanto en *Pe* de *SaG* externo, como en las Luces de *Pe* de *AB* externo, debido a que están atadas en un solo *Kli*, también se produjo una *Hizdakjut del Masaj* gradualmente, hasta que se purificaran en *Bjiná Kéter*, y desapareciera todo el *Hitpashtut*.

Este es el significado del rompimiento de los *Kelim* y la caída de las 248 *Nitzotzin*. Sin embargo, esto ocurrió solamente en su *ZON*, y no en su *GaR*, debido a la corrección de *Parsá*, como será explicado en su lugar. Después, las *Nitzotzin* que cayeron desde *Pe* de *SaG* externo se extendieron y se elevaron en forma de *MaN*, hasta que el nuevo *MA* surgió, y las diez *Sfirot de Atzilut* fueron establecidas en forma de doce *Partzufim*. Tanto que todas las *Bjinot* previas están incluidas en el mundo de *Atzilut*, tal como está escrito en El árbol de la vida. Y el mundo de *Briá* fue impreso desde el mundo de *Atzilut*, de manera que todo lo que existe en *Atzilut* es impreso en *Briá*, y desde aquí es impreso *Yetzirá*, y desde *Yetzirá* es impreso *Asiyá*, y por lo tanto no tienes ninguna realidad o conducción en los inferiores que no esté directamente relacionado con los Superiores desde los cuales contienen y extienden su esencia inferior.

Y esto es el por qué nuestros sabios dijeron: "No hay una brizna de hierba abajo que no tenga un ángel Arriba que la golpee y le diga, '¡Crece!'". Esto es así porque todo lo que se extiende desde un mundo Superior a uno inferior, se extiende a través de los *Zivuguim* (pl. de *Zivug*), solamente que los mundos están divididos en interioridad y exterioridad, puesto que la interioridad de los mundos, desde *Atzilut* hacia abajo, no se extiende a través del *Zivug de Akaá* en el *Masaj*, sino a través de *Zivug de Yesodot* (pl. de *Yesod*), tal como está escrito en su respectivo lugar. No obstante la exterioridad que se extiende de mundo a mundo, se extiende a través del *Zivug de Akaá*.

Este es el significado del golpe, y esta es la razón por la cual nuestros sabios meticulosamente establecen que el ángel en el mundo de *Yetzirá*, el cual es la raíz de la brizna de hierba en el mundo de *Asiyá*, otorga sobre esta y la hace crecer mediante el aspecto de *Zivug de Akaá*. En otras palabras, este golpea y le dice: "¡Crece!" ya que decir significa otorgar, como es sabido.

Y así es como hemos explicado adecuadamente el asunto de causa y consecuencia en *Galgalta*, *AB* y, *SaG de AK*, así como la cualidad de su revestimiento uno sobre otro, en vista que cada inferior tiene el valor de *ZON* del Superior, el cual se extiende solamente desde las *Nitzotzin* de las Luces de *Pe* del Superior.

Y ya ha sido clarificado que en la salida de *AB* hacia afuera, el *Masaj* estaba incluido en *Bjiná Guimel*; en tanto que en la salida de *SaG*, el *Masaj* estaba incluido de *Bjiná Bet*, la *Nukva de Aba*. Y en la salida de *MA* desde adentro hacia afuera, el *Masaj* estaba incluido en *Bjiná Alef*. Esto será explicado en su lugar. Además, *Maljut de Bjiná Guimel* es llamado *Tabur*, de *Bjiná Bet* es llamado *Parsá* y, de *Bjiná Alef* es llamado *Kruma* (membrana). No hay nada más que agregar aquí; [ya que] solamente relacioné los asuntos con sus raíces en una manera fácil y breve, pues esta fue mi intención en este lugar; no obstante al interior del libro se podrá encontrar los asuntos explicados ampliamente.

Ocultamiento y revelación del Rostro del Creador

El segundo ocultamiento; es decir, aquello que en los libros es llamado "ocultamiento dentro del ocultamiento", significa que una persona no puede ver ni siquiera la parte posterior del Creador. Por lo tanto dice, que el Creador la ha abandonado y que no cuida más de ella. Y todos los sufrimientos que recibe los atribuye al destino ciego y a la naturaleza, puesto que los caminos de la Providencia se le hicieron más complejos, de tal manera que la traen a tal punto de hacerse incrédula.

Es decir (se encuentra en una situación tal), que reza y da caridad por sus problemas pero sin que se le haya respondido nada. Y precisamente cuando deja de orar por sus problemas, es que entonces obtiene respuesta. Y cada momento en que se sobrepone para creer en la Providencia, mejorando sus acciones, le cambia la suerte y vuelve a caer abruptamente. Y al momento que reniega, empiezan a empeorar sus actos, con lo cual comienza a tener más éxito y, a sentirse más aliviado.

El sustento no se le presentará en forma apropiada, sino precisamente a través del engaño a la gente, o por medio de la profanación del *Shabat* por ejemplo. O, que todos sus conocidos, los mismos que son observantes de la *Torá* y *Mitzvot*, sufren pobreza, múltiples enfermedades, siendo muy despreciados en los ojos de la gente. Y le parece que estos observantes de las *Mitzvot* son faltos de educación, tontos de nacimiento y unos grandes hipócritas, tanto así que no puede sentarse en compañía de ellos ni siquiera un momento.

En tanto que todos sus conocidos malvados, quienes se burlan de su fe, son los más exitosos, están saludables y en buena situación. Ellos no sufren enfermedad, son astutos, afables en todo su proceder, sentándose sin preocupación. Ellos se encuentran confiados y muy tranquilos todos los días y siempre.

Cuando la Providencia le arregla las cosas a la persona de tal manera, esto es llamado "ocultamiento dentro del ocultamiento". Razón por la cual cae bajo su propio peso y, no pudiendo continuar con el fortalecimiento para creer que sus sufrimientos le vienen del Creador por alguna razón oculta, hasta que haya fracasado y renegado diciendo que el Creador no está supervisando sobre Sus creaciones para nada, y que todo lo que le sucede viene de mano del destino y por acción de la naturaleza ciega, de tal manera que no ve ni siquiera la parte posterior.

Descripción del ocultamiento del Rostro

1. La recepción de sufrimientos tales como falta de ingreso o deficiencia en la salud, desgracias, fracasos en el cumplimiento de sus propios planes y, una insatisfacción emocional tal como para reprimirse a sí mismo por no haber atendido a su amigo.

2. Reza y no le es respondido. Cuando mejora sus actos se encuentra que le suceden cosas malas y, cuando los empeora resulta que es más exitoso. El sustento no se le presenta de manera apropiada, sino por medio del engaño y el robo o, por la profanación del *Shabat*.

3. Todos sus conocidos que son honestos y que van por el camino recto, sufren pobreza, enfermedades y, todo tipo de tribulaciones; en tanto que todos sus conocidos que son malvados, se le burlan a diario, son exitosos e incrementan sus riquezas y salud, viviendo sin preocupación.

4. Todos sus conocidos que son justos, quienes observan la *Torá* y las *Mitzvot* tal como él, le parecen crueles, egoístas, raros o naturalmente estúpidos, faltos de educación, así como unos grandes hipócritas. Tanto así que siente repulsión al sentarse con ellos, incluso en el *Gan Éden* (Jardín del Edén), a tal punto que no puede estar junto a ellos ni siquiera un momento.

Ocultamiento simple (descripción): El ocultamiento simple es tal, que Su Rostro no es revelado; es decir, que el Creador no se comporta con una persona de acuerdo a Su Nombre de -El Bueno que hace el Bien. Sino más bien al contrario de esto –pues la persona recibe de Él sufrimientos, o que tiene escasez de ingresos y, por esta causa muchos de los acreedores le amargan su vida. Por lo cual pasa lleno de problemas y preocupaciones todo el día. O que sufre de enfermedades, o que es despreciado de la gente. Cada plan que uno inicia no lo puede completar y por eso anda todo el día frustrado.

De esta manera la persona no puede ver el Rostro Bueno del Creador. Claro que si cree que de todas maneras es el Creador el que le da vuelta estas cosas, o que se debe a un castigo por las transgresiones que cometió, o para recompensarle al final; tal como está escrito, que "aquel a quien el Señor amare, a él corregirá"; y también, "que el propósito de los justos es el sufrimiento, debido a que el Creador desea impartirles una gran paz al culminar su propósito".

Pero la persona no se equivoca al decir que todo esto le vino del destino ciego y de la naturaleza sin cuenta ni razón. Sino más bien, se fortalece creyendo que el Creador le da vueltas con su Providencia. De todas maneras, todo esto es considerado como que ve la parte posterior del Creador.

Descripción de la revelación del Rostro

Sin embargo, una vez que ha descubierto completamente el condimento; es decir, la Luz de la *Torá* que la persona inhala dentro del cuerpo debido al fortalecimiento de la fe en el Creador; por consiguiente, se hace merecedora de alcanzar la Providencia de la revelación del Rostro. Lo cual significa, que el Creador se comporta con ella en congruencia con Su Nombre de: "El Bueno que hace el Bien".

Resulta entonces (descripción), que recibe del Creador una bondad abundante y una gran paz, hallándose siempre satisfecha. Porque obtuvo su sustento con gran facilidad y en cantidad abundante, ya que nunca supo de problemas o escasez, ni tampoco de ninguna enfermedad, siendo altamente respetada por la gente, habiendo completado todo tipo de proyectos que le vinieron a su mente, y siendo exitosa en todo aquello que emprendía. Y cuando le faltaba algo, rezaba y le era inmediatamente respondido, ya que siempre se le responde en todo cuanto se exige de Él, puesto que no hay una sola plegaria que sea negada. Y cuando la persona se fortalece haciendo buenos actos, su éxito crece en gran medida, y cuando es negligente, resulta que en esta misma medida su éxito decae.

Todos sus conocidos que van por el camino recto son solventes y nunca experimentaron una enfermedad. Son los más respetados a ojos de la gente y no tienen preocupación alguna. Ellos están en quietud y gran paz todo el día y siempre. Son directores, personas veraces e importantes, tanto así que uno se siente bendecido y el más afortunado por el hecho de juntarse con ellos.

En tanto que todos sus conocidos que no siguen el sendero de la *Torá*, se encuentran faltos de sustento, agobiados por deudas onerosas, sin que puedan encontrar ni siquiera un momento de descanso; sufren enfermedades, están llenos de dolores y son los más despreciables ante los ojos de la gente. Son vistos por la persona como faltos de conciencia, sin educación, malvados y crueles con la gente, lisonjeros llenos de mentiras, tanto así que le resulta intolerable juntarse con ellos.

Su Nombre nos muestra que Él es benevolente con todas Sus creaciones; es decir, en todas las formas de beneficio, lo suficiente como para todo tipo de receptor en la generalidad de *Israel*. Pues ciertamente el placer de uno no es como el placer de su amigo. Por ejemplo, aquel que se ocupa en la sabiduría no disfrutará de honor ni riqueza; en tanto que el hombre rico que no se ocupa de la sabiduría, no disfrutará de los grandes logros y descubrimientos que están en la sabiduría. Aunque es indudable que a uno le da riqueza y honor, en tanto que a otro le provee de logros maravillosos en la sabiduría.

La petición de la persona por fortalecerse en la fe de Su Providencia sobre el mundo durante el período de ocultamiento, le lleva a examinar en los libros, en la *Torá*, para que extraiga de ellos la Luz y el entendimiento de cómo fortalecerse en la fe de Su Providencia. Y aquellas iluminaciones y observaciones que recibe a través de la *Torá* son denominadas con el nombre de: "el condimento de la *Torá*". Y cuando éstas sean recolectadas en una medida específica, el Creador manifestará misericordia sobre ella y derramará el espíritu desde lo Alto; es decir, la Abundancia Superior.

Descripción de la revelación del Rostro

1. Es la recepción abundante de bien y paz, la obtención del sustento con gran facilidad y en forma abundante. La persona no sentirá escasez nunca, no experimentará enfermedades para nada, obtendrá honor donde quiera que se encuentre y, todos los proyectos que le vienen a la mente los termina fácil y exitosamente.

2. Reza y su rezo es respondido inmediatamente. Cuando mejora sus actos es la más exitosa y, cuando los empeora destruye su éxito.

3. Todos sus conocidos que van por el camino recto son solventes y ricos, saludables, no conocen enfermedad alguna, son altamente respetados por la gente y, habitan quieta y reposadamente. Y aquellos conocidos que no siguen el camino recto son de escasos recursos, se encuentran llenos de problemas y dolores, sufren enfermedades y, son los más despreciables ante los ojos de la gente.

4. A todos los conocidos justos los ve como perspicaces, calculadores, educados, veraces, amables, tanto así que le es muy placentero estar entre ellos.

Cuerpo y alma

Antes de que yo esclarezca esta exaltada materia, es importante para mí declarar que aunque todos los lectores parezcan considerar imposible de aclarar y allegar tal materia a la mente humana, excepto confiando en conceptos filosóficos abstractos, como es por lo general el caso en tales escrutinios, desde el día que he descubierto la sabiduría de Cabalá y me he dedicado a ella, me he distanciado de la filosofía abstracta y todas sus ramificaciones, tanto como el Este del Oeste. Todo lo que escriba de aquí en adelante será bajo una perspectiva puramente científica, en la precisión completa, y por medio del reconocimiento simple de cosas prácticas útiles.

Aunque yo mencionaré sus palabras abajo, será sólo para indicar la diferencia entre lo que la mente humana puede evocar, y lo que puede entenderse usando la razón de la *Torá* y la profecía, lo cual está basado en fundamentos prácticos (como lo he mostrado en La esencia de la sabiduría de Cabalá).

También me gustaría aclarar a fondo los términos "cuerpo" y "alma", como ellos realmente son, ya que la verdad y la mente sana son una y la misma. Esto es porque la verdad está disponible para cualquiera, pero sólo mediante el espíritu de la Sagrada *Torá*, removiendo todos los conceptos distorsionados que han echado raíces entre la gente. Estos conceptos provienen principalmente de métodos tendientes a simplificar, en los cuales el espíritu de nuestra Sagrada *Torá* ha sido completamente eliminado.

Tres métodos en los conceptos de cuerpo y alma

En general, vemos que los métodos que abundan en el mundo acerca de los conceptos de cuerpo y alma, se resumen en tres:

1. El método de fe

El método de fe sostiene que todo lo que existe es el espíritu, o el alma. Ellos creen que hay órganos espirituales separados el uno del otro por la cualidad llamada **"las almas de las personas"**, y que tienen una realidad de existencia independiente, antes de que se vistan en un cuerpo humano. Después, cuando el cuerpo muere, la muerte no se aplica a ella, ya que un objeto espiritual es un objeto simple. Desde su punto de vista, la muerte es solo una separación de los elementos que comprenden al objeto.

Esto es posible con un objeto físico, que comprende varios elementos, que la muerte desintegra una vez más. Sin embargo, el alma espiritual, la cual es un simple objeto, que carece de cualquier complejidad, no puede ser separada de ningún modo, ya que esta separación anularía su existencia. Por lo tanto, el alma es eterna y existe por siempre.

El cuerpo, como ellos lo entienden, es como un traje, vistiendo el objeto espiritual. El objeto espiritual se viste dentro de él y lo usa para manifestar sus fuerzas: las buenas cualidades y toda clase de conceptos. También, provee al cuerpo con vida y movimiento, y lo guarda de cualquier daño. Así, el cuerpo en sí mismo no tiene vida ni movimiento y contiene solamente materia muerta, como lo vemos, una vez que el alma lo abandona - en el momento de la muerte- y toda la manifestación de la vida que vemos en los cuerpos humanos son sólo manifestaciones de los poderes del alma.

2. El método de los creyentes en la dualidad

Los defensores del método de la dualidad creen que el cuerpo es una creación completa, erguido, con vida, nutriéndose y resguardando su existencia en todo lo que se requiere. No necesita ayuda de ningún objeto espiritual.

Sin embargo, el cuerpo no se considera toda la esencia del hombre. La esencia primaria del hombre es el alma que percibe, que es un objeto espiritual, como opinan los partidarios del primer método.

La diferencia entre estos dos métodos radica sólo en el concepto del cuerpo. Siguiendo el extenso desarrollo en fisiología y psicología, ellos han encontrado que la Providencia ha asegurado todas las necesidades de la vida dentro de la máquina del cuerpo en sí mismo. Esto, desde su punto de vista, restringe el papel de la funcionalidad del alma dentro del cuerpo únicamente a conceptos y virtudes de tipo espiritual. Por lo tanto, si bien ellos creen realmente en ambos métodos, dicen que el alma es la razón del cuerpo; es decir, que el cuerpo es un resultado que se extiende desde el alma.

3. El Método de los Contradictores

En este método, se niega la realidad espiritual, y solo se reconoce la materialista. Los partidarios de este método niegan completamente la existencia de cualquier clase del objeto espiritual abstracto dentro del cuerpo. Ellos han demostrado evidentemente que también la mente del hombre es sólo un producto del cuerpo, y ellos representan el cuerpo como a una máquina electrónica con alambres que se extienden desde el cuerpo hasta el cerebro y funcionan por sus contactos con cosas externas.

Igualmente, estos envían sus sensaciones de dolor o placer al cerebro, y el cerebro instruye al órgano lo que debe hacer. Todo está dirigido por los alambres y cuerdas construidas para esta tarea. Alejan al órgano de las fuentes de dolor y lo acercan a las fuentes de placer. Así, ellos aclaran todas las conclusiones de los acontecimientos de la vida.

Y lo que sentimos como conceptos y racionalidades dentro de nuestras mentes sólo son imágenes de acontecimientos corpóreos dentro del cuerpo. Y la preeminencia del hombre sobre todos los otros animales, es que nuestras mentes se han desarrollado hasta tal punto que los acontecimientos de todo el cuerpo son representados en nuestros cerebros como imágenes que experimentamos como conceptos y racionalidades.

Por lo tanto, la mente y todas sus deducciones sólo son productos que se extienden de los acontecimientos del cuerpo. Además, hay defensores del segundo método que están completamente de acuerdo con éste, pero le añaden el objeto espiritual, eterno, llamado - el alma que se viste dentro de la máquina del cuerpo. **Esta alma es la esencia del hombre**, y la máquina del cuerpo es sólo su vestimenta.

Así, he presentado en términos generales todo lo que la ciencia humana ha concebido hasta ahora en los conceptos de "cuerpo" y "alma".

El significado científico de cuerpo y alma según nuestra Sagrada Torá

Ahora explicaré esta materia elevada según nuestra Sagrada *Torá*, como nuestros sabios nos lo han explicado. He escrito ya en varios sitios que no hay ni una sola palabra de nuestros sabios, ni siquiera en la sabiduría profética de la Cabalá, que se fundamente en bases teóricas.

Porque el trabajo consiste, en que es un hecho conocido que el hombre es naturalmente incrédulo, y cada conclusión que la mente humana juzga cierta, la juzga incierta después de algún tiempo. Por lo tanto, uno redobla los esfuerzos de su estudio e inventa otra inferencia, y la declara como cierta.

Pero si uno es un estudiante genuino, andará alrededor de este eje toda una vida, ya que la certeza de ayer se ha convertido en la duda de hoy. Así, cuando la certeza de hoy se vuelve la duda de mañana, es imposible determinar cualquier conclusión definida durante más de un día.

Lo revelado y lo oculto

La ciencia de hoy ha entendido suficientemente que en la realidad no existe ninguna certeza absoluta.

Sin embargo, nuestros sabios llegaron a esta conclusión varios miles de años antes. Por lo tanto, respecto a los asuntos religiosos, ellos nos han guiado y prohibido no solamente de abstenernos de sacar cualquier conclusión basada en la teoría, sino que hasta nos prohibieron ser asistidos por ello, incluso por vía de negociaciones.

Nuestros sabios dividieron la sabiduría en dos temas: lo revelado y lo oculto. La parte revelada contiene todo lo que conocemos de nuestra consciencia directa, así como los conceptos construidos sobre la experiencia práctica, sin cualquier ayuda del escrutinio, como nuestros sabios dijeron: "el juez no tiene más de lo que ven sus ojos".

La parte oculta contiene todos aquellos conceptos que hemos escuchado de gente confiable o que hemos adquirido nosotros mismos a través de un entendimiento general y la percepción de ellos. Sin embargo, nos es imposible abordarlos lo suficiente como para criticarlos con una mente sana, con el conocimiento simple. Y esto es llamado con el nombre de **"oculto"**, sobre lo cual nos aconsejaron aceptar las cuestiones con "fe sencilla". Y en todo a lo referente a la religión, se nos ha prohibido estrictamente ni siquiera contemplar asuntos que podrían despertar el interés de estudiarlos.

Sin embargo, estos nombres, "revelado", "oculto", no son nombres permanentes que se aplican a una cierta clase de conocimiento, como piensan los que no tienen educación. Más bien, se aplican sólo a la consciencia humana. Por lo tanto, uno se refiere a todos esos conceptos que ya ha descubierto y ha llegado a conocer a través de la experiencia real como "revelado", y considera todos los conceptos que aún deben ser reconocidos de esta manera como "oculto".

De manera que no tienes una sola persona en todas las generaciones y tiempos, que no tengan estas dos divisiones. La parte revelada que se permitirá estudiar e investigar, ya que se fundamenta en una base verdadera, en tanto que la parte oculta está prohibida incluso una pizca de escrutinio, puesto que no tiene uno ninguna base real.

Lo permitido y lo prohibido en la utilización de la ciencia humana

Por consiguiente, a nosotros quienes seguimos los pasos de nuestros sabios, no se nos permite usar la ciencia humana, excepto con el conocimiento que ha sido probado por experiencias reales, y de cuya validez no tenemos duda. Por lo tanto, no podemos aceptar ningún principio religioso de los susodichos tres, y aún más lo concerniente a los conceptos de cuerpo y alma, los cuales son los conceptos fundamentales y el tema de la religión en su conjunto. Sólo podemos recibir conceptos de ciencias de vida tomadas de experimentos de los cuales ningún hombre puede dudar.

Claramente, tal prueba no puede encontrarse en ninguna materia espiritual, sino sólo en asuntos físicos, establecida por la percepción de los sentidos. Por lo tanto, se nos permite usar el tercer método, el cual se ocupa en asuntos del cuerpo, pero sólo hasta cierto punto, en todas aquellas deducciones que han sido probadas por experimentos y que nadie duda. El resto de los conceptos, que combinan la razón de su método y otros métodos, están prohibidos para nosotros. Quién los usa, viola lo dicho: "No te vuelvas a los ídolos", tal como ha sido explicado.

Sin embargo, este tercer método es extraño y repugnante al espíritu humano. No existe alguna persona realmente educada capaz de aceptarlo. Esto es así porque según ellos, se ha borrado la forma del hombre y ha desaparecido. Al hombre se le ha convertido en una máquina que anda y trabaja por otras fuerzas. Según ellos, el hombre no tiene una libertad de elección en absoluto, sino más bien es impulsado por las fuerzas de la naturaleza, y todas nuestras acciones son compulsivas. Por lo tanto, el hombre no tiene recompensa o castigo, ya que no hay ningún juicio, castigo o, recompensa, que se aplique a alguien que no tiene ninguna libertad de voluntad.

Un asunto tal está lejos del conocimiento propositivo, y no solamente para los religiosos, quienes creen en la recompensa y el castigo, ya que creer en Su Providencia, en que todas las fuerzas de la naturaleza son dirigidas por Él, les asegura que todo tiene una causa buena y deseable.

Sin embargo, este método es aún más extraño a los ojos de los que no son religiosos, quienes creen que a cada uno se le entrega en las manos de una naturaleza ciega, sin sentido ni objetivo. Estos seres inteligentes son como juguetes en sus manos, a quienes se les descarría y ¿quién sabe adónde? Por lo tanto, este método ha sido despreciado y es inaceptable para el mundo.

Y sabe, que todos los métodos de aquellos que perciben la dualidad vinieron sólo para corregir este error antes mencionado. Por esta razón, han decidido que el cuerpo, que es sólo una máquina, según el tercer método, no es en absoluto el verdadero hombre. La verdadera esencia del hombre es algo totalmente diferente, invisible e imperceptible. Es una entidad espiritual, vestida y oculta dentro del cuerpo. Este es el "yo mismo" del hombre el "yo", ya que el cuerpo y todo lo que lo llena, son consideradas posesiones de **este** yo, eterno y espiritual, tal como ellos han escrito.

Sin embargo, por su propia admisión, este método está mutilado, puesto que ellos no pueden explicar cómo es que una entidad espiritual, el alma o el yo, puede mover el cuerpo o decidir algo acerca de éste. Esto es porque siguiendo la precisión filosófica en sí misma, lo espiritual no tiene contacto en absoluto con lo físico. No tiene absolutamente ningún impacto en él, como ellos han escrito.

La acusación contra el *RaMBaM* (Maimónides)

Sin embargo incluso sin esta dificultad, también su método habría estado "prohibido traerlo a la comunidad de *Israel*", como ya lo hemos explicado anteriormente. Es importante que sepas, que toda la gran acusación que hubo hacia *RaMBaM ZaL*, por parte de los sabios de *Israel*, y el juicio severo de quemar sus libros, no fueron porque ellos tuvieran alguna duda de la justicia y la piedad de *RaMBaM* mismo. Más bien, fue sólo porque él usó como ayuda para sus libros, la filosofía y la metafísica que estaban en apogeo en esa época. El *RaMBaM* quiso salvarlos, pero los sabios no estuvieron de acuerdo con él.

Es menester decir que, hoy nuestra generación ya ha reconocido que la filosofía metafísica no tiene un contenido verdadero que merezca que alguien le dedique su tiempo. Por consiguiente, ciertamente está prohibido que cualquiera tome algunas ideas de sus palabras.

La paz en el mundo

"Misericordia y verdad se han reunido; rectitud y paz se han besado. La verdad surgió de la tierra; y la rectitud mira hacia abajo desde el Cielo. Además el Señor dará lo que es bueno; y nuestra tierra rendirá su producto." (Salmos 85.13)

Todo es evaluado no de acuerdo con lo que parece en cierto momento, sino por su grado de desarrollo.

Todo lo que hay en la realidad, lo bueno, lo malo y aún lo más pernicioso en el mundo tiene derecho a existir. Esto significa que no debe ser destruido por ningún medio. Nuestra tarea es simplemente corregirlo y retornarlo a la Fuente.

Es suficiente con echar una mirada atenta al proceso de la Creación para darse cuenta de la grandeza y la perfección del acto y de Aquel que lo realiza. Por lo tanto, debemos comprender y ser sumamente cuidadosos en despreciar cualquier parte de la Creación, [antes que] decir que es superflua e innecesaria. Porque es una calumnia respecto del acto de la Creación.

Sin embargo, es bien conocido que el Creador no completó la Creación en el momento de su formación. Vemos que nuestra realidad está gobernada por las leyes del desarrollo gradual, que se inicia en la etapa que precede a la concepción y continúa hasta que finaliza el crecimiento. Por este motivo no percibimos que el sabor amargo de una fruta sea un defecto en el comienzo de su crecimiento.

Lo mismo es aplicable a los otros elementos de la realidad: si algo parece malo y perjudicial, sólo significa que este elemento se encuentra en una etapa de transición en su desarrollo. Por lo tanto no tenemos derecho de definirlo como malo y desecharlo, ya que es poco sensato.

Quienes "corrigen el mundo" se equivocan

Esta conclusión nos permite entender que las personas que han tratado de "corregir el mundo" en cada generación, perciben erróneamente al hombre como una máquina que no funciona de manera apropiada y requiere una mejora; es decir, reemplazar las partes defectuosas por otras mejores.

Todos sus esfuerzos estuvieron enfocados a destruir el mal que existe en la raza humana. A decir verdad, si el Creador no se hubiera opuesto a ellos, seguramente habrían tenido éxito en "cernir a la Humanidad a través de un cernidor" y dejar en ella sólo lo bueno y útil.

Sin embargo, el Creador tiene el máximo cuidado con cada partícula diminuta de Su Creación, impidiendo que alguien destruya algo en Su dominio. De acuerdo con esto, todos los "correctores" desaparecerán, mientras que el mal permanecerá en el mundo. Este existe y cuenta las etapas en el desarrollo de cada elemento de la Creación hasta que alcanza su estado final.

Ya que entonces las malas propiedades se convertirán en buenas y útiles, de la forma que el Creador las concibió inicialmente. Esto se asemeja a una fruta colgando de la rama del árbol durante días y meses, hasta que madura para que cada persona descubra su sabor y su fragancia.

Fue merecedor – *Ajishena*. No fue merecedor – *Beitó*

No obstante hay que saber, que la mencionada ley de desarrollo se extiende a toda la realidad y garantiza la transformación de todos los actos malos en buenos y útiles, sin preguntar la opinión de la gente. Al mismo tiempo, el Creador dotó al hombre con poder y le permitió controlar esta ley acelerando el proceso de desarrollo por su propia voluntad, libremente y sin importar que el tiempo fluya.

Se desprende que hay dos clases de poder actuando en el proceso antes mencionado:

- El "Gobierno de los cielos" que garantiza que todo lo malo y dañino se convierta en bueno y útil. Sin embargo, esto ocurrirá en *Beitó* (a su debido tiempo), en forma lenta y dolorosa, ya que el "objeto en desarrollo" atraviesa terribles sufrimientos, aplastado implacablemente por la aplanadora de la evolución.

- Y el "Gobierno de la tierra" que representa a las personas que tomaron el control sobre la mencionada ley de desarrollo, que pueden liberarse de las ataduras del tiempo. Estas aceleran en forma considerable el proceso para alcanzar la etapa final. En otras palabras, completan su propia evolución y corrección.

Tal como dijeron nuestros sabios en *Sanhedrin* 98: acerca del fin de vuestra redención y de vuestra corrección *Israel*. Así está escrito: "Yo mismo el Señor lo aceleraré en su tiempo". "fueron merecedores – *Ajishena*, no lo fueron – *Beitó*". Queriendo decir, que si *Israel* fuese recompensado y tomare la ley del desarrollo en sus propias manos. Esta ley está destinada a transformar sus propiedades negativas en otras positivas. Esto significa que deben empezar a trabajar con sus propiedades negativas y corregirlas. Esto los liberará de los límites del tiempo, y el logro del más alto nivel de desarrollo sólo dependerá de su propio deseo; es decir, de la calidad de sus acciones y pensamientos. De esta manera acelerarán el proceso para alcanzar la etapa final.

Pero si no merecen ser recompensados de recibir el desarrollo de sus propiedades negativas, sino que las dejan en manos de la Providencia, aún así la corrección final y la redención todavía les están garantizadas, de manera que todo el mal cambie y se transforme en bien productivo, tal como el fruto sobre el árbol, y el termino estará completamente asegurado, solo que en *Beitó*; es decir, que este asunto ya depende y está completamente ligado a la medida del tiempo.

Porque de acuerdo con la ley del desarrollo gradual, el proceso de corrección debe incluir muchos niveles diferentes. Es un proceso lento, difícil y sumamente largo. Debido a que los "objetos en desarrollo" en cuestión viven y sienten, en consecuencia, mientras avanzan a través de las etapas son obligados a experimentar enormes y horribles sufrimientos. El poder que exige a la persona a pasar de un nivel al siguiente es nada más que la fuerza de la angustia y el dolor. Los sufrimientos se acumulan en el nivel inferior y llegan a un grado tan insoportable que la persona es obligada a abandonarlo y elevarse hasta el nivel superior – de lo cual dijeron nuestros sabios: "excepto que el Creador les erigió un rey que les infligiera dureza como *Hamán*, [de manera que] *Israel* se arrepienta y se vuelva al bien".

Tal así que el final garantizado le llega a *Israel* por medio de la ley del desarrollo gradual y el desarrollo dependiente del tiempo llamado "*Beitó*"; es decir, lo relativo a los trabajos del tiempo. Y la terminación segura para *Israel* en tanto tomen el desarrollo de sus propiedades en sus propias manos, denominado "*Ajishena*"; es decir, sin que dependa del tiempo en absoluto.

El bien y el mal son evaluados de acuerdo con las acciones de un individuo respecto de la sociedad

Antes de empezar a investigar la corrección del mal en la raza humana, debemos determinar primero el valor de nociones abstractas tales como **"bien"** y **"mal"**. En otras palabras, mientras analizamos las acciones o propiedades de bien y mal, debemos aclarar con **respecto a quiénes** pueden ser considerados como tales.

Y para comprender esto, se debe conocer el valor relativo de lo particular en comparación con el general; es decir, del individuo con respecto a la sociedad en la que vive y de la cual recibe tanto el sustento material como espiritual.

La realidad nos muestra claramente que un individuo no tiene derecho a existir si se aísla de la sociedad, que le serviría y satisfaría sus necesidades. En función de esto, ya que el hombre fue inicialmente creado para vivir dentro de una sociedad, cada uno de los individuos es como un pequeño engranaje dentro de un mecanismo, puesto que ningún engranaje individual tiene libertad de movimiento, dado que es participante en el movimiento general de todos los engranajes en una cierta dirección para que todo el mecanismo pueda completar la tarea asignada. Y si uno de los engranajes se rompe, no es considerado como el daño de un engranaje particular, sino que es determinado desde el punto de vista de su rol en el mecanismo total.

De manera similar, el valor de cada individuo en la sociedad está determinado no por lo bueno que es en sí mismo, sino en la medida de su contribución a la sociedad como un todo. Y viceversa, no evaluamos el grado de mal de cada individuo, sino que estimamos el daño que causa a su sociedad.

Estos asuntos resultan claros como el mediodía, tanto desde el punto de vista de la verdad así como de la bondad, porque el todo contiene sólo aquello que está presente en lo particular, en tanto que el beneficio de la sociedad es el beneficio de cada individuo. [Por lo tanto] quien causa daño a la sociedad se daña a sí mismo, y quien beneficia a la sociedad recibe su parte, ya que lo particular siempre forma parte de la generalidad, puesto que el valor del todo es la suma total de sus partes.

De esto se desprende que la sociedad y el individuo son uno y lo mismo. No hay nada negativo en el hecho de que un individuo esté subordinado a la sociedad, porque la libertad del individuo y la de la sociedad son una misma cosa. Las propiedades y acciones del bien o el mal únicamente son estimadas de acuerdo con su utilidad a la sociedad.

Por supuesto que lo mencionado anteriormente sólo se refiere a los individuos que cumplen con su deber en la sociedad, no recibiendo más de lo que les llega o necesitan, y no se apropian de la parte [que les corresponde a] sus compañeros. Sin embargo, si ciertos miembros de la sociedad actúan en forma diferente, causan daño tanto a la sociedad como a sí mismos.

No hay por qué extenderse más en un asunto que es por demás sabido y famoso. Y todo lo mencionado hasta aquí no es sino para mostrar el punto débil; es decir, aquel lugar que requiere corrección. De esta manera cada uno puede comprender que su beneficio personal y el beneficio de la sociedad son la misma cosa y, de esta manera el mundo alcanzará su corrección completa.

Cuatro categorías: Misericordia, Verdad, Justicia y, Paz con respecto al individuo y a la sociedad

Luego de que hemos conocido adecuadamente la medida del bien esperado, debemos examinar de cerca los medios a nuestra disposición para acelerar el bien y la felicidad.

Tenemos a nuestra disposición cuatro categorías para lograr este fin: *Misericordia, Verdad, Justicia y Paz*. Todos aquellos que han tratado de corregir el mundo utilizaron estas categorías. Mejor dicho, la humanidad se ha desarrollado hasta hoy dentro de estas cuatro categorías – el gobierno de los Cielos, el camino gradual hasta que la humanidad llegue a su estado actual.

Como ya hemos dicho anteriormente, pues es preferible que se haya tomado la ley del desarrollo bajo nuestro control, porque entonces nos liberaremos de los sufrimientos que la historia nos depara para nuestro futuro.

De acuerdo con esto, vamos a investigar y analizar estas cuatro categorías para comprender qué es lo que nos han proporcionado hasta ahora, a fin de hallar en consecuencia, qué ayuda podemos recibir de ellas en el futuro.

Dificultades prácticas para establecer la "verdad"

Cuando consideramos las buenas cualidades, "teóricamente", por supuesto que no tenemos una medida mejor que la *"verdad"*. En vista que toda la bondad que hemos definido anteriormente, toma en consideración la interdependencia entre el individuo y la sociedad, cuando un individuo **otorga** y trabaja apropiadamente dentro de esta, toma su parte correspondiente de la generalidad – todo esto no tiene nada más que *"verdad"* puesto que esta es la carencia, porque "en la práctica" esta cualidad no es aceptada por la colectividad. **En la práctica** esta falta de **verdad** está predeterminada por esta. Hay cierta imperfección o factor, que impide a la colectividad aceptarla, y debemos descubrir cuál es. Si investigamos profundamente el significado práctico de la *verdad*, descubriremos sin duda alguna que es oscuro y sumamente difícil de visualizar.

En vista que la verdad nos obliga a equiparar a todos los individuos en la sociedad, para que cada uno reciba su parte de acuerdo con su esfuerzo, nada más ni nada menos. Esta es la única base legítima que no plantea ninguna duda. Obviamente, las acciones de la persona que quiere beneficiarse con el esfuerzo de otra, contradicen tanto el sentido común como la categoría de la *verdad*.

¿Pero cómo podemos imaginar y comprender esta categoría para que sea aceptada por la sociedad? Por ejemplo, si obligamos a que todo el mundo trabaje igual número de horas, la categoría de *verdad* todavía permanecería oculta de nosotros.

Al contrario – aquí hay una mentira abierta, y esto se debe a dos cosas: 1) es el aspecto físico; y, 2) es el aspecto espiritual del que trabaja, por causa de su incapacidad al momento de realizar el trabajo – mucho más su amigo que trabaja dos horas o más.

Y de esta manera se presenta un asunto psicológico ante nosotros, porque la persona lenta emplea más energía en una hora que aquella otra que trabaja durante dos horas. Desde el punto de vista de la *verdad* absoluta no podemos obligar a una parte de la sociedad a trabajar y esforzarse para proveer las necesidades vitales más que a la otra.

En la práctica sucede que los miembros fuertes y emprendedores de la sociedad, se benefician de los esfuerzos de otras personas y por lo tanto las explotan con mala intención, lo cual indudablemente contradice la categoría de la *verdad*. Comparado con los miembros débiles y lentos de la sociedad, ellos mismos hacen muy poco esfuerzo.

Si tomamos en cuenta el derecho natural de "seguir a la mayoría", veremos que esa clase de *verdad* basada en el número real de horas de trabajo es completamente irreal e imposible de implementar. La voluntad débil y lenta **siempre** representa la mayor parte de la sociedad y nunca permitirá que la minoría poderosa e industriosa disfrute de los frutos de su trabajo.

Entonces resulta claro que el principio basado en los esfuerzos individuales es totalmente impracticable. Resultando que la categoría de la *verdad* no puede ser el factor clave que determine el desarrollo del individuo y de la sociedad, ya que este carece de algo que pueda proveer las condiciones de vida adecuadas en el fin de la corrección del mundo.

Más aún, nos encontramos con dificultades incluso más grandes viendo que no hay *verdad* más clara que en la naturaleza. Cada persona muy naturalmente siente que es la única regla en el mundo del Creador. Está muy seguro de que todo y todos fueron creados con el único propósito de hacerle la vida más fácil y más cómoda. Es por eso que no siente la obligación de dar algo a cambio.

Francamente hablando, la naturaleza del individuo es usar la vida de todas las criaturas del mundo para su propio beneficio. Todo lo que la persona le da a su vecino solo es realizado forzadamente, bajo coacción. Pero aún así obtiene ventaja de su prójimo. Simplemente recurre a la astucia para que otra persona lo deje obtener lo que quiere.

Esto quiere decir que la naturaleza de cada rama está estrechamente relacionada con su raíz. Debido a que el alma del hombre emana del Creador Uno y Único, y todo es Suyo, así de esta manera la persona siente que todas las criaturas del mundo fueron creadas para servirlo y deben someterse a su gobierno, en favor del cambio individual. Y esta es una ley que no pasará.

Toda la diferencia es solamente por medio de la elección de la humanidad. Unos eligen usar la Creación para recibir los placeres más básicos, otros anhelan el poder y los terceros buscan honor y respeto. Además, a menos que les cueste mucho, todos estarían de acuerdo en usar el mundo para conseguir todo eso junto: la riqueza, el poder y, el reconocimiento. Sin embargo, la persona es forzada a realizar su elección de acuerdo con sus habilidades.

Esta ley puede ser llamada la "ley de la singularidad"; puesto que está [grabada] en el corazón del hombre. Posiblemente nadie puede escapar de su influencia; todos reciben su parte, el grande de acuerdo con su grandeza, el pequeño de acuerdo con su pequeñez.

Así, la mencionada ley de la singularidad, que se encuentra en la naturaleza de cada persona, no aflige ni elogia, pues se trata de una realidad natural y tiene derecho de existir como cualquier otra parte de la Creación. No existe la expectación de revocar o aún mitigarla ligeramente, o incluso encubrir su forma en lo más mínimo, al igual que no hay ninguna expectación para arrancar de raíz a la totalidad de la raza humana. De acuerdo con esto, no actuaremos contra nuestra conciencia diciendo que esta ley representa la "verdad absoluta".

Luego de esto no queda la menor duda del cómo podemos convencer a un individuo prometiéndole absoluta igualdad entre todos los miembros de la sociedad, cuando todo a lo que naturalmente aspira es a elevarse por encima de la sociedad. Después de todo lo que ha sido dicho, no cabe duda de que nada en la naturaleza del hombre puede estar más opuesto a esto.

Así hemos entendido adecuadamente, que es absolutamente irreal que el individuo o la sociedad sean felices **de acuerdo con la categoría de la** *verdad*, para que todos y cada uno estén completamente de acuerdo con ella, como debe ocurrir en el estado de Corrección Final.

El uso de otras categorías en lugar de la categoría de la *verdad*

Estudiemos ahora las tres categorías restantes: *Misericordia, Justicia y, Paz*. A primera vista, inicialmente no fueron creadas para soportar la *verdad*, que es muy débil y frágil en nuestro mundo. A partir de este punto la historia comenzó su movimiento lento y gradual hacia la organización de la vida de la sociedad.

En teoría todos los miembros de la sociedad aceptaron incondicionalmente la regla de la *verdad*, pero **en la práctica** se opusieron a esta violando el acuerdo. La *verdad* ha estado destinada a ser usada por las personas más embusteras desde entonces. No se encuentra entre los débiles y los justos, porque ellos la usarían aún en pequeña medida.

En tanto no podían conducirse de acuerdo con la categoría de la *verdad*, el número de débiles y explotados creció. Esto condujo al desarrollo de categorías tales como la *misericordia* y la *justicia*, porque el fundamento de la existencia de la sociedad obliga al fuerte y afortunado a ayudar al débil y miserable para no dañar a la sociedad como un todo.

Sin embargo la naturaleza de las cosas es tal que, en estas condiciones, el número de los débiles y miserables crece tanto que empiezan a amenazar a los fuertes, lo que conduce en consecuencia a discordias y choques. Esto sirvió como razón para la aparición de la categoría de la *paz* en el mundo. Así que todas estas categorías: *misericordia, justicia* y *paz* se originaron y desarrollaron debido a la debilidad de la *verdad*.

Esto es lo que llevó a la separación de la sociedad en grupos. Algunos de ellos adoptaron la categoría de la *misericordia* y la *justicia*, esto es, donando parte de su propia propiedad a los menos afortunados; en tanto que otros adoptaron la categoría de la *verdad*, esto es, aceptaron el principio "lo mío es mío, lo tuyo es tuyo".

Y en asuntos más sencillos, estos dos grupos pueden ser categorizados como "*constructores*" y "*destructores*". Los constructores son aquellos que se preocupan por el bienestar de la sociedad y por ello están dispuestos a compartir su propiedad con otros. En cambio aquellos que son naturalmente propensos a la destrucción encuentran mucho más conveniente la categoría de la *verdad* (es decir, el principio de: "lo mío es mío", "lo tuyo es tuyo"); no estando preparados en absoluto para sacrificar nada por los demás. Tales personas prefieren proteger su propiedad aún si amenaza la existencia de la sociedad.

Esperanza de *paz*

Luego, cuando aquellas condiciones externas trajeron gran contienda a la sociedad, tal que colocaron en oposición a estos dos grupos y los dejaron al borde de la ruina, aparecieron en la sociedad los "**constructores de la *paz***". Estas personas rechazaron el poder de la agresión y ofrecieron principios nuevos y justos, (desde su punto de vista), para la coexistencia dentro de una sociedad de *paz*.

Sin embargo, como regla estos "constructores de la paz" se originan en la categoría de los "destructores", partidarios de la Verdad y del principio "lo mío es mío y lo tuyo es tuyo". Esto se debe a que siendo fuertes y emprendedores sacrificarán sus propias vidas y la vida de la sociedad si ésta no coincide con sus opiniones.

No así los constructores de la sociedad, quienes son compasivos y misericordiosos, que creen que su vida y la vida de la sociedad, ellos están por encima de todo, no están listos para colocarse a sí mismos y a la sociedad en peligro para forzar a la sociedad a que coincida con su opinión. Ellos son la parte débil de la sociedad usualmente aludida como cobarde y pobre de corazón. Es lógico que el valiente que está preparado para tomar riesgos gana siempre, por lo tanto se trata de algo natural que los "constructores de la paz" tengan su origen en medio de los "destructores".

A partir de lo dicho anteriormente queda claro que la esperanza de paz a la que aspira nuestra generación con tanta impaciencia, es inútil tanto en relación con el "sujeto" como con el "objeto".

Pues los "constructores de la paz" de nuestra generación, así como de cada una de las generaciones; es decir, personas que supuestamente establecen la paz en el mundo, debido a que están hechos del material humano llamado "destructores", adhieren a la *verdad*; es decir, viven de acuerdo con el principio: "lo mío es mío y lo tuyo es tuyo".

Naturalmente, estas personas defienden su opinión con tal fervor que están preparados para poner en peligro su propia vida y la de la sociedad. Esto les proporciona fuerza suficiente como para prevalecer sobre los "constructores", adherentes de la *misericordia* y la *justicia*, quienes en su cobardía están listos para compartir sus posesiones con otros con tal de preservar la *paz*.

Esto da como resultado que las demandas por la *paz* y la destrucción del mundo son la misma cosa, mientras que la necesidad de *misericordia* y la construcción de la *paz* también son idénticas. Por eso es imposible esperar que los destructores establezcan la *paz* por medio de sus manos.

La esperanza de *paz* es completamente infundada respecto del "objeto" (es decir, las condiciones para la existencia de la *paz*), porque las condiciones para que una persona viva feliz todavía no han sido creadas de acuerdo con la categoría de la *verdad*, puesto que siempre es y será una parte no muy numerosa pero importante de la sociedad la que está insatisfecha con las condiciones actuales. Siempre son material dispuesto para nuevos constructores de la *paz*, cuyas generaciones se reemplazarán infinitamente unas a otras.

Paz para una sociedad particular y *paz* para el mundo entero

No nos debe sorprender el hecho de que mezcle las nociones de *paz* en una sociedad particular y *paz* en el mundo entero, ya que en realidad hemos llegado al nivel en el que todo el mundo puede ser considerado como un pueblo, como una sociedad. En otras palabras, en tanto cada persona es sostenida por toda la especie humana, está obligada a servirle y cuidar del bienestar del mundo entero.

Ya hemos demostrado la dependencia del individuo respecto de la sociedad comparándolo con un pequeño engranaje en una inmensa máquina. Por lo tanto, resulta que el bienestar individual y el social son la misma cosa. Sin embargo lo opuesto también es verdad. En la medida que la persona se preocupa por su propio bienestar, ciertamente se preocupa por el bienestar de la sociedad.

¿Cuál es el alcance de esta misma sociedad? Está determinado por el espacio en el que un individuo recibe lo que necesita. Por ejemplo, en la historia antigua este espacio estaba limitado al círculo familiar; en otras palabras, la persona no necesitaba ninguna otra ayuda sino que era provista por los miembros de la familia; por consiguiente, no tenía que depender de nadie más que de su propia familia.

En una época posterior, cuando las familias se asociaron para instalarse en pequeños pueblos y ciudades, la persona se hizo dependiente de su municipio. Más tarde, cuando los poblados y las ciudades se fusionaron en países, empezó a depender de todos los ciudadanos de su país.

De la misma manera en nuestra generación, cuando cada individuo contribuye con su alegría de vida, éste es provisto por prácticamente todos los países del mundo, esta es ua condición necesaria, ya que el individuo ha sido hecho según esta medida de compromiso con todo el mundo entero, tal como un pequeño engranaje dentro de una máquina.

De acuerdo con esto, la posibilidad de establecer pacíficamente un orden bueno y feliz en un país particular es inimaginable. No hay forma de hacer esto antes de que se lo haya obtenido en cada país del mundo, y viceversa. Y en vista que hoy los países ya están conectados para proveerse unos a otros para las necesidades de la vida, no tiene sentido hablar sólo de las formas de establecer la *paz* dentro de un país o nación, sino para la paz mundial, ya que tanto el bien como el mal de cada individuo en el mundo, depende y es medido, de acuerdo al bien de los individuos en el mundo entero.

Y a pesar de que este asunto es sabido y sentido suficientemente, la humanidad misma no se da cuenta de ello en lo absoluto. ¿Por qué es así? Porque de acuerdo con el proceso de desarrollo en la naturaleza, una acción siempre precede a la comprensión del fenómeno. Sólo la realidad demostrará todo e impulsará a la especie humana hacia adelante.

En la vida práctica las cuatro categorías se contradicen entre sí

Vamos solventando las dificultades de los hechos mencionados, aquellos que molestan en nuestro camino, [pues] van perdiendo fuerza, [sin embargo] aquí se nos agrega más confusión y un gran conflicto por el asunto de la inclinación filosófica, las cualidades propias que prevalecen en cada uno de nosotros, la *justicia* y la *paz*, que han sido divididas naturalmente en las personas tanto dentro del desarrollo como dentro de la educación – ellas por sí mismas se contradicen una a la otra.

Porque cuando tomemos, por ejemplo, la medida de la *misericordia*, en una forma simple, nosotros encontraremos la fuerza de gobierno que contradice todas las últimas categorías; es decir, que por medio de las leyes de gobierno de la *misericordia* no hay ningún espacio para el resto de las categorías en nuestro mundo.

La *misericordia* constituye la condición de: "lo mío es tuyo y lo tuyo es tuyo". A menos que la humanidad actúe de acuerdo con esta categoría, toda la magnificencia y el valor de la *verdad* y la *paz* resultarán vanos. Si cada uno estuviera preparado para dar todo lo que tiene a su prójimo sin recibir nada a cambio, el factor que fuerza a la persona a mentirle a su compañero desaparecería.

Además no hay un lugar después para hablar de la cualidad de la verdad en cada punto, y debido a que la *verdad* y la *mentira* son interdependientes, en principio seríamos incapaces de decir algo acerca de la categoría de la *verdad*. Y a menos que hubiese "falsedad" en el mundo, no existiría una noción de *"verdad"*, sin mencionar que también desaparecerían las otras categorías que surgieron para sostener la *verdad*.

En realidad el principio definido como: "lo mío es mío y lo tuyo es tuyo" contradice la categoría de *misericordia* y no puede tolerarla, ya que desde el punto de vista de la *verdad*, el principio de: "trabajar y ayudar a tu prójimo" está equivocado, porque corrompe a la persona, enseñándole a explotar a otros. Además, la *verdad* sostiene que todos deben ser salvados de los malos tiempos para no convertirse en una carga para alguien cuando los tiempos se hacen difíciles.

Por otra parte, no hay nadie que no tenga parientes o herederos de sus bienes, quienes de acuerdo con el principio de la *verdad* tienen derecho prioritario antes que todos los demás. Así se desprende naturalmente que la persona que distribuye su propiedad entre otras personas queda como un mentiroso frente a sus relaciones y herederos si no les deja nada.

De la misma manera, la *paz* y la *justicia* también se contradicen entre sí, porque para que se establezca la *paz* en la sociedad deben cumplirse cierto número de condiciones. Ellas permitirían que las personas inteligentes e ingeniosas se hagan ricas, mientras que las perezosas y poco prácticas permanecerían pobres. Por lo tanto, la persona trabajadora recibiría su propia parte y la del perezoso. Con lo cual estaría disfrutando de la buena vida, hasta que el perezoso se convirtiera en un mendigo.

Por supuesto que no es justo castigar a las personas negligentes e ingenuas tan severamente, puesto que no robaron nada a nadie. ¿Qué crimen cometieron estas personas miserables, si la Providencia Divina no las dotó con rapidez e inteligencia? ¿Deben ser castigados y sujetos a un sufrimiento que es peor que la muerte? Entonces, si la *justicia* es una condición para establecer la *paz*, la *paz* es contraria a la *justicia*.

La *justicia* también contradice a la *paz*, porque si el orden de división de la propiedad se corresponde con el principio de *justicia*; es decir, dar objetos de valor considerables a personas negligentes e ingenuas. Cabe decir que los fuertes e industriosos no descansarán hasta que revoquen esta práctica que domina al fuerte y permite que el débil los explote. Por lo tanto no hay esperanza para la *paz* en la sociedad, porque la *justicia* es opuesta a la *paz*.

La propiedad de Singularidad en el egoísmo conduce a la destrucción y el exterminio

Y aquí puedes ver claramente cómo nuestras propiedades chocan y luchan una contra otra no sólo entre grupos de personas sino también en el interior de la persona. Las cuatro categorías rigen sobre la persona en forma simultánea y alternativa, y libran una guerra tal que el sentido común no puede establecer orden y armonía entre ellas.

A decir verdad, la raíz de todas nuestras confusiones no es sino la propiedad de la "singularidad" presente en cada uno de nosotros, ni más ni menos.

Aunque sabemos que esta propiedad magnífica y exaltada nos fue dada por el Creador, la fuente de toda la Creación, cuando este sentimiento de singularidad se asocia con nuestro egoísmo estrecho, se convierte en destructor, convirtiéndose en la fuente de todas las desgracias en el mundo, tanto pasadas como futuras.

Está dicho que no hay nadie en el mundo que esté libre de esta propiedad. Todas las diferencias entre las personas solo están determinadas por la manera en que es usada: para ganar poder, estima, etc.

Sin embargo, hay algo en común entre todas las criaturas: cada uno de nosotros aspira a utilizar a los demás para su propio beneficio, usando todos los medios disponibles e ignorando el hecho de que construye su propia felicidad destruyendo la de su prójimo.

Es irrelevante aquí el cómo cada uno justifica sus acciones, porque "nuestros deseos controlan nuestros pensamientos" y no al revés. Además, cuanto más grande y más importante es la persona, más siente su singularidad.

La forma del uso de la naturaleza de la singularidad como medio para el desarrollo del individuo y la sociedad.

Ahora tratemos de comprender cuáles son las condiciones que serán aceptadas por toda la humanidad cuando la *paz* prevalezca en el mundo, cuál es el poder positivo de estas condiciones que proveerán una vida feliz al individuo y a la sociedad. Además, trataremos de encontrar cómo es realmente esta preparación de la especie humana para cubrir todas las condiciones especiales.

Pero primero volvamos a hablar de la singularidad en el corazón de cada persona, que despierta el deseo de aprovecharse de todo y de todos para su propio beneficio. La raíz de esta sensación proviene de la singularidad del Creador y se extiende a Sus ramas, las personas.

Aquí surge una pregunta que exige respuesta: ¿por qué esta sensación se revela en nosotros de manera tan perversa que resulta en una base de todo el daño y la destrucción en el mundo? Es imposible dejar sin responder esta pregunta.

El hecho es que la naturaleza de la singularidad tiene dos lados, porque si lo miramos desde punto de vista del Creador; es decir, desde el punto de alcanzar la semejanza con Su singularidad, en vista que se trata de un acto solo en la forma de "otorgamiento al prójimo", puesto que el Creador solo otorga, sin que haya en Él la forma de la recepción ni nada semejante, ya que no carece de nada y no necesita recibir nada de Sus criaturas que creó. Por lo tanto, también la singularidad que se extendió de Él hacia nosotros, está destinada a ser realizada en nosotros en la forma de "otorgamiento al prójimo", y no de "recepción para uno mismo".

Por otro lado, desde el punto de vista de la acción práctica de esta propiedad en nosotros, encontramos que funciona de una manera totalmente opuesta, ya que se manifiesta como recepción egoísta; es decir, como el deseo de ser la persona más rica, la más fuerte y única en el mundo. Por lo tanto, estos dos lados están tan opuestos y alejados entre sí como el Este del Oeste.

Esto nos proporciona una respuesta a la pregunta anterior: ¿cómo es posible que esta misma cualidad de la singularidad que emana y llega a nosotros desde la singularidad del mundo, que es la fuente de toda estructura, esté funcional en nosotros como fuente de toda destrucción? Esto ocurre, porque usamos estos medios preciosos con una intención equivocada y opuesta, que es recibir para nosotros mismos.

Y no tengo que decir que la singularidad en nosotros nunca actuará como otorgamiento al prójimo. Porque no podemos negar que entre nosotros hay personas en quienes la singularidad actúa en la forma de otorgamiento, tal como los derrochadores de riqueza para beneficio de la generalidad, puesto que todos los esfuerzos de estos derrochadores es para el bien de la generalidad.

Sino que se trata de las dos caras de una misma moneda, hablando de dos aspectos del desarrollo de la creación conduciendo a todo a la perfección. Empezando por la etapa que precede a la concepción, la creación gradualmente asciende los niveles de desarrollo, uno tras otro, hasta que alcanza su máxima predestinación – la perfección eterna inicialmente predestinada.

El orden en el desarrollo de estos dos aspectos o puntos es el siguiente: el primer punto constituye el origen de la evolución, que es el nivel más bajo que se encuentra muy cerca de la inexistencia y que corresponde al segundo lado de la propiedad de la singularidad. El segundo punto es un nivel predeterminado que la creación alcanzará y en el que descansará y permanecerá eternamente, el mismo que corresponde al primer lado de la propiedad de singularidad.

Sin embargo, el período en el que estamos viviendo es tan avanzado que este ascendió por sobre muchos niveles. Superó el nivel más bajo, el segundo lado de la singularidad, y se acercó claramente al primer lado. Por lo tanto, entre nosotros hay personas que usan su singularidad en la forma de "otorgamiento al prójimo", existiendo pocos de ellos que hayan llegado tan lejos, porque nosotros todavía estamos en la mitad de nuestro desarrollo.

Y cuando alcancemos el punto más alto de la "escalera", todos nosotros utilizaremos solamente nuestra singularidad en la forma de otorgamiento al prójimo, y nadie jamás pensará en usarlo para la "recepción egoísta".

De acuerdo con lo antedicho, hallamos la oportunidad de echar un vistazo a las condiciones de vida de la última generación, cuando la *paz* prevalezca en el mundo entero y la especie humana alcance el punto más alto del primer lado. Entonces utilizará su singularidad en la forma de "otorgamiento al prójimo" y para nada la forma de "recepción egoísta".

Y vale la pena transferir esta supuesta forma de vida, en una medida tal que nos servirá como patrón, y penetrará nuestra conciencia en medio de la agitación de nuestra vida, quizás conviene y sea posible también llevar a cabo esta experiencia en nuestra generación, en la medida de la supuesta forma de vida.

Las condiciones de vida de la última generación

… Antes que nada, cada uno debe comprender apropiadamente y explicárselo a su círculo de relaciones inmediato, que existe una interdependencia total entre la *paz* en la sociedad, que es lo mismo que *paz* en el Estado y la *paz* en el planeta. Mientras las leyes sociales no satisfagan a todos y mientras exista una minoría que esté insatisfecha con la forma en que es gobernado el Estado, tratará de desafiar la regla estatal y demandará un cambio de gobierno.

En caso de que esta minoría no sea lo suficientemente fuerte como para luchar abiertamente contra el régimen, hay una manera alternativa e indirecta de librarse de ella. Por ejemplo, dos estados pueden ser provocados y conducidos a la guerra, ya que muy naturalmente habrá muchas más personas insatisfechas durante la guerra. El disidente minoritario tendrá entonces una oportunidad de convertirse en una mayoría decisiva, de derrocar al gobierno y de organizar uno nuevo que sirva mejor a sus propias necesidades. Entonces la *paz* para un individuo se convierte en un factor que afecta en forma directa la *paz* en el Estado.

Además, si tenemos en cuenta la parte siempre presente de la sociedad, para la cual la guerra es un negocio y una esperanza para ascender en la carrera; es decir, militares profesionales y expertos en armamentos con mucha influencia y, agreguémosle otra minoría insatisfecha con las leyes existentes, tendremos una mayoría incontenible siempre lista, que aspira a la guerra y al derramamiento de sangre.

Debido a que la *paz* en el mundo y la *paz* en un estado particular son interdependientes, y si de esta manera se encuentra obligatoriamente, que incluso aquellos ciudadanos, inteligentes y emprendedores, que actualmente están satisfechos con el status quo están seriamente interesados en su propia seguridad debido a la tensión que mantienen los elementos destructivos de la sociedad. Entonces si pudieran comprender el valor de la *paz*, seguramente estarían dispuestos a adoptar el modo de vida de la última generación.

Los sufrimiento versus el placer en la recepción para uno mismo

Si miramos de cerca el concepto anterior, veremos que todas las dificultades consisten en transformar nuestra naturaleza desde el deseo de recibir para nosotros mismos hacia el deseo de otorgar al prójimo, ya que estad dos cosas se contradicen una a la otra.

No obstante esta primera opinión parece completamente increíble, tal como se dijo anteriormente acerca de la naturaleza humana. Sin embargo, si lo analizamos apropiadamente, comprenderemos que la contradicción entre la recepción egoísta y el otorgamiento al prójimo, no es nada más que un factor psicológico, porque en la práctica nosotros otorgamos al prójimo sin recibir ningún beneficio para nosotros mismos.

Aunque percibimos la recepción egoísta en diferentes formas, tales como la posesión de propiedad y todo lo que deleita al ojo, al corazón y al estómago, es definido con una palabra: *"Taanug"* (placer). Entonces la esencia de la recepción egoísta no es nada más que la voluntad de recibir placer.

Y ahora imagina lo siguiente: si una persona pudiera ver todos los placeres combinados que recibe durante sus 70 años y todos los sufrimientos amargos y las privaciones que le suceden, probablemente preferiría no haber nacido en absoluto.

Y en caso de que sea así, ¿qué gana el hombre en nuestro mundo, si solo disfruta el veinte por ciento del placer, comparado con el ochenta por ciento de sufrimiento? Si comparamos uno con el otro, el resultado será sesenta por ciento de angustia sin ninguna compensación.

Sin embargo, todo lo antedicho es un cálculo personal que hacemos mientras trabajamos en nuestro propio beneficio, porque dentro de una cálculo mundial general, un individuo produce mucho más de lo que recibe para su existencia y placer. Al ser así, cambiará la intención, de recepción egoísta a otorgamiento – de manera que el individuo disfrutará de cuanto en su ciclo de vida produzca, sin tener que experimentar grandes sufrimiento.

La sabiduría de la Cabalá y la Filosofía

¿Qué es la espiritualidad?

La filosofía ha atravesado por una gran cantidad de dificultades para probar que la corporalidad da origen a lo espiritual y que el alma engendra al cuerpo. A pesar de eso, sus palabras no resultan de ninguna manera aceptables para el corazón. Y su principal error es su percepción equivocada de la espiritualidad, en que la espiritualidad dio nacimiento a la corporalidad, lo cual es indudablemente una mentira.

Todo padre debe tener alguna similitud con su progenie. La relación padre-hijo es la vía y el camino por el cual se extiende su continuidad. Además, cada operador debe tener alguna relación con su operación para conectarse con ella, y dado que se dice que la espiritualidad niega cualquier incidente material, entonces tal camino no existe. Siendo así, ¿qué relación puede tener lo espiritual con lo material, para contactar con lo material y ponerlo en movimiento de alguna manera?

No obstante, comprender el significado de la palabra "espiritualidad" no tiene nada que ver con la filosofía. ¿Cómo pueden discutir algo que nunca han visto o sentido? ¿En qué se basan sus fundamentos?

Si existe alguna definición que pueda explicar lo espiritual separado de lo material, sólo le pertenece a aquellos que han alcanzado y sentido algo espiritual. Estas personas son los cabalistas genuinos; por tal razón, lo que necesitamos es la sabiduría de la Cabalá.

La filosofía de Su esencia

Es así que *Atzmutó* (Su esencia), es aquello en lo que la filosofía ama tanto interesarse para probar cuáles reglas no se aplican a Él. Sin embargo, la Cabalá no tiene tratos de ningún tipo con Su esencia, porque ¿cómo puede definirse lo inalcanzable e imperceptible? A decir verdad, una definición negativa es tan válida como una positiva. Por ejemplo, si uno ve un objeto a lo lejos y reconoce sus negativos; es decir, todo lo que no es, esto también se considera como ver y cierta medida de reconocimiento. Si un objeto está realmente fuera del alcance de nuestra vista, entonces sus características negativas ni siquiera son claras.

Por ejemplo, si vemos a lo lejos una imagen oscura, pero de todas maneras podemos determinar que no es ni una persona ni un pájaro, esto también se considera visión, pues aunque hubiera estado aún más lejos, no hubiésemos podido determinar que no se trata de una persona.

Este es el origen de la confusión y la invalidez de la filosofía; a ella le gusta enorgullecerse de comprender todos los aspectos negativos acerca de Su esencia. Sin embargo, los sabios de la Cabalá cubren sus bocas en este punto, y no le dan a Él ni siquiera un nombre simple, **porque no definimos con un nombre o una palabra aquello que no alcanzamos.** Esto se debe a que la palabra designa algún grado de alcance. No obstante, los cabalistas se ocupan mucho de hablar acerca de Su iluminación en realidad, es decir que todas esas iluminaciones que han obtenido realmente son tan válidas como un alcance tangible.

Lo espiritual es una fuerza sin cuerpo

Esto es lo que los cabalistas definen como "espiritualidad" y sobre lo cual hablan. No tiene ni imagen ni espacio ni tiempo ni ninguna relación con lo material. Y en mi opinión, la filosofía generalmente ha cubierto con un manto aquello que no le es propio, ya que sustrajo definiciones de la Sabiduría de la Cabalá, e hizo de ellas las sutilezas de su comprensión humana. Si no hubiera sido por esto, nunca hubieran pensado en inventar esas perspicacias. De cualquier modo, esta es sólo una fuerza potencial; es decir, no una fuerza que está revestida en un cuerpo ordinario, como es habitual en este mundo, sino como una fuerza sin cuerpo.

El *Kli* espiritual es llamado "una fuerza"

Este es el lugar para señalar que la fuerza de la cual habla la espiritualidad no significa la Luz espiritual en el cuerpo, pues esta Luz espiritual se extiende directamente desde Su Esencia y es por lo tanto lo mismo que Su Esencia. Esto significa que no tenemos alcance en la Luz espiritual que podamos definir con ese nombre. Incluso el nombre "Luz" es metafórico y no es real. Entonces, debemos saber que el nombre "fuerza" sin cuerpo se refiere únicamente al "*Kli* espiritual".

Luces y *Kelim*

No hay que complicarse con esto, debemos preguntarnos cómo es que los sabios de la Cabalá que llenan toda la sabiduría con sus conocimientos, diferencian entre las diversas Luces.

Esto se debe a que estas observaciones no se refieren a las Luces mismas, sino a la impresión en el *Kli* que es la fuerza mencionada anteriormente, la misma que es afectada por la Luz que se encuentra con ella.

Kelim y Luces (el significado de las palabras)

Y aquí es donde debe agregarse el asunto de la diferencia entre el regalo y el amor que éste genera. Ya que las Luces; es decir, la impresión en el *Kli*, pues esto provee el alcance, juntas son llamadas con el nombre de "forma y materia". Pues la impresión es la forma, en tanto que la forma, tal como se dijo antes, es "la materia".

No obstante, el amor creado por esta se considera una **"forma sin materia"**, es decir que si separamos el amor de la materia del regalo, como si nunca se hubiera vestido en algún regalo, sino sólo en el nombre abstracto de "el amor a Dios", entonces sería considerado una forma. En ese caso, la práctica de este es considerada como **"Cabalá figurativa"**. No obstante, aún se lo consideraría real, sin ninguna similitud con la Filosofía figurativa, en vista que el espíritu de este amor en verdad permanece en el alcance, en el aspecto que está completamente separado del regalo; es decir, la Luz misma.

La sustancia y la forma en la Cabalá

Y la razón detrás de esta situación es que aunque este amor es solamente una consecuencia del regalo, todavía es más importante que el regalo mismo. Es como un gran rey que le regala a una persona un objeto poco importante. Aunque el regalo en sí no tenga ningún valor, el amor y la atención del rey es lo que lo hace invaluable y precioso. Siendo así, está absolutamente separado de la materia, que es la Luz y el regalo, de modo que el trabajo y los conocimientos quedan grabados en el alcance, con sólo el amor mismo. El regalo en sí, sin embargo, parece ser olvidado por el corazón. Por lo tanto, ese aspecto de la sabiduría es llamado **"La sabiduría figurativa de la Cabalá"**. De hecho, esta es la parte más importante de la sabiduría.

ABYA

Este amor está constituido de cuatro partes que son muy parecidas al amor humano, ya que al momento de la recepción del regalo por primera vez aún no nos referimos al dador del presente como alguien que nos ama, pero de todas maneras, si quien da el regalo es alguien importante, [entonces] quien recibe no se encuentra en igualdad con él.

No obstante a respecto de esto, la gran cantidad de regalos en forma repetitiva así como la perseverancia, harán que incluso la persona importante sea reconocida como un amante verdadero que es similar en importancia. Porque esto se debe a que hay una regla que dice que en el amor no hay más grande o más pequeño, y que dos personas que se aman en forma verdadera, deben sentirse iguales entre ambos como es sabido.

Por lo tanto, aquí debes apreciar cuatro grados de amor. El primer suceso se denomina *Asiyá*. La gran cantidad de regalos se denomina *Yetzirá*, y la revelación del amor mismo, se denomina *Briá*.

Y aquí es donde empieza el estudio de la **Sabiduría figurativa de la Cabalá**, porque es en este grado en que el amor se separa de los regalos. Este es el significado de las palabras: "y creó la oscuridad", significando que la Luz es removida de *Yetzirá* y el amor se queda sin Luz, sin sus regalos.

Luego viene **Atzilut**. Después que probó y separó por completo la forma de la materia, como en: "y creó la oscuridad", se hizo digna de ascender a *Atzilut*, donde la forma se revistió en la substancia una vez más. Ahora, Luz y amor son uno nuevamente.

El origen del alma

Todo lo espiritual es percibido como una fuerza separada del cuerpo porque no tiene imagen material. Sin embargo, debido a ello esta permanece aislada y completamente separada de lo material. En tal estado, ¿cómo podría incluso poner en movimiento algo material, si no hay necesidad de decir que por sí mismo engendrará algo material, pues no tiene ninguna forma de ponerse en contacto con lo material?

El elemento ácido

Sin embargo en verdad, también la "fuerza" misma es considerada como una materia verdadera, tanto como cualesquier otra substancia material en el mundo tangible, y a pesar de que no tenga una imagen conceptual que los sentidos humanos puedan percibir, no reduce el valor de la materia que es "la fuerza".

Porque si tomares como ejemplo una molécula de oxígeno: que es un componente de la mayoría de los materiales en el mundo. Pero, si coges una botella de oxígeno puro que no esté mezclado con alguna otra substancia, nos encontraremos con que parece que la botella estuviera completamente vacía. No seremos capaces de notar nada en ella; pues será completamente como el aire, intangible e invisible a nuestros ojos.

Y si quitamos la tapa y la olemos, no hallaremos ningún olor; si lo probamos, no le encontraremos ningún gusto, y si lo colocamos sobre una balanza, no pesará más que la botella vacía. Lo mismo ocurrirá con el hidrógeno, tampoco tiene gusto, olor ni peso.

No obstante, cuando combinamos estos dos elementos, inmediatamente se convierten en líquido, agua potable, que tiene tanto gusto como peso. Si colocamos agua dentro de cal viva, inmediatamente se mezclará con ésta y se convertirá en una substancia tan sólida como la cal misma.

En función de esto ¿cómo podemos definir las fuerzas naturales que no son substancias materiales, precisamente porque no están disponibles para que nuestros sentidos puedan percibirlas? Más aún, podemos ver claramente que la mayoría de las substancias tangibles en nuestro mundo están compuestas primariamente del elemento oxígeno, el cual los sentidos humanos son incapaces de percibir y sentir.

Inclusive lo sólido y lo líquido en la realidad tangible que podemos percibir con certeza en nuestro mundo, pueden convertirse en aire y vapor a cierta temperatura. Así como los vapores pueden transformarse en sólidos cuando hay un aumento de temperatura.

En ese caso, nos asombrará, **¿cómo uno puede dar aquello que no posee?** Podemos ver claramente que todas las imágenes tangibles provienen de elementos que no son en sí mismos tangibles, y que no existen como substancias en sí mismas. Asimismo, todas las imágenes fijas que conocemos acerca de las cuales definimos las substancias, son inconsistentes y no existen por su propio mérito, sino más bien, sólo se visten y desvisten de formas bajo la influencia de condiciones tales como el calor y el frío.

La parte primaria de la substancia física es la "fuerza" que hay en ella, aunque todavía no somos capaces de distinguir por separado estas fuerzas, como con los elementos químicos. Quizás en el futuro sean descubiertas en sus formas puras, así como sólo recientemente descubrimos los elementos químicos.

Igual fuerza en lo espiritual y en lo físico

En una palabra, todos esos nombres que atribuimos a los materiales son completamente inventados, es decir que no provienen de la percepción concreta de nuestros cinco sentidos. Ellos no existen en y por sí mismos. Por otro lado, cualquier definición que atribuimos a la fuerza que la separa de lo material, también es inventada. Aún cuando la ciencia alcance su último desarrollo, seguiremos considerando únicamente la realidad tangible. Es decir que dentro de cualquier operación material que vemos y sentimos, debemos comprender a su operador, el cual es también una substancia como la operación misma, existiendo una correlación común entre ambos, porque de otra manera no habrían llegado a éste.

Y debemos saber que este error de separar al operador de la operación proviene de la **Filosofía figurativa**, la cual insistió en demostrar que los actos espirituales influyen sobre la operación material. Esto trajo como resultado supuestos erróneos como el antes mencionado, puesto que la Cabalá no necesita nada de esto.

Cuerpo y alma en los Superiores

La opinión de la Cabalá sobre este tema es clara como el cristal, sin ninguna mezcla de filosofía en lo más mínimo. Esto es porque incluso estas mismas entidades espirituales intelectuales aisladas, de las cuales la Filosofía invalida todo su concepto, negando que tengan alguna materia intelectual artificiosa del todo. Aquí la opinión de los sabios cabalistas, a pesar de que alcanzaron la espiritualidad más sublime e intangible, [concluyen que] ellas también están compuestas de cuerpo y alma, tal como una persona corporal.

Y no te asombre, cómo es posible sacar alguna ventaja de ambos y decir que ellos se componen de capas. Además, la filosofía cree que todo lo complejo eventualmente se desintegrará y descompondrá; es decir, morirá. Entonces, ¿cómo uno puede declarar que ambos son complejos y eternos?

Luces y *Kelim*

En verdad, sus pensamientos no son los nuestros, porque el camino de los sabios de la Cabalá es encontrar pruebas reales del alcance, ya que es [imposible] revocar el trabajo debido a las dificultades intelectuales. No obstante pondré en claro estas cuestiones para que cualquier persona las pueda comprender.

En primer lugar tenemos que conocer que la diferencia entre Luces y *Kelim* es creada inmediatamente en el primer ser emanado desde el *Ein Sof*, porque naturalmente la primera emanación es la más completa y noble de todas las cosas que la siguen. Y por supuesto que esta belleza y esta perfección es recibida desde Su Esencia, misma que quiere dar aquello más que cualquier belleza y placer.

Es ampliamente sabido, que la medida del placer es esencialmente el deseo de recibir dicho placer. Esto es porque lo que más queremos y sentimos es lo más placentero. Debido a ello, debemos discernir dos aspectos en la primera emanación, es decir el "deseo de recibir", esa misma esencia que es recibida, y también el aspecto de la esencia del que recibe por sí mismo. También debemos saber que el deseo de recibir es lo que percibimos como el "cuerpo" de lo emanado; es decir, el núcleo de su esencia primaria, que es el *Kli* para recibir la bondad. El segundo (aspecto) es la esencia del bien que es recibido, que es la Luz que se extiende eternamente hacia la emanación.

Se infiere que necesariamente debemos distinguir dos opuestos que se visten uno al otro aún en los asuntos más espirituales y sublimes que el corazón puede contemplar. Es lo opuesto a la opinión de la filosofía, que inventó que los diferentes individuos no son substancias combinadas. Es necesario que ese "deseo de recibir" que es obligatorio en los seres emanados, sin el cual no habría placer sino coerción y, ninguna sensación de placer, está ausente en Su esencia. Esta es la razón del nombre "emanado", en tanto ya no es más Su esencia, porque ¿de quién recibiría Él?

No así la abundancia que uno recibe la cual es necesariamente una parte de Su esencia, ya que sobre esta no había necesidad de ninguna innovación. Y por lo tanto, vemos esa gran diferencia entre el cuerpo renovado y la abundancia recibida considerada Su Esencia.

¿Cómo lo espiritual puede engendrar lo material?

Aparentemente resulta difícil entender cómo lo espiritual puede engendrar y extender algo material. Esta cuestión es una antigua duda filosófica y se derramó mucha tinta para tratar de resolverla.

La verdad es que esta interrogante sólo es una dificultad si uno sigue su doctrina. Esto se debe a que ellos determinaron la forma de la espiritualidad sin ninguna conexión con algo material. Y según esta premisa, la dificultad es más fuerte: ¿cómo es posible que lo espiritual vaya a aportar o engendrar algo material?

Sin embargo la opinión de los sabios de la Cabalá es que esto no se trata de algo difícil en lo absoluto, en tanto sus conceptos sean completamente opuestos a los de los filósofos. Ellos sostienen que toda cualidad espiritual se asemeja a lo material como dos gotas de agua. Por lo tanto, las relaciones son absolutamente afines y no hay separación entre ellas excepto en la substancia; es decir, que lo espiritual tiene una substancia espiritual y lo material tiene una substancia material.

No obstante, todas las cualidades de las substancias espirituales residen también en las substancias materiales, tal como explica el artículo *La esencia de la Sabiduría de la Cabalá*.

Más, la antigua filosofía presenta tres opiniones como obstáculos ante mi explicación:

1. Decidió que el poder del pensamiento intelectual que se encuentra en la persona, es el alma eterna, la esencia del hombre,

2. Asume, que el cuerpo es un resultado del alma; y,

3. Dice, que las personas espirituales son simples y no complejas.

Psicología materialista

No sólo que éste es el lugar equivocado para discutir con ellos acerca de sus conjeturas inventadas, sino que también su tiempo ya pasó y su autoridad ha sido revocada. También debemos agradecer por ello a los expertos de la psicología materialista, por el hecho de haber construido su pedestal sobre la ruina de los anteriores, ganando el favor del público. Ahora todos admiten la nulidad de la filosofía, por no estar construida sobre fundamentos concretos.

La vieja doctrina se convirtió en una piedra en el camino y en una espina mortal para los sabios de la Cabalá, porque en el lugar en que tuvieron la necesidad para someter a los sabios de la Cabalá, y tomando sobre sí todo tipo de detalles y precauciones, la santidad y pureza, antes de que los sabios hayan empezado a descubrir para ellos la cosa más pequeña en la espiritualidad en vista que alcanzaron lo que buscaron simplemente, de la filosofía figurativa, sin ningún pago o precio los regaron desde su fuente de sabiduría hasta la saciedad, y dejaron de esforzarse en la sabiduría de la Cabalá. Como consecuencia, la sabiduría casi ha sido olvidada en *Israel*.

Por esta razón, estamos agradecidos a la psicología materialista por haberle propinado un golpe mortal.

Yo soy *Shlomó* **(Salomón)**

Lo anterior es como una fábula que cuentan nuestros sabios: "En que *Ashmedai* (Asmodeo) expulsó al Rey Salomón a cuatrocientas parsas[38] de *Yerushaláim* (Jerusalén) y lo dejó sin dinero ni medios de subsistencia. Luego se sentó en el trono del Rey Salomón mientras el rey mendigaba de puerta en puerta. A cada lugar al que iba decía: "Yo soy *Kohélet* (Eclesiastés)", pero nadie le creía. Y entonces caminó de un pueblo a otro declarando: "Yo soy Salomón", pero cuando llegó al *Sanhedrín*[39] estos le dijeron: "Un tonto no pronuncia la misma tontería todo el tiempo, diciendo: "Una vez fui rey".

Pareciera como si el nombre de la persona no fuese la esencia de esa persona, sino que el dueño del nombre lo es. Por lo tanto, ¿cómo un hombre sabio como el Rey Salomón no fue

---
38 (N. del E.): Medida de distancia
39 (N. del E.): Se llamaba así al consejo de sabios de *Israel* quienes se encargaban de resolver todo tipo de asuntos concernientes al pueblo de *Israel*, así como la aplicación y resolución de asuntos políticos y religiosos.

reconocido si, de hecho, era el dueño de ese nombre? Más aún, es la persona la que dignifica el nombre, ¡y debería haber demostrado su sabiduría a la gente!

Tres prevenciones

Hay tres razones que nos impiden conocer al dueño de un nombre:

1. Debido a que la veracidad de esta sabiduría se aclara únicamente cuando todos los detalles aparecen en conjunto. Por lo tanto, hasta no conocer la sabiduría completa, es imposible vislumbrar aunque sea un pequeño fragmento de ésta. Así pues, es la publicidad de su veracidad lo que necesitamos, así como tener primero suficiente fe en ella para hacer un gran esfuerzo,

2. Así como *Ashmedai*, el demonio, se vistió con las ropas del Rey Salomón y heredó su trono, de igual forma, la filosofía se sentó en el trono de la Cabalá con conceptos más sencillos de captar, pues la mentira se acepta rápidamente. Por consiguiente se nos presenta aquí un doble problema: primero, la sabiduría de la verdad es profunda y laboriosa, mientras que la filosofía es falsa y de fácil comprensión; segundo, es superflua, porque la filosofía satisface por completo; y,

3. Así como el demonio alega que el Rey Salomón está loco, así la filosofía se burla y desestima a la Cabalá.

Sin embargo, mientras la sabiduría es sublime, se eleva por encima de la gente y se separa de ella. Pues el Rey Salomón era el hombre más sabio y también era superior a cualquier otro hombre. Por lo tanto, los mejores eruditos no podían comprenderlo, sino sólo sus amigos; es decir, el *Sanhedrín*, aquéllos a los que enseñó su sabiduría cotidiana por días y años, solamente ellos entendieron y proclamaron su nombre en todo el mundo. La razón para esto es que la sabiduría diminuta se percibe en cinco minutos y por lo tanto es fácilmente pregonada y accesible a cualquier persona. Sin embargo, un concepto de peso no será comprendido siquiera en algunas horas; incluso puede llevar días o años, dependiendo de la inteligencia. Conforme a esto, los más grandes eruditos serán comprendidos únicamente por unos pocos selectos en su generación, ya que los conceptos profundos están basados en muchos conocimientos previos.

Entonces no resulta sorprendente que el más sabio de los hombres, exiliado en un lugar donde no lo conocían, no podía demostrar su sabiduría ni siquiera mostrar un indicio de ella, antes de que creyeran que él era el dueño del nombre.

Lo mismo sucede con la sabiduría de la Cabalá en nuestra época, ya que las dificultades y el exilio que nos ha sobrevenido nos llevaron a olvidarla. Además, si hay personas que la practican, no es sino para extraviarla y no para incrementarla. Esto se debe a que no la recibieron de un sabio cabalista. Por lo tanto, la Cabalá se encuentra en la misma situación hoy en día que la que estaba el Rey Salomón en el exilio, clamando: "Yo soy la sabiduría y todos los sabores de la religión y la *Torá* se encuentran en mí y nadie me cree".

Pero esto es desconcertante, ya que si ésta es una sabiduría genuina, ¿no puede exponerse como todas las otras sabidurías? No, no puede. Así como el Rey Salomón no pudo mostrar la profundidad de su sabiduría a los eruditos en el lugar de su exilio y tuvo que ir a *Yerushaláim*, el lugar del *Sanhedrín*, quienes lo conocían y atestiguaban acerca de la profundidad de su sabiduría, del mismo modo la Cabalá requiere de grandes sabios que examinen sus corazones y la estudien durante veinte o treinta años. Únicamente entonces podrán dar testimonio de ella. Y así como el Rey Salomón no pudo impedir que *Ashmedai* se sentara en su trono y actuara como un impostor pretendiendo estar con él hasta que él arribó a *Yerushaláim*.

De la misma manera los sabios de la Cabalá también observan la teología filosófica, y se quejan de que los teólogos filosóficos han robado la cáscara superior de su sabiduría, la cual Platón y sus antecesores los griegos, quienes habían adquirido mientras estudiaban con los discípulos de los profetas de *Israel*, y robaron componentes elementales de la sabiduría de *Israel* y se han vestido con un manto que no les pertenece. Y hasta estos días, la teología filosófica se ha sentado en el trono de la Cabalá, facultándole a su señora.

¿Quién le creerá a los sabios de la Cabalá, mientras haya otros sentados en su trono? Es como cuando no le creyeron al Rey Salomón en el exilio, porque sabían que había alguien sentado en su trono; es decir, el demonio *Ashmedai*. Así como con el Rey Salomón, no hay esperanza de que la verdad sea expuesta, ya que es profunda y no puede ser expresada con un testimonio o por mera experimentación. Sólo le es mostrada a aquellos que creen y se dedican a ella con el corazón y el alma.

Y así como el Sanedrín no reconoció al Rey Salomón mientras no apareció la falsedad de *Ashmedai*, asimismo la Cabalá no podrá probar su naturaleza y su veracidad hasta que se descubra la futilidad de la teología filosófica que ha tomado su trono. Hasta ese momento, ningún tipo de revelación será suficiente para que la gente la reconozca.

Por lo tanto, no hubo más salvación para *Israel* hasta el momento en que apareció la psicología materialista, la cual asestó un golpe mortal en la cabeza a la teología filosófica, tiempo desde el cual ha sido vencida.

Y desde este momento todo el que busque al Señor está obligado a devolver a la Cabalá sobre el trono de su reino, a fin de restaurar su pasada gloria.

Exilio y redención
La armonía entre la religión y la ley del desarrollo o el destino incierto

"Y no hallarás sosiego entre aquellas naciones ni será agradable para la planta de tu pie".
(Deut. 28.65)
"Y lo que ha subido sobre vuestro espíritu no habrá de suceder tal como dicen: Seremos como las naciones, como las familias de los otras tierras".
(Ez. 20.32)

El Creador nos mostrará que evidentemente *Israel* no puede existir en exilio ni encontrará descanso, así como los otros pueblos que se mezclaron entre las naciones y encontraron descanso, hasta que se asimilaron entre ellas, con lo cual no quedó de ellos memoria. No así la casa de *Israel*. Esta nación no encontrará descanso entre las naciones hasta que no se cumpla en ella lo que está escrito: "Si buscareis desde allí al Señor tu Dios, entonces lo hallaréis, si lo buscáis con todo tu corazón y con toda tu alma".

Este asunto es posible explicar dentro de la Providencia de acuerdo a lo que está escrito sobre nosotros, "Porque la *Torá* es verdad y todas sus palabras son verdaderas, ¡ay de nosotros mientras dudemos de Su veracidad!". Y acerca de toda la represión que nos sucede decimos que es casualidad y destino ciego. Cuyo asunto tiene tan solo una cura –la de devolvernos los problemas a tal grado que consideremos que aquellos no son coincidencias; sino, la inquebrantable Providencia que está destinada para nosotros en la sagrada *Torá*.

Y este asunto hay que aclararlo de acuerdo a la ley del desarrollo que se encuentra en la Naturaleza de adiestramiento confiable, la misma que hemos logrado por medio de la sagrada *Torá*, en el aspecto del camino de la *Torá* que está en Su Providencia (ver el artículo "Dos caminos"), el cual **nos ha causado un desarrollo mucho más apresurado que el de las otras naciones**. Y en vista que los miembros de la nación se desarrollaron así, hubo siempre una necesidad de avanzar y ser extremadamente meticuloso con todos las *Mitzvot* (preceptos) de la *Torá*. Y por causa de no haber hecho esto, sino que quisieron también incluir allí su estrecho egoísmo; es decir *Lo Lishmá*, es que se produjo aquí la destrucción del Primer Templo, ya que quisieron hacer tesoros por medio del abuso del poder sobre la justicia, tal como las otras naciones.

Pero debido a que la *Torá* prohíbe todo esto, negaron la *Torá* y la profecía y adoptaron los modos de sus vecinos, para así poder disfrutar de la vida tanto como les exigía su egoísmo. Y dado que hicieron así, los poderes de la nación se desintegraron: algunos siguieron al rey y a los oficiales egoístas, en tanto que otros siguieron a los profetas. Y esta separación continuó hasta la destrucción.

En el Segundo Templo este asunto fue aún peor, ya que el comienzo de la separación fue públicamente expuesto por medio de **los discípulos menos destacados**, encabezados por *Tzadok* y *Baytos*. Ya que todo su amotinamiento contra nuestros sabios se basaba principalmente sobre la obligación de *Lishmá*, tal como dijeron nuestros sabios, "Hombres sabios, tengan cuidado con vuestras palabras". Y puesto que no quisieron renunciar al egoísmo, crearon comunidades de esta forma corrupta y se convirtieron en una gran secta que fue llamada "*Tzadokim*", pues los ricos y los oficiales fueron quienes siguieron los deseos egoístas, y no por medio de la *Torá*. Estos lucharon contra los *Prushim* (Fariseos) y trajeron el reinado de Roma y a gobernadores sobre *Israel*. Son ellos los que no quisieron hacer la paz con los poderosos, como aconsejaban nuestros sabios por medio de la *Torá*, hasta que fue arruinado el Templo siendo exiliado el morador de *Israel*.

La diferencia entre un ideal secular y un ideal religioso

El origen del ideal secular proviene de la humanidad y, por consiguiente, no puede elevarse por encima de ella. En tanto que un ideal religioso, es aquel cuya fuente se encuentra en el Creador, pudiendo elevarse por encima de la humanidad.

Porque la base de un ideal secular es la igualdad –el precio de la **fama del hombre,** el cual actúa para vanagloriarse en los ojos de las personas. Y a pesar que a veces es avergonzado frente a sus contemporáneos, de todas maneras está regido por otras generaciones y por todo tipo de cosas apreciadas por él, tal como una piedra preciosa que motiva mucho a su dueño, a pesar de que ninguna persona sabe de ella ni la aprecia.

No así con el ideal religioso, cuyo fundamento está en **la fama ante los ojos del Creador.** Por lo tanto, el que sigue un ideal religioso puede elevarse por encima de la humanidad.

Y es así entre las naciones de nuestro exilio. Mientras anduvimos por el camino de la *Torá*, nos mantuvimos a salvo, pues es sabido por todas las naciones que somos una nación altamente desarrollada, motivo por el cual quisieron que colaborásemos con ellos. Solamente que nos explotan, cada uno de acuerdo a su propio deseo egoísta. No obstante, tuvimos una gran influencia entre las naciones, pues aún después de toda la explotación, todavía nos había quedado una porción generosa para nosotros, más que para los ciudadanos del país.

Sin embargo, debido a que las personas se rebelaron contra la *Torá*, en su afán de dar rienda suelta a sus artimañas egoístas, perdieron el propósito de la vida; es decir, el trabajo del Creador. Y en vista que el objetivo sublime fue reemplazado por objetivos egoístas de los placeres de la vida, cualquiera que lograba fortuna elevaba su propio objetivo con toda la gloria y belleza. Y en el lugar en que el hombre religioso esparcía su excedente monetario en caridad y buenas obras, construyendo seminarios u otras necesidades colectivas semejantes, los egoístas esparcían su excedente en los placeres de la vida: comida y bebida, prendas de vestir y joyas, haciéndose semejantes a los prominentes de cada nación.

Y mi intención por medio de estas palabras no es sino, la de mostrar que la *Torá* y la ley natural del desarrollo van de la mano en maravillosa unidad, incluso con el destino ciego. De manera que todos los malos incidentes en el estado de exilio, se produjeron porque quebrantamos la *Torá*. Y si hubiésemos guardado sus mandatos, no nos hubiese sucedido todo el mal que nos sobrevino.

Congruencia y unión entre la *Torá*, el destino ciego y, el desarrollo del cálculo humano

En relación a este tema, increpo a la casa de *Israel* para que digan a nuestros problemas -¡Basta!, y hagan un cálculo, un cálculo humano respecto a todos aquellos episodios que nos han infligido una y otra vez, incluso aquí en nuestro país. En vista que deseamos empezar con nuestras propias políticas nuevamente, ya que no hay ninguna esperanza de aferrarse a la tierra como nación mientras no hayamos aceptado la sagrada *Torá*, sin ninguna mitigación, excepto por la última condición del trabajo de *Lishmá*, y no a título propio, sin ninguna medida de egoísmo, tal como he evidenciado en el artículo "*Matán Torá*" (La entrega de la *Torá*).

Si no nos estableciésemos tal como se dice allí, de manera que haya condiciones entre nosotros, indudablemente seremos obligados a reencarnar una vez a la derecha y otra a la izquierda, tal como la reencarnación de todas las naciones y, aún mucho más. Porque la naturaleza del desarrollado establece que es imposible reprimirlos, ya que cada persona sensata que desarrolla una razón importante, no inclinará su cabeza ante nada, puesto que no conoce el compromiso. Es por eso que nuestros sabios dijeron: "*Israel* es la más feroz de las naciones", puesto que todo aquel cuya mente es más amplia, también es más obstinado.

Esta es una ley psicológica. Y por si no llegasen a entenderme, salgan y aprendan esta lección entre los contemporáneos de esta nación, ya que desde el momento en que empezamos a construir, el tiempo ha sido suficiente como para descubrir en nosotros la ferocidad y firmeza mental, siendo que en tanto uno construye, el otro destruye.

...Y esto es descubierto por todos, solamente que yo estoy renovando un aspecto. Porque aquellos dan por hecho que al final de todo, el lado contrario entenderá el peligro e inclinará su cabeza y aceptará su opinión. Pero yo sé que aún si los amarrásemos juntos en una canasta, uno no se rendirá ante el otro ni en lo más mínimo, y ningún peligro interferirá para quien pretenda llevar a cabo su ambición.

En resumidas cuentas, mientras no elevemos nuestra meta dentro de la vida corporal, no tendremos un resurgimiento corporal, porque lo espiritual y lo corporal en nosotros no pueden morar en una misma canasta, porque somos los idealistas. Y aunque estamos inmersos en las cuarenta y nueve puertas de materialismo, ni aún así abandonaremos el ideal. Por lo tanto, necesitamos el propósito sagrado que se encuentra en Su nombre.

La esencia de la sabiduría de la Cabalá

¿Qué es la sabiduría de la Cabalá? La sabiduría de la Cabalá en términos generales, trata acerca de la revelación Divina, organizada en todos sus aspectos de lo que se revela en los mundos y de lo que está por revelarse, en todos los aspectos que aún a veces posibilita el exilio a los mundos, hasta el fin de las generaciones.

La finalidad de la creación

Partiendo del hecho que no existe una acción que no tenga algún motivo, por supuesto que el El Nombre Bendito la tenía, el propósito de la creación que tenemos frente a nosotros y como lo más importante de toda esta matizada realidad, es la sensación adquirida por los animales, donde cada individuo siente su propia realidad – por cuanto se trata de la más importante de las sensaciones, que es la sensación mental, que es dada solamente al hombre, gracias a la cual él siente también al prójimo, sus sufrimientos y consuelos. Por lo tanto está sobrentendido que si el Creador busca una finalidad en esta creación, he aquí que el portador de este objetivo, es el hombre, y a él se refiere el dicho: "Toda acción del Señor es para él".

Y aún hay que comprender: ¿para satisfacer qué necesidad substancial el Creador estableció este bien? Sino para elevarlo a un grado más respetable e importante, de manera que sienta a su Dios, así como la sensación humana que ya le fue otorgado y, como sabe y siente los deseos de su amigo, así comprenderá los caminos del Creador etc., así como está escrito acerca de *Moshé* (Moisés) nuestro maestro el siervo del Señor: "Y habló el Señor a Moisés cara a cara tal como si le hablara un hombre a su amigo". Y todo hombre puede ser como Moshé el buen pastor como es sabido. Y sin ninguna duda, todo aquel que observe la evolución de la creación que tenemos frente a nosotros, entenderá y tendrá claro el gran placer del Ejecutor, del que con Su obra crece y se desarrolla hasta que adquiere esa maravillosa sensación, que le permite hablar y tratar con su Señor, cuando hable el uno con el otro.

De arriba hacia abajo (de lo superior a lo inferior)

Es sabido, que el fin del acto yace en el pensamiento inicial, porque el hombre antes de comenzar a pensar la manera en que se construye una casa, él piensa en el asunto del cuarto de su casa, que es su real propósito, y luego de esto se interesa por los planos del edificio, de tal manera que estén conforme a su propósito.

Así nuestro tema a tratar, después de explicar la claridad del propósito, junto con esto, aclaramos el orden de la creación en su totalidad, en todos sus puntos y accesos y extendemos de antemano, un escrito organizado de todo, sólo de acuerdo a ese propósito para que de este se desarrolle el género humano, de tal manera que se eleve en sus cualidades, hasta que esté lo suficientemente preparado para sentir a la Divinidad, tal como la sensación de sentir a su amigo.

He aquí que estas cualidades son como los peldaños de la escalera, listos y preparados grado tras grado, hasta que se complete totalmente y consiga su propósito. Y tienes que saber, que la cantidad y la calidad de estos peldaños tienen lugar en dos realidades que son: A) la realidad de los objetos materiales; y, B) la realidad de las mentes espirituales, mismo que en el idioma de la Cabalá se los denomina: **de arriba hacia abajo, de abajo hacia arriba**. Es decir, que la realidad de los objetos materiales es el orden de la revelación de Su Luz, de **arriba hacia abajo**. Desde el primer lugar de donde fue tallada la medida y la cantidad de la Luz, de Su esencia, hasta la llegada de los *Tzimtzumim* (restricciones), restricción tras restricción, hasta que se formó del mundo material y las creaciones materiales despreciables debajo de él.

De abajo hacia arriba (de lo inferior a lo superior)

Luego comienza el orden de **abajo hacia arriba**, que son todos los peldaños de la escalera sobre los cuales evoluciona el género humano, escalando y subiendo, hasta que llega al propósito de la creación, tal como fue explicado anteriormente. Estas dos realidades se aclaran detalladamente en la sabiduría de la Cabalá.

La cuestión acerca de la obligación de estudiar Cabalá

El litigante puede decir entonces, que toda esta sabiduría es un asunto para aquellos que ya lograron algún grado de revelación divina; ¿y qué obligación y necesidad puede tener la mayoría del pueblo por conocer esta elevada sabiduría?

Sin embargo existe una idea general aceptada por las multitudes, acerca de que lo principal de la *Torá* y la religión, es un asunto acerca de la rectitud del acto solamente, en el que lo que queramos depende del cumplimiento de las *Mitzvot* (preceptos) prácticas, sin ningún agregado adicional que lo acompañe, o que se desprenda de él. Si es asunto hubiera sido así, por supuesto que tiene razón el que dice que nos es suficiente con el estudio de lo que ha sido revelado solamente, en relación a las cosas prácticas.

Pero no es así, ya lo dijeron nuestros sabios: "Y qué le importa al *Kadosh Baruj Hu* (Todopoderoso) el que faena por el cuello o el que faena por la nuca, si las *Mitzvot* no se entregaron sino para unir con ellas a la creación". Y en vista que frente a ti existe otro propósito, después del cumplimiento de los actos, ya que el acto es solamente la preparación de este propósito. Por lo tanto está sobrentendido, de que si los actos no están ordenados con un propósito determinado, es como si no existiera nada. Y así dijeron en el *Zóhar* que: "una

Mitzvá (precepto) sin intención es como un cuerpo sin alma", por lo tanto es necesario que la intención acompañe al acto.

Además se entiende que la intención deberá ser una intención verdadera, digna del acto. Por medio de lo que dijeron nuestros sabios acerca del verso: "Y los diferenciaré de los otros pueblos para que sean para mí, para que vuestra diferencia sea mi nombre, de manera que ningún hombre diga no comeré carne de cerdo, sino que diga comeré, y que haré y mi Padre que está en los cielos me condenará". Puesto que si nos abstenemos del cerdo por la abominación que hay en él, o por la purificación corporal, esta intención no nos beneficia en nada, como para ser considerado alguien que hace *Mitzvot*, excepto si dirigiere su intención de manera correcta y especial, por cuanto fue la *Torá* quien prohibió. Y así con cada una de las *Mitzvot*, y solamente entonces su cuerpo se irá purificando, debido al cumplimiento de las *Mitzvot*, ya que es el propósito deseado.

De ser así no nos es suficiente estudiar la forma de realizar **el acto**, sino que tenemos que estudiar esas cosas que nos llevan a la **intención** deseada, para cumplir todo por la fe en la *Torá* y del que nos otorga la *Torá*, porque hay un juicio y un juez. Y es ingenuo el que no entiende la fe en la *Torá* así como en el premio y el castigo, puesto que estos son un remedio por demás grande, por lo cual se necesita un estudio exhaustivo de los libros correctos. De tal manera que aun antes del acto, se necesitan estudios que incluyan el cuerpo para que se acostumbre a la fe en el Creador, en su *Torá* y, en Su Providencia. Y acerca de esto nuestros sabios dijeron: "Creé la inclinación al mal, Creé la *Torá* como condimento", y no dijeron Creé para él *Mitzvot* como condimento, porque "Tus garantes necesitan un garante", ya que la inclinación al mal, que desea el libertinaje y el librarse de la carga, no le permitirá cumplir con las *Mitzvot*.

La *Torá* como condimento

Sólo la *Torá* es el condimento especial que anula y vence a la inclinación al mal, tal como dijeron nuestros sabios: "La Luz que hay en ella los reforma".

La mayor parte de la *Torá* es una referencia

Con esto se establece el por qué tenemos que leer detenidamente la *Torá*, en esas mismas partes que no corresponden al acto, sino sólo a la referencia; es decir, la introducción de *Maasé Bereshit* (el acto de la Creación) que corresponde a todo el libro de *Bereshit* (Génesis), *Shemot* (Éxodo) y, la mayor parte de *Devarim* (Deuteronomio). Y ni qué decir de las *Agadot* (relatos) y los *Midrashim*. Salvo para ser el objeto donde la Luz los envuelve. [Ya que] se purificará su cuerpo y vencerá a la inclinación al mal y, llegará a la fe en la *Torá*, al premio y el castigo, el cual es el primer escalón para realizar la labor, tal como fue explicado.

La lámpara es una *Mitzvá* y la *Torá* es la Luz

Y como está dicho: "la lámpara es una *Mitzvá* (precepto) y la *Torá* es la Luz", porque así como el que tiene velas y no tiene luz para encenderlas se encuentra sentado en la oscuridad, de igual manera el que tiene en sus manos las *Mitzvot* y no tiene la *Torá*, entonces está sentado en la oscuridad, debido a que la *Torá* es la luz con la que enciende e iluminan la oscuridad del cuerpo, tal como está dicho.

No hay ningún acontecimiento de la *Torá* que se iguale a la medida de la Luz

De acuerdo a la especial cualidad de la *Torá*, es decir teniendo en cuenta la medida de la **Luz** que lleva dentro, según esto por supuesto, debemos dividir a la *Torá* en grados; es decir, de acuerdo a la medida de Luz que **el hombre es capaz de recibir** al estudiarla. Y está claro que cuando el hombre piensa y se interesa en las cosas que tienen que ver con la *Torá* en lo que se refiere a la revelación de Dios a nuestros antepasados, en función de esto, ellos traen al interesado más **Luz**, en vista que él se interesa en asuntos prácticos. Más aún cuando los asuntos prácticos son más importantes. Pero en cuanto a los asuntos de la Luz, por supuesto que la revelación de Dios a nuestros antepasados es más importante. Y esto lo confesará toda persona honesta que haya intentado pedir y recibir la **Luz** de la *Torá*.

El deber y el camino de la difusión de la sabiduría

Teniendo en cuenta que toda la sabiduría de la Cabalá habla acerca del secreto de la revelación divina, queda sobreentendido que no tienes una sabiduría más importante y eficiente en todas sus cualidades, ni siquiera algo parecido. Y a esto se referían los dueños de la Cabalá, al organizarla de manera que sea adecuada para poder ocuparse de ella. Y es así que se sentaron y se ocuparon de ella, hasta el momento de ocultarla (y por motivos conocidos estuvieron de acuerdo en archivarla), de todas maneras esto fue sólo por un tiempo conocido y no, Dios no permita, para siempre, como dice el *Zóhar*: "El futuro de esta sabiduría no será revelado sino al final de los días, [de manera que] incluso los jóvenes podrán mirarla".

Según lo que hemos dicho resulta, que el asunto de esta sabiduría no está limitado por el lenguaje de la sabiduría de la Cabalá, porque lo principal es la Luz espiritual, que sale y descubre la Esencia de la Divinidad en el secreto de: "Envía relámpagos e irán y te dirán henos aquí"; es decir, acerca de los dos caminos mencionados anteriormente: **De arriba hacia abajo y de abajo hacia arriba.**

Y estos eslabones y grados, llegan y se expanden de acuerdo a un lenguaje acorde a ellos, los cuales son en realidad las entidades de la creación y los dirigentes de este mundo que son sus ramas. Porque "No tienes una brizna de hierba abajo que no tenga un ángel arriba, que lo golpee y le diga, crece", es decir que los mundos aparecen y se sellan unos de otros, como sello y sellado, y todo lo que esto conlleva se comporta de la misma forma. Hasta el mundo material, el cual es su última rama, sin embargo incluye el mundo superior a él, como sellado por un sello.

Esto nos facilita entender, que es posible hablar de mundos superiores sólo de acuerdo a sus ramas materiales inferiores, las cuales se desprenden de ellos o de sus directores, que es el lenguaje del *TaNaJ*[40]. O según una ciencia exterior. O según la creación, que es el lenguaje de los cabalistas. O según nombres convencionales, habiendo sido esta la costumbre de los honorables cabalistas en la época del ocultamiento del *Zóhar*.

---

40 (N. del E.): **Acróstico de las palabras:** *Torá, Neviim y, Ketuvim*; es decir: La *Torá*, **Profetas y, Escritos.**

Y es así como se ha explicado que la cuestión de la revelación de Dios no es algo que se descubra de una sola vez, sino que es un asunto que se va descubriendo a lo largo del tiempo suficiente como para descubrir todos los impresionantes niveles que se revelan de Arriba hacia abajo y de abajo hacia Arriba, y al término de los cuales se les revela Dios. Es semejante al hombre versado en todos los países y las creaciones del mundo, que no puede decir que descubrió todo el mundo, sin antes haber terminado de observar a la última de las creaciones y de los países. Y que mientras no llega a esto, entonces no alcanzó todo el mundo. Similar a esto es el alcance del Creador, pues esto se da por caminos preparados de antemano, en los que el que los pide, debe de alcanzar dichos caminos en un plano tanto superior como inferior, y por supuesto en donde los mundos superiores es la cuestión principal, pero que sin embargo, estos se pueden alcanzar solo juntos, porque no tienen diferencia de forma, sino de materia, donde la materia del mundo más elevado, es la materia más pura.

No obstante las formas se apoyan unas a otras y, lo que se encuentra en el mundo superior, se encuentra obligatoriamente en los mundos que existen debajo de él, debido a que el inferior se encuentra apoyado por él. Y sabe que aquellas realidades y sus conducciones, las cuales consigue el que pide de Dios, son llamadas *Madrigot* (peldaños, niveles). Por cuanto son ordenados por haber sido conseguidos, uno sobre otro, como peldaños de una escalera.

Expresiones espirituales

Lo espiritual no se puede imaginar y es por eso que no tiene letras con las cuales expresarla. Incluso si decimos que Él es una Luz simple, la cual desciende y se extiende hacia el que la pide, hasta que se reviste y se consigue en toda su altura, lo suficiente como para revelar al Creador, esto también es un lenguaje metafórico: Y como todo lo llamado en el mundo espiritual con el nombre de **Luz**, no se parece a la luz del sol o a la luz de la vela, y lo que llamamos en el mundo espiritual con el nombre de luz, lo tomamos prestado de la mente humana, ya que por su naturaleza, en el mismo momento en que aparece en el hombre una pizca de duda, él descubre una especie de abundancia de luz y de placer, en todos los niveles de su cuerpo, y es por esto que a veces nosotros decimos **Luz de la mente,** aún sin ser verdad. Porque la luz que ilumina a esas mismas partes de la materia del cuerpo, que no es merecedora de recibir especulaciones resueltas, siendo por supuesto, algo menor que la mente. Por lo tanto tampoco esos miembros inferiores y deficientes, pueden recibirlo y conseguirlo.

Y con todo esto, para que podamos darle algún nombre a la mente, nosotros lo denominamos con el nombre de **Luz de la mente,** de la misma manera, nosotros denominamos los detalles de la realidad de los mundos superiores con el nombre de **Luces,** al traerle al que las consigue, abundancia de luz y placer en toda su altura, desde la cabeza hasta el fin. Y debido a esto, somos merecedores de denominar a lo que se consigue con el nombre de *Hitlabshut* (vestimenta), que es aquello que viste a esa Luz.

Y no hay que complicarse, por lo que es mejor denominarlas con nombres que utilizamos para el intelecto, que son: referencia, comprensión, etc. ¿O es mejor expresarse con expresiones que destaquen los resultados de la mente intelectual? Y la cuestión es, que no se parece en nada a la forma de funcionamiento de la mente, porque la mente es una rama personal y especial que se encuentra entre todas las partes de la realidad, y es por eso que utiliza formas especiales para aparecer. No así, la cuestión de los escalones, por ser un conjunto completo que incluye todas las partes existentes en el mundo, cada una de las cuales tiene diferentes caminos unas de otras. Generalmente el comprender el asunto de los peldaños se parece a la comprensión del cuerpo de los animales; es decir, al momento en que alcanza alguna esencia, puesto que alcanza la totalidad de la cabeza hasta su final.

Y si juzgamos de acuerdo a las leyes de la mente investigadora, debemos decir, que alcanzó todo lo que tiene que alcanzar con respecto a esa esencia, y aún si meditase acerca de esto mil años, no lo preferirá como una fibra de cabello.

Y a pesar de todo realmente se parece a... es decir, que ve todo y no entiende nada de lo que ve, pero al verse obligado de conseguir más asuntos adicionales, lo cual es semejante a *Ibur*, *Yeniká* y, *Mojin*, y al segundo *Ibur*, empezando entonces a sentir y a utilizar sus logros, de todos lo que se encuentra en su deseo, realmente no agregará nada a sus logros de lo que consiguió en un principio, sino en el aspecto del final de la madurez, ya que en ese momento aún no había madurado, por lo tanto no lo había podido entender. En tanto que ahora concluyó su madurez.

Y así puedes notar la gran diferencia que existe en la consecuencia de los caminos mentales, por lo tanto no nos son suficientes las definiciones que acostumbramos a utilizar con respecto a las formas de expresión mentales, nosotros las debemos utilizar, sólo en la manera en que acostumbramos a utilizar los objetos materiales, porque estos se parecen completamente en su forma, aunque están lejos de la materia hasta el extremo.

Son cuatro los lenguajes utilizados por la sabiduría de la verdad

Son cuatro los lenguajes que son utilizados por la sabiduría (ciencia) de la verdad y ellos son:

1. El lenguaje del *TaNaJ*, sus nombres y apelativos,

2. El lenguaje de la *Halajá* (código de leyes). Este lenguaje es muy similar al lenguaje del *TaNaJ*.

3. El lenguaje de las *Agadot* (cuentos). Este está muy lejos del *TaNaJ* porque no tiene para nada en cuenta a la realidad. A este lenguaje se le atribuyen extraños nombres y apelativos y tampoco tiene en cuenta lo que se sabe de la relación raíz-rama; y,

4. El lenguaje de las *Sfirot* y los *Partzufim*. En general existía una tendencia entre los dueños de esta sabiduría, y era la de ocultarla de lo burdo de la materia, porque según entendían, la sabiduría y la ética iban juntas; y es por eso que los primeros maestros ocultaron la sabiduría escrita en líneas y puntos, techo y pie, de donde nació el *Álef-bet*[41] en la forma de las 22 letras que tenemos delante de nosotros.

---

[41] (N. del E.): Se refiere al Alefato o *Álef-bet* hebreo que consta de 22(+5) letras para la escritura; desde la א-*Álef* a la ת-*Tav* y sus correspondientes letras finales (+5). Toma el nombre de *Álef-bet* por causa de sus dos primeras letras, la *Álef* y la *Bet*.

El lenguaje del *TaNaJ*

El lenguaje del *TaNaJ*: es el lenguaje principal y fundamental y el más apropiado para su función, porque generalmente comprende la relación raíz- rama, siendo con esto, el lenguaje más cómodo de entender. Este lenguaje es el más antiguo, y es el secreto de la lengua sagrada adjudicada al primer hombre.

Este lenguaje tiene dos cualidades y una falta. La primera cualidad es: que es fácil de entender, incluso para los principiantes en los alcances, puesto que inmediatamente comprenden lo que necesitan. La segunda cualidad es: que los asuntos son esclarecidos por dicho lenguaje en amplitud y profundidad, más que cualquier otro lenguaje. La falta es: que no puede ser utilizado en cuestiones personales o cuestiones de relaciones anteriores y continuaciones, porque acerca de todo tema se debe realizar una aclaración en toda su extensión, en vista que no es probado implícitamente acerca de qué detalle habla, a menos que se tenga en cuenta la exposición del tema en su totalidad. Por lo tanto, para destacar el detalle más pequeño, se debe exponer la totalidad del hecho, y por esto no se acomoda a pequeños detalles, o a relaciones anteriores y continuaciones. El lenguaje de las plegarias y las bendiciones también es tomado del *TaNaJ*.

El lenguaje de la *Halajá*

El lenguaje de la *Halajá*: no es el de la realidad, sólo de la existencia de la realidad. He aquí que este lenguaje está tomado por completo del lenguaje del *TaNaJ*, de acuerdo a las raíces de la *Halajá* que se han tenido en cuenta allí. Este tiene una ventaja con respecto al *TaNaJ*, al ser más amplio acerca de cada tema, y es por esto que muestra las raíces superiores con más precisión.

A pesar de esto tiene una gran carencia sobre el lenguaje del *TaNaJ*, por ser muy difícil de entender, es el más difícil de los lenguajes, y no se lo puede alcanzar a menos que sea un sabio completo, lo cual es llamado: "enhebrar y no producir un resultado", de lo cual se entiende, que es la primera limitación que hay en ella, pues fue tomada del *TaNaJ*.

El lenguaje de la *Agadá*

El lenguaje de la *Agadá*: es fácil para el entendimiento, por las expresiones que son muy entendibles y se la puede comprender fácilmente, es aún más fácil de entender que el lenguaje del *TaNaJ*. Pero para entenderlo por completo, es un idioma muy difícil, porque no guarda el orden de rama- raíz, sino sólo utiliza las expresiones del lenguaje con una maravillosa claridad, sin embargo es rico en soluciones entendibles que no son extrañas ni difíciles, con respecto a la esencia del peldaño en su estado, lo cual es imposible de esclarecer en el lenguaje del *TaNaJ* y de la *Halajá*

El lenguaje de los cabalistas

El lenguaje de los cabalistas: es un lenguaje en todos los aspectos, muy preciso, tanto en la relación raíz-rama así como en relación al tema de antecedente y consecuente, además tiene una cualidad especial, que es el poder hablar gracias a este idioma, en detalle de las cosas mínimas, sin límites. También se puede tratar directamente acerca del detalle que se desee sin necesidad de relacionarlo con lo previo, o lo posterior. A pesar de todas las grandes cualidades que ves en él, tienes aquí una gran falta, el ser difícil de alcanzar, y uno casi se encuentra impedido de alcanzar, a menos que se trate de un maestro cabalista y de un sabio que entiende su mente; es decir, que aún el que por su inteligencia entiende la continuidad de dichos peldaños: de abajo hacia arriba y de arriba hacia abajo, a pesar de todo esto, no entenderá nada de este lenguaje hasta que lo reciba de un maestro que ya recibió este idioma de su maestro, *Panim VePanim* (cara a cara).

El lenguaje de la Cabalá está incluido en todos (los lenguajes)

Sabe, que los nombres, los apelativos y las *Guematriot*[42], le corresponden por completo a la sabiduría de la Cabalá; y el motivo por el cual también se encuentran en el resto de los idiomas, es que todos los idiomas están contenidos en la sabiduría de la Cabalá. Porque todos estos actúan como explicaciones personales especiales, en tanto que el resto de los idiomas necesitan ayudarse de ellos.

Y ni siquiera se nos puede ocurrir, que estos cuatro lenguajes, que se utilizan para explicar la sabiduría de la revelación Divina, se desarrollaron uno después de otro de acuerdo a la época, sino que los cuatro fueron descubiertos por los sabios de la verdad juntos. Y en realidad cada uno está incluido en el otro, porque en el *TaNaJ* también está el lenguaje de la Cabalá, como por ejemplo: *Amidat HaTzur* (el asunto de la roca), y las trece formas de misericordia que hay en la *Torá y Mijá*, y el aspecto que es sentido en cada uno de los versos, como la *Merkavá* que figura en el libro de *Yeshayahu* y *Yejezquel*, y sobre todo en *Shir HaShirim* (Cantar de los cantares), que en su totalidad son el lenguaje de la Cabalá. Y de la misma manera la *Halajá* y la *Agadá*; y ni que decir el tema de los nombres sagrados que no se borran, los cuales llegan de todos los idiomas juntos con un solo significado.

El orden evolutivo de los idiomas

Todo tiene una evolución progresiva, y el lenguaje más fácil de utilizar es aquel cuya evolución concluyó tiempo antes que los demás. Por lo tanto, al principio era el lenguaje expresado en el *TaNaJ*, por ser el más fácil de los lenguajes y su uso era muy común, después de este viene la lengua de la *Halajá*, por estar embebida por completo del lenguaje del *TaNaJ*; además, porque tenían que utilizarla para enseñarle al pueblo la *Halajá* de manera práctica. El tercero, es el lenguaje de la *Agadá*, el cual también lo encontramos en no pocos pasajes del *TaNaJ*, pero sólo como una lengua auxiliar, porque su agudeza apresura la captación del tema, sin embargo es imposible utilizarlo como lengua base, por faltarle la precisión de la relación raíz-rama que hemos explicado anteriormente, es por esto que su uso no era común y por lo tanto no evolucionó.

Y aunque el lenguaje de la *Agadá* tenía mucho uso en la época de los sabios *Tanaim* y *Amoraim*[43], era utilizado sólo como apoyo al lenguaje del *TaNaJ*, como la apertura

---

42 (**N. del E.**): Plural de *Guemátria*. Técnica usada por los sabios cabalistas para generar registros en relación al alcance espiritual, usando las equivalencias numéricas de palabras y letras según el Alefato hebreo.

43 (**N. del E.**): Los *Tanaim*, apelativo para los sabios hebreos que data desde los tiempos de los grandes *Hilel* y *Shamay* hasta

acostumbrada en las palabras de nuestros sabios: *Rav* abrió (y dijo...); etc., (y otras conclusiones), y realmente toda esa amplitud de uso en la época de los grandes sabios, dio comienzo al ocultamiento del lenguaje de la Cabalá; es decir, también en la época de *Rav Yojanan Ben Zacai* e incluso tiempo antes; es decir, setenta años antes de la destrucción del Templo, y de lo dicho anteriormente es suficiente para el que entiende.

El último en desarrollarse es el lenguaje de la Cabalá, y esto se debe a la dificultad de entenderlo, porque además del logro, se necesita recibir las explicaciones de las palabras, y aún los entendidos no las podían utilizar, porque en su mayoría eran únicos en su generación y no tenían con quien utilizarlo. Los maestros denominaron a este idioma, *Maasé Merkavá*, por ser un idioma especial con el que se puede hablar en detalle de la forma de armar un peldaño a otro, sin incluir, de ninguna manera, lo exterior.

El idioma de la Cabalá es similar a cualquiera de los idiomas hablados, y su preferencia, está en su significado oculto ¡en una sola palabra!

Superficialmente pareciera que el idioma de la Cabalá fuera una mezcla de los tres lenguajes mencionados anteriormente. No obstante, el que sabe hacer uso de él, se dará cuenta que es un lenguaje especial de principio a fin, y no nos referimos a las cualidades de las palabras sino a sus directrices, esta es la diferencia entre ellos, en lo que se refiere a los tres lenguajes anteriores, casi no hay directrices a ninguna palabra; es decir, permitir al investigador, comprender qué es lo que la palabra sugiere, y solo con la combinación de todas las palabras y algunas veces también de capítulos, se puede entender su contenido e intención. La ventaja del lenguaje de la Cabalá es, que cada una de sus palabras revela al investigador, su contenido y sus directrices con una precisión exacta, no menos que cualquiera de los lenguajes de los hombres, donde cada una de las palabras tiene un significado exacto que no se puede cambiar por otro.

El olvido de la sabiduría

Desde el ocultamiento del *Zóhar*, lentamente se fue olvidando este importante lenguaje, porque cada vez eran menos los que se ocupaban de él, y se hizo una pausa de una generación, en la cual el cabalista, no lo entregó a otro cabalista que entendiera. Desde entonces se creó una increíble carencia.

Verás esto expresamente, ya que el cabalista *Rabí Moshé de León*, quien fuera el último que lo conservó, y de su mano fue revelado al mundo, nos damos cuenta que no entendió ni una sola palabra, porque en los libros en los que menciona párrafos del *Libro del Zóhar*, se puede notar que no entendió este lenguaje en lo absoluto, porque le dio el significado de acuerdo al lenguaje del *TaNaJ* y entorpeció mucho el entendimiento, a pesar de haber conseguido grandes logros, tal como atestiguan sus escritos; así fue durante generaciones, en donde los dueños del alcance ocuparon todos sus días en entender el lenguaje del *Zóhar*, del cual no atinaron a encontrar ni manos ni pies, porque lo sobrecargaron vorazmente, de la lengua del *TaNaJ*, y por esta razón obtuvieron un libro sellado, tal como le sucedió al mismo *Rabí Moshé de León*.

---

aproximadamente el siglo III e.c. Los *Amoraim*, continuadores de los anteriores, siguen hasta aproximadamente el año 500 e.c.

La Cabalá según el *ARÍ ZaL*

Hasta que llegó el único cabalista, el *ARÍ ZaL*, cuyo logro espiritual era ilimitado, y abrió para nosotros el lenguaje del *Zóhar* y nos enseñó a conducirnos en él. Si no hubiera fallecido en tan poco tiempo, ni siquiera podemos imaginar la [cantidad de] luz que hubiera podido obtener del *Zóhar*, sin embargo con lo poco que pudimos lograr de él, se nos preparó el camino y la entrada, con fiel esperanza, de que a continuación alguna generación nos abra el entendimiento para poder comprenderlo por completo.

Y con esto entenderás, que todos los grandes del mundo que aparecieron después del *ARÍ ZaL*, dejaron de lado todos los libros que se escribieron con respecto a esta sabiduría y a las explicaciones del *Zóhar* y, se abstuvieron a sí mismos [de indagar sobre ellos] casi con temor, y lo mejor de sus vidas lo invirtieron en las palabras del *ARÍ ZaL*.

Y sabe, que no es por no creer en la grandeza de los cabalistas que existieron antes de *ARÍ ZaL* -Dios no permita pensar de esta manera, porque todo aquel que se ocupe de esta sabiduría, verá que no tienen límite los logros de estos grandes del mundo, en [cuanto a] la sabiduría de la verdad [se refiere]. Solamente un tonto puede ponerlo en duda -por cuanto la observación de esta sabiduría, era de acuerdo a los tres lenguajes anteriores. En vista que todos y cada uno de los lenguajes es real y se acomoda a su lugar, solamente que no se adapta por completo, y además es muy inapropiado para entender el orden de la sabiduría de la Cabalá atesorada en el *Zóhar*, por ser una lengua diferente de punta a punta, por haber sido olvidada, y es por eso que no utilizamos sus explicaciones, tanto aquellas del mismo *Rav Moshé de León*, así como las que nos llegaron después. Porque estas no son verdaderas en cuanto al significado del *Zóhar*. Y no tenemos hasta el día de hoy sino solamente un intérprete, y es el *ARÍ ZaL* y nadie más.

De lo expuesto anteriormente se nos ha explicado, que la interioridad de la sabiduría de la Cabalá no es otra cosa que la interioridad del *TaNaJ*, el *Talmud* y la *Agadá*, y que la única diferencia entre ellas es, en los caminos de la observación, y que lo que tienen en común es la sabiduría que se alterna en los cuatro idiomas. Quedando sobrentendido, que la esencia de esta sabiduría no cambió en nada por el hecho de cambiar de lenguaje, y que todo en lo que tenemos que pensar es cuál de estas es más cómoda y se adapta mejor para ser entregada al lector.

De esta forma el asunto que se encuentra frente a nosotros, con respecto a la sabiduría de la verdad; es decir, la sabiduría de la revelación Divina en su camino hacia sus creados, al igual que otras ciencias, tiene que ser entregada de generación en generación, [en donde] cada generación agrega un eslabón al anterior y así va evolucionando la ciencia y, al mismo tiempo se va preparando para difundirse más ampliamente entre las masas.

Por lo tanto, cada sabio está obligado a entregar todo lo que heredó de esta sabiduría de las generaciones pasadas, y agregar lo que él mismo haya logrado, tanto para sus alumnos como para las posteriores generaciones, y por su puesto de sí mismo, porque a pesar de que el alcance espiritual, de la manera en que uno la consigue, es absolutamente imposible transmitirlo a otro, a pesar de grabarlas en un libro. Porque los objetos espirituales no vendrán de ninguna forma en letras de la imaginación en ninguna manera en el mundo (aunque se haya dicho: "Y la tierra está en manos de los profetas", pues no es así de simple, Dios no permita).

El orden en que se transmite esta ciencia

Si es así, ¿cómo se describe la forma en que el hombre que haya alcanzado la espiritualidad, pueda transmitir sus logros a las generaciones venideras y a sus alumnos? Y tienes que saber, que sólo hay un camino, y este es a través de rama-raíz. Esto es porque todos los mundos salieron del Creador y todo su contenido, hasta el mínimo detalle, es como si se tratara de un único y especial pensamiento, donde el pensamiento mismo se desarrolló e hizo todo el desarrollo de los mundos, de sus criaturas y comportamiento, como está aclarado en el *Árbol de las vidas* y en las correcciones del *Zóhar* (revisarlo allí).

Por lo tanto todos quedan igualados, como sello y sellado, donde el primer sello deja su marca en todos los demás, y es por eso que a los mundos que se encuentran más cerca del propósito del pensamiento los denominamos raíces, en tanto que a los mundos que se encuentran más alejados del propósito los denominamos ramas. Esto es porque el fin del acto comienza en el pensamiento.

Con esto entenderemos la expresión que acostumbran citar nuestros sabios en las *Agadot* (cuentos): "Y lo verás desde el fin del mundo hasta su final". Sin embargo debieron haber dicho -desde el principio del mundo hasta su final. Lo que sucede es que hay dos finales, el final como consecuencia de su **alejamiento al propósito**, es decir las últimas ramas de este mundo, y segundo, el final denominado **el propósito general,** puesto que el propósito se revela al final del asunto.

Sin embargo según lo que nos fue aclarado en aquello de: "El fin del acto yace en el pensamiento inicial", nosotros encontramos el propósito encabezando a los mundos, el cual es llamado **primer mundo,** o **primer sello**, ya que el resto de los mundos aparecen y son sellados por él, siendo este el motivo por el cual todas las creaciones: lo inanimado, Vegetativo, Animado y, Hablante, se encuentran en todos sus aspectos inmediatamente en el primer mundo, y lo que no se encuentra allí, no es posible que sea descubierto nunca, porque no se puede dar lo que no se tiene.

La raíz y la rama en los mundos

De acuerdo a lo dicho, es fácil entender la cuestión de raíz-rama en los mundos, porque el crecimiento en lo inanimado, vegetativo, animado y, hablante de este mundo, tiene su equivalente con todo detalle en el mundo superior a él, sin ninguna diferencia en su forma, sólo en su materia, porque el animal o la piedra de este mundo, está formado por material físico, en tanto que el animal y la piedra que se encuentran en el mundo superior, está formado por materia espiritual que no ocupa lugar ni tiempo, sin embargo su cualidad es una sola, y a esto por supuesto hay que agregar, la cuestión de la relación de la materia con la forma, la cual depende obviamente, de la calidad de la forma. Esta es la causa por la cual la mayoría de lo inanimado, vegetativo, animado y, hablante del mundo superior, los encontrarás tal como ellos son realmente ejemplificados en el mundo superior; etc., hasta el primer mundo, puesto que allí es donde ya están todos los detalles al final de su labor, en el secreto de lo que está escrito: "Y vio *Elokim* todo lo que hizo y he aquí que estaba muy bien".

Y es por eso que los cabalistas escribieron, que el mundo se encuentra en el centro de todo, ya que esto apunta hacia lo dicho, que el **fin del acto**, es el primer mundo; es decir, el **propósito** y el alejamiento del propósito llamado, el descenso de los mundos desde su Hacedor, hasta este mundo material, que es el más alejado del propósito. Pero el final de todo lo material, es desarrollarse lentamente y llegar hasta el propósito que fue pensado por el Creador; es decir, al primer mundo, donde el mundo en el que nos encontramos, es el último; o sea el final del asunto, y de todas maneras pareciera que el mundo del propósito, es el último mundo, y nosotros los hijos de este mundo, nos encontramos en el medio entre ellos.

La esencia de la sabiduría de la verdad

Y con esto queda entendido, que así como la revelación de lo animado en este mundo y su orden de existencia, es una maravillosa sabiduría, también la revelación de la abundancia Divina en el mundo, es la realidad de los escalones, y también la manera en que actúan, lo cual juntas hacen una sabiduría maravillosa, extremadamente excelsa, mucho más que la ciencia de la Física. Porque la ciencia de la Física es sólo el conocimiento de los órdenes de tipo particular, existente en el mundo particular y es especial, sólo en lo que se refiere a ella, sin que haya ninguna otra ciencia que esté incluida en ella.

No así la sabiduría de la verdad, que por ser un conocimiento general de la generalidad de lo Inanimado, Vegetativo, Animado y, Hablante, que se encuentran en todos sus mundos y en todos sus sucesos y órdenes, que han sido incluidos en el pensamiento del Creador; es decir, en los asuntos intencionales, por lo cual, todas las ciencias del mundo, desde las menores a las mayores, están incluidas en ella de manera prodigiosa, por compararse con todo tipo de ciencias diferentes unas de otras y alejadas unas de otras, como el este al oeste, se comparan en un mismo orden para todas; es decir, hasta que el orden de toda ciencia se vea obligado a utilizar sus mismos caminos; por ejemplo, la ciencia de la Física está organizada de acuerdo al orden de los mundos y de las *Sfirot*, y la ciencia de la astronomía, también está organizada de acuerdo al mismo orden, lo mismo la ciencia de la música, etc., etc. De tal manera que nosotros encontramos que todas las ciencias se organizan y se presentan según un vínculo y una relación y, todas se parecen a ella, como la relación entre un hijo y su progenitor, por lo cual, se condicionan unas a otras; es decir, que la ciencia de la verdad está condicionada por las otras ciencias, así como todas las ciencias están condicionadas a ella, es por eso que no encontraremos un verdadero cabalista que no tenga un conocimiento global de todas las ciencias del mundo, puesto que estas son adquiridas por la ciencia de la verdad, por el hecho que la sabiduría de la verdad es un cuerpo debido a que ellas están incluidas en ella.

El secreto de la unión

Y la principal maravilla de esta sabiduría, es la inclusión que hay en ella; es decir, que cada detalle de la inmensa realidad, va junto a ella, se integra, se anexa y se une, hasta que se convierten en una sola cosa - todo puede y los incluye a todos juntos.

Porque desde un principio encontramos en ella a todas las ciencias del universo, reflejadas en ella, ordenadas en ella, según su orden real. Después de lo cual nosotros encontramos, a todos los mundos y al orden que se encuentran en la sabiduría de la verdad misma, donde su crecimiento es incontable, uniéndose bajo diez realidades solamente, las cuales son llamadas diez *Sfirot*. Luego esas diez *Sfirot* se organizan y aparecen en cuatro cuestiones, las cuales son cuatro letras procedentes [del Nombre de] cuatro letras. Y luego todas estas cuatro cuestiones, se organizan, llegan y, se integran a la punta de la *Yud*, en alusión al infinito, de tal manera que aquel que comience con esta sabiduría, está obligado a comenzar por la punta de la *Yud* y de allí hacia las diez *Sfirot* del primer mundo denominadas el mundo del *Adam Kadmón*, y de allí ve y encuentra como toda la gran cantidad de partes que se encuentran en el mundo de *Adam Kadmón*, se extienden y salen de acuerdo a un orden obligatorio, de anterior y posterior, con las mismas leyes que encontramos en la Astronomía y Física; es decir, leyes fijas que son estrictamente dependientes una de otra, siendo una ley sin precedentes, que se desprende una de otra, desde el extremo de la *Yud* hasta toda la extensión del mundo de *Adam Kadmón* desde donde se sellan y salen unas de otras, desde los cuatro mundos, por medio de sello y sellado, hasta que llegamos a toda la multiplicidad de este mundo, y luego volvemos otra vez y nos integramos cada uno en su amigo, hasta que todos llegamos al mundo de *Adam Kadmón*, luego a las diez *Sfirot* y, más tarde a la procedencia [del Nombre] de cuatro letras, hasta el extremo de la *Yud*.

Y no hay para qué preguntar, ¿si el material es desconocido, como se lo puede tratar por los caminos de la observación? Sin embargo encontrarás esto en todas las ciencias; por ejemplo, cuando nos ocupamos de Anatomía, de miembros separados y de la actuación de unos con otros, vemos que esos miembros no tienen ningún parecido con el tema general, que es el hombre vivo y completo, sino que a medida que el tiempo pasa, cuando conocemos esta sabiduría a profundidad, podemos relacionar en su generalidad todas las partes, porque el cuerpo entero depende de ellos. La cuestión es la siguiente: el tema general es la revelación de la Divinidad a sus criaturas, en el secreto del propósito, como dicen: "Porque toda la tierra será llena del conocimiento del Señor".

No obstante el que incursiona en ella, por supuesto que no tiene ningún conocimiento sobre este tema general el cual depende de la integración de todos, y por lo tanto tiene que adquirir todos los detalles y la manera en que actúan unos en otros, y sus efectos mediante [el principio de] anterior y posterior, hasta que concluye toda esa sabiduría. Y cuando la conoce a profundidad, si es tenaz y tiene un espíritu puro, por supuesto logrará finalmente el tema en su totalidad.

E incluso si no lo consigue, es finalmente un gran premio, el adquirir la captación de una sabiduría tan grande, que supera al resto de las sabidurías, por los valores de los temas tratados, así como valoramos la ventaja del Creador sobre sus criaturas, así la sabiduría que es la que trata sobre el Creador es importante y sobrepasa a la sabiduría unida a sus criaturas.

Y no porque sea inalcanzable, es que el mundo se abstiene de pronunciarla, ya que el astrónomo no tiene ninguna captación de las estrellas y planetas, sino de los movimientos que ellos realizan, en una sabiduría maravillosa, corregida y organizada con antelación, con un maravilloso cuidado. Por lo tanto, tampoco los conocimientos en la sabiduría de la verdad desaparecen, porque los movimientos se aclaran muy bien, aún para los principiantes, ya que toda la prevención era porque los cabalistas la hicieron desaparecer del mundo con gran astucia.

La entrega del permiso

Estoy contento de haber sido creado en esta generación, en vista que ya se puede publicar la sabiduría de la verdad. Y si me preguntan ¿cómo sé que ya es permitido? Les contestaré, porque se me dio el permiso de revelarlo; es decir, que hasta ahora no se le ha revelado a ningún sabio, los caminos que le son permitidos tratar en público, frente a cualquier pueblo y colectividad a fin de explicar todas y cada una de las palabras a su manera, porque yo también le prometí a mi *Rav* (maestro), el no revelarla, tal como todos los alumnos que me antecedieron. Pero esta promesa y esta prohibición, no toma en cuenta excepto los caminos entregados oralmente, de generación en generación, hasta los profetas y así en adelante, porque esos caminos, si hubieran sido descubiertos por las masas, hubieran acarreado una gran pérdida, por motivos que nos son ocultos.

Es verdad que ese camino, del cual yo trato en mi libro, es un camino permitido, aún más, mi maestro me ordenó ampliarlo tanto como me sea posible. A este camino nosotros lo denominamos, la forma en que están revestidas las cosas. Consulta los escritos de *RaShBY*, pues a este camino lo denomina **la entrega del permiso**. Y esto es lo que me concedió el Creador en una medida completa, ya que lo aceptable para nosotros es, que esto no depende de la genialidad del maestro mismo, sino del estado de la generación, por medio de lo que dijeron nuestros sabios: "El pequeño *Shmuel* era merecedor, etc., solo que su generación no era digna de eso", es por eso que dije que logré el poder revelar la sabiduría, a causa de mi generación.

Nombres abstractos

Es un gran error pensar, que la lengua de la Cabalá utiliza nombres abstractos, al contrario, ella solo toca temas reales, ciertamente hay cosas en este mundo que son reales, aunque no las captemos, como por ejemplo: el magneto, la energía eléctrica y cosas similares, de todas maneras, ¿quién es el ingenuo que dirá que estos son nombres abstractos? En vista que nosotros conocemos muy bien su acción, y que nos importa el no saber el nombre de Su Esencia, por fin lo denominamos, como un tema certero, acerca de los hechos que se relacionan con Él, y Él allí es muy real. Incluso un bebé que comienza a hablar, lo puede llamar por Su nombre, si tan solo sintiera sus actos y nada más, y esta es nuestra ley, **todo lo que no alcanzamos, no lo determinamos con un nombre.**

No existe esencia que sea captada en la materialidad

Y no más, incluso las cosas que nos parecen que han sido conceptuadas en su esencia, como la piedra y el árbol, después de un confiable examen, nos quedamos sin captar su esencia, porque no conseguimos sino solamente su acción, la cual funciona en la medida en que nuestros sentidos los tocan.

Néfesh (**alma**)

Por ejemplo, cuando la Cabalá dice que las tres fuerzas son: A) el cuerpo, B) alma animal; y, C) el alma sagrada. No se refiere a la esencia del alma, porque la esencia del alma es un fluido; esto es a lo que los psicólogos llaman "el yo" y el materialismo lo llama "lo eléctrico". Y el hablar de cuál es su esencia, es una pérdida de tiempo, debido a que no es captada por nuestros sentidos, como lo son todos los objetos materiales, pero por el hecho de que vemos en la esencia de estos fluidos los tres tipos de acciones de los mundos espirituales, los distinguimos bien, de acuerdo a los diferentes nombres, según sus acciones reales en los mundos superiores. Y al ser así, no hay aquí nombres abstractos, sino reales en toda la extensión de la palabra.

La ventaja de mi explicación sobre las explicaciones anteriores

Se puede ayudar a explicar las cuestiones de la sabiduría de la Cabalá utilizando las ciencias externas, debido a que la sabiduría de la Cabalá es la raíz de todo y todas [las ciencias] están incluidas en ella. Hay quien se apoyó en la Anatomía por medio de lo escrito: "lo divino se asió de lo carnal", y hay quien se apoyó en la sabiduría de la Filosofía, en tanto que los últimos utilizaron a la Psicología en mayor grado, sin embargo todos estos no examinan el verdadero significado, porque no aclaran el cuerpo de la sabiduría de la Cabalá, sino que nos muestran, como el resto de las otras sabidurías están incluidas en ella, por lo que los estudiosos no se pueden ayudar de un lugar (de una fuente u otra) u otro... aún cuando la sabiduría del trabajo Divino es la más próxima a la sabiduría de la Cabalá, antes que cualquier otra ciencia. Y no hace falta decir, que es imposible apoyarse de la sabiduría de la Anatomía, o de la Filosofía, por lo cual dije, que soy el primero en interpretar según raíz-rama y anterior y posterior. Por lo que, si alguna persona entiende algo, gracias a mi interpretación, ella puede estar segura que en todo lugar que encuentre ese mismo tema, en el *Zóhar* o en las correcciones, lo pueden apoyar, tal como las interpretaciones acerca de lo revelado que le permite ayudarse en un lugar al igual que en todos.

El tipo de explicaciones de acuerdo a las ciencias externas es una pérdida de tiempo, ya que no dice más que el testimonio de verdades de una a la otra, y he aquí, que una ciencia externa no necesita de testimonios, porque la Providencia preparó cinco sentidos para atestiguarlo, en tanto que en la Cabalá: (de todas maneras) hay que comprender el argumento del entendido, aún antes de traer testigos a su argumento.

El estilo de los comentarios según las ciencias externas

Y este es el origen de la equivocación del *Rav Shem Tov*, quien interpretó el tratado *Moré Nevujim*[44] según la sabiduría de la Cabalá, y no sabía, o se hizo el que no sabía, que también se puede interpretar la ciencia de la medicina o cualquier otra ciencia, según la sabiduría de la Cabalá, no menos que la sabiduría de la Filosofía. Debido a que todas las ciencias están incluidas en ella y son selladas con su sello. Ciertamente por supuesto, el tratado *Moré Nevujim* no tuvo la intensión que le adjudicó el *Shem Tov*, el mismo que no vio la manera en que... el *Séfer Yetzirá* interpretó la Cabalá, según la Filosofía. Y ya demostré, que este tipo

---

44 (N. del E.): **Trabajo filosófico de** *RaMBaN*, *Rabí Moshé Ben Maimón.*

de interpretaciones no son más que una pérdida de tiempo, porque las ciencias externas no necesitan testimonios, en cambio la sabiduría de la Cabalá, aún antes de interpretarla, no tiene sentido traerle testigos, acerca de su veracidad. Es como el fiscal, que antes de aclarar su demanda, trae testigos para verificarla (detalle de los libros que tratan acerca del trabajo Divino, porque la sabiduría del trabajo Divino realmente necesita testimonios de verdades y logros y hay que asistirse del lugar donde haya la sabiduría de la verdad). No obstante todas las combinaciones que se encuentran en este género, no son para anularlas -Dios no permita, porque luego de que entendamos bien el esclarecimiento de esta sabiduría, basada en sí misma, podremos asistirnos con respecto a esta analogía, el cómo es que todas las ciencias están incluidas en ella y, también la forma de pedirlas; etc.

El secreto para lograr esta sabiduría

Tres son los órdenes que tiene esta sabiduría y estas son:

1. El tema de los orígenes de la sabiduría; y ella no necesita ninguna ayuda humana, porque toda ella es un regalo Divino y ningún extraño intervendrá en ella,

2. El entendimiento que se encuentra en aquellos orígenes que alcanzó en las alturas, tal como el hombre que tiene frente a él a todo el mundo a pesar de lo cual debe persistir, entender a este mundo, aún cuando ve todo con sus propios ojos, existiendo [entonces], tontos y sabios. Este entendimiento se llama, la sabiduría de la verdad, la cual el primer hombre fue el primero en recibir una serie de ideas suficientes para poder entender, lograr y, aprovechar al máximo, de todo cuanto haya visto y conseguido con sus ojos. Esta serie de conocimientos sólo se entregan *Pe al Pe* (de boca a boca). Además los dirige un orden de desarrollo, de tal manera que cada uno puede agregar sobre su compañero, o -Dios no permita, echarse para atrás (lo cual no ocurre en el primer paso, donde todos reciben lo mismo, sin agregar y sin quitar, tal como el hombre en su comprensión de la realidad de este mundo, donde por su creación son todos iguales, no así con su entendimiento, ya que hay quienes evolucionan de generación en generación, y hay quienes retroceden). Y el orden de la transmisión, a veces es llamado, la transmisión del *Shem HaMeforash* (el Nombre explicito), y este se transmite con muchas condiciones, pero sólo *Pe al Pe*, y no por escrito; y,

3. Es acerca del orden en que está escrito, y esto es un asunto completamente nuevo. Porque además de encontrar en él una amplia explicación de la evolución de la sabiduría, donde cada uno trasfiere sus logros a las generaciones venideras, aquí también encontramos una característica esplendorosa, donde cada uno que se ocupa de ella aún sin entender lo que está escrito, se purifica y las Luces superiores se acercan a é - y este orden de sucesos, tiene cuatro lenguajes tal como fue escrito anteriormente, y el idioma de la Cabalá los supera a todos, como hemos dicho anteriormente.

El orden de la transmisión de la sabiduría

El mejor camino para el que anhela estudiar esta sabiduría, es buscar un verdadero cabalista y obedecerlo en todo lo que diga, hasta que consiga entender esta sabiduría por si mismo; es decir, su primera fase, y luego conseguirá que se la entreguen oralmente, que es la segunda fase, para luego entender lo escrito. Porque entonces heredará fácilmente toda esa sabiduría y sus elementos de su *Rav*, y lo mantendrá todo el tiempo agregando expansión y desarrollo.

No obstante en la realidad existe un segundo camino, cuando por un anhelo muy profundo, se le abre la visión del cielo y consigue por sí mismo todas las fuentes, lo cual es la primera fase, luego está obligado a esforzarse y a trabajar mucho, hasta que encuentre un *Rav* sabio de manera que pueda estar subordinado a él, a fin de escucharlo y recibir la sabiduría cara a cara, que es la segunda fase, y luego de esto está la tercera fase. Y por cuanto no era dependiente del sabio cabalista desde un principio, entonces sus logros le llegan con un gran esfuerzo y le toman mucho tiempo, y así le queda poco tiempo para desarrollarse en ella; o a veces ocurre, que el entendimiento llega después de un tiempo, tal como está escrito: "Y se morirán, pero no de sabiduría", y ellos son el 99%, a los que nosotros llamamos "superior pero sin expresión", que son parecidos a los tontos e ignorantes de este mundo, que ven un mundo dispuesto según sus ojos y no lo entienden en lo absoluto, fuera del conflicto de sus bocas.

Sin embargo tampoco todos lo logran por el primer camino, porque la mayoría después de conseguir el logro espiritual, se sublevan y no pueden sumirse a la disciplina de su *Rav*, pues no son dignos de merecer esa sabiduría; en este caso, el maestro debe esconder lo figurativo de esta sabiduría de ellos, "Y se morirán, pero no de sabiduría", "superior pero sin expresión" - Y todo esto, porque la transmisión de la sabiduría, tiene grandes e innumerables condiciones, las cuales provienen de razones necesarias, es por esto que son muy pocos los que consiguen agradar a su *Rav*, hasta el punto de ser encontrados merecedores de algo así. Dichosos de la consecución.

Una sierva que es heredera de su ama

Esto requiere una explicación exhaustiva, y a fin de que sea claro para todos, decidiré interpretar el asunto de acuerdo a lo que se nos revela, motivo por el cual se nos extiende a nosotros aquí en la conducta de este mundo.

La interioridad de la exterioridad

El asunto es, que las raíces superiores extienden su poder en una cadena de eventos hasta que sus ramas aparecen en este mundo, tal como está escrito en la explicación de las raíces y las ramas. Aquí los mundos en su totalidad son considerados interioridad y exterioridad. Esto es similar a una carga pesada que nadie puede alzar o mover de un lugar a otro; por lo tanto el consejo es dividir la carga en partes pequeñas y subsecuentemente transferirlas de forma gradual.

De la misma manera es en nuestro asunto, ya que el propósito de la creación es maravilloso e invaluable, porque una chispa diminuta como la del alma de una persona, le faculta para elevarse por su logro más Alto que los ángeles servidores, tal como dijeron nuestros sabios acerca del verso: "ahora se dirá a *Yaakov* e *Israel*: '¡Que es lo que Dios ha ejecutado!'", cuyo significado es: que los ángeles superiores le preguntarán a *Israel*, "¿Qué es lo que Dios ha ejecutado?".

El desarrollo de *Israel* (interioridad) es gradual

Aquí toda esta travesía nos llegará solamente por medio del desarrollando gradual, semejante a la alegoría anterior, en que la carga más pesada, la cual tiene la posibilidad de elevarlo, siempre y cuando se divida en partes para elevarlas gradualmente. Y no sólo el propósito general llega a nosotros de esta manera sino incluso el propósito corporal, lo cual es solamente un asunto que prepara el propósito general, el cual también nos llega a través de un desarrollo gradual y lento.

Por esta razón es que han sido divididos los mundos en interioridad y exterioridad, ya que todos y cada uno de los mundos contiene iluminaciones apropiadas para actuar en un desarrollo lento, y esto es llamado "la interioridad del mundo".

El desarrollo inmediato de las naciones del mundo (exterioridad)

Frente a ellos están las iluminaciones que solo pueden actuar instantáneamente. Por eso cuando aparecen aquí en sus ramas en este mundo y se les da el control, entonces no solo que no corrigen sino que arruinan.

Este asunto en palabras de nuestros sabios es llamado: "inmaduro", como está escrito por *Adam HaRishón* concerniente al *Árbol del conocimiento,* que comieron lo inmaduro, es decir que en verdad comieron de la lujuria y lo seductor hasta no poder más, además está destinado a deleitar al hombre en el futuro, más no en el presente, mientras aún crece y se desarrolla. Es por esto que lo compararon con un fruto no maduro, ya que el higo, el cual siendo también el fruto más delicado y más dulce, cuando es comido prematuramente, dañara al estómago de la persona y esta morirá.

Ciertamente hay que preguntar: "¿Quién es el que trae tal acto al mundo?" Porque es sabido que no hay acción en nuestro mundo que venga sin el golpe de una Raíz superior. Sabe que esto es lo que llamamos "el dominio de la exterioridad", como en el verso: "uno frente al otro los hizo *Elokim*", puesto que en Él hay una fuerza que incita y apresura hacia la revelación del dominio de la interioridad, como dijeron nuestros sabios: "He aquí Yo erijo sobre ellos un rey como *Hamán*, y el los forzará a arrepentirse".

La interioridad es el pueblo de *Israel*

Luego de que hemos clarificado [el tema de] las Raíces superiores, aclararemos las ramas en este mundo. Sabrás que una rama que se extiende desde la interioridad es el pueblo de *Israel*, el cual ha sido elegido como un ejecutor de la corrección y del propósito general. Existe en ellos esta misma preparación, ya que se puede desarrollar y crecer hasta que llegue y también conduzca a las naciones del mundo a fin de lograr la meta común.

La exterioridad son las naciones del mundo

La rama que se extiende desde la exterioridad son el resto de las naciones [del mundo], en vista que no han sido impartidas en ellas las cualidades que las hacen dignas de recibir los caminos del desarrollo del propósito gradual, sino que son apropiadas para recibir la corrección de inmediato y por completo, de acuerdo a su Raíz superior. Por esta razón al momento en que ellas reciben el dominio de su Raíz, destruyen las virtudes en los hijos de *Israel* y causan sufrimientos en este mundo.

Un esclavo y una sierva

Es así que la Raíces superiores son llamadas "exterioridad", tal como hemos explicado arriba, siendo llamadas generalmente con el nombre de "esclavos" y "siervos". Quiere decir que es para mostrar que no hay asuntos –Dios no permita, que pretendan dañar, tal como parecería en una observación superficial, salvo que [en lugar de esto], ellas funcionan y sirven a la interioridad, así como el esclavo y el siervo que sirven a sus amos.

La exterioridad gobierna cuando *Israel* no exige profundidad en su trabajo

Al dominio de la mencionada exterioridad se la llama con el nombre de "el exilio de *Israel* entre las naciones del mundo", puesto que con esto llegan sufrimientos sobre la nación israelí, infligiendo sobre ellos muchas formas de degradación y ruina. Sin embargo, para ser breve, explicaremos solo lo que está revelado a través de una observación general, que es el propósito general, dado que se trata del asunto de la idolatría y la superstición, como está escrito en el secreto de: "Pero se mezclaron ellos mismos con las naciones, y aprendieron de sus actos", ya que esto es el veneno más terrible y peligroso que destruye las almas de *Israel*, al traer sus vanidades más cerca de la razón humana. En otras palabras, ellos no requieren gran profundidad para entender y así plantar los fundamentos de su trabajo en los corazones de los hijos de *Israel*. Y a pesar de que un hombre israelita es prácticamente incapaz de aceptar sus tonterías, al final ellos sí inducen idolatría y suciedad, a evidente herejía, hasta que él dice, "todos los rostros son iguales" –Dios no permita.

La razón para la ocultación de la Cabalá

Y de esto entenderás el tema del ocultamiento de la sabiduría de los ojos externos, así como lo que dijeron los sabios: "Es prohibido enseñarle la *Torá* a un gentil". Parece haber una contradicción entre esto y el *Taná*[45] *Debei Eliyahu*, quien dijo: "Incluso un gentil, un esclavo, y aún un siervo que se sienta y se ocupa en la *Torá*, la *Shjiná* (Divinidad) se encuentra con ellos". Entonces, ¿por qué nuestros sabios prohibieron enseñar *Torá* a los gentiles?

Enseñando *Torá* a los gentiles

Verdaderamente la intención del *Taná Debei Eliyahu* se refiere a un gentil converso, o al menos a uno retirado de la idolatría, es decir de la superstición. En tanto que la intención de nuestros sabios, de manera contraria, se refería a alguien que no se hubiera retirado de la adoración de ídolos, sino que quiere el conocimiento de la Torá de *Israel* y su sabiduría. Para poder recibir de ella la entereza y la fuerza para su idolatría. Y si dijeres: "¿Por qué nos debería importar si este gentil se ha vuelto más piadoso en su adoración de ídolos debido a nuestra sagrada *Torá*? ¿Si no ayuda, que mal hará esto?"

El llanto de *RaShBY*

Indudablemente esto es por lo que *RaShBY* lloraba antes de que él explicara un secreto importante en la sabiduría de lo oculto, tal como está escrito: "*Rabí Shimon* gimió, ¡Ay si digo, y ay si no digo. Si digo, los pecadores sabrán cómo servir a sus ídolos; y si no digo, los amigos perderán esa palabra!".

Esto se debe a que él estaba temeroso de que este secreto llegara a manos de los adoradores de ídolos, de tal manera que ellos pudieran realizar su idolatría con la fuerza de esta mente sagrada, de manera que esto es lo que prolonga nuestro exilio y trae sobre nosotros todas las aflicciones y las ruinas, tal como ahora lo vemos delante de nosotros, siendo que los sabios de las naciones del mundo investigaron y escudriñaron todos los libros de los hijos de *Israel*

---

45 (N. del E.): Forma singular de *Tanaim*, sabios hebreos que perduraron hasta siglo III e.c.

y los convirtieron en delicias para fortalecer su fe; es decir, su sabiduría, llamada "teología".

Dos males por revelar la sabiduría de *Israel* a las naciones del mundo

Ellos han cometido dos males:

1. Aparte de que se visten con nuestro *Talit*[46], dicen que toda esa sabiduría es del logro de su propio espíritu santo, en vista que estas mímicas ganaron su reputación a expensas nuestras, tal así que con esto han fortalecido su enseñanza falsa y han obtenido la fuerza para negar nuestra Sagrada *Torá*; y,

2. Pero un daño aún mayor cayó sobre nosotros, porque aquel que observa al interior de su teología, encuentra en ella conjeturas y sabiduría concerniente al trabajo de Dios, tanto así que le parece más verdadero y genuino que nuestra sabiduría.

Esto es así por dos razones:

La primera es que ellos son muchos, y entre ellos hay grandes y prominentes filólogos que conocen su trabajo, el cómo acercar los asuntos de manera que sean aceptables para gente no educada. El asunto de la filología proviene de enseñanzas externas, las cuales ciertamente son una sociedad de ocho mil millones de personas que pueden producir más y muchos más grandes filólogos de lo que nuestra sociedad de quince millones puede hacer. Por lo tanto, aquel que observa sus libros cae en dudas de que ellos puedan estar en lo correcto, o aún algo peor por supuesto.

La segunda, y la razón más importante, es que los sabios de *Israel* ocultan la sabiduría de la religión de las masas detrás de las puertas cerradas y en todas las formas posibles. Los sabios de cada generación ofrecen explicaciones sencillas a las masas y les apartan con todo tipo de trucos de tal forma que ni siquiera puedan acercarse y tocar la sabiduría de lo oculto.

¡Ay si yo digo!

Ellos hacen esto por temor a que estos asuntos caigan en manos de adoradores de ídolos, tal como escribió *RaShBY*: "Si yo digo, los pecadores sabrán cómo servir a sus ídolos". Después de todo, aún sufrimos mucho por las pequeñas cosas que ellos han robado de nuestros *Kelim*, soportando con vergüenza y mucha ira, lo que ha sido descargado hacia ellos luego de [haber sido] extremadamente cuidadosos.

La razón para el ocultamiento de la Cabalá

Y con esto queda entendido, de lo que tuvimos, en caso de que nuestros sabios hubiesen revelado la sabiduría de lo oculto a todos. Y por el hecho de que nosotros ocultamos, resulta que nuestro primitivo, a pesar de que no le conviene que se le transmitan los secretos de la

---

[46] (N. del E.): Manto hecho de lino que se utiliza para realizar la plegaria, y que tiene como particularidad el uso de los *Tzitzit* en sus cuatro esquinas, en donde se representa como recordatorio sobre otras cosas, las *Mitzvot* y el Nombre Sagrado.

Torá, no tiene ningún concepto general en la sabiduría de la religión. Por eso de una persona tal, se sobrentiende que pueda adquirir alguna impresión profunda al momento en que encuentra las bases y la sabiduría en su teología, cuya esencia no es más que una variedad de conceptos robados de nuestra [sabiduría] oculta, con refinamientos literarios agregados. Y una vez que distingue eso, dice y refuta nuestra *Torá* práctica, y termina por completo en herejía.

Una sierva que es heredera de a su ama

Este asunto es llamado "una sierva que es heredera de su ama", porque toda la fuerza del ama, es decir el dominio de la interioridad, es por la fuerza de nuestra sabiduría y conocimiento, tal como está escrito en el secreto de: "somos distinguidos, Yo y Tu pueblo, de toda la gente que está sobre la faz de la tierra". Y ahora la sierva ha avanzado un paso y se enorgullece en público de que ella es la heredera de esta sabiduría –Dios no permita. Y debes saber, que este poder de ellos es el grillete por el cual las piernas de los hijos de *Israel* están encadenadas en el exilio bajo su dominio.

Grilletes de exilio

Y explicaremos, que toda la esencia de los grilletes del exilio y su poder es desde la sabiduría de la *Torá* y sus secretos, los cuales permitieron el robo a fin de poner en sus vasijas, luego de toda la atenta vigilancia que hemos puesto en ello, ya que con esto han inducido a error a las masas diciendo que ellos han heredado el trabajo de Dios, y ponen duda y también herejía en las almas de los hijos de *Israel* tal como dijimos anteriormente.

El *Shofar* del *Mashiaj*

La redención es sólo con la fuerza de la Cabalá

Y debes saber que este es el secreto, que los hijos de *Israel* no se redimen, sino después de que se revele la sabiduría de lo oculto en gran medida, como está escrito en el *Zóhar*: "Por medio de esta composición se redimen los hijos de *Israel* del exilio". Esto es así, porque en ese entonces hubo una gran esperanza de redención, ya que la escritura del *Zóhar* fue iniciada en la época de *RaShBY*, en los días de la revelación de *Bar Kojba*. *Rabí Akiva*, el maestro de *RaShBY* dijo sobre éste: "por medio de la estrella de *Yaakov*" y también después de la destrucción de *Yatir*[47] hubo una gran esperanza.

La escritura del *Zóhar* y su ocultación

Y debido a esta permisión *RaShBY* se dio la libertad de revelar la sabiduría de lo oculto en sus libros del *Zóhar* y los *Tikunim*. Ciertamente lo hizo con mucho cuidado, ya que no permitió que nadie escriba sus palabras, solamente *Rabí Aba*, quien podía revelar en forma secreta, para que solamente los sabios de *Israel* entendieran lo que escribe, y para que los sabios de las naciones no lo entendiesen, por temor a que los malvados llegaran a saber cómo servir a sus amos. Por eso, inmediatamente al ver que era aún temprano para la redención de *Israel*, la ocultaron. Eso ocurrió en la época de los *Saboraim*[48], porque encontramos mucho de lo que nuestros sabios, los *Saboraim*, escribieron sobre el *Zóhar*, como es sabido.

La revelación de la Cabalá es el deseo del creador

Y fue no obstante el deseo del Creador que se revele, por eso llegó el asunto a las manos de la viuda de *Rabí Moshé de León*, quien heredó las escrituras del *Zóhar* de su marido, el cual aparentemente no le comunicó la prohibición de revelar esas escrituras. La viuda de *Rabí Moshé de León* casualmente vendió esas escrituras, tal como es sabido.

---

47 (N. del E.): Bosque de *Israel*, zona sur del Monte *Jevrón*.
48 (N. del E.): Apelativo para los sabios hebreos entre los siglos VI y VII e.c. quienes se encargaban de realizar las explicaciones en asuntos de legislación civil y religiosa. Se los conoce como los elaboradores del *Talmud Babli*.

Las aflicciones de *Israel* son causadas por la revelación de la Cabalá

Ciertamente, hasta el día de hoy, esto ha causado muchas ruinas en la casa de *Israel*, por los motivos arriba descritos.

El beneficio de la revelación de la Cabalá

Obviamente, no tienes mal sin bien. Por eso, este dominio que las naciones obtuvieron al robar los secretos de la *Torá*, sirvió de fuerza propulsora para la evolución de la santidad. Es mi opinión que esta generación se encuentra en el umbral de la redención, si tan solo supiéramos cómo diseminar la sabiduría de lo oculto a las masas.

El primer beneficio

Aparte del simple motivo de "El malvado se tragó las riquezas, y las vomitará", esto revelará lo que hay entre mi hijo y mi suegro, y la diferencia entre la esencia del núcleo y la *Klipá* superior, por la cual pelaron todos los sabios de las naciones. Esto se debe a que todos los campos de *Israel* que han renunciado a la *Torá*, con seguridad retornarán al Creador y realizarán Su servicio.

El segundo beneficio

Hay así otro motivo para esto. Hemos aceptado que la condición para la redención es que todas las naciones acepten la ley de *Israel*, como está escrito: "Y la tierra será llena del conocimiento", como en el ejemplo de la salida de Egipto, en cuyo caso también la condición previa fue que incluso el Faraón reconozca al verdadero Dios y Sus leyes y, les permitiera salir.

La redención por medio de la revelación de la Cabalá a las naciones del mundo

Por eso está escrito, que cada uno de los miembros de las naciones agarrará a un Judío y lo dirigirá hacia la Tierra Santa. Y no es suficiente que puedan salir por sí mismos. Y hay que entender, a pesar de todo, de dónde tendrán las naciones del mundo tal idea, y tal deseo? Debes saber, que eso ocurrirá por medio de la difusión de la verdadera sabiduría, entonces evidentemente todos verán al Dios de verdad y a la *Torá* de verdad.

La diseminación de la sabiduría de la Cabalá a todo el mundo

Y la diseminación de la Cabalá a las masas se llama **Shofar**[49]. Tal como lo hace la voz del *Shofar*, que atraviesa grandes distancias, así se dispersará el eco de la sabiduría en todo el mundo, de manera que incluso las naciones escucharán y sabrán, que la sabiduría del Creador está en *Israel*.

La revelación de la Cabalá a todas las naciones es la revelación de *Eliyahu*

Y este rol se dijo sobre *Eliyahú HaNaví*[50], que la revelación de los secretos de la *Torá* se llama siempre "La revelación de *Eliyahú*".

---
49 (N. del E.): Cuerno de carnero que se toca en ciertas festividades hebreas, dando sonidos específicos según la ocasión. Los sonidos pueden ser cortos, largos, o entrecortados.
50 (N. del E.): *Eliyahu* el profeta.

Es como dijeron nuestros sabios: "Que descanse hasta que llegue *Eliahú*", y también "*Tishví* contestará preguntas y problemas" y por ello dijeron que tres días (cuya alusión es conocida) antes de la llegada del *Mashíaj* (Mesías), *Eliyahú* irá a las cumbres de las montañas y hará sonar el Gran *Shofar*, etc.

La revelación de la Cabalá a todas las naciones es la condición para la redención total

Y entiende estas alusiones; que el asunto de este *Shofar* es únicamente la revelación de la sabiduría oculta a las masas, que es la condición previa y obligatoria que debe realizarse antes de la **Redención Total.**

Esto lo atestiguarán los libros que tratan de esta sabiduría, los cuales ya han sido revelados por mí: que asuntos de máxima importancia han sido difundidos a todos como un traje. Este es un verdadero testimonio de que ya estamos al borde de la redención, y que la voz del gran *Shofar* ya ha sido oída, a pesar de que no en la distancia, porque suena aún muy suavemente.

Ciertamente, toda grandeza requiere una pequeñez anterior, y no hay una gran voz que no esté precedida por un suave silencio, porque esta es la característica del *Shofar* cuya voz va y crece progresivamente. Y quien sabe mejor que yo que no merezco para nada ser siquiera un mensajero y escriba para la revelación de tales secretos, y mucho menos de entenderlos desde su raíz. ¿Y por qué el Creador me hizo así? Solo porque la generación lo merece, ya que es la última generación, misma que se encuentra en el umbral de la redención total. Y por este motivo, es merecedora de comenzar a escuchar la voz del *Shofar del* Mesías, que es la revelación de los secretos, tal como ha sido explicado anteriormente.

Séfer HaIlán
(El libro del árbol)

Ilustraciones y Referencias

Diagrama No. 1

- El ítem 1 ilustra a *Rosh*, *Toj* y, *Sof* del *Partzuf de Kéter de AK*,

- El ítem 2 ilustra al *Partzuf AB de AK* en *Rosh*, *Toj* y, *Sof*, y cómo se viste en el *Partzuf de Kéter de AK* desde su *Pe* hasta abajo; y,

- El ítem 3 ilustra al *Partzuf SaG de AK* en *Rosh*, *Toj* y, *Sof*, y cómo se viste en *Partzuf AB de AK* desde su *Pe* hasta abajo.

Diagrama No. 1, ítem 1

Este es el *Partzuf de Kéter de AK*: las primeras diez *Sfirot* que se expandieron desde *Ein Sof* hacia el espacio después del *Tzimtzum*. Su *Rosh* hace contacto, arriba, con *Ein Sof*; y su *Sium Raglin* es el punto medio, central, que representa el mundo. Contiene tres *Bjinot* de diez *Sfirot*: diez *Sfirot de Rosh*, diez *Sfirot de Toj* y, diez *Sfirot de Sof*.

Las diez *Sfirot de Rosh* son consideradas las raíces de las diez *Sfirot*. Esto se debe a que allí se encuentra el principio de su creación, a través del encuentro de las diez *Sfirot de Or Yashar* con las diez *Sfirot de Or Jozer*, cuando las primeras chocan con el *Masaj* de *Maljut de Rosh*, provocan allí el *Zivug de Akaá* que produce el ascenso de las diez *Sfirot de Or Jozer*, que a su vez se visten sobre las diez *Sfirot* de *Or Yashar* que se habían extendido desde *Ein Sof* (tal como está escrito en "El árbol de la vida"). Las diez *Sfirot de Or Yashar* están arregladas de arriba hacia abajo; y su opuesto es *Or Jozer*, donde están arregladas desde abajo hacia arriba. A la *Maljut* de las diez *Sfirot de Rosh* se le denomina *Pe*.

Las diez *Sfirot de Toj* de los *Partzufim de AK* son llamadas *Akudim*, tanto en el *Partzuf de Kéter* como en el *Partzuf AB* y en el *Partzuf SaG*. Sin embargo, en el *Partzuf de Kéter*, la luz Superior aún no era discernible en diez *Sfirot*; y la diferencia en ella radicaba sólo en impresiones (como escribió el *ARI* en la sección "Presente y no presente en El árbol de la vida"). Además, la *Maljut* de las diez *Sfirot de Toj* se denomina *Tabur*.

Las diez *Sfirot de Sof* son consideradas el *Sium* de cada una de las diez *Sfirot* hasta *Maljut*. El *Partzuf* termina en la *Sfirá de Maljut*, y ésta es la razón por la cual se llama "*Sium Raglin*".

Diagrama No. 1, ítem 2

Este es el *Partzuf AB de AK*: la segunda *Hitpashtut* de las diez *Sfirot* de *Ein Sof* dentro del espacio luego del *Tzimtzum*. Comienza a partir de *Jojmá* y carece de la Luz de *Kéter*. Emana y surge de *Maljut de Rosh* del *Partzuf de Kéter*, que es llamado *Pe*. Por lo tanto, se viste en el *Partzuf* de *Kéter*, desde el *Pe* hasta el *Tabur* del *Partzuf* de *Kéter*.

Sus diez *Sfirot de Rosh* son como las diez *Sfirot de Rosh* del *Partzuf* de *Kéter de AK*, excepto que carecen de *Kéter*. El modo como se generan estas diez *Sfirot* es elaborado en "El árbol de la vida", sección "Presente y no presente", así como en el "*Talmud Eser Sfirot*", Parte 5, donde estas palabras del *ARI* son explicadas a fondo.

Aquí las diez *Sfirot de Toj* se vuelven más predominantes que las diez *Sfirot de Toj* del *Partzuf* de *Kéter*, puesto que aquí hubo diez entradas y diez salidas en el orden de "Presente y no presente" (tal como está escrito en "El árbol de la vida", sección "Presente y no presente", y en el "*Talmud Eser Sfirot*", Parte 5). En la *Sfirá Kéter* de las diez *Sfirot de Toj* existen dos *Kelim* llamados *Yud-Hei*. Esto también ocurre en su *Sfirá Jojmá*. Pero en la *Sfirá Biná*, *Yud-Hei* representan solamente un *Kli*; y la *Vav* se encuentra en el *Kli de Yesod*; y la *Hei* inferior está en *Maljut*.

Las diez *Sfirot de Sof* son iguales que en el *Partzuf de Kéter de AK*, excepto que su *Sium Raglin* está encima del *Tabur* del *Partzuf Kéter*.

Diagrama No. 1, Ítem 3

Este es el *Partzuf SaG de AK*: la tercera expansión de diez *Sfirot* desde *Ein Sof* dentro del espacio luego del *Tzimtzum*, en *Rosh*, *Toj*, *Sof*. Es emanado y surge del *Pe* del *Partzuf AB de AK*. Comienza en *Biná* y carece de las Luces *Kéter* y *Jojmá*; y se viste desde el *Pe* del *Partzuf AB de AK* hasta abajo; aunque es más largo ya que se expandió hacia abajo, al mismo nivel que el *Sium Raglin* del *Partzuf* de *Kéter de AK*.

Diagrama No. 2, Ítem 1

Este es el estado del *Partzuf SaG de AK* durante el *Tzimtzum Alef*. Es presentado más arriba, en el diagrama 1, ítem 3; pero aquí existe una distinción adicional de sus propios dos *Partzufim*: el *Partzuf* de *Teamim*, desde el *Pe* hasta el *Tabur*; y el *Partzuf* de *Nekudim*, desde el *Tabur* hasta abajo. Encontraréis sus (respectivas) explicaciones en el *Talmud Eser Sfirot*, Parte 6.

Hasta aquí, los tres Mundos inferiores de *Briá*, *Yetzirá* y, *Asiyá* aún no llegaron a existencia alguna, puesto que *SaG de AK* también se extendió a través del punto de este mundo. Por lo tanto, se le considera *Atzilut* hasta abajo; es decir, hasta el punto de este mundo.

Diagrama No. 2, Ítem 2

Este es el estado de *AK* durante el *Tzimtzum Bet*, previo al *Zivug* que se llevó a cabo en *Nikvei Eynaim* para poder emanar las diez *Sfirot de Nekudim*. Debido al descenso de *SaG* dentro de los (*Partzufim*) de *MA* y *BoN* internos de *AK*, *Biná* recibió la *Bjiná Maljut*.

De este modo, la *Maljut Mesayémet* (culminante), que se encontraba en el punto de este mundo, ascendió al sitio del *Tabur*; y la *Maljut Mizdavéguet* (que se acopla) que se encontraba en el *Pe de Rosh de SaG*, ascendió al lugar de *Nikvei Eynaim de Rosh de SaG*; y *Ozen, Jótem, Pe* descendieron a la *Bjiná* del *Guf de SaG*. Además, desde el *Tabur* hasta abajo la Luz fue removida; y esto, en general, es el *Partzuf SaG*.

Y allí hay *Rosh, Toj, Sof,* llamados *JaBaD JaGaT NeHYM* en su propio *Partzuf* de *Nekudot* de *SaG*, ubicándose enteramente debajo del *Tabur* (ver arriba, diagrama 2, ítem 1). Ahí también, como en general, se considera que *Maljut Mesayémet* elevó a (*Sfirá*) *Biná de Guf*, llamada *Tifféret*, en el sitio de su *Jazé*, donde termina la línea de *Ein Sof*; y debajo de ella se estableció el *Parsá*, puesto que aquí es donde termina la *Bjiná* de *Atzilut*.

De allí hacia abajo se convirtió en el lugar de los tres Mundos de *Briá, Yetzirá* y, *Asiyá*. El mundo de *Briá* se creó a partir de los dos tercios inferiores de *Tifféret*, hasta el *Sium*, que se encuentra debajo. El mundo de *Yetzirá* fue creado con *Nétzaj, Hod* y, *Yesod*; y el mundo de *Asiyá* fue creado con *Maljut*.

Diagrama No. 2, Ítem 3

Este es el estado de *SaG de AK* durante el *Zivug* que se llevó a cabo en *Nikvei Eynaim*: *Ozen, Jótem, Pe* salieron de la *Bjiná* de *Rosh* hacia dentro del *Guf*, debajo del sitio del *Zivug de Rosh*. Sin embargo, puesto que no existe ausencia en la espiritualidad, se disciernen aquí dos tipos de *Ozen-Jótem-Pe*: el primero es *Ozen-Jótem-Pe* en su punto de salida; es decir, su lugar en el *Rosh*, como en el principio. El segundo es *Ozen-Jótem-Pe* que descendió hacia dentro de la verdadera *Bjiná de Guf*, debajo de *Pe de Rosh de SaG*. Estos son *Ozen, Jótem* y, *Pe* "no en el lugar de su salida". Y todos esos se denominan "*Ozen-Jótem-Pe* internos".

Aquí, las diez *Sfirot de Toj* hasta el *Tabur* también son llamadas *Akudim*, como antes del *Tzimtzum Bet*, ya que las diez *Sfirot* que surgieron del *Zivug de Nikvei Eynaim* sólo pudieron manifestarse desde el *Tabur* hacia abajo. Estas se llaman "diez *Sfirot* de *Nekudim*", y salieron, en primer lugar, hacia fuera de *Partzuf SaG*, aunque su parte interna emergió en el mismo *AK*.

Además, se denominan *MA* y *BoN de AK* debido a que la parte interna de las tres superiores de *Nekudim* se llama *MA de AK*; y la parte interna de las siete (*Sfirot*) inferiores de *Nekudim* se llama *BoN de AK*. Finalizan en el punto de *Sium* del *Tzimtzum Bet*, llamado "el *Parsá* entre *Atzilut* y *Briá*". Debajo se encuentran los tres mundos de *Briá* inferior, *Yetzirá* y, *Asiyá*.

Diagrama No. 2, Ítem 4

Este es un *Partzuf Ozen-Jótem-Pe de SaG de AK* externo, (llegando) hasta el *Tabur*. Desde *Tabur* hasta abajo es el *Partzuf* de diez *Sfirot de Nekudim* que terminan en el *Parsá*. Debajo del *Parsá* están los tres Mundos de *Briá* inferior, *Yetzirá* y, *Asiyá*.

En los externos, *Ozen-Jótem-Pe* se divide en dos *Bjinot Ozen-Jótem-Pe*: los *Ozen-Jótem-Pe* externos, fuera de su lugar de surgimiento, ubicados desde debajo del *Pe* hasta el *Tabur*. Sus tres (*Sfirot*) superiores están adjuntadas al labio inferior. Se llama "*Shibolet HaZakán*"; y las tres superiores corresponden principalmente a la Luz de *Ozen*. Pero sus *Bjinot Jótem-Pe* también están incluidas en ellas; son las raíces de las tres (*Sfirot*) superiores de *Nekudim*.

Sus siete (*Sfirot*) inferiores que representan los verdaderos *Jótem* y *Pe*, se encuentran debajo de *Shibolet HaZakán*, y se extienden hasta el *Tabur*. Estos *Ozen-Jótem-Pe* externos también son llamados *Dikna* (barba) de *SaG de AK*, y encontrarás una explicación detallada de ellos en el *Talmud Eser Sfirot*, Parte 6, ítem 20.

Las diez *Sfirot de Nekudim* se ubican desde el *Tabur* hacia abajo. Sus primeras tres (*Sfirot*) están en *Tikkún Kavim* (corrección de las líneas), y se visten en *MA de AK*; y sus siete (*Sfirot*) inferiores se encuentran una debajo de la otra, como en el *Tzimtzum Alef*, vistiéndose en *BoN de AK*. Debajo de ellas se encuentran el *Parsá* y los tres Mundos que están debajo del *Parsá*: *Briá*, *Yetzirá* y, *Asiyá*.

Diagrama No. 3, Ítem 1

Este es el estado constante de los cinco *Partzufim de AK*, a partir de los cuales emergieron los cinco *Partzufim* del nuevo *MA*, llamados "los cinco *Partzufim* constantes de *Atzilut*". En cuanto quedaron establecidos, quedaron exentos de cualquier posible disminución futura.

También explica que la división de cada *Partzuf* en *Kéter*, *Atzilut*, *Briá*, *Yetzirá* y, *Asiyá* también es referida como *Kéter*, *AB*, *SaG*, *MA* y, *BoN*; o *Yejidá*, *Jayiá*, *Neshamá*, *Rúaj* y, *Néfesh*. Cada *Rosh*, hasta el *Pe*, lleva el nombre de *Kéter* o *Yejidá*. Desde el *Pe* hasta el *Jazé* de cada uno de ellos se llama *Atzilut*, o *AB*, o *Jayiá*. Y desde el *Jazé* hasta el *Tabur*, en cada uno de ellos, se llama *Briá*, o *Neshamá*, o *SaG*. Y desde el *Tabur* hacia abajo lleva el nombre de *Yetzirá* y *Asiyá*, o *MA* y *BoN*, o *Rúaj-Néfesh*.

Además explica cómo se visten unos dentro de otros. Cada uno se viste en su superior inmediato desde el *Pe* de su superior inmediato hasta abajo, de forma tal que el *Rosh* del inferior se viste en *AB* y *Atzilut* del superior inmediato; y *AB* y *Atzilut* del inferior se visten en *SaG* y *Briá* de su superior inmediato.

También, *SaG* y *Briá* de cada *Partzuf* que sea el inferior inmediato de otro, se viste en *MA* y *BoN*, que son *Yetzirá* y *Asiyá* del superior inmediato. Así, el *Pe* del superior inmediato es considerado el *Galgalta* del inferior; y el *Jazé* del superior es considerado el *Pe* del inferior; y el *Tabur* del superior es considerado el *Jazé* del inferior.

Incluso explica la generación del nuevo *MA* en cada uno de los cinco *Partzufim de Atzilut*; el *MA* en su correspondiente *Partzuf* en *AK*.

Diagrama No. 4

El estado de *ZA* durante su ascenso para obtener *Neshamá*, con respecto a los cinco *Partzufim* constantes de *AK* y *Atzilut*; y cómo toma y se nutre de *Briá de BoN de AK*, ya que este es su correspondiente *Partzuf* en *AK*.

Diagrama No. 5

El estado de *ZA* durante su ascenso para obtener *Jayiá*, con respecto a los cinco *Partzufim* constantes de *AK* y *Atzilut*; y cómo toma y se nutre de *Atzilut de BoN de AK*, su correspondiente *Partzuf* en *AK*.

Diagrama No. 6

El estado de *ZA* durante su ascenso para obtener *Yejidá*, con respecto a los cinco *Partzufim* constantes *de AK* y *Atzilut*; y cómo toma y se nutre de *Rosh de BoN de AK*, ya que este es su correspondiente *Partzuf* en *AK*.

Diagrama No. 7

Los estados de los cinco *Partzufim de Atzilut* durante su ascenso para obtener *Neshamá*, con respecto a los cinco *Partzufim* constantes de *AK*; y cómo cada uno toma y se nutre de su correspondiente *Partzuf* en *AK*.

Diagrama No. 8

Los estados de los cinco *Partzufim de Atzilut* durante su ascenso para obtener *Jayiá*, con respecto a los cinco *Partzufim* constantes de *AK*; y cómo cada uno toma y se nutre de su correspondiente *Partzuf* en *AK*.

Diagrama No. 9

Los estados de los cinco *Partzufim de Atzilut* durante su ascenso para obtener (*Or*) *Yejidá*, con respecto a los cinco *Partzufim* constantes de *AK*; y cómo cada uno toma y se nutre de su correspondiente *Partzuf* en *AK*.

Diagramas No. 10, 11, 12

Estos (diagramas) representan cómo la escalera de grados jamás cambia; y los grados, como un conjunto, siempre permanecen en el mismo estado en el que se encontraban durante la generación del nuevo *MA*, como en el estado constante. Esto se debe a que cuando *ZA* asciende y obtiene *Neshamá*, todos los grados ascienden junto con él – los cinco *Partzufim de*

AK y Atzilut – y cada uno obtiene la *Bjiná Neshamá* que está relacionada con sigo misma. Es similar a la obtención de *Jayiá de ZA* y *Yejidá de ZA*.

El diagrama No. 10 representa el estado de los cinco *Partzufim de AK* a medida que ascienden para obtener *Neshamá*. El diagrama No. 11 representa su estado correspondiente a cuando éstos obtienen (*Or*) *Jayiá*; y el diagrama No. 12 corresponde a su estado cuando éstos obtienen (*Or*) *Yejidá*.

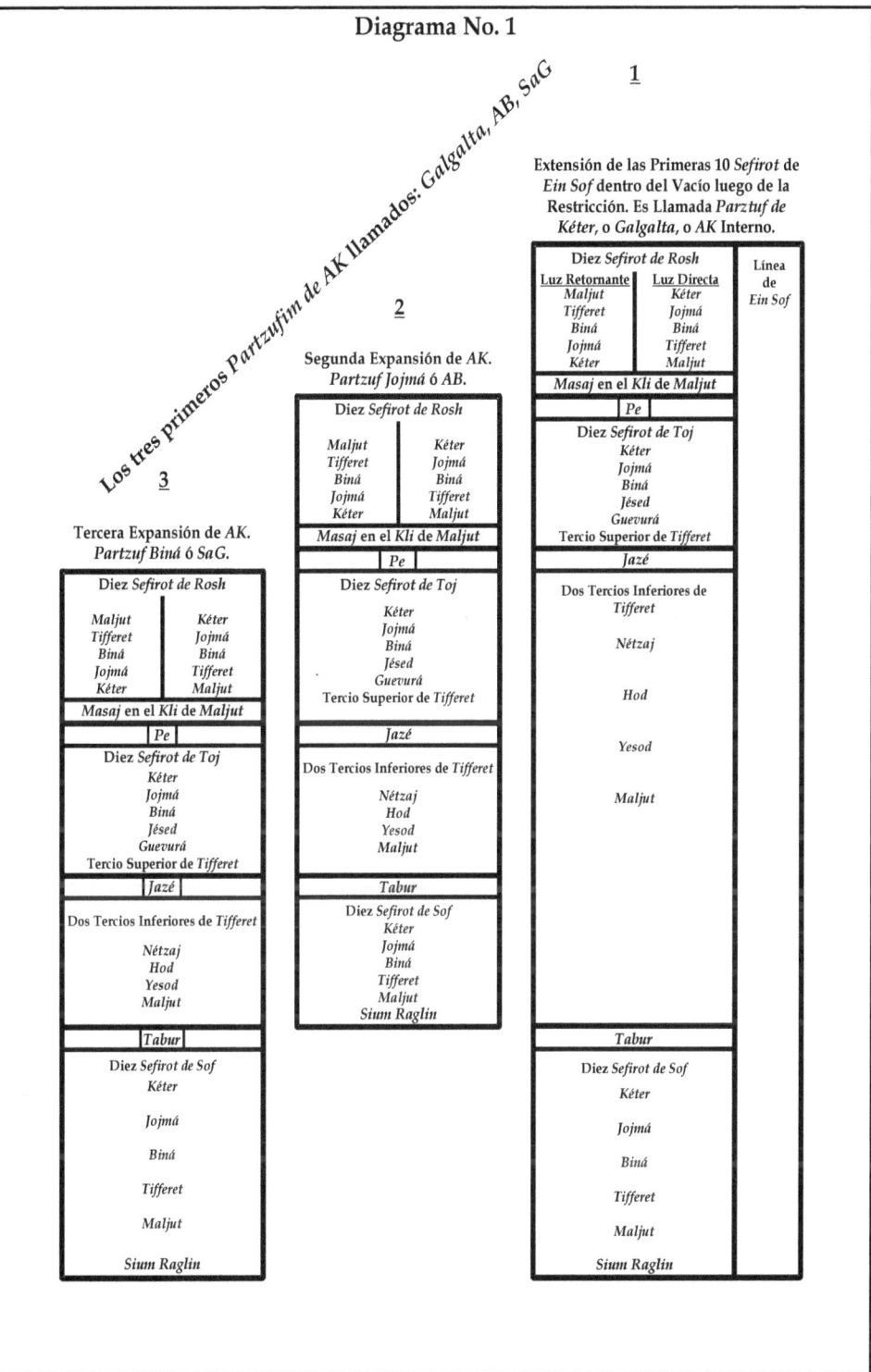

Diagrama No. 1

Diagrama No. 2

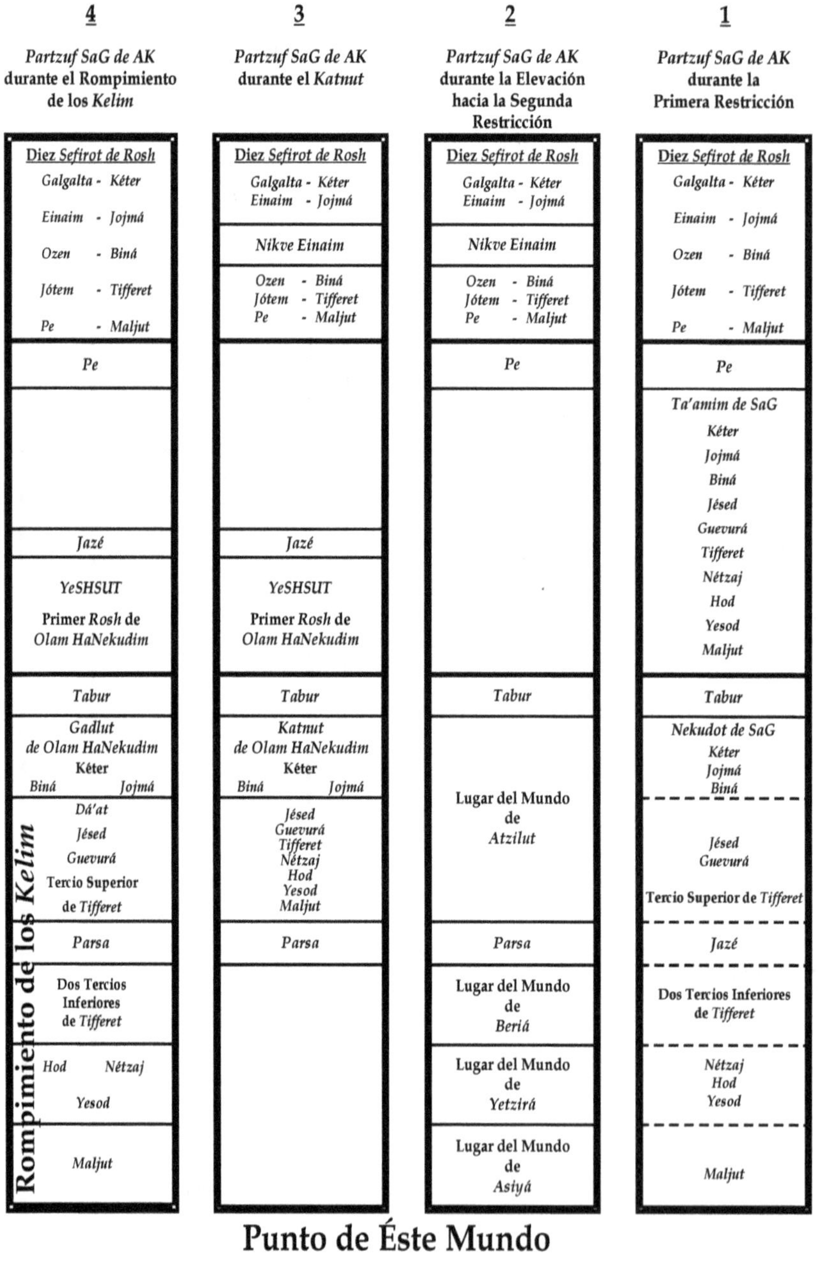

4	3	2	1
Partzuf SaG de AK durante el Rompimiento de los *Kelim*	*Partzuf SaG de AK* durante el *Katnut*	*Partzuf SaG de AK* durante la Elevación hacia la Segunda Restricción	*Partzuf SaG de AK* durante la Primera Restricción

Columna 4: Partzuf SaG de AK durante el Rompimiento de los Kelim

Diez Sefirot de Rosh
- Galgalta - Kéter
- Einaim - Jojmá
- Ozen - Biná
- Jótem - Tifferet
- Pe - Maljut

Pe

Jazé

YeSHSUT
Primer *Rosh* de Olam HaNekudim

Tabur

Gadlut de Olam HaNekudim
Kéter
Biná — Jojmá
Dá'at
Jésed
Guevurá
Tercio Superior de Tifferet

Parsa

Dos Tercios Inferiores de Tifferet

Hod — Nétzaj
Yesod

Maljut

(Rompimiento de los Kelim)

Columna 3: Partzuf SaG de AK durante el Katnut

Diez Sefirot de Rosh
- Galgalta - Kéter
- Einaim - Jojmá

Nikve Einaim

- Ozen - Biná
- Jótem - Tifferet
- Pe - Maljut

Jazé

YeSHSUT
Primer *Rosh* de Olam HaNekudim

Tabur

Katnut de Olam HaNekudim
Kéter
Biná — Jojmá
Jésed
Guevurá
Tifferet
Nétzaj
Hod
Yesod
Maljut

Parsa

Columna 2: Partzuf SaG de AK durante la Elevación hacia la Segunda Restricción

Diez Sefirot de Rosh
- Galgalta - Kéter
- Einaim - Jojmá

Nikve Einaim

- Ozen - Biná
- Jótem - Tifferet
- Pe - Maljut

Pe

Tabur

Lugar del Mundo de Atzilut

Parsa

Lugar del Mundo de Beriá

Lugar del Mundo de Yetzirá

Lugar del Mundo de Asiyá

Columna 1: Partzuf SaG de AK durante la Primera Restricción

Diez Sefirot de Rosh
- Galgalta - Kéter
- Einaim - Jojmá
- Ozen - Biná
- Jótem - Tifferet
- Pe - Maljut

Pe

Ta'amim de SaG
Kéter
Jojmá
Biná
Jésed
Guevurá
Tifferet
Nétzaj
Hod
Yesod
Maljut

Tabur

Nekudot de SaG
Kéter
Jojmá
Biná
- - - - -
Jésed
Guevurá
Tercio Superior de Tifferet
- - - - -
Jazé
- - - - -
Dos Tercios Inferiores de Tifferet
Nétzaj
Hod
Yesod
- - - - -
Maljut

Punto de Éste Mundo

Diagrama No. 3

El estado permanente de los 5 *Parztufim* de *AK* y *Atzilut*, los cuales no disminuyen de mediada nunca

Las líneas contínuas trazadas desde cada *Rosh* de los 5 *Partzufim* de *Atzilut* hacia el *Partzuf* que está frente a él en *AK*, se refleja sobre la medida de sus niveles los cuales tomaron y succionaron de allí

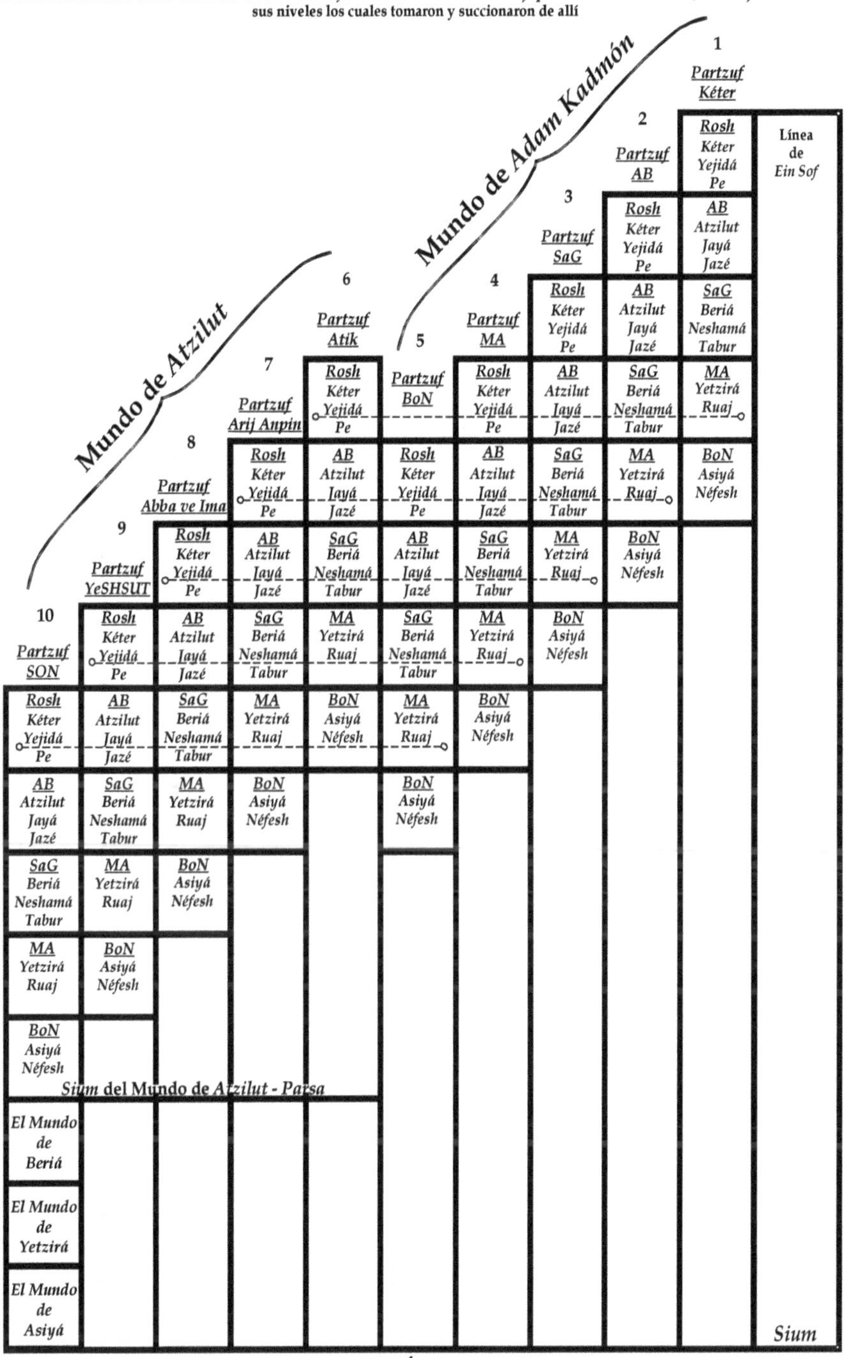

Mundo de Adam Kadmón

Mundo de Atzilut

1 Partzuf Kéter
2 Partzuf AB
3 Partzuf SaG
4 Partzuf MA
5 Partzuf BoN
6 Partzuf Atik
7 Partzuf Arij Anpin
8 Partzuf Abba ve Ima
9 Partzuf YeSHSUT
10 Partzuf SON

Línea de Ein Sof

Rosh / Kéter / Yejidá / Pe
AB / Atzilut / Jayá / Jazé
SaG / Beriá / Neshamá / Tabur
MA / Yetzirá / Ruaj
BoN / Asiyá / Néfesh

Sium del Mundo de Atzilut - Parsa

El Mundo de Beriá

El Mundo de Yetzirá

El Mundo de Asiyá

Sium

Punto de Éste Mundo

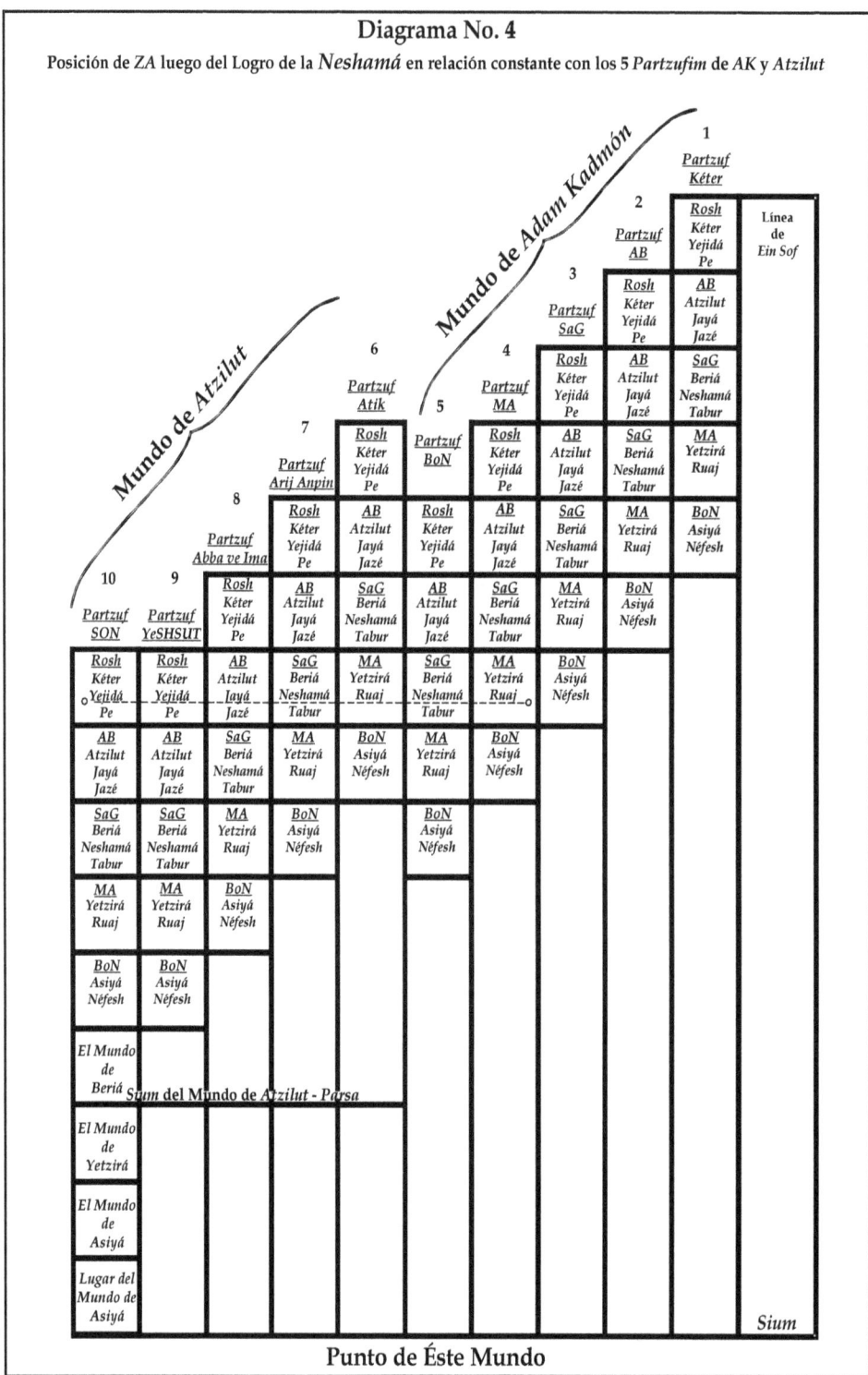

CABALÁ - LA CONDUCCIÓN DE LOS MUNDOS   699

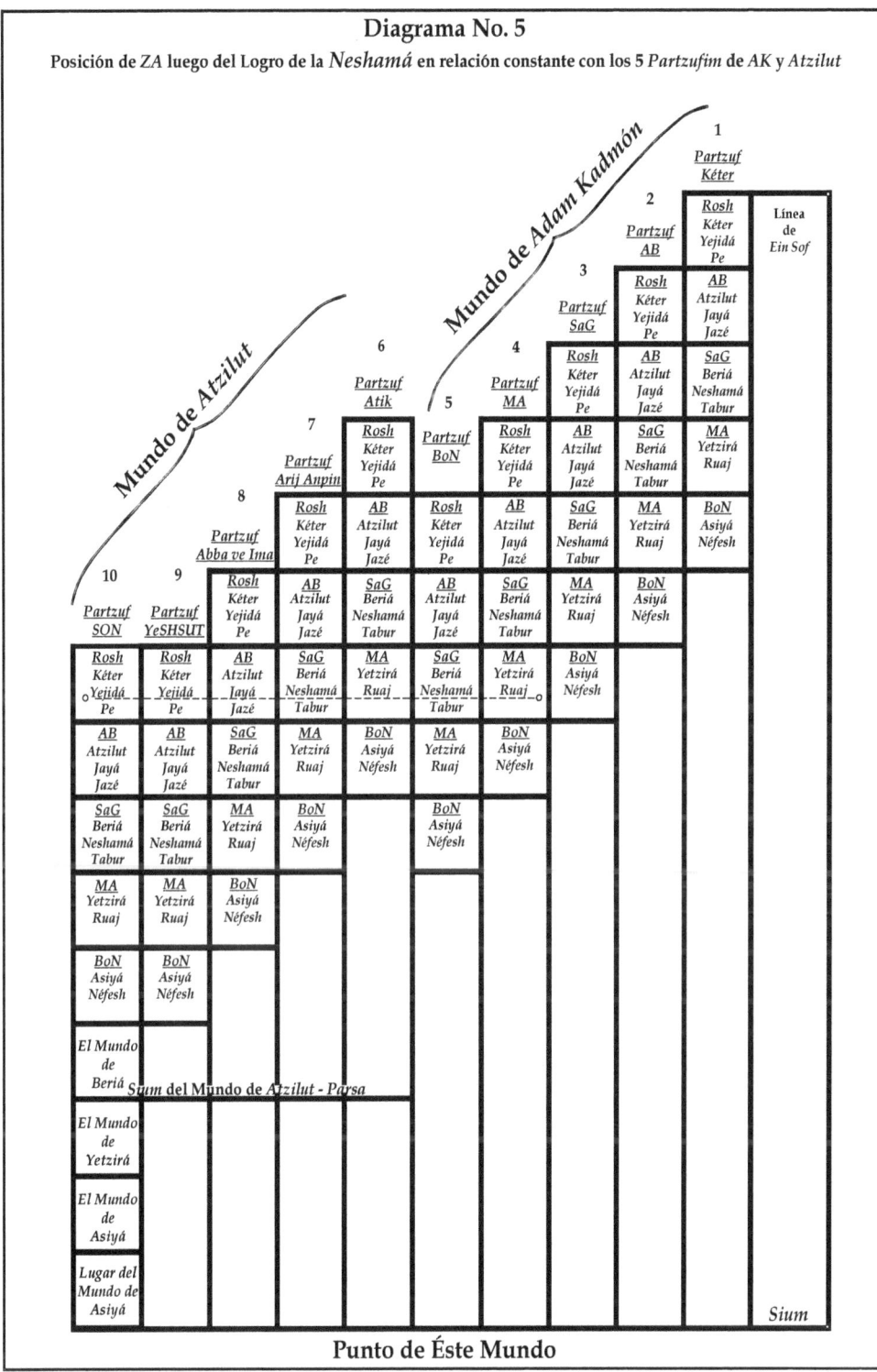

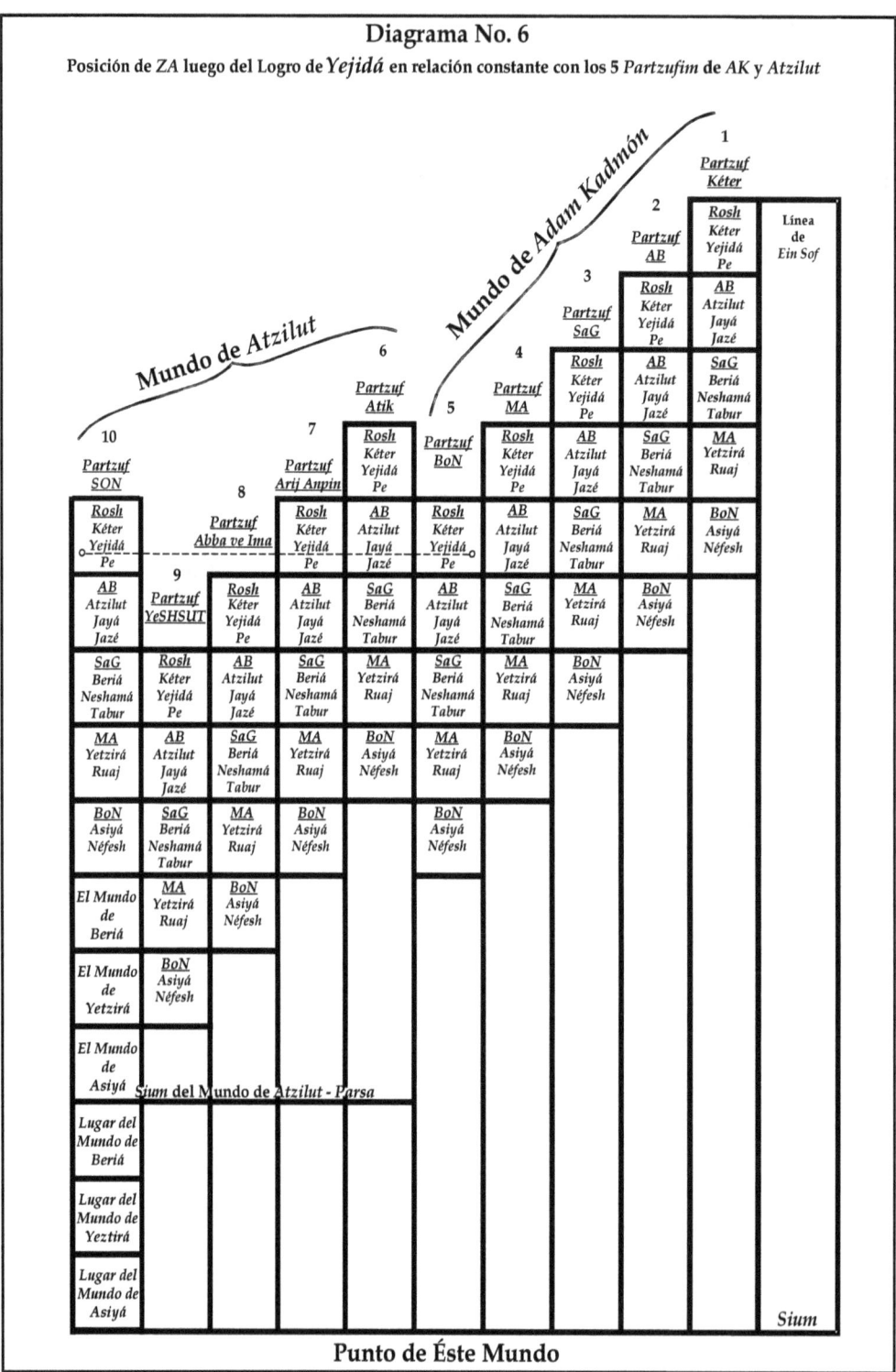

CABALÁ - LA CONDUCCIÓN DE LOS MUNDOS   701

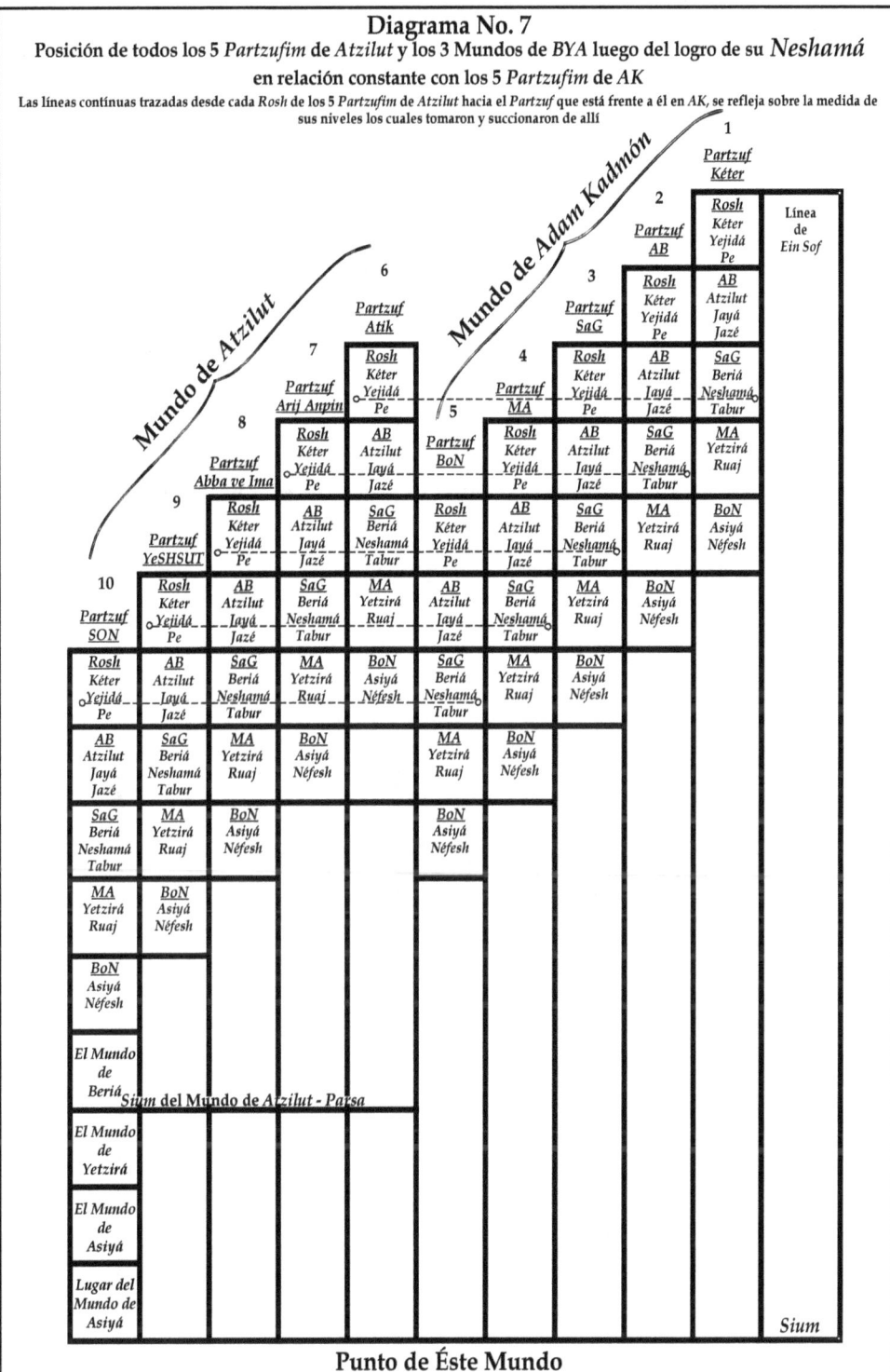

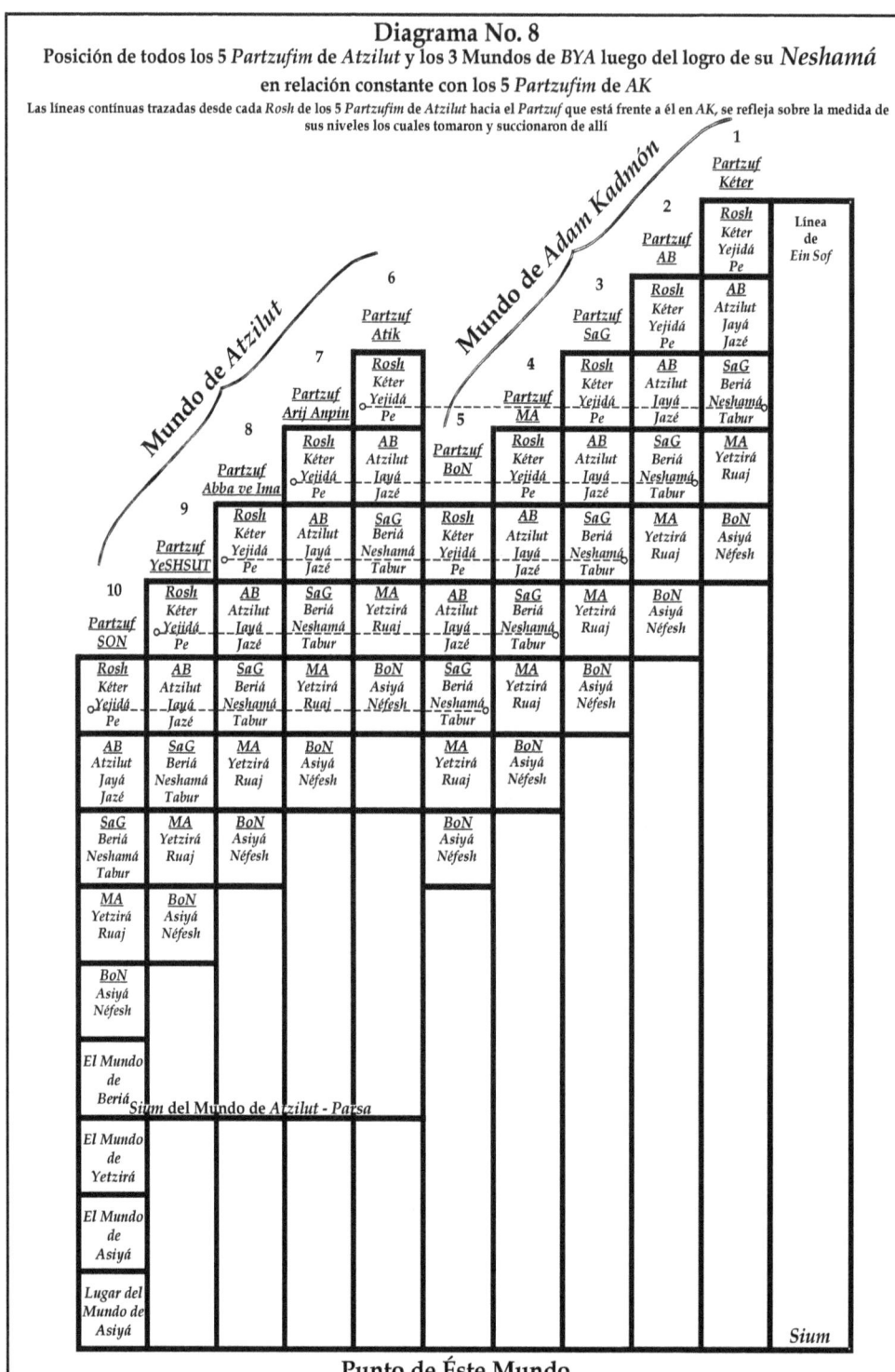

Diagrama No. 9
Posición de todos los 5 *Partzufim* de *Atzilut* y los 3 Mundos de *BYA* luego del logro de su *Jayá* en relación constante con los 5 *Partzufim* de *AK*

Las líneas continuas trazadas desde cada *Rosh* de los 5 *Partzufim* de *Atzilut* hacia el *Partzuf* que está frente a él en *AK*, se refleja sobre la medida de sus niveles los cuales tomaron y succionaron de allí

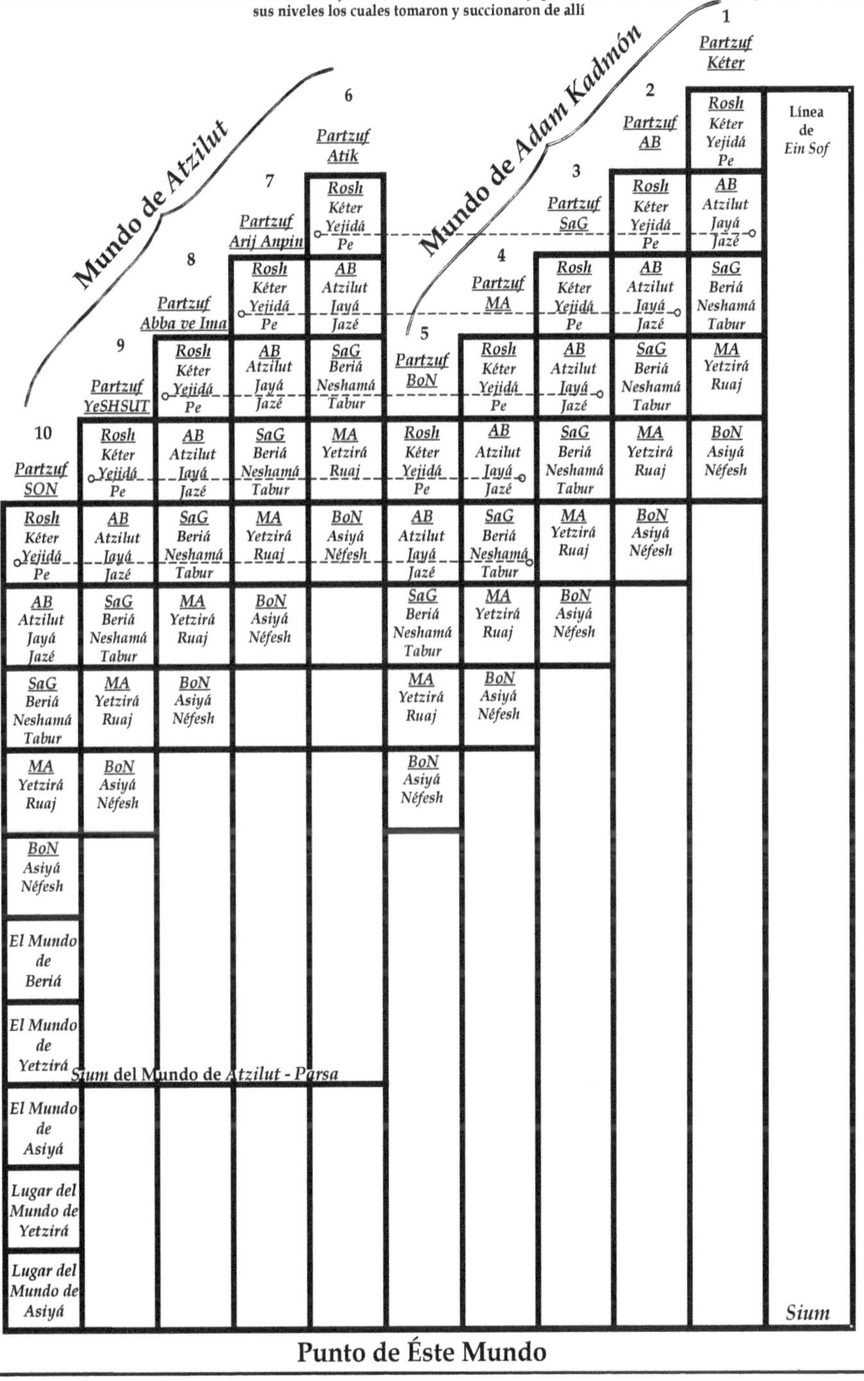

Mundo de Atzilut — *Mundo de Adam Kadmón*

1. Partzuf Kéter
- Rosh: Kéter / Yejidá / Pe
- AB: Atzilut / Jayá / Jazé
- SaG: Beriá / Neshamá / Tabur
- MA: Yetzirá / Ruaj
- BoN: Asiyá / Néfesh

2. Partzuf AB
- Rosh: Kéter / Yejidá / Pe
- AB: Atzilut / Jayá / Jazé
- SaG: Beriá / Neshamá / Tabur
- MA: Yetzirá / Ruaj
- BoN: Asiyá / Néfesh

3. Partzuf SaG
- Rosh: Kéter / Yejidá / Pe
- AB: Atzilut / Jayá / Jazé
- SaG: Beriá / Neshamá / Tabur
- MA: Yetzirá / Ruaj
- BoN: Asiyá / Néfesh

4. Partzuf MA
- Rosh: Kéter / Yejidá / Pe
- AB: Atzilut / Jayá / Jazé
- SaG: Beriá / Neshamá / Tabur
- MA: Yetzirá / Ruaj
- BoN: Asiyá / Néfesh

5. Partzuf BoN
- Rosh: Kéter / Yejidá / Pe
- AB: Atzilut / Jayá / Jazé
- SaG: Beriá / Neshamá / Tabur
- MA: Yetzirá / Ruaj
- BoN: Asiyá / Néfesh

6. Partzuf Atik
- Rosh: Kéter / Yejidá / Pe
- AB: Atzilut / Jayá / Jazé
- SaG: Beriá / Neshamá / Tabur
- MA: Yetzirá / Ruaj
- BoN: Asiyá / Néfesh

7. Partzuf Arij Anpin
- Rosh: Kéter / Yejidá / Pe
- AB: Atzilut / Jayá / Jazé
- SaG: Beriá / Neshamá / Tabur
- MA: Yetzirá / Ruaj
- BoN: Asiyá / Néfesh

8. Partzuf Abba ve Ima
- Rosh: Kéter / Yejidá / Pe
- AB: Atzilut / Jayá / Jazé
- SaG: Beriá / Neshamá / Tabur
- MA: Yetzirá / Ruaj
- BoN: Asiyá / Néfesh

9. Partzuf YeSHSUT
- Rosh: Kéter / Yejidá / Pe
- AB: Atzilut / Jayá / Jazé
- SaG: Beriá / Neshamá / Tabur
- MA: Yetzirá / Ruaj
- BoN: Asiyá / Néfesh

10. Partzuf SON
- Rosh: Kéter / Yejidá / Pe
- AB: Atzilut / Jayá / Jazé
- SaG: Beriá / Neshamá / Tabur
- MA: Yetzirá / Ruaj
- BoN: Asiyá / Néfesh

El Mundo de Beriá
El Mundo de Yetzirá
Sium del Mundo de Atzilut - Parsa
El Mundo de Asiyá
Lugar del Mundo de Yetzirá
Lugar del Mundo de Asiyá

Línea de Ein Sof

Sium

Punto de Éste Mundo

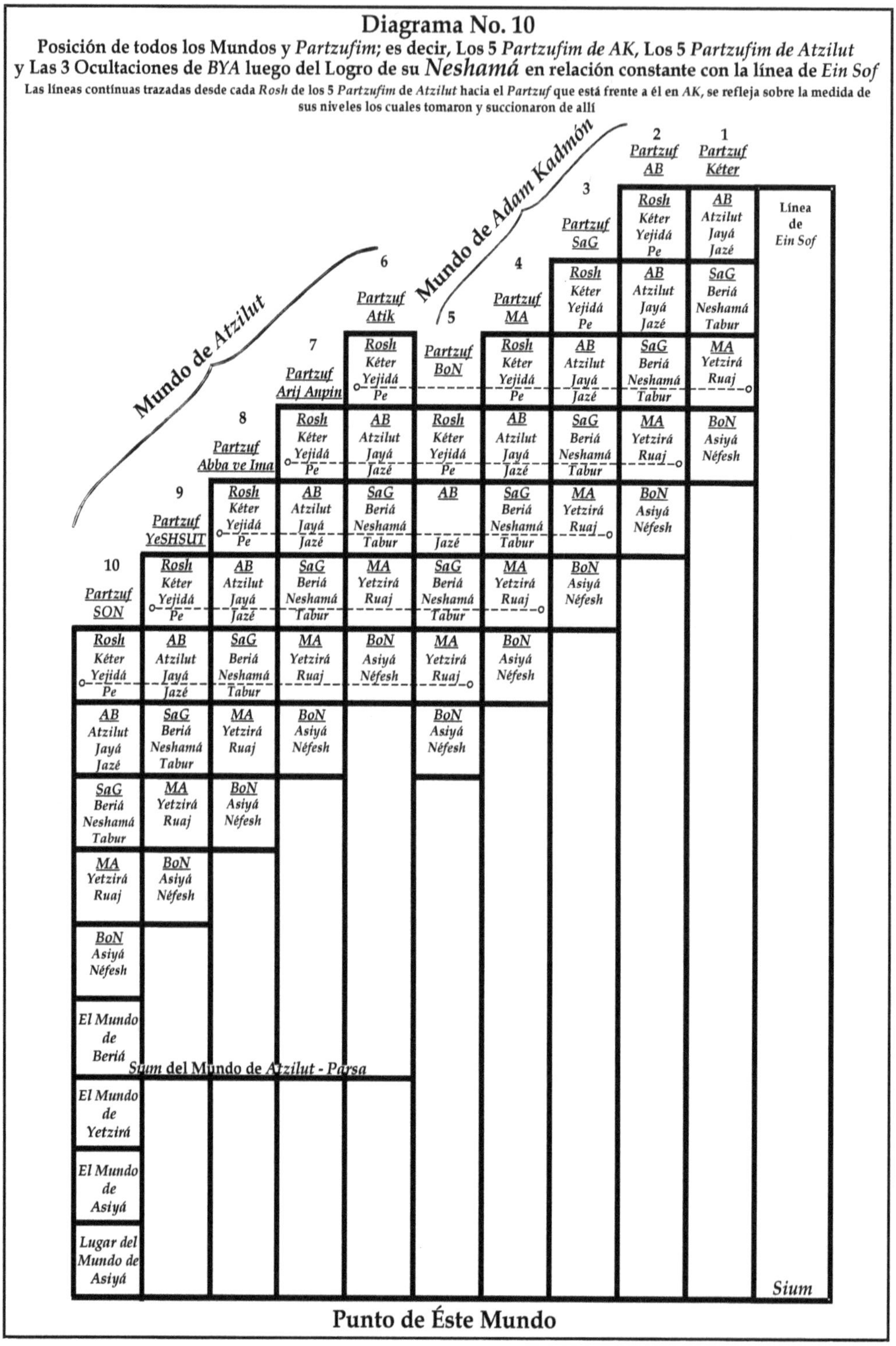

Diagrama No. 10

Posición de todos los Mundos y *Partzufim*; es decir, Los 5 *Partzufim* de AK, Los 5 *Partzufim* de Atzilut y Las 3 Ocultaciones de BYA luego del Logro de su *Neshamá* en relación constante con la línea de *Ein Sof*

Las líneas contínuas trazadas desde cada *Rosh* de los 5 *Partzufim* de Atzilut hacia el *Partzuf* que está frente a él en AK, se refleja sobre la medida de sus niveles los cuales tomaron y succionaron de allí

							2 Partzuf AB	1 Partzuf Kéter	
						3 Partzuf SaG	Rosh Kéter Yejidá Pe	AB Atzilut Jayá Jazé	Línea de Ein Sof
					4 Partzuf MA	Rosh Kéter Yejidá Pe	AB Atzilut Jayá Jazé	SaG Beriá Neshamá Tabur	
				5 Partzuf BoN	Rosh Kéter Yejidá Pe	AB Atzilut Jayá Jazé	SaG Beriá Neshamá Tabur	MA Yetzirá Ruaj	
			6 Partzuf Atik	Rosh Kéter Yejidá Pe		Rosh Kéter Yejidá Pe	AB Atzilut Jayá Jazé	SaG Beriá Neshamá Tabur	MA Yetzirá Ruaj	BoN Asiyá Néfesh
		7 Partzuf Arij Anpin	Rosh Kéter Yejidá Pe	AB Atzilut Jayá Jazé	Rosh Kéter Yejidá Pe	AB Atzilut Jayá Jazé	SaG Beriá Neshamá Tabur	MA Yetzirá Ruaj	BoN Asiyá Néfesh
	8 Partzuf Abba ve Ima	Rosh Kéter Yejidá Pe	AB Atzilut Jayá Jazé	SaG Beriá Neshamá Tabur	AB Jazé	SaG Beriá Neshamá Tabur	MA Yetzirá Ruaj	BoN Asiyá Néfesh	
9 Partzuf YeSHSUT	Rosh Kéter Yejidá Pe	AB Atzilut Jayá Jazé	SaG Beriá Neshamá Tabur	MA Yetzirá Ruaj	SaG Beriá Neshamá Tabur	MA Yetzirá Ruaj	BoN Asiyá Néfesh		
10 Partzuf SON	Rosh Kéter Yejidá Pe	AB Atzilut Jayá Jazé	SaG Beriá Neshamá Tabur	MA Yetzirá Ruaj	BoN Asiyá Néfesh	BoN Asiyá Néfesh			
	Rosh Kéter Yejidá Pe	AB Atzilut Jayá Jazé	SaG Beriá Neshamá Tabur	MA Yetzirá Ruaj	BoN Asiyá Néfesh				
	AB Atzilut Jayá Jazé	SaG Beriá Neshamá Tabur	MA Yetzirá Ruaj	BoN Asiyá Néfesh		BoN Asiyá Néfesh			
	SaG Beriá Neshamá Tabur	MA Yetzirá Ruaj	BoN Asiyá Néfesh						
	MA Yetzirá Ruaj	BoN Asiyá Néfesh							
	BoN Asiyá Néfesh								
	El Mundo de Beriá								
	El Mundo de Yetzirá	*Sium* del Mundo de Atzilut - *Parsa*							
	El Mundo de Asiyá								
	Lugar del Mundo de Asiyá								Sium

Punto de Éste Mundo

Mundo de Atzilut

Mundo de Adam Kadmón

Diagrama No. 11

Posición de todos los Mundos y *Partzufim*; es decir, Los 5 *Partzufim* de AK, Los 5 *Partzufim de Atzilut* y Las 3 Ocultaciones de *BYA* luego del Logro de su *Jayá* en relación constante con la línea de *Ein Sof*

Las líneas contínuas trazadas desde cada *Rosh* de los 5 *Partzufim* de *Atzilut* hacia el *Partzuf* que está frente a él en *AK*, se refleja sobre la medida de sus niveles los cuales tomaron y succionaron de allí

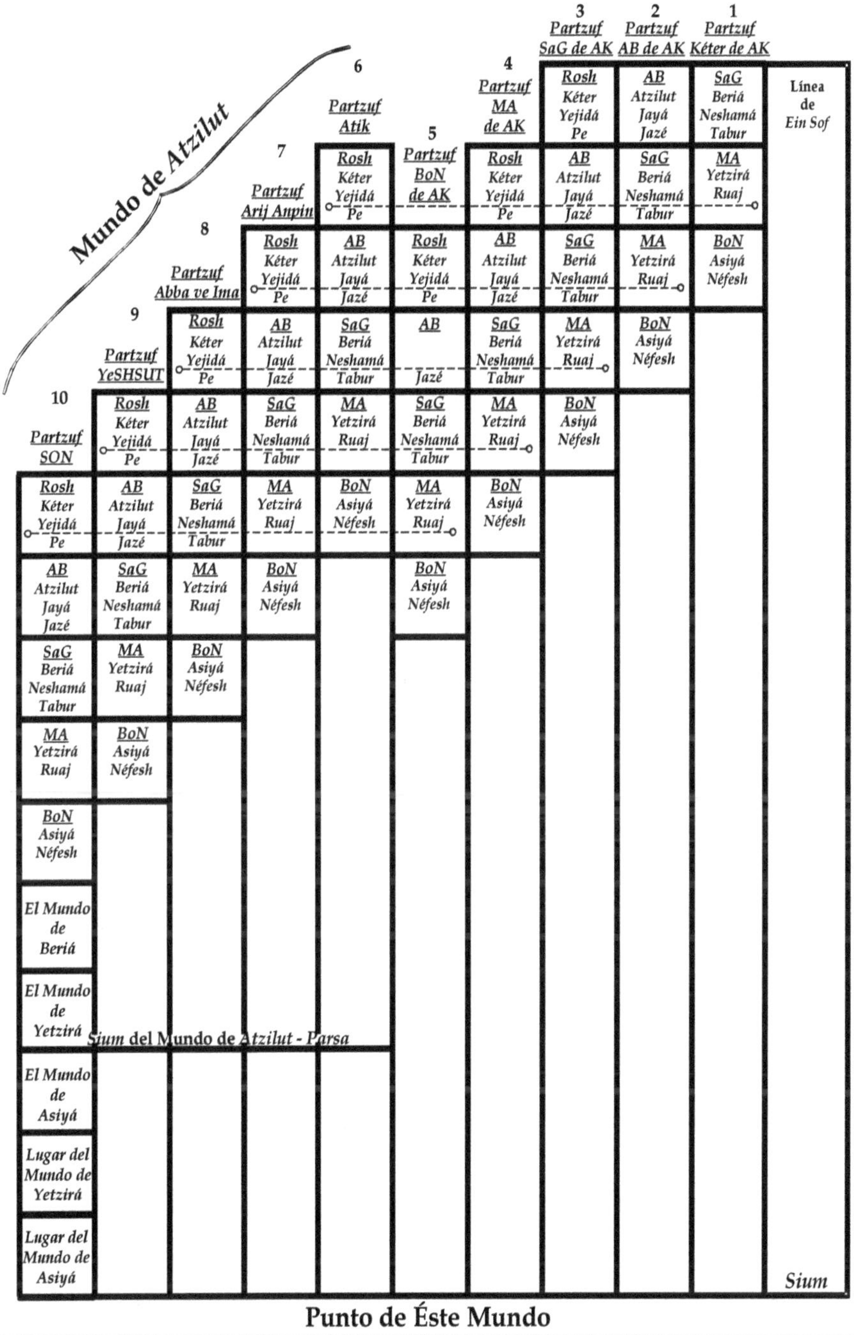

Diagrama No. 12
Posición de todos los Mundos y *Partzufim*; es decir, Los 5 *Partzufim de AK*, Los 5 *Partzufim de Atzilut* y Las 3 Ocultaciones de *BYA* luego del Logro de su *Yejidá* en relación constante con la línea de *Ein Sof*

Las líneas contínuas trazadas desde cada *Rosh* de los 5 *Partzufim* de *Atzilut* hacia el *Partzuf* que está frente a él en *AK*, se refleja sobre la medida de sus niveles los cuales tomaron y succionaron de allí

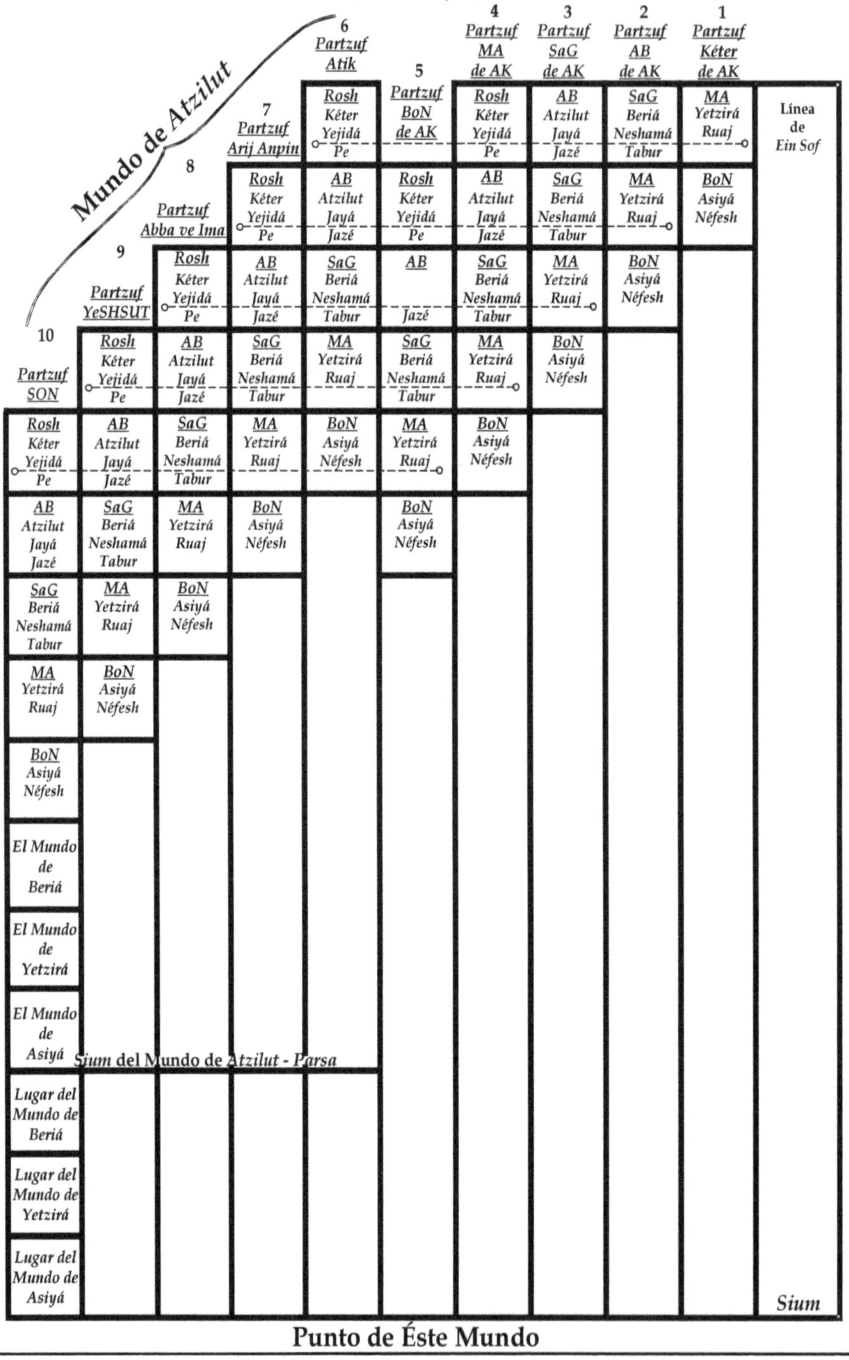

Mundo de Atzilut			6 Partzuf Atik	5 Partzuf BoN de AK	4 Partzuf MA de AK	3 Partzuf SaG de AK	2 Partzuf AB de AK	1 Partzuf Kéter de AK	
		7 Partzuf Arij Anpin	Rosh Kéter Yejidá Pe		Rosh Kéter Yejidá Pe	AB Atzilut Jayá Jazé	SaG Beriá Neshamá Tabur	MA Yetzirá Ruaj	Línea de Ein Sof
	8 Partzuf Abba ve Ima		Rosh Kéter Yejidá Pe	AB Atzilut Jayá Jazé	Rosh Kéter Yejidá Pe	AB Atzilut Jayá Jazé	SaG Beriá Neshamá Tabur	MA Yetzirá Ruaj	BoN Asiyá Néfesh
	9 Partzuf YeSHSUT		Rosh Kéter Yejidá Pe	AB Atzilut Jayá Jazé	SaG Beriá Neshamá Tabur	AB Jazé	SaG Beriá Neshamá Tabur	MA Yetzirá Ruaj	BoN Asiyá Néfesh
10 Partzuf SON			Rosh Kéter Yejidá Pe	AB Atzilut Jayá Jazé	SaG Beriá Neshamá Tabur	MA Yetzirá Ruaj	SaG Beriá Neshamá Tabur	MA Yetzirá Ruaj	BoN Asiyá Néfesh
Rosh Kéter Yejidá Pe	AB Atzilut Jayá Jazé	SaG Beriá Neshamá Tabur	MA Yetzirá Ruaj	BoN Asiyá Néfesh	MA Yetzirá Ruaj	BoN Asiyá Néfesh			
AB Atzilut Jayá Jazé	SaG Beriá Neshamá Tabur	MA Yetzirá Ruaj	BoN Asiyá Néfesh		BoN Asiyá Néfesh				
SaG Beriá Neshamá Tabur	MA Yetzirá Ruaj	BoN Asiyá Néfesh							
MA Yetzirá Ruaj	BoN Asiyá Néfesh								
BoN Asiyá Néfesh									
El Mundo de Beriá									
El Mundo de Yetzirá									
El Mundo de Asiyá	*Sium del Mundo de Atzilut - Parsa*								
Lugar del Mundo de Beriá									
Lugar del Mundo de Yetzirá									
Lugar del Mundo de Asiyá									Sium

Punto de Éste Mundo

Álbum de diagramas de los Mundos Superiores
(De acuerdo al orden de la "Apertura a la sabiduría de la Cabalá")

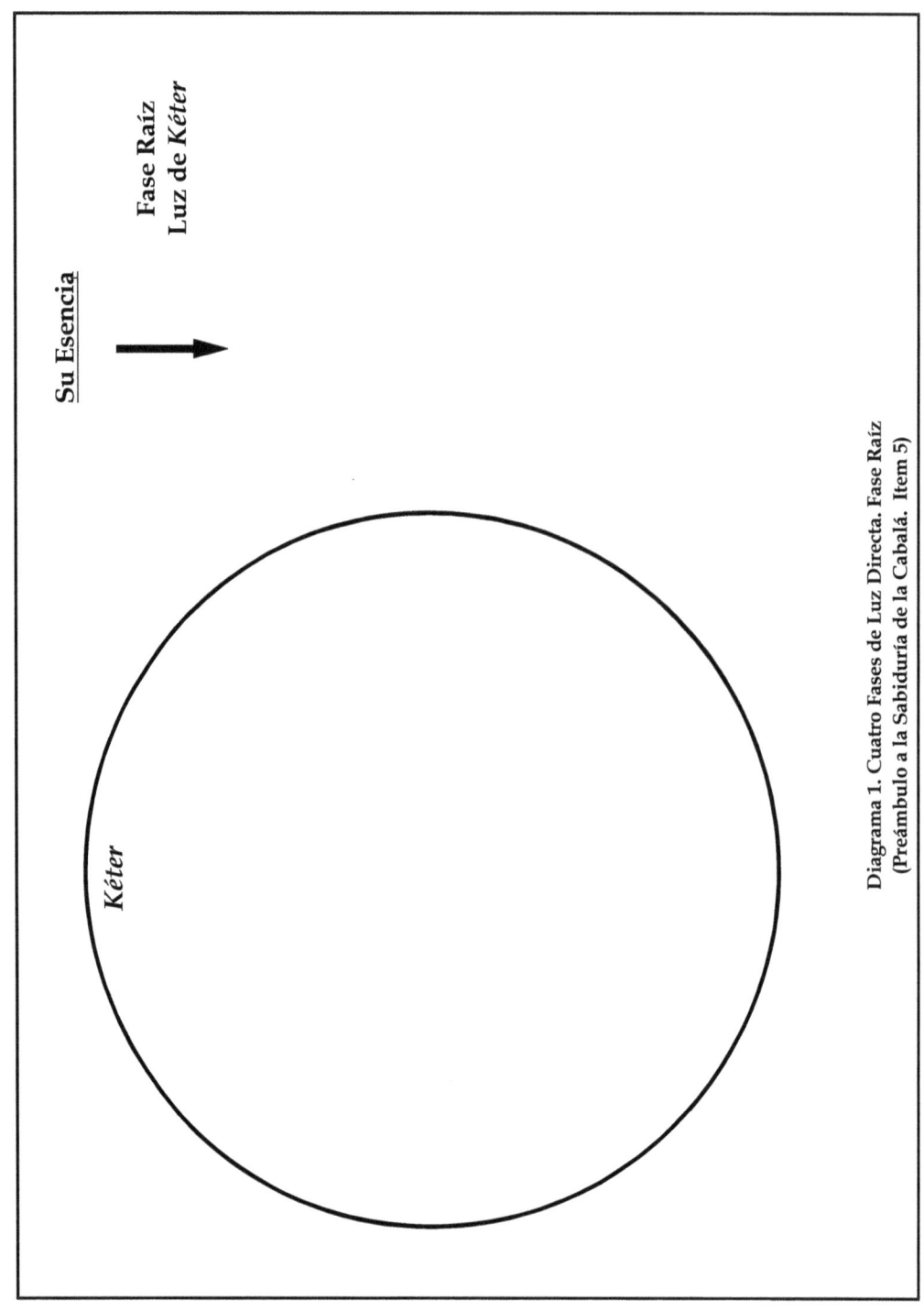

Diagrama 1. Cuatro Fases de Luz Directa. Fase Raíz (Preámbulo a la Sabiduría de la Cabalá. Item 5)

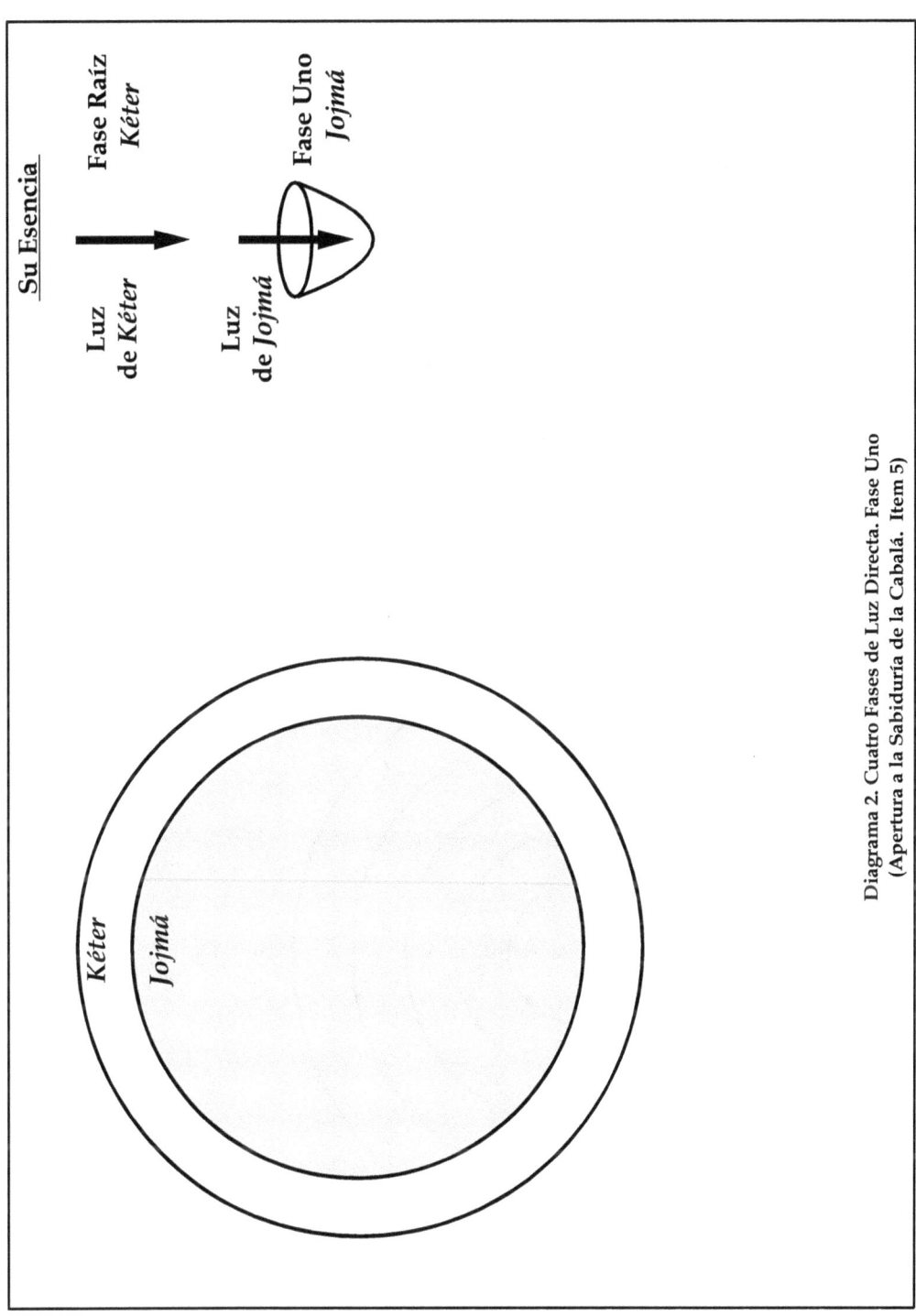

Diagrama 2. Cuatro Fases de Luz Directa. Fase Uno
(Apertura a la Sabiduría de la Cabalá. Ítem 5)

710 Cabalá para el Principiante

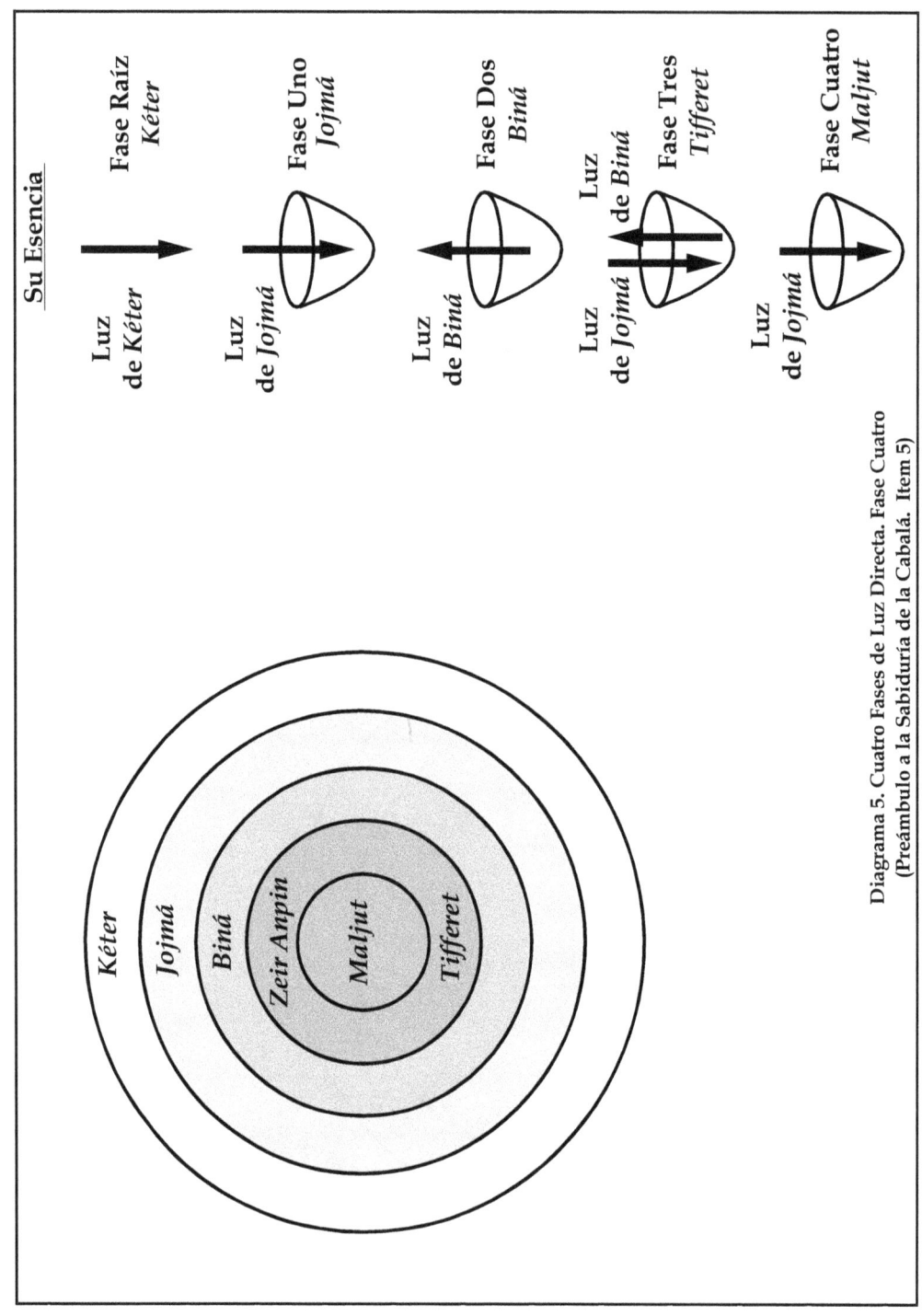

Diagrama 5. Cuatro Fases de Luz Directa. Fase Cuatro (Preámbulo a la Sabiduría de la Cabalá. Item 5)

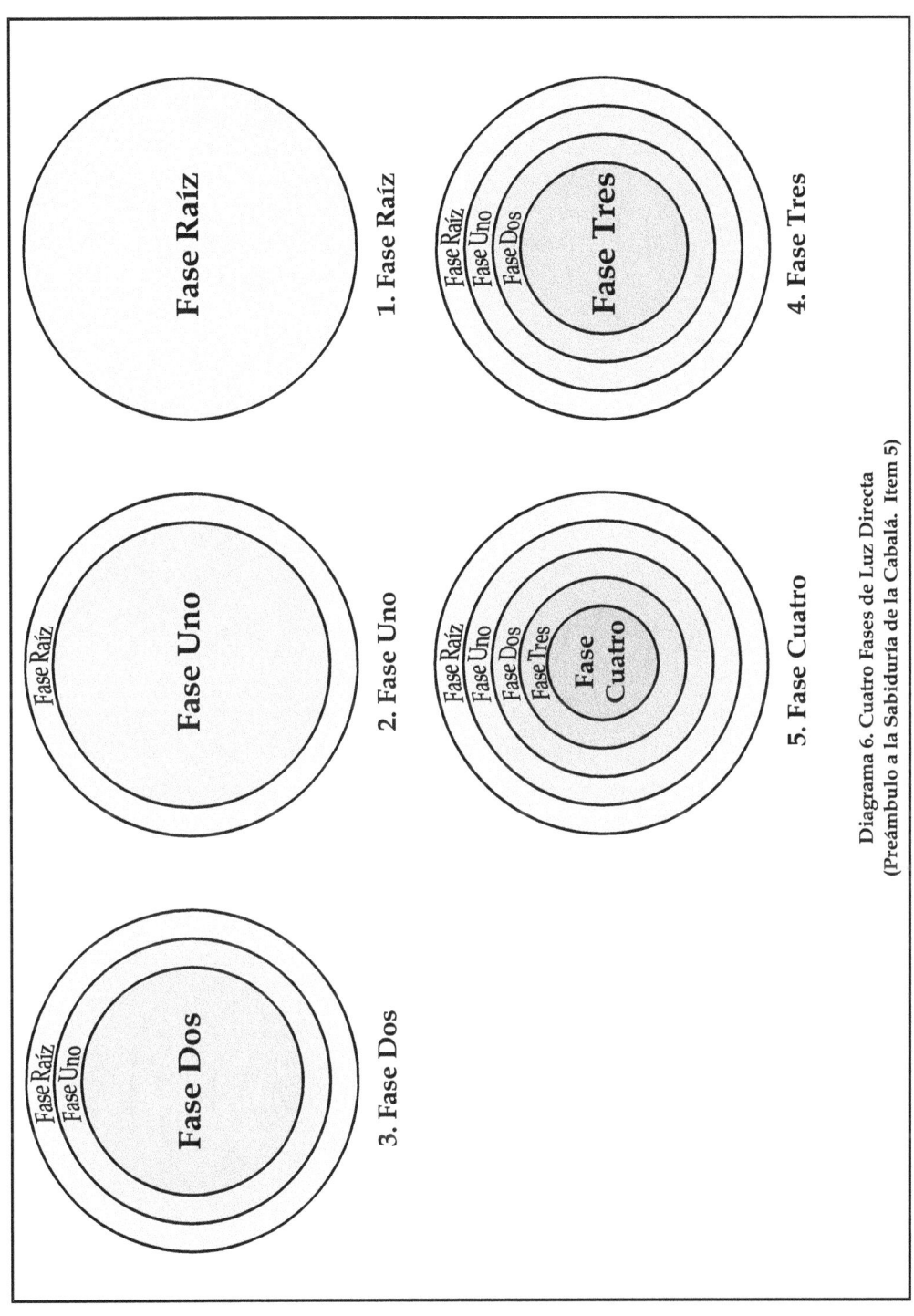

Diagrama 6. Cuatro Fases de Luz Directa
(Preámbulo a la Sabiduría de la Cabalá. Item 5)

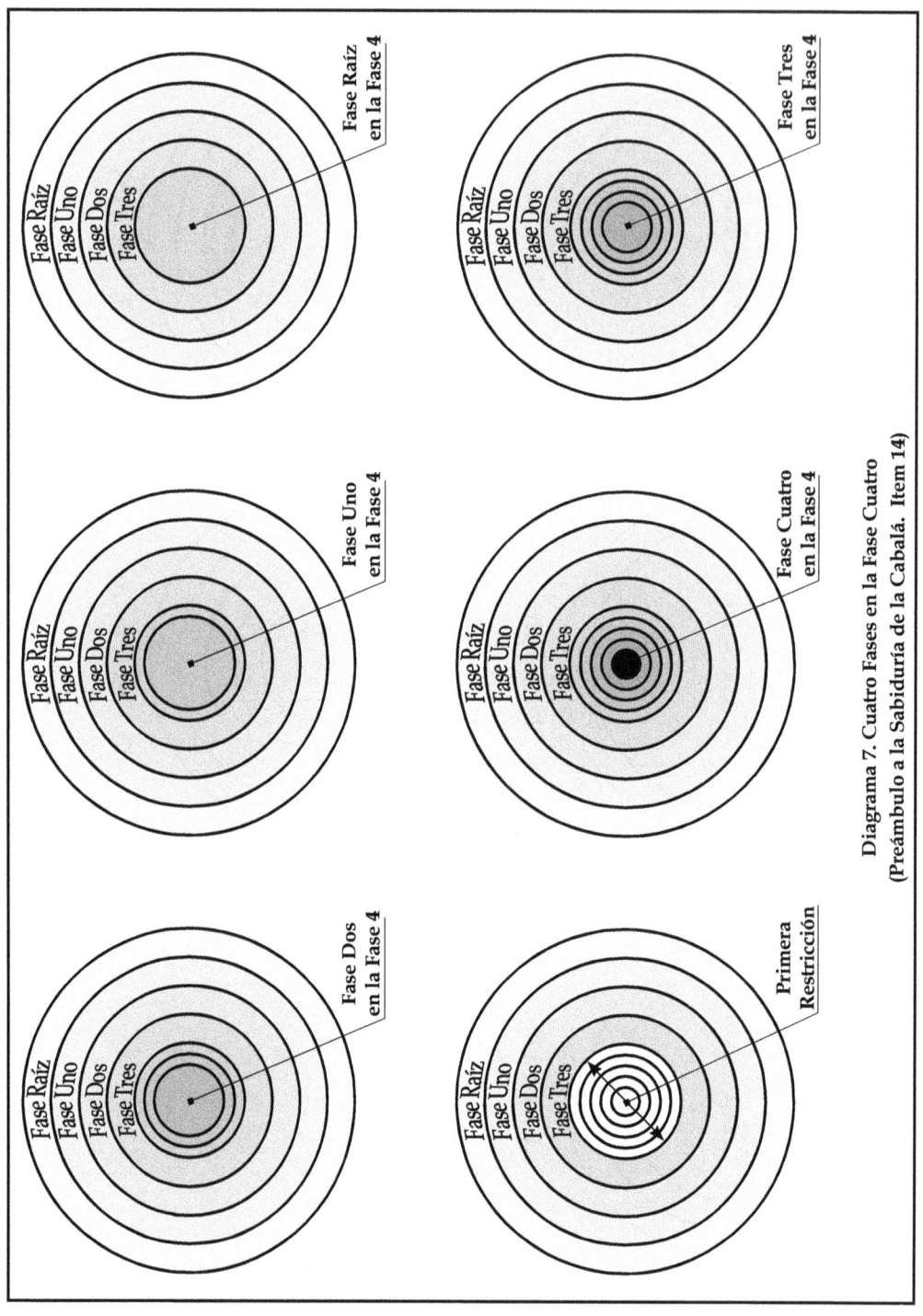

Diagrama 7. Cuatro Fases en la Fase Cuatro
(Preámbulo a la Sabiduría de la Cabalá. Item 14)

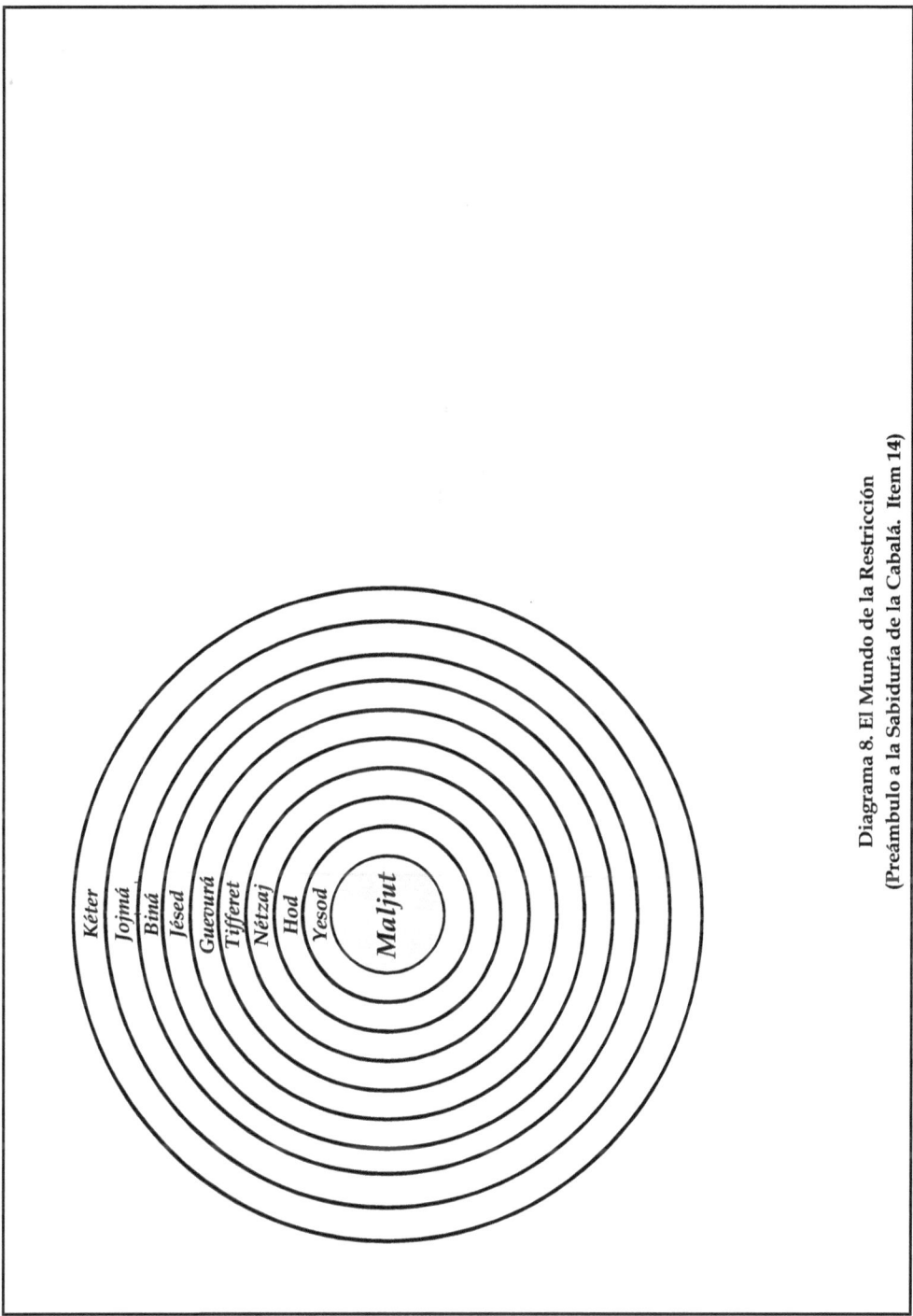

Diagrama 8. El Mundo de la Restricción
(Preámbulo a la Sabiduría de la Cabalá. Item 14)

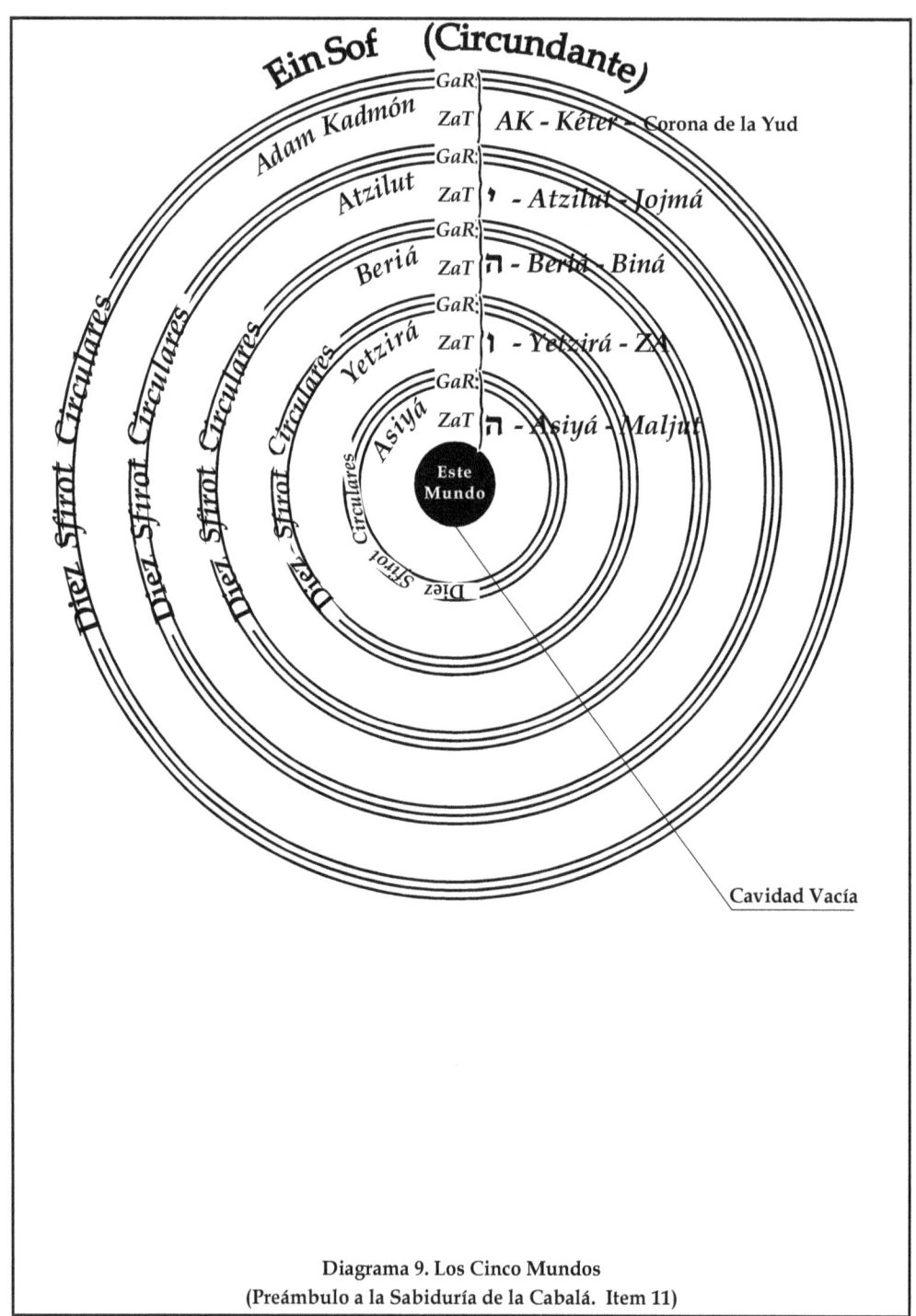

Diagrama 9. Los Cinco Mundos
(Preámbulo a la Sabiduría de la Cabalá. Item 11)

CABALÁ - LA CONDUCCIÓN DE LOS MUNDOS 715

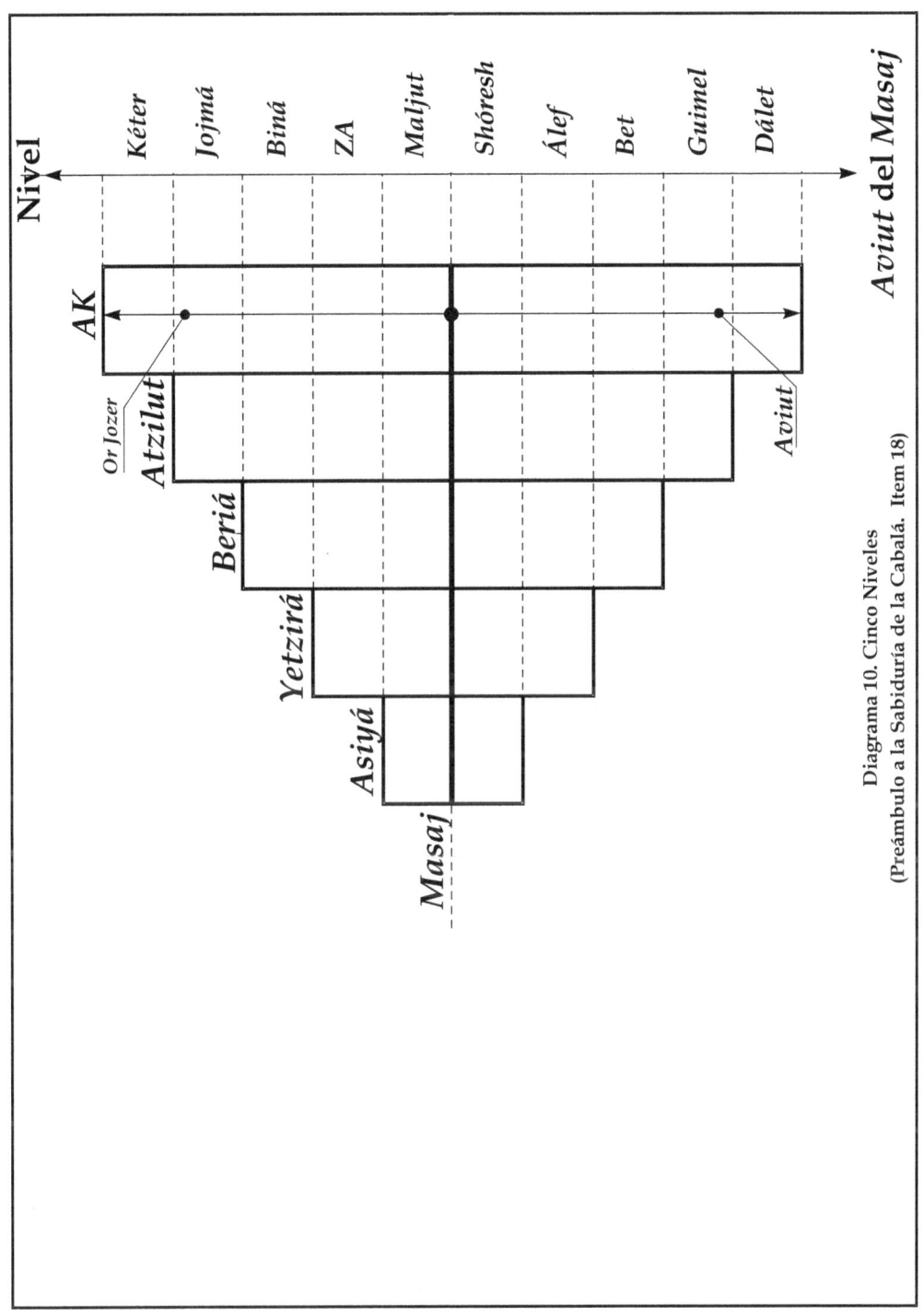

Diagrama 10. Cinco Niveles
(Preámbulo a la Sabiduría de la Cabalá. Item 18)

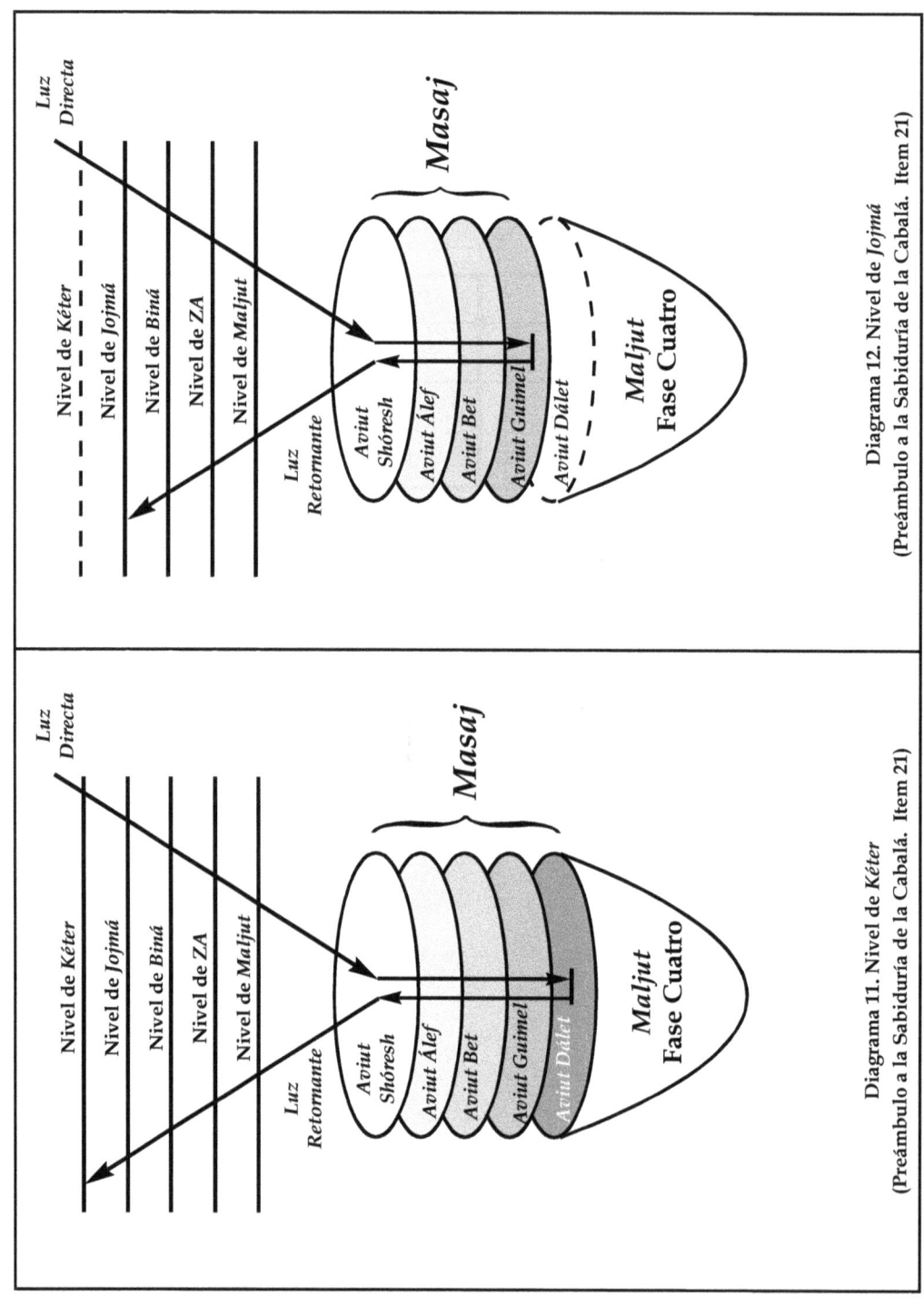

Diagrama 12. Nivel de *Jojmá*
(Preámbulo a la Sabiduría de la Cabalá. Item 21)

Diagrama 11. Nivel de *Kéter*
(Preámbulo a la Sabiduría de la Cabalá. Item 21)

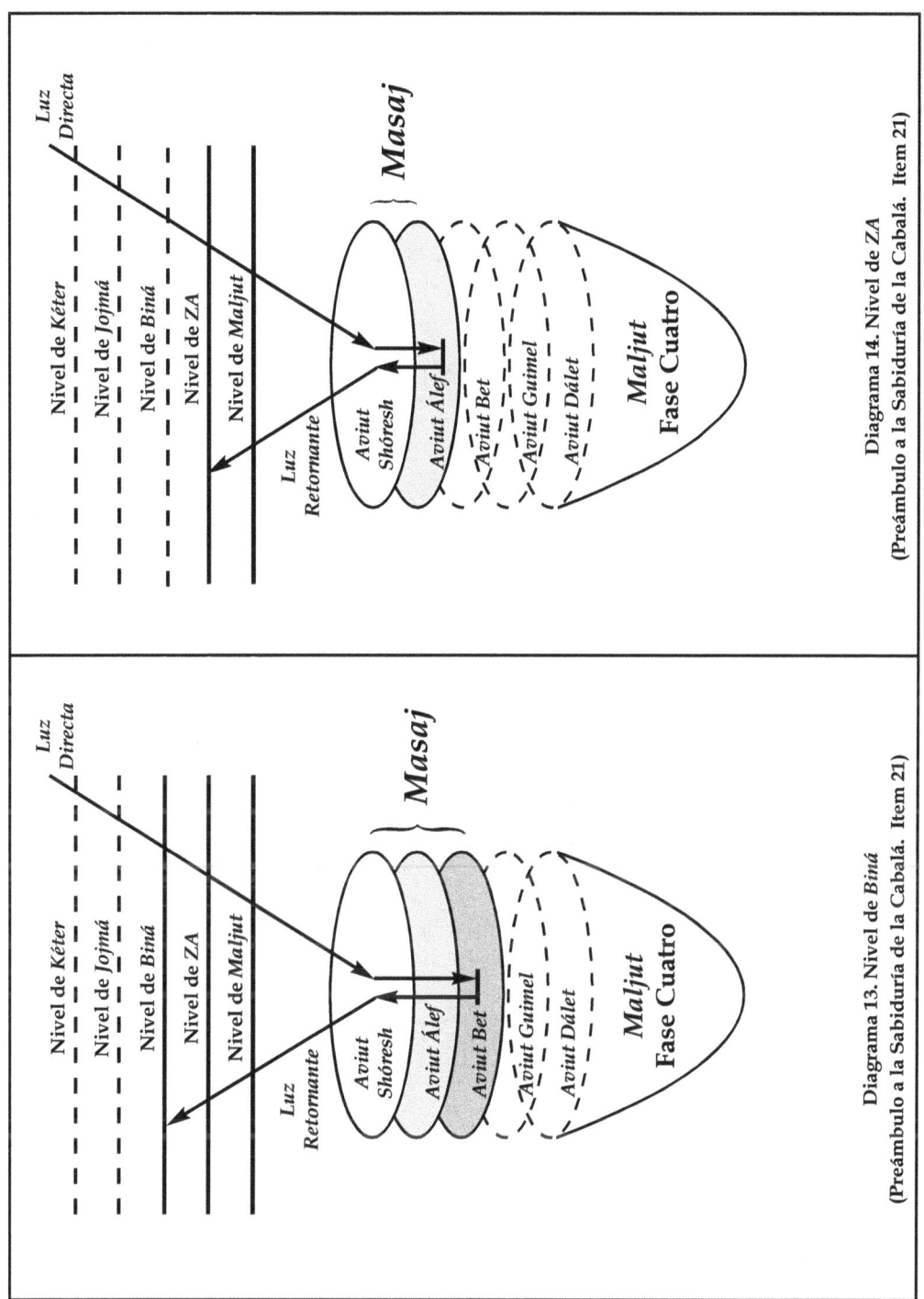

Diagrama 14. Nivel de ZA
(Preámbulo a la Sabiduría de la Cabalá. Item 21)

Diagrama 13. Nivel de Biná
(Preámbulo a la Sabiduría de la Cabalá. Item 21)

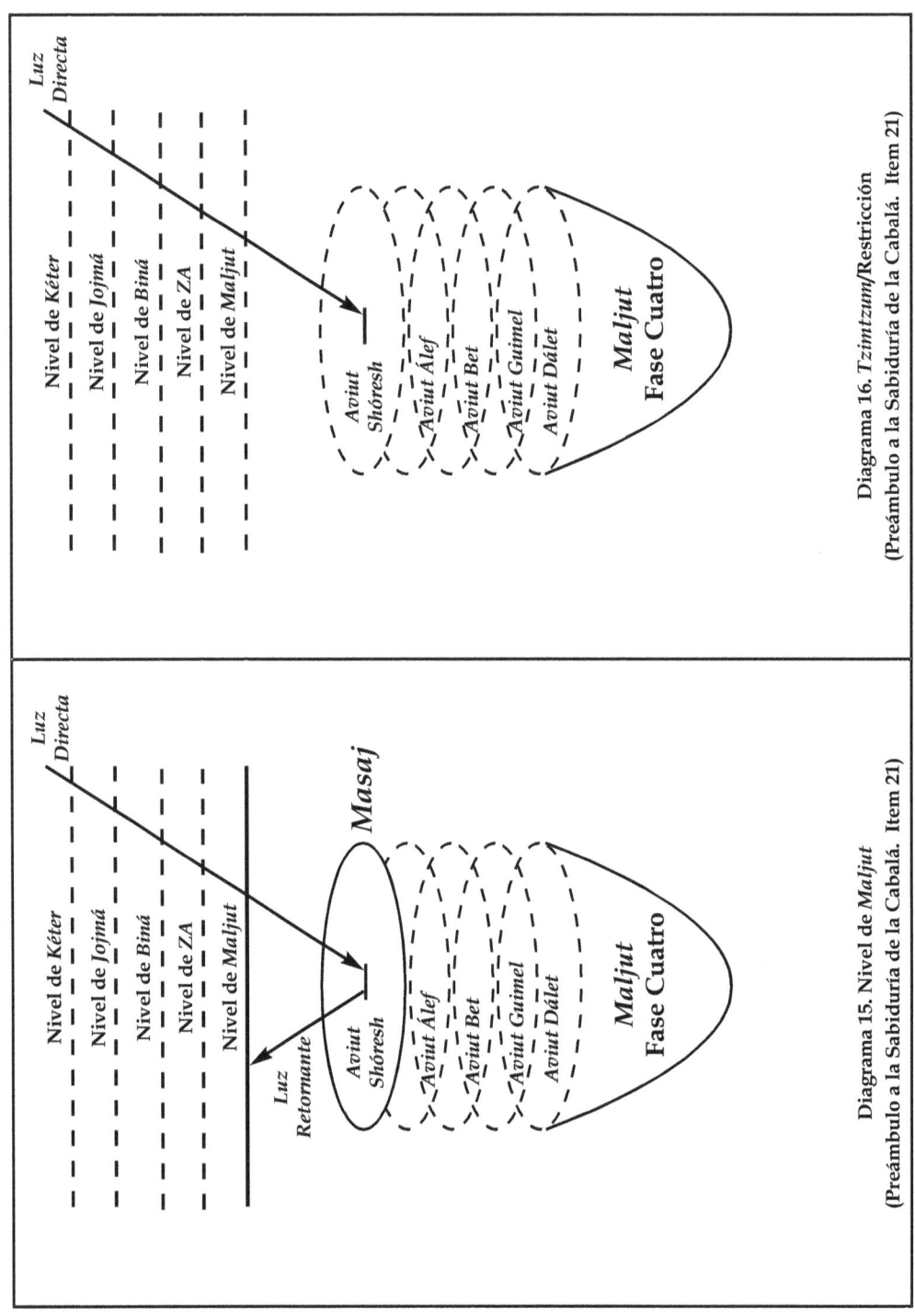

Diagrama 16. *Tzimtzum*/Restricción
(Preámbulo a la Sabiduría de la Cabalá. Item 21)

Diagrama 15. Nivel de *Maljut*
(Preámbulo a la Sabiduría de la Cabalá. Item 21)

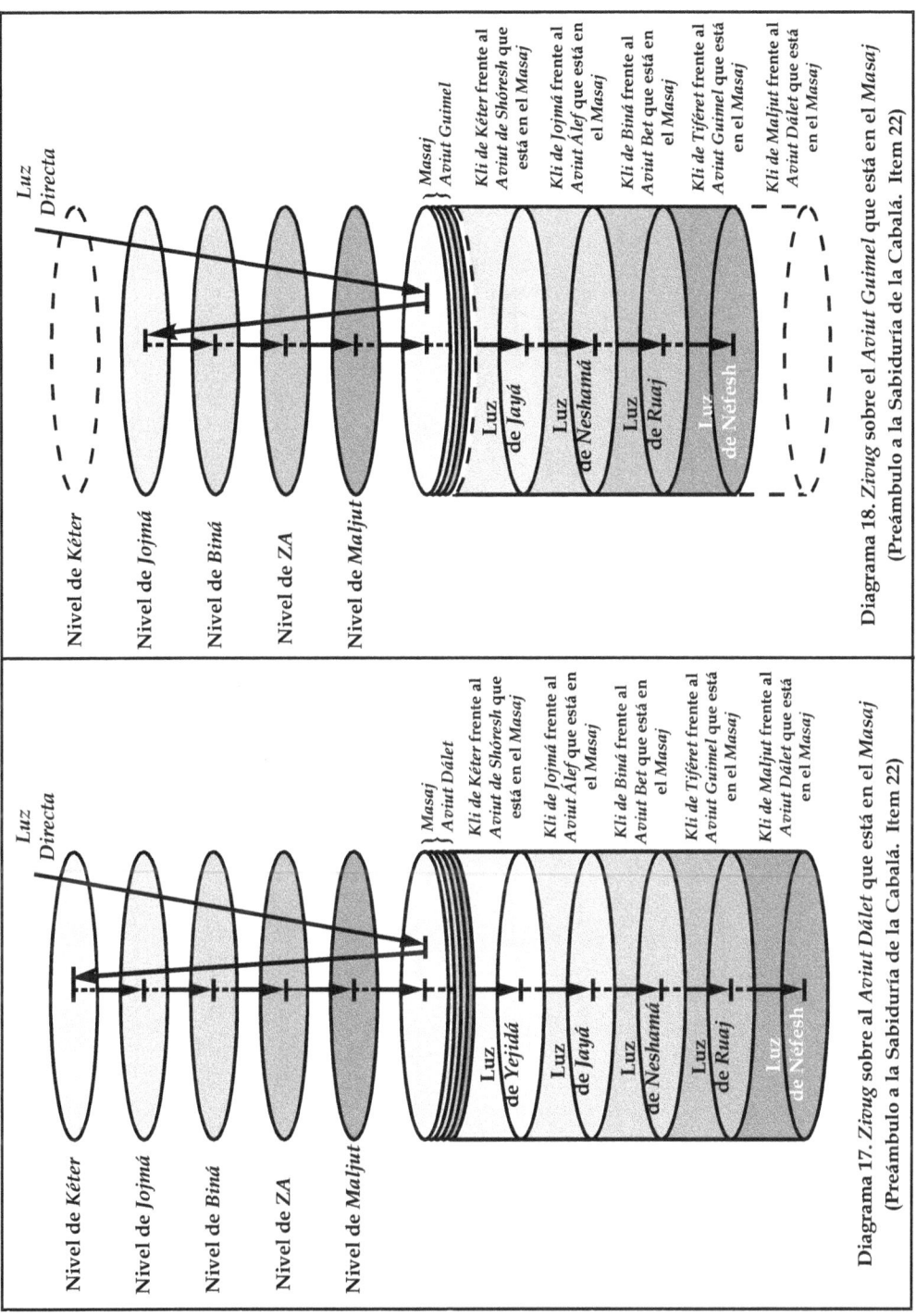

Diagrama 18. *Zivug* sobre el *Aviut Guimel* que está en el *Masaj* (Preámbulo a la Sabiduría de la Cabalá. Item 22)

Diagrama 17. *Zivug* sobre al *Aviut Dálet* que está en el *Masaj* (Preámbulo a la Sabiduría de la Cabalá. Item 22)

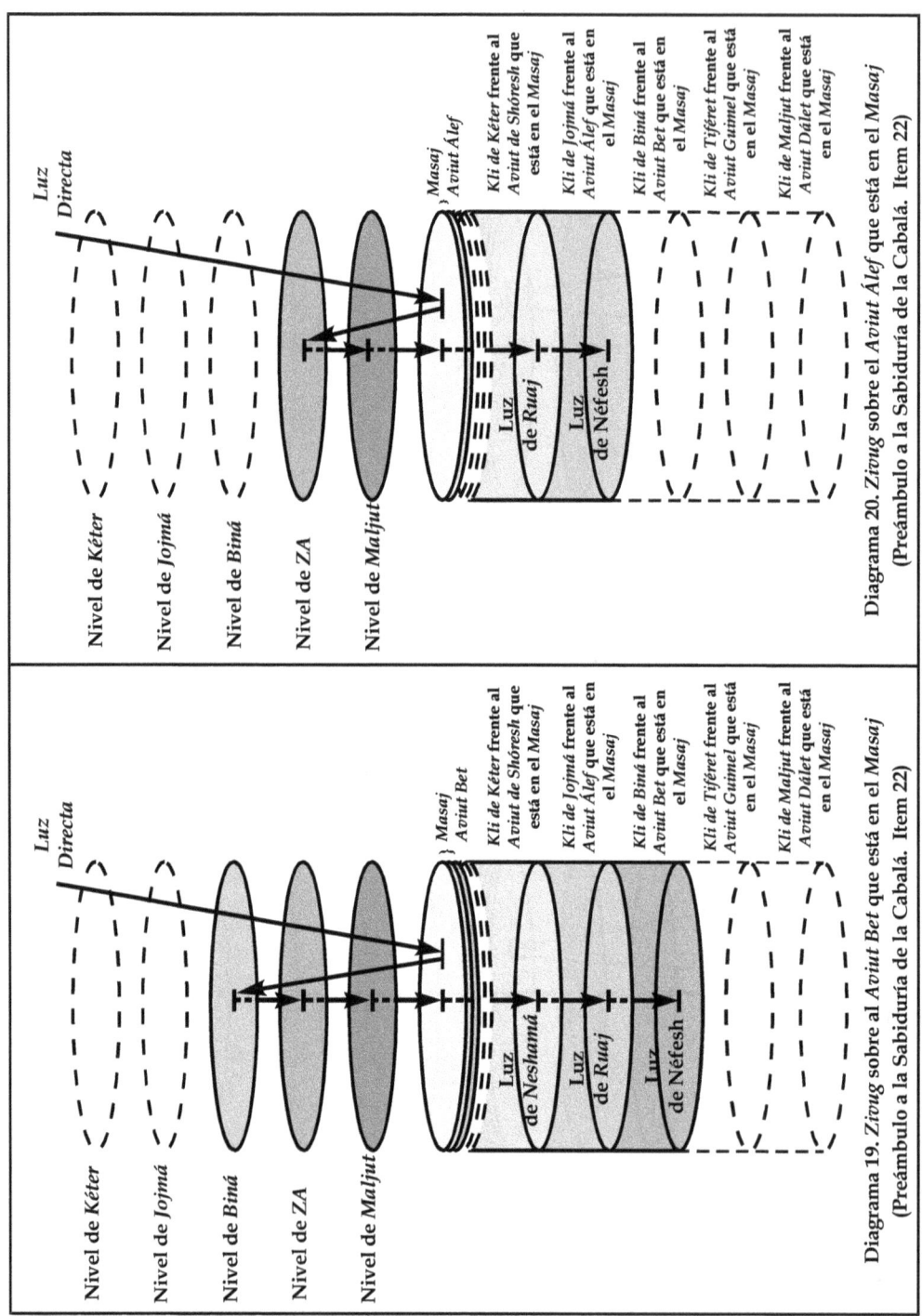

Diagrama 20. *Zivug* sobre el *Aviut Álef* que está en el *Masaj*
(Preámbulo a la Sabiduría de la Cabalá. Item 22)

Diagrama 19. *Zivug* sobre al *Aviut Bet* que está en el *Masaj*
(Preámbulo a la Sabiduría de la Cabalá. Item 22)

CABALÁ - LA CONDUCCIÓN DE LOS MUNDOS 721

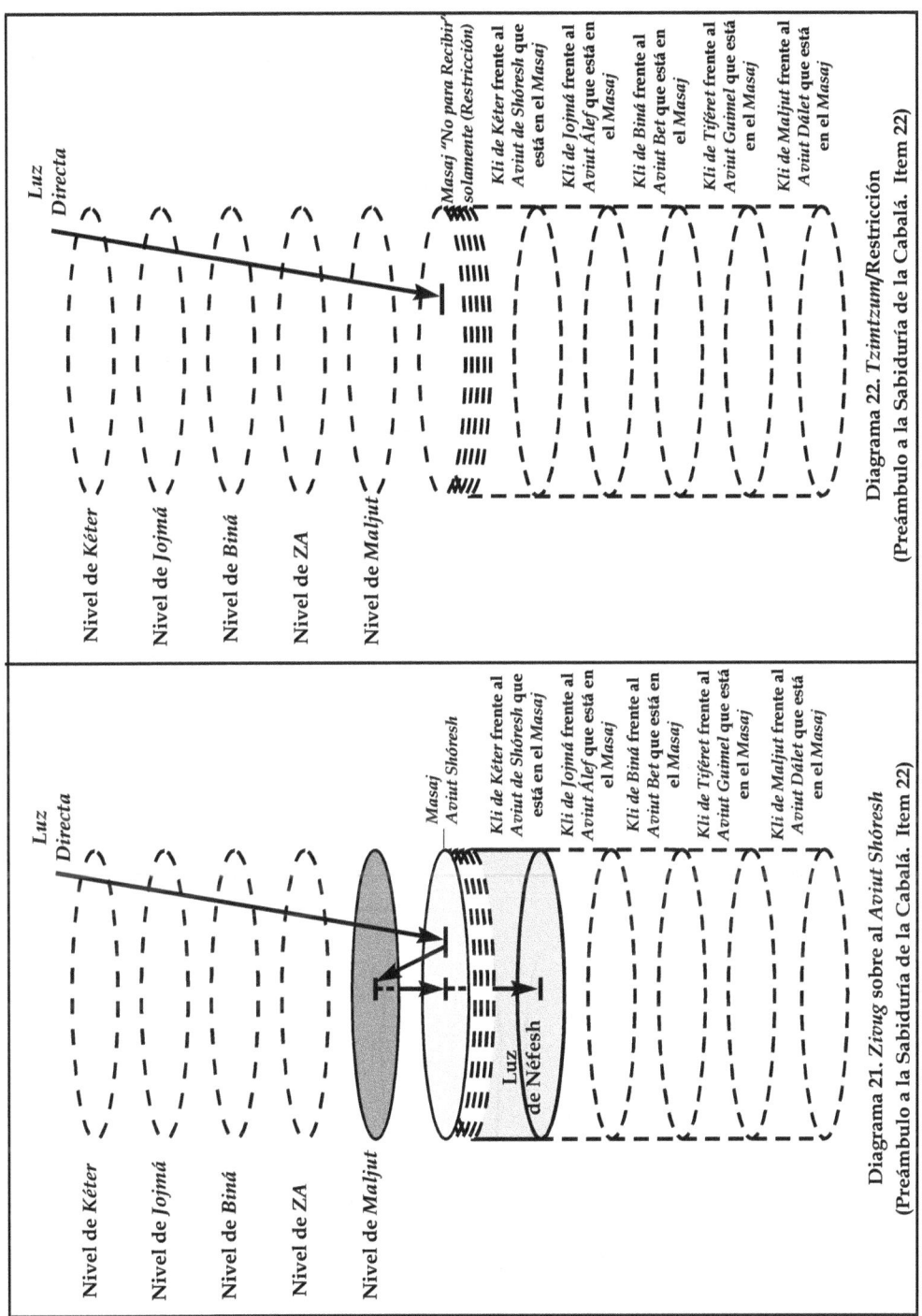

Diagrama 22. *Tzimtzum*/Restricción
(Preámbulo a la Sabiduría de la Cabalá. Item 22)

Diagrama 21. *Zivug* sobre al *Aviut Shóresh*
(Preámbulo a la Sabiduría de la Cabalá. Item 22)

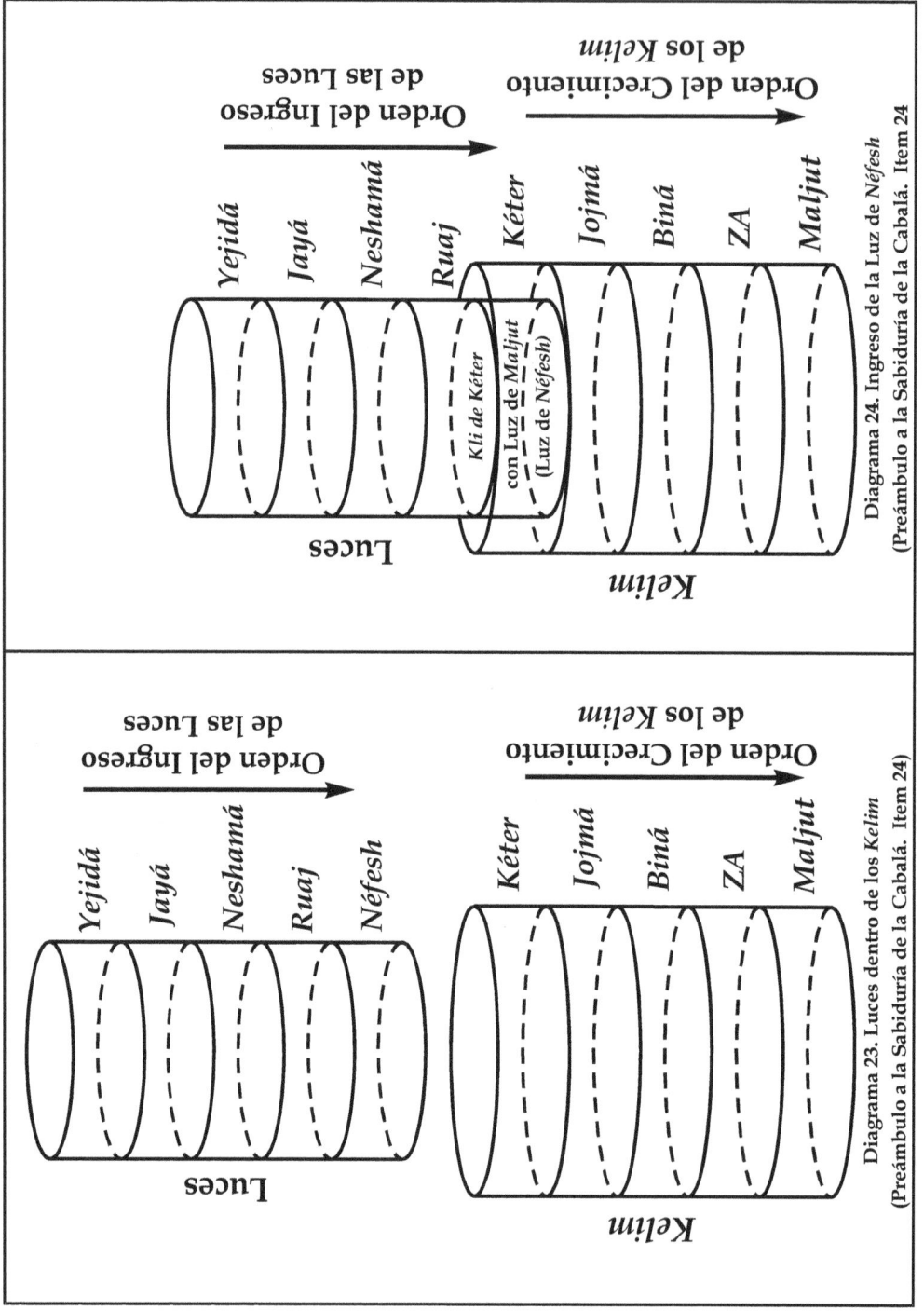

Diagrama 24. Ingreso de la Luz de Néfesh
(Preámbulo a la Sabiduría de la Cabalá. Item 24)

Diagrama 23. Luces dentro de los Kelim
(Preámbulo a la Sabiduría de la Cabalá. Item 24)

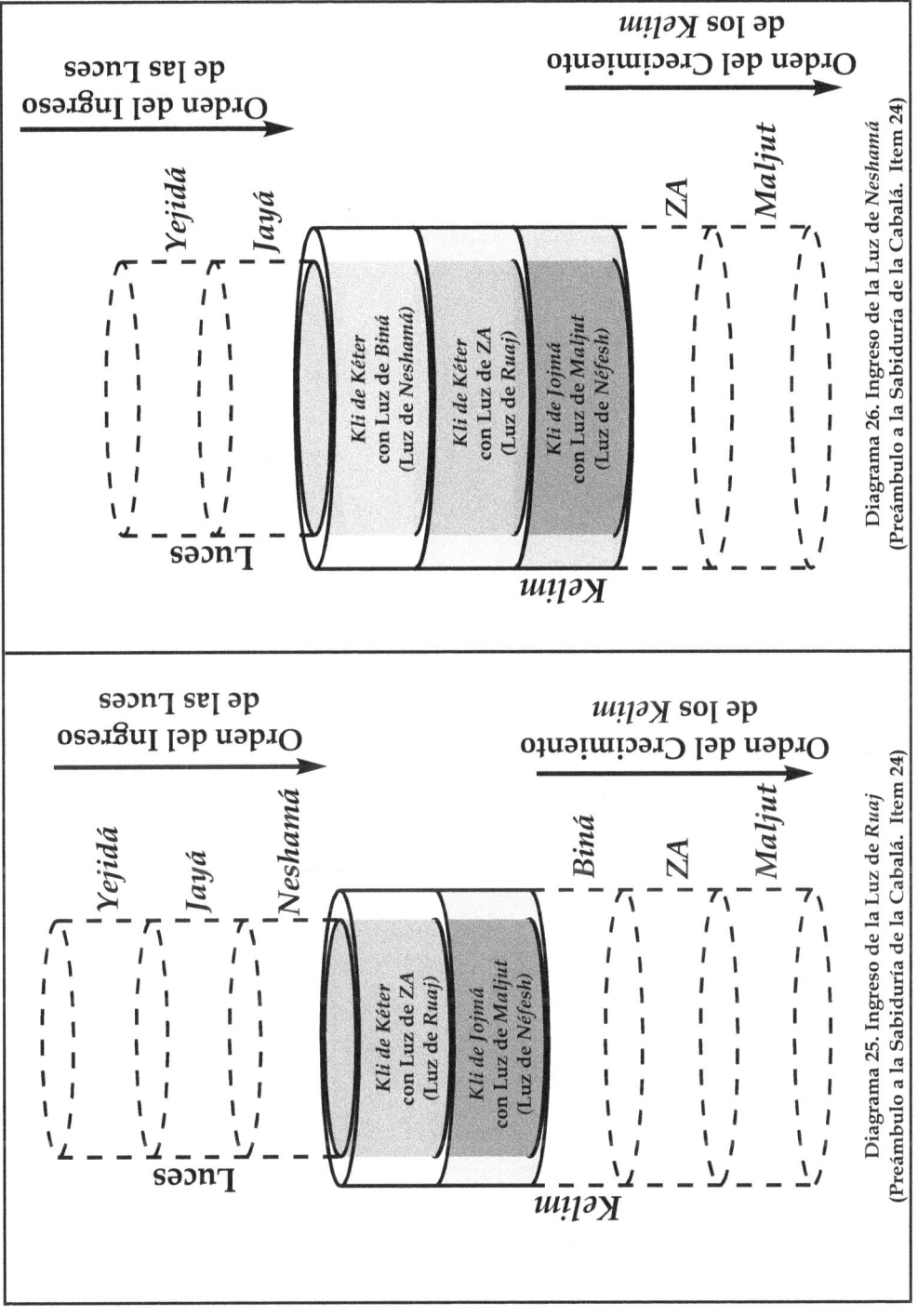

Diagrama 26. Ingreso de la Luz de *Neshamá* (Preámbulo a la Sabiduría de la Cabalá. Item 24)

Diagrama 25. Ingreso de la Luz de *Ruaj* (Preámbulo a la Sabiduría de la Cabalá. Item 24)

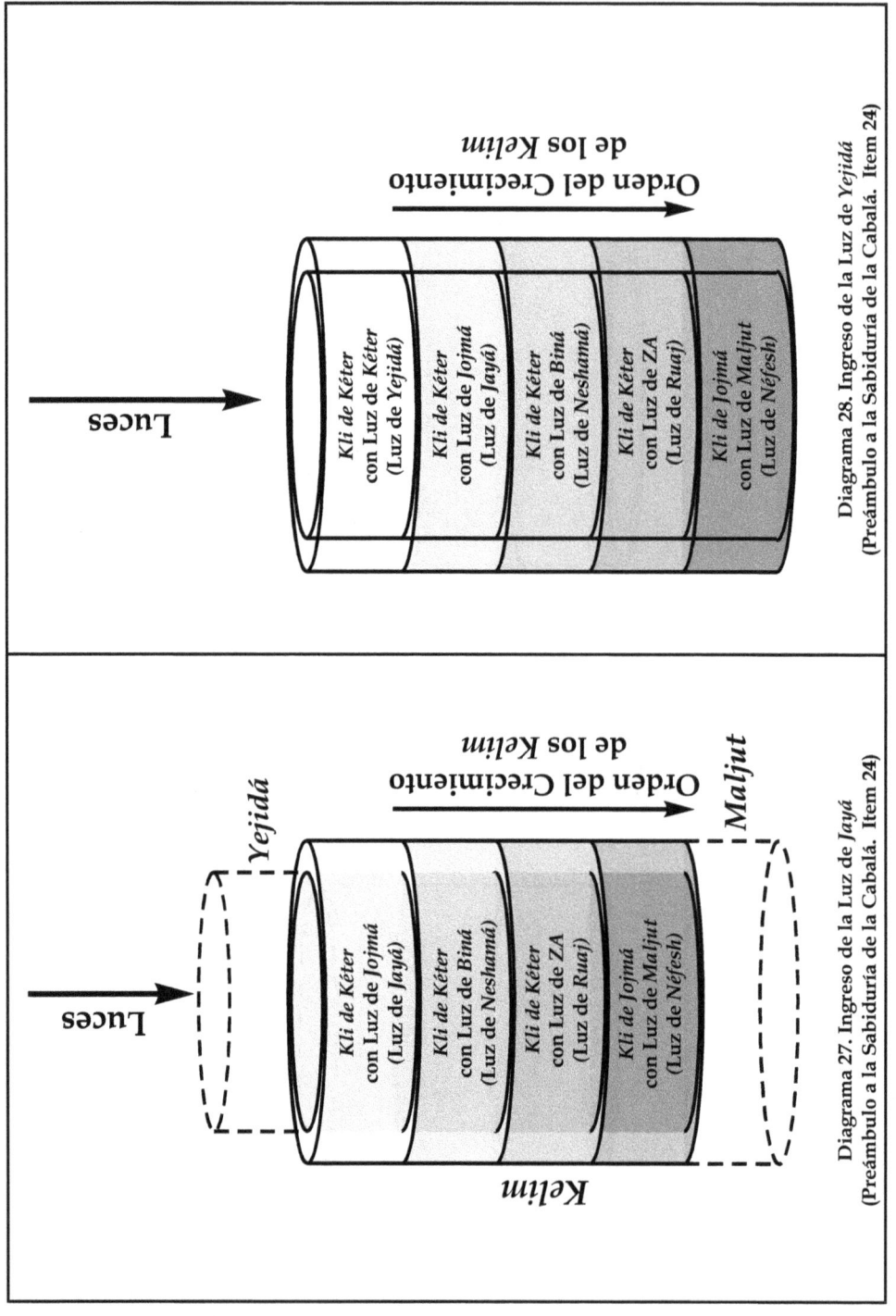

Diagrama 27. Ingreso de la Luz de *Jayá* (Preámbulo a la Sabiduría de la Cabalá. Item 24)

Diagrama 28. Ingreso de la Luz de *Yejidá* (Preámbulo a la Sabiduría de la Cabalá. Item 24)

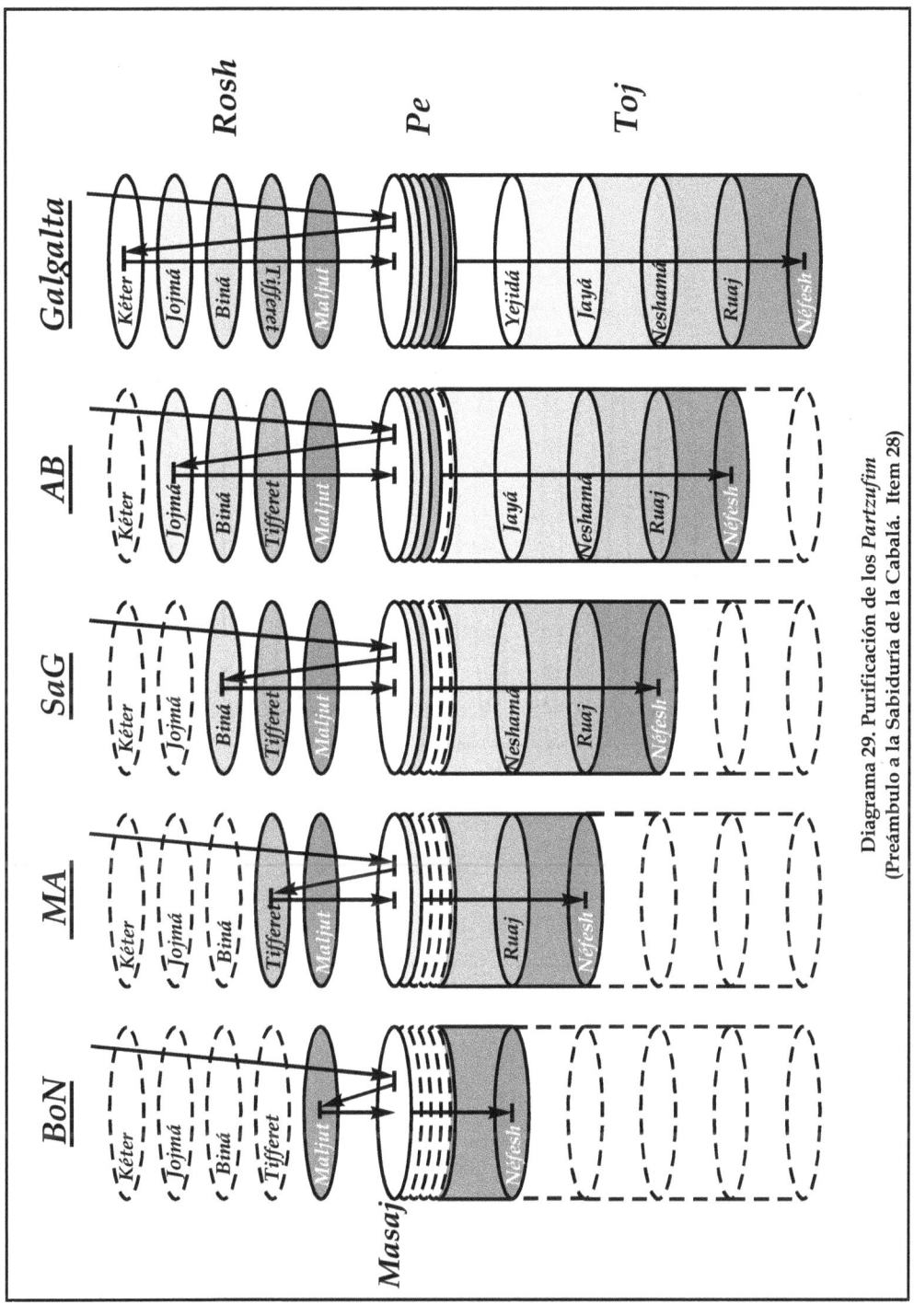

Diagrama 29. Purificación de los *Partzufim*
(Preámbulo a la Sabiduría de la Cabalá. Item 28)

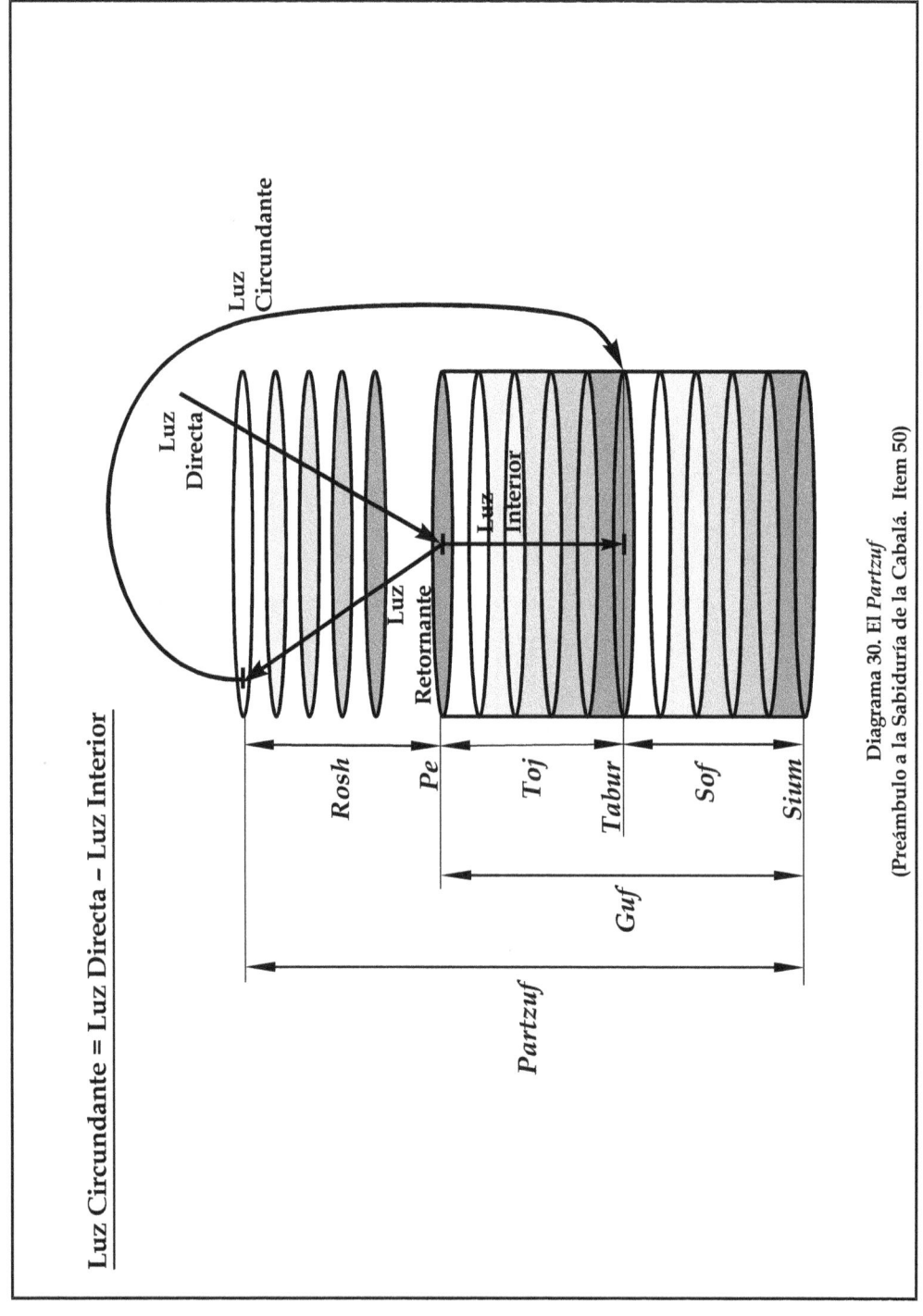

Diagrama 30. El *Partzuf*
(Preámbulo a la Sabiduría de la Cabalá. Item 50)

CABALÁ - LA CONDUCCIÓN DE LOS MUNDOS   727

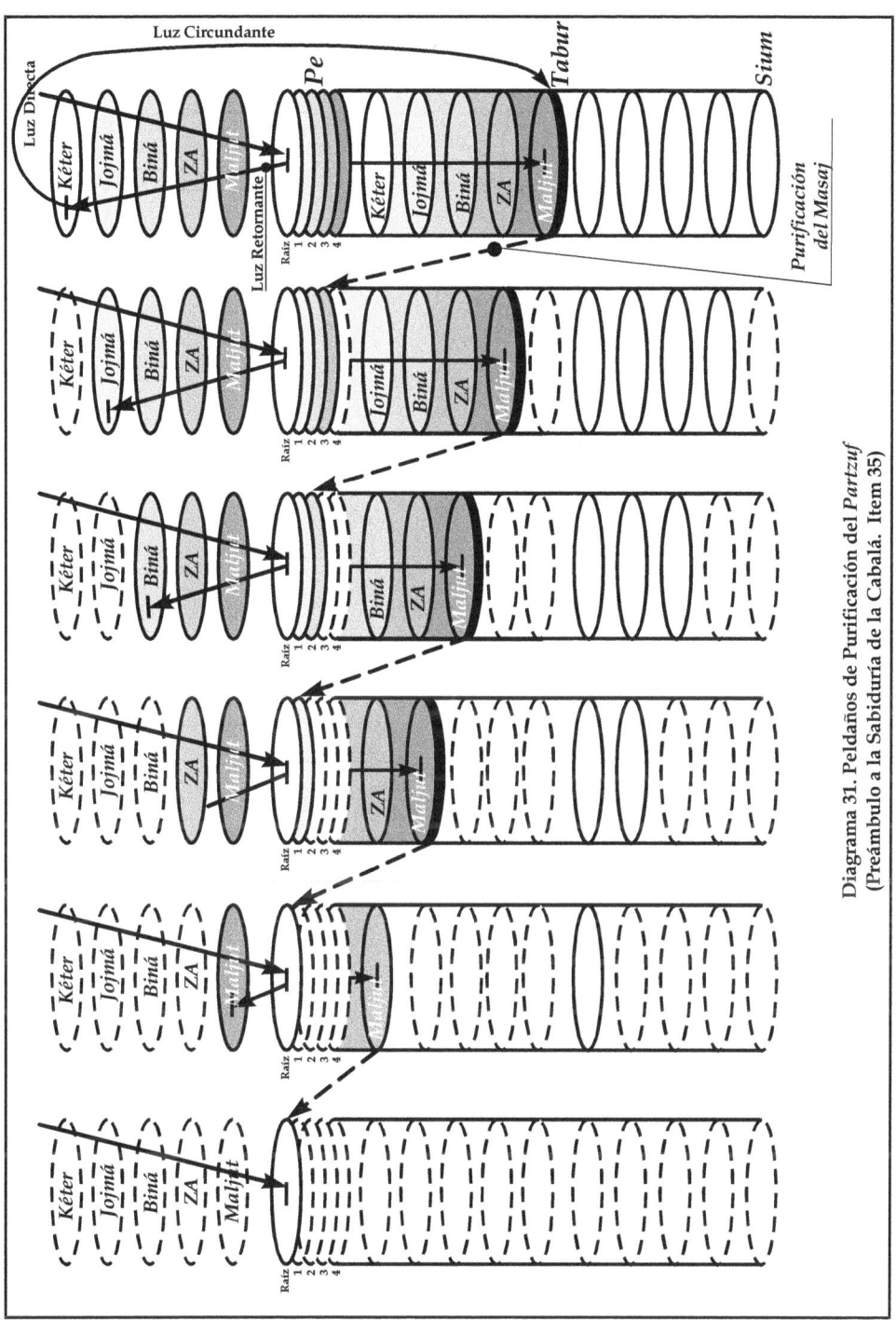

Diagrama 31. Peldaños de Purificación del *Partzuf*
(Preámbulo a la Sabiduría de la Cabalá. Item 35)

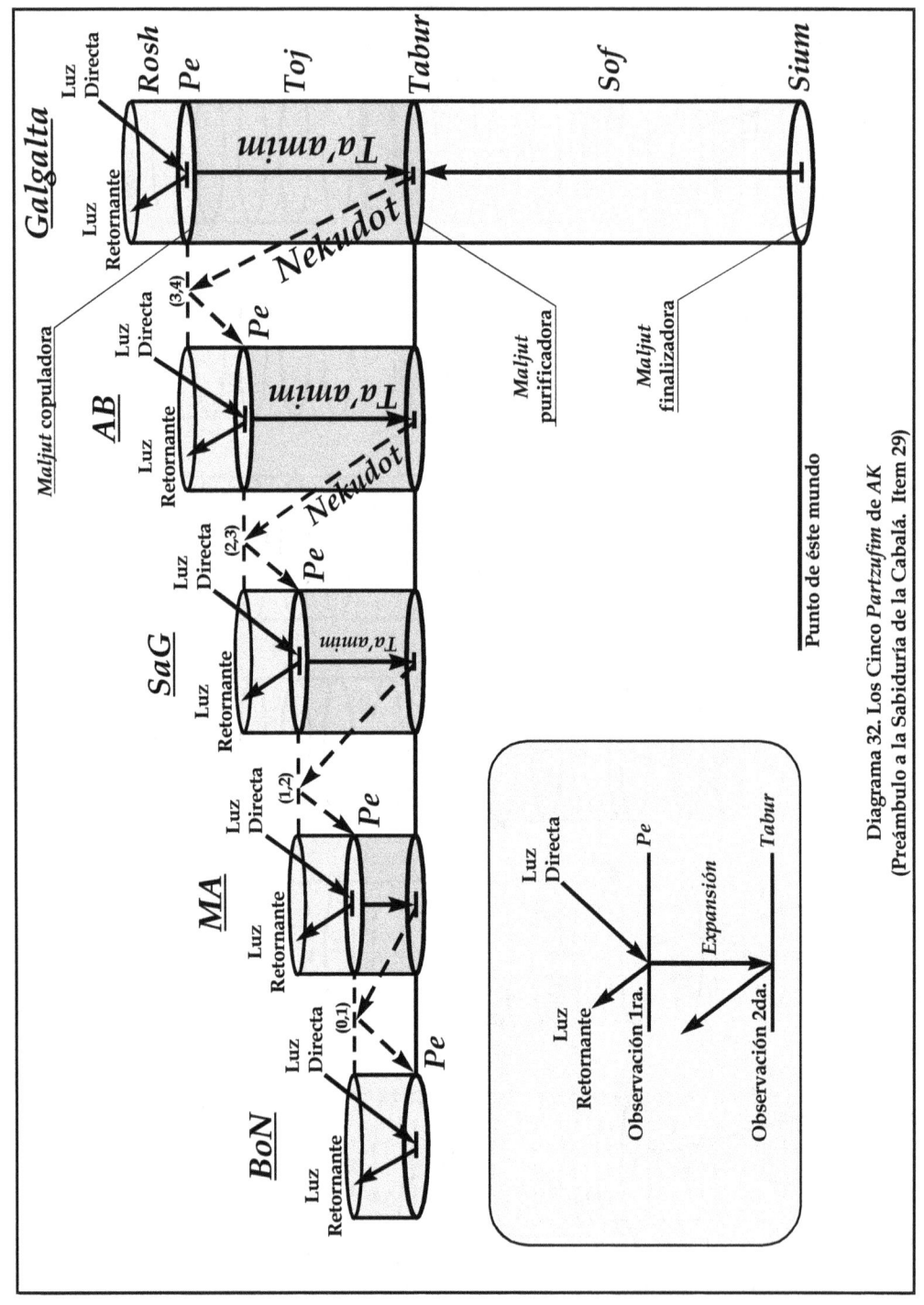

Diagrama 32. Los Cinco *Partzufim* de AK
(Preámbulo a la Sabiduría de la Cabalá. Item 29)

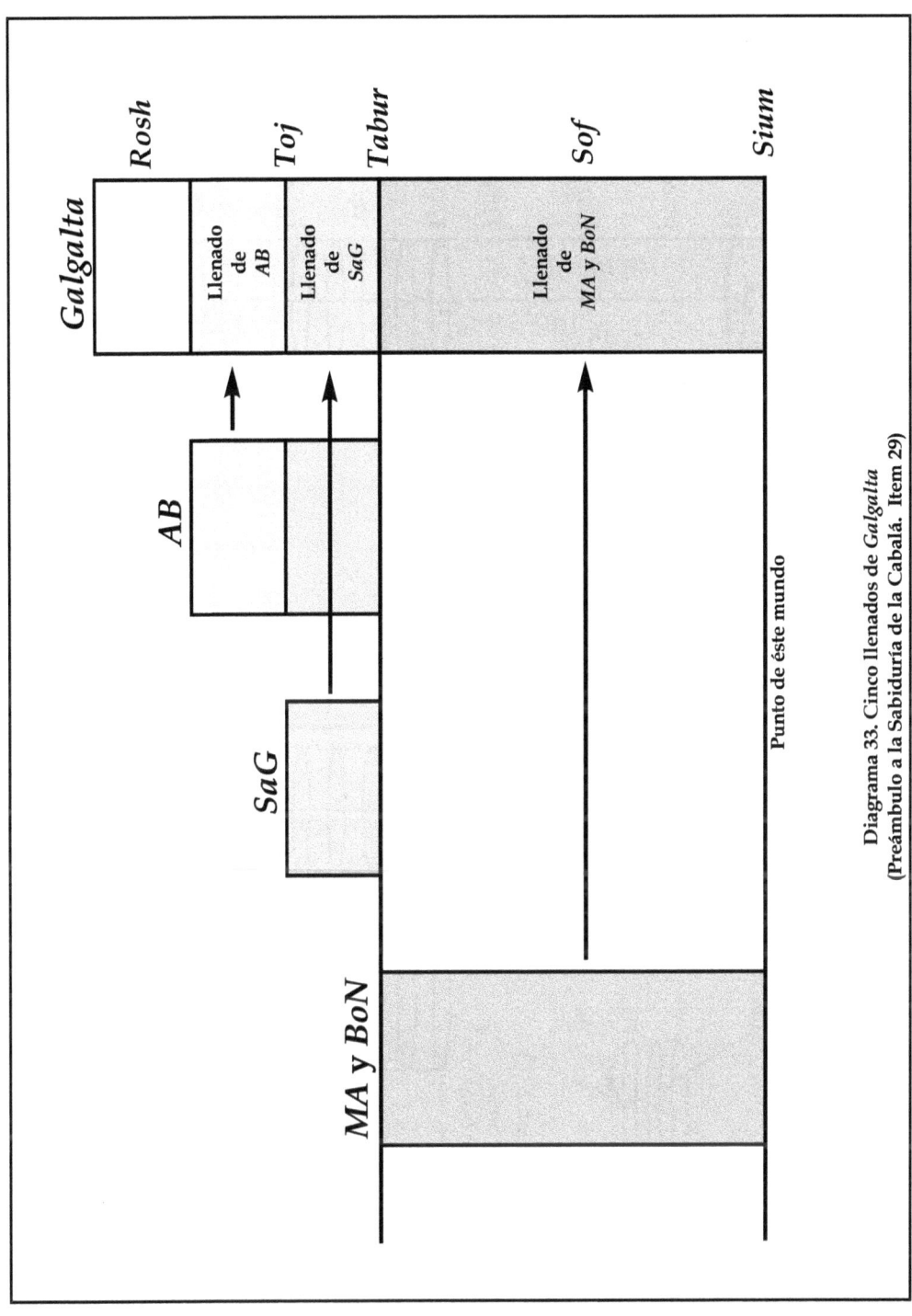

Diagrama 33. Cinco llenados de *Galgalta*
(Preámbulo a la Sabiduría de la Cabalá. Item 29)

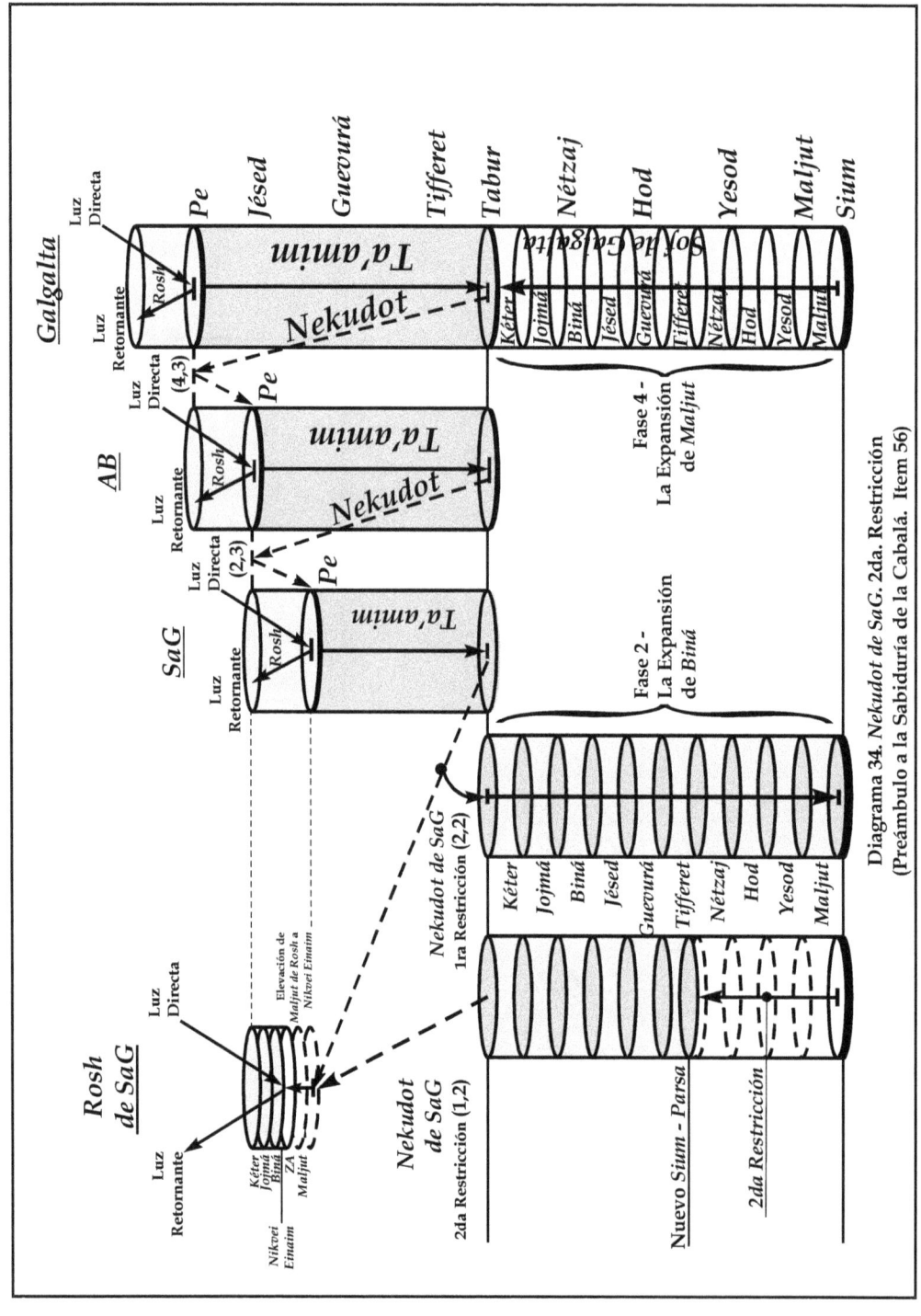

Diagrama 34. *Nekudot de SaG*. 2da. Restricción (Preámbulo a la Sabiduría de la Cabalá. Ítem 56)

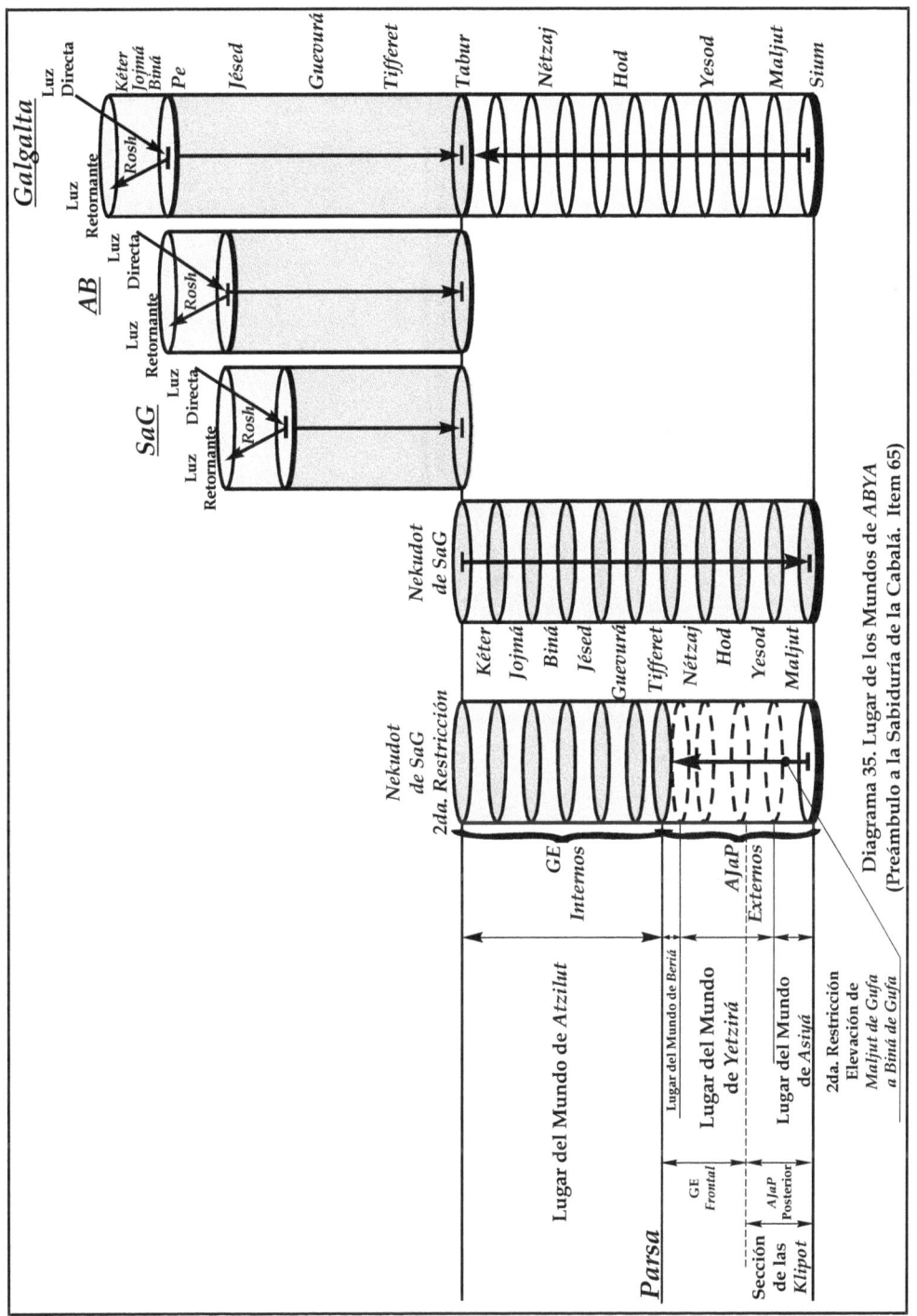

Diagrama 35. Lugar de los Mundos de ABYA
(Preámbulo a la Sabiduría de la Cabalá. Item 65)

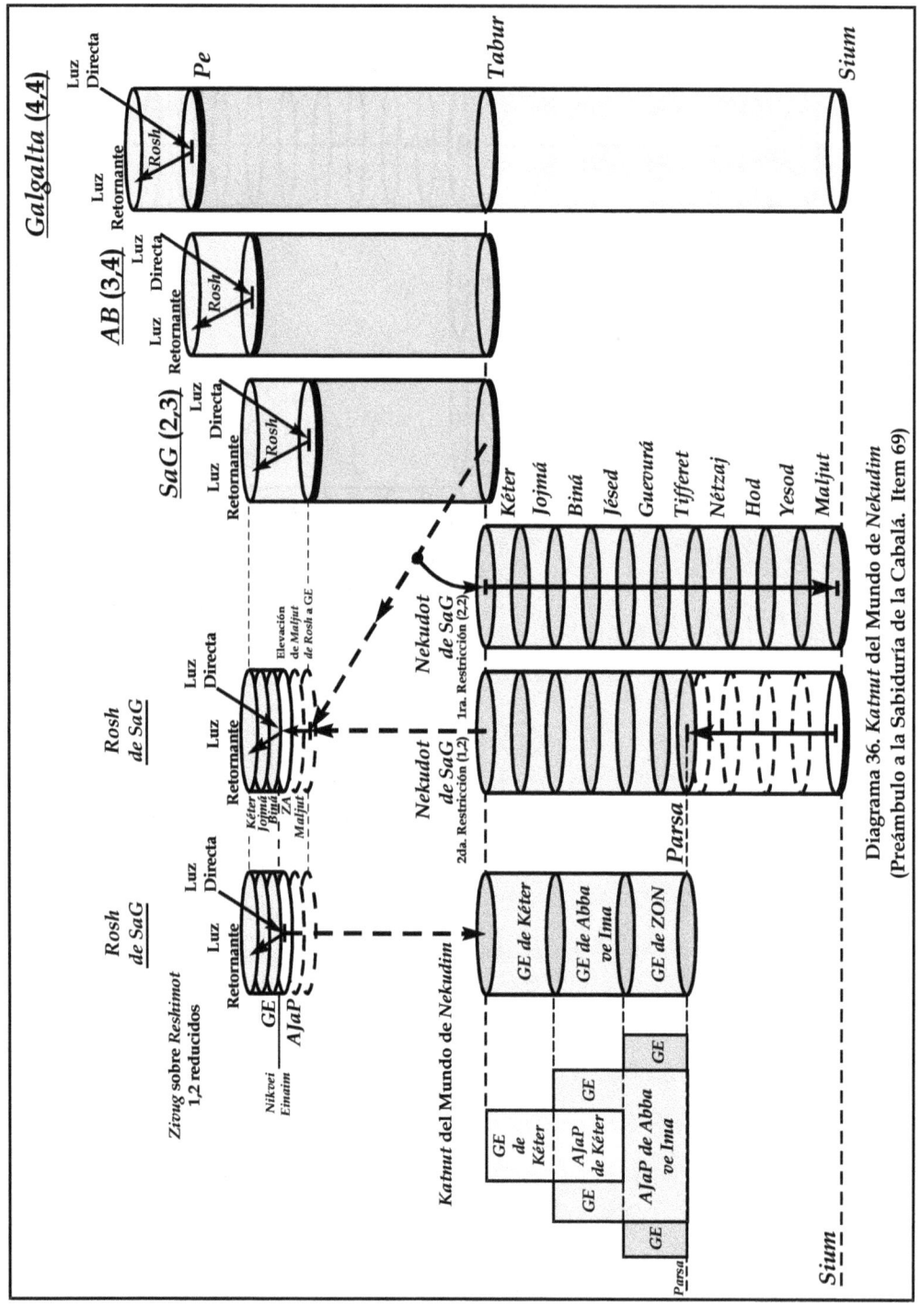

Diagrama 36. *Katnut* del Mundo de *Nekudim* (Preámbulo a la Sabiduría de la Cabalá. Ítem 69)

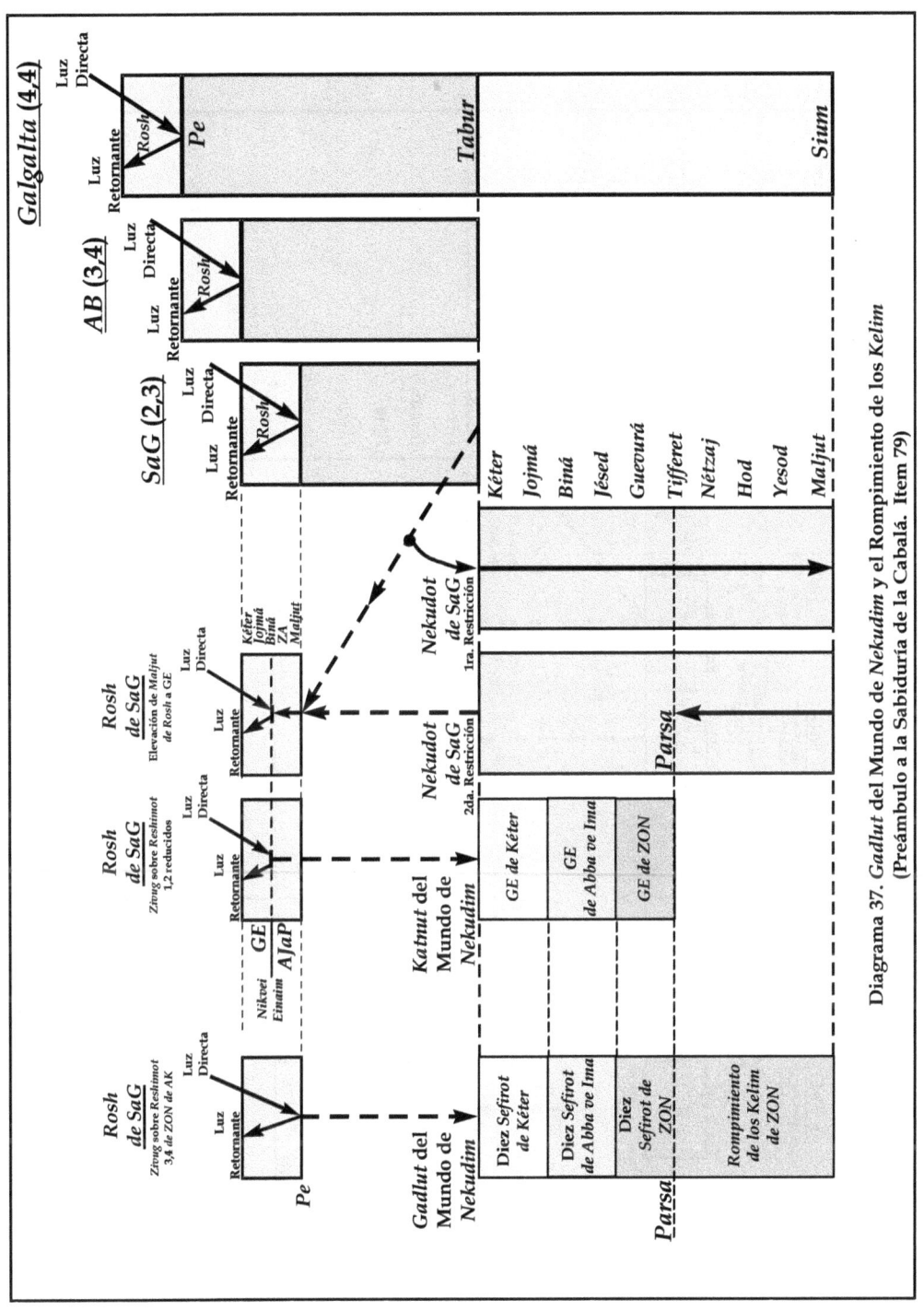

Diagrama 37. *Gadlut* del Mundo de *Nekudim* y el Rompimiento de los *Kelim* (Preámbulo a la Sabiduría de la Cabalá. Item 79)

734 CABALÁ PARA EL PRINCIPIANTE

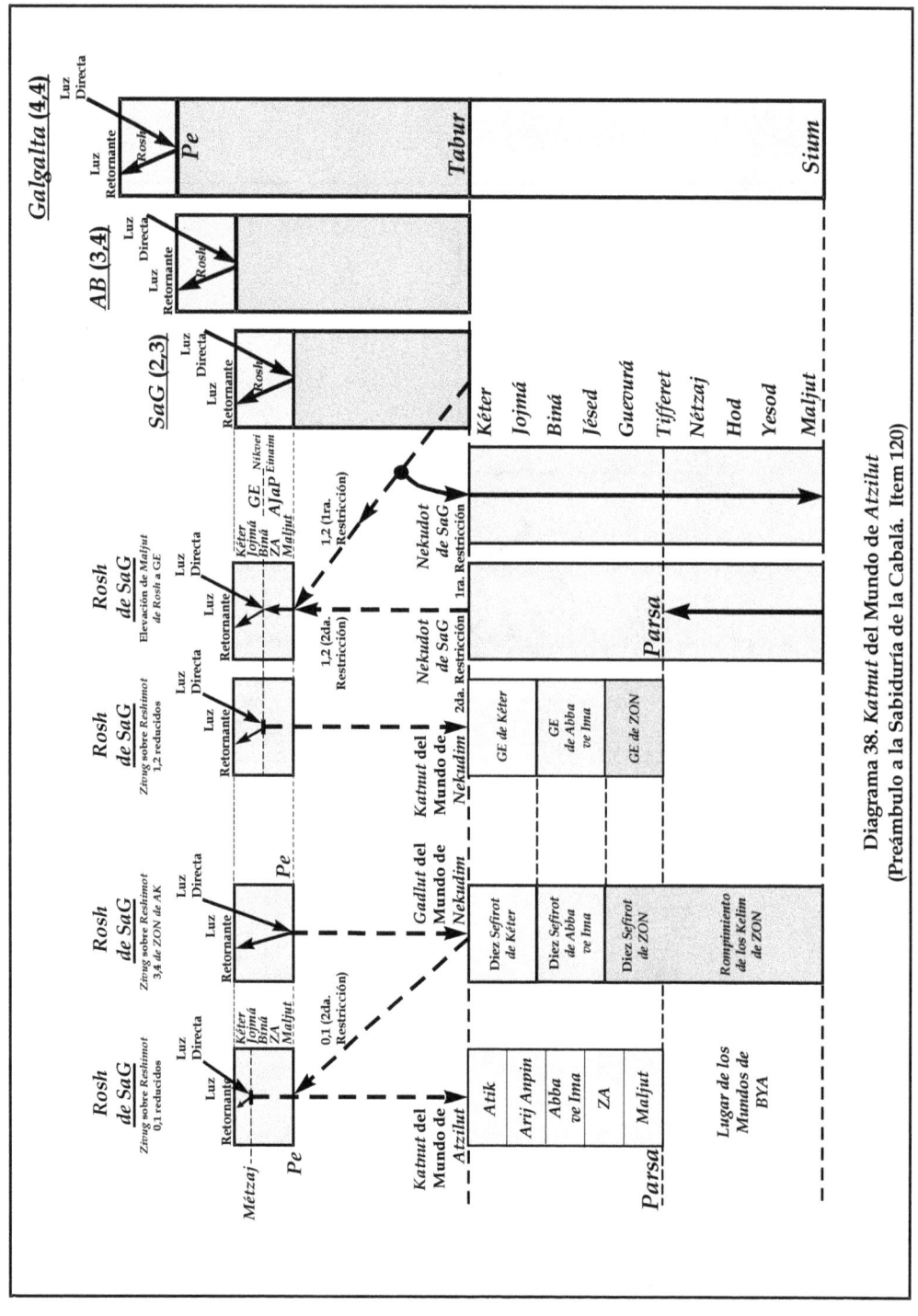

Diagrama 38. *Katnut* del Mundo de Atzilut
(Preámbulo a la Sabiduría de la Cabalá. Item 120)

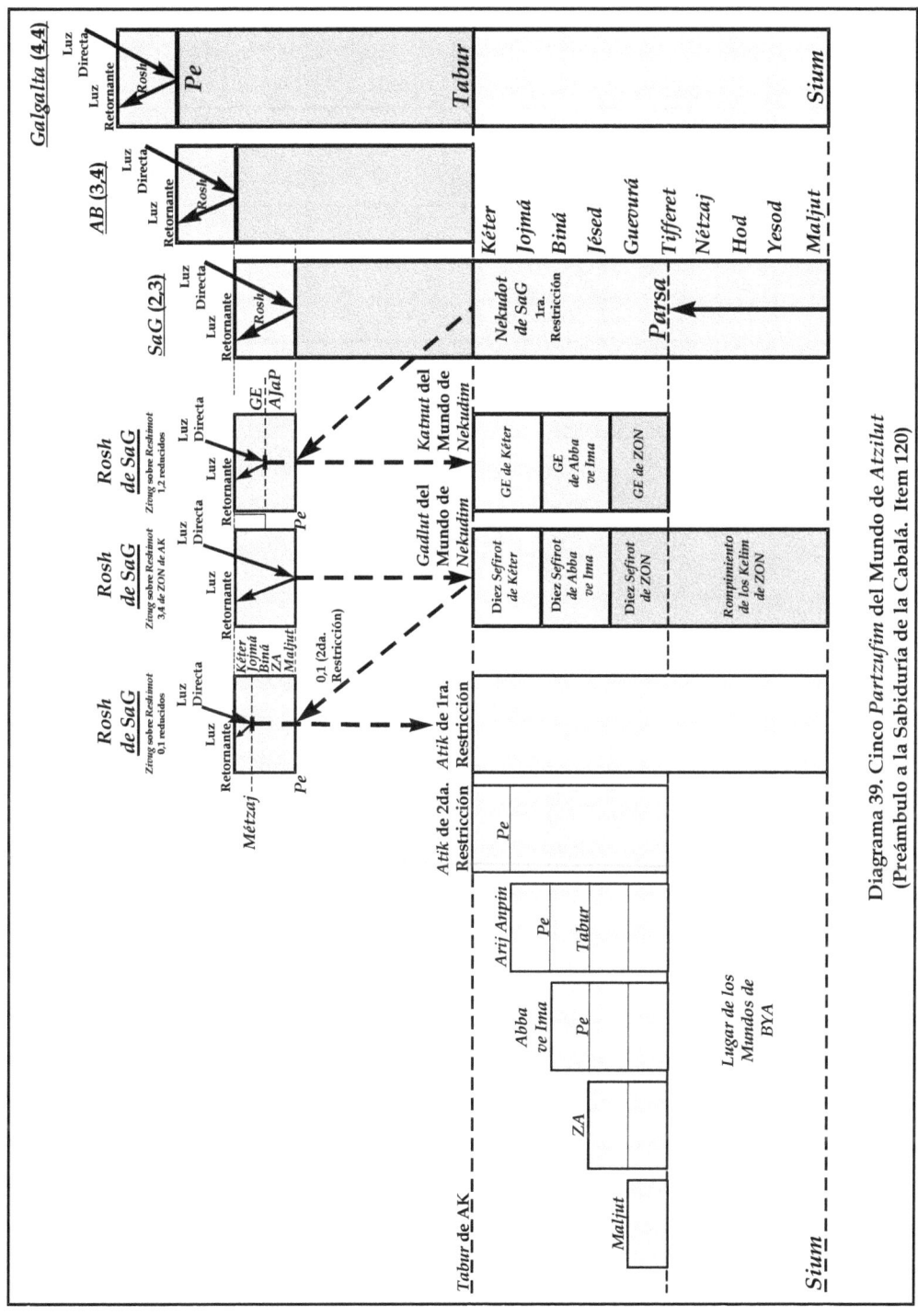

Diagrama 39. Cinco *Partzufim* del Mundo de Atzilut
(Preámbulo a la Sabiduría de la Cabalá. Item 120)

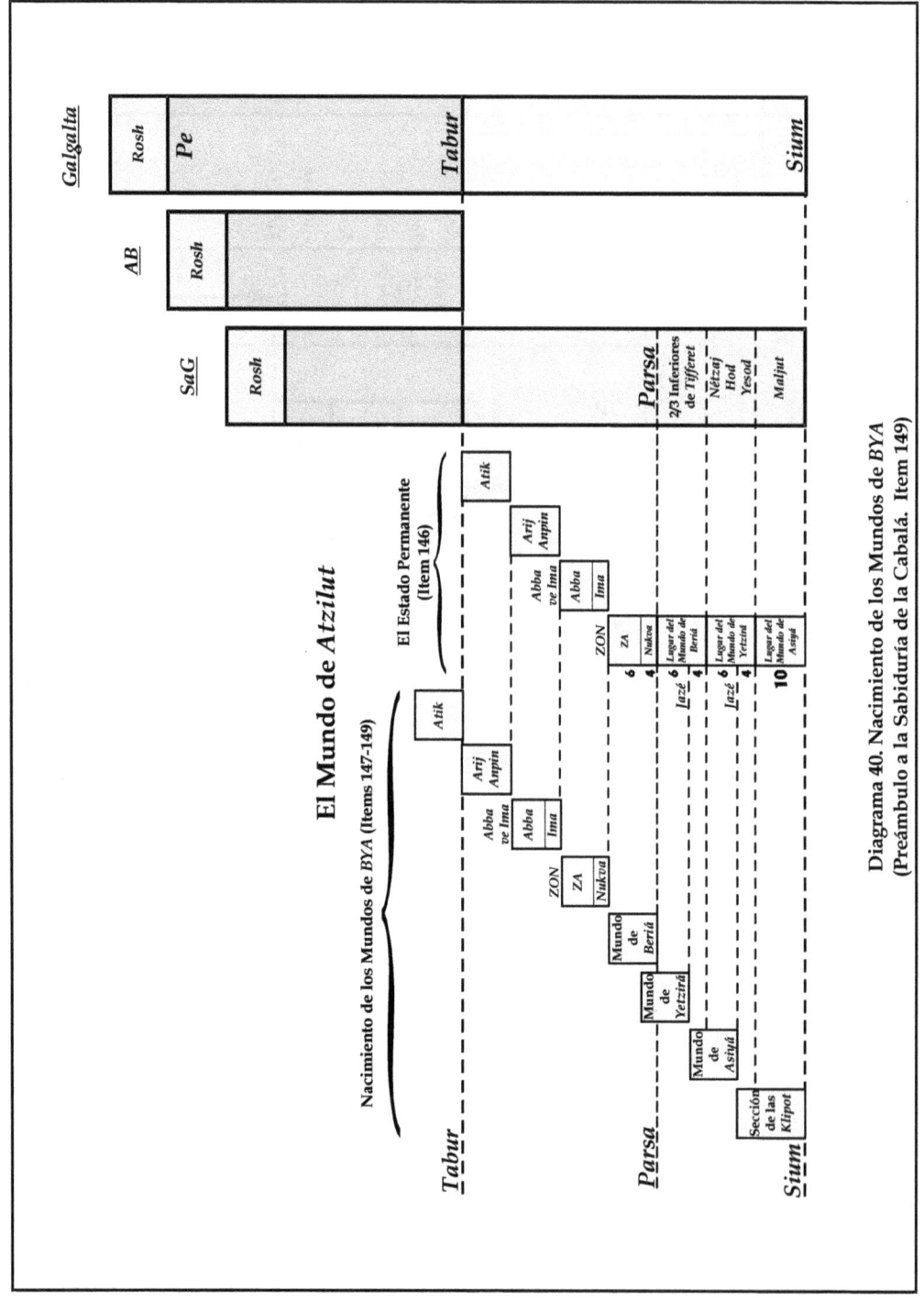

Diagrama 40. Nacimiento de los Mundos de BYA
(Preámbulo a la Sabiduría de la Cabalá. Item 149)

CABALÁ - LA CONDUCCIÓN DE LOS MUNDOS 737

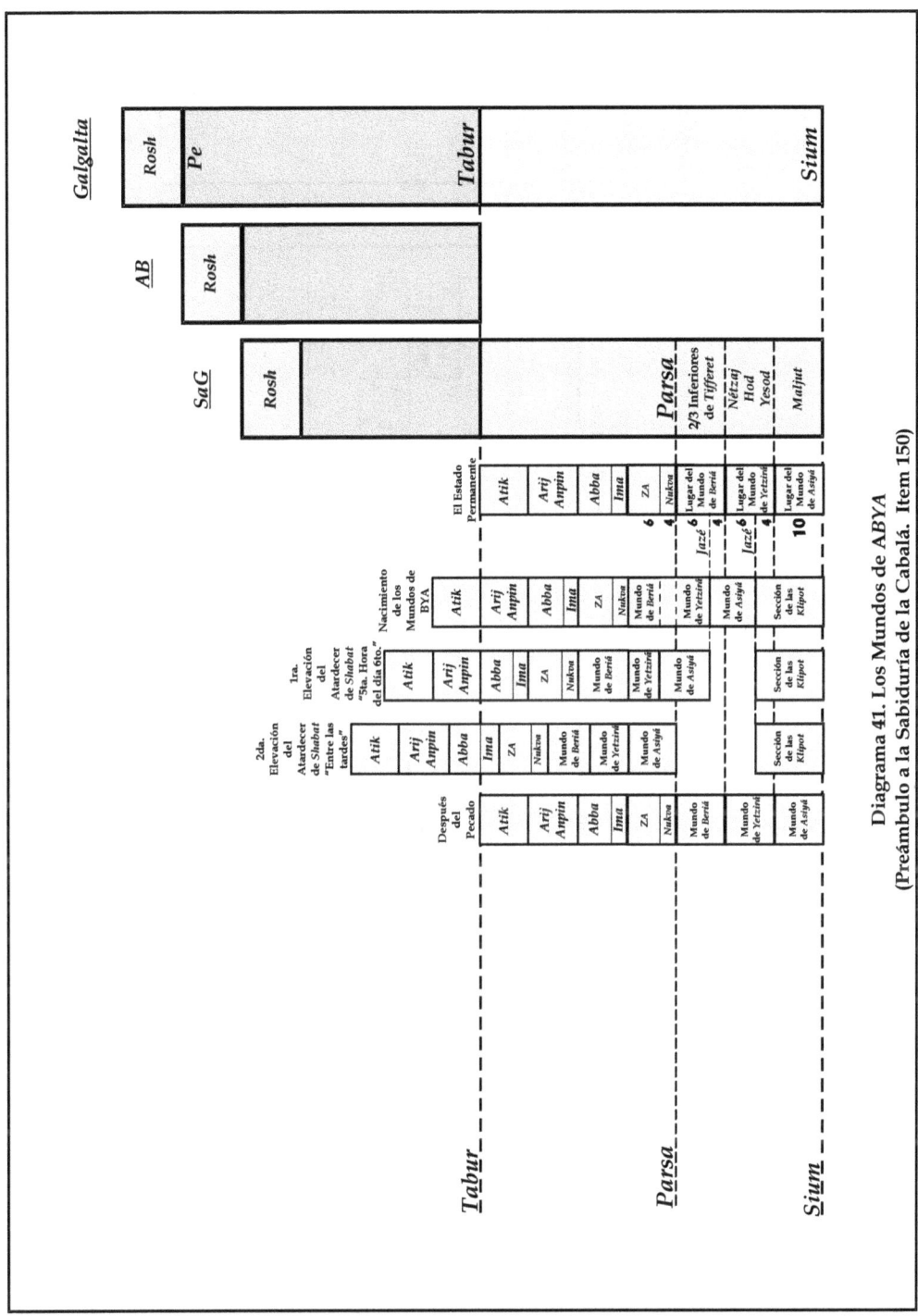

Diagrama 41. Los Mundos de ABYA
(Preámbulo a la Sabiduría de la Cabalá. Item 150)

738 Cabalá para el Principiante

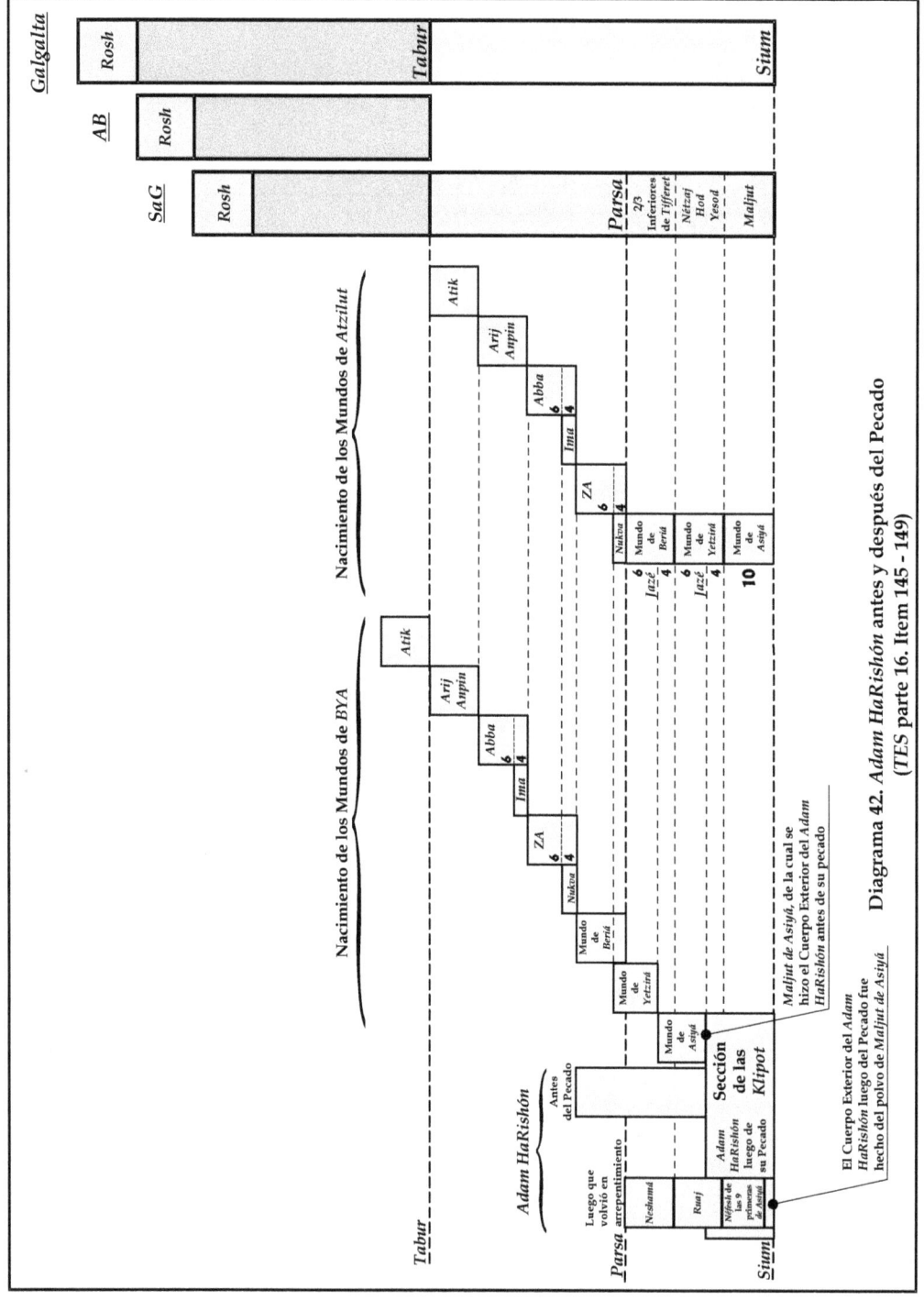

Diagrama 42. *Adam HaRishón* antes y después del Pecado
(TES parte 16. Item 145 - 149)

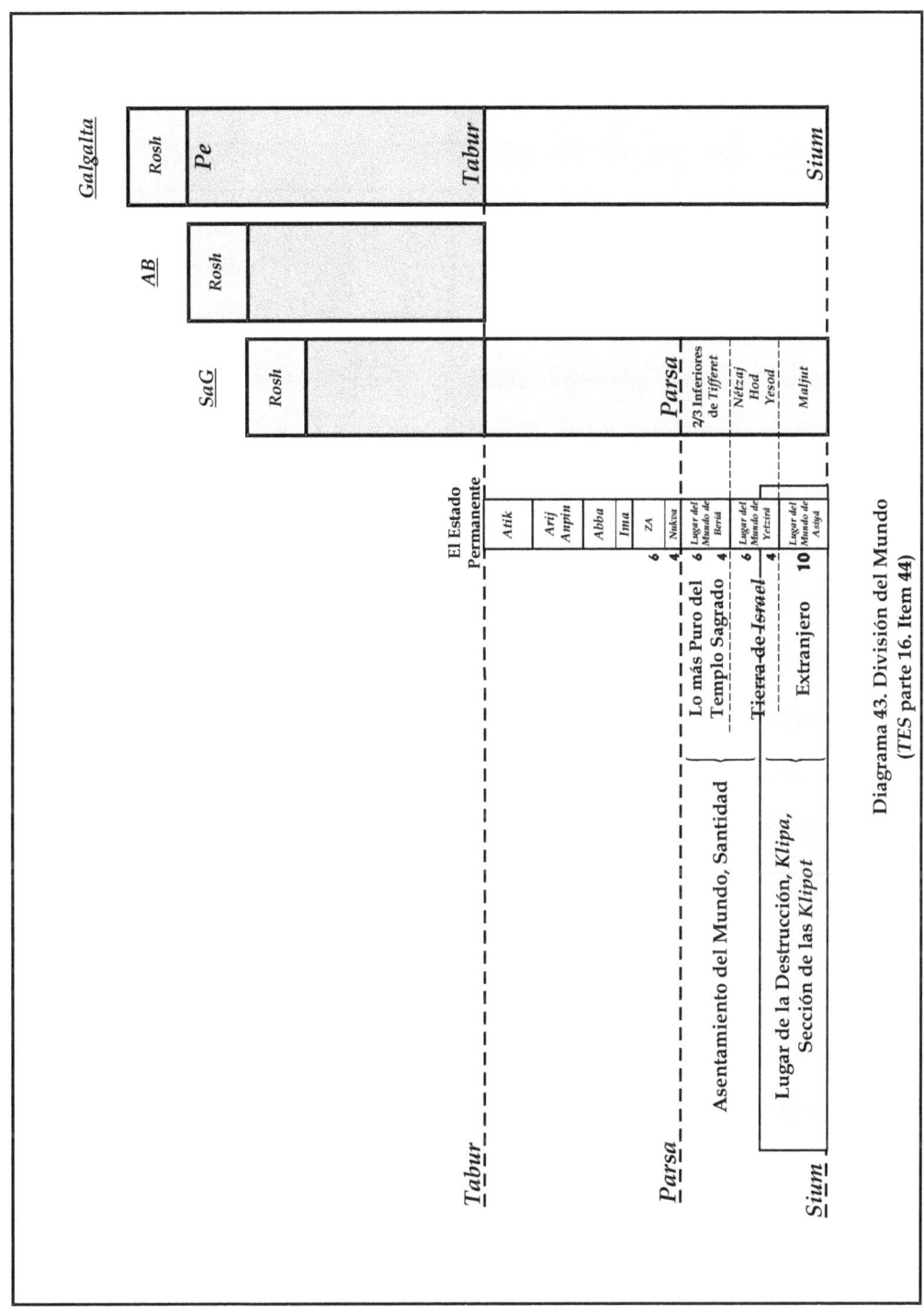

Diagrama 43. División del Mundo
(*TES* parte 16. Item **44**)

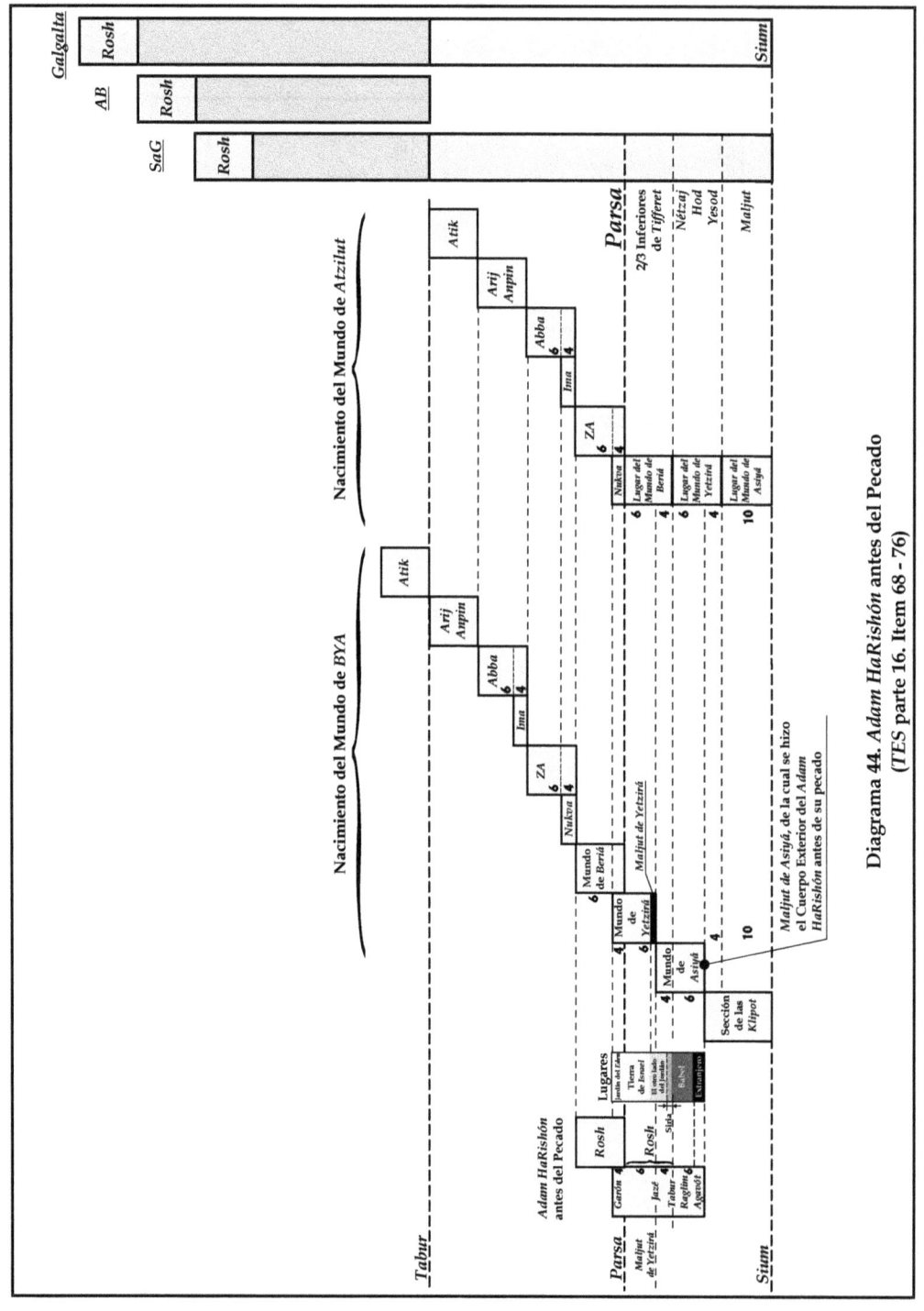

Diagrama 44. *Adam HaRishón* antes del Pecado
(*TES* parte 16. Item 68 - 76)

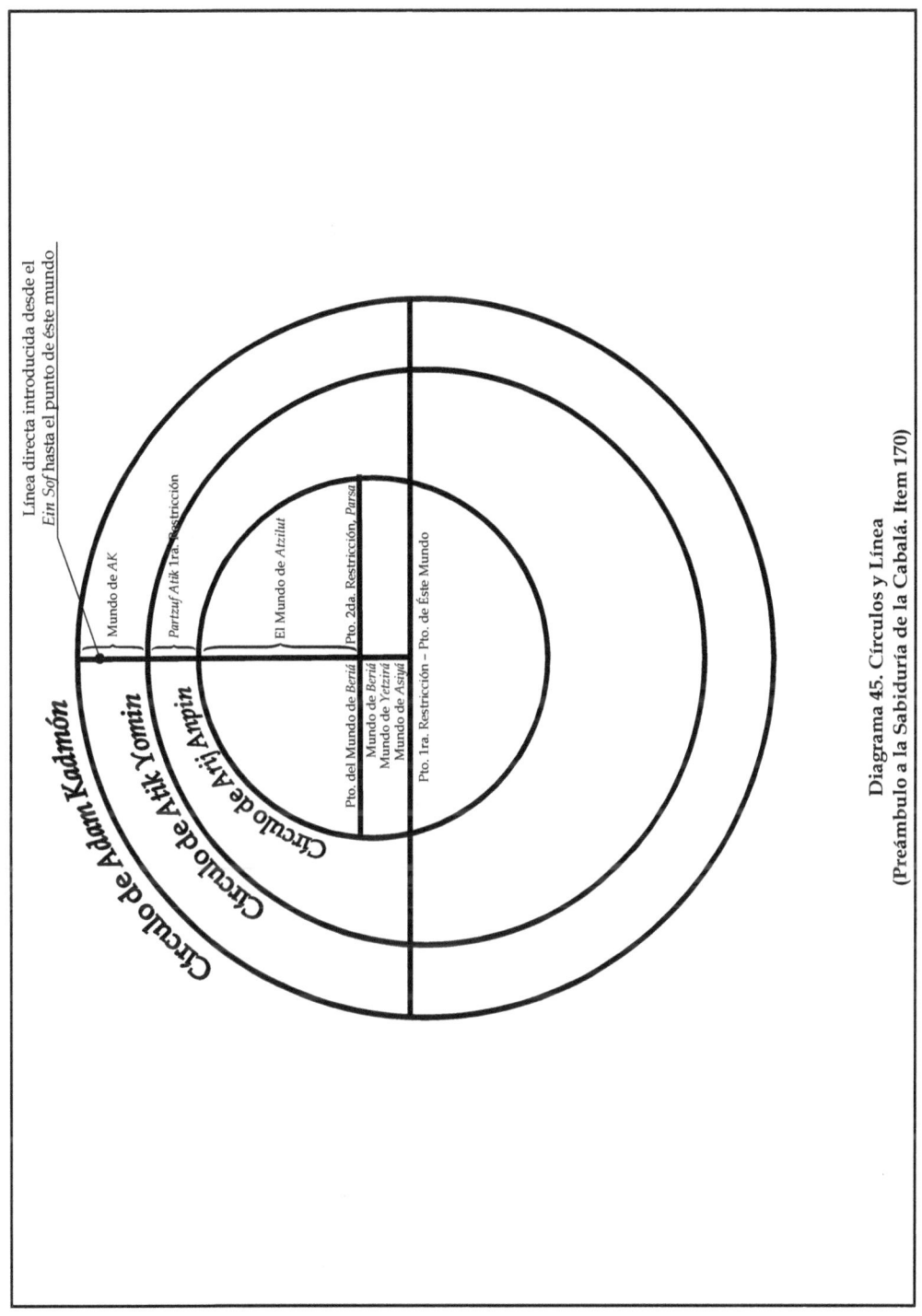

Diagrama 45. Círculos y Línea
(Preámbulo a la Sabiduría de la Cabalá. Item 170)

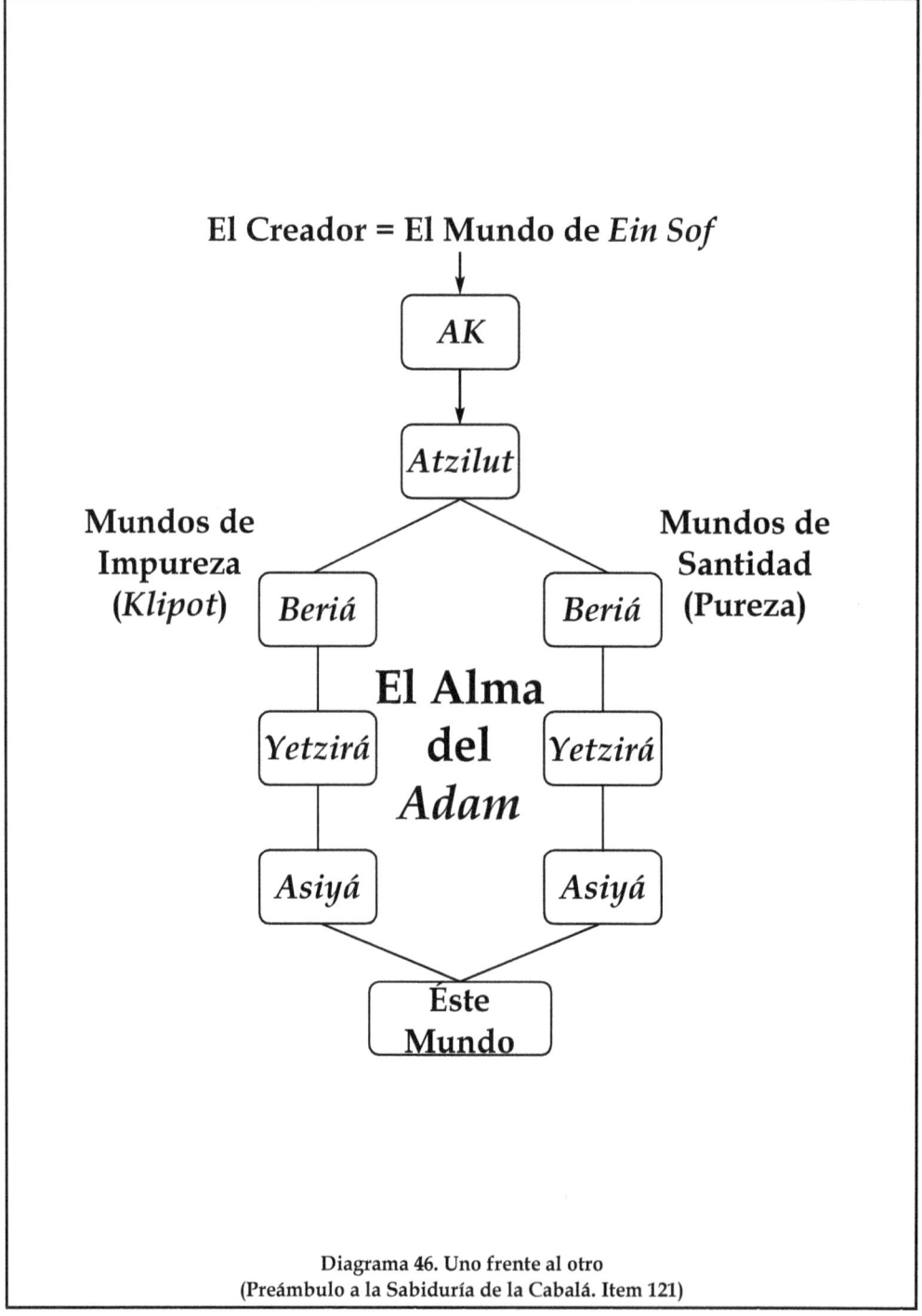

Diagrama 46. Uno frente al otro
(Preámbulo a la Sabiduría de la Cabalá. Item 121)

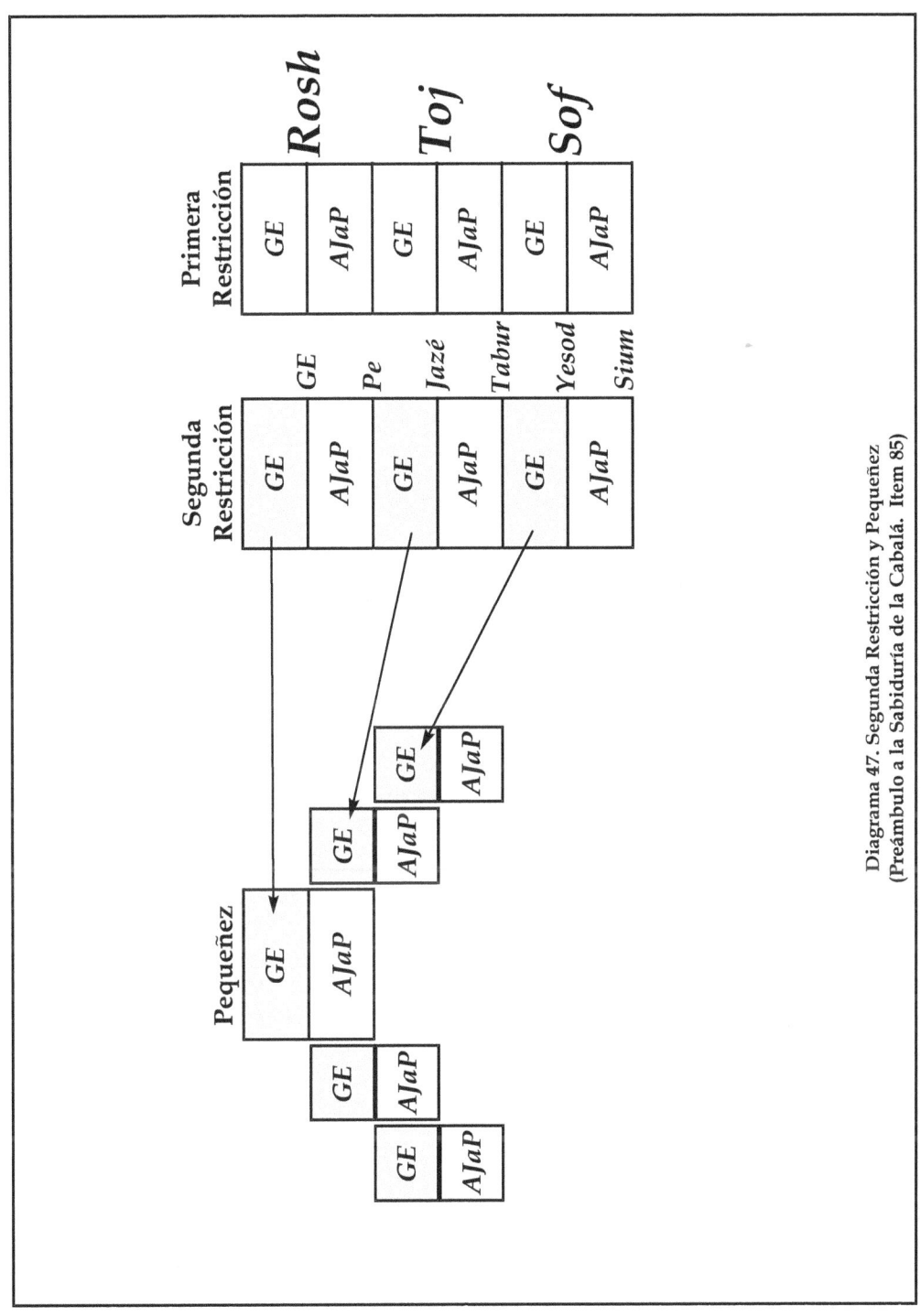

Diagrama 47. Segunda Restricción y Pequeñez
(Preámbulo a la Sabiduría de la Cabalá. Item 85)

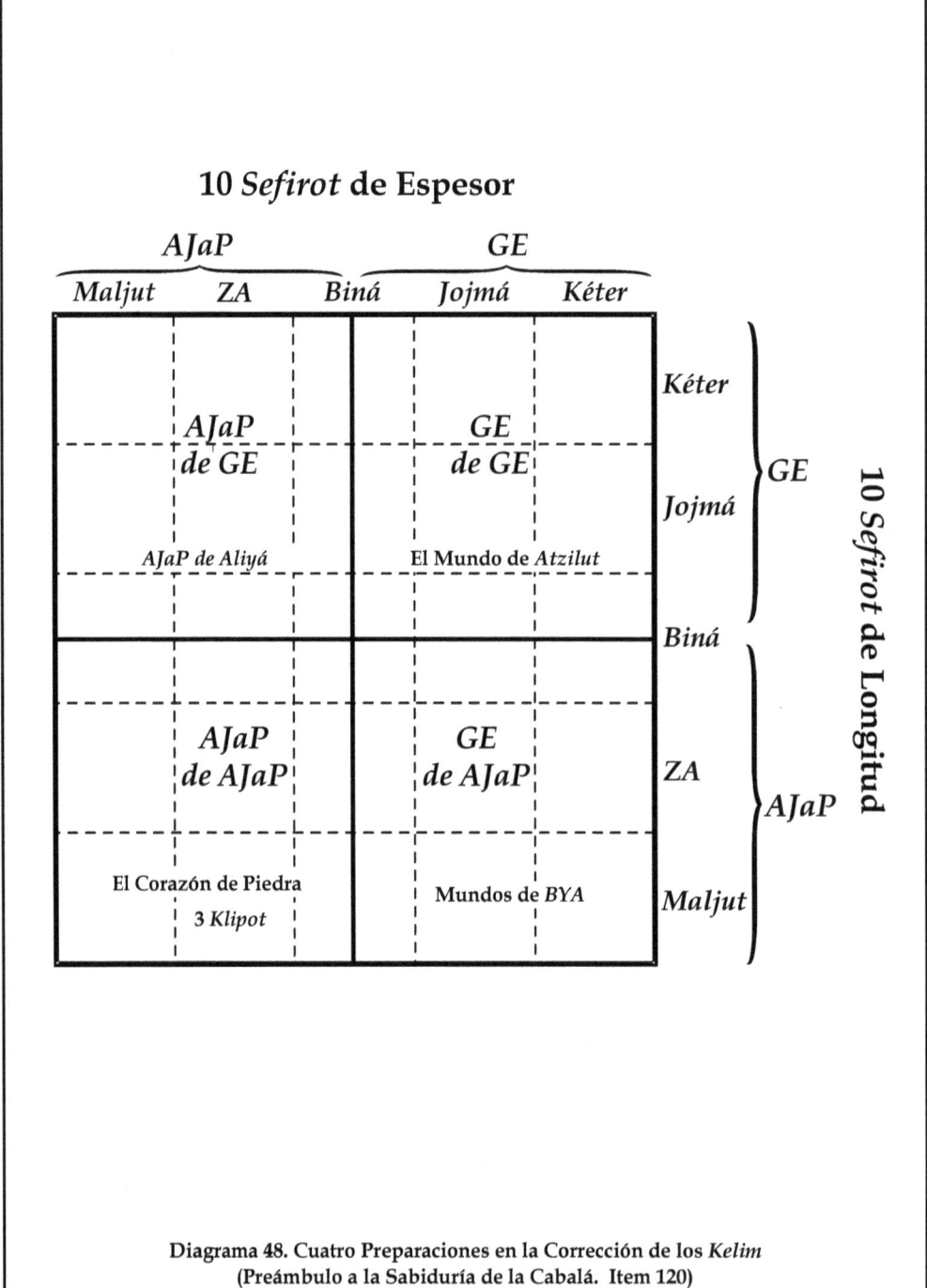

Diagrama 48. Cuatro Preparaciones en la Corrección de los *Kelim*
(Preámbulo a la Sabiduría de la Cabalá. Item 120)

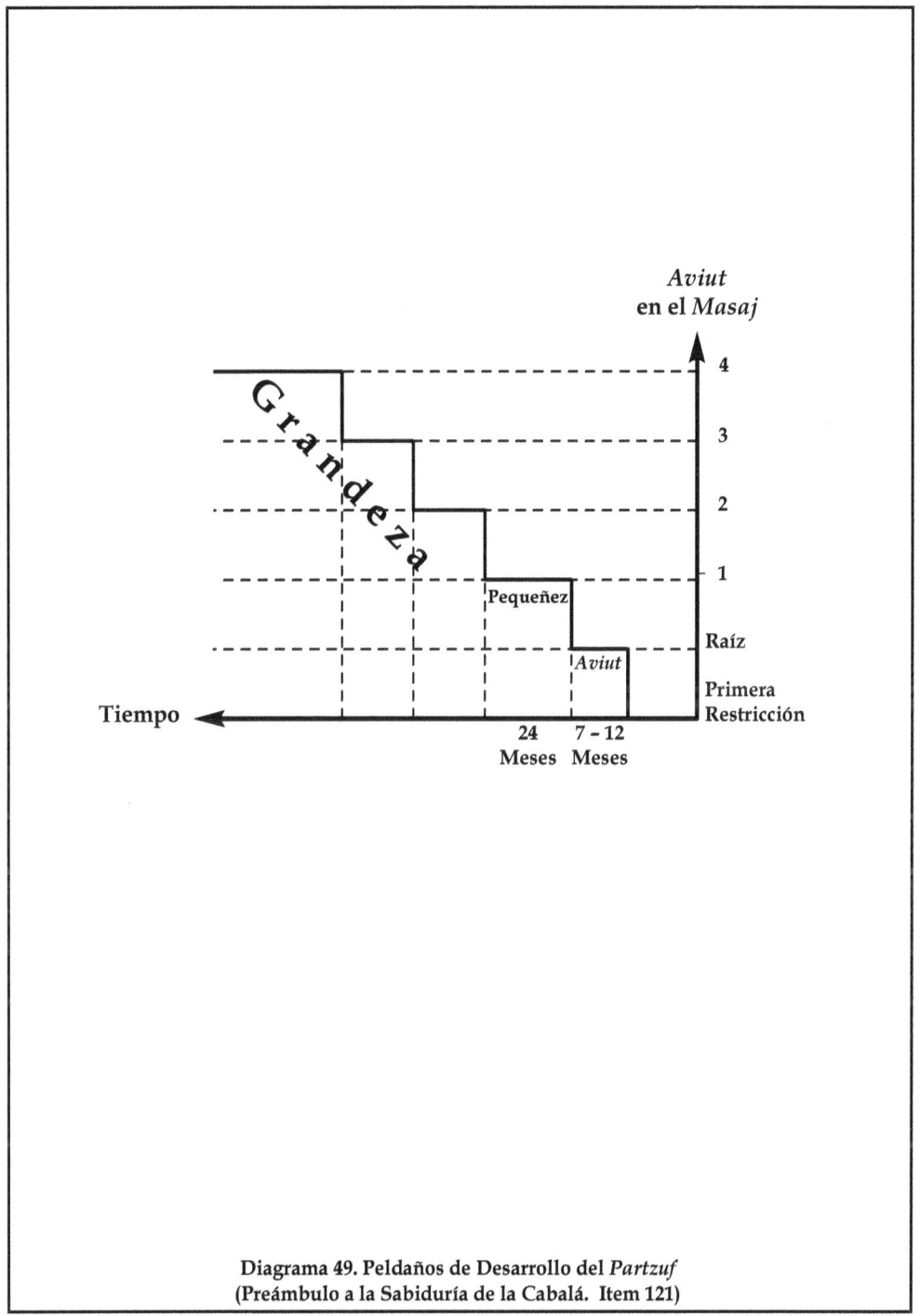

Diagrama 49. Peldaños de Desarrollo del *Partzuf*
(Preámbulo a la Sabiduría de la Cabalá. Item 121)

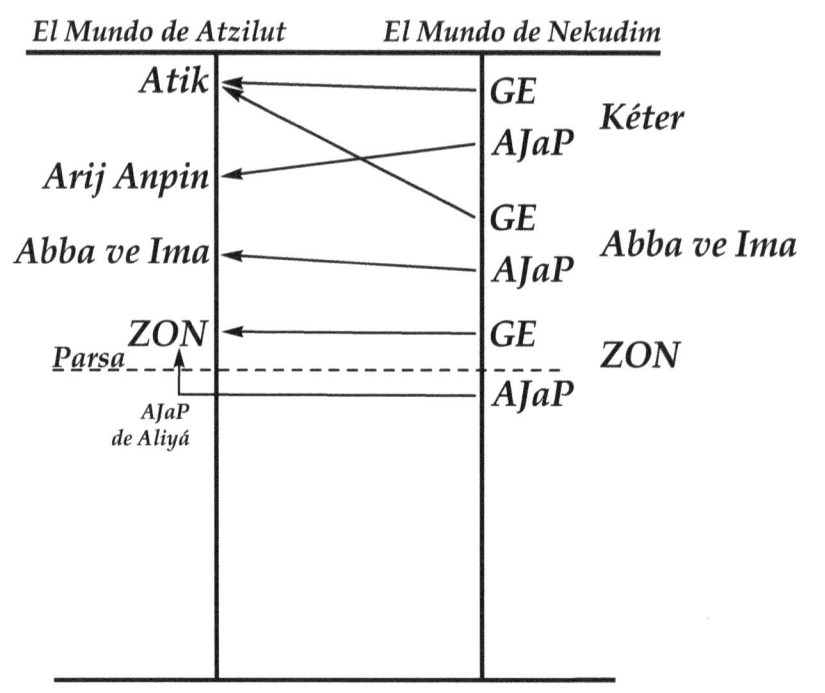

Diagrama 50. Clasificación de los *Kelim* luego del Rompimiento
(Preámbulo a la Sabiduría de la Cabalá. Item 101)

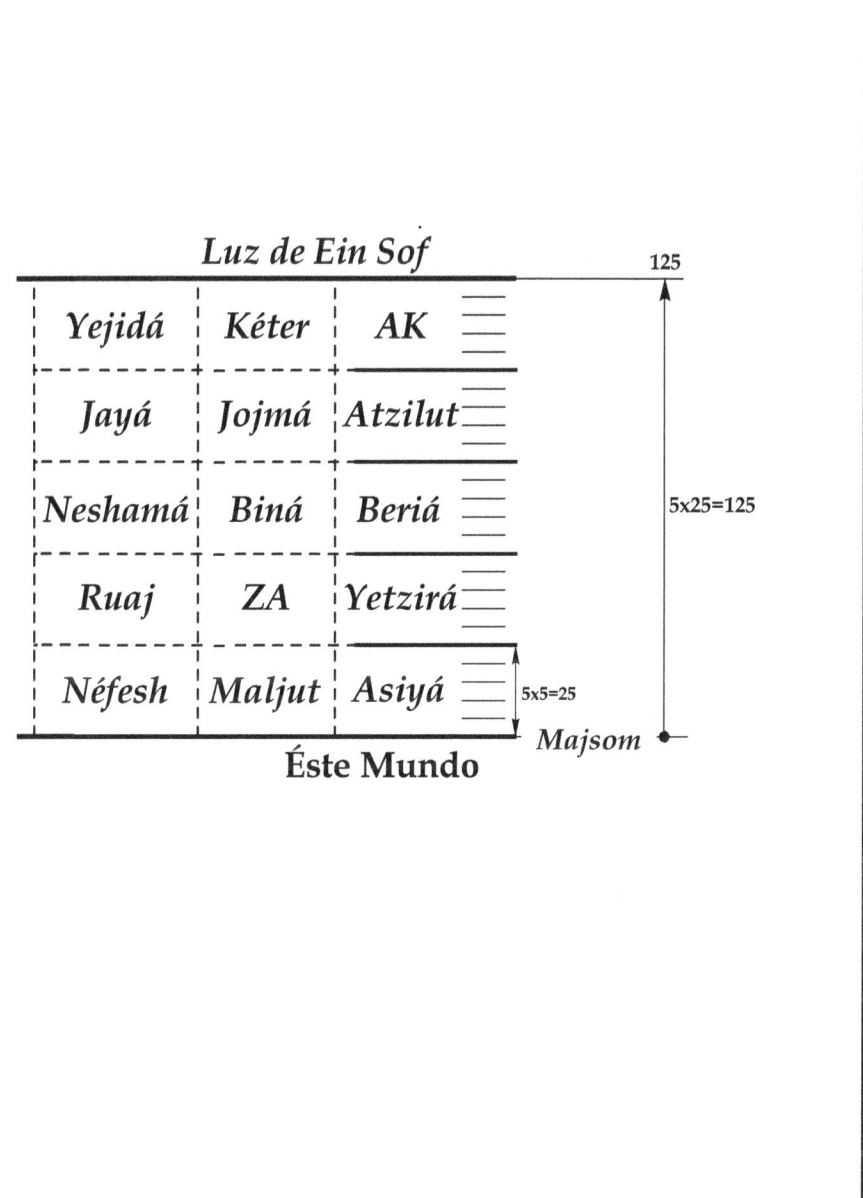

Diagrama 51. Los 125 Peldaños de la Escalera
(Preámbulo a la Sabiduría de la Cabalá. Item 6)

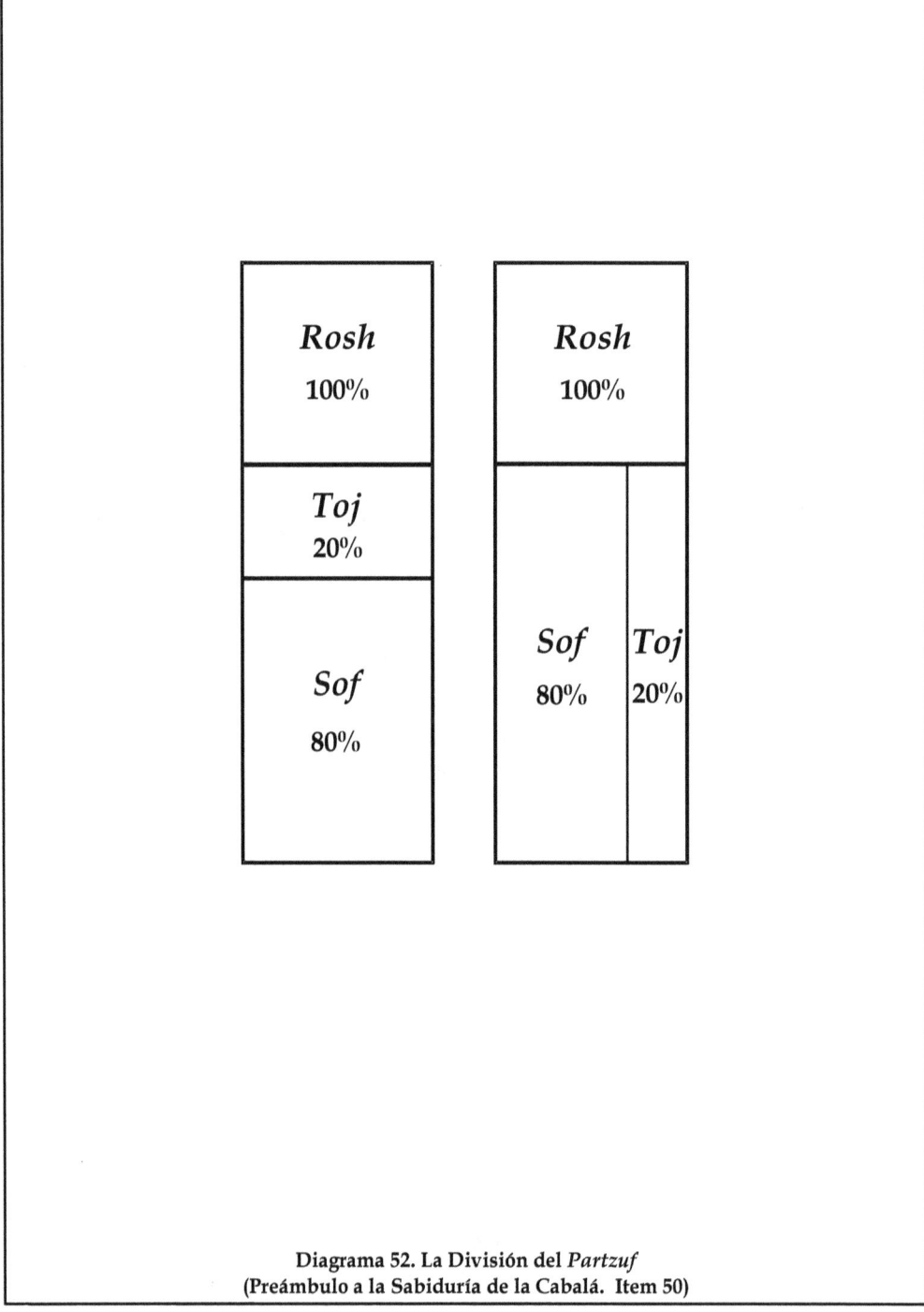

Diagrama 52. La División del *Partzuf*
(Preámbulo a la Sabiduría de la Cabalá. Item 50)

Orientaciones	Aspecto dentro de la Naturaleza	4 Formas de Vida	Hogar del Hombre	Vestidura del Hombre	Cuerpo del Hombre	Espiritualidad en el Hombre	Aspecto de dentro del Hombre	4 Aspectos en el Hombre	4 Elem. Nat.	TaNTA	Luces	Olamot	Partzufim	Sentidos	Partes del Rosh	Sefirot	HaVaYaH	Bjinot
						Yejidá		(Raíz)			Yejidá	AK	Galgalta		Galgolet	Kéter	Corona de la Yud	Raíz
Sur (Caliente y Seco)	Mono	Hablante	Casa	Camisa (Kutonet)	Cerebro	Jayá		El Hombre Interior (Neshamá)	Fuego	Ta'amim	Jayá	Atzilut	AB	Vista	Einaim	Jojmá	י (Yud)	1
Norte (Frío y Húmedo)	Perro del Campo	Animado	Aldea	Pantalones (Mijnasaim)	Esqueleto	Neshamá	Sangre	Cuerpo	Viento	Nekudot	Neshamá	Beriá	SaG	Oído	Ozen	Biná	ה (Hei)	2
Occidente (Caliente y Húmedo)	Corales	Vegetativo	Campo	Sombrero (Mitznéfet)	Tendones	Ruaj	Cabellos Uñas	Vestidura	Agua	Tagin	Ruaj	Yetzirá	MA	Olfato	Jótem	ZA	ו (Vav)	3
Oriente (Frío y Seco)		Inanimado	Desierto	Cinturón (Avnet)	Carne	Néfesh	Cavidades	Casa	Polvo	Otiot	Néfesh	Asiyá	BoN	Habla	Pe	Maljut	ה (Hei)	4
					Piel													

Diagrama 53. Nomenclatura General
(*TES* Parte 3, Capítulo 4 - 5)

Apéndice A: Glosario de Cabalá

2 000 *Amot*, Zona de *Shabat*	El sitio de los mundos en sí es como *Bjiná Bet*, antes del pecado: ZA se encuentra en el lugar de *AA*; *Maljut* –en el lugar de *AVI*; *Briá* –en el lugar de *YeShSUT*; y *Yetzirá* –en el lugar de *ZA*. Las primeras cuatro *Sfirot* de *Asiyá* se encuentran en el lugar de *Nukva*, vistiendo el mundo de *Yetzirá*. Las últimas seis *Sfirot* de *Asiyá* se encuentran en el lugar de las seis *Sfirot* del mundo de *Briá*. Las primeras seis *Sfirot* del lugar del mundo de *Briá*, desde el *Parsá* hasta el *Jazé* del mundo de *Briá*, son llamadas "Bordes de la Ciudad". Ellos pertenecen a la ciudad –*Atzilut*– dado que aquí es donde las seis inferiores de *Asiyá* permanecieron durante la ascensión. Desde el *Jazé* de *Briá* a través del *Sium*, 24 *Sfirot* permanecieron en un espacio carente de Luz. La Zona del *Shabat* es las diez *Sfirot* desde el *Jazé de Briá* a través del *Jazé de Yetzirá*, lo cual es 2 000 *Amot*. Catorce *Sfirot* desde el *Jazé de Yetzirá* a través del *Sium* son llamadas *Mador HaKlipot* (la sección de las cáscaras). La ciudad es el mundo de *Atzilut*; *Parsá* el borde de la ciudad.
6 000 Años	El mundo de *Asiyá* es llamado "2 000 años de *Tohu* (caos)" dado que *Tohu* son las *Klipot*, y la totalidad del mundo de *Asiyá* está en las *Klipot*. El mundo de *Yetzirá* es llamado "2 000 años de *Torá*", dado que *Yetzirá* es considerado ZA, el cual es la *Torá* escrita. El mundo de *Briá* es llamado "2000 años de los días del *Mashíaj*", dado que *Briá* es considerado *Biná* (*Ima*), la cual es *Lea*, la madre del *Mashíaj*, hijo de *David*, de quien viene la totalidad de la redención.
AA – *Arij Anpin*	*Partzuf* cuya esencia es *Or Jojmá*. Una escasa iluminación de *Jojmá* llamada ZA.
Béten (vientre)	El tercio inferior de *Tifféret* en cada *Partzuf*. En *Nukva*, es el lugar de la concepción y entrega.
Arriba	La equivalencia de forma del inferior con su Superior.

El extranjero	*Asiyá* de este mundo. *Briá* es el lugar del Templo, y *Yetzirá* es *Éretz Israel*.
Ausencia	El ocultamiento de *Or Jojmá* es llamado "ausencia"; la presencia de *Or Jojmá* es llamada "presencia".
ABYA de Klipot	De pie y opuesto a *ABYA de Kdushá* (santidad), pero opuesto a *ZON de Atzilut* y hacia abajo. Las *Klipot* se colocan bajo la *Kdushá*, en el espacio vacante bajo el *Sium de Kav*, bajo la *Maljut* que finalice toda la *Kdushá*. Luego del *Tzimtzum Alef*, su lugar es bajo el *Raglaim de AK*. En *Tzimtzum Bet*, la *Maljut Mesayémet* se elevó a *Biná* en el *Guf de Nekudot de SaG*, donde el *Parsá* que va a finalizar la *Kdushá* fue dispersado. Debajo del *Parsá*, un lugar vacante fue creado para los mundos de *BYA*. Dado que ese lugar no tiene *Kdushá*, la *Klipá* tomó la totalidad de aquel sitio. El despedazamiento ocurrió porque *Or Jojmá* vino del *Rosh de SaG* y deseó expandirse debajo del *Parsá*, a través del *Sium de Galgalta* en todas las diez *Sfirot*, tal como antes del *Tzimtzum Bet*. Esto ocurrió porque *GE* se unió con el *AJaP* en ambos, en el *Rosh* y el *Guf del Partzuf de Nekudim*. Pero antes de que la Luz atravesara hacia el lugar del espacio vacante, los *Kelim* se rompieron y murieron porque el *Parsá* no fue cancelado. La Luz partió y se elevó, y los *Kelim* cayeron debajo del *Parsá*, mezclándose con las *Klipot* en el lugar de *BYA*. Los *Kelim* que cayeron debajo del *Parsá* son *AJaP* del *Guf de Nekudim* y no son *AJaP* del *Rosh*. Esto es el porque las *Klipot* empiezan únicamente desde *ZON de Atzilut* hacia abajo.
***Ajor/Ajoráim* (Posterior/es)**	1. Un Kli donde Or Jojmá no se viste. 2. Un Kli o una parte de un Kli que no trabaja para otorgar o recibir. 3. La parte del Kli debajo del Jazé.

Ajoráim de Nukva	*Sfirot NeHY* de *Nukva* que concluyen el *Atzilut*; por lo tanto ellos se encuentran adyacentes a las *Klipot*. Las *Klipot* empiezan desde ellas hacia abajo. Las *Klipot* se agarran principalmente en el *Ajoráim*, en tanto que *Or Jojmá* es deficiente en ese sitio.
Adam Kadmón	El primer mundo en emerger luego del *Tzimtzum Alef*, el cual recibe de *Ein Sof* y se extiende desde él a través de este mundo. Es llamado *Adam* debido a sus *Sfirot de Yósher*, con la Luz del otorgamiento, siendo la raíz de *Adam* (hombre, persona) en este mundo, y es llamado *Kadmón* (primordial) puesto que el *Tzimtzum Alef* actúa en él.
Después	'Antes' es la causa; 'después' es su consecuencia.
Avir (aire)	Luz de *Rúaj*, *Or Jasadim*.
Alef	Primera letra del Alefato hebreo cuyo valor numérico es 1
Ejércitos de Maljut	*Partzufim* que mana de *Maljut* en los mundos de *BYA*.
Aliyá (ascenso)	*Hizdakjut*, porque se eleva en equivalencia de forma con *Ein Sof*. La regla es que todo lo que es más puro es más Alto, y todo lo que es más áspero es inferior.
Asamblea de Israel (*Knéset Israel*)	*Partzuf GaR* de *Maljut*, que recibe Luces desde *GaR de ZA*, llamadas *Israel*.
Asiyá	Las diez *Sfirot* del nivel de *Maljut* que ella recibe de *ZA*.
Atzmut	*Or Jojmá* es llamado por este nombre porque es la vida y esencia (*Atzmut*) de lo emanado.

Aumento	Transición desde un estado de *Katnut* hacia un estado de *Gadlut*.
Aviut	Es la medida del deseo de recibir con ansiedad intensa, lo cual es el *Kli* para la extensión de la Luz. Por esta razón es llamada "interioridad del *Kli*".
Ozen	El nivel de diez *Sfirot de Rosh* en *Bjiná Bet*, lo cual es *Biná*.
Ayin	Letra No. 16 en el Alefato hebreo cuyo valor numérico es 70
Posterior contra Posterior (*Ajor VeAjor*)	Corrección a través de la Luz de *Biná*, *Jafetz Jésed* (deleite en la misericordia). Cuando un *Kli* carece de modo deficiente de *Or Jojmá* recibe una corrección mediante la Luz de *Biná*, lo cual le provee con integralidad.
Posterior contra Rostro (*Ajor VePanim*)	Una corrección para *Nukva*: los *Panim* de *Maljut* son tan sólo *Jojmá*. Por lo tanto, ella (*Nukva*) no pudría recibir *Or Jojmá*, puesto que *Or Jojmá* puede ser recibida únicamente en *Or Jasadim*. Por este motivo, ZA la corrige a través de un *Zivug Ajor VePanim*, lo cual otorga *Or Jasadim* a su *Panim* (de *Nukva*) desde su *Ajoráim* (de ZA).
Basar (Carne)	Es *Bjiná Guimel*, llamada ZA, en las diez *Sfirot*, cuyo nivel es igual desde adentro hacia afuera: *Moja*, *Atzamot*, *Guidín*, *Basar* y, *Or*.
Antes	'Antes' es la causa y 'después' su consecuencia.
Antes y Después	Cuando se habla de relaciones de causa y consecuencia entre dos seres emanados nos referimos a la causa como "antes" y a la consecuencia como "después".

Inicio (*Reshit*)	*Jojmá* de ZA.
Debajo	De grado inferior comparado con otro.
Bet	Segunda letra del Alefato hebreo cuyo valor numérico es 2
Biná	Observación de actos de causa y consecuencia.
Nacimiento	Reconocimiento del *Aviut* de ZA en sí, el cual es diferente del *Aviut* de *Ima*. Es considerado como nacido y apartado dada la disparidad de forma, lo cual es como reubicación en la corporalidad.
Nacimiento-Sangre	Cuando el *MaN* de ZA se eleva hacia *AVI*, el *MaN* de todos los *Partzufim* que posteriormente surgirán desde ZA se eleva junto con el *MaN* de ZA, a través del último *Partzuf* en el mundo de *Asiyá*. Durante los meses de preñez, el *MaN* de ZA es clasificado de entre el *MaN* restante, su *Partzuf de Ibur* emerge sobre el *MaN* de ZA, y entonces ocurre el nacimiento. Durante la entrega, todo el *MaN* que no pertenece a ZA es expelido en la forma de nacimiento-sangre. El nacimiento-sangre es también llamado "sangre impura".

Sangre (*Dam*)	*Aviut* en *Maljut* que se encuentra debajo del *Tzimtzum Alef* con el fin de no recibir Luz dentro de sí. En aquél estado, *Maljut* es detenida y prevenida de recibir Luz; por tanto, es llamado *Dam*. Cuando este *Aviut* está en *NeHY*, es llamado "sangre en la fuente", y se encuentra bajo la prohibición de recepción. Pero cuando este *Aviut* se eleva a *JaGaT*, no en su lugar, ella es endulzada y se convierte en leche.
Sangre en la Fuente	*Dam* (sangre) — *Aviut* en *Maljut* que se halla debajo del *Tzimtzum Alef* para no recibir Luz dentro de sí. En aquél estado, *Maljut* es detenida y prevenida de recibir Luz; por tanto, es llamado *Dam*. Cuando este *Aviut* está en *NeHY*, es llamado "sangre en la fuente", y se encuentra bajo la prohibición de recepción. Pero cuando este *Aviut* se eleva a *JaGaT*, no en su lugar, ella es endulzada y se convierte en leche.
Sangre convertida en Leche	Sangre es el *Aviut* en *Maljut*. Este *Aviut* se halla bajo el *Tzimtzum Alef*, para no recibir Luz dentro de sí. En aquél estado, *Maljut* es detenida y prevenida de recibir Luz; por tanto su nombre, *Dam* (de la palabra *Domem* — estático/quieto). Cuando este *Aviut* está en *NeHY*, es llamado "sangre en la fuente" y se encuentra bajo la prohibición de la recepción. Pero cuando este *Aviut* se eleva hacia *JaGaT*, no en su lugar, ella es endulzada y se convierte en Leche.
***Bóhu* (vaciedad)**	Llamado *AA*, en el cual existe alcance. *Tohu* es llamado *Atik*, y no hay alcance en eso.
Prestar	Los *Kelim* de *NeHY* de *Ima*, los cuales ella otorga a *ZA*. *ZA* recibe su Luz en estos *Kelim*.
Límite (*Guevul*)	El *Masaj* en un grado.

Cerebro (*Móaj*)	La *Sfirá Kéter* en diez *Sfirot* de igual nivel. Un *Kli* para la Luz de *Neshamá* que está de pie en *GaR*.
Ruptura	Cancelación del límite en el *Masaj*. También la caída de los *Kelim* hacia las *Klipot*. La caída de las almas hacia las *Klipot* es llamada "la caída de los órganos".
Ruptura de un *Kli*	Cuando el *Kli* es prohibido de recibir Luz.
Pechos	En los *Dadim* (pechos juveniles) existe *Or Jasadim*. Cuando *Or Jojmá* aparece en ellos, ellos son llamados *Shadaim* (pechos maduros).
BYA en este mundo	El sitio del Templo - *Briá*; *Éretz Israel* — *Yetzirá*; Fuera (fuera de Israel) — *Asiyá*; Ruina — *Klipot*.
Vino en el deseo	*Zivug* en un *Masaj* con *Aviut Shóresh*
Cancelado	Cuando dos (entes) espirituales son de una formar completamente equivalente, sin disparidad de forma alguna entre ellos, ellos retornan a ser uno, y el pequeño es "cancelado" en el grande.
Causar	Causar un *Zivug*
Kaf	Letra No. 19 del Alefato hebreo cuyo valor numérico es 20
Kaf-Bet (22)	Las veintidós letras del Alefato hebreo. Las letras son los *Kelim* en los cuales la Luz se viste. Existen veintidós discernimientos primarios por medio de los cuales se disciernen todos los *Partzufim*.

Kaf-Záyin (27)	Las veintisiete letras del Alefato hebreo –veintidós letras, mas las cinco letras finales *MaNTzePaJ* (Mem, Nun, Tzadi, Fei y, Jaf). Utilizando las cinco *Bjinot Sium* del *Masaj* en el *Rosh*, las Luces se dispersan hacia el *Guf* y otorgan *Kelim*, significando el resto de las veintidós letras. Ellas son llamadas "los cinco desfogues de la boca" del *Partzuf*, y ellas son tan solo escritas y no son pronunciadas.
Silla/Trono (*Kisé*)	El mundo de *Briá*. Viene de la palabra *Kisui* (cubriendo) y *HaAlamá* (ocultando), dado que *Or Jojmá* se encuentra oculta ahí. Es llamado *Kisé* también porque *Or Jasadim* que pasa a través del *Parsá* es considerada *Or VaK*, sentado, en oposición a *Or Jojmá*, el cual es *Or GaR* y de pie.
Jazé (pecho)	El *Sium* de *Tzimtzum Bet*. Por tanto, *Tzimtzum Bet* no se aplica arriba del *Jazé*, en los *Kelim de Panim*.
Or Makif (Luz circulante)	*Or Yashar* (Luz directa) fue creada durante el descenso de las Luces Superiores hacia los *Kelim*, en equilibro preciso con el nivel de ansiedad en los *Kelim*, de acuerdo con su *Bjiná Dálet*. Esto se parece a un objeto pesado en caída directa al piso. En los *Kelim* que carecen de *Aviut* —espesor— la Luz es circundante, dado que éstos no tienen el poder gravitacional que atrae.
Ciudad	El estado del mundo de *Atzilut* cuando los mundos se eleven a esto.

Limpiando desperdicio	El *Aviut* en el *MaN* del inferior se eleva y es incluido en el *Zivug* del *Partzuf* Superior, en donde es clasificado y corregido mediante la obtención del *Masaj* del Superior. En ese momento, el inferior mismo es merecedor de un *Zivug*. Todo depende del *Zivug* en el Superior: si el *Zivug* es llevado a cabo sobre *Aviut Alef* en el *Masaj*, únicamente *Bjiná Alef* de todo el *Aviut* es clasificada. El resto de las *Bjinot* no son clasificadas, y parten como desperdicio, dado que el *Masaj* no les dio corrección. Este es el por qué este *Zivug* es llamado "limpiando desperdicio". Únicamente la cantidad de desperdicio que el *Masaj* absorbe es corregido y merecedor de un *Zivug*.
Aferramiento de las *Klipot*	Las *Klipot* se aferran al *Ajoráim* de *Maljut*, dado que ella detiene la Luz Superior, de modo que es oscuridad desde ella hacia abajo. Por lo tanto, en el punto del *Sium* en *Maljut*, ahí existe equivalencia con las *Klipot*. Esto es considerado que las *Klipot* se aferran ahí.
***Hitlabshut* (vestidura)**	ZA que fue separado de *Or Pnimí* y se convirtió en *Or Makif*. También, cada *Partzuf* inferior es considerado "vestidura" respecto a su Superior.
Conectando	*Maljut* del Superior se vuelve *Kéter* del inferior. Al hacerlo así ella conecta dos grados dado que la equivalencia de forma entre ellos ha sido realizada ahora. Así es como se realiza la conexión entre todos los grados.
***Hitkashrut* (conexión)**	Las diez *Sfirot* de *Or Jozer* que se elevan desde el *Masaj de Rosh* hacia arriba, visten las diez *Sfirot de Or Yashar*, y se conectan a ellas, dado que las Luces preceden a los *Kelim*.

Késher (conexión)	Un título para *Tikkún Kavim* (la corrección de líneas) es llamado por ese nombre dado que todas las *Sfirot* se conectan hasta que no existe oposición entre ellas.
Conexión de las *Sfirot*	El ascenso de la *Hei* inferior hacia el *Eynaim* conecta las *Sfirot* unas a otras.
Corporalidad	Todo lo que los cinco sentidos se imaginan y perciben, o que ocupa tiempo y espacio.
Pacto/Convenio	El lugar de *Masaj* y *Aviut*, donde el *Zivug* con la Luz Superior ocurre.
Creación	Generación de existencia a partir de la ausencia, apareciendo debajo del *Parsá*, como *Aviut* y el deseo de recibir.
Boré (Creador)	Este nombre se relaciona únicamente a la generación del deseo de recibir, existencia a partir de ausencia.
Cortando	Separación de la *Hei* inferior desde los *Kelim* que cayeron a *BYA*. La totalidad de la corrección depende de eso.
Dadei Behemá (Ubres)	Iluminación de *Maljut* sin el endulzamiento de *Rajamim*. Los tercios inferiores de *NaH* de *Atik*, los que se encuentran en el mundo de *Briá*.
Dadim (pechos)	El medio entre el Superior y el inferior. La actitud del Superior hacia el inferior, inclusive cuando éste es indigno de elevarse al Superior.
Dálet	Cuarta letra del Alefato hebreo cuyo valor numérico es 4
Oscuridad	*Bjiná Dálet* en el deseo de recibir, los que no reciben Luz debido a la fuerza del *Tzimtzum*.
Días de viejo	*Sfirot* de *Atik*, en el cual está *Maljut* de *Tzimtzum Alef*, que fuera ocultado del resto de los *Partzufim* de *Atzilut*.
Muerte	Cuando la Luz de *Atzilut* parte totalmente del *Kli*, esto es considerado muerte. *Or Jojmá es* llamada "Luz de vida", Luz de *Jayiá*, puesto que no hay vida para el *Kli* excepto en *Or Jojmá*.

Muerte (el sitio de muerte)	El sitio debajo del *Sium* de la Luz Superior, debajo del punto del *Tzimtzum*, debajo del *Parsá*. Los *Kelim* que cayeron debajo del *Parsá* son llamados "muertos", puesto que ellos se encuentran separados de la Luz de Vida.
Muerte de los *Melajim* (Reyes)	Dado que ellos no pueden recibir *Or Jojmá*, ellos se encuentran separados de la línea de la Luz Superior y se considera que ellos han caído dentro de *BYA* y que han muerto, puesto que la Luz termina en *Atzilut*.
Declinamiento	Declinamiento del grado: en la segunda *Hitpashtut*, cuando *Or Jojmá* viene y se viste en el *Kli* de *Kéter*. Resulta que el grado de *Kéter* descendió al grado de *Jojmá*, *Jojmá* a *Biná*, etc.
Partida desde la Luz superior	Mientras más cercano está al sitio del espacio vacío, se considera más alejado de la Luz Superior.
Descenso a las *Klipot*	*ZON* se eleva a *AVI* para recibir Luz nueva, mediante el *MaN* que las almas elevan a *ZON*. Si las almas corrompen sus acciones, *ZON* pierde la Luz (*Mojin*). La Luz viene a *ZON* únicamente mediante el *MaN* de las almas, el cual causa el ascenso de los *Kelim* desde *BYA*, los cuales son clasificados y visten el *ZON*. Pero cuando el *MaN* parte, la Luz parte y *ZON* retornan a su lugar. En ese momento, los *Kelim* de *NeHY de ZA* y los nueve del fondo de *Nukva* que se elevaron desde *BYA* y vistieron *ZON*, es decir las *Klipot*.
Desierto	(Además: Ruina) El sitio de las *Klipot* en este mundo.

Disminución de la Luna	Estado de *Maljut* en el mundo de *Atzilut*, donde ella no puede recibir Luces debido a la ausencia de correcciones.
***Dormita* (sueño)**	Cuando un *Partzuf* se eleva a su Superior, tal como el *MaN*, todas sus Luces parten y entonces es considerado que el *Partzuf* permaneció debajo con muy poco sustento. Este sustento mínimo es considerado sueño.
Gota (como de agua)	Extensión intermitente de Luz, por períodos breves.
Gota de Procreación	*Or Jésed* de *Aba*, el cual desciende la *Hei* inferior desde el *Eynaim*.
***Dvekut* (adhesión)**	Equivalencia de forma entre dos espirituales.
Tierra	*Maljut* de cada grado o de un mundo.
Emanador (*Maatzil*)	Cualquier causa, con respecto a su consecuencia. *Maljut de Rosh* es considerada *Maatzil* con respecto al *Guf*, y así es cualquier Grado Superior con respecto de su grado inferior.
Agarre de la Izquierda	Aplicación de fuerza desde ZA hasta *Maljut*, de modo que ella pueda bajar la *Hei* inferior y elevar el *AJaP*.
Aire vacío (*Avir*)	*Or Jasadim* antes de vestir *Or Jojmá*.
***Maljut* Final**	*Maljut de Guf*.
Equivalencia	Cuando no existe distinción entre los cuatro grados del deseo de recibir.
ET – (*Alef-Tav*)	*Maljut* es llamada *ET* porque ella abarca todas las letras desde *Alef* hasta *Tav*.

Pórticos	Habitaciones externas, *NeHY* de *ZA*. Cuando existe iluminación de *Jojmá*, existe ahí un deseo de revelarla. La revelación de la iluminación de *Jojmá* es llamada "habitaciones externas".
Existencia	La realidad de *Or Jojmá* es llamada "existencia". El ocultamiento de *Or Jojmá* es llamado "ausencia".
Salida	Cambio de forma. Cuando la disparidad de forma ocurre en una parte del *Partzuf*, se considera que esta parte ha salido del *Partzuf* hacia una nueva autoridad de su propiedad. Aun así esto no ejerce ningún cambio en el primero.
Salida de la Luz a través del *Eynaim*	Cuando *Maljut* se eleva a *NE* y un *Zivug* se realiza sobre ella, la Luz es emitida desde el *Zivug* a través del *NE* y no a través del *Pe*.
Extendida	Descenso de Luz por la fuerza del *Aviut* -la fuerza del anhelo en el emanado- es llamado "extendida" o "extensión".
Kelim externos (*Kelim* de *Ajoráim*)	*Kelim* debajo del *Jazé* en el *Partzuf*.
Externalidad	Lo más puro en el *Kli*, el *Kli* para *Or Makíf*.
Cara a Cara (*Panim VePanim*)	Cuando *Nukva* recibe Luz Superior desde el *Panim* del macho dentro de sus *Kelim de Panim*.
Mirando hacia abajo	Cuando la Luz es aceptada de acuerdo a la medida del *Aviut*, para que venga y se vista en el *Aviut*.
Mirando hacia arriba	Durante la *Hizdakjut* del *Masaj*. Son llamados con este nombre porque se tornan en un *Aviut* más fino.
Caída	Descenso de un grado a uno inferior puesto que se ha convertido como este último.
Caída de órganos	La caída de las almas al interior de las *Klipot*. En los *Kelim*, la caída dentro de las *Klipot* es llamada "ruptura".
Caída de los órganos de *Adam HaRishón*	Antes del pecado, *Adam HaRishón* tenía *NaRaN* de *Atzilut*. Luego del pecado, todos los órganos de su alma cayeron, y únicamente la Luz de *Néfesh* permaneció en los *Kelim* de los 100 *Ketarim* (pl. de *Kéter*).

Cayendo	Cuando ZA es digno, *Tevuná* se eleva a *Ima*, realiza un *Zivug* en *Aviut Bet* y, otorga a ZA. Esto es llamado "sosteniendo los caídos", es decir ZON, dado que ellos le otorgan GaR.
Lejos/distante	Una gran medida de disparidad de forma. También una iluminación tenue de *Or Jojmá*. Cerca significa una iluminación intensa de *Or Jojmá*.
Femenino (*Nukva*)	*Maljut* del mundo de *Atzilut* es llamada por aquel nombre debido a que ella recibe Luz desde ZA a través de un *Nékev* (agujero) en su *Jazé*, donde la Luz es disminuida.
Rostro femenino	*Kelim de Panim* relacionados a la recepción de *Jojmá*.
Luz femenina	Luz que el *Partzuf* recibe de su Superior adyacente, y no como otorgamiento desde *Ein Sof*. Es también llamada *Or Néfesh* u *Or Maljut*.
Llenado	La medida de *Aviut* en el *Masaj* es llamada por ese nombre ya que esta es la razón para el llenado del *Kli*.
Llenado de *HaVaYaH*	El nombre *HaVaYaH* es diez *Sfirot*: Yud—*Jojmá*, la primera Hei—*Biná*, Vav—ZA, la Hei inferior—*Maljut*. Pero este nombre no indica el nivel de las diez *Sfirot*. El nivel pudiera ser *Néfesh*, *Rúaj*, *Neshamá*, *Jayiá* o, *Yejidá*. El nivel es determinado por su relleno. El relleno indica la Luz en las diez *Sfirot* de *HaVaYaH*: el nivel de *Néfesh* de *HaVaYaH* es llenado con Hei— que en *Guemátria es BoN*; el nivel de *Rúaj* con el llenado de Alef— que en *Guemátria es MA*; el nivel de *Neshamá* con el llenado de Yud, donde solamente Vav es llenado con Alef— que en *Guemátria es SaG*; y el nivel de *Jayiá* es completamente llenado con Yud, incluyendo la Vav de *HaVaYaH* —que en *Guemátria es AB*.
Llenado de Nombres	Indica el nivel del grado. La puntuación de las letras indica la fuente de cada grado particular en ellas, ya sea *Hitkalelut* (inclusión) con el Superior, el inferior, o consigo mismo.

Llenados	Un *Partzuf* es diez *Sfirot* vacías: *Kéter, Jojmá, Biná, ZA* y, *Maljut*. Ellas son marcadas en el nombre *HaVaYaH*: *Yud* es *Jojmá, Hei* es *Biná, Vav* es *ZA*, y *Hei* es *Maljut*. En *Guemátria, Yud-Hei-Vav-Hei* = 10+5+6+5=26 (*Kaf-Vav*).

Sin embargo, todo aquello no indica su nivel: *Néfesh, Rúaj, Neshamá, Jayiá* o, *Yejidá*. El nivel es determinado por el llenado de Luz en las diez *Sfirot*.

El nivel de *Jayiá*, es llenado en su totalidad con *Yud*, incluso en la *Vav* de *HaVaYaH*. Su *Guemátria* es *Ayin-Bet (AB)*: *Yud-Hei-Vav-Hei* = (10+6+4) + (5+10) + (6+10+6) + (5+10) = *AB* = 72.

El nivel de *Neshamá*, es llenado con *Yud*, y únicamente la *Vav* es llenada con *Alef*. Su *Guemátria* es *Sámej-Guimel (SaG)*: *Yud-Hei-Vav-Hei* = (10+6+4) + (5+10) + (6+1+6) + (5+10) = *SaG* = 63.

El nivel de *Rúaj*, es llenado con *Hei*, y solamente la *Vav* es llenada con *Alef*. Su *Guemátria* es *Mem-Hei (MA)*: *Yud-Hei-Vav-Hei* = (10+6+4) + (5+1) + (6+1+6) + (5+1) = *MA* = 45.

El nivel de *Néfesh*, es llenado con *Hei*, y solamente la *Vav* permanece sin llenado. Su *Guemátria* es *Bet-Nun (BoN)*: *Yud-Hei-Vav-Hei* = (10+6+4) + (5+5) + (6+6) + (5+5) = *BoN* = 52. |
Firmamento (*Rakía*)	*Yesod* de *ZA* es llamado por este nombre porque es el *Sium* de *ZA* – Agua Superior – y el principio de *Nukva* – Agua inferior.
Primer *Ibur*	*Zivug* solo para la existencia del *Partzuf*.
Fuerza de la *Klipá*	Ropajes de Luces que parten de sus *Kelim* debido a una mezcla de mal en ellas, y que caen hacia las *Klipot* con el residuo de aquella Luz. Esto agrega fortaleza a la *Klipá*.
Forma	Las cuatro *Bjinot* de *Aviut* en *Maljut*, llamadas *Jojmá, Biná, ZA* y, *Maljut* son llamadas "cuatro formas".
Cuatro formas	El *Aviut* o deseo en el creado es considerado su substancia. Las cuatro *Bjinot* en el *Aviut* son llamadas "cuatro formas".
Cuatro Rudimentos	*Dálet Bjinot* en el *Aviut* del *Kli* de *Maljut*

Desde lo Alto hacia abajo	Luz que se extiende desde lo puro hasta lo áspero llamada *Or Yashar*. También, desde *Bjiná Alef* a través de *Bjiná Dálet*. *Bjiná Dálet* permaneció sin Luz, por tanto ella es considerada la más baja. *Bjiná Alef* se encuentra por sobre todas ellas dado que su deseo es el más pequeño.
Des de abajo hacia Arriba.	Luz que se extiende desde lo áspero hasta lo puro llamada *Or Jozer*.
Lleno	Cuando no hay deficiencia y nada que agregar a su completitud.
Gadlut (Grandeza)	*Or Jojmá* en el grado.
Galgalta	*Partzuf Kéter*, el *Kli* que viste la Luz de *Yejidá*.
GaR	Luces de *Rosh* que precedieron los *Kelim*, las cuales son las *Sfirot KaJaB*, llamados *Rosh* del *Partzuf*.
GaR del Guf	*JaGaT*
Jardín del Edén	*Maljut de Atzilut*. Edén es *Jojmá*, y Jardín es *Maljut*. La totalidad del mundo de *Atzilut* es *Jojmá*. Esto es el por qué *Maljut de Atzilut* es llamado "Jardín del Edén".
Guidín (Tendones)	*Kli* de *Biná* en diez *Sfirot* cuyo nivel es igual.

APÉNDICES

Guimel	Tercera letra del Alefato hebreo cuyo valor numérico es 3
Luces otorgantes	Desde *Sfirá* a *Sfirá*, a través de la *Hizdakjut* del *Masaj*, todas las Luces vienen a *Kéter*. Cuando *Bjiná Guimel de Kéter* se purifica en *Bjiná Bet*, ella otorga Luces a *Jojmá*. Cuando el *Aviut Jojmá* se purifica desde *Bjiná Bet* a *Bjiná Alef*, ella otorga Luces al *Kli* de *Biná*, etc.
Grande/ Adulto/ Maduro	Revelación de *Or Jojmá*. Ausencia de *Or Jojmá* hace pequeño a un *Partzuf*.
Agarre/Toma	Tal como una rama desea y aspira a través de su agarre, la *Klipá* se agarra a un lugar vaciado de *Kdushá*. La carencia es el ducto a través del cual ella succiona fortaleza y vitalidad de acuerdo a la medida de la deficiencia de *Kdushá*.
Guf **(cuerpo)**	Las verdaderas vasijas de recepción en cada grado, las cuales se expanden mediante la fuerza de *Or Jozer* en el *Masaj* y desde este hacia abajo. Esto es donde la recepción de las Luces ocurre de hecho.
Cabellos (*Searot*)	Luces que el *Móaj* no puede tolerar debido a la ausencia de correcciones. Por esta razón, ellas salen en *Galgalta*. Son también llamadas *Motrei Moja* (exceso de *Moja*).
Akaá **(Choque/ impacto)**	El encuentro entre la Luz Superior y el *Masaj* es comparable al encuentro entre dos objetos compactos, donde uno desea romper los límites del otro, y el otro resiste impidiendo la entrada del primero.

HaVaYaH -ADNY	*Zivug Panim VePanim* de *ZA* y *Nukva* implicado en la asociación YAHaDONeHY. *Yud* de *HaVaYaH*, el cual es *ZA*, al inicio de la asociación, implicando la *Jojmá* en *ZA*. *Yud* de *ADNY*, al final del anagrama implica la *Jojmá* en *Nukva*.
Jayiá	*Or Jojmá*
Cabeza para zorros	El *Rosh* del grado inferior. Es también una cola para leones –el *Sium* (final) del grado Superior.
Escuchando	La Luz de *Biná de Rosh*.
Corazón	*Kli* para la Luz de *Rúaj*; de pie en *JaGaT*.
Jet	Octava letra del Alefato hebreo cuyo valor numeric es 8
Hével	*Or Jozer* que se eleva desde el *Masaj* hacia arriba.
Hei	Quinta letra del Alefato hebreo cuyo valor numérico es 5
Histaklut (observación)	*Hitpashtut* (extensión) de Luz desde *Ein Sof* hasta el *Masaj*. La Luz que viene desde *Ein Sof* es siempre *Or Jojmá*, u *Or Einaim*, o visión, o *Histaklut*.

Histaklut Alef (primera observación)	*Hitpashtut* de Luz desde *Ein Sof* hasta el *Masaj*. La Luz que viene desde *Ein Sof* es siempre *Or Jojmá*, u *Or Einaim*, o visión, o *Histaklut*.
Histaklut Bet (segunda observación)	*Hitpashtut* de Luz de *Ein Sof* hasta el *Masaj* que se eleva desde el *Tabur* hasta *Pe* y realiza *Zivuguim* a lo largo de su camino, generando *Partzufim* de *Nekudot*.
Hitpashtut (expansión)	Luz que es emitida desde el Emanador y viene al emanado a través de la extensión del deseo de recibir del ser emanado, lo cual extiende el *Hitpashtut* hacia sí mismo de acuerdo con la medida de su ansia por la Luz.
Hitpashtut Alef (primera expansión)	Luces de *Teamim*
Hitpashtut Bet (segunda extensión)	La segunda entrada de las Luces luego de la *Hizdakjut* del *Masaj*. Entonces ahí existen ya *Kelim*, de acuerdo con la regla, "la expansión de la Luz y su partida hacen que el *Kli* sea apropiado para su tarea".
Jojmá	La Luz de *Atzmutó* del emanado. También, conociendo el resultado intencional de todos los detalles en la realidad.
Jojmá de los 32 Senderos	*Or Jojmá* que *Biná* recibe para *ZON*, incluyendo las *veintidós Otiot* de *Biná*, y las diez *Sfirot* para *ZON* en *Biná*.
Jólam	Las Luces por sobre las *Otiot*.

Tubo/Ducto (*Tzinor*)	Los *Kelim de Yósher* son llamados con este nombre porque ellos extienden y limitan la Luz dentro de sus linderos.
Jótem (Nariz)	*Sfirá ZA de Rosh*.
Casa - *Báit*	O *Heijal* (palacio) — la *Bjiná de Maljut* que fue separada desde los *Kelim* internos y se convirtió en un *Kli* para *Or Makif*.
Jurvá (ruina)	El lugar de las *Klipot* en este mundo (también, desiertos).
Ibur	*Zivug de Katnut*
Idrin	Habitaciones internas, *JaGaT* de *ZA*, llenado con *Or Jasadim*, sin revelar la iluminación de *Jojmá*. Esto es por lo que son llamados "internas".
Forma (*Demut*)	*Tzélem* (imagen) significa ropajes del *Mojin* de *ZA*, y *Demut* significa ropajes del *Mojin* de *Nukva*. Las *Otiot Yud, Hei, Vav* del Nombre *HaVaYaH* son *Tzélem*, y la última *Hei* de *HaVaYaH* es el *Demut*.
Sangre impura	También conocida como "sangre de nacimiento".
En el Futuro	Las Luces de *Biná* Superior son llamadas por ese nombre dado que ellas están establecidas en *ZA* para el futuro. Las Luces de *Tevuná* entran en *ZON* permanentemente, y son por tanto llamadas "el mundo por venir".
Interno (*Pnimí*)	*Partzufim Ibur, Yenika* y, *Mojin* vestidos de una manera tal que el más grande es también más interno.

Zivug de Atzilut Interno	Los *Kelim* interiores de *Atzilut* son *KaJaB*, llamados *Moja, Atzamot, Guidín*, con Luces de *NaRaN*. Las Luces *Jayiá* y *Yejidá* se visten en la Luz de *Neshamá*. Los *Kelim ZA* y *Maljut* fueron separados desde el *Partzuf*, por tanto ellos son llamados *Basar* y *Or*. Estos no son *Kelim* verdaderos o completos, pero únicamente rodean los *Kelim* del *Guf* desde la ausencia. Ellos reciben sus Luces —*Rúaj* y *Néfesh*— desde los *Kelim* internos. Por esta razón, existen Luces *Rúaj-Néfesh* en los *Kelim* internos, y Luces *Rúaj-Néfesh* en los *Kelim* externos. Las almas de las personas nacen desde el *Zivug* de los *Kelim* internos, y las almas de los ángeles nacen desde los *Kelim* externos. Por lo tanto, las almas de la gente son consideradas la interioridad de los mundos, ya que ellas emergen en los *Kelim* internos del *Partzuf*, en tanto que los ángeles son considerados la externalidad de los mundos, dado que ellos emergen desde los *Kelim* externos del *Partzuf*.
Interioridad	El *Aviut* en el *Masaj* es llamado por ese nombre porque es el lugar para el otorgamiento de la abundancia.
Yerushaláim (Jerusalén)	El *Yesod* externo de *Maljut*.
Kámatz (puntuación)	*Kemitzá* (condensación) de Luces. Esto indica las diez *Sfirot de Rosh*, que son condensadas en los *Kelim de Guf* antes de ser vestidos. La *Hitpashtut* de Luces en el *Guf* es llamada *Patáj* (abierto), dado que abre una entrada para la Luz.
Katnut (pequeñez)	Los dos *Partzufim Ibur* y *Yeniká* en cada *Partzuf* son llamados por ese nombre dado que ellos carecen de *Rosh* o *Mojin*.
Kelim de Ajoráim (Kelim externos)	Los *Kelim* debajo del *Jazé* en el *Partzuf*.

Kelim de Panim	*Kelim* Sobre el *Jazé* en el *Partzuf*.
Kéter	Influjo de la raíz en el grado. Viene de la palabra *Majtir*, cuyo significado es "rotatorio", ya que es más puro que cualquier grado y por lo tanto rodea el *Partzuf* desde Arriba.
Kisé Din (**Trono de juicio**)	*Maljut* de *Mojin de Ima*, el cual se viste en *Maljut* del mundo de *Briá*. Es llamado *Tjélet* (azul celeste) y *Sandalfón*.
Kisé Rajamim (**Trono de Misericordia**)	Las nueve Superiores de *Mojin de Ima*.
Besos (*Neshikin*)	*Zivug* de dos *Partzufim* internos ZA y *Nukva*, también llamado "*Zivug* de voz y habla".
Kista de Jayuta (**Pecho de Fuerza-Vida**)	Un *Reshimó* de Luz pasada. Esto es lo que permanece en el *Partzuf* en su lugar, mientras se eleva hacia el Superior por *MaN*, y tiene "ausencia de *Mojin*".
Kli	El deseo de recibir en el ser emanado.
Kli **para** *Or Makif*	La externa, es la mitad más pura de la pared en el *Kli*. La interna, es la mitad más áspera de la pared en el *Kli*, sirve como un *Kli* para *Or Pnimí*.
Kli **para** *Or Pnimí*	La interna, es la mitad más áspera de la pared en el *Kli*. El *Kli* para *Or Makif* es la externa, es la mitad más pura del *Kli*.
Kli **de** *Maljut*	*Bjiná Dálet* de *Or Yashar*, en la cual sucedió el *Tzimtzum Alef* para no recibir Luz.
Kli **que eleva** *MaN*	*AJaP* del Superior durante *Gadlut*.

Klipat Noga (cáscara de *Noga*)	Los *Nitzotzin* que contienen una mezcla de bien y mal. Cuando *Noga* recibe Luz en su parte buena, ella da de la Luz a su parte mala también.
Klipot (cáscaras)	Un deseo en contradicción a la Luz Superior, la cual es únicamente acerca del otorgamiento; es decir, un deseo solo para recibir. Por tanto ellas se encuentran separadas de la Vida de vidas y son consideradas "muertas".
Kuf	Décimo novena letra del Alefato hebreo cuyo valor numérico es 100
Lámed	Décimo segunda letra del Alefato hebreo cuyo valor numérico es 30
Lámed-Bet (32) Dioses del acto de la creación	Treinta y dos senderos de *Jojmá*, los cuales vienen de *Biná*, llamados *Elokim* (Dios). Esto ordena *Resh-Pei-Jet* (288) de entre los *Shin-Kaf* (320) *Nitzotzin*, los cuales son las nueve Superiores, dejando *Maljut* abajo, como desperdicio.
Tierra de *Edom* (*Éretz Edom*)	La *Maljut* incluida en *Biná* es llamada *Biná*, "la tierra de *Edom*".
Tierra de *Israel* (*Éretz Israel*)	*Yetzirá* de este mundo.
Longitud	La distancia entre dos bordes de un grado, desde la *Bjiná* más pura (más alta) hasta la más áspera (más baja).
Luz de *Atzilut*	*Or Jojmá*
Luz de *Briá*	*Or Jasadim*, sin *Or Jojmá*

Luz de *Maljut*	Luz que el *Partzuf* recibe desde su adyacente Superior, y no como otorgamiento desde *Ein Sof*. También es llamada *Or Néfesh* o "Luz femenina".
Luz del *Reshimó*	Lo que queda luego de la partida de la Luz desde el *Kli*.
Luz que está limitada en el *Kli*.	Cuando la luz es asida y dependiente en la medida del *Aviut* en el *Kli*, de modo que no puede expandirse más, o menos, que la medida del *Aviut* en el *Kli*.
Línea (*Kav*)	Indica que en ella existe un discernimiento "desde Arriba hacia abajo", la cual no existía previamente, y también como que su iluminación es mucho más pequeña que el valor previo. También, las diez *Sfirot de Yósher* son llamadas *Tzinor* (tubo), desde la perspectiva de los *Kelim*, y *Kav*, desde la perspectiva de las Luces.
Vivo/Animado	*Yesod*, porque eleva nueve *Sfirot* de *Or Jozer* y recibe nueve *Sfirot* de *Or Yashar* en ellos.
Hígado	Un *Kli* interno con la Luz de *Néfesh*.
Largo	Abundancia de *Jojmá*. Corto -escasez de *Jojmá*. Ancho -abundancia de *Jasadim*; Angosto -Escasez de *Jasadim*.
Mirando hacia el Rostro	Otorgando *Or Jojmá*.
Edén Inferior	*Yesod* del mundo de *Asiyá*.
Jardín de Edén Inferior	*Yesod de Maljut* en el mundo de *Asiyá*.
***Jojmá* Inferior**	*Jojmá* en *Nukva*.

Ima **Inferior**	*Maljut de Atzilut*
Tierra Inferior	*Maljut*
Suerte (*Mazal*)	*Yesod*. Es llamado *Mazal* porque otorga *Or Jojmá* intermitentemente, como en gotas.
MA	*HaVaYaH* llena de *Alef*: Yud-Hei-Vav-Hei. Todos los niveles que emergen en *Atzilut* emergen al nivel de *MA*. *Atzilut* es considerado el nuevo *MA* con respecto a las Luces —los *Nitzotzin* y los *Kelim* de *Nekudim* que se conectan a éste. Ellos son considerados mayores en edad que éste, dado que ellos ya han sido utilizados en el *Partzuf* de *Nekudim* previo.
Maljut	La última *Bjiná*. Se le llama así porque una guía firme y segura se extiende desde ella, en dominio completo.
Maljut **que no tiene Luz**	El *Masaj* es purificado y únicamente el *Aviut Shóresh* permanece, insuficiente para un *Zivug*. Por tanto, ella puede recibir únicamente desde el *Zivug* hecho en ZA.
Masculino (*Zajar*)	Un *Partzuf* que recibe Luces desde su Superior en completitud, tal como si ellos estuvieran en el Superior.
Rostro masculino	Otorgamiento de *Jojmá*.
MaN	Lo que causa el *Zivug*. También, el *GE* del inferior que estuvo adherido en el mismo grado con el *AJaP* del Superior, los cuales cayeron en ellos en el estado de *Katnut*. Por tanto, como resultado del *Dvekut* durante el tiempo del *Katnut*, cuando el Superior llegó mediante *Gadlut*, porque su *AJaP* se elevó y se convirtió en un nuevo *NeHY*, dentro de sus *AJaP* se encuentran los *GE* del Inferior. Tal como el *Masaj* y los *Reshimot* de *AB*, incluidos en el *Rosh* de *Galgalta* y generando *AB*, esto es lo que ocurrió en el *Tzimtzum Bet*, a través del *Ibur*, excepto que el *Zivug* es en *Yesod*.

MaNTzePaJ	*Bjinot* del *Masaj* y *Aviut* del *Partzuf* que permaneció en él desde el tiempo de su *Katnut*. *MaN* del inferior que están adheridas al *AJaP* del *Partzuf Nukva*, en el *MaN* de *Nukva* misma, el cual permaneció en ella desde su *Ibur*. Desde el *Masaj* de su *Ibur*, el inferior recibe el nivel de *Ibur*. Por tanto, el *MaN* del *Ibur* fue incluido en el *MaNTzePaJ* de *Nukva*, ya que ella los eleva hasta *ZA*. En ese tiempo, un *Ibur* fue realizado en su *MaN*, y él recibe su nivel.
Masaj	La fuerza del *Tzimtzum* que fue despertada en el emanado frente a la Luz Superior, impidiendo a la Luz el poder llegar hasta el interior de *Bjiná Dálet*. Por tanto, el momento que ésta alcanza y toca *Bjiná Dálet*, aquella fuerza de inmediato se despierta, la golpea y la rechaza. Y esta fuerza es llamada *Masaj*.
Maljut en copulación	*Maljut de Rosh*.
Mein Nukvin	Cuando *Nekudot de SaG* se expandieron debajo del *Tabur*, dos *Reshimot* se unieron — de los primeros cinco de *SaG*, y de la *Hei* inferior de *Galgalta*. El *Masaj* es una inclusión de dos hembras: *Biná* y *Maljut*. Este es el por qué el *Masaj* es llamado *Mein Nukvin*, ya que desde aquí en adelante existen siempre dos hembras incluidas en cada uno de sus *Zivuguim*.
Mazla (Arameo: suerte)	Las *Searot Dikna* son llamadas por este nombre porque sus Luces gotean hasta que se unen a las grandes Luces en los mundos.
Yo (*Aní*)	Cuando *Maljut* es revelada, ella es llamada "Yo". Cuando ella se encuentra oculta es llamada "él".
Mem	Treceava letra del Alefato hebreo cuyo valor numérico es 40
Métzaj	*Biná de Kéter*.

Métzaj del deseo	Durante el *Zivug* de *Gadlut*, cuando *Or Jojmá* brilla a través de la luz de *AB-SaG*, las *Searot* parten y el tiempo de buena voluntad aparece.
MI (¿Quién?)	*Biná*
Punto medio	*Bjiná Dálet* en *Ein Sof* es llamada por ese nombre porque se encuentra en unidad con la Luz de *Ein Sof*.
Mitad/Medio	Conectando y decidiendo entre dos bordes remotos.
Leche	Luces de *Jasadim* que *Biná* otorga a ZA luego de su nacimiento. Estas Luces retornan para ser *Jojmá*, y esto es llamado "leche que se convierte en sangre".
Mojin	Luces de *GaR* o Luces de *Rosh*.
Mojin de *Gadlut*	El *Mojin* que ZA recibe a través de su ascenso hacia *MaN* luego de nueve años. Es llamado *Ibur Guimel*, así también como "*Mojin* de procreación", ya que ZON hace un *Zivug Panim VePanim* y puede procrear almas.
Mojin de *Holadá* (procreación)	El *Mojin* que ZA recibe a través de su ascenso hacia *MaN* luego de nueve años. En aquel tiempo, ZON realiza un *Zivug Panim VePanim* y puede procrear almas. Es llamado también *Mojin de Gadlut* e *Ibur Guimel*. También, es Luz de *Jayiá* que ZA recibe desde el nivel de *AB*. A través de estos *Mojin*, ZA procrea el *GaR* de las almas.

Meses de Concepción (*Ibur*)	(También: el tiempo de la concepción). El tiempo y el espacio son iniciaciones de la forma. Un *Partzuf* es completado a través de muchos *Zivuguim* y Luces, las cuales son siete, nueve, o doce meses, de acuerdo al número de Luces que se unen al completamiento.
***Moshé* (Moisés) e Israel**	*GaR* de *ZA*.
Movimiento	Cualquier regeneración de forma desde una forma previa.
***Motrei Moja* (Exceso de *Moja*)**	Luces que el *Móaj* no puede tolerar debido a la ausencia de correcciones. Por tanto, ellas salen en *Galgalta*. Ellas son también llamadas *Searot* (cabellos).
Mudez-Habla	Diez *Sfirot* de Luz que atraviesan desde *Maljut de Rosh*, llamado *Pe*, hasta dentro del *Toj*. El *Partzuf* interior de *Nukva* es llamado "Habla". Si éste parte y ella permanece con tan solo el *Partzuf* de afuera, entonces es considerado "mudez", dado que el *Partzuf* interior es *GaR* y el de afuera es *VaK*.
Nombre	Una descripción de cómo la Luz, la cual está implicada en un nombre, es alcanzada. El nombre de cada grado describe las maneras de alcance en ese grado.
Angosto	Escasez de *Jasadim*. Ancho -abundancia de *Jasadim*. Escasez de *Jojmá* es llamado "corto" y abundancia de *Jojmá* es llamado "largo".
Próximo	Proximidad de forma hacia el amigo de uno.
Néfesh	Luz que el *Partzuf* recibe desde su Superior adyacente y no como otorgamiento desde *Ein Sof*. Es también llamada "Luz femenina".

Nehiró	*Or Yashar*
Nehiró Dakik	Iluminación pequeña y muy fina, la cual revive las *Klipot*.
Nekudá	*Maljut* en la cual no hay *Zivug*, y que no eleva *Or Jozer*, permanece oscura, sin Luz, debido al *Tzimtzum* realizado en el punto medio.
Nekudot	Cuatro niveles que emergen sobre el *Zivug* en el *Masaj* durante su *Hizdakjut*. Luces de *Tabur* — *Nekudot* Sobre las *Otiot* — *Jólam*. Luces de *Yesod* — *Nekudot* dentro de las *Otiot* — *Melafom*. Luces de *Sium Raglaim* — *Nekudot* debajo de las *Otiot*.
Neshamá	La Luz que se viste en el *Kli* de *Biná* es llamada *Neshimá* (respirando), de la palabra *Linshom* (respirar), porque ZA recibe la Luz del espíritu de vida de *Biná* mediante ascensos y caídas, tal como en la respiración.
Nesirá (**separado**)	Separación de *Nukva* desde ZA.
Luz nueva	Cualquier Luz emergente desde la corrección de los *Kelim* en el mundo de *Atzilut*.

Almas nuevas	1) Completamente nuevas, extendiéndose desde *Jojmá de Or Yashar*. Estas no vienen al interior del mudo de *Tikkún*. 2) La regeneración de las almas, las cuales vienen desde *Jojmá* de los treinta y dos senderos, desde *Biná* incluidas en *Jojmá*. Sin embargo, ellas son nuevas con respecto a *ZON*, dado que ellas vienen desde el nuevo *MA* (y solamente las almas de *BoN* son antiguas).
	En ellas también existen dos *Bjinot*: 1) Almas nuevas de *Panim VePanim*, conducidas durante la época del Templo, cuando *ZA* se hallaba permanentemente al nivel de *AB*, y *Briá*, considerada las almas, se hallaba en *Atzilut*. Por esta razón, las almas también estaban en el mundo de *Atzilut*, y eran vistas como *Panim VePanim*. 2) Luego de la ruina, cuando *Briá* descendió a su lugar debajo del *Parsá*, y no tiene la Luz de *Atzilut*, sino de *Ajor VeAjor*. Por lo tanto, con respecto a *Ajor VeAjor*, estas almas son consideradas nuevas.
Mundo por venir	Luces de *Tevuná*, las cuales vienen en *ZON* permanentemente. En el futuro – Luces de *Biná* Superior. Ellas son llamadas por ese nombre dado que ellas están establecidas en *ZA* para el futuro.
Agujeros de *Ozen*, *Jótem*, *Einaim*	En *Tzimtzum Bet*, *Maljut* se elevó hasta la *Sfirá Jojmá* en cada *Sfirá*, e hizo agujeros *Jótem*, *Ozen*, y *Einaim*. Antes del ascenso de *Maljut*, existía tan solo un agujero en cada *Sfirá*, en el *Pe*.
Nikvei Einaim	*Bjiná Alef* en el *Rosh*, dado que *Jojmá* es llamado *Einaim*, y por la fuerza del ascenso de la *Hei* inferior hacia *Einaim*, también fue hecha una *Nukva* en *Jojmá*.

Nitzotzin	Los *Reshimot* remanentes de las Luces de *Nekudim* luego de su partida desde los *Kelim* rotos. Existen dos tipos de Luces en ellos: 1) *Or Yashar*, pura, llamada "Luces", la cual permaneció en *Atzilut*; y, 2) *Or Jozer*, áspera, llamada *Nitzotzin*, la cual descendió hasta *BYA* con los *Kelim*.
Nutriciones	Estos deben ser desde un Grado Elevado, dado que ellos proveen Fortaleza para elevarse permanentemente y vestir al Superior.
NaRaNJaY	Los *Kelim* de las diez *Sfirot* son llamados *KaJaB ZON*. Las Luces de las diez *Sfirot* son llamadas *Néfesh, Rúaj, Neshamá, Jayiá, Yejidá*. Los *Kelim* son considerados como siendo desde lo Alto hacia abajo, y las Luces – desde abajo hacia Arriba, con el fin de crecer.
Nukva	La estatura de su crecimiento: en el futuro, ella estará *Panim VePanim* con *ZA*, en un *Kéter*. Su disminución mayor — un punto debajo de *Yesod de ZA*.
Nun	Décima cuarta letra del Alefato hebreo cuyo valor numérico es 50
Or (Luz)	Todo lo recibido en *Bjiná Dálet*; incluye todo excepto el deseo de recibir.
Or Einaim	Luz que emerge sobre el *Masaj* en *NE* en la *Bjiná* de *Aviut Alef*. También, *Hitpashtut* de la Luz desde *Ein Sof* hacia el *Masaj*. Una Luz que viene desde *Ein Sof* es siempre *Or Jojmá, Or Einaim*, Luz de la visión, o *Histaklut*.
Or Jojmá	Luz que se extiende desde el Creador hacia la creatura, la totalidad y el sostén del ser emanado.

Or Jozer (Luz retornante)	Luz que no fue recibida en *Bjiná Dálet* y que fue rechazada por el *Masaj*. Luego del *Tzimtzum Alef*, sirve como vasija de recepción en todos los *Partzufim*, en vez de *Bjiná Dálet*. También, Luz que se extiende desde aspereza hacia pureza, llamada "desde abajo hacia Arriba".
Or Makif	Cualquier Luz que es rechazada de la recepción en el *Sof* del *Partzuf*, debido a la debilidad del *Masaj*. Rodea el *Partzuf* e impone presión en el *Masaj* con la finalidad de vestirse en éste en el futuro.
Or Néfesh	Luz que el *Partzuf* recibe de su Superior adyacente, y no como otorgamiento desde *Ein Sof*. También es llamada "Luz Femenina" u *Or Maljut*.
Or Panim	*Or Jojmá*.
Or Pnimí (Luz interna)	Luz vestida en un *Kli*.
Or Yashar	Luz que se extiende desde *Ein Sof* hacia los *Partzufim*. No afecta los *Igulim* (círculos), sino tan solo las *Sfirot* de *Yósher*, de acuerdo al deseo de recibir en ellos: el Otorgante da a un deseo más áspero a *Bjiná Dálet*. También, Luz que se extiende desde pureza hasta lo áspero, llamada "desde Arriba hacia abajo".
Luz Antigua	Luz que permaneció en el mundo de *Nekudim* luego de la ruptura de las vasijas.
Uno	Luz Superior que se disemina desde *Atzmutó*, de Arriba hacia abajo, sin ningún cambio en la forma.
Apertura de los ojos	Iluminación de *Jojmá*.
Órganos	*Sfirot de Guf*.

Origen de las Luces	*Maljut de Rosh* es llamado por este nombre dado que crea el *Or Jozer*, el cual viste la Luz y la trae al interior del *Guf*.
Origen del Alma	El deseo de recibir que fue impreso en las almas, lo cual las separa de ellas de la Luz Superior. La transición entre el mundo de *Atzilut* y el mundo de *Briá*.
Oscilando	*VaK* es llamado por este nombre debido a que hasta que el *Partzuf* alcanza el *GaR*, éste oscila entre *Din* y *Rajamim*.
Otros dioses	El agarre de las *Klipot* sobre el *Ajoráim de Nukva*, dado que ella no está enteramente organizada antes del *Gmar Tikkún*.
Otiot (letras)	Son *Kelim* (vasijas)
Bordes de la Ciudad	Las primeras seis *Sfirot* del mundo de *Briá*, extendiéndose desde el mundo de *Atzilut* hacia abajo.
Panim	El lugar en el *Kli* que está destinado para recibir u otorgar.
Parsá	Un límite que divide el *Partzuf* en vasijas de otorgamiento y vasijas de recepción.
Particiones	El *Guf* del *Partzuf*.
Partzuf	Diez *Sfirot*, una debajo de la otra, las cuales vienen a través de la ascensión de *Maljut* hacia el Emanador.
Pataj (marca de puntuación)	El *Hitpashtut* de Luces en el *Guf* es llamado por este nombre porque abre una entrada para la Luz. *Kámatz* es *Kemitzá* (condensación) de Luces, indicando las diez *Sfirot de Rosh*, las cuales son condensadas antes de ser vestidas en los *Kelim de Guf*.
Patriarcas (*Avot*)	Las *Sfirot JaGaT* con respecto a las *Sfirot NeHY*, las cuales son su descendencia.
Pe	*Maljut de Rosh*.

Pei	Diecisieteava letra del Alefato hebreo cuyo valor numérico es 80
Zivug permanente	*Zivug* de *AVI* en su sitio.
Sitio/Lugar	El deseo de recibir en el emanado. También, tiempo, espacio y movimiento son todos un solo asunto.
Lugar de *BYA*	Preparado durante el *Tzimtzum Bet*.
Lugar de Concepción	El tercio del fondo de la *Sfirá Tifféret de AVI*, mientras ellas son un *Partzuf* con *YeShSUT*.
Lugar de oscuridad	La *Sfirá Maljut*, la cual acaba en el *Partzuf* debido a la fuerza del *Tzimtzum* en ella, crea oscuridad desde ella hacia afuera.
Lugar de asentamiento	Así como el lugar de los mundos de *BYA* se encuentra dividido en *GE de BYA*, del lugar de *Kdushá*, y las catorce *Sfirot* de *Mador HaKlipot*, este mundo está dividido en un lugar de asentamiento, el cual incluye *BYA* —el sitio del Templo, *Éretz Israel*, y el exterior— y el lugar de la ruina, los cuales son los desiertos, en los cuales la gente no se asienta.
Lugar donde las *Klipot* agarran	Un lugar de deficiencia en *Kdushá* (Santidad).
Preparación para recibir	Cuando existe un *Masaj* en el *Partzuf* en la medida correcta para un *Zivug* y una extensión de Luz.
Jojmá primordial	*Jojmá* en *AA*, la cual no brilla en *Atzilut*. Más bien, únicamente *Jojmá* de los treinta y dos senderos brilla.
Proliferación de la Luz	Muchos *Reshimot* que no fueron regenerados en un *Zivug*, y que por tanto exigen su corrección y se elevan a *MaN* para un nuevo *Zivug*.

Extensión	Iluminación de *Jojmá*.
Puntuación de las *Otiot* (letras)	Indica la fuente de cada grado dentro de ellas, ya sea de *Hitkalelut* con el Superior, con el inferior, o consigo misma. El llenado de los nombres indica el nivel del grado.
Cualidad del lugar	La cantidad del lugar es el número de grados que existen en aquel lugar. La cualidad del lugar es la importancia del grado presente en aquel lugar.
Cantidad del lugar	Cantidad del lugar es el número de grados en ese lugar. La cualidad del lugar es la importancia del grado presente en aquel lugar.
Rajel (Raquel)	*Nukva de ZA*, desde su *Jazé* hacia abajo.
RaDLA	Diez *Sfirot* de *Rosh de Atik* son llamados *Reishá de Lo Etiadá* (*RaDLA*) porque ellas usan *Maljut de Tzimtzum Alef*.
Regeneración de las almas	Otorgamiento de *Or Jojmá* a las almas, tal como ellas tuvieron durante el *Gadlut* del mundo de *Nekudim*, la cual fue removida por la ruptura, tal como la tuvieron la segunda vez antes del pecado de *Adam HaRishón* y la segunda partida a través de la caída de los órganos del alma.
Resh	Vigésima letra del Alefato hebreo cuyo valor numérico es 200
Remoción/ Distanciamiento	Una corrección en la cual el *Kli* se distancia a sí mismo de la recepción de *Or Jojmá* y escoge *Or Jasadim* en vez del primero.
Reshimó	Aquello que la Luz deja después de su partida. Este es el núcleo y la raíz del nacimiento de otro *Partzuf* a partir de éste.
Residuo/Resto (*Sheer*)	Un *Zivug* para revivir los mundos.
Retorno al Emanador	Partida de Luz en la *Hizdakjut* del *Masaj* al *Maljut de Rosh*, el Emanador de las diez *Sfirot de Guf*.
Levantamiento de los Muertos	El retorno desde *BYA* al mundo de *Atzilut* es otorgado ese nombre debido a que la salida desde el mundo de *Atzilut* es llamada "muerte".

Costilla	El nombre de *Nukva* cuando ella es adherida *Ajor VeAjor* al *Ajoráim* del *Jazé de ZA*, puesto que ella está adherida a su *Guf*, y ellos sirven a un *Kéter*.
Techo	*Kéter* en cada grado.
Rosh (Cabeza)	La parte en el emanado que es más equivalente a la forma de *Shóresh*. Es también las diez *Sfirot* de la Luz Superior que se expanden al *Masaj* en *Maljut*, para elevar el *Or Jozer*. Es llamada por ese nombre porque ellas preceden el *Masaj* y el *Or Jozer*. También, es diez *Sfirot de Or Yashar* que se visten en las diez *Sfirot de Or Jozer*.
Redondo	Cuando no existe distinción de Arriba y abajo entre las cuatro *Bjinot* en el deseo. Por esta razón, las cuatro *Bjinot* son llamadas "cuatro *Igulim* (círculos) redondos" uno dentro del otro, ya que ahí no existe Arriba y abajo entre ellos.
Rúaj	*Or Jasadim*. Es una Luz que se viste en el *Kli de ZA*, puesto que su acción es la de elevarse a *Biná* para succionar Luz desde ella y para descender con el fin de otorgársela a *Maljut*.
Dijo a Su Mundo, "Basta! No te extiendas más".	*Maljut*, el cual termina la *Hitpashtut* de la Luz Superior en el *Jazé* del mundo de *Yetzirá*, coloca este límite en ese lugar.
Sámej	Quinceava letra del Alefato hebreo cuyo valor numérico es 60
Sello (Jotám)	*Or Jozer* que se eleva desde el *Masaj* hacia arriba, vistiendo las diez *Sfirot de Rosh*. *Nejtam* (impresión) — las mismas diez *Sfirot* tal como van desde el *Rosh* hacia el *Guf*.
Sellado	Las mismas diez *Sfirot* que van desde el *Rosh* hasta el *Guf*, dado que un sello es *Or Jozer* que se eleva desde el *Masaj* hacia arriba, vistiendo las diez *Sfirot de Rosh*.
Segundo *Ibur*	*Zivug* para agregar *Or Jojmá* en el *Partzuf*.

Sfirá	Diez *Sfirot de Or Yashar* vestidas en diez *Sfirot de Or Jozer*, las cuales emergen en un *Zivug*, son llamadas "una *Sfirá*" en nombre de la Más Alta *Sfirá* en el nivel, a pesar de que contiene *Sfirot* en longitud y grosor.
Segol	Una indicación de que ahí existen tres *Nekudot JaBaD* cuando *JuB* están *Panim VePanim*.
Separando los *Siguim* (impurezas)	*Siguim* son las *Hei* inferiores que fueron mezcladas en los siete *Melajim* (reyes) y causaron la ruptura del mundo de *Nekudim*. Por tanto, el *Tikkún* es lo necesario para remover las *Hei* inferiores de todos los *Kelim* rotos. Esto es realizado por *Or Jojmá*, Luz de *Aba*. Este *Tikkún* es llamado "Separación de las *Siguim*". También: un *Tikkún* que es realizado por *Or Jojmá*, Luz de *Aba*, el cual debería remover la *Hei* inferior de todos los *Kelim* rotos. Esto es así debido a que los *Siguim* son las *Hei* inferiores que fueron mezcladas con los siete *Melajim* y causaron la ruptura del mundo de *Nekudim*.
Separación	Dos grados sin equivalencia de forma entre ellos, desde cualquier lado.
Zona de *Shabat*	Un final sobre la Luz Superior por la fuerza de *Maljut*.
Shin	Vigésima primera letra del Alefato hebreo cuyo valor numérico es 300
Shóresh (Raíz)	Todas las *Bjinot* en *Kéter*; diez *Sfirot de Rosh*.
Corto	Restricción de *Jojmá*. Ancho—abundancia de *Jasadim*. Angosto—restricción de *Jasadim*. Largo—abundancia de *Jojmá*.
Cierre-lateral	*Maljut* es llamada por este nombre porque ella es la última de las *Sfirot*.

Siguim (impurezas)	Las *Hei* inferiores que se mezclaron con los siete *Melajim* y causaron la ruptura del mundo de *Nekudim*.
Simple (*Pashut*)	Sin distinción de grados y lados.
Sium Kelim de Panim	*Jazé*
Sium de Tzimtzum Alef	Por encima del punto de este mundo
Sium de Tzimtzum Bet	El *Parsá* que finaliza a *Atzilut*.
Sium Raglaim de Adam Kadmón	El punto de *Sium* de este mundo. Este es el final de la línea de *Ein Sof* y el punto medio de todos los mundos.
Sium Raglaim de Atzilut	*Biná* de *NeHY* de *Adam Kadmón*.
Sueño-dormir	Cuando un *Partzuf* asciende por *MaN*, su lugar es considerado como en un estado de sueño, sin *Mojin*. Este permanece con *Kista de Jayuta*.
Lento	Extensión gradual de Luces mediante causa y consecuencia. Sueño
Olor	La Luz en *ZA de Rosh*, llamada *Jótem* (nariz).
Sof/Sium (final)	Realizado por la fuerza de rechazo en *Bjiná Dálet*. La Luz Superior que brilla allí deja de brillar porque no lo recibe. *Bjiná Dálet* es llamada *Sium* (final) porque deja de recibir la Luz Superior, y al hacerlo así finaliza el grado.
Hijo	Un inferior con respecto del Superior.

Clasificando y corrigiendo	Clasificando significa el descenso de los treinta y dos *Nitzotzin* — treinta y dos *Maljuyot* — como desperdicio, de modo que solamente 288 quedan para la construcción de la *Kdushá*. Es corregido por la iluminación de *Aba*, y esto es llamado "clasificando las Luces". Pero sin *Maljut*, no existe grado. Por tanto, es la *Hitkalelut* de ambas, la primera *Hei* y de la *Hei* inferior, las cuales son recibidas desde el *Masaj* de *Ima*, y esto es llamado "la asociación de la cualidad de *Din* con la cualidad de *Rajamim*". Desde esta *Hitkalelut*, treinta y dos nuevos *Maljuyot* son completadas para completar los 320 *Nitzotzin*. Esta clasificación se hace posible solamente mediante la Luz de *Aba*, dado que ésta no brilla para *Bjiná Dálet*, y así el desperdicio es separado. Pero el *Tikkún* es a través de la Luz de *Ima*. Clasificando significa escoger las partes de *Bjiná Dálet*, las cuales obstruyen la recepción de la Luz Superior.
Almas de *Adam HaRishón*	Antes del pecado — *NaRaN* desde *BYA* en *Atzilut*. Luego del pecado — Luz de *Néfesh* permanecieron en el *Kli de Kéter* de cada una de las *Sfirot de BYA*, excepto para *AVI* de *Briá*.

Almas de ángeles	Los *Kelim* internos de *Atzilut* son *KaJaB*, llamados *Moja*, *Atzamot* y, *Guidín*, con Luces de *NaRaN*. Las Luces de *Jayiá* y *Yejidá* se visten dentro de la Luz de *Neshamá*. Los *Kelim ZA* y *Maljut* fueron separados del *Partzuf*; por tanto, ellos son llamados *Basar* y *Or*. Estos no son *Kelim* verdaderos o completos, únicamente rodean los *Kelim* del *Guf* desde afuera. Las Luces dentro de ellos son *Rúaj* y *Néfesh*, y ellas reciben desde los *Kelim* internos. Existen Luces de *Rúaj-Néfesh* en los *Kelim* internos y Luces de *Rúaj-Néfesh* en los *Kelim* externos. Las almas de las personas nacen del *Zivug* de los *Kelim* internos, y las almas de los ángeles nacen del *Zivug* de los *Kelim* externos. Las almas son consideradas la interioridad de los mundos, dado que ellas emergen en los *Kelim* internos del *Partzuf*. Los ángeles son considerados la externalidad de los mundos, puesto que ellos emergen desde los *Kelim* exteriores del *Partzuf*.
Almas de las personas	Los *Kelim* internos de *Atzilut* son *KaJaB*, llamados *Moja*, *Atzamot*, y *Guidín*, con Luces of *NaRaN*. Luces de *Jayiá* y *Yejidá* se visten dentro de la Luz de *Neshamá*. Los *Kelim ZA* y *Maljut* fueron separados del *Partzuf*; por tanto, ellos son llamados *Basar* y *Or*. Estos no son *Kelim* verdaderos o completos, pero únicamente rodean los *Kelim* del *Guf* desde afuera. Las Luces dentro de ellos son *Rúaj* y *Néfesh*, y ellas reciben desde los *Kelim* internos. Existen Luces de *Rúaj-Néfesh* en los *Kelim* internos y Luces de *Rúaj-Néfesh* en los *Kelim* externos. Las almas de las personas nacen del *Zivug* de los *Kelim* internos, y las almas de los ángeles nacen del *Zivug* de los *Kelim* externos. Las almas son consideradas la interioridad de los mundos, dado que ellas emergen en los *Kelim* internos del *Partzuf*. Los ángeles son considerados la externalidad de los mundos, puesto que ellos emergen desde los *Kelim* exteriores del *Partzuf*.

Espacio/Vacío	*Bjiná Dálet*, la cual es vaciada de Luz debido al *Tzimtzum Alef* no se encuentra ausente del emanado, pero existe un espacio vacío, sin Luz.
Chispa (*Netzitzó*)	*Or Jozer*
Habla	Diez *Sfirot* de Luz que pasan a través de *Maljut* desde ella y hacia abajo hacia adentro del *Guf*. También, diez *Sfirot* de Luz que pasan desde *Maljut de Rosh*, llamado *Pe*, hacia el *Toj*. El *Partzuf* interior de *Nukva* es llamado "habla". Si éste parte y ella permanece con tan solo el *Partzuf* exterior, entonces es llamado "mudez" porque el *Partzuf* interior es *GaR* y el exterior es *VaK*.
***Zivug* espiritual**	Un *Zivug* que fluye desde *Rosh de SaG* hacia *Rosh de Nekudim*, el cual corrige el *GaR* del *Partzuf Nekudim*, pero no se expande hacia el *Guf* de *Nekudim*. También es llamado *Zivug de Neshikin* (*Zivug* de besos).
Espiritualidad	Ausencia de cualquier estado corporal, tal como tiempo, espacio y movimiento.
Cuadrado	*Zivuguim* realizado sobre *Maljut* durante su *Hizdakjut* desde la *Bjiná Dálet* hacia la *Bjiná Guimel*, desde la *Bjiná Guimel* hacia la *Bjiná Bet*, y hasta que ella arriba al *Pe*. Se les da ese nombre en relación a los cuatro tipos de purificación del *Masaj*.
Fortaleza	Un discernimiento que es como la semilla a partir de la cual crecerá un árbol.
Sustancia/Materia (*Jómer*)	El *Aviut* en un *Partzuf* de *Bjiná Dálet* en el deseo. Este también tiene longitud, ancho, profundidad y seis bordes-arriba, abajo, este, oeste, norte y sur.

Succión de las Klipot	La substancia de las *Klipot* es el mal completo; ellas no pueden recibir ninguna Luz. Pero durante la ruptura de las vasijas, las vasijas de otorgamiento cayeron en el interior de las *Klipot* y se han convertido en su alma y sustento.
Sufrimiento	Donde el *Kli* es merecedor de vestir la Luz, pero no la viste por su propia elección.
Sol en su tienda	*NeHY* de *ZA* que se viste dentro de *Nukva*.
Suplemento de Shabat	El ascenso de los mundos desde la quinta hora en la tarde del *Shabat*.
Endulzamiento/ Mitigación	Si los *Kelim* se encuentran defectuosos por la ruptura, ellos necesitan de la Luz para "endulzar" su amargura, sus fuerzas de *Din* (juicio), de manera que no haya un agarre en ellos para los externos.
Teamim	*Hitpashtut* de Luz dese lo Alto hacia abajo, desde el *Pe* hacia el *Tabur*.
Tabur	*Maljut de Guf*, desde donde la limitación y el rechazo de la Luz empiezan de facto.
***Tabur* del corazón**	El lugar del *Jazé* (pecho).
Cola de leones	El *Sium* (fin) del grado Superior, el cual se convierte en el grado de "cabeza de zorras", el *Rosh* (cabeza) del grado inferior.
Tav	Vigésima segunda letra del Alefato hebreo cuyo valor numérico es 400
Tefilín	Los *Tzitzit* son *Searot* de *ZA*, los cuales brillan en *Rosh* de *Nukva*, que concluye la *Bjiná* de *Tefilín* en su *Métzaj*.

Templo (*Beit HaMikdash*)	*Briá* de este mundo.
Tet	Novena letra del Alefato hebreo cuyo valor numérico es 9
El final de todo	*Bjiná Dálet* en *Bjiná Dálet* —la más áspera de todas— es llamada *Sof* (fin) porque todos los grados vienen únicamente para corregirla.
Treinta grados en el *Guf* de *Nukva*	*Ibur, Yeniká, Mojin* en *Ajor de Nukva*, en cada uno de los cuales existen diez *Sfirot*.
Trono	Diez *Sfirot* de Luz de *Ima*, los cuales se expanden en el mundo de *Briá*: *GaR* es llamado *Kisé* y *VaK* es llamado "seis escalones del trono". *Maljut* que se viste en *Maljut* de *Briá* es llamado *Din, Tjélet* (azul celeste), y *Sandalfón*.
A través de los lados	Otorgamiento limitado.
Tiempo	Una cierta cantidad de *Bjinot* (fases) que manan uno del otro por medio de causa y consecuencia.
Tiempo de buena voluntad	Durante el *Zivug* en *Gadlut*, *Or Jojmá* brilla mediante la Luz de *AB-SaG*, los *Searot* parten, y el *Métzaj* de los deseos aparece.
Uñas	El *Sium* de cada *Partzuf*.
Tohu	*Bóhu* es llamado *AA*, donde existe alcance; en tanto que *Tohu* es llamado *Atik*, donde no hay alcance.
Torá	Luz de *ZA*.
Tocando (tangencial)	Disparidad de forma de un grado insuficiente para separar dos grados en la raíz.
Tren	*Yesod de Aba* es dado ese nombre porque es largo y angosto.

Árbol	*Yesod de ZA*, la línea media, el lugar del *Zivug*.
Árbol del conocimiento (*Etz HaDáat*)	El lugar desde el *Jazé* hacia abajo, llamado *Asiyá*. Su parte principal es *Yesod*, el cual es una línea media, llamada *Etz* (árbol).
Árbol del conocimiento del bien y del mal	Desde el *Jazé de ZA* hacia abajo, dado que allí existe iluminación de *Jojmá*. Por tanto, en ese lugar existe un asidero para las *Klipot*, llamado "mal".
Árbol de vida (*Etz Jaim*)	El lugar desde el *Jazé* hacia arriba. Ahí existen *Jasadim* cubiertos, la Luz de *Ajoráim de Biná*, y por lo tanto, no hay agarre para las *Klipot*.
Triángulo	Un grado con únicamente las tres *Bjinot* en el deseo.
Tzadi	Dieciochava letra del Alefato hebreo cuyo valor numérico es 90
Tzélem	*Or Jozer* que se eleva sobre la *Hitkalelut* de *MaN* del interior en el *Masaj* y *Aviut* del Superior, vistiendo las diez *Sfirot* de *Or Yashar*. Este *Or Jozer* pertenece al superior, pero puesto que el Superior realiza un *Zivug* por las necesidades del inferior, sobre el *Aviut* del inferior, este *Or Jozer* desciende hasta el inferior junto con el *Or Yashar*. Para recibirlo, el inferior debe disminuirlo por los tres grados, llamados מ-ל-צ *Mem-Lamed-Tzadi*, ó tal como se lee desde abajo hacia Arriba צלם *Tzadi-Lamed-Mem* (*Tzélem*).
Tzere (marca de puntuación)	Implicando *JuB* cuando *Biná* está en *Ajoráim* para *Jojmá*, y ellos no tienen un punto de *Dáat* debajo de ellas, para traerlas hacia un *Zivug*. *Biná* también es llamada *Tzére*, dado que todos los órganos de *ZA* reciben su forma mediante su *Masaj de Aviut*.
Tzimtzum	Quien conquista su deseo se detiene a sí mismo y no recibe, a pesar del gran placer de recibir.
Tzimtzum Alef	*Tzimtzum* de *Maljut*; *Tzimtzum* sobre *Bjiná Dálet*. Por lo tanto, la línea de *Ein Sof* se detiene en *Maljut de NeHY*.

Tzimtzum Bet	Tzimtzum NeHY de Adam Kadmón; Tzimtzum sobre Bjiná Bet. Por esta razón la línea de Ein Sof se detiene en Biná de NeHY de AK, desde donde el lugar de los mundos de BYA fue hecho. Tzimtzum Bet es la asociación de Midat HaRajamim, Biná, con Midat HaDin, Maljut.
Tzitzit	Searot de ZA, el cual brilla en el Rosh de Nukva, y concluye la Bjiná de Tefilín en su Métzaj.
Unificación (Ijud)	Dos Bjinot diferentes que han igualado sus formas una con la otra.
Único	La Luz Superior produce una multiplicidad de grados por ecualizarlos. Unidos — cuando al final todo se vuelve único.
Unido	Cuando al final todo se vuelve uno. Uno -la Luz superior que trae equivalencia a la multitud de grados.
Superior	Más importante.
Edén superior	Yesod del mundo de Briá.
Jardín superior del Edén	En el mundo de Briá, el cual es Biná.
Jojmá superior	Jojmá en ZA
Tierra superior	Biná. Maljut es la tierra (territorio) inferior. Cuando Maljut está incluida en Biná, Biná es llamada Éretz Edom (la tierra de Edom).
Blancura superior	Antes de estar vestida en un Kli, la Luz es Blanca, dado que todos los colores vienen únicamente de los Kelim.
Vacante	Un lugar que está listo para recibir correcciones.

Sitio vacante y un espacio	Cuando ZA se eleva hasta AA, el cual es su lugar verdadero desde la perspectiva de *Nekudim*, un lugar vacante permanece en *BYA*, dado que ahí no hay Luz de la integralidad de *Atzilut*, hasta el *Gmar Tikkún*, *Atzilut* descenderá debajo del *Parsá*.
Espacio vacante	Mediante la fuerza de *Tzimtzum Alef*, *Maljut* da fin a la Luz Superior. Este *Sium* se eleva por encima de este mundo. A través del *Tzimtzum Bet*, el lugar del *Tzimtzum* se elevó desde *Sium Galgalta* hasta el *Jazé* del *Partzuf Nekudim*. Y desde ahí hacia abajo, un espacio vacío fue creado, y el lugar para las *Klipot*. Aun así, por la caída de las vasijas de otorgamiento debajo del *Jazé* del lugar de *BYA*, únicamente catorce *Sfirot* permanecieron para *Mador HaKlipot*. A través del pecado de *Adam HaRishón*, el punto del *Sium* de *Kdushá* descendió hasta *Biná* de *Maljut* del mundo de *Asiyá*, llamado "el piso del jardín inferior del Edén", desde el cual el lugar del espacio vacío fue hecho. Resulta que el espacio fue disminuido por la ruptura de las vasijas y el pecado de *Adam HaRishón*, dado que descendió desde el lugar del *Parsá* hasta *Biná* de *Maljut* de *Asiyá*. Pero las *Klipot* obtuvieron la fuerza para construir cuatro mundos.
VaK y Nekuda de las Klipot de Atzilut	Antes del pecado de *Adam HaRishón*, una vez que los mundos se elevaron hasta *Atzilut*, estaban ahí las *Klipot* en las catorce *Sfirot* de *Mador HaKlipot* (sección de las cáscaras). Ellas no tenían un *Partzuf*, únicamente *VaK* para ZA de la *Klipá*, y *Nekudá* para la *Nukva* de la *Klipá*.

Vav	Sexta letra del Alefato hebreo cuyo valor numérico es 6
Visión (*Reiah*)	*Hitpashtut* de Luz desde *Ein Sof* hasta el *Masaj*. Una Luz que viene desde *Ein Sof* es siempre *Or Jojmá* u *Or Einaim*, o *Reiah* (visión), o *Histaklut*, *Or Jojmá de Rosh*.
Voz y habla	*Zivug* de los dos *Partzufim* internos *ZA* y *Nukva*. Es también llamado *Zivug de Neshikin* (besos).
Pared (*Dofen*)	El *Aviut* del *Masaj* es el *Kli* que recibe Luz. Es llamado "la pared del *Kli*" porque el todo del *Kli* es únicamente sus paredes. Las cuatro *Bejinót* de *Aviut* son cuatro capas en el espesor de la pared, posicionadas una sobre la otra y consideradas interioridad y exterioridad. La *Bjiná* más gruesa en la pared del *Kli* extiende más abundancia y es considerada la interioridad del *Kli*. El resto de las *Bejinót*, las más puras, son consideradas la externalidad del *Kli*, donde *Bjiná Dálet* es lo interno, comparado con *Bjiná Guimel*, *Bjiná Guimel* es interna comparada con *Bjiná Bet*, etc.
Muro (*Kótel*)	Un *Masaj* de *Ajoráim* de *Ima*, el cual detiene *Or Jojmá* y previene que ésta llegue a *ZON*, cuando ellas están en *Katnut*, por la fuerza de estar en *Jafetz Jésed*.
Desperdicio	Los *Siguim* que quedan luego de los escrutinios.
Pozo (de agua)	*Yesod de Nukva*, desde el cual *Or Jozer* se eleva, como si fuera un pozo.
Ruedas	*Sfirot de Igulim* (círculos) son llamados por aquel nombre debido a que las Luces en ellos se tornan redondas, puesto que no hay pureza ni *Aviut* (aspereza) ahí.
Ancho	Abundancia de *Jasadim*. Angosto —escasez de *Jasadim*. La escasez de *Jojmá* es llamada "corto" y la abundancia de *Jojmá* es llamada "largo".

Ventana	La fuerza de *Or Jozer* que abre la recepción de la Luz en el *Kli*.
Alas	*Maljut de Ima* está siempre en *Katnut*, interrumpiendo a ZON de lo externos. Al hacerlo así, ella guarda a ZON, dado que solamente la iluminación de *Jojmá* pasa a través de ella. *Parsá*, debajo de *Atzilut*, es también hecho de *Maljut de Ima*, y ella es llamada "zapato", protegiendo los pies de ZON. Ninguna iluminación de *Jojmá* pasa a través de ella.
Mundo (*Olam*)	El nombre *Olam* empieza con el *Partzuf BoN* del mundo de *Adam Kadmón*, puesto que ZA y *Maljut* de los *Kelim* internos de *Bjiná Dálet* desaparecieron y se tornaron en *Kelim* para el *Or Makif*, llamado *Levush* y *Heijal*. También, *Olam* significa *Heelem* (ocultamiento).
Mundos y almas	*AVI* realiza dos *Zivuguim*: 1) *Ajor VeAjor*, para revivir los mundos con *Or Jasadim*; 2) *Panim VePanim*, para procrear las almas. Un *Levush* se extiende desde el primer *Zivug* externo, y desde el Segundo *Zivug* interno se extiende *Or Jojmá* hacia las almas. Este es el por qué ahí existen tres *Partzufim*: externo y medio – del primer *Zivug*, e interno – del segundo *Zivug*.
Yaakov	*VaK* de ZA, *Partzuf* externo.

Yashar (directo)	Descenso de la Luz Superior en los *Kelim* precisamente de acuerdo con el anhelo en los *Kelim*, de acuerdo con su *Bjiná Dálet*, tal como un objeto pesado que cae directo al suelo. En los *Kelim* sin *Aviut* —anhelo— la Luz es circular, dado que ellos no tienen fuerza de atracción, fuerza de tiraje.
Yejidá	La Luz vestida en la *Sfirá* de *Kéter*.
YeShSUT	*ZaT* o *AJaP* de *AVI*. Cuando *AVI* hacen un *Zivug Panim VePanim*, *AVI* y *YeShSUT* son vistos como un *Partzuf*. Cuando *AVI* hace un *Zivug Ajor VeAjor*, *YeShSUT* parte de *AVI* hacia un *Partzuf* separado.
Yud	Décima letra del Alefato ehbreo cuyo valor Numérico es 10
Yud-Alef (11) Signos del incienso.	Chispas de Luz que permanecieron para revivir el corazón de piedra.
Yosef	*Yesod de ZA*.
Yotzer (creando)	Otorgamiento de Luz sobre los mundos; incluye todo aparte del deseo de recibir.
Israel	(También: *Moshé* (Moisés) e *Israel*). *GaR* de *ZA* o *Partzuf* interior.
Zayin	Séptima letra del Alefato hebreo cuyo valor numérico es 7

Zeir Anpin	Significa "Rostro pequeño", dado que la mayoría de *ZA* es *Or Jasadim*, y su minoría—*Or Jojmá*. *Or Jojmá* es llamada *Panim* (Rostro). Por tanto, *Kéter* es llamado *Arij Anpin*, lo cual significa "Rostro largo", teniendo *Or Jojmá*.
Tzión (Sion)	El *Yesod* interno de *Nukva*. Es llamado por ese nombre por el término *Yetziá* (salida).
Zivug de Guf	Un *Zivug* completo—*Zivug AVI* para otorgar Luz a las almas y procreación para *ZON*.
Zivug de Akaá (Acoplamiento de golpe)	La acción del *Masaj* de repeler la Luz desde *Bjiná Dálet* hacia su raíz. Existen dos asuntos opuestos en este acto: *Akaá* (golpe) de la Luz, y un *Zivug* subsecuente con ella, lo cual induce su aceptación en el *Kli*, dado que la Luz rechazada desde *Bjiná Dálet* se convierte en *Or Jozer*, la cual se vuelve el *Kli* de investidura, el cual devela la Luz en el *Partzuf*.
Zivug de Neshikín	Un *Zivug* que mana desde *Rosh de SaG* hacia *Rosh de Nekudim*, el cual corrige el *GaR* del *Partzuf Nekudim* pero no se expande hacia el *Guf* de *Nekudim*. Es también llamado "un *Zivug* espiritual".
Zivug de Yesodot (pl. de Yesod)	Corrige el *ZaT* del *Partzuf*. También llamado "*Zivug* inferior" y *Zivug* del *Guf*.

Apéndice B: Acrónimos y abreviaturas

(Debido a que los acrónimos provienen de palabras hebreas, es probable que las letras castellanas no coincidan con las letras a las cuales representan)

AA	*Arij Anpin*
AB	*HaVaYaH* con el llenado de *Yud*
ABA	*Ajor VeAjor*
ABYA	*Atzilut, Briá, Yetzirá, Asiyá*
AJaP	*Ozen, Jótem, Pe*
AN	*Arij y Nukva*
ARI	El sagrado *Rabí Itzjak*
AVI	*Aba VeIma*
BoN	*HaVaYaH* con el llenado de *Hei*
BYA	*Briá, Yetzirá, Asiyá*
GE	*Galgalta Einaim*
JuB	*Jojmá, Biná*
JaBaD	*Jojmá, Biná, Dáat*
JaJaN	*Jojmá, Jésed, Nétzaj*
KaJ	*Kéter, Jojmá*
KaJaB	*Kéter, Jojmá, Biná*
KaJaB TuM	*Kéter, Jojmá, Biná, Tifféret, Maljut*
KaJBaD	*Kéter, Jojmá, Biná, Dáat*
Lamed Bet	Número (32)
MA	*HaVaYaH* con el llenado de *Alef*
MaD	*Mein Dujrin*
MaN	*Mein Nukvin*
Metatrón - Matat	Nombre de un ángel
MI	Dos letras del nombre *E-L-O-H-I-M*
NE	*Nikvei Einaim*
NeHY	*Nétzaj, Hod, Yesod*
NeHYM	*Nétzaj, Hod, Yesod, Maljut*
NaR	*Néfesh, Rúaj*
NaRaN	*Néfesh, Rúaj, Neshamá*
NaRaNJaY	*Néfesh, Rúaj, Neshamá, Jayiá, Yejidá*
ABGAM	*Or, Basar, Guidín, Atzamot, Moja*
OJ	*Or Jozer*
OM	*Or Makif*
OP	*Or Pnimí*
OY	*Or Yashar*
PaRDéS	*Pshat, Rémez, Drush, Sod*

PBA	Panim VeAjor
PBP	Panim VePanim
RaDLA	Reishá de Lo Etiadá
RaMaK	Rabí Moshé de Kordovero
RaMJaL	Rabí Moshé Jaim Lutzato
RaMaJ	Equivale al número (248)
RaPaJ	Equivale al número (288)
RaShBY	Rabí Shimon Bar Yojai
RIU	Equivale al número (216)
RaTáS	Rosh, Toj, Sof
SaG	HaVaYaH rellena con Yud, y Alef en la Vav
ShaNGaLaH	Shóresh, Neshamá, Guf, Levush, Heijal
ShaSaH	Equivale al número (365)
DaTZaJaM	Domem, Tzomeaj, Jai, Medaber
TaNTA	Teamim, Nekudot, Taguín, Otiot
TaD	Tikunei Dikna
TaRIaG (Retzonot/Orot)	Equivale al número (613), relativo a los deseos/Luces
TaRaJ	Equivale al número (620)
VaK	Seis finales
VaT	Seis inferiores
YeShSUT	Israel, Saba veTvuná
YaJNaRaN	Yejidá, Jayiá, Neshamá, Rúaj, Néfesh
ZA	Zeir Anpin
ZaT	Siete inferiores
ZON	Zeir Anpin y Nukva

Acerca de *Bnei Baruj*

Bnei Baruj es el mayor grupo de cabalistas en *Israel*, que comparte la sabiduría de la Cabalá con el mundo entero. Los materiales de estudio se distribuyen en 32 idiomas y están basados en textos de Cabalá auténtica que han sido transmitidos de generación en generación.

Historia y origen

El Rav Dr. Michael Laitman, Profesor de Ontología y Teoría del Conocimiento, Doctor en Filosofía y Cabalá, Máster en Medicina Bio-Cibernética, estableció *Bnei Baruj* en 1991, tras el fallecimiento de su maestro, *Rav Baruj Shalom HaLevi Ashlag* (*El RaBaSh*). El Dr. Laitman denominó a su grupo *Bnei Baruj* (hijos de *Baruj*) para honrar la memoria de su mentor, de quien nunca se apartó en sus últimos 12 años de vida del *RaBaSh*, desde 1979 hasta 1991. Fue el principal estudiante de *Ashlag* y su asistente personal, y es reconocido como el sucesor del método de enseñanza del *RaBaSh*.

Este fue el primogénito y sucesor del más grande cabalista del siglo XX, *Rabí Yehuda Leib HaLevi Ashlag*, autor del más exhaustivo y autorizado comentario sobre el *Libro del Zóhar*, llamado *Sulam* (Escalera), el primero en revelar el método completo para la elevación espiritual. Esta es también la razón del epíteto de *Ashlag*, *Baal HaSulam* (Dueño de la Escalera). *Bnei Baruj* basa enteramente su método en el camino pavimentado por esos grandes líderes espirituales.

El método de estudio

El método único de estudio desarrollado por *Baal HaSulam* y su hijo, el *RaBaSh*, se enseña y aplica diariamente por *Bnei Baruj*. Este método se apoya en fuentes auténticas de Cabalá, como *El Libro del Zóhar* (*Rabí Shimon Bar Yojai*), los escritos del *ARÍ*, *El Árbol de la Vida* (*Etz Jaim*), y también en los libros escritos por *Baal HaSulam* – *El Talmud Eser Sfirot* (*El Estudio de las Diez Sfirot*) y el *Sulam*, el comentario de *El Libro del Zóhar*. Aunque estos estudios se basan en fuentes auténticas de Cabalá, son transmitidas de una forma sencilla y actual. El desarrollo de esta metodología ha hecho de *Bnei Baruj* una organización internacionalmente reconocida y muy respetada en *Israel*. La combinación única de un método de estudio académico junto con experiencias personales, amplía la perspectiva de los estudiantes y les recompensa con una nueva percepción de la realidad en la que viven. El método de estudio dota a aquellos que se encuentran en el camino espiritual con sensitivas herramientas que les permiten descubrirse a sí mismos y a su realidad circundante.

El mensaje

Bnei Baruj es un movimiento pluralista que sobrepasa los dos millones de estudiantes en todo el planeta. Cada estudiante escoge su propio camino e intensidad, de acuerdo a sus condiciones personales y habilidades. En años recientes, ha desarrollado una actividad involucrada en proyectos voluntarios educacionales, presentando las fuentes de la Cabalá genuina en un lenguaje moderno. La esencia de este mensaje diseminado por *Bnei Baruj* es la unidad de las personas, de las naciones y el amor del ser humano. Durante miles de años, los cabalistas han estado enseñando que el amor entre los humanos es el fundamento del Pueblo de *Israel*. Este amor prevaleció en los tiempos de *Avraham*, *Moshé* (Moisés) y del grupo de cabalistas que ellos establecieron. El amor fue el combustible que propulsó al Pueblo de *Israel* en sus extraordinarios descubrimientos. Con el discurrir del tiempo, el hombre desarrolló un odio infundado, la nación cayó en el exilio y la aflicción. Si permitimos albergar nuevamente esos antiguos pero permanentes valores, descubriremos que poseemos el poder de deshacernos de nuestras diferencias y unirnos. La sabiduría de la Cabalá, escondida por miles de años, está resurgiendo hoy en día. Ha estado esperando el momento idóneo en el que estuviéramos suficientemente desarrollados y preparados para implementar su mensaje. En la actualidad, está emergiendo como un heraldo y una solución que pueda unir las facciones en y entre las naciones y traernos a todos, como individuos y como sociedad, a una situación mucho mejor.

Actividades

Bnei Baruj ha sido establecido bajo la consigna de *Baal HaSulam* que "sólo mediante la expansión de la sabiduría de la Cabalá entre las masas, lograremos alcanzar la completa redención". En ese sentido, *Bnei Baruj* ofrece una diversidad de medios para que las personas puedan explorar y descubrir el propósito de sus vidas, proveyendo una guía tanto para principiantes como para estudiantes avanzados.

Periódico de Cabalá

El periódico *La Voz de la Cabalá*, es producido y diseminado por *Bnei Baruj* bimestralmente. Es apolítico, no comercial, y escrito en un estilo claro y contemporáneo.

Su propósito es exponer el vasto conjunto de conocimiento escondido en la sabiduría de la Cabalá de manera gratuita y de la manera más clara posible. El periódico es distribuido gratis en las comunidades hispanas de Estados Unidos e *Israel*, así como también en México, España, Argentina, Chile, Colombia, Ecuador y República Dominicana, entre otros. Es distribuido en diversos idiomas en Estados Unidos, Toronto (Canadá), *Israel*,

Londres (Inglaterra) y Sídney (Australia). El periódico es impreso en español, inglés, hebreo y ruso. También se encuentra disponible en nuestro sitio de Internet: **www.kabbalah.info**. La página principal de *Bnei Baruj*, www.kabbalah.info/es/, presenta la auténtica sabiduría de la Cabalá usando ensayos, libros y textos originales. El sitio también contiene una extensa biblioteca, única en su tipo, para el desarrollo de una minuciosa investigación de la sabiduría, así como también archivos multimedia, www.kabbalahmedia.info, conteniendo decenas de miles de ítems multimedia, libros que se pueden bajar de la Red y, una vasta reserva de textos, archivos de audio y video en muchos idiomas. Todo el material está disponible para bajarlo sin costo.

Canal de TV de la Cabalá

Bnei Baruj estableció una empresa de producción, *ARÍ* Films, **www.arifilms.tv**, especializándose en la producción de programas educacionales de televisión alrededor del mundo en muchos idiomas. En *Israel*, las emisiones de *Bnei Baruj* son transmitidas en los canales Hot (cable) y 66, de domingo a viernes. Todas las transmisiones de estos canales son totalmente gratuitas. Los programas en estos canales son especialmente adaptados para principiantes y no requieren un conocimiento previo. Este conveniente proceso de aprendizaje se complementa con programas en los que se presentan reuniones del Rav Michael Laitman con figuras públicas de *Israel* y del resto del mundo. Adicionalmente, ***ARÍ* Films** produce series educativas en DVD, documentales y otros recursos audiovisuales de apoyo para la enseñanza.

Conferencias de Cabalá

Bnei Baruj abrió un nuevo centro de estudio en *Israel, Petaj Tikva*, llamado, *Beit Cabalá LaAm (Casa Cabalá para la Nación)*. El lugar de reunión comprende dos salones: uno grande para las conferencias públicas y otro pequeño para varias lecciones de Cabalá en grupos pequeños. Las lecciones y conferencias toman lugar en las mañanas y noches, e introducen varios tópicos, explicados de acuerdo a las fuentes auténticas de Cabalá de una manera apropiada, tanto para principiantes como para avanzados. Actualmente se han abierto varios centros de estudio en diversas ciudades de *Israel* como *Jaifa, Jedera, Yerushalaim, Ashkelon, Ber Sheva, Eilat y HaAravá, Julón, y prácticamente todas las ciudades.*

Sitio de Internet

El sitio Web de *Bnei Baruj*, **www.kabbalah.info/es/**, presenta la auténtica sabiduría de la Cabalá utilizando ensayos, libros y, textos originales. El sitio también contiene una extensa biblioteca, única en su tipo a disposición de los lectores que deseen adentrarse en profundizar en la sabiduría de la Cabalá. Además, cuenta con un archivo de medios, **www.kabbalahmedia.info**, con decenas de miles de ítems multimedia, descarga de libros y un vasto repertorio de textos y archivos de medios en vídeo y audio, en muchos idiomas. Todo este material se encuentra disponible para ser descargado gratuitamente.

Libros de Cabalá

El Rav Dr. Laitman escribe sus libros en un estilo claro y contemporáneo, basado en conceptos claves de *Baal HaSulam*. Hoy en día, estos libros sirven como un "enlace" fundamental entre los lectores y los textos originales. Rav Dr. Laitman ha escrito cerca de cuarenta libros, los mismos que han sido traducidos a catorce idiomas.

Lecciones de Cabalá

Tal como los cabalistas lo han estado haciendo por centurias, el Rav Dr. Laitman imparte lecciones diarias en el centro *Bnei Baruj* en *Israel* entre las 3:00 – 6:00 AM hora de *Israel*. Las lecciones son traducidas simultáneamente de hebreo en seis idiomas: español, inglés, ruso, alemán, italiano y turco. En un futuro cercano, las transmisiones se realizarán en francés, griego, polaco y portugués. Como todo lo demás, las transmisiones en vivo son suministradas gratuitamente a miles de estudiantes por todo el mundo a través de **www.kab.tv/spa**

Financiamiento

Bnei Baruj es una organización no lucrativa para la enseñanza y difusión de la sabiduría de la Cabalá. A fin de mantener su independencia y pureza de intenciones, *Bnei Baruj* no está apoyada, financiada, o de ninguna otra forma, sujeta a ningún gobierno o entidad política.

Dado que su actividad principal es gratuita, su fuente básica de financiamiento son las contribuciones, aportadas por los estudiantes de forma voluntaria. Otras fuentes de ingresos son los libros del Rav Dr. Laitman, los cuales son vendidos al precio de coste, y donaciones.

Información de contacto

Centro de Estudios de Cabalá Bnei Baruj

(Learning Center)

Sitio web: www.cabalacentroestudios.com

Sitios Web Bnei Baruj

www.kabbalah.info/es

www.kab.tv/spa

www.laitman.es

www.kabbalahmedia.info

www.kabbalahbooks.info

Bnei Baruj Instituto de Educación e Investigación de la Cabalá

Correo electrónico: spanish@kabbalah.info

LAITMAN
KABBALAH PUBLISHERS

www.ingramcontent.com/pod-product-compliance
Lightning Source LLC
Chambersburg PA
CBHW080606170426
43209CB00007B/1345